Ernesto Guevara
también
conocido como

el Che

Paco Ignacio Taibo II

Ernesto Guevara
también
conocido como

el Che

Nueva edición definitiva, corregida y actualizada

Planeta

Diseño de portada: Ana Paula Dávila
Fotografías de interiores: archivo del autor salvo donde se indica.
Fotografía del autor: Marina Taibo

© 2003, Francisco Ignacio Taibo Mahojo
Derechos reservados
© 2003, Editorial Planeta Mexicana, S.A. de C.V.
Avenida Insurgentes Sur núm. 1898, piso 11
Colonia Florida, 01030 México, D.F.

Primera edición: octubre del 2003
ISBN: 970-690-981-8

Impreso en los talleres de Litográfica Ingramex, S.A. de C.V.
Centeno núm. 162, colonia Granjas Esmeralda, México, D.F.
Impreso y hecho en México - *Printed and made in Mexico*

www.editorialplaneta.com.mx

Para hacer algo hay que querer mucho. Para querer apasionadamente hay que creer con locura.

Regis Debray, *hablando del Che*

La nostalgia se codifica en un rosario de muertos y da un poco de vergüenza estar aquí sentado frente a una máquina de escribir, aun sabiendo que eso es también una especie de fatalidad, aun si uno pudiera consolarse con la idea de que es una fatalidad que sirve para algo.

Rodolfo Walsh

Compañeros, tengo un póster de todos ustedes en mi casa.

Che *(leído al pie de un cartel en Hamburgo, donde Guevara nos sonríe.)*

Este libro es para mis amigos Miguel Bonasso y Juan Gelman, argentinos y guevaristas, dos cosas que juntas no son muy bien vistas en estos últimos tiempos.

(a esta nueva y definitiva edición, 36ª edición en español, primera en Grecia y primera en Turquía)

Las botas sin amarrar, una constante guevarista.

I

No hay lectura inocente. Hoy sabemos que la segunda oleada de la revolución latinoamericana se estrelló y fracasó, que el modelo industrial que el Che planteaba para la revolución cubana funcionó en el corto plazo y se fue desgastando en el mediano, sin su estilo y su vigilancia; incluso leeremos este libro sabiendo cuál fue el destino final de la operación del Che en Bolivia. Y aún sabiendo todo esto, quisiera lograr que el libro se leyera como una historia que sucede mientras se va narrando.

No se puede contar la historia desde las consecuencias hacia los orígenes, se vicia la perspectiva. La biografía no es la historia de un muerto que se explica. Lytton Strachey decía en un momento de tremenda lucidez que "los seres humanos son demasiado importantes para ser tratados como simples síntomas del pasado". Los personajes se construyen en actos cuyas consecuencias no pueden alcanzar a descubrir. La historia que me interesa no funciona como una explicación a partir del destino, sino como una provocación que viene del pasado, cuyos personajes centrales nunca fueron propietarios de una bola mágica que les revelaba en sus presentes el futuro.

Por otro lado este no es un libro fácil, sin duda esta historia está atrapada por la visión de los que llegaron más tarde, de la generación del "eterno después" y de sus inocentes hijos, y sin embargo hay que intentar leerlo como una historia de entonces, de la América Latina de los 60.

Es sorprendente, pero cierto, el fantasma del Che, como un viajero fronterizo sin visas ni pasaportes, está atrapado a mitad de un puente generacional, entre unos jóvenes que saben muy poco de él, pero que lo intuyen como el gran comandante y abuelo rojo de la utopía, y la generación de los 60 (aquellos de los que decía Paco Urondo presagiando su propio destino: "Es que vamos a perder/la vida de mala manera"), cuyos supervivientes entienden que el Che sigue siendo el heraldo de una revolución latinoamericana, que por más que parezca imposible, sigue siendo absolutamente necesaria.

Haría falta alguien más inteligente y con más recursos historiográficos y literarios que yo para poder contar a dos tipos de lectores absolutamente diferentes, dos versiones de la historia con el mismo material; para contar a lectores dentro y fuera de América Latina la misma historia. Haría falta dedicarle a unos explicaciones y narraciones de contexto a las que he renunciado para centrarme en el personaje, y mayor abundancia en el debate político del momento a los otros. Las omisiones han sido voluntarias, que cada cual cargue con sus culpas.

Por si esto fuera poco, el Che además es un fantasma que, muy a pesar de su humor cáustico y de su reiterada timidez, ha quedado preso en la parafernalia de la imagen y de las maquinarias inocentes o dolosas, que se dedican a vaciar de contenido todo aquello que se cruza a su paso, para volverlo camiseta, *souvenir*, taza de café, póster o fotografía, destinadas al consumo. Y esa es la condena de los que provocan la nostalgia: estar atrapados en los arcones del consumo o en los reductos de la inocencia. Quedar preso en el limbo del mito.

II

Partir del supuesto de que por más que lo intente este libro será en muchos sentidos un fracaso, ayuda al historiador. Escribía, al firmar la primera edición, que tenía que pensar en él como en un primer texto que habría de provocar aclaraciones y desmentidos, correcciones, aparición de nuevos documentos, debate, y quizá y sobre todo, la publicación de la enorme cantidad de materiales que aún permanecen sin editar de Ernesto Che Guevara. Tal cosa sucedió. Reconforta pensar que un libro no es algo muerto, sino una especie de *alien* provocador y mutante.

Este es también el libro de las pequeñas historias, las historias personales, sean o no significativas. Más que las palabras, los actos. Y las palabras cuando explican o proponen actos. Recolección de historias que, como el Che decía, *son problemas particulares y se discuten de tal manera que no se hacen públicos y no hay ocasión de estudiarlos cuando se analiza la historia de la revolución.*

A lo largo de todos estos años de lecturas y conversaciones, algunas cosas se me presentaron como claves: una frase, una imagen… por ejemplo, las botas a medio abrochar. Me resultaba curioso ir encontrando foto tras foto que mostraban al director del Banco nacional, al ministro de Industria, al embajador revolucionario, con los últimos ojales de las botas mal abrochados, quizá porque siempre tenía prisa. Este personaje del que decía Desnoes que "debía cegar si los más opacos quedaban iluminados a su paso" y que fue caracterizado por Debray como "el más sobrio de los practicantes del socialismo".

III

Desde la aparición de la primera edición de este libro en octubre de 1996, nuevas informaciones sobre la vida de Ernesto Guevara se han hecho públicas: apareció *Otra vez*, el diario del segundo viaje por América Latina del Che y en 1997 otras tres biografías (Castañeda, Kalfón, Jon Lee Anderson), a las que se sumaría la de Calzada años más tarde. He tenido acceso a una copia del cuaderno verde de poemas que se encontró en su mochila en Bolivia. Se publicó un libro con las fotos que tomó a lo largo de su vida (sobre todo en México) y aparecieron nuevos testimonios de Aleida March, Orlando Borrego, Enrique Acevedo, Papito Serguera, Harry Villegas, Víctor Dreke, Dariel Alarcón, Barbarroja Piñeiro, Lisandro Otero, Oltuski; un nuevo texto de Debray, tres libros del general cubano William Gálvez, un par de nuevas biografías de Tania, una ampliación de los testimonios recogidos por Marta Rojas, un libro de Franqui sobre Camilo, las entrevistas de Báez con medio centenar de generales cubanos, testimonios de militantes argentinos, varios libros de fotos y multitud de trabajos de divulgación de variada calidad. A eso habría que sumar los millares de artículos que se publicaron y cartas, comentarios, notas, fotos y documentos que llegaron a mis manos; y nuevas conversaciones y entrevistas con algunos de los actores de esta historia. El cadáver del Che y los de varios de sus compañeros fueron descubiertos y exhumados en Valle Grande y hoy los restos reposan en Santa Clara, Cuba.

Han pasado casi siete años desde que entregué a la editorial el primer manuscrito. Para la actualización de esta nueva edición sumé a los millares de libros, artículos, documentos y entrevistas utilizados en la primera versión, otros cientos. Aunque no siento haber realizado cambios esenciales a la primera edición, se corrigen errores, se matizan historias y se incorporan anécdotas que enriquecen la visión del personaje; de pasada, he aprovechado para polemizar con algunas de las versiones circulantes.

IV

Los textos en cursivas pertenecen al Che, son fragmentos de cartas privadas, cartas abiertas, diarios, notas manuscritas, mensajes, artículos, poemas, libros, discursos, conferencias, intervenciones públicas o semipúblicas de las que se levantaron actas, respuestas a entrevistas, incluso frases suyas registradas por testigos confiables. Él es el segundo narrador de esta historia, el que importa.

Las notas de cada capítulo han sido agrupadas al final del texto (pp. 733-813), incluyen explicaciones de las fuentes informativas usadas, breves esbozos de varios de los personajes claves, referencias a historias secundarias, polémicas, ampliaciones e interpretaciones. Se sacaron del texto para no distraer una lectura fluida, pero revisándome y releyéndome, tengo la sensación de que un lector crítico no las debería dejar pasar. En ese cajón de sastre hay muchos materiales claves.

V

La lista de agradecimientos es inmensa: no me olvido de Miguel y su fotocopiadora, mi tocayo Paco Rosas y su maleta de recortes, todos los viejos guevaristas; Justo Vasco, que revisaba imprecisiones y cubanías, los fotógrafos habaneros, la dirección de *Verde Olivo* y quiero destacar particularmente al periodista Mariano Rodríguez (que me ayudó a escribir un libro que merecía escribir él) y a los novelistas Daniel Chavarría (quien operó como mi chofer en La Habana por solidaridad pura), José Latour (que actuó como documentalista por razones de maravillosa amistad), Luis Adrián Betancourt (que hizo de la confianza un monumento cediéndome su archivo) y mi colega Jorge Castañeda, quien más allá de las discrepancias en la visión del personaje (discrepancias que se han venido agrandando al paso de los años, conforme Jorge vendía su alma al diablo y se alejaba del fantasma del Che), fue durante la etapa en la que se escribió la primera versión, el más leal competidor, confirmando mi idea original de que en la historia nadie es propietario de documentos, tan sólo de interpretaciones y maneras de contarla.

A esta lista se han añadido varios nombres: Santiago Behm que me hizo llegar su archivo familiar, Orlando Borrego, Zoila Boluarte, Patty González, Roberto Fernández Retamar, Ismael Gómez Dantés, Laura Brown y David Cabrera.

VI

La elaboración de la primera versión de esta biografía me dejó en un estado deplorable, repleto de obsesiones y angustias. No sabía que hacer una biografía era llegar tan cerca de la piel ajena. No sabía lo cerca de la locura que te pone el estar varios años obsesivamente encerrado con un personaje, en el cuarto originalmente vacío, que poco a poco se llena de detalles, mientras la historia se fabrica. Resulta peligroso acercarse demasiado a un personaje como éste. Meterte en su cabeza, salir y tomar distancia, y eso una y otra vez. Mientras escribía su biografía sentía que el fuego me llegaba a los pies, aumentaba las horas de trabajo, unía las noches con los días. ¿Qué mierda era esto? ¿El método Stanislavsky en la historia? Aunque me dijera que si no te metes en la piel del personaje no podrás entenderlo, si no te acercas no lo comprenderás. El distanciamiento es un recurso de historiadores del medioevo. Pero el Che quema, quema, acelera, obliga, impone…

Supongo que escribir esta segunda versión no ajustará mis cuentas personales con Ernesto Guevara y que seguirá visitándome en sueños, para regañarme por no estar poniendo ladrillos en una escuela en construcción.

VII

A lo largo de la lectura de todos los nuevos materiales me he topado frecuentemente con una polémica subterránea, que distorsiona de mala manera la historia: las profundas diferencias de muchos de los historiadores y testimoniantes con la actual dirección de la revolución cubana, en particular con Fidel. Es a partir de estas diferencias como se viaja al pasado para reafirmarlas, aun a costa de falsificar lo sucedido. Y la historia del Che y sus relaciones con Fidel y la revolución cubana se revisa a la luz de manías, acontecimientos que habrían de producirse 20 años más tarde o fenómenos que Guevara no vivió. Por otro lado, la tentación desde Cuba de proponer un Che perfecto, modelo no discutible de encarnación de la revolución, penetra centenares de textos, censura, autocensura y omite. He intentado que las trampas de los mitógrafos, evangelizadores de la imagen del Che, no me involucren y que los antifidelistas no me contaminen con sus obsesiones extra históricas.

De cualquier manera, invito al lector a que no se confíe y haga de ésta, como de todas las otras, una lectura tan crítica, irreverente y piojosa, como sea posible. El Che se los agradecería.

VIII

El Che fue desde su primera juventud un aventurero, vagabundo y romántico. Tragador de tierra ajena, paracaidista en territorios desconocidos, practicante de una ética de las emociones que mandaban sobre los límites oscuros de la razón. Estas tres grandes virtudes, matizadas, moderadas por la experiencia y las derrotas, lo acompañaron a lo largo de su vida.

La izquierda neanderthal de los años 60, con la que yo crecí, tenía esas palabras en el catálogo de las perversiones, eran nombres de maldades y enfermedades, "desviaciones pequeñoburguesas". ¿Desviaciones de qué? ¿Caminos hacia dónde? Recuperar al Che hoy, es recuperar palabras como éstas, recuperarlas en sus sentidos originales. Romántico: aquel que acaricia las ideas amorosamente, las ideas más allá de su viabilidad. Vagabundo: aquel que concibe el mundo como un escenario de viaje permanente en el que no hay que apoltronarse y detenerse. Aventurero: aquel que concibe la vida como una aventura cuyas consecuencias resultan incalculables. Y junto a ellas palabras como utópico (aquel que cultiva el amor por la utopía), informal (aquel que prescinde y está en contra de las formas), irreverente (aquel que no hace reverencias ante el poder), igualitario (aquel que practica la igualdad en el reparto de los bienes y las miserias), imprudente (aquel cuyo lenguaje y cuyos actos no miden consecuencias y que ha perdido el conservador sentido de la prudencia).

Palabras que asocio fuertemente a la imagen del Che, que crece conforme escribo sobre él.

PIT II
México DF, 2003

CAPÍTULO 1

El pequeño Guevara: infancia es destino

Celia de la Serna, el nuevo Ernesto Guevara y Guevara Lynch, la foto del horrible ropón.

Ernesto y el burrito. La primera de una larga serie de fotos en su relación con los animales de cuatro patas. (Archivo Bohemia)

Una foto en Caraguatay, Misiones, tomada en 1929, mostrará a un Ernesto Guevara de 14 meses de edad transportando una tacita en la mano (¿una bombilla de mate?), vestido con un abriguito blanco y cubierto por un horrendo gorrito que recuerda a un salacot colonial, prefigurando el desastre que en materia de indumentaria le acompañará toda la vida, el estilo peculiarmente desarrapado que hará su sello personal.

O bien "infancia es destino" como decía el sicólogo mexicano Santiago Ramírez, y se van grabando en la memoria recién organizada del personaje central las experiencias que forzarán los actos del futuro, o bien infancia es accidente, es prehistoria de un ciudadano que se fabrica en la vida apelando a la voluntad y al libre albedrío.

No estará nada claro. Algo debe haber de las dos cosas, piensa este ecléctico autor.

Uno de los tantos marxistas de Pandora que han biografiado al Che, se obsesionará con la idea de que las imágenes de la selva tropical del nordeste argentino, de Misiones, donde circularán los días de la primera infancia de Ernesto Guevara, prefigurarán su destino en las selvas bolivianas. No acaba de convencerme. Si infancia es destino, no lo es de una manera tan simple. Para el historiador, el argumento convincente, quizá la prueba concluyente de que algunos de los elementos significativos de la infancia contienen el futuro, es la foto que muestra a Ernesto y al burrito. Es 1932, el personaje tiene cuatro años, se encuentra en la estancia de unos amigos de sus padres.

La foto está dominada por el burro, de ojos dormilones y semicerrados; inmóvil, sobre él, un Guevara con poncho y sombrero boliviano del que sólo se adivinan los ojos y la media sonrisa, símbolo de placer. Muy erguido, transparentando su amor por los burros, los mulos, los caballos, los animales de cuatro patas que se puedan montar. Ernesto y el burro miran a la cámara. Ambos saben que son el personaje central.

Y si infancia es destino, 25 años más tarde y a mitad de un bombardeo, al frente de los rebeldes cubanos, llamados por sus enemigos "los mau-mau", el comandante de la columna cuatro, un tal Guevara, conocido como el Che, avanzará montado en el burro Balansa, erguido, displicente, ocultando un terrible ataque de asma que lo tiene al borde del ahogo, y mirará a la cámara con esa misma actitud de perplejidad respecto al por qué es sujeto de la historia cuando el burro, quien también contemplará al objetivo, lo amerita más. Y en esa primera foto de Caraguatay, estará el origen de los providenciales mulos que aparecerán durante la invasión al occidente de la isla de Cuba cuando la columna del Che esté cercada por soldados y aviones, y desde luego del mulo Armando, al que Zoila Rodríguez en memoria y amor al doctor Guevara atenderá "como si fuera un cristiano", y del camello que estrenó en las pirámides de Egipto, incluso de aquel caballito boliviano al que tanto quiso y que terminó comiéndose. Esa foto de Misiones estará en el profundo germen de la leyenda que aún hoy se cuenta en Cochabamba, Bolivia: "En las noches, el Che Guevara, junto con el Coco Peredo, cabalgan en unas mulas grandes, ¡bien grandes!, con sus máusers en las manos y llegan a Peñones, Arenales y Lajas, a Los Sitanos, a Loma Larga y Piraymirí, hasta Valle Grande". O de la nueva versión de una canción mexicana agrarista, que dice: "Tres jinetes en el cielo, cabalgan con mucho brío, y esos tres jinetes son: Che, Zapata y Jaramillo".

Sea así o al contrario; sea esto tan sólo mala imaginación de novelista, de la que tanto ha abundado en las narraciones que sobre la vida y destino del Che se han hecho, lo que sí parece evidente es que Ernesto Guevara será el último de nuestros tan queridos próceres a caballo (o en mulo, o en burro, tanto da para un hombre que se reía de sí mismo) en la tradición heroica de América Latina.

En el origen de Ernesto se encuentra una historia familiar interesante, que no llega al melodrama. En el remoto pasado de los Guevara existió un virrey en Nueva España, don Pedro de Castro y Figueroa, quien sólo duró gobernando un año y cinco días mediado el siglo XVIII, quien tuvo un hijo llamado Joaquín, que secuestró en Louisiana a su esposa y cuyos sucesores vivieron la fiebre del oro en San Francisco para terminar, quién sabe por qué azares de errática geografía, durante el siglo XIX en la Argentina.

De esta época de San Francisco se pueden rescatar parientes de nombres absurdos, como Rosminda Perlasca, y un tío Gorgoño que se dedicaba a criar reses para vender carne a los gambusinos.

De la rama Lynch vienen los irlandeses emigrantes de todas las emigraciones (¿de ahí las vocaciones de viajero permanente?, ¿la picazón en el culo que no habría de abandonarle?, ¿las alas en los pies?). Irlandeses a los que se puede encontrar en la Argentina desde el inicio del siglo XVIII.

No mucho más del lado De la Serna, fuera del abuelo Juan Martín de la Serna, dirigente de la juventud radical, militancia compartida por uno de los Lynch, el tío abuelo Guillermo, por la que ambos intervinieron en la fracasada revolución de 1890.

De cualquier manera parece que al paso del tiempo no habrá de guardar Ernesto demasiada conmiseración por el personal, al que calificará en bloque: *Los antepasados (...) eran miembros de la gran oligarquía vacuna argentina.*

Aunque la dureza al juzgarlos debe ser cosa del futuro, porque en la primera infancia las narraciones sobre los abuelitos en California y la fiebre del oro, las hazañas de su abuelo agrimensor que estuvo a punto de morir de sed, eran escuchadas como material de una fascinante novela.

Lo mejor de su padre, un constructor civil que emprendió mil negocios y fracasó en la mayoría, es que lo expulsaron del Colegio nacional por haberle dado una bofetada a Jorge Luis Borges, después de que éste lo denunció diciéndole a un maestro: "Señor, este chico no me deja estudiar". Ernesto Guevara Lynch era un aventurero a medias, estudiante de arquitectura que había dejado la carrera para incursionar en el mundo de los pequeños empresarios y sacado la lotería, según él mismo reconocería, al casarse en Córdoba con Celia, pretendida por todos y alcanzada por ninguno.

La madre, Celia de la Serna, católica ferviente reconvertida al liberalismo de izquierda, conserva del catolicismo inicial la fuerza de sus pasiones. Una de sus sobrinas recordaría más tarde: "Fue la primera mujer (según mi mamá) que se cortó (el pelo a lo) *garçon*, es decir que se cortó el pelo cortitico por la nuca, fumaba y cruzaba la pierna en público, que ya era el colmo de la avanzada feminista en Buenos Aires".

Cuando se produce el noviazgo, Celia es menor de edad y rompiendo con su familia se va a casa de una tía para luego casarse con Ernesto.

Cultos, un tanto bohemios, progresistas, ateos, herederos vergonzantes de una oligarquía que les parecía pasiva y timorata, el matrimonio Guevara-De la Serna habría de aportar a sus hijos el espíritu de aventura, la pasión por las letras, el desenfado, que Ernesto convertiría en banderas vitales años más tarde.

Pero vamos a darle forma a la historia:

Junio de 1928, Guevara padre y Celia venían descendiendo el río Paraná en barco y viaje de negocios y aprovechando para que el primero de sus hijos naciera en Buenos Aires, pero los dolores de parto se presentaron prematuramente a la altura de la ciudad de Rosario. Ernesto nacerá pues el 14 de junio en la maternidad del hospital Centenario anexo a la facultad de medicina. Los testigos del recién nacido hijo accidental de la ciudad de Rosario, serán premonitorios del futuro carácter viajero del bebé: un taxista brasileño (el hombre que los llevó al registro civil) y un marino (su tío Raúl.) Habrá nacido el mismo día que Antonio Maceo, el mismo día que José Carlos Mariátegui, el más heterodoxo de los revolucionarios cubanos del fin del siglo XIX y el más hereje de los marxistas latinoamericanos del inicio del siglo XX.

La primera foto conocida del pequeño Ernesto, lo muestra en el parque de Rosario vestido con un horrendo ropón, contrastando la belleza fría de su madre con el rostro enfurruñado del personaje, que mira hacia la derecha de la cámara. Muy poco después sufriría su primera enfermedad, una potente bronconeumonía que casi habría de matarlo. Sus tías Beatriz y Ercilia viajarán desde Buenos Aires para ayudar a la joven madre a cuidarlo; a partir de esto quedará vinculado amorosamente a ambas.

Hay una foto que me resulta todavía más atractiva, tomada en Entre Ríos en 1929, el mini-Ernesto, con pelusa y orejón, vestido con una camiseta, un ropón, se está chupando con gesto concentrado los dedos índice y anular de la mano izquierda, con los dedos sobrantes pareciera estarle haciendo un gesto obsceno a los observadores.

Los dos primeros años de vida de Ernesto transcurrirán entre Caraguatay, en la provincia de Misiones, en una zona donde su padre tiene una plantación de yerba mate (no conservará memoria de aquellos tiempos aunque más tarde le contarán frecuentemente historias del "territorio salvaje", de la "selva misionera") y Buenos Aires, donde la familia renta un pequeño departamento en la calle Santa Fe.

Movidos por los negocios desafortunados del padre, que ha de sufrir en aquellos años el robo de toda la producción de su plantación, la familia vivirá una vida errabunda. En Buenos Aires nacerá, hacia el final de 1929, su hermana Celia y allí será reclutada su nana Carmen, una gallega, robusta, pequeña y muy pecosa que lo acompañará hasta los ocho años.

Cuando casi tiene dos años su padre se traslada a San Isidro, sobre el Paraná, casi en la frontera con Paraguay, donde es socio de un astillero que anda mal económicamente y que quiere levantar.

Sabido es que las biografías se escriben del presente hacia el pasado remoto, de adelante hacia atrás, como una escritura exótica; y en ese quehacer se corre siempre el riesgo de rastrear el pasado a la busca en la infancia de la anécdota que se ajusta al personaje muerto, de olvidar lo que no corresponde en el escenario futuro y mostrar con obstinación aquello que produce concordancia, borrando púdicamente lo que genera disonancia. En las memorias de su padre, la tentación aparece con frecuencia:

En aquellos años "Ernestito comenzaba a caminar. Como a nosotros nos gustaba tomar mate, lo mandábamos hasta la cocina, distante unos veinte metros de la casa, para que nos lo cebara. Entre la cocina y la casa, una pequeña zanjita ocultaba un caño. Allí tropezaba siempre el chico y caía con el mate entre sus manitas. Se levantaba siempre enojado y cuando volvía con una nueva cebada de nuevo se volvía a caer. Empecinado siguió trayendo el mate una y otra vez hasta que aprendió a saltar la zanja".

El salto de la zanja, como un *loop* cinematográfico que repetirá a lo largo de los años la escena, recontando a Ernesto y su terquedad, su futura y proverbial terquedad, su idea de que la llave de la vida era la voluntad y el resorte que la ponía en movimiento la tenacidad. Y uno se pregunta: ¿es prefiguración ese niño de menos de dos años que tropieza una y otra vez en la zanja? ¿O se trata de un recuerdo acoplado?

En mayo del 31, el pequeño Ernesto sale del agua tras haberse bañado en el río con su madre y comienza a toser. La tos lo acompaña de una manera persistente, angustiante. Un primer médico le diagnostica una bronquitis, más tarde, cuando la enfermedad no cede, otros doctores hablan de una bronquitis asmática perseverante. Finalmente, un doctor dice que se trata de un ataque de asma y lo relaciona con la neumonía que sufrió Ernesto a los pocos días de nacer. Todos los médicos coinciden en que nunca han visto a un niño con ataques de asma tan agudos. Años más tarde su hermana Ana María rescata un recuerdo de la memoria familiar: "Era tan terrible el asma que mis padres, desesperanzados, pensaron que se iba a morir". Permanecen horas, días y noches al lado de la cama, mientras el enfermo abre desesperadamente la boca y agita las manos buscando el aire que le falta. De su pecho escapa un sonido ronco. Don Ernesto recordará años más tarde: "Nunca pude acostumbrarme a oírlo respirar con ese ruido particular de maullidos de gato que tienen los asmáticos".

Una de las primeras palabras que aprende a decir el niño es "inyección"; es lo que pide cuando siente que el ataque se le viene encima. Guevara padre contará: "El asma es una enfermedad caprichosa y todos los asmáticos tienen características diferentes. Lo que a uno le hace mal a otro le puede hacer bien; es cuestión de sensibilización". Los padres tardan en aprender esta lección, los médicos no encuentran respuestas, se limitan a insistir en que el clima húmedo de Misiones le afecta profundamente y le provoca los ataques, los periodos "más bravos".

El asma de Ernesto y los extraños negocios de don Ernesto siguen siendo el motor de sus vidas. En 1932 la familia se muda a Buenos Aires, donde nace el tercer hijo, Roberto.

Pero la cosa no funciona. Su madre recuerda: "Ernesto no resistía el clima capitalino. Guevara Lynch se acostumbró a dormir sentado en la cabecera del primogénito para que éste recostado sobre su pecho soportara mejor el asma", y su padre completa la imagen: "Celia pasaba las noches espiando su respiración. Yo lo recostaba sobre mi abdomen para que pudiera respirar mejor, y por consiguiente yo dormía poco o nada".

En 1933, buscando huir del asma, viven por un tiempo en Argüello, Córdoba. El asma retorna. Siguiendo consejos médicos deciden buscar un clima seco de montaña y en junio van a dar a Altagracia, una pequeña población en la provincia de Córdoba. Ernesto parece mejorar en ese clima pero, aunque las condiciones no serán tan terribles como en Misiones o Buenos Aires, la enfermedad no habrá de abandonarlo nunca más. Tiene cinco años, vivirá en Altagracia hasta los 17.

Su padre reseña con rabia: "Cada día imponía nuevas restricciones a nuestra libertad de movimientos y cada día quedábamos más a merced de aquella maldita enfermedad". Los Guevara viven en Altagracia en el hotel La Gruta, ahí Ernesto hace sus primeras amistades, que habrán de acompañarlo los años de juventud, en particular Carlos Ferrer, conocido como Calica, hijo de un doctor que atiende a Ernesto durante sus ataques de asma.

Celia lo enseña a leer porque no puede ir al colegio de manera regular a causa de la enfermedad. De esa época data el primer testimonio escrito del joven Guevara: una postal a su tía Beatriz dictada a un adulto, que él firma de su puño y letra "Teté", el apodo que le ha puesto su nodriza.

En enero de 1934 nace su hermana Ana María, que cinco años más tarde le servirá de apoyo: "Yo le servía de bastón cuando íbamos a pasear. Él apoyaba su brazo en mi hombro y recorríamos varias cuadras de ese modo; era cuando se encontraba fatigado por el asma. En esos paseos conversábamos mucho y me contaba bellas historias". Se mudan a un chalet más barato, dentro del pueblo, Villa Nydia. Para darle sentido a las muchas horas que pasa en cama reposando, su padre le enseña los movimientos de las piezas de ajedrez. Ernesto se enfada cuando lo dejan ganar. *Así no juego.*

A los nueve años se le presenta una grave complicación a su asma, los médicos diagnostican "tos convulsa". Guevara padre cuenta: "Al sentir que le venían los ataques se quedaba quieto en la cama y comenzaba a aguantar el ahogo que se produce en los asmáticos durante los accesos de tos. Por consejo médico yo tenía a mano un gran balón de oxígeno, para llegado el momento álgido de los accesos de tos, insuflarle al chico un chorro de aire oxigenado. Él no quería acostumbrarse a esta panacea y aguantaba todo lo que podía, pero cuando ya no podía más, morado a causa de la asfixia, empezaba a dar saltos en la cama y con el dedo me señalaba su boca para indicar que le diera aire. El oxígeno lo calmaba inmediatamente".

¿Cómo es el personaje que va forjando la enfermedad? A los diez años no basta con resistir y leer en cama. Comienza entonces su personal guerra contra las limitaciones del asma: paseos sin permiso, juegos violentos... Desarrolla una cierta fascinación por el peligro, buscar el riesgo, la situación límite. De cierta manera la ha heredado de su madre. Hay decenas de anécdotas sobre las muchas veces que Celia ha estado a punto de ahogarse. Guevara padre registra impotente: "Había que acostumbrarse a estas temeridades de mi mujer". Ernesto mismo ha sido testigo de aquella vez en que se lanzó al Paraná y comenzó a ser arrastrada por la corriente. Sentado en el banco de un yate contempló como su madre, a la que una faja de goma le cortaba la respiración, estaba a punto de morir ahogada; o aquella otra vez en el río de La Plata cuando desde la arena de la ribera la veía ser arrastrada. Celia, una excelente nadadora, se sentía atraída por el peligro. Guevara padre, mucho más pacífico, atestigua: "Esta misma manera de enfrentarse heredó Ernesto pero con una gran diferencia: calculaba bien cuál era el peligro".

En el 36 Celia recibe una circular del ministerio de Educación preguntando por qué el niño no asiste a la escuela, y deciden que dado que está pasando cortas temporadas sin ataques ha llegado el momento de enviarlo a estudiar. Hasta ese momento Celia le enseñaba a leer y escribir en casa. Entra a estudiar en la escuela pública, rodeado de niños de padres sin recursos económicos. Su hermano Roberto recordará: "Las relaciones de mis padres eran las de los ricos, y las nuestras, las de la gente pobre, que eran los que vivían permanentemente en la zona. Nuestros amigos fueron los hijos de los campesinos y de los caseros".

El asma impedirá que Ernesto sea un alumno normal, según su madre: "Sólo cursó regularmente segundo y tercero, cuarto, quinto y sexto los hizo yendo como podía. Sus hermanos copiaban los deberes y él estudiaba en casa".

Gracias a las memorias de su padre quedará el registro de los juegos de infancia de Ernesto, algunos se han vuelto casi eternos, otros ya lo eran entonces y son reconocibles: fútbol, indios, policías y ladrones, rayuela; un par de ellos conservan nombres exóticos que hoy no dirán nada al historiador: "la mancha venenosa", "piedra libre", pero contienen el atractivo del enigma. Parece ser que, a pesar de la enfermedad, Ernesto se convierte en el jefe de un pequeño grupo de niños que se reúne en los terrenos del fondo de su casa. La hazaña mayor del grupo es haber quemado un cañaveral por andar jugando a "las comidas".

El padre se siente desgraciado en Altagracia, confiesa: "Me sentía anulado y preso. No podía aguantar aquella vida entre la gente enferma o entre los que acompañan a los enfermos"; comienza a sufrir frecuentes neurosis e irritaciones. Celia se muestra más fuerte ante la adversidad, reacciona abandonando lentamente su fuerte formación católica. Ernesto padre trabaja en la construcción de un campo de golf. La economía familiar naufraga; sin caer en la miseria, pero se pasan penurias. Clase media en crisis permanente, viven de las rentas de un par de tierras, una de él y otra de Celia. Tienen que pagar una niñera pues Celia no puede con los requerimientos de cuatro hijos. Dinero que no hay para todo: colegios, ropa, gastos exorbitantes en medicinas para Ernesto.

La familia veranea en una playa de Mar del Plata. Hay un cierto patetismo en las fotos, una pequeña tragedia: Ernesto con pantalones y descamisado, sin duda con un ataque de asma, rodeado de niños en traje de baño. Fotos de grupo con Ernesto encamisado, fotos de Celia tironeando de su brazo mientras él tiene los pies en el agua a la que no puede entrar. Un amigo recuerda que en ese verano del 36, a la gente se le ocurrían sugerencias infalibles contra el asma y Ernesto disciplinado aceptaba, por decisión de sus padres, los más absurdos consejos como dormir con gatos, bolsas de arena, tomar todo tipo de tés, ser perseguido por fumigaciones e inhalaciones.

1937, Altagracia. A Ernesto se le cae la baba oyendo a su padre narrar en las sobremesas las historias familiares, en particular las historias de las aventuras de su abuelo el geógrafo cuando trabajaba marcando los límites en el Chaco, bajo calor atroz y emboscadas de indios. A las aventuras del abuelo se suman en aquel 1937 los peligros de la narrativa de la realidad, cuando llegan exilados los hijos del doctor republicano español Aguilar y son acogidos en Villa Nydias. Con ellos, en el radio que acaba de comprar su padre y en los periódicos, entra en la vida del joven Guevara, entre los nueve y los once años, la guerra civil española. Para Ernesto la victoria de la república contra los militares y los fascistas se vuelve un problema personal. Comienza a seguir el desarrollo en un mapa en el que va clavando banderitas y observando la evolución de los frentes: en los terrenos de atrás de la casa construye con sus amigos la reproducción del cerco de Madrid, una serie de trincheras cavadas en la tierra donde se armaban tremendas peleas con hondas, piedras y cascotes, incluso tuercas; a Roberto casi le rompen una pierna y Ernesto anduvo cojo unos cuantos días, lo cual no le impidió aprenderse de memoria todos los nombres de los generales republicanos.

En la democracia de la infancia sus amigos son los hijos de los porteros de las villas de verano, a los que se suman los Figueroa y Calica Ferrer. Decenas de años después el mozo del hotel de Altagracia sigue recordando: "Ernesto era un muchacho de barrio, no andaba con los niños bien sino con nosotros". Y en los recuerdos del pueblo se mantiene un mito guevarista pre-

Che: Juan Mínguez, un vecino de Altagracia dirá: "Si jugábamos fútbol y sólo éramos cinco, él quería actuar de portero contra los otros cuatro". La versión se vuelve menos heroica cuando la explica su amigo César Díaz: "Actuaba de arquero porque con lo del asma no podría correr mucho". Lo que ha de quedar claro es que siempre fue un desarrapado al que le gustaba usar gorra de visera pero con la visera hacia atrás.

Lo que el asma le niega se lo dará la tenacidad: durante meses queda segundo en todas las competencias de pin-pon en el hotel Altagracia, gana siempre Rodolfo Ruarte. Un día le informa al campeón que se retira temporalmente del asunto. En la clandestinidad del hogar fabrica una mesa de pin-pon y practica en solitario. Luego reaparece para retarlo y ganarle.

Los domingos dispara al blanco con su padre. Desde los cinco años sabe manejar una pistola y destruye ladrillos a tiros. Y lee, lee, lee a todas horas. En los orígenes Julio Verne, Alexander Dumas, Emilio Salgari, Robert Louis Stevenson, Miguel de Cervantes.

En el 37 la familia se cambia a una nueva casa, el Chalet Fuentes, y Ernesto descubre su amor por los disfraces: indio, griego, gaucho, marqués. Hace de boxeador en una obra de teatro en el colegio. En la versión de su hermana Ana María, todo iba muy bien hasta que "entraba un hada con una varita mágica y los muchachitos que estábamos estáticos, automáticamente adquiríamos movimiento. Roberto y Ernesto estaban vestidos de boxeadores y el hada preguntó:

—¿Vosotros, muñequitos, qué sabéis hacer?

Y ellos respondieron:

—Esperad un momento y os asombrareis —y empezaron mecánicamente a boxear, moviendo los bracitos. Ernestito le dio más duro de lo normal a Roberto y éste comenzó a fajarse de verdad, y la maestra lloraba al ver el desastre que se estaba armando porque el hada con todo y su varita de limitada magia, no podía pararlos".

Y el asma proseguía. Durante años el padre de Ernesto llevó un registro de las medicaciones que se le daban, las reacciones a objetos o alimentos, las condiciones climatológicas, la humedad del ambiente: "Amanece bien, duerme con la ventana cerrada (…) se le dio una inyección de calcio glucal intravenosa (…) miércoles 15, mañana seminublada. Sequedad ambiente". El padre registra: "Era tal la angustia que soportábamos a causa de esta persistente enfermedad que no abandonaba al niño, que pensando mejorarlo hacíamos toda clase de pruebas. Seguíamos los consejos de médicos o profanos. Inventábamos toda clase de remedios caseros y apenas salía una propaganda en los diarios asegurando una panacea contra el asma, enseguida la adquiríamos y se la administrábamos. Cuando me recomendaban este crecimiento o aquel cocimiento de yerba o yuyos para mejorar a un asmático, apenas había terminado de indicarme el remedio cuando ya lo estaba preparando para que lo tomara Ernesto".

"La desesperación nos llevó hasta caer en el curanderismo y aún peor: recuerdo que alguien me dijo que dormir con un gato dentro de la cama aliviaba mucho a un asmático. No lo pensé dos veces y una noche pesqué un gato vagabundo y se lo metí a Ernesto en la cama, el resultado fue que a la mañana siguiente el gato había muerto asfixiado y Ernesto seguía con su asma a cuestas".

"Cambiamos el relleno de los colchones, de las almohadas, reemplazamos las sábanas de algodón por sábanas de hilo o nylon. Quitamos de las habitaciones toda clase de cortinajes y alfombras. Limpiamos de polvo las paredes. Evitamos la presencia de perros, gatos y aves de corral. Pero todo fue inútil, el resultado fue decepcionante y desalentador. Frente a la persistencia del asma sólo podíamos saber que la desataba cualquier cosa, en cualquier época del año, con cualquier alimento y el saldo de todo nuestro empeño fue saber a ciencia cierta que lo más conveniente para su enfermedad era el clima seco y de altura (…) y hacer ejercicios respiratorios, especialmente natación". Curiosamente el agua fría era un poderoso desencadenante de los ataques de asma.

En 1939, cuando Ernesto tiene 11 años, los Guevara se trasladan a un nuevo domicilio dentro de Altagracia, el chalet de Ripamonte. Ese año será precioso en su memoria, porque conoce al ajedrecista cubano Capablanca. El año 39 también estará relacionado con los burros y con una derrota. Su madre cuenta que dado que muchos de los niños del pueblo llegaban a la escuela en burro se organizó una carrera, pero el burro en el que montaba Ernesto, cuando se dio la salida, se negó a correr y se quedó parado por más palos y jalones que le daban.

Nuevos amigos entran en su vida. A través de los Aguilar aparece Fernando Barral, un niño huérfano español, refugiado con su madre en la Argentina, solitario, retraído. Barral lo recordará bien: "Puedo confesar que en cierta medida le tenía envidia a Ernesto por su decisión, audacia y seguridad en sí mismo y sobre todo por la temeridad que yo recuerdo como una de las expresiones más genuinas de su carácter (…) una falta total de miedo ante el peligro, y si lo tenía no se le notaba, una gran seguridad en sí mismo y una independencia total en sus opiniones". Porque la temeridad es un rasgo distintivo del carácter del personaje, el ponerse a prueba, el saltar desde un tercer piso de azotea en azotea para hacer palidecer a sus amigos. Su amiga Dolores Moyano lo calará bien, encontrará lúcidamente las raíces del comportamiento adolescente del joven Guevara: "Aún así, los desafíos de Ernesto a la muerte, su coqueteo hemingweyano con el peligro, no era impetuoso ni exhibicionista. Cuando hacía algo peligroso o prohibido, como comer gis o caminar sobre una valla, lo hacía para saber si podía hacerse, y sí, cuál era la mejor manera. La actitud subyacente era intelectual, los motivos ocultos eran la experimentación".

Un año más tarde, en plena guerra mundial, su padre se afilia a Acción Argentina, una organización antifascista que simpatiza con los aliados. Ernesto tiene su credencial, que a los 12 años muestra orgulloso, incluso se ofrece voluntario para hacer averiguaciones sobre la presencia de infiltración nazi entre los alemanes que habitan en la zona de Altagracia.

Pero seguirá siendo la lectura su gran pasión de la primera adolescencia, obligado por el reposo de los ataques de asma a la pasividad física. El viejo Guevara cuenta: "Cuando Ernesto llegó a los doce años, poseía una cultura correspondiente a un muchacho de 18. Su biblioteca estaba atiborrada de toda clase de libros de aventuras, de novelas de viajes". Años más tarde, en busca del orden perdido, llenó uno de sus múltiples cuadernos con la lista de los libros leídos, algunos de ellos comentados, y lo llamó "Cuaderno alfabético de lecturas generales". En el apartado dedicado a Verne anota 23 novelas (el historiador, que sólo llegó a 21, no puede dejar de identificarse con el personaje y envidiarlo).

Ernesto trabajará por primera vez a los trece años. Un día se le aparece a su padre, junto con su hermano Roberto, y le pide permiso para cosechar uvas en uno de los raros viñedos que existían en la región. En aquel mes de febrero se encontraba de vacaciones de la escuela secundaria Manuel Solares de Altagracia. Les pagarían 40 centavos por día y todas las uvas que pudieran comer. Durante tres días están trabajando, al cuarto reaparecen en la casa familiar indignados. Ernesto había tenido un ataque de asma y trató de seguir a pesar del ahogo, pero le fue imposible. *Cuando le pedí que nos pagara lo que nos debía, el muy sinvergüenza nos dio sólo la mitad porque según él, no habíamos cumplido con el contrato. Es un hijo de la gran puta y yo quiero que vengas con nosotros a romperle el alma.* En 1942, a los 14 años, se matricula en el liceo Dean Funes en Córdoba, una escuela pública y liberal, en lugar de ir a la Monserrate, que era donde estudiaba la aristocracia. Viaja todos los días 35 kilómetros en tren desde Altagracia. En Córdoba conoce a los hermanos Granado, Tomás, su compañero de escuela, y Alberto, seis años mayor.

Tomás, que resulta cautivado por su compañero de pelo rapado muy corto y una agresividad fuera de lo común en el deporte, a pesar del asma, se lo presenta a su hermano mayor para que lo incorpore al equipo de rugby, el Estudiantes. Alberto lo observa no muy convencido, está estudiando medicina y la primera impresión no es favorable porque le notaba "un respirar anhelante que indicaba un mal funcionamiento".

Le hacen una prueba que consiste en saltar sobre un palo de escoba colocado sobre dos sillas a 1.20 de altura y caer sobre el hombro. El "Pelado" Guevara comienza a saltar, tienen que pararlo porque va a hacer un agujero en el piso del patio.

Pocos días más tarde comienza a entrenarse, y poco después a jugar. A veces a mitad de partido tiene que salir a la banda y usar el inhalador antiasmático.

Corría por la cancha aullando:

—¡Apártense, aquí va el Furibundo Serna!

Fu-ser, Fúser, su futuro apodo. Juega como si le fuera la vida, pero no dedica la vida al juego. Sigue siendo un adolescente sorprendente que alterna la guerra contra el asma por el método de poner el cuerpo por delante, de arriesgarse, de ir a los límites, con la pasión por la lectura. En los ratos libres, antes de iniciarse un entrenamiento, sus compañeros lo observan frecuentemente abrir un libro y ponerse a leer. En cualquier lugar, bajo un poste de alumbrado, en el borde de la cancha mientras otros la desocupan, Ernesto saca de su chaqueta un libro y desaparece del mundo.

Y lee de una manera intensiva, caótica, pero indudablemente con un método, con una extraña guía. Literatura de aventuras y acción, libros de viajes; América Latina: Quiroga, Ingenieros, Neruda; London... Celia le enseña francés y lee a Baudelaire en su idioma original. Y *El decamerón* de Boccacio. Le interesa particularmente la psicología, lee a Jung y Adler. El padre de José Aguilar, un médico exilado español, se sorprende de verlo leer a Freud, y lo comenta con sus hijos; sugiere que quizá es una lectura prematura, "antes de tiempo". Alberto Granado que le lleva varios años no acaba de creerse que haya leído tanto; discuten sobre Zola... se apasionan con *Santuario* de Faulkner. ¿A qué horas lee el Furibundo?

—*Oye, Mial* (de Mi Alberto), *cada vez que el asma me ataca, o que tengo que quedarme en casa tratándome con los sahumerios que me han recetado, aprovecho esas dos o tres horas para leer todo lo posible.* El asma no sólo lo recluye, cuando comienzan los ataques desaparece el apetito. Sin embargo el viejo Guevara registra: "A Ernesto le encantaba comer bien cuando su enfermedad se lo permitía. Al regresar de la escuela, lo primero que hacía era meterse en la cocina y allí se tragaba todo lo que estuviera a mano (...) Cuando estaba bien se desquitaba con verdaderos atracones de sus ayunos obligados por los ataques de asma".

Prueba caminos. Se matricula en un curso de dibujo por correspondencia en la academia Oliva de Buenos Aires. Es un curso mediocre, cuesta dinero, la familia no anda muy bien de plata y Ernesto no tiene talento. Acaba desertando.

En 1943, cuando tiene 15 años, su hermana Celia entra en el liceo de señoritas de Córdoba. Con los dos hijos mayores estudiando allí, al iniciarse el año, Guevara Lynch se asocia con un arquitecto cordobés y alquila una oficina en el centro de Córdoba. La familia se muda, viven en el número 2288 de la calle Chile, una casa en la periferia, grande, al borde de un gran parque y en la cercanía de una villa miseria; chalets de clase media en decadencia mezclados con casas baratas que se estaban derrumbando.

La literatura lo persigue y él a ella. Lee *Las viñas de la ira* de Steinbeck. Lee a Mallarmé, Engels, Marx, Lorca, Verlaine, Antonio Machado. Descubre a Gandhi que lo emociona profundamente. Sus amigos lo recuerdan recitando. A Neruda, desde luego, pero también a poetas españoles. Una cuarteta lo persigue: "Era mentira/ y mentira convertida en verdad triste,/ que sus pisadas se oyeron/ en un Madrid que ya no existe".

Ernesto será un argentino atípico por muchos motivos, pero quizá el esencial es su incapacidad para distinguir el tango de otras músicas populares. Su primer biógrafo, el cubano Aldo Isidrón lo deja claro: "Su oído resiste al mensaje sonoro. A tal extremo que no es capaz de identificar siquiera un tango. Para bailar memoriza los pasos". Y por tanto necesita para poder bailar, aunque sea de vez en cuando, que sus amigos le digan de qué pieza se trata: ¿un fox, un tango? Su prima la Negrita cuenta: "Cuando íbamos a los bailes, sacaba a bailar a las más feas, para que no se quedaran sin bailar, aunque él era sordo para la música".

La Negrita es no sólo su compañera de bailes, probablemente sea también su primer amor adolescente. Cuenta: "En plena adolescencia Ernestito y yo fuimos un poco más que amigos, un día (…) me preguntó si yo ya era una mujer y hubo una especie de idilio amoroso (…) Se sabía los *20 poemas de amor y una canción desesperada* de Pablo Neruda y comenzaba a recitarlos uno a uno y no terminaba hasta el final. Tenía una gran memoria".

Si ese es su primer amor platónico, será una sirvienta llamada la Negra Cabrera, con quien se iniciará sexualmente en esa época. Siguiendo las investigaciones de Anderson, no será la única trabajadora doméstica con la que mantenga relaciones durante su adolescencia.

El 18 de mayo nace Juan Martín, el último de los hermanos de Ernesto. Refiriéndose a su propia entrada en escena referirá: "No es que mis viejos tuvieran mucho ingenio para poner los nombres. A Ernesto se lo pusieron por mi padre; a Celia, que era la que seguía, por mi madre. A Roberto le tocó el nombre de mi abuelo y a Ana el de mi abuela. Yo fui el último, quedaban dos abuelos y me tocó llamarme Juan Martín, por nacer varón". Al paso del tiempo Ernesto también tendrá cinco hijos y repetirá la falta de imaginación de sus padres en materia de nombres.

En Córdoba ganará un hermano y perderá a su perra Negrina, que los había acompañado desde Altagracia. Callejeando será descubierta por un funcionario de la perrera que le arrojará cianuro en el lomo. La perra se envenena al lamerse y muere casi inmediatamente. Ernesto organiza a sus amigos para buscar al asesino infructuosamente. En la derrota organiza un entierro del animal, con todo y ataúd.

Prosigue en el rugby con los hermanos Granado. Pasa del Estudiantes al Club Atalaya. Su amigo Barral lo recuerda como "el más duro". Sigue jugando con el vaporizador a un lado de la cancha. De aquella época es el apodo maldito que lucirá con orgullo.

—*Me decían el Chancho.*

—¿Por lo gordo?

—*No, por lo cochino*

Su fobia al agua fría, que le desencadena a veces los ataques de asma, se ha convertido en unos hábitos higiénicos poco sólidos. Su falta de amor por los baños y las duchas lo acompañará el resto de los días de su vida.

En esos años despliega no sólo sus malos hábitos higiénicos sino también su antimilitarismo. Ante un golpe militar que se produce en esos días en Argentina declara en clase:

—*Los militares no le dan cultura al pueblo, porque si el pueblo fuera culto no los aceptaría.*

Se produce un pequeño escándalo, la maestra se asusta y lo saca de la clase. A fines del 43 Granado está en la cárcel a causa de la huelga universitaria contra los militares golpistas, Ernesto lo visita a veces. Su amigo le pide que hable en mítines, que haga protestas. Ernesto contesta que si a él no le dan una pistola no sale a la calle.

No le interesa mayormente la acción política. Ni entonces ni dos años más tarde (1945), aunque de vez en cuando se ve atrapado en actividades, como cuando acompaña a un acto a su amigo Gustavo Roca, dirigente estudiantil, que es reprimido por la policía. El mito de su militancia adolescente se diluye en la nada. *No tuve ninguna preocupación social en mi adolescencia y no tuve ninguna participación en las luchas políticas o estudiantiles en la Argentina.*

Es entonces, en el 43, a los 15 años, un adolescente en el que comienzan a desdibujarse los rasgos aniñados, la boca se endurece levemente, la apariencia de niño precoz va dejando lugar a la del adolescente fachoso que conserva el pelado al rape. Sus calificaciones en el Dean Funes en cuarto de bachillerato resultan coherentes con el personaje. Parece ser que Ernesto no admite el accidente: muy buenas en literatura, pésimas en inglés; muy buenas en filosofía, pésimas en música; buenas en historia, flojas en matemáticas e historia natural.

Al año siguiente comienza a integrar un diccionario filosófico a partir de sus lecturas; se trata nuevamente de ordenar el desorden, de imponerle orden al caos. Lo seguirá durante un par de años. Intenta sistematizar lecturas, dejar registro de ideas. Utiliza un simple sistema alfabético: "Platón" y ahí van las notas, "paranoia" y ahí van; tiene además una utilidad práctica para su autoconsumo *y el de los estudiantes*, como le diría más tarde a Eduardo Galeano. Se quedará la costumbre de registrar las lecturas junto con la de anotar un comentario sobre los libros. Sólo una personalidad caótica puede ser tan ordenada en sus lecturas. Los "cuadernos filosóficos" muestran el interés por el marxismo, que va creciendo a lo largo de los años, y que incluye textos de Stalin, biografías de Lenin, una revisión de Engels y de Marx; expurga *Mi lucha* de Hitler y los escritos de Mussolini. Lee a Zola sobre el cristianismo y se sumerge en una lectura atenta de Freud, Nietzche, Bertrand Russell y H.G. Wells. Anderson registra la manera en que su hermano Roberto se sorprendía por cómo Ernesto repasaba minuciosamente la *Historia contemporánea del mundo moderno*, una colección de 24 tomos de la biblioteca familiar. Al paso del tiempo iría tomando notas sobre las notas, en la medida en que cambiaba su percepción y retornaba a las lecturas sobre un mismo tema.

El 24 de febrero de 1946 se llevan a cabo las elecciones que ratifican el mandato de Perón. No puede votar, porque le faltan unos meses para ser mayor de edad. Se inscribe en el servicio militar y lo declaran no apto a causa del asma.

Termina el liceo en el Dean Funes. Decide estudiar ingeniería. ¿Por qué no letras, filosofía o sicología, que parecen ser los mayores intereses en su vida juvenil? ¿Domina una mentalidad práctica sobre las pasiones?

Viaja entonces a Buenos Aires y se instala en casa de su tía Beatriz y su abuela Ana, la madre de su padre, con las que siempre ha estado muy ligado emocionalmente. Se inscribe en la facultad de ingeniería de la universidad. Hijo de una clase media que no se puede dar demasiados lujos, aprovecha las vacaciones para estudiar un curso de laboratorista de suelos y lo aprueba junto a su amigo Tomás Granado. En una carta a sus padres cuenta que es *laboratorista de campaña en los Laboratorios de Vialidad. Trabajábamos por las mañanas y estudiábamos por las tardes (...) Aprobamos el curso en los primeros lugares y nos adjudicaron el puesto de especialistas en suelos.*

Trabaja en planes viales y de construcción de obras públicas en pequeñas ciudades entre Córdoba y Rosario. Hacia fin de año le escribe a su padre: *Me contaba el encargado que yo era el único laboratorista que él había conocido en 10 años que no aceptaba la comida y uno de los dos o tres que no coimeaba. Vos tenés miedo de que les tuviera demasiada consideración, pero yo les he hecho parar y recompactar un buen cacho de camino.*

Combatiendo contra constructores que suelen facilitar las cosas ofreciendo "mordidas", se entera del asesinato de Gandhi, su héroe de juventud, lo que le afecta profundamente. Decide continuar con el trabajo e iniciar los estudios de ingeniería por la libre, por lo que pide los programas de estudio. Le escribe a su padre: *Si se puede rendir libre* (las materias de ingeniería para las que pidió los programas) *me voy a quedar todo el invierno, pues calculo que ahorraría entre 80 y 100 pesos mensuales. Tengo 200 de sueldo y casa. De manera que mis gastos son en comer y comprarme unos libros con qué distraerme.*

Pero algo altera sus planes: se enferma su abuela Ana y cuando recibe una carta de su padre renuncia al trabajo en Vialidad y viaja de inmediato a Buenos Aires para cuidarla. Durante 17 días, al pie de la cama de su abuela, que ha tenido un derrame cerebral y una subsecuente hemiplejía, acompaña a la mujer cuidándola y alimentándola hasta su muerte.

Sin ninguna duda, los largos días de la agonía de su abuela a la que estaba muy ligado, quizá su propia experiencia con el asma que ha llevado a cuestas estos años, lo hacen tomar una decisión radical. Decide estudiar medicina en lugar de ingeniería y se inscribe en la nueva carrera.

CAPÍTULO 2

Toda esa fuerza que se gasta inútilmente

La famosa foto de su viaje por Argentina en bicimoto, 4 500 kilómetros. Córdoba 1950. *(Archivo* Bohemia)

Caminando sobre el acueducto, el juego y el riesgo.

En busca del personaje perdido. Es una foto que se puede adivinar antes de verla, anticipada. La vieja fotografía muestra el anfiteatro de una facultad de medicina; un par de docenas de estudiantes se retratan ante un cadáver desnudo y abierto en canal depositado en una plancha. ¿Necrofilia, tradición o reto profesional? Algunos de ellos sonríen tímidamente, la enorme mayoría asume su papel de futuros doctores con la seriedad y el decoro obligado; el único con una sonrisa abierta, casi ofensiva, está colocado en la fila superior, casi oculto, es un Ernesto Guevara de 20 años... Hay tres mujeres en la foto, una de ellas, una muchacha de rostro redondo pero duro, quizá a causa de unos ojos un tanto separados y de mirada intensa, es Berta Gilda Infante, llamada por sus amigos Tita.

Tita, cuenta: "Escuché varias veces su voz grave y cálida, que con su ironía se daba coraje a sí mismo y a los demás, frente a un espectáculo que sacudía al más insensible de esos futuros galenos. Por su acento era un provinciano, por su aspecto un muchacho bello y desenvuelto (...) Una mezcla de timidez y altivez, quizá de audacia, encubría una inteligencia profunda y un insaciable deseo de comprender y, allá en el fondo, una infinita capacidad de amar". *Cuando empecé a estudiar medicina la mayoría de los conceptos que tengo como revolucionario estaban ausentes en el almacén de mis ideas. Quería triunfar, como quiere triunfar todo el mundo; soñaba con ser un investigador famoso, soñaba con trabajar infatigablemente para conseguir algo que pudiera estar, en definitiva, puesto a disposición de la humanidad, pero en aquel momento era un triunfo personal. Era, como todos somos, un hijo del medio.*

El sonriente Guevara parece estarse tomando en serio el asunto en ese primer año: pasaba de 10 a 12 horas diarias en la biblioteca. El secretario académico Mario Parra, reseña: "Lo conocí porque los empleados de la biblioteca me lo señalaron como ejemplo de estudio. Cuando estudiaba no conversaba con nadie". ¿Y está estudiando medicina? Porque en este primer año sólo presenta tres materias y sus notas no son excepcionales: abril del 48, anatomía descriptiva con calificación de "bueno"; en noviembre parasitología "bueno" y en agosto embriología con tan sólo un "aprobado". ¿Concentración? Sí. ¿Mucho interés? No está tan claro.

¿Qué hace entonces en la biblioteca? Lee literatura, desde luego. Lee sicología; estudia los temas médicos que le interesan, no los que está cursando. ¿Se ausenta de su casa a causa de las tensiones familiares?

Desde 1948 la familia se ha mudado a Buenos Aires donde viven en la calle Araoz 2180. Su padre ha alquilado un pequeño despacho en la calle Paraguay donde duerme frecuentemente. Aunque no existe ningún testimonio directo del padre, la madre o el propio Ernesto sobre esta separación, parece ser que los conflictos entre Celia y Guevara Lynch habían llegado al límite y que se encontraban al borde de la ruptura, resuelta temporalmente con una separación a medias: el padre vive en su despacho aunque visita la casa familiar. Cuesta trabajo al historiador desentrañar la verdad y de esa verdad, su trascendencia. En el origen de las tensiones estaban sin duda los líos de "faldas" de don Ernesto y sus continuas aventuras económicas que solían acabar en desastre. Quizá debido a esto, Ernesto pasa más tiempo en la biblioteca de la facultad de medicina que en su cuarto en la calle Araoz, un cuarto curioso, según la descripción de su padre: "Una pieza chiquita y muy extraña. Tenía por un lado un gran balcón corrido que daba a la calle y por otro lado tenía una puerta con balcón también, pero este balcón inexplicablemente miraba a la escalera de entrada. En él también dormía Roberto. Tenían una cama marinera doble, todo el resto de la pequeña habitación estaba ocupado por un gran ropero, una cómoda, dos bibliotequitas, una mesa y una mesita sobre las cuales se amontonaban libros de todas clases".

A esos días se remonta la famosa foto del adolescente soñador, un bello retrato en el que Ernesto está acostado en el suelo del balcón, cercado por las rejas, con los brazos cruzados bajo la cabeza y una camisa blanca, mirando al cielo; un cielo que se adivina y se ve más allá de los tejados de una ciudad de edificios roñosos y árboles pelados por el otoño. No acaba de quitarse la apariencia de un adolescente aunque tenga 20 años.

La camisa blanca tiene historia; historia de verdad. Según su hermano Juan Martín, la camisa tenía nombre, era de nylon y la llamaba "la semanera" porque con lavarla una vez por semana era suficiente y se planchaba sola. Calzada recupera una conversación entre Ernesto y su prima la Negrita:

—¿Sabés qué dijo Buda?

—No.

—Que con un hombre que cambia mucho de ropa no se pueden cambiar ideas.

La apariencia desarrapada de Ernesto siempre fue motivo de conversación familiar y amistosa. El padre recordará en el futuro que Ernesto jamás se ponía una corbata y que llegó a usar "botines de distinto color y distinta forma", a más de unos pantalones sin planchar y "la semanera". Uno de sus amigos registra que conseguía zapatos viejos y que una vez consiguió unos que eran de color café deslavado, casi lilas.

En su primer año de estudios retorna el amor por el ajedrez. Compite en el interfacultades, representando a la facultad de medicina, incluso llega a jugar una simultánea con el gran maestro internacional Miguel Najdorf en el hotel Provincial de Mar del Plata y pierde. Lo curioso es la combinación entre las vocaciones de la reflexión y la violencia del rugby, que sigue practicando. Su amigo Roberto Ahumada señala: "Para un asmático correr durante 70 minutos jugando rugby era una proeza", y Ernesto se destacaba como jugador fuerte con "estilo macho". Su afición lo llevará un par de años más tarde a ser editor y cronista, bajo el seudónimo asumido y ahora achinado de Chang-cho, de la revista *Tackle*.

De aquellos años quedan en el recuerdo sus relaciones paternales con el pequeño Juan Martín, así mismo llamado por Ernesto Patatín, o Tudito, por "pelotudito", cosa que al pequeño lo sacaba de quicio. El niño lo veía como a un gran personaje, un carácter heroico que se crecía en sus esfuerzos por buscar la normalidad a pesar de los terribles ataques de asma. Ernesto le había enseñado al pequeño Juan Martín un poema: "Dos amigos se fueron corriendo/debajo de un árbol/ huyendo de un trueno que los sorprendió./ Bum... el trueno cayó./ Pero el que tenía la imagen de san Crispinito/ a ese, a ese lo mató". Las señoras se azoraban ante tan tremendo ateísmo recitado por un infante con rostro angelical.

De 1948 queda también su empleo en la sección de abastos de la municipalidad en la que luego trabajaría como vacunador.

En el 49 participa en la olimpiada universitaria, que se realizaría en Tucumán, en ajedrez y atletismo, y como el reto le parece menor, sorprendentemente se inscribe en salto de garrocha con un registro inicial de 2.80 m. Los biógrafos panegiristas futuros partirán de esta locura para añadir a los deportes practicados por Ernesto el salto de pértiga. Testimonia su amigo Carlos Figueroa: "Cuando le preguntaron dónde tenía la garrocha respondió que creía que la proveían en la universidad. Le consiguieron una y saltó, pero no pudo figurar en nada, porque no tenía ni noticias de cómo se usaba".

Su paso por la universidad es muy poco atractivo, se limita a presentar una materia en marzo, una julio y una en noviembre, con toda calma y obteniendo simples "aprobados". Políticamente se mantiene al margen de las fuerzas de izquierda. Un militante de la Juventud comunista que suele pasarle material escrito de su organización comentará: "La relación era ríspida, difícil", y define a Ernesto como un hombre con ideas éticas, pero no políticas. Con Tita Infante, que es miembro de la Juventud comunista, suele tener ásperas discusiones en las que acusa a los marxistas de sectarios y faltos de flexibilidad. Quizá su desapego por la universidad quede explicado en una reflexión de la propia Tita: "Ambos por distintas razones éramos un tanto extranjeros a esa facultad, él quizá porque sabía que no podía encontrar ahí sino muy poco de lo que buscaba. Nuestro contacto fue siempre individual. En la facultad, en los cafés, en mi casa, rara vez en la suya..."

Sigue jugando rugby a pesar de las advertencias médicas de que le puede costar un disgusto bajo la forma de un ataque al corazón; su padre trata de convencerlo, pero Ernesto se cierra ante cualquier sugerencia y responde: *aunque reviente*, y a lo más que llega el padre es a convencer a algún compañero para que corra al costado de la cancha al mismo tiempo que él con un inhalador, y de vez en cuando Ernesto se detiene para darse unos cuantos bombazos.

En los últimos días del 49, Ernesto se despide de sus compañeros con un: *Mientras ustedes se quedan aquí preparando esas tres asignaturas, yo pienso recorrer la provincia de Santa Fe, el norte de Córdoba y el este de Mendoza y de paso estudiar algunas asignaturas, para aprobarlas.*

Había planeado un extraño viaje en la lógica del "raidismo", la filosofía de los errantes, los vagabundos organizados, los viajeros a ultranza. Adaptando un pequeño motor de fabricación italiana marca Cucciolo a su bicicleta, pensaba aumentar la potencia y viajar estudiando. El primero de enero, ante la fascinación de sus hermanos menores y el desconsuelo de sus padres por las "locuras de Ernesto", parte. Deja como huella de su salida la superfoto de los lentes oscuros. Está tomada frente al hospital italiano de Córdoba. Tiene un aspecto fiero, con gorra y antiparras, sentado sobre su bicicleta y con un abrigo de cuero. Una foto que sería pública antes de que Guevara fuera el Che, porque terminó impresa como publicidad en la revista *Gráfico* durante varias ediciones, haciendo las delicias de Juan Martín, que rigurosamente la recortaba: "El estudiante de medicina argentino Ernesto Guevara de la Serna en su bicicleta con motor Cucciolo, ha recorrido con ella toda la república".

Cuando salía de Buenos Aires, la noche del 1º de enero *iba lleno de dudas sobre la potencialidad de la máquina que llevaba y con la sola esperanza de llegar pronto y bien a Ilar, fin de la jornada, según decían algunas lenguas bien intencionadas de mi casa, y luego a Pergamino.*

Pero el viaje progresa sin mayores problemas. Muchas horas de pedal, algo de motor y descansos a medio día para estudiar medicina abajo de un árbol. Conforme avanzan los días, *el cuerpo pide a gritos un colchón, pero la voluntad se opone y continúo la marcha.*

Al salir de Villa María recurre nuevamente a ir de remolque de un carro particular, pero a causa de un reventón de una llanta va a dar al suelo. Se levanta milagrosamente indemne y decide festejar la supervivencia durmiendo al borde del camino. Llega a Córdoba en un camión vacío que le da un aventón con todo y la máquina.

En el camino se ha de encontrar con un vagabundo que, además de darle mate en un termo de dudoso origen, se acuerda que fue peluquero y le corta el pelo. *Llevé mi cabeza pelada como si fuera un trofeo a casa de los Aguilar cuando fui a visitar a Ana María, mi hermana.*

Durante la visita a su hermana hará turismo visitando un lugar llamado Los Chorrillos donde hay una bellísima caída de agua. Hará sus primeras experiencias de alpinismo (*Ahí aprendí la ley primera del alpinismo: es más fácil subir que bajar*) y jugando a bordear el peligro, como ha hecho tantas veces desde la infancia, practica clavados ante el horror de sus amigos en una poza que no tiene más de 60 centímetros de profundidad.

El 29 de enero sigue viaje hacia la leprosería donde está trabajando el mayor de los Granado, Alberto. Pedaleando y con el motor a medio quemarse, llega al leprosario José J. Puente en el pueblo de Chañar, en las cercanías de Córdoba.

En uno de aquellos días, el futuro doctor y el especialista atienden juntos a una paciente muy joven y bonita que tiene lepra y se niega a aceptarlo. Granado le va aplicando frío y calor en las zonas insensibles de la espalda y ella primero trata de adivinar y luego se va sugestionando; de repente Granado le pincha la zona con una enorme hipodérmica y ella no reacciona. Ernesto por poco lo mata, lo llama indiferente, insensible y permanece indignado con su amigo por días. Granado no entiende, se ve obligado a explicarle que era la única prueba definitiva, la única manera… ¿Moraleja en la historia? Supuestamente la hay en todas. ¿Qué sería de una anécdota biográfica sin moraleja? ¿De qué se trata entonces? ¿Debilidad del personaje? ¿Hipersensibilidad? No parecen ser esas las motivaciones profundas de Ernesto. Más bien una reacción a uno de los grandes pecados que ha ido estableciendo en su decálogo, un pecado imperdonable: las afrentas a la dignidad. Si es válida la dureza, no lo es nunca, jamás, el engaño.

Días más tarde sigue Ernesto Guevara su viaje rumbo a Santiago del Estero. De ahí a La Banda, Tucumán. Va consumiendo el norte de Argentina. Un vagabundo, al que encuentra cuando va a dormir en un alcantarillado, le pregunta, al enterarse del viaje que el joven está haciendo:

—¿Toda esa fuerza se gasta inútilmente usted?

El joven Guevara escribe en sus notas de viaje: *Me doy cuenta que ha madurado en mí algo que hace tiempo crecía dentro del bullicio ciudadano: y es el odio a la civilización, la burda imagen de gentes moviéndose como locos al compás de ese ruido tremendo.*

En el camino se encuentra con un motociclista que trae una moto de verdad, una Harley Davidson nuevecita y que le ofrece remolque a 80 o 90 kilómetros por hora; Ernesto, que ya ha aprendido que a más de 40 resulta muy peligroso, se rehusa. Un día después volverá a cruzar su camino con el personaje al entrar a un pueblo, pero lo encontrará muerto en un accidente. Luego, la muerte está allí, en la carretera. También.

En el camino no sólo estudia medicina, va aprendiendo a narrar. En las páginas de su diario se ajusta la metáfora, mejora la descripción, aparecen observados cuidadosamente los paisajes, al mismo tiempo que se complace cada vez más en sus meditaciones *de ermitaño.*

En Salta lo dejarán dormir en una camioneta, subir a pedales la cordillera. Cruzará Tucumán y La Rioja y finalmente Mendoza donde su tía Maruja no lo reconoce a causa de la mugre que carga encima. Y cuando al fin acepta que eso es su sobrino, le da un tremendo almuerzo, le lava la ropa y le llena la mochila de bollos. Luego el retorno por San Luis y de ahí a Buenos Aires. Han sido 4500 kilómetros, y también algo más. ¿Qué? No está nada claro, la experiencia de la soledad, las carreteras, tardará en aposentarse. Un par de fotos para el registro, la del aguerrido bicimotociclista, con mochilón, gabán y antiparras, y la borrosa foto de un adolescente haciendo equilibrios sobre el ducto que cruza un río. Quizá lo único que queda claro es que la universidad comienza a quedarle pequeña.

Cumple sus compromisos y presenta una materia en abril, dos en diciembre. Lentamente se acerca a un título y a una formación profesional.

Tiene 22 años. En octubre de 1950 durante una boda en la casa de los González Aguilar en Córdoba conoce a una joven, María del Carmen Ferreyra, Chichina. Su amigo José González lo cuenta rápido: "En uno de esos impactos fulminantes de la juventud se enamoraron". Chichina es una adolescente simpática, bella, de grandes ojos, el pelo caído sobre el rostro y muchos pretendientes.

Pero la veloz relación no estará exenta de problemas. Ernesto es un hijo de la clase media venida a menos, Chichina es hija de la rancia oligarquía cordobesa. Sus padres son dueños de La Malagueña, una hacienda con dos enormes pistas de tenis, campos para jugar polo, caballos árabes, una iglesia dentro de la hacienda, en la que los lugares de la familia estaban segregados de los de los peones.

Ernesto visitará su casa en mangas de camisa y sin corbata, y cuando los padres descubren que la cosa va en serio parecerá no hacerles gracia. Su amiga Dolores Moyano, que resulta prima de Chichina, resumirá lúcidamente: "Ernesto se enamoró de la princesa, sorprendente, inesperado, todo lo que despreciaba y ella también. Una relación que tenía el aura de lo imposible".

Los primeros combates en la guerra Guevara-Ferreyra serán extraños. González Aguilar cuenta: "Se reían de su sempiterna camisa de nylon, que lavaba cuando se bañaba con ella puesta, y se divertían con su informalidad y desaliño que en aquella tonta edad, a mí me avergonzaba un poco. Pero le escuchaban atentamente cuando hablaba de literatura, de historia o de filosofía y cuando narraba anécdotas de sus viajes"; y Dolores Moyano completa: "El hecho de que Ernesto no le prestara atención a sus ropas, pero tratara de parecer más allá de la moda, era uno de los tópicos de conversación favoritos de nuestros amigos. Uno tenía que conocer la mentalidad de la oligarquía provinciana para apreciar el sorprendente efecto de la apariencia de Ernesto". Obsesionados por suéteres ingleses, botas de cuero y corbatas de seda, "la semanera" de nylon de Ernesto no podía menos que sacarlos de quicio; pero el estilo Guevara lograba la victoria y al llegar a una reunión, en lugar de achicarse por sus pobrezas ante los bienes de la oligarquía, su desenfado se imponía.

Con la ventaja para rehuir los choques frontales, de tratarse de un amor de lejos (Córdoba-Buenos Aires), la relación prospera. Así como se profundiza en paralelo la amistad con Tita Infante, que se va convirtiendo en su compañera intelectual y con la que frecuentemente se cartea. ¿Qué tipo de relación mantienen? Ana María Guevara sospechará que "Tita estaba muy enamorada de Ernesto". ¿Lo estaba Ernesto de Tita? ¿Se trataba de una relación platónica, un amor no correspondido? O quizá algo más complicado: ¿un amor no descubierto?

Ernesto sobrevive mientras tanto el final de 1950 y entre las habituales locuras, genera una nueva: con su amigo Carlos Figueroa adquiere el último lote de un remate en una zapatería, el único para el que les alcanzaba la plata. Emparejaron zapatos y los malvendieron con una pequeña ganancia. Con las sobras salieron a buscar ciegos por las calles y las malas lenguas decían que con las sobras de las sobras, tras haber alcanzado el último nivel de infierno zapatero, se calzaba Ernesto.

A la búsqueda de un poco de dinero para medio llenar el bolsillo, a fines del año 50 saca matrícula para trabajar como enfermero en buques mercantes de la marina argentina y a partir de febrero del 51 comienza a viajar en cargueros y petroleros. En el Anna G, el Florentino Ameghino, el San José y el General San Martín, hará travesías de febrero a junio. Va desde Comodoro Rivadavia, en el sur argentino, hasta Trinidad y Tobago en el Caribe, llegará incluso hasta Brasil y Venezuela. En uno de esos viajes escribe "Angustia (Eso es cierto)", una especie de cuento autobiográfico repleto de reflexiones existencialistas y citas filosóficas, donde se cruza una historia real sucedida en Trinidad Tobago. Es su primera experiencia narrativa.

Es obvio que los viajes en barco le dejan tiempo para estudiar porque presenta tres materias en septiembre, una en octubre y dos en noviembre, cuando vuelve a embarcarse. En noviembre del 51 está en Porto Alegre, Brasil, a bordo del Anna G y le dedica a su tía Beatriz una nota: *desde esta tierra de bellas y ardientes mujeres, un compasivo abrazo hacia Buenos Aires que cada vez me parece más aburrido.* Sin embargo en otra carta deja constancia de que cuatro horas en una isla descargando petróleo, quince días de viaje de ida, quince de vuelta, no es la suma de la diversión.

Las relaciones con Chichina se ven condenadas a visitas esporádicas y al correo. Ernesto le propone a su novia matrimonio con una luna de miel recorriendo América en una casa rodante. Los padres presionan y Chichina no está tan convencida; se producen enfrentamientos políticos. Ernesto y su amigo González Aguilar son acusados de ser comunistas, aunque el joven Guevara en aquella época lejos estará del marxismo, porque se encuentra bajo una fuerte influencia de Gandhi y uno de sus libros favoritos es *El descubrimiento de la India* de Nehru.

Al dejar la marina comienza a trabajar con Salvador Pisani, un famoso alergista que había sido anteriormente su médico. La alergia que sin explicaciones va y viene en su vida, lo paraliza y lo ahoga, desaparece y retorna, es una enfermedad que le interesa profundamente, es su demonio personal. Con Pisani colabora en busca de vacunas y antialérgicos.

Eso no le impide dedicarse a inventar un insecticida (¿ha sacado de su padre su manía por los negocios fáciles que se vuelven ruinosos?). De nuevo con Carlos Figueroa utiliza un producto que se usaba para atacar las plagas de langosta, el gamexane, como base para el posible invento. Para reconvertirlo en insecticida hay que reducirlo en un 80% con polvos de talco. La pareja trabaja mezclando los productos a mano en el garaje pequeño de la planta baja. Toda la casa apesta, incluido el cubo de la escalera. No se puede negar que si sus experimentos no rondan el éxito, siempre abundan en el exotismo. Primero lo quiere llamar Capone, luego trata de registrarlo como Atila, pero ya existe algo así, y terminan llamándolo Vendaval. El 17 de octubre en Córdoba se va a producir una conversación trascendental para el joven Ernesto. Bajo la parra de la casa familiar de los Granado, a los que

Guevara ha ido a visitar, y mientras están arreglando la moto de Alberto, una Norton de 500 cm llamada La Poderosa II, Ernesto sugiere: *¿Y si nos vamos a Norteamérica?*

—¿Cómo?

—*Con la Poderosa, hombre.*

En versión de Granado la idea se la dio su hermano Tomás y él también fue el que sugirió que Guevara estaba lo bastante loco como para acompañarlo. Según el mismo Granado, Ernesto, que había ido a Córdoba para ver a la Chichina, "inició una danza guerrera dando alaridos que firmaba el pacto indisoluble del viaje".

Lo que resulta coincidente de ambas versiones es que Alberto no estaba contento con su trabajo y Ernesto acababa de perder el suyo y además estaba harto de la facultad de medicina, de hospitales y de exámenes...

Un día Ernesto le suelta a su padre de sopetón:

—*Me voy a Venezuela.*

—¿Y tu novia?

—*Si me quiere, que me espere.*

En noviembre, Ernesto ha estado trabajando con un aparato suizo recién llegado para moler vísceras de cadáveres con enfermedades contagiosas en la clínica de Pisani. Por impaciencia no ha esperado un filtro que evitaba que la picadura afectara al operador y se contagia. Dos días después de haber estado utilizando el aparato no se puede levantar a causa de una altísima fiebre. Infructuosamente, trata de ocultarle la enfermedad a su familia, pero es tan fuerte la fiebre que se ve obligado a pedirle a su padre que le consiga una enfermera con un estimulante. El padre se comunica con Pisani, que lo atiende de inmediato. Ernesto parece estar al borde de un fallo cardiaco. Un día después se levanta demacrado a presentar un examen. Ha presentado en medio de sus últimos viajes, su trabajo con Pisani, la enfermedad y las aventuras del insecticida, tres materias en septiembre, una en octubre y tres en noviembre de aquel año de 1951. Según su padre, estaba agotado. Pero "agotado" es y será una palabra poco guevariana.

CAPÍTULO 3

El descubrimiento de América

bordo de la balsa **Mambo-Tango** por el Amazonas con Alberto Granado, en su *imer viaje por América Latina.*

Han diseñado el viaje de una manera un tanto extraña, al norte por el sur. Saliendo de Córdoba bajarán a Buenos Aires para ver a los padres de Ernesto, recorrerán la costa atlántica para despedirse de Chichina y de nuevo al sur, hacia los lagos, para cruzar hacia Chile y de ahí tomar el definitivo rumbo al norte.

En los últimos días de diciembre del 51 parten. Tras escapar de una despedida que se volvía interminable, cuando salen de la casa de los Granado casi van a dar contra un tranvía. El 4 de enero dejan Buenos Aires después de recibir la repetición de las recriminaciones que ya han escuchado en Córdoba. Celia le pide a Alberto que haga lo posible para que Ernesto regrese a licenciarse, "un título nunca sobra". En esta última etapa se ha añadido a la expedición un cachorro de perro policía llamado Comeback, que viaja prendido con las uñas en la sobrecargada motocicleta.

De Buenos Aires a Miramar, un pequeño balneario donde veraneaba Chichina con su familia. Hacia la tercera de las despedidas anunciadas. *Los dos días programados se estiraron como goma hasta hacerse ocho y con el sabor agridulce de la despedida mezclándose a mi inveterada halitosis... Alberto veía el peligro y ya se imaginaba solitario por los caminos de América, pero no levantaba la voz. La puja era entre ella y yo.*

No le resulta fácil a Ernesto la salida, que prevé como una ruptura. ¿Cuántos meses estarán separados? En la parte trasera de un Buick se consuma el adiós. Ella le entrega una pulsera de oro, él le deja a Comeback. *Todo fue una miel continua, con ese sabor amargo de la próxima despedida que se estiraba día a día hasta llegar a 8. Cada vez me gusta más o la quiero más a mi cara mitad. La despedida fue larga ya que duró dos días y bastante cerca de lo ideal. A Comeback también lo siento mucho.*

Finalmente se separan (*después de babear abundantemente mi compañero Alberto Granado me arrancó...*), Chichina le entrega 15 dólares al salir de Miramar. Eran para comprar un traje de baño. Ernesto jura que no se lo gastará en otra cosa, que primero pasará hambre, y que al llegar a Norteamérica se lo comprará.

El 16 de enero los motociclistas están en Bahía Blanca. Una caída en las afueras de la ciudad provoca que Ernesto se queme el pie con el sobrecalentado cilindro y la herida no acaba de cicatrizar. Vagan varios días por los pueblos de la costa y son demorados por una enfermedad de Ernesto en Benjamín Zorrilla. Carreteras interminables, dormir en estaciones de policía, hospitales, comer a medias, paisajes nuevos...

Finalmente cruzan la frontera con Chile el 14 de febrero, pactando con el patrón del Esmeralda que les cruce la moto en el lanchón que remolca el barco, a cambio de trabajar achicando la sentina. Ernesto se encuentra con un ataque de asma. *Pagábamos el pasaje y el de la Poderosa con el sudor de nuestras frentes.*

El 16 van rumbo a Osorno haciendo un trabajo divertido, transportar una camioneta. Ernesto va descubriendo en el Chile indígena, *algo totalmente diferente a lo nuestro y algo típicamente americano, impermeable al exotismo que invadió nuestras pampas.* Al día siguiente duermen en una estancia donde hablan con un peón sobre la reforma agraria, el campesino no quiere saber nada de esas modernidades. La moto va dando problemas. En Temuco un periodista les hace un reportaje para el periódico *Austral.* Ahí revelan uno de sus planes: "Dos expertos argentinos en leprología van hacia la isla de Pascua", desean visitar Rapa Nui. El reportaje los sube de categoría, son "los expertos" y mejora el trato que ya de por sí es bueno. En su diario Ernesto no se aburre de alabar la generosidad chilena, lo que no mejoran son las condiciones del viaje: *en la vestimenta de cama y la del día, la diferencia la hacían los zapatos.*

Al salir de Temuco sufren un accidente grave: *sin que nada nos lo anunciara, la moto dio un corcovo de costado* y van al suelo, están indemnes de milagro; se ha roto el cuadro y el chasis de aluminio que protege la caja de velocidades.

Soldar el cuadro de la Poderosa, a la que ya para estas alturas Ernesto llama "la debilucha", les consume el resto del dinero que les queda.

Mientras la moto se repara, en Lautaro se cruzan con un grupo de chilenos y terminan bebiendo vino con ellos. Ernesto cuenta: *Resolvimos tirar una cana al aire en compañía de unos ocasionales amigos que nos convidaron a tomar unas copas. El vino chileno es riquísimo y yo tomaba con una velocidad extraordinaria, de modo que al ir al baile del pueblo me sentía capaz de las más grandes historias (...) Uno de los mecánicos del taller que era particularmente amable me pidió que bailara con la mujer porque a él le había sentado mal la mezcla, y la mujer estaba calientita y palpitante y tenía vino chileno y la tomé de la mano para llevarla afuera; me siguió mansamente pero se dio cuenta de que el marido la miraba y me dijo que ella se quedaba; yo ya no estaba en situación de entender razones e iniciamos en medio del salón una puja que dio como resultado llevarla a una de las puertas, cuando ya toda la gente nos miraba, en ese momento intentó tirarme una patada y como yo seguía arrastrándola le hice perder el equilibrio y cayó estrepitosamente. Mientras corríamos hacia el pueblo, perseguidos por un enjambre de bailarines enfurecidos, Alberto se lamentaba de todos los vinos que le hubiera hecho pagar al marido.*

Granado habrá de recordar más tarde que el Furibundo Serna, el Fúser, dijo entonces muy serio: *Debemos prometernos no conquistar en el futuro mujeres en bailes populares.* Pagarán el pecado, porque a causa de la resaca embestirán al salir del pueblo una manada de vacas (*formaciones semejantes a vacunos*) con la moto sin frenos.

Los siguientes días se irán en kilómetros de carretera y remiendos a la moto, que en palabras de Granado, "pide clemencia". En el pueblo de Los Ángeles, y gracias a la oportuna intervención de dos señoritas, podrán dormir en el cuartel de bomberos y participar en la lucha contra un incendio. No sólo descubren el liberalismo de las chilenas, sino que salvan un gato, lo cual provoca los aplausos del público (Ernesto dirá que fue Granado el salvador, Granado narrará cómo se debe la supervivencia del animal a Ernesto).

Llegan a Santiago gracias a un camionero que los contrata para hacer una mudanza.

—Estate quieto, José, deja a estos porteños que se las arreglen…

Y Ernesto levanta un ropero anchísimo y pesado diez centímetros del suelo y lo lleva a lo largo de todo el pasillo, y retorna ante los estupefactos camioneros y el propio Granado.

—*Yo ya terminé* —y los deja acabar con la mudanza.

En Santiago descubrirán que está de paso un equipo de waterpolo argentino y se arriman a ellos. La moto ha pasado a mejor vida: "El cadáver de una vieja amiga", dirá Granado como despedida. La pérdida de la moto significa una pérdida de estatus, y Ernesto lo precisa: *Hasta cierto punto éramos los caballeros del camino. Pertenecíamos a la rancia aristocracia "vagueril" y traíamos la tarjeta de presentación de nuestros títulos que impresionaban inmejorablemente. Ahora ya no éramos más que dos linyeras… que viajan con la ayuda del dedo a Valparaíso.*

Gracias a la benevolencia del dueño de un restaurantito que vende pescado (llamado La Gioconda, lo cual da oportunidad a Ernesto de hablar sobre la sonrisa de la…) subsisten unos días mientras esperan un barco que los lleve a la isla de Pascua. Un viaje imposible, porque no encuentran transporte. En las próximas semanas la isla se va desvaneciendo:

El 8 de marzo a bordo del San Antonio viajarán de polizontes rumbo a Antofagasta. Las versiones difieren: Granado dirá que estaba pactado con el oficial; Ernesto, que se metieron de polizontes y se escondieron. *Permanecimos día y medio en los baños. Cuando alguien se acercaba a abrir la puerta, una voz cavernosa le decía: "ocupado", al siguiente una meliflua vocecilla: "no se puede"; y cuando no había moros en la costa pasábamos al baño vecino para repetir alternadamente la contestación.* Sea una u otra versión la real, terminarán limpiando los baños y pelando cebollas, lo que Ernesto aprovecha para tomarle una foto a Granado llorando.

En el trayecto un marino les hace una sabia reflexión, que sin duda debe haberles sido útil a esta altura del viaje:

—Compañeros, están a la hueva de puro huevones, ¿por qué no se dejan de huevadas y se van a huevas a su huevona tierra?

En Antofagasta se mueven hacia las zonas mineras. Granado envidia la capacidad de Ernesto de dormir en las peores situaciones. Allí los sacuden las condiciones de explotación de los mineros en las compañías inglesas (*la grandeza de la planta minera está basada sobre los 10 mil cadáveres que contiene el cementerio*). En el correr de los días conocen a un minero comunista. Resulta interesante la opinión de Ernesto sobre el personaje: *Realmente apena que se tomen medidas de represión para personas como éstas. Dejando de lado el peligro que puede ser o no para la vida sana de una colectividad, el gusano comunista que había hecho eclosión en él no era más que un natural anhelo de algo mejor.* De Antofagasta hacia las salitreras de Iquique. Ernesto recita de memoria por los caminos a Pablo Neruda, suelen ser versos de *Tercera residencia*. De repente Ernesto sorprende a Granado con unos versos que éste no identifica que hablan de los "arroyos de la sierra". ¿Neruda? No, José Martí. Llegan a Arica durmiendo en estaciones de tren, visitando hospitales, haciendo prácticas. Se despiden de Chile con un baño en el mar, *con todo y jabón*, antes de viajar a Perú.

El 23 de marzo dejan Chile. Han recorrido 3500 kilómetros de sur a norte.

Las primeras sensaciones de Perú están asociadas con el cansancio: *Ya las mochilas nos pesaban como si hubiéramos centuplicado la carga.* Llegarán caminando a mitad de la noche a una casa campesina. Presentándose como doctores y argentinos tienen las puertas abiertas. "De la tierra de Perón y Evita, donde no joden a los indios como aquí", dirá el campesino.

Del 24 al 31 de marzo van avanzando lentamente hacia Cuzco tras recorrer el lago Titicaca. Comiendo a veces, viajando en camiones de carga junto con indios y animales, constatando el racismo y el maltrato a los indígenas.

En Juliaca se ven envueltos en una discusión de cantina con un sargento de la guardia civil que insiste en que Alberto se ponga frente a él para que pueda encenderle el cigarrillo de un tiro de pistola. Como Granado no está por la labor, va ofreciendo dinero, y va aumentando su apuesta. *Cuando iba por los doscientos soles —puestos sobre la mesa— los ojos de Alberto echaban chispas, pero el instinto de conservación pudo más fuerte y no se movió.* Todo termina cuando el policía dispara a su propia gorra, fallando, claro.

En Cuzco, Ernesto queda rendido ante el mundo inca. Se le enloquece el lenguaje, se le desatan las metáforas, vuelan las imágenes en sus notas de diario. Cuzco *es evocación. Un impalpable polvo de otras eras sedimenta entre sus calles.* Hay sin duda un arqueólogo escondido en el futuro doctor Guevara. En su diario describe con precisión y fascinación la ciudad. Pero si Cuzco lo cautiva, Machu Picchu lo conmoverá: *El marco necesario para extasiar al soñador.* ¿Qué ve detrás de las evidentes muestras de grandeza de las culturas prehispánicas? Un joven argentino tiene como referencias de palacios, templos, pirámides, Egipto o Mesopotamia. No mayas, chibchas, incas, aztecas, toltecas. ¿Hispanoamérica? ¿Un elemento más a sumarse a su descubrimiento del continente? El viaje se vuelve de estudio y recopilación de datos que curiosamente utilizará un par de años más tarde para escribir un artículo.

El 6 de abril abandonan la zona arqueológica para dirigirse hacia el hospital de leprosos de Huambo, uno de los objetivos del viaje. En el trayecto Ernesto sufre un terrible ataque de asma y a pesar de dos inyecciones de adrenalina, al caer la noche en una estación de policía, se le recrudece, metiéndole un susto tremendo a Granado, que cree que está ante un espasmo tetánico, porque no se lavaron bien las agujas, y piensa que Ernesto se puede morir allí. Una segunda dosis hace ceder el asma. *Arropado en una manta del policía encargado del puesto, miraba llover mientras fumaba uno tras otro cigarros negros, que aliviaban algo mi fatiga; recién de madrugada pegué los ojos recostado contra la columna de la galería.*

El 14 de abril llegan a Huambo y descienden a los infiernos. Con un solo médico que va cada dos meses y un grupo de personas que se desviven para mantener las precarias instalaciones, Huambo es más un campo de reclusión que un hospital. Durante algunos días se dedican a la medicina. Ernesto continúa con un ataque de asma. Al abandonar Huambo se recrudece, al grado que Granado tiene que tratarlo en Andahuaylas donde hay un pequeño hospital. Un médico aristócrata termina expulsándolos del sanatorio y duermen en una comisaria policiaca.

Hasta fines de abril deambularán por el país, haciendo un poco de médicos, viendo y observando el racismo brutal de la sociedad peruana. Finalmente el 1º de mayo llegan a Lima. *Estábamos en el final de una de las más importantes etapas del viaje, sin un centavo, sin mayores perspectivas de conseguirlo a corto plazo, pero contentos.*

En Lima van a ver al doctor Hugo Pesce, cuya fama le ha precedido por ser uno de los cuadros de la investigación científica, marxista y hospitalario, vinculado a la atención y la investigación de las enfermedades de los pobres, estudioso de la malaria y la lepra. Pesce los recibe con cariño, muy atento a los dos doctores vagabundos interesados como él en la lepra. A través suyo y de su asistente Zoraida Boluarte, les consigue alojamiento en el leprosario Guía, que es regenteado por rígidas monjas salesianas.

Ernesto y Granado durante aquellos días suelen saltar la tapia frecuentemente para evadir los horarios de clausura a los que las monjas los someten y pasar veladas en casa del doctor Pesce, que se hace responsable de alimentarlos, o visitar a la familia Boluarte en la calle de Leoncio Prado.

Si Pesce ofrece cobijo, comida y conversación, Zoraida se vuelve el hada madrina de los dos argentinos. Les lava la ropa, les completa la dieta con panes y mermelada y les pone tangos en su radiola. Una periodista cubana que entrevistó a la asistente social Boluarte años después, piensa que la relación entre Ernesto y Zoraida fue mucho más que amistosa; que en aquellos días en Lima, mantuvieron una relación amorosa. Zoraida hablará de "una amistad muy fraternal".

Diez días más tarde dejarán Lima. En la despedida Pesce insiste en que le comenten su libro *Latitudes del silencio*. Ernesto no resiste y lo crucifica, lo acusa de ser un mal narrador del paisaje y pesimista en el análisis de los indios. Granado se encrespa, cómo se atreve, se ha portado de maravilla con ellos. Y Ernesto remata explicando que la verdad es así, dura. Pesce asumirá las críticas con humildad. Los dos argentinos llevarán de él un gran recuerdo y además un par de trajes que el doctor le regala a Ernesto, que ya anda harapiento.

Emprenderán ahora el camino hacia la Amazonia. En una carta a sus padres a Ernesto no se le ocurre más que decirles: *Si dentro de un año no tiene noticias nuestras, busquen nuestras cabezas reducidas en algún museo yanqui, porque atravesaremos la zona de los jíbaros...*, lo que causa desazones familiares.

Después de recorrer carreteras infames donde hacen algo de medicina curando a un accidentado o diagnosticando una neumonía a un chofer, llegan a Pucallpa en la Amazonia peruana y se trepan a un barquito llamado *La Cenepa*. A lo largo del viaje mantienen relaciones ambos y "sin interferirnos" como diría Granado, con una muchacha medio liviana (*putita*, diría Guevara, que es bastante radical en materia de lenguaje), que gusta de las narraciones de los raidistas. Días interminables, noches de mosquitos.

Ernesto recuerda a Chichina, y la recuerda como quien da por acabado un episodio, la imagina con un nuevo novio en su hacienda, *donde debía estar pronunciando en esos momentos algunas de sus extrañas y compuestas frases a su nuevo galán.*

En Iquitos cambian de barco y se suben a una motonave, *El Cisne*. Ernesto sufre un ataque de asma potente, llega a ponerse cuatro inyecciones de adrenalina al día. Finalmente el 8 de junio arriban al leprosario de San Pablo, perdido en mitad de la selva.

En el leprosario no sólo dan consulta y atienden a varios pacientes, también estudian con los médicos, pescan en el río y juegan fútbol con los leprosos. A lo largo del viaje, en su diario, Ernesto llevará un minucioso registro de los partidos de fútbol y de sus actuaciones como portero.

El 14 de junio le celebran el 24 cumpleaños a Ernesto. *El día de san Guevara.* "Fúser estaba de moda". Su inhabilidad para el baile lo mete en líos. Le pide a Granado que le dé con el codo si es un tango lo que está sonando y a Alberto se le olvida la señal y lo codea cuando tocan una pieza brasileña, para recordarle que esa era una de las favoritas de la Chichina y en el equívoco lo manda a bailar una samba como si fuera un tango.

Tres días más tarde Ernesto logra una de las hazañas por las que daría la vida, cruzar a nado el Amazonas, una travesía en diagonal de unos cuatro kilómetros aprovechando la corriente. Sale a la orilla jadeando, pero lleno de felicidad.

Al río Amazonas volverán unos días más tarde cuando abandonan el hospital en una balsa rudimentaria, con una cabaña de ramas en el centro que les fabrican los leprosos, la *Mambo-Tango*, con la que navegan durante tres días río abajo. Queda para la historia una foto en que los dos argentinos se muestran orgullosos a bordo de la balsa, ambos apoyados en sus remos, Ernesto con camiseta de veneciano, Granado con pantalones casi bombachos.

Por ir durmiendo, la *Mambo-Tango* deriva siguiendo la corriente hacia Brasil y se ven obligados a cruzar el río en canoa para llegar a Leticia, en

Colombia, donde vagando por el pueblo se encuentran con el gerente del Independiente Sporting de Leticia al que convencen de sus habilidades futbolísticas y aceptan en principio entrenar al club a tiempo sin definir y a sueldo por definir según resultados. El 26 de junio comienzan a trabajar en el mejor empleo que han tenido en todo el viaje. Granado relata que el estilo del club se asemejaba al juego de los argentinos de los años treinta, "con el arquero clavado bajo los palos, los zagueros metidos dentro del área y la línea media corriendo toda la cancha". Los dos brillantes técnicos introducen la marcación hombre a hombre y en horas, tras un juego de práctica de la delantera contra la defensa, logran resultados maravillosos.

En los ratos libres los dos entrenadores leen una geografía y una historia de Colombia; por los periódicos y las conversaciones se enteran de la historia del bogotazo, los enfrentamientos entre liberales y conservadores y la actual guerra de guerrillas campesina en los llanos.

Los entrenamientos continúan. Ernesto comienza a jugar de portero y mueve a la defensa para que se le quite la rigidez. Entre eso y darse una vuelta al hospital para ver casos de paludismo se van pasando los días. En el primer partido del Independiente Sporting pierden, pero el público se maravilla de los avances del equipo.

Llega finalmente la fecha de un torneo relámpago, cuyo primer juego ganan con gol de Granado, al que las masas locales bautizan "Pedernerita", en honor del crack argentino Pedernera, por su estilo driblador. Ernesto está genial en la portería. En la final terminan cero a cero y tienen que definir el trofeo en una tanda de tres penaltis. Ernesto detiene el tercero (*me atajé un penal que va a quedar para la historia de Leticia*), pero de poco servirá porque el delantero centro de su club falla los tres.

Un día después, en el último entrenamiento, Ernesto, herido en la rodilla, se mueve durante la ceremonia de izar la bandera para buscar un papel con el que cortar la sangre y un coronel le echa tremenda bronca. Puede ser que acabe mal la fulgurante carrera de los entrenadores. Granado piensa en ese momento que el temperamento áspero de Ernesto vencerá y se armará en grande, pero Guevara sonríe y traga (*agaché el copete*).

Es la hora de partir. A pesar de las ofertas para que sigan entrenando al club, cobran su salario, venden lo que les sobra de la balsa y salen en avión para Bogotá en un vuelo de carga militar.

En Bogotá les sorprende la cantidad de policías con armas largas en las calles. Se siente el peso de la dictadura de Laureano Gómez. Se reúnen con dirigentes estudiantiles, hablan de literatura, les cuentan el bogotazo, comen en un comedor estudiantil, duermen sobre sillas en un hospital.

Por una tontería se enredan con las arbitrariedades de la policía colombiana que los detiene amenazándolos con la deportación. Una noche Ernesto estaba haciendo un plano en la tierra con un pequeño puñal para orientarse en Bogotá, cuando unos policías los detienen y les requisan el cuchillo. Al tratar de reclamarlo al día siguiente, son detenidos de nuevo y amenazados, tratados *en forma vejante*. Granado se indigna no sólo por los abusos policiacos, sino también por la apatía de la gente que les recomienda que no se metan en líos.

De esta triste estancia en la capital de Colombia se rescata el que pudieron ver jugar al mítico Real Madrid contra el Millonarios. Logran entrevistarse con Alfredo Diestéfano que les regala, enloqueciendo a Ernesto, mate y dos entradas para el siguiente partido.

Como siguen sus escarceos con la policía por el rescate del puñal, terminan hasta negándoles el permiso para visitar el leprosario de Agua de Dios y sacándolos del hospital donde duermen. Hartos de Colombia y sus policías, el 14 de julio pasan la frontera Colombia-Venezuela por el río Táchira. El cruce resulta desagradable por ambos lados, *preguntas innecesarias y estrujamiento del pasaporte, miradas inquisitorias* del lado colombiano, *displicente insolencia, rasgo al parecer común a toda la estirpe militar* del lado venezolano, y de pasada más broncas por el famoso cuchillo. Afortunadamente los aduaneros no se enteran de que traen una pistola en una de las mochilas.

Los precios venezolanos los obligan a tomar agua en Barquisimeto cuando los demás toman cerveza. El asma viene castigando a Ernesto. En el camino elaboran un primer plan: si Ernesto consigue con un pariente suyo que transporta caballos un viaje a Buenos Aires en avión de carga y Granados trabajo de médico, ahí termina por ahora la cosa. Si ambas cosas fallan, seguirán hacia México.

Granado presiona a Guevara para que vuelva a Buenos Aires y cumpla la promesa hecha a su madre de graduarse de médico. Parece que Ernesto tenía asumido el asunto, porque en una carta a Tita Infante escrita desde Lima se cita con ella en Buenos Aires en agosto para terminar la carrera. Y nuevamente, el 24 de julio desde Caracas, le habrá de pedir a Tita que lo inscriba en la facultad.

De Caracas les sorprenden los brutales contrastes entre la riqueza y la miseria y, sobre todo, los coches (*automóviles relucientes descansan en las puertas de viviendas completamente miserables*). Viven en una pensión de mala muerte, se dejan odiar y odian a los burócratas de la embajada argentina y recorren a pie la ciudad de arriba para abajo.

Ernesto se pierde en los ranchitos de los alrededores de Caracas, *ranchos de adobe*, miseria brutal, casas con fogón, negros a los que la gente llama "portugueses"… Intenta tomar fotos de una familia y la gente se niega. Cuando está jugueteando con la cámara a que les toma o no la foto, al enfocar a un niño en bicicleta, éste se espanta y se cae. *Me alejo con cierto desasosiego porque son grandes tiradores de piedras.*

Al final de la primera semana Granado consigue trabajo en el leprosario de un pueblo cercano, a 30 kilómetros de Cabo Blanco, y el representante del dueño de los caballos con el que tiene relaciones el tío de Ernesto no tiene inconveniente en transportarlo si consigue visa estadunidense, porque el vuelo de retorno a la Argentina se hace viajando al norte por Miami. En un brindis de despedida, con los conocidos que han hecho en esos días, Ernesto no puede evitar enzarzarse en una discusión con un periodista de la UPI y de pasada con la manera de pensar de toda la clase media venezo-lana. Termina con un bonito exabrupto: *Yo prefiero ser indio analfabeto a millonario norteamericano.*

No debe ser fácil el adiós entre Ernesto Guevara y Alberto Granado. Entre ellos se ha construido una amistad a prueba de enfermedades y de hambres. Se intercambian promesas de reencuentro. No lo saben entonces, pero tardará mucho más tiempo del que piensan en realizarse.

Ernesto vuela de Caracas a Miami en un avión de carga que transporta caballos de carrera, se supone que estará sólo un día en Miami, pero el avión tiene descompuesto un motor y se ve obligado a esperar la reparación en Miami con un dólar en el bolsillo.

Para sobrevivir termina pactando con una pensión a la que le pagará cuando retorne a la Argentina. Frecuenta la biblioteca, vive a dieta de café con leche, camina quince kilómetros diarios de la pensión en el centro de Miami hasta las playas, se mete en líos con la policía por apoyar a un por-torriqueño que habla mal de Truman…

Tita Infante recuerda que Ernestó le contó que "evocaba los 20 días pa-sados en Miami como los más duros y amargos de su vida. ¡Y no sólo por las dificultades económicas que le tocó vivir!"

Finalmente el avión es reparado y Ernesto retorna. La familia lo estará esperando en el aeropuerto de Ezeiza y lo verá desembarcar entre los ca-ballos. En casa de nuevo el hijo aventurero. Está más delgado, y sin duda con un rostro más maduro, aunque no acaba de perder la eterna apariencia de adolescente. ¿Sólo eso? Poco tiempo después, al iniciar la nueva redacción de su diario escribirá: *El personaje que escribió estas notas murió al pi-sar de nuevo tierra argentina (…) este vagar por nuestra "mayúscula Amé-rica" me ha cambiado mucho más de lo que creía.*

José Aguilar lo confirma, y señala uno de los sentidos de su cambio: "Lo que sí noté después de su primer viaje fue que se interesaba mucho más por la cuestión política".

¿Qué tanto? ¿Qué política? ¿Qué proyecto? El diario trunco que ha es-crito en estos 8 meses termina, al ser reescrito en su nueva versión, con una muy vehemente y tremendista toma de partido: *Estaré por el pueblo y sé porque lo veo impreso en la noche que yo, el ecléctico disector de doctrinas y psicoanálisis de dogmas, aullando como poseído, asaltaré las barricadas y trincheras, teñiré en sangre mis armas y, loco de furia, degollaré a cuanto vencido caiga entre mis manos.*

Por ahora, sólo parecen palabras.

CAPÍTULO 4

Entrada por salida

Tirado en el balcón de la casa familiar en Buenos Aires.

A partir de septiembre de 1952 Ernesto Guevara trabaja en la biblioteca nacional, en la calle Rodríguez Peña de Buenos Aires, preparando sus exámenes. Hora tras hora y de una manera enloquecida. Presenta el primero en octubre, tres en noviembre y diez en diciembre. Tita Infante recordará años más tarde su manera de estudiar: "Podía detenerse y profundizar mucho cuando el problema lo apasionaba: leprología, alergia, neurofisiología, psicología profunda… e igualmente podría preguntar por teléfono la víspera del examen…"

En enero del 53 realiza una última visita a la finca La Malagueña para ver a Chichina. Están formalmente separados. ¿Hace Ernesto una propuesta que será rechazada? ¿Otra oferta matrimonial? ¿Ella no quiere compartir la locura de Ernesto? La separación será para siempre. Meses antes Ernesto le había escrito a su novia resumiendo el punto de ruptura de su relación: …*un cariño que cree ser profundo y una sed de aventuras y de conocimientos nuevos que invalida ese amor.*

En ese mismo mes se publica la investigación sobre alergia en la que ha estaba trabajando en la clínica de Pisani. Allí sus compañeros recordarán las cosas más absurdas, el tipo de cosas que se recuerda cuando se hace la novela sobre un desaparecido: un día llega a la clínica con un zapato diferente al otro, conseguido en un remate. Lee cosas extrañas: un libro de arqueología sobre los incas comprado con dinero que le dio su tía. Cuenta chistes picantes a las laboratoristas. Le corrige la sintaxis a sus compañeros. Coquetea con su compañera de trabajo, Liria Bocciolesi, a la que medio en serio medio en broma le propone que hagan el próximo viaje juntos. ¿Cuál viaje? Un viaje, porque Ernesto, evidentemente, está de paso en la Argentina. Ha descubierto América Latina y el futuro de doctor en Buenos Aires le resulta pequeño y estrecho. Liria, muy tímida, se asusta de la oferta.

Comienza a escribir, a partir de su diario, sobre el pasado periplo latinoamericano, un librito que nunca terminará y que titula *Notas de viaje*, al que define en negativo como *ni relato de hazañas impresionantes ni relato un poco cínico.* Una visión fugaz *no siempre equitativamente informada y cuyos juicios son demasiado terminantes.*

El 11 de abril presenta su último examen, clínica neurológica. Horas más tarde llama por teléfono a su padre:

—*Habla el "doctor" Guevara.*

La familia está contenta, parece que el camino se abre, el doctor Guevara colaborará con alguien famoso como Pisani, y entonces:

—*Viejo, me voy a Venezuela.*

A Venezuela para alcanzar a Granado, donde lo espera la posibilidad de un trabajo de médico residente en un hospital para leprosos en Maiquetía. Y la familia piensa lo peor, el asma, el frío en las carreteras, viajando en trenes de segunda, hambreado.

Y lo peor será sin duda. En Venezuela está Granado trabajando. Venezuela es cualquier cosa, cualquier cosa lejos. Lejos. El vagabundo gana la partida.

Durante un par de meses entran y salen jóvenes de la casa familiar, se prepara la despedida. Presentarse al servicio militar, previa rociada de agua fría y con ataque de asma, para conseguir la exención final. Conseguir plata, sacar el título, legalizarlo… Un viejo amigo de Altagracia, Calica Ferrer, sería el compañero esta vez. Ni hablaba de sus sentimientos, ni hablaba de mujeres. El 12 de junio se titula.

Una amiga de su hermana, Olga Castro, cuenta: "A mí me había salido un eccema en una pierna y lo fui a consultar, pero me dijo: *Tienes que ver a un médico*, y al decirle que él era médico, se reía y me dijo: *Yo digo un médico de verdad*".

La despedida será una fiesta familiar, su hermana Celia cocina un curry. Los jóvenes bailan; Ernesto los observa esquinado, la música del baile para él era como un ruido incómodo. Mientras lo contempla en una esquina del cuarto y la fiesta crece en torno a él, Celia, su madre, le dice a su sobrina: "Lo pierdo para siempre, ya nunca más veré a mi hijo Ernesto".

Se equivoca. Pero el Ernesto que verá años más tarde, será otro.

CAPÍTULO 5

América sin fin

Autorretrato, Argentina, 1951.

En un día gris y frío Ernesto Guevara en compañía de Carlos (Calica) Ferrer, con menos de 700 dólares en los bolsillos compartidos, se despide de la familia en la estación Retiro de Buenos Aires. *Esa partida tan llena de gente, con algunos lloros intermedios, la mirada extraña de la gente de segunda que veía una profusión de ropa buena, de tapados de piel, etc, para despedir a dos snobs de apariencia extraña y cargados de bultos.* Los que lo acompañaban guardarán la imagen del joven caminando por el andén que de repente alza su bolsa de lona verde y grita: *¡Aquí va un soldado de América!* Cinematográficamente el tren comenzó a deslizarse por los rieles y Ernesto, ya sin mirar hacia atrás, se fue acercando hasta pescarse de la agarradera y subir en uno de los vagones para luego desaparecer.

Aquel 7 de julio del 53, sus padres piensan que tras hacer un esfuerzo sobrehumano para graduarse lo ha arrojando todo al demonio. ¿En busca de qué?, se pregunta el padre. ¿De aventura? Un soldado de América, vale, de acuerdo, pero ¿de cuál de todas las guerras que se libran en el continente?

Calica Ferrer, su amigo de la infancia, parece reunir las condiciones indispensables que el doctor Guevara le pide a un acompañante. Ricardo Rojo, al que conocerá posteriormente a lo largo del viaje, las reseña: "El compañero de viaje debía estar dispuesto a caminar incesantemente, a despreciar cualquier preocupación por la forma de vestir y a soportar sin angustias la absoluta inexistencia del dinero".

Serán tres mil kilómetros de aburrida y árida pampa, ni siquiera en una ruta directa a La Paz, Bolivia, y viajarán en segunda con indios que vienen de los ingenios cañeros de Jujuy; pero como dice Ferrer: "Íbamos en asientos de segunda pero en compañía de gente más divertida". En el momento de salir llevan catorce bultos, la mayoría regalos de despedida y comida para el viaje.

Serán dos días de jornada atiborrándose de paisaje y leyendo mucho hasta la frontera boliviana. Allí un ataque de asma hace que tengan que detenerse. Una observación casual deja claro lo poco que le importa la Argentina a ese joven médico de 25 años: *Sobre un puentecito minúsculo cruzado por las dos vías del ferrocarril las dos banderas se miran la cara, la boliviana nueva y de colores vivos, la otra vieja, sucia y desteñida, como si hubiera empezado a comprender la pobreza de su simbolismo.*

Una vez repuesto toman un nuevo tren hacia La Paz, que *ingenua, cándida como una muchachita provinciana muestra orgullosa sus maravillas edilicias.*

En La Paz alquilan un cuarto en la calle Yanacocha; bastante miserable, con dos clavos en la pared para colgar su ropa. Ernesto, el 24 de julio, le escribe a sus padres: *No daba señales de vida porque estaba a la espera de un trabajo de un mes en una mina de estaño como médico siendo Calica mi ayudante. Hemos desistido* (porque el médico que les ofrecía el trabajo desapareció). *Estoy un poco desilusionado de no poder quedarme porque esto es un país muy interesante y vive un momento particularmente efervescente. El 2 de agosto se produce la reforma agraria y se anuncian batidas y bochinches en todo el país (...) Todos los días se escuchan tiros y hay heridos y muertos por armas de fuego. El gobierno muestra casi total inoperancia para detener o aun encauzar a las masas campesinas y mineras pero éstas responden en cierta medida y no hay duda que en una revuelta armada de la Falange (el partido opositor) éstos estarán del lado del MNR.*

No es fácil, incluso para el perspicaz médico argentino, a pesar de su curiosidad constante y sus habilidades de observador, casi profesional, definir la revolución boliviana. A veces la percibe como una revolución fallida en la que la corrupción de los dirigentes los acabará arrojando a los brazos del imperialismo. Otras veces no puede dejar de respetar los tremendos combates de los mineros, los enfrentamientos que causaron dos mil bajas. *Se ha luchado sin asco*, le dirá en una carta a su eterna confidente Tita Infante. Simpatiza con la reforma agraria, pero no ve quién pueda llevarla hasta el final. En una caracterización del MNR (Movimiento nacionalista revolucionario), el partido triunfante, distingue tres alas, un ala derecha entreguista y conciliadora representada por Siles Suazo, un centro que está escurriéndose hacia la derecha encabezado por Paz Estenssoro y la izquierda encabezada por Lechín, el dirigente de los mineros, *personalmente es un advenedizo, mujeriego y parrandero*. Piensa que la revolución puede resistir los embates externos, pero se fracturará internamente a causa de sus disidencias. Lo que no sabe es que al paso de los años se reencontrará con esos tres personajes en condiciones absolutamente diferentes.

Mientras tanto el vagabundeo no se limita a la capital sino que recorre el interior del país. En casa de un argentino rico en La Paz conoce al abogado Ricardo Rojo, exilado político del peronismo. Rojo dirá del joven doctor: "No me impresionó de ningún modo especial la primera vez que lo vi. Hablaba poco, prefería escuchar la conversación de los demás y de pronto con una tranquilizadora sonrisa descargaba sobre el interlocutor una frase aplastante".

Ernesto observa, examina el espectáculo social. Desde los animados cafés de la avenida 16 de Julio hasta el mercado Camacho, donde gozaba las frutas tropicales, para terminar estacionándose en el bar del Sucre Palace Hotel, donde entraba luciendo su desarrapada presencia. Desde ahí contemplaba los movimientos de una ciudad invadida por obreros y campesinos, las manifestaciones. *Era una manifestación pintoresca pero no viril. El paso cansino y la falta de entusiasmo de todos le quitaba fuerza y vitalidad, faltaban los rostros enérgicos de los mineros, decían los conocedores.*

Con Rojo visita al ministro de Asuntos agrarios. En la entrada contempla cómo los campesinos son desinfectados con DDT utilizando un pulverizador. Ñuflo Chaves de la izquierda del MNR, les ofrece explicaciones racionales sobre la humillación que reciben los que lo visitan, Rojo y Ernesto salen descontentos. Partido sin cuadros, vacío burocrático, dirigentes que se divierten en cabarets mientras el pueblo hace guardias armadas.

Una vez los detienen un retén campesino y cuando les preguntan de dónde vienen, Ernesto dice que: *De llenarnos,* y luego añade, pues *estábamos vacíos.* Pero estar lleno no es lo habitual. Rojo cuenta: "Podía pasarse tres días sin alimentarse y también permanecer junto a una mesa surtida diez horas (…) Comía salvajemente cantidades difíciles de medir, se tomaba todo el tiempo que podía y disfrutaba con una sensualidad inocultable. Luego pasaba a un periodo ascético, que nunca elegía, por supuesto, sino que se le presentaba como resultado de su falta de dinero". Calica Ferrer lo confirma: "Cuando no tenía asma, era capaz de engullir cualquier cantidad de comida y entonces se convertía en un troglodita. Ernesto era como los camellos, llevaba la reserva puesta".

En una ocasión Calica le pide plata al tesorero del fondo común para bañarse y Ernesto muy serio le dice que eso es superfluo, primero la comida, luego la limpieza. Calica insiste y Guevara le dice que se va a perder el desayuno por andarse bañando. Horas más tarde Ferrer, bañado y repeinado, contempla a Ernesto tomando café con leche y galletas. Y así durante un rato, hasta que el doctor se compadece de su amigo y lo invita.

Rojo registra: "Guevara podía vivir en los lugares más siniestros y conservar al mismo tiempo un humor que se canalizaba hacia el sarcasmo y la ironía".

En los primeros días de agosto, deciden continuar el viaje. Ernesto confesará en una carta que estaba esperando el golpe de derecha y el contragolpe de la revolución que podría *radicalizarla y empujarla a cambios más profundos,* pero esto no se produce.

En su ruta de salida de Bolivia retorna a sus viejas pasiones arqueológicas. Visita las ruinas de Tiahuanaco y más tarde la Isla del Sol en el lago Titicaca. Le escribe a su madre: *Se cumplió uno de mis más caros anhelos de explorador, encontré en un cementerio indígena una estatuita de mujer del tamaño de un dedo meñique,* a la que bautizará Martha.

Han pasado un mes en Bolivia. Queda el registro de una relación amorosa anónima: *Mi despedida fue más en el plano intelectual, sin dulzura, pero creo que algo hay entre nosotros, ella y yo.*

Salen de Bolivia hacia Perú en la parte trasera de un camión de carga rodeados de indígenas, animales y bultos. Rojo registra: "Entramos en un mundo hostil y quedamos prisioneros de un mundo de bultos y de personas que parecían bultos. Silencio, barquinazos y silencio. Descubrimos que era inútil ensayar la simpatía de que nos sentíamos capaces con aquellos ojos escrutadores, metálicos, con aquellos labios que se cerraban imperiosamente y ni respondían a nuestras preguntas".

El 17 de agosto cruzan la frontera peruana por Yunguyo y son deteni-dos por los aduaneros que les revisan los libros y la propaganda agrarista boliviana.

—¿Son agitadores?

—*Difícilmente, no hablamos una palabra de aymará o quechua* —dirá Ernesto. La respuesta parece no ser suficiente, porque *me requisaron dos libros: El hombre en la Unión Soviética y una publicación del ministerio de Asuntos campesinos que fue calificada de roja, roja, roja, en acento exclamativo y recriminatorio.*

El 21 de agosto de vuelta a la arqueología. En Cuzco toma fotos con un fotógrafo alemán, luego las usaría para ilustrar un artículo que habría de escri-bir con materiales de su primer viaje a Machu Picchu, "El enigma de piedra". *No sé cuantas veces más podré admirarlo, pero esas moles grises, esos pica-chos morados y de colores sobre los que resalta el claro de las ruinas grises, es uno de los espectáculos más maravillosos que pueda yo imaginar.*

Los intereses arqueológicos de Ernesto son demasiado para Rojo que se separa del grupo y parte para Lima. Guevara insaciable visita ruinas y se maravilla. A Tita Infante le escribe que no deje de visitar alguna vez Cuzco, que no se va a arrepentir y a su madre: *Me di el gran gustazo por segunda vez.* A sus viejas compañeras de laboratorio en Buenos Aires: *Pobres infe-lices, vegetad en paz, morid bellamente saturadas de hastío o avanzada edad. Yo aquí gasto tranquilamente la divisa tan honradamente ganada.*

Reporta la diferencia de viajar con Granado y con Calica, uno se tiraba en el pasto a soñar en casarse con princesas incas, el otro se queja de la mierda que pisa en el suelo en todas las calles: *No huele esa impalpable materia evocativa que forma Cuzco, sino el olor a guiso y a bosta.*

En Machu Picchu de nuevo, escribe emocionado: *Ciudadanos de Sudamé-rica reconquistad el pasado.* En su artículo reseñará que un norteamericano dejó en el hotel un recado: "Soy afortunado de encontrar un lugar sin pro-paganda de cocacola", y protestará por los saqueos de los grandes museos.

En Cuzco por azar se entrevistarán con un espiritista, *tuvimos que hacer un esfuerzo para no reír, pero encaramos el asunto con seriedad. El perso-naje dio unos informes raros sobre unas luces que veía, de las que vio en nosotros; se refería a la luz verde de la simpatía y la del egoísmo en Ca-lica, y la verde oscuro de la adaptabilidad en mí. Después me preguntó si no tenía algo en el estómago, porque veía radiaciones mías medio caí-das, lo que me dejó pensando, porque mi estómago se queja de los guisos peruanos y de la comida en lata.*

En Lima, sin los fantasmas arqueológicos rondándole por la cabeza, ob-serva los síntomas de descomposición política que genera la dictadura militar de Odría, represiva y ensangrentada. En una carta posterior describe el clima político como *asfixiante* y al gobierno como impopular sostenido por las ba-yonetas. Los planes no están claros. A Tita le escribe: *De mi vida futura sé poco en cuanto rumbos y menos en cuanto a tiempos.* Visita de nuevo a su amiga Zoraida Boluarte y al doctor Hugo Pesce y se instala con Calica en un comedor universitario. *Días abúlicos, mientras nuestra propia inercia contribuye a que nos quedemos en esta ciudad más de lo deseado.*

El 26 de septiembre se reanuda el movimiento perpetuo y viajan a Huasquillas en Ecuador, de ahí a Puerto Bolívar y luego a Guayaquil, donde encuentran nuevamente a Rojo, quien cuenta que Ernesto les ganó una apuesta diciendo que el calzoncillo que traía se paraba solo, que tenían tanta tierra solidificada de los caminos que lo haría. Se lo quita, lo pone en el suelo y así es. Ante la mirada sorprendida de sus amigos se mantiene parada una cosa de color indescifrable. En Guayaquil se relacionan con tres estudiantes argentinos de la Universidad de la Plata, uno de ellos Gualo García. Muy escasos de plata, viven en una pensión miserable con dos camastros que se turnan. La falta de dinero los tiene atrapados.

Rojo contará que sugirió ir a Guatemala, donde una revolución con un fuerte contenido agrarista estaba en marcha. La versión de Ernesto es diferente: *Planes deshechos y rehechos, angustias económicas y fobias guayaqueriles. Todo esto es el resultado de una broma hecha al pasar por García: "¿Muchachos, por qué no se van con nosotros a Guatemala?" La idea estaba latente, faltaba ese empujoncito para que yo me decidiera.*

Para poder pagar el viaje, o al menos su inicio, venden parte de la poca ropa que tienen, finalmente el 24 de octubre salen de Guayaquil para Panamá. Calica se separa, seguirá hacia Venezuela, lleva una nota de Ernesto para Alberto Granado: *Mial, he resuelto irme a Guatemala así que ni me esperes*, Rojo se queda en el camino. Gualo y Ernesto viajarán en un carguero de la United Fruit con pasajes que les consiguió un abogado socialista ecuatoriano.

En Panamá viven gracias a la generosidad de un dirigente estudiantil, Rómulo Escobar, quien los invita a su casa porque no tienen para pagar la pensión. No es una vivienda apacible porque la policía suele detenerlo por asuntos políticos. Ernesto visita un viejo restaurante, el Gato Negro, centro de reunión de dirigentes estudiantiles y poetas locales donde se come muy barato. Allí se estrenará como periodista al colocar su artículo sobre Machu Picchu en la revista *Siete* y una crónica sobre el Amazonas en la revista *Panamá-América*.

Finalmente les consiguen un transporte que los lleve a Costa Rica, pero Ernesto, que respeta más que nada sus manías y al que nunca le han angustiado ni las penurias ni las prisas, dice que no se irá de Panamá sin antes ver a la reina de Inglaterra, quien va a pasar por allá en una visita oficial.

Al inicio de diciembre llegan a Costa Rica, en un viaje lleno de miserias económicas, y de ataques: *De noche los mosquitos no dejan dormir, de día los mosquitos no dejan vivir.* Atrás se quedará la maleta de los libros que tantos problemas les ha causado en varias fronteras. Escobar será el encargado de preservarla y así lo hará durante años. Su primer mensaje desde San José irá destinado a la tía Beatriz en Buenos Aires y con el tono de cortador de cabezas que utiliza a veces para asustar a sus parientes más conservadores le cuenta que tuvo oportunidad *de pasar por los dominios de la United Fruit convenciéndome una vez más de lo terribles que son estos pulpos capitalistas. He jurado ante una estampa del viejo y llorado* camarada *Stalin no descansar hasta ver aniquilados estos pulpos...*

En San José, en el café del Soda Palace conecta con un grupo de exiliados cubanos que acaban de enfrentarse a la dictadura de Batista asaltando el gran cuartel militar del Moncada. Cuando habla con Calixto García o Severino Rosell, parece escéptico de lo que le narran, la historia de Fidel Castro, el joven abogado que reúne con un discurso moral a lo mejor de la juventud y con pocas armas...

—*Mejor cuénteme una de vaqueros.*

En Costa Rica conoce a dos ilustres exiliados políticos, el venezolano Rómulo Betancourt y el dominicano Juan Bosch. Rómulo lo decepciona, *un político con algunas firmes ideas en la cabeza y el resto ondeante y torcible para el lado de las mayores ventajas.* Bosch le gusta, así como Mora Valverde, el dirigente sindical comunista costarricense, un hombre pausado, tranquilo.

Finalmente, en ruta hacia Guatemala. *Después de la salida de San José nos fuimos a dedo hasta donde el camino lo permitió, desde allí caminamos unos 50 kilómetros hasta la frontera nicaragüense, ya que la ruta panamericana es una bella ilusión por estos parajes.* Tiene el talón del pie lastimado a causa de un accidente al volcarse un camión donde viajaba con Gualo, *de modo que lo pasé bastante mal, pero luego de vadear un río como 10 veces y empaparnos por la lluvia que caía constantemente, llegamos a la frontera.*

Será la parte más dura de todo el viaje. Aquí se acumulan las penurias, el tiempo muerto bajo la lluvia en el borde de la carretera esperando quien los lleve, el hambre...

En Nicaragua una curandera le arregla el *talón (yo no lo curo ni por equivocación)* y cuando se encuentran esperando en el camino que alguien los quiera llevar hasta Honduras se aparece Rojo en un cochazo con los hermanos Beberaggi Allende. Sorpresa grata. En el auto viajan hasta Managua donde Ernesto encuentra un telegrama de su padre ofreciéndole plata, lo que le causa un gran disgusto: *Creo que ya tendrían que saber que así me esté muriendo no les voy a pedir guita.*

Siguen viaje a Guatemala donde los hermanos piensan vender el auto, pero la plata se les acaba y van rematando el coche en partes: el gato, linternas, lo que cae. A Guatemala llegarán con los restos.

CAPÍTULO 6

Guatemala, las horas de la verdad

utorretrato en las ruinas de Mitla. La foto sería tomada después de su estancia en
uatemala y rumbo a México DF.

Diciembre de 1953, Ernesto Guevara le escribe a su madre: *El único país que vale la pena de Centroamérica es éste, aunque su capital no es más grande que Bahía Blanca y tan dormida como ella. Naturalmente todos los regímenes pierden de cerca, y aquí, para no faltar a la regla, también se cometen arbitrariedades y robos, pero hay un clima de auténtica democracia y de colaboración con toda la gente extranjera que por diversos motivos viene a anclar aquí.*

¿Un lugar para anclar? ¿Finalmente? Guatemala, sacudida por los cambios del régimen liberal popular del presidente Jacobo Arbenz, en choque contra los monopolios norteamericanos, con una reforma agraria en marcha, tensada.

El 20 de diciembre, a los pocos días de haber llegado, Ernesto busca cobijo. Recomendado por Rojo va a dar con una exiliada peruana, Hilda Gadea, en medio de la *mélange* de exiliados latinoamericanos que pululan por la ciudad, para que les consiga una pensión barata. Ernesto y su amigo Gualo García no tienen derecho a la pequeña ayuda oficial que se entrega a los exiliados políticos y por tanto andan a la busca de un lugar donde dormir que no afecte sus vacíos bolsillos.

Hilda describe a los dos jóvenes en este primer encuentro: "Eran como de 25 a 26 años, delgados y altos, entre 1.76 y 1.78, para la estatura común en nuestros países. Guevara muy blanco y pálido, de cabellos castaños, ojos grandes expresivos, nariz corta, de facciones regulares, en conjunto muy bien parecido (…) con una voz un poco ronca, muy varonil, lo que no se esperaba por su aparente fragilidad; sus movimientos eran ágiles y rápidos, pero dando la sensación de estar siempre muy calmado, noté que tenía la mirada inteligente y observadora y sus comentarios eran muy agudos (…) me dio la sensación de ser un poco suficiente y vanidoso (…) después sabría que a Guevara le molestaba pedir favores y que estaba con un ataque de asma, lo que lo obligaba a levantar el tórax en una posición forzada para la respiración (…) Como muchos latinoamericanos yo tenía desconfianza de los argentinos".

La bondadosa descripción de Hilda omite que en aquellos días Ernesto iba con los zapatos rotos y que sólo tenía una camisa, la que usaba con la mitad del faldón por fuera.

Ernesto, Gualo y Rojo se instalan, gracias a la recomendación de Hilda, en una pensión de mala muerte en la calle Quinta. Allí recibe a los pocos días de haber llegado la visita del agregado comercial de la embajada argentina, quien jugará un papel fundamental en su vida, pues se convertirá primero en su suministrador de yerba mate y más tarde en el hombre que le proporcione el refugio salvador.

El asma se está cobrando las penurias del último viaje y los ataques son inusitadamente fuertes. La enfermedad no impide que se lance casi de inmediato a la búsqueda de trabajo. A unos pocos días del arribo le explica en una carta su madre: *Estoy en conversaciones para ver si consigo laburo en el leprosario de aquí, con 250 quetzales y la tarde libre, pero todavía no hay nada concreto al respecto; sin embargo de alguna manera me voy a arreglar porque la gente es gaucha y hay carencia de médicos.*

Tres días después del primer encuentro, los argentinos agradecidos visitan a Hilda en su pensión, Guevara está afectado por un fuerte ataque de asma. Hilda no debe haberle causado a Ernesto una notable primera impresión, a sus 27 años, dos mayor que él, es una intelectual chaparrita, regordeta, de ojo achinado que proviene de su abuela indígena, con una interesante formación política; exilada por culpa de la dictadura del general Odría a causa de sus actividades dentro del APRA, trabaja en la ciudad de Guatemala dentro del instituto del fomento a la producción, una agencia oficial que colabora con el estímulo a cooperativas y pequeños productores agrarios. Parece que en estos primeros encuentros el desinterés es mutuo. No lo es en cambio para una compañera de trabajo de Hilda, Myrna Torres, que anota en su diario el 27 de diciembre: "Conocí a un muchacho argentino muy atractivo".

El grupo de amigos se amplía en el circuito de los exilados, primero será el norteamericano Harold White, un profesor de filosofía de unos cincuenta años, alto, delgado, de pelo canoso. *Intercambio ignorancias con un gringo que no habla papa de castellano, ya tenemos idioma propio y nos entendemos a las mil maravillas. De este gringo se dice que se exiló en Guatemala porque el FBI lo persigue y otros dicen que es del FBI, el asunto es que escribe unos artículos furibundos antiyankis y lee a Hegel y yo no sé para qué lado patea.* Más tarde será el cubano Ñico López, flaco, desgarbado, con el pelo rizado y alborotado, cuatro años más joven que Ernesto, hijo de inmigrantes españoles, prófugo de la escuela, fundador de un grupo rebelde en su juventud llamado "Los de abajo" y que participó en las acciones del 26 de julio en Cuba atacando el cuartel de Bayamo, el mismo día del ataque al Moncada. Refugiado en la embajada de Guatemala en La Habana logra exiliarse. Ñico causa en Ernesto una potente impresión: *Cuando oía a los cubanos hacer afirmaciones grandilocuentes con absoluta serenidad me sentía chiquito. Puedo hacer un discurso diez veces más objetivo y sin lugares comunes, puedo leerlo mejor y puedo convencer al auditorio de que digo algo cierto, pero no me convenzo yo y los cubanos sí. Ñico dejaba su alma en el micrófono y por eso entusiasmaba a un escéptico como yo.*

A los pocos días se sumarán al circuito algunos cubanos exilados más, porque en su carencia de fondos tienen que apelar a Ernesto para que los atienda profesionalmente gratis. *En la noche me vinieron a buscar para atender a uno de los cubanos que se quejaba de fuertes dolores de vientre. Hice llamar a la ambulancia y estuvimos hasta las dos en el hospital.*

65

En el coctel lingüístico de los muchos castellanos que se habla en el exilio, Ernesto se ve obligado a defenderse de los argentinismos. En una conversación con Hilda su amigo Gualo lo llama "querido" y el doctor Guevara respinga:

—¿Por qué me decís querido, Gualo? Sabés que no me gusta; da que pensar cosas extrañas a la gente que no conoce nuestro modo de hablar.

Intercambios de lecturas y de debates: por culpa de White, cuyas primeras conversaciones se producen con Myrna como traductora y luego en una interlingua extraña, Ernesto defiende a Freud y termina leyendo a Pavlov; con Hilda el tema es Sartre, del que ambos se confiesan admiradores. Hilda le presta las obras de Mao Tse Tung. Ernesto choca con Rojo, tuvimos una exaltada discusión política, que le parece moderado. Para él, el cambio en América Latina no pasa por las tibias reformas, la revolución será violenta. Hilda trata de calmarlo y Ernesto salta: ¡No quiero que nadie me calme! Luego se disculpa: el gordo me saca de quicio...

Iniciando el mes de enero, un primer balance en una carta a su tía Beatriz: Este es un país donde uno puede dilatar los pulmones y henchirlos de democracia. Hay cada diario que mantiene la United Fruit que si yo fuera Arbenz lo cierro en cinco minutos, porque son una vergüenza y sin embargo dicen lo que les da la gana y contribuyen a formar el ambiente que quiere Norteamérica, mostrando esto como una cueva de comunistas, ladrones, traidores, etc. No te diré que es un país que respire abundancia ni mucho menos, pero hay posibilidades de trabajar honradamente y si consigo salvar cierto burocratismo un poco incómodo, me voy a quedar un tiempo por aquí.

Y para poder quedarse, prosigue la caza del empleo. Un médico exilado venezolano le consigue una entrevista con el ministro de Salud pública. Le pedí un puesto, pero le exigí una respuesta categórica, por sí o por no. El hombre me recibió muy amable, tomó todos los datos y me citó para dos o tres días después. Los días se cumplieron ayer y el ministro no me defraudó porque me dio una respuesta categórica, NO. El ministro le plantea que si quiere conseguir empleo como doctor en Guatemala se verá obligado a cursar una revalidación de sus estudios en la universidad local durante un año.

La picaresca de los cubanos ofrece una salida. Ñico le propone a Ernesto un negocio extraño, la venta callejera, al contado y en abonos, de la imagen de latón de un Cristo milagrosísimo, montado en una cajita de madera y con luces que se transparentan a través de la estampita. Por ahora vendo en las calles una preciosa imagen del señor de Esquipulas, un Cristo negro que hace cada milagro bárbaro (...) ya tengo un riquísimo anecdotario de milagros del Cristo y constantemente lo aumento.

Sin embargo, la venta callejera, para la pequeña banda de ateos, no parece ser un negocio potente, que vaya más allá de la supervivencia, porque sueña con comida mientras en la pensión lo matan de hambre. Como le diría en una carta a su hermano: *Los bifes argentinos son un pálido y bien ponderado sueño.*

Durante su segundo mes en Guatemala, mientras Ernesto sufre continuos ataques de asma de una virulencia enorme, la situación política se va tensando, la posibilidad de un golpe de estado crece, se descubren conspiraciones militares apadrinadas por la United Fruit. Ernesto comienza a relacionarse con la izquierda guatemalteca. El segundo sábado de febrero se entrevista con Alfonso Bauer, presidente del Banco nacional agrario y miembro de la comisión política de la coalición partidaria que sostiene a Arbenz. Se lían en una de aquellas interminables discusiones sobre política latinoamericana y se va la noche. Ernesto criticaba los choques y el sectarismo entre los partidos del frente que apoyaba a Arbenz; pensaba que había exceso de confianza y no se estaba organizando una verdadera resistencia popular.

Días más tarde participa en el primer festival de la Alianza de la juventud democrática, una fiesta donde la comida al aire libre, las competencias deportivas y los actos político-culturales se mezclan. *Al caer la noche hice el fuego para el asado pero los palos eran malos, yo ya estaba con frío y el asado salió como el culo. Tiré la mitad al lago para que no quedara huella de la ignominia.* Conoce allí al diputado del Partido guatemalteco del trabajo (el partido comunista) Carlos Manuel Pellecer. La impresión es nefasta: *Es un típico representante de una burocracia que domina.*

Frecuenta la Casa de la cultura, un centro social manejado por un frente de intelectuales de izquierda, conoce a Edilberto Torres, el hermano de Myrta, que es uno de los cuadros, con el que juega frecuentemente al ajedrez.

El 15 de febrero le escribe a su tía Beatriz: *Mi posición no es de ninguna manera la de un diletante hablador y nada más; he tomado posición decidida junto al gobierno guatemalteco y, dentro de él, en el grupo del PGT que es además comunista, relacionándome además con intelectuales de esa tendencia que editan aquí una revista y trabajando como médico en los sindicatos, lo que me ha colocado en pugna con el colegio médico que es absolutamente reaccionario...*

Los deseos se confunden con las intenciones, probablemente simpatice con la izquierda guatemalteca, pero su relación no pasa de ser la de un observador exterior al proceso, quizá con muchas intenciones de ir más allá, pero sólo eso. Por otro lado el trabajo como médico en los sindicatos no será más que una oferta que le han hecho y que finalmente no se concretará; ciertamente, está en pugna con el colegio médico, que es sin duda reaccionario y corporativista, y que le ha cerrado y le cerrará varias posibilidades de empleo, pero es de dudarse que esa burocrática institución se sienta afectada por los odios del joven doctor Guevara. A pesar de sus buenas intenciones Ernesto sigue siendo ajeno, América Latina, Argentina incluida, es escenario y paisaje.

En esa misma carta comenta que comienza a trabajar en un libro sobre la función del médico en América Latina y anuncia que el proyecto le tomará un par de años. Parece ser que ha logrado escribir los dos primeros capítulos. Mezcla de reflexión y acumulación de experiencias logradas durante los últimos años de viajes por el continente, Ernesto siente que tiene un material útil en la cabeza. *Mis actividades futuras son un misterio hasta para el mismo tata Dios; por ahora me gustaría tener un poco de tranquilidad pues estoy ordenando material para un libro... pero la lucha por el sustento diario no me permite dedicarle mucho tiempo a la cosa.*

La tensión crece en Guatemala, Ernesto decide abrirse una puerta de salida por si acaso y le pide a su padre la dirección en México de un viejo amigo suyo, el cineasta Petit de Murat. A fines de febrero consigna su precaria situación económica: *Un peso diario por dar clases de inglés (castellano, digo) a un gringo, y 30 pesos al mes por ayudar en un libro de geografía que está haciendo un economista aquí. Ayudar quiere decir escribir a máquina y pasar datos. Total 50, si se considera que la pensión vale 45, que no voy al cine y que no necesito remedios es un sueldazo.* Con el "sueldazo" se ha ido atrasando y ya debe dos meses de renta en la pensión. Anda consiguiendo un trabajo de pintor de brocha gorda para hacer anuncios callejeros. Mientras tanto, *la más linda de las oportunidades parece que fracasará, porque los cooperativistas tienen pocas ganas de pagarle a un doctor.*

Las relaciones con Hilda Gadea van creciendo, sustentadas fundamentalmente en la curiosidad intelectual. Descubren su mutuo interés por la poesía, ella le presta a César Vallejo y Ernesto le regala un libro de Juana de Ibarbourou. Ella le revela a León Felipe y a Walt Whitman. Ambos se reconocerán como amantes del "If" de Kipling. Ernesto aporta en la prosa y le habla de *La piel* de Curzio Malaparte, y *Mamita Yunai* de Fallas. Ella lo ayuda a traducir el libro de White y le presta su máquina de escribir. Se suceden largas y laboriosas discusiones sobre el marxismo, Ernesto le reclama su militancia en un partido liberal-popular como el APRA, cuyo dirigente Haya de la Torre ha pasado por Guatemala y al doctor Guevara le ha causado una impresión más bien negativa.

De una u otra manera están embarcándose en algo parecido a un noviazgo "intelectual". Se suceden las charlas, los paseos por el campo. Un día viajan con White a Sacatepéquez, para ver una fiesta popular, se les hace tarde y no encuentran transporte de regreso. Hilda está muy preocupada. Si se tiene que quedar allí, "¿qué van a pensar en la pensión en la que vivo?" Ernesto hace malabarismos para regresarla a Guatemala a dormir... Un noviazgo intelectual y bastante conservador, por lo visto.

Ernesto no desespera de buscar un trabajo de médico en Guatemala y multiplica las gestiones. En marzo parece que podrá trabajar en la zona del Petén, no como médico sino como enfermero, con un salario de 120 quetzales, dinero que le servirá para pagar sus deudas en la pensión (*me recomienda el patrono*, pero hay un conflicto con los sindicatos *y voy a tratar de convencerlos*). El asunto se queda en el aire. Más tarde una oferta de una compañía bananera se ve obstaculizada por el colegio médico. En marzo, en una carta a

Tita Infante, incluye una críptica frase a modo de consejo: *Hay que ser fatalista en sentido positivo y no preocuparse por el correr inútil de los días.*

En esa época Ernesto se le declara (formalmente o informalmente, jamás lo sabremos) a Hilda, le cuenta que ha tenido un *affaire* con una enfermera en el hospital general donde de vez en cuando hace trabajo voluntario, pero que es hombre libre y que le ofrece matrimonio. Hilda se asusta, tiene dudas de que la cosa vaya en serio, le da largas.

Resulta difícil saber qué tipo de relaciones mantuvieron en Guatemala Hilda y Ernesto en el plano estrictamente afectivo y sexual. Las versiones a veces se contradicen, otras veces leyendo en paralelo el libro de Gadea y las cartas de Ernesto o su diario, *Otra vez*, pareciera como si asistiéramos a dos monólogos que no se cruzan. Resultaría de un facilismo peligroso atribuirlo a que mientras que Hilda escribe después de la muerte del Che, y repasa su historia con un cierto candor "femenino" (lector, estamos en los años 50, no se olvide), el joven Ernersto es más brutal en las referencias sexuales, y parece darle menos importancia a la relación (¿un cierto candor machista masculino?). El historiador no acaba de estar a gusto con la manera como cuenta esta parte de la historia y su posterior secuela en México.

Los días se prolongan en lecturas, búsqueda de trabajo y relaciones con la izquierda guatemalteca. Hilda y él se suman a un paseo de fin de semana de la Juventud democrática en Amatitlán. Fogatas, salchichas, lecturas de los jóvenes poetas Raúl Leiva y Otto Raúl González. Ante el desconcierto de sus compañeros, cuando los paseantes retornan, Ernesto se queda en el campo con una bolsa de dormir, el *Popol Vuh* y otro par de libros sobre la vida de los antiguos mayas. Una cura de soledad sin alimentos, sólo un termo con mate y una pila de libros.

A lo largo del mes de abril las penurias crecen. *El entusiasmo depende de la salud y de las circunstancias, ambas me fallan.* Ernesto va a vivir a la pensión de los cubanos, compartiendo suelo como cama, pero Ñico se va de Guatemala y Ernesto se queda nuevamente flotando. Finalmente le informan que se ha rechazado su solicitud para trabajar en la zona del Petén.

En sus futuras memorias, tanto Ricardo Rojo como Hilda Gadea sugieren que Ernesto no consiguió el trabajo porque no aceptó afiliarse al PGT, condición que le pusieron para darle el empleo. Hilda narra que Ernesto indignado le reclamó al joven comunista Herbert Zeissig que si quisiera afiliarse al partido lo haría, pero no para conseguir un empleo. La amoralidad y el oportunismo lo sublevaban.

Su visa guatemalteca está a punto de expirar y decide salir del país para entrar de nuevo, se despide de Hilda. La peruana cree que no volverá, que el espíritu errabundo de Ernesto ha triunfado sobre su interés en ella y en Guatemala. Ernesto le deja sus cosas junto con una promesa de retorno.

Viaja hacia El Salvador, *medio a pata, medio a dedo*. En la frontera la policía salvadoreña le secuestra algunos libros. En El Salvador, mientras espera que le den una visa hondureña, se va nuevamente a una playa. Por andar hablando de la reforma agraria y leyendo poesía a unos conocidos circunstanciales la policía lo detiene de nuevo. Afortunadamente la cosa se queda sólo en un regaño y la reconvención y sugerencia de que se dedique a la poesía amorosa y no a la política. No será la única; en Chalchuapa, donde está haciendo turismo arqueológico, *hablando de Guatemala, yo como siempre metí la pata y dije que allí había más democracia que en El Salvador y resultó que el dueño de la casa era el comandante del pueblo.* A las autoridades hondureñas les resulta suficiente saber que tiene residencia guatemalteca para negarle la visa.

Cuando regrese a Guatemala les contará a sus amigos que la situación en El Salvador era terrible, que las fincas tenían guardias blancas armadas al servicio de los latifundistas y les hablará de sus incidentes con la policía.

Sale de El Salvador y tras visitar en Quiriguá una zona arqueológica maya, comete la salvajada de gastarse dólar y medio, para él en esos momentos una fortuna, en unas fotos de las ruinas tomadas por un fotógrafo local. Mendiga comida en el hospital y termina viajando hacia Puerto Barrio donde, *laburé en la descarga de toneles de alquitrán, ganando 2.63 por doce horas de laburo pesado como la gran siete, en un lugar donde hay mosquitos en picada en cantidades fabulosas. Quedé con las manos a la miseria y el lomo peor.* Duerme en una casa abandonada cerca de la playa.

De alguna manera se siente orgulloso de haber soportado el trabajo: *Me demostré que soy capaz de aguantar lo que venga y si no fuera por el asma, más de lo que venga.*

En una carta a su madre habla con pasión de las ruinas mayas que ha visitado, sin embargo rechaza su vocación de arqueólogo: *Me parece un poco paradójico hacer como norte de mi vida el investigar algo que está muerto sin remedio.* Es curioso, porque si de algo ha quedado constancia en su diario de aquellos años, es de las minuciosas, realmente minuciosas y documentadas, descripciones de ruinas prehispánicas.

En esa carta reconoce que su sueño práctico es dedicarse a algo así como la genética y lo único que tiene claro es que *América será el teatro de mis aventuras con carácter mucho más importante de lo que hubiera creído; realmente creo haber llegado a comprenderla y me siento americano con un carácter distintivo de cualquier otro pueblo de la Tierra.*

Curiosamente es en esa carta la primera vez que menciona el nombre de Hilda a su familia (¡el pudoroso Ernesto, que cuenta todo excepto sus amores!): *Tomo mate cuando lo hay y desarrollo unas interminables discusiones con la compañera Hilda Gadea, una muchacha aprista a quien yo con mi característica suavidad trato de convencerla de que largue ese partido de mierda. Tiene un corazón de platino lo menos, su ayuda se siente en todos los actos de mi vida diaria (empezando por la pensión).*

Recibe algunas ofertas de amigos para alojarse en sus casas, pero Ernesto no quiere depender de favores y duerme en un *sleeping bag* en los terrenos del Country Club. Hilda recuerda: "En las mañanas llegaba a la casa de Anita de Toriello, donde yo vivía, a que le diéramos agua caliente para tomar mate; siempre le guardábamos fruta fresca, no aceptaba otra cosa". Alterna sus noches durmiendo a veces en el suelo de la pensión de sus amigos cubanos cuyo sentido del humor y la picaresca le parece fascinante. *Cagado de risa todo el día, pero sin hacer nada.* Afortunadamente surge un empleo mal pagado en el Centro de maestros como médico interno; se muda allí para ahorrar el dinero de la pensión.

Años más tarde, su padre rescatará entre los viejos papeles un artículo sobre Guatemala terminado de escribir en ese mes de abril. "El dilema de Guatemala" es un borrador en el que registra las tensiones de la situación política guatemalteca y del que es rescatable el final, porque ilustra claramente lo que le pasaba a Ernesto por la cabeza: *Es hora de que el garrote conteste al garrote, si hay que morir que sea como Sandino y no como Azaña,* haciendo referencia al presidente de la derrotada república española.

El 15 de mayo se inicia el último capítulo de la inconclusa revolución guatemalteca. La CIA ha estado montando, apoyada por la United Fruit, un sofisticado golpe de estado; la llegada de un barco con armas checoslovacas, las únicas que el régimen de Arbenz pudo comprar ante el bloqueo norteamericano, da el pretexto para el inicio de las acciones. Un pequeño ejército de mercenarios encabezado por el coronel Castillo Armas, que se encontraba esperando en Honduras, armado y financiado por la CIA, y los aviones que vuelan desde la Nicaragua de Somoza comenzarán a actuar.

Ernesto escribe en su diario: *Los últimos acontecimientos pertenecen a la historia, cualidad que creo que por primera vez se da en mis notas. Hace días aviones procedentes de Honduras (...) pasaron sobre la ciudad ametrallando gente y objetivos militares.*

El 18 de junio el ejército privado de Castillo entra en territorio guatemalteco en medio de un alarde de propaganda y presiones. Ha sido precedido por bombardeos contra la población civil. Dos días más tarde Ernesto le escribe a su madre dándole seguridad sobre su situación. Cuenta que hace cinco días se iniciaron los bombardeos *y hace dos días un avión ametralló los barrios bajos de la ciudad matando a una chica de dos años. El incidente ha servido para aunar a todos los guatemaltecos debajo de su gobierno y a todos los que, como yo, vinieron atraídos...* Su primera visión es optimista: *Arbenz es un tipo de agallas... el espíritu del pueblo es muy bueno (...) Yo ya estoy apuntado para hacer servicio de socorro médico de urgencia y me apunté en las brigadas juveniles para recibir instrucción militar e ir a lo que sea.*

Es cierto, un par de días antes Ernesto llega al cuartel de la brigada Augusto César Sandino, centro de reunión de izquierdistas centroamericanos donde se encuentra con el nicaragüense Rodolfo Romero, el jefe de la brigada, y se propone para acompañarlo en una de las guardias. Romero cuenta: "Le entrego una carabina checa que usaba el ejército de Guatemala y me pregunta: *¿Y esto cómo se maneja?* Le doy instrucciones rápidas de arme y desarme de campaña y lo llevo, en esa noche sin luces, a la parte más elevada del edificio para que hiciera su primera posta, de dos a seis de la mañana".

Yo me presenté como voluntario para ir al frente, pero no me han dado ni cinco de bola. Poco después se alistará formalmente como médico de la brigada. Los días transcurren en medio de una tensión creciente. Noche a noche se producen bombardeos en la ciudad oscurecida. Es una guerra extraña, en la que importan más los rumores y las falacias que los hechos. Una guerra de ondas, mediante la cual las columnas inmóviles del coronel Castillo "avanzan" sobre la ciudad de Guatemala, de presiones de la embajada estadunidense, del clero, de militares que no quieren combatir, de ataques a buques comerciales. Hacia fines de junio el ejército guatemalteco había parado al pequeño destacamento de mercenarios, pero los rumores decían que seguía avanzando y los bombardeos se agudizaban en absoluta impunidad.

Ernesto pensaba que si se armaba al pueblo podía detenerse a los mercenarios. *Y aun si cae la capital, en las zonas montañosas.* Sugería, al igual que otros jóvenes de diversas formaciones de la izquierda, la movilización de brigadas de voluntarios hacia la frontera de Honduras.

El 25 de junio Arbenz da la orden de repartir armas al pueblo, pero sus propios mandos militares se niegan. El ejército regular no quiere combatir. Entre las tropas sólo ha habido 15 muertos y 25 heridos, la mayoría de las bajas de la contrarrevolución guatemalteca fueron causadas a la población civil por los bombardeos.

Ernesto, empujado por los rumores de que el régimen se está desmoronando se moviliza para buscar a Bauer o a Marco Antonio Villamar. Éste le cuenta que fue con un grupo de obreros al arsenal y les dieron minutos para desalojar o los soldados les dispararían.

Horas más tarde, bajo presión de la embajada estadunidense, los militares guatemaltecos le exigen al presidente Arbenz su renuncia. El 27 de junio por la radio se escucha la triste voz del presidente depuesto: "Algún día serán derrotadas las fuerzas oscuras que oprimen al mundo subyugado y colonial…", al terminar el mensaje se asila en la embajada mexicana.

Ernesto se reúne con Hilda, le informa que viajará a México y, en versión de la peruana, le propone matrimonio por segunda vez. Hilda no se atreve a responder. Ernesto escribió en su diario que había recibido unos poemas de Hilda. *Lo que le sucede es una mezcla de cálculo para ganarme, ficticia imaginación y el sentido del honor de una mujer libre afrontada por mi indiferencia. Le envié una cuarteta un poco salvaje: Ríndete como hacen los pájaros/Te tomaré como hacen los osos/y, quizá, te bese lentamente/Para que pueda sentir como hombre, yo que soy una paloma (…) Le di un nuevo ultimátum, pero la abundancia de éstos significa que no tienen mucho efecto. Lo que sí la afectó es que le confesé la cogida con la enfermera. Ella aún espera casarse conmigo.*

Horas más tarde la ciudad está en manos de un régimen militar de transición que en días terminará pactando y cediendo el poder a los golpistas. Por razones de seguridad ambos se cambian de casa.

La situación personal es así, yo seré expulsado del hospitalito donde estoy, probablemente mañana, ya que estoy renombrado como "chebol" (bolche, bolchevique), la represión se viene.

Existe una leyenda guevarista, que le atribuye a Ernesto durante la semana siguiente a la caída de Arbenz una frenética actividad, colaborando a buscar refugio en embajadas a exilados o junto con jóvenes del movimiento democrático escondiendo depósitos de armas. Dolores Moyano contará más tarde que Ernesto pasó tres días sin dormir en plena actividad en brigadas urbanas y otros autores como Selser (desinformado por Rojo) elaboran la imagen de que existía un loco argentino organizando la resistencia. Sin duda Ernesto, en aquellos días terribles de "sálvese quien pueda", participó en algunas tareas menores, básicamente colaborando en fugas y medio organizando asilos, junto a una serie de militantes que más allá del caos de sus partidos en plena descomposición comenzaban a pensar en alguna forma de resistencia, pero era evidente que todo, entonces, parecía inútil y que no quedaba gran cosa que hacer. Aun así, estas actividades parecen interesar a soplones y policías.

Finalmente, y sabiendo que los extranjeros serán pasados bajo la lupa de los represores y los militares golpistas, acepta a instancias de su amigo y suministrador de mate Sánchez Toranzo asilarse en la embajada argentina, donde podrá beber la queridísima yerba, jugar ajedrez, hacer cáusticos retratos de sus compañeros asilados y comer bien regularmente después de mucho tiempo. *Yo ya tengo mi comida especial o más o menos especial y tomo el sol todas las mañanas, de tal manera que no tengo ningún apuro en irme.*

Poco después Hilda es detenida por la policía cuando trata de sacar ropa de su vieja casa. En el primer interrogatorio le preguntan por el doctor Ernesto Guevara.

Hilda va a dar a la cárcel de mujeres. Ernesto se entera de la historia y quiere entregarse para que la suelten, pero sus amigos se lo impiden.

El 4 de julio Ernesto le escribe a su madre: *Vieja, todo ha pasado como un sueño lindo (...) la traición sigue siendo patrimonio del ejército (...) Arbenz no supo estar a la altura de las circunstancias, los militares se cagaron en las patas.* Le informa, con una cierta vergüenza, que no pagó sus deudas en la pensión y que por razones de fuerza mayor decide darlas por canceladas y termina con una confesión íntima, que se vuelve sin querer un retrato del aventurero-observador que era: *Con un poco de vergüenza te comunico que me divertí como mono durante estos días. Esa sensación mágica de invulnerabilidad (...) me hacía relamer de gusto cuando veía a la gente correr como loca apenas venían los aviones o, en la noche, cuando en los apagones se llenaba la ciudad de balazos. De paso te diré que los bombardeos livianos tienen su imponencia.*

En una de esas cartas deja un breve retrato del nuevo régimen: *Si querés tener una idea de la orientación de este gobierno, te daré un par de datos: uno de los primeros pueblos que tomaron los invasores fue una propiedad de la frutera donde los empleados estaban de huelga. Al llegar declararon inmediatamente terminada la huelga, llevaron los líderes al cementerio y los mataron arrojándoles granadas en el pecho.*

A pesar de que sabe que la policía tiene interés en él, frecuentemente deja el refugio de la embajada, y una noche colabora a sacar del recinto diplomático a Humberto Pineda, el novio de Myrna, en la cajuela de un coche, porque este quiere quedarse a combatir en la clandestinidad.

El 28 de julio Hilda es dejada en libertad y aunque no puede entrar en la embajada argentina comienza a intercambiar mensajes con Ernesto. En los últimos días de agosto, llegan aviones a recoger a los asilados argentinos y la familia de Ernesto aprovecha para enviarle ropa, mate y dinero. Escribe a su madre: *Encuentro que me mandaste demasiada ropa y gastaron demasiado en mí, será medio cursi pero creo que no me lo merezco (…) mi último lema es: poco equipaje, piernas fuertes y estómago de faquir.* Del dinero que le llega, ciento cincuenta dólares, le entrega cinco al cubano Dalmau. Sin mucho pensarlo rechaza la invitación para retornar a la Argentina.

Aunque sabe que existe un acoso policial en las calles contra los partidarios del viejo régimen, un día Ernesto sale intempestivamente de la embajada y se presenta en el restaurante en el que desayuna Hilda. Una persona que los conoce los mira atemorizada cuando pasean por la ciudad. Pasean y algo más, en el diario que Ernesto escribe en esos días hay una escueta nota: *Inmediatamente visité a mi primera visita (Hilda), franeleando en forma.*

Guevara le cuenta que dejó su pasaporte en la embajada mexicana para solicitar una visa y que se irá por tres días al lago Atitlán. Como siempre, resulta sorprendente su desprecio a los peligros y su extraña capacidad para hacer turismo en días como aquéllos. Sin embargo todo funciona, pasa tres días en la plácida provincia guatemalteca, probablemente poniendo en orden sus ideas, hace un paquete con sus libros y se los envía a la tía Beatriz por correo y tan sólo deja una huella de la tensión en una carta escrita un mes más tarde a su amiga Tita Infante, ya desde México, donde hace referencia a *un artículo que no pude mandar por correo porque me corrían de cerca*. Se trata de un texto de unas 14 páginas titulado "Yo vi la caída de Jacobo Arbenz", un escrito que desaparecerá en la vorágine de aquellos días.

Hay una despedida amorosa: se va con Hilda a Sacatepéquez. De una manera bastante áspera Ernesto deja constancia en su diario: *último domingo, hoy, lo dediqué a despedirme de Guatemala con un paseíto a San Juan Sacatepéquez con profusión de franelas y algún polvito superficial.* Pareciera como si la brutalidad del tono con el que describe, sirviera para enmascarar las carencias que deja una despedida.

Hacia el final de la tercera semana de septiembre de 1954, nueve meses después de haber llegado a Guatemala, Ernesto Guevara toma otro tren más, uno más en su larga vida de viajero. Hilda lo acompaña un rato en el ferrocarril hacia la frontera mexicana, luego desciende y regresa a la ciudad de Guatemala; ambos sienten que la despedida es para siempre. Aunque Ernesto le diga que la espera en México, más bien de una forma retórica, ante la certeza de una ruptura de hecho. Hilda parece haber decidido volver al Perú.

En el tren el doctor Guevara conoce a otro joven que huye de la dictadura militar, Julio Cáceres, el Patojo, quien *era varios años menor que yo, pero en seguida entablamos una amistad que fue duradera.* Juntos van hacia el norte.

Detrás queda una historia que le pesará en la sangre a Ernesto Guevara a lo largo de toda su restante vida, una historia que fue y no pudo ser, una revolución que se quedó a mitad de camino y un personaje, él mismo, que también se quedó a mitad de ruta. ¿Condenado eternamente a ser un observador?

CAPÍTULO 7

Estaciones de paso

Haciendo montañismo en México.

En Tapachula, tras observar al muchacho desarrapado, las autoridades de migración le sellaron el pasaporte con una visa de turista FM5 que llevaba el número 599511. Era el día 21 de septiembre de 1954.

México era "lo nuevo", lo desconocido. Nada vinculaba al personaje al país de arribo, excepto una remota e intrascendente relación familiar. Su bisabuela Concha Castro había nacido en México mediado el siglo XIX y había perdido su fortuna durante la invasión norteamericana y la posterior anexión de una parte del territorio por los gringos.

Poco después, ese joven médico argentino de 26 años y un par de meses apellidado Guevara, aún no conocido como el Che, junto a su recién adquirido compañero de viaje, el guatemalteco Julio Roberto Cáceres, acreditado por sus amigos y enemigos y por las futuras historias como el Patojo (el niño, el chaparro, el escuincle) se mueve hacia el norte.

Harán una breve parada en las ruinas de Mitla, en Oaxaca, para nuevamente hacer turismo arqueológico. Allí Ernesto se hará un autorretrato (el segundo que conocemos): el personaje colocado entre columnas a las que el tiempo les robó el techo, contempla el acceso a un templo. No mira a la cámara sino al desaparecido mundo zapoteca. Es la foto de lo que podría ser y no será, del arqueólogo amateur que nunca dejará de fascinarse por el mundo prehispánico.

Y rumbo al destino, la ciudad de México, hervidero temporal de los exilios latinoamericanos: portorriqueños independentistas, peruanos enemigos de la dictadura de Odría, apristas en su mayoría, venezolanos contra el gobierno despótico de Pérez Jiménez, cubanos moncadistas enfrentados al coronel Fulgencio Batista, guatemaltecos refugiados tras el reciente golpe de estado de la CIA, nicaragüenses antisomocistas que huían de las cárceles y de las torturas, exilados dominicanos perseguidos por la dictadura de Trujillo.

Le tomará menos de una semana ordenar las emociones para escribir una primera impresión: *Me recibe la ciudad, mejor dicho, el país de las mordidas, con toda su indiferencia de animal grande, sin hacerme caricias ni enseñarme los dientes.*

La palabra indiferencia es bastante exacta. Una marea de conservadurismo y apatía recorre México. El país había observado con absoluto desinterés, salvo contadísimas y honrosas excepciones, el golpe militar que la CIA acababa de protagonizar en Guatemala. Lázaro Cárdenas había estado bajo fuego de la prensa conservadora por haberse atrevido a señalar públicamente lo que estaba sucediendo en la frontera al sur. El presidente Ruiz Cortines con su apariencia de licenciado de pueblo, un poco bohemio y un mucho ladino, le daba una manita de gato al desastre social vestido de progreso que le heredaba el régimen del presidente Miguel Alemán.

Guevara y el Patojo se instalan en el centro de la ciudad de México, con un paisaje urbano imponente: la visión de los parias, la ropa colgando a la brisa de la tarde, las interminables azoteas, con lavaderos y tanques de gas que podían contemplar desde su cuarto de servicio subarrendado en un edificio de la calle Bolívar. La corte de los milagros, la tierra de las penurias.

Mientras se dedican a buscar trabajo, porque andan muy cortos de plata, Guevara se pone al día en su correspondencia atrasada. Sobre todo quita angustias, da noticias de su salud a los padres, a su tía Beatriz y a su amiga Tita Infante. Luego, se van hilvanando las primeras reflexiones sobre el país, el futuro, la supervivencia: *Aquí también se puede decir lo que se quiere, pero a condición de poder pagarlo en algún lado; es decir, se respira la democracia del dólar.*

En sus cartas habla, como siempre, de nuevos viajes; proyectos para ir de un lado a otro, como si la súper carretera, el *freeway* estelar en el que ha vivido estos últimos diez años fuera interminable, porque las metas no han cambiado, *y siempre mi norte inmediato es Europa y el mediato Asia; cómo, es otro cantar. De México, fuera de esta impresión general no le puedo contar nada definitivo, de mí, tampoco.*

En una carta a su padre añade los Estados Unidos a la lista. *Si me dejan.* Pero por ahora México es claramente una estación de paso donde puede recuperarse de las heridas guatemaltecas y rellenar curiosidades. Aunque la prioridad guevarista, como en tantos otros momentos de bolsillo vacío, sigue siendo la supervivencia: *Ya he andado en México lo suficiente para darme cuenta de que la cosa aquí no ser muy fácil, pero vengo con espíritu a prueba de balas.*

Si la poesía es un espacio de intimidad, y el poeta, malo o bueno, cuenta en el poema lo que no haría en la crónica, la memoria o la correspondencia; si el poeta o prospecto de lírico busca en su interior, los poemas del joven doctor Guevara en México dirán más de él que los ensayos:

En uno de sus poemas titulado "Autorretrato oscuro" dice: *Estoy sólo frente a la noche inexorable/ y a cierto dejo dulzón de los billetes/ Europa me llama con voz de vino añejo/ aliento de carne rubia, objetos de museo./ Y en la clarinada alegre de países nuevos/ yo recibo de frente el impacto difuso/ de la canción de Marx y Engels.*

En esos primeros días, apela a una de las pocas direcciones de conocidos que tiene en México y va a visitar a un amigo de su padre, el guionista argentino Ulises Petit de Murat, que trabaja para la otrora potente industria del cine mexicano, ahora en relativa decadencia. Petit de Murat lo invita a comer unos enormes bifes que reproducen gastronómicamente la nostalgia argentina y le ofrece hospedaje temporal e incluso le habla de la posibilidad de conseguir una beca; Ernesto se disculpa, agradece, pero algo no debe haberle gustado del personaje (*un desertor que disimula su huida con sentencias del Papa*), porque mantiene la distancia y se excusa. Como siempre, prefiere su difícil independencia.

Visita museos y además de sorprenderse por la riqueza de las piezas de arte maya y azteca, se entusiasma con los muralistas mexicanos: Rivera, Orozco, Tamayo, Siqueiros.

Su primer empleo surge de una manera accidental, como todo en estos últimos años; el dueño de Foto Taller, un refugiado español contará: "Yo estaba establecido en la esquina de Morelos. Me lo mandó un amigo mío que tenía un negocio de fotografía en la calle de San Juan de Letrán (…) le di una cámara sin ningún compromiso. El día que tuviera dinero me la iría pagando como pudiera".

La historia es bella, solidaridad de refugiado político a refugiado político, pero no parece ser cierta. Ernesto dice en una carta a su hermana que compró la cámara, una Zois, con lo que quedaba de los 150 dólares que le enviaron sus padres a Guatemala.

Ernesto Guevara contará más tarde: *el Patojo no tenía ningún dinero y yo algunos pesos (…) Juntos nos dedicábamos a la tarea clandestina de sacar fotos en los parques, en sociedad con un mexicano que tenía un pequeño laboratorio donde revelábamos. Conocimos toda la ciudad de México, caminándola de una punta a otra para entregar las malas fotos que sacábamos, luchamos con toda clase de clientes para convencerlos de que realmente el niñito fotografiado lucía muy lindo y que valía la pena pagar un peso mexicanos por esa maravilla.* Y Rafael del Castillo Baena completa: "Empezó a tomar fotos y venía a diario a que le revelara los rollos que había tirado en fiestas o por la calle. Cada semana me daba cierta cantidad de dinero para irme pagando el equipo (…) Un día me dijo que era doctor. ¿Cómo, doctor, haciendo fotos en las fiestas y por la calle?" *Con ese oficio comimos varios meses, poco a poco nos fuimos abriendo paso (…) Tengo una cancha bárbara y con mi gracia característica, cada vez que digo: "Aquí el pajarito, sonreíte, nena", la chica sigue seria, pero la mamá se mata de risa y dice que hablo muy chulo y qué lindo cuando digo "sonreíte" en vez de "sonríete".*

Otro accidente le permitirá reincorporarse a la medicina, aunque no en las mejores condiciones; una doctora centroamericana lo presenta al doctor Mario Salazar Mallén, quien dirigía un par de centros de investigación en el Hospital General y en Cardiología. Salazar Mallén le ofrece en principio una ayudantía en la sala de alergia del Hospital general de la ciudad de México, que según Hilda estaba muy mal pagada y según Ernesto era gratuita.

Ahí, para los efectos futuros de esta historia, se produce un reencuentro fundamental con su compañero de exilio y supervivencias en Guatemala, el cubano Ñico López, que se encuentra en México y que acompaña a un paisano suyo a curarse de una alergia dándose de frente con el doctor Guevara. El encuentro es muy breve, porque poco después Ñico aprovecha una amnistía ofrecida por Batista para regresar al trabajo político en Cuba, pero

Ernesto permanecerá ligado al pequeño grupo de exilados cubanos a partir de ese momento.

Al fin, con la supervivencia mínimamente resuelta, puede darse el lujo de reflexionar sobre sí mismo y colocarse ante la experiencia guatemalteca que acaba de vivir y entonces, *los términos medios no pueden significar otra cosa que la antesala de la traición (...) Lo malo es que al mismo tiempo no me decido a tomar la actitud decidida que hace mucho debía haber tomado, porque en el fondo (y en la superficie) soy un vago rematado y no tengo ganas de ver interrumpida mi carrera por una disciplina férrea (...) Ni siquiera sé si seré un actor o un espectador interesado en la acción.*

Al iniciarse noviembre del 54 le escribe a su madre: *No hago nada nuevo. La fotografía sigue dando para vivir y no hay esperanzas demasiado sólidas de que deje eso en poco tiempo, a pesar de que trabajo todas las mañanas en investigación en dos hospitales de aquí (...) y por las tardes y el domingo me dedico a la fotografía y por las noches a estudiar un poco... creo que te conté que estoy en un buen departamento y me hago la comida y todo yo, además de bañarme todos los días gracias al agua caliente a discreción que hay. Como ves estoy transformado en ese aspecto, en lo demás sigo igual porque la ropa la lavo poco y mal y no me alcanza todavía para pagar lavandera.*

Pocos días después la discreta sensación de hogar que Ernesto ha creado en torno a sí mismo se acrecentará por la llegada de su amiga, casi novia, Hilda Gadea, quien ha sido deportada de Guatemala y llega a la ciudad de México tras tomar un avión en Tapachula.

Hilda se comunica de inmediato con su amigo: "Poniendo un pañuelo en el fono para disimular mi voz, pregunté: ¿El doctor Guevara? Pero él me reconoció al instante".

Minutos más tarde se encuentran en el hotel Roma donde ella se ha instalado. Ernesto le dice que ha adelgazado a causa de las penurias del exilio y además: "Ernesto me planteó nuevamente la posibilidad de casarnos; le contesté que esperásemos todavía, pues recién llegaba, quería ambientarme y buscar trabajo. En realidad yo no estaba muy decidida, y él se dio cuenta, se molestó un poco; tuve la impresión de que mi respuesta nada concreta había creado cierta tirantez entre nosotros. Entonces decidió que seríamos solamente amigos. Me quedé algo sorprendida de su reacción (...) apenas llegaba yo y ya nos peleábamos".

Se siguen viendo, pero bajo cierta tensión. Hilda vive en una pensión en la calle Reforma con otra exilada, una poetisa venezolana, Lucila Velázquez. Ernesto la llama por teléfono un par de veces por semana para invitarla a comer, a visitar los maravillosos museos de la ciudad de México o ir al cine.

Un nuevo accidente mejora la vida laboral del doctor Guevara. Se encuentra en un tranvía a Alfonso Pérez Vizcaíno, coordinador de la agencia informativa oficial argentina (Agencia latina de noticias), quien le ofrece un puesto de fotógrafo de prensa, algo más firme que el andar callejeando.

También mejora la situación laboral del Patojo, que de repartidor a domicilio y cobrador de las fotos de niños y fiestas, asciende a velador nocturno de la librería del Fondo de cultura. De vez en cuando Ernesto lo acompaña velando dentro de un saco de dormir en medio de las estanterías y aprovechando para leer.

El 29 de noviembre le escribe a su amiga Tita Infante:

Cuando llega el fin de mes tengo que hacer malabarismos y ayuno para quedar a mano (...) He tenido mis momentos de abandono o más bien de pesimismo (...) Cuando eso ocurre como cosa transitoria de un día yo lo soluciono con unos mates y un par de versos (...) Yo lo único que hice fue huir de todo lo que me molestaba, y aún hoy que creo que estoy en trance de dar cara a la lucha, sobre todo en lo social, sigo tranquilamente mi peregrinación por donde me lleven los acontecimientos sin pensar dar guerra en la Argentina. Le confieso que esto es mi dolor de cabeza mayor, porque estoy con mi terrible lucha con la castidad (allí) y el deseo (vagabundear, sobre todo por Europa) y veo que con todo descaro me prostituyo cada vez que la ocasión asoma. Empecé queriéndole dar un consejo y acabé contándole mis problemas (...) Me gano los garbanzos retratando mocosos en la plaza y haciendo reportajes a los ches que caen por estos lares, por cuenta de la Agencia latina de noticias, el engendro peroneano (...) La buena acogida científica me dio optimismo médico y me puse a trabajar como enano en alergia; gratis, para un hospital. De todas maneras los resultados son buenos porque Pisani está muchas leguas adelante de cualquier alergista del mundo occidental (...) Eso me hace pensar que también mi suerte económica variará, ya que el éxito en estos dichosos mundos de dios se convierte en guita si uno no es demasiado baboso como dicen por aquí.

En esa misma carta el doctor Guevara trata de animar a su amiga Tita, víctima de una de sus frecuentes depresiones, con un consejo sobre el sexo que suena a una reflexión sobre su propia experiencia: *Acuérdese de que esa pequeña molestia que se llama sexo necesita sus distracciones periódicas porque si no abandona su lugar y llena todos los momentos de la vida y joroba de lo lindo. Yo sé que usted piensa que eso es una estupidez, pero también sé que en el fondo sabe que no es una estupidez y que algo de eso y no lo menos importante es lo que (la) tiene un poco sin vislumbrar horizontes.*

La suerte económica no varía, pero sus relaciones con Hilda Gadea sí. Hilda cuenta: "En la última semana de noviembre me invitó al cine y fuimos a ver Romeo y Julieta, una película soviética en que predominaba el ballet; nos gustó muchísimo y discutimos la universalidad de Shakespeare, cuyas obras conocíamos. En esa ocasión nos reconciliamos".

En los primeros días de diciembre, Hilda y su amiga Lucila se cambian a un pequeño departamento en la colonia Condesa, Pachuca 108, y lo amueblan muy barato. Ernesto las visita con frecuencia. Siguiendo el recuento que Hilda Gadea dejará en sus memorias, las relaciones entre ambos son tormentosas, se alejan y se separan con frecuencia; con más dudas en el noviazgo que afirmaciones. Curiosamente, en la copiosa correspondencia de Guevara a la Argentina no hay menciones de la relación con Hilda. Pareciera que por un extraño pudor, o por no darle excesiva importancia, la oculta. En su diario escribe: *En relaciones públicas sigo más o menos igual. Sin haber hecho ninguna amistad intelectual o sexual que valga la pena.*

En esas últimas semanas del 54, un año que terminará para el doctor Guevara con la presencia de constantes incertidumbres económicas (aprovecha para vender juguetes por las calles), su curiosidad lo lleva a la universidad para ser alumno sin "registro" ("oyente" se les llama en México) de las clases del mítico Jesús Silva Herzog, el economista que estuvo detrás de la nacionalización petrolera cardenista.

Hacia los últimos días del año Ernesto ha vuelto a trabajar en la redacción de "La función del médico en América latina" (*no conozco mucho de medicina, pero Latinoamérica la tengo bien junada*); gana 700 pesos como redactor y fotógrafo en la Agencia Latina y espera redondear a los mil pesos con el trabajo de fotógrafo callejero; dedica tres mañanas íntegras al hospital y sigue escribiendo sobre la necesidad de viajar a Europa añadiendo ahora en su lista de viajes deseados *a la cortisona* (Europa oriental detrás de la "cortina de acero"); sigue escribiendo con toda meticulosidad su diario que ha llevado durante tantos años y que algún día desarrollará y lee en un afán de mexicanización lo mejor que se puede leer en México sobre el pasado no tan remoto: *México insurgente* de John Reed y las *Memorias de Pancho Villa* de Martín Luis Guzmán.

No serán sus únicas lecturas. Ha quedado un cuaderno de notas de lectura que Ernesto escribió en Guatemala y México (1954-1956) que registra sus impresiones sobre casi una veintena de títulos, la enorme mayoría de ellos referidos a América Latina. Resulta un tanto sorprendente la selección que Ernesto hace: Bernal Díaz y la historia de la conquista de México, la *Crónica del Perú* de Cieza, *La araucana* de Ercilla, *el clásico indiscutido de nuestra América,* la *Breve historia de México* de Vasconcelos (*una obra que define a su autor como un traidor, ególatra resentido y de poca profundidad filosófica*), el *Facundo* de Sarmiento (*un hombre genial*), el *Martín Fierro*, una biografía de Martí, la de Sáenz; *Mamita Yunai,* el clásico de la literatura social de Fallas; la biografía del Caribe de Arciniegas, *La rebelión de los colgados* de Traven *(las arbitrariedades patronales, de sobra conocidas por quien ha caminado las rutas de América),* *Guatemala, la democracia y el imperio* de Arévalo y el *Canto general* de Neruda (*el más vasto poema sinfónico de América*). Pareciera como si el continente que ha recorrido y visto se redimensionara en la historia y la literatura, como si quisiera encontrar las claves de Hispanoamérica, y esta búsqueda no pasa por las naciones o por las regiones; el continente entero, rebeliones indígenas, las independencias, las revueltas sociales, el papel del imperio, se van depositando en el cuaderno.

Para hacer más difícil cualquier explicación, para desconcertar al detective historiador que muchos años después le seguirá los pasos, en una típica guevareada, el cuaderno incluye un texto titulado "Un dualismo imposible" de un tal Montúfar y un estudio sobre Goethe de Alfonso Reyes.

Es en esas fechas que el joven Guevara intenta un balance político en una de sus cartas a la familia: *La forma en que los gringos tratan a América (...) me iba provocando una indignación creciente (...) después vino Guatemala y todo eso difícil de contar (...) En qué momento dejé el razonamiento para tener algo así como la fe no te lo puedo decir, ni siquiera con aproximación, porque el camino fue bastante larguito y con muchos retrocesos.*

Las fiestas de fin de año fueron parte del ya casi permanente estire y afloje en las relaciones con Hilda. El día 24 Ernesto y el Patojo estaban invitados a cenar en casa de la peruana y su compañera venezolana, pero Guevara se demoró visitando a sus amigos cubanos en casa de María Antonia González, punto de reunión habitual de los exilados moncadistas y finalmente pasó por su casa para recoger el saco de dormir, porque al Patojo le habían dado turno de noche en su labor de velador y Ernesto pensó en acompañarlo. Hilda se sintió agraviada por el retraso y la pronta salida y pasó a la depresión. A pesar de que convivieron el 25 paseando juntos por Chapultepec la historia se repitió el 31, cuando Ernesto la dejó nuevamente plantada. Hilda pensó en romper si a Ernesto le importaba más solidarizarse con la soledad de su amigo guatemalteco. Malentendidos y demás, todo parecía un noviazgo adolescente, lleno de dudas, malas interpretaciones, idas, venidas y retornos.

El primer día del año 55 los encuentra nuevamente reconciliados y paseando por Toluca. El reencuentro se prolonga con estires y aflojes durante el mes de enero. El día 20 Ernesto le regalará, como atrasado obsequio de año nuevo, el *Martín Fierro* con una dedicatoria que no parece presagiar una relación muy larga: *A Hilda, para que el día de la partida, le quede el sustrato de mi ambición de horizontes y mi fatalismo combatiente. Ernesto.*

En febrero, según Hilda, Guevara insiste en su proposición matrimonial, Hilda acepta y dice que para marzo. Ernesto le pregunta que por qué no ahora. Al año de haberse conocido en Guatemala, propone ella. Si la propuesta matrimonial se hizo, no debería ser muy seria. El pacto matrimonial no dura demasiado, Hilda descubre entre las páginas de un libro que él le ha prestado, el negativo de una foto de mujer en traje de baño y provoca una escena de celos. Ernesto se enoja ante la bronca que le cae encima, le cuenta que se trata de la hija de Petit de Murat y que no significa nada. Hilda recordará: "Me dijo que estaba inventando un pretexto para no casarnos, que entonces él también rompía, pero que no seríamos ni amigos".

La separación está registrada en su diario de manera no muy dolorosa. *Con Hilda creo que rompí definitivamente luego de una escena de* melodrama. *Me gusta una chica que es química; no es muy inteligente y es bastante ignorante, pero tiene una frescura agradabilísima y unos ojos bárbaros.*

Durante una semana Guevara y Gadea dejan de verse, la separación parece ser total. Pero Hilda, quien se ha mudado con su amiga Lucila a una nueva casa, en el número 43 de la calle Rhin, se enferma y requiere de la visita del doctor Guevara. Ernesto le diagnostica una amigdalitis que ha extendido la infección hasta los oídos y la atiende con antibióticos. Se produce de hecho una nueva reconciliación.

Sin embargo, el asunto de sus amores no parece ser trascendente para Ernesto, o al menos parece no quererlo mostrar en sus constantes cartas a la familia en Buenos Aires, porque no existen menciones al respecto. ¿Pudor guevarista o falta de pasión? En cambio, el tema de los futuros viajes es recurrente, casi podría decirse que obsesivo. A su padre le cuenta que están en la mira *Francia y la Cortisona, y siempre el camarada Mao en el final de la etapa raidista, o casi en el final porque la beca está en el itinerario.* Para lograr esos viajes: *Mis armas serán tres o cuatro trabajos científicos que (guevareana modestia) son muy buenos.*

La oportunidad de desahogar las miserias se le ha de presentar a Ernesto en los primeros días de marzo del 55. La Agencia latina de noticias, con la que viene colaborando, le ofrece un trabajo bien pagado para cubrir los IV Juegos panamericanos. *Debía hacer de copilador de noticias, redactor fotográfico y cicerone de los periodistas que llegaban de América del sur.*

Ernesto monta un equipo improvisado con su amigo el Patojo, el cubano Severino Rosell y un exilado venezolano que aporta el cuarto oscuro para revelar e imprimir; era "una pequeña cooperativa de fotógrafos", recordaría años después Rosell.

Del 6 al 20 de marzo, sin dejar de trabajar en los hospitales donde lleva a cabo sus investigaciones sobre la alergia, Ernesto se mete de cabeza en la tarea.

Mi trabajo durante los Juegos panamericanos fue agotador en todo el sentido de la palabra, pues (...) el promedio de horas de sueño no pasaba de cuatro (...) debido a que yo era también el que revelaba y copiaba las fotografías. Todo ese trabajo debía tener su pequeña compensación monetaria en forma de unos $4000 que me corresponderían luego de tanto trajín.

Años más tarde la revista cubana *Bohemia* rescataría algunas de las fotos del doctor Guevara: una mujer peruana capturada en el aire durante el salto de altura, el *sprint* de una carrera ciclista, la final masculina de los cien metros con vallas, una estocada certera en esgrima, el equipo de gimnasia de Brasil con rostro de aburrimiento...

La historia no tendría final feliz: *Acabado que fue todo el trajín y felicitado convenientemente todo el personal que cubriera los juegos, un lacónico cable de la Agencia latina nos informó que cesaba sus transmisiones y que cada corresponsal hiciera lo que mejor le pareciera con el personal a su cargo (de sueldos ni una palabra), saber esta noticia y entregarme de cuerpo y alma a la tarea de morderme la cola fueron todo uno.*

Con el humor acostumbrado, le escribe a su amiga Tita Infante explicando sus suposiciones sobre el porqué del cierre de la Agencia: *Tal vez el de la (Casa) Rosada (Perón) dio las nalgas (cochinada mexicana).*

Sin embargo, a pesar de la abrumadora carga de trabajo, será durante estos días que en versión de Hilda Gadea se produce la siguiente situación: "Cuando llegó a la casa, me preguntó seriamente si me había decidido o no; su tono era calmado, pero firme, casi me daba un ultimátum. Y como en realidad yo lo estaba, le contesté que sí y que nos casaríamos en mayo (...) después le pregunté si había estado seguro de mi respuesta afirmativa; me contestó seriamente: *Sí, porque tú sabías que me perdías si esta vez me contestabas no*". En la versión de Guevara, Ernesto no estaba a favor del matrimonio y lo que le propuso es que se mantuvieran como amantes. Lo que resulta cierto, más allá de las versiones, es que las relaciones se estabilizaron.

En medio de la nueva crisis laboral, una buena noticia: *Por fortuna me dieron casa y comida en el hospital general y a lo mejor algún peso extraviado cae entre mis dedos nostálgicos (me los gasto borrachísimamente en tomar jugo de melón).*

En una carta a su madre explica que la beca consiste en casa, comida, lavado de ropa y nada de dinero. Olivia Salazar, la viuda de Mallén, recordaría años más tarde que su esposo invitó al doctor Guevara a vivir en su casa, pero Ernesto, argumentando que no quería tomarse esa confianza, "prefirió quedarse dentro de un saco de dormir sobre una cama de reconocimiento en un cuartito pequeño de consulta e instrumentos en el hospital". Esa es la "casa" de la que habla en la carta a sus padres.

Para lograr la residencia en el hospital ha entregado un trabajo titulado "Investigaciones cutáneas con antígenos alimentarios semi-digeridos", en el que reconstruye algunas de las experiencias de sus previas investigaciones en Argentina con Pisani. El trabajo se ha de presentar en un congreso de la especialidad en León, Guanajuato. *Me recibieron espléndidamente, todos los gastos pagos, tome whisky como si me gustara y comí como quien soy. El día de la inauguración me andaban buscando para presentarme al gobernador del estado, porque yo era el único extranjero asistente pero no me encontraron porque me había metido a la cocina a comer tacos de carnitas.* Luego, la investigación se publicará en la *Revista iberoamericana de alergología* en mayo del 55. Además, se encuentra experimentando en otra media docena de proyectos, todos ellos con altibajos.

Laura de Albizu Campos, en aquellos años exiliada portorriqueña en México, recuerda: "Experimentaba en cerebros de gatos, estudiando las células nerviosas, la célula cerebral, según los estímulos, pues lo sabía viendo las reacciones (...) Conseguía los gatos a través de una señora (...) creo que le pagaba a la señora un peso por gato, pero la señora tenía un grupo de muchachos mexicanos que eran los que cogían los gatos, y yo siempre le decía a él que si ya había acabado con los gatos del barrio, y él se echaba a reír".

Según su compañero el doctor David Mitrani, con el que después de las ornadas de laboratorio taqueaba en los changarritos enfrente del Centro médico, estaba metido en varios experimentos más, dos de ellos sonaban en a comunidad médica: *Sobre antígenos alimentarios y sobre la acción de la estamina en el útero de las gatas.* Durante el día trabajaba en sus investigaciones, mientras por las noches ejercía como profesor asistente en las prácticas de fisiología humana en la vieja facultad de medicina.

Con su habitual y ácido sentido del humor, Ernesto le cuenta a su padre en una carta: *Me paso las 24 horas diarias hablando de enfermedades y de cómo curarlas (no curo nada, por supuesto).* Y a su amiga Tita Infante, le reseña sus investigaciones: *Científicamente soy un fracaso de primera, todos mis grandes proyectos de investigación fueron llevados por (...) el viento (...) y me veo limitado a presentar un modesto trabajo en el que repito en México las investigaciones de Pisani sobre alimentos semidigeridos.*

A fines de abril Hilda consigue trabajo, primero en CEPAL, luego en la Oficina sanitaria panamericana. Ernesto mientras tanto sigue viajando con la imaginación y elaborando proyectos. En su correspondencia a la Argentina continúan la enumeración de viajes deseados, posibles, imposibles, hipotéticos. A Tita Infante le escribe: *Espero Tita que a la vuelta de cualquier esquina de cualquier vieja ciudad europea nos encontremos pronto, yo con la barriga llena y Ud. con el título en la mano. Por ahora es lo más a que se puede aspirar, pero el futuro es del pueblo.*

Años más tarde, Hilda Gadea mencionará en sus memorias que entre los proyectos de viaje existía uno a China, con pago parcial del pasaje, que Ernesto rechazó porque no podían ir juntos. Y Ernesto le comenta a su padre en una carta que la Agencia le había prometido un viaje a Melbourne en Australia, pero la desaparición del empleo lo dejó con ganas pero flotando.

A esto habría que añadir el proyecto de un viaje a Europa oriental, posiblemente a Polonia, para participar en uno de los muchos encuentros de la juventud; un viaje que Ernesto buscó con una cierta sensación de culpabilidad. *Parece que me prostituí del todo (...) mandé a la Cortisona un sesudo estudio sobre la caída del tío Jacobo en garras de los centauros —pulpos de prosapia rubia— y basándome en el antecedente citado me mandé el pedido del viajecito, pero me falló la bolada.* Asistir al encuentro implicaba la posibilidad de viajar por barco vía España, pero la deuda de la agencia lo había dejado muy corto de dinero y se hizo imposible.

El contacto con los cubanos le hace variar la lista de los viajes potenciales: *El paso siguiente puede ser EU (muy difícil), Venezuela (factible) o Cuba (probable.) Pero mi meta irrenunciable sigue siendo París y llegará aunque sea nadando todo el Atlántico.*

Ernesto Guevara es, en esos momentos de su vida, esencialmente un vagabundo, un vagamundo, pero teórico. En 22 meses de estancia en México tan sólo en su correspondencia con la familia y dos amigas, hay 161 menciones de viajes posibles, deseables o hipotéticos.

Estas obsesiones viajeras quedan retratadas en uno de los poemas que escribe en aquellos días: *El mar me llama con su amistosa mano/mi prado* *—un continente—/se desenrosca suave e indeleble/ como una campanada en el crepúsculo.*

El 30 de abril del 55 su paisano Ricardo Rojo, que ha pasado un año exilado en los Estados Unidos, llega a la ciudad de México y casi de inmediato busca a Ernesto. "Estaba más delgado y, a pesar del oficio de fotógrafo de plaza, conservaba el inconfundible aspecto del estudiante universitario en vacaciones".

Al día siguiente, Guevara pasa a recogerlo con Hilda a su hotel para ir al desfile del 1° de mayo. La triste mascarada de un desfile laboral pasa ante los exilados. Una tras otra las organizaciones sindicales pro gubernamentales mexicanas muestran su adhesión y su domesticidad. Un desfile no demasiado grande, cargado de rutina. Los partidos de izquierda, el POCM y el PC, los sectores obreros disidentes como los ferrocarrileros, bajo represión policiaca estaban excluidos del desfile oficial. Ernesto Guevara comenta: *La revolución mexicana está muerta, estaba muerta hace rato y no nos habíamos dado cuenta (...) El desfile de los trabajadores organizados parece un entierro (...) Los une el presupuesto, la nómina del gobierno. Vámonos, viejo.*

Rojo permanecerá en la ciudad de México tan sólo una semana, y durante ese tiempo, acompañará a Ernesto a una reunión con el grupo de cubanos emigrados, cuyo centro se encuentra en los edificios Imperial. Sin quererlo se ven involucrados en un apasionado debate. En ese momento se está discutiendo en Cuba la posible ley de amnistía que afectaría a los asaltantes del Moncada y en particular a su dirigente, Fidel Castro. Pegados a la radio, los cubanos siguen el desarrollo de la noticia y sus avances y retrocesos. Una docena de días más tarde, el 15 de mayo, Fidel sale en libertad.

Hay ecos de esta cubanización de sus intereses en una carta escrita a su padre a fines de mayo: *La Habana me llama particularmente la atención para llenarme el corazón de paisaje, bien mixturado con paisajes de Lenin.*

En mayo, Ernesto e Hilda deciden unirse de hecho. El doctor Guevara mueve las escasas pertenencias que conserva en el hospital y se muda al departamento que Hilda y su amiga Lucila tienen en la calle Rhin, un departamentito muy austero, donde el clóset es tan sólo un par de tablones y dos listones forrados con tela. El 18 de mayo se van de "viaje de novios a Cuernavaca". Hilda consigna el día como la "fecha de nuestro verdadero matrimonio". La convivencia con Hilda no parece afectar sus preocupaciones, o al menos, no se refleja en el habitual y permanente correo con la Argentina, donde no hay menciones a su matrimonio de hecho. El 17 de junio le cuenta a su madre: *La Agencia latina me había clavado con una suma que orillaba los 6 mil pesos; ahora me pagaron, pero sólo 3 mil, de los que tengo que* pagar una serie de deudas. Cuenta que esperando que le pagaran la totalidad fue a buscar un pasaje para España (para el proyectado viaje a Polonia), pero al encontrarse con tan sólo la mitad del dinero se rajó, pues iba muy justiniano.

Como siempre, en la carta intenta un balance: *Este México inhóspito y duro me ha tratado bastante bien después de todo y, a pesar de la esquila llevaré al irme algo más que dinero que al entrar, mi respetable nombre en una serie de artículos de mayor o menor valor y, lo más importante, sedimentadas una serie de ideas y aspiraciones que estaban en forma de nebulosa en mi cerebro.*

Pero, a pesar de que trata de convencer a su madre de que el trabajo científico no va del todo mal, las condiciones son bastante malas según cuenta en otra carta: *Aquí trabajo en un laboratorio de bacteriología (...) y uno de fisiología (y además) en el específico de alergia donde hay que hacer las cosas a puro pulmón, pues no hay ni un triste mechero de gas.*

A mediados del mes de junio se embarca en una hazaña poco recomendable para un asmático, el ascenso a uno de los volcanes cercanos a la ciudad de México, el Popocatépetl. La expedición fracasa, pero queda una crónica memorable:

Hicimos derroche de heroísmo sin poder llegar a la cima, yo estaba dispuesto a dejar los huesos por llegar, pero un cubano que es mi compañero de ascensiones me asustó porque tenía los dos pies helados y tuvimos que bajar los cinco. Cuando habíamos bajado unos 100 metros (que a esa altura es mucho) paró un poco la tempestad y se fue la bruma, y entonces nos dimos cuenta que habíamos estado casi al borde del cráter, pero ya no podíamos volver. Habíamos estado seis horas luchando con una nieve que nos enterraba hasta las verijas en cada paso y con los pies empapados debido al poco cuidado de llevar equipo adecuado.

El guía se había perdido en la niebla esquivando una grieta que son algo peligrosas y todos estábamos muertos del trabajo que daba la nieve tan blanda y tan abundante. A la bajada la hicimos en tobogán tirándonos barranca abajo como en las piletas de las sierras y con el mismo resultado, pues llegué abajo sin pantalones.

Las patas se me descongelaron al bajar, pero tengo toda la cara y el cuello quemado como si hubiera estado todo un día entero bajo el sol de Mar del Plata; en este momento tengo la cara que parece la copia de Frankenstein entre la vaselina que me pongo y el suerito que me sale de las ampollas, además tengo la lengua en las mismas condiciones porque me di un atracón de nieve. El andinismo es precioso y lo único que me acompleja es que en esta última vez subió con nosotros un viejito de 59 años que trepaba mucho mejor que nosotros.

¿Era la vida así? Fotógrafo ambulante, investigador semidesempleado y médico mal pagado, exilado permanente, esposo temporal e intrascendente, aventurero de fin de semana, redactor de cartas y de poemas y de diarios, siempre privados.

Sí, y algo más.

En una de esas cartas a su madre remata: *Lo esencial es que me siento tangueril, vale decir un poco argentino, cualidad que desconocí casi siempre. Creo que esto indica el primer llamado de la vejez (que es cansancio al fin y al cabo) o que extraño ese dulce y apacible hogar.*

Pero Ernesto Guevara, que acaba de cumplir 27 años y que teme estarse apoltronando, despojado de su vagabundeo latinoamericano, está al borde de iniciar el recorrido de un insólito camino.

CAPÍTULO 8

El mundo finalmente es una isla

Con la pequeña Hilda Guevara Gadea, en la ciudad de México. (Archivo AIN)

En la cárcel de Miguel Schultz, sería el primer documento gráfico con el que habría de contar la policía de Batista para identificarlo. (Foto de los Hermanos Mayo)

Es en esos días de la segunda mitad de junio del 55 cuando, en sus visitas a los exilados cubanos, Ernesto entra en contacto con el menor de los hermanos Castro, Raúl, un personaje de rostro aniñado que tras la amnistía reciente se ha tenido que exilar porque las autoridades batistianas le han montado una provocación acusándolo de haber puesto una bomba en un cine. Raúl, con una formación marxista y además con la experiencia del asalto al Moncada a sus espaldas, debió resultarle a Ernesto mucho más atractivo que los exilados latinoamericanos con los que había estado previamente en contacto, expertos en barajar sueños y confundir ilusiones con realidades, vividores del cuento de hadas del retorno triunfal.

Durante esos días se entrevistan varias veces, tanto en el nuevo hogar que Ernesto comparte con Hilda como en el mísero departamento 29 en la calle Ramón Guzmán #6 donde el joven cubano se ha establecido. En esas conversaciones se habla de la próxima llegada del mítico Fidel Castro, quien a pesar de sus iniciales intenciones de permanecer en Cuba para armar una red revolucionaria opositora a la dictadura, bajo la presión de la censura y las múltiples provocaciones a sus compañeros, ha decidido finalmente exiliarse para organizar un retorno armado.

Según uno de sus muchos biógrafos, el impacto de las conversaciones con Raúl hace que Ernesto Guevara se de una vuelta a la hemeroteca de la universidad para releer la historia del asalto al Moncada. Será en la segunda semana de julio, en una noche que Ernesto recordaría como *una de esas frías noches de México* a pesar de ser verano, cuando se encuentra con el mayor de los hermanos Castro, el líder indiscutido del movimiento de resistencia a Batista que empieza a llamarse 26 de julio. Fidel, que ha llegado a México el día 8, se encuentra a Ernesto en la casa de María Antonia González, un poco el hada madrina del grupo de exilados, una cubana casada con el luchador de lucha libre Avelino Palomo, alias Medrano, en cuyo hogar de Emparán 49 han ido cayendo uno por uno los cuadros políticos del exilio cubano.

La conversación inicial entre Fidel y Guevara dura ocho o diez horas, según la memoria de los testigos o de los interrogadores futuros de los testigos, y a los dos interlocutores les ha de quedar profundamente grabada en la memoria; de ocho de la noche hasta el amanecer hablaron de la situación internacional, repasaron sus versiones de América Latina, hablaron de política y sobre todo de revoluciones, en particular, de la visión de Ernesto de lo sucedido en Guatemala y de la idea de Fidel de la futura revolución contra la dictadura batistiana.

Guevara, un hombre que en esos momentos de su vida había aprendido a mantener la distancia, a soterrar sus emociones, ha quedado profundamente impresionado con su interlocutor, ha sido capturado por la magia de hipnotizador de serpientes de Fidel. Al día siguiente escribe en su diario: *Un acontecimiento político es haber conocido a Fidel Castro, el revolucionario cubano, muchacho joven, inteligente, muy seguro de sí mismo y de extraordinaria audacia; creo que simpatizamos mutuamente.*

Al llegar a su casa le contaría a Hilda: *Tenía razón Ñico en Guatemala cuando nos dijo que si algo bueno se ha producido en Cuba desde Martí, es Fidel Castro; él hará la revolución.*

Un par de años después le diría al periodista argentino Ricardo Massetti: *Fidel me impresionó como un hombre extraordinario. Las cosas más imposibles eran las que encaraba y resolvía. Tenía una fe excepcional en que una vez que saliese hacia Cuba, iba a llegar. Que una vez llegando iba a pelear. Y que peleando iba a ganar. Compartí su optimismo. Había que hacer, que luchar, que concretar. Que dejar de llorar y pelear.*

A este primer encuentro se sucederán rápidamente otros y, al final de una reunión en la casa de Hilda, la anfitriona le pregunta a Fidel cuál es la razón de su estancia en México y éste le responde con un monólogo que dura cuatro horas. Al final, la propia Hilda está convencida de que debe sumar su suerte a la del grupo del 26 de Julio. Al dejarlos solos el dirigente cubano Ernesto le confiesa a su esposa que el plan de Fidel es una locura, pero una locura factible, una locura realista...

De esa reunión queda la descripción que Hilda ofrece de Fidel: "Muy blanco y alto, grueso sin ser gordo, con el cabello muy negro, brillante y ondeado, usaba bigote; de movimientos rápidos ágiles y seguros (...) podía pasar por el turista burgués bien parecido, pero en cuanto hablaba..."

A los pocos días Ernesto le pregunta a su compañera:

—*¿Y qué piensas tú de esta locura de los cubanos de invadir una isla completamente artillada?*

—No hay duda, es una locura, pero hay que estar con ella.

—*Pienso lo mismo; quería saber qué decías; he decidido ser uno de los futuros expedicionarios; estamos en conversaciones, próximamente empezaremos nuestra preparación, iré como médico.*

La nave de los utópicos adquiere nuevos remos.

Del verano del 55, fotos e imágenes que nunca fueron fotografiadas.

Fotos cándidas en las que los cubanos aparecen con enormes sombreros de charro en los que puede leerse un "Viva México".

Ernesto e Hilda sentados en el pastito del campus universitario, con la silueta al fondo de la biblioteca central, sobre la hierba una servilleta extendida y sobre ella la merienda.

Fidel con lentes oscuros, como un gángster de película serie B, un rostro en el que se adivina poco.

Los emigrados cubanos y puertorriqueños, y peruanos e incluso un argentino, Ernesto, depositando una ofrenda floral el 26 de julio en la estatua de los niños héroes.

Fidel, quien apenas puede hablar por la gripe, escribe: "Aunque ya son las cuatro y cinco minutos de la mañana, todavía estoy escribiendo. ¡No tengo ni idea de cuántas páginas habré escrito en total! He de entregarlo al correo a las ocho de la mañana. No tengo despertador y si me duermo puedo perder el correo; por tanto, no me acostaré... tengo la gripe, con tos, y me duele todo el cuerpo. No me quedan cigarros cubanos, y realmente los echo de menos".

Raúl Castro, a quien le ha entrado en la sangre ser torero y le da capote a la más mínima oportunidad a sus amigos, que poco a poco lo van abandonando, le pide a María Antonia que actúe de toro. Lo suyo es una pasión sin perspectivas. Cuando no torea, acompaña a Ernesto por los callejones de la ciudad de México en la cacería de gatos para los experimentos del doctor Guevara.

Por esos días se produce un robo en el departamento de la calle Rhin. Los ladrones no tienen demasiado que llevarse, pero sustraen los dos bienes más preciados de la joven pareja, la máquina de escribir de Hilda y la máquina fotográfica de Ernesto. Guevara, indignado, le comenta a Hilda que se trata del FBI norteamericano, aunque más tarde abandonará la paranoia y reconocerá en una carta que su máquina de fotos reposa en *el barrio de Tepito que es donde van los objetos robados*. Deciden no denunciarlo a la policía. El robo deja ya sin trabajo de fotógrafo al doctor, quien después de la quiebra de la agencia estaba viviendo de los magros sueldos de la medicina social mexicana y detiene el trabajo en común que estaban haciendo. Ernesto dictaba e Hilda mecanografiaba la investigación que lleva a cuestas estos últimos años: "La función del médico en América Latina", un largo ensayo estructurado en 14 capítulos, donde no sólo habla de los problemas de salud pública, los problemas clínicos, la economía de la enfermedad y su geopolítica, sino que hace proyecciones para el "futuro socialista" de la medicina social en el continente y de la necesidad del médico revolucionario de enfrentarse con las estructuras estatales serviles al latifundio y a los monopolios extranjeros, buscando una medicina donde no prevalezca el lucro y el pillaje. El libro nunca sería terminado.

En los primeros días de agosto Hilda se da cuenta de que puede estar embarazada, y cuando Ernesto regresa del hospital se lo dice. "Al principio él dudaba: *Estás jugando*. Luego se pone muy contento". Esa tarde le regala una pulsera de plata mexicana con el dinero que ha cobrado de lo que le debían en la Agencia latina.

En la versión de Ernesto en su diario la felicidad es relativa. *Para otro sería trascendental, para mí es un episodio inconfortable. Voy a tener un hijo y me casaré con Hilda en unos días.* ¿Qué tipo de tormenta se produce en la cabeza de Ernesto a lo largo de esos días? Sin duda ha buscado la relación con Hilda en el curso de estos años, pero también es obvio que ha intentado no darle estabilidad, ni a la relación ni a nada, en una vida personal que concibe como un viaje permanente. Un hijo significa, entre otras cosas, un lastre, un compromiso. Algo que lo fija al terreno y lo ata. Sin embargo parece que no dudará demasiado y le propondrá a Hilda que regularicen su situación.

Queda pues el engorroso trámite de sortear las trampas burocráticas de la Secretaría de gobernación mexicana, que durante años se especializó en hacerle la vida imposible a los extranjeros sin recursos. Ernesto e Hilda se la pasarán peleando contra la burocracia mexicana para conseguir el permiso matrimonial. Serán abrumados por los obstáculos legales que les ponen las autoridades migratorias mexicanas para casarse ("Figúrese, la señorita, que es exilada peruana, se quiere casar con un argentino") y la boda se topa con mil y un requerimientos burocráticos. Ernesto e Hilda comienzan a pensar si no deberían casarse en una embajada. "La peruana", dice ella, "la argentina", dice él. Finalmente aparecerá una manera de resolver el matrimonio. Guevara consigue que un compañero de hospital lo relacione con las autoridades de Tepotzotlán para casarlos "a la mexicana", sin necesidad de permisos.

El 18 de agosto, rodeados por un reducido grupo de amigos, en el registro civil de Tepotzotlán, un pequeño pueblo en el estado de México famoso por su arquitectura virreinal, a unos 25 minutos al norte del DF, ante un oficial del registro civil accidental pero simbólicamente llamado Ángel, Hilda Gadea Acosta y Ernesto Guevara Serna se casan.

Jesús Montané, uno de los dirigentes del movimiento antibatistiano en el exilio, y la poeta Lucila, serán los testigos de la novia, el primero como testificador suplente de Raúl Castro, que asiste a la ceremonia pero por razones de clandestinaje no firma el acta. Los médicos Baltazar Rodríguez y Alberto Martínez Lozano, que es el nativo de Tepotzotlán y el que ha logrado conseguir los permisos, son los testigos del novio. De regreso en la ciudad de México Ernesto prepara un asado en la casa al que asiste Fidel.

A la familia de Hilda la notifican con un telegrama, Ernesto lo hará en las siguientes semanas por carta a los suyos. Los padres de Hilda responden quejándose de que no les hayan informado, mandan 500 dólares y reclaman una boda por la iglesia.

Ernesto les escribe en respuesta: *Tienen ustedes razón en quejarse de que no hayamos informado de nuestro matrimonio en el momento en que lo efectuamos. Lo del hijo está absolutamente confirmado; las reacciones biológicas y toda una serie de datos clínicos permiten asegurarlo con toda certeza (...) Siento mucho decirles que nuestras mutuas convicciones políticas y religiosas nos impiden contraer matrimonio que no sea civil.*

Es curiosa la forma en que Ernesto les transmite la información sobre su matrimonio a sus padres y a su tía Beatriz. A su madre en una carta que le escribe más de un mes después de la boda, el 24 de septiembre, en medio de otro montón de noticias y como quien no quiere la cosa le menciona: *Te comunico la nueva oficialmente para que la repartas entre la gente: me casé con Hilda Gadea y tendremos un hijo dentro de poco tiempo.* Ni cuenta quién es ni de dónde sale Hilda, ni da mayores informaciones sobre su nueva esposa. El 8 de octubre le escribe a su tía Beatriz: *Las noticias afectivas ya las debes saber por mamá; me casé y espero un Vladimiro Ernesto para dentro de un tiempo; obviamente yo lo espero, pero mi mujer lo tendrá.* Incluso no menciona el tema del matrimonio en las cartas de ese mes a su amiga Tita Infante. ¿Qué hay detrás de estas demoras y subestimaciones del hecho? ¿Incomodidad ante el obligado matrimonio? Para alguien que hacía de su correspondencia un registro minucioso de hechos y deseos, resulta extraño, si no es que muy sospechoso, la manera un tanto frívola de reseñar un hecho aparentemente trascendental.

Sin embargo el tema de los viajes sigue acaparando sus pasiones. En una carta a sus nuevos suegros, Ernesto les comenta la posibilidad de viajar a Cuba como si se tratara de un proyecto turístico al que añade los viajes a China y Francia. En el lugar común de todos los argentinos urbanos y de clase media, insiste en que tarde o temprano él e Hilda irán París. No termina ahí la lista:

Nuestra vida errante no ha acabado todavía y antes de establecernos definitivamente en Perú, país al que admiro en muchos aspectos o en Argentina, queremos conocer algo de Europa y dos países apasionantes como son India y la China, particularmente me interesa a mí la nueva China por estar acorde a mis ideales políticos... Por esos días incluso le pide a Hilda que verifique la posibilidad de un viaje profesional al África.

¿No se ha comprometido a sumarse a la expedición cubana? ¿Tiene dudas sobre la viabilidad del plan? Sin duda ha quedado fascinado por el personaje y la propuesta de Fidel lo ha cautivado, pero debe quedarle al doctor Guevara un resabio de escepticismo. En el mundillo de los exilados políticos en el que se mueve desde hace años, ¿cuántas veces no se ha hablado de revolución? ¿Cuántos proyectos no se han tejido y destejido? ¿Cuántos países han quedado liberados tan sólo en las palabras?

De alguna manera, las tensiones de la vocación de vagabundo y futuro narrador de lo vagado, contra la necesidad de pasar a la acción política y dejar la observación, se reflejan en uno de sus poemas titulado "Aquí": *Yo también soy mestizo en otro aspecto:/ en la lucha en que se unen y repelen/ las dos fuerzas que disputan mi intelecto...*

Mientras las dudas y las afirmaciones andan por ahí rondando en los terrenos de la razón y del corazón, en lo cotidiano el doctor Guevara, sin querer, organiza una buena polémica casera, la culpa la tiene la carta que le envía a los padres de Hilda donde les dice: *Para mí la casa desarreglandona y la comida medio sosa, junto con mi compañera muy saladita y sobre todo muy compañera, es el ideal de la vida.* Hilda, ofendida, habría de responder más tarde en sus memorias: "Soy buena cocinera, sobre todo de platos peruanos, que por muy condimentados él no probaba por la alergia, prefiriendo como buen argentino un bife y ensalada. Sin embargo, le gustaban algunos de los platos peruanos que yo preparaba, siempre que no tuvieran pescado ni muchas especias".

Por esos meses, Hilda cuenta: "Ernesto estaba muy preocupado por una enferma del hospital a la que llamaba vieja María. Muy conmovido me contó que su estado era muy grave con un asma aguda; era tanto su interés por esta enferma que llegué a sentir celos de ella porque la tenía presente todo el tiempo: en la mañana se apuraba para ir a verla (...) Un día muy apenado me dijo que la vieja María posiblemente no pasaba de esa noche; así que fue al hospital para estar cerca de su lecho, vigilándola para hacer todo lo posible para salvarla. Esa noche murió ahogada por el asma".

La muerte de la vieja lavandera dejó muy impactado al doctor Guevara, que sintió como una ofensa personal la miseria en la que vivía la mujer, con una hija y tres o cuatro nietos, y su defunción "sin pena ni gloria", como se diría en México en aquellos años. Escribe entonces un poema:

Vieja María vas a morir/ quiero hablarte en serio/ Tu vida fue un rosario repleto de agonías/ no hubo hombre amado ni salud ni dinero/ apenas el hambre para ser compartida.

El poema es flojo, pero poco a poco, mientras se va armando la descripción de las miserias de la mujer, la sala de hospital y la muerte que surge como consecuencia del asma, aparece la oferta de *la suave vergüenza de las manos de médico* que estrechan las manos de la vieja para prometerle *en voz baja y viril de las esperanzas, la más roja y viril de las venganzas que tus nietos vivirán la aurora.* El poema remata con un grandilocuente, aunque suene a sincero, *lo juro,* escrito en mayúsculas.

El 16 de septiembre se produce en la Argentina el golpe militar contra Perón. Ernesto en México devora los periódicos y escribe a sus padres y a su tía. Ya un par de meses antes había comentado el primer intento de golpe, preocupado porque sus familiares antiperonistas no fueran a estar metidos en el asunto: *Espero que la cosa no sea tan brava como la pintan y no haya nadie nuestro metido en un lío donde no hay nada que hacer.*

Ahora, con el golpe triunfante y los militares reprimiendo y persiguiendo a las organizaciones de base del peronismo, le comenta a su madre que lo que le gusta a la oligarquía no puede ser bueno, que no hay nada de sano en el júbilo de las fuerzas conservadoras por la caída de Perón. Y aprovecha para recordarle que *cayó tu odiado enemigo de tantos años* y augurarle a la Argentina un futuro dependiente y bananero. En una carta a su tía Beatriz precisa sus emociones: *Sentí la caída de Perón un poquito. La Argentina era una ovejita gris pálido, pero se distinguía del montón; ahora ya tendrá el mismo colorcito de sus 20 primorosas hermanas: se dirá misa con mucha asistencia de agradecidos fieles, la gente bien podrá poner en su lugar a la chusma, los norteamericanos invertirán grandes y beneficiosos capitales en el país, en fin, un paraíso. Yo francamente no sé por qué añoro el color gris de la ovejita.*

Mientras tanto, la vida cotidiana prosigue en México. Perón, la Argentina, están lejos, muy lejos. Hilda cuenta: "Un día fuimos a ver *Arriba el telón* de Cantinflas. No recuerdo película que le haya hecho reír tanto (...)

la escena de Cantinflas bailando el minué cuando se encuentra improvisadamente en escena fue lo que más le hacía reír". Verá la película más de una vez. Y seguro recordará al doctor Valenza, un sicólogo peruano que conoció en su primer viaje por América, que le decía que la única manera de comprender el panamericanismo era ver a Cantinflas.

Habrá que registrar cuidadosamente esta anécdota. A lo largo de los próximos años Ernesto Guevara, cuando quiere reírse de sí mismo, cuando quiere no tomarse en serio, cultivará el parecido con Cantinflas. Parecido que en el 56 aún no existe. Ernesto en estos días más bien se parece a una versión juvenil lampiña, un poco más alta y un poco más basta, de John Garfield.

Pero ahora vive en un incierto presente. Fidel continúa su campaña de organización y reclutamiento a distancia mientras Ernesto aprovecha para liarse en discusiones con Hilda sobre los posibles nombres del niño-niña (Hilda Victorina o Ernesto Vladimiro), aprende a cortar el pelo con uno de los exiliados cubanos y practica sus conocimientos con los inocentes pacientes en el hospital. *Todo conocimiento es útil; algún día puede servir, ¿no crees?* Se deja convencer por Fidel para comprar un tocadiscos, se muda con Hilda, y ya sin Lucila, al departamento 16 del número 40 de la calle Nápoles, que resulta igual de modesto pero un poco más grande que el anterior, y cumple su anhelo de llegar a la cima del Popocatépetl.

El 12 de octubre del 55, el día de la Raza, el día de las banderas, asciende al viejo volcán con una multitud. Una subida dura, mucho más para un asmático, de doce kilómetros y 450 metros de altura. Una foto muestra a un orgulloso doctor Guevara en plena ladera nevada. No se aprecia la bandera argentina que lleva en la mochila y que depositará en la cima. El país, la Argentina, se ha desplazado lejos en el futuro y en las querencias, una bandera y no más que eso.

El 29 de octubre Fidel parte hacia Estados Unidos en una gira de recaudación de fondos acompañado por Juan Manuel Márquez. Durante su ausencia Raúl se enferma y el doctor Guevara lo atiende. Allí los encuentra el diplomático soviético Nikolai Leonov, amigo de Raúl. Ernesto le pide algunos libros, novelas clásicas del realismo socialista: *Chapaiev*, *Un hombre de verdad* y *Así se templó el acero*. El ruso le entrega su tarjeta. No sabe el disgusto que meses más tarde le costará ese simple acto. Vuelven a verse, hablan sobre Guatemala. Aunque en sus recuerdos el ruso no cuenta si le consiguió los libros, evidentemente lo hizo, porque Hilda Gadea en sus memorias reseña que Ernesto los estaba leyendo.

En los últimos días de octubre Ricardo Rojo regresa de Nueva York esperando conectar con un avión que recogerá a los exiliados antiperonistas para devolverlos a la Argentina si el golpe se consolida, e inmediatamente toma contacto con Guevara.

Según Rojo, Ernesto seguía con atención los acontecimientos en Argentina; pero no tenía ningún interés en regresar. Él no había salido de la Argentina huyendo del peronismo, y si bien la figura de Perón no le resultaba particularmente simpática, menos lo eran sus opositores. Guevara le contestó a las reiteradas invitaciones para que retornara con él: *Allá, ¿qué hay? Un gobierno militar, por el momento tratando de rebajar el papel de la clase trabajadora en la dirección política del país. Imaginemos que ese gobierno se va, ayer ya se fue uno, y que venga tu amigo Frondizi, que tú mismo llegues a ministro. ¿Qué pueden hacer? Un gobierno de buenas intenciones con pocos cambios de fondo.*

En las memorias de Hilda Gadea, las discusiones entre Guevara y Rojo resultaron bastante "agrias" porque "el Gordo" le resultaba en esos momentos bastante conservador a Ernesto. Posteriormente Ernesto confirmará esta evaluación en una carta a su madre: *Yo espero que me siga cayendo bien pero temo que no será posible. Por la conversación con él te habrás dado cuenta que me considera un loco lindo, de esos que sirven para contar anécdotas. No dudo que en la vida diaria lo seré, pero en el análisis político de los problemas le oí decir cada barrabasada que me dejó espantado.*

Rojo recuerda: "En ese periodo recomendé a Guevara al más grande editor de México, el argentino Armando (*sic*) Orfila que dirigía el Fondo de cultura económica". Parece que no se llevaron bien, Ernesto estaba vendiendo libros a crédito para el FCE, pero no se le daba pedir favores.

Han quedado dos testimonios de la conversación de esa noche, el de Orfila y el de Raúl Roa, en aquella época un personaje de la izquierda liberal cubana.

Orfila: "En aquella oficina diminuta del Paseo de la reforma (…) discrepamos, discutimos, él a veces con maliciosa gracia; con convicción siempre; y pasó la medianoche y nos separamos".

Roa: "Parecía y era muy joven. Su imagen se me clavó en la retina: inteligencia lúcida, palidez ascética, respiración asmática, frente protuberante, cabellera tupida, talante seco, mentón enérgico, ademán sereno, mirada inquisitiva, pensamiento afilado, palabra reposada, sensorio vibrante, risa clara y como una irradiación de sueños mágicos nimbándole la figura".

De las memorias de Rojo son rescatables otras dos anécdotas: el encuentro con los cubanos en el edificio Imperial en el centro de la ciudad de México, en una sala llena de humo, donde le cuentan el proyecto de la invasión a grandes rasgos y logran de Rojo una sarcástica respuesta: "¿Sabés en dónde encerramos en Buenos Aires a los que tienen ideas como las tuyas? En Vieytes". Nadie tiene que explicarle a Ernesto que se trata de un manicomio.

El segundo es el recuerdo de una entrevista de Guevara con el poeta español exilado en México, León Felipe, que sin duda debe haber dejado muy marcado al médico argentino, quien conocía muy bien la obra del poeta y que recurrentemente la citará a lo largo de su vida. Rojo rescata una imagen que precisa y retrata a los dos personajes: cuando Ernesto y León cruzaban los pies durante la conversación en un café de la ciudad de México, ambos mostraban las suelas rotas de los zapatos.

Finalmente, en noviembre del 55 se produce el tantas veces pospuesto viaje de novios. Ernesto e Hilda deciden ir hacia el sur del país recorriendo las antiguas zonas mayas sin plan previo. En la ciudad de México, Ernesto había logrado contener el asma gracias al clima y a una rigurosa dieta de carne de res, frutas y verduras en la que se excluía el pescado, el pollo y los huevos, pero al bajar hacia la costa el asma vuelve. En Palenque un terrible ataque lo deja postrado. Hilda trata de ayudarlo y ponerle una inyección y él reacciona agresivamente. Hilda cuenta: "Me rechazó violentamente, me di cuenta de que no era precisamente por la inyección, sino porque no le gustaba ser protegido, ser ayudado cuando estaba enfermo. Me callé ante esa actitud brusca…"

—*Perdona, tú no tienes la culpa; es esta enfermedad que me saca de quicio, no te preocupés, una cosa tonta, realmente no vale la pena seguir molestos.*

Mérida, Chichen Itzá, Uxmal.

Ernesto trepaba las pirámides como loco, como niño que descubre una nueva aventura, como explorador ante el hallazgo de su vida, fascinado ante el impactante espectáculo de las ruinas, hiperactivo, subiendo y bajando, tomando fotos.

Deja constancia en un poema sobre Palenque de su fascinación por la ciudad maya: *¿Qué fuerza te mantiene más allá de los siglos/ viva y palpitante como en la juventud? ¿Qué dios sopla, al final de la jornada/ el hálito vital de tus estelas?*

En Veracruz está a punto de liarse en una pelea con borrachos, porque los bebedores de cerveza insisten en que brinde con ellos "su reina" y el doctor Guevara, muy a la mexicana, se les pone enfrente dispuesto a romperse la cara con media legión. *Conmigo lo que quiera*, dirá Ernesto en el más puro estilo de película, dirigiéndose al más agresivo de los borrachos. La historia tiene final feliz porque el dueño de la cantina, donde la pareja ha entrado a comer pescado fresco, amenaza con llamar a la policía si las cosas van a mayores.

Poco después viajarán en barco por el litoral veracruzano y Ernesto recuerda sus largas travesías juveniles y se divierte mientras todos los demás se marean, toma fotos, recorre saltando la cubierta de una punta a la otra.

De las fotos del viaje hay una de ellas que tiene una singular belleza, un contraluz a la orilla del mar o de un río, en las cercanías de un poblado que el historiador no ha podido identificar en el sureste mexicano. Con el marco de dos mujeres con canastos en la cabeza, una de ellas con un bebé a las espaldas, un niño pequeño y ensombrerado se aleja.

A su retorno a la ciudad de México Guevara recibe una buena noticia, ha ganado una cátedra de fisiología en la Universidad nacional. El 5 de diciembre le escribe a su madre en tono escéptico: *Yo no me veo profesor ni en la escuela primaria.* Sin embargo en la correspondencia sigue hablando de este proyecto de trabajo que cambiará su vida y que realmente nunca se realizará. Es la mascarada, la cobertura para no mencionar lo que está sucediendo en realidad. Fidel ha retornado de Estados Unidos, comienzan los preparativos para la expedición, comienzan los entrenamientos.

En la memoria de los supervivientes, el invierno del 55-56 en la ciudad de México se recordará como ingrato: polvoso, frío, húmedo de lluvias, áspero. Memoria de cubanos, a los que la ausencia del sol y las palmeras inquieta, desazona, pone nerviosos. Memoria de argentino indigente a punto de ser padre de familia.

En las fotos de aquellos días, parecen un montón de muchachos pobres, "pobres pero formales", se diría entonces; las manos siempre en el bolsillo, buscando el dinero que no ha de aparecer. Ernesto Guevara con el mechón de pelo que cae sobre la frente, con su eterna apariencia de desenfado, con su camisa medio raída, su aspecto de chico crecido, se ve extraño al lado de estos cubanos un tanto formales, orejones a causa de aquellos terribles cortes de pelo a la moda de los 50 y con un bigotito que dibuja el labio superior, tan ajenos todos a los magníficos, irreverentes barbudos y peludos que bajarían de la Sierra Maestra y del Escambray tres años más tarde.

Se encuentran muy seriamente vestidos, con trajes raídos y un poco guangos, como a los cubanos les gusta uniformarse para enfrentar al mundo, para hacer del desenfado reto. Gente seria por demás, aunque de sonrisa tristona o mirada nostálgica. Son personajes, en la vejez cándida pero terrible de las fotografías, no exentos de tragedia pasada y futura.

Llegando a México a fines del 55 y al inicio del 56 en pequeños grupos de dos o tres, en solitario, trabajando en la ruta para completar los pasajes, desde La Habana, Camagüey, Miami, Costa Rica, San Francisco, con un teléfono, una dirección de contacto, un nombre; no para formar parte de un exilio derrotado y quejoso, sino para participar en una invasión armada a la isla. Una frase de su dirigente resulta particularmente cautivante, es una especie de promesa terrible. Fidel en Nueva York, el 30 de octubre del 55 ha declarado: "Puedo decirles con total seguridad que en 1956 seremos libres o seremos mártires". Y Fidel, abogado de 30 años, es conocido no sólo por sus habilidades retóricas, sino porque sus hechos suelen acompañar a las palabras.

El plan original, que poco a poco se va fraguando, es organizar un desembarco en el oriente de la isla. La invasión, concebida como una especie de sueño épico, que enlaza con las tradiciones independentistas del siglo XIX, con Guiteras en los años 30, con la permanente historia cubana del exilio y el retorno armado.

Es, curiosamente, a un par de cuadras de una tienda de abarrotes llamada "La Antilla", en el departamento C del número 49 de la calle de Emparán, en el centro de la ciudad de México, en la casa de María Antonia González, donde se crea el centro fundamental de contacto. Si las revoluciones por hacerse tienen corazón y cabeza, sin duda también tienen hogar.

Juan Almeida describe al llegar a México en febrero: "El apartamento es pequeño, apretado, como si en la noche anterior hubieran dormido muchas personas en aquel lugar. Cuando en una casa duermen más de tres, cuesta mucha exigencia para que recojan las cosas temprano. Es un local sencillo de sala, comedor, un dormitorio, baño, cocina pequeña y un patiecito largo y estrecho. Hay camas plegables distribuidas entre la sala y el comedor, algunas más en el cuarto. Después conocimos que se ponen de noche y se quitan de día".

Allí y a otras casas de seguridad en la ciudad de México arribarán Gino el italiano, un expartisano que ha hecho la resistencia antinazi durante la guerra mundial con la guerrilla del Véneto y que reside en Cuba; el moncadista Ciro Redondo; Miguel Sánchez, conocido como "el coreano", por haber combatido en la reciente guerra con el ejército norteamericano; Guillén Zelaya, el único mexicano del grupo; Calixto García, uno de los primeros exiliados que intentó ser beisbolista en México, vivió 17 días con un café con leche en la mañana por único alimento y terminó de extra de cine lanzándose un montón de veces de una altura de 20 metros a un río en *China, la reina de la selva*; el dominicano Ramón Mejía del Castillo, mejor conocido como *Pichirilo*; y el flaco y espigado amigo de Ernesto, el dirigente obrero Ñico López Fernández, que retorna de Cuba a pedido de Fidel y al que "se le vio dormir en parques en pleno invierno y desmayar de hambre por no alargar la mano para mendigar limosna de los exilados ricos"; el campesino de Matanzas y excomunista Universo Sánchez; Ramiro Valdés, de una familia pobre de Artemisa, quien tenía en su gloria haber tomado una de las postas del cuartel Moncada; el marino Norberto Collado, torturado y quemado por la policía bastistiana, colgado de los testículos y arrojado a un vertedero, que muestra orgulloso sus cicatrices de guerra; el mencionado albañil mulato Juan Almeida, excombatiente del Moncada, quien rápido se aficionará al DF y hará su destino favorito el ir a comer tacos de carnitas frente a los cerros del Tepeyac mientras pasea a una amiga mexicana que lleva el obligado nombre de Lupita.

Y a estos hombres se suma un grupo de mujeres, muchas mujeres, porque el movimiento tiene una impronta absolutamente femenina, inusitada en el machista mundo del medio siglo. Son mujeres fundamentalmente las que crean las redes de financiamiento, las constructoras de infraestructura, en Cuba, en Santiago, en México. En el DF destaca María Antonia, infatigable, organizando sin dinero, montando casas de seguridad y a veces pagando rentas con lo que ha obtenido de hipotecar sus cosas, maravillosa mujer en su dureza, de la que Ernesto le dirá a Hilda: *No te sorprendas de las malas palabras que con mucha frecuencia dice, así es su carácter; es una señora muy respetable y magnífica compañera.* Y junto a María Antonia, Orquídea Pino, las hermanas de Fidel; la mexicana Piedad Solís, casada con Reinaldo Benítez; Melba Hernández, una de las activistas clave en la operación del Moncada, que junto a su esposo Jesús Montané se encuentra en México y colabora en la infraestructura de la red y en su difícil financiamiento.

Estos serán los nuevos personajes en la vida del doctor Guevara y serán cualquier cosa, menos culpables de inocencia. Forman parte de una generación y en particular de un grupo que tiene deudas de sangre con la dictadura, un sentido trágico de la vida, una relación muy peculiar con la historia.

En los últimos días del 55, Ernesto, por no abandonar sus vocaciones de viajero galáctico estudia ruso en el instituto de relaciones culturales URSS-México, lee muchos libros de economía, incluido el primer tomo de *El capital* de Marx, concentra lecturas en clásicos marxistas y comienza a estudiar mecanografía con una nueva máquina de escribir: *Luchando ahora con más brío ante el artefacto y casi sin mirar el teclado, cuando lo domine voy a aprender a bordar.*

Fidel cocinará la cena de navidad para los Guevara, Melba y Montané. El menú muy cubano: moros y cristianos, yuca y mojo. La cena no está exenta de tensiones. El matrimonio de Ernesto e Hilda no marcha bien, se encuentra sostenido por alfileres y por la presencia del niño por nacer.

Salido de la habilidad de Fidel para incorporar a su proyecto a todo aquel que se descuide, un nuevo personaje se incorpora al grupo, el luchador mexicano de lucha libre Arsacio Vanegas, que era amigo de María Antonia y Palomo y dueño de una pequeña imprenta. Este hombre estará a cargo del entrenamiento físico de los reclutas.

En principio largas caminatas. Viviendo casi todos ellos en el centro-sur de la ciudad, se citaban en el cine Lindavista, a ocho o nueve kilómetros de sus casas de seguridad, y de allí emprendían nuevas caminatas hacia Zacatenco en el profundo norte del DF. Vanegas recordará años más tarde que llegaban caminando al punto de cita porque no había dinero para el autobús y que "sólo desayunábamos un bolillo con agua".

En enero del 56 empieza el entrenamiento fuerte. Ernesto cambia de dieta para bajar de peso y prescinde de pan y pastas. Descuida los experimentos sobre alergia que hace en el hospital y no toma la cátedra de fisiología que había ganado.

Vanegas no sólo dirige las caminatas y las subidas a los cerros, también les da entrenamiento en defensa personal en un gimnasio que ha alquilado en las calles de Bucareli. "Lucha libre, algo de karate, técnica de caídas, patadas, trepar por los muros".

Hilda recuerda: "Al principio llegaba a casa todo adolorido y tenía que darle masajes con linimento". Pero no serán los músculos el peor de los problemas. Vanegas, en el ascenso a una de las colinas del norte de la ciudad de México, descubre a Ernesto ahogado por un ataque de asma. *Mirá, gordo, lo que has visto no quiero que nadie lo sepa. Es que padezco asma.*

Los entrenamientos resultan a nuestros ojos, al paso de los años, un tanto absurdos: juegos de adolescentes con mucho tiempo libre y mucha disciplina, pero sin duda eran mucho más que eso, y evidentemente no fueron ineficaces: largas caminatas por la calle Insurgentes, ascensos al cerro de Zacatenco, al Chiquihuite o al Ajusco, a veces con carga en las mochilas.

Quedan para la memoria las fotografías de las remadas del grupo en el lago de Chapultepec, que más que hacerlos parecer como el núcleo de una joven revolución a punto de desatarse, los confunden con estudiantes universitarios fugados de sus clases.

En febrero los entrenamientos adquieren un matiz de riesgo y seriedad, Fidel consigue permiso para que él y sus hombres practiquen en un campo de tiro llamado Los Gamitos, en las afueras de la ciudad de México, que era usado como centro de prácticas de los clubes de cazadores. Allí los futuros invasores disparaban con rifles de mira telescópica contra un plato a 600 metros, o contra guajolotes vivos a 500 metros. El que le daba al blanco recibía el sonido con satisfacción, más aún el que se tumbaba un guajolote, porque de premio se lo comían. Las fotos muestran a un Ernesto Guevara, a Fidel, a Raúl, a Juan Manuel Márquez ultra concentrados. Los entrenamientos se prolongarán durante tres meses combinados con las caminatas y la lucha.

Es en esa época, según los recuerdos de Hilda Gadea, que finalmente Ernesto aprende a distinguir entre los principios de la *Quinta* y la *Novena* sinfonías de Beethoven. El hecho produce tal alegría al doctor, que se apresura a comunicárselo en una carta a su madre. No avanzará demasiado sin embargo el aprendizaje musical de Guevara, quien con su patético oído, no es capaz de ni siquiera hacer lo que cualquier argentino promedio hace, cantar tangos, y se tiene que limitar a recitarlos.

—*Daría una mano por saber tocar la guitarra* —le dirá en febrero del 56 a su esposa.

—Con la mano que darías tendrías que tocar las cuerdas —le contestará ella.

El 15 de febrero, como a las siete de la tarde, nace en el Sanatorio inglés de la ciudad de México la hija que estaban esperando. *Tiene el nombre de Hilda Beatriz y es motivo de una doble alegría para mí. Primero la de la llegada que puso un freno a una situación conyugal desastrosa y segundo, el que ahora tengo la total certidumbre de que me podré ir, a pesar de todo. Que mi incapacidad para vivir junto a su madre es superior al cariño con que la miro. Por un momento me pareció que la mezcla de encanto de la chica y de consideración a su madre (que en muchos aspectos es una gran mujer y me quiere con una forma casi enfermiza) podría convertirme en un aburrido padre de familia (...) Ahora sé que no será así y que seguiré mi vida bohemia hasta quién sabe cuándo, para ir a aterrizar con mis huesos pecadores a la Argentina, donde tengo que cumplir el deber de abandonar la capa de caballero andante y tomar algún artefacto de combate. De la chica no puedo hablarle; es un pedazo de carne amoratada que mama cada cuatro horas con la puntualidad de un omega y desaloja el resto de lo que mama con algo menos de regularidad.*

Pero a pesar de su aparente distancia, Ernesto es un hombre tremendamente feliz. Habitualmente poco dado a expresar sus emociones, su júbilo desconcierta a todos; Myrna Torres cuenta: "Siendo padre lo vi muy cambiado, me parecía más humano".

Sólo hay una pequeña zona de sombra, la preocupación del doctor de que su hija haya heredado el asma. Lo que hace que la vigile continuamente a la búsqueda de algún síntoma de alergia, afortunadamente inexistente.

Un par de meses más tarde le cuenta a su madre: *Ha salido igualita a Mao Tse-tung, es más malcriada que la generalidad de los chicos y come como comía yo según cuentos de la abuela, vale decir, chupando sin respirar hasta que la leche salga por la nariz.*

La vida de Ernesto se mueve ahora entre los placeres de la paternidad, los entrenamientos cada vez más intensos, la pasada a máquina del séptimo de sus cuadernos filosóficos, que sintetiza los anteriores y que incluye multitud de referencias al marxismo, y los restos de su labor como médico. A sus padres les ha dicho que aceptó la cátedra de fisiología y a Tita Infante le reporta el desastre de sus investigaciones:

Después de casi un año de perder el tiempo tuve que declararme impotente para hacer un trabajo sobre determinación química de la histamina. Otro sobre la producción de anafilaxia por vía bucal mediante la ingestión de alimentos con hialuromidasa, que tenía el mérito de ser original, no lo he podido hacer pues a los primeros fracasos me retiraron el apoyo económico (...) Otros dos de menor importancia fueron acabados con resultados negativos y resolví no publicarlos. Uno de electroforesis nunca lo pude desarrollar bien por la falta de medios. Otro sobre la determinación de alguna identidad de acción entre histaminasa y la progesterona, se está llevando a cabo y puede resultar algo.

Una figura clave para concretar los planes de Fidel es un tuerto singular que ha perdido su ojo en combate: Alberto Bayo, excoronel del ejército republicano español exilado en México. Fidel había tomado contacto con él desde 1955. Bayo le ofrece, al conocer los planes del revolucionario cubano, darles una serie de conferencias sobre la guerra de guerrillas. Fidel no sólo le toma la palabra, sino que lo empuja más allá, recordándole a Bayo que él también es de origen cubano y le pide que entrene al grupo que habrá de integrarse. El coronel acepta. Años más tarde escribirá: "Me emborraché con su entusiasmo". Le queda tan sólo la reserva de que se trata de una invasión anunciada, fechada incluso. Eso es una locura.

¿Iba la cosa en serio? Entrenados por un luchador, en caminatas sin fin por las avenidas del norte de la ciudad de México, remadas en un lago que los adolescentes usan cuando quieren saltarse una clase, instrucción de tiro en clubes de cazadores, y ahora en manos de un coronel tuerto que tenía como mérito fundamental la fidelidad a una república que había perdido una guerra.

En serio, absolutamente en serio, porque remaban y caminaban como poseídos, porque la disciplina del grupo era de una tremenda rigidez, porque todos querían irse a derrocar a Batista a tiros y por eso disparaban con saña contra los guajolotes, porque el coronel Bayo instruía en un cuarto cerrado a sus celosos reclutas con toda seriedad en sabotaje, táctica de la guerra de guerrillas, disciplina de ejército irregular, cadencia de fuego, uso de artillería ligera, recursos de la guerrilla contra la aviación, camuflaje...

Ernesto Guevara escribiría más tarde: *Mi impresión casi instantánea, al escuchar las primeras clases, fue (comenzar a creer en) la posibilidad de triunfo que veía muy dudosa al enrolarme con el comandante rebelde, al cual me ligaba desde el principio un lazo de romántica simpatía aventurera y la consideración de que valía la pena morir en una playa extranjera por un ideal tan puro.*

Otro personaje tan singular como Bayo y Vanegas se sumará al grupo en esos días. Se trata de Antonio del Conde, rebautizado por los cubanos como el Cuate.

El Cuate es el dueño de una pequeña armería en la calle Revillagigedo 47, en el centro de la ciudad de México, y cautivado por Fidel comienza a suministrar armas a los cubanos. Embarcado en la solidaridad y el espíritu de aventura se vuelve un colaborador invaluable. Fidel le ofrece como compensación el 10% del valor de las armas que consiga, pero Del Conde comienza a entregarlas al costo y al final hasta pondrá dinero de su bolsillo en el proyecto.

De las habilidades del Cuate, comprados en Toluca y Puebla, con métodos poco confesables, van surgiendo 20 fusiles de caza con mira telescópica, rifles despiezados que se compran en la fábrica de armas y luego se montan en el taller, cinco Remington automáticos comprados en Estados Unidos y traídos legalmente a México, armas contrabandeadas por la frontera norte, 20 automáticas Johnson, algunas subametralladoras Thompson, dos fusiles antitanque de calibre 50, una ametralladora ligera Máuser y una Star de culatín plegable, a más de mochilas, cantimploras y botas de Guanajuato.

Finalmente el Cuate se involucra más profundamente aún y ofrece a Fidel un sótano, donde se organizó un primer almacén y la casa de unos parientes de su mujer en las Lomas donde ocasionalmente se guardan armas en los clósets.

Bayo alquila un rancho en Chalco, el Santa Rosa, de 9 por 16 kilómetros, una propiedad de un viejo villista al que engaña sugiriéndole que será comprada por un importante político salvadoreño, y que mientras se hacen las obras de remodelación bien puede rentársela en una cantidad simbólica. El exvillista, de apellido Rivera, acepta y cobra tan sólo 8 dólares. Es el Che como representante del "centroamericano" el que cierra el contrato.

En la segunda quincena de mayo del 56 Ernesto comenta con su esposa que ha llegado la hora, que se va a entrenar fuera de la ciudad. Ese mismo día usando una fórmula mexicana se despide de su jefe Salazar Mallén:

—*Maestro, ahí nos vemos.*

El doctor no se da cuenta en ese momento de que la despedida será por varios años.

Ernesto no es el único que está quemando sus naves. El coronel Bayo deja todo para dedicarse al entrenamiento de tiempo completo de "sus" cubanos; abandona las clases que da en la escuela de aviación, inclusive su mueblería.

Las actividades en Chalco se inician de inmediato. Prácticas de tiro, extenuantes marchas nocturnas (y "sin poder fumar", recordará Universo Sánchez), ejercicios de combate, clases teóricas. Bayo está a cargo del entrenamiento y como responsable militar y Guevara será nombrado jefe de personal. Su nombramiento provoca que algunos de los presentes cuestionaran que se diera a un extranjero un cargo de esa responsabilidad. Fidel interviene personalmente para agradecer que "alguien que no hubiera nacido en nuestra tierra estuviera dispuesto a dar su sangre por ella", pero Ernesto está dolido. "Era un hombre sin ninguna ambición, que se inhibía si cualquiera lo impugnaba", recordaría Fidel años más tarde.

El rancho se encuentra en condiciones deplorables para ser habitado, de manera que los futuros expedicionarios duermen en el suelo, invierten buena parte de su tiempo en construir letrinas y combatir una plaga de moscas, que hace que las paredes blancas parezcan negras.

Por las noches, partidas de ajedrez entre el doctor Guevara y Bayo a la luz de una vela y debates políticos. El nivel de los cubanos era muy desigual, por un lado Fidel, Juan Manuel Márquez, Felix Elmuza, con una formación política sólida, martiano-liberal; por otro Raúl y Ñico López con una visión social más fuerte y áspera, con simpatías por el marxismo; a su lado militantes sin apenas elementos políticos. *Recuerdo que en una discusión íntima, en una casa en México, exponía la necesidad de ofrecer al pueblo de Cuba un programa revolucionario; y uno de los asaltantes del Moncada (que afortunadamente se separó del 26 de Julio) me contestó con unas frases que siempre recuerdo diciéndome: "La cosa es muy sencilla. Nosotros lo que tenemos que hacer es dar un golpe. Batista dio un golpe y tomó el poder en un día, hay que dar otro para sacarlo a él. Batista les ha hecho a los norteamericanos 100 concesiones, vamos a hacerle nosotros 101. La cosa era tomar el poder". Yo le argumentaba que teníamos que dar ese golpe basados en principios, que lo importante era también saber qué hacíamos en el poder (...) Por fortuna para nosotros, él y quienes mantenían ese criterio se fueron de nuestro movimiento revolucionario y tomaron otro camino.* Ernesto atribuiría estas propuestas simplistas en un grupo que se preparaba para hacer una revolución *a la mala selección de los elementos, en particular los de Miami.*

Según la evaluación de los combatientes ahí reunidos el doctor Guevara "asistió a unas 20 prácticas regulares, disparando un aproximado de 650 cartuchos. Disciplina excelente, cualidades de mando excelentes, resistencia física excelente. Algunas planchas disciplinarias por pequeñas (ilegible) al interpretar órdenes y leves sonrisas". En sus memorias Bayo confirma que la voluntad obsesiva de Ernesto de hacerlo todo bien, de superarse, de nunca fallar, la abrumadora competencia consigo mismo y con sus límites, lo convirtió en el "número uno de la promoción y tuvo nota máxima, un diez".

No sólo Ernesto lleva la presión al límite, Bayo está empeñado en ser algo más que el simple entrenador, quiere partir con los cubanos y en el rancho, *no sabés lo que hizo: como quiere ir en la expedición y como está tan gordo, para bajar de peso se puso a dieta, sólo agua; ya llevaba quince días, rebajó diez kilos y quería bajar diez más, pero faltó tiempo. ¡Qué gran viejo!*

Y es en esos días que definitivamente el doctor Ernesto Guevara, reclutado como médico de la expedición, se vuelve el Che. Mientras va adquiriendo lentamente expresiones cubanas que incorporar a su léxico argentino repleto de latinoamericanismos recogidos a lo largo del continente, mientras se fascina por las obsesiones de limpieza de los cubanos, que se bañan dos veces al día, incluso con el agua helada de Chalco, mientras escribe uno más de sus poemas o juega al ajedrez, comienza a ser llamado por todos, el Che, a causa de la eterna costumbre argentina de la que no puede sustraerse, de llamar a todo el mundo con esa interjección por delante, que a los cubanos les resulta graciosa.

Será en el rancho donde el Che escriba uno de sus peores poemas. Un poema épico dedicado a Fidel cuyo mayor interés radica en reflejar, por una parte, la fascinación que el dirigente cubano provoca en el doctor argentino: *Vámonos,/ardiente profeta de la aurora,/ por recónditos senderos inalámbricos/ a liberar el verde caimán que tanto amas*, y por otra, la seriedad con la que Ernesto ha asumido su compromiso con el proyecto revolucionario: *Y si en el camino se interpone el hierro,/ pedimos un sudario de cubanas lágrimas/ para que se cubran los guerrilleros huesos/ en el tránsito a la historia americana./ Nada más.*

Conocido es que desde el inicio de la estancia de Fidel en México, la policía de Batista había puesto en marcha un plan para asesinar a Fidel en el que estaba implicado el agregado naval de la embajada, y que se había traído de Cuba un pistolero quien enlazó con gángsters locales, qienes por 10 mil dólares se habían comprometido a matar a Fidel. La noticia llegó hasta los oídos de éste y el complot se fue disolviendo en la nada, pero paralelamente funcionarios de la embajada se habían aproximado a las autoridades mexicanas para sondear, denunciar y ofrecer dinero, y algunas de estas aproximaciones habían resultado exitosas.

Nuevos voluntarios siguen arribando a México, crecen los depósitos de armas. Los entrenamientos avanzan. En un viaje por los Estados Unidos el Cuate y uno de sus colaboradores, el cubano Chuchú Reyes, encuentran una lancha torpedera en Delaware, *un pt boat* que parece el indicado para transportar a los expedicionarios. Sin embargo, la racha de buena suerte se corta cuando el 20 de junio del 56, las presiones de la embajada y sus aproximaciones para corromper a la policía mexicana dan resultado. Ese día se pone en marcha la maquinaria. En la noche Fidel se encuentra revisando la casa de seguridad de Kepler y Copérnico acompañado por Ramiro Valdés, Cándido González y Universo Sánchez; en la casa se encuentran Ciro Redondo y media docena de reclutas más. De repente los cubanos descubren a través de la ventana, que unos sujetos extraños están revisando el carro de Ciro, un traqueteado Packard 1942. Oliéndose lo peor, Fidel divide al grupo y sale caminando con Universo y Ramiro, pero a unas cuantas cuadras de allí son asaltados por la policía; Fidel trata de oponer resistencia y saca la pistola, pero al ver que los policías armados usan como escudo a sus compañeros, se rinde.

Los policías les hacen dar un recorrido por el DF en el interior de un automóvil mientras los amenazan y les piden identificación, a lo que Fidel responde que se identificará cuando proceda ante las autoridades responsables. Los llevan a las oficinas de la Dirección federal de seguridad.

A Cándido González y Julio Díaz los detienen al salir de la casa y los torturan en la cuarta delegación. Atados de pies y manos los sumergen en agua helada, la llamada tortura del pocito, luego capturarán al mexicano Zelaya, que llega a buscarlos.

Mientras tanto Ciro Redondo ha logrado salvarse de las primeras detenciones y está preocupado porque dentro de su Packard hay un cargamento de armas. Cuando se encuentra abriendo su coche para sacarlas y ocultarlas, la policía lo apresa junto con Benítez.

No se trata de un accidente, una redada se encuentra en marcha y la policía mexicana está actuando impulsada o de acuerdo con la policía de Batista. A las 11 de la mañana del día 21 se produce un nuevo asalto, ahora contra la casa de María Antonia en Emparán 49. Los agentes usan los mismos tres toques en la puerta que estaban acordados y que funcionaban como señal en clave. Ahí caen María Antonia y Almeida, se escapa el infiltrado Evaristo Venereo por la ventana del baño.

Ese mismo día la policía judicial federal se presenta en el domicilio de los Guevara. Hilda es acusada de recibir correspondencia para un grupo subversivo. La detendrán junto con la niña al día siguiente. En las oficinas de la Plaza de la república le muestran un telegrama dirigido a "Alejandro" (seudónimo de Fidel) y le preguntan insistentemente por Ernesto. Hilda se mantiene en la versión que previamente acordaron: el doctor Guevara se encuentra en Veracruz. Junto con Hilda han capturado al Patojo que dormía en el cuarto de azotea de la casa del Che.

La investigación en esta etapa se encuentra a cargo de Fernando Gutiérrez Barrios, un excapitán del ejército mexicano de menos de 30 años, jefe de control e información de la Dirección federal de seguridad, la policía política de la Secretaría de gobernación, órgano temido de un gobierno conservador, perseguidor de radicales y que no se caracterizaba por sus simpatías por los exilados latinoamericanos.

En presencia de Gutiérrez Barrios, Fidel se entrevista con Hilda en las oficinas de la policía federal. El dirigente cubano le pide a Hilda que confirme que recibe cartas para él, porque como asilado político no tiene dirección. Ella le pregunta si lo ha hablado con Ernesto. Fidel insiste, dice que no puede permitir que ella y la niña estén presas. Hilda aprovecha para protestar por la detención del Patojo, guatemalteco que no tiene nada que ver con el asunto. Poco después los liberan a ambos.

En el único golpe de suerte que se produce en aquellos dos primeros días, uno de los cubanos que ha contemplado la detención de Fidel puede enviar un aviso al rancho, donde Raúl tendrá tiempo de esconder las armas.

En las oficinas de la policía federal se produce una extraña situación en los primeros interrogatorios, Fidel le sugiere a Universo Sánchez que sondee si con una "mordida" se podría arreglar el asunto. Universo sugiere:

—Mire, nosotros somos gente decente, ¿cómo podríamos arreglar esto? Podemos darle alguna regalía y usted nos suelta...

—¿Y tú cuanto me ofreces?

—25 mil dólares.

"Nosotros no teníamos ese dinero, pero se me ocurre decir eso, y coño, me cogió, me esposó, y él dijo después que le ofrecimos tanto que creyó que había cogido una cosa grande, una cosa de drogas". Parece ser que en ese momento en la caja del movimiento no había más de 15 dólares. Gutiérrez Barrios recordará más tarde: "Nos encontramos con un croquis más o menos bien hecho de la ciudad de México y sus carreteras y la ubicación de Chalco (...) entonces se envió a alguien a checarlo (...) Mandé a llamar a Fidel y le dije: Evíteme que vayamos a tener un enfrentamiento allí que no nos conviene ni a usted ni a nosotros".

Fidel decide acompañar a los federales al centro de entrenamiento para evitar un tiroteo. La caravana de automóviles llega a Chalco el 24 de junio a las seis de la tarde. Ahí Fidel le pide a los combatientes que guarden la disciplina, que la policía mexicana se va a hacer cargo de todo. El Che casi se escabulle porque estaba arriba de un árbol de vigía cuando llegaron los *jeeps*. Pero lo obligaron a bajar diciendo: "Fidel nos llama a todos". Raúl en cambio logra escapar.

Finalmente, los detenidos son concentrados en la prisión de Miguel Schultz en la colonia San Rafael, una pequeña estación carcelaria que era el paso obligado previo a la deportación de extranjeros manejada por la Secretaría de gobernación y cuyo solo nombre provocaba pesadillas en los exilados y extranjeros residentes en México, sobre cuyas cabezas pesaba el fantasma del artículo 33, que permitía su expulsión del país.

Aunque Almeida dirá años más tarde que Gutiérrez Barrios notó que se encontraba ante "gente decente" y les dio un trato delicado "para evitar una confrontación", los interrogatorios varían de la amabilidad a la brutalidad. Chuchú Reyes es torturado para que diga quién es el misterioso Cuate que les suministra las armas. El Che, al que se acusa de comunista, es amenazado con la tortura de su esposa e hija; desde ese momento se niega a colaborar en los interrogatorios, diciendo que si son tan salvajes para hacerlo, no cuenten con él, que hasta ese momento les ha estado suministrando información sobre sí mismo, pero que a partir de ahora será mudo.

La decisión de acelerar el encarcelamiento definitivo de los revolucionarios cubanos proviene del mismo presidente Ruiz Cortines, quien ordena que se consignen y el procurador de la república envía 14 oficiales del ministerio público para hacer los interrogatorios. La policía declara a la prensa: "El doctor Guevara tiene desde hace años relaciones con los rusos". Las declaraciones de Ernesto se limitan a dar fe de lo obvio: sí, forma parte del 26 de Julio; sí, era el médico del grupo; sí, estaba en el rancho; sí, había armas, quién sabe quién disparó con ellas; sí, Fidel Castro quiere derrocar a Batista. Pero al margen de la declaración Ernesto, que no sabe rehuir una polémica, pasa del ostracismo al debate cuando el agente del ministerio público, que tiene veleidades de filósofo, se pone a discutir con él de marxismo. Para evitar que sea más grave el descalabro, Gutiérrez Barrios interviene:

—Licenciado, ya le dijo que es marxista leninista, váyase ya directo a tipificar los delitos y nada más.

La dieta carcelaria en Miguel Schultz, a la espera de lo peor, es de sopa y pan, con un frío que pela las paredes y que a los cubanos les parece mayor aún de lo que es. Frío que congela el alma. Miedo a ser asesinados, a ser deportados a Cuba, donde quién sabe qué podría suceder en las cárceles batistianas, miedo a que todos aquellos meses de preparativos se fueran al diablo.

Y ahora para los 28 se produce una extraña espera. Con el destino en manos de otros. Con el destino "de prestado", se diría entonces. El 27 de junio la prensa conservadora, por boca de *Excélsior* arroja leña a la hoguera y acusa al Che de estar relacionado con otros movimientos revolucionarios de América Latina y de mantener extrañas relaciones con los rusos. Se basan en que es socio del Instituto de relaciones culturales ruso mexicano. Las denuncias le cuestan un disgusto a Nikolai Leonov, el hombre de la embajada que le ha prestado a Chapaiev y a Ostrovski. Su tarjeta ha aparecido entre los papeles del Che y se hace público que él es "el contacto con los revolucionarios"; en la embajada se le arma un tremendo lío y es enviado de regreso a la URSS por haber implicado a la legación en el escándalo.

Hilda, en combinación con la familia de Ernesto, logra que intervenga un pariente lejano que trabaja en la embajada argentina. Alfonso Bauer, su amigo guatemalteco, ahora exilado en México, acude a Miguel Schultz para hablar con Ernesto del tema. El Che le contesta:

—*Poncho, aquí entré junto con unos compañeros y con ellos saldré, muchas gracias.*

En el exterior Raúl y Juan Manuel Márquez se hacen cargo de montar una defensa. Se localizan dos abogados, Ignacio Mendoza y Alejandro Guzmán, quienes acepta el caso y de inmediato solicitan que se levante la incomunicación. Paralelamente, un documento firmado por Raúl y Márquez aparece en los periódicos aclarando que los cubanos detenidos están en guerra con la dictadura batistiana, pero que han sido ajenos a cualquier actividad política en México.

Si la tensión es grande, la moral no es baja. Las fotos de Miguel Schultz, que no es propiamente una cárcel sino un centro temporal de detención para emigrantes a los que se va a deportar, son festivas. Hay una fotografía de familia, donde abundan las sonrisas. Resalta el traje blanco del Che tendido en la primera fila como portero de fútbol, la sonrisa blanquísima de Almeida y la actitud orgullosa de María Antonia, en el centro del grupo, con lentes oscuros y una pequeña bandera cubana.

Fidel, siempre con traje, un bigote recortado, de nuevo el pelo muy corto, apoya la mano en la espalda de Almeida, mientras en bola, en los patios de Miguel Schultz, de paredes altas y carcomido el yeso, los cubanos cantan el himno nacional.

Existe otra foto de Guevara en la que le se ve en camisa, sin barba ni bigote, paseando por el patio de la prisión mientras carga a su hija Hilda, un bebé que aún que se chupa el dedo.

Ernesto parece rejuvenecido al lado de los cubanos a pesar de sus 28 años; ellos bigotudos, encorbatados y formales, y él con su camisa blanca de mangas cortas y el aire de permanente despiste, de haberse colado en la foto equivocada, que lo hace inconfundible.

Hay una última fotografía más informal aún que las anteriores, donde se puede ver uno de los galerones y dormitorio de la cárcel migratoria: camas de metal blanco, de hospital, un tremendo caos de sillas, mesitas de noche, libros, ropa y allí, en medio, Fidel de traje oscuro contempla a un Che Guevara extremadamente joven, que sin camisa se está fajando los pantalones. La foto, tomada por uno de los hermanos Mayo para la revista *Mañana*, terminará curiosamente en los archivos de la policía secreta de Batista. Es la primera imagen que los servicios secretos de la dictadura cubana obtienen del médico argentino.

Es entonces cuando Raúl y Márquez, desde el exterior, tratan de contactar al expresidente Lázaro Cárdenas para que intervenga ante el gobierno. Finalmente lo lograrán a través de su vieja nana en Jiquilpan. Cárdenas recibe a los defensores de los cubanos, quienes le piden que interceda ante el secretario de Gobernación, pero el expresidente va más allá y dice que lo hará directamente con Ruiz Cortines.

El 6 de julio, con la situación aún indefinida, Ernesto escribe a sus padres la tan demorada explicación que les debe. En una larga carta narra cómo los estuvo engañando en los últimos meses con la historia del trabajo de profesor, la historia de sus relaciones con el 26 de Julio y describe su papel en el movimiento como: *preparar físicamente a la muchachada. Esta es una síntesis de los acontecimientos pasados, los futuros se dividen en dos, los mediatos y los inmediatos. De los mediatos les diré que mi futuro está ligado a la liberación cubana. O triunfo con ella o muero allá (...) del futuro inmediato tengo poco que decir porque no sé qué será de mí. Estoy a disposición del juez y será fácil que me deporte a la Argentina a menos que consiga asilo en un país intermedio, cosa que estimo sería conveniente a mi salud política.*

Casi de paso menciona que pase lo que pase, Hilda con Hilda Beatriz retornará al Perú para reunirse con su familia y que la separación entre ambos es ya un hecho. En la misma carta explica que no le gusta la idea de que le lean las cartas y que la correspondencia por tanto va a disminuir. *Estamos en vísperas de declarar una huelga de hambre indefinida como protesta por detenciones injustificadas, las torturas a que fueron sometidos algunos de mis compañeros. La moral de todo el grupo es alta.*

Si por cualquier causa, que no creo, no puedo escribir más y luego me toca la de perder consideren estas líneas como de despedida, no muy grandilocuente pero sincera. Por la vida he pasado buscando mi verdad a los tropezones y ya en el camino y con mi hija que me perpe-

túa he cerrado el ciclo. Desde ahora no consideraría mi muerte una frustración apenas como Hikmet: "Sólo llevaré a la tumba/la pesadumbre de un canto inconcluso".

Las autoridades migratorias, cuando tres días más tarde se va a declarar la huelga de hambre, el 9 de julio, liberan a 20 detenidos con una fórmula extraña: "Invitado a abandonar el país en vista de que violaron su condición migratoria". Quedan en libertad vigilada Universo Sánchez, Ciro Redondo, el hijo del coronel Bayo y varios más con la simple obligación de ir a firmar una vez a la semana y permanecen encarcelados tan sólo Fidel, Ernesto Guevara y Calixto García. Los dos últimos acusados por los medios de comunicación de comunistas y con el pretexto de que tienen la documentación migratoria vencida. La mediación de Cárdenas con el presidente ha sido un primer éxito. Parece ser que el gobierno mexicano reconsidera y no quiere cargar con el paquete de hacerle un favor público a la dictadura de Batista, pero tampoco le atrae la idea de liberar a la totalidad de los revolucionarios cubanos. Nuevamente se trata de establecer el principio del poder, la respuesta al obsesivo "¿quién manda aquí?" que ha sido el maníaco sentido final de la política mexicana desde los años 40. Y como no fueron nunca caminos directos los que han conducido a Roma en las tierras mexicanas, se le hacen a Fidel ofertas de una benévola deportación al Uruguay, a las que el dirigente del 26 de Julio se niega, puesto que desarticularían los planes de la invasión.

Pasan los días en la cárcel para los tres presos. Ernesto juega fútbol en el patio; jueves y domingos recibe visitas. Hilda cuenta: "Allí, acomodaba una frazada para echar a la niña y la defendía del sol con una sombrilla; jugaba largamente con Hildita, hasta que a veces se quedaba dormida y entonces la contemplaba largo rato y se entretenía con los gestos que la pequeña hacía en sus sueños".

El periodista Carlos Franqui, enviado a México por el 26 de Julio para hablar con Fidel, conoció entonces al Che; de aquel primer contacto queda un retrato reelaborado al paso de los años: "Guevara tenía entonces un aire bohemio, un humor suficiente, provocador y argentino, andaba sin camisa, era algo narcisista, trigueño de estatura mediana y fuerte musculatura, con su pipa y su mate; entre atlético y asmático alternaba a Stalin con Baudelaire, la poesía con el marxismo".

El 15 de julio Ernesto le contesta a su madre respondiendo a las recriminaciones: *No soy moderado sino que trataré de no serlo nunca, y cuando reconozca en mí que la llama sagrada ha dejado su lugar a una tímida lucecita votiva, lo menos que podría hacer es ponerme a vomitar sobre mi propia mierda*, y se ve forzado a explicar para no exagerar la nota y demostrar que a pesar de la situación le acompaña el mismo sentido del humor que siempre, que en la carta *las manchas no son lágrimas de sangre, sino jugo de tomate.*

Serán manchas de tomate, pero el asunto está ya claro: *Para toda obra grande se necesita pasión y para la revolución se necesita pasión y auda-*

113

cia en grandes dosis, cosa que tenemos (el grupo que se estaba entrenando para combatir en Cuba) como conjunto humano.

El 24 de julio sale Fidel libre. ¿Cuáles han sido los términos de la negociación? ¿Ha sido suficiente la presión del expresidente? Fidel se compromete con sus dos compañeros que permanecen como rehenes a no abandonarlos, a no iniciar la expedición sin ellos. Años más tarde el Che dirá: *Y es que Fidel tuvo algunos gestos que, casi podríamos decir, comprometían su actitud revolucionaria en pro de la amistad. Recuerdo que le expuse específicamente mi caso: un extranjero, ilegal en México, con toda una serie de cargos encima. Le dije que no debía de manera alguna pararse por mí la revolución y que podía dejarme; que yo comprendía la situación y que trataría de ir a pelear desde donde me mandaran y que el único esfuerzo que debería hacerse es que me enviaran a un país cercano y no a la Argentina. También recuerdo la respuesta tajante de Fidel: Yo no te abandono. Y así fue, porque hubo que distraer tiempo y dinero preciosos para sacarnos de la cárcel mexicana.*

Finalmente, a los 57 días de haber ingresado, el Che y Calixto abandonan la cárcel de Miguel Schultz. Se rumora que hay una fuerte mordida de por medio. El propio Che le cuenta a Hilda que salieron *mediante una fuerte suma de dinero que tuvo que dar Fidel para arreglar los asuntos de inmigración.* Fidel deja establecida su relación con México en una breve frase: "Ya el incidente pasó y no quiero que deje huellas de resentimiento en los cubanos contra México. La prisión y el maltrato son gajes de nuestro oficio de luchadores".

Obligados a una clandestinidad más rigurosa, con los refugios quemados, sin fondos, forzados a obtener nuevos domicilios y a reorganizar el entrenamiento, entre el núcleo de exilados comienza un movimiento frenético para aumentar la seguridad, proteger las armas que se han salvado y reconstruir las finanzas del movimiento.

Se crea un campamento en Mérida y se establecen varios depósitos de armas en el DF. María Antonia se encarga de la red de domicilios. Tiene que empeñar bienes y ropa propios en el Monte de piedad para sufragar gastos.

Sin embargo, en una de las múltiples visitas que se hacen por el país a la búsqueda de zonas de entrenamiento útiles para la dispersión del grupo y probar las armas, Fidel descubre que el Cuate Conde es medio propietario de un yate en estado desastroso que conserva cerca de Tuxpan. Fidel le dice:

—Si usted me arregla ese barco, en ese barco me voy.

—Ese barco no sirve.

El barco es propiedad todavía, porque está a medio pagar, de un gringo, un tal Robert B. Erickson, y aunque tiene bandera mexicana se llama *Granma* (será por la abuela del gringo). Lamentablemente sólo mide 19.2 metros y tiene una sola cubierta. Los observadores piensan que puede ser útil para una expedición de enanos, y ni siquiera muchos. Con sus dos motores Gray de 250 caballos de fuerza y su capacidad teórica para 20 pasajeros y tripulantes (amontonaditos), con la quilla dañada porque sufrió los embates de un ciclón hace un año, justifica la reacción del Cuate. Ahora el problema es el precio. Erickson pide 17 mil dólares que incluyen la venta del barco por 15 y la condición de que se lleven por otros dos mil una casita en los márgenes del río Tuxpan. Fidel apela al expresidente Prío Socarrás, exilado en los Estados Unidos, y del que no tiene una buena opinión, un politiquero más en el exilio; pero estos no son momentos de hacerle asco a los apoyos posibles y sin barco no hay expedición. "Sería la única colaboración que aceptaríamos", le dirá al periodista norteamericano Herbert Mathews meses más tarde.

Hace unos días han desechado la posibilidad de hacer la invasión en un avión y no hay otra nave a mano. Por lo tanto el Cuate y Fidel, que simula ser su hermano, se entrevistan con Erickson y compran la nave. Inmediatamente comienzan los trabajos de acondicionamiento del yate, hay que aumentarle la potencia a los dos motores, aumentar el espacio, para llevar a un número mayor de expedicionarios; por lo tanto se desmantela obra muerta y lastre inútil y se añaden tanques de agua.

Ernesto Guevara, liberado, permaneció tres días en casa, hizo su maleta y se despidió. Calixto cuenta: "Nos fuimos para Ixtapan de la Sal. Pasábamos como estudiantes, pero no era un lugar favorable para el Che que padecía de ataques de asma y en la noche a causa del clima, le daban los ataques uno tras otro". A la semana, a través de un intermediario le propuso a Hilda que se vieran en Cuautla donde se hará pasar por el doctor Ernesto González. Cuando Hilda lo visita le pregunta que qué dinero estaba usando, obsesionado porque no esté viviendo de dinero del movimiento, a pesar que desde mayo ha abandonado el trabajo en el hospital y no tiene ningún ingreso.

Durante esos días de septiembre, obligado a la clandestinidad, *porque cometió Gobernación el grave error de creer en mi palabra de caballero y me pusieron en libertad para que abandonara el país en 10 días*, va y viene al DF. En estas esporádicas visitas a su hija Hildita le recita un poema de Antonio Machado dedicado al general Lister: "De monte a mar esta palabra mía:/ Si mi pluma valiera tu pistola/ de capitán contento moriría". Parece ser que a la niña de siete meses le gusta la sonoridad machadiana porque llora y protesta cuando terminan los versos, pidiendo más.

Simultáneamente se produce la fase final del reclutamiento. A fines de octubre retorna el médico Faustino Pérez de La Habana; se suma Camilo Cienfuegos, el sastre, mago del pluriempleo, con la cicatriz en la pierna producto de un disparo policiaco obtenido en las manifestaciones estudiantiles en La Habana. Persiguiendo el rumor de que "algo grande se cocina en México", se ha lanzado a descubrirlo para participar en ello desde su exilio en Estados Unidos. Se incorpora Efigenio Ameijeiras, taxista, que un día descubrió repasando las páginas de *Bohemia*, mientras circulaba en el tráfico de La Habana, que su hermano había sido asesinado tras el asalto al Moncada, y que viene con un pasaporte falso desde Costa Rica. Pero no sólo llegaban los militantes para nutrir las fuerzas de la invasión, también apareció por México una nube de agentes del servicio de inteligencia militar, que entre otras cosas tomaban fotos en el aeropuerto.

A lo largo de estos últimos meses se producen varias entrevistas claves, que definen las relaciones de los futuros invasores con las fuerzas sociales opositoras en el interior del país. Reuniones cordiales, pero en las que Fidel no renuncia a cambiar o posponer su plan ante presiones variadas.

La primera y quizá la más importante, sucede en los primeros días de agosto, recién salido Fidel de la cárcel, cuando Frank País, un joven maestro de escuela y el hombre clave en la organización revolucionaria en el oriente cubano, se entrevista por primera vez con Fidel. Los dos personajes no se conocen porque Frank fue reclutado para el Movimiento 26 de Julio tras la salida de Cuba de Fidel. Durante la entrevista, queda claro que Frank es partidario de posponer la invasión hasta que las redes urbanas que se han estado creando estén mejor preparadas para hacer coincidir un movimiento insurreccional con el desembarco, pero Fidel se mantiene fiel a sus promesas políticas. Ambos salen con muy buena impresión de la entrevista. En Frank, Fidel ha encontrado al coordinador urbano que el 26 necesitaba. Los marcos generales de la acción combinada quedan ahí establecidos. Una insurrección se producirá en Santiago en el momento del desembarco.

Es también en agosto que Fidel se entrevista con la otra figura central de la oposición de la izquierda democrática, el dirigente estudiantil y del Directorio revolucionario José Antonio Echeverría. En la ciudad de México se firma entre ambos una carta común y se traza un pacto de coordinación revolucionaria. Fidel avisa de sus intenciones al Directorio y este se compromete a apoyar el desembarco con acciones armadas en La Habana.

Un último contacto se produce en esos meses, esta vez con representantes del movimiento comunista, miembros del PSP, en particular con el dirigente estudiantil, compañero de Fidel en la Universidad de La Habana, Flavio Bravo. De la entrevista salen acuerdos de coordinación mínimos, porque en principio el PSP está en contra de la idea de la invasión y quiere convencer a Fidel y al 26 de Julio de las bondades de una política de frente opositor amplio a la dictadura con acciones civiles. Fidel hace oídos sordos.

En los últimos días de octubre Frank retorna a Cuba para ultimar detalles y se irá con el texto del telegrama de aviso, el acuerdo de que la insurrección estallaría al producirse el desembarco y la precisión de que se arribaría por la zona de Niquero en las estribaciones de la Sierra Maestra.

Al iniciarse noviembre, Ernesto le escribe a su madre: *He renunciado a que mi caso se solucione por vías legales. Te escribo desde un punto cualquiera de México donde estoy esperando a que se solucionen las cosas. El aire de libertad es, en realidad, el aire del clandestinaje, pero no importa, da un matiz de película de misterio muy interesante.*

Su escondite en esos días es un cuarto de azotea de la casa de su amigo Alfonso Bauer en la colonia Narvarte, con Calixto García y otro cubano. La mala suerte hace que se produzca un robo en la casa y la policía llega a la azotea investigando. Los agentes se disculpan con el doctor Guevara, que despliega sus encantos de profesional pobre. "Seguro el ladrón fue el novio de una de las gatas", dicen como despedida.

La separación con Hilda ya es un hecho, en una carta a Tita Infante le cuenta: *Tal vez le interese saber que mi vida matrimonial está casi totalmente rota y se rompe definitivamente el mes que viene, pues mi mujer se va a Perú a ver a su familia de la que está separada hace 8 años. Hay cierto dejo amarguito en la ruptura pues fue una leal compañera y su conducta revolucionaria fue irreprochable durante mis vacaciones forzadas, pero nuestra discordancia espiritual era muy grande y yo vivo con ese espíritu anárquico que me hace soñar horizontes...* La versión de Hilda en sus memorias difiere, y señala que la separación fue marcada como temporal y por culpa de las circunstancias. Hilda Guevara Gadea cuenta que su madre le decía que cuando se separaron en México, Ernesto estableció la idea de una separación, para evitar compromisos, y que cuando se volvieran a ver pues a ver qué pasaba, "porque no quería dejar atada a mi madre por el riesgo que entrañaba la aventura".

Fidel renta un nuevo rancho en Abasolo, Tamaulipas, más cerca de la probable zona de salida, conveniente por su extremo aislamiento, y se nombra a Faustino Pérez responsable militar. A finales de octubre se concentran allí 16 de los futuros expedicionarios, luego 20 más.

No está exento de tensiones este impulso final. En la ciudad de México siguieron los allanamientos y a mediados de noviembre la policía mexicana incauta un cargamento de armas, caen dos casas de seguridad y es detenido Pedro Miret. Fidel se entrevista con Gutiérrez Barrios quien le dice que la policía mexicana está recibiendo informaciones de los servicios cubanos y que sin duda tienen un infiltrado en sus filas. El Che cuenta: *Nos enteramos de que había un traidor en nuestras filas, cuyo nombre no conocíamos, y que había vendido un cargamento de armas. Sabíamos también que había vendido el yate y un transmisor, aunque todavía no estaba hecho el contrato legal de la venta. Esta primera entrega sirvió para demostrar a las autoridades cubanas que, efectivamente, el traidor conocía nuestras interioridades. Fue también lo que nos salvó al demostrarnos lo mismo.* Fidel será más preciso: "El que nos traicionó en México vendió los secretos por 25 mil dólares". Y Universo Sánchez amplía: "El que dio la información cogió la frontera de México y se fue. Después nos enteramos de que iba entregando casa por casa y que después iba a entregar el barco. Por eso fue que nos precipitamos tanto". Sin embargo, el nombre del multimencionado traidor será uno de los secretos de la revolución cubana. Su nombre nunca ha sido hecho público por los dirigentes del movimiento.

El Che mientras tanto pasa sus últimos días en el refugio de la azotea de los Bauer. El dueño de la casa recuerda: "Tenía una costumbre igualmente arraigada, leía como endemoniado, siempre con su bombilla de mate en la mano. Trataba de no dar la lata, había que rogarle para que bajara a comer".

Un día Fidel se presenta intempestivamente y aunque le niegan a Ernesto, asegura que sabe que está ahí, mete el pie en la puerta y no cede hasta que lo dejan entrar. Tienen una misteriosa conversación.

El 21 de noviembre se producen dos deserciones en el rancho de Abasolo y esto pone en peligro todo el plan. Fidel toma la decisión: la orden de movilización comienza a circular entre los grupos dispersos de los futuros invasores a partir del 22 de noviembre. La cita es el 24 en un embarcadero río Tuxpan arriba, a pocos kilómetros del pequeño puerto en el estado de Veracruz.

El Che recuerda: *La orden de partida nos llegó de golpe, y todos tuvimos que salir de México tal como estábamos, en grupos de a dos o tres. Teníamos un traidor entre nosotros, y Fidel había ordenado que no bien llegara la orden había que salir con lo que se tuviera a mano, para evitar que el traidor diera aviso a la policía.*

El Che deja la cama deshecha, la bombilla de mate tirada y los libros abiertos. Días más tarde, cuando sus amigos se inquietan y abren el cuarto violentando el candado, descubren los restos de sus lecturas finales en México: *El Estado y la revolución* de Lenin, *El capital* de Marx, una obra de Germán Arciniegas, un manual de cirugía de campaña y *Cómo opera el capital yanki en Centroamérica.*

El grupo que se encuentra en Veracruz y Jalapa abandona el hotel de Tecolutla donde estaban de paso, dejando sus pertenencias y probablemente sin pagar la cuenta. En las premuras de la salida y bajo la presión de las denuncias, los expedicionarios parten sin apenas armas automáticas después de haber tenido un pequeño arsenal. No será la única carencia, el Che cuenta: *Así me tuve que ir sin el inhalador, y durante la travesía me vino un ataque de asma feroz. Creí que no llegaría nunca.*

El 24 de noviembre, finalmente y bajo la lluvia, los expedicionarios se concentran en Tuxpan. Hombres que arriban tras kilométricas jornadas en autos o autobús de la ciudad de México, de Veracruz y Jalapa, de Ciudad Victoria, donde se habían concentrado en hoteluchos los reclutas que antes estaban en el rancho de Abasolo. A causa de una confusión organizativa, un pequeño grupo al mando de Héctor Aldama se queda varado en el hotel Aurora de Poza Rica; nunca han de recibir la orden de movilización.

El Che y Calixto García inician el viaje desde Villa Juárez, tratan de tomar un taxi que los deja en Poza Rica a mitad de camino y pagando la enorme suma de 90 pesos toman un segundo taxi con el que llegan de milagro a la cita nocturna.

Una serie de factores internos, como individuos que al principio parecían querer ir a la aventura y después con un pretexto u otro se iban separando de ella, fue limitando la cantidad de expedicionarios. Al final quedamos los 82 hombres que tomamos el Granma. La versión de Guevara no es precisa, al final hay muchos más de los 82 que finalmente abordan. Fidel contará: "El número de hombres en el *Granma* era de 82, algunos restantes no pudimos traerlos. ¿Saben cómo hicimos la selección? Por orden, por supuesto de los que tenían más experiencia, más práctica, etc, etc, y al final como había 15, más o menos, en la misma categoría, y entonces dijimos: ¿Para llevar el mayor número qué hacemos? Y los escogimos por el peso y el tamaño: los más chiquiticos de toda nuestra tropa, fueron al final escogidos y se quedaron tres o cuatro gordos; esos no vinieron, y después no había quien los convenciera de por qué no los habían traído".

Además de los "gordos", un cuadro clave como Pedro Miret se ha quedado en tierra esperando juicio en México, el Patojo ha sido rechazado por Fidel que no quiere que la expedición se vuelva una "legión extranjera". El Cuate quedará excluido y su participación en el final de la expedición se limitará a recorrer el golfo de México hasta Isla Mujeres en previsión de que el *Granma* pueda sufrir una avería técnica, Bayo será rechazado por razones de edad y nada podrá consolarlo; el propio Vanegas tendrá que despedirse del Che llorando.

Hay un pequeño grupo que actúa como comité de despedida. Melba Hernández, Piedad y Antonio el Cuate, observan cómo el pequeño yate se va llenando de hombres. Los voluntarios suben atropellándose al barco, porque ha corrido el rumor de que no van a caber en un bote tan pequeño y que muchos se pueden quedar en tierra. Después de tantos meses de espera nadie quiere marginarse.

En la memoria de Faustino Pérez "el silencio de la media noche sólo era violado por el mortificante y persistente ladrido de los perros alarmados de la vecindad". Cubierto con una larga capa, Fidel supervisa durante las primeras horas las operaciones de carga. A la 1:30 de la madrugada del 24 al 25 los dos motores del *Granma* se ponen en movimiento. El barco abandona el improvisado espigón con las luces apagadas. La navegación está prohibida a causa del mal tiempo, un norte que azota el golfo de México. Lluvia constante, fuerte viento. Sánchez Amaya, uno de los expedicionarios, recuerda: "En aquel pedazo de tabla no se podía dar un paso".

Van 82 hombres en el yatecito, amontonados, codo con codo, arrebujados contra el frío de su última noche mexicana. Son guapos, pero se encuentran en un estado a medio camino entre el desconcierto, el miedo y la esperanza. Y son guapos no en el sentido castizo español o mexicano de la palabra, sino en el sentido cubano de valientes, echados para adelante. Y están guapeando al proponerse derrocar a una dictadura militar con esos 82 hombres mal armados en ese barquito frágil. Y este guapear final es el último equívoco en el abandono de México, donde ser guapo no es ser valiente y ser pendejo es ser pendejo y no cobarde. Se termina un par de años de dudas, de construir empresa imposible. Cómo se decía entonces, "ahora, Dios dirá".

Los esperan alertados por traidores y soplones más de 35 mil hombres en armas incluyendo a la policía, un ejército dotado con tanques, 10 navíos de guerra, 15 guardacostas y 78 aviones de combate y transporte.

Pero ahora el *Granma* va bailando sobre las olas, sometido a las inclemencias del norte que azota el Golfo, y México se queda atrás, en una memoria que en el paso del tiempo, para el protagonista central de esta historia y sus compañeros, resultará benévola, en la que se recordarán las ayudas y las sonrisas, y no las mordidas y los policías que torturaban; las largas caminatas por Insurgentes y los tacos, y no el frío y la soledad. Quedará en la memoria la solidaridad de Cárdenas y la belleza de las pirámides mayas, incluso el recuerdo de la vieja María y no los patios de altas paredes de la cárcel de Miguel Schultz.

CAPÍTULO 9

La abuelita hace agua

Una de las últimas fotos que se le toman en México antes de la salida en el Granma. En el patio de la prisión de Miguel Schultz, México DF, Ernesto tiene 28 años.

Sobrecargado, hundido de proa, con la línea de flotación abajo de lo normal, el yate desciende por el río y durante media hora cruza la boca del puerto; los hombres van agachados en cubierta, arracimados.

Fidel contaría años más tarde: "Probamos el *Granma* en aguas tranquilas y además, con poca tripulación, nadie sabía lo suficiente como para darse cuenta de que al montar 82 hombres en aquel barco, que eran unas cuantas toneladas de hombres, más las armas, agua, combustible, alimentos (...) iba a disminuir mucho su velocidad. No sólo disminuyó su velocidad, sino que por poco se hunde (...), aquella era una cáscara de nuez bailando en el Golfo de México".

En un pintoresco lenguaje marinero, Roque, exteniente de la marina de guerra cubana, recuerda: "Collado iba al timón, Pichirilo y Chaumont que venían como timoneles también lo ayudaban. Avanzamos el río silenciosamente, con las máquinas moderadas. En la máquina pusimos todo avante, pero con la resaca del viento y las corrientes el *Granma* se desvió de su rumbo prácticamente y tuvimos que luchar para que no se atravesara hasta que cogió mayor estrepada y rebasó esa parte. La mar era fuerte, el buque daba la impresión de que se iba a ir por ojo, pues veníamos sobrecargados".

No era ése el único problema de los expedicionarios. A pesar de todas las medidas de seguridad y todas las precauciones tomadas, el misterioso y aún hoy desconocido sujeto infiltrado en la red del 26 de Julio pudo transmitir una primera información, que aunque imprecisa, puso en estado de alerta a las tropas de la dictadura. El mensaje llegado al estado mayor del ejército decía: "Barco salió hoy con bastante personal y armas desde un puerto de México".

La travesía recién ha comenzado, pero el doctor Guevara tiene ya trabajo. *Empezamos la búsqueda frenética de los antihistamínicos contra el mareo, que no aparecían; se cantaron los himnos nacional cubano y del 26 de Julio, quizá durante cinco minutos en total, y después el barco entero presentaba un aspecto ridículamente trágico: hombres con la angustia reflejada en el rostro, agarrándose el estómago. Unos con la cabeza metida dentro de un cubo y otros tumbados en las más extrañas posiciones, inmóviles y con las ropas sucias del vómito. Salvo dos o tres marinos y cuatro o cinco personas más, el resto de los ochenta y dos tripulantes se marearon.*

En las últimas horas de la noche se toma la decisión de abandonar aguas territoriales mexicanas lo más rápido posible para evitar los guardacostas y los timoneles señalan rumbo hacia el este, difícilmente mantenido a causa del huracán.

El 26 de noviembre amanece nublado, algunas lluvias dispersas mojan la cubierta del atiborrado yate. El barco viene haciendo 7.2 nudos en lugar de los 10 que se esperaban. Al caer la tarde, pesa más el hambre que el mareo entre los expedicionarios y los sacos de naranjas que vienen en la cubierta de proa son abiertos. Guevara anima a los más mareados a que al menos tomen líquidos. Él mismo se encuentra en malas condiciones porque tiene un brutal ataque de asma. Jesús Montané comenta: "La expedición tuvo que salir precipitadamente (…) y esto al parecer tomó desprevenido al Che, que no pudo acopiar las medicinas necesarias para controlar sus ataques de asma. Durante aquellos días padeció un asma atroz, y nos llamó la atención el estoicismo y el espíritu de sacrificio con el que soportó los sufrimientos. Nadie le oyó una sola queja. Unicamente gracias a que el compañero Faustino Pérez tuvo la precaución de llevar consigo algunas inyecciones de adrenalina, se pudo aliviar algo de aquellas violentas crisis que sufrió".

Bordeando la península de Yucatán a unos 60 kilómetros de la costa para evitar a las autoridades mexicanas, los expedicionarios comienzan a preguntarse cuál es el destino del viaje. René Rodríguez, que venía como camarógrafo, "pero sin cámara ni película porque no habíamos tenido dinero para comprarlas", piensa que la costa cubana más cercana se encuentra en Pinar del Río y esa es la dirección; otros parecen compartir su adivinanza.

Fidel aprovechó la relativa calma para ajustar las miras telescópicas de los fusiles y probar las ametralladoras. "Por la banda de babor no había quien asomara la cabeza porque por esa banda se había colocado una diana en la parte de proa y desde la popa se disparaba." En medio de los ejercicios de tiro al dirigente del grupo se le ocurre apuntarle a unos delfines que viajaban cerca del barco y provoca el caos. Efigenio Ameijeiras, el extaxista habanero, que estaba probando su ametralladora Thompson, recuerda: "Fui de los que más coba le dio para que no les tirara, porque decían los marinos que daba mala suerte".

El 27 de noviembre, al tercer día de la travesía, situados al norte de la península de Yucatán, Norberto Collado, uno de los timoneles, que contaba en su pasado el haber hundido un submarino alemán durante la segunda guerra mundial y el haber permanecido 22 meses en las cárceles de Batista tras ser torturado, se dio cuenta de que: "En las bodegas de la nave había solamente varios sacos de naranjas, algunas docenas de huevos que se sancocharon y alcanzaron escasamente para una comida, un jamón medio podrido y dos latas de galleta". Por los apresuramientos de la salida, parte de la comida había quedado en tierra. Afortunadamente el mareo había hecho estragos en los estómagos de los invasores y la falta de alimento no se había notado en los primeros días. Al descubrirse la situación crítica, Fidel ordenó el racionamiento.

Por si esto fuera poco, el maquinista, Chuchú Reyes, aunque estaba muy orgulloso de sus dos motores diesel, a los que les había dedicado un buen tiempo en reparaciones antes de la partida, descubrió que el clutch de uno de ellos patinaba y que no se podían aumentar las revoluciones, que sólo manteniendo el *Granma* a velocidad moderada podía evitarse que se quemara el motor. A esto había que sumar que se había partido el tubo de una de las bombas inyectoras, y lo que es peor, la nave estaba misteriosamente haciendo agua y el achique funcionaba mal.

Con un cielo encapotado, sol entre nubes, pero sin chubascos, el *Granma*, la cáscara de nuez de Fidel, sobrecargada y con la velocidad reducida en un 30% a causa del motor, tomó un nuevo rumbo que lo alejaba del cabo Catoche en la punta de la península de Yucatán y que lo llevaría mucho más al sur del cabo San Antonio en Cuba, donde podrían ubicarlos. Los 10 nudos en que se había estimado la velocidad nunca se alcanzaron, viajando a 6.7, 7, 7.1 y 7.5 en el mejor de los casos.

"Obra pedida agotada. Editorial Divulgación", decía el primer telegrama, "Urge envíe certificación título. Cariños. Berta", decía el segundo. Nunca podremos conocer el texto del tercero, porque el destinatario, Aldo Santamaría, se vio obligado a comérselo al ser detenido en La Habana por la policía días más tarde. Los telegramas fueron enviados desde México y alertaban a la organización del 26 de julio en Santiago, La Habana y Santa Clara de que la expedición se encontraba en el mar y que, por tanto, de acuerdo con los planes previos, había que hacer coordinar el desembarco con la insurrección urbana. ¿Pero cuándo llegaría el *Granma* al oriente cubano? Las demoras producto de la tormenta, de la sobrecarga y de la falla del motor comenzaban a acumularse.

Calixto García, uno de los expedicionarios pensaba: "Bueno, si se rompe el yate, será una cosa terrible, en todo caso la revolución va a tardar mucho tiempo en continuar".

Mientras tanto, otros expedicionarios aquejados aún por el mareo y hacinamiento, se limitaban a la supervivencia: el maquinista, Chuchú Reyes, recuerda: "Hubo compañeros que cogieron una esquinita y se pasaron ahí tres días sin moverse".

Guillén Zelaya, un joven mexicano que se había sumado a la expedición, recuerda que el doctor argentino que los acompañaba seguía con sus ataques de asma. Un periodista norteamericano años más tarde recogería la historia de que el ataque de asma fue tan fuerte que pensaron que era difunto y que alguien le dijo a Fidel que el che argentino estaba muerto y que Fidel respondió: "Si está muerto tírenlo al agua".

El 28 de noviembre, jueves, el barco sigue haciendo agua, pero, *el panorama general se alivió un poco. Descubrimos que la vía de agua que tenía el barco no era tal, sino una llave de los servicios sanitarios abierta. Ya habíamos botado todo lo innecesario, para aligerar el lastre.* Sobre este asunto, habría al paso del tiempo otras dos versiones diferentes; la de Chuchú Reyes, el maquinista: "Un inodoro se trabó porque los compañeros venían vomitando mucho y no alcanzaba y se le quedó abierta la chapaleta que es por donde descarga y comenzó a entrar agua por el inodoro también"; y la de Fidel: "Todavía nadie sabe cómo fue que se salvó el barco, y nosotros desesperadamente sacando agua, la cosa fue muy sencilla según comprendimos después al hundirse más el barco con el peso, las tablas que quedaban normalmente fuera del agua estaban menos herméticas y empezó a entrar agua por ahí, pero con la propia humedad del agua se fue cerrando la brecha al expandirse las tablas". Fuera una o la otra, el caso es que durante los tres días previos, hubo hombres que se la pasaron en el camarote achicando agua por turnos.

El 29 de noviembre, quinto día de travesía, alejándose de México y del occidente cubano, se traza un rumbo hacia las Islas Caimán, *por el sur de Cuba, bordeando Jamaica.*

A lo lejos aparecen algunos barcos de pesca. Fidel ordena zafarrancho de combate y comienzan a subir a cubierta las armas. Sin embargo no pasa de una falsa alarma.

Lo que los expedicionarios del *Granma* no podían saber en ese momento, es que no sólo la dictadura estaba movilizando fuerzas en toda la isla y que existían órdenes para la aviación de búsqueda de barcos sospechosos en los litorales, sino que la propia armada norteamericana estaba realizando una concentración sin motivos aparentemente claros en Santiago de Cuba, donde atracaban un submarino, varios destructores, una fragata y un buque escolta.

Al día siguiente, el sábado 30, la radio del barco comenzará a ofrecerles a los expedicionarios noticias alarmantes. Ha estallado una insurrección en Santiago, se combate en las calles. Hay tiroteos y actos de sabotaje esporádicos en otras ciudades de Cuba, pero es en Santiago donde parece que las dimensiones del alzamiento son mayores. Se habla de combates en la estación de policía y en la policía marítima, de francotiradores en las azoteas de la ciudad.

La angustia, la distancia, el estar atrapados en mitad del golfo de México mientras sus compañeros combaten, la incertidumbre, el retraso. Todo cae sobre los invasores como un manto negro. Conforme avanzan las horas la información parece confirmar que la refriega va cediendo y los rebeldes están siendo derrotados.

Fidel discute con los pilotos una alteración del plan de desembarco. En lugar de tratar de arribar a un punto cerca del puerto de Niquero, que ahora debe estar bajo fuerte vigilancia militar, tratarán de acercarse a una playa llamada Las Coloradas, al suroeste del lugar previsto para el desembarco original; ahí se ocuparán camiones para atacar alguno de los poblados cercanos y después tomar rumbo a la Sierra Maestra.

El primero de diciembre, las fuentes de información del ejército batistiano han logrado confirmar (sin duda gracias a su informador en México) de qué embarcación se trata y circulan a marina de guerra y fuerza aérea el siguiente comunicado: "Disponga búsqueda por aviones fuerza aérea, yate blanco 65 pies, sin nombre, bandera mexicana, con cadena que cubre casi todo el barco, salió Tuxpan, Veracruz, México, 25 de noviembre próximo pasado. Se supone por oriente. Informe a este CEN con resultados. General Rodríguez

Ávila". Después de haber estado pasando el mismo cable decenas de veces, resulta que corrigen, donde dice "cadena", debe decir "cabina".

Mientras tanto en el barco, como registra el diario de Raúl Castro, "una colilla de cigarro tenía un valor incalculable". *En la noche, poníamos la proa en línea recta hacia Cuba, buscando desesperadamente el faro de cabo Cruz, carentes de agua, petróleo y comida.* Quedan tan sólo diez latas de gasolina de 55 litros.

El *Granma* hace "agua en cantidad" *y a las dos de la madrugada, con una noche negra, de temporal, la situación era inquietante. Iban y venían los vigías buscando la estela de luz que no aparecía en el horizonte. Roque subió una vez más al pequeño puente superior, para atisbar la luz del cabo y perdió pie, cayendo al agua.*

En la oscuridad comienza una búsqueda frenética que dura varias horas. Una noche sin luna, vueltas en redondo, giros cada vez más amplios, linternas que no localizan en medio de la mar picada, de inmensas olas, al compañero. Cuando se toma la decisión de seguir adelante, Fidel insiste y ordena que se invierta el rumbo que se traía.

Leonardo Roque había pasado una hora en soledad en medio del mar, pensando en su madre y su padre y lo bonito que hubiera sido morir de otra manera y no ahogado, en una revolución de verdad, cuando vio aparecer frente a sí el yate y escuchó los gritos de Fidel que lo llamaba. Tras mil y una peripecias, logran sacarlo del agua encrespada y los dos médicos, el Che Guevara y Faustino, le dan respiración artificial.

Al rato de reiniciada la marcha, ya veíamos la luz, pero el asmático caminar de nuestra lancha hizo interminables las últimas horas del viaje. Al amanecer del domingo 2 de diciembre, más de 7 días, en lugar de los tres previstos, 172 horas después de haber iniciado el viaje en Tuxpan, los expedicionarios pueden ver perfiles de algo que parece ser tierra firme.

Fidel le pregunta al piloto Onelio Pino:

—¿Ese es territorio firme de Cuba? ¿Tú estás absolutamente seguro de que no estamos en Jamaica ni en un cayo?

—Sí.

—Pues entonces, ponme los motores a toda velocidad y enfila hacia la costa hasta donde llegue.

No llega muy lejos, porque una punta de fango saliente deja varado al yate a unos dos mil metros de lo que parece tierra firme. La visibilidad es de unos 50 metros, sólo se distinguen contornos y masas de tierra donde hay una baja vegetación. Hace calor, la temperatura es de 21 grados.

Poco más tarde sabrán que se encontraban ante un manglar, en un punto conocido como Belic, a unos dos kilómetros del destino previsto de la playa de Las Coloradas.

CAPÍTULO 10

El desastre

*En los primeros meses en la Sierra Maestra,
en términos de imagen se trata de un "pre Che".*

Fidel me dijo:

—¡Al agua!

Con mochila y todo me tiré al agua. Pero inmediatamente casi me enterré en el fango. Entonces me agarré del ancla y le expliqué a Fidel que lo que allí había era un pantano. Me dijo:

—¡Avanza, coño!

Así habría de recordar René Rodríguez, el primer hombre en desembarcar, su inicial contacto con la isla de Cuba el 2 de diciembre del 56.

Con el agua al pecho los expedicionarios comienzan a alejarse del *Granma*. El bote auxiliar se hunde, desembarca el estado mayor y la vanguardia. Los expedicionarios avanzan en los bajos fondos que se prolongan en unos manglares. Fango, agua y manigua, una red difícil de penetrar y ni señas de tierra firme. La duda de si no han desembarcado en un pequeño cayo sin acceso a tierra comienza a inquietarlos. *Una hora después de haberse iniciado el desembarco se han avanzado unos cientos de metros y no hay tierra firme, nubes de jejenes y mosquitos, en plena ciénaga.*

Los ocupantes de dos pequeños cargueros observan el yate varado, el *Tres Hermanos*, un carbonero y el *Gibarita*, un arenero; este último vira hacia el nordeste para avisar a las autoridades.

Tras un par de horas peleando contra el manglar, los primeros hombres llegan a tierra firme ante una línea de cocoteros. Algunos vienen tan agotados que tienen que ser cargados en brazos por compañeros más fuertes. El guajiro Crespo retorna para ayudar al Che, que viene con un ataque de asma y él como hijo de asmático sabe lo terrible que puede ser.

—Dame acá, para ayudarte.

—*No, qué me vas a ayudar.*

—Sí, que vienes cansado del pantano.

—*¡Qué coño! Tu madre va a ayudarme. Yo vine aquí a pelear no vine aquí a que nadie me ayude.*

Finalmente logra quitarle la mochila.

La retaguardia aún está a bordo organizando el desembarco de los últimos materiales cuando a lo lejos aparece una lancha de la marina de guerra. Raúl a cargo del grupo desembarca. Un poco después el guardacostas 106 abre fuego sobre el manglar y sus disparos parecen ser la señal para la aparición de la aviación. Un Catalina comienza a bombardear la zona. *Naturalmente, caminando por los pantanos cubiertos de manglares no éramos vistos por la aviación, pero ya el ejército de la dictadura andaba sobre nuestros pasos.*

Se produce un primer contacto con los campesinos. Crespo entra en una casa en el momento en que se escuchan los cañonazos y las bombas. Por los campesinos se entera que están en la playa de Las Coloradas. *Quedamos en tierra firme, a la deriva, dando traspiés, constituyendo un ejército de sombras, de fantasmas, que caminaban como siguiendo el impulso de algún oscuro mecanismo psíquico. Habían sido siete días de hambre y de mareo continuos durante la travesía.*

Efigenio Ameijeiras cuenta: "Lo vi sentado sobre el fango, recostado a unos arbustos de mangle. Me dejé caer pesadamente a su lado; él vio mi agotamiento y me preguntó:

—*¿Vos qué tenés?*

—Chico, estoy sin fuerzas —se puso lentamente de pie y con una mueca hierática que parecía ironía consigo mismo, me dijo:

—*¿Querés que te ayude?*

—Pero, ¿quién te ayuda a ti? —le contesté— si parece que te estás ahogando...

—*Sabés, tengo un ataque de asma...*

—¡Caramba!, lo siento, chico, vamos a ver si podemos continuar —y al tiempo que me ponía en pie le pregunté:

—¿Tú no eras el médico argentino que repartía pastillitas en el barco?

Han desaparecido 8 expedicionarios con Juan Manuel Márquez al frente. Fidel ordena irse hacia al monte intentando tomar rumbo hacia la Sierra Maestra. El Che escribirá en su diario una nota muy parca: *Caminamos poco, sin guía en el monte.*

Al día siguiente, 3 de diciembre, *caminamos a paso lento, los aviones de reconocimiento se suceden continuamente. Hacemos una sola comida, por la noche se extravía Luis Crespo.* Fidel arenga al grupo, en voz suave: en caso de dispersión hay que buscar la Sierra Maestra.

En La Habana el gerente de United Press International ofrece una exclusiva a sus suscriptores: "Muerto Fidel Castro". No será la primera ni la última desinformación de las grandes agencias de prensa en el curso de los siguientes tres años.

Un día después el hambre persigue al grupo, al que se le reincorpora Juan Manuel Márquez que había ido a dar unos kilómetros más allá del punto común de arribo a tierra firme. Efigenio Ameijeiras saca la cuenta de cuántos días llevan sin comer en forma: dos días viajando en autobuses por México con una sola comida, siete días navegando, sin comer caliente, con tan sólo las galletas y las naranjas de mala memoria, y ahora hay que agregar dos días de caminata.

Salimos por la noche y caminamos hasta las 12:30. Hacemos alto en un cañaveral tres horas. Se come mucha caña, se dejan rastros, caminamos hasta el amanecer. El lugar donde hacen campamento con la primera luz del día se llama Alegría de Pío, un cañaveral perteneciente a la empresa norteamericana New Niquero. El Che no podía saber qué tan graves eran los rastros que estaban dejando. Los dos últimos campesinos que habían tenido contacto con la columna habían dado a la guardia rural señales precisas de sus desplazamientos, de tal manera que la dictadura estaba concentrando fuerzas y cerrándoles los accesos a la Sierra Maestra. En esos momentos, una compañía reforzada de 140 hombres estaba en el batey del central de Alegría de Pío, a tan sólo unos pocos kilómetros.

Veníamos extenuados después de una caminata no tan larga como penosa. Ya no quedaba de nuestros equipos de guerra nada más que el fusil, la canana y algunas balas mojadas. Nuestro arsenal médico había desaparecido, nuestras mochilas se habían quedado en los pantanos, en su gran mayoría. El uso de calzado nuevo había provocado ulceraciones en los pies de casi toda la tropa. Pero no era nuestro único enemigo el calzado o las afecciones fúngicas. En la madrugada del día 5, eran pocos los que podían dar un paso más; la gente desmayada, caminaba pequeñas distancias para pedir descansos prolongados. Debido a ello, se ordenó un alto a la orilla de un cañaveral, en un bosquecito ralo, relativamente cercano al monte firme. La mayoría de nosotros durmió aquella mañana.

El vuelo de aviones y avionetas debió haberles advertido, pero la inexperiencia de la columna rebelde era tal, que mientras los aviones volaban a baja altura, algunos combatientes estaban cortando caña.

El Che se dedica a curar llagas en los pies de sus compañeros. René Rodríguez recuerda: "Me curó, me echó mertiolate sobre los pies llenos de fango. El Che como revolucionario es una maravilla, como medico es un asesino". *Creo recordar mi última cura en aquel día. Se llamaba aquel compañero Humberto Lamotte y ésa era su última jornada. Está en mi memoria la figura cansada y angustiada llevando en la mano los zapatos que no podía ponerse mientras se dirigía del botiquín de campaña hasta su puesto.*

Eran las cuatro y media de la tarde, el Che estaba sentado al lado de Jesús Montané, *recostados contra un tronco, hablando de nuestros respectivos hijos, comíamos la magra ración —medio chorizo y dos galletas— cuando sonó un disparo; una diferencia de segundos solamente y un huracán de balas —o al menos eso pareció a nuestro angustiado espíritu durante aquella prueba de fuego— se cernía sobre el grupo de 82 hombres.* No sólo él percibió las descargas de la guardia como un vendaval de fuego. Ameijeiras reflexionaría más tarde: "Yo no sé cómo no acabaron con todos nosotros".

La proximidad de la muerte no obliga a la racionalidad, no impone una lógica, sino que imprime en la memoria las imágenes más absurdas, las memorias más inconexas. *No sé en qué momento ni cómo sucedieron las cosas; los recuerdos ya son borrosos. Me acuerdo que, en medio del tiroteo, Almeida vino a mi lado para preguntar las órdenes que había, pero ya no había nadie allí para darlas. Según me enteré después, Fidel trató en vano de agrupar a la gente en el cañaveral cercano, al que había que llegar cruzando la guardarraya solamente. La sorpresa había sido demasiado grande, las balas demasiado nutridas. Almeida volvió a hacerse cargo de su grupo, en ese momento un compañero dejó una caja de balas casi a mis pies, se lo indiqué y el hombre me contestó con cara que recuerdo perfec-*

tamente, por la angustia que reflejaba, algo así como "no es hora para cajas de balas", e inmediatamente siguió el camino del cañaveral.

Quizá esa fue la primera vez que tuve planteado prácticamente ante mí el dilema de mi dedicación a la medicina o a mi deber de soldado revolucionario. Tenía delante una mochila llena de medicamentos y una caja de balas, las dos eran mucho peso para transportarlas juntas; tomé la caja de balas, dejando la mochila para cruzar el claro que me separaba de las cañas. Recuerdo perfectamente a Faustino Pérez, de rodillas en la guardarraya, disparando su pistola ametralladora. Cerca de mí un compañero llamado Albentosa, caminaba hacia el cañaveral. Una ráfaga que no se distinguió de las demás, nos alcanzó a los dos. Sentí un fuerte golpe en el pecho y una herida en el cuello; me di a mí mismo por muerto.

La bala ha dado en la caja de balas y lo ha herido de rebote, la fuerza del impacto le hace pensar que tiene el proyectil alojado en el cuello y se deja caer bajo un árbol dispuesto a morir. *Albentosa, vomitando sangre por la nariz, la boca y la enorme herida de la bala cuarenta y cinco, gritó algo así como "Me mataron" y empezó a disparar alocadamente pues no se veía a nadie en aquel momento.*

El Che alcanza a decirle a Faustino:

—Me jodieron —y aunque éste le responde que no es nada, Guevara ve que en sus ojos se leía la condena que significaba mi herida. *Inmediatamente me puse a pensar en la mejor manera de morir en ese minuto en que parecía todo perdido. Recordé un viejo cuento de Jack London, donde el protagonista, apoyado en un tronco de árbol, se dispone a acabar con dignidad su vida, al saberse condenado a muerte por congelación, en las zonas heladas de Alaska. Es la única imagen que recuerdo.*

A su lado se escuchan llamados a la rendición, la memoria del Che fijará a fuego la respuesta de uno de los combatientes: "¡Aquí no se rinde nadie, carajo!", y se la atribuirá más tarde a Camilo Cienfuegos.

Ponce se acercó agitado, con la respiración anhelante, mostrando un balazo que aparentemente le atravesaba el pulmón. Me dijo que estaba herido y manifesté, con toda indiferencia, que yo también. Siguió Ponce arrastrándose hacia el cañaveral, así como otros compañeros ilesos. Por un momento quedé solo, tendido allí esperando la muerte. Almeida llegó hasta mí y me dio ánimos para seguir; a pesar de los dolores, lo hice y entramos en el cañaveral.

Almeida le ordena al Che que cargue su rifle y se cubra la herida porque está sangrando mucho, intenta poner orden, ordena a los hombres con los que se cruzan que disparen contra una de las avionetas *que pasaban bajo, tirando algunos disparos de ametralladora, sembrando más confusión en medio de escenas a veces dantescas y a veces grotescas. Como en una imagen caleidoscópica, pasaban hombres gritando, heridos pidiendo ayuda, combatientes escondiendo los cuerpos detrás de las delgadas cañas de azúcar como si fueran troncos, otros atemorizados pidiendo silencio*

con un dedo sobre la boca en medio del fragor de la metralla, y, de pron-
to, el grito tétrico: "¡Fuego en el cañaveral!"

Será la presencia de ánimo de Juan Almeida la que impulse al Che y a otros en el camino del cañaveral. El grupo se hace y se deshace, se dispersarán unos y se sumarán Ramiro Valdés, Benítez y Chao y juntos cruzarán la guardarraya y podrán entrar al monte.

El Che sigue como perdido en una niebla en la que *pensaba más en la amargura de la derrota y en la inminencia de mi muerte, que en los acontecimientos de la lucha. Caminando, caminando hasta llegar al monte espeso. Marchamos hasta que la oscuridad de la noche y los árboles —que nos impedían ver las estrellas— nos detuvieron, sin estar muy lejos del lugar del encuentro. Resolvimos dormir todos juntos, amontonados, atacados por los mosquitos, atenazados por la sed y el hambre.*

CAPÍTULO 11

Sin destino

En la Sierra Maestra con Fidel.

Sin conocer el destino del resto de los expedicionarios, escuchando disparos a lo lejos sin saber quién los hacía, el grupo que conduce Juan Almeida con el Che herido vaga al día siguiente de manera errática por los montes, en la angustia de la ignorancia, sin agua y con la desgracia de que con *la única lata de leche que teníamos había ocurrido el percance de que Benítez, encargado de su custodia, la había cargado en el bolsillo de su uniforme al revés, vale decir, con los huequitos hechos para absorberla hacia abajo, de tal manera que, al ir a tomar nuestra ración consistente en un tubo vacío de vitaminas que llenábamos con leche condensada y un trago de agua vimos con dolor que toda estaba en el bolsillo y en el uniforme de Benítez.*

Chao los convence de que deambular así los va a llevar de cabeza a una emboscada y acuerdan refugiarse en una cueva para caminar sólo de noche. En esa cueva los cinco expedicionarios deciden asumir un pacto de muerte. Si los descubren combatirán. Nadie se rendirá. El heroísmo de la desesperanza.

Es típico del estoicismo del Che que en todos los textos que ha escrito sobre esos terribles momentos no mencione la herida que trae en el cuello; ni siquiera en su diario hay comentarios sobre la lesión. Almeida en cambio recuerda que la herida en el cuello sangraba mucho en el momento en que se encontraron, pero que al día siguiente ya no les pareció tan grande y había dejado de sangrar.

En la noche del 7 de diciembre vuelven a intentar aproximarse a la sierra Maestra guiados por el Che quien a su vez se guía por lo que piensa era la estrella Polar; *mucho tiempo después me enteraría que la estrella que nos permitió guiarnos hacia el este no era la Polar y que simplemente por casualidad, habíamos ido llevando aproximadamente este rumbo hasta amanecer en unos acantilados ya muy cerca de la costa.* Atormentados por la sed porque han estado comiendo la pulpa cruda de unos cangrejos que se cruzaron a su paso, se ven obligados a beber agua de lluvia retenida en las rocas que *extraíamos mediante la bombita de un nebulizador antiasmático; tomamos sólo algunas gotas de líquido cada uno.*

Íbamos caminando con desgano, sin rumbo fijo; de vez en cuando un avión pasaba por el mar. Caminar entre los arrecifes era muy fatigoso y algunos proponían ir pegados a los acantilados de la costa, pero había allí un inconveniente grave: nos podían ver. En definitiva nos quedamos tirados a la sombra de algunos arbustos esperando que bajara el sol. Al anochecer encontramos una playita y nos bañamos.

El diario del Che culmina el día 8 de diciembre con un patético: *No comimos nada.* A la búsqueda de agua Ernesto propone un experimento que termina en desastre. *Hice un intento de repetir algo que había leído en algunas publicaciones semicientíficas o en alguna novela en que se ex-*

plicaba que el agua dulce mezclada con un tercio de agua de mar da un agua potable muy buena y aumenta la cantidad de líquido; hicimos así con lo que quedaba de una cantimplora y el resultado fue lamentable; un brebaje salobre que me valió la crítica de todos los compañeros. Esa noche, bajo una luna tropical que merece mejores situaciones, descubren en una choza de pescadores a un grupo de hombres uniformados. Desesperados y sin pensarlo dos veces avanzan hacia ellos gritándoles que se rindan, sólo para descubrir que se trata de Camilo Cienfuegos, Pancho González y Pablo Hurtado. Tras volverse a recontar la emboscada de Alegría de Pío, una y otra vez la pesadilla, el grupo intercambia cangrejos por cañas de azúcar y prosiguen caminando con la inquietante conciencia de que pueden ser los únicos sobrevivientes del *Granma. No se nos escapaba el hecho de que los acantilados a pico y el mar cerraban completamente nuestras posibilidades de fuga, en caso de toparnos con una tropa enemiga. No recuerdo ahora si fue uno o dos días que caminamos por la costa, sólo sé que comimos algunos pequeños frutos de tuna que crecían en las orillas, uno o dos por cabeza, lo que no engañaba al hambre, y que la sed era atenazante, pues las contadas gotas de agua debían racionarse al máximo.*

El martes 11 de diciembre, agotados, en las márgenes del río Toro, el grupo contempla a lo lejos una casa y tras explorar con más cuidado descubren lo que les parece es la silueta de un soldado. *Mi opinión inmediata fue no acercarnos a una casa de ese tipo, pues presumiblemente serían nuestros enemigos o tal vez el ejército la ocupara. Benítez opinó todo lo contrario y al final avanzamos los dos hacia la casa. Yo me quedaba afuera mientras él cruzaba una cerca de alambre de púas, de pronto percibí claramente en la penumbra la imagen de un hombre uniformado con una carabina M-1 en la mano, pensé que habían llegado nuestros últimos minutos, al menos los de Benítez a quien ya no podía avisar porque estaba más cerca del hombre que de mi posición; Benítez llegó casi al lado del soldado y se volvió por donde había venido, diciéndome con toda ingenuidad que él volvía porque había visto "un señor con una escopeta" y no le pareció prudente preguntarle nada.*

Realmente, Benítez y todos nosotros nacimos de nuevo. No sabía el Che en aquel momento qué tan cierto era, se trataba de la casa de un colaborador del ejército, Manolo Capitán, que días antes había entregado a nueve expedicionarios del *Granma*, ocho de los cuales habían sido asesinados a sangre fría.

Subiendo por el acantilado, el grupo logra acceder a una cueva donde se ocultan durante las horas de luz. *Desde allí se observaba perfectamente todo el panorama: éste era de absoluta tranquilidad; una embarcación de la marina desembarcaba hombres, mientras otros embarcaban, al parecer, en una operación de relevo. Pudimos contar cerca de treinta.*

El Che estaba contemplando a las fuerzas del teniente Julio Laurent, oficial del servicio de inteligencia naval, quien cinco días antes había asesinado a sangre fría a su amigo Ñico López junto con otros expedicionarios y había repetido la ejecución con otro grupo de rebeldes capturados el día siete, ametrallándolos por la espalda.

Pasamos el día sin probar bocado, racionando rigurosamente el agua que distribuíamos en el ocular de una mirilla telescópica para que fuera exacta la medida para cada uno de nosotros y por la noche emprendimos nuevamente el camino para alejarnos de esta zona donde vivimos uno de los días más angustiosos de la guerra, entre la sed y el hambre, el sentimiento de nuestra derrota y la eminencia de un peligro palpable e ineludible que nos hacía sentir como ratas acorraladas. La fortuna los acompaña ese día porque cambiando de rumbo hacia el noroeste irán a dar a un arroyo; *tirados en el suelo bebimos ávidamente, como caballos, durante un largo rato, hasta que nuestro estómago vacío de alimentos, se resistió a recibir más agua. Llenamos las cantimploras y seguimos nuestro viaje.*

Esa noche seguimos nuestro peregrinaje hasta llegar a las cercanías de una casa donde se oía el ruido de una orquesta. Una vez más se suscitó la discusión; Ramiro, Almeida y yo opinábamos que no se debía ir de ninguna manera a un baile o algo así, puesto que los campesinos inmediatamente, aunque no fuera más que por indiscreción natural, harían conocer nuestra presencia en la zona; Benítez y Camilo Cienfuegos opinaban que había que ir de todas maneras y comer. Al final Ramiro y yo fuimos comisionados para la tarea de llegar hasta la casa, obtener noticias y lograr comida. Cuando llegábamos cerca cesó la música y se oyó distante la voz de un hombre que decía algo así como: "Vamos a brindar ahora por todos nuestros compañeros de armas que tan brillante actuación…". Nos bastó para volver lo más rápido y sigilosamente posible a informar a nuestros compañeros de quiénes eran los que se estaban divirtiendo en aquella fiesta.

A las 2 de la madrugada del día 13, con el grupo muy bajo de moral, hambrientos y desesperados, los expedicionarios van a dar a la casa de un campesino. Nuevamente se discute si acercarse o no. El Che escribe en su diario que contra su consejo se llama a la puerta de la casa. Afortunadamente se trata de Alfredo González, adventista, que junto con su pastor está comprometido en una de las redes del 26 de Julio coordinadas desde Santiago y Manzanillo por Celia Sánchez para apoyar a los expedicionarios. *Allí se produjo el desplome de algunos. Las noticias eran malas.* Se enteran de la muerte de al menos 16 de los expedicionarios, que han sido asesinados tras su captura, y no en combate.

Nos recibieron en forma amable y seguidamente un festival ininterrumpido de comida se realizó en aquella choza campesina. Horas y horas pasamos comiendo hasta que nos sorprendió el día y ya no podíamos salir de allí. Por la mañana llegaban campesinos avisados de nuestra presencia que, curiosos y solícitos, venían a conocernos y a darnos algo de comer o traernos algún presente. La pequeña casa en que estábamos, pronto se convertía en un infierno: Almeida iniciaba el fuego de la diarrea y luego ocho intestinos desagradecidos demostraban su ingratitud, envenenando aquel pequeño recinto; algunos llegaban a vomitar.

La información que va llegando le va dando forma al rumor: Fidel está vivo, y está protegido por la red de Celia Sánchez que está a cargo de Crescencio Pérez, el patriarca de la rebelión serrana. *Los espeluznantes cuentos de los campesinos nos impulsaron a dejar las armas largas bien guardadas y tratar de cruzar, con las pistolas solamente, una carretera muy controlada. El resultado fue que todas las armas dejadas en custodia se perdieron mientras nosotros nos encaminábamos hacia el lugar de la Sierra Maestra, donde estaba Fidel.*

Divididos en dos grupos comienzan a subir la sierra. Almeida y el Che han tenido la precaución de al menos conservar un par de pistolas ametralladoras Star, pero las armas largas junto con Hurtado, que estaba gravemente enfermo, se quedan en la casa del campesino.

Cuando al día siguiente se encuentran en la casa del pastor Rosabal, les llega la información de que la falta de discreción del campesino ha provocado una infidencia y el ejército ha capturado a Hurtado y las armas. *Este compañero, al enterarse de la infausta noticia hizo contacto rápidamente con otro campesino de la zona, muy conocedor de ella y que decía simpatizaba con los rebeldes. Esa noche nos sacaban de allí y nos llevaban a otro refugio más seguro. El campesino que conociéramos aquel día se llamaba Guillermo García y era uno de los cuadros clave de la red de Celia.*

El día 15 el grupito del Che lo pasa en una cueva y durante los dos días siguientes circulan por casas de campesinos que los protegen, los alimentan y transportan, y finalmente el jueves 20 de diciembre, en la madrugada, arriban a la finca de Mongo Pérez, hermano de Crescencio, donde los esperan Fidel, Raúl, Ameijeiras, Universo Sánchez y media docena más de supervivientes.

Uno de los hijos de Crescencio, quien ha estado detenido en esos días porque sospechan que estuvo ayudando a fugarse a los expedicionarios del cerco, observa que el argentino que viene en el grupo traía la ropa destrozada, venía sin zapatos, temblando y que pidió que le regalaran un saco de yute para echárselo por encima porque estaba muerto de frío.

Fidel no oculta su júbilo, pero les lanza tremenda bronca por haber abandonado los fusiles. *La reconvención de Fidel fue muy violenta.* "No han pagado la falta que cometieron, porque el dejar los fusiles en estas circunstancias se paga con la vida; la única esperanza de sobrevivir que tenían en caso de que el ejército topara con ustedes eran sus armas. Dejarlas fue un crimen y una estupidez". El Che, avergonzado, omite en su diario la reseña del regaño y se limita a contar que tuvo un ataque de asma y pasó la noche muy mal.

Once días más tarde, una pequeña nota llega por correo urgente a la Argentina donde su familia piensa, a partir de los comentarios de la prensa y el testimonio de un superviviente, quien decía que lo había visto caer con un tiro en el pecho, que Ernesto está muerto. La carta tiene matasellos de Manzanillo. *Queridos viejos: Estoy perfectamente, gasté sólo dos y me quedan cinco (de las siete vidas teóricas de un gato). Sigo trabajando en lo mismo, las noticias son esporádicas y lo seguirán siendo, pero confíen en que Dios sea argentino...* y firma *Teté*, el apodo de la infancia.

CAPÍTULO 12

Resurrección en La Plata

Con Camilo Cienfuegos en la sierra. (Archivo Bohemia)

—Yo en mi vida había visto un argentino creo que ni en películas y… oíme, che; vení, che; che y vos para todo —recordará años más tarde Sergio Pérez uno de los hijos de Crescencio explicando por qué Ernesto Guevara estaba condenado a ser el Che para los guajiros de la Sierra Maestra.

Y el Che andaba por ahí dando tristezas hasta que se le consiguió ropa y zapatos y hasta un atomizador que apareció en una tienda de montaña, lo que parece no consiguió hacer ceder el terrible ataque de asma que traía encima. Para el grupo de los míticos 12 comienza la recuperación tras las agrias jornadas que siguieron a Alegría de Pío; aunque los 12 nunca fueran 12, *éramos unos diecisiete hombres*, contando a los primeros campesinos que se les habían incorporado. Diecisiete con todo y los sumados, era lo que quedaba de los 82 expedicionarios del *Granma. El recuento de las víctimas era doloroso y extenso: el propio Juan Manuel Márquez; Ñico López (su primer amigo cubano); Juan Smith, capitán de la vanguardia; Cándido Gónzalez, ayudante de Fidel y revolucionario sin tacha.* La enorme mayoría capturados y asesinados por la espalda, torturados y sus cadáveres tirados en una cueva, arrojados muertos en las afueras de un cementerio…

Y resultaba sorprendente que el optimismo de Fidel comenzara a influir en ellos, que su vieja magia probada en México comenzara a tocar a los sobrevivientes de aquel *pequeño grupo que aún no se conocía bien entre sí, y que se hablara ya de triunfo, se hablara de atacar.*

Fidel era un personaje único. Cuando se encontró con el primer grupo de sobrevivientes el día 18, más allá de los dos que lo acompañaban, le preguntó a su hermano, Raúl:

—¿Cuántos fusiles traes?

—Cinco.

—Y dos que yo tengo, siete, ahora sí ganamos la guerra.

Y su optimismo resultaba contagioso porque *ya en aquellas noches, aquellas dilatadas noches (porque nuestra inactividad comenzaba al caer el sol) bajo las matas de cualquier bosque comenzábamos a trazar planes y más planes; para ahora, para un poco más tarde, para el triunfo. Eran horas felices donde saboreaba los primeros tabacos (que aprendí a fumar para espantar algunos mosquitos demasiado agresivos), hasta que entró en mí la fragancia de la hoja cubana mientras las proyecciones hacia el futuro se sucedían vertiginosamente.*

Comienzan los entrenamientos, los campesinos de la red de Crescencio recuperan armas perdidas, al Che le toca un mal fusil, su Star pasa a manos de Crescencio. El 23 de diciembre Fidel ordena un simulacro de combate por sorpresa y le pide a Faustino Pérez que de una falsa alarma, éste llega a donde el Che se encuentra de guardia en lo alto de un cafetal y le dice agitado que vienen los guardias, pero el Che con toda calma comienza a pedirle datos y no había manera, y Faustino, que vienen los guardias, y el Che que cuántos son y por dónde y el otro… de suerte que tiene que confesarle que se trataba de provocar un simulacro. En su diario, Guevara registra: *Simulacro de combate, yo vine corriendo a traer la noticia. La gente se movilizó bien, con espíritu de pelea.* Poco después Faustino se va para reconectar las redes urbanas del Movimiento del 26 de Julio y ese mismo día llegan tres enlaces de Manzanillo con balas y cartuchos de dinamita. Sabremos por el diario del Che que le encarga libros a uno de los muchachos, incluso sabremos de qué se trata: una geografía y una historia elemental de Cuba que recibirá una semana más tarde. Raúl escribe en su diario: "Vino además un libro de álgebra para el polifacético Che Guevara".

El 24 de diciembre la columna celebra la Nochebuena con una cena en la casa de Mongo, que improvisa versos patrióticos. Un campesino diría años más tarde hablando del Che: "Era un hombre muy joven, muy joven, que ni cara de médico tenía". Tres días más tarde están en marcha, les abre el camino el conocimiento de la región de Crescencio Pérez y su presencia política. Donde no conocen a Fidel y su promesa, conocen a Crescencio y aceptan lo que él les traiga. El 27, abajo de una ceiba, el Che se estrena de parrillero y hace un asado argentino con un novillo. En su diario registra: *Salió buena, pero tardó mucho*, los guajiros que acompañan la columna no lo tienen tan claro, dicen que la res estaba medio cruda.

Fueron pasando los días y, poco a poco, reclutándose gente. Los primeros campesinos llegaban, a veces desarmados, a veces trayendo armas que nuestros compañeros habían abandonado en casas amigas o en cañaverales, al huir. A fines de diciembre se suma Guillermo García, un hombre clave en la red de resistencia que desde noviembre está funcionando en la Sierra Maestra, y tres expedicionarios del *Granma* que andaban perdidos y que la organización de Celia rescata. Para fin de mes la columna tiene 24 combatientes, entre ellos media docena de campesinos.

Durante la última semana del mes han establecido campamento en un lugar llamado La Catalina y el 29 siguen comiendo los restos del asado que ya para esas alturas según Raúl apestaba, "aunque con mucha naranja agria…" Prosigue el entrenamiento en tiro de los reclutas. Estrenan el año 57 en marcha bajo la lluvia. Los inexistentes, los muertos que reviven (pues Batista ha anunciado por radio, prensa y televisión la desaparición de la amenaza, la muerte de Fidel, la dispersión o muerte de los expedicionarios que desembarcaron) se preparan para el primer combate.

El día 14 de enero de 1957, poco más de un mes después de la sorpresa de Alegría de Pío, paramos en el río Magdalena que está separado de La Plata por un firme que sale de la Maestra y muere en el mar dividiendo las dos pequeñas cuencas. Allí hicimos algunos ejercicios de tiro, ordenados por Fidel para entrenar algo a la gente; algunos tiraban por primera vez en su vida. Allí nos bañamos también, después de muchos días de ignorar la higiene y, los que pudieron, cambiaron sus ropas.

Años más tarde, en una entrevista con el periodista mexicano Víctor Rico Galán, el Che recordaba que Fidel estaba gordo y que le costaba subir las lomas porque no se había entrenado bien en México y sólo lo lograba con voluntad de hierro.

—¿Y usted con su asma?

—*Yo también tengo un poco de voluntad...*

El 14 de enero un joven campesino en Cabezos de la Plata, ve llegar hacia las cinco de la tarde a una pareja de hombres armados: "Yo los confundí con una pareja de la guardia rural, me hacen preguntas, les brindo café, hablamos de caminos, de los campesinos, me dicen de venderles un cerdo que por cierto, por miedo no les cobré. Cuando oscurece aparece un grupo que hizo que se multiplicara el miedo. Los dirigía un tipo grande, alto, descomunal, haciendo miles de preguntas y con él un individuo de habla pausada, hablando bajito que se presenta como médico, me toma las pulsaciones, me hace reconocimiento, me dice: *Estás fuerte como un toro.* Resultaron ser Fidel y el Che". El campesino se llama Dariel Alarcón y su futuro estará ligado al del médico argentino. En los siguientes días se convierte en colaborador de la guerrilla.

Fidel ha escogido el cuartel de La Plata para revelar la resurrección de los invasores, bautizo de fuego, en condiciones no muy claras por la escasez de proyectiles que tiene la columna. El 15 de enero avistan *el cuartel de La Plata, a medio construir, con sus láminas de zinc y vimos un grupo de hombres semidesnudos en los que se adivinaba, sin embargo, el uniforme enemigo. Pudimos observar cómo, a las seis de la tarde, antes de caer el sol, llegaba una lancha cargada de guardias, bajando unos y subiendo otros. Como no comprendimos bien las evoluciones decidimos dejar el ataque para el día siguiente.*

El 16 comienzan a aproximarse y al anochecer cruzan el río de La Plata. La fortuna hace que se crucen con ellos dos campesinos, que les dan información clave respecto al número de soldados, unos 15, y también que por allá habrá de pasar dentro de un rato Chicho Osorio, el mayoral de uno de los grandes latifundios de la región, torturador de campesinos y chivato. Al poco rato, con una botella de coñac en la mano *apareció el nombrado Chicho, borracho, montado en un mulo y con un negrito a horcajadas. Universo Sánchez, le dio el alto en nombre de la guardia rural, y éste rápidamente contestó: "Mosquito"; era la contraseña.*

A pesar de nuestro aspecto patibulario, quizás por el grado de embriaguez de ese sujeto pudimos engañar a Chicho Osorio. Fidel, con aire indignado, le dijo que era un coronel del ejército que venía a investigar por qué razón no se había liquidado ya a los rebeldes, que él sí se metía en el monte, por eso estaba barbudo, que era una "basura" lo que estaba haciendo el ejército. Con gran sumisión, Chicho Osorio contó que, efectivamente, los guardias se la pasaban en el cuartel, que solamente comían, sin actuar; que hacían recorridos sin importancia; manifestó enfáticamente que había que liquidar a todos los rebeldes. Con los informes involuntarios del capataz borracho se va haciendo una lista invertida: en quién confiar y en quién no. *Así se juntaron veintitantos nombres, y el chivato seguía hablando; nos contó cómo habían muerto dos hombres en esos lugares, "pero mi general Batista me dejó libre enseguida"; nos dijo cómo acababa de darles unas bofetadas a unos campesinos que se habían puesto "un poco malcriados" y que, además, según sus propias palabras, los guardias eran incapaces de hacer eso; los dejaban hablar sin castigarlos. Le preguntó Fidel qué cosa haría él con Fidel Castro en caso de agarrarlo, y entonces contestó con un gesto explicativo que había que partirle los cojones al igual que a Crescencio Pérez... Luego mostró su calzado, unas botas mexicanas y dijo: "De uno de estos hijos de puta que matamos".* Un escalofrío recorrió a los rebeldes, eran las botas de uno de los expedicionarios del *Granma. Allí, sin saberlo, Chicho Osorio había firmado su propia sentencia de muerte. Al final, ante la insinuación de Fidel, accedió a guiarnos para sorprender a todos los soldados y demostrarles que estaban muy mal preparados y que no cumplían con su deber.*

La aproximación al cuartel para tomar posiciones de ataque se hace con cautela. Durante esos momentos tres guardias montados a caballo *pasan frente al grupo arriando como una mula a un prisionero de a pie. Al lado mío pasó, y recuerdo las palabras del pobre campesino que decía:*

"Yo soy como ustedes", y la contestación de un hombre, que después identificamos como el cabo Basol: "Cállate y sigue antes de que te haga caminar a latigazos".

Treinta y dos combatientes toman posiciones, 18 expedicionarios del *Granma* y 14 campesinos que se han sumado a la enloquecida revuelta. Entre todos sólo tienen 22 armas y muy pocas municiones. En caso de que fracasen en el asalto y no puedan conseguir municiones, la columna rebelde quedaría en una situación muy peligrosa.

Así fuimos acercándonos a las posiciones enemigas hasta llegar a unos cuarenta metros. Había buena luna. A las 2:40 de la madrugada Fidel inició el tiroteo con dos ráfagas de ametralladora y fue seguido por todos los fusiles disponibles. Inmediatamente, se invitó a rendirse a los soldados, pero sin resultado alguno porque a cada grito de rendición les responden con una ráfaga de M-1. *En el momento de iniciarse el tiroteo fue ajusticiado el chivato y asesino Chicho Osorio.*

Los guerrilleros responden tiro a tiro. No está la cosa para más. Universo Sánchez tiene nueve balas y le da dos a Crespo. El grupo tiene un par de granadas brasileñas, y el Che y Crespo se acercan para lanzarlas, pero las granadas no explotan. *Raúl Castro tiró dinamita sin niple y ésta no hizo ningún efecto. Había entonces que acercarse y quemar las casas aún a riesgo de la propia vida.*

Fidel le ordena a Universo que arroje las granadas.

—Tíralas.

—Ya las tiré.

—No, no las tiraste.

Y Fidel le dice hay que quemar las casas y le da unos cerillos. Pero en medio del tiroteo no parece una operación fácil. Camilo Cienfuegos lo intenta. Finalmente Universo logra darle fuego a una de las chozas.

A la luz del incendio pudimos ver que era simplemente un lugar donde guardaban los frutos del cocotal cercano, pero intimidamos a los soldados que abandonaron la lucha. Uno huyendo fue casi a chocar contra el fusil de Luis Crespo que lo hirió en el pecho, le quitó el arma y seguimos disparando contra la casa.

Un combate genera tantas versiones al paso del tiempo como hombres participan en él, y a pesar de la precisión de sus narraciones, Ernesto Guevara tenderá en todas ellas a minimizar sus actos de valor. Hombre que se prueba contra el límite, parece ser, según cuenta Crespo, que fue el Che el que se lanzó en medio de la balacera sobre el soldado herido, lo hizo girar y le quitó el rifle. El Che entonces ahí se la juega, le quita el arma al soldado y éste le dice: "No me mates", y el Che ni caso le hace, dice algo así como *ahí viene el médico.*

Se combate en otros puntos. Almeida se enfrenta con su pelotón a los marinos en otra cabaña. Fidel da la orden de avanzar; la tiene que repetir dos veces, a la segunda arrancan sobre ellos. *Camilo Cienfuegos parapetado detrás de un árbol disparó contra el sargento que huía y agotó los pocos cartuchos de que disponía. Los soldados, casi sin defensa, eran inmisericordemente heridos por nuestras balas. Camilo Cienfuegos entró primero, por nuestro lado, a la casa de donde llegaban gritos de rendición.* Antes de verificar si hay heridos, antes de ver si uno sigue vivo, o sólo es la inercia la que lo mantiene en pie, la obsesión: balas y armas; *ocho Springfield, una ametralladora Thompson y unos mil tiros; nosotros habíamos gastado unos quinientos (...) Además, teníamos cananas, combustible, cuchillos, ropas, alguna comida (...) Ellos tenían dos muertos y cinco heridos, además tres prisioneros. Algunos habían huido. Por nuestra parte, ni un rasguño. El golpe de Alegría de Pío ha sido devuelto. Los hombres del* Granma *están iniciando la revolución.*

El Che vuelve a la medicina; se dedica a curar a los heridos del ejército y dejarlos al cuidado de los soldados supervivientes. Fidel ordena dar fuego a las casas que permanecen en pie. Iluminada por el incendio, aún de noche, la columna asciende de nuevo hacia la sierra *rumbo a Palma Mocha, a donde llegamos al amanecer internándonos rápidamente, buscando las zonas más abruptas de la Maestra.*

En el camino se narran el combate. Más difícil de creer que una derrota es una victoria, aunque sea una pequeña victoria como ésta. No sólo ellos repasan los incidentes del combate; como se produce en un momento en que Batista ha levantado la censura temporalmente, el enfrentamiento de La Plata tendrá eco en los diarios y en las agencias internacionales de prensa. Los muertos han regresado a la vida. Cuando el nivel de adrenalina desciende, una reflexión suelta en los posteriores escritos del Che: *No era ni con mucho, nuestro deseo el combatir; lo hicimos porque era necesario.*

En el ascenso a las profundidades de la Maestra, los rebeldes se encuentran con un éxodo campesino. La guardia rural ha corrido el rumor de que se bombardearán los bohíos. Tanto el Che como Raúl registran en sus diarios el *espectáculo lastimoso*. Se trataba no sólo de crear un vacío en torno a la guerrilla, sino más bien de proceder a un desalojo de las tierras. *Como nadie conocía nuestra estancia en el lugar, era claramente una maniobra entre los mayorales y la guardia rural para despojar a los guajiros de sus tierras y pertenencias; pero la mentira de ellos había coincidido con nuestro ataque y ahora se hacía verdad, de modo que el terror se sembró en ese momento y fue imposible detener el éxodo campesino.*

Fidel, estrenándose como táctico guerrillero, prevé que el ejército no puede dejar pasar un ataque como el de La Plata y que enviará a sus destacamentos a perseguirlos y diseña entonces una emboscada, la primera de tantas que llevará a cabo el ejército rebelde. El lugar elegido es un par de bohíos en los márgenes *del Arroyo del Infierno, un pequeño riachuelo de escaso recorrido que desemboca en el río Palma Mocha.* La emboscada está montada como una herradura, con siete pequeños puestos de combate en cuyo centro quedan las casas campesinas abandonadas.

El día 19 de enero cuenta Ameijeiras que el Che salió del campamento en una exploración y regresó por un claro del bosque frente a la posta de Camilo, que el Che traía un casco de soldado, *trofeo de la lucha en La Plata, un casco completo de cabo del ejército batistiano y lo portaba con todo orgullo,* y que Camilo le soltó el plomazo sin más averiguaciones, pensando que se trataba de un soldado, con un rifle prestado porque estaba limpiando el suyo. El Che tuvo que sacar pañuelo blanco y gritar que no dispararan. Camilo riéndose le decía:

—Cabrón, tú me tomaste prisionero pero yo te obligué a rendirte.

Este hecho demuestra el estado de tensión que teníamos todos, esperando, como una liberación, el combate; son esos momentos donde hasta los más firmes de nervios sienten cierto leve temblor en las rodillas y todo el mundo ansía ya de una vez la llegada de ese momento estelar de la guerra, que es el combate.

Tres días más tarde unos balazos en las cercanías ponen en tensión a los emboscados. Sabrán mucho más tarde que la columna del teniente Sánchez Mosquera, del que oirán hablar con frecuencia en los siguientes años, ha asesinado a un campesino haitiano que se negó a servirle de guía.

Debido a que se suponía que estaban los soldados cerca, no hubo ni desayuno ni almuerzo. Con el guajiro Crespo habíamos descubierto un nido de gallinas y racionábamos el uso que hacíamos de los huevos dejando uno, como es usual, para que siguieran poniendo. Ese día, en vista de los tiros escuchados por la noche, Crespo decidió que debíamos comernos el último huevo, y así lo hicimos. Repentinamente, al mediodía, una figura aparece en medio de las casas campesinas. Cuentan que se desarrolló entonces este diálogo absurdo:

—Ya llegaron —le dijo a Fidel uno de los guerrilleros.

—Ah, qué bien, que pasen —respondió Fidel pensando que se trataba de los campesinos propietarios de los bohíos.

—¡No, los soldados!

Sea o no cierto, tal como estaba convenido, Fidel abre fuego con su rifle de mira telescópica fulminando a uno de los soldados. *De pronto descubrí que en el bohío cercano a mis posiciones había otro soldado que trataba de esconderse del fuego. Se le veían solamente las piernas, pues mi posición elevada hacía que el techo del bohío lo tapara. Tiré a rumbo la primera vez y fallé: el segundo disparo dio de lleno en el pecho del hombre que cayó dejando su fusil clavado en la tierra por la bayoneta. Cubierto por el guajiro Crespo, llegué a la casa donde pude observar el cadáver quitándole sus balas, su fusil y algunas otras pertenencias.* El Che no cuenta que se acercó al muerto en medio del tiroteo arriesgándose a quedar bajo un fuego cruzado. ¿Qué es lo que ve? Se trata del primer hombre al que ha matado. Quizá en el combate de La Plata sus balas hayan acertado en otro soldado batistiano, pero en la confusión del enfrentamiento es imposible saberlo. Ahora sí. Años más tarde, evadiendo la pregunta, el Che se limitará a dejar una reflexión de médico: *Había recibido un balazo en medio del pecho que debió haber partido el corazón y su muerte fue instantánea; ya presentaba los primeros síntomas de la rigidez cadavérica debido quizá al cansancio de la última jornada que había rendido.* El Che pide permiso para lanzarse a recuperar los demás rifles, pero Fidel se lo niega, el objetivo ya se ha cumplido. Por lo que puede verse, se le han causado algunas bajas a la vanguardia de la tropa, que puede ser numerosa, hasta de 300 soldados. *El combate fue de una ferocidad extraordinaria y pronto estábamos huyendo cada uno por nuestro lado.* Curiosamente, ambas fuerzas se moverán rehuyéndose en paralelo y habrá momentos en los siguientes días en que sin saberlo se encuentren a unos centenares de metros entre sí.

Cinco soldados han quedado muertos, pero la guerrilla no mide sus éxitos tan sólo por las bajas enemigas, han gastado 900 balas y recuperado tan sólo 70 y un fusil. *No era una victoria completa, pero tampoco una victoria pírrica. Habíamos medido nuestras fuerzas con el ejército en nuevas situaciones y habíamos superado la prueba.* Durante los siguientes días la guerrilla se aproxima a la zona de Caracas donde se habían creado primeros lazos con campesinos. Se encuentran un panorama desolador, el ejército ha pasado por ahí creando el vacío a través del terror.

A pesar de las victorias la *situación no estaba muy alegre en esos días; la columna, sin su espíritu forjado en la lucha todavía y sin una clara conciencia ideológica, no acababa de consolidarse. Un día uno, un día otro se ausentaban compañeros; pedían funciones que a veces eran de mucho mayor riesgo en la ciudad pero que significaban siempre la huida ante las duras condiciones del campo.*

Más duras aún, porque se les ha infiltrado un traidor. Un campesino, Eutimio Guerra, con el que en los primeros momentos se había creado una gran confianza, ha sido capturado por la tropa de Casillas y acepta traicionar a la guerrilla a cambio de 10 mil pesos y la oferta de un grado en el ejército si mataba a Fidel. Gracias a sus delaciones han sido quemadas casas de campesinos que colaboraban con el 26 de Julio. Eutimio se presenta en el campamento de Caracas y un día después pide permiso para ir a ver a su madre, supuestamente enferma. Fidel no sólo se lo concede sino que además le da algo de dinero. Eutimio rápidamente se presenta ante los militares y da la ubicación del campamento.

El día 30 por la mañana, después de una noche fría, cuando empezábamos a levantarnos, escuchamos el zumbido de aviones que no se podían localizar pues estábamos en el monte. La cocina encendida estaba a unos doscientos metros más abajo en una pequeña aguada, allí donde estaba la punta de vanguardia.

De pronto se oyó la picada de un avión de combate, el tableteo de unas ametralladoras y, a poco, las bombas. Nuestra experiencia era muy escasa en aquellos momentos y oíamos tiros por todos lados. Las balas de calibre 50 estallan al dar en tierra y golpeando cerca nuestro daban la impresión de salir del mismo monte al tiempo que se oían también los disparos de las ametralladoras desde el aire, al salir las balas. El propio Eutimio los ha señalado desde una avioneta Beaveer y marcado la posición.

En medio de las bombas que azotan sobre todo el campamento original, del que casualmente se han movido en la noche anterior, el Che se queda en la retaguardia con Chao, veterano de la guerra de España, para recoger a los que se hayan perdido mientras la columna se dispersa.

A lo largo del día el grupo se une a Guillermo García y otros dos compañeros y buscan el punto de reunión que había sido marcado por Fidel en la Cueva del Humo de la que *conocíamos el nombre pero no sabíamos exactamente cuál era el lugar. Así pasamos la noche en medio de la incertidumbre, esperando ver a nuestros compañeros, pero temiendo encontrar al enemigo.* Los campesinos con los que se tropiezan están muy asustados. Al arriero Ciro Frías que había colaborado con la guerrilla se le requisó su mercancía, quemaron su tienda, mataron a su hermano y detuvieron a su esposa… *La tensión es mucha y uno de los reclutas, el campesino Sergio Acuña, dejó silenciosamente su canana y el fusil y desertó de la guardia a él encomendada. Anotamos en nuestro diario de campaña que se había llevado un sombrero guajiro, una lata de leche condensada y tres chorizos; en aquel momento lo sentimos mucho por la leche condensada y los chorizos.*

Ese primero de febrero, la incertidumbre termina cuando aparece loma arriba Crescencio Pérez con una *larga columna integrada por casi todos los nuestros y una nueva gente incorporada de Manzanillo que estaba dirigida por Roberto Pesant. Los de Manzanillo traen cosas en ese momento valiosísimas, entre otras un equipo de cirugía y ropa interior. Yo ligué un calzoncillo y camisetas con iniciales bordadas por las muchachas de Manzanillo.*

El grupo se mueve por la sierra recorriendo territorios conocidos. La supervivencia de la guerrilla hoy estriba en su movilidad. Los campesinos que los apoyan están siendo acosados. De vez en cuando aprieta el hambre. *Recuerdo todavía, como uno de los grandes banquetes de mi vida, el momento en que el guajiro Crespo se presentó con una lata conteniendo cuatro butifarras, producto de sus ahorros anteriores, diciendo que era para los amigos; el guajiro, Fidel, yo y algún otro, disfrutamos de esa magra ración como de un banquete opíparo.*

El Che está pasando un mal momento, a sus habituales ataques de asma se suman unas fiebres palúdicas *y fueron el guajiro Crespo y el inolvidable compañero Julio Zenón Acosta los que me ayudaron a recorrer una jornada angustiosa.* Para rematar es víctima de diarreas potentes y deshidratación. El Che no es el único en estar sufriendo los rigores de la sierra. Ramiro Valdés se resiente de una vieja lesión en la pierna, Ignacio Pérez también está lesionado y varios de los nuevos reclutas no resisten las presiones y son licenciados. *Después, los que quedaran y resistieran las primeras pruebas se acostumbrarían a la suciedad, a la falta de agua, de comida, de techo, de seguridad y a vivir continuamente confiando sólo en el fusil y amparados en la cohesión y resistencia del pequeño núcleo guerrillero.*

En ese ambiente, el traidor Eutimio ha retornado y en una de las muchas conversaciones ante la hoguera cuenta que ha soñado que el desertor Sergio Acuña ha sido torturado y asesinado por el famoso cabo Roselló. Días más tarde se confirma la noticia. *Esto suscitó una larga discusión filosófica de si era posible la predicción de los acontecimientos por medio de los sueños o no. Era parte de mi tarea diaria hacer explicaciones de tipo cultural o político a la tropa y explicaba claramente que eso no era posible, que podía deberse a alguna casualidad muy grande, que todos pensábamos que era posible ese desenlace para Sergio Acuña, que Roselló era el hombre que estaba asolando la zona, etc.; además, Universo Sánchez dio la clave diciendo que Eutimio era un "paquetero", que alguien se lo había dicho, pues éste había salido el día antes y había traído cincuenta latas de leche y una linterna militar.*

Eutimio había regresado argumentando que su madre ya estaba sana y llevaba el límite de su juego a terrenos sorprendentes: anunciando y prediciendo bombardeos. *Decía Eutimio con cara de quien predice el futuro: "Hoy les dije que ametrallarán la Loma del Burro". Los aviones ametrallaban la Loma del Burro y él saltaba de alegría, festejando su acierto.*

Una de las últimas noches antes de conocerse su traición, Eutimio manifestó que él no tenía manta, que si Fidel le podía prestar una. En la punta de las lomas, en aquel mes de febrero, hacía frío. Fidel le contestó que en esa forma iban a pasar frío los dos, que durmiera él tapándose con la misma manta y así los dos abrigos de Fidel servirían mejor para tapar a ambos. Fidel habría de recordarlo años más tarde aún asombrado: "Durmió al lado mío con dos granadas y una pistola". Pero no bastaban las granadas, había que tener disposición a quedarse en la aventura y

Eutimio, tras sondear a Universo Sánchez y al Che sobre la disposición de los guardias, decidió que le resultaría muy difícil escaparse tras haber matado a Fidel y renunció al asunto.

Durante los siguientes diez días la guerrilla parece atrapada en una situación en la que el ejército lleva la iniciativa. El 28 de enero el Che le escribe a Hilda en Perú pidiéndole las fotos de la pequeña Hilda Beatriz que dejó en la casa de Bauer cuando salía de México y haciéndole un resumen de los primeros enfrentamientos... Son días de relativa calma. Raúl anota en su diario el día 8 de febrero: "Hoy empecé a estudiar francés con el Che quien tiene una magnífica pronunciación y es muy inteligente", y más tarde:"Con Fidel y con el Che hicimos una chabola que llovía más adentro que afuera. A dos buenos haraganes me busqué para este trabajo". El 9 de febrero se rompe el *impasse* cuando un campesino les informa que hay una columna de 140 soldados en las cercanías, *y efectivamente, desde nuestra posición se les podía ver en un alto pelado, a lo lejos. Además, indicó que había hablado con Eutimio y que éste le había dicho que al día siguiente sería bombardeada la zona. Fidel entró en sospechas, ya la rara conducta de Eutimio había, por fin, llegado a nuestra conciencia y empezaron las especulaciones.*

Hacia la una y media de la tarde se produce un tiroteo. Una parte de la columna de Casillas, que dirigida por Eutimio había medio localizado el campamento en lo alto de la loma, topa con ellos accidentalmente. *En ese momento sonó un disparo y luego una descarga. Inmediatamente se llenó el aire de descargas y explosiones provocadas por el ataque concentrado sobre el lugar donde habíamos acampado anteriormente. El campo quedó rápidamente vacío.*

Más tarde se descubre que, además de dos soldados muertos, ha habido una baja entre los rebeldes, Julio Zenón Acosta, un campesino y combatiente muy querido por el Che, al que había estado alfabetizando. *Fue mi primer alumno en la sierra; estaba haciendo esfuerzos por alfabetizarlo y en los lugares donde nos deteníamos le iba enseñando las primeras letras; estábamos en la etapa de identificar la A y la O, la E y la I.*

El Che confiesa que en ese pequeño combate su única intervención fue salir huyendo, *no hice nada más que una "retirada estratégica" a toda velocidad en aquel encuentro,* perdiendo su mochila llena de libros, medicamentos y comida. Poco más tarde se reúne con un grupo que incluye a Camilo Cienfuegos, Almeida, Guillermo García y Universo Sánchez. *Detonaciones aisladas se escuchaban tras nuestras huellas, fáciles de seguir, pues la velocidad de la carrera impedía borrarlas. A las 5:15 p.m. en mi reloj llegamos a un lugar abrupto en que acababa el monte; tras algunas vacilaciones resolvimos que era mejor esperar la noche allí, pues si cruzábamos de día nos verían; si llegaban tras nuestras huellas había que defenderse allí pues la posición lo permitía.*

Almeida dirige al grupo más tarde hacia el Lomón, el punto de encuentro acordado con Fidel. *Había una ley no escrita en la guerrilla que aquel* que perdía sus bienes personales (...) pues debía arreglárselas. Entre las cosas que había perdido estaba algo muy preciado para un guerrillero: las dos o tres latas de conserva que cada uno tenía en ese momento. Al llegar la noche con toda naturalidad cada uno se aprestaba a comer la pequeñísima ración que tenía y Camilo, viendo que yo no tenía nada que comer, ya que la frazada no era un buen alimento, compartió conmigo la única lata de leche que tenía, y desde aquel momento yo creo que nació o se profundizó nuestra amistad.

Tomando sorbos de leche y disimuladamente cuidando cada uno que el reparto fuera parejo, íbamos hablando de toda una serie de cosas. En general versaba la conversación sobre comida, porque las conversaciones de las gentes versan sobre los problemas más importantes que les aquejan y para nosotros la comida era una obsesión en aquellos días.

La pequeña columna llegará al Lomón el 12 de febrero para reunirse con Fidel. La guerrilla, entre deserciones y desbandados, cuenta tan sólo con 18 combatientes, eso y la constancia de que Eutimio es el traidor que ha estado denunciando sus posiciones.

Cuatro días más tarde en la finca de Epifanio Díaz se producirá un encuentro clave para el futuro. Los cuadros claves urbanos del movimiento acuden a una reunión con Fidel. Frank País, Haydée Santamaría, Armando Hart, Vilma Espín, Faustino Pérez, que retorna tras su misión en las ciudades y Celia Sánchez. El Che conoce a casi todos por primera vez. Frank País le causa un gran impacto. Yo sólo podría precisar en este momento que sus ojos mostraban enseguida al hombre poseído por una causa, con fe en la misma, y además, que ese hombre era un ser superior. Nos dio una callada lección de orden y disciplina limpiando nuestros fusiles sucios, contando las balas y ordenándolas para que no se perdieran.

Haydée y Frank tenían en esos momentos la idea de que había que sacar a Fidel de la sierra para llevarlo a un país de Latinoamérica y reorganizar el movimiento. La idea no resiste ni los primeros diez segundos de la reunión. Fidel lo que pide es municiones y coordinación. Ni siquiera se atreven a plantearlo.

El Che está marginado de estas primeras reuniones de la dirección nacional del 26, él es un combatiente más, incluso un ambiguo combatiente, en su calidad de médico.

Producto de la reunión es una primera coordinación entre la sierra y las ciudades, decidiendo que debería organizarse un reclutamiento y una concentración de armas en la Sierra Maestra. Se redacta un manifiesto en que Fidel señala que su columna de "exterminados" le está dando mucha lata al ejército y llama a extender la guerra que ya se está produciendo en las ciudades, la ejecución de torturadores, la quema de caña, el sabotaje a los servicios públicos y vías de comunicación; se dan instrucciones para organizar una campaña económica y se señala la huelga general como culminación del proceso.

El Che también estará marginado del otro gran acontecimiento que se produce en esos días. El movimiento urbano ha preparado en combinación con Fidel un gran golpe periodístico, una entrevista en la sierra. Convencidos, tras entrevistarse con *Bohemia* y *Prensa Libre*, que la censura podría neutralizar a cualquier medio cubano y que el alcance del clandestino *Revolución*, con sus 20 mil ejemplares distribuidos en condiciones cada vez más difíciles, es limitado, se decidió buscar un medio de alcance internacional. Faustino Pérez se puso en contacto con la corresponsal cubana del *New York Times* en La Habana y le ofreció la exclusiva. Ruby Phillips comunicó la oferta al *New York Times*. El sí llegó rápidamente junto con la designación de Herbert Matthews, un periodista de 57 años, jefe de la página editorial, muy conocido por sus trabajos internacionales y en particular por una magnífica cobertura 20 años antes de la guerra civil española.

Una operación compleja, coordinada desde La Habana, trajo a Matthews de Nueva York hasta la sierra pasando por la capital y Santiago. Durante el encuentro Fidel intenta que la guerrilla ofrezca aspecto marcial y le pide a Fajardo que muestren cierta apariencia militar. Fajardo comentará años más tarde jocosamente: "Me miré, miré a los demás: los zapatos rotos, amarrados con alambre, llenos de churre". No es el único detalle enloquecido de la entrevista, tratando de adelantarse a la pregunta de Matthews sobre cuántos combatientes estaban en armas dijo girando la mano en torno a los reunidos: "Este es mi estado mayor", lo que no dijo es que no había ejército subordinado a él. Estos argumentos quizá no impactaron al estadunidense, que había visto otras veces en su vida a otros ejércitos revolucionarios, pero la pura existencia de Fidel vivo y combatiendo era ya una noticia mundial. Publicada en el *New York Times* del 24 al 26 de marzo, la crónica de Matthews reflejaba el clima general de resistencia y repudio a la dictadura que reinaba en las dos mayores ciudades de la isla y la fuerza de Fidel como líder. Ante las continuas noticias de que estaba muerto y su grupo disperso, fue un golpe muy fuerte para el régimen y habría de serlo más. "Fidel está vivo", podía leerse. El 26 se levantó temporalmente la censura en Cuba y se reprodujo la entrevista en varios medios de prensa y en la radio. El ministro de defensa reaccionó airadamente declarando que podía "ser considerada como el capítulo de una novela fantástica" y el jefe militar de oriente llegó al ridículo de decir que nadie podía pasar el bloqueo de sus tropas. La polémica incrementó el interés mundial y Matthews la remató publicando dos días más tarde un autógrafo de Fidel y varias fotos tomadas con una camarita de cajón en las que el periodista y Fidel estaban juntos en la sierra.

El Che, como si le molestara el protagonismo de un norteamericano, registrará: *La visita de Matthews, naturalmente, fue muy fugaz.*

Existe una foto de aquellos días en la que el Che y Universo Sánchez posan ante la cámara con sus fusiles al lado; la foto será publicada por la prensa cubana en uno de los pocos momentos de ruptura de la censura: el Che tiene bigote, la barba aún no le ha crecido. En términos de imagen es el pre-Che.

CAPÍTULO 13

Ejecución

Al terminar la reunión de la dirección y la entrevista con Matthews, la guerrilla vuelve a su necesaria movilidad. Cuando se disponen a partir, la noticia de que Eutimio Guerra se encuentra en la zona provoca una gran movilización. Capturado por Ciro Frías fue conducido al campamento y al registrarlo se le encontró la pistola, las granadas y un salvoconducto del ejército firmado por Casillas. Gritaba: "¡Péguenme un tiro, por su madre, pero no lean eso!" *Cayó de rodillas ante Fidel, y simplemente pidió que lo mataran. Dijo que sabía que merecía la muerte. En aquel momento parecía haber envejecido, en sus sienes se veía un buen número de canas, cosa que nunca había notado antes. Este momento era de una tensión extraordinaria. Fidel le increpó duramente su traición y Eutimio quería solamente que lo mataran, reconociendo su falta. Para todos los que lo vivimos es inolvidable aquel momento en que Ciro Frías, compadre suyo, empezó a hablarle; cuando le recordó todo lo que había hecho por él, pequeños favores que él y su hermano hicieron por la familia de Eutimio, y cómo éste había traicionado, primero haciendo matar al hermano de Frías denunciado por Eutimio y asesinado por los guardias unos días antes y luego tratando de exterminar a todo el grupo. Fue una larga y patética declamación que Eutimio escuchó en silencio con la cabeza gacha. Se le preguntó si quería algo, y él contestó que sí, que quería que la revolución o, mejor dicho, que nosotros nos ocupáramos de sus hijos.*

Fidel le dio la orden a Universo de fusilarlo. Éste narraría más tarde: "Yo lo hubiera matado 10 veces. El Che llega y entre los dos lo cargamos y lo sacamos de allí para no matarlo delante de la gente. Me lo llevo para allá, le doy una botella de ron, de un solo buchazo se lo tomó por el camino. Iba diciendo 'mátenme'." *En esos minutos se desató una tormenta muy fuerte y oscureció totalmente; en medio de un aguacero descomunal, cruzado el cielo por relámpagos y por el ruido de los truenos.* En la narración de Universo: "Yo traía un rifle y entonces el Che saca una pistola 22, pac, y le da un tiro p-or aquí. ¡Coño, Che, lo mataste! Se cayó boca arriba ahí, boqueando. Y los relámpagos. Aquello era del diablo, horroroso".

El Che, tan poco dado a los circunloquios y a las medias verdades, en este caso nunca confesó públicamente haber sido el ejecutor del traidor Eutimio. En una futura narración se limitaría a reseñar: *Al estallar uno de estos rayos con su trueno consiguiente en la cercanía, acabó la vida de Eutimio Guerra sin que ni los compañeros cercanos pudieran oír el ruido del disparo.*

Al día siguiente, lo enterramos allí mismo y hubo un pequeño incidente que recuerdo. Manuel Fajardo quiso ponerle una cruz y yo me negué porque era muy peligroso para los dueños de la hacienda que quedara ese testimonio del ajusticiamiento. Entonces grabó sobre uno de los ár-boles cercanos una pequeña cruz.

Las delaciones de Eutimio continuaron golpeando fuertemente a las comunidades campesinas de la sierra aún después de muerto. El 25 de abril el ejército tiroteó la casa de Dariel Alarcón y asesinó a su esposa. Como consecuencia Dariel se alza en armas.

La guerrilla se pone nuevamente en movimiento. *En aquellos momentos caminábamos sin rumbo fijo y a marcha lenta, escondidos en pequeños cayos de monte.*

El 22 de febrero el Che es víctima de un nuevo ataque de asma. Como si su organismo le cobrara la ejecución de Eutimio, se encuentra sin medicinas. El ataque es tan fuerte que en sus memorias hablará *de la etapa más penosa de la guerra.* Durante una semana se arrastrará difícilmente por las lomas hasta que el 28 de febrero el ejército avanza hacia la casa campesina donde está reposando; *una numerosa tropa de soldados que venían caminando precisamente para ocupar el firme. Había que correr rápidamente para llegar al borde de la loma y cruzar al otro lado antes de que las tropas nos cortaran el paso; no era una tarea difícil, dado que los habíamos visto con tiempo.* La guerrilla ha sido detectada, porque el ejército comienza a disparar con morteros y ametralladoras hacia el bohío. *Todos pudieron fácilmente llegar a la cumbre y sobrepasarla, pero para mí fue una tarea tremenda. Pude llegar, pero con un ataque tal de asma que, prácticamente, dar un paso para mí era difícil. En aquellos momentos, recuerdo los trabajos que pasaba para ayudarme a caminar el guajiro Crespo; cuando yo no podía más y pedía que me dejaran, el guajiro, con el léxico especial de nuestras tropas, me decía: "Argentino de mierda... Vas a caminar o te llevo a culatazos".* Fajardo diría años más tarde con admiración: "¡Y se lo echó al hombro con la mochila y todo!", pero la versión de Efigenio Ameijeiras es menos complaciente: "Cuando sonaron los primeros morterazos y ráfagas de ametralladora fue como un bálsamo vitalizador para el maltrecho Che y se puede decir que todos los que allí corrimos. El Che no tenía nada que envidiarle a su compatriota Fangio. Luego él nos confesaba que el mejor antídoto para la enfermedad era la presencia de los soldados enemigos".

En fuga, la guerrilla arriba a un bohío situado en un punto llamado Purgatorio y Fidel decide dejar atrás al Che acompañado de un recluta dudoso, Luis Barrera, conocido como el Maestro. Efigenio Ameijeiras cuenta: "Ya de madrugada tuvimos que dejarlo a su suerte en espera de medicinas en una zona infestada de guardias (...), unos con un abrazo y otros con un apretón de manos nos despedimos del compañero que quedaba a merced de la traición". *Fidel, en un gesto de desprendimiento, me dio un fusil Johnson de repetición, una de las joyas de nuestra guerrilla, para defendernos.*

Tras encargarle a un campesino simpatizante del movimiento que consiga adrenalina, la guerrilla toma su paso y el Che junto con el Maestro se cobija en el monte cercano. *El campesino cumplió el encargo y me prove-*

yó de adrenalina suficiente. *De ahí en adelante pasaron diez de los días más amargos de la lucha en la sierra. Caminando apoyándome de árbol en árbol y en la culata de fusil, acompañado de un soldado amedrentado que temblaba cada vez que se iniciaba un tiroteo y sufría un ataque de nervios cada vez que mi asma me obligaba a toser en algún punto peligroso; fuimos haciendo lo que constituía poco más de una jornada de camino para llegar en diez largos días a casa de Epifanio nuevamente.*

El Che arriba al punto de cita el 11 de marzo en una zona en la que abundan las patrullas del ejército. Fidel y el resto de la guerrilla no han llegado, en cambio un par de días más tarde se tienen noticias del arribo de un importante refuerzo de las ciudades y junto a eso malas noticias: Frank País en Santiago y Armando Hart en La Habana han sido detenidos.

El día 13 de marzo, mientras esperábamos a la nueva tropa revolucionaria, se dio la noticia por la radio de que se había intentado asesinar a Batista y se daban los nombres de algunos de los muertos. En primer lugar, José Antonio Echeverría, líder de los estudiantes, y después otros, como el de Menelao Mora. Había sido un ataque fracasado al Palacio nacional y una estación de radio organizados por el Directorio, que iniciaba así su estrategia de guerrilla urbana. Este primer encuentro deja con bajas muy importantes a la organización de origen estudiantil, pero no le impide seguir combatiendo a la dictadura.

Mientras tanto el Che, en el primer encuentro con los refuerzos, choca con el capitán que los dirige:

—*¿Vos cómo te llamás?* —pregunta el Che.

—Jorge Sotús. ¿Por qué?

—*Tengo órdenes de Fidel de hacerme cargo de ustedes tan pronto llegaran y conducirlos a su encuentro.*

—De ninguna manera. No confío en nadie. Aquí el jefe de esta tropa soy yo.

—*¿Qué decís?*

—Tengo órdenes de la dirección del Llano de llevar este refuerzo hasta donde está Fidel.

—*Mañana será otro día* —dirá el Che tragándose el orgullo.

En la noche los estudiantes de Santiago cantan alrededor de la hoguera. *Unos cincuenta hombres era el refuerzo, de los cuales solamente una treintena estaba armada; venían dos fusiles ametralladoras, un Madzen y un Johnson. En los pocos meses vividos en la sierra, nos habíamos convertido en veteranos y veíamos en la nueva tropa todos los defectos que tenía la original del Granma (...) Se notaba la diferencia enorme entre los dos grupos: el nuestro, disciplinado, compacto, aguerrido; el de los bisoños, padeciendo todavía las enfermedades de los primeros tiempos; no estaban acostumbrados a hacer una sola comida al día y si no sabía bien la ración no la comían. Traían los bisoños sus mochilas cargadas de cosas inútiles y al pesarles demasiado en las espaldas preferían, por ejemplo, entregar una lata de leche condensada a deshacerse de una toalla (crimen de lesa guerrilla), y allí aprovechábamos para cargar las latas y todos los alimentos que quedaran en el camino.*

La tropa se pone en marcha ascendiendo la sierra, pero mal entrenada avanza muy lentamente y Sotús es uno de los peores, pero el Che no se atreve a enfrentarlo a pesar de que tiene órdenes de Fidel de tomar el mando. *En aquella época todavía yo sentía mi complejo de extranjero, y no quise extremar las medidas, aunque se veía un malestar muy grande en la tropa. Después de caminatas muy cortas, pero que se hacían larguísimas por el estado deficiente de preparación, llegamos a un lugar en La Derecha donde debíamos esperar a Fidel Castro.*

El 24 de marzo el arribo de Fidel reúne al conjunto de las fuerzas guerrilleras. *Allí se criticó por parte de Fidel, mi actitud al no imponer la autoridad que me había sido conferida y dejarla en manos del recién llegado Sotús (...) Se formaron también los nuevos pelotones, integrándose toda la tropa para formar tres grupos a cargo de los capitanes Raúl Castro, Juan Almeida y Jorge Sotús; Camilo Cienfuegos mandaría la vanguardia y Efigenio Ameijeiras, la retaguardia; mi cargo era de médico en el estado mayor, donde Universo Sánchez trabajaba como jefe de la escuadra (...) Se discutió qué podíamos hacer inmediatamente; mi opinión fue atacar el primer puesto para templar en la lucha a los compañeros nuevos. Pero Fidel y todos los demás miembros del consejo estimaron mejor hacerlos marchar durante un tiempo para que se habituaran a los rigores de la vida en la selva y las montañas y a las caminatas entre cerros abruptos. Fue así como se decidió salir en dirección este y caminar lo más posible buscando la oportunidad de sorprender algún grupo de guardias, después de tener una elemental escuela práctica de guerrilla.*

El fin de marzo y todo abril fueron días de marchas y entrenamiento para la columna de 80 hombres. El Che hacía grupo con Crespo y Fajardo, con los que tenía una comuna alimenticia, aunque protestaba porque ambos eran partidarios de llevar reservas en las mochilas y él prefería devorar ahora y pasar hambre después y no cargar nada. *A mí no me conviene la sociedad con ustedes, porque yo aunque no como todos los días, como mucho*; luego se sometía, siempre argumentando: *Es mejor morir con la barriga llena que con la barriga vacía.* Lo tragón, en el recuerdo de sus compañeros, no lo hacía menos igualitario. Crespo habría de recordar que todo lo repartía, si tenía "un caramelo, lo partía con una piedra en tres".

En la marcha se va trasmitiendo la experiencia: *había veteranos que enseñaban a los nuevos el arte de cocinar, de sacarle el máximo provecho a los alimentos; el arte de acondicionar mochilas y la forma de caminar en la sierra.*

De aquella época data la costumbre de los rebeldes de dejarse crecer la barba o la melena, quizá como una forma de separar al veterano del novato. El primero en dejar de cortarse el pelo fue el guajiro Crespo, Fidel se cortaba el pelo pero se dejaba la barba, el Che se cortaba el pelo y la barba no acababa de salirle. Y con barbas incipientes, los rebeldes comenzaban a ser un mito en la sierra mientras estrechaban las relaciones con los campesinos y el gobierno del general Batista negaba su existencia. *En aquellos mismos días el gobierno paseó, en un avión del ejército, a varios miles de metros de altura, a los periodistas, demostrándoles que no había nadie en la Sierra Maestra. Fue una curiosa operación que no convenció a nadie.* Como parte de las medidas para romper la desinformación el movimiento organiza una nueva entrevista con un periodista norteamericano y Haydée Santamaría y Celia Sánchez suben el 23 de abril con Robert Taber y un camarógrafo. La entrevista culminará en lo alto del Pico Turquino (cuya subida fue *una operación casi mística*), el punto más alto e inaccesible de la Sierra Maestra. La foto de los guerrilleros gritando vivas a Cuba y con los fusiles en alto, que serviría durante años como ilustración de la revolución cubana, fue tomada en ese momento.

El Che estará de buen humor en esos días porque había conseguido finalmente una hamaca de lona. *La hamaca es un bien preciado que no había conseguido antes por la rigurosa ley de la guerrilla que establecía dar las de lona a los que ya se habían hecho su hamaca de saco, para combatir la haraganería. Todo el mundo podía hacerse una hamaca de saco y, el tenerla, le daba derecho a adquirir la próxima de lona que viniera. Sin embargo, no podía yo usar la hamaca de saco debido a mi afección alérgica; la pelusa me afectaba mucho y me veía obligado a dormir en el suelo. Al no tener la de saco, no me correspondía la de lona. Estos pequeños actos cotidianos son la parte de la tragedia individual de cada guerrilla y de su uso exclusivo; pero Fidel se dio cuenta y rompió el orden para adjudicarme una hamaca.*

A cambio, cuando descienden el Turquino evadiendo a una columna de soldados, los ataques de asma del Che se multiplican y dada su lamentable condición física que lo hace caminar a la cola de la columna, le quitan la subametralladora Thompson. *Como tres días tardaron en devolvérmela y fueron de los más amargos que pasé en la sierra, encontrándome desarmado cuando todos los días podíamos tener encuentros con los guardias.*

Marchas y contramarchas rumbo al este de la Sierra Maestra, ya iniciado el mes de mayo, a recuperar un cargamento de armas que iba a llegar de Santiago. Y proseguía la relación con los campesinos. *En aquella época tenía que cumplir mis deberes de médico y en cada pequeño poblado o lugar donde llegábamos realizaba mi consulta. Era monótona pues no tenía muchos medicamentos que ofrecer y no presentaban una gran diferencia los casos clínicos de la sierra: mujeres prematuramente avejentadas, sin dientes, niños de vientres enormes, parasitismo, raquitismo, avitaminosis en general, eran los signos de la Sierra Maestra. Recuerdo que una niña estaba presenciando las consultas que daba a las mujeres de la zona, las que iban con mentalidad casi religiosa a conocer el motivo de sus padecimientos; la niñita, cuando llegó su mamá, después de varios turnos anteriores a los que había asistido con toda atención en la* única pieza del bohío que me servía de consultorio, le chismoseó: "Mamá, este doctor a todas les dice lo mismo".

La guerrilla y el campesinado se iban fundiendo en una sola masa, sin que nadie pueda decir en qué momento del largo camino se produjo, en qué momento se hizo íntimamente verídico lo proclamado y fuimos parte del campesinado. Sólo sé, en lo que a mí respecta, que aquellas consultas a los guajiros de la sierra convirtieron la decisión espontánea y algo lírica en una fuerza de distinto valor y más serena. Nunca habían sospechado aquellos sufridos y leales pobladores de la Sierra Maestra el papel que desempeñaron como forjadores de nuestra ideología revolucionaria.

Será en ese ir y venir por las sendas y trillos de la Maestra que el doctor Che se pierda. Durante tres días permanece vagando por el monte hasta que un campesino lo dirige hacia el campamento. Fue muy emocionante el reencuentro con la columna en aquella zona por el caluroso recibimiento que se me hizo.

Los informes sobre el armamento esperado, y muy importante en estos momentos, porque la columna ha aumentado enormemente por la suma de jóvenes campesinos, son contradictorios. A la búsqueda del contacto, en una de las expediciones, un rebelde que va en la vanguardia es capturado por soldados de la guarnición de Pino del Agua y es asesinado.

Las armas existen pero los enlaces fallan, y los rumores substituyen a las noticias. ¿Habrán caído en manos del ejército? En la espera, un nuevo periodista norteamericano hace su aparición, Andrew Saint George, de origen húngaro, al que el Che atenderá porque nadie habla inglés en el grupo y al menos ellos pueden entenderse en francés. Durante su estancia se hace pública la entrevista de Taber en la televisión norteamericana y la noticia alegró a todo el mundo menos a Andrew Saint George que tenía su corazoncito periodístico defraudado. Al día siguiente de oír la noticia salió en un yate de la zona de los Babún para Santiago de Cuba.

No es la única noticia importante que llega hasta los rebeldes. Al culminar el juicio contra los capturados por el desembarco del Granma, un magistrado expresa su disidencia con el gobierno con un voto particular en contra de las sanciones; este hombre, Urrutia, se está jugando la vida con tal acción.

A la espera de noticias sobre las armas, los rebeldes viven peleando contra los mosquitos, aprendiendo a sobrevivir en la sierra en condiciones de higiene deplorables y extendiendo lentamente su influencia y su red de colaboradores. Son tiempos en los que nuestro olfato estaba completamente sincronizado con ese tipo de vida; las hamacas de los guerrilleros se conocían por su característico olor individual y nuestro enemigo más malo era la "macaguera", una especie de tábano que (...) daba unas picadas en lugares no defendidos que, al rascarnos, con toda la suciedad que teníamos encima, se infectaban fácilmente ocasionando abscesos de más o menos consideración.

El 18 de mayo se confirma la existencia de las armas y pronto son recuperadas. *Para nosotros aquello era el espectáculo más maravilloso del mundo; estaban como en exposición ante los ojos codiciosos de todos los combatientes los instrumentos de muerte. Tres ametralladoras de trípode, tres fusiles ametralladoras Madzen, nueve carabinas M-1, diez fusiles automáticos Johnson y, en total, seis mil tiros. Aunque las carabinas M-1 sólo tenían cuarenta y cinco balas por unidad se hizo la distribución atendiendo a los méritos ya adquiridos de los combatientes y a su tiempo en la sierra.* El Che recibe uno de los Mazden. *Siempre recuerdo el momento en que me fue entregado este fusil ametralladora, de muy mala calidad y viejo.*

La guerrilla ha crecido superando el centenar y medio de hombres, entre ellos algunos personajes singulares, un joven campesino extraordinariamente simpático y mitómano, que fue apodado el Vaquerito, que cruzaría su vida con la del Che y un guajiro de quince años llamado Joel Iglesias. La primera impresión de Joel al topar con la columna es desalentadora: "Vimos un grupo de gentes flacas, pálidas, barbudas, en muy mal estado físico que tenían una peste insoportable", y su inmediato desaliento mayor, puesto que Fidel lo rechaza con el argumento de que es un niño. Pero Joel, al igual que tantos otros jóvenes campesinos, ha venido para quedarse y mientras otros desalentados se van, él permanece rondando hasta que el Che intercede por él haciéndole una pregunta:

—*¿Te atreves a cargar ese saco?*

El saco famoso es el de las balas de la ametralladora y Joel lo levanta y asume su papel de ayudante.

El 23 de mayo Fidel licencia a los hombres que resultan menos confiables y la guerrilla queda *reducida a ciento veintisiete hombres, la mayoría armados y unos ochenta de éstos con buenas armas.*

El 25 de mayo el grupo recibe la información de que ha desembarcado del yate Corinthia, en la zona de Mayarí, un grupo de revolucionarios al mando de Calixto Sánchez. Será a partir de estas noticias vagas y desconociendo que el grupo que desembarcó ha sido capturado casi en su totalidad, que Fidel toma la decisión de pasar a la acción pospuesta durante dos meses. Los ex del *Granma* son sensibles a la idea de que existe un grupo de recién desembarcados tratando de salvar la vida bajo persecución del ejército y piensan que una acción suya *puede distraer fuerzas del enemigo para tratar de que aquella gente llegara a algún lugar donde pudiera reorganizarse y empezar sus acciones.* La decisión produce una discusión entre el Che que propone que de inmediato se monte una emboscada contra uno de los camiones del ejército que entran a la sierra y Fidel que piensa que hay que lanzar un ataque en serio contra un cuartel, que sea al mismo tiempo una muestra indiscutible de la presencia de la guerrilla, *pues sería un impacto sicológico grande y se conocería en todo el país, cosa que no sucedería con el ataque a un camión, caso en que podían dar las noticias de unos muertos o heridos en un accidente en el camino y, aunque la gen-*

te sospechara la verdad, nunca se sabría de nuestra efectiva presencia combatiente en la sierra. Fidel toma la decisión, *pero no me convenció.* Años más tarde el Che reconocería que Fidel tenía razón y diría en su descargo que, *en aquel momento, las ansias de combatir de todos nosotros nos llevaban siempre a adoptar las actitudes más drásticas sin tener paciencia y, quizá, sin tener visión para ver objetivos más lejanos.*

CAPÍTULO 14

Arañando la tierra

Haciendo dibujitos en el suelo, Fidel prepara el ataque a uno de los cuarteles de la dictadura. A la izquierda, el Che de rodillas.

Una campesina, rebautizada por el Che como la vieja Chana, lo cuenta mejor de lo que pudiéramos contarlo: "Fidel y el Che se ponían a hacer planos arañando la tierra con un palo. Parece que pensaban en hacer hospitales, en hacer escuelas, en hacer carreteras, porque dejaban cantidad de rayas en el fango". La versión posrevolucionaria es bella, pero quizá poco ajustada a la realidad. Las rayitas en la tierra que Fidel y el Che estaban dibujando mostraban esquemáticamente la disposición de un cuartel del ejército batistiano, el cuartel del Uvero.

Un 27 de mayo Fidel ordenó la salida de la columna, de unos 80 hombres, a la que le tomó 8 horas de marcha nocturna recorrer los 16 kilómetros, desde el campamento temporal en que se encontraban hasta las inmediaciones del cuartel, víctimas de un exceso de precauciones.

El Uvero es, en palabras de Crescencio Pérez, "una planicie, un llano muy reducido a la costa del mar, hay un puentecito, un muellecito de cargar madera y una playa de cantos rodados".

Los trazos de los palitos en la tierra advierten del lugar donde están los centinelas, de la situación del batey del aserradero sobre el que no hay que tirar, *pues había mujeres y niños, incluso la mujer del administrador que conocía del ataque pero no quiso salir de allí para evitar después cualquier suspicacia. La población civil era nuestra preocupación mayor mientras partíamos a ocupar los puestos de ataque.*

Fidel se sitúa en una loma que domina el cuartel, y frente a él, el pelotón de Raúl; al Che se le ha encargado con su ametralladora que cubra un hueco al lado del pelotón de Camilo. Lo acompañan dos novatos que ha reclutado como ayudantes, uno de ellos, Joel Iglesias, casi un niño (14 años), al que había puesto a prueba haciéndole cargar un saco de peines de ametralladora; el otro, Oñate, lleva el querido apodo de Cantinflas. Joel recordará más tarde: "Ni Cantinflas ni yo teníamos la menor idea de lo que era un combate, incluso ni una película de guerra habíamos visto ninguno de los dos". Los diversos pelotones tienen dificultades para ocupar sus lugares, y dada la peculiar disposición del cuartel rodeado de pequeños retenes, esto resulta esencial, pero la luz avanza y a las cinco y cuarto Fidel dispara el primer tiro.

Cuando Fidel abrió fuego con su mirilla telescópica, reconocimos el cuartel por el fuego de los disparos con que contestaron a los pocos segundos. Las escuadras comienzan a avanzar. *Almeida lo hacía hacia la posta que defendía la entrada del cuartelito por su sector, y a mi izquierda se veía la gorra de Camilo con un paño en la nuca, como casquete de la Legión extranjera, pero con las insignias del Movimiento. Fuimos avanzando en medio del tiroteo generalizado.* Hasta Celia Sánchez participaba con un M1. A la escuadra del Che se suman Manuel Acuña y Mario Leal. *La resistencia se había hecho dura y habíamos llegado a la parte llana y despejada donde había que avanzar con infinitas precauciones, pues los disparos del enemigo eran continuos y precisos.*

Pero el Che no frena. Acuña cuenta: "Seguimos avanzando sobre el cuartel, disparando constantemente… pero también ellos lo hacían. Sentías las balas fuii, fuii, fuii, fuii, silbando alrededor de tu cabeza y cuando golpeaban algo, una piedra, un palo, sonaban tac, tac… y nosotros avanzando con el Che".

Almeida verá pasar al Che disparando: "Desafiando la balacera, en un arrojo de valentía (…) atrás van los amunicionadores Joel, Oñate y Manuel Acuña, que parece viene apoyándolo con su fusil.

—¡Arriba, Che, que tú eres de los buenos!"

Desde mi posición, apenas a unos 50 ó 60 metros de la avanzada enemiga, vi cómo de la trinchera que estaba delante salían dos soldados a toda carrera y a ambos les tiré, pero se refugiaron en las casas del batey que eran sagradas para nosotros. Seguimos avanzando aunque ya no quedaba nada más que un pequeño terreno, sin la más mínima yerba para ocultarse y las balas silbaban peligrosamente cerca de nosotros. En ese momento escuché cerca de mí un gemido y unos gritos en medio del combate, pensé que sería algún soldado enemigo herido y avancé arrastrándome, mientras le intimaba rendición, en realidad, era el compañero Leal, herido en la cabeza. Hice una corta inspección de la herida, con entrada y salida en la región parietal; Leal estaba desmayándose, mientras empezaba la parálisis de los miembros de un costado del cuerpo, no recuerdo exactamente cuál. El único vendaje que tenía a mano era un pedazo de papel que coloqué sobre las heridas.

Los compañeros contaron después cómo Eligio Mendoza, el práctico, tomó su fusil y se lanzó al combate; hombre supersticioso, tenía un "santo" que lo protegía, y cuando le dijeron que se cuidara, él contestó despectivo que su santo lo defendía de todo; pocos minutos después caía atravesado por un balazo que literalmente le destrozó el tronco. Las tropas enemigas, bien atrincheradas, nos rechazaban con varias bajas y era muy difícil avanzar por la zona central; por el sector del camino de Peladero, Jorge Sotús trató de flanquear la posición con un ayudante llamado el Policía, pero este último fue muerto inmediatamente por el enemigo y Sotús debió tirarse al mar para evitar una muerte segura, quedando desde ese momento prácticamente anulada su participación en el combate. Otros miembros de su pelotón trataron de avanzar, pero igualmente fueron rechazados; un compañero campesino, de apellido Vega, me parece, fue muerto; Manals, herido en un pulmón; Quike Escalona resultó con tres heridas en un brazo, la nalga y la mano al tratar de avanzar. La posta, atrincherada tras una fuerte protección de bolos de madera, hacía fuego de fusil ametralladora y fusiles semiautomáticos, devastando nuestra pequeña tropa.

Fidel le ordenó entonces a Almeida que con su escuadra fuera por todo, pues sabía que, como dice Sergio Pérez, "de no tomar el cuartel, aparte del golpe moral que significaba aquello, nos quedábamos sin parque para los fusiles". Y gritando se alza y avanza hacia el enemigo, poco después su pelotón tiene cuatro heridos y el propio Almeida ha recibido dos disparos en el cuerpo. Tantas veces en los últimos días le han dicho que si sigue combatiendo así lo van a matar que se dio por muerto. Luego reaccionó. Una de las balas ha rebotado en el bolsillo en el que traía una cuchara y una lata de leche, antes de entrar en el hombro. Guillermo García cuenta: "Almeida sacó la lata y empezó a tomar leche manchada de sangre".

Al oír gritos de que Almeida está herido el Che se pone en pie y avanza tirando. Grita varias veces: *¡Tenemos que ganar!* El pequeño Joel lo sigue con las balas. Acuña cae herido.

Este empujón dominó la posta y se abrió el camino del cuartel. Por el otro lado, el certero tiro de ametralladora de Guillermo García había liquidado a tres de los defensores, el cuarto salió corriendo, siendo muerto al huir. Raúl, con su pelotón dividido en dos partes, fue avanzando rápidamente sobre el cuartel. Fue la acción de los dos capitanes, Guillermo García y Almeida, la que decidió el combate; cada uno liquidó a la posta asignada y permitió el asalto final (como siempre el Che minimizará su intervención en el enfrentamiento).

En la comandancia reciben la noticia de que el Che está herido. Acuña, el viejo, dice que aunque trae dos balas encima va por él. La noticia se desmiente.

A mi izquierda, algunos compañeros de la vanguardia (...) tomaban prisioneros a varios soldados que hacían la última resistencia y, de la trinchera de palos, enfrente nuestro, emergió un soldado haciendo ademán de entregar su arma; por todos lados empezaron a surgir gritos de rendición; avanzamos rápidamente sobre el cuartel y se escuchó una última ráfaga de ametralladora que, después, supe había segado la vida del teniente Nano Díaz.

En el cuartel había 14 soldados muertos y además 3 de 5 pericos que tenían los guardias en el cuartel, fueron muertos. Hay que pensar en el tamaño diminuto de este animalito para hacerse una idea de lo que le cayó al edificio de tablas.

Todo esto se ha contado en pocos minutos, pero duró aproximadamente dos horas y 45 minutos desde el primer disparo hasta que logramos tomar el cuartel.

Al entrar los rebeldes comienzan a hacerse cargo de los heridos. El médico del ejército de Batista, *un hombre canoso y reposado, está tan nervioso que no sabe qué hacer. Mis conocimientos de medicina nunca fueron demasiado grandes, la cantidad de heridos que estaban llegando era enorme y mi vocación en ese momento no era la de dedicarme a la sanidad; sin embargo, cuando fui a entregarle los heridos al médico militar, me preguntó cuántos años tenía y, acto seguido, cuándo me había recibido.*

Le expliqué que hacía algunos años y entonces me dijo francamente: "Mira, chico, hazte cargo de todo esto, porque yo me acabo de recibir y tengo muy poca experiencia". El hombre, entre su inexperiencia y el temor lógico de la situación, al verse prisionero se había olvidado hasta de la última palabra de medicina. Desde aquel momento tuve que cambiar una vez más el fusil por mi uniforme de médico que, en realidad, era un lavado de manos. El Che empezó por orden de gravedad, sin importarle si el que curaba era amigo o enemigo.

Fidel recordará años más tarde que "mientras nosotros estamos atendiendo a sus heridos y soltábamos 16 prisioneros, ellos asesinaban a sangre fría a los expedicionarios del Corinthia".

Los rebeldes habían tenido 15 heridos, las fuerzas batistianas 19 heridos, 14 muertos, otros 14 prisioneros y habían escapado 6. Si se considera que nuestros combatientes eran unos 80 hombres y los de ellos 53, se tiene un total de 133 hombres aproximadamente, de los cuales 38, es decir, más de la cuarta parte, quedaron fuera de combate en poco más de dos horas y media de combate. Fue un ataque por asalto de hombres que avanzaban a pecho descubierto contra otros que se defendían con pocas posibilidades de protección. Debe reconocerse que por ambos lados se hizo derroche de coraje.

El Che tendrá un segundo para felicitar a su joven ayudante: Te has portado muy bien, te has ganado el uniforme verde olivo. Joel Iglesias está a punto de abandonarlo, le van a dar sólo un uniforme y él lo que quiere es un arma. Y desde luego para despedirse de Cilleros al que tiene que dejar atrás a causa de su gravedad, apenas si me fue posible darle algún calmante y ceñirle apretadamente el tórax para que respirara mejor. Tratamos de salvarlo en la única forma posible en esos momentos; llevándonos los catorce soldados prisioneros con nosotros y dejando a dos heridos: Leal y Cilleros, en poder del enemigo y con la garantía del honor del médico del puesto. Cuando se lo comuniqué a Cilleros, diciéndole las palabras reconfortantes de rigor, me saludó con una sonrisa triste que podía decir más que todas las palabras en ese momento y que expresaba su convicción de que todo había acabado. Lo sabíamos también y estuve tentado en aquel momento de depositar en su frente un beso de despedida pero, en mí más que en nadie, significaba la sentencia de muerte para el compañero y el deber me indicaba que no debía amargar más sus últimos momentos con la confirmación de algo de lo que él ya tenía casi absoluta certeza.

A lo largo del día la columna comenzará a ascender de nuevo la sierra y enterrará a sus muertos. En la brevísima ceremonia Fidel señalará que se avecinan días difíciles porque el ejército lanzará sus fuerzas en persecución de la guerrilla. Mientras el cuerpo principal a cargo de Fidel tratará de alejarse lo más rápidamente de la zona, el Che se quedará a cargo de una pequeña fuerza con los heridos. En la mañana vimos partir la tropa vencedora que nos despedía con tristeza. Conmigo quedaron mis ayudantes Joel Iglesias y Oñate, un práctico llamado Sinecio Torres y Vilo Acuña, que se que-dó para acompañar a su tío herido, Manuel, y siete heridos, de ellos cuatro graves que no podían caminar. Curiosamente, el mismo día del combate las redes urbanas del movimiento tenían armado un intento insurreccional en Camagüey para atacar la base naval y luego con las armas replegarse hacia el macizo del Escambray, en el centro de la isla, y un sabotaje en La Habana. El primero fracasa por una delación y 35 hombres son detenidos y torturados; el segundo es un éxito al explotar en la capital una gran bomba a las dos de la madrugada, que produce un apagón general que afecta buena parte de la ciudad.

Los aviones sobrevuelan la zona mientras las dos columnas se separan. Con la ayuda de dos obreros del aserradero, el Che y su grupo logran trasladarse a un bohío abandonado distante unos cuatro kilómetros, donde tras un día de descanso, después de comer abundantemente y liquidar una buena ración de pollos, se ven obligados a salir en estampida. Almeida, con dos heridas graves en el cuerpo, se quejará amargamente de que la sopa preparada por el Che debía estar buenísima, pero que por las prisas nunca pudo comprobarlo. *Con nuestra poca gente disponible iniciamos una jornada corta, pero muy difícil; consistía en bajar hasta el fondo del arroyo llamado Del Indio y subir por un estrecho sendero hasta una vara en tierra donde vivía un campesino llamado Israel con su señora y un cuñado. Fue realmente penoso el trasladar a los compañeros por zonas tan abruptas, en hamacas tres de ellos, pero lo hicimos.*

Al tener que transportar a los heridos se han visto obligados a ir abandonando tras de sí armas defectuosas y bagaje. El Che ha aprendido de su experiencia y recorre el camino a la inversa aprovechando para borrar huellas y con la idea de recuperar las armas, aunque no sean operativas. No está dispuesto a que Fidel lo crucifique por segunda vez.

Durante estos movimientos descubre que alguien se encuentra cerca, afortunadamente se trata de los soldados capturados en el Uvero, que liberados por Fidel retornan al mar. *Pese a todo, lo prudente era movilizarse lo antes posible.* El pequeño grupo abandona el refugio del bohío y se interna en el monte; justo en tiempo porque el ejército capturará a la familia que los ha estado hospedando y peinará la zona. La llegada de tres voluntarios hará más fácil futuros traslados. En un ambiente de tensión el errante grupo percibe los síntomas de una importante movilización militar: vuelos frecuentes, noticias de desembarcos de tropas, rumores de columnas militares que se internan en la sierra.

Las marchas eran fatigosas e increíblemente cortas; los heridos tienen que ser transportados uno a uno, porque había que llevarlos en hamacas colgadas de un tronco fuerte que literalmente destroza los hombros de los porteadores, que tienen que turnarse cada 10 o 15 minutos, de tal manera que se necesitan de 6 a 8 hombres para llevar un herido en estas condiciones.

Una mañana muy lluviosa el joven Guile Pardo ve aparecer un grupo de hombres agotados. Su casa será el refugio esperado por el Che, y de ella saldrán varios guerrilleros en el paso de los meses. Cuenta: "Llovía mucho. Estábamos subiendo la Campana, loma muy resbaladiza y el Che se daba unas caídas tremendas. Me daba por reírme. Él me miraba, pero no me decía nada".

En esa zona el Che hará un contacto muy valioso el 3 de junio con David, el capataz de un latifundio cercano. Como siempre el encuentro será simbólico: el Che estará comiendo un limón, incluida la cáscara, y David le ofrecerá comida, queso, mantequilla, galletas, a lo que Che responderá que se la lleva para compartir con los heridos que tiene por allá arriba. La relación irá creciendo y David pasará de aprovisionador de comida para el núcleo guerrillero a enlace con Santiago, donde será detenido y torturado *bárbaramente. Su primera preocupación después de aparecer, pues nosotros lo creíamos muerto, fue el explicar que no había hablado.*

Durante casi un mes, en la casa de los Pardo, el grupo mantiene una celosa vigilancia mientras los heridos reponen fuerzas apenas sin contacto con el exterior. A veces hasta ellos se cuelan rumores, como el de que Celia Sánchez había sido detenida o muerta, lo que hubiera sido una tragedia para la guerrilla porque se hubiera aumentado el aislamiento. Mientras el ejército, a través de desalojos y bombardeos trata de crearles un vacío, en esa zona aislada el Che va creando una red campesina de enlaces y simpatías.

En aquellos días, contra sus habituales costumbres higiénicas, bajaba a las orillas del Peladero y se bañaba en una poza de agua clara próxima a la casa. Su asma ha retornado y se recrudece por la falta de medicinas obligándolo *a una inmovilidad similar a la de los heridos; pude mitigar la enfermedad fumando la hoja seca, de clarín, que es el remedio de la sierra.*

La vieja Chana recordaría años más tarde: "Para el asma él se quedaba tranquilito, respirando bajito, sin cuquearla. Hay personas que con el ataque se ponen histéricas, tosen y abren los ojos y abren la boca. Pero el Che trataba de contenerla, de amansarla. Él se tiraba en un rincón, se sentaba en un taburete, en una piedra y la dejaba descansar (...) Ay Virgen, daba pena ver a ese hombre tan fuerte y tan mozo así (...) pero a él no le gustaba la lástima. Si uno le decía pobrecito, él le echaba a uno una miradita rápida que no quería decir nada y quería decir mucho".

El grupo, a pesar de las intenciones del Che de mantenerlo al mínimo mientras no tengan más armas, va creciendo con la incorporación de jóvenes campesinos. *Por la pequeña columna formada pasaron no menos de cuarenta personas, pero también las deserciones eran continuas, a veces con nuestra anuencia, otras contra nuestra voluntad, y nunca pasó la tropilla de veinticinco a treinta hombres efectivos.* Serán 26 cuando se decide la salida, con los heridos repuestos, las viejas armas parcialmente inservibles recuperadas y medicamentos para el asma conseguidos a través de la red.

Ya en marcha el *26 de junio debuté como odontólogo, aunque en la sierra me daban el más modesto título de "sacamuelas"; mi primera víctima fue Israel Pardo, que salió bastante bien parado. La segunda, Joel Iglesias, a quien faltó solamente ponerle un cartucho de dinamita en el colmillo para sacárselo, pero que llegó al final de la guerra con él puesto, pues mis esfuerzos fueron infructuosos. Se sumaba a mi poca pericia la falta de "carpules", de tal manera que había que ahorrar mucho la anestesia y usaba bastante la "anestesia sicológica".* Joel recuerda: "Me daba terapia a gritos con malas palabras. Yo sabía que era la primera vez que sacaba muelas. Desde ese día le cogí terror a los dentistas".

Si sus pacientes no lo aprecian, incluido un campesino haitiano que fue su víctima en esta primera tanda, el Che le cogerá gusto al asunto de la sacada de muelas y durante años, a pesar de que frecuentemente rehuirá los compromisos con la medicina, le entrará con placer a la odontología, al grado que una leyenda circulará en su entorno respecto a la alegría que le producía que alguien se quejara al lado suyo de dolor de muelas.

En la marcha se producen nuevas incorporaciones y nuevas deserciones. *La radio nos informaba de un panorama de violencia en toda la isla. El primero de julio escuchábamos la noticia de la muerte de Josué País, hermano de Frank, con otros compañeros más en medio de la batalla continua que se librara en Santiago. A pesar de las cortas jornadas nuestras tropas se sentían abatidas y algunos de los nuevos incorporados pedían retirarse para "cumplir misiones más útiles en la ciudad".* Es en este movimiento buscando a la columna madre, cuando el Che hace contacto en la zona de La Mesa con un campesino que se volverá fundamental en las relaciones futuras de la guerrilla, Polo Torres, al que el Che bautizará como el Capitán Descalzo; un hombre de mediana estatura, con sombrero que casi le cubre unos ojos muy verdes, siempre descalzo.

Polo acogerá a la guerrilla con un guiso de carne de puerco que resulta excesivo para los hambreados rebeldes.

—*Polo, me has hecho un sabotaje... El que no tiene vómito tiene cagalera...*

Bordeando el Turquino y evadiendo a las tropas que están en la zona, el Che pierde a un colaborador importante, Sinecio, el guía, que en los últimos tiempos estaba cada vez más débil moralmente. *Era muy difícil mantener la moral de la tropa, sin armas, sin el contacto directo con el Jefe de la Revolución, caminando prácticamente a tientas, sin ninguna experiencia, rodeados de enemigos que se agigantaban en la mente y en los cuentos de los guajiros; la poca disposición de los nuevos incorporados que provenían de las zonas del llano y no estaban habituados a las mil dificultades de los caminos serranos, iba provocando crisis continuas en el espíritu de la guerrilla.*

El 16 de junio se produce un primer contacto con una de las patrullas de la columna de Fidel y poco más tarde con el jefe de la revolución. El Che le presenta a su columna con la frase:

—*Ahí tenés mi tropa.*

Y en palabras del guajiro Crespo, "lo que venía con él era una tropa de descamisados. Unos con una escopeta, unos con un machete, con un cubo, con una lata".

A más del encuentro con los viejos compañeros, el Che recibe con verdadero placer la presencia de un recién incorporado, el doctor Martínez Páez, al que le hace de inmediato un "regalo", la cajita con instrumental médico.

—*Desde hoy dejo de ser médico para ser guerrillero.*

En la ausencia del Che, Fidel ha estado trabajando en la sierra con la colaboración de dos figuras de la oposición liberal, Felipe Pazos y Raúl Chibás, en la formulación de un programa político que proponía un frente cívico revolucionario, la marginación del ejército de la vida pública, la negativa a que Estados Unidos participara en cualquier forma de mediación y desde luego la inmediata libertad para los presos políticos, libertad de información, restitución de derechos constitucionales suprimidos, elecciones municipales, lucha contra la corrupción administrativa, democratización sindical, lucha contra el analfabetismo y una tímida propuesta de reforma agraria sobre la base de las tierras baldías e indemnizaciones a los latifundistas. El documento insistía en el nombramiento de un presidente provisional. Fidel le había ofrecido a Chibás el cargo, pero éste lo había rechazado. El documento, fechado el 12 de julio, se hizo público y abrió las puertas para negociaciones más amplias en el extranjero.

El Che sería muy crítico respecto al programa limitado, e incluso, de una muy paranoica manera, atribuiría en dos documentos posteriores la intención de Pazos y Chibás de establecer este compromiso previo como antesala de una traición política al movimiento armado. Realmente el documento significaba un retroceso ante las tesis más radicales ya enunciadas por el 26 de Julio. *No estábamos satisfechos con el compromiso pero era necesario; era progresista en aquel momento (…) pero también sabíamos que no era posible establecer nuestra voluntad desde la Sierra Maestra y que debíamos contar durante un largo periodo con toda una serie de "amigos".*

¿Y cuál era la voluntad política, el diseño de país que se tenía en la sierra en esos momentos? ¿Cuál el de Fidel? ¿Cuál el del Che? Probablemente ninguno, vagas ideas sobre la necesidad de una reforma agraria radical, voluntad de cambios sociales profundos, elementos socialistas a medio formular en la cabeza del Che. Quizá, lo único que tenían claro los hombres de la sierra es que había que acabar con la dictadura de Batista de la única forma posible: militarmente.

CAPÍTULO 15

Comandante

La bandera del 26 de Julio en el alto de El Hombrito.

El 5 de julio Fidel le escribía a Celia Sánchez: "Nuestra tropa es cada día más selecta y más efectiva. A fuerza de recoger, disciplinar y botar lo que no sirve estamos construyendo un verdadero ejército". Será esta valoración la que sin duda esté detrás de la decisión de formar una nueva columna. ¿Quién la dirigirá? Fidel debe haber considerado las virtudes combatientes de Almeida, o la sobriedad de Raúl y terminará inclinándose por el Che. ¿Por qué? El Che no ha destacado militarmente en estos primeros meses de la guerrilla sino como un combatiente arriesgado, no es cubano, hasta hace muy poco era el médico de la tropa y su grado en esos momentos es de simple combatiente. ¿Qué ve Fidel en el Che? Su rigor, su empecinamiento, su tesón aplicado a imposibles, su actitud igualitaria que lo hace un ejemplo, o la capacidad de mando en situaciones difíciles que ha mostrado al quedarse aislado con los heridos. Sea lo que sea, Fidel, cuyas intuiciones suelen ser profundamente certeras en materia de guerra, acertará de nuevo.

La columna *por razones de enmascaramiento bastante infantiles* llevará el número 4. Tres capitanes con sus pelotones quedan asignados a la escuadra del Che: Ramiro Valdés, Ciro Redondo y Lalo Sardiñas; (…) *esta columna a la que llamaban el "desalojo campesino", estaba constituida por 75 hombres, heterogéneamente vestidos y heterogéneamente armados, sin embargo me sentía muy orgulloso de ellos. Mucho más orgulloso, más ligado a la revolución, si fuera posible, más deseoso de demostrar que los galones otorgados eran merecidos, me sentiría unas noches más tarde,* cuando al firmar una carta colectiva dirigida a Frank País, Fidel le dice al Che cuando va a poner su cargo, "ponle comandante". *De ese modo y casi de soslayo quedé nombrado comandante de la segunda columna del ejército guerrillero (…), la dosis de vanidad que todos tenemos dentro, hizo que me sintiera el hombre más orgulloso de la Tierra ese día. El símbolo de mi nombramiento, una pequeña estrella, me fue dado por Celia junto con uno de los relojes de pulsera que habían entregado en Manzanillo.*

El armamento de la columna parecía sacado de un museo: predominaban las escopetas, pero había también Colt, Remington, rifles de tiro al blanco, Winchister de palanca de los que usaban los vaqueros del oeste, escopetas de mazorca, calibres 22, Savage, y también Springfield y Garand capturados al enemigo. Su zona de operaciones se establecía al este del Turquino, próxima a la región de El Hombrito, con una cierta independencia de mando, pero enlazada con la columna madre de Fidel a través de mensajeros.

Una de las primeras medidas del Che fue nombrar a Arístides Guerra jefe de abastos de la columna, un hombre quemado en el llano que quiere combatir, pero al que el Che convence de que crear una red de suministros es un trabajo más duro y más difícil y, sobre todo, más importante. Arístides será rebautizado rápidamente por el Che como el "rey del condumio".

Mientras la columna se mueve hacia el este para alcanzar las lomas más inaccesibles de la Sierra Maestra se produce una deserción, uno de los hombres enviado a detener al huido quiere también fugarse y su compañero, tras darle el alto, le dispara matándolo. *Reuní toda la tropa en la loma anterior al teatro del suceso macabro, explicándole a nuestra guerrilla lo que iba a ver y lo que significaba aquello, el porqué se castigaría con la muerte la deserción y el porqué de la condena contra todo aquél que traicionara a la revolución. Pasamos en fila india en riguroso silencio, muchos de los compañeros todavía consternados ante el primer ejemplo de la muerte, junto al cadáver de aquel hombre que trató de abandonar su puesto, quizá movidos más por algunas consideraciones de afecto personal hacia el desertor primero y por una debilidad política natural de aquella época, que por deslealtad a la revolución.* El 30 de julio es asesinado Frank País en Santiago. En la última semana el cerco policiaco que se estrechaba en torno a él lo había obligado a cambiar tres veces de casa. Frank será capturado por Salas Cañizares en una redada, reconocido por un policía que había sido su compañero en la escuela, y llevado a un callejón y asesinado. El Che conocerá la noticia días después de sucedida cuando está en marcha una huelga espontánea en Santiago. *Con Frank País perdimos uno de los más valiosos luchadores pero la reacción ante su asesinato demostró que nuevas fuerzas se incorporaban a la lucha y que crecía el espíritu combativo del pueblo.* Demostraba también la importante presencia que el M26 había adquirido en las ciudades, particularmente en Santiago.

Precisamente en esos días, la columna del Che entra en combate por primera vez atacando el cuartel de Bueycito. Apoyándose en una célula del 26 de Julio en el poblado de El Dorado, y concebido como un ataque sobre ruedas, en el que cuando un automóvil llegara frente al cuartel y lo iluminara se daría la señal, las cosas salieron de manera diferente a los planes.

El 31 de julio Ramiro perdió una parte de su pelotón en la obscuridad, el automóvil no pudo salir y los perros ladraban como enloquecidos. El Che avanzó y cuando *transitaba por la calle principal del pueblo me salió un hombre; le di el "alto quién vive", el hombre creyendo que era un compañero se identificó: "La guardia rural"; cuando lo fui a encañonar saltó a la casa, cerró rápidamente la puerta y se oyó dentro un ruido de mesas, sillas y cristales rotos, mientras alguien saltaba por atrás en silencio; fue casi un contrato tácito entre el guardia y yo, pues no me convenía disparar, ya que lo importante era tomar el cuartel, y él no dio ningún grito de aviso a sus compañeros.*

Seguimos avanzando (...) cuando el centinela del cuartel avanzó extrañado por la cantidad de perros que ladraban y probablemente al escuchar los ruidos del encuentro con el soldado. Nos topamos cara a cara, apenas a unos metros de distancia; tenía la Thompson montada y él un

Garand: mi acompañante era Israel Pardo; le di el alto y el hombre que llevaba el garand listo, hizo un movimiento, para mí fue suficiente: apreté el disparador con la intención de descargarle el cargador en el cuerpo; sin embargo, falló la primera bala y quedé indefenso. Israel Pardo tiró, pero su pequeño fusil 22, defectuoso, tampoco disparó. No sé bien cómo Israel salió con vida, mis recuerdos alcanzan sólo para mí que, en medio del aguacero de tiros del Garand del soldado, corrí con velocidad que nunca he vuelto a alcanzar y pasé, ya en el aire, doblando la esquina para caer en la calle transversal y arreglar ahí la ametralladora; sin embargo, el soldado impensadamente había dado la señal de ataque. Al oír tiros por todos lados, el soldado acoquinado quedó escondido en una columna y allí lo encontramos al finalizar el combate que apenas duró unos minutos, porque al producirse los primeros disparos Ramiro Valdés y su pelotón cayeron sobre la parte trasera del cuartel disparando y arrasaron con todo.

De los 12 guardias, seis habían quedado heridos y los rebeldes tenían un muerto. Tras quemar el cuartel, la columna abandonó el pueblo recibiendo cervezas y refrescos fríos de la gente en los caminos.

En lo alto de California, después de dejar los camiones, se repartieron las armas, aunque mi participación en el combate fue escasa y nada heroica pues los pocos tiros los enfrenté con la parte posterior del cuerpo, me adjudiqué un fusil ametralladora Browning, que era la joya del cuartel, yo dejé la vieja Thompson y sus peligrosísimas balas que nunca disparaban en el momento oportuno. Años más tarde el periodista argentino Rodolfo Walsh reflexionaría ante la narración del Che: "Que yo recuerde ningún jefe de ejército, ningún general, ningún héroe, se ha descrito a sí mismo huyendo en dos oportunidades" (la primera huida se había producido en la sorpresa de Altos de Espinosa).

El ataque de Bueycito se producía poco después de una acción guerrillera de la columna de Fidel en Estrada Palma, durante la huelga de Santiago y en medio de un clima general de tensión contra la dictadura. En esos momentos en Cuba se estaban desarrollando tres revoluciones, una revolución en Santiago que afectaba a la enorme mayoría de la clase media e incluso a miembros de la aristocracia económica, una rebelión juvenil muy radicalizada en La Habana y los inicios de una guerra campesina contra la dictadura en la Sierra Maestra, que servía de foco y estímulo a las otras dos. La habilidad magistral de Fidel y Frank País había sido hacer coincidir las tres y lograr que se alimentaran unas a otras.

El Che era una pieza clave de esta guerra campesina. ¿Y cuál era la imagen de Guevara? Ricardo Martínez, un joven locutor de radio que subió en esos días a la Maestra con un grupo de compañeros cuenta: "Las emisiones de radio del gobierno y la prensa de derecha lo acusaban de comunista internacional, de asesino profesional, que mataba con crueldad a los prisioneros de Batista". La primera imagen que recibe del líder rebelde es muy singular: "De noche, estaba de pie, recostado en un bohío, a la luz de un candil o mechón, con el pelo revuelto, sudoroso, con la cara grasienta y la forma de mirar tan especial con los rasgos acentuados por las sombras y los contrastes de la luz, que no dudé por un solo momento que era tal como la propaganda decía. Él nos brindó tostones, pero ni ese gesto me hizo borrar la imagen".

No será el grupo de Martínez el único que incremente la recién nacida columna, el 3 de agosto suben a El Hombrito unos 34 hombres, entre ellos los hermanos Pardo y dos adolescentes que harán su historia junto a la del Che, los hermanos Acevedo, de 16 y 14 años. Como no tienen armas se acepta sólo a 12, los Acevedo quedan excluidos. Arman "tal bochinche" que el Che se les acerca y les pregunta si son estudiantes, a Rogelio le pone una prueba de álgebra que lo deja frío, Enrique a los 14 le dice que a él de historia o geografía, porque si no... El Che se ríe, pero no los acepta. Tercos siguen a la columna en su marcha. Primero muertos que rechazados. Gracias a la intervención de Ciro Redondo podrán incorporarse. No serán los únicos. El Che se está rodeando de adolescentes. Otro será Leonardo Tamayo, un guajiro de 15 años cuyo padre se ha alzado meses antes en otra zona y con el que tendrá la siguiente conversación:

—*¿Qué vienes vos a hacer aquí?*

—Lo mismo que vino a hacer usted.

Al Che le parece un argumento tan bueno como el que más. Días más tarde lo usa como mensajero y descubre que el pequeño Tamayo vuela por las sierras. Lo que otros hacen en dos días a él le toma la mitad. A partir de ese momento quedará incorporado al entorno del Che.

Y Oniria Gutiérrez, la primera mujer que se acepta en la columna, una adolescente campesina de 17 años a la que el Che trata paternalmente y a la que le entrega su frazada, y que Almeida describe como "una adolescente feñique que ha sufrido antes de tiempo" y que sólo a base de "repetir la letanía" logra por cansancio doblegar al Che; y Harry Villegas, que a los 16 años llega con un grupo de escopeteros y reciben una áspera pregunta de parte de un hombre que se les acerca montado en mulo, el Che:

—*¿Ustedes creen que con esas armas se puede hacer la guerra?*

Y Guile, el menor de los Pardo, quien se ha incorporado en los primeros días del 57 y en cuya casa el Che sobrevivió en la época de la guerrilla de los heridos errantes; y René Pacheco, un joven estudiante seminarista de origen ortodoxo, que ha sido torturado brutalmente en el cuartel de Bayamo; y Alberto Castellanos, un joven vivo, surgido de la marginalidad de Victoria de Las Tunas, limpiabotas, dependiente de farmacia, vendedor de periódicos y al que mandan de regreso por no tener armas y que volverá meses más tarde a incorporarse.

¿Qué ve el Che en estos adolescentes a los que llama *la brigada de los chiquiticos*? Donde otros ven analfabetismo, inexperiencia militar, inmadurez, ¿qué ve el Che? Sin duda tenacidad, un reflejo de su propia terquedad, voluntad a prueba de fuego. Y así los tratará, con el mismo rigor con el que se trata a sí mismo. Serán estos jóvenes y otros más los que harán en los siguientes meses las hazañas, los que elaborarán el mito.

¿Y cómo ven estos jóvenes al Che? Castellanos es muy preciso en su descripción: "Me lo imaginaba un hombre alto, grandote, fuerte, macizo; estaba acostumbrado a oír hablar de los argentinos como cantadores de tangos con bufandas, con la forma de hablar porteña y pensaba que el Che tenía que ser así. Lo imaginaba como un artista de películas argentinas. Cuando lo vi no me causó ninguna impresión extraordinaria, más bien me defraudó, estaba flaco y era un hombre común y corriente como cualquiera de nosotros y exclamé: Ah, ¿pero ése es el Che?"

Tras el primer encuentro militar, el Che busca una zona por la que ha pasado anteriormente, *un valle llamado El Hombrito, porque vista la Maestra desde el llano, un par de lajas gigantescas, superpuestas en la cima, semejan la figura de un pequeño hombrecito.*

Allí dedicará tiempo al entrenamiento, y también a combatir el analfabetismo, porque de toda la columna tan sólo cuatro o cinco saben leer. A Joel, su ayudante, le dice: *Le hablé a Fidel de ti, me dijo que por qué no te hacía teniente, pero le respondí que como no sabías leer ni escribir no podía nombrarte.* Y para animarlo lo nombra jefe de escuadra sin grado y le ordena que busque lápiz y libreta y en las noches a la luz de un farol comienza la tarea.

Con Pacheco dedica sesiones no a enseñar sino al aprendizaje de la historia de Cuba, la independencia, la guerra del 68. Poco a poco a través de las redes suben hasta la Maestra libros de Martí y poemarios de José María Heredia, Gertrudis de Avellanada, Gabriel de la Concepción, Rubén Darío, para alternar con la biografía de Goethe de Emil Ludwig que está leyendo (según puede verse en una foto en la que el Che se encuentra leyendo dentro de un bohío, recostado y cubierto por una manta y con un enorme puro en la boca).

No serán los únicos que estudien con él, más tarde en el Macío forma un grupo con siete adolescentes a los que comienza a enseñar a leer, aunque las clases se suspenden frecuentemente porque *vienen subiendo los guardias y lo de ahora es bala.*

Y va dándole forma al grupo, cuando detiene a los que huyen bajo los bombardeos y les sacude tremenda "descarga":

—*Aquellos tiratiros de la ciudad, que son los primeros que se cagan y se apendejan cuando sienten los bombardeos, van a tener que trabajar duro.*

El 29 de agosto recibe la noticia de que el ejército asciende hacia la zona de El Hombrito. Sitúa dos pelotones en la posible ruta, el de Lalo Sardiñas, que debería entrar en combate, y el de Ramiro Valdés, con los hombres peor armados, que tenía la función de hacer *una hostilización acústica. Al despuntar el sol se empezó a ver un movimiento de hombres que salían, entraban, se movían en el trajín del despertar. A poco algunos se ponían sus cascos (…) Fui a colocarme a mi puesto mientras veíamos ascender la cabeza de la columna, trabajosamente. La espera se hacía interminable en aquellos momentos y el dedo jugaba sobre el gatillo de mi nueva arma, el fusil ametralladora Browning, listo para entrar en acción por primera vez contra el enemigo.* Pero los planes y la realidad se ajustan mal, los soldados aparecen muy espaciados entre sí. *Al pasar el sexto oí un grito delante y uno de los soldados levantó la cabeza como sorprendido; abrí fuego inmediatamente y el sexto hombre cayó; enseguida se generalizó el fuego y, a la segunda descarga de fusil automático, desaparecieron los seis hombres del camino.*

La columna a la que están enfrentando, dirigida por Merob Sosa, tiene 205 hombres y el Che cuenta tan sólo con 72, y muy mal armados. Aún así, la columna del ejército se desparrama ante los primeros disparos. La escuadra de Castro Mercader ataca, pero el ejército se repone y comienza a disparar con bazukas hacia las posiciones de los rebeldes. El soldado caído es registrado pero sólo trae un revólver; la ametralladora Maxim que tienen los guerrilleros no funciona, y el hostigamiento de los "acústicos" siembra el pánico pero no causa bajas. Así la cosa, el Che se ve obligado a ir dando la orden de retirada por escuadras y crea en las profundidades de la sierra una segunda línea de resistencia. Se repliega el último, como hará siempre en futuros combates.

La llegada de un pelotón de refuerzo enviado por Fidel fortalece su posición, pero los guardias no avanzan, se limitan a quemar el cadáver de un rebelde muerto en la acción y a intercambiar tiros a distancia. *Este combate nos probaba la poca preparación combativa de nuestra tropa que era incapaz de hacer fuego con certeza sobre enemigos que se movían a una tan corta distancia como la que existió en este combate (…) Con todo, para nosotros era un triunfo muy grande, habíamos detenido totalmente la columna de Merob Sosa que, al anochecer, se retiraba (…) Todo esto lo habíamos conseguido con un puñado de armas medianamente eficaces contra una compañía completa, de ciento cuarenta hombres por lo menos, con todos los efectivos para una guerra moderna y que había lanzado una profusión de bazukazos y, quizás, de morterazos sobre nuestras posiciones, tan a tontas y a locas como los disparos de nuestras gentes a la punta de vanguardia enemiga.* El combate tendrá un eco amargo, porque las tropas de Merob Sosa asesinarán a varios campesinos, haciendo pasar sus cuerpos como de rebeldes muertos en combate.

El 31 de agosto el Che reporta a Fidel el éxito de Bueycito, el crecimiento de su columna a 100 hombres y le comenta sobre el relevo de Frank País en Santiago. Sugiere que tiene que ser alguien que cumpla el doble papel de buen organizador y que haya tenido experiencia en la sierra, de tal manera que no vea desde afuera los problemas de la guerrilla. Sugiere a Raúl Castro, Almeida o Ramiro Valdés, incluso se ofrece para la tarea (*y lo digo sin hipocresía de modestia, pero también sin el menor deseo de ser elegido*). Y añade: *Te insisto en el tema porque conozco la calidad moral e intelectual de los lidercillos que tratarán de suceder a Frank.* Es curioso el encono con el que el Che trata a los hombres de las ciudades. Es cierto que a veces sus experiencias con ellos han sido negativas, pero el Che tendría que partir, para valorarlos, del profundo desconocimiento que tiene del movimiento urbano del 26 de Julio. Finalmente el sucesor de Frank País no será ninguno de los propuestos por el Che sino René Ramos Latour, un nacionalista obrerista y radical, quien había estado temporalmente incorporado a la guerrilla. La polémica entre el Che y "el Llano" estaba a punto de empezar.

En esos días la columna del Che y la de Fidel marchan en paralelo, se reúnen y se separan en su accionar hacia Pino del Agua, donde saben que hay una pequeña guarnición que Fidel pretende atacar dejando después a la columna del Che emboscada a la espera de la reacción de las tropas.

En la aproximación se producen un par de deserciones y el suicidio de un combatiente al que se había desarmado por insubordinación. El Che intenta además liberar a la guerrilla de los combatientes menos capaces y plantea en una reunión que los que quieran pueden irse. Amablemente les dice a los dos hermanos Acevedo que se vayan, que no resisten el tren de marcha del conjunto, que son un peligro para la columna. Los adolescentes, que ciertamente están físicamente en el límite, se resisten. La respuesta es nuevamente: "Primero muertos". El Che se encabrita, está a punto de expulsarlos. Ciro Redondo vuelve a mediar y ganan una semana.

El 5 de septiembre se produce un alzamiento en la ciudad de Cienfuegos, protagonizado por marinos que estaban involucrados en una conspiración dentro de las fuerzas armadas (de un sector que comenzaría a conocerse como Los Puros), y que en el último momento dio contraorden. Los conspiradores, vinculados a las redes urbanas del 26 de Julio, logran un primer éxito que les da el dominio de la ciudad pero, en lugar de replegarse hacia la sierra del Escambray junto con la gente del pueblo que se ha sumado, se mantienen en la ciudad esperando que el ejemplo se extienda y reciben el impacto concentrado de toda la fuerza militar del régimen, incluida la aviación. Para los hombres de la sierra es trágico el desperdicio de vidas, combatientes y armas, es trágica la descoordinación y la falta de aprecio de la táctica guerrillera. Pero es evidente que más allá de la derrota de las fuerzas populares, el régimen, en la represión del alzamiento, profundiza su aislamiento.

El Che mientras tanto entrará el 8 de septiembre en San Pablo de Yao. *En medio del alborozo general del pueblo, nos apoderamos pacíficamente de él algunas horas (no había tropa enemiga) y empezamos a hacer contactos.* Quizá el más importante es el conocimiento de una mujer de origen campesino de unos 45 años, que tras su divorcio había ido a trabajar como sirvienta en La Habana y luego retornado para trabajar en una panadería, Lilia Doce, quien habría de ser pieza clave en las redes del Che.

Pasan los días. El 10 de septiembre, según lo planeado, la columna de Fidel entra en Pino del Agua, toma el aserradero y Fidel sugiere la ruta que seguirán más tarde. Al día siguiente inician su marcha mientras la columna del Che se embosca a la espera del ejército. *Estuvimos aproximadamente* siete días emboscados pacientemente sin ver llegar a las tropas. Al séptimo, cuando estaba en el pequeño estado mayor donde se hacía la comida para toda la tropa emboscada, me avisaron que el enemigo se acercaba.

Una tormenta tropical comienza a caer. Los soldados enemigos iban todavía más preocupados por el agua que por las posibilidades de un ataque y esto nos sirvió para la sorpresa. El encargado de abrir el fuego tenía una ametralladora Thompson; efectivamente, abrió fuego con ella, pero en tales condiciones que no le dio a nadie; se generalizó el tiroteo y los soldados del primer camión, más asustados y sorprendidos que heridos por la acción, saltaron al camino y se perdieron tras el farallón.

El combate presentó características extrañas; un soldado enemigo se refugió debajo del camión, en la curva del camino y no dejaba asomar la cabeza a nadie. El Che se acerca a la primera línea para frenar una desbandada que se produce a causa de una falsa orden de retirada y concentrar sobre la carretera a otros dos pelotones, cuando se encuentra a un combatiente llamado Tatín que en el momento que bajé a la carretera me dijo con voz desafiante: "Ahí está, debajo del camión, vamos, vamos, aquí se ven los machos". Me llené de coraje, ofendido en lo más íntimo por esta manifestación que presumía una duda, pero cuando tratamos de acercarnos el anónimo combatiente enemigo que disparaba con su fusil automático desde bajo el camión, tuvimos que reconocer que el precio de demostrar nuestra guapería iba a ser demasiado caro; ni mi impugnador ni yo pasamos el examen. El soldado se retiró con su fusil ametralladora arrastrándose y se salvó de caer prisionero o muerto.

El plan ha funcionado y los tres primeros camiones han sido capturados en la trampa. Nadie ha logrado pasar e incluso el resto de la tropa huye en desbandada. La resistencia en los primeros camiones es liquidada con la aparición de los pelotones de Sardiñas y Ameijeiras. Al tomar el primer camión encontramos dos muertos, un herido, que todavía hacía gestos de pelea en su agonía, fue rematado sin darle oportunidad de rendirse, lo que no podía hacer pues estaba seminconsciente. Este acto vandálico lo realizó un combatiente cuya familia había sido aniquilada por el ejército batistiano. Le recriminé violentamente esa acción sin darme cuenta que me estaba oyendo otro soldado herido que se había tapado con unas mantas y había quedado, quieto, en la cama del camión. Al oír eso y las disculpas que daba el compañero nuestro, el soldado enemigo avisó de su presencia pidiendo que no lo mataran; tenía un tiro en la pierna, con fractura, y quedó a un costado del camino mientras proseguía el combate en los otros camiones. El hombre, cada vez que pasaba un combatiente por el lado, gritaba: "No me mate, no me mate, el Che dice que no se matan los prisioneros". El balance en bajas del enemigo no es importante, pero se recogen armas esenciales para la guerrilla: un fusil automático Browning, 5 Garand, una trípode con su parque y otro fusil Garand más que fue escamoteado por la tropa de Efigenio Ameijeiras. Bajo el amenazante vuelo de avionetas primero y de B-26 más tarde, los rebeldes celebran desayunando chocolate. La retirada se produce en orden. Tras el combate, el Che licencia a varios hombres que le piden irse. Les ordenó que se quitaran los uniformes y las botas y que los cambiaran por los andrajos de los más parias que se quedaban. Quiso librarse también de los adolescentes Acevedo, que con su habitual terquedad resistieron triunfantes.

En los últimos días de septiembre el Che se repliega a El Hombrito y entabla relaciones a través de esporádicos mensajes con Ramos Latour, que se ha hecho cargo de la estructura clandestina de Santiago-Manzanillo y el apoyo a la sierra. Ramos Latour se queja de que el Che había tratado de establecer una red sin contar con la dirección del Movimiento y que le había escrito a todo el mundo excepto a ellos. El día 3 de octubre insiste pidiéndole con mucho detalle que no utilice los contactos espontáneos porque debilita la centralización y el trabajo de reorganización del movimiento. Los tipos con los que ha enlazado no son de los mejores, reitera: "No des crédito", no confieras facultades. Mejor conectar con Santiago que al fin y al cabo está a 20 minutos de Palma. Termina: "Esperamos en corto tiempo hacerte llegar todo lo que necesitas. Estamos trabajando también para crear centros de aprovisionamiento en las dos zonas que mencionas". Y le explica la estructura que se está creando: "De todas las provincias y municipios del país nos llega, en efectivo, la contribución que les corresponde para atender los gastos de la sierra. Hasta ahora se había ordenado a los municipios de Manzanillo y Bayamo, exclusivamente, que retuvieran todas las recaudaciones para que atendieran las columnas que operaban en las zonas aledañas. Todos los demás envían la mayor parte de lo que obtienen a la Dirección nacional que se hace cargo de sufragar esas necesidades".

No le falta razón a Ramos Latour en tratar de organizar mejor las relaciones Sierra-Llano y tampoco está exento el Che de razón cuando organiza sus propias redes dependientes directamente de la guerrilla. Las tensiones proseguirán porque el Che, siguiendo con su idea de darle autonomía a la guerrilla, sondeará a René Pacheco sobre sus relaciones con la burguesía liberal de la zona (un hijo de la famosa y millonaria familia Bacardí, Hortensia García) y a partir de esto se va creando otra red a apoyo.

Por esos días el Che conoce a Rafael Mompié, uno de los guías de confianza de la columna de Fidel. Juntos andan subiendo lomas. En uno de esos ascensos, se sientan a descansar y el Che saca de la mochila uno de sus libros; al ver la reacción del guajiro le ofrece un libro y el otro le confiesa que no sabe leer. Mompié cuenta: "Él interrumpió la lectura, la marcó con el dedo índice y se quedó mirándome fijamente por algunos instantes. No dijo nada y volvió a su lectura. Yo interpreté esa mirada como que me había dicho que tenía que aprender… esa mirada me fue acompañando, me marcó para toda mi vida".

En entrenamientos y marchas se van los siguientes días, interrumpida la rutina por la captura de un desertor apellidado Cuervo, que había estado expoliando a campesinos de la zona y había participado en una violación. El hombre, al llegar al campamento, trató de darle la mano al Che y este le contestó secamente que lo había mandado llamar para fusilarlo, no para saludarlo.

Las comunicaciones epistolares entre Fidel y el Che en esos meses, forzadas por la lejanía de las columnas, van desde el alto análisis estratégico político, las sugerencias militares, a los detalles más sorprendentes, pasando por todas las variantes del absurdo; por ejemplo, la nota que el Che le manda a Fidel sobre la pistola de Camilo: *Camilo dice que vos le diste una pistola, pero él no la aceptó, pensando en la que tenía (esa que vos me quitaste). El resultado fue que se quedó sin pistola pero, al mismo tiempo, había pedido pistola a Chicho, el de Soto, y como cambió de columna no se la devolvió. El perjudicado final es Chicho, el merengue arreglalo vos.*

Días más tarde, en rumbo al río Peladero para enlazar con la columna de Fidel, la guerrilla se hace como impuesto revolucionario con un mulo que rápidamente es bautizado con el nombre de su exdueño, Balansa. Dudando en convertirlo en comida o llevarlo con ellos, el mulo se gana su lugar en la guerrilla bajando *en forma decidida y segura por lugares en los que había que deslizarse sujeto a bejucos o agarrándose como se pudiera a la saliente del terreno (...) Dio una demostración de dotes gimnásticas extraordinarias. Repitió la hazaña al cruzar el río Peladero, en esta zona llena de grandes piedras, mediante una serie de saltos espeluznantes sobre las rocas y esto le salvó la vida.* Balansa habría de volverse el mulo del Che. Al fin algo que cabalgar desde los remotos días de la infancia. Almeida en sus memorias se burla: "Como ahora anda en mulo se parece al Quijote", y describe lo difícil que es montar un mulo en la sierra: "Parece que te vas a morir arriba de él. La montura a ratos se afloja. Cuando subes se te va yendo para atrás y cuando bajas hacia adelante, y uno en constante vaivén. Todos los barrancos te parecen abismos a los que vas a caer".

Pero no todo es historias de mulos equilibristas. Las tensiones de estos últimos meses flotan en el aire. Enrique Acevedo, condenado eternamente a formar parte de la retaguardia, del pelotón de los "descamisados" (una broma de resonancias argentinas del Che, recuperando el nombre que en su juventud recibía la plebe peronista), lo describe de manera nada idílica, "si la columna era un monasterio, esto era un prostíbulo chino". Llegando al río se produce un nuevo conflicto originado en una tontería, un choque entre un grupo de bromistas y la comisión de disciplina que motiva, en un momento en que el Che se encuentra fuera del campamento entrevistándose con Fidel, que se produzca un accidente. A *Lalo Sardiñas, al castigar impulsivamente a un compañero indisciplinado y pretender darle con la pistola en la cabeza se le había escapado un tiro, matándolo en el acto.* Enrique Acevedo cuenta: "Se armó la del Cristo. Muchos que buscaban la salida de la guerrilla sin el deshonor de la expulsión, se aprovechaban de la situación, otros eran amigos del muerto, los demás éramos simples espectadores del suceso (...) Roberto el Loco cogió un fusil y se lanzó sobre el capitán preso con el fin de matarlo. El teniente Cañizares levantó su voz y dijo que si no se hacía justicia rápidamente se iba de la tropa". *La situación está al borde del motín. Inmediatamente me personé en el lugar, poniendo bajo custodia a Lalo; el ambiente contra él era muy hostil y los combatientes exigían un juicio sumarísimo y el ajusticiamiento.*

El castigo físico era un acto prohibido en la guerrilla, y además muchos pensaban que no se había tratado de un accidente. Por otro lado Sardiñas era un combatiente muy bien valorado. Un último factor, que tenía que ver con el relajamiento de la disciplina, enturbiaba las discusiones. Fidel tomó cartas personalmente en el asunto y promovió un juicio abierto en que se escucharon opiniones. Tanto él como el Che eran partidarios de castigar a Sardiñas, pero desde luego, no de condenarlo por asesinato, lo que implicaría la pena de muerte y el fusilamiento. *Tras un debate candente me tocó hablar para pedir se reflexionara bien sobre el problema; trataba de explicar que la muerte del compañero debía ser achacada a las condiciones de la lucha, a la misma situación de guerra, y que, en definitiva, el dictador Batista era el culpable. Pero mis palabras sonaban muy poco convincentes ante ese auditorio hostil.* A la luz de antorchas y en plena noche Fidel hizo su resumen. *Su enorme poder de persuasión fue puesto a prueba aquella noche.* Una votación final se dividió entre *setenta y seis que se inclinaron por otro tipo de pena y setenta que pidieron la pena de muerte. Lalo se había salvado,* pero la decisión provocaba que un grupo abandonara la guerrilla y Conte Agüero aprovecharía la historia para, desde las páginas de la revista *Bohemia,* a partir de confidencias de Roberto el Loco, dar una imagen de la guerrilla como una banda de facinerosos. *Lalo Sardiñas fue destituido y condenado a ganar su rehabilitación peleando sólo con una pequeña patrulla contra el enemigo (...) En reemplazo del capitán Sardiñas, Fidel me dio uno de sus mejores combatientes: Camilo Cienfuegos, que pasaba a ser capitán de la vanguardia de nuestra columna.* Con su amigo Camilo llegaba también Dariel Alarcón. Al día siguiente la menguada columna del Che se ponía en marcha para liquidar los brotes de bandolerismo que se habían iniciado en otras partes de la Sierra Maestra, en el vacío de poder que quedaba ante la retirada del ejército y la guardia rural. La vanguardia de Camilo va por delante.

En la marcha Enrique Acevedo observa: "Hay un detalle que me motiva en el Che. Tiene durante varias jornadas una mascota. Es un ratón blanco que viaja en su mochila. En los descansos lo saca y lo coloca sobre su hombro. Es un bicho manso que sube a la gorra y le juguetea. Yo lo miro algo estupefacto. Lo tengo como un tipo superduro y de pronto me sorprende con esos detalles tan humanos. Eso me lleva a pensar que sólo veo en él al jefe inflexible. Me gustaría un día conocerlo un poco más".

Camilo, operando rápidamente, capturaría a la banda del Chino Chang que estaba asolando la región de Caracas, asesinando y torturando campesinos. Junto al Chino, fue juzgado sumariamente y también ejecutado un campesino que había violado a una adolescente. De los miembros de su banda varios fueron absueltos y tres fueron sometidos a un simulacro de fusilamiento; *cuando después de los disparos al aire se encontraron los tres con que estaban vivos, uno de ellos me dio la más extraña espontánea demostración de júbilo y reconocimiento en forma de un sonoro beso, como si estuviera frente a su padre.* Será testigo de los hechos el periodista Andrew Saint George, que ha retornado a la sierra, *cuyo reportaje publicado en la revista* Look *le valió un premio en los Estados Unidos como el más sensacional del año. Podrá parecer ahora un sistema bárbaro éste empleado por primera vez en la sierra, sólo que no había ninguna sanción posible para aquellos hombres a los que se les podía salvar la vida, pero que tenían una serie de faltas bastante graves en su haber. Los tres ingresaron en el ejército rebelde y de dos de ellos tuve noticias de su comportamiento brillante durante toda la etapa insurreccional. Uno perteneció durante mucho tiempo a mi columna y en las discusiones entre los soldados, cuando se juzgaban hechos de guerra y alguien ponía en duda algunos de los que narrara, decía siempre con marcado énfasis: "Yo sí que no le tengo miedo a la muerte y el Che es testigo", recordando el episodio de su fusilamiento.*

Dos o tres días más tarde se detiene a un nuevo grupo formado por antiguos colaboradores de la guerrilla que habían robado víveres procedentes del Llano y, por ese camino, habían descendido incluso al asesinato. *En esta época en la sierra, las condiciones económicas de un hombre se medían fundamentalmente por el número de mujeres que tuviera y Dionisio, siguiendo la costumbre y considerándose potentado gracias a los poderes que la revolución le había conferido, había puesto tres casas, en cada una de las cuales tenía una mujer y un abundante abastecimiento de productos. En el juicio, frente a las indignadas acusaciones de Fidel por la traición que había cometido a la revolución y su inmoralidad al sostener tres mujeres con el dinero del pueblo, sostenía con ingenuidad campesina que no eran tres, sino dos, porque una era propia (lo que era verdad). Junto con ellos fueron fusilados dos espías enviados por Masferrer, convictos y confesos.* Un nuevo caso de bandidismo creó serias contradicciones en el Che; se trataba de un combatiente apellidado Echevarría que formando un pequeño grupo había estado practicando asaltos en la zona. *El caso de Echevarría fue patético porque, reconociendo sus faltas, no quería, sin embargo, morir fusilado; clamaba porque le permitieran morir en el primer combate, juraba que buscaría la muerte en esa forma pero no quería deshonrar a su familia. Condenado a muerte por el tribunal, Echevarría, a quien denominábamos el Bizco, escribió una larga y emocionante carta a su madre explicándole la justicia de la sanción que en él se ejecutaba y recomendándole ser fiel a la revolución.* Junto a él será fusilado también Barrera, el Maestro, aquel personaje extraño que acompañó al Che en uno de los momentos más difíciles de la primera etapa y que luego, desertando de la guerrilla, se había hecho pasar por el Che, el doctor Guevara, y violado a varias muchachas campesinas.

El Che no estaría presente cuando se producen estas últimas capturas y ajusticiamientos, empeñado en crear una base estable en las profundidades de la sierra en la zona de El Hombrito. Hablando con los campesinos, los estimulaba a que sembraran, organizó a los mensajeros para tener bajo vigilancia cualquier operación del ejército, creó nuevas redes de abastecimiento e incluso fabricó un horno para hacer pan y estableció un hospital de campaña.

Lidia Doce participará de esta estructura al igual que una joven campesina, Delsa Puebla, conocida como Teté, y una combatiente urbana que había intervenido en un atentado en Holguín contra un militar de alta graduación, María Mercedes Sánchez, conocida en la sierra como Carmencita, con la que el Che comparte su afición por Neruda y a la que encargará tareas de alfabetización.

El periodista argentino Jorge Ricardo Masetti, registraría unos meses más tarde: "Los guajiros jamás habían concurrido a una iglesia. No las había en las montañas. Ni habían comido pan. Ni carne vacuna (...) Eran analfabetas, pero de una inteligencia notable. Recién las primeras escuelas se instalaron en la sierra con el arribo del ejército rebelde. Comían de vez en cuando galleta pero ni sospechaban lo que era el pan hasta que las tropas de Guevara instalaron las primeras panaderías campesinas. Veían las reses y sabían que su carne era deliciosa, pero recién cuando los efectivos del movimiento comenzaron la distribución de ganado y la matanza orgánica de las reses probaron los bisteces. Y ellos, el 90% de ellos, habían nacido en la zona más rica de la riquísima Cuba".

Y ya en la tarea de crear una base de retaguardia, la llegada de dos estudiantes, Geonel Rodríguez y Ricardo Medina, y un mimeógrafo fabricado en 1903, le permite iniciar uno de sus proyectos más acariciados: hacer un periódico de la sierra.

En una carta a sus enlaces en el llano comentaba al respecto de *El Cubano Libre: El periódico está todo redactado y pasado en stencil, pero la falta de tinta no lo deja salir, y la falta de papel lo limitará a unos 700 ejemplares. También aquél adolece de una falla fundamental de no tener un artículo firmado por Fidel. Luis Orlando ha quedado en ocuparse de eso para darle más tipo de periódico. Conviene que manden con generosidad todo lo que se pide en ese rubro, pues creo que el periódico puede ser de gran utilidad.*

Pocos días más tarde aparecía el pequeño periódico con una sección escrita por el Che y firmada como "El Francotirador". En una carta a Fidel lo resumiría: *Tengo la esperanza de que su baja calidad te sirva de shock y colabores con algo que tenga tu firma. El editorial del segundo número será sobre la quema de caña. En este número colaboraron Noda en la reforma agraria, Quiala en la reacción frente al crimen, el médico en la realidad del campesino cubano, Ramiro en últimas noticias y yo en la explicación del nombre, el editorial y "sin bala en el directo". La indicación de los temas la di yo. Se necesita urgentemente todas las noticias de acciones, crímenes, ascensos, etc. y comunicación regular para lo que se puede crear un cuerpo especial.*

Su alegría se verá opacada por las noticias de que en el exterior se ha firmado un acuerdo, que habrá de ser conocido como el Pacto de Miami, que debilitaba el ya de por sí débil programa unitario y, lo que era peor, quitaba la dirección del movimiento antibatistiano al 26 de Julio. La estructura creada en Miami daba prominencia a organizaciones políticas tradicionales cubanas, que si bien no estaban coludidas con el batistato, sí lo estaban con las viejas tradiciones de corrupción y politiquería. El pacto había sido aprobado por la delegación del 26 de Julio en el exterior encabezada por Felipe Pazos. Firmado el día 1º de noviembre, provocó reacciones agrias entre la izquierda del 26 de Julio en el Llano (Ramos Latour el día 4 lo calificó como el triunfo de: "los politiqueros parándose sobre nuestros cadáveres...") y en el exilio (donde Franqui desde Costa Rica decía que el pacto propiciaba una intervención "mediadora" estadunidense y se pronunciaba contra ella). El Che se siente traicionado y desconociendo las reacciones del conjunto del Movimiento y la del propio Fidel, que el 10 de noviembre desautoriza el pacto desde la sierra, se ve sumido en un mar de dudas.

Días más tarde se deshará el malentendido y el Che le escribirá a Fidel: *En este momento llega el mensajero con tu nota del 13, te confieso que junto con la nota de Celia, me llenó de tranquilidad y alegría. No por ninguna cuestión personal, por lo que significa para la revolución eso. Vos sabés bien que yo no tenía la menor confianza en la gente de la dirección nacional, ni como jefes ni como revolucionarios...* Y propone en un ataque de maximalismo destituir a toda la Dirección nacional, como si hubieran estado implicados en el pacto.

El 8 de noviembre, el Movimiento 26 de Julio en La Habana organiza un despliegue espectacular haciendo explotar un centenar de bombas, petardos y explosivos en la capital. A las nueve de la noche comienza el concierto de ruido y fuego. El régimen está a la defensiva atacado en varios frentes.

Días más tarde el Che, que había sido advertido por Fidel, descubre que la columna de Sánchez Mosquera vuelve a incursionar en lo que considera sus territorios. Tras infructuosas emboscadas, y habiendo fracasado en el intento de explotarles una mina al paso, los guardias avanzan utilizando a la población campesina como escudo, tanto en los camiones como en las exploraciones a pie. El Che trata de cerrar el cerco, pero se le cuelan por un camino desguarnecido incendiando bohíos.

En una de las marchas para tenderles un cerco el Che llega a un caserío donde había una guitarra y un tres y se arma una fiesta con canciones y baile: la primera fiesta campesina cubana que veía en su vida. La presencia de un perro provoca que recuerde en él a un cachorro que se han visto obligados a asesinar durante la marcha para impedir que revelara su posición ladrando. De esa experiencia saldrá el mejor de sus relatos, "El cachorro asesinado", que habrá de escribir años más tarde.

La persecución no dará resultado. Y para las tropas será uno más de los paseos bárbaros que han realizado en esa zona de la sierra. *El ejército pasó por 6 emboscadas nuestras y no les tiramos. Algunos dicen que no tiramos por consideración a los niños. No tiré porque estaba a 500 metros, eran muchos y había perdido contacto con las otras emboscadas, estaba detrás de un banano, árbol no muy duro de la Sierra Maestra, y había dos preciosos aviones P47 rondándonos constantemente. Como dicen los intelectuales, nos comimos el mojón con pelo.*

El 24 de noviembre, después de la persecución infructuosa de la tropa de Sánchez Mosquera, el Che le escribe a Fidel: *Como tantas veces (¿No hay puestito de teniente coronel?) su ilustrísima tenía razón y el ejército se nos vino a las barbas. No te preocupes que no hubo nada hasta ahora en ninguno de los sentidos...* Y presenta un primer informe sobre El Hombrito: *Decidimos entonces crear una base de operaciones fija en El Hombrito y Zarzal y crear allí nuestra industria pesada. Tenemos ya la armería funcionando a todo trapo aunque no se ha podido hacer el morterito por la mala asistencia de Bayamo que no manda materiales. Encargué la fabricación de dos modelos experimentales de ballestas lanzagranadas que creo que pueden dar buenos resultados. Ya se han fabricado varias minas muy potentes pero no ha explotado ninguna todavía y el ejército se apoderó de una. La maquinaria de zapatería está instalada y capacitada para fabricar toda clase de implementos de talabartería y zapatería pero no se han recibido los materiales. Tenemos dos embriones de granja para la cría de puercos y aves de corral; se ha construido un horno de pan que tirará probablemente el primer kake al día siguiente de escrito esto, aniversario del embarque que nos hiciste. Hemos iniciado la construcción de una presa pequeña para dar energía hidroeléctrica a esta zona. Se creó un hospital estable, se va a iniciar la construcción de otro en buenas condiciones higiénicas. Los materiales ya están donados. Toda la zona se está cubriendo de refugios antiaéreos. Tenemos la intención de aguantar a pie firme y no ceder este lugar por nada.* La carta tiene un epílogo: *Vienen las noticias con una secuencia cinematográfica. Ahora los guardias están en Mar Verde. Vamos a toda máquina para allá. La continuación de esta interesante historia la leerás después.* Y remata: *Me olvidaba decirte que la bandera del 26 de Julio está en la punta de El Hombrito y trataremos que siga allí. Pusimos otra en la Corcabá para hacerle una emboscada a la avioneta y a los dos voluntarios les cayeron los P47 que les llenaron el culo de metralla (verídico; pero pedacitos chicos, sin novedad los voluntarios y también la avioneta).*

La bandera que coronaba la montaña tenía 6 metros y medio de largo y era no sólo un reto para forzar a que Sánchez Mosquera subiera a quitarla y una señal de territorialidad rebelde, también una provocación para las avionetas. Lucía un letrero en el que el 26 de Julio saludaba el nuevo año. La columna se había fotografiado ante ella: el Che en el centro sin arma, con un palo largo que le sirve de bastón; es como una foto de familia, con el patriarca, abuelito, el montón de adolescentes y su guía moral, el Che, en el centro, con su gorra de guagüero.

La presencia de la bandera provocó decenas de bombardeos. Años más tarde el director de cine Sergio Giral recogería de la memoria colectiva campesina serrana esos momentos, cuando los guajiros decían "borbardear" y miraban a un cielo en que ya no había aviones. Finalmente el propio Che habría de ordenar que la quitaran para impedir que lo hiciera un grupo de niños enviados por delante a punta de fusil por las tropas de Sánchez Mosquera.

No será la única vez que provoque a la tropa para que ascienda a la zona. En una conversación con el campesino José Lien, le decía: *Déjalos que suban, ¿para qué creen ustedes que estamos aquí tan cerca de ellos? Precisamente para provocarlos a que suban.*

El 29 de noviembre se produce el combate de Mar Verde. *Poco antes de la madrugada, cinco o cinco y media de la mañana, me levanté después de dormir sin angustias, con el sexto sentido, desarrollado en la vida militar, embotado ese día por el cansancio y la comodidad de una cama campesina del poblado de Mar Verde. Hicimos el desayuno tranquilamente mientras se esperaban noticias de los múltiples mensajeros que habían sido enviados para hacer contacto con los grupos guerrilleros.* Un mensajero informa que a unos 500 metros había soldados robando gallinas, quienes eran la vanguardia del destacamento de Sánchez Mosquera situado a un par de kilómetros. El Che analiza la situación. No cuenta con las tropas de Camilo que se habían enfrentado en otra zona a la columna el día anterior y tenía que cerrar con emboscadas dos de los posibles caminos de la tropa. Dividiendo sus pelotones, él con su pequeña escuadra monta la emboscada por el camino que baja hacia el mar, donde pensaba que era más segura la salida del ejército.

En las primeras horas de la mañana, ya completo el cerco, se dio la voz de alarma. Cubierto por un mango del que se habrá de acordar perfectamente al paso de los años, el Che espera. *Se oyeron los pasos de los soldados casi encima nuestro (...) En esa época mi única arma era una pistola Luger y me sentía nervioso por la suerte de los dos o tres compañeros que estaban más cerca que yo del enemigo, de modo que apuré demasiado el primer disparo y erré el tiro. Inmediatamente, como sucede en estos casos, se generalizó el tiroteo y fue atacada la casa donde estaba el grueso de las fuerzas de Sánchez Mosquera.* Joel Iglesias, seguido por otros dos rebeldes, avanzaba buscando a los hombres de la vanguardia de la tropa a los que el Che ha disparado y se metía por el mismo camino de los soldados, siguiendo el túnel vegetal. Oía su voz intimándoles la rendición y asegurando la vida a los prisioneros. De pronto, se oyó una sucesión rápida de disparos y los compañeros me avisaron que Joel estaba gravemente herido. Joel cuenta: "El Che salió desafiando las balas hasta donde yo estaba, me cargó en los hombros y me sacó de allí. Los guardias, que habían oído cómo alguien lo llamaba Che, no se atrevieron a dispararle. Un tiempo después los entrevisté y me narraron que les impresionó mucho verlo salir con la pistola en el cinto, desafiar el peligro hasta donde yo estaba y cargarme como lo hizo, que no se atrevieron a disparar". *La suerte de Joel, dentro de todo, fue extraordinaria, tres fusiles Garand le dispararon a quemarropa: su propio fusil Garand fue atravesado por dos balas y su culata rota, otra le quemó una mano, la siguiente una mejilla, dos le perforaron el brazo, dos una pierna, y algunas otras más le dieron rozones también. Estaba cubierto de sangre pero, sin embargo, sus heridas eran relativamente leves.*

Los tres soldados se rendirían poco más tarde y Vilo Acuña, indignado porque Joel estaba allí tirado cubierto de sangre, quería fusilar "a esos perros". El Che le dice:

—*Mira, esos perros me pudieron matar a mí y no me quisieron matar. Y no resolvemos nada matando a esos perros, a los que hay que matar es a los perros principales, a los que avivan a estos. Estos son unos infelices que están ganando un sueldo y no tienen un ideal siquiera.*

Sergio del Valle y el Che le hacen una cura de campaña a Joel mientras los combates continúan y luego lo envían junto con los prisioneros a la retaguardia, donde el doctor Martínez Páez lo opera con anestesia a base de ron.

Al interrogar a los soldados descubren que Sánchez Mosquera está parapetado con una compañía de 100 hombres con ametralladoras y abundantes municiones. *Entendimos que lo mejor era no empeñar un combate directo, de resultados dudosos, ya que nuestras fuerzas tenían aproximadamente el mismo número de combatientes, pero con armamento inferior y Sánchez Mosquera estaba a la defensiva, bien parapetado. Decidirnos acosarlo para imposibilitar sus movimientos hasta que llegara la noche, momento propicio para nuestro ataque.* La oportunidad se perderá porque una nueva columna del ejército sube desde la costa y hay que montar nuevas emboscadas para frenarlos.

El 29 de noviembre, mientras los rebeldes se limitan a cercar y hostigar a la columna de Sánchez Mosquera, Ciro Redondo muere al intentar golpear las posiciones enemigas y los refuerzos rompen la contención rebelde forzando la retirada. *La pesadumbre era grande, se aunaba el sentimiento por no haber podido aprovechar la victoria contra Sánchez Mosquera y la pérdida de nuestro gran compañero Ciro Redondo.* Días más tarde el Che le escribirá a Fidel: *Fue un buen compañero y, sobre todo, uno de tus inconmovibles puntales en cuanto a obsesión de lucha. Creo que sería de estricta justicia que se le dé el cargo de comandante, aunque no sea nada más que para los fines históricos, que es lo único a lo que podemos aspirar muchos de nosotros.* En la retirada el Che nuevamente asume la última posición y a pesar de los gritos de sus compañeros para que se cubra

190

o se agache combate de pie disparando. En ese momento una *bala dio en el tronco de un árbol a pocos centímetros de mi cabeza y Leonel Rodríguez me increpó por no agacharme. Después razonaba este compañero, quizás con la tendencia a las especulaciones matemáticas impuestas por su carrera de ingeniero, que él tenía más chance de llegar con vida al fin de la revolución que yo, pues nunca la arriesgaba si no era para cosas necesarias.* Ahora el Che había decidido defender la base de El Hombrito a toda costa, consciente de las debilidades de su columna, de la incapacidad para organizar luchas prolongadas o cercos que se sostuvieran. Más allá de la intención: *Si quieren entrar aquí tendrán que pelear varios días,* cubre sus espaldas trasladando a los heridos a la más inaccesible zona de La Mesa. Antes de una semana volverá a entrar en combate cuando la columna de Sánchez Mosquera inicia la ascensión hacia El Hombrito por la zona de Santa Ana. Las minas no explotan y las emboscadas de contención son desbordadas. Con todo el dolor de su corazón y antes de que queden las otras patrullas aisladas por el avance de los soldados, da la orden de abandonar El Hombrito y montar una nueva emboscada en *un pequeño montículo que sobresale en la línea de la Maestra* llamado Altos de Conrado. *Allí estuvimos pacientemente esperando, durante tres días, haciendo guardias constantes las 24 horas. Las noches eran muy frías y húmedas a aquellas alturas y en aquella época del año, realmente, ni teníamos la preparación necesaria ni el hábito de pasarnos toda la noche en posición de combate a la intemperie.* A pesar de las recomendaciones de Fidel, el Che se coloca en la primera posición de la emboscada (*la moral de la gente estaba bastante decaída como resultado del ajetreo infructuoso a que fue sometida y consideré necesaria mi presencia en la primera línea de fuego*). Finalmente el 8 de diciembre el ejército avanza, sometido a la guerra sicológica de la guerrilla. *Oíamos los gritos de la tropa en una discusión muy violenta en la cual se alcanzó a escuchar con toda nitidez, por mí personalmente, pues estaba atisbando desde la orilla del paredón, el grito de alguien que mandaba, al parecer un oficial y que decía: "Usted va delante por mis cojones", mientras el soldado, o quien fuera, respondía airadamente que no. La discusión cesó y la tropa se puso en movimiento.* La emboscada está diseñada para que sea Camilo el que abra el fuego a bocajarro y el resto de las fuerzas de la guerrilla tienen la orden de esperar bajo cubierto hasta que se oigan los primeros disparos. Pero el Che está desesperado, demasiadas veces en estos últimos meses las cosas no han salido como se planeaban, de manera que: *Atisbando, contra la orden que yo mismo había dado, pude apreciar ese momento tenso antes del combate en que el primer soldado apareció mirando desconfiado a uno y otro lado y fue avanzando lentamente. De verdad, todo allí olía a emboscada, era un espectáculo extraño al paisaje; el Peladero con un pequeño manantial que corría constantemente, en medio de la exuberancia del bosque que nos rodeaba. Los árboles, algunos tumbados y otros en pie, muertos por la candela, daban una impresión tétrica. Escondí la cabeza esperando el comienzo del combate,* sonó un disparo y enseguida se generalizó el fuego. *Después me enteré que no había sido Camilo el que tiró; Ibrahim, nervioso por la espera, disparó antes de tiempo y en pocos instantes se había generalizado el tiroteo.*

De pronto sentí la desagradable sensación, un poco como de quemadura o de la carne dormida, señal de un balazo en el pie izquierdo que no estaba protegido por el tronco. Acababa de disparar con mi fusil, simultáneamente con la herida oí el estrépito de gente que avanzaba rápidamente sobre mí, partiendo ramas, como a paso de carga (...) Revolviéndome como pude, con desesperada celeridad, llegué a empuñar la pistola en el mismo momento en que aparecía uno de los combatientes nuestros de nombre Cantinflas. Sobre la angustia pasada y el dolor de la herida, se interponía de pronto el pobre Cantinflas, diciéndome que se retiraba porque su fusil estaba encasquillado. Lo tomé violentamente de las manos mientras se agachaba a mi lado y examiné su Garand, solamente tenía el clip levemente ladeado y eso lo había trabado. Se lo arreglé con un diagnóstico que cortaba como una navaja: "Usted lo que es, es un pendejo". Cantinflas, Oñate de apellido, tomó el fusil y se incorporó, dejando el refugio del tronco, para vaciar su peine de Garand en demostración de valentía. Sin embargo, no pudo hacerlo completo porque una bala le penetró por el brazo izquierdo saliéndole por el omóplato, después de cubrir una curiosa trayectoria. Ya éramos dos los heridos en el mismo lugar y era difícil retirarse bajo el fuego, había que dejarse deslizar sobre los troncos de la tumba y después caminar bajo ellos, heridos como estábamos y sin saber del resto de la gente. Poco a poco lo hicimos, pero Cantinflas se fue desmayando y yo, que a pesar del dolor, podía moverme mejor, llegué hasta donde estaban los demás para pedir ayuda.

Los soldados se habían replegado seguramente con alguna baja, pero la situación no era clara. El Che ordena un repliegue por escuadras y ordena que evacuen a Oñate. Luego consigue un caballo, porque el dolor ha retornado y no puede caminar. Pensando que la tropa ha tomado el Alto de Conrado monta nuevas emboscadas y ordena a Ramiro que al mando de la mayor parte de la columna se dirija a tomar contacto con Fidel, *pues había cierta sensación de derrota y de miedo en nuestra tropa y quería permanecer solamente con la gente indispensable para realizar una defensa ágil.* Para esta labor elige el pelotón de Camilo. La herida del Che en el pie producirá un tremendo efecto entre los campesinos de la zona. En principio no se lo creían. El rumor de que el Che estaba herido no pasaba. Incluso una mujer fue a verlo en el bohío en el que estaba acostado y se produjo el siguiente diálogo:

—Che, ¿tú estás herido? No, no es cierto.

Y el Che tuvo que enseñarle la herida en el pie y decirle que no era importante. Años más tarde en un documental, los guajiros de El Hombrito y La Mesa se mostrarán ante la cámara llorando al recordarlo.

Un día después del combate una patrulla de exploradores descubre que el ejército se ha retirado. Pero en su penetración había dejado quemadas las casas de los campesinos y destrozada la pequeña infraestructura de El Hombrito. *Nuestro horno de pan había sido concienzudamente destruido y entre las ruinas humeantes solamente se encontraron algunos gatos y algún puerco que escapó a la vesania del ejército invasor para caer en nuestras fauces.* Le debería doler en el alma al Che la destrucción de su base y así se traslucía en una carta que le enviaba a Ramos Latour el día 14: *El Hombrito quedó liso como una tabla, con 40 casas quemadas y todos nuestros sueños rotos.* En los siguientes días el doctor Machado Ventura lo operará con una cuchilla de afeitar extrayendo una bala de M1 y ya el 12 de diciembre Ramiro le reportaba a Fidel que "quizá en estos momentos esté dando los primeros pasos".

Será mientras se encuentra convaleciente de la herida que, hacia la mitad de enero del 58, la CIA comienza a interesarse en el comandante argentino del 26 de Julio. Existe en los archivos estadunidenses una larga serie de reportes biográficos, casi todos ellos muy preocupados en determinar si es comunista, simpatizante comunista o algo parecido. Y en todos se llega a contradictorias conclusiones.

Curiosamente en los reportes se menciona que el Che, en lugar de leerle a Marx a sus tropas, les anda leyendo a Charles Dickens y Alphonse Daudet.

En otro informe se habla de que conoce bien a escritores como Curzio Malaparte y Arthur Koestler (el reporte tiene un anexo donde explica a los posibles lectores, sin duda no muy ilustrados, quiénes son Koestler y Malaparte) e incluso se le compara en otro documento con los personajes de André Malraux.

Han pasado cuatro meses y medio desde que lo han nombrado comandante, y el Che se siente fracasado. Ha dirigido unas cuantas escaramuzas exitosas, cuyos resultados iniciales no ha podido explotar, ha tenido que replegarse varias veces, ha tenido que ceder su querida base de El Hombrito; tiene choques continuos con la dirección del Movimiento en el Llano y ha desoído los consejos de Fidel arriesgándose demasiado, por lo que ahora está herido. Esta sensación explica por qué se queda a cargo de un destacamento y le devuelve a Fidel el mando directo de la parte más importante de su columna con Ramiro Valdés. Y quizá sea pronto para que pueda evaluar los dos grandes éxitos que ha tenido en estos meses: ha creado una amplísima red campesina que tiene por él verdadera adoración y respeto y ha logrado en torno a él un aura mágica. El Che es el justo, el igualitario, el que no pide a nadie que haga lo que él no hace. Estos dos elementos valdrán mucho más de lo que parece. Y Fidel, en lugar de relevarlo del mando de la columna 4, se dará cuenta de ellos.

CAPÍTULO 16

La polémica

Comandante de la columna 4, con el burro Balansa.

A fines del año, las tropas enemigas se retiraban una vez más de la sierra y quedábamos dueños del territorio existente entre el pico Caracas y Pino del Agua, de oeste a este, el mar al sur y los pequeños poblados de las estribaciones de la Maestra, ocupados por el ejército al norte. Se produce una paz armada, un respiro. Ni la guerrilla puede operar contra posiciones fuertemente defendidas ni el ejército se anima a subir a la sierra.

Se creaba al mismo tiempo la necesidad de una nueva infraestructura, esta vez más amplia, para resolver los problemas de alimentación, medicina, propaganda, armas y parque de la guerrilla. Como primera medida, ordenamos siembras especiales a algunos campesinos, a los cuales asegurábamos las compras de las cosechas de frijoles, de maíz, de arroz, etcétera, y, al mismo tiempo organizábamos con algunos comerciantes de los pueblos aledaños, vías de abastecimiento que permitían llevar a la sierra la comida y algunos equipos. Se crearon arrias de mulos pertenecientes a las fuerzas guerrilleras que no sólo transportaban comida sino también medicinas.

Las armas fue difícil lograrlas desde el llano; a las dificultades naturales del aislamiento geográfico, se agregaban las necesidades de las mismas fuerzas de las ciudades y su renuencia a entregarlas a las fuerzas guerrilleras, duras discusiones tuvo que mantener Fidel para que algunos equipos llegaran. Y si había problema con el armamento y muchas veces el objetivo central del combate era desarmar a un soldado, los problemas con las municiones eran aún mayores.

Es bajo estas tensiones y urgencias que el Che no renuncia a la idea de un campamento y una infraestructura y poco después de la pérdida de El Hombrito se moviliza hacia La Mesa. En las cercanías de la casa de Polo, el Capitán Descalzo, más arriba de El Hombrito, por caminos casi inaccesibles, se llega a La Mesa. El nombre le pertenece. El Che ha bautizado al valle rodeado de cuatro cerros como La Mesa Volteada y a uno de ellos como La Pata de la Mesa. Ahí vuelve a darle forma a su idea de una base permanente. Desde el 3 de diciembre empiezan las obras para construir el campamento camuflajeado, regado en el valle, en el que existirá un hospital, una talabartería para hacer botas, bien indispensable en la lucha guerrillera, e incluso gorras (ese es el origen de la gorra de camionero, guagüero en Cuba, que portaba el Che de vez en cuando) y la armería dotada de un pequeño torno. A lo que se añadiría un taller para hacer puros (que según el Che eran muy malos, pero que según los periodistas Biggart, del *New York Herald Tribune* y el uruguayo Carlos María Gutiérrez, eran tan buenos como los Partagás que se compraban en La Habana).

En La Mesa funcionaba además una escuela, en la que se enseñaba a leer a los niños campesinos e incluso a soldados prisioneros y Carmencita alfabetizaba a adultos. El Che tenía a otros rebeldes trabajando como alfabetizadores y el periodista español Meneses recuerda y reseña la carta que uno de ellos le envió al Che en un tono pomposo diciendo que carece de lo más rudimentario para dar clases a los niños campesinos, y la airada respuesta del Che: *He recibido con regocijo tu misiva en la que lamentas no disponer de los pertinentes instrumentos para desarrollar tu labor pedagógica en la satrapía que te fue asignada por la revolución. Los pueriles sujetos de tu atención académica se las tendrán que arreglar con tu ingenio, ya que no dispongo de esas armas de cultura que reclamas. Aprovecho la ocasión para comunicarte que la próxima vez que hagas caminar a un hombre diez horas para decirme semejante sarta de estupideces te mando a alguien para que te corte los cojones. ¿Asimilado? Tu cabreado comandante. Che.*

En esta nueva labor organizativa, el Che sigue chocando con la estructura del 26 de julio en las ciudades. Ya desde el 9 de diciembre le había escrito a Fidel: *Si nos vemos, o tengo oportunidad de escribirte más largo, tengo que darte quejas contra la dirección, pues llega mi suspicacia a suponer que hay hasta un directo sabotaje contra esta columna o más claramente, contra mi persona. Considero que frente a este hecho sólo hay dos soluciones: actuar severamente para impedir medidas de este tipo, o retirarme haciendo hincapié en incapacidad física o lo que te parezca mejor. Esta consideración no es dictada por el despecho que me causó, que significó tener que abandonar El Hombrito (…) Los hechos son un poco sutiles para poder darte pruebas concluyentes, pero tendrás oportunidad de leer cartas de allí, donde se me contesta a esos pedidos, grande y urgente, con tres páginas aferrándose a un párrafo mío en el que no hice más que cumplir órdenes que tenía en cuanto a los visitantes por la libre.*

Revisando la correspondencia entre la Sierra y el Llano, hoy parece evidente que el Che juzgaba con excesiva dureza a sus compañeros de las redes urbanas, sometidos al terror de la policía batistiana, frecuentemente detenidos y torturados, sujetos a delaciones y dificultades producto de la clandestinidad y con constantes quiebras en la línea de comunicación con la sierra.

El 12 de diciembre Ramos Latour le informa a Fidel que le ha enviado al Che por la vía de Bayamo 17 mil cartuchos y balas sobre todo de calibre 22, aunque también 44 y 30.06. Así como 2 mil pesos por la vía de Yao. Y dos días más tarde le escribe al Che: "Che, supongo que ya tendrás en tu poder la mayor parte del parque enviado (…) te aseguro que he llegado a la desesperación al recibir uno tras otro tus pedidos y verme prácticamente impotente para resolver la situación (…) Todo lo que te envié fue adquirido aquí en lotes de 50, 100, 200, pagándolos a cualquier precio (…) Sabes que soy un tenaz defensor de la organización en el sentido más estricto de la palabra. Sin embargo, ahora que he tratado de poner en tus manos en forma rápida el parque que pediste y he tropezado con la irresponsabilidad de la gente, las demoras, las indecisiones, etc., me he dado cuenta de por qué te agarraste a Ferrer y de otros que pusieron en tus manos lo que la dirección de Bayamo no supo hacerte llegar. A tal extremo llegó mi desesperación, que estuve a punto de trasladarme para Bayamo y llevarte yo mismo el material, abandonando todas las otras labores que nos agobian en estos momentos (…) dentro de unos días recibirás 200 abrigos, 75 calzoncillos de lana, 150 pares de medias, el nuevo mimeógrafo y algunas cosas más que te estamos enviando".

La red parece mejorar porque el Che se hará con un pequeño generador eléctrico, logrará que llegue hasta sus manos el tomo 1 de *El capital* de Marx, que había empezado a leer en México y no había terminado, y un mimeógrafo mejor, lo que le permitirá reanudar la producción de *El Cubano Libre*, el periódico serrano, que a lo largo de enero comenzará a bajar hacia la periferia de la sierra y las ciudades cercanas, a través de una red hormiga en la que decenas de campesinos, y sobre todo campesinas, se juegan la vida.

El Cubano libre, del que un campesino decía que había que leerlo a la luz del sol o con un farol bien grande, porque la impresión de esténcil era un desastre, pero que subía mucho la moral, era una de las obsesiones del Che y le había dedicado muchas horas al montaje de su infraestructura y no pocas broncas, como cuando descubrió que alguien había usado un ejemplar como papel higiénico y estuvo a punto de poner a pan y agua a todo el personal de la comandancia.

A pesar de sus abruptos ataques de rabia, sus hombres y los campesinos de la zona tenían por él un enorme afecto, sorprendidos por ese argentino que sufría tremendos ataques de asma, que tomaba el café sin azúcar, hablaba poco, era agresivo con los reclutas a los que sometía a bromas y de cuyo valor dudaba en voz alta. Carmencita lo describe así: "En la sierra nadie hablaba mal del Che, la gente lo quería, nadie se sentía injustamente tratado, nadie lo responsabilizaba con las cosas que pasaban, nadie se atrevía a decirle una mentira y confiaban en él, en su sabiduría. Era un guerrillero sabio, lo estimaban, lo respetaban y lo trataban de usted".

Usted, Che… Y es ese Che respetado por los campesinos el que extiende su polémica con los hombres del Llano más allá de sus dudas sobre las redes de comunicación y abastos.

El 23 de noviembre Armando Hart le escribía al Che señalando que necesitaban mantener la estructura de mando del Llano; que existían muchos oportunistas tratando de establecer contacto directo con la sierra y que aceptarlos significa debilitar la estructura urbana del 26 de Julio que tanto trabajo había costado montar y que bajo la clandestinidad forzada por la represión costaba tanto trabajo mantener. Respecto a las diferencias políticas, Hart dejaba claro que "te aseguro incluso que si conversaras con nosotros ampliamente comprenderías…" que los hombres del Llano no eran conservadores ni querían nexos con el sector más liberal de la oligarquía. La carta era extremadamente amable e incluso cariñosa hacia el Che.

El 14 de diciembre el Che le contestaba a Ramos Latour, el sucesor de Frank País (en lo que años más tarde autocalificaba como *una carta bastante idiota*), defendiendo sus derechos y prioridades guerrilleras ante *las objeciones que constantemente me hacen sobre mi actividad centrípeta*. Y de ahí pasaba sin solución de continuidad a enfrentarse al Llano estableciendo diferencias políticas: *Pertenezco por mi preparación ideológica a los que creen que la solución de los problemas del mundo está detrás de la llamada cortina de hierro y tomo este movimiento como uno de los tantos provocados por el afán de la burguesía de liberarse de las cadenas económicas del imperialismo. Consideré siempre a Fidel como un auténtico líder de la burguesía de izquierda, aunque su figura esté realzada por cualidades personales de extraordinaria brillantez que lo colocan muy por arriba de su clase. Con este espíritu inicié la lucha: honradamente sin esperanza de ir más allá de la liberación del país, dispuesto a irme cuando las condiciones de la lucha posterior giraran hacia la derecha (hacia lo que ustedes representan). Y reconocía que en los momentos del Pacto de Miami pensé lo que me avergüenzo de haber pensado. Afortunadamente llegó la carta de Fidel...*

Y terminaba, a pesar de la dureza de la carta, *me gustaría que pudiera haber una explicación*.

Ramos Latour respondía el 18 de diciembre: "Acaba de llegar a mis manos la carta que tú mismo calificas de dura y cuyo contenido simplemente me sorprende sin que en modo alguno pueda llegar a herirme (...) por las expresiones de quienes, como tú, no me conocen lo suficiente para juzgarme. Debo aclararte que si te doy una respuesta, lo hago por el respeto, la admiración y el criterio que sobre tu persona siempre he mantenido y que no ha variado en lo más mínimo a pesar de tus palabras". Tras esta elegante introducción Ramos Latour aclaraba que su respuesta hablaba en nombre de todos los miembros de la Dirección nacional en el Llano y explicaba los sacrificios de las redes urbanas que se despojan de una bala con la que podrían defenderse para hacerla llegar a la sierra y citaba ejemplificando con la célula de Mayarí que entregó a la sierra los fusiles que habían recuperado y realizaban acciones desarmados.

Pasa a la definición de campos y su visión sobre el comunismo y la deja zanjada con un "la solución a nuestros males no está en liberarnos del nocivo dominio yanki por medio del no menos nocivo dominio soviético".

Y deja bien claro que ellos también están en la izquierda: "Tú sientes al igual que nosotros la necesidad de eliminar de nuestros países la corrupción administrativa, el militarismo, el desempleo, el pauperismo, el analfabetismo, la insalubridad, la privación de derechos sociales...", y se define como un obrero ("no de los que están preocupados por lo que pasa en Egipto y no se lanzan en Cuba", clara alusión a los comunistas del PSP), un obrero con estudios de ciencias sociales y derecho que abandonó para ir a la guerra. Y remata señalando que la polémica es estéril "en tanto que sigamos trabajando como hasta ahora por el triunfo de la revolución".

Pero la cosa no habría de quedar allí.

Armando Hart subiría a la sierra en enero del 58 y tendría una nueva carta dirigida al Che en respuesta a sus desconfianzas a la dirección del Llano. Fidel, preocupado por el tono que a veces adquiría el debate le ordenó a Hart que no se la entregara; pero cuando descendía de la sierra fue capturado y la carta quedó en manos del ejército. Mientras la vida de Hart pendía de un hilo, los instrumentos de la propaganda gubernamental airearon el debate y enfatizaron las discrepancias existentes dentro del M26.

Raúl Castro se vería el 20 de enero obligado a dar explicaciones a Fidel aclarando que él nunca le había hablado al Che de Stalin en ninguna carta, y que el origen del rumor se generaba en la carta ocupada a Hart, quien finalmente se salvó de la muerte, aunque fue encarcelado en la isla de Pinos.

La polémica parecía quedar zanjada por las circunstancias, pero el Che percibía algunas diferencias aún existentes entre la Sierra y el Llano aunque mezclara con ellas el debate sobre el socialismo como alternativa y sus quejas sobre los abastos a la sierra. Años más tarde diría: *La Sierra estaba ya segura de poder ir desarrollando la lucha guerrillera; trasladarla a otros lugares y cercar así, desde el campo, a las ciudades de la tiranía, para llegar a hacer explotar todo el aparato del régimen mediante una lucha de estrangulamiento y desgaste. El Llano planteaba una posición aparentemente más revolucionaria, como era la de la lucha armada, en todas las ciudades, convergiendo en una huelga general que derribara a Batista y permitiera la toma del poder en poco tiempo (...) Huelga general llamada por sorpresa, clandestinamente, sin una preparación política previa y sin una acción de masas.*

Sin faltarle razones, la visión del Che tendía a subvalorar el papel que la lucha urbana había tenido y seguía teniendo en el proceso revolucionario, y al negar (quizá porque le faltaba la visión de la continuidad del movimiento a partir del asalto al Moncada en el 53) el proceso político que había cercado a la dictadura, veía a la guerrilla como un proceso autónomo y no como la vanguardia de una amplia disidencia popular de la que se alimentaba y a la que alimentaba. Más allá de su profunda inteligencia y enorme capacidad de intuición, de la universalidad antiimperial que le daba su latinoamericanismo bolivariano, a veces el Che, en lo que a Cuba se refería, no era más que un intelectual guajiro que nunca había puesto pie en una ciudad.

No eran estos debates la única preocupación del Che; además de lo militar, tenía también en la cabeza el proyecto de poner a funcionar una estación de radio desde la sierra.

El 23 de diciembre del 57 uno de sus oficiales le había contado que conocía a un técnico en Bayamo que pensaba que se podría construir una emisora en la sierra. El Che le entrega 10 pesos para que lo enlace y da luz verde. Ya se había hablado del asunto antes a iniciativa de Frank País, pero se trataba entonces más bien de un medio de enlace entre la comandancia de Fidel y la dirección en Santiago. El hombre es Eduardo Fernández, un pequeño radiotécnico con un taller de reparaciones en Bayamo, miembro de la red del 26 de Julio. Al paso de los días Eduardo se entrevista con el Che en el campamento de El Hombrito y recuerda: "Lo vi completamente interesado y entusiasmado en la cuestión".

El 8 de enero del 58 el Che escribe: *Comunícale a Daniel, Débora o cualquiera de la Dirección que tengo un técnico que se compromete a hacer una planta transmisora en quince días, a un costo de $500 aproximadamente. La Planta puede venir por La Habana. El técnico vive en Bayamo, Zenea 54, su nombre es Eduardo Fernández.* Dos semanas más tarde Ramos Latour ha tomado cartas en el asunto: "Estoy esperando que el técnico nos diga los materiales que necesita para hacerla y poder situárselos". En Santiago, en un local extraño el mítico Daniel (Ramos Latour) se reúne con Fernández. Poco más tarde en La Habana irán apareciendo los equipos necesarios, se montará una pequeña planta y será transportada de nuevo en piezas a Bayamo. Ése es sólo el principio, luego seguirán infinidad de penurias para construir y transportar la emisora hasta el corazón de la Sierra Maestra: primero será llevada a Contramaestre, en las estribaciones de las montañas evadiendo el cerco del ejército. Luego entrará en la sierra en un jeep con dos mujeres sentadas arriba del equipo cubriéndolo con sus anchas faldas. De ahí la planta irá a dar a la casa de la abuela de Ciro Redondo, luego a hombro cruzará unos potreros y finalmente una patrulla de la columna del Che se hará cargo del equipo. En la segunda semana de febrero, el rumor de que tendrán su propia estación de radio corre entre los rebeldes. El primer capítulo de las tribulaciones de una planta radiofónica ha culminado.

Mientras tanto, el Che desarrolla en La Mesa otro de sus más caros proyectos, la armería. Apoyándose en Oris Delfín Zaldívar, con el que ha venido trabajando desde la época de El Hombrito, están desarrollando *nuestra última arma, a la que atribuimos una importancia excepcional, el M-26, también llamado Sputnik, una pequeña bombita de hojalata que primeramente se arrojaba mediante un complicado aparato, una especie de catapulta confeccionada con las ligas de un fusil de pesca submarina. Más tarde fue perfeccionado hasta lograr impulsarlo por un disparo de fusil, con bala de salva, que hacía ir más lejos el artefacto. Estas bombitas hacían mucho ruido, realmente asustaban pero, dado que solamente tenían una coraza de hojalata, su poder mortífero era exiguo y sólo inferían pequeñas heridas cuando explotaban cerca de algún soldado enemigo.*

Terminado el sputnik, en esos días estaban probando un lanzagranadas mejorado de la versión LM1 que era muy incómoda y el 10 de enero le mandaba una nota a Oris con un esquema de una ballesta primitiva. Existe una fotografía de Oris y el Che con el lanzagranadas ballesta entre ambos; Oris se ve orgulloso, como si bautizara a un nuevo hijo, el Che está ceñudo, parece que no lo tiene tan claro. En febrero, a sugerencia de Fidel, el lanzagranadas se ajustaría a un fusil y más tarde a una escopeta.

El 16 de febrero Fidel vuelve a concentrar sus columnas para un golpe de efecto, nuevamente en Pino del Agua, en una operación más bien de hostigamiento y emboscadas y sin la pretensión de tomar el cuartel, ahora custodiado por una compañía completa.

Fidel dirigió personalmente el ataque y el pelotón de Guillermo García emboscaba a los posibles refuerzos al cuartel sitiado. A las cinco de la mañana Camilo avanzó descubriendo que los guardias se habían replegado. El ejército había instalado un sistema elemental de alarmas, consistente en unos hilos a ras del suelo que tenían amarradas unas latas, las que sonaban al pisarlas o tocar el hilo pero, al mismo tiempo, habían dejado algunos caballos pastando, de manera que cuando la vanguardia de la columna tropezó con la alarma, se confundieron con el ruido de los caballos. Así Camilo pudo llegar prácticamente hasta donde estaban los soldados.

Se produce entonces un bombardeo ineficaz por parte de los rebeldes y luego la vanguardia de Camilo entra en combate sobre las avanzadas del ejército sufriendo varias bajas. *En pocos minutos las fuerzas de Camilo habían arrasado con la resistencia, tomando 11 armas, entre ellas dos fusiles ametralladoras y tres guardias prisioneros, además de hacer 7 u 8 muertos, pero inmediatamente se organizó la resistencia en el cuartel y fueron detenidos nuestros ataques.*

En el intento de continuar la ofensiva los rebeldes sufren varias bajas, incluido el propio Camilo, que es alcanzado en una pierna. *A pesar de su herida, Camilo volvió a tirarse para tratar de salvar el arma, ya en las primeras luces de la madrugada y en medio de un fuego infernal; volvió a ser herido, con tan buena suerte que la bala le penetró en el abdomen saliendo por el costado sin interesar ningún órgano vital. Mientras salvaron a Camilo, perdiéndose la ametralladora (…) algunos combatientes aislados, desde posiciones cercanas al cuartel, lo bombardeaban con los sputniks o M-26, sembrando la confusión entre los soldados.*

A media mañana reinaba la calma rota tan sólo por ráfagas esporádicas. En esos momentos, un joven oficial de la dictadura llamado Evelio Laferté, escuchaba las comunicaciones por radio entre la guarnición de Guisa y los sitiados en Pino del Agua que querían retirarse o rendirse. El tono iba subiendo: "¡Pendejos, maricones, no se rindan o los vamos a fusilar!".

Poco más tarde la predicción de Fidel se cumplía y una compañía subía desde Oro de Guisa para caer en una de las emboscadas, la dirigida por Paco Cabrera. La vanguardia de la compañía batistiana fue arrasada: 11 muertos, cinco prisioneros, entre ellos el teniente Laferté, y armas abundantes.

Una segunda emboscada fracasará porque los soldados logran descubrir las posiciones de los rebeldes, pero aunque Raúl Castro tiene que replegarse, el cerco sobre Pino del Agua se mantiene. *Por la noche, insistí en que era posible un ataque del tipo del que Camilo realizara y dominar a los guardias que estaban apostados en Pino del Agua. Fidel no era partidario de la idea pero en definitiva accedió a hacer la prueba, enviando una fuerza bajo el mando de Escalona, que constaba de los pelotones de Ignacio*

Pérez y Raúl Castro Mercader; los compañeros se acercaron e hicieron todo lo posible por llegar hasta el cuartel pero eran repelidos por el fuego violento de los soldados y se retiraron sin intentar nuevamente el ataque. Pedí que se me diera el mando de la fuerza, cosa que Fidel aceptó a regañadientes. Mi idea era acercarme lo más posible y, con cócteles Molotov hechos con la gasolina que había en el propio aserrío, incendiar las casas que eran todas de madera y obligarlos a rendirse o a salir a desbandada, cazándolos, entonces, con nuestro fuego.

Pero Fidel no está convencido y le manda una nota al Che: "Si todo depende del ataque por este lado, sin apoyo de Camilo y Guillermo, no creo que deba hacerse nada suicida porque se corre el riesgo de tener muchas bajas y no lograr el objetivo. Te recomiendo, muy seriamente, que tengas cuidado. Por orden terminante, no asumas posición de combatiente. Encárgate de dirigir bien a la gente que es lo indispensable en este momento". El Che valora la situación y decide no entrar en combate. De cualquier manera se repliega a regañadientes diciéndole a Juan Almeida, que ha sido el portador del mensaje: *Dile a Fidel que se marche. Yo me quedaré un rato más. He descubierto que la pólvora es lo único que me alivia el asma.* La columna se retira bajo un bombardeo de los B26 que inquieta más que daña.

Cuando retorna a su campamento en La Mesa, precedido por Camilo que viene en unas parihuelas, se enterará que los periódicos han informado que está herido. Allí se encuentra el periodista uruguayo Carlos María Gutiérrez, quien hace de él la siguiente descripción: "Los bolsillos de la camisa verde olivo le reventaban de papeles, libretas y varios lapiceros (...) los bolsillos laterales del pantalón estaban repletos como alforjas y deformados bajo el peso de más balas, calcetines y algunos libros". La descripción es exacta, hay una foto de Meneses, cuando el Che se reunió con Fidel para preparar el ataque a Pino del Agua, en el que Guevara, con su inseparable mulo, parece un remedo de Santa Claus: gorra de camionero, un suéter oscuro hinchado bajo el que trae insospechadas cosas, una chamarra, pantalones con bolsillos que parecen dos pequeños sacos y el inevitable cabo de tabaco entre los dientes.

El Che recibe a Carlos María con un seco:

—¿Vos sos el uruguayo? Tomá un mate.

El Che ha introducido en la sierra el hábito de tomar mate en lugar del café tradicional, lo que tiene muy desconcertados a los guajiros. ¿De dónde lo saca? Se lo manda su tía Beatriz. ¿Cuál es la red maravillosa de su tía desde la Argentina que llega hasta el fin del mundo en la Sierra Maestra?

Carlos María Gutiérrez sólo logrará una entrevista elusiva. Al Che le interesa hablar de fotografía, de telefotos, no contestar preguntas. Querrá mantener la reserva: "Sus armas defensivas son el sarcasmo repentino y la sonrisa en silencio, que me examinaban como evaluando mi impertinencia o mi ingenuidad. Che sabía construir sus reductos y manejar sus puentes levadizos. Pero también era un intuitivo de la cordialidad y sus brusquedades no dejaban heridas". Un día Carlos María Gutiérrez cuenta que le "informaron que el Che me invitaba a mudar mi hamaca al propio bohío de la comandancia; fui a agradecerle la deferencia, pero Guevara me silenció con un gesto apacible: *No es por vos; es que no me gusta tomar mate solo.*"

Quedará la constancia de las amorosas bromas que el Che le hace a Camilo en el hospital, su mejor amigo en la sierra, cómo le quita la gorra y se ríe de él...

La intervención de Fidel en el segundo combate de Pino del Agua provocó que días después un grupo de oficiales le enviáramos el documento (...) pidiéndole, en nombre de la revolución, que no arriesgara su vida inútilmente. Este documento, un tanto infantil, que hiciéramos impulsados por los deseos más altruistas, creemos que no mereció ni una leída de su parte y, de más está decirlo, no le hizo el más mínimo caso. Resultaba un poco chocante que comandantes y capitanes, jefes de pelotón, que dirigían el combate sobre la base del ejemplo, de la ley de los maumau, pidieran a Fidel que hiciera lo contrario. Ameijeiras cuenta: "Daba gusto ver a alguno de aquellos bisoños combatientes, a veces casi adolescentes, pararse en medio del combate y gritar cuando todo el mundo estaba aplastado contra el suelo y las balas chiflaban en los oídos: ¡Fulano, mírame! ¡La ley de los mau! Entonces se paraba gallardamente en medio de las balas y disparaba su arma contra el enemigo. A continuación el aludido lo imitaba (...) En resumen esa era la ley de los mau. Pelear de pie y avanzar en medio de las balas o tirarle de frente a los aviones. Cosas de hombres que hoy parecen cosas de locos".

Y los locos crecen. El 1 de marzo dos nuevas columnas se despegan de la columna madre. Almeida, al mando de la columna 3, se mueve hacia Santiago y Raúl Castro con la columna 6 avanza para formar un II Frente, también aproximándose a la capital provincial. Su salida coincide con el nacimiento de Radio rebelde.

Instalado en La Mesa, Fernández ha puesto en funcionamiento la emisora. En las primeras pruebas se pone en frecuencia de radioaficionados y cuando los encuentra emitiendo trasmite el "Himno invasor". De sus reacciones descubre que la emisión está saliendo, pero el lugar es malo porque se encuentran en un valle que es un agujero entre las montañas. El Che decide mudar la emisora a los Altos de Conrado. Se sumarán en esos días al grupo dos rebeldes que saben algo de locución radial, Orestes Valera y Ricardo Martínez, y será reclutada Olga Guevara, que era maestra en la columna del Che.

El 24 de febrero se escucha por primera vez: "Aquí Radio rebelde, la voz de la Sierra Maestra, transmitiendo para toda Cuba en la banda de 20 metros diariamente a las cinco de la tarde y nueve de la noche..."

El Che apelará al sarcasmo: *Los únicos oyentes que tuvimos fueron Pelencho, un campesino cuyo bohío estaba situado en la loma de enfrente a la planta, y Fidel que estaba de visita en el campamento (...) y escuchó la transmisión...* Fernández aclara: "La banda de 20 metros no es propia para escucharse en Cuba, sino que se utiliza en comunicaciones de larga distancia. Por lo que seguramente que en Pinar del Río se escuchaba, pero en Santiago de Cuba no se escuchaba la transmisión (…) Sin embargo en el extranjero si entraba perfectamente".

Un día, en Venezuela, Abel Tamayo, del comité en el exilio del 26 de Julio llegó aullando a la reunión: ¡Ya empaté, la cogí! Se discute la posibilidad de hacer una red, lo curioso es que la red que montan los venezolanos de repetidoras, apoyándose en Radio rumbos y Radio continente, y más tarde la colombiana Radio caracol, se escucha en Cuba, de tal manera que se produce un fenómeno de rebote.

Radio rebelde existe, la armería está funcionando. Hay una serie de fotos del Che en La Mesa que lo prueban, mostrándolo muy concentrado fumando y desmontando la espoleta de una bomba de aviación de 40-50 kilos. Oris se lo advierte frecuentemente:

—Che, si esto explota, aquí no queda nada más que un hueco grande en todo esto.

Y el Che, como el adolescente que saltaba desde las azoteas, sonríe y se queda mirando la operación como si nada. ¿Influirán en esto sus lecturas? Porque por esos días andaba leyendo a Rabindranath Tagore.

Y será también en esos días de La Mesa cuando, so pretexto de una petición del Che de maestros, el PSP, los comunistas cubanos, decida enviarle a un cuadro, Pablo Rivalta, al que dos meses más tarde se sumará Armando Acosta, el coordinador obrero en la zona de Las Villas.

Los comunistas, parte del ala del PSP que propone la colaboración con las fuerzas insurreccionales, tendrán la misión de incorporar a los campesinos miembros del partido a la lucha y sumarse ellos personalmente. El Che instruye: se trata sobre todo de dejar de lado cualquier sectarismo y no comportarse como miembro del partido. Y de pasada le dice a Rivalta: *Ustedes son capaces de crear cuadros que se dejen despedazar en la oscuridad de un calabozo, sin decir una palabra, pero no de formar cuadros que tomen por asalto un nido de ametralladora.*

No será el caso de Acosta y Rivalta.

Aun así, el Che pondrá a Acosta a cavar trincheras como tarea adicional, porque lo encuentra muy gordo.

Estos reclutamientos y otros, incluido el del oficial batistiano Evelio Laferté, que habiendo entrado en una profunda crisis de conciencia decidió sumarse a la guerrilla, y el del norteamericano Mark Herman, quien tenía conocimientos militares adquiridos en la guerra de Corea, le permitirán al Che instalar, en un sector de la sierra conocido como Minas del Frío, un nuevo campamento que funcionará como una escuela de reclutas para jóvenes campesinos, donde además de la preparación militar se haga trabajo educativo y político. La escuela crecerá bajo bombardeos casi continuos, con los alumnos que la fortifican y cavan trincheras. Joel cuenta: "La prueba principal de aquella escuela era el hambre que se pasaba, (…) entre eso y los bombardeos el 50% de los que entraban se rajaban".

Será por esos días que el Che se vincule emocionalmente a una mujer. Rompiendo su costumbre de mantener una relación de distancia hacia las campesinas o las militantes urbanas, que frecuentemente tenían que subir a la sierra por la persecución, el Che se enamora y se une a una joven campesina que conoce en las Vegas de Jibacoa, Zoila Rodríguez, una mulata de 18 años (muy hermosa, según Joel), hija de un herrero serrano simpatizante del movimiento, soltera pero con una hija.

Zoila narrará el encuentro años más tarde, cuando se levante el velo sobre esta parte de la biografía del Che, que había permanecido encubierta: "Eran como las cuatro de la tarde. Yo estaba encerrando un ganado cuando llegó. Venía montado en un mulo y otro compañero en un caballo. Estaba vestido de un verde raro con una boina negra. Después de saludar me preguntó si allí vivía el Cabo (apodo por el que se conocía a su padre, porque el Che quería que le herrara el mulo). Le expliqué que no había ningún problema, que yo podía hacerlo porque mi padre me había enseñado".

"Mientras herraba el mulo, lo miré de costado y me di cuenta de que me estaba observando, pero me miraba de la forma en que miran los jóvenes a las muchachas y me puse sumamente nerviosa. Cuando fui a la caja de los hierros para escoger una escogina, me preguntó qué iba a hacer y le contesté que ya había cortado los cascos y tenía que emparejarlos para poder montar las herraduras. Guevara dijo que si era imprescindible dejarlos tan bonitos (…) Él siguió mirando de esa forma (…) era una mirada un poco pícara que parecía que me quería regañar por algo que no había hecho. Cuando terminó le ofrecí café y me expresó que le gustaba amargo y así se lo hice.

"Se interesó por mí, qué hacía, dónde había aprendido a herrar mulos, si era casada o soltera; le dije que soltera aunque tenía una hija. Cuando se despidió señaló:

—Dígale al Cabo que aquí estuvo Guevara."

En Zoila queda la imagen de "un joven gracioso sumamente bello: me impresionó mucho, la verdad es que no puedo negar, como mujer me gustó muchísimo, sobre todo la mirada, tenía unos ojos tan bellos, una sonrisa tan tranquila que movía cualquier corazón".

Esa noche el Cabo le dirá a su hija que el Che es un "hombre extraordinario". Cuando ella le pregunta por qué, el viejo le explica: "Viene a quitarnos de encima las desgracias, el hambre, el churre y la miseria".

Días más tarde entablan una relación que durará varios meses.

Mientras tanto las obras en Minas del Frío avanzan. El Che estaba pensando en un construir un hospital en forma y varias aulas, y todo se hará bajo bombardeo porque a los quince días de haber levantado la primera construcción es descubierta por la aviación *y de allí en adelante todos los días, mañana y tarde durante tres meses sufrimos bombardeos.*

"La mejor defensa contra las bombas era un palito apretado entre los dientes. Otra defensa eran las cuevas. Pero la mejor defensa era perderles el miedo", solían decir los campesinos de esa zona de la Maestra siguiendo al pie de la letra las enseñanzas del Che, quien bajo bombardeo tenía un comportamiento errático, a veces se quedaba viendo los aviones sin guarecerse en un refugio, como si quisiera probar algo, demostrarse algo.

Un día que se encuentra narrándoles la versión de la guerra de guerrillas de Mao Tse-tung a los jóvenes, un avión pasa rozando los árboles y comienza a disparar. El grupo se lanza hacia un pequeño refugio y cuando llega el Che no puede entrar porque todo el espacio estaba ocupado. Laferté recuerda: "No sabíamos qué era lo más preocupante, si el Che diciéndonos barbaridades o el avión tirando".

En Minas del Frío el Che suma a su entorno a otro adolescente, Jesús Parra, de 16 años, al que había descubierto en la comandancia de Fidel con paludismo. Parra, además de haber sido limpiabotas y ayudante de cocina, había tomado un curso de mecanografía durante tres meses y escribía 25 palabras por minuto, lo cual fue más que suficiente para que el Che lo tuviera en cuenta y en la columna dijeran que era un "intelectual". Será a Parra al que el Che le dé una razón de por qué hay tantos jóvenes a su alrededor: "Decía que los jóvenes eran más locos, se arriesgan más, no pensaban mucho". ¿Era su propio retrato?

Y esos jóvenes locos estudian historia de Cuba, entrenan con palos y pasan hambre y hasta organizan una huelga de hambre protestando por el trato rigorista que les da un oficial y que el Che deshace con siete palabras, diez insultos y la amenaza de fusilarlos a todos, y como castigo les impone que pasen cinco días sin comer, en "huelga de hambre". Castellanos, que esta vez sólo había sido observador, reseña: "El Che se dio cuenta de que la situación era grave, que aquello estaba malo, pero no se podía hacer nada porque no había comida".

Ese mismo Che que, según narra Laferté, "tenía un jarrito de agua al lado de la hamaca por si tenía que tomar pastillas en la noche y por la mañana, al levantarse, mojaba los dedos en el agua, se quitaba las lagañas mientras decía:

—*Me estoy mojando demasiado, Che, me estoy mojando demasiado.*"

Pero pronto cambiará la hamaca de lugar porque Zoila Rodríguez se ha mudado al campamento donde ambos vivirán en una casita de yerba. Zoila, que colaborará en la cocina y en el hospital además de hacer labores de mensajera hacia Manzanillo, cuenta: "En mí surgió un amor muy grande y muy lindo, me comprometí con él no sólo como combatiente sino como mujer".

La mujer se volverá una fuente de sabiduría serrana para el Che: "Me preguntaba muchas cosas de la Sierra Maestra, cómo se llamaban las plantas, para qué servían, especialmente las medicinales. Se interesó mucho por dos, una que conocemos por pito, que tiene unas hojas muy verdes que cortan como navajas y sirven para trancar la sangre, y la yamagua, que también sirve para las hemorragias. Él quería conocer acerca de los animales y las aves del monte".

CAPÍTULO 17

La Sierra y el Llano

Entre los días 10 y 11 de marzo se celebra en la Sierra Maestra una reunión de la Dirección nacional del 26 de Julio que fija la estrategia inmediata. Basados en el aislamiento político en que se encuentra la dictadura y el creciente movimiento de resistencia urbana, se acuerda buscar una salida insurreccional a la tensión política bajo la forma de una huelga general.

Años más tarde el Che diría que la huelga fue *acordada y decretada por el Llano con la anuencia de la Sierra, que no se siente capaz de impedirla.* Esta es una versión falsa de lo sucedido. Fidel desde luego no estaba en contra de la propuesta, y si en otros cuadros de la sierra existieron dudas, estas no afloraron. La huelga fue decidida por el conjunto de la Dirección y sin duda con grandes esperanzas de que diera salida a la guerra. El Che, que no participó en la reunión, y que nunca había pisado una ciudad en Cuba, no tenía una clara visión de lo que estaba pasando en las ciudades y mal podría tener una valoración política de la situación.

Fidel había preparado un llamado a la huelga general que habría de radiarse en el momento del estallido, se había creado un frente obrero aparentemente unitario, pero bastante sectario, y se esperaban tres importantes envíos de armas. La guerrilla trataría de apoyar la huelga con acciones de algunas escuadras que bajarían al llano y esperarían el desarrollo de los acontecimientos. Más allá de los errores de valoración del poder insurreccional de las ciudades, la parte menos lúcida del esquema era la ausencia de lugar del ejército rebelde en la propuesta. Radio Bemba, la voz del rumor, decía que el Che era capaz de comerse cualquier cosa; Camilo, repuesto de sus heridas, que siempre estaba inventando bromas sangrientas, pescó dos gatos en el campamento de la Otilia y se los cocinó, apostando a que cuando se enterara, no se lo comería, y luego muy formalmente lo invitó a cenar.

—*Huele a gato encerrado, capitán* —dijo el Che que tenía sus propias fuentes de información en el campamento.

—Comandante… —respondió Camilo haciéndose a un lado.

Y el Che se sentó muy feliz a comer gato.

No es la única broma salvaje de Camilo al Che. Una vez le cortó las cuerdas de la hamaca haciendo que el Che fuera a dar al suelo. Enrique Acevedo recuerda: "Eran relaciones deliciosas. Pienso que a veces llegaban a ser incómodas para el Che. El Che se había cubierto con una coraza protectora ante esta idiosincrasia nuestra que es el choteo, la jodedera, la vaciladera cubana (…) Cuando veíamos cómo Camilo lo trataba nos quedábamos espantados. Recuerdo que en una ocasión éste se puso a fastidiarlo. El Che se le quedó mirando y le dijo: *Camilo, recuerda que están mis hombres presentes.* Entonces se retiraron abrazados".

Pocos días más tarde, Camilo, al mando de una patrulla, salía hacia los llanos limítrofes de la sierra en la zona del Cauto.

Queda una extraña correspondencia entre ambos comandantes, en que se mezclan la amistad y las balas. El 5 de abril Guevara le manda una nota para anunciarle que le envía balas por segunda vez. Camilo le contesta: "Che: quieran los dioses ignotos te encuentres bien, recibí tu mensaje, el cual me ha dejado confuso, o estás muy contento o muy pesimista, aquí no he recibido ni hombres ni balas, ni M1 ni bombas, en fin, nada (…) como pienso que vengas pronto no escribí mucho. Ya hablaremos largo y tendido (…) escribe claro, aún no entiendo partes de tu mensaje, desconocía que dominaras tan bien el idioma chino (…) Te esperamos con los brazos abiertos. K1000".

El 21, el Che contestaba: *Pobre diablo: recibí tus noticias cuando me disponía a salir a tu región a meter en un zapato al (ilegible.) Tengo autorización del gigante para ello (…) por la zona puedes hacer lo que te venga en gana, pero no te arriesgues mucho para ver el final de la fiesta que parece está próximo. Además te mando este pequeño recuerdo de una noche en la Otilia: "He aprendido en libros viejos donde tratan del destino que no se llega muy lejos si yo voy detrás, cretino".* El 24 Camilo cambiaba el tono: "Che, hermano del alma. Recibí tu nota y veo que Fidel te ha puesto al frente de la escuela militar, mucho me alegra pues de ese modo podremos contar en el futuro con soldados de primera; cuando me dijeron que venías a hacernos el regalo de tu presencia, no me agradó mucho, tú has desempeñado papel principal en esta contienda, si te necesitamos en esta etapa insurreccional más te necesita Cuba cuando la guerra termine por lo tanto bien hace el gigante en cuidarte. Mucho me gustaría estar siempre a tu lado, fuiste por mucho tiempo mi jefe y siempre lo seguirás siendo; gracias a ti, tengo la oportunidad de ser ahora más útil, haré lo indecible por no hacerte quedar mal. Tu eterno chicharrón".

El Che mientras tanto se estaba haciendo cargo de la escuela y simultáneamente mantenía una serie de escaramuzas con las fuerzas de Sánchez Mosquera que había ocupado Minas de Bueycito. Quizá la más importante la protagonizó accidentalmente el propio Che y curiosamente no dejó registro de ella en sus memorias.

El encuentro se produjo en lugar llamado Bernabé, en tierras de un hacendado que se había negado a venderle reses a los rebeldes argumentando que se buscaría un problema, y sin embargo había reportado la presencia de ellos al ejército. Sánchez Mosquera envió una compañía a tomar las reses y chocó con un grupo de escopeteros que las vigilaban. El Che se encontraba en las cercanías y atraído por los disparos se metió sin darse cuenta en medio de la refriega y empezó a dispararle a los soldados que comenzaron a rodear el potrero. Un rebelde que fue testigo de la acción cuenta: "Y allí empezó a tirar tiros hasta por gusto. Tiraba dos o tres, cuatro tiritos y agachado corría como de aquí a allí y se tiraba al suelo. Los soldados le gritaban: ¡No huyas, cobarde! Cien contra uno y le gritaban cobarde, pero no salían a buscarlo". Para fortuna del Che, una patrulla rebelde que había salido a buscarlo lo cubrió mientras él y los escopeteros se retiraban llevándose las reses hacia La Mesa.

Esta sería la última acción antes de la huelga general. Llegó el 9 de abril. Años más tarde Ameijeiras recapitulaba el camino recorrido: "El Moncada, el 30 de noviembre, el *Granma*, Alegría de Pío, La Plata, la entrevista de Herbert Mathews, el 13 de marzo, el *Corinthia*, el Uvero, la muerte de Frank País y la huelga a la que condujo en casi todo el país, los dos combates de Pino del Agua, San Lorenzo, Mota y El Hombrito, el II Frente y el III Frente Frank Muñoz, la guerrilla del Directorio revolucionario en el Escambray, la noche de las 100 bombas, el secuestro de Fangio, Camilo en el Llano; además de los alzamientos en Oriente, Camagüey y Las Villas, habían puesto de manifiesto la seriedad del movimiento revolucionario".

Con la toma de una estación de radio en La Habana y la transmisión del llamado de Fidel daban comienzo las acciones. Santiago, muy castigada tras la pasada huelga de noviembre, no reaccionaría con la misma intensidad, y los errores se acumulaban. Las armas prometidas no llegarían y el movimiento se desataría en focos aislados, lo que permitiría al gobierno concentrar la represión.

No era un problema de falta de efervescencia popular, sino de planteamiento. Se estaba pidiendo a la gente que fuera a una huelga y se enfrentara directamente a la dictadura sin armas. Se dependía entonces de las milicias, escasas y mal armadas, y de coordinaciones con la sierra que tenían poco radio de alcance. Además, la convocatoria había sido parcial, esperando el 26 de Julio arrastrar a las otras fuerzas obreras organizadas, e incluso mal coordinada dentro de sus propias filas.

En la sierra, el inicio del movimiento fue recibido con júbilo, el periodista argentino Jorge Ricardo Masetti, que se encontraba en la comandancia de Fidel, fue testigo de cómo éste recibió la noticia, gritaba y bailaba y decía que ahora todos bajarían a La Habana. Incluso el Che al tercer día no la daba por perdida porque aunque se debilitaba en La Habana, se mantenía en otras ciudades. Pero el movimiento se fue desangrando en enfrentamientos heroicos e inconexos. La derrota de la huelga ponía ahora a los militares batistianos a la ofensiva.

En los días posteriores a la huelga de abril el Che, en una de las visitas a la comandancia, llega acompañado por un guía a un bohío donde el ejército acaba de destruir un convoy de abastos a los rebeldes. El abandono de la zona, los cadáveres de hombres y animales asustan al guía que *se negó a seguirme, alegó desconocer el terreno y simplemente subió en su cabalgadura y nos separamos amigablemente. Yo tenía una Beretta y, con ella montada, llevando el caballo de las riendas me interné en los primeros cafetales. Al llegar a una casa abandonada, un tremendo ruido me sobresaltó hasta el punto que por poco disparo, pero era sólo un puerco, asustado también por mi presencia. Lentamente y con muchas precauciones fui recorriendo los escasos centenares de metros que me separaban de nuestra posición, la que encontré totalmente abandonada (…) Toda aquella escena no tiene para mí otro significado que el de la satisfacción que experimenté al haber vencido el miedo durante un trayecto que se me antojó eterno hasta llegar, por fin, solitario al puesto de mando. Esa noche me sentí valiente.*

Días más tarde, en un choque con las tropas de Sánchez Mosquera, el Che se queda aislado. *El enemigo tiraba algunos morterazos previos, sin mayor puntería. Por un instante arreció el tiroteo a mi derecha y me encaminé a visitar las posiciones, pero a medio camino también empezaron por la izquierda, mandé a mi ayudante a no sé qué lugar y quedé solo entre los dos extremos de los disparos. A mi izquierda, las fuerzas de Sánchez Mosquera, después de disparar algunos obuses de mortero, subieron a la loma en medio de un griterío descomunal. Nuestra gente, con poca experiencia, no atinó a disparar salvo alguno que otro tiro aislado y salió corriendo loma abajo. Solo, en un potrero pelado, vi cómo aparecían varios cascos de soldados. Un esbirro echó a correr ladera abajo en persecución de nuestros combatientes que se internaban en los cafetales, le disparé con la Beretta sin darle e, inmediatamente, varios fusiles me localizaron, tirándome. Emprendí una zigzagueante carrera llevando sobre los hombros mil balas que portaba en una tremenda cartuchera de cuero, y saludado por los gritos de desprecio de algunos soldados enemigos. Al llegar cerca del refugio de los árboles mi pistola se cayó. Mi único gesto altivo de esa mañana triste fue frenar, volver sobre mis pasos, recoger la pistola y salir corriendo, saludado, esta vez, por la pequeña polvareda que levantaban como puntillas a mi alrededor las balas de los fusiles. Cuando me consideré a salvo, sin saber de mis compañeros ni del resultado de la ofensiva, quedé descansando, parapetado en una gran piedra, en medio del monte. El asma, piadosamente, me había dejado correr unos cuantos metros, pero se vengaba de mí y el corazón saltaba dentro del pecho. Sentí la ruptura de ramas por gente que se acercaba, ya no era posible seguir huyendo (que realmente era lo que tenía ganas de hacer), esta vez era otro compañero nuestro, extraviado recluta recién incorporado a la tropa. Su frase de consuelo fue más o menos: "No se preocupe, comandante, yo muero con usted". Yo no tenía ganas de morir y sí tentaciones de recordarle algo de su madre, me parece que no lo hice. Ese día me sentí cobarde.* Poco más tarde el Che, que ha dejado el mando de la columna 4 en manos de Ramiro, se dirige a hacerse cargo de la escuela de reclutas. Fidel ha ordenado, a la espera de la evidente ofensiva del ejército tras la derrota de la huelga, una concentración de alimentos y comida en la sierra, una requisa de reses y un aumento de la vigilancia. Así como el traslado de Radio rebelde a la zona de la Plata, el lugar más seguro de la Sierra Maestra, desde donde empieza a transmitir de nuevo el 10 de mayo.

El periodista argentino Jorge Ricardo Masetti retorna en esos días a la sierra porque sus primeros mensajes se han perdido en el éter y tiene que regrabar las entrevistas con Fidel y el Che. De las primeras reuniones y de éstas surgirá un libro apasionante, *Los que luchan y los que lloran* y una relación de intimidad con el Che, de quien es sabido que hace amigos con gran dificultad.

La entrevista con el Che se graba en medio de un bombardeo; a Masetti se le ocurre decir que sería bueno tener de fondo el ruido de las bombas y el Che lo saca del refugio para hacerla. En una segunda entrevista con Fidel presente "Guevara se encargó de matizar cualquier situación en que Fidel se violentaba, con bromas de todo calibre".

El día 3 de mayo se celebra una nueva reunión de la Dirección nacional en los Altos de Mompié. El Che es invitado a participar en ella a solicitud de Ramos Latour y Faustino Pérez, con los que ha mantenido varias polémicas; asisten también, además de Fidel, Vilma Espín, Ñico Torres, Luis Busch, Celia Sánchez, Marcelo Fernández, Haydée Santamaría, David Salvador e Infante.

La reunión fue tensa, el balance de la huelga es francamente desfavorable y Fidel aprovecha para pasar factura al Llano. El Che, y probablemente Fidel (habrá que especular ante el hecho de que si hubo actas de esta reunión no han sido hechas públicas), acusaban a la dirección urbana de tres cosas: haber sobreestimado el papel de las ciudades en la lucha general, sectarismo en el movimiento obrero al negarse a colaborar con otras fuerzas, en particular con los comunistas del PSP, y concebir la organización de las milicias del llano *como tropas paralelas, sin entrenamiento ni moral de combate y sin pasar por el riguroso proceso de selección de la guerra*.

En suma, pensar que la revolución sería posible a partir de las ciudades y del 26 de Julio como fuerza única, y concebir la guerrilla rural como un instrumento de resistencia y propaganda, pero no esencial militarmente.

La visión opuesta, de la que el Che participaba, tendía a concebir a la guerrilla serrana como el instrumento central a cuyo servicio había que poner el resto de las fuerzas. En medio de discusiones enconadas costaba trabajo hallar el punto de acuerdo en el cual se fortalecería la guerrilla rural como forma central de lucha y se mantendría la presión urbana que aislaba al régimen políticamente y era un semillero de militantes. La realidad y la inercia del proceso revolucionario cubano se encargaría de encontrar por sí misma este justo término en los siguientes meses, si la sierra era capaz de resistir la embestida que el gobierno preparaba capitalizando su reciente victoria.

Al final de una exhaustiva y muchas veces violenta discusión, se resolvió reemplazar a Faustino Pérez y David Salvador y subir a la sierra a Ramos Latour, quedando Fidel como comandante en jefe de todas las fuerzas, lo que incluía la coordinación de las milicias del llano, subordinadas desde ahora a las necesidades de las columnas guerrilleras. Se cambiaba la estructura de la organización en el exterior de Cuba, se llamaba a Franqui del exilio a la sierra para encargarse de Radio rebelde y se confirmaba la candidatura de Urrutia a la presidencia provisional.

Faustino Pérez a quien, más allá de los enconados choques, el Che apreciaba por su valor y honestidad, viajaba temporalmente a La Habana para organizar su propia sustitución, y Ramos Latour, a quien el Che había subvalorado y apreciaría enormemente en el futuro, se convertía en comandante de una columna en la Maestra.

Cuando Franqui llegó el 29 de mayo en el avión de Miami se encontró con una incomunicación total entre la sierra y el llano. "A mí se me aceptaba no sólo porque venía con el avión, sino porque venía de Miami y no de La Habana o Santiago."

Al fin de la reunión el Che es comisionado para inspeccionar las líneas de defensa en la sierra, donde según Fidel se habrían de producir las primeras penetraciones del ejército en la prevista ofensiva. *Este pequeño territorio debería defenderse con no mucho más de doscientos fusiles útiles, cuando pocos días después comenzara la ofensiva de "cerco y aniquilamiento" del ejército de Batista.*

CAPÍTULO 18

La ofensiva

Quizá esta sea la parte menos documentada de la historia militar de Ernesto Che Guevara durante la revolución cubana. El Che no dedicó ninguno de sus *Pasajes de la guerra revolucionaria* a la ofensiva batistiana, no han sido publicados sus diarios y en *Una revolución que comienza*, apenas si dedica un par de párrafos a la historia. Y quizá no lo sea porque es una historia que no debe gustarle demasiado al comandante Guevara desde el punto de vista estrictamente personal; privado de mando temporalmente de su columna, preservado por Fidel para futuros planes, el Che, un hombre que buscaba sistemáticamente la primera línea de combate, será fundamentalmente una figura de consulta y enlace en una de las páginas más cruentas de la revolución cubana.

El 8 de mayo, Fidel, que se había estado quejando de que sus plumas no servían y tenía que escribir con un mugroso cabito de lápiz, le manda una nota al capitán Ramón Paz diciendo que le han llegado noticias de desembarcos del ejército. Es la primera de las muchas señales de alerta de que la esperada ofensiva gubernamental se inicia. Durante los últimos días se había vivido en territorio rebelde una febril actividad, preparando minas que utilizaban las bombas de los aviones que no habían explotado, armando planes para bloquear los accesos a la sierra, buscando armas aquí y allá, tratando de reoganizar en el extranjero la red del 26 de Julio e incluso intentando montar una línea telefónica primitiva en la sierra.

El Che se encontraba en continuo movimiento, recorriendo el este de la zona donde Fidel mantenía la comandancia y el centro de transmisiones de Radio rebelde, y en Minas del Frío tratando de apresurar el entrenamiento en la escuela de reclutas y armando lo que sería la espina dorsal de una nueva columna.

El doctor Martínez Páez habría de recordar uno de los pocos momentos de calma antes de iniciarse la ofensiva: la gente estaba cansada, el atrincheramiento de la Maestra había resultado agotador. El Che acababa de regresar a La Mesa después de una reunión con Fidel e instaló su hamaca dentro del bosque entre dos árboles, dispuesto a dormir, pero la aparición de un sinsonte herido en una pata, lo obligó a retornar a la práctica de la medicina. Y ahí estaba el temible comandante Guevara sufriendo para entablillarle la pata al pájaro con una ramita y algodón.

Las comunicaciones entre Fidel y el Che durante la segunda semana de mayo habían sido fluidas. Fidel le envió al Che varias notas comentándole los sistemas para minar los trillos y veredas de acceso a las partes más agrestes de la sierra. Son los textos de Fidel de una notable precisión, y es curioso cómo varía de la visión estratégica al micro detalle: "Che: es necesario que recojas las dos bombas de 100 libras. En su lugar mando un par de las otras para cada punto donde estaban las dos grandes. Como cada bomba de 100 libras tenía dos fulminantes, ahora en vez de dos explosiones pueden hacer cuatro, usando simples, las minas redondas..." (Fidel, mayo 12) o "Che: Acabamos de encontrar solución al problema de los fulminantes eléctricos de fábrica; usarlos con la corriente de las cinco pilas, directamente sin la bobina. Acabamos de explotar tres granadas al mismo tiempo, a quince metros..." (Fidel, mayo 17). En medio de los detalles —"ayer colgué una granada de metal potente en una rama a dos metros de altura y la hice explotar. Lanza mortíferos fragmentos en todas direcciones"—, una nota casi familiar: "Hace además muchos días que no conversamos, y luego eso es hasta una necesidad. Aquí echo de menos la falta de viejos compañeros" (Fidel, mayo 19).

El 19 de mayo se acabará el tiempo para nostalgias, al producirse un primer choque en Las Mercedes, un pequeño pueblito de caficultores que la tiranía había abandonado. Será el prólogo para el ataque generalizado el día 25 de las fuerzas gubernamentales. El ejército tenía preparados para la ofensiva 14 batallones, uno de ellos de artillería de campaña y otro de tanques, seis de ellos actuarían en el primer momento. Sánchez Mosquera con dos batallones subiría desde las minas de Bueycito hacia Santo Domingo y La Plata. Otra columna bajo el mando del comandante Corzo subiría del central Estrada Palma y atacaría hacia Las Mercedes y Vegas de Jibacoa para entrar a la comandancia en La Plata por occidente. Otra más subiría desde la costa. El territorio rebelde tendría en esos momentos unos 120 kilómetros de diámetro y no habría más de siete kilómetros de distancia entre cada columna militar, pretendiendo converger en La Plata.

Fidel, en previsión del ataque, había reconcentrado las fuerzas guerrilleras, acercado la columna de Crescencio Pérez, mandado a llamar a la columna de Almeida desde el II Frente y acercado la columna 4 de Ramiro: también le había ordenado al Che crear una columna 8 con los alumnos de la escuela. *Fidel mantuvo el principio de que no importaban los soldados enemigos, sino la cantidad de gente que nosotros necesitáramos para hacer invulnerable una posición y que a eso debíamos atenernos. Esa fue nuestra táctica y por ello todas nuestras fuerzas se fueron juntando alrededor de la comandancia para ofrecer un frente compacto. No había mucho más de 200 fusiles útiles cuando el 25 de mayo empezara la esperada ofensiva en medio de un mitin que Fidel estaba dando a unos campesinos, discutiendo las condiciones en que podría realizarse la cosecha del café.*

El choque se ha producido en una zona llamada La Herradura cerca de Las Mercedes cuando la vanguardia de un batallón del ejército cae en una emboscada. Durante treinta horas los rebeldes resisten el bombardeo de morteros y aviones. El ejército terminará entrando a Las Mercedes pero los rebeldes no han sufrido bajas. Ameijeiras resume el primer *round*: "Sin vencedores ni vencidos, cada fuerza acampa muy cerca de la otra".

A través de las comunicaciones entre ambos se pueden seguir los movimientos del Che y las preocupaciones de Fidel, que ha asumido la dirección directa de la resistencia. En las notas se traslucen las carencias que deben ser enormes, en unas Fidel se preocupa de un rifle que reparó y otro que armó con piezas sueltas; en otras habla de la línea telefónica que se está instalando en el interior de la zona rebelde y que nunca se terminará. El 28 de mayo manda una nota quejándose de que llegan mensajes cifrados y el Che se ha llevado la clave. Un día más tarde el Che se encuentra en la escuela de Minas del Frío y recibe una orden de Fidel pidiéndole que le envíe reclutas para fortificaciones de trincheras. Al final una nota de angustia: "Si ganamos diez días llegan armas". No habrán de pasar los diez días. Esa misma tarde arriba Franqui con una avioneta que viene de Miami con 20 mil balas, fulminantes eléctricos para las minas y 30 carabinas italianas.

El 30, el Che habla con los alumnos de la escuela y le da una primera estructura a la columna, formada por hombres en su mayoría desarmados. Mientras tanto los combates se generalizan. El ejército logra avanzar seis kilómetros pero es detenido por las fuerzas de Almeida y Ramiro. Seis días durarán los combates. Ameijeiras describe bien las condiciones de los primeros enfrentamientos: "Hay que moverse por trillos donde los hombres sólo pueden moverse en fila india o por caminos banqueados hechos para caballos y arrias de mulas. En un medio así el enemigo no puede emplear tanques ni artillería pesada y el uso de la aviación en esta ensalada de montañas es muy relativo. Allí no resulta fácil hacer tiro directo con cañones, ametralladoras y rockets y las bombas lanzadas en ramilletes son de poca efectividad".

Al iniciarse junio el ejército avanza por el norte y consolida su posición en Las Mercedes después de tres días de fuertes combates; el territorio rebelde se estrecha. Fidel le escribe al Che, que está actuando como coordinador de operaciones, que si rompen la línea de Habanita, que en esos momentos él está cubriendo, Crescencio debe quedar del otro lado para no abandonar todo aquel territorio.

Pero el 4 de junio Ramiro dará noticias del Che que ha llegado con un cargamento de balas para su columna y dos días más tarde reporta que el ejército sigue progresando: "La operación de ellos me parece clara: al avanzar ellos por un flanco nos obligan a nosotros a tapar todos los caminos de subida a la sierra (...) La situación es apremiante".

Será en estos días cuando el Che establezca un contacto estrecho con Huber Matos, un oficial rebelde que pertenece al ala derecha del movimiento y que Fidel le envía para que lo refuerce. En medio de la ofensiva gubernamental, tendrán tiempo para discutir de política. Matos calificará al Che como un hombre con "contenido social con tendencias marxistas que no comparto". Mientras los cohetes de los aviones caen sobre el campamento de Minas, esta vez sin causar bajas, el Che le responde a Matos cuando le pregunta directamente si es marxista: *Bueno, he leído bastante a Marx. Es posible que de algún modo lo sea, pero no soy lo que puede llamarse un marxista propiamente dicho. Además no pertenezco a esa clase de hombres que caben dentro del partido comunista, porque mi modo de pensar es diferente a las aberraciones de los dirigentes.*

El 10 de junio, cuando se producen bombardeos aéreos en la costa y parece que se producirá un desembarco, el Che sigue en movimiento en el amplio frente, sin duda desesperado por no poder entrar en acción al mando de una tropa, y haciéndose cargo de las comunicaciones y los abastos, utilizando nuevamente a Lidia Doce (*entró y salió de la sierra, trajo y llevó documentos importantísimos, estableciendo nuestras conexiones con el mundo exterior*). Fidel diría años más tarde que "no tenía sentido situar al Che o a Camilo al frente de una escuadra, sino que los preservábamos para dirigir después columnas".

La situación es muy peligrosa. Las tropas que han entrado por Santo Domingo están a siete kilómetros de la comandancia, los que desembarcaron por el sur pueden ascender por los ríos Palma Mocha o La Plata y converger, y desde el oeste otras dos columnas avanzan hacia Minas del Frío y pueden cerrar el cerco. Ameijeiras señala: "Es un momento crítico para el mando guerrillero". Fidel entonces manda a llamar a Camilo que se encontraba en el llano y le pide que se sume al anillo interior de defensa rompiendo el bloqueo. *Camilo era llamado para cubrir mejor nuestro pequeño territorio que encerraba incalculables riquezas: una emisora, hospitales, depósitos de municiones y, además, un aeropuerto situado entre las lomas de La Plata, donde podía aterrizar una avioneta ligera.*

Hacia el 16 de junio Fidel ordena el abandono de la zona de La Mesa, repliega las columnas de Almeida, Ramiro y Guillermo García, concentra fuerzas en un esquema de repliegue defensivo. Define los objetivos como proteger y defender el territorio básico por tres meses antes de pasar al contragolpe.

El 17 de junio, en una nota al Che, Fidel le informa que una tropa avanza hacia Santo Domingo y eso no se puede permitir. Le pide dos hombres con Garands y cinco con M1. "Cumple esta orden con urgencia." El Che contesta: *Ya sabrás las noticias de Las Vegas. No me animo a mandarte a la gente que, por otra parte, no ha llegado todavía, pues queda el camino del Purgatorio abierto totalmente. Yo no he intervenido directamente atendiendo a tus órdenes de dejar Las Vegas a tu cargo, pero entiendo que debo estar en más estrecho contacto. Debes decirme con urgencia cómo se va a distribuir la gente, así como supongo mañana cae Las Vegas. Y si puedo asumir la iniciativa por la retaguardia con gente de otro lado (Crescencio tiene algunos hombres disponibles en la Habanita). Me es imprescindible recibir respuesta antes del amanecer.*

El 19 de junio dos escuadras rebeldes asestan un fuerte golpe a un batallón que venía subiendo tras el desembarco. Fidel le envía una nota al Che informándole y pidiéndole "los siete hombres de armas automáticas que te quedan". Poco más tarde le enviará una segunda nota que muestra que pesar del primer combate victorioso no ha cedido la presión, porque se ha detectado la presencia "en la playa de una tropa enemiga que no está localizada. Tan sólo tengo aquí mi fusil". Le reitera la necesidad de que le mande esa escuadra que le había pedido en la mañana. "Se corre el riesgo de perder no sólo el territorio, sino también el hospital, la planta de radio, las balas, las minas, la comida, etc. (…) No tenemos hombres para defender esa zona tan amplia (…) Debemos intentar la defensa reconcentrándonos antes de lanzarnos de nuevo a la acción irregular".

El 20 de junio los rebeldes son derrotados en el otro extremo del frente, en Las Vegas. El Che, que entraba con su mulo al pueblo cuando se produce la desbandada, está a punto de ser capturado. Enrique Acevedo, que anda cambiando de lugar unas minas (el continuo cambio de las emboscadas obligaba a desenterrar las minas y volverlas a instalar), en medio de la lluvia, subiendo hacia la Loma del Mango, acaba de ver caer Las Vegas bajo la fuerza combinada de los guardias y el napalm de la aviación. Al pasar por un bohío lo detienen y le dicen que le habla el comandante.

"Veo ante mí al argentino, mirándome de hito en hito. Yo no sé cómo actuar. Tengo ganas de abrazarlo, pero destilo churre. Lo miro y sonrío.

—¿Se puede saber por qué usted no protege el explosor de la lluvia?

Coño, pienso, no me ha reconocido. ¿No tendrá algo más agradable que decirme después de cinco meses sin vernos. Medio encabronado murmuro que todo fue muy rápido y al final concluyo:

—Además, todos nos estamos mojando igual.

Levanta la vista. Sé que es un día aciago. Me fulmina con una frase:

—Es una pena, no cambiás. ¡Fuera de aquí!

Volamos rumbo a nuestro destino. Minutos después, un escolta de él nos da alcance y nos entrega dos pedazos de nylon. Mentalmente le doy las gracias."

El 20 de junio Fidel ordena una nueva reconcentración de tropas. Si no detienen a los soldados se verán obligados a perder el territorio, a disolver las columnas y organizar guerrillas irregulares que se infiltren en la retaguardia del ejército. Le ordena al Che: "Ocúpate de la línea de la Maestra hacia el Purgatorio hasta el alto de Mompié. Mueve la línea hasta acá, traslada los pelotones hacia esa zona que será reforzada con los 20 hombres de Las Vegas. Moviliza a todos, hasta la gente de Crescencio".

Una nueva emboscada dirigida por Ramón Paz le causa 21 bajas al ejército cuando avanza en el río de La Plata el 23 de junio. Eso dará un primer respiro necesario. Cuatro días más tarde, en medio de continuas escaramuzas, llega a la sierra la columna de Camilo. La alegría de Fidel es enorme. "En el momento más oportuno."

La situación sigue siendo muy difícil para los rebeldes, que resisten bajo continuos bombardeos. El ejército ha ocupado Las Mercedes, Las Vegas, está cerca de las Minas, controla la costa, Santo Domingo, en menos de dos horas podía penetrar en la comandancia de La Plata. Fidel toma disposiciones para que en caso de que caiga el frente sea volada Radio rebelde y las diferentes columnas se vuelvan guerrillas errantes tratando de pasar a la retaguardia del enemigo. Pero el terreno le resulta propicio a los rebeldes, el ejército se mueve ahora en la zona más abrupta de la sierra, la más adecuada para montar emboscadas y la reconcentración de tropas que ha hecho

Fidel le permite mover a pequeñas unidades en marchas alucinantes de unas horas para tapar huecos o montar nuevas emboscadas.

El Che continúa en sus labores de coordinador, de organizador, pero no resiste la tentación de acercarse a la primera línea. Vicente de la O narra:

"Nosotros estábamos en Mompié (...) y el Che estaba vigilando el movimiento de los guardias que ya habían tomado Minas del Frío, acompañado de una guerrillita de cinco o seis hombres, y yo lo llamaba por teléfono, y en una ocasión me dijo:

—*Oye, no le des tanto timbre, da un solo timbrazo y corto, que los guardias van a oír.*

Estaba personalmente acechando a los soldados a no más de 30 metros de ellos, metido en un matojo".

El 28 de junio se produce el primer enfrentamiento contra las tropas de Sánchez Mosquera en las cercanías de Santo Domingo. Lalo Sardiñas le causa a una compañía 20 muertos y 23 prisioneros y les ocupa las armas. Fidel le cierra la salida moviendo las tropas de Camilo, Almeida y Duque.

Dos días más tarde continúan los combates en esa zona con un batallón prácticamente destruido, mientras en la zona de las Mercedes es el Che el que contiene a las tropas que avanzan hacia Las Minas. Villegas narra: "Frente a una casa nos dieron el alto y cuando nos dimos cuenta allí estaba el ejército que comenzó a disparar, nosotros a correr, ellos a tirarnos y nosotros a correr más rápido, hasta que logramos salir. Yo creo que esa fue la vez que más corrió el Che en su vida, porque aquello parecía una competencia de campo y pista".

El 11 de julio se inicia la batalla del Jigüe cuando un batallón es emboscado y frenado y más tarde cercado en una operación que dirige personalmente Fidel. Simultáneamente el Che mantiene la presión en Las Minas y continúan los combates en Santo Domingo. Ese día, una bomba de mortero impacta directamente en una casa donde los redactores de *El cubano libre* están comiendo y mueren Carlitos Más y Geonel Rodríguez, uno de los jóvenes militantes más queridos del Che.

Mientras Fidel mantiene con éxito el cerco en el Jigüe el ejército da el empujón definitivo en la zona de Minas del Frío y toma la escuela desalojando a un grupo de defensores mal armados. El Che, que retorna de la zona de La Plata, se encuentra con los estudiantes en el momento del repliegue. Su primera reacción es:

—*Ah, por pendejos les tomaron Minas del Frío. Bien, ahora tienen que ir ustedes a tomarla de nuevo.*

Más tarde y ya en frío verá que resulta una misión imposible. El arribo continuo de heridos lo obliga a retomar la medicina y hacer allí mismo entre los árboles alguna operación de emergencia.

Poco después el Che organiza una emboscada exitosa en el río cuando los soldados tratan de abastecerse de agua. La escuela no podrá ser recuperada, pero unas pequeñas emboscadas frenan el avance del ejército para evitar que socorra a los cercados en el Jigüe. *La Mina del Frío fue el último punto que tomó el ejército.* Fidel le escribe: "Te felicito de que hayas logrado superar la crisis por allá mejorando mucho nuestro ánimo al sabernos sin peligro desde esa dirección".

El cerco se mantiene, Fidel utiliza altoparlantes para bombardear con palabras a los situados, da falsos informes por radio que hacen que la aviación bombardee a sus propias tropas. El 18 de julio destruyen uno de los refuerzos que sube desde el mar. Durante los siguientes días los intentos de socorrer al batallón cercado fracasan. Y Fidel en una operación magistral ofrece la libertad a los cercados a cambio de la rendición con mediación de la Cruz Roja. El día 20 comienzan las negociaciones y Fidel ordena al Che que se movilice hacia Las Vegas donde el 22 se hace la entrega de 253 desmoralizados prisioneros.

Cuando la comisión formada por Franqui, Faustino y Horacio Rodríguez está haciendo la entrega de prisioneros se produce la "espectacular aparición del comandante Guevara montado en un burro", como a él debe gustarle. El Che ofrece al capitán que manda las tropas en Las Vegas, y al que ha cercado en las últimas horas, la posibilidad de salir si dejan las armas, y le advierte que no podrán salir combatiendo.

Mientras se hostiga a este nuevo grupo de soldados sitiados, el 25 de julio se produce un nuevo choque en Santo Domingo, Paz y Ramos Latour emboscan a una compañía del batallón 22 que iba hacia Santo Domingo con víveres y parque y la destruyen. Pero en los siguientes días la tropa de Sánchez Mosquera logra romper el cerco dejando bajas en todo el camino, incluso el propio Sánchez Mosquera, al que el Che ha convertido en su enemigo personal, se retira herido en la cabeza. Los rebeldes pierden en el combate a otro de sus capitanes más valientes, Ramón Paz.

Fidel comienza a movilizar hombres para fortalecer el cerco en Las Vegas. Camilo toma posición, "estoy rogando para que algún dios ignoto nos traiga una tropa por este lugar". Fidel aprieta a los batallones que intentan liberar a los cercados. El Che vuelve a conversar con el jefe de los cercados, el capitán Durán; Rafael Mompié cuenta: "Los únicos que hablaron fueron el Che Guevara y el jefe enemigo, la conversación fue muy rápida, quizá duró unos quince minutos (…) Ellos propusieron que nos entregaban toda la comida que tenían en los almacenes a cambio de que los dejáramos salir. El Che Guevara respondió que había que ser iluso para imaginarse que estuviéramos alzados por un plato de comida (…) El Che miró su reloj y le dijo: *Son las diez, a las diez y media estaremos frente a frente otra vez,* se dieron la mano, se despidieron".

Poco más tarde se escuchan disparos y los guardias comienzan a salir aparentemente desarmados. No sólo han quemado parte del parque sino que traen ocultas las armas. Cubiertos por un tanque y bajo bombardeo, que trata de protegerles la retirada, los soldados intentan escapar y los rebeldes se les van encima guiados por la eterna obsesión de conseguir armas y municiones. La tanqueta se traba y la abandonan, finalmente será bombardeada por la aviación para impedir su captura por los rebeldes. Mark Herman dispara la bazuka y destruye un camión blindado. El Che está ahí, al frente de su banda de adolescentes, empujando. Mientras unos se detienen para trabar combate con los guardias más retrasados, el Che se adelanta con un pequeño grupo de rebeldes y captura decenas de soldados. Y ya corre entre las palmas y la tupida vegetación para detener a los que huyen. Silva logra rendir a un grupo en el que se encuentra el capitán Durán. Un centenar de soldados caen prisioneros, pero en las emboscadas de contención muere René Ramos Latour, quien se mantuvo dirigiendo la retirada de su escuadra aun herido. El Che arriba cuando el sucesor de Frank País ha muerto. Su caída representa un golpe tremendo para la guerrilla, y en particular para el Che, que ha polemizado fuertemente con él y sin embargo lo respeta. Nunca tendrá la oportunidad de terminar su debate. Queda la deuda.

Comienza casi de inmediato una nueva operación de cerco, ahora sobre Las Mercedes. Fidel le escribirá al Che el 31 de julio: "Creo que la gente está rindiendo mucho menos que los días anteriores a consecuencia del agotamiento general y de las muertes de distintos oficiales". Han caído Verdecia y Paz, Ramos Latour y Cuevas. Y no hay respiro. Ese mismo día Camilo le informa al Che que por el camino de Sao Grande se aproximan refuerzos con tanques al frente.

El frente se mantiene en tensión. Fidel, obsesionado con el tanque que han capturado y que trata de reparar; el Che, con la pérdida de su mulo Armando, que ha sido herido durante un bombardeo que hizo volar al Che de la montura. El cinco de agosto se inicia el combate contra los refuerzos y los rebeldes logran frenarlos. Dos días más tarde se repliegan. El Che, que estaba molesto por no haber podido capturar a los soldados cercados, cuando se da cuenta de que en el repliegue se han atascado dos tanques en un arroyo, le dice a un grupo de sus hombres:

—Vamos a tumbarles los dos tanques.

Andrés Menes cuenta: "Cuando dijo eso se me enfriaron los huesos, porque ya nosotros sabíamos lo que hacían los tanques. Cuando el Che repite: Síganme, que vamos a tomar los tanques, contamos hasta diez. Lo seguimos porque él marchaba adelante y no por otra cosa. Cuando llegamos al arroyo que vemos que los tanques se han ido del atasco (…) me volvió el alma al cuerpo y no es que tuviera miedo al ejército, era el respeto que le tenía en esos momentos a esos almacenes de hierro".

El 10 de agosto, en el último episodio de la ofensiva, se discute en Las Mercedes la última entrega de prisioneros. Nuevamente el talento de Fidel para lograr que un prisionero devuelto sea más útil, al herir profundamente la moral del enemigo, que un prisionero al que hay que mantener y vigilar.

El Che había mandado por delante a Teté con la consigna de proponer que se abrieran negociaciones con la Cruz Roja como intermediaria, confraternizar con los soldados y observar trincheras y emplazamientos. *Bueno, Teté, lava tu uniforme, plánchalo, tienes que ir bien bonita y con tu brazalete del 26 de julio, que no puedes permitir que te lo quiten.*

Más tarde Fidel, con Celia y el Che, entrará en el campamento para negociar con el coronel Neugart, que sondea a los rebeldes respecto a cómo reaccionarían ante un golpe militar que depusiera a Batista.

Con la entrega de prisioneros se ha terminado la contraofensiva, los rebeldes son dueños de nuevo de la Sierra Maestra. *En los dos meses y medio de duro batallar, el enemigo perdió más de mil hombres entre muertos, heridos, prisioneros y desertores* (además el ejército tenía al final de la ofensiva cerca de 600 soldados detenidos en la retaguardia por insubordinación o deserción). *Dejó en nuestras manos seiscientas armas, entre las que contaban un tanque, doce morteros, doce ametralladoras de trípode, veintitantos fusiles ametralladoras y un sinnúmero de armas automáticas; además, enorme cantidad de parque y equipo de toda clase, y cuatrocientos cincuenta prisioneros, que fueron entregados a la Cruz Roja al finalizar la campaña.* El ejército rebelde había sufrido 50 bajas, la quinta parte de los efectivos que había opuesto a las tropas en esa zona, pero al final de los combates se le habían incorporado unos 600 voluntarios.

El ejército batistiano salió con su espina dorsal rota de esta postrera ofensiva sobre la Sierra Maestra, pero aún no estaba vencido.

CAPÍTULO 19

Invasión

Cuando la revolución apenas comenzaba a recuperar el aliento tras la derrota de la ofensiva batistiana, Fidel, en la más brillante de sus decisiones militares, decidió aprovechar la debilidad y el desconcierto y pasar al ataque instantáneamente. Con un plan que era extraordinariamente arriesgado, *se estableció entonces la estrategia final, atacado por tres puntos: Santiago de Cuba sometido a un cerco elástico, Las Villas a donde debía marchar yo, y Pinar del Río, en el otro extremo de la isla, a donde debía marchar Camilo Cienfuegos.*

Originalmente el Che pensaba que el desplazamiento al centro de la isla, al otro gran macizo montañoso, la sierra del Escambray, de una gran columna de 120 a 150 hombres podría hacerse en vehículos porque *tengo ordenado el estudio hasta la cuarta parte o mitad del camino y creo que se puede hacer todo motorizado y estaba tratando de conseguir los camiones que me interesan sobremanera.*

El 19 de agosto el Che, acompañado por Zoila Rodríguez, acude al alto de Mompié a donde ha sido citado por Fidel. Los dos comandantes mantendrán en La Plata una larga conversación en solitario. Todo debe haberse concretado en esta reunión porque un día después, desde Radio rebelde, Fidel da noticias del fin de la ofensiva y anuncia en abstracto la salida de "columnas invasoras" desde la Sierra Maestra hacia otros puntos de la isla, volviendo a poner por delante el efecto sicológico a la prudencia militar. Al igual que en el 56, cuando se anunció lo que sería la expedición del *Granma*, Fidel prefiere a la cautela el tremendo efecto político del anuncio del contraataque, que sube la moral de la población, que se ha acostumbrado a que los mau mau cumplan su palabra.

El 21 Fidel extiende una orden por escrito: "Se asigna al comandante Guevara la misión de conducir a la provincia de Las Villas... La columna 8, Ciro Redondo, partirá de Las Mercedes, entre el 24 y 30 de agosto... La columna tendrá como objetivo estratégico batir incesantemente al enemigo en el territorio central de Cuba e interceptar hasta su total paralización el movimiento de tropas enemigas". Fidel está pensando que una fuerte posición en Las Villas, en el centro de la isla, creará un tapón que permitirá operar con mayores garantías en el centro estratégico de la campaña, Santiago de Cuba, en el oriente, pero también piensa en términos de ganar presencia en una zona que ha visto alzamientos de otras fuerzas sociales diferentes al 26 de Julio, como el Directorio revolucionario y una escisión de éste más próxima a los grupos políticos tradicionales, el II Frente del Escambray. Dos días antes se le ha entregado una orden similar a Camilo para que conduzca la columna 2, Antonio Maceo, también hacia el occidente de la isla.

Poco antes Fidel le había presentado al Che a un guajiro de nombre afortunado, Edilberto Enamorado, que será el guía en la primera fase de la operación. ¿Dan suerte personajes con nombres así? Pepín Magadán y Enamorado tienen un grupito que llevaba abastos a la Maestra y Fidel los hace responsables de la seguridad del Che en la primera etapa de la invasión.

—*Bueno, sabrás que salgo para afuera.*

—¿*Para afuera?*

—*Sí, voy para el llano...*

La conversación se repite una y otra vez. En esa época se decía en la Sierra Maestra que si los guardias no subían, bajaban por ellos. Pero no resulta tan fácil el asunto de conseguir voluntarios. La contraofensiva ha dejado cuadros agotados tras tres meses de marchas y combates continuos; además muchos campesinos serranos no quieren pelear en territorio desconocido, el llano les daba un particular pánico. Una cosa era enfrentar a los soldados en casa y otra bajar a territorio extraño.

El combatiente Enrique Acevedo acaba de cumplir 16 años, ha cambiado su fusil M1 por un Garand y cuenta: "Se produce un cisma en el pelotón, son pocos los que aceptan dejar la sierra; seis voluntarios dan el paso al frente, entre ellos mi jefe de varios meses, el teniente Alfonso Zayas. Intento hacer proselitismo y un bromista me vacila:

—Tú debes tener alma de masoquista, con los palos que te ha dado el Che y ahora caes de nuevo en su columna".

El Che mientras tanto toma notas de quiénes serán los combatientes, consigue fusiles, balas, mejora la situación de sus descamisados. Existen varios manuscritos suyos donde garrapatea la posible composición de la columna. Bajo su nombre: "Comandante Ernesto Guevara", escribe: "El Che Guevara". De acuerdo con Fidel selecciona a Ramiro Valdés como segundo jefe de la columna. Fidel opera como cuartel maestre: "Esta mañana te mandé los hombres que tienen Garands del pelotón de Crespo. Haz lo que creas con los hombres y con los Garands. El que no te convenga le das otra arma y lo devuelves. Tienes que decirme cuántos Garands vas reuniendo y cuántos crees necesitar".

Un run run recorre toda la sierra diciendo que el Che "de apagafuegos" baja al llano. De nuevo el jovencísimo Acevedo atestigua: "A pesar del silencio que cubre los movimientos de la columna, el telégrafo subterráneo funciona a plena máquina. Fuentes bien informadas dan como cierto que salimos el primero de septiembre, otros se estrenan como estrategas y sitúan como objetivo la sierra de Cristal; los menos consideran que Camagüey..."

Se va armando poco a poco la lista, la enorme mayoría son jóvenes campesinos fogueados en la última ofensiva. Fluyen algunos voluntarios, Joel Iglesias, el doctor Vicente de la O, el doctor Oscar Fernández Mell, que ha estado haciendo milagros de un lado a otro de la Maestra desde que se incorporó tras la fracasada huelga de abril... Una parte de los que marcharán con el Che, aproximadamente un tercio, se han alzado a lo largo del 57, la mayoría ha actuado en la batalla de Las Mercedes, sólo tres de ellos provienen de la expedición original del *Granma*: el propio Che, Ramiro y René Rodríguez. La edad promedio es de 24 años y, como dato particular, *nuestra columna tenía un 90% de analfabetos.*

El 22 de agosto sale la columna de Camilo. La partida del Che se demora a la espera de una avioneta que habría de llegar de la Florida con municiones, fundamental en esos momentos, porque *pasan ya de cien las armas sin uso por falta de balas.*

En Las Mercedes se está bajo continuos bombardeos de la aviación batistiana, que aunque hacen poco efecto entre los combatientes, porque la columna está dispersada en pelotones, causan graves daños a la población civil. Sólo el día 23 hay doce misiones de bombardeo que utilizan bombas de 250 libras y cohetes. Harry Villegas recuerda que estando con el pelotón de la comandancia, el Che le comentó una vez: *Vámonos que la próxima toca aquí.* Y así fue. El Che parecía tener una especial sensibilidad para adivinar el trayecto de las bombas.

Enrique Acevedo cuenta: "Al terminar las bombas y cohetes dan varios pases de ametralladoras hasta que al fin se retiran. Lentamente me levanto, estoy cubierto de tierra y piedras. La casa está en ruinas, me acerco y encuentro vacío el refugio, un cohete golpeó a siete u ocho metros, lo desniveló y sus vigas están casi en el aire (...) Continúo husmeando, encuentro al fin lo más deseado durante un año: la mochila del argentino, es inconfundible, en ella están las lecturas solitarias del jefe, nadie sabe lo que estudia y los miembros de su escuadra de comandancia son extremadamente celosos de ese misterio (...) me lanzo de lleno al registro (...) no encuentro libros, deben estar en el fondo, doy por seguro que son de índole política, Stalin, Mao y tal vez Lenin (...) al sacar una muda de ropa bastante usada encuentro un libro (...) Cuál no sería mi desencanto al ver: *Un yanki de Connecticut en la corte del Rey Arturo* y no hay nada más. Con cuidado armo la mochila y le pongo pedazos de escombros encima".

El 24 de agosto El Che convoca a una reunión de la columna, reúne a unos 300 combatientes y les habla de la misión. Les pinta negro el panorama. Dicen que dijo: *En el llano desayunaríamos soldados, almorzaríamos aviones y comeríamos tanques.* Les recalca que la proporción de enemigos será de 10 a 15 soldados por cada uno de los rebeldes. Por razones de seguridad no menciona el destino, pero Joel recuerda: "Recalcó que iríamos a un terreno desconocido y al que no estábamos acostumbrados, a una población no preparada de antemano donde estaríamos sometidos a una gran tensión. A la acción de los agentes del enemigo, al hambre, la sed, el frío y la falta de recursos de todo tipo, frente a posibles aislamientos de la población por lo que posiblemente sólo saldrá con vida el 50% de nuestra columna y quizá menos". El Che sabe lo que está haciendo, pretende que se produzca una primera selección en aquel grupo de guajiros extremadamente jóvenes a los que la revolución había sacudido, pero aún no consolidado. Tras el discurso tremendista, muy a la argentina, pasa a pedir voluntarios pero no quiere que se alcen las manos, sino que les da tres días para que lo piensen y pide que se lo comuniquen a través de sus jefes de pelotón. De pasada da permisos de tres días a los que tienen familia en la sierra.

Entre el 25 y el 27 de agosto se concentran los voluntarios de la flamante columna en El Jíbaro, un caserío en las estribaciones de la Sierra Maestra. El promedio de voluntarios ronda el 50% de los combatientes consultados. Se está a la espera del avión. Un ciclón, de nombre amable, Daisy, está azotando el sur de la Florida y se anuncia su entrada en el litoral cubano.

Zoila Rodríguez insiste en sumarse como voluntaria a la columna, es una combatiente más, tiene en su pasado reciente acciones arriesgadas. Guevara se niega terminantemente. Le pide que le cuide su mulo, Armando. Zoila recordará años más tarde que por amor al Che "lo atendí como si fuera un cristiano". Poco sabemos sobre esta despedida (el diario del Che de esos meses no se ha hecho público), aunque podemos suponer que ambos parecen conscientes de que los matrimonios de guerra así se hacen y así se deshacen, y que será para siempre. No es la primera vez que el Che se despide de una mujer de esta manera.

El avión del exilio aterrizará el 28 a unos 9 kilómetros del lugar de concentración de la columna. El Che, con una pequeña patrulla, sale a terreno descubierto para recoger la carga, pero el avión ha sido descubierto y una avioneta lo ametralla en tierra; el ejército se aproxima, la descarga final se hace bajo las balas. *Bajo la metralla, Faustino (Pérez) realizó la operación necesaria para evitar que cayera en manos del ejército, dándole candela mediante la gasolina que se vertía por las perforaciones de los impactos.* Lo que no menciona el Che es que él también estaba allí, bajo la misma metralla.

Se pierde una camioneta con uniformes, pero se salvan fusiles y una planta de radio. Lamentablemente *el avión no trajo la maravilla andante como ya sabrás*, no hay municiones. Lo cual es una pequeña tragedia, en esos momentos los 144 combatientes seleccionados están armados con Garand, Springfield, San Cristóbal y M1, pero tan sólo con un promedio de 120 municiones por cabeza, 29 de ellos saldrán desarmados.

El problema del transporte sigue siendo clave. *Pensando en llegar en cuatro días íbamos a iniciar la marcha en camiones.* Fidel le escribe al Che: "Pepito me habla del asunto de los camiones. Que arregle eso contigo de acuerdo con tus planes. Que coja los que necesita, donde sea y de quienes sean, pero que procure si es posible agarrarlos con comida". El Che tiene además a Blas Oreste intentando conseguir transportes: *Dame noticia de los camiones que me interesa sobremanera tenerlos.* Pero Blas sólo puede conseguir un camión de una arrocera, un Ford verde del 52, otro está descompuesto. Finalmente ni siquiera se puede usar el Ford porque *las tropas enemigas avanzaron sobre el aeropuerto; interceptaron la camioneta con la gasolina, dejándonos a pie.*

El 30 de agosto el Che le manda una nota a Fidel: *Esta vez parece que sí me despido en serio.* Hay tensión y nervios entre los combatientes que esperan la hora de salida, el ejército ha concentrado en las zonas cercanas cinco batallones y dos compañías de tanques.

A las siete de la tarde la columna está formada en el camino. El Che se reúne con los jefes de pelotón, transmite las órdenes: marchar en silencio, no dejar huellas, estricta disciplina, no fumar. Leonardo Tamayo será el único autorizado para pasar voz de mando del Che entre los pelotones, para comunicarse con el capitán Mark Herman, el norteamericano del pelotón de vanguardia, en cuya punta va el teniente Manuel Hernández, un adolescente oriental quien combatió ya bajo las órdenes del Che durante la ofensiva batistiana; con Joel Iglesias, que a sus 16 años dirige el pelotón de avanzada; con la comandancia, donde se moverán el Che y Ramiro con el grupo de médicos y el teniente Miguel Álvarez, con el tercer pelotón del capitán Ángel Frías y con el pelotón de retaguardia del capitán José Ramón Silva.

Javier Fonseca, un campesino serrano, nos ha dejado una descripción del personaje en ese día clave: "Ya para esa época el Che lucía mucho más curtido y no sé si era porque tenía la barba mayor y el pelo casi por los hombros. La cara le lucía menos de muchachito y tenía ya compostura de jefe".

Poco antes de las 8 del 30 de agosto la columna se pone en marcha en medio de un tremendo aguacero efecto del ciclón Daisy. Joel, convaleciente de sus heridas, va a caballo, al igual que el Che; Ramiro, el doctor De la O, el resto de la columna a pie, muchos hombres están descalzos, los uniformes se encuentran en harapos. Después de haber caminado unos seis kilómetros resbalando en el lodo hacen un alto.

El Che fechará erróneamente la salida en su primer informe a Fidel, como *al anochecer del 31*; no es la primera vez que las fechas se le confunden en esos días que frecuentemente se le empalman unos con otros rehuyendo las horas de sueño. *Pasamos sin novedad por ese punto que estaba abandonado por los guardias, pero no pudimos seguir más de un par de leguas, durmiendo en un cayito de monte de aquel lado de la carretera.* Se reinicia la marcha a las 11 de la noche para arribar a las cinco de la mañana a una finca abandonada. Los hombres se encuentran agotados, han caminado con las mochilas repletas 28 kilómetros. Fernández Mell relataría años más tarde que con su mochila llena y además una mochila extra con 20 kilos de medicamentos, difícilmente podrá olvidar aquella primera marcha. Varios colaboradores custodian la carretera cercana.

Al día siguiente y de nuevo en la noche se cruza la carretera en absoluto silencio. En la tarde habían volado aviones sobre los ocultos rebeldes, dos horas antes del cruce había pasado una patrulla del ejército.

Pasamos la carretera y tomamos tres carros que se descomponían con una frecuencia aterradora, llegamos hasta una estancia llamada Cayo Redondo donde pasamos el día con el huracán acercándose. Los guardias llegaron cerca, en número de 40, pero se retiraron sin comba-tir. *Seguimos con los camiones ayudados con cuatro tractores, pero fue imposible y debimos renunciar a ellos para el día siguiente... Fango es-peso, vientos de ciclón.* Los combatientes de la columna no caben en los camiones, una parte camina a pie tras ellos. Los rigores de la marcha están haciendo estragos con la ropa y el calzado. Se colocan planchas de tablo-nes para cruzar los pequeños ríos. Los camiones se atascan en el fango de los caminos vecinales. *Efectivamente encontramos los camiones, pero también, el día primero de septiembre, un feroz ciclón que inutilizó to-das las vías de comunicación, salvo la carretera central, única pavimen-tada en esa región de Cuba.* Se trata ahora del ciclón Ella, uno nuevo, con engañoso nombre de mujer. Joel piensa que es de agradecerse que las lluvias y los vientos al menos mantengan alejados a los aviones.

Siguen las especulaciones, el Che mantiene el secreto del destino. El ejército ronda la columna, pero parece evidente que no tienen demasiadas ganas de encontrarla en aquel clima infernal.

A pesar de los desesperados intentos del Che de continuar con los ca-miones, del uso de tractores para desatascarlos en el fango, no hay mane-ra. Enrique Acevedo cuenta: "A medianoche le toca el turno al nuestro. Es la tercera vez que lo sacamos a hombros. Todo está mojado, no ha dejado de llover. El Che, que pasa en esos momentos, ordena que nos bajemos nueva-mente e intentemos librarlo del atascadero. Desde la cama del vehículo no hay respuesta. Uno o dos se bajan, el resto no se mueve. El argentino pierde la calma, lanza una maldición a la par que monta su arma. Por 'las buenas' todos nos lanzamos de cabeza y empujamos, o por lo menos aparentamos". Co-mo dirá años más tarde el doctor Fernández Mell: "Al Che hay que querer-lo de gratis, se decía en la columna".

Finalmente, y a pesar de las intenciones del Che, hay que abandonar los vehículos para que el amanecer no fuera a encontrar a los guerrilleros tratando de desatascarlos. Al día siguiente, dos de septiembre, el Che ordena dispersar los vehículos y esconderlos. *Seguimos a pie con unos cuantos caballos llegando a las orillas del Cauto que no se pudo pasar por la noche debido a una extraordinaria crecida.* Fernández Mell registra: "El Cauto muestra un espectáculo dramático, henchido hasta sus bordes. La co-rriente arrastra árboles y animales ahogados". Uno de los combatientes, Zayas, recuerda: "Llegamos al Cauto. ¡Qué lindo! ¡Parecía el mar! Lo malo es que habíamos de pasar al otro lado y la mayoría de nosotros no sabía-mos nadar". El Che le escribirá a Fidel: *Pasamos de día empleando 8 horas en (cruzarlo) y esta noche salimos de la casa del coronel para seguir la ruta estudiada. Estamos sin caballos pero podemos conseguir más en el camino y pienso llegar con todo el mundo montado a la zona de opera-ciones asignada. No se pueden hacer cálculos exactos sobre el tiempo que tardaré debido a múltiples inconvenientes que van surgiendo por los caminos endemoniados. Trataré de seguir informándote en el camino para ir creándote correos eficientes y dándote informes de la gente que hay.*

En el curso de la noche se consiguen 89 mulos, caballos y burros y, en la finca El Jardín, el Che redacta el primer informe a Fidel, aunque cambia la fecha para despistar al ejército en caso de que la nota sea capturada. El informe termina: *Por ahora, nada más, un gran abrazo al lejano mundo que apenas se dibuja en el horizonte, desde aquí.*

El 4 de septiembre la columna, después de cruzar el río Salado, enlaza con campesinos de la zona que les hacen un buen recibimiento. La fortuna los sigue acompañando porque les entregan 48 pares de botas enviadas por un colaborador del 26 de Julio.

Ese día, el Che crea una escuadra dentro de la columna para castigar todos los actos de indisciplina. La bautiza "la escuadra de los descamisados", en una forzada metáfora muy guevariana; por eso de que los descamisados no tienen camisa, están fuera de la camisa de fuerza, fuera de las normas, se explica; aunque más bien el término vuelve a tener, aunque no en el contenido, reminiscencias peronistas. Le da el mando a Armando Acosta con la consigna de aplicar fuerte el rigor. Los miembros de la escuadra son despojados de sus armas y si las quieren recuperar tienen que ganárselas en combate. La escuadra se inaugura con un combatiente que discutió con su jefe de pelotón. El día anterior el Che había dejado dos días sin comer a un hombre porque se le había escapado un tiro.

Al amanecer del cinco de septiembre la columna cruza el arroyo Tamarindo. El Che, que había descabalgado para vadearlo, se hunde en el fango y al tratar de librarse pierde una bota en el lodo. El resto de la jornada lo hará cojeando con un pie descalzo. Aparecen nuevos prácticos del M26. La guerrilla está derrengada por el cansancio tras una marcha de nueve kilómetros por caminos infernales.

El sábado 6 de septiembre la columna descansa en un batey llamado de La Concepción. Arriba Camilo Cienfuegos, que ha estado marchando en paralelo y con el que el Che ha tenido frecuentes contactos: Camilo le echa el caballo encima a la hamaca y el Che va a dar al suelo. Los que no los conocen bien se espantan, ¿aguantará eso el argentino? Pero el Che y Camilo comparten ese pequeño mundo privado de bromas fuertes, jaraneo como dicen los cubanos, relajo, desmadre, al que accede poca gente. Los dos comandantes se fotografían juntos. En las fotos el Che aparece descalzo. A lo largo de la jornada se dedica a curarse los pies, a lavarse la ropa y a conversar con grupos de campesinos que se aproximan. La influencia de la Sierra Maestra sigue siendo grande en la zona, se ve obligado a rechazar voluntarios que quieren sumarse, no es el momento ideal para el reclutamiento campesino. Otros dos combatientes van a dar por órdenes suyas a la escuadra de los descamisados, por desarmar un rifle sin permiso y por perder proyectiles. Se encuentra agotado, al grado que a mitad de una conversación con los médicos De la O y Fernández Mell se desploma; los doctores piensan que algo grave le ha sucedido, pero se dan cuenta de que tan sólo se ha quedado dormido de pie y ha ido a dar al suelo. No sólo es la tensión y las marchas maratónicas en medio de temporales, donde, como dice Joel, "una marcha de seis kilómetros se volvía de trece en zig zag por el mal estado del terreno", sino que además ha utilizado los descansos para reunirse y conversar con los guajiros.

El domingo 7 de septiembre es día de fiesta, comen carne de res, el Che le escribe a Camilo: *Salgo esta tarde para la arrocera. Ésta ya debe estar tomada a estas horas (...) hay 400 guardias en Jobabo. Probablemente bolas, pero hay que evadir acciones. Mándame tu rumbo y ten prevenida a la gente para no fajarnos en caso de topar como dicen que haremos.* Efectivamente, había 23 soldados en Jobabo, pero aunque conocían la presencia de la columna decidieron hacerse los locos. *Todo indica que los guardias no quieren guerra y nosotros tampoco; te confieso que le tengo miedo a una retirada con 150 inexpertos reclutas en estas zonas desconocidas, pero una guerrilla armada de 30 hombres puede hacer maravillas en la zona y revolucionarla.*

A las 4, en marcha de nuevo hacia la arrocera Bartés. Cruzan de noche el río Jabobo en el límite entre oriente y Camagüey. Joel reseña: "El Che era muy buen nadador y cuando había que cruzar un río y no teníamos con qué pasarlo, él daba un viaje después de otro trasladando mochilas y armamentos, nadando con una sola mano y con la otra en alto cargando estas cosas para que no se mojaran". Llegan al batey de la arrocera de Bartés en la noche, la vanguardia asegura la zona, como de costumbre retienen temporalmente a campesinos en los lugares en donde se detienen. El Che ordena inutilizar una avioneta de fumigación. Entran a la tienda del batey, Ramiro toma nota de todo lo que se toma y paga rigurosamente.

En esta zona arrocera ha estado reuniéndose con ayuda de Rilvalta con los campesinos, promoviendo un sindicato y entrevistándose con los propietarios para que aumenten los miserables salarios que pagan y entreguen un impuesto revolucionario al ejército rebelde. *Yo de paso dejé las bases de un sindicato arrocero en Leonero y hablé del impuesto pero se me tiraron al suelo. No es que haya claudicado frente a la patronal pero me parece que la cuota es excesiva, les dije que eso se podría conversar y lo dejé para el próximo que caiga.* No habrá de saberlo, pero la operación le sale bien porque quince días más tarde los arroceros aumentan salarios y pagan impuestos al 26 de Julio.

Ese día el Che inicia un segundo informe a Fidel: *Después de agotadoras jornadas nocturnas, te escribo al fin desde Camagüey y sin perspectivas inmediatas de acelerar la marcha que lleva un promedio de tres cuatro leguas diarias, con la tropa montada a medias y sin monturas. Camilo está en las inmediaciones y lo esperaba aquí en la arrocera Bartés, pero no llegó. El llano es formidable; no hay tantos mosquitos, no se ha visto ni un casquito y los aviones parecen inofensivas palomas, Radio rebelde es escuchada con muchas dificultades a través de Venezuela (...) Un tipo con conciencia social puede hacer maravillas en esta zona y hay bastante monte para esconderse. De mis planes futuros no te puedo decir nada, en cuanto a camino se refiere, porque yo mismo no lo sé; depende más bien de circunstancias especiales y aleatorias como ahora que estamos esperando unos camiones para ver si nos libramos de los caballos, perfectos para los tiempos anaviónicos de Maceo, pero muy visibles desde el aire. Si no fuera por la caballería podríamos caminar de día tranquilamente. El fango y el agua están por la libre y los fidelazos (coños y carajos) que he tenido que tirar para llegar con los obuses en buen estado son de película: hemos tenido que atravesar varios arroyos a nado con un trabajo bárbaro, pero la tropa se porta bien aunque ya la escuadra de castigo está funcionando a todo tren y promete ser la más nutrida de la columna. El próximo informe irá por vías mecanizadas, si es posible, de la ciudad de Camagüey. Nada más que el fraterno abrazo a los de la "sierra", que ya no se ve.*

En la arrocera el Che mantiene una curiosa y tensa entrevista con el propietario. Cuando arriba acompañado de su escolta descubre que le han preparado un pequeño banquete en el comedor de la casa. Para hombres que han estado mal comiendo, resulta una tremenda tentación, pero el Che apelando a su eterno orgullo y a su espíritu espartano no acepta del propietario estadunidense nada. Después de mucha insistencia permite que los miembros de la escolta tomen una copa de coñac. No hay registro de la conversación, pero sí de lo que el Che comenta a la salida: *Yo moriría con una sonrisa en los labios, en el pico de una loma, detrás de una piedra, combatiendo contra esta gente.* Bien sea que la frase se haya adornado al paso de los años, bien sea que el Che momentáneamente haya abandonado su habitual parquedad, es una muestra más de la tensión antiestadunidense que Ernesto Guevara había acumulado en estos últimos años.

Se sale nuevamente de noche, con la columna fragmentada en un sector motorizado que utiliza un *jeep*, una camioneta y una pipa de agua. El Che pierde el rumbo temporalmente junto con su escolta Leonardo Tamayo, porque se quedan dormidos sobre el caballo. La vanguardia, unos cinco hombres, en una camionetita manejada por Ramiro, llega casi a las cinco de la mañana al batey de la finca La Federal, cinco casas aisladas, el centro de un latifundio de 1200 caballerías, que pagaba salarios miserables a sus obreros y en cambio mantenía a siete soldados y un cabo de la guardia rural como retén militar permanente. Los guardias, alertados por los rumores de la presencia de rebeldes en las cercanías, tienen montada una emboscada. Al amanecer se intercambian señales entre los soldados y los rebeldes. Ramiro Valdés responde encendiendo y apagando tres veces las luces del coche, probablemente pensando que se trata de hombres de la columna de Camilo. Los rebeldes se aproximan. A gritos se intercambian identificaciones: "¡26 de Julio!" "¡Aquí la guardia rural!", y comienzan los disparos.

Al tratar de cubrirse tras unos tanques de gasolina vacíos, Marcos Borrero cae muerto; Herman, el capitán norteamericano, es herido en un tobillo, los tiros de los guerrilleros matan a uno de los soldados. Afortunadamente para la columna del Che un anónimo colaborador del 26 de Julio ha cortado el cable telefónico y los soldados no pueden comunicar con el central Elia. Ramiro se repliega y como a 500 metros, en la entrada del batey, encuentra al Che, quien ordena de inmediato montar dos emboscadas y personalmente se dirige a tomar el mando manteniendo a la columna en reserva. Los soldados mientras tanto se han atrincherado en el chalet y tomado posiciones de tiro en el segundo piso; el cabo está herido. Uno de los soldados arroja armas y canana y sale huyendo; más tarde, al ser detenido contará que él y otros dos peones de la finca habían tratado de hacer contacto infructuosamente con los rebeldes para avisarles de la emboscada.

Ángel Frías, que va a cargo de la caballería, acelera el paso al oír los tiros. El Che trata de entender la situación, de saber contra qué están combatiendo. Los rebeldes que venían en el camión están tomando posiciones y disparando sobre la casa. Roberto Rodríguez, el Vaquerito, y el más joven de los Acevedo, Enrique, se ofrecen voluntarios para un asalto directo al chalet. El Che le dice a Frías que es muy riesgoso, que los van a matar, pero acepta.

Son las siete de la mañana cuando lo intentan mientras sus compañeros disparan contra las ventanas. Se encuentran con la planta baja vacía, van subiendo las escaleras con cautela, Ángel Frías los cubre. Los dos voluntarios entran en uno de los cuartos y reaccionan disparando instantáneamente contra lo que les parece el uniforme amarillento de la guardia rural. En el pasillo se produce una tremenda confusión. En un tiroteo casi cuerpo a cuerpo Acevedo es herido en ambos brazos, el Vaquerito se enfrenta a cinco soldados, Frías, para salir de la línea de fuego, se arroja por la escalera y se fractura el tobillo. Desde el suelo grita diciendo que va a tirar granadas, el Vaquerito continúa disparando. Los soldados se rinden.

La emboscada le ha costado a la columna un muerto y tres heridos. Los rebeldes que van entrando en el chalet, gritan excitados que hay que matar a los guardias, el Che se impone. No se tocará a los prisioneros.

Entierran a Marcos Borrero. El cuerpo médico de la columna, en casa de un colaborador, como a cinco kilómetros de ahí, se hace cargo de los heridos; operan a Enrique, le hacen una bota de yeso a Frías y curan a Herman.

El ejército, alertado, reacciona pidiendo apoyo aéreo y envían un primer refuerzo desde los centrales azucareros Francisco y Elia. El Che dispersa la columna en un monte cercano, monta emboscadas en los accesos a la finca y va preparando el repliegue. Finalmente los primeros refuerzos del ejército chocan contra la emboscada de Silva donde la mayoría de la gente está dormida víctima del agotamiento. Se intercambian disparos, es herido uno de los rebeldes, probablemente en un tiroteo cruzado, por sus propios compañeros, más tarde morirá. Silva retoma la vieja posición. El ejército se repliega con dos heridos. La dictadura comienza a concentrar fuerzas. El teniente coronel Suárez Suquet, que ha estado al mando de la infructuosa persecución de la elusiva columna, trata de ir a ponerse al mando de la operación volando en un avión desde Nuevitas, pero cuando sobrevuela la zona de combate los rebeldes le tiran al Piper, hieren al piloto, perforan el tanque de combustible y obligan a un aterrizaje forzoso. La columna empieza un repliegue hacia el monte mientras las emboscadas se van retirando escalonadas.

El ejército pierde el contacto. En represalia toma el batey, obligan a los obreros a arrodillarse ante una ametralladora. Más tarde algunos serán encarcelados acusados de colaborar con la columna. Los soldados desentierran y vejan el cadáver de Borrero. Lo que no logran en combate lo fabrican en el escritorio: el parte militar hablará de 15 bajas de los rebeldes.

El 10 de septiembre las dos columnas, la del Che y la de Camilo, marchan prácticamente juntas, en paralelo. La 8 con sus tres heridos y los guardias prisioneros. Van bordeando una laguna; la gente se queda dormida tras cruzar un río, se van quedando combatientes rezagados que constantemente hay que ir a buscar frenando el desarrollo de la marcha. El Che aprieta el paso, es una decisión afortunada porque Suárez Suquet llega con tropas a La Federal y dos B26 empiezan a bombardear el monte donde estuvieron guarnecidos los rebeldes.

Acampan en Laguna Baja y miembros del 26 de Julio los conectan allí, el Che les pide que se lleven con ellos a Enrique Acevedo, que ha perdido mucha sangre. En la despedida al más joven de sus combatientes dice:

—*No te pongas por ahí a hablar de más de la cuenta y además a decir que eres capitán, pues sólo eres teniente* —le dice en broma dándole noticia de su ascenso. Un miembro de la clandestinidad de Cienfuegos se lo lleva en un taxi, con el pelo recién cortado y una camisa de mangas largas para cubrir las heridas.

En la finca que es propiedad de un miembro del 26 de Julio, encuentran algo de comida y un poco de descanso. La gente agotada se deja caer al suelo. Donde se acuesta se queda dormida. El dueño le devuelve a Camilo y al Che el dinero que estos han pagado por alimentos. Los médicos curan los pies de los combatientes; ellos no pueden descansar. Todo el mundo sufre por una plaga de mosquitos, jejenes e insectos. Los rebeldes tienen que envolverse en mantas, sábanas. Los centinelas llevan la peor parte, se tienen que reducir las guardias a media hora en lugar de dos. Las dos columnas se despiden en las primeras horas de la tarde. Camilo toma el transporte rodado que ha proporcionado el movimiento y devuelve las caballerías que aprovechará la columna del Che.

A las 9:30 de la noche del 10 de septiembre el Che se pone en marcha; velocidad, movilidad, las reglas de la guerrilla. Hacia las cuatro de la madrugada llegan al batey de la finca Faldigueras del Diablo donde encontrarán enlaces del Movimiento que les llevan comida y botas. El Che se encuentra con una fuerte crisis de asma en esos momentos. Pide medicinas, entre otras cosas pastillas de actedrón para poder mantenerse sin dormir. Sacando energías de quién sabe dónde, se entrevista con trabajadores de la zona miembros del movimiento y del PSP que han tenido frecuentes luchas contra el desalojo por parte de los terratenientes del King Ranch.

De nuevo en marcha el 11 a las 6 de la tarde. Problemas con los guías que se pierden, la columna se disgrega y hay retrasos que tienen al Che de mal humor y agresivo. Una columna guerrillera de 150 hombres marcha por pelotones, en mitad de la noche, para no hacer blanco fácil, pero al hacerlo facilita la dispersión y las pérdidas. Los hombres están agotados, se duermen sobre el caballo, caen al suelo y ahí quedan dormidos. Zayas recuerda que "en aquellos días uno se dormía, no a caballo, sino hasta en un colchón de púas". Al día siguiente, con nuevos guías, la columna, que cuenta con un centenar de caballos, puede marchar con luz en pleno monte y a cubierto de la aviación. Llegan en la noche al batey de San Miguel del Junco. El Che abandona el plan de seguir esa misma noche porque le informan de una emboscada del ejército en las cercanías. Los prácticos han visto una columna de camiones con soldados armados. Dicen que como 500, el Che sonríe y les repregunta si no serán 300. La zona es peligrosa, porque debe cruzarse la carretera de Camagüey a Santa Cruz del Sur.

Se multiplican los contactos con la estructura del M26, que da la impresión de ser muy amplia pero poco coordinada. Siguen los intentos de incorporarse, el Che acepta temporalmente a tres muchachos de Victoria de las Tunas porque los recomienda Alberto Castellanos. En esta última semana ha rechazado a medio centenar de hombres desarmados que querían sumarse a su columna.

Hacia las 11 de la noche del sábado 13 de septiembre de nuevo en el camino; cuenta ahora con cuatro camiones, dos *jeeps* y un camión repartidor de ron pinilla que aportaron los tuneros. Por razones de seguridad dan cincuenta metros entre vehículo y vehículo, por malos caminos, repletos de lodo, paralelos a una vía de ferrocarril. Van parando en ranchitos, se les suman tres espontáneos sin que ni el propio Che se entere. Los camiones se descomponen, hay que bajarse a empujar; nuevamente el Che tiene que armar una tremenda bronca con fusil en mano para lograr que la gente desatasque los camiones. Se entera de que Camilo había tenido un encuentro con el ejército el día anterior. Tamayo comenta: "Camilo iba delante de nosotros, pero detrás de él quedaba el camino como minado. Camilo pasaba y enseguida venía el ejército y ocupaba los lugares, lo cual era una desventaja". Así, será casi inevitable que por agotamiento y falta de exploración vayan a dar a una de las múltiples emboscadas que el ejército tiene montadas, ésta en el caserío de Cuatro Compañeros. El pelotón de vanguardia descubre un tractor extrañamente estacionado sobre el camino y cuando quieren reaccionar ya es tarde. Los soldados abren fuego. Sin poder acabar de salir del sueño, que se ha tornado pesadilla, los rebeldes comienzan a saltar de los camiones. Son las 4:45 de la madrugada.

El Che ordena no hacer fuego generalizado y que la gente del pelotón de vanguardia contenga al enemigo. Va ordenando que los rebeldes busquen el monte hacia el sur y fija un punto de reencuentro a unos dos kilómetros. Zayas recuerda: "Y el sur no se sabía si quedaba para el norte o el oeste. Ya se pueden imaginar lo que pasó".

El Che, en medio del tiroteo, recorre la columna tratando de reorganizarla. Es en ese momento que Pablo Rivalta deja su mochila en uno de los camiones, preocupado por recuperar a los que han saltado hacia el lado equivocado del camino. *Se creó un estado de confusión. Desconociendo totalmente la zona ordenamos marchar hacia un monte que se veía a media luz del alba, pero para llegar a él había que cruzar una línea sobre la cual los guardias avanzaron en dos direcciones diferentes. Hubo que entablar combate para permitir el paso de los compañeros más retrasados.* La llegada de un tren a mitad del combate desconcierta aún más a los guerrilleros. El Che ordena a un bazuquero que se prepare a tirarle al tren, finalmente retira la orden al descubrir que no vienen tropas en él. El pelotón de la retaguardia frena al ejército y ahí es cuando hieren a José Ramón Silva, *quien ha continuado con estoicismo ejemplar al frente de los hombres a pesar de haber sufrido la fractura de la región articular del hombro derecho.*

El Che manda sacarlo de esa posición y Fernández Mell lo cura en el monte cercano. Había perdido mucha sangre y tratan de ponerle plasma, el sistema de transfusión afortunadamente no sirve, porque después descubrirían que el plasma estaba en mal estado.

Mientras tanto la cobertura de los rebeldes con ametralladora y quemando municiones, lo que no es habitual en la guerrilla, impide que el ejército tome la línea férrea y divida en dos partes la columna. *Tuvimos que seguir combatiendo sobre la línea férrea en una extensión de no más de 200 metros conteniendo el avance del enemigo, pues nos faltaban hombres.*

A las 7:30 de la mañana arriba la aviación, dos B26, dos C47 y dos avionetas. Joel narra: "Cuando se inició el bombardeo y ametrallamiento de la aviación, nuevamente los soldados de la tiranía intentaron avanzar. La mayor parte de la columna había cruzado la línea. Se reinició el combate con mayor intensidad en la posición donde se encontraba el Che. Los soldados avanzaban también por la sabana, parapetándose en los escasos árboles existentes conminándonos a la rendición con fuertes gritos (...) el ataque es rechazado, obligando a los soldados de la tiranía a replegarse a rastras". Armando Acosta está ahora a cargo de la retaguardia. *Esta situación duró dos horas y media, hasta que a las 9:30 de la mañana di orden de retirada, habiendo perdido al compañero Juan al que una bomba le destrozó la pierna derecha.* El grueso de la columna ha ganado el monte bajo un bombardeo bastante ineficaz. Hay algunos perdidos. Joel reconstruye: "El Che, alrededor de las 9:30 de la mañana, ordenó dejar varios compañeros que ofrecieran resistencia en la línea férrea, mientras al resto nos mandó penetrar monte adentro. Durante esta travesía, que fue en pequeños grupos, sucedieron muchísimos incidentes. Incluso el Che, al dar un descanso de 10 minutos, se quedó dormido con el resto del grupo que marchaba con él, y al despertarse mucho después del tiempo previsto se puso muy incómodo".

Hay un grupo de campesinos que se presta a localizar a los dispersos y rezagados de la columna. Se establecen varias emboscadas mientras se van reuniendo los hombres. En esos momentos la columna tiene a tres de sus jefes de pelotón heridos y tres de sus tenientes perdidos.

A las 9 de la noche se produce el reagrupamiento. Duermen hasta la madrugada. Con tan sólo un café en el estómago da reinicio la marcha. La columna sale hacia el sudoeste bajo la llovizna. Se mueven unos dos kilómetros, se establecen emboscadas. Se reincorporan dos de los perdidos. La alegría de verlos aparecer no le impide al Che echarle una fuerte bronca a uno por haber abandonado su revólver. El ejército se acerca, pero el Che decide no entablar combate.

En un campamento entre las fincas de San Antonio y Cayo Cedro, el Che decide someter a crítica a la columna. Comienza haciendo un análisis de los errores que los metieron en la emboscada, la falta de exploración, el dejarse llevar por el cansancio y la apatía. La bronca que cae sobre los que perdieron las mochilas es mayúscula, no menos a los que abandonaron armas o municiones, y ya puesto a soltar el regaño, se lo echa a sí mismo por haber perdido el control cuando el camión se atascó poco antes de la llegada a Cuatro Compañeros.

A las seis de la tarde de ese mismo día la columna se pone en marcha. Hay movilización de fuerzas militares de oriente hacia la zona. La "invasión" lograba su primer éxito, obligaba a desconcentrar las fuerzas que operaban en torno a la Sierra Maestra.

El 17 septiembre se come por única vez a las tres de la madrugada, los últimos en comer serán Herman y el Che, carne de res y arroz, media lata de leche condensada, pero a las cinco de la mañana están en marcha de nuevo. Llegan amaneciendo a la finca La República. *En días subsiguientes fue haciéndose la reagrupación de la gente, constatando por último que diez hombres dispersados estaban en la columna de Camilo.*

Salen de nuevo a las 11:30 de la noche. El Che en mulo, castigado por el asma; la bestia se atasca en el fango, trata de sacarla; Alfonso Zayas que va al lado suyo intenta ayudarlo, sólo escucha la respiración silbante del Che. "Yo me sentía a un tiempo molesto y admirado al ver el gran esfuerzo que hacía. Siempre llevaba consigo un aparato que le ayudaba a respirar, pero esta vez no le servía de mucho. Si yo continuaba allí tratando de ayudarle, los demás compañeros no podrían pasar."

Con la voz entrecortada el Che le dice:

—*Sigue, sigue, que yo llego…*

Poco después recupera su lugar. No es el único que está al borde de sus fuerzas. La columna entera está al borde del derrumbe. Joel recuerda: "Nuestro paso era lento, pesado; la columna estaba destrozada por las prolongadas travesías que, producto de nuestra situación física, tendían a reducirse. Sentíamos sed, hambre; los mosquitos, el fango pestilente y la lluvia nos causaban grandes estragos".

El 18 de septiembre, mientras acampan, alguien descubre una variedad de roedores conocidos como jutías. Hambreados como están, comienza la cacería. El Che, que estaba leyendo, ve pasar al lado suyo a los cazadores, les prohibe que usen los rifles. A lo largo de los últimos días han estado marchando paralelos al mar. Manuel Hernández dice que le han contado de la existencia de un par de barquitos, el Che le autoriza la exploración, finalmente la cosa quedará en nada porque se trata de un par de desvencijados botes. La columna marcha de tarde y hacia las 11 de la noche llegan a Laguna de Guano. Allí unos campesinos le informan al Che que el ejército tiene concentrados unos 250 hombres a 14 kilómetros. Continúa la marcha. Van bordeando la costa, en las zonas de pastos paralelas a la ciénaga que se prolonga del mar. Jornadas de 15 y 20 kilómetros de marcha.

La relación con los campesinos es bastante buena, donde quiera encuentran apoyo y comida aunque no en grandes cantidades. *Nunca nos faltó, a pesar de las dificultades, el aliento campesino. Siempre encontrábamos alguno que nos sirviera de guía, de práctico, o que nos diera el alimento imprescindible para seguir. No era, naturalmente, el apoyo unánime de todo el pueblo que teníamos en oriente; pero siempre hubo quien nos ayudara. En oportunidades se nos delató, apenas cruzábamos una finca, pero eso no se debía a una acción directa del campesinado contra nosotros, sino a que las condiciones de vida de esa gente los convierte en esclavos del dueño de la finca, y, temerosos de perder el sustento diario, comunicaban al amo nuestro paso por la región y éste se encargaba de avisarles graciosamente a las autoridades militares.*

No acierta el Che en esto último, que por cierto reitera en otro texto (*la conciencia social del campesino camagüeyano en las zonas ganaderas es mínima y debimos arrostrar las consecuencias de numerosos chivatazos*). Escrito bajo la impresión de las constantes emboscadas y la cercanía amenazadora del ejército, no le hace justicia a los guajiros. Revisados años más tarde los partes militares del ejército de la dictadura, puede constatarse que fueron contadísimas las delaciones.

Se marcha por terrenos cercanos a la ciénaga cruzando un potrero llamado Laguna de los Cocodrilos, el estado de la tropa es pésimo, Joel recuerda las "grandes dificultades por las características del terreno, anegado por un agua fría y pestilente. La hierba era alta".

Al día siguiente, 20 de septiembre, *escuchamos por radio el informe de Tabernilla sobre la columna destrozada del Che Guevara. Sucedió que en una de las mochilas encontraron la libreta donde estaba apuntado el nombre, la dirección, las armas, balas y pertrechos de toda la columna. Además, un miembro de esta columna que es miembro también del PSP, dejó su mochila con documentos de esa organización.* No hay constancia de la reacción del Che, pero sin duda no debe haber sido suave; la captura de las mochilas de Acosta y Rivalta, que no sólo contenían propaganda del PSP sino también una relación de los miembros de la columna, permitiría al general Tabernilla iniciar en una conferencia de prensa una amplia campaña internacional hablando del "fidelismo-comunismo". En esa misma conferencia el exsargento de la camada batistiana negó rotundamente la existencia de una invasión de los rebeldes en Camagüey y aseguró que "los grupos que penetraron procedentes de oriente fueron abatidos por el ejército", hablando de 16 bajas de la guerrilla y el "desparrame de los forajidos".

La noticia de nuestra falsa muerte provocó en la tropa una reacción de alegría; sin embargo el pesimismo iba ganándola poco a poco: el hambre y la sed, el cansancio, la sensación de impotencia frente a las fuerzas enemigas que cada vez nos cercaban más y sobre todo la terrible enfermedad de los pies conocida por los campesinos con el nombre de mazamorra —que convertía en un martirio terrible cada paso dado por nuestros soldados—, habían hecho de éste un ejército de sombras. Un ejército al que cuesta trabajo mantener en actividad. Zayas recuerda: "Un día que nos acostamos en una arboleda al lado de un arroyo y nos cogió un poco tarde para levantarnos, yo sentí un ruido como si se estuvieran cayendo yaguas de las palmas: era que el Che venía cortando las sogas de las hamacas, porque los compañeros se habían quedado dormidos. La verdad es que la gente estaba muerta. A mí no me cortó la soga porque me tiré rápido, pero sí me llamó la atención, que me dolió más el golpe que me di en la caída que si hubiese picado la soga de mi hamaca".

En medio del sufrimiento, una nota chusca. José Pérez Mejía, que estaba haciendo sus necesidades corporales, se queda dormido y se pierde. El Che piensa, con su habitual rigor, que el hombre ha desertado; no hay tal, más tarde se reincorporará.

23 al 25 de septiembre. *No teníamos práctico e íbamos tras las huellas esporádicas del compañero Camilo.* En la casa de un campesino éste se disculpa por lo poco que puede brindarles, le explica al Che que hace unos días pasó Camilo… *Desde el día 20 caminamos casi ininterrumpidamente entre cenagales. Hubimos de abandonar los pocos caballos que llevábamos más de una vez; la mazamorra empezó a hacer estragos entre la tropa.* Y el ataque de asma que lo acompaña durante tres días, persistente, agotador.

Leonardo Tamayo apunta: "Quisimos tomar por la región central de la provincia y él dijo que deberíamos irnos por el sur. Y el sur era la parte más inhóspita. Y por allí nos fuimos". El Che intuye, adivina, el ejército buscará las salidas más fáciles y las bloqueará, el ejército no piensa en tres niveles.

Los días se suceden, marchas agotadoras, pocos kilómetros de avance. Sin comida. *Era difícil adelantar, muy difícil. Día a día, empeoraban las condiciones físicas de nuestra tropa y las comidas, un día sí, otro no, otro tal vez, en nada contribuían a mejorar ese nivel de miseria que estábamos soportando.* Joel recuerda: "Teníamos un hambre voraz". Manuel Hernández, el jefe de la punta de vanguardia, le propone al Che buscar comida en una arrocera, el Che lo frena:

—*Manuel, yo sé que hay ánimo para buscar comida. Lo que no va a haber después es ánimo para sacarlos a ustedes. Hombres para ir a sacarlos, porque ahí hay guardias.*

Finalmente decide enviar una escuadra al mando de Ramón Pardo y con el doctor De la O a la tienda de la arrocera Águila, donde se consigue algo de comida y de pasada tractores con rastras y carretas.

El 29 de septiembre, sin embargo, la trampa se cierra. *Habíamos deja-do atrás la arrocera Águila y entrado en terrenos del central Baraguá, cuando nos encontramos con que el ejército tenía bloqueada totalmente la línea que había que cruzar. Nos descubrieron en la marcha y de la retaguardia se repelió a los guardias con un par de tiros; pensando que los tiros provenían de los guardias emboscados en la línea, siguiendo su inveterada costumbre, ordené esperar la noche, pensando que podría-mos pasar. Cuando me enteré de la escaramuza, es decir que el enemigo tenía pleno conocimiento de nuestra posición, ya era tarde para inten-tar el paso, pues era una noche oscura y lluviosa y no teníamos recono-cimiento alguno de la posición enemiga, muy reforzada.*

El Che le dice a Acosta, que ha sido el responsable del choque con el ejército:

—*Ese tiro nos va a costar caro.*

Hubo que retroceder a brújula, permaneciendo en la zona cenagosa y de monte ralo para despistar a los aviones que, efectivamente, volcaron su ataque sobre un monte frondoso a cierta distancia de nuestra posición.

El 30 de septiembre están prácticamente rodeados por el ejército, que aunque no los ubica exactamente, sabe que los tiene dentro del cerco. Cinco compañías están desplegadas. Noche de lluvia y relámpagos. El Che envía exploraciones tratando de encontrar un hueco en el cerco. Les ordena: *No pueden tirar, aunque les tiren.* Guile Pardo y Acosta se acercan hasta lo imposible sin ser detectados, los soldados disparan erráticamente; ellos no res-ponden, hundidos en el fango. El ejército está distribuido en retenes cada cin-cuenta metros, un pequeño trenecito les surte comida y parque.

No sólo el Che está desesperado. En este combate de ciegos, el tenien-te coronel Suárez Suquet, que viene a cargo de la persecución, le comenta a otro oficial: "Tú ves, esto no se ha acabado, ni se va a acabar nunca".

A las cinco de la madrugada del 1 de octubre, el Che ordena la marcha hacia un estero anegado; la columna se distribuye en pequeños islotes pa-ra camuflajearse. A las cuatro de la tarde el Che se reúne con el mando de la columna y ordena una nueva exploración.

Joel Iglesias recuerda: "El estado de agotamiento de los compañeros era tal que a veces los aviones pasaban y ametrallaban y nadie se movía de don-de estaba. Había una cantidad de agua que nos daba por las rodillas y la cintura, y para protegernos del agua teníamos que sentarnos a la orilla de árboles grandes, alrededor de cuyo tronco se formaba una especie de ca-yito. Así estuvimos rodeados como tres días. Nos acostábamos en un cayi-to de esos, le echábamos hojas y a medida que pasaba el tiempo, como era una especie de tierra blanda, de tembladera, se iba hundiendo y llegaba el momento en que uno empezaba a bajar hasta que ya tenía medio cuerpo bajo el agua, y el agotamiento era tal, que uno se quedaba ahí durmiendo, solamente con el pecho y la cabeza fuera del agua. En esa situación podía-mos verlo como a cada rato se paraba de su lugar e iba a darle vueltas a los compañeros, sobre todo a los que tenían una situación más difícil, para darles ánimos y hablarles y decirles que había que tener resistencia, que había que aguantar, que teníamos que llegar".

Yo tenía que echar una descarga a todos los invasores en medio de un marabú, descalzos y muertos de hambre, y además estaba la tropa muy indisciplinada, mucho más, con unas caras patibularias, tétricas, y no hacían caso. A veces había que recurrir hasta el castigo físico para que caminaran y entonces yo les decía que estaban escribiendo una página importante en la historia de Cuba sin darse cuenta.

En esas condiciones el Che mantiene una reunión con los oficiales de la columna. Por primera vez les explica detalladamente la misión en el Escambray, el punto de destino, la función de montar una base guerrillera que cortara la isla en dos quitándole presión a la Sierra Maestra, la labor política de integrar a los grupos que estaban combatiendo en el Escambray, la idea de reproducir la base original de la Sierra Maestra. En esa reunión resiste las presiones de los oficiales más jóvenes que piensan que hay que abrirse paso rompiendo el cerco combatiendo. El Che insistía en que un combate así sería desventajoso y había que evitarlo. *Solamente si no nos queda otra salida.* Fernández Mell recuerda: "Él siempre contestaba que todavía no era el momento, que ahora había que pelear con la naturaleza para llegar al Escambray".

Una nueva patrulla a cargo de Rogelio Acevedo vuelve a pulsar los límites del cerco. En plena oscuridad provoca a los soldados para que le disparen tratando de ver si existe alguna fisura en la línea. Finalmente la encuentran en el límite del embarcadero de Baraguá. Amplían la exploración. Acevedo cuenta: "Nos metimos como dos horas explorando. Ya eran las cinco de la madrugada. Habíamos estado toda la noche. Por dentro me decía: ahora sí, el argentino me tiene que felicitar. Habíamos encontrado un hueco después de tres días sitiados. Regresamos y le informamos al Che. Sólo me dijo: *Está bien".* Maldita parquedad, terrible hábito ése de pedirle lo imposible a sus hombres y luego pensar que lo imposible es sólo lo necesario.

A pesar de ello, el Che ha visto una luz al final del túnel; inmediatamente organiza el paso. Nuevamente de noche, nada que brille, nada que suene. La vanguardia cruza y coloca emboscadas a ambos lados de la línea férrea mientras pasa el resto de la columna. Cruzan con el agua hasta el pecho, los rifles en alto. *Por esa laguna cenagosa, tratando de amortiguar en lo posible el ruido de 140 hombres chapaleando fango caminamos cerca de dos kilómetros hasta cruzar la línea a cerca de 100 metros de la última posta de la que escuchábamos su conversación. El chapaleo, imposible de evitar totalmente, y la luna clara, me hacen pensar con visos de certeza que el enemigo se dio cuenta de nuestra presencia, pero el bajo nivel combativo que en todo momento han demostrado los soldados de la dictadura los hicieron sordos a todo rumor sospechoso.* Son las 11 de la noche del 2 de octubre.

Los tres días siguientes la columna avanza de noche en cenagales de agua marina. *Una cuarta parte de la tropa estaba sin zapatos o con ellos en malas condiciones. En pantanos pestilentes, sin una gota de agua potable, atacados continuamente por la aviación, sin un solo caballo que pudiera llevar por ciénagas inhóspitas a los más débiles, con los zapatos totalmente destrozados por el agua fangosa del mar, con plantas que lastimaban los pies descalzos, nuestra situación era realmente desastrosa al salir trabajosamente del cerco de Baraguá y llegar a la famosa trocha de Júcaro a Morón.*

El ejército mantiene la presión y la aviación los sobrevuela frecuentemente. *En cada campesino veíamos al presunto chivato, en una situación psíquica similar a los primeros tiempos de la Sierra Maestra. No pudimos establecer contacto con la organización del 26 de Julio, pues un par de supuestos miembros se negaron a la hora en que pedí ayuda, y sólo recibí monetaria, nylons, algunos zapatos, medicinas, comida y guías de parte de los miembros del PSP, que me dijeron haber solicitado ayuda de los organismos del movimiento, recibiendo la contestación siguiente que debe de tomarse con beneficio de inventario, pues no me consta: "Si el Che manda un papel escrito, nosotros le ayudamos; si no, que se joda el Che".*

Mientras tanto, desde el Escambray las fuerzas del Directorio revolucionario van siguiendo el desarrollo de la marcha a través de las emisiones de Radio rebelde. Envían a uno de sus guías a tratar de hacer contacto, más tarde una patrulla de escopeteros. No son los únicos, fuerzas del II Frente y del 26 de Julio hacen lo mismo.

El 7 de octubre la columna hace un primer contacto con hombres de una guerrilla del Escambray, que además de darle al Che una primera visión de la zona lo alertan sobre las tensiones existentes entre los hombres del 26 y un grupo llamado el II Frente del Escambray que se había escindido del Directorio y que dirigía Eloy Gutiérrez Menoyo. *Traen un rosario de quejas por la actuación de Gutiérrez Menoyo, informándome que* Bordón *(del 26 de Julio) había sido tomado preso y que había existido una situación que llegó a estar cerca de una batalla campal entre los grupos. Me pareció que había muchos trapos sucios que sacar al sol en toda esta cuestión y mandé a uno de ellos ordenándole a Bordón que avanzara a mi encuentro.*

Ese mismo día de octubre el Che le escribe un reporte a Fidel en que señala que *para tratar de limpiar la escoria de la columna ordené el licenciamiento de todo el que lo solicitara; siete aprovecharon la oportunidad y doy sus nombres para la historia negativa de esta revolución: Victor Sarduy, Juan Noguera, Ernesto Magaña, Rogoberto Solín, Oscar Macías, Teodoro Reyes y Rigoberto Alarcón. Un día antes se había extraviado y sospecho que desertó Pardillo, del pelotón de Joel.* Nuevamente el Che resulta excesivamente rigorista e injusto en su valoración de los hombres; de los siete, uno era un práctico que regresó a su región y se alzó más tarde en otro grupo rebelde; otro fue detenido en Camagüey y asesinado por el ejército; un tercero, fue detenido por las tropas y pasó en prisión sus días hasta el final de la revolución; y un cuarto regresó al Escambray y volvió a unirse a la columna del Che. Pardillo no desertó y finalmente se unió a la guerrilla en el Escambray junto con un grupo que había formado con alzados de la zona.

El 8 abandonará la columna el capitán Herman. Convaleciente de la herida y enfermo es entregado a un grupo de campesinos del PSP; el Che lo despide en su diario con un *fundamentalmente no cabía en la tropa*.

La marcha nocturna continúa. El Che mostraba una imagen graciosa en esas jornadas, traía una bota en un pie y en el otro un zapato. Durante esos días alivian la dramática tensión escuchando por la radio las peripecias de la serie mundial de béisbol. Yanquis de Nueva York contra Dodgers de Brooklyn. La mayoría simpatiza con los neoyorquinos, el Che por llevar la contraria le va a los Dodgers, pero confiesa que no sabe ni un carajo del asunto. El mayor enemigo resulta la aviación, mientras el ejército intenta una nueva operación de cerco para impedirles el acceso a Las Villas cerrando el paso en el río Jatibonico. *El día 10 de octubre nos alcanzó la aviación ametrallando el monte en que estábamos. Fueron las avionetas y no hubo víctimas. No teníamos tiempo de recuperarnos ni siquiera un poco cuando un nuevo aguacero, inclemencias del clima, además de los ataques del enemigo o las noticias de su presencia, volvían a imponernos la marcha. La tropa estaba cada vez más cansada y descorazonada. Sin embargo, cuando la situación era más tensa, cuando ya solamente el imperio del insulto, de ruegos, de exabruptos de todo tipo, podía hacer caminar a la gente exhausta, una sola visión en lontananza animó sus rostros e infundió nuevo espíritu a la guerrilla. Esa visión fue una mancha azul hacia occidente, la mancha azul del macizo montañoso de Las Villas, visto por vez primera por nuestros hombres.*

El 11 de octubre la vanguardia de la columna ocupa el batey de una arrocera y nos enteramos que el ejército conocía nuestra situación por las conversaciones telefónicas que interceptamos. "Las ratas estaban perfectamente localizadas." El Che decide entonces encerrarse en esa casa rodeada de potreros y permanecer inmóvil durante todo el día. Por cierto que los rebeldes encuentran en la casa una gran cantidad de queso que devoran inmediatamente. Tras varios días sin comer, el queso produce un terrible estreñimiento en toda la columna.

Según los informes recogidos en las conversaciones del ejército, éstos no nos creían capaces de caminar las dos leguas que nos separaban de Jatibonico. Por supuesto, las hicimos esa noche, cruzamos el río a nado, aunque mojando casi todo el armamento, e hicimos una legua más hasta llegar al refugio seguro de un monte. El paso del Jatibonico fue como el símbolo de un pasaje de las tinieblas a la luz. Ramiro dice que fue como un conmutador eléctrico que encendiera la luz y es una imagen exacta. Pero desde el día anterior azulaban las sierras a lo lejos y hasta el más remiso lomero sentía unas terribles ganas de llegar.

El 12 de octubre el coronel Perez Coujil le escribe al teniente coronel Suárez Suquet una maravillosa misiva con singular retórica: "Nuestra misión clara y específica es la captura vivo o muerto del Che Guevara y de todos los forajidos que lo acompañan. Bajo ningún concepto se puede ir del cerco por ningún lado. Hay fuerzas suficientes a su mando para cumplir su cometido; además lo apoya la aviación. Si el distrito entero tiene que ir, irá al lugar como sea. Cumpla y haga cumplir órdenes terminantes. Cada cual en su puesto como militar y como hombre. En estos precisos momentos tenemos que responderle como se merece al general Batista y demostrarle que somos los osos y que las ratas son lo que son". Pero el tono grandilocuente del coronel tiene poco que ver con la realidad.

Durante esos dos días la columna avanza en marchas nocturnas extenuantes. Los militares que los habían venido siguiendo se desentienden, ahora les toca a las tropas de Las Villas, no a ellos. En las cercanías de la arrocera Vitico la proximidad del ejército obliga al Che a desplazar el pelotón de Silva para que los vigile y en caso necesario los contenga, pero los soldados reciben un mensaje lanzado desde una botella de un avión con órdenes de retirarse.

El 13 de octubre, el Directorio, desde el Escambray, lanza una operación sobre Placetas y Fomento para distraer a las fuerzas enemigas que están tratando de cerrarle el paso a las columnas invasoras. Durante cuatro horas se combate en estas pequeñas ciudades provocando desconcierto en las guarniciones porque se corre el rumor de que se trata de la columna del Che.

El 15 de octubre, la columna realiza una *jornada agotadora entre fangales, cruzamos arroceras y cañaverales, cruzamos el río Zaza, que debe ser uno de los más anchos de Cuba.* El río estaba crecido y Tamayo, que carga los zapatos del Che, pierde uno. Se salva de la bronca porque otro combatiente termina encontrándolo más abajo, arrastrado por la corriente. Más allá del susto por el temor de haber perdido por segunda vez su calzado, dicen que el Che suspiró al cruzar el río Zaza y dijo: *Esto se está acabando.*

Acosta, que viaja por delante de la columna y que fue organizador político hace años en esa misma zona, ha entrado en contacto con la estructura del PSP para conseguir alimento, ropa y calzado. Cuando después de cruzar el Zaza el Che entra a un bohío, se sorprende de que le ofrezcan un café amargo, como a él le agrada, en lugar del habitual café con mucho azúcar que tanto gusta a los cubanos. Luego vienen las explicaciones, Acosta ha pasado por allí.

En la noche del 15 de octubre, a las 3:30, la vanguardia se encuentra con cuatro hombres.

El diálogo quedará fijado en la memoria de los testigos:

—¡Alto! ¿Quién vive?

—Gente buena y campesinos.

—Campesinos no, porque ustedes traen armas, serán guardias.

—No, guardias no, somos gente del Escambray, del Directorio 13 de marzo.

—Vengan acá. Nosotros somos gente del Che.

A partir de ahí surge la leyenda. En toda Cuba se sabe que el comandante Guevara ha llegado a la provincia de Las Villas, ha roto el cerco; Radio rebelde se encarga de difundirlo.

Fernández Mell proporcionará el mejor y más ecuánime resumen: "Habíamos caminado 554 kilómetros en línea recta por el mapa; en la práctica fueron más (...) Durante ese tiempo, 47 días, habíamos comido algo 15 o 20 veces, además de pasar dos ciclones".

La mitología de la invasión, tratada erróneamente por algunos cronistas, no estará en el par de combates sin importancia que la columna del Che enfrenta en la Federal y Cuatro Compañeros, en las hazañas militares menores, sino en la tremenda marcha de 47 días en condiciones infrahumanas, en la tenacidad y la cautela del Che, rehuyendo cercos y emboscadas (actitudes verdaderamente ajenas a su carácter como combatiente), en su brillante habilidad para evadir el combate. El viaje adquiere sentido en el destino. Ahora la revolución podrá cortar la isla en dos.

CAPÍTULO 20

Nuevos montes, nuevos problemas

Al final del combate de Fomento.

La patrulla del Directorio advertiría a la columna del Che de la existencia de emboscadas del ejército en el camino, y esa misma noche del 15 al 16 de octubre del 58 los rebeldes cruzarían el último cordón de guardias en la carretera de Trinidad a Sancti Spiritus. Los soldados hacen señales pero no actúan. El Che había advertido a los escopeteros del Directorio: *Ustedes verán cómo ahora pasamos sin que nos disparen ni un tiro*, y así fue.

El 16 de octubre *las tropas de la invasión, doloridas, con los pies llagados, ensangrentados y ulcerados por las afecciones provocadas por los hongos, manteniendo indemne solamente la fe*, entran en el Escambray. De nuevo en una zona montañosa, los rebeldes de la columna 8 se sentían seguros. Joel relatará: "A pesar del cansancio, existía alegría en toda la tropa y hasta algunos iban cantando el himno nacional".

A las 10 de la mañana del 16 de octubre se monta el primer campamento en las ruinas de una planta hidroeléctrica, en el cafetal de la finca Cantú. El grupo del Directorio prosigue hacia Dos Arroyos para informar de la llegada de la columna.

En estos dos días el Che entra en relación, un primer contacto, con prácticamente todas las fuerzas que operan en la región; con Manuel Quiñones, de la dirección provincial del PSP, que portaba dinero y un informe confidencial para el Che; con un grupo del 26 de Julio en el que se encuentran entre otros la financiera de Las Villas, Leonor Arestuch, y el dirigente del sector obrero Joaquín Torres. Los cuadros del M26 les informan sobre los retenes del ejército. El Che, en cambio, les pide que le consigan medicinas para curar los hongos, ropa, zapatos, instrumental médico y los cita para el día siguiente en las Lomas del Obispo. El Che se entrevista a solas con Torres, que le parece un dirigente obrero muy poco obrerista.

No sólo mantiene contactos con la sección urbana del 26 de Julio, sino también con una pequeña guerrilla dirigida por Pompilio Viciedo y Sindo Naranjo, a los que les pide informes sobre el II Frente del Escambray.

Con el II Frente, que es quizá la guerrilla que más hombres en armas tiene en ese momento en el Escambray, ya se han presentado las primeras tensiones. Al llegar a las estribaciones de la sierra recibieron una *carta insólita. Era firmada por el comandante Carrera y en ella se prevenía a la columna del ejército revolucionario por mí comandada que no podía subir al Escambray sin aclarar bien a qué iba y que, antes de subir, debía detenerme para explicárselo.*

La carta era una circular fechada en septiembre que en el punto 10 decía: "Que cualquier organización que contando con un grupo armado pretenda luchar en estas zonas sin previo acuerdo o autorización del estado mayor del II Frente, será por primera vez advertida y por segunda vez expulsada o exterminada por el ejército del II Frente".

Para el Che esto era algo más que una prueba de fuerza, incluso que una provocación, era directamente una ofensa. *Todo amenazaba tormenta; sin embargo, logramos mantenernos serenos, conversar con algún capitán (Sorí Hernández), del que luego nos enteramos que había asesinado 4 combatientes del pueblo que quisieron ir a ocupar su lugar en las filas revolucionarias del 26 de Julio abandonando el II Frente.*

En el campamento de Cantú el Che le da a la columna dos días de reposo. La gente puede bañarse y, según recuerda un campesino, "Che se quitó su ropa raída, le dio una machucaíta, como decimos los guajiros, y se la volvió a poner". El descanso era obligado, pero el Che ardía en urgencia de *salir con parte de la tropa y la mala bazuka a destrozar cuarteles. No puede quedar ni un solo cuartelito en la sierra.* Ir de nuevo al combate después de 45 días de estar rehuyendo el enfrentamiento con el enemigo, era la prioridad, pero la situación política de la zona, las tensiones entre las diferentes fuerzas y la ausencia de un campamento, lo obligaban a dedicarle tiempo y paciencia, sobre todo la tan escasa paciencia, a otras labores. *Nuestra tarea al llegar por primera vez a la sierra del Escambray, estaba precisamente definida: había que hostigar al aparato militar de la dictadura, sobre todo en cuanto a sus comunicaciones. Y como objetivo inmediato, impedir la realización de las elecciones* (convocadas por Batista como un intento de devolverle legitimidad al régimen). *Pero el trabajo se dificultaba por el escaso tiempo restante y por las desuniones entre los factores revolucionarios.*

De nuevo en movimiento, para instalar un campamento en una zona más profunda de la sierra. Se nota en la columna el agotamiento, en la marcha se van quedando combatientes rezagados y dormidos. *Acampamos cerca del pico denominado Del Obispo, que se ve desde la ciudad de Sancti Spiritus y tiene una cruz en su cima. Allí pudimos restablecer nuestro primer campamento e inmediatamente indagamos por una casa dónde debía esperarnos uno de los artículos más preciados del guerrillero: los zapatos. No había zapatos; se los habían llevado las fuerzas del II Frente del Escambray, a pesar de que habían sido logrados por la organización del 26 de Julio.*

En esos días se produce una segunda entrevista con militantes del II Frente, y es con el comandante Carrera, el que había firmado la circular famosa, *fue una entrevista inamistosa, pero no borrascosa. Éste había ingerido ya la mitad de una botella de licor, que era también aproximadamente la mitad de su cuota diaria. Personalmente no fue tan grosero y agresivo como en su misiva de días anteriores, pero se adivinaba un enemigo.* Carrera tenía fama de bronco, los hombres del Directorio lo habían denunciado porque le gustaba matar, disparar la pistola contra cualquiera que pensara que era chivato (se decía que tenía 46 marcas en la cacha de su pistola) y los campesinos de la zona tenían quejas contra él porque había quemado unas casas y una escuelita.

Le queda al Che, tras haber suavizado las relaciones con el II Frente, la tarea más importante: recuperar y poner bajo su mando la guerrilla del 26 de Julio más importante que opera en la zona, una columna que tiene más combatientes en armas que la del propio Che, 202 hombres, la de Víctor Bordón. El Che le envía una nota a su campamento de San Blas diciéndole que suba a verlo, y al finalizar la tercera semana de octubre se reúne con la tropa de Bordón en un lugar conocido como Las Piñas. El encuentro será tirante al principio, el Che parece tener informaciones contradictorias sobre el grupo de Bordón y sobre los conflictos que éste ha tenido con el II Frente, y su tropa no debe parecerle suficientemente aguerrida; probablemente ni siquiera le guste el maravilloso sombrero de cowboy del exobrero azucarero que lleva en armas tanto tiempo como él.

La imagen que ofrece la tropa del Che tampoco debe de haber sido muy impactante para Bordón, que contará años después: "Cuando llegamos allí vimos a un grupo de hombres físicamente destruidos, exhaustos, descalzos, ropas deshechas... Che sufría un fuerte ataque de asma".

El Che le plantea de entrada una pregunta provocadora:

¿Cuántos guerrilleros bordonistas traes ahí? Bordón contesta: "Son del 26 de Julio, no son míos". El Che lanza entonces un discurso terrible a la tropa: mando único, disciplina férrea, incremento de la lucha; a los que no le guste, pueden irse de inmediato dejando sus armas. Bordón la comentaría años más tarde de manera muy escueta: "Una reunión muy al estilo Che, muy seca". De los 202 que trae Bordón no se quedan más de 110 o 115. El Che le rebaja el grado a Bordón de comandante a capitán. Bordón recuerda: "Quería matarlo, quién mierda de argentino se pensaba que era. Me callé por disciplina". Sin embargo, el Che terminará ganándose a Víctor Bordón y éste recuperará el cargo de comandante en las siguientes semanas.

Tras haber consolidado el frente interno, el 21 de octubre se produce la tan esperada reunión en Dos Arroyos y en El Algarrobo con la gente del Directorio. El encuentro resulta emocionante, las tropas confraternizan. Hay una cierta infraestructura en la zona del Directorio que al Che debe haberle resultado agradable, le recordaría sus penosos esfuerzos en El Hombrito: una escuela campesina, una armería, barracas, una planta de radio, una planta eléctrica.

Se encuentran allí los comandantes Rolando Cubela, Tony Santiago, Faure Chomón, Mongo González. El Che escribe un saludo: *Al llegar a la sierra del Escambray (...) desde este campamento general del* DR, *los hombres del 26 de Julio damos testimonio de nuestro agradecimiento por el recibimiento fraternal...*

Pronto entran en tema: la unidad del movimiento. El DR plantea que están listos para actuar unitariamente, pero sin los del II Frente, a los que acusan de llevar "una línea propia de bandidos". Que entienden que a él, recién llegado al Escambray, le debe resultar difícil comprender las tensiones entre las fuerzas… La escisión entre el Directorio y el II Frente está muy fresca, apenas en agosto pasado, y eso agudiza la fricción. Faure, al que el Che conoció en México durante unos instantes cuando Echeverría se entrevistó con Fidel, afirma que Gutiérrez Menoyo, el dirigente del II Frente, se había entregado a los políticos tradicionales y existía la posibilidad de que detrás de él estuvieran los estadunidenses. El Che, fiel a la consigna que trae de la Sierra Maestra, insiste en la visión de unidad a toda costa entre todas las fuerzas que estén dispuestas a combatir con las armas a la dictadura. Faure cuenta:

—No formaríamos unidad con quien había degenerado en bandido —el Che me miró como penetrándome. Supe lo que pensaba y aclaré:

—No hablo como sectario; tú vienes a unir, pero yo tengo que advertirte.

Entonces me propuso:

—*Hagamos un plan entre nosotros y yo haré uno bilateralmente con Gutiérrez Menoyo.*

Existe una foto donde están reunidos el Che y Ramiro con la plana mayor del DR (Cubela, Faure, Castelló, René Rodríguez). Ramiro y el Che con la camisa abierta hasta el ombligo, el Che sin su famosa boina, con una pequeña gorra de visera en la que casi no cabe la mata de pelo y fumando tremendo tabaco. Se nota físicamente repuesto después de la invasión. Los rostros, a pesar de lo fraternal del encuentro, son muy serios. Como que la cosa no estaba tan clara.

Allí conocerá el Che a un hombre que habrá de estar ligado a su futura historia, uno de los capitanes del Directorio, Víctor Dreke, de 27 años, un negro delgado, enjuto, con una mirada atravesada e intensa. Una bala ha estado a punto de matarlo en el ataque que el Directorio realizó para distraer al ejército cuando llegaba la columna del Che. Dreke recuerda: "El Che era una leyenda al llegar al Escambray en el 58. Yo estaba herido, me llevaron al lugar donde fue el encuentro. Faure nos presenta a todos y le explica al comandante Guevara que yo había sido herido en el ataque a Placetas. El Che me atendió como médico; Castelló, el doctor nuestro, le explicó dónde estaban las heridas. Conversamos del tiro que casi me mata. Teníamos una pequeña oficina, una máquina de escribir. El Che, con una gran modestia, nos la pidió prestada para hacer un trabajo. Era el comandante de la revolución en Las Villas y andaba pidiendo permiso…"

El hecho es que si bien no ven claros los caminos de la unidad, el Che parece sentirse mucho más a gusto con estos combatientes surgidos del movimiento estudiantil y que no parecen tener dobleces y decide establecer su campamento en la zona del DR y no al oeste donde se encuentra el II Frente. La columna se transporta a un punto conocido como Gavilanes. Aún las huellas de la invasión se notan, sobre todo en los pies, porque heridas y llagas no acaban de curar.

Un campesino ve pasar al Che, viene en un caballo con un perro en la parte delantera y una carrillera de balas cruzadas en el pecho. ¿En qué momento se hizo con el perro ése? Un perro llamado Miguelito, que luego aparecerá en otra fotografía: orejón y desnutrido, acostado en una hamaca ante una casa campesina.

En esa misma semana el Che mantiene una entrevista fundamental con el coordinador del 26 de Julio en la zona de Las Villas, Enrique Oltuski. La reunión no es ni mucho menos amable, los dos personajes se miran de reojo. El Che de repente le lanza: *Me parece que has manejado muy mal la cosa del Escambray*. Oltuski le explica que buscando la alianza con la fuerza que parecía más importante, el II Frente, se apartó del Directorio. Con el II Frente llegó al acuerdo de que reconocerían la autoridad nacional de Fidel y el 26 de Julio se subordinaría a ellos en Las Villas. Pero los del II Frente presionaron a Bordón, se robaron abastos del movimiento y al final "quedamos mal con dios y con el diablo". El Che le cuenta que Gutiérrez Menoyo no ha querido verlo. *Me ha estado zafando el cuerpo* (el Che había enviado a Tamayo con una cita y le había advertido: *Tamayito: posiblemente tengamos que combatir no sólo con el ejercito, a lo mejor con el II Frente; debes de llevar bala en el directo, no te dejes madrugar*. Y Menoyo le respondió que había la misma distancia entre los dos campamentos, que si quería verlo que fuera él).

La conversación con Oltuski deriva hacia la reforma agraria y hacia la manera de no enfrentar directamente los intereses estadunidenses en una primera etapa. "Y aunque yo me creía un tipo duro en ambas cosas, era más duro que yo, iba más allá". Oltuski es uno de los autores del programa agrario del 26 de Julio que al Che le parecía moderado. Un reparto agrario basado en impuestos fuertes al latifundio y venta de parcelas y créditos a los pequeños propietarios. El Che se indignaba, en eso era zapatista: "La tierra para el que la trabaja". Oltuski recordará años más tarde: "Fuimos encontrando coincidencias".

—Che, pero estas cosas tenemos que hacerlas con cuidado, porque no podemos revelar temprano nuestras intenciones, porque los yanquis nos aplastarían.

—*¡Qué comemierda eres! ¿Así que tú crees que podemos hacer una revolución a espaldas de los americanos? Las revoluciones verdaderas hay que hacerlas desde el primer momento y que todo el mundo sepa cómo son porque hay que ganarnos al pueblo. Una revolución de verdad no se puede disfrazar.*

La conversación prosigue toda la noche. Oltuski desconfía de los comunistas, ha visto en el campamento del Che a Armando Acosta, al que conoce como cuadro del PSP, y sabe que el Che viene precedido por su fama de marxista independiente. Él piensa que los comunistas son moderados y oportunistas y que le han estado dando vueltas al problema de enfrentarse realmente, a tiros, a la dictadura de Batista. La conversación se prolonga, en el campamento, los combatientes se van a dormir, hace frío. Oltuski se va con la impresión de que el Che le está dando más importancia a estos problemas políticos que a los militares. Más allá de las discrepancias, ambos han encontrado un interlocutor, alguien con el que vale la pena discutir.

En Gavilanes, el 23 de octubre, el Che escribe el último informe a Fidel sobre la invasión. Un par de días más tarde decide comenzar a operar sobre los cuarteles que están en el interior de la sierra y mantiene una tormentosa reunión con un capitán del II Frente, el comandante Peña, *famoso en la región por sus correrías detrás de las vacas de los campesinos, que nos prohibió enfáticamente atacar Güinía de Miranda porque el pueblo pertenecía a su zona; al argumentar que la zona era de todos, que había que luchar y que nosotros teníamos más y mejores armas y más experiencia, nos dijo simplemente que nuestra bazuka era balanceada por 200 escopetas y que doscientas escopetas hacían el mismo agujero que un bazuka. Terminante. Güinía de Miranda estaba destinada a ser tomada por el II Frente y no podíamos atacar. Naturalmente que no hicimos caso; pero sabíamos que estábamos frente a peligrosos "aliados".* Contada por otros testigos parece que la reunión fue más agresiva que lo que el Che reseña. En determinado momento Peña le dijo: "Con las cuatrocientas escopetas que yo tengo yo hago más que tú con la bazuka y con todos tus invasores y tus cojones". Ahí tal pareció que le había picado una avispa al Che. Estaban sentados en el suelo conversando en una casita de guano, y entonces el Che se puso de pie y le dijo poniendo su M1 en el suelo: *Mira, Peña, si yo tengo que usar las armas contra mis compañeros, hasta ese día yo combato.* Y luego remató: *Si ustedes dentro de cinco días no han tomado Güinía de Miranda, nosotros vamos a tomarlo.*

No pasaron los cinco días.

El 25 de octubre, mientras el ejército bombardea la sierra, el Che le pide a Faure un par de guías y al día siguiente divide su columna en dos grupos. Acosta, con varios reclutas, se desplaza hacia un punto conocido como Caballete de Casa, en la parte más inaccesible del Escambray, una loma de 800 metros, de difícil acceso, desde la que se ve a lo lejos las ciudades de Placetas y Sancti Spiritus, que ha sido elegida por el Che para montar un campamento y una escuela de entrenamiento. Con el resto de la columna el Che se desplaza a una finca llamada Las Piñas, donde se entrevista con los miembros de una pequeña célula del 26 de Julio que había estado muy activa colaborando con las tropas de Bordón. El Che interroga a los campesinos que le sirven de guías para acercarse al cuartel de Güinía, una construcción de ladrillos con techo de zinc y una guarnición de 26 hombres, al que llegarán entrada la noche.

Los cuatro pelotones de la columna 8 toman posiciones, las tropas de Bordón tienden emboscadas en los accesos al pueblo. La señal será el disparo de la bazuka, pero los dos primeros disparos salen muy elevados. Se generaliza el tiroteo. El Che se encabrona e insulta al bazuquero. Ordena entonces que se consiga gasolina para preparar bombas molotov; la tienda de abarrotes de un chino está cerrada y no encuentran gasolina, cuando finalmente lo hacen y preparan las bombas, los dos hombres que se acercan para arrojarlas, Amengual y Cabrales, son descubiertos y mueren ametrallados por los guardias. San Luis está a punto de morir al acercase a tirarles una granada brasileña que le rebota enfrente y afortunadamente no explota.

Falla otras dos veces la bazuka. Tiene problemas con las municiones y con el magneto, se ven obligados a hacerle un remiendo con pilas de linterna. El Che, desesperado, toma la bazuka en las manos y se alza en una lomita, casi a descubierto, carga el proyectil y nada, desesperado repite el intento, una, dos, tres veces y nada. Se encuentra como a 25 metros del cuartel y los defensores lo ubican y comienzan a disparar sobre él. Joel le reclama porque se está exponiendo demasiado: "La tierra que levantaban las balas nos tenía ciegos. Pero la lomita nos protegía. En tal situación y con tal volumen de fuego (…) el Che, al ver que el bazuquero no hacía blanco, no hacía nada, se molestó y parándose fue a donde estaba, le quitó la bazuka y se paró allí en ese lugar, con los proyectiles picando por todos lados. No sé cómo pudo salvar la vida entre tantas balas. Cogió la bazuka para tirar (…) Yo me le paré delante y lo empujé tratando de que se metiera de nuevo tras la lomita (…) Entonces él me dio un empujón bastante violento y tuvimos prácticamente una discusión". Bordón reflexionaría con justa razón más tarde: "El desprecio al peligro era el talón de Aquiles de Che".

Pero mientras tanto, Guevara insiste. Lo único que le faltaba era que la bazuka tan vituperada por Peña no funcionara. Como al quinto intento sale el obús y hace blanco en el cuartel hiriendo a dos soldados y matando a uno. Seis guardias salen huyendo por la parte trasera, los demás se rinden.

El combate ha finalizado cuando comienza a amanecer, cerca de las cinco de la mañana. El pueblo entero vitoreaba a los guerrilleros, según testimonio del propio cabo que comandaba a los guardias… Por cierto, el jefe de los defensores, el cabo Maximiliano Juvier, estaba casi en edad de retiro y el sargento lo había dejado allí a cargo de una guarnición de sólo 14 hombres bien armados. El Che, después de regañarlo y desarmarlo, lo envió a su casa, tras avisar a su mujer que estaba bien. No será la última vez en que Guevara y el cabo hayan de verse.

La victoria *no fue rentable de ninguna manera*, porque se gastaron unos miles de balas y sólo se recuperaron 600 o 700 proyectiles y cuatro Springfields, *pero políticamente fue un golpe que mostró nuestro deseo de hacer las cosas bien*.

En el retorno a Gavilanes, un par de combatientes, el Vaquerito y Figaredo, se acercan al Che y le plantean permiso para formar una escuadra de choque armada con automáticas que pueda utilizarse en el ataque a este tipo de cuarteles. El Che acepta y les pide que vayan elaborando una lista de voluntarios; será bautizada como "el pelotón suicida".

El 27 de octubre el Che ha terminado de diseñar el esquema de sus campamentos: El Pedrero, Gavilanes, en la finca de un latifundista rodeada de grandes montes, y un campamento en la profundidad de la sierra, el más inaccesible, Caballete de Casa, donde monta la escuela de reclutas. Las labores allí van a toda velocidad, en días se han de construir cabañas en medio de los árboles, invisibles desde el cielo por lo tupido del bosque. En El Pedrero el Che se instala en casa de Lina González, una mujer de edad que recuerda muy bien que, cuando conoció al Che, "una hermosa sonrisa algo pícara traía en su rostro".

Con las elecciones encima, el Che trabaja ahora contra el tiempo. Ante la mascarada electoral que Batista ha montado para recubrir su gobierno con un manto de legalidad, la consigna de la sierra es abstención y sabotaje. *Los días anteriores al 3 de noviembre, fecha de las elecciones, fueron de extraordinaria actividad: nuestras columnas se movilizaron en todas direcciones, impidiendo casi totalmente la afluencia a las urnas de los votantes en esas zonas (...) En general desde el transporte para los soldados de Batista hasta el tráfico de mercancías, quedaron detenidos.* Pero la acción militar clave, el ataque al cuartel de Banao, en dirección opuesta al de Güinía, al oeste del macizo de la sierra, no será afortunada. Se dedica poco tiempo a la preparación, los guías no ubican bien a los pelotones, la bazuka vuelve a fallar, hay varias bajas entre los rebeldes en un combate que dura toda la noche y al amanecer el Che da la orden de retirada para evitar que la aviación los encuentre sin protección. Víctor Bordón cuenta: "Nos retiramos amaneciendo. El camino era infernal; Che estaba bajo los efectos de un ataque de asma y ya no tenía medicina para combatir la enfermedad; toda la tropa estaba cansada y él hacía un esfuerzo sobrehumano para mantenerse en pie. En el trayecto interceptamos a varios caballos y Che montó en uno de ellos. Un joven combatiente observa la operación y lanza al aire su crítica. Che lo escuchó. Bajó de la bestia y siguió caminando junto a su columna. Ya salió el sol cuando llegamos a una finca que le decían cafetal. Empezamos a organizar el campamento para descansar cuando Che me manda a buscar. La crisis asmática no cedía. *Di a Soto que venga acá.* Llegamos. Che invitó al compañero a sentarse. La hierba estaba húmeda. Habló largo rato con Sotico, explicó porqué había aceptado el caballo y que no viera eso como un acto de privilegio. *¿Estás convencido, muchacho?*, preguntó paternalmente, mientras situaba su mano derecha en el hombro del combatiente. Sotico empezó a llorar".

Las elecciones resultaron un fracaso para el gobierno, el corresponsal del *New York Times* calculaba que sólo había votado el 30% de la población y en algunos lugares los electores no habían pasado del 10%, a pesar de presiones y fraudes. El resultado fue el esperado, resultó electo el candidato de Batista: Rivero Agüero. El fracaso de las elecciones *se logró en Las Villas en forma espontánea, ya que no hubo tiempo de organizar sincronizadamente la resistencia pasiva de las masas y la actividad de las guerrillas.* En esto el Che parcialmente se equivoca. La acción antielectoral, las movilizaciones, probablemente no fueron coordinadas, pero el Che ve espontaneidad popular donde lo que hay es un largo trabajo de organización, acción y propaganda. Cuando el Che llega al Escambray existe previamente una red del 26 de Julio con una tremenda influencia social que sale de Santa

Clara, Camagüey y Sancti Spíritus y sube al Escambray tocando las pequeñas ciudades y pueblos hasta llegar a los poblados y rancherías del macizo
montañoso. Reorganizada por Oltuski a partir del fracaso de la huelga de abril,
la red a veces tiene dinámica propia, va por libre, desde Güinía, donde un grupo
dirigido por el médico del pueblo, conectado con Santa Clara gracias a un
taxista, conseguía armas y hacía sabotaje, hasta grupos de mujeres organizados en la universidad de Las Villas que se dedican a la compra de balas a los
soldados y a la propaganda. No hay día en que en la región no se produz-
can movilizaciones de estudiantes, campesinos, pequeños empleados, cobro
de los impuestos revolucionarios para el 26 de Julio, robos de armas o comida,
colectas para la compra de ropa o calzado, atentados casi continuos. En las
Lomas hay una fábrica de tabaco, La Flor de Lis, donde los obreros reciben
una cuota de la producción en tabaco que entregaban en un 95% para las
guerrillas. Quizá la debilidad de la red está en la concepción del jefe de acción
del 26 en las Villas, Diego (Víctor Paneque), que piensa que la dirección del
movimiento debe hacerse desde las ciudades, claramente enfrentada a la visión del Che, que tiene muy claro tras la huelga de abril que es en función de la
guerrilla serrana como debe funcionar la red de acción. Pronto tomará medidas. *Al llegar cambiamos en total el sistema de lucha en las ciudades, puesto que a toda marcha trasladamos los mejores milicianos de las ciudades
al campo de entrenamiento para recibir instrucciones de sabotaje que resultó efectivo en las áreas suburbanas.*

Existe, tomada en aquellos días posteriores al fracaso electoral de Batista,
una foto del Che saliendo del campamento de Caballete de Casa a caballo,
no en burro como normalmente hacía; al fondo el paisaje imponente de los
cerros y la vegetación exuberante, el Che muy erguido, muy orgulloso, la
espalda echada hacia atrás, los bolsillos de la camisa repletos de mil y una
porquerías y chingaderas, una granada colgando del cinturón. Razón tiene
para estar contento. Caballete de Casa se ha convertido a toda velocidad en
la base de extrema retaguardia que siempre ha querido, fortificada, con la
función de acantonar hombres, darles instrucción y formación militar mientras se obtenían armas para ellos. La base tiene comandancia, planta de radio
y pequeños talleres de tabaquería, talabartería, hojalatería, armería. En Caballete hay un trabajo serio con los campesinos de la zona, se forma ahí el
pelotón de escopeteros de Larrosa, se captan jóvenes combatientes del II
Frente, acuden activistas estudiantiles de Santa Clara, incluso de La Habana,
atraídos por el halo mágico del Che y su invasión. Según las fuentes, pasarán por ella en el siguiente mes y medio entre 600 y 1000 reclutas. El Che
pone a Pablo Rivalta a cargo de la base y comisiona a Vicente de la O para
que comience a ejecutar la reforma agraria dentro de la zona liberada. Ya en
noviembre la repartición de tierras está en marcha, la finca La Diana, cerca
de Banao, propiedad del gobernador de Las Villas, fue repartida entre los
campesinos y el 8 de noviembre se fecha la orden militar número 1, que
entre otras cosas contiene la propuesta de reforma agraria del Che: confiscación inmediata de las tierras de los servidores de la dictadura, investigación de

cualquier finca mayor de 30 caballerías, todo trabajador que lleve más de dos años de peón o rentista se convierte en dueño de la tierra que trabajó.

Nuevamente será un problema político el que sacará de quicio al Che en torno a la reforma agraria y el reparto de tierras. *Tras de muchas depredaciones (…) donde nuestra paciencia fue puesta a prueba infinitas veces y donde aguantamos más de lo debido, según la justa crítica del compañero Fidel, se llegó a un status quo donde se nos permitía hacer la reforma agraria en toda la zona perteneciente al II Frente siempre y cuando se les permitiera a ellos cobrar tributos.*

Por otro lado, a lo largo de ese mes el objetivo central de la invasión se va cumpliendo: el pelotón de Silva bloquea la carretera de Trinidad a Sancti Spiritus y la carretera central que recorre la isla de punta a punta queda obstaculizada al dañar con un sabotaje el puente sobre el río Tuinicú. Además los sabotajes a la vía férrea interrumpen el ferrocarril central. *La zona más convulsionada, oriente, solamente recibía ayuda del gobierno por aire y mar, en una forma cada vez más precaria. Los síntomas de descomposición del enemigo aumentaban.*

Una pequeña sombra oscurece el panorama: entre las acciones que el Che propuso para sabotear las elecciones estaba el asalto a un banco en Sancti Spiritus; una acción combinada entre las milicias urbanas y la guerrilla. La idea era utilizar el dinero del asalto para el financiamiento de las más urgentes necesidades. Oltuski estaba en "total desacuerdo" con la acción y de acuerdo con Víctor Paneque la bloqueó, porque pensaba que los asaltos bancarios no mejorarían la imagen pública del movimiento y porque a esas alturas de noviembre llegaba dinero en grandes cantidades a las arcas del movimiento, proveniente de fuerzas conservadoras que veían cercano el colapso del régimen y querían quedar bien con los posibles triunfadores. Oltuski le ofrecía en cambio a Guevara 50 mil pesos de la tesorería.

La respuesta provoca una enfurecida carta del Che fechada los primeros días de octubre, en la que después de reprenderlo porque la operación estaba pactada y los del Llano no cumplieron su palabra, le dice que le importa un bledo que las direcciones de los pueblos amenacen con renunciar. *Me veo en la triste necesidad de recordarte que he sido nombrado comandante en jefe (…) renuncie o no renuncie yo barreré, con la autoridad de que estoy investido, con toda la gente floja de los pueblos aledaños a la sierra (…) ¿Por qué ningún guajiro ha encontrado mal nuestra tesis de que la tierra es para el que la trabaja, y sí los terratenientes? Y si eso no tiene relación con que la masa combatiente esté de acuerdo con el asalto a los bancos cuando ninguno tiene un centavo en ellos…*

La historia no termina allí. Oltuski, sin malas intenciones, le pide un recibo por los 50 mil pesos y el Che le dice que entre compañeros ese es un insulto, que él no necesita una firma suya para nada. *No se me hubiera ocurrido pedírtela a ti por nada, aunque le exigiría 100 a Gutiérrez Menoyo.*

Curiosamente, este enredo del dinero provocará un viaje que alterará la futura vida personal del comandante Guevara. Una comisión de miembros de la red urbana del 26 de Julio encabezada por el financiero, el doctor Serafín Ruiz de Zárate, sube al Escambray para entregarle al Che los 50 mil pesos, lo acompañan Martha Lugioyo, Graciela Piñeira, el médico Cuco Rodríguez de la Vega y Aleida March, una activista de Santa Clara que había tenido intervenciones importantes como mensajera y en el traslado de combatientes durante la huelga de abril y el levantamiento de Cienfuegos y que formaba parte del grupo que dirigía la acción en Las Villas. Durante tres días y tres noches la comisión permanece en El Pedrero. Cuando se disponen a retornar un enlace les informa que Aleida y Rodríguez de la Vega son buscados por la policía y ambos se quedarán en la zona del Escambray, Zárate con la columna y Aleida en Placetas.

Aleida cuenta su primera impresión del comandante rebelde: "No está mal. Lo que más me impresionó fueron sus ojos, la mirada. En ese momento me pareció un hombre mayor de lo que realmente era. No lo miré como a un hombre: resultaba demasiado fuerte la impresión de la figura que era".

Alberto Castellanos, uno de los escoltas del Che, cuenta: "Ese día yo no estaba, pero al regresar vi a aquella muchacha tan bonita y vistosa que enseguida pregunté quién era, me dijeron que era una gran combatiente revolucionaria, muy valiente, que estaba luchando en la clandestinidad en la provincia de Las Villas, pero le avisaron que la policía había registrado su casa y que la estaban buscando, que por eso la dirección del Movimiento le ordenó que permaneciera en el Escambray. Aleida y el Che se enamoraron, digo eso, porque cuando la vi, le tiré un piropo y por la forma en que el Che me miró, me dije: Sal de ahí, Alberto, que nada tienes que hacer".

Otro de los hombres del pelotón de la comandancia, Harry Villegas, niega la teoría del amor a primera vista: "Ese amor no surgió superficialmente como algunos piensan, no fue que se vieron y se enamoraron enseguida, no fue amor platónico o a primera vista, sino que surgió en el desarrollo de la lucha".

En la primera semana de noviembre la afluencia de voluntarios crece; entre tantos, hay dos que serán incorporaciones significativas en la futura trayectoria del Che, dos estudiantes, Alberto Fernández Montes de Oca, conocido como Pacho, un oriental de 25 años, y Jesús Suárez Gayol, el Rubio, un pinareño de 22 años.

Pacho Montes de Oca, rostro cuadrado, blanco, cejas pobladas, ojos muy juntos de mirada medio fiera, es un tipo que se la juega. Al regresar del exilio, donde estuvo perdido en las selvas mexicanas al tratar de llegar a Cuba en una expedición fallida, le matan a su hermano Orlando, colabora en la organización clandestina en Santa Clara y al quemar su cobertura se le ordena que suba al Escambray. Suárez Gayol, dirigente estudiantil del 26 de Julio, ha tenido que dejar Pinar del Río al quedar sin cobertura en la lucha clandestina, viene con los pies quemados porque participó en el incendio de una emisora de radio. Uno de los más famosos torturadores de la policía batistiana, Ventura, acaba de ordenar la muerte de un muchacho porque se le parecía. El Che no lo quiere incorporar al ver su estado, le mira los pies y le dice: *No olvide que soy médico y sé que en esas condiciones no puede andar.* Pero ante la terquedad del estudiante lo envía también a Caballete de Casa junto con Montes de Oca, a quien le encarga un pelotón de reclutas. En el próximo mes, otros dos jóvenes se sumarán a la columna: Orlando Borrego, un estudiante de contabilidad de Las Villas, y un abogado habanero, Miguel Angel Duque de Estrada, no sin reticencias del Che, que prefiere a los adolescentes guajiros a los estudiantes.

Finalmente, el 7 de noviembre, el Che le escribe una nota a la dirección del Directorio: *Las dificultades surgidas entre nosotros y la organización denominada II Frente del Escambray fueron haciendo crisis (...) hasta culminar con una franca agresión cometida contra uno de mis capitanes situado en la zona de San Blas. Esta delicada situación hace imposible el llegar a un acuerdo con la citada organización.* Les informa por tanto que ahora ya está en condiciones de hacerles un ofrecimiento y les cuenta también que el PSP puso a su disposición la guerrilla de Yaguajay y las organizaciones del Llano, la carta culmina con la petición de una reunión. El 13 el Directorio responde: "Aún no hace un mes que te encuentras en nuestra zona rebelde y ya han comenzado a hacerte blanco de las mayores infamias e indignidades. Todo esto te hará perfectamente comprensible el peso de las razones que te expusimos en nuestras primeras conversaciones". Pocos días más tarde se producirá una reunión en el poblado de La Gloria a la que asisten la plana mayor del Directorio y los cuadros de la columna 8. Inevitablemente dedican una parte de la reunión a discutir el qué hacer con las fuerzas del II Frente, y esta vez es el Che el más radical. Indignado echaba pestes contra Gutiérrez Menoyo. Parece ser que alguien del II Frente había pegado una hoja en algunas casas de campesinos, donde se decía que los combatientes que no respondieran a la disciplina del II Frente serían expulsados o fusilados. *Yo no tenía idea de lo que sucedía en el Escambray y si venía predispuesto era contra ustedes. Coño, qué mala información tenemos.* Faure Chomón cuenta que: "Consideró la posibilidad de que conjuntamente los enjuiciáramos como traidores y cuatreros y ejercer una acción enérgica contra ellos, antes de iniciar la ofensiva rebelde". Pero la ofensiva no puede posponerse demasiado y deciden dejar al II Frente a un lado, cerrar un pacto entre ambas organizaciones y comenzar de inmediato operaciones conjuntas al mando de oficiales de ambas organizaciones. Parece ser que el Che sondeó a los cuadros del Directorio sobre si tenían inconveniente en que se sumara el PSP al pacto y estos aceptaron.

El resultado inmediato de las conversaciones en La Gloria fueron dos pequeñas acciones a mediados y fines de noviembre, cuando tropas del Directorio al mando del comandante Cubela atacan el poblado de Caracusey y cuando combatientes de la columna del Che hicieron una entrada sorpresiva en Cabaiguán, población en la que se mantuvieron por varias horas ocupando equipos de la estación de radio Cubanacán y de la compañía de teléfonos, así como combustible de la refinería RECA para abastecer la futura emisora de la columna 8. El Che sin duda estaba haciendo un esfuerzo por mantener el frente amplio en la provincia de Las Villas, porque en el *jeep* en el que Guevara dirigió la operación no sólo viajaban su segundo Ramiro Valdés y el doctor Fernández Mell, sino también el dirigente del II Frente, Gutiérrez Menoyo.

En esos días Oltuski, con Marcelo Fernández, uno de los dirigentes nacionales del 26 de Julio, volvió a reunirse con el Che en la sierra, sin duda para suavizar las tensiones entre la clandestinidad urbana y la dirección guerrillera. Oltuski cuenta: "El Che llegó hacia la medianoche. Nosotros yacíamos sobre el piso de la escuela adormilados. Saludos y después el Che dijo:

—*Hemos tenido las primeras escaramuzas. Sin lugar a dudas se aprestan a hacer un intento de penetración por esta zona.*

"Mientras hablaba, cogía los trozos de carne con los dedos sucios. Por el gusto con el que comía aquello le sabía a gloria. Terminó de comer y salimos fuera. Nos sentamos a un lado del camino: Marcelo, el Che y yo. El Che repartió tabacos. Eran burdos, seguramente hechos en la zona por algún guajiro. Aspiré el humo fuerte y amargo: sentí un calor en el cuerpo y un ligero mareo. A mi lado, el Che fumaba y tosía, con una tos húmeda, como si lo tuviera todo mojado por dentro. Olía mal. Olía a sudor descompuesto. Era un olor penetrante y yo lo combatía con el humo del tabaco.

"Nuestra conversación fue áspera. Pero no peleamos mucho aquella noche. Quizás el Che estaba cansado. Quizá era el tabaco fuerte y amargo que aletargaba. El Che y Marcelo tuvieron algunos torneos verbales. Entre otras cosas se discutía el programa del 26 de Julio. El Che prometió su contribución escrita". No sólo el programa se debatía la negativa de la clandestinidad urbana a hacer un frente amplio con los comunistas del PSP. Más allá de las discrepancias, Oltuski le dijo a Marcelo Fernández cuando bajaban del Escambray: "Cuando vuelva a la sierra me alzaré con el Che". La oportunidad no hubo de presentarse, porque los acontecimientos habrían de desarrollarse cada vez más rápidamente.

A fines de noviembre entre campesinos y combatientes "corría la bola de que el ejército iba a tirar una ofensiva en las lomas, que venía Sánchez Mosquera, que venía un tal coronel La Rubia (...) Y la bola andaba, 'Que están en Fomento', 'Que están en Cabaiguán', 'Que traen tanque y yipis y es el mundo lo que traen'. 'Mierda, chico, eso es mierda, esos guardias no suben'."

Sí subieron, pero no traían el mundo, era un millar de soldados de los batallones de lucha contra guerrillas 11 y 22; y lo que resultaría más peligroso, traían con ellos seis blindados Stewart.

El Che situó su puesto de mando en Manacas, cerca de El Pedrero. Contaba con los 150 invasores, la tropa del Bordón, el apoyo de la columna del Directorio y una creciente fuerza de reclutas que ya tenía concentrados en Caballete de Casa.

El 29 de noviembre las tropas del ejército salieron de noche de sus puntos de arranque y llegaron rompiendo claros a las estribaciones de la zona controlada por los rebeldes, *avanzando desde Cabaiguán tomaron el* poblado de Santa Lucía, llegaron a Punta Gorda, partiendo desde Fomento. Nuestras fuerzas ofrecieron una resistencia elástica cediendo poco a poco el terreno que era conquistado con mucho sacrificio por el enemigo, contando siempre con el auxilio de los tanques.

Un campesino, admirando la destreza del Che, diría años más tarde: "Suerte que el Che era un estratega del carajo y había situado hombres por todas esas lomas, y por donde quiera que los guardias sacaban la cabeza, les metía palos, y se quedaron encerrados en ese camino sin avanzar mucho".

El día 30 de noviembre el ala izquierda enemiga avanzó hasta el lugar denominado Conuco apoyado por tanques y la aviación, pero ahí fue detenido por las fuerzas del capitán Joel Iglesias, que obligaron al enemigo a retirarse a Santa Lucía. Por el centro cruzaron hasta el poblado de Mota, con el auxilio de dos tanques de esteras; por el ala derecha llegaron hasta el poblado de Sitiados, hasta esas posiciones extremas pudieron avanzar los tanques, sorteando nuestras defensas. La gente de Bordón los frena en un callejón nombrado Culo de Perro, que sale al cementerio de El Pedrero.

El día 1 de diciembre los esfuerzos del enemigo por avanzar fueron frustrados en todo el frente de combate, ocasionándoles muchas bajas. En la defensa de nuestra ala izquierda, intervino personalmente el comandante Camilo Cienfuegos al frente de un selecto grupo de veteranos de su columna (el 14 de octubre Fidel había enviado una carta a Camilo en la que le ordenaba posponer la segunda parte de la invasión a Pinar del Río y situaba su columna en la zona norte de Las Villas) que estaban visitando el campamento del Che. Camilo bloqueó el paso de los tanques derribando una palma y con su grupo de combatientes frenó el avance de la columna. La voz popular situaba combatiendo juntos por última vez a Camilo y al Che. Resulta sorprendente, y al mismo tiempo indicativo de la importancia que le daba, que en estas condiciones de acoso, el Che haya podido reunirse formalmente con Cubela y Castelló del Directorio el 10 de diciembre para firmar el que habría de ser conocido como el Pacto del Pedrero, una sencilla declaración de intenciones unitarias señalando la identidad de las dos organizaciones y su coordinación absoluta, así como el lanzamiento de nuevas operaciones. El pacto terminaba con una invitación a la unidad para el derrocamiento de la dictadura que fue respondida por el PSP ocho días más tarde. El pacto fue firmado en medio de los bombardeos.

La ofensiva batistiana se desgastó rápidamente enfrentada a las emboscadas de los rebeldes. El Che tenía bien aprendida la lección de la Sierra Maestra. El día 2 de diciembre todo el ala derecha del enemigo fue derrotada y puesta en fuga, ocupándole al enemigo numeroso parque y un tanque de esteras con cañón de 37 mm persiguiéndolo hasta las cercanías de Fomento donde se refugiaron. Por su parte el ejército era obligado a abandonar el poblado de Mota.

El 2 de diciembre el Che, aún bajo las bombas, celebraba una comida en El Pedrero para conmemorar el desembarco del Granma. En la cocina de Lina González quedaban huellas de impacto de balas producto del ametrallamiento. Lina recuerda: "El Che dormía a veces en esta casa. Nunca descansaba más de dos horas seguidas, pobrecito. Había que ser guapo para quedarse aquí porque bombardeaban todos los días".

Antes de retirarse del poblado de Sitiales, el enemigo prendió fuego a 21 casas de campesinos con el fuego de los cañones de sus tanques. El día 4 de diciembre el enemigo intenta recuperar Mota cayendo su pelotón de vanguardia en una emboscada nuestra (organizada por el Vaquerito y Zayas) *con el siguiente resultado: ocho muertos y trece heridos de consideración por parte del ejército.* Ese combate fue el último acto de la ofensiva batistiana contra el territorio liberado del Escambray, y como si se tratara de celebrarlo salía al aire la emisora de la columna 8, con Hiram Prats como operador; la primera transmisión fue un enlace con Radio rebelde (7RR). Hay una foto del Che con su chaqueta de cuero, sentado en un taburete ante la emisora de radio en el interior de un bohío, mira reconcentrado los mandos mientras fuma un puro, los auriculares pegados a las orejas, no tiene cara de confianza, a su espalda el técnico lo contempla; ropa sucia y cachivaches por las paredes, baterías de automóvil en el suelo. La foto ha sido tomada por Tirso, un colaborador del diario clandestino *Revolución* con el que el Che mantiene una relación de colegas, *antes de comandante yo fui fotógrafo,* y al que le da una cámara para que se la arregle, una cámara tan destruida que nunca podrá volver a funcionar y que el Che le reclamará al paso de los años una y otra vez. De Tirso son varias fotos tomadas al principio de diciembre, sesiones de foto que el Che interrumpe cuando vienen los ataques de asma, porque en un gesto de coquetería o para evitar darle información de más al enemigo, no quiere que lo vean con inhalador. Fotos del caballo Pajarito y del perro Miguelito acostado en una hamaca mientras el Che lo regaña: *Miguelito, cabrón, nomás comés y cagás. No me acompañás a ningún lado, pendejo.*

Días más tarde sale al aire la estación de la columna de Camilo y se produce la siguiente conversación radial entre los dos dirigentes rebeldes:

—Dime cómo están esos movimientos enemigos por ahí y cuéntame si hay algo nuevo. De paso dime qué tipo de tanque fue el que cogieron porque el mensajero que fue allá me dijo que lo había visto, pero no supo explicarme qué tipo era.

—*Camilo, veo que te está picando el asunto, ¿eh? Es un tanque de estera, que tiene un poco quemadas las marcas, pero es muy bonito, es de fabricación americana y creo que nos va a ser muy útil (...) Ahí están los técnicos trabajando en él porque tiene algunos defecticos (...) No hay problemas ahora en nuestras líneas. Creo que ellos se verán en problemas en las de ellos dentro de muy poquito de tiempo. Yo te oí decirle a Fidel que ibas a tomar Santa Clara y qué sé yo, en eso no te metas, porque eso es mío. Tú te tienes que quedar por ahí nomás.*

—En cuanto al problema ese de Santa Clara, ok, muy bien, vamos a trazar planes para más adelante, para hacerlo en comunidad, yo quiero repartirme esa gloria contigo, así es que yo no soy ambicioso. Te voy a dar un chancecito en el anillo de hierro ese pues vamos a poner 7 mil escopeteros al ataque. Esos escopeteros están locos por entrar en acción y en estos días han desarmado a todos los soldados en los centrales (…) es una cosa espantosa lo que hacen los muchachos por conseguir fusiles.

El 12 de diciembre se produce una nueva entrevista ahora al Che desde la Radio de la columna, la 6VF, que será emitida en el Escambray y retransmitida por Radio rebelde desde la Sierra Maestra. Es una entrevista muy formal, un tanto seca, el Che todavía no le ha perdido el miedo a los periodistas, ni siquiera a los suyos:

—¿Qué acogida tuvieron ustedes en los pueblos de Las Villas?

—*Bueno, la acogida fue fantástica. No podíamos esperar mejor acogida. Tuvimos algunos problemas con los sectores revolucionarios que operaban en la zona; pero nuestra conducta posterior hizo disipar al fin y al cabo aquellas discrepancias.*

—¿Qué cree usted, comandante, sobre la situación del régimen despótico?

—*Creo que estamos al borde de un colapso. Si factores ajenos a la nación intervienen, quizás se mantenga algo. De todas maneras las fuerzas populares son tan grandes que el colapso es inevitable. Estimo que el factor intevencionista en este momento no debe producirse por el amplio espíritu revolucionario de todo el pueblo cubano.*

—Bueno, comandante, en relación con las luchas anteriores en la Sierra Maestra ¿cómo ve usted la lucha en esta tierra de aquí?

—*En la Sierra Maestra hubimos de iniciar nuestra lucha un grupo de hombres casi desarmados, sin balas y casi sin apoyo campesino. Nuestra acción fue mejorando; pero la Sierra Maestra es un lugar inhóspito, con muy pocas vías de comunicación. En cambio, en Las Villas estamos situados a muy poca distancia de las ciudades importantes y de la carretera central y recibimos una gran cantidad de ayuda de nuestras líneas de abastecimiento en el llano. Las condiciones son mejores.*

—¿Entonces le gusta más esto?

—*No es que me guste más. El estar más cómodo no quiere decir que me guste más pues siento un gran cariño por aquella zona de la Sierra Maestra donde empezamos a luchar y donde nos fuimos engrandeciendo como factor revolucionario.*

—¿Qué nos puede decir en relación con la gran ofensiva del gobierno valientemente rechazada por ustedes?

—*Bueno, no sólo fue rechazada por los hombres a mi mando, fue además humillantemente perdida por el ejército de la dictadura que no luchó, que se retiró dejando en nuestro poder armas y demás equipos.*

—¿Y qué cree en relación con las ofensivas en esta provincia?

—*Estimo necesario y vital dejar incomunicado el occidente con el oriente y estimo que la ciudad de Santa Clara está virtualmente en nuestras manos, cuando realmente se haga una ofensiva de todos los factores revolucionarios agrupados.*

—Y una última pregunta, doctor Guevara, ¿estima usted que podamos todos juntos cenar en Nochebuena?

—*Bueno. Todos juntos podemos cenar, el asunto es dónde. De todas maneras espero que todos cenemos en armonía… los que estamos aquí.*

CAPÍTULO 21

La campaña relámpago

El brazo enyesado, el corte en la frente que se había hecho durante los combates en Cabaiguán.

Sin advertencia previa, sin preparación extraordinaria, el 15 de diciembre el Che desata su muy particular versión de la guerra relámpago. En las primeras horas de la noche los pelotones de la fuerza combinada de la columna 8 y el Directorio comienzan a cerrar los accesos a Fomento, un pueblo de 10 mil habitantes en el que existe un cuartel del ejército con unos 140 hombres de guarnición. Las fuerzas del capitán Silva cortan la vía Fomento-Placetas en un punto conocido como El Nazareno y tienden una emboscada. El Che personalmente corta el puente sobre el río Sagua la Chica. *Ya lo había cortado totalmente con acetileno, pero faltaba un pelito para que se desplomara. Y cuando ya estaba a punto sólo bastó una patada para que aquella mole de acero se viniera abajo.*

El Che le escribe una nota a Cubela: *Rolando, ya destruimos el puente sobre el río Falcón y hemos puesto sitio a Fomento, necesitamos la cooperación de ustedes por el camino de Báez.* Un pelotón del Directorio al mando del capitán Juan Abrantes, el Mexicano, avanza sobre Báez en el flanco izquierdo de Fomento, y lo toma sin combate. A las nueve de la noche el pelotón del capitán Alfonso Zayas entra en el central Santa Isabel. El Che está operando con una variante de la vieja experiencia guerrillera adquirida en la Sierra Maestra y las pequeñas experiencias obtenidas en los combates de diciembre contra los cuarteles: aislar la zona, colocar emboscadas. Aprovechar el acuartelamiento del enemigo, desmoralizar al ejército a través de la propaganda. Pero lo que suelen confirmar las crónicas contemporáneas, es que detrás del ataque está la urgente necesidad de conseguir armas y municiones. La mayoría de los rifles, después de la ofensiva batistiana, se han quedado a 20 balas y hay cientos de voluntarios desarmados esperando en Caballete de Casa.

A las 6:30 de la mañana del 16, tres de los pelotones de la columna, el de Zayas, el de Joel Iglesias y el de Manuel Hernández, comienzan a infiltrarse en la ciudad. Media hora más tarde Aída Fernández, la telefonista de Fomento, recibe una llamada desde el central Santa Isabel que la sorprende. Una voz de hombre de raro acento sudamericano reclamaba comunicación telefónica con el teniente Valencia, jefe del cuartel. Pérez Valencia, un oficial de carrera de 32 años, calvo y con un potente bigote, hijo de campesinos pobres, años más tarde contaría: "Cuando tomé el auricular supe que era el Che quien se interesaba por mí. Me informó que tenía el cuartel rodeado y enfatizó que toda resistencia sería inútil. Me instó a que evitara el derramamiento de sangre rindiéndome a sus armas. Dijo que mis hombres quedarían en libertad, bajo la condición de que salieran del territorio controlado por los rebeldes una vez pactada la rendición. Le respondí que no aceptaba su ofrecimiento". Pérez Valencia contaba con 150 hombres, mejor armados que los rebeldes y con abundantes municiones. Había establecido una zona defensiva formada por el cuartel, el centro telefónico, el teatro Baroja y el hotel Florida, en la que pensaba atrapar a los rebeldes y esperaba que al iniciarse el combate recibiría refuerzos de Santa Clara y entonces podría pasar a la ofensiva. El Che actuaba inicialmente tan sólo con tres pelotones manteniendo el resto en emboscadas en las afueras de Fomento.

En el curso de la mañana, mientras se va avanzando hacia el cuartel hasta tomar posiciones a unos 25 metros, los rebeldes al mando de Manuel Hernández atacan una patrulla y rinden a un pelotón del ejército en las cercanías de la estación CNC sufriendo tan sólo dos bajas. Comienza el cerco. El pueblo ha salido a la calle y colabora con los rebeldes fabricando bombas molotov, levantando barricadas, transportando a los heridos. Al caer la noche anónimos ciudadanos incendian las cortinas del cine haciendo arder el edificio y obligando a que los defensores se rindan. Se han entregado todos los grupos de soldados a excepción del más importante, el del cuartel, donde el teniente Pérez Valencia cuenta con 121 hombres. El Che se ve obligado a tomar una decisión fundamental: ¿mantiene el cerco o se retira hacia la sierra? Las emboscadas de contención siguen firmes, el enemigo no ha enviado refuerzos desde Santa Clara; ni siquiera ha utilizado a los soldados de los cercanos cuarteles de Cabaiguán o Placetas. Tiene en las manos un problema grave, la falta de municiones. Los hombres de la columna iniciaron el combate de Fomento con 40 balas por fusil de promedio. Por lo tanto resulta esencial no sólo rendir el cuartel sino arrancarle las municiones al ejército.

Si la situación del Che es difícil, la de Pérez Valencia en el interior del cuartel es más bien extraña. Aunque no tiene posibilidades de saberlo, sus 121 hombres están cercados por menos de un centenar de rebeldes peor armados que sus soldados. Pero contra las paredes de su cuartel no sólo disparan los Garand y los San Cristóbal de los rebeldes, también disparan los mitos. El teniente se atiene a la disciplina militar más elemental: sus órdenes son "resistir y esperar refuerzos". El Che le hace caso a su instinto y continúa el combate. Al amanecer comienza a actuar la aviación batistiana. Es bombardeado el pelotón que mantiene la emboscada en la carretera de Fomento a Placetas; también sufren bombardeos los caseríos cercanos, el local de la Colonia Española y el de la Cruz Roja, causando 18 bajas entre la población civil. Pero *a pesar del castigo de la aviación a nuestro ejército rebelde, las desmoralizadas tropas de la dictadura no avanzaban por tierra en apoyo a sus compañeros.*

Sobre el cuartel actuaban ahora cuatro pelotones, se estrenaba como unidad de combate el pelotón suicida dirigido por el Vaquerito. A causa de la pequeña distancia en la que se mantenía el cerco, de 25 a 30 metros en algunos casos, las acciones de los rebeldes para aumentar la presión eran muy peligrosas.

Amado Morales, uno de los miembros del pelotón suicida, cuenta: "Tamayo sube a la azotea de una clínica (...) y empieza a tirarle a los soldados que estaban al frente. Yo salté una cerca de mampostería para ocupar una posición de una casa de familia que estaba cerca, al llegar a dicha casa tomé la posición en una terracita que lo único que tenía para parapetarse era un muro suficientemente bajito como para que no pudiéramos guarecernos detrás del mismo. A esa posición acudió también el compañero Sergio Lemus. Nada más que disparé algunos tiros y caí herido producto de la metralla enemiga. Minutos después un disparo de fusil hacía blanco en la cabeza de Lemus, quien murió instantáneamente a mi lado. El compañero Hugo del Río me arrastró hacia él poniéndome fuera del peligro". Del Río completa: "Al Vaquerito y a mí no nos matan en aquel lugar porque nos tiramos hacia atrás a la velocidad de un rayo".

No era el pelotón suicida el único en sufrir bajas en aquel combate. Al exponerse demasiado, Joel Iglesias, el joven capitán, es herido por una bala que le entra por el cuello y le fractura el maxilar inferior. Cae en un lugar cubierto por el fuego enemigo, pero un grupo de hombres de su pelotón lo rescata en medio de las balas. Iglesias piensa que se va a morir y pide que le avisen al Che. Lo transportan sin conocimiento a una clínica en el mismo pueblo de Fomento. El Che llega corriendo. Joel es uno de los muchachos de origen campesino con los que ha convivido en los días más duros de la Sierra Maestra y la invasión. Le dice a los médicos, como si su orden tuviera posibilidades de detener el derrame de sangre, que el muchacho no puede morir. No es la única baja importante que sufre la columna, otro de sus oficiales atacantes, el capitán Manuel Hernández, queda gravemente herido.

La desesperación comienza a sentirse entre los rebeldes. El cerco ha llegado a su segundo día, las bajas sin ser importantes en número son terribles en calidad, incluyen a los capitanes de dos de los pelotones; el bombardeo de la aviación es terrible.

Leonardo Tamayo cuenta: "El Vaquerito planeaba darle candela (al cuartel de Fomento), pero era una construcción de mampostería rodeada por muros, con una cerca de bloques alta, y era difícil entrar. En todos esos muros estaba el ejército con aspilleras. Entonces a él se le ocurrió una idea magnífica (para mí, por supuesto, en aquel tiempo; hoy creo que era la más absurda que puede haber) que consistía en buscar tanques de gasolina y una tubería, tirar esta última, e ir empatando tubos hasta llegar allá y con una bomba aspirante, lanzarle gasolina al cuartel. Pensábamos desconectar la bomba del tanque y meterle candela por dentro al tubo. Era un disparate. Decididamente, nos íbamos a quemar nosotros. El plan no se llegó a realizar porque no encontramos los medios".

La luz y el agua dentro del cuartel estaban cortadas, los soldados habían tenido muchos heridos, pero la resistencia continuaba. Anochecía el 17 de diciembre y el Che, a pesar del creciente riesgo, tomó una de las decisiones más arriesgadas de su vida de guerrillero: mantener el cerco por segundo día consecutivo. De la guerra de guerrillas a la guerra de posiciones.

A lo largo de la mañana del 18, los revolucionarios fueron acercándose cada vez más a las paredes del cuartel. Otro invasor, Mariano Pérez, cayó herido. El Che levantó las emboscadas y concentró en torno al cuartel el resto de sus pelotones, se lo jugaba todo a una sola carta. Los bombardeos continuaban.

Las previsiones del Che eran correctas, los soldados no podían resistir mucho más en el interior del cuartel y los refuerzos por tierra no venían en camino, quizá porque pensaban que el ataque al cuartel era el cebo para una emboscada. Pérez Valencia cuenta: "Llegué a la conclusión de que no tenía nada más que defender. Las avanzadas del hotel y el cine habían caído ante el fuego de los rebeldes, mientras el resto de mis hombres se veían extenuados y sin moral alguna. Habíamos sufrido varias bajas y no contábamos con posibilidades de atender a los heridos ni de enterrar a los que cayeran (…) Después de comunicarle a la oficialidad la decisión, ordené sacar bandera blanca". Pasaba de las cuatro de la tarde.

El Che entró en el cuartel y se sentó ante el oficial derrotado; la foto registra al médico Oscar Fernández Mell parado en el quicio de la puerta y al Che conversando y fumando un tabaco ante Pérez Valencia, con cara de que él está allí por casualidad, de que la cosa no va con él.

La primera orden del Che es que sus doctores se hagan cargo de los heridos del ejército. Luego ordena que le hagan entrega de las armas. Mientras los hombres de la columna 8 celebran la victoria en las afueras del cuartel ondeando una enseña del 26 de Julio, el Che levanta una minuciosa lista de los materiales bélicos capturados: dos *jeeps*, tres camiones, un mortero, una ametralladora calibre 30, 138 fusiles y ametralladoras ligeras y 9 mil balas: la extensa lista incluye 18 pares de zapatos, cuatro máquinas de escribir y un reloj despertador. *Más de cien fusiles fueron incorporados a las fuerzas de la libertad*. El comandante de la columna 8 sabe del valor de cada objeto sustraído en combate al enemigo. En manos de los guerrilleros han quedado 141 prisioneros.

Al final de los enfrentamientos se producen nuevos bombardeos, el Che denuncia la situación a la Cruz Roja: *Salvajes ametrallamientos de que es víctima la población civil de la ciudad de Fomento y poblaciones circundantes, los que no persiguen objetivo militar alguno y han dado por resultado la muerte de dos niños en la ciudad de Fomento y el que fueran heridos dos civiles en el poblado de las Arenas*.

Al final de la batalla el Che informa de los siguientes ascensos a capitanes: Roberto Rodríguez (Vaquerito), Orlando Pantoja y Oscar Fernández Mell a capitán médico. Comienza el reparto y distribución de las armas, una parte de las cuales es enviada hacia el campamento de Caballete de Casa para ir armando a la reserva. La población está en las calles. Las fotografías muestran a un sonriente y estrenado capitán Roberto Rodríguez sentado en un *jeep* recién capturado y rodeado de rebeldes de incipientes barbas y muchachas admiradas. El Vaquerito, todo un personaje, con sus 23 años y su barba y pelambre abundante cubierta con una gorra que parece flotar precariamente sobre su cabeza; sin bigote, con su escasa estatura y su apariencia de niño malvado; ceñido de cananas, granadas y con un rifle al hombro que parecía mayor que él. Un hombre que, según las palabras del Che, *jugaba con la muerte*. Las otras fotos ofrecen en cambio la imagen de un agotado Che Guevara rodeado de las milicianas del 26 de Julio, demacrado, tratando de repartir justicia en las esquinas de la victoria: cuántos rifles aquí, quién se ganó el derecho a cambiar un Garand por un M1 en el combate, quiénes deben mantener las emboscadas sobre las carreteras, cómo distribuir las municiones en los pelotones.

Zobeida Rodríguez se le acerca. No debería estar ahí, no tenía rifle y se había quedado en Piedra Gorda porque con un Winchester no se podía ir a tomar un cuartel, pero "se fue por la libre" y combatió con otros siete compañeros de la reserva. El Che la descubre y la regaña. Zobeida se disculpa, repite las palabras al autor de la frase: "Las armas hay que ganarlas en combate". El Che le contesta: *Está bien, media naranja,* y le da un Garand.

Hay una foto en particular que resume la victoria de Fomento: sobre un *jeep* con una enorme bandera cubana que cuelga de una pared y cae sobre la parte trasera del vehículo y otra cubriendo la parte delantera, el Che, de pie sobre el asiento, habla a una multitud que lo rodea y cuyos rostros lo miran fijamente, tratan de comerse las palabras. Una multitud de habitantes de Fomento, desarmados, arracimados frente a la voz de la revolución que les llega con ese sorprendente acento argentino. El Che experimenta una nueva relación. No conoce de Cuba más que las montañas de la Maestra y los llanos pantanosos de la invasión. Ha discutido y arengado decenas de veces a campesinos. Por primera vez habla al pueblo de las ciudades, a obreros, artesanos, pequeños comerciantes, estudiantes, amas de casa, secretarias, empleados. La base urbana de la revolución.

Con la ayuda de las fuerzas del Directorio, el 26 de Julio y los sindicatos recién reorganizados, se nombran autoridades civiles en Fomento. La columna guerrillera, a diferencia de sus otros ataques a los cuarteles, parecía no tener prisa en retirarse a la seguridad del Escambray. ¿Se estaba iniciando la batalla de Santa Clara? ¿Qué lecciones había obtenido el Che de la victoria de Fomento?

En principio, y sin perder mayor tiempo, el Che lanzó un pelotón hacia el este de las posiciones ocupadas, el del capitán Olo Pantoja y el teniente Eliseo Reyes (San Luis), que se desplegó hacia Santa Lucía para enfrentar a las tropas del escuadrón 38 de la guardia que avanzaban como tardío refuerzo. Se trataba también de paralizar totalmente el tráfico ferroviario hacia oriente. El 19 de diciembre este mismo cuerpo voló un puente ferroviario dejando aislado Cabaiguán de Sancti Spiritus. Tras permitir el paso de un primer tren, descarrilaron el segundo que llevaba alimentos a Santa Clara. La comida fue repartida entre los campesinos de la zona y se llevó a los soldados prisioneros al campamento de Manacas. De ahí el pelotón avanzó hacia La Trinchera para cortar con acetileno el segundo puente.

Mientras el Che preparaba la siguiente acción central de la columna, la aviación continuaba bombardeando las carreteras de la región y los alrededores de los pueblos, pensando que así podrían impedir una nueva aproximación de los pelotones del Che a otras ciudades. Sin embargo, las tropas del coronel Río Chaviano seguían encerradas en el cuartel del regimiento Leoncio Vidal de Santa Clara o en los cuarteles de Cabaiguán, Placetas, Remedios. Inmóviles, fijadas al terreno, esperando el golpe, hostigadas por el odio popular que vibra en torno suyo, golpeadas por el miedo que provoca el mito de la invencibilidad del ejército rebelde, de los mau mau; perseguidas por las ondas hertzianas desde las que los bombardean los mensajes de Radio rebelde, de la emisora de la columna 8 o de su hermana gemela en el norte de Las Villas.

El 19 de diciembre la columna de Camilo puso cerco al cuartel de Yaguajay en el noroeste de la provincia. Ese mismo día se hizo pública la orden militar número 67 en la emisora 8CR de la columna del Che: visto el desarrollo exitoso de la lucha por la liberación en el territorio de Las Villas, se declara territorio libre de Cuba al comprendido por los centrales Natividad, Amazonas, Santa Isabel y Agabama. *Se ordena el cese de las directivas sindicales batistianas y se convoca a asambleas generales obreras para nuevas elecciones. Comandante Che Guevara.*

Ahora el Che tenía que tomar una decisión, eligiendo entre consolidar el territorio liberado o aprovechar la actitud defensiva del ejército para prolongar su ofensiva. Esta decisión implicaba todo un cambio en la mentalidad guerrillera de las primeras épocas y una invitación a convertir a los pelotones de la guerrilla en fuerzas de sitio, aunque sin perder su movilidad. Un proyecto militar así estaba desarrollándose en oriente bajo la conducción de Fidel Castro, cuyas columnas comenzaban a dibujar el cerco sobre Santiago de Cuba, arrasando cuarteles y ampliando sus bases de apoyo en toda la provincia. La misión original del Che de cortar la isla en dos estaba cumplida, ¿iría más allá?

Sesenta y un horas después de la rendición de Fomento, el día 21 de diciembre a las ocho de la mañana, las tropas de la columna 8 atacaron simultáneamente los cuarteles de la ciudad de Cabaiguán a 67 kilómetros al este de Santa Clara sobre la carretera central y a 12 de Sancti Spiritus, y el cuartel del pueblo de Guayos, siete kilómetros al este de Cabaiguán y sobre la misma vía.

El Che había optado por la ofensiva relámpago, para no darle tregua al enemigo y comenzaba a desarrollar un plan de combate que lo llevaría, en pocos días, a las puertas de Santa Clara, si el comportamiento de sus fuerzas y la reacción del ejército seguían produciéndose como hasta ahora.

Esa noche el Che retorna a su comandancia en El Pedrero y se encuentra con Aleida March sentada en el portal de una casa y francamente disgustada porque no la dejan participar en los combates y la han utilizado en labores de retaguardia, cobrando impuestos en los centrales azucareros. Aleida cuenta: "Tarde en la noche pasó el Che y me dijo: *¿Quieres tirar unos tiros?* Dije que sí y me fui con él. Alberto Castellanos manejaba el yipi. Yo iba en medio entre Alberto y el Che, que se dormía y me recostaba la cabeza sobre el hombro. Ya no me separaría de él".

Las relaciones de Ernesto Guevara con las mujeres han sido tratadas por sus cronistas y biógrafos cubanos con una cautela que raya en el puritanismo victoriano. Si esto es así en la mayoría de los casos, la historia de sus relaciones con la que sería su última mujer tiene visos de demencia puritana. Quizá no sólo por esta cautela hagiográfica que aísla lo público de lo privado, sino también por la extraordinaria humildad de Aleida, que durante mucho tiempo se negó a dar entrevistas, aunque rompió el silencio tras el 30 aniversario de la muerte del Che. Aleida conscientemente ha minimizado su papel en el proceso revolucionario, muy importante a veces, como se verá cuando se narren futuras historias. Ante dos personajes tan parcos en sus muestras de afectividad, hoscos en la expresión de las emociones, como es el caso del Che, en el reconocimiento de su lugar público a partir de una gran humildad, como Aleida, cuesta mucho trabajo desentrañar qué hay de cierto o falso en las historias que se cuentan: que si el Che le enviaba flores silvestres con un combatiente de intermediario, que si escribió en su diario: "Esta noche voy a enamorar a Aleida" y luego se lo mostró, que si se sentaron en un secadero de café y que la luna brillaba... Parece ser que en plena ofensiva, poco tiempo quedaba para la conquista, aunque en días posteriores Aleida contará que en el camino a Cabaiguán "me contó su vida de casado y que, al irse de México, se había separado de Hilda. Él la describió como culta e inteligente. El Che no era mujeriego, le gustaban las relaciones estables".

A las cinco de la mañana, dirigidos por el Che, cuatro pelotones de la columna 8, los de Miguel Álvarez, el capitán José Ramón Silva, el teniente Rogelio Acevedo y el pelotón suicida encabezado por el Vaquerito, así como fuerzas del Directorio, descendieron de los vehículos en las afueras de Cabaiguán, una población de 16 mil habitantes, y comenzaron a infiltrarse.

Las fuerzas batistianas se componían de unos 90 soldados y policías al mando del capitán Pelayo González y estaban distribuidas en el cuartel, en los altos de la casa de tabaco de la Escogida de Breña y en la estación de microondas a un kilómetro del pueblo: además, varios francotiradores se encontraban en los edificios más altos.

El primer punto que se tomó fue la casa de tabaco. Dos rebeldes lograron alcanzar la azotea, rompieron una ventana y dispararon al interior. Los seis soldados se rindieron casi de inmediato. El Che ordenó entonces avanzar sobre la microonda, donde había una guarnición de 10 hombres, mientras se cercaba el cuartel.

En la carretera central, rumbo a Placetas, el Che había colocado un bloqueo para impedir el arribo de refuerzos y pasando Guayos, rumbo a Sancti Spiritus, se había apostado una segunda emboscada sobre el puente del río Tuinicú. Con estas fuerzas de contención garantizaba temporalmente poder operar sobre los cuarteles sin el peligro de ser tomados entre dos fuegos. Si el ejército mostraba la lentitud de reacción usual, los rebeldes podían esperar más de 40 horas de tranquilidad en su retaguardia con tan sólo la molestia de la aviación, que hizo presencia con la prontitud acostumbrada. Durante seis horas cinco B26 de las fuerzas batistianas bombardearon las afueras de los pueblos sitiados.

El pelotón del Vaquerito reconoció las posiciones enemigas encontrando resistencia. Mientras en un ataque de locura de los que le eran habituales preparaba una operación comando sobre la loma en que se encontraba la microonda, sorpresivamente los guardias se rindieron gracias a la presión que desde adentro hacía un soldado que luego se incorporó a las fuerzas rebeldes.

Ahora seguía el cuartel donde se encontraban las fuerzas del capitán González. Se avanzaba por el interior de las casas, saltando por azoteas, cruzando patios interiores, rompiendo paredes. En uno de los avances, el Che, al saltar desde una azotea tropezó con una antena de televisión y cayó al patio golpeándose con unas latas en las que estaban plantadas flores. Se hizo una pequeña herida de un par de centímetros sobre el ojo derecho y una lesión en la muñeca. Trasladado a la clínica donde estaba el capitán Fernández Mell, se le hizo una radiografía que mostró que tenía además una fractura en el codo y una lesión dolorosa en el brazo. El Che se negó a que le aplicaran una antitetánica porque pensaba que a causa del asma podía provocarle una reacción y paralizarlo, dejándolo fuera de las acciones. A partir de ese momento, y a causa de los dolores, *tomaba aspirinas como galletas*. No fue el único en andarse cayendo por las azoteas; a causa de los francotiradores, Gustavo Machín Hoed, un capitán del Directorio cuya vida estaría posteriormente ligada a la del Che, se cayó también lesionándose la espalda.

Hacia las ocho de la noche, el cerco al cuartel continuaba, los miembros del pelotón suicida se encontraban a muy pocos metros y una granada de mano lanzada por los soldados hirió a Leonardo Tamayo, Harry Villegas y Alfredo Salas. Se produce una tregua nocturna.

Los combates en Guayos se habían prolongado mucho menos: el tiroteo en el pueblo se inició a las 7 de la mañana, tras un enfrentamiento sobre el puente del río Tuinicú donde detuvieron a los refuerzos que venían de Sancti Spiritus y que fue protagonizado por el pelotón de Olo Pantoja y San Luis. Ahí se destruyó el puente tras hacer huir a los custodios, luego se produjo el repliegue tras el contraataque de los militares, pero manteniendo el bloqueo en la carretera central.

Las tropas de Bordón combaten en dos frentes, contra los soldados guarecidos en el cuartel y contra los policías, que comandados por José Rojas, hijo del conocido coronel jefe de la policía de Santa Clara, actúan como francotiradores apostados en el cine Alcázar.

El grupo de Pantoja y San Luis entra en la ciudad. Marcelo Martínez, miembro de la escuadra, cuenta: "Al llegar a los elevados de Guayos la situación estaba fea y además no conocíamos el lugar. Los francotiradores que se hallaban apostados en el hotel del pueblo nos reciben a tiro limpio, obligándonos a tirarnos del *jeep* en la parte derecha de los elevados. Nos parapetamos en el portal del antiguo Liceo y comenzamos a ripostar el ataque. Aquello era pelo y palo". San Luis se llena de ardor, se incorpora y avanza disparando. Le advierten del peligro que corre pero las detonaciones y su estado de ánimo no lo dejan escuchar y sigue. Olo abandona también su posición y corre tras él. Una ráfaga que sale de las ventanas del hotel hace blanco en sus cuerpos. Caen. Olo tiene dos balazos, uno en el pecho y otro en el brazo derecho, San Luis es herido en el costado posterior izquierdo. Un combatiente se acerca a sacarlos y le responden que no es nada y continúan disparando. La sangre comienza a mancharles las ropas. Ninguno de los dos quiere retirarse del combate. A regañadientes abandonaron el lugar.

A las 10 de la mañana del 22 de diciembre cae el cuartel en manos de las tropas de Bordón. Se capturan una docena de armas largas y abundante parque. Resisten tan sólo los francotiradores en la azotea del cine. Hacia las dos de la tarde asoma la bandera blanca. Más o menos sobre esa hora aparecen por el pueblo nuevamente Olo Pantoja y San Luis, que se han escapado del campamento de Manacas donde recibieron los primeros auxilios. El Che personalmente los revisará en el hospital de Cabaiguán y dado que las heridas no son graves les permitirá seguir combatiendo.

En Cabaiguán se reanudan los combates. Los hombres del Che se ven reforzados por los combatientes de Bordón y Pantoja. Los rebeldes sufren una nueva baja: el capitán José Ramón Silva es herido de gravedad por tercera vez desde el inicio de la invasión. A causa de la herida perderá el brazo.

A las dos de la madrugada del 22 al 23 el Che, recién curado y desarmado y acompañado del cura de Cabaiguán, entró al cuartel a parlamentar. El oficial al mando reacciona de manera altanera. El comandante Guevara le dice: *El Che soy yo, y soy quien pongo las condiciones por ser el vencedor.* Un rato más tarde los soldados se rendían tras 45 horas de combate. *La rendición de los cuarteles se pactaba sobre la base política de dejar en libertad a la guarnición, condicionado a que saliera de territorio libre. De esa manera se daba la oportunidad de entregar las armas y salvarse.*

Se habían capturado 90 prisioneros, siete ametralladoras calibre 30, 85 fusiles y ametralladoras ligeras y abundante parque. La victoria había sido rotunda, pero nuevamente el costo era excesivamente alto, tres de sus oficiales estaban heridos, uno de ellos muy gravemente. Para cubrir los huecos y sobre el terreno el Che asciende a capitanes a Ramón Pardo (Guile) y a Rogelio Acevedo y a teniente a Leonardo Tamayo.

Hay una maravillosa foto del Che con el brazo enyesado y un esparadrapo en la frente, fumando un cabo de puro y sonriendo, mientras los rebeldes le palmean la espalda. La sonrisa está depositada en los ojos. Aunque lleva más de 40 horas sin dormir, la victoria parece ser el mejor antídoto del sueño.

Los soldados, tras ser desarmados, son puestos en libertad y enviados hacia Placetas, donde sus propios compañeros, por orden de la oficialidad, los detienen y no les dan de comer. Las guarniciones de Guayos y Cabaiguán han contraído la enfermedad de la derrota, y ésta es profusamente contagiosa.

Esa noche el Che ordena a Núñez Jiménez, un profesor de geografía que recientemente se ha sumado a la columna, que vaya con Calixto Morales al banco Pujol de Cabaiguán y retire 70 mil pesos de los fondos de una asociación de crédito batistiana. El geógrafo narra: "Al preguntarle al Che qué hacer si el administrador rehusa la orden, sin decir una sola palabra me entrega un balón de gas y un soplete de acetileno para abrir la caja". En la mañana el funcionario bancario asistirá sorprendido al acto de los rebeldes que se limitan tan sólo a tomar esos fondos, dejando un recibo. El dinero servirá para reparar los daños de los bombardeos en las zonas campesinas y como crédito para las nuevas organizaciones sociales.

Mientras tanto llega la noticia de que el pelotón de Armando Acosta ha protagonizado un milagro, poco más de 40 guerrilleros han tomado la ciudad de Sancti Spiritus aprovechando un alzamiento popular que el propio Acosta ha promovido. No ha sido mal compañero de la inteligente actuación del capitán rebelde el rumor, que corría entre los sectores más humildes de la población, de que el Che y Camilo, acompañados por un personaje llamado Juana de Arco, que quería vengar a su familia asesinada por la dictadura, venían a tomar la ciudad.

El frente guerrillero del Che cubre ahora 50 kilómetros sobre la carretera central, desde Sancti Spíritus a Placetas.

La ofensiva del Che está funcionando como una maquinaria de relojería perfecta. Aún resuenan los ecos de los últimos disparos en Cabaiguán cuando, sin poder ir a dormir, los pelotones del ejército rebelde reciben la orden de volver a movilizarse. No han pasado dos horas del último combate cuando marchan hacia el pueblo de Placetas.

El día 23 el pelotón de Rogelio Acevedo había ocupado el pueblo de Falcón entre Placetas y Santa Clara y montado una emboscada para contener los hipotéticos refuerzos de la dictadura, simultáneamente una columna del Directorio estaba actuando. Faure Chomón informaba: "Estamos presionando sobre Placetas. Ayer César Paz entró allí con una unidad y sostuvo un tiroteo. Habló por un carro amplificador y el pueblo lo aclamó. Después se retiró y la aviación bombardeó y ametralló los alrededores de Placetas. Pero salimos bien. Mantenemos el sitio (…) Hoy se nos han pasado algunos militares, entre ellos un teniente con sus armas…"

A las 4:30 de la madrugada del día 23, la situación en la región sur de Las Villas era la siguiente: el ejército rebelde dominaba todos los cuarteles al norte y este de la sierra del Escambray con excepción del de Manicaragua, que estaba acosado por una columna del Directorio. Mantenía sus bases en la sierra convertidas en zonas de entrenamiento de la reserva que se iba incorporando al combate en la medida en que las armas de los cuarteles capturados se distribuían. Sancti Spiritus estaba tomada por las fuerzas del capitán Acosta y el Che, tras la victoria de Cabaiguán, les había enviado, como refuerzo para avanzar sobre Jatibonico el pelotón de Pantoja y San Luis (ambos convalecientes de sus heridas). Atacar los cuarteles cada vez más al oriente era la mejor contención que podía realizarse para que la dictadura no pudiera enviar tropas desde Ciego de Ávila, donde sus reservas estaban relativamente frescas.

Al amanecer, los guerrilleros comienzan a infiltrarse en Placetas aún con el sonido de los disparos de Cabaiguán zumbando en sus oídos. La guarnición, absolutamente desmoralizada, había pedido la evacuación del puesto, donde se encontraba más de un centenar de soldados "carentes de moral y desanimados por completo para luchar contra el elemento rebelde en mayoría abrumadora, con efectivos indudablemente en relación de 50 a 1", decía un informe del ejército exagerando fuertemente, porque el Che no contaba en esos momentos ni con 200 hombres para el ataque a Placetas. En respuesta al informe se había ordenado la evacuación a Santa Clara, pe-ro la orden era tardía porque Placetas estaba ya cercada.

A las 4:30 de la madrugada comenzaron los disparos. Las tropas de Víctor Bordón entraron por un extremo del pueblo, las del Directorio dirigidas por Rolando Cubela por el otro; el pelotón suicida atacó al enemigo en el cine, Abrantes atacó el ayuntamiento, y el pelotón de Alfonso Zayas la jefatura de policía. El teniente Hugo del Río narra: "Había que ver cómo la población nos ayudaba en los distintos lugares donde combatíamos. En muchas ocasiones era tanta la cantidad de pueblo que se echaba a la calle que resultaba hasta peligroso porque podían ser víctimas de la metralla enemiga".

El Che llegó a Placetas hacia las 6:30 de la mañana en un *jeep* que conducía su escolta Alberto Castellanos; en esos momentos el capitán Páez tomaba el cine y el pelotón del Vaquerito, tras haber ocupado sin disparos la estación de la microonda, combatía en los elevados.

El Che, desde una bodega en Placetas, se comunica por teléfono con Faure Chomón, quien mantiene una emboscada en Báez al suroeste de la ciudad para impedir el paso del ejercito por esa carretera secundaria.

—*¿Cuál es la situación?*

—En Falcón hay una·emboscada con una 30 por si vienen refuerzos.

—*¿De Santa Clara no hay indicios de que hayan mandado refuerzos?*

—No, ninguno, hasta Falcón no han entrado.

El Che se echó a reír.

—*Esa gente está perdida.*

En Placetas las fuerzas de Zayas mantenían la presión sobre la estación de policía, y a las cinco de la tarde bajo fuego de ametralladora calibre 30, morteros y granadas, los policías pidieron una tregua para negociar con el Che.

Media hora después se rendían.

El fuego de los rebeldes se concentró entonces sobre el cuartel donde se encontraban 104 soldados. El pelotón del Vaquerito actuó desde la parte de atrás y las tropas de Bordón desde el frente. El Che estaba en la línea de fuego.

Calixto Morales recuerda: "Me parece verlo en Placetas. Los francotiradores disparando y él por el medio de la calle como si nada".

En esa ciudad los revolucionarios tuvieron una sorprendente adhesión. El teniente Pérez Valencia, del puesto de Fomento, que había permanecido unos días en el campamento de Manacas, había sido ganado para la causa del 26 de Julio. Cuenta: "Le pedí al Che que me colocara un brazalete del 26 de Julio y mientras complacía mi petición, me dijo como en un susurro: *Yo no le prometo nada.* Le contesté que yo nada más pedía que me dejaran combatir".

Pérez Valencia, utilizando el altavoz, presionó a los defensores para que se rindieran: "Que no corra sangre, que yo soy Valencia y estoy aquí bajo las órdenes del Che y hasta con mi arma estoy. El ejército rebelde no es lo que ustedes creen". El capitán cedió. El Che entró entonces a conferenciar con los oficiales, usó un tono muy educado, hablaba bajito, según uno de los testigos, pero el jefe de los sitiados, el teniente Hernández Rivero, se puso arrogante, comenzó a decir que él era un oficial de academia, que aquello lo defendía hasta la muerte. El Che no resistió la carcajada. Entonces los soldados tomaron la iniciativa y pasando por encima de su jefe comenzaron a rendirse.

Al conocerse la noticia de la rendición de las tropas, el pueblo se lanzó a la calle, la gente gritando y sonando todas las campanas de las iglesias. Se rendían más de 150 hombres y se capturaban 159 rifles, siete ametralladoras ligeras, una calibre 30, un mortero, granadas y parque.

El 22 de diciembre, días antes de la caída de Placetas, Fidel le había dirigido un mensaje al Che en el que le señalaba que era un error en ese momento devolver los prisioneros al enemigo, que incluso si no los usaban en combate, los podían utilizar para labor de guarnición. El Che había retenido los prisioneros de Fomento, aunque luego los liberó y en el caso de Cabaiguán y Guayos los había liberado casi inmediatamente, practicando una táctica que el propio Fidel había aplicado una y otra vez en la Sierra Maestra, usando a los rendidos como un elemento desmoralizador. No hay constancia de la respuesta del Che al mensaje de Fidel, pero sin duda encontró argumentos tácticos para justificar la línea que estaba aplicando, aunque en el caso de Placetas, en lugar de liberar a los prisioneros directamente, los entregó a la Cruz Roja, lo que demoraría algunos días su reincorporación al ejército.

Horas después de la caída de Placetas el Che llegaba en su *jeep* a Yaguajay, donde Camilo y su columna sostenían el cerco sobre el cuartel. La reunión se celebró en el central Narcisa en medio del interés de los campesinos locales que se acercaban para verlos juntos. Camilo, con su habitual sentido del humor, comentó:

—Ya sé a qué me voy a dedicar cuando triunfemos: te voy a meter en una jaulita para recorrer el país cobrando cinco kilos la entrada para verte. ¡Me hago rico!

La reunión entre los dos comandantes sirvió para precisar las futuras acciones. ¿Debería Camilo levantar el cerco a Yaguajay y unirse al Che en la ofensiva contra Santa Clara? ¿Había llegado ya la hora del ataque a la capital? El Che expuso sus planes y acordaron que Camilo continuaría presionando sobre Yaguajay aunque colaboraría con una parte de sus fuerzas en las próximas operaciones del Che.

Mientras los dos comandantes rebeldes trazan la estrategia de los combates para los próximos días en Las Villas, de los talleres de Ciénaga, en La Habana, sale un tren blindado, la mejor arma de la dictadura, con dirección a Santa Clara. Su salida se ha retrasado hasta ahora por los continuos sabotajes y en el momento de partir lo hace con la dotación incompleta. Las deserciones se han multiplicado, y seguirá sucediendo en el trayecto y su comandante se fugará, con un millón de pesos de los salarios de los solda-dos, rumbo a Estados Unidos. Aun así, el tren blindado y sus ametralladoras estarán en Santa Clara el día de Navidad, esperando a las tropas del Che.

El 23, las fuerzas del Directorio habían atacado Manicaragua y ese mismo día las fuerzas de Armando Acosta entraban en Jatibonico. El Che ordenó enton-ces a Víctor Bordón y su pelotón que operaran sobre la carretera que en el sur va desde la sierra hasta Cienfuegos y que luego ascendiera para cortar las comunicaciones de Santa Clara con La Habana. Mientras esas fuerzas esta-ban presionando al ejército y al mismo tiempo operaban como contención de posibles refuerzos, el Che preparó otra sorpresa a los soldados de la dictadu-ra. Para celebrar la Nochebuena avanzó sobre Remedios y Caibarién en la costa norte de Las Villas y al noreste de Santa Clara, un par de poblaciones distantes unos ocho kilómetros entre sí.

Al mediodía del 25 de diciembre se inició a operación. Entre los dos cuar-teles del ejército, y sumando fuerzas policiacas y marineros, reunían el doble de efectivos, unos 250, que los del cuartel de Fomento donde se había ini-ciado la ofensiva de Las Villas, y el Che esta vez iba a oponerles sólo un frag-mento de su columna, incluso sin el apoyo del Directorio. Pero en cambio los cuatro pelotones (Alfonso Zayas, el pelotón suicida del Vaquerito, el pelotón de Miguel Álvarez, el de Rogelio Acevedo) con unos 120 combatientes, es-taban con la moral en los cielos, fogueados en el combate urbano y sus ene-migos desmoralizados y a la defensiva.

Las rebeldes entran en el pueblo de Remedios a pleno sol, disparando sobre el ayuntamiento y el cuartel. El primer punto en caer fue la junta elec-toral, donde las fuerzas del pelotón suicida atacaron a un grupo de guardias que se rindió sin ofrecer demasiada resistencia. Se iniciaron enfrentamien-tos en la comandancia de policía y el cuartel donde se encontraban unos 200 soldados. Iniciado el combate, un nuevo pelotón se sumó a las fuerzas que estaban combatiendo, el del capitán Alberto Fernández, Pachungo, for-mado por 45 reclutas de Caballete de Casa, armados en Placetas con los fu-siles recién capturados al ejército.

Sin que hubieran terminado las operaciones en Remedios, las tropas de la columna 8 iniciaron el ataque a Caibarién. Poco antes de las once de la noche del 25, el Che había iniciado la infiltración utilizando dos peloto-nes, el de Ramón Pardo, y el de Justo Parra. La población salió a la calle y rodeó a los rebeldes informándoles que los batistianos se habían refugiado en el cuartel de la guardia rural y en el puesto naval. A las once de la noche comenzó el tiroteo sobre ambos. El capitán de la marina Luis Aragón rindió el puesto naval sin combatir. El teniente Pérez Valencia, ya sumado al ejér-cito rebelde, actuó como mediador. El Che se apuntó también un tanto en la guerra sicológica al invitar a rendirse, usando la radio, a una fragata de la marina de guerra que estaba cercana. El comandante rechazó la oferta, pero aceptó mantenerse al margen de la lucha. El Che lamentó el éxito a medias porque le había comentado a su gente que podían desmontar los cañones de la fragata para usarlos más tarde en Santa Clara.

El combate en torno a la estación de policía en Remedios se volvió encarnizado. Acercándose a la estación el Vaquerito detuvo a su tropa, ordenó que nadie lo siguiera y se lanzó; dos combatientes que no lo habían oído cruzaron corriendo atrás de él y el Vaquerito, creyendo que habían desobedecido, los mandó de vuelta, pero caminando lentamente en medio de los tiros que volaban por todos lados. Un poco más tarde, tras cortarle el agua a los sitiados, se inició un ataque con molotovs, pronto el edificio estaba en llamas y se oían los gritos de rendición. Una foto memorable registra al Vaquerito rodeado de sus hombres, ojos vidriosos y mirada fija, alucinado por el agotamiento y la tensión y al fondo el viejo caserón con las llamas brotando por las ventanas.

En la noche se cerró el cerco sobre el cuartel del ejército. El pelotón suicida fue a rematar el trabajo realizado por otros pelotones de la columna. El teniente Hugo del Río cuenta: "Ya habíamos tomado tantas posiciones que estábamos pegados a la caballeriza del cuartel. Llegó Miguel (Álvarez, cuyo pelotón los iba a relevar) y nosotros pensamos que íbamos a descansar, porque llevábamos muchos días sin dormir, de combate en combate, pero no fue así. El Vaquerito nos reunió y nos comunicó que íbamos para Caibarién. Cuando estábamos en los trajines del relevo, Miguel le preguntó al Mexicano:

—¿Dónde está el cuartel que nosotros tenemos que atacar?

El Mexicano, poniendo la mano en la pared, le dijo:

—Aquí está, éste es el cuartel".

Al amanecer del 26 de diciembre el pelotón suicida entró en Caibarién. La población se había sumado ya masivamente al cerco y colaboraba en los combates que mantenía el pelotón de Guile sobre fuerzas superiores. Los dos pelotones mantuvieron el acoso durante la mañana del día 26. Se tiraba continuamente, se les había cortado el agua y los soldados no podían ni asomar la cabeza. La resistencia, sin embargo, se mantenía, desesperando a los sitiadores. Se trató de incendiar el cuartel con gomas de automóviles en llamas pero el experimento fracasó. El Vaquerito consiguió un carro de bomberos, ordenó que lo llenaran de gasolina y se acercó al cuartel para rociarlo, a riesgo de que los volaran a todos. Con un altoparlante habló con los soldados. Surgió una bandera blanca de una de las ventanas. El Vaquerito avanzó caminando hacia ella. El teniente a cargo del puesto se negaba a rendirse, porque parece ser que había cometido algunos crímenes contra la población y tenía miedo a las represalias. El Vaquerito indignado lo retó a darse de tiros con él afuera y no seguir exponiendo a sus soldados que no querían combatir. Mientras tanto, algunos rebeldes estaban desarmando a los soldados a unos metros de donde se producía la conversación. El teniente insultó al Vaquerito, quien le contestó que estaba muy cansado y mientras los soldados lo pensaban, él se iba a dormir un rato. Acto seguido se dejó caer en un catre de campaña y quedo profundamente dormido. Fue el golpe final a la moral de los guardias, que no tardaron en rendirse.

Era la mañana del 26 de diciembre. Pocas horas antes el cuartel de Remedios había caído en manos de los rebeldes. En Remedios y Caibarién se habían capturado más de 200 fusiles y tomado más de 250 prisioneros. El ejército, en sus partes oficiales, convertiría a los 120 rebeldes en 1200.

Una foto muestra al Che en la entrada del cuartel de Remedios; demacrado pero sonriente, con el brazo izquierdo enyesado. Parece mirar hacia algo situado en el cielo, ¿un avión a lo lejos? A su izquierda Duménigo, el cocinero de la columna 8, lo contempla; tiene una mirada más prosaica, parece pensar en la inexistente cena. Durante aquellos días de combate continuo, la tropa rebelde pocas posibilidades había tenido de comer, más allá de lo que la población les había dado a mitad de los enfrentamientos.

Acevedo intenta entrevistarse con su comandante. Cuando Guevara lo ve le suelta la bronca, se supone que el joven capitán debe estar en una emboscada en las afueras del pueblo. Acevedo arguye: "Es mi pueblo y además hay tres asesinos y torturadores de Batista entre los capturados y hay que hacer justicia". Guevara lo mira fijamente y le explica que ha dado su palabra y que los soldados serán liberados en la costa. Más tarde, la justicia revolucionaria se hará cargo de ellos. Acevedo acepta a regañadientes.

El cansancio va mermando a los rebeldes, el Che se queda dormido de pie mientras le da órdenes a uno de sus oficiales. De poco sirve que Aleida March se lo reclame: "¡Che, usted está dormido!" El Che abre los ojos, sonríe, repite la orden y vuelve a cabecear.

Mientras las fuerzas del Che combatían en Remedios y en Caibarién, un cambio importante se producía en el lado batistiano; Joaquín Casillas Lumpuy tomaba el mando de la conducción de la guerra en Las Villas, sustituyendo al indeciso Ríos Chaviano. Casillas traía como carta de recomendación sus tropelías en la zona de oriente durante la guerra y el asesinato en 1948, cuando tan sólo era capitán, del líder azucarero Jesús Menéndez en Manzanillo. El cambio obedecía a que Batista sospechaba que Ríos Chaviano estaba conspirando con el general Tabernilla para darle una salida blanda a la dictadura.

Un informe de la inteligencia militar del gobierno, del 27 de diciembre, sobre el estado de las tropas batistianas en Santa Clara, mostraba con bastante objetividad las dificultades que el coronel Casillas iba a encontrar: "Las tropas en general de aquella provincia se observan con mucho pesimismo, y se quejan de que en ningún caso donde se han batido con los alzados, siendo éstos más numerosos y haber pedido refuerzas de hombres y parque se les ha enviado". El informe contenía una inexactitud, las tropas batistianas en todos los combates se habían enfrentado a fuerzas enemigas iguales o inferiores en número y no superiores; inferiores también en armamento, pero que actuaban a la ofensiva y que suplían las carencias con una tremenda moral y una excelente conducción a nivel de conjunto y de escuadras y pelotones.

En 10 días las tropas del Che y el Directorio le habían arrebatado a la dictadura un territorio de más de 8000 kilómetros cuadrados con casi un cuarto de millón de habitantes; habían tomado 12 cuarteles al ejército, la guardia rural, la policía y la marina en ocho pueblos y pequeñas ciudades; habían obligado a retirarse a las guarniciones de otra media docena de pueblos; habían capturado 800 prisioneros y obtenido cerca de 600 armas largas y municiones abundantes. Operando con una gran flexibilidad y acelerando el ritmo de la ofensiva, en la medida en que descubría las debilidades del enemigo, con un bajísimo costo en muertos y heridos (tan sólo 11 muertos en toda la campaña). Pero quizá lo que hacía brillante la conducción de la guerra de guerrillas que estaba haciendo el Che era la velocidad de reacción que le había dado a la ofensiva, el ritmo desconcertante. Entre el combate de Fomento y el de Guayos y Cabaiguán pasaron 61 horas, pero entre la toma de estas ciudades y el ataque a Placetas pasaron tan sólo dos horas, y entre la toma de Placetas y el inicio del ataque a Remedios y Caibarién solamente 12 horas. Había aprovechado todas las debilidades del enemigo y toda la tremenda fuerza de sus invasores; esos jóvenes campesinos aparentemente inagotables, valientes al grado de la locura, burlones, risueños, fuertemente motivados, solidarios entre sí, orgullosos, acariciados por la admiración popular y conducidos por capitanes y tenientes que les hacían más que justicia, y que habían pagado con sangre la ofensiva. Ninguno de los capitanes de la invasión estaba ileso en esos momentos, varios de los tenientes rebeldes se encontraban también heridos, antes de haber sido promovidos a capitanes.

Se acercaba la hora de Santa Clara. El 27 de diciembre, en Placetas, la situación de las fuerzas conjuntas del 26 de Julio y el Directorio podía establecerse de la siguiente manera: en el oriente, el pelotón de Orlando Pantoja y San Luis se había tenido que replegar de Jatibonico por la aparición de refuerzos del ejército, entre los que se encontraban tanques y blindados, y estaban bajo bombardeo de la aviación batistiana. Aun así, el pelotón, que ya era una pequeña columna de casi un centenar de hombres, estaba resistiendo. Al suroeste y noroeste de Santa Clara, donde operaban las fuerzas de Víctor Bordón para empezar a encerrar la capital de la provincia en un cerco, la situación era también difícil, esta pequeña columna de unos 75 hombres había venido describiendo un arco de sur a norte tomando una serie de pequeños cuarteles y buscando el bloqueo definitivo de la carretera central La Habana-Santa Clara. El día 27 fueron atacados desde su retaguardia por una columna con blindados que venía de Santa Clara al mando del propio Casillas Lumpuy, quien sabía que si se le cortaban el paso a La Habana quedaría cercado totalmente por los rebeldes. Bordón se replegó combatiendo pero al día siguiente volvería a cortar la carretera utilizando carros de ferrocarril soldados entre sí. Al noreste, la columna 2 de Camilo mantenía sitiado el puesto de Yaguajay y controlaba toda una vasta zona. En el sur una parte de las fuerzas del Directorio mantenía cercada la ciudad de Trinidad.

El centro de decisiones de la revolución en Las Villas estuvo efímeramente situado el día 27 en el Gran Hotel Tullerías de Placetas, un hotel pueblerino fundado en 1912, cuyo nombre aparentaba más que su realidad. El dueño había ordenado la limpieza para cederle a los rebeldes una habitación en buen estado. El Che ocupó fugazmente la habitación número seis y utilizó la 22, a la izquierda de la escalera, como comandancia. Al atardecer, a la luz de un quinqué, porque la luz eléctrica estaba cortada, Guevara se reunió con su segundo, Ramiro Valdés, y con el comandante del Directorio Rolando Cubela para resolver el acertijo militar más arriesgado de toda su vida de combatiente, el asalto a Santa Clara.

El Che se encontraba ante la alternativa de dar un tiempo para que las fuerzas de Camilo tomaran Yaguajay y las de Faure ocuparan Trinidad y luego ambas se concentraran sobre Santa Clara, o en cambio avanzar sobre la ciudad con las reducidas fuerzas de la columna 8 y del Directorio.

La organización clandestina, e incluso la UPI, a través de un cable que informaba que Batista enviaría 2 mil hombres más a Santa Clara, les había ofrecido abundantes datos sobre las tropas que tenían enfrente: el tren blindado con sus 380 soldados, morteros, un cañón, bazukas, ametralladoras; la guarnición del Leoncio Vidal, el principal cuartel de la provincia, con unos 1300 hombres, tanques y tanquetas; una guarnición en el aeropuerto, el cuartel del escuadrón 31 de la guardia rural con 250 a 300 guardias, tanques y tanquetas; la estación de policía con 400 hombres entre policías, informadores y soldados con dos tanques cometa y dos tanquetas y otra serie de pequeños destacamentos que reunían más de 200 soldados. En total casi 3200 efectivos batistianos, a los que habría que sumar el apoyo activo de la aviación. El Che estaba particularmente inquieto porque *teníamos una bazuka sin proyectiles y debíamos luchar contra una docena de tanques, pero también sabíamos que para hacerlo con efectividad necesitábamos llegar a los barrios poblados de la ciudad donde el tanque disminuye en mucho su eficacia.*

El Che contaba para el ataque con siete pelotones que sumaban 214 hombres, el centenar de hombres de la columna del Directorio y otro medio centenar de reclutas de Caballete de Casa dirigidos por Pablo Rivalta, a los que acababa de armar, algunos de ellos excombatientes del II Frente que se les habían pasado. Casi nueve soldados por cada rebelde, y las fuerzas del Che irían a la ofensiva. Los manuales militares estarían de acuerdo en que el comandante Che Guevara estaba preparando una locura. Iba a tomar la iniciativa frente a una guarnición que lo superaba en fuerza nueve a uno, y que tenía un poder de fuego infinitamente superior al suyo; renunciaba a concentrar una parte importante de sus guerrilleros en la operación, avanzaba con tropas que apenas si habían tenido reposo y sueño en los últimos 10 días (algunos de los hombres del pelotón suicida llevaban tres días sin dormir, lo mismo que los de Alfonso Zayas), y las municiones eran escasas. Pero la guerra del pueblo no se rige por manuales. El Che sabía que la velocidad de su accionar impedía que la dictadura pudiera reforzar Santa Clara; operaba sobre fuerzas desmoralizadas y contaba con el apoyo popular. Pero sobre todo, contaba con el sorprendente poder de combate de sus hombres, fogueados en los últimos 11 días, convencidos de la justicia de la causa, convencidos de la proximidad de la victoria. Contaba con que el ejército quedaría atrapado en la ciudad que pensaba defender y que podría ir aislando los reductos de las fuerzas militares para combatirlos por separado. Pensaba que sería una batalla larga.

Sólo en esto último, el Che Guevara no acertaría.

En la habitación del hotel Placetas, únicamente quedaba por resolver la dirección central de la ofensiva. El Che tenía que entrar a Santa Clara evitando que los tanques del enemigo combatieran a la columna en despoblado o que la aviación pudiera bombardearlos en una zona sin refugio.

El geógrafo Núñez Jiménez, quien acababa de sumarse a la columna, nombrado por el Che con el rumbero título de "jefe del servicio topográfico de la columna 8", tenía que resolver el problema: "Me pidió que le encontrara un camino por el cual pudiera llegar con sus tropas a las puertas de Santa Clara sin ser descubierto por el enemigo. No podíamos utilizar ni la carretera central, partiendo de Placetas, ni la carretera de Santa Clara a Camajuaní, ramales en donde estábamos... Pero había otro camino. Un camino vecinal, poco frecuentado, que partiendo de La Vallita, llega hasta las afueras de Santa Clara por la ciudad universitaria".

Entre las once y las doce de la noche los pelotones de la columna 8 empezaron a formarse en la calle principal de Placetas aquel 27 de diciembre; simultáneamente las fuerzas del Directorio comenzaron a reunirse en Manicaragua, 30 kilómetros al sur de Santa Clara, esperando la orden de avanzar.

CAPÍTULO 22

Los mau mau en Santa Clara

Los rebeldes en camino hacia La Habana.

Al frente de la columna, apuntando hacia Santa Clara, cabalgaba la fama de los rebeldes, conocidos como los mau mau, de los que se decía eran caballerosos, magnánimos, liberaban a sus prisioneros tras haberles explicado la razón de la revolución, atendían a heridos propios y ajenos, nunca abandonaban a un compañero en combate, advertían sus ataques, rehuían el derramamiento inútil de sangre, vengaban las ofensas populares, nunca eran derrotados.

Tras la fama, con el enorme peso de la responsabilidad encima y a sus 17 años, seguía el capitán Rogelio Acevedo, que había sido enviado en misiones de exploración con su pelotón. Tras él, el pelotón suicida, luego el resto de la columna encabezada por su comandante Ernesto Guevara, conocido como el Che, del que se decía que podía estar en varios lados al mismo tiempo y combatía de pie. Junto a él, dentro de un *jeep* Toyota de color rojo, una mujer, Aleida March, que conoce la ciudad perfectamente y le abrirá las puertas del apoyo popular, los caminos, las azoteas, los callejones.

La ciudad está en calma, silenciosa. Desde hace 24 horas no se escuchan las sirenas de las patrullas policiales llamadas en Cuba "perseguidoras". Los soldados se han encerrado en los cuarteles y en las posiciones defensivas que les han señalado sus mandos.

A las dos de la madrugada la vanguardia de Acevedo se aproxima a Santa Clara en dos *jeeps*, llega a la universidad y progresa. Su primera fuente de información son algunos vecinos noctívagos, a los que no les logra sacar dónde está el ejército; las fuerzas de Batista no aparecen, tan sólo encuentra carros distribuidores de leche en su marcha hacia la ciudad.

A las cuatro de la madrugada arriba a la universidad el segundo contingente de los rebeldes; hacia las seis llega el Che Guevara. Acevedo, que se ha adelantado con su pelotón en esos momentos, toma la estación de radio CMQ sobre la carretera, dos kilómetros adelante del resto de la columna.

Lolita Rosell, una simpatizante del 26 de Julio que vivía en la entrada de Santa Clara, ve llegar a la descubierta de Acevedo, flacos, sucios; su madre los recibe en la puerta gritando: "¡Viva Cuba libre!" Su padre le pregunta: "¿Estas son las tropas del Che? ¿Los que vienen a tomar el Leoncio Vidal?" Ella le echa una arenga: "Lo que cuenta es la moral..." El padre le dice a su mujer: "Lola, ve recogiendo, porque cuando regresen por aquí tenemos que irnos con ellos a las lomas". Un rebelde muy joven le pregunta: "¿Cuántos soldados tiene Batista en la ciudad?" Ella responde que cinco mil. Al ver la reacción en su rostro, pregunta:

—¿Son muchos?

—No sé si serán muchos, pero con el jefe que traemos, no van ser muchos, eso sí lo sé.

Enviado por el capitán Acevedo, el pelotón de Pacho Fernández desarrolla una mayor penetración acercándose a los límites de la ciudad. Se embosca en una bocacalle. A los pocos minutos aparece un camión repartidor de leche; el teniente Fernández lo deja pasar pensando que quién sabe cómo podrán los habitantes obtenerla en los días por venir. Minutos más tarde se aproxima un automóvil con fuerzas del ejército y se entabla el tiroteo donde muere un soldado. Poco después aparece la primera columna enemiga. Tras el choque, el pelotón de Alberto Fernández se repliega para conectar con la columna.

Hacia las ocho de la mañana inicia su avance desde la universidad el grueso de la columna 8. Por las cunetas, en dos largas filas indias. En el centro el Che con una pequeña escolta. Harry Villegas cuenta: "Cuando entramos a Santa Clara, el pueblo decía que venía el Che con tres mujeres, una rubia que era Aleida, una negra que era yo y una jabá que era Parrita, porque como Parrita y yo teníamos un pajonal de pelo y nada de barba, nos confundieron".

Al llegar a la planta CMQ la vanguardia se encuentra con dos estudiantes que llevan detenido a un soldado para entregarlo a los rebeldes. Mientras lo están interrogando, aparece por la carretera un *jeep*. Acevedo le dispara, el *jeep* frena y retrocede chirriando las llantas. Acevedo da orden de avanzar, porque sin duda informarán de su presencia allí. Ramón Pardo, Guile, cuenta: "Habíamos avanzado unos 300 metros, y sorpresivamente en una curva del camino, apareció una tanqueta abriendo fuego sobre la marcha. Nosotros nos desplegamos enseguida y respondimos al fuego. Yo recuerdo que pasé una alambrada con la mochila y el fusil y ni el sombrero se me cayó". Los guerrilleros se despliegan, toman los portales de las casas, responden el fuego. La tanqueta se retira pero deja a cinco rebeldes muertos y varios heridos, sus cuerpos ensangrentados en la carretera. En ese momento comienzan los disparos desde el flanco izquierdo de la columna que avanza, son los soldados del tren blindado que han tomado posiciones en la Loma del Capiro.

Núñez Jiménez, que acompaña al Che, cuenta: "Una avioneta enemiga ametralla nuestra columna. El Che ordena el despliegue y él mismo se baja del yipi y coloca una ametralladora de calibre 30 sobre el lometón que limita la cuneta. Personalmente arregla la cinta de balas, lo que hace con dificultad por tener el brazo izquierdo enyesado y en cabestrillo. La avioneta pica sobre nosotros a altura prudencial. El Che intenta disparar, pero el arma no funciona bien y sólo sale una bala. Con una carabina M1 le dispara un tiro". La avioneta se retira. Con la información que han reunido se coordinarán los bombardeos.

En la facultad de pedagogía de la universidad se improvisa un primer hospital de sangre. El doctor Rodríguez de La Vega recuerda: "Fernández Mell y yo nos acostamos en la esquina de una de las aulas de la universidad, los aviones tiraban y a pesar de eso nos quedamos dormidos, los cristalitos nos caían a veces arriba, pero no los sentimos y como a la 1 de ese día empezaron a llegar los heridos (...) Ya habíamos organizado que allí se atendieran solamente a los casos más urgentes y el resto pasar a Camajuaní, donde se podía llegar rápidamente".

Los rebeldes llegan a la vía del tren y establecen una primera línea defensiva para aislar a los soldados que se encontraban en la loma y frenar a los refuerzos que aparecieran por la carretera. La labor de contención se encomienda al pelotón de Guile. Se da la consigna a los pelotones de comenzar a infiltrarse en la ciudad, sobre los objetivos secundarios, evadiendo el cuartel Leoncio Vidal. La aviación había iniciado los bombardeos desde las 8:35 de la mañana. Vuelan sobre Santa Clara 10 B26 y F47 bombardeando, ametrallando y arrojando *rockets* sobre los barrios periféricos de la ciudad. Las primeras operaciones se prolongan hasta las 10:05 de la mañana. Una bomba que cae frente al hospital de maternidad e infancia destruye ocho casas. Son particularmente castigados los rebeldes que se aproximan a la Loma del Capiro y las fuerzas del Directorio que se acercan al cuartel Los Caballitos.

La población civil, que a diferencia de las comunidades del Escambray no había sufrido los aterradores efectos del bombardeo, se atemoriza. La ciudad se estremece por la explosión de las bombas.

Hacia las 10 de la mañana habían hecho su entrada en Santa Clara, por la carretera de Manicaragua, las tropas del Directorio, un centenar de hombres, en una caravana de camiones precedida por dos automóviles. El camino de acceso había sido lento por los obstáculos que las propias fuerzas rebeldes habían colocado, pero no se produjeron choques con el ejército. En los primeros automóviles viajaban los capitanes del Directorio Raúl Nieves, Víctor Dreke, Abrantes (el Mexicano), César Páez, Oropesa, Gustavo Machín Hoed y el comandante de la columna Rolando Cubela. Sus objetivos son el cuartel de vigilancia de caminos (Los Caballitos) y el cuartel del escuadrón 31 de la guardia rural donde los esperan unos 400 soldados apoyados por cuatro tanques. Tras los primeros choques con avanzadas del ejército, la columna se fragmenta en dos y avanza bajo bombardeo.

Hacia las 11 de la mañana los combatientes del Directorio se encuentran a unos 600 metros del cuartel. Los grupos de Nieves y Dreke toman posiciones en el edificio de Cocacola y en maternidad Cabrera. Abrantes inicia el ataque sobre Los Caballitos y es rechazado, pero las fuerzas del teniente López logran escurrirse hacia la retaguardia del enemigo. Dreke narra: "Como a las 11 o 12 de la mañana la situación se puso bastante crítica, ya que algunos soldados habían salido del escuadrón en unas tanquetas y disparaban sobre nuestras posiciones, sobre los compañeros que se encontraban en los alrededores de las casas. Los guardias disparaban y retrocedían al interior del cuartel, mientras otros avanzaban con las tanquetas…"

Desde la guarnición del cuartel Leoncio Vidal, el coronel Casillas, desesperado y sin una clara idea de lo que le está pasando, fuera de que tiene a los mau mau en las calles hostigando las concentraciones militares y que está a la defensiva, se comunica con el estado mayor en Columbia y pide se le envíen refuerzos desde Cienfuegos por avión y más bombardeos. En respuesta a su demanda la base de Columbia ordena una nueva oleada de bombardeos; los B26 y los Sea Fury atacan de nuevo los barrios de Santa Clara. Las acciones se producen de las 10:42 de la mañana a las 16:54.

El Che, desde la CMQ, lanza un llamado a la población a colaborar con los rebeldes. A través de las ondas se escucha la voz rasposa con un acento argentino suavizado por el agotamiento: *La situación militar del régimen se está socavando día a día pues sus soldados no quieren pelear*. El mensaje se retransmite a las 2 de la madrugada desde Sancti Spiritus y es retomado de allí por Radio tiempo, Unión radio y Radio nacional. Una red misteriosa reproduce el mensaje en el que el Che solicita que se bloqueen las calles para impedir el libre movimiento de los blindados y ordena el corte de agua y luz en la ciudad para someter a mayor presión a las fuerzas acuarteladas. Y otra red, más potente aún, en el interior de Santa Clara comienza a cumplir la orden del Che: automóviles con las ruedas desinfladas a mitad de la calle, colchones, muebles arrojados por las ventanas... Una foto registra cómo en una calle de no más de 60 metros hay nueve automóviles atravesados.

Al salir de la estación, una niña le pide que se detenga para tomarle una foto, el Che desconcertado posa para ella. La situación no es transparente, están entrando en la ciudad, pero superados ampliamente en número y con la gran diferencia que hacen las tanquetas. Un contraataque puede ser trágico. Comenta con Fernández Mell que para tomar Santa Clara será necesario al menos un mes de combates. Hay que aumentar la presión. Siguiendo sus instrucciones comienza a producirse la infiltración. Mientras el pelotón de Ramón Pardo opera sobre los soldados del tren que disparan desde la Loma del Capiro, apoyado por el pelotón suicida, los otros pelotones van avanzando hacia el interior de Santa Clara. Descubren sorprendidos que las puertas de las casas se abren para ofrecerles desde un vaso de agua hasta una tacita de café.

En el frente del sur, las tropas del Directorio aprovechan la ausencia de luz del atardecer que produce el fin de los bombardeos y lanzan un contraataque que obliga a las fuerzas del cuartel de Los Caballitos a replegarse hacia su interior. En el frente de Santo Domingo, al occidente de Santa Clara, las tropas de Bordón se han enfrentado a un convoy del ejército que viene con refuerzos para la ciudad sitiada y logran frenarlo. En las cercanías de Jatibonico, el pelotón de Pantoja y San Luis trata de impedir, con una emboscada, el arribo de refuerzos a la guarnición.

Anochece. El balance para los rebeldes es positivo a pesar de las bajas y de la lentísima progresión. Han logrado impedir que se aproximen por oriente y occidente refuerzos a Santa Clara, se ha tomado prácticamente Trinidad. Con grandes dificultades comienzan a presionar hacia los barrios del centro de la capital provincial; el ejército, a pesar de su enorme superioridad, no ha sido capaz de pasar al contraataque, ni siquiera ha movilizado las enormes reservas con las que cuenta en el cuartel Leoncio Vidal. En el interior de la ciudad la población levanta barricadas para impedir el accionar de los tanques.

En la mañana, hace unas pocas horas, cuando instalaba una ametralladora en una casa cercana a la universidad, el capitán Acevedo respondió al

propietario, el profesor Luis García, cuando le pedía que en caso de repliegue le permitiera retirarse con los rebeldes:

—Aquí no habrá para atrás, doctor.

Parece que sus palabras están en camino de cumplirse.

En la noche del 28 de diciembre, el Che reorganiza sus fuerzas y trata de
sacar las tristes lecciones, las enseñanzas clave de los acontecimientos del
día. Envía un mensaje a Rolando Cubela donde hace un sintético balance:
*Nosotros no pudimos avanzar casi. Tuvimos cuatro muertos y varios heri-
dos. Esta noche probaremos suerte. Dame tu posición exacta para poder actuar con más conocimiento. Che.*

En la noche del 28 el Che no duerme, recorre con una escolta la vía
férrea tratando de encontrar el punto vulnerable del tren blindado, y elige
un lugar dónde levantar los rieles. Un poco antes del amanecer los rebeldes, utilizando el *carterpillar* amarillo D 6 del departamento de agrono-
mía de la universidad de Santa Clara, levantan un tramo de la vía férrea a
unos cuatro kilómetros de donde se encontraba el tren, con lo cual se impide
el retroceso hacia las instalaciones del cuartel Leoncio Vidal. El capitán
Acevedo recuerda que el Che: "A veces hacía cosas u ordenaba hacer algo
cuyo sentido inmediato no comprendíamos y que eran producto de su gran
intuición de combatiente".

Una vez aislado el tren y la posición de la Loma del Capiro donde se
ha desplegado parte de los soldados, el Che ordena que prosiga la infiltración hacia Santa Clara. El pelotón suicida es enviado a atacar la estación de
policía, el de Acevedo a combatir en la zona de la audiencia y la cárcel y el
pequeño pelotón de Alberto Fernández hacia el Gran Hotel. Al pelotón del
capitán Zayas se le ordena combatir a las fuerzas que se encuentran en la
Loma del Capiro y al capitán Álvarez, reforzar a los combatientes del Directorio que se enfrentan con las fuerzas del escuadrón 31 y el cuartel Los
Caballitos. El pelotón de la reserva, que comanda el teniente Rivalta, recibe
la orden de entrar al Barrio del Condado, atacar el edificio Raúl Sánchez, el
edificio Martí y ejercer una contención sobre las fuerzas del Leoncio Vidal.
Aislar la fuerza central, atacar las concentraciones más débiles, es el esquema
guevarista del último mes. Las fuerzas del Che entran en Santa Clara. Si el
pelotón de Rivalta sabe a dónde va, porque su jefe ha nacido en ese barrio,
no ocurre lo mismo con las fuerzas de Acevedo, que avanzan por la acera
contraria; o las tropas del pelotón suicida que se encuentran absolutamente
perdidas en Santa Clara. El propio Che ha tenido que usar a la dirección del
clandestinaje para guiarse en la ciudad en sombras, en particular la invaluable ayuda de Aleida March. Así, un ejército de desarrapados barbudos,
transitando como fantasmas, cruza en las horas nocturnas la ciudad. Santa
Clara quedaba partida en dos.

Al amanecer del día 29 la infiltración había dado resultado, los rebeldes
estaban dispersos por toda la ciudad. Años más tarde, el Che diría, quizá recordando aquella noche: *El combatiente guerrillero es un combatiente*

nocturno, y al decir esto se dice también que tiene todas las cualidades de la nocturnidad...

El 29 va a ser el día clave de los combates en Santa Clara. Repuesto de la sorpresa inicial, el ejército batistiano puede movilizar sus tropas, desplegarlas y en contraataque enfrentar a los guerrilleros a los que supera abrumadoramente en numero y en poder de fuego. Eso, o el frente invisible del Che, la inexistente línea de fuego que el Che ha creado con la infiltración, irá afianzando posiciones, aislando los reductos, inmovilizando a los soldados, incorporando a la población en su apoyo. Un par de años más tarde el Che escribiría en *Guerra de guerrillas* una frase que habría de enloquecer a los teóricos militares, una frase llena de humor: *No existen líneas de fuego determinadas. La línea de fuego es algo más o menos teórico.* Hoy, 29 de diciembre, ningún cartógrafo podría trazar la línea divisoria que separaba a soldados y rebeldes, la línea no existía. Compenetrados, mezclados en el paisaje urbano, los rebeldes habían roto el cordón defensivo del coronel Casillas y se le habían metido dentro de la casa.

De madrugada, las tropas del Directorio que atacaban el cuartel Los Caballitos inician una nueva aproximación. Rolando Cubela cae herido por una ráfaga de ametralladora. Gustavo Machín Hoed se hace cargo de la dirección del ataque.

Mientras tanto la ciudad vuelve a estar a merced de las bombas. Dos B26 bombardean y ametrallan. El periodista José Lorenzo Fuentes, testimonia: "Los vecinos de las zonas más beligerantes abandonaban las casas despavoridamente. Ancianos, mujeres y niños deambulaban por la ciudad con sus pequeños líos de ropa bajo el brazo, en busca de un refugio más seguro para sus vidas. El hambre, el sufrimiento y el terror estaban retratados en sus rostros. La metralla de los aviones se cernía sobre los techos y grupos de civiles resultaban heridos y muertos. Muchos cadáveres tenían que recibir sepultura en los patios de las casas sin ataúd siquiera. Un niño de 12 años recibió la metralla en medio del pecho y los padres ni pudieron acercarse".

El pelotón de Rogelio Acevedo ataca la cárcel y la audiencia. El de Rivalta entra al barrio del Condado en medio del júbilo popular. La gente sale a la calle, le lleva café y comida a los rebeldes. Comienza la fabricación de molotovs, se produce la organización de las milicias del barrio. Se inicia la presión sobre la periferia del Leoncio Vidal. Hay un par de intentos de los militares de penetrar utilizando tanques que son rechazados a tiros. El ejército no insiste. El Che aproxima la comandancia a la zona de combate, de la universidad a las oficinas y talleres de obras públicas a menos de un kilómetro, sobre la carretera central, el punto donde han cortado las vías del tren.

A pesar de los primeros éxitos, el combate no es fácil. *Nuestros hombres se batían contra tropas apoyadas por unidades blindadas y las ponían en fuga, pero muchos de ellos pagaron con la vida su arrojo y los muertos y heridos empezaron a llenar los improvisados cementerios y hospitales.*

El pelotón del Vaquerito se ha posesionado de la estación del ferrocarril. Allí el primer teniente Hugo del Río recibe una llamada telefónica singular:

"Sonó el teléfono y lo tomé: era un jefe militar preguntando cómo estaba la situación en esa zona. Le respondí que el ejército rebelde se encontraba por las calles de la ciudad. Entonces me dijo que no me preocupara, que pronto la policía establecería el orden. Yo le contesté que eso era difícil porque el ejército rebelde dominaba la situación. Me preguntó que quién hablaba. Le contesté que el primer teniente Hugo del Río. Me preguntó que si de la guardia o de la policía. Le respondí que de ninguno de los dos, sino del ejército rebelde (…) Se incomodó de mala manera y me dijo que tenía que tener valor de ir a buscarlo al cuartel de la Esperanza. Se lo informé al Che y me dijo que fuera".

Hacia la una, el Che conversa con dos de sus capitanes, Guile y el Vaquerito, en una casa propiedad del doctor Pablo Díaz. Ha estado dirigiendo las operaciones sobre la marcha, apareciendo sorpresivamente en uno y otro punto de la ciudad donde se desarrollan los combates. Tiene una caótica, pero al fin y al cabo única, visión de conjunto que le proporciona el contacto entre todas las zonas de conflicto y la dirección permanente de las acciones. Un poco después se iniciarían el combate en la comandancia de policía y el ataque a la Loma del Capiro que protagonizarán los pelotones de Guile y Alfonso Zayas.

Divididos en tres grupos los rebeldes ascienden la loma usando granadas para desalojar a los soldados. Les disparan con morteros. Los rebeldes se protegen del fuego del tren utilizando la misma loma y logran desalojar a los soldados en un combate frontal y a cuerpo descubierto. Las tropas descienden por el lado opuesto de la loma para refugiarse en los vagones.

Hacia las tres de la tarde el tren comienza a replegarse para no quedar bajo el fuego de los rebeldes, que ahora aprovechan las ventajas de la altura del pequeño cerro. Las dos máquinas lo impulsan velozmente marcha atrás. El maquinista avanza en reversa cuatro kilómetros sin saber que hay unos 20 metros de vías levantadas un poco más adelante. De repente el tren se eleva, descarrila y la locomotora fuera del riel va a dar contra un garaje, destrozando automóviles a su paso. El ruido es tremendo, no sólo el impacto, el chirrido de los vagones descarrilando. El novelista Edmundo Desnoes ofrece una extraña imagen: "El tren quedaba inmóvil, despuntado. Botellas verdes de Cocacola, opacas de cerveza Hatuey, transparentes de Cawy; latas de jugo de tomate Libby`s, de peras Bartlet, de sopas Campbells, de espárragos y Petitpois estallan sobre los vagones, envolviendo en humo y fuego el convoy volcado y torcido por las puntas. El humo y el fuego borraban aquí y allá el oscuro acero del tren".

El teniente Roberto Espinosa, con una parte del pelotón de Guile, avanza sobre los vagones en el crucero de la calle Independencia y la carretera de Camajuaní y sin darles tiempo a reaccionar captura a 41 soldados. Espinosa cuenta: "Los guardias no se atrevían a abandonar el tren, así es que no sabían cuántos éramos en verdad. Nosotros no dejábamos de tirarles, y el que se asomaba, quedaba. Además ellos estaban medio atontados por el choque y el descarrilamiento". Los 18 rebeldes controlan a los 350 soldados. En el techo de una casa, a unos 35-40 metros, se instala una ametralladora calibre 30 que dispara perforando la parte sin blindar del techo de los vagones; comienzan a volar sobre el tren los primeros cocteles molotov. Espinosa ha conquistado 3 de los 22 vagones y mantiene sobre los demás la presión y el fuego.

El Che y el capitán Pardo son avisados de los acontecimientos en el tren cuando se encontraban en el centro de la ciudad haciéndole frente a una tanqueta. El Che se moviliza a toda velocidad hacia el lugar del descarrilamiento. Al llegar, no pudo resistir la tentación de meterse en medio del combate y se subió a un vagón descarrilado donde había un cañón de 20 milímetros. *Se estableció entonces una lucha muy interesante en donde los hombres eran sacados con cocteles molotov del tren blindado, magníficamente protegidos aunque dispuestos sólo a luchar a distancia, desde cómodas posiciones y contra un enemigo prácticamente inerme, al estilo de los colonizadores con los indios del oeste norteamericano. Acosados por hombres que, desde puntos cercanos y vagones inmediatos, lanzaban botellas de gasolina encendida, el tren se convertía gracias a las placas de blindaje, en un verdadero horno para los soldados.*

Mientras se estaba combatiendo, un mensajero llegó corriendo a informar que estaban arribando refuerzos a los batistianos por el camino de Camajuaní. El Che dejó a Pardo al mando de las fuerzas de asalto y fue hacia allá para organizar la defensa.

Continúa el tiroteo y el lanzamiento de molotovs. Una hora más tarde Pardo propone una tregua. Después de hablar con un sargento que lo amenaza con una Thompson y que se niega a rendirse y con el jefe médico del tren, logra entrevistarse con el comandante Gómez Calderón, quien acepta hablar con el Che, pero en el tren. Pardo envía un mensajero a localizar al comandante de la columna. Poco después reaparece el Che, quien no se ha alejado demasiado porque la noticia había sido falsa. Leovaldo Carranza, de la Cruz Roja, que lo acompaña, sube a una farola y agita una bandera blanca. A su espalda escucha una voz que le dice: "¿Tienes miedo?" Aleida se encuentra allí sonriendo.

El Che dejó su arma y a mitad de camino se encontró con el comandante Gómez, quien traía la suya. Cuando el Che se lo señaló, el oficial batistiano entregó su pistola al hombre de la Cruz Roja.

—Yo quiero hablar donde no nos oiga la tropa —pidió el oficial, el Che aceptó. Marcharon juntos hacia un vagón.

—Comandante le doy mi palabra de honor que si nos deja regresar a La Habana no tiramos un tiro más.

El Che sonrió.

—*Yo creo en su palabra de honor, pero no quiero que esas balas maten más cubanos, ni aquí ni allá.*

El Che les da un cuarto de hora y hace responsable personalmente al comandante del posible derramamiento de sangre si no se rinden. El oficial no resiste los 15 minutos; instantes después los soldados comenzaron a descender sin las armas. Son cerca de las siete de la tarde. Se teme que los aviones bombardeen, mientras aún hay luz, si se dan cuenta de que ha cesado el combate. Los rebeldes contemplan el botín obtenido con ojos de sorpresa. Alí Babá en la Cueva, Pizarro ante los tesoros incas: seis bazukas, cinco morteros de 60 mm, cuatro ametralladoras calibre 30, un cañón de 20 milímetros, 38 ametralladoras ligeras Browning, granadas, 600 fusiles automáticos, una ametralladora calibre 50, cerca de un millón de balas. *Sus cañones antiaéreos, sus ametralladoras del mismo tipo, sus fabulosas cantidades de municiones. Es un armamento superior al de todas las fuerzas rebeldes que operan en Santa Clara.*

Las armas se llevan a diferentes puntos de la ciudad. Una bazuka viajará velozmente por órdenes del Che a Yaguajay, para Camilo. De acuerdo a lo pactado, el Che ordena a tres de sus hombres, el doctor Rodríguez de la Vega, Núñez Jiménez y Serafín Ruiz de Zárate, que se lleven los prisioneros desarmados (cerca de 400) a Caibarién, donde serán entregados a la fragata ahí estacionada para que sean trasladados a La Habana. Guevara tiene que librarse de los prisioneros. En plena batalla no puede disponer de hombres para que los custodien y además piensa que la desmoralización que causaría en La Habana la llegada de los derrotados soldados del tren, puede ser enorme. Sin embargo no deja de ser absurda la medida. Tres revolucionarios, tan sólo, transportan a 400 prisioneros.

El Che le pide a Aleida que se coloque frente a las ruinas del tren y dispara la cámara. *Te voy a tomar una foto para la historia.* La fotografía muestra a Aleida Marcha con fusil en mano, ojerosa, boina, camisa y brazalete del 26 de Julio y una media sonrisa ante las ruinas metálicas.

Poco después la aviación comienza a bombardear las ruinas del tren. El Che le pide a una activista del 26 que lleve una carta a la planta de radio para que manden refuerzos de Caballete de Casa; ahora sí hay con qué armarlos. En Santa Clara los rebeldes siguen avanzando. El pelotón de Alberto Fernández progresa rumbo al parque Vidal librando fuertes escaramuzas en el camino; el del Vaquerito, guiado por un adolescente, se aproxima a la estación de policía. Las fuerzas del Directorio llegan al cuartel del escuadrón 31. La escuadra de Hugo del Río, después de tener un dramático enfrentamiento con un blindado y una tanqueta con la que se dan de bruces y cambian disparos, se une al Vaquerito.

A pesar de no tener corriente eléctrica, una buena parte de los vecinos sigue en las horas de la noche las incidencias de la batalla y se entera de la captura del tren blindado escuchando la CMQ, que ha sido puesta en operaciones por un grupo de miembros del movimiento clandestino del 26 de Julio siguiendo órdenes del Che. La CMQ funciona con una planta auxiliar, que puede ser escuchada con radios de pilas. Por el éter viaja el mensaje: "Atención, esta columna 8 Ciro Redondo del ejército rebelde del Movimiento 26 de Julio, dentro de unos momentos transmitirá su programa al pueblo de Cuba y especialmente al de Las Villas, sobre el avance de la revolución cubana. Continúa el avance de las fuerzas rebeldes de la columna 8 que asedian Santa Clara. Más de 300 soldados y oficiales pertenecientes al cuerpo de ingenieros del ejército acaban de rendirse".

A la mañana siguiente, el 30 de diciembre, Radio rebelde desmintió la noticia, difundida por los cables internacionales, de que el Che estaba muerto: "Para tranquilidad de los familiares en Sudamérica y de la población cubana, aseguramos que Ernesto Che Guevara no solamente se encuentra vivo y en la línea de fuego, sino que además de haber ocupado el tren blindado a que nos referimos hace unos instantes, dentro de muy poco tiempo tomará la ciudad de Santa Clara, ya asediada desde hace días".

El armamento del tren había servido para movilizar al resto de la reserva de los campamentos de Caballete de Casa, El Pedrero, Gavilanes y Manacas hacia la zona de combate. Con estas nuevas fuerzas, y aprovechando el impulso obtenido desde él día anterior, los diferentes pelotones rebeldes, apoyados plenamente por la población, logran nuevas victorias.

Hacia las 12 de la mañana las fuerzas que mantienen el cerco sobre el cuartel del escuadrón 31, y que se han visto beneficiadas con una ametralladora del botín del tren, resisten un contraataque del ejército.

La aviación había iniciado su machacar contra las posiciones rebeldes con menor éxito que el día anterior. Las fuerzas aéreas efectuaron ese día 30 operaciones sobre la ciudad. Poco después del bombardeo, cayó en manos de los rebeldes el cuartel de Los Caballitos. Algunos soldados intentaron una salida desesperada tratando de llegar al escuadrón 31, pero quedaron atrapados entre el fuego de los rebeldes y el de los soldados sitiados. Varios fueron muertos o heridos, la columna del Directorio hizo prisioneros al resto.

De todos los enfrentamientos del día, el más violento se da en torno a la estación de policía, donde se defienden cerca de 400 policías y soldados apoyados por tanquetas y dirigidos por el coronel Cornelio Rojas, quien tiene sobrados motivos para no rendirse a causa de sus recientes actividades como torturador y asesino de civiles. Contra la estación actúa el pelotón suicida del Vaquerito. Los rebeldes estaban teniendo grandes dificultades para aproximarse. Las escuadras de Tamayo, Hugo del Río, Emérido Meriño y Alberto Castellanos y una parte del pelotón de la comandancia del Che que los está apoyando, no cuentan con más de 70 hombres, y no tienen en las angostas calles facilidad de movimientos; los rebeldes han tenido varios heridos. Como si esto fuera poco, la estación de policía, situada frente al parque del Carmen, se encuentra a tan sólo 500 metros del cuartel Leoncio Vidal y puede producirse en cualquier momento un contraataque. Emérido Meriño, que al mando de su escuadra se ha venido aproximando a la estación, combatiendo casa a casa y sacando a tiros de cada una a los guardias, y al que le acaban de dejar hecho el sombrero un colador, recibe la orden del Vaquerito de buscar una mejor posición para atacar utilizando una nueva táctica: hay que ir por dentro de las casas. La escuadra de Meriño comienza a romper las paredes avanzando por el interior de las casas hacia la iglesia que está enfrente de la estación de policía. Los vecinos colaboran con ellos.

Una serie de avenidas, invisibles desde el exterior, van cruzando por dentro las manzanas de ese barrio.

También se avanza por las azoteas. El Vaquerito se arriesga demasiado. Sus compañeros se lo censuran. El Vaquerito contesta como acostumbra: "La bala que lo va a matar a uno nunca se oye". Toma posiciones en una azotea de la calle Garófalo, a unos 50 metros de la estación de policía, con Orlando Beltrán y Leonardo Tamayo, que repuesto de sus heridas en el hospital de Cabaiguán se ha reincorporado. Orlando cuenta: "No hicimos más que parapetarnos, cuando vimos un grupo de seis guardias corriendo por el medio del parque. Nosotros los atacamos, pero dos tanques que había cerca, en la calle, nos empezaron a disparar con las treinta". Tamayo prosigue: "Le grité: ¡Vaquerito, tírate al suelo, que te van a matar! No lo hizo. Al poquito rato, le grité desde mi posición: Oye, ¿qué te pasa que no tiras? No contestó nada. Miré y lo vi lleno de sangre. Inmediatamente lo recogimos y lo llevamos hasta donde estaba el médico. El tiro era mortal. Un tiro en la cabeza de M1".

El Che, que va al encuentro de los atacantes recorriendo el túnel que se ha creado derribando los muros, se encuentra con los hombres que transportan el cadáver del Vaquerito. Las crónicas recogen la frase desolada del comandante ante el más agresivo de sus capitanes, el más pintoresco, el más temerario: *Me mataron cien hombres*. Tras ordenar que el cuerpo sea llevado al hospital, el Che llega hasta el cerco que hay sobre la estación de policía y nombra jefes de pelotón a Tamayo y Hugo del Río. Algunos soldados combaten mientras lloran. Aumenta la presión sobre la estación. *Se había logrado tomar la central eléctrica y toda la parte noroeste de la ciudad, dando al aire el anuncio de que Santa Clara estaba casi en poder de la revolución. En aquel anuncio que di como Comandante en Jefe de las fuerzas armadas de Las Villas, recuerdo que tenía el dolor de comunicar al pueblo de Cuba la muerte del capitán Roberto Rodríguez, el Vaquerito, pequeño de estatura y de edad, jefe del pelotón suicida, quien jugó con la muerte una y mil veces en lucha por la libertad.*

Poco después Orestes Colina se encuentra con el Che, que viene con un teniente del ejército prisionero y en un ataque de ira le dice: "Lo que tenemos que hacer es matar a éste". El Che con suavidad responde: *¿Tú crees que somos iguales que ellos?*

El pelotón de Zayas combate en el gobierno provincial, se combate contra los francotiradores del Gran Hotel, se lucha en la cárcel, en la audiencia. Se rinden los soldados que guarnecían la iglesia del Carmen.

Cae la noche.

En los otros frentes de combate en Las Villas la situación ha sido también favorable para los rebeldes. En Santo Domingo, a pesar de los bombardeos del ejército, la columna de Bordón libera por segunda vez la ciudad y toma el puente sobre el río Sagua. En Jatibonico, en el oriente, el pelotón de San Luis y Olo Pantoja se ha enfrentado con una fuerte resistencia de columnas enemigas, con blindados desde el día anterior, y ha tenido un gran día al emboscarlos. En Trinidad las fuerzas del Directorio dirigidas por Faure han conquistado el último reducto de los batistianos, la cárcel.

Desde el día 29, el mando de las tropas que combaten al oriente está a cargo del segundo comandante de la columna 8, Ramiro Valdés, quien participó en el inicio de la batalla de Santa Clara y ahora se hace cargo de darle forma a la nueva fuerza con la gente de Olo y las tropas de Acosta. Con esto el Che no sólo fortalece la contención y amplía sus posibilidades defensivas, sino que crea una reserva estratégica en caso de que las cosas no vayan como piensa en Santa Clara. A pesar de que apuesta fuerte por la victoria, el Che mantiene abierta la alternativa de que una parte importante de sus fuerzas quede a salvo de una posible derrota y pueda reconstruir el frente.

El 31 de diciembre, un joven periodista se encuentra con el comandante Guevara en la comandancia del ejército rebelde. A lo lejos se escucha la explosión de las bombas que los B26 de Batista siguen arrojando sobre la ciudad.

"Alguien que estaba a mi lado me mostró al Che, señalándolo con la mano. Allí estaba, en efecto. Delgado, el pelo hecho una maraña, el brazo en cabestrillo, el uniforme raído. Cualquiera lo hubiera tomado por el más humilde de los soldados si no fuera por su mirada penetrante con un inusual fulgor en medio del rostro fatigado." A ese Che al borde del agotamiento le queda enfrente la estación de policía que le ha costado la caída de uno de sus mejores capitanes; el cuartel Leoncio Vidal, que con sus 1300 soldados sigue siendo superior en poder de fuego a todas las tropas que la revolución tiene en la ciudad; los francotiradores del Gran Hotel y la audiencia y el cuartel de la guardia rural que cerca la columna del Directorio.

El Che planea el último empujón sobre las fuerzas enemigas. Lo hace basándose en un certero análisis de la actitud de los militares batistianos: su disposición a no luchar ofensivamente. Tiene encima la responsabilidad de mandar al combate por cuarto día consecutivo a unas fuerzas que apenas si han dormido y llevan sobre sus espaldas un par de semanas de continuos combates; que han sufrido bajas importantes entre sus mandos y luchan regularmente contra un enemigo superior en fuerza y apoyado por tanques. *Recuerdo un episodio que era demostrativo del espíritu de nuestra fuerza en esos días finales. Yo había amonestado a un soldado por estar durmiendo en pleno combate y me contestó que lo habían desarmado por habérsele escapado un tiro. Le respondí con mi sequedad habitual: "Gánate otro fusil yendo desarmado a la primera línea... si eres capaz de hacerlo". En Santa Clara, alentando a los heridos en el hospital de sangre, un moribundo me tocó la mano y dijo: "¿Recuerda, comandante? Me mandó a buscar el arma en Remedios... y me la gané aquí." Era el combatiente del tiro escapado quien minutos después moría, y me lució contento de haber demostrado su valor.*

El adolescente muerto se llamaba Miguel Arguín.

Esa mañana en Santa Clara se combate por toda la ciudad. Rogelio Acevedo, ayudado por un grupo de limpiabotas, adolescentes, casi niños, ha intentado incendiar la audiencia con una lata de cinco galones de gasolina y ha fracasado. Frente a la estación de policía las fuerzas del pelotón suicida, apoyadas por refuerzos, preparan el ataque final. Los miembros del pelotón quieren vengar la muerte del Vaquerito. Dentro de la estación, el coronel Rojas ha asesinado a uno de sus hombres, el capitán Olivera, porque quería rendirse. La iglesia del Carmen ha sido tomada desde el día anterior por un grupo de rebeldes que hicieron un boquete en la parte trasera y desde ella se hostiga a la comandancia. Al intentar salir un tanque, es alcanzado en la cabeza su conductor por un tiro de los rebeldes y el vehículo está ahora inmóvil. En el interior de la estación los muertos comienzan a corromperse, no se le puede dar atención a los heridos, los policías tienen hambre, están desmoralizados y se dispara continuamente sobre ellos.

Hacia las cuatro de la tarde el coronel Rojas pide una tregua para sacar a los heridos. Tamayo le da dos horas, luego intima a la rendición. Negocian a mitad de la calle, no se llega a un acuerdo. Cuando se va a reiniciar el fuego el coronel le habla de nuevo a Leonardo Tamayo, éste se dirige a la estación caminando seguido de algunos de los rebeldes, a los que tiene que frenar. Una vez adentro le habla directamente a los policías, les dice que si no quieren pelear más que suelten los fusiles y se formen afuera. Como si hubiera sido el propio coronel Rojas el que diera la orden, los policías comienzan a salir de la estación. Son 396, y los rebeldes que los cercaban unos 130. En la confusión Rojas se escapa. El pueblo entra en la estación, en los sótanos encuentran instrumentos de tortura.

No sólo cae la estación de policía. El gobierno provincial, con su centenar de soldados, es atacado por las fuerzas de Alfonso Zayas y por la parte trasera por el pelotón de Alberto Fernández, que rompiendo paredes logra entrar al edificio. Allí el capitán Pachungo Fernández, con una granada en la mano, sorprende a los soldados y los obliga a rendirse. El pelotón del capitán Acevedo toma la audiencia a pesar de los tanques que la protegen. Cinco aviones bombardean la ciudad, utilizan bombas de 500 libras que destruyen las casas como si fueran de papel. Se encarnizan especialmente sobre el edificio de la audiencia recién capturado por los rebeldes, pero comienzan a actuar las ametralladoras antiaéreas ocupadas en el tren blindado y los aviones desaparecen del aire de Santa Clara. Cae la cárcel, son liberados los presos políticos, los comunes se fugan por un boquete aprovechando el desconcierto. Sobre el Leoncio Vidal comienzan a presionar los pelotones de los rebeldes, que vienen del centro de la ciudad y las fuerzas de Rivalta desde el barrio del Condado, que llegan a atrincherarse a unos 100 metros del regimiento.

Se combate ante el Gran Hotel, donde hay una docena de francotiradores en el piso 10, policías, miembros del odiado SIM, el Servicio de inteligencia militar, torturadores que además han creado un escudo humano negándose a dejar salir del hotel a los huéspedes. Desde el parque y los edificios de enfrente se dispara contra ellos. Alberto Fernández dirige a un grupo que se encarga de incendiar el segundo piso con molotovs. Los francotiradores están atrapados en el hotel, se les corta el agua, no tienen comida. Pero desde las alturas han herido a muchos civiles y milicianos que cruzaban el parque, y aún tienen municiones. La escuadra del más joven de los Acevedo participa en un "torneo de rotura de ventanas" con los francotiradores batistianos.

Se combate en el escuadrón 31. Los cañonazos de los tanques destruyen el edificio de la Canada Dry y varios chalets colindantes desde los cuales los rebeldes disparaban contra el cuartel. Cada vez más cerca.

A mitad de la tarde de ese 31 de diciembre la comandancia del Che recibe la información, a través de su estación de radio, de que Yaguajay se ha rendido a las tropas de Camilo. Quedan liberadas esas fuerzas para el asalto final al Leoncio Vidal.

A las diez de la noche, Casillas Lumpuy se comunica con Batista, le dice que la ciudad esta al borde de caer en manos de los rebeldes y que necesita urgentemente refuerzos. No obtiene del dictador ni siquiera una mala promesa. Durante la noche, tras arengar a los soldados y oficiales y exigirles una heroica resistencia, se disfraza con un sombrero de palma y un traje de civil y, argumentando que tiene que hacer una inspección en la provincia, se escapa del cuartel junto con el jefe de operaciones, Fernández Suero.

Ya sólo le quedan a los batistianos tres enclaves armados: el Gran Hotel, el escuadrón 31 y el Leoncio Vidal. El Che sabe que de un momento a otro Fidel iniciará la ofensiva final sobre Santiago de Cuba y le urge resolver estos tres focos de resistencia. Está a punto de terminar el año 1958.

CAPÍTULO 23

El último día de la guerra, el primero de la revolución

Con Aleida en La Cabaña. (Archivo Bohemia)

En la noche del 31 de diciembre del 58 al 1º de enero de 1959, para ser precisos a las tres y quince minutos, cuatro aviones de Aerovías Q despegaron del campamento militar de Columbia en los alrededores de La Habana. Antes de subir al primero de ellos, Fulgencio Batista le dijo al general Cantillo que lo dejaba a cargo del país, del negocio, de todo, y desapareció hacia la nada, al exilio, a Miami, aunque los vuelos ya en el aire cambiaron de rumbo para tomar el de Santo Domingo, tierra de otro dictador sangriento: Leónidas Trujillo.

Todavía no amanece en Santa Clara. A primeras horas de la mañana los periódicos habaneros reproducen un cable de la Associated Press que informa que "las tropas gubernamentales, apoyadas por tanques y aviones, habían machacado a las fuerzas rebeldes en retirada en las afueras de Santa Clara y las arrojaron hacia el este fuera de la provincia de Las Villas". En el cuartel del escuadrón 31 los soldados han dejado de disparar. Dreke se aproxima cautelosamente. Una bandera blanca asoma por una ventana. Rolando Cubela se ha reincorporado tras su estancia relámpago en el hospital. El Che acaba de hacerle llegar una pequeña nota: *Rolando, exige rendición incondicional. Yo te apoyaré con los refuerzos necesarios. Saludos. Che.* El escuadrón 31 se rinde. Entre los soldados que se entregan corre el rumor de que Batista ha huido. Los rebeldes se contemplan asombrados. ¿Todo ha terminado? El capitán Milián, jefe de las tropas rendidas, con permiso de los dirigentes del Directorio, se comunica utilizando una microonda con el cuartel Leoncio Vidal. El oficial que le contesta lo insulta. El pueblo sale a la calle y contempla alborozado a los soldados derrotados ante la fachada del cuartel que muestra centenares de impactos de bala. Los prisioneros son conducidos a la presencia del Che en la comandancia rebelde.

El Gran Hotel también está a punto de caer. Los francotiradores, aislados en el piso 10, se han visto obligados a tomar café en un cenicero, han saqueado el bar. El capitán Zayas coloca un tanque ante la fachada y destroza las ventanas a tiros. Las tropas del teniente Alberto Fernández inician el asalto. Los francotiradores se rinden. Entre insultos salen del hotel con los brazos en alto la docena de policías, chivatos y torturadores: Barroso, Montano, Alba, Moya, Campos Vives, el Tigre y el conocido delator Villaya.

Sólo queda el Leoncio Vidal. Allí el mando ha sido tomado por el coronel Cándido Hernández, sustituyendo a los fugados Casillas y Fernández Suero. El teniente Hugo del Río, desde la radio de un automóvil policíaco, capturado en la jefatura, se pone en contacto con el regimiento. El oficial que contesta le pide una tregua, Del Río responde que eso sólo puede concederlo el Che, pero acepta buscar al comandante rebelde para informarle de la petición. Encuentra al Che en la comandancia reunido con el geógrafo Núñez Jiménez y el doctor Rodríguez de la Vega. Tras explicarles lo que está sucediendo, acompaña al Che a la patrulla de policía y a través del radio lo pone en contacto con el regimiento. El Che acepta enviar a Núñez Jiménez y Rodríguez de la Vega a entrevistarse con el coronel Hernández. Poco después éste solicita una tregua indefinida, a lo que los emisarios responden que no hay otra negociación que la rendición incondicional. El coronel Hernández argumenta que ya había perdido las vidas de su hermano y su hijo en combate y que él había servido sobradamente a la patria y transmite el mando y la decisión al comandante Fernández y a sus oficiales superiores. Fernández es el que ahora insiste en hablar con el Che.

Cuando van a iniciarse las negociaciones, llega al Leoncio Vidal una transmisión de Columbia, el campamento militar donde reside el estado mayor en La Habana. Se trata del general Eulogio Cantillo. *Las noticias eran contradictorias y extraordinarias: Batista había huido ese día, desmoronándose la jefatura de las fuerzas armadas. Nuestros dos delegados establecían contacto por radio con Cantillo, haciéndole conocer la oferta de rendición, pero éste estimaba que no era posible aceptarla porque constituía un ultimátum y que él había ocupado la jefatura del ejército siguiendo instrucciones precisas del líder Fidel Castro.* Hernández pide a los emisarios que hablen con Cantillo, quien les ofrece una tregua. Núñez y Rodríguez le repiten que sólo puede haber rendición incondicional. Cantillo trata de engañarlos diciendo que ha sido nombrado por el gobierno provisional por órdenes de Fidel Castro y que en esta situación no puede rendir la plaza. La conversación termina en insultos.

Unas horas antes, a las siete y media de la mañana, en el batey del Central América, en la provincia de Santiago, comandancia de las fuerzas rebeldes, Fidel se acerca a la puerta a tomar un café, está echando pestes contra los irresponsables que celebraron el fin del año disparando tiros al aire y gastando municiones. De repente le llega la noticia de la fuga de Batista captada en Radio rebelde, se indigna, el dictador se ha escapado, huele un golpe de estado, comienza a concentrar a los capitanes para marchar sobre Santiago. Se confirma la noticia, Carlos Piedra, magistrado de la suprema corte, es el nuevo presidente. Cantillo, que ha estado conspirando con apoyo de la embajada estadunidense buscando una salida blanda a la revolución, es el jefe del ejército.

Fidel se apoya en un armario y escribe: "Revolución sí, golpe militar no", y hace un llamado para la huelga general. En *jeep* va a la estación de Radio rebelde para grabar el mensaje. A las diez de la mañana la comunicación está en el aire y comienza a ser repetida por decenas de estaciones de radio en todo el país y en América Latina.

El Che escucha el mensaje de Fidel más o menos al mismo tiempo que recibe las últimas informaciones del cuartel sitiado. *Hicimos inmediato contacto con Fidel, anunciándole las nuevas, pero dándole la opinión nuestra sobre la actitud de Cantillo, opinión que coincidía absolutamente con la* suya: la opción de una junta militar escamotearía la revolución, obligaría a negociar con los restos de la dictadura.

El comandante Fernández insiste en hablar con el Che. Núñez y Rodríguez lo acompañan. El Che será muy tajante con el nuevo jefe del regimiento. Dicen que dijo:

—Mire, comandante, mis hombres ya hablaron de esta cuestión con la comandancia. La cuestión es o rendición incondicional o fuego, pero fuego de verdad. Sin ninguna tregua; ya la ciudad está en nuestras manos... A las 12:30 doy la orden de reanudar el ataque con todas nuestras fuerzas; tomaremos el cuartel al precio que sea necesario. Ustedes serán responsables por la sangre derramada. Además, ustedes deben saber que hay posibilidades de que el gobierno de Estados Unidos intervenga militarmente en Cuba y si es así el crimen será mayor porque apoyarán a un invasor extranjero. Para esa oportunidad sólo queda darles una pistola para que se suiciden, pues conociendo esto, serían reos de la traición a Cuba.

El comandante Fernández regresa a conferenciar con sus oficiales, en las postas se están produciendo deserciones y confraternización entre los soldados y los rebeldes. Los militares dudan. Faltando minutos para la hora señalada y con los rebeldes con el cartucho en el directo, aceptan una rendición negociada, en la que se les permita abandonar el cuartel desarmados y ser enviados a La Habana vía Caibarién. Se les notifica que los que hayan cometido hechos de sangre contra la población quedan excluidos del arreglo.

Mientras se produce la negociación en las afueras del cuartel, faltando 10 minutos para la hora de la reanudación del fuego, espontáneamente, los soldados comienzan a arrojar las armas al suelo y avanzan desarmados hacia las filas rebeldes.

Son las 12.20 del primero de enero del 59. Con la caída del cuartel Leoncio Vidal termina la batalla de Santa Clara. Las fuerzas rebeldes toman el aeródromo, donde no se han producido combates.

Las fotos registran a los pobladores de Santa Clara contemplando sorprendidos los vagones destruidos, las masas de hierro torcido de la debacle del tren blindado. Los rebeldes victoriosos ante el tanque inmóvil. Los jóvenes barbudos frente al cuartel tiroteado y ahora en silencio. Los grupos de soldados batistianos desarmados reunidos en torno a un joven rebelde que los alecciona. El Che dando instrucciones al lado de un tanque, sosteniendo el brazo izquierdo lesionado con el derecho. Bajo la boina en la que están prendidas dos espadas cruzadas de metal, los ojos vidriosos de agotamiento, que junto con los labios, de los que cuelga un pedazo de tabaco, dejan flotar una sonrisa.

Fidel, desde Radio rebelde, impulsa la ofensiva final en una rápida sucesión de nuevos comunicados intimando a la rendición a la guarnición de Santiago, ordenando el movimiento de las columnas del Che y Camilo rumbo a La Habana, ordenando al Che que tome la fortaleza de La Cabaña y a Camilo el bastión batistiano en la capital: la guarnición de Columbia; y ordenando a la columna de Víctor Mora tomar las ciudades de Camagüey, Guantánamo, Holguín y Victoria de las Tunas. Se decreta la huelga general en Santiago a partir de las tres de la tarde.

Enrique Oltuski, el coordinador regional del 26 de Julio, que ha estado haciendo un viaje desesperado, lleno de accidentes, para transmitir un mensaje de Fidel al Che, llega a Santa Clara en medio de la fiesta popular y se encuentra al Che en el despacho de obras públicas. Narra: "Detrás de un gran buró de frente a mí, estaba el Che, de pie. Un brazo enyesado le colgaba de un trapo negro amarrado al cuello. Intercambiamos cortos saludos. Con un gesto en la mano me indicó que esperara mientras le daba instrucciones a un joven rebelde que a falta de barba se había dejado crecer el pelo.

"La habitación era pequeña y estaba toda cerrada. Empecé a sentir calor. Enseguida llegó el olor penetrante del cuerpo del Che. El tiempo pasaba muy lentamente. Extraje el mensaje de Fidel del forro de mi pantalón; era la orden de avanzar sobre La Habana. Al final el rebelde salió y yo le alargué el papel al Che. Cuando terminó de leer se volvió hacia la ventana y miró afuera:

—*Sí, ya lo sabía, partimos dentro de unas horas.*

—Pero, ¿cómo?

—*Logramos establecer contacto con Fidel por radio.*

Me invadió una sensación de frustración (…)

—*Ya he designado gobernador civil de la provincia.*

"Se trataba de un hombre de su columna (el capitán Calixto Morales), en el fondo estaba la desconfianza política que el Che sentía por nosotros, los representantes del llano".

Mientras tanto en La Habana, desde que se conoce la noticia de la huida de Batista, los estudiantes comienzan a concentrarse y aparecen colgadas banderas del 26 de Julio en la colina universitaria. La población se vuelca a las calles, hay saqueos en el Biltmore y el Sevilla Plaza, en los casinos; milicias del 26 de Julio toman los periódicos batistianos; la policía, en represalia, ametralla en los barrios bajos a las concentraciones de civiles; se libera a los presos de la prisión del Príncipe. Resistencia cívica se hace con el control de la CMQ. En el caos, los cuadros urbanos del 26 y del II Frente proceden a cubrir restos de un vacío de poder muy endeble, porque al fin y al cabo hay millares de soldados batistianos aún en los cuarteles. Los policías abandonan varias de las estaciones, sólo en algunas responden a tiros a las presiones de la multitud que va creciendo en las calles.

A las dos de la tarde el embajador norteamericano Earl T. Smith, acompañado de otros miembros del cuerpo diplomático, se reúne con Cantillo (no con el presidente Piedra, no hay formas ni falsas imágenes respecto a dónde se encuentra el poder real). Los estadounidenses buscan una salida a la dictadura que no pase por Fidel y el 26 de Julio, pero que excluya a los batistianos, buscan de una manera muy torpe guardar las apariencias. El sector de relevo serán los "militares puros", que habían conspirado contra Batista y estaban encarcelados, encabezados por Barquín y Borbonet. Cantillo es dócil a las presiones y a las siete de la tarde saca al militar de la isla de Pinos junto con el dirigente del 26 de Julio, Armando Hart.

La población está en la calle. La fiesta popular inunda Santa Clara, gritos y llanto, los rebeldes son botín de la multitud. Se baila y se canta en la Santa Clara liberada, también se pide paredón para los torturadores capturados.

Oltuski continúa: "La noticia de la rendición del ejército de la dictadura se extendió por toda la ciudad y miles de personas convergían sobre el edificio donde nos encontrábamos. Sabían que allí estaba el Che y nadie quería perder la oportunidad de conocerlo. Hubo que poner guardias en la entrada para impedir que aquella masa humana nos arrollara.

"En el piso de arriba se habilitó provisionalmente una cárcel para los criminales de guerra de las fuerzas represivas que uno a uno iban siendo descubiertos y atrapados por el pueblo".

Las fuentes se contradicen en los nombres y el número, pero no queda ninguna duda que durante esas primeras horas de la liberación de Santa Clara el Che firmó la sentencia de muerte de varios policías batistianos, a los que la gente acusaba de torturadores y violadores. En principio, varios de los detenidos que habían actuado como francotiradores en el hotel Santa Clara: Villaya, Félix Montaño, José Barroso Pérez, Ramón Alba Moya, Mirabal. A este grupo hay que añadir al jefe de la guarnición Casillas Lumpuy, que había sido detenido por las tropas de Bordón cuando intentaba escapar de la ciudad. *No hice ni más ni menos que lo que exigía la situación, la sentencia de muerte de esos 12 asesinos porque habían atentado contra el pueblo, no contra nosotros.* Por cierto que Casillas no morirá fusilado, sino en el forcejeo con uno de los guardias cuando lo llevaban al paredón. La foto del intento de Casillas, vestido con una camisa de cuadros de manga corta, de quitarle el rifle a su custodio, recorrerá el mundo. Un par de días más tarde será fusilado el jefe de la policía Cornelio Rojas, detenido en Caibarién cuando trataba de huir.

Mientras en Santa Clara los combatientes del Che y el Directorio mantienen un férreo control sobre las armas y la situación en las calles, en La Habana la multitud ejerce una justicia largo tiempo postergada, una especie de vandalismo racional y selectivo dirige a las multitudes que atacan las estaciones de la Shell, de la que se decía había colaborado con Batista regalándole tanques; destruyen los casinos, propiedad de la mafia estadunidense y del submundo batistiano; destrozan parquímetros, uno de los negocios turbios del sistema; asaltan las casas de personeros del régimen (en la del sindicalista Mujal tiran el equipo de aire acondicionado por la ventana). El descontrol del aparato represivo, que se va descomponiendo en segundos al producirse una fuga masiva de los cuadros batistianos, va generando un vacío de poder que ni Cantillo ni Barquín pueden llenar ante la negativa de las fuerzas revolucionarias a entrar en negociaciones. Son tomados los estudios de la televisión y testigos espontáneos denuncian los horrores de la pasada represión batistiana.

A las nueve de la noche se pacta la rendición de Santiago. Fidel entra en la capital de oriente, le toma juramento al magistrado Manuel Urrutia como presidente y anuncia su marcha hacia La Habana. Reitera la proclamación de una huelga general revolucionaria. Radio rebelde declara ley seca en las ciudades tomadas.

En Santa Clara el Che comienza a reagrupar los pelotones dispersos de su columna: las fuerzas de Bordón y Ramiro son convocadas. Unos coches con altoparlantes recorren las calles llamando a los rebeldes de la columna a concentrarse. El Che se entera de que algunos combatientes están tomando autos abandonados por los batistianos que escaparon y enfurecido ordena que las llaves se entreguen. *No iban a echar a perder en un momento lo que el ejército rebelde había tenido por norma: el respeto a los demás. Se irían a la Habana, en camión, en guagua o a pie, pero todos en lo mismo.* Le echa un rapapolvo al adolescente Rogelio Acevedo, que ha requisado un Chrysler 58, y lo manda a buscar su viejo *jeep*.

En esas horas recibe una comunicación de Gutiérrez Menoyo poniendo a su disposición las tropas del II Frente. *No había problema alguno. Dimos entonces la instrucción de que nos esperaran porque teníamos que arreglar los asuntos civiles de la primera gran ciudad conquistada.* El combatiente Mustelier le pide al Che que le permita ir a Oriente a ver a su familia, el comandante de la columna le responde secamente que no.

—Che, pero ya se ganó la revolución.

—*No, se ganó la guerra, la revolución empieza ahora.*

En la noche arriba Camilo al frente de su columna. Los dos amigos se reúnen en el edificio de obras públicas mientras a la columna de Camilo le preparan seiscientos sándwiches y 24 cajas de malta Hatuey. Ellos serán los primeros en salir hacia La Habana. Poco antes el Che se ha entrevistado con Faure Chomón, del Directorio, que acaba de llegar de Trinidad. Ha tenido que explicarle que sus órdenes son marchar en solitario hacia la capital. No ha sido un momento fácil, tras un último mes de absoluta compenetración entre las dos fuerzas revolucionarias, explicar por qué Fidel los excluye (o al menos los margina), en un acto de sectarismo, de la ofensiva final.

Oltuski registra: "Quedábamos pocos en el edificio de obras públicas. El cansancio de muchos días había ido venciendo y unos se fueron a sus casas, otros yacían tendidos en el suelo o sobre los sacos de arena de los parapetos.

"En el amplio salón todos dormían, menos Camilo, que había llegado hacia muy poco, el Che y yo. Camilo derrochaba su gracia inacabable relatando los aspectos humorísticos de sus últimas aventuras. Estábamos tendidos en el suelo, recostados contra los sacos, en la escasa luz que entraba a través de las ventanas de los postes del alumbrado.

"Alguien vino y trajo una cesta llena de manzanas y así caímos en cuenta que era año nuevo y a pesar de las diferencias que ya apuntaban entre nosotros, me sentía bien entre aquellos hombres. Los ruidos fueron en aumento frente al edificio y llegaron unos rebeldes y dijeron que estaban listos. Nos pusimos de pie y salimos afuera. La noche era fresca. El ruido de los motores y la luz de los faros lo ocupaban todo. A esa hora había pocos curiosos. Algunos de los familiares de los asesinos dormían contra las paredes".

A las 5:50 del amanecer del 2 de enero la columna de Camilo salió de Santa Clara rumbo a La Habana.

CAPÍTULO 24

El largo enero del 59

Fotografiado durante la primera entrevista de prensa en La Habana. (Foto Prensa Libre)

Con el presidente Urrutia y Camilo. Las tensiones de la primera semana.

A lo largo de la mañana del 2 enero automóviles con altoparlantes reco-
rrían la ciudad de Santa Clara retransmitiendo un mensaje, que se escuchaba también a través de las emisiones de Radio rebelde, repetido hasta
la saciedad: "Se avisa a los miembros de la columna 8, que por orden del comandante Ernesto Che Guevara deben reunirse inmediatamente en el campamento, para organizarse y poder partir".

Formados ante el Leoncio Vidal, hacia las tres de la tarde, en *jeeps*, camiones y rastras con los tanques, salen unos 400 hombres. El Che viaja en
un Chevrolet color aceituna decomisado, con Aleida y su escolta, Villegas,
Hermes Peña, Mendoza Argudín y Alberto Castellanos al volante; no van
excesivamente holgados los seis en un coche. No muy convencido de las
habilidades de sus guajiros para moverse en las ciudades, el Che transmite
verbalmente una risueña amenaza: *El que atropelle a alguien o choque,
lo fusilo.*

Una segunda parte de la columna 8, a cargo de Ramiro Valdés, que tiene que reagrupar efectivos, lo seguiría más tarde. Por orden de Fidel, el
Che marcha sin las fuerzas del Directorio que lo han acompañado en las
últimas jornadas de combates en Santa Clara. ¿Por qué? ¿Un ramalazo de
sectarismo? ¿Desconfianza política en estos momentos de incertidumbre
hacia la fuerza que representa a buena parte de los estudiantes radicales?
¿Voluntad de capitalizar la victoria sólo para el 26 de Julio? Nunca quedará claro el motivo de esta desafortunada decisión.

Mientras tanto en La Habana, con los restos de la dictadura batistiana
en fuga o descomposición, se producen tiroteos esporádicos entre las milicias urbanas y policías o formaciones parapoliciales, como los Tigres del
senador Masferrer. Automóviles desbocados recorren las calles, mientras
la sabiduría popular convertida en venganza la emprende contra los símbolos
del desaparecido poder lanzando a la calle las ruletas y las mesas de juego de
los casinos. En el inicio de la tarde, en el parque central, se produce una
concentración obrera de apoyo a la revolución; en las paredes de los edificios cuelga la bandera del 26 de Julio y aparecen carteles con vivas a Fidel.

La primera columna rebelde en entrar en la ciudad es la Ángel Ameijeiras, con unos 150 hombres y dirigida por un viejo conocido del Che, Víctor
Paneque, que se instala en el palacio de los deportes; se trata de milicianos
que operaban en los alrededores de la capital.

Luego arriba Gutiérrez Menoyo con el II Frente del Escambray, que se
acuartela en el Instituto del Vedado. *Había entrado "heroicamente" en La
Habana. Pensamos que podría ser una maniobra para tratar de hacerse fuertes, de tomar algo, de impulsar alguna cosa. Ya los conocíamos,
pero cada día los conocíamos más.*

Y a las 5:15 de la tarde entran las avanzadas de la columna de Camilo en Columbia sin encontrar oposición por parte de los militares "puros", que han reemplazado en la jefatura del más importante centro militar de la dictadura a los batistianos. Allí Camilo recibe una llamada del Che, que se encuentra a mitad de camino con una columna que ha ido creciendo gracias a la suma de milicianos.

Será en ese trayecto cuando el Che se le declare formalmente a Aleida March. Ella cuenta que "durante la batalla de Santa Clara íbamos caminando por una calle céntrica (…) cuando de repente aparece una tanqueta que nos ataca. El Che y Harry tomaron una dirección y yo me quedé dudando y de pronto atravesé la calle y me reuní con ellos. Me parece que en ese momento pasé la línea divisoria que me separaba del Che".

Y ese día dos, "paramos en un pueblo antes de Colón para echar gasolina. El Che parecía estar dormido, llevábamos días sin dormir, cuando de pronto me dice:

—*Yo me di cuenta que te quería el día en que la tanqueta nos cayó atrás.*

Yo no respondí y él no siguió hablando".

Avanzada la noche, el Che contempla por primera vez La Habana, la capital de la república, una ciudad que le han contado centenares de veces pero que nunca ha visto, una ciudad que debe parecerle irreal. Enrique Acevedo registra que uno de los guajiros de su pelotón exclama: "¡Manda salchicha, esto sí es grande!"

Con tres coches el Che se adelanta por el camino de Boyeros para llegar directamente al campamento de La Cabaña. En la entrada de la fortaleza hay centinelas que mantienen una desconfiada distancia con algunos milicianos que vigilan el campamento desde el exterior. El Che no duda y entra caminando directamente, sin vacilaciones, tal como ha hecho Camilo unas horas antes en Columbia. Lo recibe un militar "puro", Varela, que inmediatamente le entrega el mando. Ha pasado las últimas horas aterrorizado, pensando que la guarnición batistiana lo quería envenenar y negándose a comer y beber.

¿Así es la victoria? ¿Un ingreso nocturno sin pena ni gloria a mitad de la noche en un cuartel cuyo jefe lo entrega antes de que se lo pidan?

El Che distribuye guardias, ordena que se haga un inventario, se controlen las armas. Distribuye a los seiscientos hombres que ahora forman su columna. Al amanecer se va a la CMQ en el Vedado, la estación de radio y TV más importante de La Habana. Lo retienen en la puerta; los milicianos de las redes urbanas del 26 de Julio no conocen al Che. Sin dar demasiadas explicaciones se abre paso. A través de la radio logra comunicarse con Fidel que se encuentra en Bayamo acompañado de Camilo, quien ha viajado en avión hacia Oriente para reportar la pacífica toma de las guarniciones habaneras.

El Che está agotado, pero como bien decía Pinares, uno de los segundos de Camilo: "En La Habana no se podía dormir, ni en los laureles ni en la cama. Había una agitación…"

La Cabaña es una fortaleza del siglo XVIII que domina La Habana, acostada sobre el mar en la bahía profunda; un conjunto de cuarteles y cuartelillos, fosos y fortalezas, casamatas y edificios de oficinas. La hiedra crece sobre las paredes y aún pueden verse en los patios viejos cañones coloniales.

En las primeras horas del 3 de enero el Che ordena reunir a los tres mil soldados batistianos que se encuentran en la fortaleza. Hace un discurso conciliador. Aún no está claro el panorama: *Los guerrilleros deben aprender disciplina de ustedes y ustedes deben aprender de los guerrilleros cómo se gana una guerra.* Una foto lo mostrará agotado, profundamente demacrado, aún con el brazo en cabestrillo y la huella en la frente del tiro a sedal. No ha dormido.

En una de las oficinas del cuartel descubre a un soldado ante una máquina de escribir, un sargento del ejército batistiano. Lo contempla atentamente.

—*¿Usted ha salido a combatir?*

—No, yo soy oficinista.

—*¿Y no ha torturado a nadie?*

El hombre niega. El Che le pregunta si sabe usar esa máquina de escribir. El hombre afirma.

—Váyase, quítese el uniforme y vuelva para acá.

Así se inicia una relación con José Manuel Manresa que ha de durar los siguientes cinco años.

Se celebra en las calles, prosigue la huelga general. En estos primeros tres días de revolución 800 exiliados retornan en avión de todos los puntos de América. Fidel lentamente, muy lentamente, consolidando la victoria política más que asegurando la victoria militar, avanza hacia La Habana. Dirá más tarde: "Y además cuesta un trabajo tremendo meter la marcha, el orden de la columna, porque se meten máquinas por donde quiera y yo digo que menos mal que no tenemos que combatir, porque el caso iba a ser que había que pedir que dispararan con mortero e iba a disparar el flash un periodista". La noticia de un nuevo gobierno comunicada primero por Radio rebelde, ya está en los diarios: Urrutia presidente, primer ministro Miró Cardona y un gabinete en el que domina la oposición burguesa moderada con incrustaciones del 26 de Julio y del que están ausentes las otras dos fuerzas insurreccionales aliadas al 26: el PSP y el Directorio. Fidel conserva el control casi absoluto del ejército (comandante en jefe, comandantes regionales); aunque cede por unos días al batistiano Rego Rubido, que capituló en Santiago, el ministerio de la guerra, mantiene firmemente en sus manos la policía (Ameijeiras), y coloca hombres del 26 de Julio en el recién creado ministerio de Malversación de bienes (Faustino Pérez), que perseguirá la corrupción batistiana, y en Educación (Armando Hart), Sanidad (un médico de la sierra, Julio Martínez Páez), Interior (Luis Orlando Rodríguez), Trabajo (Marcelo Fernández) y Comunicaciones (Oltuski). Es un gobierno del 26 de Julio urbano, el llano, y de la oposición democrática más blanda. Un extraño gobierno.

Una parte de los excluidos se muestra poco dispuesta a aceptarlo. Hacia las cuatro de la tarde entra la columna del Directorio en La Habana y para mostrar que tiene un lugar que deben reconocerle en el proceso revolucionario, ocupan el palacio presidencial.

Con la llegada de Franqui a La Habana, *Revolución*, el periódico del 26 de Julio, se convierte en un diario de gran tiraje ocupando las instalaciones de un periódico batistiano. Un anuncio en las páginas interiores muestra, con la estética blanca de la publicidad de los años 50, un barbudo con una granada al cinto y un pintor de brocha gorda frente a frente, con el letrero de "Toda nuestra confianza" entre ellos. El anuncio registra "el emocionado aplauso" de la Dupont Interamerican Chemical Company a la revolución. Un amor bastante efímero.

En la noche del 4 de enero el Directorio anuncia que esperaría al presidente Urrutia en Palacio para hablar con él y expresarle sus condiciones. La tensión permanece. El cinco de enero, mientras Fidel prosigue su marcha hacia La Habana, el Che se entrevista con Camilo en Columbia. Se encuentra presente Carlos Franqui, que narra: "Después llegó el Che, con su traje bohemio, su calma, su pipa y su aire de profeta revolucionario. Había dificultades en el palacio presidencial. El Directorio revolucionario se había instalado allí. El Che no había encontrado a Faure Chomón y Rolando Cubela no había querido recibirlo (…) El Directorio nunca simpatizó con Urrutia (…) No faltaba los recelos, las intrigas y otras cosas también de parte y parte (…) Camilo, entre bromas y verás, dijo de dispararle un par de cañonazos de advertencia a Cubela, si no le entregaba el palacio. Yo que por el palacio no tenía simpatía, dije que me parecía una buena cosa, pero el Che con su responsabilidad nos dijo que no era hora para esa clase de cañonazos, con paciencia regresó al palacio, encontró a Faure Chomón y las cosas se arreglaron".

El enfrentamiento se ha evitado, pero no las discrepancias. El Directorio acuerda dejar palacio y su columna ocupa la universidad de La Habana, pero Faure Chomón declara a la prensa: "Entendemos que las cosas que se están haciendo en Santiago de Cuba no son correctas, estimamos que para que el sacrificio no sea en vano, todo el movimiento revolucionario debe organizarse en un solo partido revolucionario". El nombramiento de Santiago como capital provisional, una medida táctica de Fidel para impedir la aparición de un gobierno de mediación en La Habana, una medida que no durará una semana, tiene molestos a los miembros del Directorio, injustamente marginados.

Esa noche el Che se desplaza en una avioneta al aeropuerto de Camagüey, en el centro de la isla, para informarle a Fidel, quien viene aproximándose lentamente en una caravana triunfal, sobre la situación de La Habana. Los comandantes no se han visto desde hace casi seis meses cuando el Che dejó la Sierra Maestra al mando de la columna 8. La entrevista se produce en el aeropuerto y más tarde se une a ella el presidente Urrutia que ha llegado en avión desde Santiago. El fotógrafo de la World Wide registra a Fidel y al Che sonrientes, conspirando.

Mucho menos sonriente el embajador norteamericano Earl Smith a su salida del campamento de Columbia, donde se entrevistó con Camilo para pedir que los rebeldes no fusilen al general Cantillo. Francamente hostil a los triunfadores, dirá más tarde que los revolucionarios barbudos le recuerdan a personajes de una película de Dillinger que acaba de ver.

El 5 de enero, tras constantes demoras y movimientos en falso, Urrutia aterriza en el aeropuerto de Boyeros en las afueras de La Habana. Camilo ha decretado la ley marcial y desplegado a los hombres de su columna. Una foto sitúa en el aeropuerto al presidente flanqueado por el jefe de las fuerzas rebeldes en la capital y al Che, que trae en las manos un inevitable tabaco. Hay una cierta tensión en los rostros de los tres. Una tensión infundada porque el Directorio habría de entregarle a Urrutia el palacio a las siete de la tarde. El agua no ha llegado al río y las contradicciones entre los revolucionarios se contienen. Se produce una primera sesión de gabinete gubernamental al fin de la cual se levanta la ley marcial. Hacia el final de la reunión aparece en palacio nuevamente el embajador norteamericano. Hombre malquerido y acusado de haber sido el más importante soporte de Batista, su presencia y sus pretensiones de dictar condiciones provocan ira entre los rebeldes armados. La revista *Bohemia* consigna: "La ira de los combatientes sólo se detenía por el respeto a la vecina nación del norte".

En el despacho de La Cabaña, un estrecho cuarto con un escritorio al fondo, cuya mayor virtud son las cuatro pequeñas ventanas que dan a la bahía de La Habana permitiendo una vista a lo lejos de la cúpula del Capitolio, el Che dará ese día sus primeras entrevistas, al periódico argentino *La Tarde* y a *Revolución*; más tarde a los cubanos *La Tarde* y al *Mundo* y en los siguientes días a *Prensa Libre*, *Bohemia* y a multitud de corresponsales internacionales. Durante una semana será asediado por la prensa. Primero el contraataque: *Llamar comunistas a todos los que se niegan a someterse, es un viejo truco de los dictadores, el 26 de Julio es un movimiento democrático*. Las fotografías muestran al demacrado personaje, con unas potentes ojeras, pero también de vez en cuando con una sonrisa pícara. El entrevistado mueve la muñeca que aún le duele, contesta el teléfono constantemente. No acaba de estar a gusto con la prensa. No está acostumbrado al alud de periodistas: *Lo que hacemos por la libertad de un pueblo no es tema para publicar y mucho menos los aspectos de nuestra vida personal*. En una de las entrevistas realizadas en esa primera semana de la revolución alguien le cuenta la anécdota de que las plantas transmisoras del ejército de Batista lo identificaban como "el rebelde del burrito". *Suerte que tiene uno*, responde el Che.

Acosado por las preguntas de los reporteros no acaba de encontrarse, ni siquiera en sus respuestas; quizá porque no entiende cuál es su lugar y su papel en estos momentos del proceso revolucionario, incluso sus opiniones sobre la reforma agraria son muy cautelosas: *Una de las medidas fundamentales será darle al campesino el trato que se merece*. Como si no fuera esencial para él una reforma agraria radical, como si no supiera a qué le da derecho al guajiro el haber participado en la victoria. Se mueve en los lugares comunes (*la unidad es un factor esencial*), o las verdades evidentes (*en Cuba se corta la mentira de que no se puede hacer una revolución contra el ejército*). Parece desconcertado ideológicamente, ausente de claridad, autocensurado ante la prensa. Es evidente que no encuentra su lugar en la victoria.

Los periodistas descubren entre los oficiales del ejército rebelde en el entorno del Che a Aleida March. Esto no es Las Villas y Aleida resulta un personaje desconocido. Ella también es objeto de una entrevista, una de las pocas que responde en su vida:

"Yo no puedo decir que soy la secretaria del Che, porque soy combatiente. Junto a él hice la campaña de Las Villas y tomé parte en todos los combates que se hicieron allí. Por eso soy su ayudante. (…) Cuando se me hizo prácticamente imposible continuar viviendo en Santa Clara por mis actividades revolucionarias, decidí unirme a los que combatían a la dictadura empuñando las armas (…) Confieso que al principio me resultaba muy difícil la vida allí, pero después me acostumbré, sobre todo cuando pasaron los primeros encuentros con el enemigo". No le sacarán más.

El 8 de enero, desde la fortaleza de La Cabaña el Che escucha el clamor popular que está produciendo la entrada de la columna de Fidel. Con unos prismáticos observa el primer *jeep* donde Fidel, acompañado de Camilo, encabeza la columna en medio de la multitud que materialmente impide el paso de los vehículos.

En tan sólo un día Fidel consolida su liderazgo popular indiscutible. Su discurso en el campamento de Columbia, con las palomas que se posan en el hombro y Camilo al lado ("¿Voy bien, Camilo?"), su llamado a un orden que promete cambios, su clara voluntad compartida con el pueblo de desmontar la dictadura de Batista, su halo mágico, le permiten zanjar la disputa con el Directorio traspasándoles la presión popular. Durante un par de días el Directorio, a la defensiva, se verá obligado a explicar por qué ha ocupado depósitos de armas y se replegará políticamente.

En los próximos días Fidel se librará de los puros y los batistianos suaves y consolidará el control armado del país: Barquín (a la academia militar), Borbonet (como jefe de un batallón de tanques), Rego Rubido (agregado militar a Brasil). Ameijeiras declarará que la policía depende del ejército rebelde y no del ministerio del Interior y el Che y Camilo ordenarán el desarme de las milicias.

Un poco más tarde por instrucciones del propio Fidel se organiza la seguridad del estado en reuniones en las que intervienen Raúl, el Che, Ramiro Valdés y un cuadro del PSP, Osvaldo Sánchez, con una amplia experiencia conspirativa por haber participado del aparato clandestino de los comunistas cubanos.

Será también durante esos días de enero cuando el Che se enfrenta a Gutiérrez Menoyo y los hombres del II Frente. El estadunidense Richard Harris describe una reunión de Camilo, el Che y Raúl con cuatro de los comandantes del II Frente, Gutiérrez Menoyo, Fleitas, Carrera y Morgan. La reunión se produce en medio de una gran tensión que a ratos parece que se resolverá cuando los comandantes saquen sus pistolas. Esta vez Camilo será el conciliador. Los dirigentes del II Frente exigían que se conservaran sus grados al incorporarse al ejército rebelde y el Che brutalmente los enfrentó.

Carrera preguntó: ¿Por qué distinguir entre los oficiales del II Frente y los suyos?

—¿Quién les dio a ustedes las estrellas?

Carrera gritando argumentó:

—¡Fueron ganadas en combate!

—¿En qué combates?

La reunión quedó zanjada sin acuerdos cuando Raúl Castro decidió que los casos serían discutidos individualmente.

Meses más tarde el Che habría de contar: *A los pocos días llegaba la primera cuenta del hotel Capri, firmaba Fleitas; 15 mil en comida y bebida para un pequeño número de aprovechados. Cuando llegó la hora de los grados, casi un centenar de capitanes y un buen número de comandantes aspiraban a las canonjías estatales, además de un gran y selecto núcleo de hombres representado por los inseparables Menoyo y Fleitas que aspiraban a toda una serie de cargos en el aparato estatal. No eran cargos extremadamente remunerados; todos tenían una característica: eran los puestos donde se robaba en la administración prerrevolucionaria: los inspectores de hacienda, los recaudadores de impuestos, todos los lugares donde el dinero caminaba y pasaba por sus ávidos dedos, eran el fruto de sus aspiraciones… Desde los primeros días se plantearon divergencias serias que culminaban a veces en cambios de palabras violentos; pero siempre nuestra aparente (¿lo traiciona el inconsciente?) cordura revolucionaria primaba y cedíamos en bien de la unidad. Manteníamos el principio. No permitíamos robar ni dábamos puestos claves a quienes sabíamos aspirantes a traidores; pero no los eliminábamos, contemporizábamos, todo en beneficio de una unidad que no estaba totalmente comprendida. Ése fue un pecado de la revolución.*

Pero más allá de los "pecados" de conciliación, que sin duda no fueron imputables al Che, Fidel había logrado que el pequeño y confiable ejército rebelde fuera en los siguientes días su garantía de que la revolución no sería interrumpida ni abortada. ¿Pero qué tipo de revolución? ¿Una revolución que iba hacia dónde?

Huber Matos, que visita al Che en La Cabaña, registrará años más tarde: "Se muestra ajeno a todo este júbilo y se le ve poco". Es cierto, el Che ha quedado relegado a una segunda fila, pero tampoco quiere aparecer en la primera, no tiene vocación de poder, voluntad de poder; tampoco tiene muy claro qué tan lejos irá la revolución y cuál es su lugar en ese proceso. Nada se sabe de sus conversaciones con Fidel en estos días. Un par de fotos y notas de prensa registran el rostro de concentración del Che que escucha a Fidel en la noche en el campamento de Columbia, o dos días más tarde en

La Cabaña, sentados ambos en un catre. Lo que sí queda claro en ambas fotos, es que Fidel habla y el Che escucha.

De cualquier manera, el respiro concedido coincide con el arribo a La Habana de su familia. El 9 de enero recibe en el aeropuerto a sus padres. Mientras abraza a su hijo, Celia declara a la prensa: "Hace seis años que no lo veíamos; desde aquel día que lo despedimos en la estación de Retiro en Buenos Aires, desde donde se dirigía a Venezuela a trabajar en un hospital de leprosos".

Su padre contempla desconcertado y receloso a las decenas de hombres barbudos y armados, con collares de dientes de perro, semillas de árbol, vírgenes, crucifijos, y los otros sorprendentes amuletos que cuelgan de los cuellos de los zarrapastrosos soldados rebeldes.

Hay una secuencia de fotos reveladora por un lado de la necesidad de respiro, de descanso, de paz, que el Che ha acumulado en estos últimos meses, por otro del afecto que lo une a su madre: Celia y él están sentados en un sillón, la madre tiene una taza de café en las manos y parece hablarle, el Che con un quepis en el regazo, en lugar de su habitual boina está recostado en el respaldo, los ojos cerrados, la boca semiabierta; a su lado, su hermano Juan Martín contempla la cámara. Una segunda foto muestra al Che cuya cabeza reposa en el hombro de su madre; de nuevo los ojos están cerrados. Está físicamente reventado.

Su padre le pregunta qué piensa hacer ahora con la medicina.

—*De mi medicina, mirá, viejo, como vos te llamás Ernesto Guevara como yo, en tu oficina de construcciones colocás una chapa con tu nombre abajo y le ponés "médico" y ya podés comenzar a matar gente sin ningún peligro.*

Al insistirle, el Che responde en serio:

—*De mi medicina puedo decirte que hace rato que la he abandonado* (aunque unos días más tarde será nombrado médico honorario cubano por el Colegio médico nacional y no rechazará el nombramiento). *Ahora soy un combatiente que está trabajando en un apuntalamiento de un gobierno. ¿Qué va a ser de mí? Yo mismo no sé en que tierra dejaré los huesos.*

La comunicación no es fácil. Tantos años de distancia los han convertido, si no en desconocidos, en extraños. El Che es ahora un hombre duro y muy seguro de sí mismo. Cuando su padre le pide un *jeep* para recorrer la Sierra Maestra le responde:

—*Pongo un jeep a tu disposición con un soldado que ya hizo ese recorrido, pero eso sí, tenés que pagarte la gasolina y la comida.*

Junto a sus padres arriban dos periodistas con los que está muy ligado amistosamente, Carlos María Gutiérrez y Jorge Ricardo Masetti, para cubrir el triunfo revolucionario y asistir a la primera reunión de lo que han llamado en broma "el club de prensa libre", fundado en un bohío de la Maestra. Muy pronto se verán involucrados por el Che en una gran operación periodística.

Por lo pronto el Che ha tomado una medida policiaca: quizá alertado de su importancia por sus compañeros del PSP, ha incautado los archivos del

Buró de represión de actividades comunistas, una de las tantas policías secretas batistianas, con la intención de averiguar sobre infiltrados y soplones. Resultado de esta operación en la que detiene al subjefe, Castaño, es una conferencia de prensa donde muestra las pruebas de un atentado contra Fidel organizado por el BRAC.

Será por esos días que reúna a los oficiales de la columna 8 en la jefatura del regimiento. Enrique Acevedo cuenta: "Todos permanecemos en una gran expectativa. ¿Qué se traerá en la manga nuestro jefe? (...) Rompe el Che dando una panorámica nacional, donde pone en claro que el poder revolucionario habrá que defenderlo hasta con las uñas, que no se dejen engañar por esta falsa calma. En cuanto se empiecen a tomar medidas más profundas habrá problemas con quienes ahora nos aplauden, y la más cercana es la rebaja de la tarifa telefónica, alquileres y la reforma agraria. Que el ejército rebelde jugará un papel vital en estos cambios".

El 13 de enero, prosiguiendo con sus truncadas vocaciones pedagógicas, inaugura una academia militar cultural en La Cabaña, para proseguir con la alfabetización de los campesinos de su columna y para ofrecerle otras posibilidades a sus radicalizados guajiros en armas. Por ella pasan en rápida sucesión el poeta Nicolás Guillén, al que Guevara presenta muy elogiosamente, y la pianista Enriqueta Almanza; se organizan cursos de alfabetización y enseñanza básica dados por estudiantes habaneras.

En cuanto a su vida íntima, mantiene la misma actitud espartana de la sierra y la misma rígida disciplina. En una de las casas vive compartiendo espacio con Aleida, Fernández Mell y sus escoltas, repartidos en los cuatro cuartos. Aleida y él ya son una pareja.

Aleida cuenta: "Cuando llegamos a La Cabaña nos alojamos en la misma casa pero en habitaciones diferentes. En el cuarto del Che había una cama gigantesca donde dormía él y varios compañeros más. Yo actuaba como su secretaria. El día 12 de enero íbamos al aeropuerto a recibir a sus padres y me dio a leer una carta para Hilda Gadea donde le ratificaba que habían terminado y que no viniera porque se iba a casar con una muchacha cubana. Yo le pregunté:

—¿Con quién?, Che.

—*Contigo* —me respondió.

"Nuevamente como aquella noche cuando marchábamos hacia La Habana nos quedamos sin decir más ante el peso de aquella posibilidad. A partir de aquel momento el Che me perseguía. Me tomaba las manos cuando yo estaba desprevenida. Cuando comprendí que yo también lo quería como a un hombre y no como a un héroe que todos admiraban, lo dejé entrar en mi habitación y nos amamos por primera vez".

El Che dirige el campamento desde una pequeña oficina hasta que el doctor Rodríguez de la Vega le reclama: "Oye, estamos comiendo mierda, desde aquí no se manda el regimiento, que allí es donde se manda". Mantiene a sus escoltas adolescentes: Villegas, Argudín, Castellanos y Hermes Peña bajo un rígido control paternal, les prohíbe usar los automóviles de la guarnición y los castiga cuando se escapan para ver una Habana que a los jóvenes campesinos les resulta deslumbrante. Al grupo se unirá pronto su amigo Cáceres, el Patojo, que viaja desde México.

Funda algunos pequeños talleres artesanales para el autoabastecimiento y pone a cargo de ellos al teniente Orlando Borrego, un hombre que se le había unido a la columna en el Escambray, estudiante de contaduría, duro de carácter. Los llama eufemísticamente "talleres La Cabaña libre", uno para conservar carnes, otro para manufacturar tabacos.

Mientras tanto, los juicios sumarios y las posteriores ejecuciones de los torturadores batistianos comienzan a crear las primeras tensiones entre la joven revolución y el gobierno estadunidense. Por un lado no se contestan los pedidos de extradición del senador Masferrer, quien llegó en su yate a Miami con 17 millones de dólares mal habidos, o de Ventura, uno de los más terribles asesinos uniformados de la policía de Batista. Por otro lado el senador Wayne Morse y la revista *Newsweek* acusan a la revolución de estar fusilando indiscriminadamente a sus opositores, iniciando lo que será una campaña importante de otros sectores de la prensa de Estados Unidos.

Según el historiador Hugh Thomas, hacia el 20 de enero se había fusilado unos 200 militares y policías batistianos, en un ambiente recalentado por los medios de comunicación, la televisión, la radio y las revistas y diarios, que todos los días narraban historias terribles sobre fosas comunes ocultas, asesinatos de jóvenes desarmados, violaciones, torturas; mostrando cementerios clandestinos recién descubiertos y reabriendo el expediente de matanzas de campesinos inermes durante las ofensivas contra la Sierra Maestra. Jules Dubois reseñaba en la prensa estadunidense el caso de uno de los condenados, un policía que había confesado al menos el asesinato y tortura de 17 jóvenes durante la etapa de la lucha urbana.

Ante la campaña estadunidense Fidel contraataca en un discurso celebrado el 21 de enero ante palacio comparando los crímenes de la dictadura con los de Nuremberg y ratificando el derecho a la justicia popular y a los fusilamientos. Somete a referéndum de mano alzada si la justicia que se está haciendo con los torturadores es correcta. Según Carlos Franqui, en aquellos momentos director del periódico *Revolución*: "Un descomunal 'sí' unánime contestó la pregunta de Fidel. Un *survey* nacional privado daba 93% de sí a los juicios y los fusilamientos". El Che está presente en la concentración, pero no interviene en el acto. Simultáneamente sus amigos periodistas, junto con otros profesionales latinoamericanos, inician la "operación verdad" para contrarrestar la campaña.

El tema es candente. La presión popular entre los sectores sociales afines a la revolución es enorme, y Fidel siente que ceder en una primera fase a las presiones estadunidenses es renunciar a la soberanía. El diario dirigido por Franqui cuenta que los fusilamientos eran la respuesta a "los bárbaros que sacaron los ojos, castraron, quemaron las carnes o arrancaron los testículos, destrozaron las uñas, introdujeron hierro en la vagina a las mujeres, quemaron los pies, cortaron los dedos, en fin, crearon ante Cuba un paisaje de los más espantosos" y reseña: "Ayer mismo oíamos al Che cuando respondía a un grupo de milicianos que querían darle una lección a unos chivatos sueltos todavía.

—Ustedes ni nadie pueden actuar a la libre. Existen tribunales revolucionarios. Si alguno actúa por sí, ordenaré que lo encierren y le formen juicio, también revolucionario".

Sin ninguna duda el Che estaba a favor de los juicios sumarios, pensaba que la revolución no debía clemencia a los torturadores, era consciente de la tremenda presión popular (como le cuenta Borrego, presidente del tribunal, a Anderson) de torturados, parientes de los asesinados y milicianos, pero resultan absolutamente irreales las versiones generadas en el exilio cubano que lo convierten en "el carnicero de La Cabaña", personalmente responsable de todos los fusilamientos que se produjeron en Cuba.

En La Cabaña funcionaban los tribunales revolucionarios 1 y 2, el primero juzgaba policías y militares y el segundo (que no dictó penas de muerte) civiles. El TR1, a cargo de Miguel Angel Duque de Estrada, sancionó con la pena de muerte varios casos; al menos durante el mes de enero, dos docenas de ellos. El Che no fue miembro de ninguno de los dos tribunales, pero en su condición de comandante de la guarnición revisaba las apelaciones y los tribunales estaban dirigidos por subordinados suyos. Suyo era por tanto el veredicto final. No debe haber tenido dudas al ratificar las condenas, creía en su justicia y en los últimos años había sacado de sí mismo una tremenda dureza ante situaciones similares. En La Cabaña, según testimonio de Duque de Estrada, se juzgaron un millar de policías y militares batistianos, de los cuales 55 fueron condenados como criminales de guerra y fusilados.

Clima de linchamiento en las calles y en los periódicos las fotos de los torturados, las tumbas de asesinados, historias terribles de violaciones, fotografías de aparatos medievales de tortura en comisarias.

El 21 de enero llegan a La Habana Hilda Gadea y su hija Hilda Guevara, de casi tres años. Las recoge en el aeropuerto, a petición de Che, Oscar Fernández Mell. Poco más tarde se produce la entrevista pospuesta desde los días de México. Según Hilda Gadea: "Ernesto, con su franqueza de siempre, me habló de que tenía otra mujer que había conocido en la lucha en Santa Clara (…) Al principio él rechazó la idea del divorcio, pero según mi punto de vista no había otra solución".

Posiblemente la entrevista se haya limitado a ratificar los acuerdos de la separación previos y a acordar algo sobre la niña que habría de ser educada en Cuba, donde Hilda Gadea permanecería por lo pronto. Del encuentro con su hija ha quedado una foto: en la sala de una casa que el historiador no puede ubicar, el Che peludo, con chamarra de hule, conversa con Hilda; a su lado una muñeca del tamaño de su hija, blanca, impasible, contrasta con la actitud de la niña, que escucha concentrada, con una mano en la barbilla, sin ver el rostro de su padre. La muñeca ha sido comprada por un grupo de compañeros del Che para que se la diera a su hija, porque él no tenía dinero en el bolsillo.

Finalmente el Che reacciona, todo lo que ha estado guardando, cocinando en la cabeza, brota, y brota torrencialmente en uno de los mejores discursos de su vida. El 27 de enero da una conferencia en la sociedad Nuestro tiempo, que parece ser un frente cultural del PSP, titulada "Proyecciones sociales del ejército rebelde".

Si bien el que hable allí parece una apertura del PSP al ala izquierda del 26 de Julio, ese mismo día el histórico dirigente del partido, Blas Roca, interviene en otro lugar a la misma hora. ¿Compitiendo?

El Che comienza hablando de la época de México y de algunos miembros del 26 (exmoncadistas) que luego se separarían porque pensaban que todo el problema era darle un golpe a Batista, acceder sólo al poder.

Analiza a la guerrilla como grupo errante, destruido físicamente pero combatiente, *pegados, pero no injertados en la Sierra Maestra* y por lo tanto valora como clave la incorporación campesina presionada por las brutalidades del ejército de Batista (*la suma del sombrero de yarey*) y el surgimiento de las dos palabras mágicas: reforma agraria.

Y ahí encuentra el eje, el sentido de su presencia, su lugar en el proceso: él está ahí para recordar, para no permitir que se olviden los contenidos sociales de la revolución y en particular los contenidos agraristas.

Ya había tocado el tema en esa agitada mitad de enero, cuando comenzó a reaccionar políticamente publicando un artículo, "Guerra y población campesina", sobre una vieja historia, los obligados exilios de los campesinos de la sierra ante la presión del ejército. Como si quisiera con él recordar el carácter agrario que subyacía detrás de la revolución antidictatorial que hoy dominaba las ciudades.

Una vez establecido el punto repasa la huelga de abril con un sentido: *El 26 de Julio salió fortalecido y la experiencia enseñó a sus dirigentes una verdad preciosa (...) que la revolución no pertenecía a tal o cual grupo sino que debía ser la obra del pueblo cubano entero.* Y retorna a mencionar el agrarismo que se fue creando entre los guerrilleros: *Los hombres y mujeres del ejército rebelde no olvidaron nunca su misión fundamental en la Sierra Maestra ni en otros lugares, que era la del mejoramiento del campesino, su incorporación a la lucha por la tierra.*

El hilo de la conferencia es la historia del ejército rebelde, pero sus énfasis están todos en el mismo punto. Cuando comenta la historia de la contraofensiva y luego de la ofensiva de las columnas invasoras dice: *El campesino era el colaborador invisible que hacía todo lo que el rebelde no podía hacer; nos suministraba las informaciones, vigilaba al enemigo, descubría sus puntos débiles, traía rápidamente los mensajes urgentes, espiaba en las mismas filas del ejército batistiano.* Cuando recuerda la subida de las diez mil vacas: *Y por primera vez los niños campesinos tomaron leche y comieron carne de res.* Y señala: *Del otro lado la dictadura les daba sistemáticamente el incendio de las casas, el desalojo de la tierra y la muerte (...) Una bomba de napalm arrojada sobre un cafetal significa la destrucción de esa riqueza en un área de 2100 metros y se necesitan cinco o seis años para reponer lo que en un minuto es destruido.* En la narración de la campaña de Las Villas enfatiza: *Avanzábamos con la reforma agraria como punta de lanza del ejército rebelde.*

Y al fin llega a este enero del·59 y arremete: *Pero no está completa la revolución agraria con la ley número 3.* Señala la necesidad de destruir el latifundio. Y ataca tímidamente la idea de que la expropiación debe pagarse por adelantado en metálico de acuerdo con la constitución. A la hora de diseñar un programa los acentos están bien claros: el imperialismo será *el enemigo y el latifundio es la base de todos los males económicos.* Anuncia que hay que esperar las contramedidas de quienes controlan el 75% del mercado cubano. Prevé por tanto una futura invasión estadunidense cuando la reforma social se enfrente al imperio (tema que ya había señalado el 20 enero en *Revolución*). Por su boca habla la memoria de Guatemala.

Porque existe *una democracia armada*, se tiene la palanca del cambio. *Tenemos el ejército rebelde y éste debe ser nuestro primer instrumento de lucha, pero nuestro ejército no está aún capacitado para las nuevas responsabilidades adquiridas.* Hay que prepararlo, fortalecerlo, alfabetizarlo. Ojo, es el ejército rebelde la vanguardia en el pensamiento del Che en aquellos días, no el 26 de Julio, al que ve como un conglomerado de tendencias donde domina la clase media urbana, no los partidos del frente revolucionario: los hombres de la sierra.

Y remata: *Nuestra revolución ha significado (...) haber destruido todas las teorías de salón (...) Hay que hacer revoluciones agrarias, luchar en los campos, en las montañas y de aquí llevar la revolución a las ciudades.* Y está hablando ya no de Cuba, sino del resto de América Latina.

Su intervención es la voz pública de la izquierda del 26 de Julio, un llamado a Fidel, e incluso, un llamado al PSP. Una pregunta que es una demanda: ¿hacia donde va la revolución cubana?

Las tensiones son muchas y no son claras. En Las Villas se habían producido choques entre campesinos y latifundistas. Urrutia había mandado llamar al gobernador interino, Calixto Morales, para "aclarar situación de poseedores de tierras expropiadas por el ejército rebelde en el Escambray". Calixto, el hombre que había nombrado el Che como gobernador provisional, renuncia a fines de enero. Es la primera crisis interna entre la izquierda y la derecha del 26 de Julio.

El 30 de enero un periodista ruso, Chichkov, lo visita en La Cabaña. El Che está con un ataque de asma, lo están inyectando, tirado en la cama con calcetines y camiseta. El cuarto del Che le resulta al ruso muy espartano: colgado de un clavo un M1 y una pistolera, dos camas, una cómoda, un espejo antiguo. Le pide permiso para tomar una foto, acepta ponerse una camisa sobre la camiseta, pero no calzarse.

El senador chileno Salvador Allende lo había visitado en esos días y recibido una impresión similar: "En una gran sala habilitada como dormitorio cuajada de libros, en un camastro de campaña, tendido, con el torso descubierto y sólo con sus pantalones verde olivo, estaba un hombre de mirada penetrante con un inhalador en la mano. Me hizo un gesto para que lo esperara mientras él trataba de calmar su intenso ataque de asma. Durante 10 o 15 minutos pude mirarlo y ver el brillo lacerante de su mirada inquieta (…) después conversamos. Muy sencillamente".

Esta vez el ruso le pregunta cuál es la clave de la revolución cubana y el Che contesta:

—*La base de la revolución son los campesinos.*

De repente entra Fidel al cuarto, y un poco más tarde Raúl Castro y Vilma Espín. Fidel y el Che dejan al periodista ruso por ahí zascandileando y se dedican a conspirar sentados en una cama.

¿Hablan del futuro de una revolución que comienza?

CAPÍTULO 25

La batalla por la reforma agraria

La boda con Aleida (junio del 59) y la fiesta en casa de Castellanos.

El 5 de febrero, el comandante Guevara parece que al fin logra reunir horas libres, porque dedica el día a la correspondencia, a contestar cartas que sin duda le deben haber llegado a La Cabaña en esos primeros días de la revolución. Siete llegan hasta nosotros, tres de ellas dedicadas a responder a personas que se ofrecen voluntarias para ir a combatir por la libertad de Santo Domingo, a las que responde señalando que en estos momentos se les necesita en Cuba donde hay enormes dificultades que vencer; una más a William Morris, de la Florida, donde habla del racismo: *Tenga usted la absoluta seguridad de que en pocos años la diferencia entre blanco y negro sólo será una cuestión de color de la piel, como debe ser;* otra a un poeta (Pedro Revuelta) agradeciéndole versos y canción, en la que se despide con *un saludo de este revolucionario que nunca llegó a poeta* y la última a un paisano en Buenos Aires donde habla del tema caliente de la actualidad cubana: *Los fusilamientos son, no tan sólo una necesidad del pueblo de Cuba, sino también una imposición de este pueblo.*

El 7 de febrero la *Gaceta oficial* publica un curioso decreto mediante el cual adquieren la nacionalidad cubana "por nacimiento" aquellos comandantes rebeldes de origen extranjero que hayan tenido ese cargo al menos un año en el proceso revolucionario. Se trata claramente de una ley de excepción con un solo destinatario, el comandante Ernesto Guevara. Un homenaje y un reconocimiento.

Al día siguiente el Che estrenará su nuevo estatus con un discurso muy radical en favor de la reforma agraria, donde de nuevo expresará sus identidades con los campesinos. *Yo soy ya bastante guajiro, el aire de la ciudad no se ha hecho para mí.* En El Pedrero, donde estuvo uno de sus campamentos durante la campaña de Las Villas, lanzará un llamado a la revuelta agraria radical: *Nosotros estamos decididos hoy a llegar hasta el latifundio, hasta atacarlo y destruirlo (...) El ejército rebelde está dispuesto a llevar la reforma agraria hasta sus últimas consecuencias (...) La reforma agraria hay que hacerla ordenada, para que no se cometan abusos (...) Pero la tierra que el pueblo haya revolucionariamente* (ocupado, tomado) *no habrá un solo comandante de nuestras fuerzas, un solo soldado de este ejército que tirará contra los campesinos, nuestros amigos de siempre... Si alguien pretende desalojarlos, tienen hasta el derecho último de agarrar un arma e impedir que los desalojen.* Incita a la formación de asociaciones campesinas, constituidas *de abajo hacia arriba por el voto popular.*

Víctima de un fuerte ataque de asma, resiste mal los elogios de dos poetas repentistas, el Indio Naborí y Adolfo Alfonso, que improvisan décimas sobre su valor y su combates, se mueve inquieto en la tribuna. Está particularmente despeinado, particularmente tenso. En lugar de la boina negra con una sola estrella de cinco puntas, trae un quepis, por el que el pelo suelto y desordenado asoma en cada esquina. La foto de Eliseo de la Campa, su piloto, lo muestra así. Se encuentra bajo los efectos de un fuerte ataque de asma. Una mujer le pregunta si las casas de los campesinos que la dictadura quemó allí, se van a poner en los libros de historia.

—No, no las vamos a poner en la historia... las vamos a reconstruir enseguida.

Ciertamente, poco después el ejército rebelde inicia la construcción de viviendas en El Pedrero.

Una lectura hacia atrás de la historia, conservadora y bastante tonta, ha convertido el estudio del año 59, el año 1 de la revolución cubana en el poder, en el análisis del debate y el estudio del enfrentamiento entre procomunistas y anticomunistas en la dirección del proceso revolucionario. Una visión desde adentro pareciera situar más bien las coordenadas de la historia en el tremendo debate sobre la necesidad y profundidad de la reforma agraria, punto de choque, elemento de fricción y de tensión entre el amplio espectro de fuerzas que podían reclamarse como triunfadoras. Siguiendo el pulso de los acontecimientos en la prensa diaria, los guiones radiofónicos, los discursos de los cuadros, las movilizaciones sociales y la memoria filtrada de los testigos, más allá de sus involuntarias selecciones, el año 1 más bien parece ser sin duda el año del debate en torno a la revolución agraria prometida. Una reforma agraria que tiene que enfrentarse a un país dominado por el latifundio, donde el 1.5% de los propietarios poseían el 46% de la tierra, donde dos terceras partes de los trabajadores agrícolas eran jornaleros sin tierra, trabajadores de los ingenios azucareros, peones del latifundio o subarrendatarios.

Es en ese marco en el que puede situarse la radical definición del Che y con ella la definición del ala izquierda. Días antes y días después del discurso de El Pedrero se producen las tomas de tierra en la provincia de Las Villas. Reaccionando a las invasiones de los latifundios el presidente Urrutia manda a llamar a Camilo Cienfuegos, responsable de las fuerzas armadas en La Habana, y a Ramiro Valdés, en su calidad de segundo comandante de la columna 8, la fuerza fundamental en la región de Las Villas, y les pide que detengan la revuelta agraria espontánea, que hay que frenar las invasiones y esperar por la formulación de una ley. Camilo y Ramiro le dicen que sus hombres no dispararán contra los guajiros.

El Che insiste en su visión zapatista de la reforma agraria el 11 de febrero en el programa de televisión Comentarios económicos: Expropiación sin indemnización a los latifundistas, reparto de la tierra.

El 13 de febrero se produce el primer enfrentamiento entre las dos alas de la revolución. Miró Cardona, el primer ministro, representante de los sectores más conservadores del gobierno, vuelve a presentar su renuncia (lo había hecho el 17 de enero argumentando que existía un doble poder, el de Fidel y el ejército rebelde y el del gobierno, y que Fidel debería asumir el cargo para acabar con esta situación que paralizaba la institucionalización) y Fidel asume el cargo diciendo más tarde: "Yo hubiera preferido mantenerme en reserva".

Mientras tanto, el Che trabaja febrilmente en la formación cultural del ejército rebelde, organiza actividades recreativas en La Cabaña, entre ellas la creación de un club infantil, para que los niños confraternicen con los soldados. Los rebeldes les cuentan historias de la sierra, hacen piñatas y enseñan a armar y desarmar rifles a los miembros del club llamado "los barbuditos"; el Che participa en varias reuniones con los niños, quizá en los mismos días en que se enfurece con un compatriota suyo, el propietario del teatro Shanghai; un club porno, en el que se presentan actos de zoofilia y sadismo. El Che quería meter a la cárcel al empresario e incluso hablaba de que no sería mala idea fusilarlo.

El 15 de febrero es el cumpleaños de su hija Hilda; asiste a la fiesta, pero se encuentra físicamente muy débil. Hacia la tercera semana de febrero el comandante Guevara está pasando por un mal momento. Núñez Jiménez recordará: "El Che se sentía sumamente agotado. Una notable palidez se había apoderado de su rostro. Al mirar su propio retrato en un periódico, me dijo con la ironía que le era tan propia:

—¡Cómo me parezco a Cantinflas!

El agotamiento se convierte en enfermedad. Fernández Mell lo critica por el descuido profundo con el que está viviendo. No estaba durmiendo, se cuidaba poco, fumaba como chimenea, comía cuando se acordaba... Y al descubrirle la fiebre le diagnostica una neumonía peligrosa. Más tarde el doctor Conradino Polanco, analizando una radiografía, le descubre un enfisema pulmonar doble y difuso en el pulmón derecho.

Los médicos lo obligan a guardar reposo y, pasando por encima de su voluntad, Fidel le ordena que se vaya a restablecer en una residencia situada en la playa de Tarará, en las cercanías de La Habana, una casa que se alza sobre una colina, con una visión espléndida del mar, que había pertenecido a un conocido batistiano. Pese a las protestas del Che, al que el lugar le parecía lujoso, se traslada a ella junto con Aleida y sus escoltas.

Los tres médicos guerrilleros que se mueven en torno al doctor Guevara, Oscar Fernández Mell, Adolfo Rodríguez de la Vega y Serafín Ruiz de Zárate, se ponen de acuerdo para prohibirle al Che seguir fumando. El Che se enzarza en una discusión con ellos y termina cediendo: no fumará más que un tabaco al día. Núñez Jiménez, a la sazón secretario del Che, registra: "Al día siguiente fui por la mañana a recibir las instrucciones diarias del Che. Lo encontré fumando un tabaco como de medio metro de largo, obra de sus admiradores, los tabaqueros de La Habana, y con una sonrisa picaresca me explicó:

—No te preocupes por los médicos, yo estoy cumpliendo con mi palabra: un tabaco al día ni más ni menos".

Una breve nota del columnista Antonio Llano Montes aparecida días más tarde en la revista Carteles ("El comandante Guevara fijó su residencia en Tarará...") provocará la indignación del Che haciendo que le envíe a Franqui, el director de *Revolución*, una carta abierta: *No analizaré aquí quien es el señor periodista ni daré noticias sobre lo que él tiene en los archivos a mi custodia encomendados, no es mi intención hacer acusaciones o contraacusaciones, me debo a la opinión pública y a quienes han confiado en mí como revolucionario.*

Le aclaro a los lectores de Revolución *que estoy enfermo, que mi enfermedad no la contraje en garitos ni trasnochando en cabarets, sino trabajando más de lo que mi organismo podía resistir para la revolución.*

Los médicos me recomendaron una casa en algún lugar apartado de las diarias visitas y Recuperación de bienes me prestó ésta que habitaré en la referida playa hasta que los colegas que me atienden me den de alta; debí ocupar una casa de personeros del antiguo régimen porque mi sueldo de 124 como oficial del ejército rebelde no me permite alquilar una con suficiente amplitud para albergar a la gente que me acompaña.

El hecho de ser una casa de antiguos batistianos hace que sea lujosa; elegí la más sencilla pero de todas maneras es un insulto a la sensibilidad popular. Prometo al señor Llano Montes y sobre todo al pueblo de Cuba que la abandonaré cuando esté repuesto.

Te agradeceré la publicación de estas líneas para mejor ilustración de nuestro pueblo, sobre la actuación de quienes hemos contraído una responsabilidad con él. Che.

Se supone que tiene que retirarse de todas las actividades, pero en Tarará recibirá las visitas de su hija un par de veces por semana, quien contempla a su padre desde lejos, en la puerta, y allí se reunirá casi clandestinamente durante los últimos días de febrero y el inicio de marzo una comisión que está trabajando en la redacción de un proyecto de reforma agraria. Una comisión cuya composición nunca se ha hecho pública con claridad, y que según diferentes fuentes varía: El Che, Vilma Espín, Núñez Jiménez, el analista económico de *Revolución*, Óscar Pino Santos, el doctor Segundo Cevallos y Dorticós.

Reforma agraria que para el Che sigue siendo el problema medular de la revolución, como lo dejará muy claro en un artículo publicado en *Revolución* el 19 de febrero titulado "¿Qué es un guerrillero?", donde hace la loa de la disciplina informal, de la importancia del conocimiento del terreno, de la agilidad, pero todo ello para llegar a una idea clave: ¿por qué lucha? Y se responde: *El guerrillero es fundamentalmente y antes que nada, un revolucionario agrario, es por eso que el ejército rebelde trae la bandera de la reforma agraria y esto es lo que dará la definición histórica del 26 de Julio,* y remata: *este movimiento no inventó la reforma agraria, la llevará a cabo.* Y le hablaba a un ejército rebelde integrado en más del 80% por campesinos y donde también lo eran la mitad de sus oficiales.

Mientras el Che está en la cama en Tarará, el gobierno lanza de manera vertiginosa las primeras medidas sociales: el 3 de marzo se interviene la compañía de teléfonos, tres días más tarde los autobuses metropolitanos, el día

10 se produce la rebaja del 50% de los alquileres y días más tarde se rebaja por ley el precio de las medicinas. Al lado de estas medidas se hace pública la ley 112, con la cual se produce la confiscación de bienes malversados por los funcionarios del gobierno de Batista.

Hacia mediados de marzo el Che le escribe a su amigo Alberto Granado (*recibe el más fuerte abrazo que la dignidad de machito te permita recibir de un ídem*) contándole que tenía pensado ir a Venezuela con Fidel, pero *una enfermedad me retiene en cama*. Pero una semana más tarde ya está en pie y participa en una reunión de jefes del ejército rebelde y dos días después en una concentración ante palacio apoyando la política del gobierno.

El 9 de abril asiste a una reunión del bloque gubernamental convocada por Fidel en la que intervienen ministros, comandantes y cuadros del 26 de Julio en el salón de actos del Tribunal de cuentas. A pesar de la importancia del encuentro no hay apenas registros de esta reunión donde parece ser que los debates se acaloraron. En esos momentos ya se expresaban las tensiones entre tres grupos: un ala izquierda encabezada por el Che y Raúl que se reclama socialista y tiene simpatía por el PSP, un ala derecha que se refuerza con los sectores moderados del gobierno, conectada en algunos casos con miembros de la oligarquía agraria, y una tercera tendencia de izquierda dentro del 26 de Julio representada por cuadros fundamentalmente del llano como Franqui, Faustino, Marcelo Fernández y Oltuski, quienes combinaban su antiimperialismo con una fuerte crítica a los comunistas, a los que consideraban conservadores y sectarios, y que tenían una relativa independencia de Fidel. Y colocándose temporalmente por encima de las tendencias, con su habitual estilo de aplazar la confrontación, el propio Fidel, dirigente indiscutido de la revolución, tras el que se alineaba el ejército rebelde y la mayoría de la población *y cuyo trato con la gente que aprecia* (es) *la clave del fanatismo que crea a su alrededor, donde se suma a una adhesión de principios, una adhesión personal*.

Entre otras cosas se habría de discutir la necesidad de suspender los juicios a los criminales de guerra. Se denunciaba la lentitud de algunos procesos, que hacían que se mantuviera la crispación social y que creciera la tensión internacional, y la ausencia de garantías legales en otros. Parece ser, según testimonio de Franqui, que en la reunión se produjo un enfrentamiento entre los hermanos Castro, uno de los pocos que se conocen, a causa de la decisión de detener los fusilamientos, a la que se oponía Raúl.

El historiador se siente perdido ante la ausencia de noticias de si se discutió y cómo el que resultaba sin duda el problema central: el contenido y profundidad de la futura reforma agraria. A pesar de la poca información con la que se cuenta, no puede menos de pensarse que las tensiones en el año 1 de la revolución cubana eran mucho más fuertes de lo que la historiografía cubana habría de retransmitir al paso de los años. Reflexiones como ésta del Che sobre el papel de Camilo parecen indirectamente confirmarlo: *Todos nosotros, la mayoría, por lo menos, tenemos muchos pecadillos que contar de aquellas épocas, muchas suspicacias, desconfianzas, a ve-*

ces hasta malas artes empleadas con un fin que considerábamos muy justo, pero los métodos a veces —muchas veces— eran incorrectos. Y nunca se puede decir que Camilo haya recurrido a ellos.

Más allá de las tensiones, el Che se dedica a dos proyectos informativos a los que le pondrá un gran cariño, la agencia de prensa independiente Prensa latina y la revista *Verde olivo*. Prensa latina es un producto de los corresponsales latinoamericanos que habían estado en la sierra y le dará fuerza un industrial mexicano, Castro Ulloa; Masetti será una de sus piezas claves y el Che y Oltuski, en esos momentos ministro de Comunicaciones, sus grandes animadores, no sólo ideológicos, sino resolviendo problemas de organización y estrategia informativa, participando en reuniones y siendo habituales visitantes nocturnos sin anuncio previo a las oficinas de la agencia. El escritor argentino Rodolfo Walsh, que se incorporaría al proyecto, recordaría años más tarde: "Nunca sabíamos en Prensa latina cuando iba a venir el Che. Simplemente caía sin anunciarse… La única señal de su presencia en el edificio eran dos guajiritos con el glorioso uniforme de la sierra. Uno se estacionaba junto al ascensor, otro, ante las oficinas de Masetti, metralleta en brazo".

La agencia comenzará a integrarse en abril, aunque no empezará a operar sino hasta tres meses más tarde. En cambio, el día 10 de ese mismo mes nace el semanario *Verde olivo*, órgano informativo del ejército rebelde, al reunirse diferentes publicaciones menores y bajo el impulso del Che y Camilo. Pensado por el Che como órgano de expresión del ala izquierda del 26, se manufacturaba en condiciones muy difíciles, financiada gracias a colectas entre combatientes, usando horas muertas en talleres, consiguiendo la tinta y el papel en préstamo de algún diario. La revista provocó casi de inmediato tensiones con algunos cuadros del ejército de posiciones más conservadoras, como Huber Matos, que siendo el jefe militar de Camagüey llamaba a la revista "rojo olivo" y saboteaba su circulación.

Enrique Acevedo cuenta que un oficial rebelde de la guarnición de La Cabaña le pidió a su hermano definición: "Que el Che está rodeado de comunistas, los cargos principales de la comandancia están llenos de ellos, que poco falta para que nos corran a patadas, que el esfuerzo de la guerrilla fue en balde"; Rogelio responde revisando uno a uno los cuadros de izquierda que rodean al Che y su historial. "Son nuestros compañeros, no sé por qué te inquieta que tengan ideas de izquierda. En último caso, tú tienes como campesino pobre poco que perder."

Muchos años de propaganda en plena guerra fría, los conservadores comportamientos del PSP en los dos primeros años de la revolución, pesan.

Durante los últimos días de abril y los primeros de mayo el Che participará en un acto de los obreros del tabaco, fuertemente influidos por el PSP, recibiendo una aportación económica destinada a la reforma agraria, intervendrá en la televisión apoyando la idea de que Cuba debe establecer relaciones diplomáticas con todo el mundo (más allá de la guerra fría), visitará Santiago de Cuba, donde hablará en la universidad, y participará en el desfile del 10 de mayo, irá a Matanzas para rendir homenaje a Guiteras y recibirá a Fidel cuando este regrese de su gira por América Latina.

No hay constancia de las reuniones celebradas entre ambos en estos días, pero sin duda el tema de la reforma agraria era el asunto central; una reforma agraria cuyo contenido era objeto de la especulación de todos y que Fidel preparaba como un acto de respuesta inicial a las necesidades de los campesinos, pero también como un arbitraje sobre las fuerzas que en ese momento componían el frente revolucionario. Franqui cuenta que Fidel demoraba la decisión buscando un golpe de efecto. Núñez Jiménez en cambio dice que la demora de Fidel pretendía movilizar primero a la opinión pública. Una reforma agraria que hacía que los hacendados ofrecieran *diez mil novillas,* y que el *Diario de la Marina* (portavoz de los sectores más conservadores del país y hasta hace muy poco probatistiano) *apoyaba calurosamente porque aquella reforma agraria (...) iba a ser una reforma agraria "consciente".*

El Che, en un artículo escrito en esos días (aunque publicado un mes más tarde), la anunciaba como *la primera gran batalla del gobierno* y definía su versión como: *audaz, integral, pero flexible: destruirá el latifundio en Cuba, aunque no los medios de producción cubanos. Será una batalla que absorba en buena parte la fuerza del pueblo y del gobierno durante los años venideros. La tierra se dará al campesino gratuitamente. Y se pagará a quien demuestre haberla poseído honradamente, con bonos de rescate a largo plazo.*

El 17 de mayo Fidel convoca en la antigua comandancia de La Plata, en lo alto de la Sierra Maestra, al gobierno y a varios comandantes rebeldes y presenta a firma el proyecto: confiscaba las haciendas de más de 400 hectáreas (10% de las granjas del país), la expropiación se haría contra bonos amortizables en 29 años al 4.5% anual de interés, con valoraciones de la tierra de acuerdo a declaraciones fiscales. Lo nacionalizado se parcelaría o iría a dar a cooperativas agrícolas administradas por el estado. Tendrían preferencia en el reparto arrendatarios, medieros, jornaleros. De dejar inactiva la tierra ésta retornaría al estado. No podía dividirse la parcela y sólo podía venderse al estado. En el futuro sólo los cubanos podrían comprar tierra. La ley, a juicio de los especialistas, resultaba bastante moderada al enfrentar tan sólo a los grandes latifundios azucareros, pero no extender el reparto agrario a todos los peones y medieros.

El proyecto no gustó al ministro de agricultura Sorí Marín, que había estado trabajando en una propuesta más moderada y que en protesta no acompañó a Fidel al acto, y debe haberle parecido excesivamente suave al Che, que siendo uno de sus grandes impulsores, en lugar de estar en La Plata dio ese día una conferencia en la universidad de La Habana, y que la calificaría un año más tarde como *nuestra primera tímida ley que no se aventuraba con lo más fundamental como era la supresión de los latifundistas,* señalando al paso de los años que era *menos radical que la que McArthur implantó en el Japón.*

La mediación de Fidel no dejaría a gusto a la derecha del frente gubernamental y mucho menos a los intereses estadunidenses en los latifundios azucareros y parecía insuficiente a la izquierda.

Las tensiones se ampliarán a los aliados y el PSP, por voz de Blas Roca, acusará a Fidel de estar desatando una campaña anticomunista, todo ello en medio de enfrentamientos en el interior del movimiento sindical entre los comunistas y el 26 de Julio por la dirección de los sindicatos que depuraban su vieja estructura batistiana. La respuesta del 26 de Julio sería dura y no sería esta la única vez en que se le recordara al PSP sus incongruencias y timidez en la lucha contra la dictadura.

Esta fractura en el frente revolucionario y su desamor por cárceles ideológicas la expresaba incidentalmente el Che en una carta al responderle a una mujer que le pedía una doctrina oficial del 26: *No creo que se pueda escribir bajo un adoctrinamiento reglamentado y además no existe el 26 de Julio oficial.*

Será en esos días que deje Tarará y se mude a una casa rentada en la calle Rafael Cortés 45119 en el reparto Los Cocos, junto con Aleida, sus escoltas y Fernández Mell, que está viviendo con ellos.

El 25 de mayo el ministro de Aviación Díaz Lanz se pierde con su avioneta en la Ciénaga de Zapata. A su búsqueda acuden todos los comandantes, el Che entre ellos. Aún perduran los rasgos del trabajo guerrillero, del sentido de grupo de los veteranos de la sierra. Fidel dirige las operaciones con mapa en mano. El avión será localizado y sus tripulantes se encontrarán ilesos; pero poco antes, una avioneta donde viaja Raúl se ve atrapada en medio de una tormenta y se queda sin gasolina, forzando un aterrizaje de morro en la Ciénaga, obligando a una nueva búsqueda aún más arriesgada, que termina con éxito. Los aviones son viejos e inseguros y los comandantes rebeldes vuelan de un lado a otro del país en pésimas condiciones técnicas. Vuelan como combatían, probándose, llevando el riesgo al límite. El rumor popular registra las locuras de Camilo que en el campamento de Columbia se cuelga de los patines de un helicóptero y que una vez se ofreció para llevar al Che desde su campamento a La Cabaña sin saber volar el aparato, y el argentino no sólo no lo disuadió, sino que aceptó gustoso, mientras que los que los veían juraban que no iban a llegar. El propio Che está aprendiendo a volar y es transportado frecuentemente de un lado a otro de la isla por su piloto personal, Eliseo de la Campa, al que conoció en La Cabaña cuando transportaba heridos desde el Escambray hacia el nuevo campamento.

Orlando Borrego ha rescatado una anécdota de aquellos días: "Me encontraba despachando con el Che en su oficina cuando sorpresivamente el secretario le avisó la llegada de Camilo. Una sonrisa apareció en su rostro y a toda velocidad desenfundó la pistola y apuntó hacia la puerta de entrada. Apenas había terminado esa operación cuando irrumpía Camilo pistola en mano, riendo a carcajadas y burlándose de aquél por su falta de destreza al sacar el arma. El Che lo acusaba del mismo defecto afirmando que lo había sorprendido de manera flagrante y sin discusión".

Ha llegado hasta nosotros el expediente personal del Che en las fuerzas armadas. Un formulario llenado a mano con unas cuantas preguntas:

Nombre y apellidos: Ernesto Guevara Serna

Casado, 30 años

Estudios: Medicina

Lugar y fecha donde se alzó: México

Frente y columna en que operó: 1-4-8

Grados recibidos: teniente sanidad, capitán, comandante

Recibidos de: Fidel

Combates en que participó: (no contesta)

Heridas recibidas: 2

Y firma: Che.

La línea que corresponde a raza la tacha por considerar superflua la información.

Parco, parco como siempre. Como cuando escribe una carta agradeciendo a los que querían poner su nombre a una escuela que hayan reconsiderado tal desatino y lo hayan cambiado por el de un compañero asesinado en el 58, Zenén Marín.

Y este hierático personaje, que a veces parece sorprenderse del lugar en que se encuentra y reacciona masacrando oropeles y jerarquías, recibe el 22 de mayo la sentencia de su divorcio de Hilda Gadea y el 2 de junio regulariza su situación familiar casándose con Aleida.

Con un rostro más cantinflesco que nunca, como si no estuviera muy seguro de lo que está pasando, las cejas alzadas ante una mesa con flores y un pastel, con el uniforme limpio, aunque no muy planchado, porque trae las dos bolsas superiores llenas de cosas, el Che se deja retratar junto a una bella y seria Aleida. En la foto, Raúl Castro con su eterna cara de adolescente y una muy guapa Vilma Espín, el piloto Eliseo de la Campa, Alberto Fernández Montes de Oca y Alberto Castellanos, su escolta, en cuya casa se celebra la boda. Camilo, el "eterno chicharrón", no saldrá en la foto, pero habrá armado previamente su diablura informando a los invitados que tienen que llevar la comida. Conociendo la austeridad y frugalidad espartana del Che muchos le creen y llegan con guisos y postres, pero no era para tanto. Una foto más: el Che sonriente, manejando un destartalado automóvil y fumando un tremendo puro, Aleida de copiloto y en el asiento trasero Fernández Mell, que estaba viviendo en su casa.

Y el país se está tensando nuevamente con las reacciones de los grandes propietarios de molinos de azúcar y de los ganaderos de Camagüey contra la ley de reforma agraria, que se sentían traicionados a pesar de las cinco mil vaquillas que habían entregado sin que nadie se las hubiera pedido. Camilo, con su eterno buen humor, había respondido: "Aunque entreguen las vaquillas les rompemos la siquitrilla". Y el gobierno respondía interviniendo los feudos ganaderos, entre ellos varios grandes ranchos estadunidenses, "el alma de la contrarrevolución" como diría el historiador Hugh Thomas.

La acción de Fidel contra los ganaderos produce una reacción del ala derecha gubernamental que protesta por la influencia comunista en el gobierno y que se expresa en reuniones en Camagüey en las que participan el presidente Urrutia y el comandante Huber Matos, y en la primera reacción oficial de Estados Unidos, a través de una nota, aún tímida, sobre la reforma agraria en la que exige indemnizaciones eficaces y rápidas.

La fuga de Díaz Lanz a los Estados Unidos hará que arrecie en ese país la campaña anticomunista contra Fidel, quien reaccionará promoviendo el 11 de junio cambios en el gabinete gubernamental. Salen ministros de partidos asociados a la vieja política prebatistiana y miembros del ala derecha del 26 de Julio como Mederos, Agramonte, Sorí Marín, Ángel Fernández, y entran cuadros del ala izquierda del 26 no socialista, hombres de la sierra y un miembro del Directorio revolucionario: Raúl Roa, Ruiz de Zárate, Miret y Pepín Naranjo.

El Che ha estado escribiendo en estos meses el texto "Una revolución que comienza", que se publicará mediado junio en la revista brasileña *O cruzeiro*, donde hace una historia resumida de la revolución y valora el impacto que puede producir lo que está sucediendo en Cuba en toda América Latina. El impacto y la responsabilidad de los futuros actos de la revolución cubana. *Ahora estamos colocados en una posición en la que somos mucho más que simples factores de una nación; constituimos en este momento la esperanza de la América irredenta. Todos los ojos, los de los grandes opresores y los de los esperanzados, están fijos en nosotros. De nuestra actitud futura que presentemos, de nuestra capacidad para resolver los múltiples problemas, depende en gran medida el desarrollo de los movimientos populares en América, y cada paso que damos está vigilado por los ojos omnipresentes del gran acreedor y por los ojos optimistas de nuestros hermanos de América.*

Y en este momento de viraje hacia la izquierda, Fidel apartará temporalmente al Che (su izquierda radical) de la escena política nacional. ¿Es parte de la eterna política fidelista de equilibrios? ¿Está encabronado el Che con las tibiezas del proceso revolucionario como sugieren varios de los cuadros que lo conocieron? ¿Hace sentir ese enfado? ¿Uno y lo otro?

CAPÍTULO 26

No se puede soñar a la sombra de una pirámide

Autorretrato en sombras, 1959.

El 12 de junio, el Che se convierte en uno de los primeros embajadores itinerantes de la joven revolución cubana. ¿Es necesario el viaje? El Che parece pensar en esos momentos que le han dado unas vacaciones que no ha pedido, que Fidel lo ve como alguien querido, entrañable, pero molesto, al que hay que darle una cierta distancia, y el comandante Guevara, disciplinado, hace sus maletas pocos días después de su matrimonio y parte. Fidel lo despide en el aeropuerto de La Habana. El Che, por el prurito de que los viajes públicos no deben ser turismo disfrazado, se niega a llevar a Aleida con él y se siente entrampado, autocastigado, y a lo largo de todo el viaje confesará en su correspondencia familiar que la extraña enormemente.

La delegación resulta un tanto extraña. Fidel, con el argumento de que quiere que se sume a "las tareas de gobierno", ha incluido al famoso comentarista radiofónico José Pardo Llada y al capitán Omar Fernández, y ha sacado de un relativo retiro político a un activista de la generación anterior, el economista Salvador Vilaseca, un hombre de 50 años, porque los economistas del ala derecha del 26 de Julio no quieren acompañar al radical Guevara. Pardo caracteriza, con lo que en España se llama "mala leche", al resto del grupo: "…el teniente Argudín (apenas un niño de 16 años) y Pancho García, personaje con cara de bobo que jamás tuvo nada que ver con la revolución, pero que por desconocidas circunstancias aparecía como secretario del Che y su hombre de confianza (…) también formaba parte del grupo un enano guatemalteco a quien llamaban Patojo que se veía como disfrazado dentro de su uniforme verde olivo".

Más allá del sentido del viaje, el Che, con sus 31 años recién cumplidos, se tomará en serio, como se lo toma todo siempre, el cargo de embajador itinerante. Con la misma tenacidad y precisión con la que emprende el aprendizaje de un oficio, pero sin excesivas negociaciones con las formas que el oficio obliga, el Che se meterá de lleno en su ambigua misión de embajador. ¿Abrir puertas? ¿Establecer relaciones comerciales? ¿Difundir la imagen de la revolución?

El 16 de junio, tras su llegada a la República Árabe Unida, se aloja en El Cairo en el palacio de verano del derrocado rey Farouk. Su primera entrevista con Nasser no resulta demasiado cálida. Ambos personajes establecen un duelo de curiosidad y sondeo. Incluso el Che no resiste cuestionar la profundidad de la reforma agraria egipcia y provoca la discusión. Su argumento supremo es que el hecho de que los latifundistas no hayan abandonado el país habla mal de la seriedad de la reforma.

La relación, que mejorará en el curso de los próximos años, se mantiene en un tono de cautela. Tras la entrevista con el presidente Nasser, el Che visita Damasco, el canal de Suez, Alejandría. Toma fotos de las pirámides.

Realiza un obligado acto simbólico antiimperialista y participa en un homenaje a los caídos durante la invasión anglo-francesa del 56, e incluso en unas maniobras navales en el Mediterráneo.

Salvador Vilaseca, que al igual que Pardo ha sido informado tardíamente de su inclusión en el equipo, arriba a El Cairo para reunirse con la delegación, pero pierde el avión en Madrid y lo hace con un día de retraso. El Che lo espera inútilmente en el aeropuerto. "Qué comienzo más malo voy a tener con el hombre éste", se dirá. Pero la relación resulta muy buena. Cuando el Che descubre que Vilaseca había sido actor de los movimientos revolucionarios cubanos de la década de los años 30, la curiosidad lo invade. Las preguntas se suceden una tras otra. ¿Eran terroristas en la lucha contra la dictadura de Machado? ¿Qué los separaba del PSP? "Me hizo dibujar hasta los planitos de las bombas que nosotros hacíamos y hasta discutir los dispositivos".

El 10 de julio la delegación, a la que se ha sumado Pardo, llega a la India. El Che se entrevista con Nehru y al día siguiente deposita una ofrenda floral en la tumba de Gandhi, el héroe de su infancia. No será este el único homenaje gandhiano; más tarde visitará la mezquita de Jama Masjid donde fue incinerado el creador de la resistencia pasiva como filosofía política. El Che reflexionará en voz alta ante sus compañeros de delegación sobre el personaje favorito de su juventud: *La resistencia pasiva en América Latina no sirve, la nuestra tiene que ser activa.* La infancia ha quedado atrás.

En una cena con Nehru e Indira Gandhi, el Che tendrá su primer fracaso diplomático al mantener un diálogo de sordos con el presidente indio. Utilizando el francés, y ante una fuente de camarones a la que el Che ataca con ánimo pantagruélico, le pregunta repetidamente al dirigente indio qué opina de Mao y de la China socialista. Por toda respuesta obtiene prudentes silencios.

La India será objeto de una exhaustiva visita: Calcuta, Lucknow, un instituto nuclear, un instituto de investigaciones azucareras, fábricas textiles, una fábrica de máquinas de coser, entrevistas con ministros... Todo aquello que piensa puede ser útil para la revolución cubana. Sin embargo, más allá de la apariencia de energía desbordada, está pasando un mal momento. En una carta a su madre, su eterna confidente, muy abierta y hasta inusualmente fracturadora de las barreras de su habitual parquedad, fechada "aproximadamente el 2 de julio", revela lo que le está cruzando por la cabeza. *Mi sueño de visitar todos estos países se produce hoy en una forma que coarta toda mi alegría. Hablando de problemas económicos y políticos, dando fiestas donde lo único que me falta es ponerme frac y dejando de lado uno de mis placeres más puros que es ponerme a soñar a la sombra de una pirámide o sobre el sarcófago de Tutankamon...* Respecto a la India: *Nuevos complicados protocolos que me producen el mismo pánico infantil (...) Uno de mis tenientes ha inventado la fórmula de contestar a todo con algo así como "joinch-joinch" y queda perfecto.* Y por último una reflexión intimista: *Se ha desarrollado mucho en mí el sentido de lo masivo en contraposición a lo personal, soy siempre el mismo solitario que era buscando mi camino sin ayuda personal, pero tengo ahora el sentido de mi deber histórico. No tengo casa, ni mujer, ni hijos, ni padres, ni hermanos, mis amigos son amigos mientras piensen políticamente como yo y sin embargo estoy contento, me siento algo en la vida, no sólo una fuerza interior poderosa, que siempre la sentí, sino también una capacidad de inyección a los demás y un absoluto sentido fatalista de mi misión me quita todo miedo.*

No sé por qué escribo esto, quizá sólo sea mera añoranza de Aleida. Tómalo como lo que es, una carta escrita una noche de temporal, en los cielos de la India, lejos de mis patrias y de mis seres queridos. La inusitada seriedad de las reflexiones queda reflejada también en que en lugar de la broma habitual, firma secamente con su nombre: Ernesto.

Y exteriormente, el Che sigue siendo el Che: en casa de un diplomático chileno hace una demostración de sus habilidades con el yoga y se para de cabeza en mitad de la sala. En Agra, fascinado, no deja de tomar fotografías. En Delhi sufre una fuerte crisis asmática al descender de un torreón y se tiene que tender en el suelo para recobrar la respiración. Quedan las fotos que toma de las calles de la ciudad bajo la lluvia, donde hindúes con paraguas esquivan vacas que descansan placenteras tiradas a mitad de la acera.

Se irá de la India con la sensación de que lo suyo no es la diplomacia y con dos regalos: una reproducción del Taj Majal en plata y un sari que Nehru le regaló para Aleida.

El 12 de julio parte para Birmania. Tres días más tarde estará en Tailandia. Debe estar absolutamente harto del protocolo porque desde Rangún le escribe a su tía Beatriz: *Este mundo lleno de preciosidades que no podemos ver debido a nuestro trabajo.*

El 15 llega a Tokio. De nuevo en la inercia de la diplomacia visita ministros, fábricas de pistolas, de maquinaria de construcción, estudios cinematográficos, fábricas de fertilizantes, astilleros, siderurgias, fábricas de helicópteros, de maquinaria textil, ofrece conferencias de prensa, asiste a una reunión con la cámara de comercio de Osaka, visita la fábrica de automóviles Toyota, habla con banqueros.

Le sorprende la reindustrialización, pero también la pérdida del honor nacionalista, la *sujeción indiscutible al poder americano.* Al mejorar el asma hace tres peticiones personales a sus anfitriones: ver el Fujiyama, ir a una exhibición de sumo y conocer Hiroshima, para ofrecer un homenaje tardío a los muertos por la bomba atómica que deploró en su adolescencia.

Mientras se encuentra en Japón, en Cuba los acontecimientos se suceden vertiginosamente: el pospuesto choque entre la derecha y la izquierda de la revolución se produce. Fidel se enfrenta al presidente Urrutia, al que acusa en televisión de estarle haciendo el juego a los sectores más conservadores; sus argumentos además incluyen la falta de decoro del presidente al fijarse un gran salario y sus veleidades anticomunistas que le hacen el juego al desertor Díaz Lanz, quien en Estados Unidos está en plena campaña contrarrevolucionaria. Para aumentar la presión renuncia como primer ministro. Se produce una reacción popular, una huelga general y una movilización campesina hacia La Habana. El que tendrá que renunciar finalmente es Urrutia. Dorticós, nombrado nuevo presidente, no acepta la salida de Fidel como primer ministro.

El 26 de Julio el Che trata de comunicarse por teléfono con Fidel infructuosamente desde Tokio. La revolución cubana gira de nuevo hacia la izquierda y él se encuentra en Tokio. ¿Qué está pasando?

La gira prosigue y el 30 de julio arriba a la capital de Indonesia, Yakarta. De cómo ha sido organizada la gira habla el hecho de que en el aeropuerto sólo se encuentra para recibirlo un funcionario menor de la embajada, porque a los indonesios se les ha olvidado su visitante. El hotel en que están hospedados no tiene agua. *Allá ustedes los que se bañan, porque yo desde la Sierra Maestra aprendí a mantener mi pestecita.*

Sukarno lo recibe al día siguiente. En esos momentos el presidente indonesio parece ser el eje de una propuesta independiente y antiimperialista en Asia. El personaje no parece interesarle al Che que lo califica como "un viejo libidinoso". Se relaciona entonces con los cuadros clave de la izquierda del gobierno: Subandrios, el secretario de Estado, el ministro de Comercio. Y de nuevo: ingenios azucareros, fábricas de tabaco. Una pausa en Bali, un paraíso terrenal con todo y referencias a Gauguin.

A Indonesia le seguirá Singapur en Malaya, donde pasan dos días trabados por un desperfecto en el avión. Luego Hong Kong, donde revisa en la tienda del aeropuerto todas las cámaras, una por una, antes de decidirse por una Leika y una pequeña Minox.

En los ratos libres escribe algo que a sus compañeros de viaje les parecen ser notas sobre un manual de la guerra de guerrillas y una excelente narración testimonial, "El cachorro asesinado". El clima es terrible para el asma y no puede dormir. Se levanta de la cama dos o tres veces cada noche. Según Pardo, "tambaleándose como un sonámbulo, se dirigía al baño, donde se encerraba para hacer sus largas y penosas inhalaciones. Regresaba a la cama y permanecía sentado inmóvil durante un rato, hasta que de nuevo podía sentarse a dormir". El periodista registra sus frases nocturnas: *Quiero a este inhalador más que a mi pistola... Cuando el asma me pega duro tengo la costumbre de cavilar.*

Entre el 6 y el 7 de agosto realiza una visita relámpago a Ceilán, donde se entrevista con el presidente y firma un acuerdo para vender 20 mil toneladas de azúcar. Queda fascinado por las ruinas arqueológicas locales. El 8 de agosto se encuentra en Pakistán, donde se reúne con el jefe de estado Ayub Khan. Y tras una escala relámpago en El Cairo y Atenas (donde para su desdicha no tiene tiempo para visitar la Acrópolis, uno de sus sueños desde los días del exilio en México) viaja a Yugoslavia el 12 para una visita de seis días. Es el primer país socialista que recorre en la gira y califica la visita como la más interesante del periplo. Le pide armas a Tito y recibe en respuesta disculpas, supuestamente por la baja producción. A pesar del desencanto, que habría de profundizarse cuando descubre que los yugoslavos le venden armas en esa misma época a un país árabe, constata: *Tito nos impresionó por su popularidad inmensa, sólo comparable a la de Nasser en Egipto y a la de nuestro Fidel.*

Fidel. ¿Qué está haciendo Fidel? Desbarata una conspiración de los ganaderos cubanos más conservadores que actúan de acuerdo con el dictador dominicano Trujillo. Utilizando a los cuadros del II Frente apresa un avión con armas enviado desde Santo Domingo en una operación en la que probablemente estaba involucrada la CIA. El gobierno rebaja el 25% a los libros de texto, el 30% las tarifas eléctricas.

¿Y el Che, mientras tanto? Hace una visita relámpago a Sudán para entrevistarse con el presidente. El final del viaje se precipita. El 27 de agosto se encuentra en Roma de paso para Madrid, con el tiempo justo, exacto, apenas lo suficiente para visitar la capilla Sixtina. Europa tantas veces añorada se consume en horas. Tras una fugaz estancia en tránsito en Madrid, viaja a Marruecos. Allí protocolos y miradas de extrañeza hacia la revolución cubana por parte de la monarquía marroquí controlada por el franquismo español. Tan sólo un momento afortunado: es invitado a comer por el primer ministro un carnero al modo árabe, en cuclillas y con las manos. El Che se sentirá feliz en este retorno al estilo guerrillero.

El 2 de septiembre el avión queda detenido en Madrid por dificultades técnicas. Aprovecha para recorrer librerías de viejo con Vilaseca. La cuesta de Moyano es el paraíso de los lectores pobres. Ahí descubre por qué el economista perdió el anterior avión y se lo reclama. La gira culmina el 8 de septiembre. Ha estado fuera de Cuba casi tres meses.

CAPÍTULO 27

Para encontrar un lugar en la revolución

La foto de Chinolope al modo del Greco.

El 9 de septiembre Ernesto Guevara regresa a Cuba. Sus primeras declaraciones en el aeropuerto son para constatar la simpatía que la revolución cubana despierta fuera de sus fronteras. Más tarde dirá: *Hoy va desvaneciéndose* (en la visión de los asiáticos) *la otra América, la que tiene hombres desconocidos que trabajan miserablemente el estaño, por cuya causa y en cuyo nombre se explota hasta el martirio a los trabajadores del estaño indonesio; la América de los grandes cauchales amazónicos, donde hombres palúdicos producen la goma que hace más ínfimo el salario de los caucheríos de Indonesia, Ceilán o Malasia; la América de los fabulosos yacimientos petrolíferos por los cuales no se puede pagar más al obrero de Irak, la Arabia Saudita o el Irán; la del azúcar barato que hace que el trabajador de la India no pueda recibir mayor remuneración por el mismo trabajo bestial bajo el mismo sol inclemente de los trópicos.*

El 11 de septiembre informa a Raúl Roa en la cancillería de los resultados de la gira. Una nota benévola: el *New York Times* señala que el Che ha sorprendido a los observadores en la capital cubana por su habilidad negociadora.

Publica en *Humanismo* un artículo sobre el viaje: "América desde el balcón afroasiático", y escribe varios breves artículos para *Verde Olivo* sobre la gira, básicamente informativos, siempre enfatizando algo: Japón y la industrialización posatómica, los contrastes de la India, la necesidad de aprender de la planificación yugoslava y las virtudes de los pequeños intercambios comerciales con Ceilán y Pakistán. A lo largo de una semana volverá sobre los temas en un programa de televisión y en una conferencia de prensa.

El día 30 de septiembre habla en la academia de policía en lo que será uno de los mejores discursos de su vida. Machaca a los jóvenes policías con la idea de que siendo el cuerpo de los ejércitos de la revolución con más cercanía cotidiana con el pueblo, tienen la obligación de volverse portavoces de la opinión popular. Eso, sumado a las necesidades de guardar el orden público, *son dos tareas que aparentemente chocan. Y de este choque muchos de los miembros de las fuerzas armadas han cometido arbitrariedades no sólo en la policía, en cada uno de los cuerpos, que son mínimas, pero que existen y pueden contaminar al resto.*

Insiste en que el servidor público se debe al servicio de la voluntad popular. Y por tanto define la tarea esencial de los nuevos policías en una versión revolucionariamente radical de lo que debe ser la policía mas allá de la tentación autoritaria: *convertirse en un informante constante, no un informante de las posibles conspiraciones, tenemos un pueblo entero que vigila y que nos ayudará, un vigilante de la reacción popular frente a las medidas de un ministro o del mismo gobierno en general, para saber incluso qué se piensa (…) Y no para tener fichado a nadie, no para castigar a nadie por exponer una opinión, todo lo contrario, para analizar la opinión, para ver lo verdadero que tiene esa opinión sobre nuestras acciones y lo que el pueblo opine de esas acciones, no está equivocado nunca el pueblo, nosotros somos los equivocados, tenemos que rectificar.*

El 7 de octubre Fidel le dará al comandante Guevara un nuevo trabajo que se sumará a sus tareas como jefe militar en La Cabaña y jefe del Departamento de instrucción de las fuerzas armadas, que lo obliga a organizar la educación del ejército rebelde y le subordina la revista *Verde Olivo*, la banda militar, el departamento de cine y las secciones de artes plásticas. Esta vez se tratará de una tarea compleja, la jefatura de industrialización del recién creado Instituto nacional de la reforma agraria (INRA).

Se trata de la tarea aparentemente imposible de coordinar la actividad de un grupo de industrias y talleres que se han convertido en el sector nacionalizado dependiendo del INRA, *algunas recuperadas por malversación de bienes, otras intervenidas por la ley 647 de trabajo, otras porque simplemente sus dueños las entregaron, algunas se compraron, y algunas nuevas se crearon.* Casi todas eran pequeñas empresas.

Colaborará con él un grupo de economistas enviados por el Partido comunista de Chile, encabezados por Jaime Barrios, Raúl Maldonado y Charles Romeo; poco después se sumará el norteamericano Boorstein. Los chilenos estaban comisionados al INRA pero veían al Che como el representante del ala izquierda de la revolución y se ofrecieron como asesores sumándose por la libre. El grupo se completaba con Manresa, el sargento secretario descubierto en La Cabaña, el Patojo, que estaba viviendo en la casa del Che, y Orlando Borrego Díaz, el oficial rebelde que había organizado los talleres.

Raúl Maldonado describe el surrealismo de este pequeño subministerio de Industria, cuando el grupo de los chilenos se acercó al Che: el séptimo "piso del INRA donde tenía las oficinas era un baldío, al fondo un escritorio y en él el Che con los pies encima y un grupo de jóvenes armados atrás, siete u ocho escritorios vacíos detrás de ellos, al salir del elevador había un poco de luz. La imagen es absurda: Aleida le estaba arreglando las uñas".

Los primeros problemas tienen que ver con la necesidad de administrar las empresas y por ningún motivo cerrarlas, para mantener los empleos. La primera idea obvia fue organizarlas por ramas de la producción y coordinar talleres y empresas. Había que improvisar nombrando administradores honestos que tuvieran alguna idea, pero si en el grupo dirigente no había ninguna experiencia en gestión industrial, mucho menos en el ámbito de los talleres y las empresas. Se apeló entonces a cuadros guerrilleros y a militantes surgidos del movimiento sindical (varios de ellos del PSP) y se fundó una pequeña escuela de administradores de empresas y se creó un fondo central de ganancias que asumía el pago de los salarios.

El panorama industrial al iniciarse la revolución, tal como lo recogería el Che en un artículo año y medio más tarde, era terrible. *Un ejército de desocupados de 600 mil personas (…), una serie de industrias manufacture-*

ras que elaboraban sus mercancías con materias primas venidas del extranjero, en máquinas extranjeras y utilizando repuestos extranjeros; una agricultura sin desarrollo, ahogada por la competencia del mercado imperialista y por el latifundio, que dedicaba las tierras a reservas cañeras o ganadería extensiva, prefiriendo importar alimentos de Estados Unidos.

Será en esos días que el Che apele a su compañero de viaje, el economista Vilaseca, y le pida que le empiece a dar clases de matemáticas superiores. Comienza una relación que, con pizarrón de por medio, recorrerá el repaso de matemáticas elementales, álgebra superior, análisis matemático, geometría analítica, cálculo diferencial e integral. Vilaseca cuenta que las lecciones eran "dos veces a la semana, martes y sábados a las 8 de la mañana. Muy pocas veces las suspendió diciendo que se iba a dormir, que no resistía más, los sábados a veces eran una o dos o tres horas, hasta cinco".

Con su nuevo trabajo a cuestas, el 16 de octubre el Che habla en Cabaiguán con motivo de la conmemoración de la llegada de la columna 8. Una serie de fotos con muchos de sus excompañeros registra el hecho; quizá sea una de las pocas series de fotografías del Che en las que la media sonrisa maliciosa habitual que la cámara recoge cuando está de buen humor es substituida por una abierta carcajada.

Y al día siguiente, en la universidad de Oriente comenzará una serie de discursos/debates en las tres universidades clave del país, poniendo a discusión el distanciamiento entre la revolución y las instituciones de enseñanza superior. Focos donde era fuerte la presencia, entre los estudiantes, del relegado Directorio 13 de Marzo y de la oposición liberal entre los profesores, las universidades resistían la presión del gobierno para integrarse al proceso revolucionario, defendiendo por un lado su autonomía, pero también las trincheras políticas. El Che entraba de frente al debate con la pregunta: *¿Es un hecho fatal que las universidades se conviertan en factores de atraso, casi en focos de contrarrevolución?*

En Santiago su intervención es muy crítica, tratando de convencer a los estudiantes de la necesidad de que la universidad se integre en el proyecto gubernamental a riesgo de que se pierda autonomía y pidiendo que cesara la polémica y el enfrentamiento, porque para desarrollar el proceso revolucionario se necesitaba la incorporación de los estudiantes en las prácticas sociales, la definición de prioridades en las carreras, etecétera.

Y sin embargo no partía de las amenazas o las presiones políticas, sino que convocaba al debate, a llamar naturalmente a la discusión, *todo lo agria, todo lo violenta que se quiera, pero siempre saludable.*

Un par de meses más tarde el encuentro se reproduciría en la universidad de Las Villas, cuando con el pretexto de recibir un título de pedagogo *honoris causa*, que consideraba no merecido (*si toda la pedagogía que he ejercido ha sido la pedagogía de los campamentos guerreros, de las malas palabras, el ejemplo feroz*) y por lo tanto lo recibía como un homenaje al ejército rebelde, sin toga y con uniforme verde olivo, pide que la universidad *se pinte de negro, se pinte de pueblo, de obrero, de campesino.* Que se abran las puertas de la universidad para parias, segregados por razones raciales o económicas; y se queja de que el gobierno no tiene voz en las universidades cubanas.

Tres meses después sería en la universidad de La Habana donde entraría en la polémica quejándose de que en nombre de la autonomía se vivía en la irracionalidad: mala preparación, abundancia de oferta de carreras liberales que no tienen salida en el mercado laboral, ausencia de *una escuela de economía, que hace una falta enorme,* periodos escolares diferentes en las tres grandes universidades del país, falta de facilidades a los estudiantes para poder terminar las carreras y compaginar sus obligaciones sociales con el estudio. *¿Por qué razón la universidad no puede marchar junto con las otras universidades en el mismo camino y al mismo ritmo que el gobierno revolucionario?*

Y tras disculparse por estar provocando una polémica ante las cámaras de televisión, defiende la palabra "coordinación" contra los defensores de la autonomía a ultranza. Y se despacha un tremendo fin de discurso contra el mito de la vocación, usando su experiencia personal como ejemplo y tratándose en broma: *Inicié mi carrera estudiando ingeniería, acabé siendo médico, después he sido comandante y ahora me ven de disertador.* Resulta sorprendente que sea Ernesto Guevara el que arremete contra la vocación, la libertad de elección, la voluntad, cuando su historia ha sido la demostración permanente de que no se puede encarcelar a la voluntad en las prisiones de la razón. No hay duda de que las presiones de las carencias técnicas de la revolución deben ser tremendas en esos momentos.

El 18 de octubre Ernesto Guevara interviene en un acto en Santiago de Cuba para recordar al hermano de Pacho Montes de Oca, Orlando, asesinado y desaparecido durante la dictadura. Por primera vez en muchos años pisará el interior de una iglesia, porque la madre del combatiente muerto quiere hacer una ceremonia religiosa. En un país en que las posiciones se van enconando y radicalizando. Ese mismo día Raúl Castro es nombrado ministro de las Fuerzas armadas, lo que provoca una reacción airada de Huber Matos, comandante del ejército en Camagüey, que a su vez coincide el 21 con una incursión aérea, desde Miami, de Díaz Lanz lanzando propaganda sobre La Habana, lo que provoca varios heridos entre la población civil. Las primeras versiones culparán de los heridos al bombardeo, pero el Che, que no suele negociar con la verdad, dirá más tarde *que como consecuencia de los propios proyectiles que arrojaron, más el fuego de nuestras baterías antiaéreas, se produjeron dos muertos y medio centenar de heridos.*

Ese mismo día Huber Matos presenta su renuncia junto con 14 de sus oficiales, acusando a Fidel de estar cayendo en las manos del comunismo. La reacción de Fidel es ordenar a Camilo que se presente en Camagüey, desarme y detenga a Matos y a su gente. Camilo cumple a rajatabla y detiene a Matos.

Cinco días más tarde, en una concentración nacional contra las agresiones aéreas frente a palacio nacional, El Che pregunta a la multitud: *¿Es que* *este gobierno revolucionario y este pueblo que está aquí cederá ante las presiones extranjeras? ¿Claudicará?* Gritos de ¡no!, ¡no!, surgen de la multitud. En el discurso se deslizará una frase reveladora: ¡*Nosotros no seremos Guatemala!*

En el gobierno se produce un nuevo cisma: ante la amenaza de Fidel de llevar a juicio a Huber Matos por traición, Pazos amenaza renuncia, el ala izquierda no marxista del gobierno disiente de la posición de Fidel. En un debate en el que participan varios ministros y el Che, la escisión se amplía: Faustino Pérez, Oltuski y Ray sostienen que Matos se habrá separado de la revolución pero que en su renuncia no hay ningún acto de traición. Raúl Castro, en versión de Franqui, opina que bajo agresión externa, la actitud de Matos es contrarrevolucionaria y hay que fusilarlo. Como los argumentos a favor de Matos de Oltuski y Ray se repiten, el Che en broma dice: *Vamos a tener que fusilarlos a todos.* Fidel cortó en seco: Matos debe ir a juicio, y pidió la renuncia de los disidentes. El Che intercedió entonces por Oltuski, Faustino y Ray, diciendo que deberían seguir siendo ministros, que si tenían el valor de mantener sus opiniones a riesgo de su vida deberían seguir siendo ministros. Fidel dice que no tienen la confianza de la revolución. A partir de este momento los cambios se producen: Oltuski se queda temporalmente, los otros se separarán del gobierno en noviembre dando entrada a Martínez Sánchez y Osmani Cienfuegos (hermano de Camilo), más cercanos a las posiciones políticas de Raúl y el Che.

Huber Matos habrá de ser juzgado dos meses y medio después. Más allá de sus evidentes discrepancias con la línea de la revolución, de su actitud contraria a la reforma agraria o de sus coqueteos con el latifundismo, no se prueban los delitos de traición. Según Franqui, el Che compartirá la visión de que el juicio de Matos ha sido un error de Fidel, en una entrevista con la esposa del detenido. Y eso que sus posiciones están en la otra esquina del espectro político respecto a las del comandante arrestado.

El 29 de octubre aparece la entrevista del Che en un periódico argentino, donde propone una revisión radical de las relaciones con Estados Unidos... *Sin duda América está necesitada de unos cuantos barbudos.*

Y esa misma tarde, cuando volaba en un Cessna 310 de Camagüey rumbo a Santa Clara en una gira de inspección, Camilo Cienfuegos se desvanece en los aires. Al amanecer del 30 comenzaba un enorme operativo de busca. El Che se sube a un Cessna y se suma al rastreo; se moviliza a la marina, campesinos salen en operaciones de rastrillo por Camagüey. El país entero se mantiene en tensión. Camilo es sin duda una de las figuras más populares y queridas de la revolución. El avión, sin dar ningún tipo de señal, ha desaparecido. En la reconstrucción de los hechos se descubre que probablemente cambió de rumbo para evadir una tormenta, que quizá se haya dirigido al mar. Durante una semana la búsqueda prosigue animada a veces por falsas informaciones. Luego, la nada. Hay una cierta rabia en las palabras del Che, que ha perdido a uno de sus escasísimos amigos: *Lo mató el ene-*

migo, lo mató porque quería su muerte. Lo mató porque no hay avio-
nes seguros, porque los pilotos no pueden adquirir toda la experiencia ne-
cesaria, porque sobrecargado de trabajo quería estar en pocas horas en
La Habana… y lo mató su carácter. Camilo no medía el peligro, lo utili-
zaba como una diversión, jugaba con él, lo toreaba, lo atraía y lo maneja-
ba; en su mentalidad de guerrillero no podía una nube detener o torcer
una línea trazada.

La revolución pierde así uno de sus escasos dirigentes, como antes había perdido a Juan Manuel Márquez, a José Antonio Echevarría, a Frank País, a Ramos Latour.

Un mes más tarde el Che convoca masivamente a los trabajadores de Manzanillo para realizar una jornada de trabajo voluntario, la primera de carácter masivo en Cuba. Se está construyendo en el Caney de las Mercedes una ciudad escolar, que habrá de llamarse Camilo Cienfuegos. El mejor homenaje que puede hacerle a su amigo.

Es domingo, habitualmente laboran en la construcción soldados del ejército rebelde, muchos de ellos miembros de la primitiva columna 8, a cargo del joven Rogelio Acevedo, oficial a los 18 años; pero ahora están allí en su día de descanso y junto a ellos los zapateros de Manzanillo, un gremio que se había destacado en la lucha contra la dictadura y a los que el Che llama cariñosamente los "tirapiedras" y que han llegado en camiones desde la ciudad; a ellos se han sumado campesinos de la sierra con café y comida. El Che arriba cerca de las 8 de la mañana tras haber llegado en una avioneta a la pista del central Estrada Palma. Su aparición junto con Aleida produce el júbilo y los gritos repetidos: "¡Che! ¡Che! ¡Che!" Tras un discurso muy breve se va para la cantera del Estrada Palma a triturar piedras con un mazo.

El régimen de trabajo era muy duro, se laboraba 12 y 14 horas, 26 días seguidos con cuatro de descanso. Durante varios domingos el Che vendrá de La Habana a trabajar ocho horas en la construcción del complejo escolar. Enrique Acevedo registra: "Los remolones, al sentir la avioneta cobran brío y afincan el hombro".

De esta época queda un autorretrato, uno más: el Che en silueta en fondo casi negro, fuma mientras apoya en la barbilla el pulgar de la mano del tabaco, atrás una ventana y un ventilador que casi se adivina. Se intuye la boina. La foto refleja de una manera extraña la reflexión y la soledad. ¿Es lo que buscaba el fotógrafo?

CAPÍTULO 28

"Cada vez que un Guevara abre un negocio, quiebra"

A pesar de la foto, el Che era un pésimo mecanógrafo; o escribía a mano o dictaba y luego corregía.

El 26 de noviembre del 59 Ernesto Che Guevara recibe su certificado de nacionalidad cubana cuyo derecho le ha otorgado la ley de febrero. Ese mismo día se hace público que el gobierno lo ha nombrado presidente del Banco nacional de Cuba. Muchos años después se seguía contando el chiste (el propio Fidel se haría eco de él y al Che le gustaba contarlo) de que en una reunión de la dirección revolucionaria cubana el primer ministro había preguntado si había un voluntario para el cargo de presidente del banco, si había allí algún economista, y el Che, que estaba dormitando, escuchó: "¿Algún comunista?" Y alzó la mano.

Dícese que el padre del Che reaccionó a la noticia de la siguiente manera: "¿Mi hijo Ernesto manejando los fondos de la república de Cuba? Fidel está loco. Cada vez que un Guevara abre un negocio, quiebra".

Las reacciones variaron. El embajador norteamericano protestó por su nombramiento ante el presidente y le sugirió una lista de tres posibles candidatos alternativos sin obtener respuesta. Pardo Llada, su excompañero de viaje, en el programa radial "Periódico de la palabra" comentó y celebró la llegada del Che al banco haciéndose eco de una opinión generalizada: "Solamente un tonto es capaz de desconocer los enormes peligros con que se trata de detener el impulso revolucionario en el campo económico. Para defender nuestra economía de esas graves contingencias: manos capaces, valientes y honestas".

El Che ofrecerá años más tarde una explicación: *Al llegar el gobierno revolucionario al poder, se devolvió la presidencia del banco, así como la vicepresidencia, a quienes la habían ostentado antes (del golpe), el doctor Felipe Pazos y el doctor Justo Carrillo. Al poco andar la revolución, se vio que había un cuello de botella, donde los programas económicos y los deseos de avance rápido de la revolución quedaban estrangulados, y era precisamente el nivel de las instituciones de crédito. Sin embargo, el respeto que sentíamos muchos por la capacidad intelectual del doctor Felipe Pazos hizo que se demorara bastante tiempo el dar el paso definitivo para colocar allí una figura, evidentemente mucho menos importante desde el punto de vista intelectual* (el eterno sarcasmo del Che), *que no sabía de bancos, pero que respondía a los lineamientos del gobierno revolucionario.*

Fidel, un mes más tarde, hará una potente defensa del nombramiento: "¿Quiénes fueron los que se preocuparon cuando nombramos al Che presidente del Banco nacional? Seguramente no fueron los guajiros, los obreros azucareros o los humildes. Quienes se preocuparon se pusieron a hacer campañitas contra el Che, se pusieron a calumniar al Che, se pusieron a tergiversar el pensamiento del Che, se pusieron a restarle los méritos extraordinarios que tiene (…) El Che fue allí para defender nuestra economía y defender nuestras reservas".

Al hacerse cargo del banco se ve obligado a ceder formalmente las responsabilidades en el departamento de Industria del INRA. *El departamento Industrial era hijo de mi propia mano; lo solté a medias* (porque se queda a cargo Orlando Borrego, que le reporta), *con dolor de papá avejentado, para sumirme en la pariente ciencia infusa de las finanzas.* En ese momento el departamento controla 41 pequeñas y medianas empresas en las que trabajan 2253 obreros. Más tarde el Che reiteraría ante Huberman y Sweezy que prefería la gestión industrial al trabajo del banco.

Pero al tomar la presidencia del banco, al encargársenos una serie de tareas nuevas, vimos que no era solamente el deseo o el no deseo de hacer las cosas el que frenaba las instituciones bancarias, la función crediticia, era el mismo sistema creado. Aun cuando en aquellas condiciones los representantes de la banca extranjera no fueran a exponer un criterio diferente al criterio expresado por la dirigencia estatal del banco, sin embargo eran un espía que podía controlar todo el banco. Participaban además en diversos comités de crédito y todas las orientaciones, los fundamentos de la nueva política estaban al desnudo, en algunas situaciones (…) en cosas realmente delicadas. Además, el crédito se realizaba de una forma anárquica y los bancos que tenían la capacidad de crear dinero, lo creaban orientando el crédito en la forma que les era más rentable, dejando completamente de lado los intereses de la nación.

El 27 de noviembre inauguraba su mandato tomando una serie de medidas de control en torno a licencias de importación, operaciones de financiamiento pagaderas en moneda extranjera, importación y exportación de monedas, venta de dólares a turistas y otras personas existentes en el extranjero. Medidas tendientes a controlar las reservas de divisas.

La presencia del Che y su estilo en el banco causó rápidamente inquietud entre los viejos funcionarios; uno de ellos se quejaba de que "en la antesala del despacho del presidente está lleno de peludos armados con armas largas". Los peludos eran sus adolescentes guajiros, convertidos ahora formalmente en miembros de su escolta y con grado de primeros tenientes: Hermes Peña, José Argudín, Alberto Castellanos, Harry Villegas y Leonardo Tamayo.

A este singular equipo se suma Salvador Vilaseca, al que le propone la tarea de administración. Al paso de los años Vilaseca reconstruiría esta breve conversación:

"—Oiga comandante, que no sé nada de bancos.

—*Yo tampoco y soy el presidente, pero cuando la revolución te pide…*

—Está bien, ¿cuándo entro?"

La entrada de Guevara en el banco sustituyendo a Pazos es el fin de la crisis producida por Huber Matos. Al entrar el Che se retiran muchos de los cuadros financieros que habían entrado con Pazos y se crea un vacío técnico. Para cubrirlo mínimamente el Che se lleva a dos de sus auxiliares en el departamento de Industrialización, Raúl Maldonado y Jaime Barrios, del grupo de los "chilenos".

En esos días el Che entra en una frenética actividad. Habla en actos públicos, continúa escribiendo lo que será un manual de la guerra de guerrillas y narraciones sobre la etapa de la sierra, estudia matemáticas, dirige el banco, indirectamente el departamento de Industrialización, las tareas de educación del ejército y participa regularmente en jornadas de trabajo voluntario en la construcción de escuelas.

Le escribirá a sus padres: *Cuba vive un momento definitivo para América. Alguna vez quería haber sido soldado de Pizarro; para mi afán de aventuras y mis ansias de otear momentos cumbres no hace falta eso: hoy está todo aquí y un ideal porqué pelear junto a la responsabilidad de un ejemplo que dejar. No somos hombres, somos máquinas de trabajar luchando contra el tiempo en medio de circunstancias difíciles y luminosas.*

El tiempo libre se recorta. Según sus escoltas, algunos domingos el Che mandaba buscar a su hija Hilda para pasar el domingo en casa. Nunca duerme más de seis horas y la mayoría de los días mucho menos. Aleida cuenta: "Apenas dormía, el Chino, que perteneció a su escolta, decía que para el Che subirse a un auto era como si le dieran anestesia, pues se quedaba dormido al instante, siempre que no quisiera leer, porque entonces no dormía (...) era capaz de acostarse en el suelo, en cualquier sitio, por incómodo que pareciese y dormirse".

Su economía personal es bastante precaria, se había negado a acumular los sueldos de los diferentes cargos y se limitaba a cobrar su salario de comandante de 440 pesos, de los cuales entregaba 100 pesos a Hilda Gadea para su hija, pagaba 50 pesos de alquiler de casa, 50 pesos para ir pagando el coche que había comprado usado (un Studebaker negro que a juicio de Borrego "desencantaba al menos pretencioso") y el resto se iba en los gastos caseros, con una legión de gente viviendo en su casa. Tamayo resumirá: "Solo tenía una buena biblioteca porque le regalaban libros".

El coche le ha de durar poco, porque en una de tantas se descompone el motor y el Che queda tirado en la vía Blanca donde se lo encuentra el comandante Juan Escalona que viene con Raúl Castro de Matanzas. Escalona cuenta: "Cuando lo dejamos, Raúl me orientó que fuera a comprarle un automóvil al Che. 'Mira a ver qué coño le compras'. Hice lo indicado y entonces recibí una llamada del argentino: *Oye, ¿vos quién te creés que eres para regalarme un automóvil? Ven y recógelo porque yo no me monto en eso*".

Escalona se salió rápidamente de la zona de conflicto y dejó que el Che se peleara con Raúl, que al fin y al cabo era su jefe en el ejército. El Che se negó a aceptar aquel Oldsmobile nuevo y logró que se lo llevaran, pero parece ser que Raúl lo convenció de que no fuera tan cerril, que necesitaba un coche por razones de trabajo y le entregó un Chevrolet Impala usado, del año 60, que sería el que el Che usaría hasta el final de sus días en Cuba.

Lentamente va aprendiendo los mecanismos bancarios, mientras trata de controlar la fuga de capitales y procede a la liquidación de las bancas batistianas, tratando de deshacer los turbios negocios que se habían hecho en el pasado (empresas construidas con créditos de 16 millones del banco y sólo 400 mil pesos de inversión de un industrial, que ni siquiera salían de su bolsillo sino del descuento del 10% que le daban los proveedores por compra de maquinaria). Paralelamente sigue impulsando la reforma agraria. Cuando el 9 de diciembre se entregan los primeros títulos de propiedad a los campesinos declara: *Hoy se firmó el certificado de defunción del latifundio. Nunca creí que pudiera poner mi nombre con tanto orgullo y satisfacción sobre un documento necrológico de un paciente que ayudé a tratar.*

Al inicio del año el Che entra en una violenta polémica con el dirigente obrero de Las Villas Conrado Rodríguez, al que amenaza con llevar a los tribunales acusándolo de difamación. Rodríguez había acusado a su vez al Che de cobijar laboralmente a batistianos, en particular al secretario del Banco nacional, José Santiesteban. El Che explicaría que se ha caracterizado por ser sumamente intransigente con sus colaboradores, *La Cabaña gozaba de una fama tétrica, porque no valían recomendaciones y (...) resulta increíble que un individuo así tenga la osadía (porque según tengo entendido no era valiente, subió a la sierra a hacer el aparato, tampoco tiró un tiro),* se atreva a difamar a Santiesteban, quien no siendo un revolucionario trabajaba en una institución gubernamental, pero simpatizaba con la revolución en la era batistiana y era honesto. Parece ser que la acusación tenía un turbio origen; Rodríguez, quien en su época de dirigente sindical había cobrado de la lotería batistiana un sobresueldo, después de la revolución le había pedido a Santiesteban que le diera trabajo en el INRA y no salió el asunto. Al producirse la acusación Santiesteban le ofreció al Che la renuncia, pero el Che no la aceptó y pasó al contraataque. El Che utilizará el debate para abrir una reflexión sobre los peligros de la cacería de brujas.

Más allá de la polémica, en los últimos días de enero participa en un par de conferencias hablando de la problemática del banco. Se encuentra en esos momentos trabajando en un proyecto sobre el cambio de moneda y en otro sobre la nacionalización bancaria. Todo ellos para impedir que se evaporen las divisas. Su carácter de presidente del banco en una sociedad que aún se rige por reglas de mercado capitalista y que tan sólo tiene una pequeña área social estatalizada, no le impide hacer declaraciones altisonantes: *Podrá parecerles muy extraño que* (el presidente del Banco nacional) *venga a romper lanzas contra la propiedad... Pero todavía soy mucho más guerrillero que presidente de banco.*

De ese guerrillero accidentalmente convertido en banquero se decían muchas cosas. Circulaba en aquellos días por La Habana un cartelito hecho a mano con un slogan que se le atribuía al Che: "Aquí se puede meter la pata, pero no se puede meter la mano", el Che muy indignado al descubrirlo juraba que la frase no era suya y que *aquí ni se podía meter la pata ni la ma-*

no, y perjuraba que en un discurso público habría de rectificar. En la vorágine debe habérsele olvidado.

Por esos días recibe un mensaje de Raúl diciendo que se ha decidido que el ejército se corte el pelo. Todavía las barbas y las largas melenas eran comunes entre los veteranos de la sierra, pero curiosamente también lo eran entre los recién llegados al proceso. El Che disciplinadamente responde al emisario: *Dile a Raúl que me voy a pelar, porque entre otras cosas el pelo me tiene bien jodido, pero que no se le ocurra mandarme a afeitar, porque eso sí no lo voy a hacer.*

En enero se entrevista con un grupo de periodistas argentinos entre los que se encuentra Osvaldo Bayer, quien deja este retrato: "Hablaba una especie de cubano argentinizado (...) El habla cubana se le había metido muy adentro y le quedaba muy bien (...) Esa forma de hablar aumentaba su ángel, lo hacía latinoamericano (...) No veía países, como los anarquistas de antes, él veía regiones, sin límites artificiales".

En esa entrevista el Che expone a lo largo de tres horas una versión simplificada de la futura revolución argentina: un foco guerrillero en la sierra de Córdoba, próximo a los obreros industriales. Bayer resume: "Cualquier otro que nos hubiera intentado relatar algo así que no fuera ese verdadero poeta que teníamos allí, nos hubiera causado enormes dudas y cierto rechazo".

El 4 de febrero el Che se enfrenta en la televisión contra el sector más conservador del país representado por *El Diario de la Marina*, que objetaba la política industrializadora estatal que promovía el Che desde el banco. Sus argumentos atacan a la libre empresa "a la cubana", donde se encontraban fábricas como Cubanitro, donde accionistas con 400 mil pesos controlaban 20 millones en préstamos estatales. Libre empresa en un país con 700 mil desempleados, una libre empresa que generaba un déficit permanente entre importaciones y exportaciones, que en el 59 había llegado a 127 millones de dólares. En el programa de televisión informaba que las presiones estadunidenses se agudizan y que la banca de los Estados Unidos ha suspendido los créditos para importación.

El marco quizá sea el de una revolución a la *que se podría esquematizar llamándola nacionalismo de izquierdas*, como ha declarado a *Bohemia* días antes, pero el Che sin duda quiere ir al fondo y desde luego, ante las crecientes presiones estadunidenses, parecía ser que si se pretendía desarrollar un programa de beneficio social, tampoco habría otro camino. El *Wall Street Journal* citado por Hugh Thomas, decía sabiamente que "las fuentes de crédito europeas y norteamericanas se le están cerrando a Cuba y no tendrá más remedio que recurrir a Rusia".

En los últimos días del 59 se habían producido frecuentes reuniones privadas en Cojimar, en las que participaban regularmente Fidel, el Che, Raúl, Emilio Aragonés y los dirigentes comunistas Aníbal Escalante, Blas Roca, Carlos Rafael Rodríguez, César Escalante y Lázaro Peña. Sin duda en estas reuniones se exploraba entre otras cosas la posibilidad de un apoyo soviético si crecía la presión económica estadunidense. Sin embargo Fidel no quería que su interlocutor con los rusos fueran únicamente los comunistas cubanos, y así se envió una misión a los países socialistas para abrir posibilidades de comercio, encabezada por Núñez Jiménez, pero la embajada no había obtenido mayores acuerdos concretos. Será Alexeiev (quien con su cobertura de periodista era el representante del PCUS en Cuba, un ruso atípico, extraño, que usaba guayabera, hablaba español, llegaba en las madrugadas a visitar al Che al banco, fumaba habanos y hasta hacía chistes) quien cocine el contacto definitivo. Aprovechando una visita de Mikoyan a México, la dirección de la revolución cubana envió a Héctor Rodríguez Llompart con una invitación. Así habrían de desembarcar los primeros soviéticos en Cuba. En febrero del 60 se produciría la visita de Anastas Mikoyan, una de las máximas figuras de la burocracia soviética y miembro del Politburó del Partido comunista de la URSS.

El Che está presente cuando Fidel y los demás ministros del gobierno lo reciben y asiste a la primera declaración de Mikoyan: "Nosotros estamos listos para apoyar a Cuba". Y estará presente a lo largo de toda la gira, en conversaciones privadas y actos públicos. Será por cierto el que inicie el aplauso cuando Mikoyan entre en una sala de conciertos. Y será sin duda uno de los más fuertes partidarios dentro del gobierno cubano de la aproximación a los soviéticos. ¿Qué es la URSS para el Che? Cuatro novelas sobre la guerra antifascista y la revolución de octubre, la heredera de la mitología socialista, la patria de Lenin, la cuna del humanismo marxista, la patria del igualitarismo, la alternativa en un mundo bipolar al bien conocido imperialismo estadunidense. Ni los procesos de Moscú, ni el autoritarismo policiaco, ni los *gulag*, ni la persecución de la disidencia, ni el antiigualitarismo burocrático, ni la geopolítica nacionalista, ni la economía mal planificada, ni el marxismo de fachada y cartón piedra de los rusos, formarán parte de la cultura política del Che en 1960.

Y Mikoyan cumple, pone flores en la estatua de Martí, recibe abucheos de los estudiantes católicos, firma un pequeño convenio azucarero, y sobre todo establece con su presencia una advertencia contra el aislamiento que se genera desde Estados Unidos, mientras evalúa las posibilidades de Cuba en el gran juego geopolítico de la guerra fría.

Un mes más tarde el Che dirá en un programa televisivo, sintetizando la opinión de una parte de la dirigencia de la revolución cubana, al opinar sobre el apoyo soviético y el hecho de que los rusos sólo lo hacen para irritar a los Estados Unidos: *Podemos admitir que eso sea cierto*. Y remata con un provocador: *¿Y a nosotros qué?*

Durante la visita, la escolta del Che es obligada a rendir horas extra. Castellanos cuenta: "Llevábamos una semana completa con Mikoyan, casi todo el tiempo sin comer, entonces fueron a visitar la casa de Celia Sánchez, eran como las diez de la noche y teníamos un hambre perra, uno de los compañeros nos dijo que allí cerca vivía la secretaria de Osvaldo Dorticós, que seguramente tenía comida y para allí fuimos. Nos pusimos a freír huevos y a comer de cuantas cosas tenía, en eso viene uno buscándonos y dice: ¿Quién anda con el Che? Está parado en la esquina. Salí corriendo. Lo encontré muy serio y enojado, me preguntó: ¿*Dónde estabas?* Le expliqué que tenía hambre y me dijo: *Yo también. Siempre que como, comen ustedes, tiene que ser parejo para todos.* Me metió tres días preso en el cuarto de la casa".

Con Mikoyan, como su asistente, viene un joven oficial de la KGB, Nikolai Leonov, el mismo que le prestaba novelas al Che en México y cuya detención produjo que casi lo expulsaran de México. Esta vez le traía como regalo una pistola soviética; pronto se convertiría en agregado cultural de la futura embajada soviética y en uno de los más importantes enlaces con el aparato, trabajando seguramente doble turno para la KGB.

En los días posteriores a la visita de Mikoyan, el Che vuelve a la actividad febril, lo mismo inaugura una escuela construida sobre un cuartel de la dictadura que advierte que los estadunidenses están tratando por todos los medios de impedir la zafra a través de sabotajes. Se cambia nuevamente de casa, esta vez a una en Ciudad Libertad, en el oeste de La Habana; un par de meses más tarde lo hará a la calle 18, al número 710, entre avenida 31 y 7A en Miramar (¿Por razones de seguridad? ¿Porque le gusta? ¿Porque las mudanzas formaron una parte entrañable de su infancia y de su vida?).

En febrero y marzo de 1960 será el sujeto de cuatro historias gráficas. El antiguo fotógrafo callejero de la ciudad de México, ahora convertido en personaje central, visita un día a su compañero de columna, el doctor Vicente de la O, que acaba de tener un hijo, al que claro, registra como Ángel Ernesto y existe una foto, tomada casualmente por un fotógrafo que andaba por ahí, de un Che extrañamente amoroso cargando al niño de meses que observa con desconfianza la barba del personaje. Es una foto tierna, donde el Che mantiene los ojos entrecerrados. ¿Está listo el comandante Guevara nuevamente para la paternidad?

Un par de semanas más tarde, durante una de las conferencias en la universidad reseñadas en el capítulo anterior, Fernando López, un fotógrafo, al que el Che ha bautizado a la mala como Chinolope (*No hay muchos fotógrafos chinos cubanos, ni muchos López*), con una apasionante trayectoria profesional dentro y fuera de Cuba, dispara una foto tan importante en la imaginería guevarista como la que hará Korda tres días después, aunque menos difundida, una foto que fue criticada y llamada mística por algún realista socialista trasnochado años después de la muerte del Che. Evaporado todo a partir de los perfiles, se ve a un Guevara melenudo, con la mano derecha apoyada en una silla y la izquierda en la barbilla, el índice sosteniendo la punta de la nariz, mirando levemente hacia arriba. El Greco siempre pensó que así se contaba a los personajes, que así era la vida.

Y tres días más tarde, el 4 de marzo, cuando Guevara va rumbo a sus oficinas en el banco, se produce la explosión del La Coubre, un barco francés cargado con 70 toneladas de armas belgas. El Che, advertido por la tremenda detonación, se desvía hacia los muelles del Arsenal. El desastre es terrible, hay 75 muertos y cerca de 200 heridos. Colabora en las labores de rescate. La duda invade a todo el mundo: ¿accidente o sabotaje?

El fotógrafo Gilberto Ante, de *Verde Olivo*, se lo encuentra salvando heridos y el Che encabronado le prohíbe que le tome fotos. Le parece impúdico ser objeto de curiosidad en un accidente. Al día siguiente se celebra el funeral de las víctimas. A una cuadra del cementerio de Colón, sobre la calle 23, se levanta una tribuna cubierta con una bandera cubana con un crespón de luto. En ella Fidel pronunciará por primera vez la consigna de "Patria o muerte". El fotógrafo de *Revolución* Alberto Díaz, "Korda", va paneando con el telefoto de 90 de su Leica por los personajes de la tribuna y se encuentra en la segunda pasada con el Che, que avanza por uno de los costados, se sorprende ante el gesto del argentino y dispara dos veces. "Al verlo metido en el encuadre de la cámara, con esa expresión, casi me produce un sobresalto de impacto. Intuitivamente aprieto el obturador". Alberto Granado le diría a Korda un poco después que ese día el Che tenía cara de que si veía a un yanki se lo comía vivo; pero no es eso lo que se muestra en la foto.

En el negativo aparece un hombre no identificado en el lado derecho de la foto y las hojas de una palmera en el izquierdo; hábilmente Korda suprime los elementos que distraen y se concentra en el rostro, una imagen muy peculiar, la cara ceñuda, la ceja izquierda levemente alzada, la boina con la estrella, una chamarra cerrada al cuello, el viento moviendo la melena. Años más tarde el editor italiano Giacomo Feltrinelli encontrará la foto en casa de Korda y hará un póster. Decenas de miles de copias, luego millones de ejemplares, recorren el mundo. Es la imagen más conocida del Che, la simbólica, la que inundará muros, portadas de libros, revistas, mantas, pancartas, camisetas. La que se enfrentará a la foto distribuida por los militares bolivianos del Che muerto en la plancha del hospital de Malta, en un duelo simbólico y no por ello menos potente. Curiosamente el editor fotográfico de *Revolución* no seleccionará la foto en su día para la publicación.

En esos días se entrevistará con Jean Paul Sartre y Simone de Beauvoir, que reseñarán: "Se diría que el sueño los ha abandonado, que también ha emigrado a Miami". No es del todo cierto, una foto de Korda registra que esa noche la escolta del Che se ha dormido en el pasillo con un cigarro en la boca. El Che les ofrece un panorama de las tensiones políticas en que vive la isla. Sartre quedará cautivado por el personaje y por el clima político de fervor que vive Cuba. Años más tarde dirá: "No sólo era un intelectual, era el ser humano más completo de nuestro tiempo". En otra foto, Sartre se ha decidido por el habano, el Che se lo enciende. El novelista Lisandro Otero, que acompaña a la pareja francesa, nota sorprendido que el Che se ha amarrado las botas y se las ha limpiado y que el uniforme verde olivo está lavado y planchado. Reviso la serie de fotos de Korda, que asiste al encuentro, y confirmo la apreciación de Otero. Es el mejor homenaje guevariano. El Che se ha endomingado para rendir homenaje a Sartre, para pagarle muchas horas de lecturas e ideas.

El 20 de marzo el Che interviene en el programa de televisión "Universidad popular" con un tono duro, con una seguridad mayor, una actitud diferente a la del 59, con una propuesta de rumbo: *Tenemos el privilegio de ser el país y gobierno más atacado, no solamente en estos momentos, sino quizá en todos los momentos de la historia de América, mucho más que Guatemala y quizá mucho más que México (...) cuando Cárdenas ordenó la expropiación.* Y deja claro que una sociedad más justa tiene que redistribuir la riqueza: *Para conquistar algo tenemos que quitárselo a alguien y es bueno decir las cosas claras y no esconderse tras conceptos que puedan mal interpretarse.*

En medio de sus triples funciones como director del banco, jefe del departamento de Industrialización y encargado de la formación cultural del ejército, el Che sacó tiempo a mediados de abril para iniciar una colaboración regular periodística en la revista *Verde Olivo*. Firmando con su viejo seudónimo de los días de la sierra, "El francotirador", y recogiendo el nombre de su vieja sección, "Sin bala en el directo", comenzó a publicar semanalmente unos breves artículos de comentarios de política internacional. El primero, dedicado a Truman, al que llama "el payaso macabro", por la orden del bombardeo de Hiroshima y Nagasaki y ahora por invitar a la intervención en Cuba, da la tónica de la serie, en la que destacan los títulos, que siempre envuelven una broma, y el tono muy agresivo y pedagógico. A lo largo de los siguientes cinco meses publicará otros 18 artículos más en los que hablará de las elecciones en Argentina, las bases norteamericanas en América Latina, Corea, la política del bloqueo, la OEA, Nixon, Ydígoras y Somoza.

Y en un alarde de laboriosidad, un mes más tarde iniciará otra serie, que lo obligará a escribir semanalmente artículos de reflexión militar que titulará "Consejos al combatiente" y que se prolongará por siete meses, con temas como el aprovechamiento de las ametralladoras en el combate defensivo, la disciplina de fuego en el combate, defensa contra los tanques o la artillería de bolsillo.

Pareciera como si en esos meses de largas horas nocturnas sin dormir en la oficina del banco, quisiera recuperarse de todo el periodismo que no ha hecho y quiso hacer en su vida.

Una foto lo registra con el uniforme militar sentado ante una Remington en la redacción de *Verde olivo*. El Che mira hacia la cámara con cara de pocos amigos y tiene la boca ligeramente entreabierta, como si se dispusiera a putear al fotógrafo por su indiscreción al pescarlo en un acto tan privado como el periodismo. Y si el periodismo es privado, la escritura es central, *lo más sagrado del mundo, el título de escritor*, le dirá en una carta a Ernesto Sábato.

Por esos días aparece *Guerra de y guerrillas*, el libro en el que ha trabajado desde mediado el 59, dedicado obviamente a Camilo: *Este trabajo pretende colocarse bajo la advocación de Camilo Cienfuegos, quien debía leerlo y corregirlo pero cuyo destino le ha impedido esta tarea. To-*

das estas líneas y las que siguen pueden considerar como un homenaje (...) al revolucionario sin tacha y al amigo fraterno. El libro es un manual, un compendio de sus aprendizajes guerrilleros en la revolución cubana. Las tres ideas clave se encuentran en la primera página del primer capítulo, no hay demora en expresarlas: *Las fuerzas populares pueden ganar una guerra contra el ejército,* no hay que esperar *a que se den las condiciones para la revolución, el foco insurreccional puede crearlas y en América Latina el terreno de la lucha armada debe ser fundamentalmente el campo.*

Concebido como un documento que lucha contra el quietismo de la izquierda tradicional, la presión está en estos puntos, aunque matiza señalando que bajo un gobierno llegado al poder a través de una consulta popular, no se puede producir el brote guerrillero, y por otro lado no desprecia las luchas obreras. Entendiendo al guerrillero como un *reformador social,* va desgranando lentamente, a veces con un tono *naive* y primario (*el guerrillero será callado [...] debe ser sufrido hasta un grado extremo*) la pequeña anécdota y volviéndola máxima, creando un cuadro del guerrillero que se parece a veces en exceso a la propia imagen o a la imagen que su voluntad ha trazado para sí mismo (*un complemento habitual y sumamente importante en la vida del guerrillero es la fuma, ya sean tabacos, cigarros o picadura para la pipa, pues el humo que pueda echar en momentos de descanso es el gran compañero del soldado solitario*), incluidos defectos (*sudando en las continuas marchas, secando su sudor sobre él y agregando nuevos sudores, sin que haya la posibilidad de aseo continuo; aunque esto depende de la disposición individual de la persona, como en todos los casos*). Va armando un escapulario de consejos sobre los fogones, la mejor composición de una escuadra, la vocación campesinista, las enseñanzas transmitidas por la vía del ejemplo, la posibilidad de arreglar un arma larga para lanzar bombas molotov, el área de dispersión de los balines de una escopeta, las virtudes de la retirada... y llegando a conclusiones de una enorme sabiduría sobre la crueldad del instante del combate o la guerra como el único entrenamiento para la guerra.

Sorprende sobre todo la ausencia del rígido lenguaje, la falta de la lexicología usual marxista, la ausencia de huellas del manualismo escolástico y la recuperación de lo anecdótico que, como siempre, es su mejor arma como narrador e incluso como teórico. James Higgins, un analista norteamericano contará que un amigo suyo le dijo a raíz de la edición en Monthly Review del libro, que parecía un manual para *boy scouts,* y que eso es lo que le fascinaba realmente del texto, su simplicidad y concreción. No le faltaba razón.

El Che reaccionará con timidez a las peticiones de autógrafos y mientras que no se lo regalará a sus amigos y colaboradores, que tendrán que pagar los 50 centavos, lo entregará gratis a los miembros del consejo de dirección del Banco nacional, como una provocación más, para que quede clara su vocación de guerrillero y su accidentalidad de banquero. A Finley, el representante del Chase Manhattan en el consejo, se lo ofrecerá con mayor interés que a otros, y cuando el estadunidense le comenta que ya lo ha leído, el Che lo interroga y se sorprende cuando el banquero le resume capítulos. El Che entonces le ofrece más ejemplares para enviar a los Estados Unidos.

Pero al margen de provocaciones, desconfianzas y timideces, su vocación de narrador, apenas si ha producido un primer material, y no el mejor. No será este su último libro si él puede evitarlo. A Ernesto Sábato le comenta que algún día escribirá un segundo *sobre la revolución, genuina creación de la improvisación.*

La situación mientras tanto se sigue calentando en la isla. El gobierno se enfrenta a la jerarquía católica y el clero ultramontano que mantienen una campaña anticomunista muy beligerante. Chocan en una creciente espiral contra la prensa batistiana y liberal: primero el *Diario de la Marina*, que es intervenido el 11 de mayo tras un enfrentamiento entre periodistas y el sindicato de Artes gráficas, y más tarde *Prensa Libre*, que será intervenido el 16 de mayo. Ambos periódicos habían tenido subvenciones del gobierno de Batista. Comienzan a filtrarse informaciones sobre la intervención de la CIA en Miami, donde articula al exilio en dos niveles, uno no batistiano con Artime, Varona, Aureliano Sánchez Arango, y otro de militares bastistianos que comienzan a entrenar en Guatemala con el visto bueno de la dictadura de Ydígoras.

El 16 de mayo, su madre está en Cuba y acompaña a Ernesto al torneo de pesca Hemingway. Nuevamente las fotos dan la medida: el Che sin camisa pero con boina, desastroso, la caña posada a un lado de la silla, los pies estirados y apoyados sobre la popa de la lancha. Y siempre un libro entre los brazos u oculto bajo el asiento, mientras simula que pesca.

El 20 de mayo, en el discurso en la inauguración de la exposición industrial, revela: *Tengo casi un solo tema (...) el de la industrialización del país.* Una obsesión nacida de la idea de que la estructura económica cubana no genera progreso mientras se dependa de la producción de materias primas baratas y se tenga que depender de importar manufacturas. Ha estado participando más activamente en las tareas del departamento de Industrialización que está a su cargo informalmente y que dirige con un equipo formado por el ingeniero César Rodríguez, el Patojo, que actuaba como jefe de personal, Borrego y Juan Borroto, al que se ha sumado Valdés Gravalosa, un abogado de 28 años amigo de Faustino Pérez. Desde un mes antes funcionan en el departamento con consejos de dirección de los que Gravalosa toma actas sistemáticamente. El tema central de esas primeras reuniones es conseguir que el INRA entregue de inmediato las empresas recibidas de malversación de bienes o nacionalizadas, unificarlas por renglones de producción, clarificar la contabilidad y tratar de hacerlas costeables, buscar no despedir, equilibrar ganancias de unas con otras.

El economista norteamericano Edward Boorstein, que trabaja en la oficina de asesores anexa a la oficina del Che en el banco, registra que además de sus labores cotidianas el comandante está preocupado por la planificación industrial.

Todo ello en una locura laboral, en la cual aparecen invitados y visitas, se reciben clases de matemáticas y en las noches Jaime Barrios da clases de economía en una oficina anexa que tenía una mesa octogonal. Y los anocheceres se prolongaban por la aparición de comandantes guerrilleros y la narración de anécdotas de la revolución y Aleida y Manresa enfadados, tratando de contener el alud que cae sobre el Che, quien encuentra horas para estudiar informes, escribir, preparar discursos, emprender nuevas jornadas de trabajo voluntario, visitar sucursales bancarias. En una de las visitas descubre un cartel sobre la caja: "Estoy al servicio del pueblo", al salir el Che sugiere a Vilaseca que le diga al cajero que le dé la vuelta al letrero para que sea él quien lo lea a todas horas y lo recuerde.

Otro día será el norteamericano I.F. Stone quien lo visite. A Stone y a su libro *La historia oculta de la guerra de Corea* le debe el Che una de sus primeras iluminaciones en México. "Guevara me saludó con mucho calor. Me desconcertó hasta que descubrí que, unos pocos años antes, la embajada norteamericana en México (…) había comprado cada copia que había podido encontrar de *La historia secreta de la guerra de Corea* cuando apareció en traducción al español. Las copias restantes habían circulado ampliamente (…) El Che me recibió como un compañero rebelde contra el imperialismo." Y recuerda de aquella conversación: "Es el primer hombre que conocí del que he pensado que no sólo era apuesto sino bello. Con su barba rizada y rojiza, parecía un cruce entre un fauno y una postal de escuela dominical de Jesucristo (…) Lo que más me impactó era que de ninguna manera parecía corrompido o intoxicado por el poder que de repente le había caído en las manos".

El personaje que cautiva a Stone es el mismo que sigue sin darle valor al dinero, al que en la calle los compañeros tienen que pagarle el café porque no trae monedas en el bolsillo. Que cuando asiste como padrino a la boda de Fernández Mell, quien ha vivido en su casa desde el fin de la revolución, lo hace vestido con un uniforme de campaña raído, con agujeritos.

—¿Cómo vienes con ese uniforme? —le reclamó alguien.

—*Es mi uniforme de verano.*

El 14 de junio de 1960 comienza a discutir con los trabajadores para frenar una oleada de presiones por aumento salarial que se producen en los sectores más organizados del movimiento obrero. *La industrialización es una obra de sacrificios, no es ir a un baile meterse en un proceso de industrialización acelerado, y lo veremos en el futuro.* Y precisa: *Estamos luchando contra los aumentos de sueldo, porque no producen más que inflación y porque no permiten generar empleos.* Establece la cifra de desempleo en 300 mil trabajadores, que aunque ha reducido a la mitad la existente en el inicio de la revolución sigue siendo extraordinariamente alta.

En la Escuela técnico industrial, quince días más tarde, reitera que el gobierno está tratando de congelar los salarios, porque mientras no aumente la producción, un aumento salarial sólo podrá producir incremento de los precios y la inflación se comería al país: no se producen más bienes, aumentar los salarios es tirar de la maquinita, *pero ese dinero vale menos porque la producción del país no ha alcanzado todavía el grado necesario para que pueda emitirse ese dinero.*

El fotógrafo de *Revolución* Liborio Noval se lo encuentra en el reparto Martí donde se están construyendo casas populares.

—*¿Y ustedes vinieron a trabajar?*

—Sí, comandante, vinimos a cubrir la información.

—*No, no, yo digo a trabajar de verdad. A dar pico y pala, a cargar carretillas.*

—Bueno, si hay que hacerlo, lo hacemos.

—*Bien, cuelga las cámaras allí y acompáñanos.*

Y se le fue la mañana llevando una carretilla que el Che llenaba de arena, de cemento o de piedras.

A partir de eso comienza a seguirlo en el trabajo voluntario los domingos y descubre que la cosa va de veras, que el Che no hace trabajo voluntario para cubrir las formas, que suda la jornada en trabajos físicos ingratos. Así andarán ministro y fotógrafo hasta que el Che le pide un día que le pare, que con tanta foto lo traen jodido los compañeros del consejo de ministros los lunes, que los cubanos son pesados para las bromas.

Pero no sólo los cubanos son pesados para las bromas; el Che lo es más. En una de esas jornadas de trabajo voluntario se encuentra al jovencísimo Acevedo, Enrique, el menor de los dos hermanos, que se ha tenido que separar temporalmente del ejército porque lo tuvieron que operar de nuevo de un brazo mal soldado, y ahora trabaja en Industrialización, en compras. Después de preguntarle por su vida y milagros, le suelta en seco:

—*¿Todavía eres primer teniente?*

Acevedo, que a los 17 años no tiene mucho sentido del humor y está acostumbrado a que el Che le cargue la mano, responde:

—Che, usted sabe que a los pendejos no nos ascienden.

Y el Che le suelta en seco:

—*Es raro, los guatacas siempre prosperan.*

"Me quedé así mirándolo y pensé: este hombre me odia, me vacila, me ha cogido para el trajín, qué coño tiene contra mí, ¿qué le habré hecho?"

Pocos días después lo despedirá por haber hecho una compra de dinamita a una empresa estadunidense habiendo otras opciones, y después de despedirlo se preocupará porque ingrese a la universidad.

Mientras tanto, la tensión crece en Cuba. En los primeros días de julio Estados Unidos suspende la cuota azucarera cubana, que establecía la compra a precio fijo de una cantidad importante de la producción nacional por arriba del precio de mercado. El gobierno cubano advierte que puede pasar a nacionalizar la industria azucarera. En las paredes de La Habana aparece pintado: "Sin cuota pero sin amo".

El 17 de julio en el artículo semanal de *Verde olivo* se dedica a burlarse de la paranoia estadunidense que acusa a los cubanos de estar creando bases de submarinos soviéticas en la isla, y recuerda un comentario de Camilo cuando le preguntaron sobre los submarinos rusos y éste respondió que era sólo uno, el que le llevaba armas al Turquino, que era un submarino con patas. *Y Camilo miraba serio y el hombre no se atrevía a dudar de las terribles barbas de Camilo. Hoy estamos de nuevo en la época de los submarinos con patas.*

Submarinos no hay, pero las armas belgas e italianas compradas en los dos primeros años de revolución están siendo sustituidas por armas soviéticas compradas a mejor precio.

Y la prensa de Estados Unidos arrecia su campaña antirevolución cubana y el Che es descrito como "el poder en las sombras detrás de Castro" (Szulc en el *New York Times*), "el hombre siniestro detrás de Fidel" (Sondern en el *Reader's*), "el cerebro de Castro" (en *Time*) y "el dictador rojo detrás de Castro" (en el *US World and News Report*).

El 20 de julio la URSS compra las 700 mil toneladas del remanente que quedaba de la cosecha azucarera. Como dice K. S. Karol, "las medidas de la socialización comenzaron a desencadenarse como una tormenta tropical".

La espiral del enfrentamiento entre los Estados Unidos y el gobierno cubano se remonta a los primeros meses de la revolución y establece una serie de medidas y contramedidas cada vez más agresivas por cada una de las partes. Cuando se expropiaron las tierras azucareras los estadunidenses exigieron que se cumpliera una condición imposible, que el pago se hiciera al contado, pero además se negaban a aceptar como precio de expropiación la valoración que habían hecho de las tierras sus propietarios ante el fisco. Bajo amenazas de corte de la cuota azucarera y permisos del congreso estadunidense para que Eisenhower pudiera hacerlo, el choque se desplazó al petróleo. Los rusos habían ofrecido unas 300 mil toneladas de petróleo a precio preferencial y créditos para equipo industrial. Las compañías norteamericanas Standard, Texaco y Shell se negaron a refinarlo y de pasada a suministrar petróleo. El 29 de mayo los cubanos llevan barcazas de petróleo crudo ruso a la Shell, los estadunidenses abandonan las refinerías, el 10 de junio son nacionalizadas. *Vino rápidamente la ley de minas, la ley del petróleo, después vino el cerco petrolero, la confiscación de las compañías de petróleo.* Con las refinerías petroleras nacionalizadas la compañía de electricidad se negó a aceptar las rebajas del 30% y a funcionar con petróleo soviético; *siguió aumentando el cerco, quitaron la cuota azucarera, nacionalizamos los centrales, nacionalizamos la compañía eléctrica.* Con la cuota azucarera reducida, el 9 de julio las empresas estadunidenses reciben órdenes de realizar inventarios jurados de bienes. *Fueron unos cambios de golpes muy espectaculares, muy rápidos.* Fidel un mes más tarde, el 6 de agosto, nacionalizaría 36 centrales azucareros estadunidenses y sus tierras de cultivo a los que se sumaban las refinerías y las empresas de teléfonos y electricidad.

Durante toda esta rápida sucesión de enfrentamientos, a lo largo de cuatro meses el Che ha estado tratando de evitar desde el banco la fuga de divisas, había fortalecido el departamento de Industrialización previendo que podría volverse centro de una industria nacionalizada, mandó a José Manuel Irisarri a sacar físicamente el oro cubano depositado en bancos estadunidenses, preparó la liquidación de los bancos paraestatales de Batista tratando de que no se produjeran despidos y en la calle impulsó la batalla política por el avance nacionalizador de la revolución.

El 10 julio habían salido del gobierno Oltuski y Marcelo Fernández, del ala izquierda antisoviética del 26 de Julio, en una medida que anticipaba la aproximación a la URSS; un grave error que privaba al gobierno de un sector revolucionario que equilibrara las futuras relaciones. El Che, a pesar de ser partidario acérrimo de la aproximación a los soviéticos, incorpora a Oltuski, sin dudar de sus posiciones revolucionarias, al departamento de Industrialización para aprovechar sus habilidades como organizador empresarial.

Por otro lado reúne al comandante Alberto Mora, Raúl Maldonado y Jacinto Torres del PSP y se las canta claro y directo: *Hay que monopolizar el comercio exterior,* a partir de esta consigna les instruye para que tomen el Bansec y lo conviertan en Banco de comercio exterior (Bancex). Sin personal de confianza, hay que improvisar, al Bancex arriban economistas que habían sido periodistas, un joven de 23 años que ha trabajado para una casa de exportación.

Tres meses más tarde recibirá el informe de comercio exterior redactado por Mora y Maldonado durante una recepción en el Habana Libre. El joven comandante y el asesor económico acudirán sucios, agotados, orgullosos, para entregarle al Che los dos tomos del informe: "Nos sentíamos héroes". El Che lo recibe y ni siquiera da las gracias. Maldonado registrará: "Esperaba de todos que trabajaran como él. Era un personaje seductor que te sometía a jornadas salvajes muerto del gusto".

Conversando con un funcionario bancario de la vieja escuela que estaba un tanto asustado por la velocidad con la que se iban produciendo los enfrentamientos, el Che responde a la pregunta de: "¿Dónde va a terminar todo esto?"

—*La cosa está clara, va a acabar a tiros.*

En medio de la espiral el Che interviene públicamente el 26 de julio en la Sierra Maestra y dos días más tarde en el primer Congreso latinoamericano de juventudes. Si en su primera visita reacciona como médico al enfrentarse de nuevo a los problemas de la salud de los niños (*niños cuya constitución física haría pensar que tienen 8 o 9 años y que sin embargo, casi todos ellos cuentan 12 o 13 años. Son los auténticos hijos del hambre y de la miseria en todas sus formas; son las criaturas de la desnutrición*), en la segunda se encuentra con un hombre al que no conocía personalmente y que lo ha marcado profundamente en el pasado, Jacobo Arbenz, el expresidente guatemalteco, al que le promete que en Cuba no se repetirá lo sucedido en Guatemala, que aquí se combatirá para defender a la revolución.

En agosto se entrevista con René Dumont, el economista francés experto en cuestiones agrarias que ha venido actuando como asesor de la revolución y que quiere usar al Che como intermediario para "hacerle entender a Fidel" ciertos requerimientos económicos. *No puedes hacer que haga todo lo que quieres que haga.* Dumont le señala al Che la necesidad de aumentar la producción sin aumentar los salarios en el campo (de lo que el Che es plenamente consciente, como se ha visto en sus intervenciones dirigidas a los obreros urbanos). "También le expliqué al Che que el descenso de los precios en las tiendas del pueblo, arriesgaba aumentar el consumo de los campesinos demasiado, y le propuse que se recuperara vía impuestos comerciales." *Vamos a recibir relojes soviéticos que nos cuestan 9 pesos y venderlos por 40 pesos,* dice el Che negándose. "No estaba consciente de los peligros del sobreconsumo rural cuando los *stocks* estaban limitados y las importaciones se reducían."

Dumont le propone que los miembros de las cooperativas colaboren sin pago en la construcción de sus casas, especialmente durante la segunda mitad del año, porque así apreciarían mucho más sus hogares. También le propone que los miembros de las cooperativas invirtieran su trabajo en ellas durante la temporada ociosa. Se les pagaría parcialmente con acciones o participaciones en las cooperativas. No tenían dinero, pero tenían tiempo libre, porque aún había desempleo. "Le expresé mi impresión general de que no parecían ser parte de una empresa que realmente les perteneciera", sino más bien empleados gubernamentales. Moralmente parecía aceptable robarle a la cooperativa, los vagos ganaban lo mismo que los productores.

Dumont parecía poner el dedo en una de las llagas aunque no lo formulara así: nacionalización, estatalización, no significaba necesariamente socialización. Según el economista francés el Che reaccionó violentamente: *Ha puesto demasiado énfasis en el sentido de propiedad que debe darse a los miembros de las cooperativas. En 1959 había aquí una marcada tendencia hacia el yugoslavismo y los consejos obreros. No se trata de darles un sentido de propiedad sino un sentido de responsabilidad.* Che señaló que era un error ideológico haber establecido cooperativas que eran aceptables en los casos ruso y húngaro, pero no en el cubano, donde los campesinos eran realmente proletarios. A juicio de Dumont, "el Che desarrolló entonces una posición que era muy interesante en principio, una especie de visión ideal del hombre socialista, que se convertiría en un extraño al lado mercantil de las cosas, trabajando por la sociedad y no por la ganancia. Era muy crítico hacia el éxito industrial de la URSS donde decía que todo el mundo trabajaba para ganar más dinero. No pensaba que el soviético fuera un nuevo tipo de hombre, y no le encontraba mayores diferencias con un yanki. Rehusaba participar conscientemente en la creación en Cuba de una segunda sociedad norteamericana, aunque todo pertenezca al estado".

El 9 de agosto el Che responde una carta de un ciudadano, Lorenzo Alujas, *sobre las críticas que ha dado lugar el que yo haya firmado los billetes de banco con mi nombre de guerrillero. Aunque de manera alguna me preocupa el uso que esté haciendo la contrarrevolución de ese hecho, al comprender el ánimo que lo ha llevado a usted a escribirme* (Alujas decía que a él no le daba ni frío ni calor el asunto), *tengo el gusto de explicarle que si bien mi manera de firmar no es la acostumbrada por los presidentes de banco, usualmente hombres de ideologías muy diferentes a la mía y que han llegado a esos cargos por procesos también muy disímiles al que me trajo a mí a este Banco nacional, esto no significa de modo alguno que yo le esté restando importancia al documento sino que el proceso revolucionario no ha terminado y que, además, se deben cambiar las escalas de valores.*

Los billetes materia de la controversia habían sido impresos por la American Banknote y llevaban la firma reducida, "Che", que permitía a los opositores ponerle una cruz delante con lápiz para que se leyera (a la cubana) Cruché (Krushev).

Pero al Che le importa un bledo, el Che desacraliza todo lo que toca, lo informaliza, y desde luego, lo polemiza, lo calienta.

El 19 agosto pronuncia un discurso en la inauguración del curso de adoctrinamiento del ministerio de Salud pública que resulta esencial, porque en él, mientras el ambiente se va calentando al ser interrumpido 11 veces por los aplausos, recorre su historia personal como doctor y viajero americano (seis meses antes había reconocido que no acababa de romper con la medicina al intervenir en el colegio médico nacional asegurando que *cometía delito de apostasía con la medicina, pero el sacerdocio está emparentado con las luchas sociales y a través de ellas mantengo mi nexo con la clase médica*) y la historia de la generación del *Granma*, para establecer las ideas clave de la nueva medicina: *el organizar la salud pública para que sirva para dar asistencia al mayor número posible de personas* y sirva para prevenir todo lo previsible. Cuenta cómo hace unos meses un grupo de estudiantes recién graduados se negaba a ir al campo si no recibían una sobrecompensación, y desde el punto de vista del pasado es lógico, y cómo en estos meses aparece una nueva vocación de servicio popular. Habla del cambio de practicar, en el mejor de los casos la caridad, a la necesidad de practicar la solidaridad. Y termina con una de las frases de Martí que más le gusta: "La mejor forma de decir es hacer". Está en marcha una de las grandes revoluciones dentro de la revolución cubana, la de la medicina social.

Un día más tarde lo visita en su casa el que sería el consejero de la embajada de la URSS para cuestiones económicas, Nikolai Kudin, que se sorprende por lo espartano del hogar del Che: "Dejando atrás un pequeño corredor, resultamos en una pequeña habitación donde había un armario, mesa y tres sillas sencillas. Todo estaba hecho de madera de pino burdamente desbastada. La mesa no estaba cubierta por mantel o hule y las ventanas no tenían cortinas. En la habitación no había ningún adorno y en el piso de mármol partido no se veía siquiera una estera. Del techo pendía una lamparilla sin pantalla que iluminaba la habitación con una luz bastante pálida".

El 8 de octubre se publica en *Verde olivo* "Notas para el estudio de la ideología de la revolución cubana". Es su primera declaración pública de marxista, no de comunista, de marxista heterodoxo.

El objeto del texto, según afirma el Che, *es dar explicación de este fenómeno curioso que tiene a todo el mundo intrigado: la revolución cubana.* El fallido ensayo resulta el primer declamativo intento de reconciliar el marxismo ortodoxo de los años 60 con la singularidad de la revolución cubana, meter la realidad en la cajita pandoriana de la teoría, limarla para que cuadre. Massari, en "El humanismo revolucionario del Che", dice: ...con entusiasmo de neófito, retomó sus estudios de marxismo (...) bajo la influencia directa de los manuales (...) con complejos de inferioridad con los cuadros teóricos del viejo PSP stalinista y más que nada con el espejismo de la URSS como patria del socialismo".

Lo curioso es que el artículo no explica lo que propone, se limita a periodizar la historia de la revolución cubana y a establecer el proceso mediante el cual pasa de ser una lucha contra la dictadura a una revolución agraria que al chocar con el imperio estadunidense se radicaliza paulatinamente. Quizá lo mejor del ensayo es su tímida heterodoxia latinoamericanista cuando le reclama a Marx su errónea *interpretación* de Bolívar y su pobre análisis de la guerra de los norteamericanos en 1846 contra México.

Tampoco estará en su mejor forma en la entrevista que concederá a Laura Bergquist de la revista *Look*. El Che había negado entrevistas a periodistas estadunidenses mientras aceptaba a indios e irlandeses, y hay por tanto una cierta tensión en el encuentro. Un "encuentro de antagonistas". Se siente en las respuestas que el Che ha elegido ser voluntariamente parco, que quiere salir del trámite. La periodista recoge la imagen del Che como el monje austero de la revolución que en América Latina produce más simpatías entre los jóvenes que el propio Castro. Citada a las 11 de la noche, Bergquist está enfadada por la larga espera, hasta que a las 2:30 de la madrugada descubre la causa cuando ve salir del despacho del Che al propio Fidel Castro.

—¿No están cambiando el dominio americano por el soviético?

—Es naïf *pensar que hombres que desarrollaron una revolución libertadora como la nuestra se arrodillen ahora ante ningún dueño. Si la Unión Soviética hubiera exigido dependencia política como condición para su ayuda no la hubiéramos aceptado.*

La entrevista se mueve en un breve peloteo durante el cual el Che se ríe cuando lo llaman el cerebro de la revolución, y sonriendo señala que la táctica de enfrentarlo a Fidel no funcionará, y se indigna recordando que en la prensa estadunidense se ha publicado un artículo en el que difamaban a su esposa y a su exesposa. Sin embargo acepta con gusto *la frase que ha usado de revolucionario pragmático (...) especulo poco y no me caracterizo por ser un teórico.*

Todo para rematar con cautela:

—¿Qué sigue? —pregunta Bergquist.

—*Dependerá de los Estados Unidos. Con la excepción de la reforma agraria todas nuestras demás medidas fueron reactivas respuestas directas a agresiones.*

En esos días se está terminando un informe sobre las divisas existentes, que el Che ya no conocerá como director del banco, que revela que los gastos en divisas se producen 3 a 1 respecto a los ingresos y que en cuatro meses se desvanecerán las reservas.

El 13 de octubre el gobierno estadunidense declara un embargo de todas las mercancías destinadas a Cuba, un bloqueo económico. La respuesta es tajante, entre el 13 y el 14 se producen nacionalizaciones de 400 bancos, ingenios azucareros y fábricas, e inmediatamente después una ley de reforma urbana que entrega a los habitantes las viviendas o congela las rentas. El departamento de Industrialización recibe así 277 nuevas empresas a sumar a las 390 que ya administraba y 160 ingenios, más casi toda la minería de la isla.

En la madrugada del día anterior Orlando Borrego recibe una llamada del Che que le plantea que tienen que encontrar una legión de administradores para las futuras empresas nacionales y eso en un día. El propio consejo de ministros toma una decisión arriesgada. Saca a 200 jóvenes que serían futuros maestros en la sierra, de 15 a 20 años de edad, le suma un pequeño grupo de oficiales del ejército rebelde que se estaban preparando como administradores, y los lanza a la tarea, "provisionalmente". Los elegidos tienen un promedio de escolaridad de sexto grado.

Borrego cuenta: "Aquella reunión con los maestros voluntarios, en una madrugada llena de algarabía la recuerdo como uno de los momentos más perdurables de aquellos primeros años de revolución". Los jóvenes reciben el mandato: tratar respetuosamente a los expropiados, tomar el control de los fondos en efectivo de las empresas y la documentación, explicar a los trabajadores lo que está pasando y quedarse en la empresa "hasta recibir nuevas instrucciones".

El 20 de octubre en cadena televisiva el comandante Ernesto Guevara intervendrá en un largo comentario de la actualidad. Mientras los periodistas ponen el énfasis en la situación política inmediata, el Che parece obsesionado por los problemas de la economía.

Analiza las restricciones que producirá el boicot y el embargo. Con su habitual pasión por la verdad y por no ocultarle al pueblo la información, predice: *Estas escaseces temporales no pueden ser superadas en el momento actual.* Primero faltaron temporalmente las hojas de afeitar, en el momento de producirse el discurso escasean los huevos. *El aumento de consumo ha sido extraordinario y el aumento de producción ha sido grande y naturalmente no se pueden importar. Así pasará con muchos productos.* Y predice de nuevo: *Habrá industrias que se paralicen.*

Sin embargo es optimista al evaluar la experiencia de la industria nacionalizada, porque en esta primera etapa las fábricas intervenidas han elevado su producción. Tan sólo 8 o 10 empresas de todo el paquete estaban perdiendo dinero y sólo tres de ellas de manera grave (la Papelera técnica cubana, a la que los periódicos no siempre le pagan, la Rayonera de Matanzas y Antillana de Acero, descuidadas técnicamente por sus viejos patrones). *Los administradores han hecho a veces maravillas.*

Y finalmente, respondiendo a las preocupaciones sobre que el embargo sea el prólogo de una invasión estadunidense y a las noticias de que se está preparando una base militar de la contrarrevolución en Guatemala, responde: *Bueno, yo como casi todos, creo que vendrán y también creo que... yo considero como todo el mundo, que no podrán salir. En definitiva, ¿cual va a ser el resultado? Consolidará a la revolución.*

No es ya en esos momentos, según confiesa ante las cámaras, presidente del banco. *Yo dejé hace unos días esa función.* ¿Cuál es entonces su lugar en el gobierno revolucionario? ¿Cuáles son sus nuevas responsabilidades? ¿Por qué ha dejado el Banco nacional? Al día siguiente el Che saldría de viaje. Ahora sí, en una gira crucial para la joven revolución cubana.

CAPÍTULO 29

Fábricas y desodorantes

...a China, durante la larga gira para obtener créditos y acuerdos comerciales. (Prensa ...atina)

El 22 de octubre de 1960, el comandante Ernesto Guevara, al mando de una delegación que incluye a Héctor Rodríguez Llompart, Alberto Mora y Raúl Maldonado, viaja vía Madrid-Praga hacia Europa oriental en una misión clave: obtener del bloque soviético el apoyo, los créditos y una salida comercial para los productos cubanos bloqueados, que permita sobrevivir a la economía de la isla.

En Praga, tras una entrevista con el premier Novotny consigue un primer crédito de 20 millones de dólares para una industria de transporte, pero las negociaciones centrales se producirán en el corazón de la híper centralizada estructura burocrática del imperio socialista, Moscú. El 29 de octubre viaja a la Unión Soviética y dos días más tarde, tras una visita de rigor a la casa museo de Lenin, comienzan las negociaciones.

Jruschov, abriendo el diálogo le dice: "Todo lo que quiera Cuba será concedido", y Mikoyan se encuentra allí como garante de las negociaciones. Lo que para los rusos es una operación geopolítica, para el Che, fascinado, es una cuestión de supervivencia ante el cerco que se estrecha y que prevé se cerrará aún más. En la primera ronda, el comandante Guevara se disculpa de entrada y pide paciencia, por la falta de claridad de las peticiones que porta y por desconocer a quién pedir qué de los diferentes países socialistas. Maldonado recuerda: "Las sesiones de trabajo son un pandemónium, teníamos primero que organizar a la delegación cubana. En el hotel Sovietskaya, tomamos un piso casi entero, y le dimos una pieza a cada país y allí se iba viendo con las diferentes delegaciones qué querían ellos y qué queríamos nosotros, qué podíamos dar unos y otros. Los soviéticos balancearon el plan. Todo a precios de mercado".

En el aniversario de la revolución de octubre el Che es invitado a participar en el desfile. Su presencia provoca una enorme ovación. *Algo que yo personalmente no olvidaré nunca.* Lo suben al presidium, una gran distinción porque en él sólo se encuentran jefes de estado, entre ellos Ho Chih Minh, y burócratas de alto nivel del mundo soviético. *Y allí al reconocerme la gente eran atronadores los gritos vivando a Cuba.* Se ha encontrado con el mito de la revolución de octubre y su falta de vacunas y de malicia política le permitirá reencontrarse con los fantasmas de la inexistente revolución comunista, del muy discutible socialismo. Tendrán que pasar los años para que descubra la triste realidad del socialismo autoritario, burocrático y antigualitario de la URSS.

Y puede ser que lo conquiste el fantasma, pero los trajes grises y las corbatas, los atuendos pálidos y formales de la burocracia no habrán de cautivarlo, y mucho menos de cambiarle el estilo. Alberto Mora habrá de regañarlo porque van a una actividad protocolaria y el Che está todo fachoso. Guevara se disculpa y (¡!) se saca el pantalón de dentro de las botas.

—*Alberto, tienes razón.*

En Leningrado visita el mítico acorazado *Aurora*, madre de la revolución. Una foto lo registra con la cámara colgada al cuello y vestido con un capote militar que quién sabe de dónde sacó. El 14 de noviembre en Stalingrado ve un documental sobre la batalla que tan grabada le quedó en la infancia.

Del 29 de octubre al 14 de noviembre habrán de producirse las primeras rondas de negociaciones. Los cubanos buscan salida urgente a su azúcar y a cambio petróleo y refacciones para mantener la industria en pie, y pequeñas plantas industriales que les permitan substituir importaciones. Se topan con las dificultades de la diferencia de los aparatos y máquinas que trabajan a 50 y a 60 ciclos de un lado y otro del Atlántico, a las que se suman las especificaciones en el sistema métrico utilizadas en la URSS contra las medidas en libras y pulgadas de una Cuba asimilada colonialmente al mercado estadunidense, a diferencia por ejemplo del resto de Iberoamérica.

Al lado de aciertos, se producen errores que luego saldrán muy caros: *Tomamos el anuario de Comercio exterior y dijimos: aquí se importan palas... tanto. Vamos a hacer una fábrica de palas. Se importan tantos machetes, vamos a hacer una fábrica de machetes. Se importa tanto cepillo... vamos a hacer una fábrica de cepillos... bicicletas, alambre de cobre... No nos dimos cuenta de una cosa elemental, para que un país se desarrolle por chiquito que sea, tiene que tener una base de materias primas propias (...) Nosotros hicimos una política de sustitución de importaciones... Y la política a largo plazo era más torpe... Hicimos cálculos alegres de que las fábricas se hacían en los tiempos programados.* Y algo que descubrirá años más tarde: se estaban comprando sin saberlo tecnologías obsoletas de bajo rendimiento y alto costo.

El 17 de noviembre el Che se encuentra en China, cinco días más tarde en la Asociación de amistad chino-americana en Pekín asiste a una recepción, su presencia es saludada con una ovación que dura varios minutos. ¿Ven los chinos en Guevara y en la radicalizada revolución cubana un posible aliado futuro?

Las imágenes lo registran comiendo arroz con funcionarios chinos con singular placer y avidez. Sin embargo es un diplomático *sui generis*, siempre parece estar fuera de lugar, interesarle lo que otros no ven sino como paisaje, estar incómodo en las recepciones. Hay una enorme torpeza en el Che, que incluso será registrada por los documentales cuando una niña China le trae flores y lo besa.

En Pekín se entrevista con Mao. Rojo cuenta que durante la entrevista al Che le da un ataque de asma tan fuerte que le provocó un ataque cardíaco y un desmayo.

Si medimos por su informe televisado al pueblo de Cuba un par de meses más tarde, la fascinación del Che por China será grande: *Verdadera-*

mente China es uno de esos países donde uno se encuentra que la revolución cubana no es un hecho único.

Los convenios resultan muy benéficos para los cubanos: un crédito de 60 millones de dólares sin intereses a 15 años y la venta de parte del azúcar cubano. Pero lo que más le importa al Che es la actitud. Sobre todo cuando conversa con Chou En Lai y el chino le señala que quieren cambiar el párrafo final sustituyendo la frase: "la ayuda desinteresada". Chou le dice que es errónea la redacción, que la ayuda sí es interesada, no monetariamente, pero sí políticamente, que Cuba está en la punta de la lucha antiimperialista. La redacción final queda en "ayuda" solamente. En esa misma conversación los chinos añaden que la palabra "préstamo" aplicada a los 60 millones de dólares es una fórmula, pero que si no pueden pagarlo *no tenía importancia alguna.* Durante esa conversación se entera de que los chinos acaban de terminar de pagar las armas de la guerra de Corea a la URSS. El comandante Guevara palidece. ¿Un país socialista cobrándole a otro las armas que se usaron para defender a un tercero?

El 24 de noviembre, mientras está viajando, nace su hija Aleida, la primera Guevara-March, que llevará el nombre de su madre. Y el Che inaugurará así la mala costumbre de estar fuera de Cuba cuando nacen sus hijos.

La delegación cubana se separará al final del recorrido. Una parte irá a Vietnam; el Che, interesado desde hace muchos años por sus lecturas, irá a Corea. El 3 de diciembre se entrevistará con Kim Il Sung, tres días más tarde firmará un convenio con los coreanos y el 6 retornará a Moscú. *Corea es quizá el* (país) *que más nos impresionara.* Registra que la guerra había dejado la nación destruida, asolada, *de las ciudades no quedó nada,* la industria despedazada, los animales muertos, *ni una casa en pie. Corea del Norte es un país que se hizo de muertes.* Y sin embargo renace de las cenizas.

El 8 de diciembre se encuentran nuevamente en Moscú y pronuncia un discurso en la Casa de los sindicatos. No hay más que referencias indirectas a este discurso recogido sintéticamente en cables de agencia o en obras rusas sobre el Che, pero trasluce en estas versiones una admiración simplista hacia las viejas glorias de una revolución que el Che no percibe como congelada: "...dijo que desde el momento en que pisó la tierra soviética sintió que la Unión Soviética era la patria del socialismo en la tierra. Añadió que el espíritu revolucionario que originó octubre de 1917 continuaba vivo en el pueblo soviético", y el agradecimiento a las muestras de cariño popular que encontró aquí y allá a lo largo de su viaje. Lo mismo sucede en su entrevista en Radio Moscú o en el artículo "Algunas observaciones sobre la revolución" que escribe a petición del periodista ruso Lavretski, que luego será uno de sus primeros biógrafos.

Existe una serie de fotos del Che visitando el despacho de Lenin. No parece muy impresionado, curiosea entre los libros, parece como si buscara un tablero de ajedrez inexistente.

Poco después viajará a la República Democrática Alemana para firmar un nuevo convenio. En la RDA los cubanos recibirán un crédito puramente solidario, porque los alemanes están pasando un mal momento económico y producen su propio azúcar. Allí ha de conocer a una jovencita de origen argentino-alemán llamada Tamara Bunke, que actúa como traductora. Tamara se volverá, en un futuro común al del Che, Tania.

Los miembros de la delegación recuerdan aún con terror que ese día, al cerrar el protocolo, estaba copiado en tan mal papel, que cuando el Che se dispuso a firmar se produjo un manchón de tinta que crecía. El Che se subía por las paredes en medio de la filmación de la televisión alemana: *¿Qué cojones está pasando? ¿Qué fauna me rodea?* La delegación tuvo que retirarse al hotel para escribir la última página de nuevo. Casi tan terrible como cuando se perdió la última página del convenio con los rumanos días antes.

El 18 de diciembre se cierra en Moscú el acuerdo final cuya pieza clave es el convenio azucarero. El Che conseguía dar salida a cuatro millones de toneladas de azúcar a cuatro centavos la libra, un precio por arriba del precio del mercado mundial. La mayoría de estas compras las harían la URSS y China (URSS 2.7, China 1), que para el Che es un mercado esencial mirando al futuro, *por la baja cantidad de azúcar por cabeza que aún se consume en ese país y que podría absorber la totalidad de una cosecha de 7 millones de toneladas.*

Más tarde aclarará en la televisión cubana que entiende que el convenio tiene un trasfondo político, de solidaridad ante el intento de aislamiento que los estadunidenses están imponiendo, que no son virtudes de la delegación ni de las arduas negociaciones. Tan es así, que países que no necesitan el azúcar como Corea comprarán 20 mil toneladas, Vietnam 5 mil y Mongolia mil, si los estadunidenses violan el acuerdo de compra en el futuro, *lo que parece muy probable.*

Usando el primer crédito de 100 millones de pesos que otorgó Mikoyan se firmaron los contratos para instalar una siderúrgica. Firmaron un convenio para que geólogos rusos estudiaran el subsuelo cubano. Un plan de inversión minera en cobre, níquel y manganeso. *Con respecto al níquel hay una cuestión todavía más importante: todo el mundo sabe que la Nícaro estuvo semiparalizada y que la Moa directamente está paralizada.* Pero en este caso el acuerdo fracasaría, los técnicos rusos no serían capaces de enfrentarse a las modernas técnicas de las empresas estadunidenses y no podrían ponerlas en marcha.

Además se compraban una fábrica para refacciones y una de limas que, no sé sabe por qué, le parecía estratégica en esos momentos al Che.

El 22 de diciembre la delegación regresará a Cuba desde Praga, donde los checos amplían el crédito de 20 a 40 millones de dólares, fundamentalmente para la construcción de vehículos, tractores, motocicletas y motores de camiones, y el Che se confesará impresionado por la planificación industrial que los checos dicen que tienen hasta 1980.

El 6 de enero reportará en la televisión cubana el resultado de su viaje, que la prensa revolucionaria ha destacado como un *éxito porque estába-*

mos presos en una red imposible de cortar en otros tiempos que no fueran los tiempos revolucionarios.

En total se ha dado salida a una parte importante de la futura producción azucarera y en cambio se ha conseguido abastecimiento petrolero, auxilio técnico para la minería y el níquel y se compraron con créditos blandos 21 plantas industriales, quedando 100 más contratadas.

En el discurso hay una pequeña señal de alerta: *Naturalmente que para un cubano, viviendo en el siglo XX, con todas las comodidades con las que el imperialismo nos ha acostumbrado a rodearnos en las ciudades, podrían parecer como faltas de civilización incluso; son países que tiene que emplear hasta el último centavo en su producción en el desarrollo.*

Nosotros teníamos que plantear algunos problemas que nos daban algo de vergüenza, el de las materias primas para manufacturar desodorantes y las cuchillas de afeitar.

El poeta Ernesto Cardenal cuenta: "Cuando él dijo en Rusia que Cuba estaba careciendo de cierta materia prima que se utilizaba para la fabricación de desodorantes, los rusos le dijeron: ¿Desodorantes? Ustedes están acostumbrados a demasiadas comodidades". La historia es significativa. La calidad del consumo de bienes de los países soviéticos estaba muy por abajo de la que la clase media cubana estaba acostumbrada a encontrar en sus tiendas.

Pero el Che resumía con la razón de lo inmediato: *Al fin y al cabo el jabón y esas cosas no se comen, y primero tenemos que asegurar la comida de la gente porque estamos en guerra. Estamos en una guerra económica y casi casi en una guerra que no es económica ya, contra un poder enorme.*

En un balance posterior establecía el éxito de la misión en términos comparativos: *La revolución cubana en un año logró 257 millones de crédito, mientras que Estados Unidos ofrece en el curso de cinco años a la América Latina quinientos millones de crédito con altos intereses y además es un crédito controlado.* Y terminaba comparando los seis millones de habitantes de Cuba contra los 200 de Latinoamérica.

A su retorno a Cuba, el Che reencuentra la paternidad con su nueva hija Aleida y también un terrible aumento de la tensión cubano-estadunidense. El 3 de enero de aquel año de 1961, Estados Unidos rompía las relaciones diplomáticas con Cuba y casi de inmediato lo harían, siguiendo consigna, casi todos los países latinoamericanos.

Será en esos días de amenazas y presiones que el Che conoce a una de las personas que han sido más importantes en su pasado, el poeta chileno Pablo Neruda, cuyos versos ha recitado tantas veces de memoria en las carreteras de América Latina. Cuyo *Canto general* es libro de cabecera, *el libro más alto de la América poética.* El poeta cubano Roberto Fernández Retamar acompaña al chileno en aquella reunión nocturna en las oficinas del Banco nacional. La conversación se centra en el convencimiento del Che de que la invasión es inevitable, que están al borde de una agresión armada apoyada o protagonizada directamente por los Estados Unidos. Poco a poco la conversación se desplaza hacia la poesía de Neruda que Ernesto conoce tan bien. De esa reunión quedará sobre la mesita de noche del Che un nuevo ejemplar del *Canto general*, esta vez dedicado.

Los poetas, antes de reunirse con el comandante, habían ido al cine para ver *Historias de la revolución*. El Che en cambio no había ido a ver la película recién estrenada a causa de un ataque de timidez, porque el film contaba parte de su historia en la batalla de Santa Clara. Curiosamente, la cinta de Tomás Gutiérrez Alea había sido apoyada fuertemente por el Che quien lo asesoró en la segunda historia, "Rebeldes", e incluso estuvo en la filmación (una foto da fe: conversan sin mirarse, el Che con los brazos en jarras tiene la vista perdida y el joven Gutiérrez Alea mira el suelo, un punto adelante de sus zapatos) y convenció a varios de sus compañeros de la columna 8 para que actuaran. El pudor del Che no estaba justificado, la película es muy seca, muy influida por el neorrealismo italiano (quizá se siente más a causa de los diálogos de Cesare Zavattini), estaba a su medida.

El 15 de enero, como si tuviera que dejar claro que las presiones políticas no podían detener la marcha del proceso revolucionario, el Che reinició su intervención en las jornadas de trabajo voluntario; esta vez en la construcción de casas en un barrio miserable conocido como el reparto Las Yaguas. Lo acompañaban Oltuski y Aleida, el Patojo, Borrego, Pancho García Valls.

Una semana más tarde, a causa del cambio presidencial en Estados Unidos, la sucesión de Eisenhower por el demócrata John F. Kennedy, el ejército rebelde entra en alerta roja y el Che se desplaza a Pinar del Río para hacerse cargo de la zona militar. Da ese día un discurso a las milicias, centrado en la posibilidad de la invasión: *Bien es sabido que la Unión Soviética y todos los países socialistas están dispuestos a entrar en guerra para defender nuestra soberanía* (¿le habían dado algún tipo de seguridades durante la gira?), y dedica un mensaje a Kennedy: *Todos anhelamos que el sucesor de nuestro nunca bien odiado enemigo Eisenhower sea un poquito más inteligente, no se deje dominar tanto por los monopolios.*

El 12 de febrero el Che publica "Un pecado de la revolución", un artículo recordando las viejas discrepancias dentro del frente revolucionario en el 58 y cómo evolucionaron. Comienza diciendo: *Las revoluciones, transformaciones sociales radicales y aceleradas, hechas de las circunstancias, no siempre, o casi nunca, o quizás nunca, maduradas y previstas científicamente en sus detalles; hechas de las pasiones, de la improvisación de hombres en su lucha por las reivindicaciones sociales, no son nunca perfectas. La nuestra tampoco lo fue. Cometió errores y algunos de esos errores se pagan caros.*

Y repasa sus relaciones con el II Frente del Escambray y la contemporización que en su día se mantuvo con ellos y cómo ahora la mayoría de sus cuadros se han pasado a la contrarrevolución. Y luego sigue con los liberales que en su día estuvieron asociados al proyecto, equiparando uno y otro caso. *El mismo pecado que hizo pagarles suculentos sueldos a los Barquín, los Felipe Pazos, a las Teté Casuso y a tantos y tantos botelleros internos y externos que la revolución mantenía eludiendo el conflicto.*

Y cierra con un tono terrible agradeciéndoles a unos y otros que se hayan ido a Miami, celebrando que se tomen de la mano con el batistiato. Un tono crispado poco habitual en el Che. Si un primer mensaje en su discurso estaba explícitamente dedicado a Kennedy, este segundo, en el artículo, estaba claramente dedicado al exilio.

CAPÍTULO 30

Playa Girón

El 23 de febrero el gobierno cubano crea el ministerio de Industria para organizar a las empresas nacionalizadas que han estado bajo control del departamento de Industrialización, a las que se han sumado en las últimas semanas centenares más. Ernesto Guevara es nombrado ministro.

Manresa, su secretario, cuenta: "Cuando llegamos al despacho del departamento de Industria que nos había preparado Oltuski, el Che se apoyó en un archivo y me dijo: *Vamos a pasar cinco años aquí y luego nos vamos. Con cinco años más de edad, todavía podemos hacer una guerrilla.*

"Él me había contado que pactó con Fidel que venía a colaborar a la revolución cubana pero que una vez pasado un tiempo lo dejarían libre para seguir la revolución en otra parte".

Más allá de sus futuras intenciones, el Che no pierde el tiempo. Un día después de su nombramiento se constituye el consejo de dirección del ministerio. El Che incorpora a su grupo: Orlando Borrego, Enrique Oltuski (como director de organización), Gustavo Machín, Alberto Mora y Juan Valdés Gravalosa que actúa como secretario. Se suman también sus "chilenos", Julio Cáceres (el Patojo) y Manresa como secretario de despacho.

La estructura organizativa toma su modelo del departamento de Industrialización, un consejo de dirección que se reunirá semanalmente, cuatro viceministros: Industria básica (para la industria pesada), Industria ligera, subsecretaría Económica (planificación) y Construcción. Bajo estos ministerios se organizan las fábricas en "empresas consolidadas" por ramas de producción. Dentro de la estructura organizativa se crea una dirección que se encarga de las relaciones con la industria privada, que ya para ese momento es muy pequeña. Quedaban fuera de su control las industrias agropecuarias que seguían dependiendo del INRA *y el ministerio de Obras públicas que tiene a su cargo las industrias conexas con la construcción.*

Se opta por una estructura centralizada como una respuesta inicial a la ausencia de cuadros medios y se la dota con gestión financiera centralizada, sin autonomía empresarial, como existe en algunos países socialistas. El Che estaba iniciando una "herejía socialista".

Años más tarde reconocería que *todo este aparato está creado desconociendo las tareas y constantemente surgen dentro del aparato estatal conflictos.*

Entre los problemas que heredan se encuentra el que habían ido cayendo en manos del ministerio de Industria una gran cantidad de pequeños talleres, llamados en Cuba "chinchales", que se mantuvieron funcionando para no aumentar el desempleo. *Recibimos el regalo nada grato de un galpón con siete obreros, donde no hay ni servicios sanitarios, donde no hay la más pequeña maquinización, donde no hay ni el más pequeño sentido de organización, pero son siete hombres que tienen que trabajar.* También recibirá para su administración industrias artesanales imposibles de racionalizar como la del calzado, con sus quince mil trabajadores, o la del tabaco, que no se podían mecanizar porque se mandaba al desempleo a millares de artesanos. Sobraba mano de obra en las fábricas y faltaba en el corte de caña o la cosecha de café.

En principio había que mantener funcionando una industria dependiente y bloqueada que tenía que abastecer un país que demandaba cada vez más.

El Che se instala en el 9 piso del llamado edificio A, en la Plaza de la revolución, en un despacho que según el periodista Luis Pavón "tenía aire de campamento" y trata de encontrar administradores confiables al mismo tiempo que enfrenta la falta de técnicos y tropieza con la inminente crisis portuaria. Boorstein cuenta: "Todo el sistema portuario habanero estaba diseñado para recibir el ferry de Palm Beach y el *sea train* de Nueva Orleáns, que en cinco días, con una llamada telefónica, ponían aquí una refacción. Muchos productos llegaban en vagones de tren desde las empresas norteamericanas y rodaban del puerto a la fábrica cubana". Nunca llegaban barcos de más de cinco mil toneladas. Todo tenía que cambiar ahora, no había espacio de almacenaje suficiente, las distancias de transporte habían crecido brutalmente, etc. Los soviéticos tuvieron que inventar un detergente para limpiar los tanques de los barcos petroleros en La Habana para poder mandar barcos con petróleo y llevárselos con azúcar.

En el campo de los técnicos las cosas estaban mucho peor. Por ejemplo, al inicio el Che tenía a su cargo dos geólogos cubanos cuando estimaba que necesitaba unos dos mil; un año más tarde tendría 200 tomando en cuenta voluntarios latinoamericanos, rusos y polacos. *Estábamos absolutamente huérfanos de técnica.*

En los primeros días de trabajo en el ministerio el Che fija algunos criterios: *discusión colectiva, responsabilidad única*; reuniones semanales de análisis del consejo de dirección que podían durar de cuatro a cinco horas y en las que podrían hacerse chistes, pero se instalaban con una estricta puntualidad. Gravalosa cuenta que se quedaban fuera los que llegaban cinco minutos tarde; "Diez minutos", dirá Borrego. Y para que quede claro que le parece un tema central, organiza de inmediato un grupo para el trabajo voluntario en el ministerio. Revisa instalaciones, comedores, menú y objeta el mobiliario, ya de por sí parco, que le había montado Oltuski, por no ser lo suficientemente "sobrio y modesto", a decir de Borrego.

Es por esos días que el Che se le acerca a Gravalosa y le pregunta si conoce a un maestro de enseñanza básica que pueda dar clases aceleradas de ciencias y de letras. Gravalosa le recomienda a su viejo profesor del instituto, el socialista Raúl Arteche. Éste se convierte en el profe de la escolta, bajo la paternal y enfurecida mirada del Che: Coello, Hermes Peña, Tamayo, Castellanos, Villegas (que luego sería enviado a la escuela de administradores de industrias) estudian en un salón cercano a las oficinas del Che sujetos a las descargas del jefe.

Tamayo recuerda que el Che pagaba al profesor de su bolsillo y que las clases creaban problemas, porque mientras sus escoltas estudiaban, el Che se subía al *jeep* y se iba sin ellos. Tamayo se vio obligado a hablar claro con el jefe: "Che, si usted no quiere escolta me lo dice ahora mismo, yo hablo con Ramiro y le planteo la situación", y el Che, que le debía temer a las iras de su amigo y viejo subordinado, ahora a cargo de la seguridad estatal, se disculpaba diciendo que había que estudiar, que no es que él quisiera... Le costará menos trabajo al Che controlar su ministerio que a su escolta. Villegas y Castellanos se saltan clases para aprender a pilotear aviones y reprueban. El Che adoptará medidas drásticas; mientras que asciende al resto, a estos dos los castiga a arar y sembrar un solar yermo cerca de la casa al grito de: *¡Ustedes son bueyes y quieren seguir siendo bueyes, no quieren superarse!* Los castigados consiguen un tractor, pero el Che les dice que nada de eso; una yunta de bueyes y tampoco, que a empujar a mano el arado. Terminarán sacándole una buena cosecha de ajíes, tomates y coles al baldío.

El 26 de febrero del 61, tres días después de haberse estrenado como ministro de Industria, el Che publica en *Verde Olivo* una narración titulada "Alegría de Pío", que sin duda preparó durante la gira pasada. Quince días después aparecerá "Combate de La Plata", y así en rápida sucesión irán saliendo sus memorias revolucionarias bajo el título de *Pasajes de nuestra guerra revolucionaria*. La revista desaparece de los kioscos y se agota. Es un material que provoca pasiones entre los lectores cubanos. Durante los siguientes tres años, a causa de la dificultad de encontrar tiempo para escribir, irán apareciendo otras entregas de manera espaciada. Se trata de reconstrucciones muy minuciosas de sus vivencias de la revolución cubana, apoyadas en sus diarios y contrastadas con la visión de otros combatientes.

Su mecánica de narrador era la siguiente: dictaba una primera versión a la grabadora basada en notas, Manresa la pasaba en limpio, el Che volvía sobre la redacción varias veces, buscando un estilo más fluido y mayor precisión en lo que estaba contando. Más tarde, siempre en horas de la madrugada cercanas al amanecer, se reuniría en un salón del ministerio de Industria con compañeros que habían participado en las acciones y revisaba con ellos el texto. Se echaba sobre la mesa y entre bromas y recuerdos tomaba notas de nuevo, hacía croquis. Entre el grupo de veteranos estaban Fernández Mell, Alfonso Zayas, Harry Villegas, Alberto Castellanos, Ramón Pardo, Joel Iglesias y Rogelio Acevedo. Acevedo recuerda el tono burlón del Che cuando alguien reclamaba su protagonismo en una historia: *Ah, bueno, si tú fuiste el que pasaba por ahí...*

Oltuski era uno de los lectores de las versiones finales y más de una vez se armó la polémica porque Oltuski sentía que el Che le daba en sus textos un tratamiento disminuido a la lucha urbana, a la que según el "polaco", veía sólo como reclutamiento, propaganda, captación de fondos. Y el debate se volvía a armar porque el Che le criticaba a su amigo porque no escribía su versión de la revolución cubana.

Al margen de que Oltuski probablemente tuviera razón, las historias del Che tenían la enorme virtud de la precisión, la sencillez, el tratamiento arriesgado de temas siempre espinosos, la sinceridad y, sobre todo, la capacidad de evocación, de recreación, de elaboración de una atmósfera, de construcción de personajes. Nuevamente el Che encontraba sus mejores virtudes como analista en los recursos del escritor.

Mientras comenzaba a publicar fragmentos de lo que sería su segundo libro y por azares de la política ficción aparecía traducida *La guerra de guerrillas* en la URSS, el Che encontraba la manera de unir a las asfixiantes tareas en el ministerio nuevas acciones en el trabajo voluntario y el 29 de febrero cortaba caña en el central Orlando Nodarse con un grupo de mujeres voluntarias que habitualmente trabajaban en oficinas; se trataba de un campo que había sido quemado por saboteadores. Era la época de los incendios. A veces serían los cañaverales para obstaculizar la zafra, a veces sabotajes de centros comerciales en La Habana como el Ten Cents o El Encanto. La presión de la invasión estaba en el aire, en Cuba se vivía bajo sensación de cerco, a la espera.

El 13 de marzo se decreta un nuevo racionamiento sobre carne, leche, zapatos y pasta de dientes. Oltuski cuenta: "Una vez alguien criticaba la falta de comida y él dijo que no era cierto, que en su casa se comía razonablemente.

—Quizá recibes una cuota adicional —dije, medio en serio medio en broma.

El Che frunció el ceño, se acercó al teléfono que tenía en una mesita como a tres metros de la mesa de su despacho y llamó a su casa.

Al otro día nos llamó para decirnos:

—*Era cierto, hasta ayer recibíamos una cuota adicional.*

Y le informó a su secretario Manresa:

—*A partir de ahora en mi casa se come por la libreta* (de racionamiento)".

Y llevó al límite el asunto, no sólo en su casa se comería por la libreta, sino también en el ministerio. Manresa cuenta: "Me orientó que hablara con Manuel Luzardo, el ministro de Comercio interior, para averiguar qué se comía en la calle, qué comía la población y que fuera eso exactamente lo que se le diera a él en el ministerio. Para mí era un problema del carajo. Este hombre trabajaba 20 horas diarias, tenía asma, no podía comer huevos, no podía comer pescado, por las alergias. A veces yo le engañaba para mejorarle la dieta. A él le gustaba mucho la fruta, el caldo de pollo, la carne de res, como buen argentino. Para ello a veces le inventaba una parrillada, y tenía que ponerle cuento al asunto. Inventaba que algunos compañeros latinoamericanos querían hacer algo y en el techo de ministerio de Industria montaba una parrillada".

Siendo la alimentación un elemento clave en las penurias que comenzaban a sentirse en la economía cubana, el Che mantuvo una extraordinaria rigidez en cuanto a las comidas. Orlando Borrego recuerda que en una ocasión en que Guevara tenía un ataque de asma, el cocinero que servía en el comedor colectivo del ministerio de Industria, trajo de su casa un pedazo de carne y se lo sirvió en la comida, pero el Che, al darse cuenta, ordenó que le retiraran el plato y le armó tremenda bronca al hombre. Cuestionado por sus colaboradores más directos que argumentaban que el tipo había traído la comida de su casa, que era un gesto de aprecio, que el Che tenía que cuidar su salud, los enfrentó con un: *Así se empieza y luego uno se acostumbra de recibir privilegios a los que no tiene acceso la media de la población y luego se convierte en un acomodado insensible a las necesidades de los demás.*

El 23 de marzo el Che le hablará en Santa Clara a los obreros azucareros. Ha elegido a los obreros de los ingenios porque *en estos momentos de peligro que vive la república* es simbólico iniciar la emulación en un sector que sistemáticamente había sido castigado y reprimido y aún así conservaba su insurgencia. Está acabando la zafra, la que irá a la venta en países socialistas. Se trata de lograr una alta eficiencia en la molienda de caña para rescatar terrenos para otros cultivos. Se proyecta una competencia, una emulación. *Pequeños estímulos materiales y grandes estímulos morales*, gallardetes a las provincias ganadoras y además 60 viajes turísticos para un obrero de cada ingenio azucarero.

Y el Che se eleva sobre las pequeñas miserias. *La realidad sin adornos, sin miedos y sin vergüenzas. La verdad nunca es mala.* Y ofrece una primera explicación sobre las carencias: *Es bueno decirlo honestamente ha habido escaseces y en los próximos meses va a haber otras.* Y explica que de la noche a la mañana el 75% del comercio exterior cubano se ha desvanecido a causa del bloqueo; que para encontrar un pequeño insumo que se necesitaba en la refinación petrolera y que habitualmente se conseguía en Estados Unidos, ahora se trató de comprarlo en Francia y no pudieron, y fracasó la gestión en Bélgica y en Canadá, porque las empresas estadunidenses presionaron a sus subsidiarias o a otras empresas que lo producían y que tenían tratos con Estados Unidos.

Describe a la vieja industria cubana como subsidiaria, habituada a manejar pocos productos, que cuando necesitaba algo lo pedía a Nueva Jersey por número de catálogo, y cómo, gracias a la habitual sobreproducción estadunidense, siempre se tenía la posibilidad de conseguirlo. Ahora no sólo están las distancias de los proveedores, un mes en barco desde China o la URSS, los tremendos problemas del almacenamiento y la muy probable situación de que ese producto no exista.

Pero la escasez sólo puede atacarse de una manera y el Che recibe un enorme aplauso de los obreros cuando reitera el mensaje igualitario: *Todo lo que haya se va a repartir entre todos los que somos (...) En las nuevas etapas de lucha revolucionaria, no habrá quienes reciban más que otros, no habrá funcionarios privilegiados ni latifundistas. Los únicos privilegiados en Cuba serán los niños.* Y anuncia duros castigos a los especuladores que traten de subir los precios o hacer negocios con las carencias.

Cinco días más tarde pronunciará en Santa Clara un nuevo discurso del que toda Cuba recogería una frase, un mexicanismo: "Al imperialismo hay que darle en el hocico". Y comienza una guerra casi personal contra la burocratización de la nueva administración y por un nuevo estilo de dirección. En el número de abril publica en la revista *Cuba socialista* un artículo titulado "Contra el burocratismo": *Los primeros pasos como estado revolucionario estaban teñidos de los elementos fundamentales de la táctica guerrillera como forma de administración estatal (...) Las guerrillas administrativas chocaban entre sí, produciéndose continuos roces, órdenes y contraórdenes (...) Después de un año de dolorosa experiencia (...) era imprescindible modificar totalmente nuestro estilo de trabajo y volver a organizar el aparato estatal de un modo racional (...) como contramedida se empezaron a organizar los fuertes aparatos burocráticos (...) el bandazo fue demasiado grande y toda una serie de aparatos administrativos entre los que se incluye el ministerio de Industria iniciaron una política de centralización administrativa (...) De esta manera los cuadros más conscientes y los más tímidos frenaban sus impulsos para atemperarlos a la marcha del lento engranaje de la administración.*

El Che pensaba idílicamente que se encontraba ante una distorsión temporal del centralismo, en un proyecto social que concentraba en la administración estatal la mayor parte de la agricultura, la industria y los servicios. *El burocratismo no nace con la sociedad socialista ni es un componente obligado de ella*, y le atribuía tres causas al fenómeno: falta de conciencia, falta de organización y falta de conocimientos técnicos.

No se mordía la lengua al criticar la dirección económica de la revolución en la que estaba personalmente implicado, en particular a la Junta central de planificación (Juceplan) por centralizar sin poder dirigir, y proponía una serie de soluciones que no iban a la raíz del problema: motivación, educación, conciencia, mayor conocimiento técnico, organización, liberar energías.

Porque el Che creía que el gran antídoto sobre la irracionalidad burocrática producto de la centralización y la jerarquización, era la reacción social y la conciencia. Y le confirmaba su tesis el registro de un fenómeno: *Cuando el país ponía en tensión sus fuerzas para resistir el embate enemigo, la producción industrial no caía, el ausentismo desaparecía, los problemas se resolvían con una insospechada velocidad.* Y resumía: *El motor ideológico se lograba por el estímulo de la agresión extranjera.*

En su primera campaña antiburocrática proponía acciones represivas contra los funcionarios, severísimas sanciones y crear mecanismos de control. No era esta su primera carga de machete contra el burocratismo: en otras dos intervenciones un par de meses antes, cuando aún no era ministro de Industria, había criticado a los administradores colocados en las fábricas por el gobierno, a los que los trabajadores veían como viejos patronos, y estaba estimulando la creación de un mecanismo de control obrero, los "consejos asesores", para que mantuvieran una presión de base sobre las direcciones fabriles.

En cierta medida no se equivocaba en que la revolución había creado una presión social, un fuerte impulso que hacía que millares de trabajadores rompieran los cercos de la burocratización e impulsaran el proyecto revolucionario por razones de conciencia y no por estímulos materiales. Un grupo de checoslovacos normadores del trabajo había descubierto, desconcertado, que en las fábricas cubanas los trabajadores se apuraban cuando se decía que estaban estableciendo una norma de producción, mientras que en el resto del planeta socialista se disminuía el ritmo para que la norma fuera más baja.

Pero los problemas comenzaban a abrumarlo en el ministerio. No sólo se trataba del surgimiento del burocratismo, también el Che estaba enloquecido con el problema de las refacciones y los repuestos que comenzaban a paralizar las maquinarias. Y pronto comenzaría a aparecer un nuevo problema: habían estado comiéndose las reservas, los *stocks* de materias primas encontrados al inicio de la revolución e incluso los enormes recursos desperdiciados que ahora se estaban aprovechando. Al disminuir el número de desempleados, al introducir millares de becas de estudios para hijos de obreros y campesinos, al recortar la importación de productos de lujo, se encontraba en el mercado un montón de dinero que pasaba al consumo de bienes y generaba escasez.

Y el Che abría un nuevo frente de debate como si tuviera pocos y unos días después de la aparición de "Contra el burocratismo" publicaba en *Verde olivo* "Cuba, excepción histórica o vanguardia en la lucha anticolonialista", un primer llamado a la revolución latinoamericana combatiendo la idea de que las condiciones de excepción que se habían encontrado Cuba eran irrepetibles.

Hacia esos mismos días, el 29 de marzo, juega golf por primera vez en Cuba, una partida amistosa en el club de las Colinas de Villarreal, en las afueras de La Habana. Se encontraban buscando posibles asentamientos para centros escolares en las afueras de La Habana, cuando se dan cuenta de que están sobre los terrenos de un campo de golf. El Che jugará contra sus compañeros Fidel Castro y Núñez Jiménez. Les gana. Hay una secuencia de fotos de Korda que registran el hecho. El Che y Fidel tienen estilo, lo que no tienen es puntería. A mitad del juego bromean en voz alta diciendo lo fácil que les resultaría ganarles a Kennedy y Eisenhower. Guevara dirá más tarde: *Yo sabía de golf*, recordando sus días de *caddy* en Altagracia; de cualquier manera el resultado es deleznable: en un recorrido de 70 golpes el Che hace 127 y Fidel 150.

Su madre llegará a La Habana por esos días. Orlando Borrego recuerda, aún desconcertado al paso de los años, al comandante Guevara discutiendo por los pasillos del ministerio con Celia de la Serna de filosofía y política internacional, y cómo la madre, que ante el horror de sus hombres lo llama Ernestito, le dice con frecuencia que "está equivocado" y el Che responde: *No, vieja, la equivocada eres tú.*

En lo que seguro no estaba equivocado el comandante Guevara es en que las tensiones con Estados Unidos se resolverían militarmente. A las seis de la mañana del 15 abril, aviones B26 estadunidenses, con pilotos cubanos entrenados por la CIA, bombardeaban las bases aéreas de Santiago, San Antonio de los Baños y Ciudad Libertad. Era el prólogo a la esperada invasión.

De acuerdo con un plan estratégico previamente establecido, el Che se transportó como había hecho en otras ocasiones de alerta roja a Pinar del Río, en el oeste de la isla, para hacerse cargo del ejército occidental. Raúl Castro se haría cargo del ejército oriental y Almeida del central. Horas más tarde el comandante Guevara hablaba en Pinar del Río ante una concentración de milicianos que retornaban tras haber estado combatiendo a las bandas de la contra en lo que se llamó la limpia del Escambray. Las fotos registran millares de fusiles alzados mientras el Che habla: *Reconforta saber que por lo menos un avión enemigo fue derribado con toda seguridad y se hundió envuelto en llamas... todavía por la mañana vimos al comandante Universo Sánchez herido por un casco de metralla, tomando las medidas por si se repitiera el ataque... estos nuevos nazis, cobardes, felones y mentirosos...*

Y remata: *No sabemos si este nuevo ataque será el preludio de la invasión anunciada de los cinco mil gusanos... Pero sobre los cadáveres de nuestros compañeros caídos, sobre los escombros de nuestras fábricas, cada vez con mayor decisión, patria o muerte.*

Al día siguiente el Che se encuentra en La Habana durante el sepelio de los muertos en el ataque aéreo. El cortejo fúnebre circula por la calle 23 rodeado de miles de milicianos armados, las baterías antiaéreas protegen la manifestación desde los edificios más altos.

Fidel, en su intervención, desmiente que hayan sido aviones cubanos como quiere hacer aparecer la propaganda de la CIA, ve con claridad que la operación tenía por objeto destruir la aviación cubana en tierra para facilitar el ataque anfibio. Y es en esta lógica de enfrentamiento final, de todo o nada, de patria o muerte, que Fidel decreta el carácter socialista de la revolución cubana.

¿Qué cruza la cabeza del Che? Finalmente ése es su proyecto. Es su revolución socialista. Él cree que no hay otro camino y los hechos parecen confirmarlo. Con la terrible sensación de que la guerra ha vuelto a estar entre ellos, ¿hay espacio para diseñar futuros? Durante un año ha pensado muchas veces que la revolución cubana podía desgastar su radicalismo social en el disolvente de las conciliaciones y la politiquería. Para un hombre al que le gusta dejar tierra quemada atrás en su historia personal, para un hombre al que las metáforas de las carabelas de Cortés ardiendo, los puentes volados a su espalda, le resultan tan gratas, no puede dejar de ser un momento de gloria aquél en que un país abre una puerta hacia el cielo o el infierno y cierra todas las demás.

Horas más tarde estará de nuevo en Pinar del Río. Fidel piensa que la invasión vendrá por occidente, por las costas de la isla más cercanas al continente; el Che está pues en la zona donde la inteligencia cubana espera el primer enfrentamiento. Será en la comandancia de occidente, en Consolación del Sur, donde esa tarde se produzca un extraño accidente que generará abundantes rumores: al hacer un movimiento brusco se le cae el cinturón donde lleva la pistola amartillada y ésta se dispara. El tiro le produce una herida a sedal. Las fuentes difieren: ¿en la mejilla, en el cuello? Lo que todas aceptan es que si la bala se hubiera desviado un par de centímetros se hubiera incrustado en el cráneo. De inmediato es transportado a un hospital, donde se le hacen las primeras curaciones sin anestesia porque tiene miedo que una reacción alérgica le desencadene un ataque de asma que lo paralice. Aleida viene desde La Habana a verlo. Si la herida no es grave sí lo será la reacción a una inyección antitetánica que le ponen y que provoca un *shock*. *Mis amigos casi lograron lo que mis enemigos no habían podido hacer. Casi me muero*, le dirá a su amigo Granados.

Esa misma noche, hacia las 11:45 un grupo de milicianos choca contra la vanguardia de la invasión, una avanzada de hombres rana que están marcando el punto de desembarco en las cercanías de Playa Girón, una zona cercana a la Ciénaga de Zapata en la costa sur del centro de la isla. Poco menos de hora y media más tarde la noticia llega al comando de la revolución. Esa misma noche una maniobra de diversión organizada por la CIA simula un desembarco en la zona de Pinar del Río que está bajo las órdenes del Che. Equipos electrónicos montados en balsas de goma logran simular la proximidad a la costa de naves de desembarco. El comandante Guevara abandona el hospital.

En el curso de la noche Fidel organiza personalmente la movilización de batallones de milicianos, apelando a los recursos que tiene a mano, incluida la Escuela de responsables de milicias de Matanzas. Se trata de no permitir que se consolide una cabeza de playa. Los dirigentes de la revolución se transmutan de nuevo en guerrilleros, el ministro de trabajo Martínez se mueve hacia la zona de operaciones, Aragonés, Ameijeiras, jefe de la policía, Fernández Mell.

A las 8 de la mañana el Che se comunica con Fidel y se entera de que ya se está combatiendo, que los invasores han tomado tres pequeñas poblaciones en las cercanías de la Ciénaga de Zapata y que se han producido los primeros choques. Fidel y el Che todavía piensan que se trata de una diversión y que la invasión se producirá en otro punto. El Che pide transportes y hombres que sepan disparar morteros de 120 mm. Fidel se los consigue.

El diseño de la operación, aún con las continuas subestimaciones políticas de la CIA, no es malo: crear una cabeza de puente, un "territorio liberado" en la isla, que cuente con una pista de aviación, transportar al "gobierno en el exilio" y otorgarle de inmediato el reconocimiento de Estados Unidos y otros gobiernos latinoamericanos. En la operación están involucrados no sólo Estados Unidos, sino Somoza en Nicaragua e Ydígoras en Guatemala, que proveen de campos de entrenamiento. Resulta comprensible sólo en la demencial lógica de la guerra fría y el eterno diseño imperial estadunidense el entender estas amistades políticas del gobierno liberal de Kennedy con dos de las dictaduras más siniestras del continente.

La veloz reacción de la exigua aviación revolucionaria cubana, que haciendo alardes técnicos mantiene media docena de aviones en el aire, le da el primer golpe a la invasión. La resistencia de milicianos pobremente armados impide que el desembarco progrese y se consolide. Y sobre todo, la magia de Fidel que dirige la batalla por teléfono en cada detalle y va creando una trampa sin salida.

Las anécdotas, los miles de testimonios, permiten reconstruir la carrera hacia Girón de tres o cuatro mil hombres. Pareciera que la urgencia para llegar a pegarles tiros a los invasores fuera una epidemia virulenta y contagiosa. Dejando atrás a los que se demoran, a los tanques que no tienen transporte, a los que llegan tarde, los batallones que Fidel va moviendo comienzan a acercarse y a chocar con los inmovilizados invasores. Una emulación entre el gallego Fernández, Duque, Aragonés, Dreke, Ameijeiras, René Rodríguez, para ver quien llega primero a la primera línea y luego a las playas, va marcando el primer día de contraataque. Y lo suyo no es excepcional. Los milicianos se baten como fieras, deteniendo a los tanques, avanzando bajo fuego de artillería. El 17 los invasores no sólo han sido frenados sino que están a la defensiva y el cerco se cierra.

La propaganda generada en Estados Unidos da una versión diferente: *Yo me había dado un tiro, que había fracasado como comunista, estaba todo destruido; Fidel creo que estaba asilado o lo habían herido en un combate aéreo; Raúl estaba perdido por otro lado; en fin, ya las tropas avanzaban y había tomado el "puerto" de Bayamo.*

En la noche del 17 al 18 Fidel, que se ha aproximado a la zona de combate, regresa a La Habana porque recibe el informe de que en la zona del Che, Pinar del Río, parece inminente un desembarco naval. Por Mariel y Cabañas se observan muchos buques de guerra. El Che ha tomado disposiciones defensivas. Una vez aclarado que no existe una segunda invasión y que se trata sólo de una diversión, Fidel moviliza las antiaéreas y los primeros tanques hacia Girón. Para un hombre sin paciencia como el Che, la espera debe de haber resultado terrible.

Sin moral de combate, enfrentados a la resistencia popular en cada punto, los invasores se repliegan de Playa Larga y sobre la concentración en Girón se producen el 18 los golpes más demoledores. El 19, a las 5 y media de la tarde, el ejército rebelde toma Girón, la invasión ha fracasado, un poco antes naves estadunidenses recogen a una pequeña parte de la brigada invasora; atrás se quedan más de 1500 capturados y casi 200 muertos. El propio Fidel llega hasta el mar sobre un camión artillado.

El Che regresa a La Habana el día 20 y acompañado de Alberto Granado, que se encuentra en Cuba, van hacia la zona de combate. En el central

Australia aún hay operaciones a la caza de pequeños grupos de evadidos, material de guerra destruido, grupos de prisioneros.

Más tarde, haciendo un balance muy simple, el Che diría: *No se le puede pedir a un hombre que tenía mil caballerías de tierra su papá, y que viene aquí simplemente a hacer acto de presencia para que le devuelvan las mil caballerías, que se vaya a hacer matar frente a un guajiro que no tenía nada y que tiene unas ganas bárbaras de matarlo, porque le van a quitar sus caballerías.* Y las cifras de Fidel, confirmando la versión del Che de lo que se jugaba en Girón, ofrecerían esta estadística *sui generis* a partir de las propiedades de los invasores capturados: "...se trataba de recuperar 371 930 hectáreas de tierra, 9 666 inmuebles, 70 fábricas, 10 centrales azucareros, 3 bancos, 5 minas y 12 cabarets".

CAPÍTULO 31

Sin derecho a cansarse

La similitud con el actor cómico mexicano Cantinflas resultaba difícil de ignorar, el mismo Che hablaba de ella burlándose (la foto es del año 61).

En los muelles de la Machina, La Habana, haciendo trabajo voluntario. A la izquierda del Che, el comandante Vilo Acuña.

La victoria de Girón dio el respiro que la revolución necesitaba para pasar al proyecto de construcción económica, y todo ello en medio de un clima de amplia participación popular. Pocos días después de la derrota de la invasión *los compañeros de la Federación del azúcar establecieron la consigna: "El 1 de mayo: seis millones de toneladas de azúcar". Cuando yo escuché esa noticia me quedé asombrado, porque tengo conocimientos de cómo marcha la zafra. Llamé al administrador general de ingenios (...) el compañero Menéndez, y él me dijo que había sido una iniciativa obrera, que no se le había consultado (...) Ahora bien, eso es imposible de lograr.* El Che se indignaba porque no le gustaban ni la retórica, ni la demagogia, ni las promesas incumplibles.

El 24 de abril del 61 nuevamente está dirigiendo las reuniones del consejo de dirección del ministerio de Industria. Ha venido directamente desde Pinar del Río. En el consejo existía el acuerdo, impulsado por el Che, de que todos los dirigentes deberían hacer un par de visitas al mes a fábricas y talleres para mantener una visión desde cerca de los problemas, incluso se había establecido entre los miembros del consejo el acuerdo de una multa de un día de salario al que fallara; los cuadros de dirección se habían estado quejando de que estaban sobrecargados de tareas, que la campaña de alfabetización, que el trabajo voluntario, que los entrenamientos con las milicias... Supuestamente el Che habría tenido que visitar la fábrica de lápices Mitico Fernández en Batabanó, pero estando acuartelado en Pinar del Río... Gravalosa cuenta: "Todo el mundo estaba expectante en el consejo y pensaban que no había podido hacerlo", pero el Che sacó un papelito doblado de uno de los bolsillos del uniforme y se disculpó por no haber traído mecanografiado el informe. Más de uno ese día perdió una apuesta.

El Che no sólo sacó su informe, como habitualmente hacía, puso sobre la mesa una libreta verde sacada del bolsillo de la camisa, ese bolsillo eternamente lleno de, diría usando uno de sus mexicanismos, "chingaderas" y se puso a leer sus notas, observaciones, críticas, lo que los cuadros (y él mismo) llamaban descargas. Cuando aparecía la libretita, todo el mundo a temblar. Además de la libreta, el Che tenía otro pequeño misterio, un lapicero multicolor con diferentes minas, que cambiaba de acuerdo con las notas. Es ejemplificante del cariñoso pánico que causaba entre sus asistentes que nadie se atreviera a preguntarle para qué lo hacía, hasta que un día Valdés Gravalosa no resistió. "Yo no aguanté y le pregunté. Coño, se me aclaró el misterio."

—*Es una clave que yo utilizo. Cuando escribo en rojo es algo que tengo que plantearle a Fidel, cuando escribo en verde al consejo de ministros, y así...*

El consejo enfrentaba ese día algo que parecía obsesivamente ir y volver en cada reunión: la parálisis de las industrias sin repuestos y sin materias primas. Pero también ese día el Che constataba que, a pesar de las irregularidades que se habían vivido en los últimos días, la producción había aumentado. Boorstein precisa: "La producción industrial del 60 se había incrementado, los problemas futuros tendrían que ver no con la administración sino con las herencias y el embargo".

El 30 de abril el Che intervenía en televisión en uno de los habituales ciclos de la universidad popular, *en momentos que quizá no sean los más adecuados, emocionalmente hablando, para estas tareas.* Y entra en el tema, con su habitual franqueza, involucrado a los oyentes en los problemas de la economía nacional: *Estamos aprendiendo en el curso de la acción y naturalmente los aprendizajes se hacen con errores.* Hablaba de cómo se había hecho una planeación basada en ilusiones: que no falte una escuela, que haya una flota mercante en cinco años, que no se tengan que comprar aviones en cinco años, y pronto se constató que era imposible. Sin embargo anticipaba (cayendo él también en el vicio de planificar con ilusiones) la construcción de automóviles en Cuba para el 65. En la intervención hablaba de cómo los planes de los primeros momentos del ministerio de Industria fueron de laboratorio, no se había hablado con los obreros en las fábricas, no se registraron miles de posibles problemas. Se había partido de que no habría carencias de materias primas y refacciones. *Hoy lo vemos claramente, no participó la masa en esa concepción del plan. Y plan donde la masa no participa está amenazado seriamente de fracaso.* Sin embargo, un plan que fracasó en tres cuartas partes produjo resultados asombrosos en algunos sectores, como un crecimiento en la siderúrgica de un 75%.

Con su habitual desenfado el comandante Guevara proporcionaría durante el discurso la lista de técnicos de países socialistas que estaban en esos momentos en Cuba dependiendo del ministerio, unos 140. Y bromeaba sobre los chinos que les dejaron la maquinaria de la exposición industrial reciente y diez técnicos para montarla. *Estamos tratando de que se casen aquí para que se queden.*

Lateralmente el Che polemizará con *Voz Obrera*, órgano del grupo troskista cubano Voz Proletaria, que *hacía la crítica de los consejos técnicos asesores (...) decía que habían sido creados por esta pequeña burguesía timorata que hay en el gobierno como un intento de darle algo a las masas que están reclamando la dirección de las fábricas, sin entregar nada en realidad.*

Y eso desde el punto de vista teórico es un absurdo, pero desde el punto de vista práctico es una infamia o una equivocación garrafal. Precisamente el pecado que tienen los consejos técnicos asesores es que no fueron creados por la presión de las masas, fue una creación burocrática de arriba hacia abajo para darles a las masas un vehículo que no habían pedido; y es donde está el pecado de las masas.

No será la única mención del grupo troskista en el debate, minutos más adelante bromea: *Y el plan educacional que comprende desde las más bajas esferas (y corrige), no vamos a dividir esto en esferas, eso son también resabios pequeño burgueses como dicen los compañeros trostkistas...* No será tan generosa y abierta la dirección de la revolución con el pequeño grupo troskista, si para el Che se trata de una polémica, para otras fuerzas de la dirección revolucionaria se trata de represión. Meses más tarde la policía destruye las planchas del clásico de Trotski *La revolución permanente* cuando se estaba imprimiendo. El Che lo comentará negativamente en una entrevista con Zetlin: *Ha sido un error cometido por un funcionario de segundo rango. Han roto las placas. No debería haber sucedido. Pero sucede.*

Al Che le preocupaba en esos momentos que, bajo la presión agresiva posterior a Girón, el debate interno de la revolución se convirtiera en persecución de minorías. En esos días había emitido una circular como ministro de Industria en la que prohibía explícitamente que se produjeran en los centros de trabajo interrogatorios que entrañasen una investigación respecto a la ideología de los trabajadores.

Y la palabra socialismo comenzaba a sonar tras la definición inicial de Fidel. El Che hablaría de ella en el discurso televisivo al definir el objetivo de la revolución como el intento de crear *una sociedad socialista que sea absolutamente democrática.* Fidel, un día más tarde, en el discurso del 1 de mayo hablaría ya de "nuestra revolución socialista".

El 8 de mayo el Che compartiría la jornada entre un discurso de homenaje a la figura de Guiteras, el histórico revolucionario cubano de la década de los 30 con el que más claramente se identificaba, y una jornada de trabajo voluntario estibando materias primas en los muelles de La Machina. Una foto registra al Che y a un grupo de compañeros, entre los que destaca Vilo Acuña, tirando de una cuerda con cara de absoluta felicidad. Parecen estarse divirtiendo en grande.

Y aunque la economía sufría graves problemas, como lúcidamente decía el polaco K. S. Karol, "todo parecía funcionar, pero muy pocas personas eran capaces de explicar cómo". Sin duda influía la inercia revolucionaria, los recursos acumulados durante los últimos años del batistiato que se habían puesto en el mercado, el ímpetu del cambio, la virulencia de la voluntad, el espíritu de sacrificio... Una mezcla de todo esto estaba funcionando, aunque se estaba generando un desgaste económico subterráneo. Dumont cuenta que el consumo de ganado había aumentado de 750 mil cabezas al año a un millón en el 60-61 y la demanda campesina crecía más rápido que la producción, creando una presión inflacionaria. La demanda de leche crecía en la misma proporción, los pollos se habían importado a razón de millón y medio mensuales de Estados Unidos y por más que crecía la producción nacional no se cubría la demanda generada y no se podía apelar a la importación por el bloqueo; la producción de plátano creció, pero el consumo en las zonas productoras hizo que no llegara a La Habana.

El Che sería consciente de esta presión sobre la insuficiente producción de los millares de parias que se habían incorporado en Cuba por primera vez al consumo: *Habíamos liberado para el consumo público la masa ganadera; se mató indiscriminadamente, se hizo un hábito el comer carne, un magnífico hábito (que tengo que reconocer quizá más que nadie) pero que en ese momento era un hábito que no podía darse en las cantidades que el pueblo de Cuba merece.*

No era el único problema derivado de la conducción de la agricultura. Dumont criticaba acremente la irracionalidad de Núñez Jiménez en la dirección del INRA y sus graves desaciertos. Por otro lado la justa preocupación que la revolución cubana tenía por el pleno empleo estaba inflando de personal las empresas (el Che confesaría que había tenido en el Banco 100 empleados innecesarios).

Y si la solución era una industrialización vertiginosa, el camino impulsado por el Che tropezaba con multitud de obstáculos: la maquinaria obtenida en Europa socialista se venía almacenando en clima insano y salitroso por falta de construcciones adecuadas para instalarla y el mismo ritmo de construcción de las fábricas era más lento que el arribo de la maquinaria.

Karol señalaba que los expertos rusos no frenaban el despilfarro o la ansiedad cubana, que pedía fábricas para sustituir importaciones, fábricas para las que no contaban con materias primas; los asesores eran dependientes, tenían poca capacidad decisoria y en la mayoría de los casos estaban acostumbrados a la vertical estructura soviética. Los cubanos se quejaban de la calidad de la maquinaria que llegaba vendida a precios de mercado mundial, los rusos se quejaban de la falta de agradecimiento de los receptores que compraban con créditos blandos.

A esto se añadían las dificultades para encontrar técnicos que pusieran en funcionamiento las plantas. Boorman recuerda que Guevara le dio la dirección de una planta a un barbudo de 23 años que parecía tener valor; la Procter and Gamble fue dirigida por un médico que sabía algo de química, la mina de cobre de Matahambre por un geólogo norteamericano que aunque sabía de minería no tenía idea de como se ventilaba una mina.

Un análisis de la CIA realizado en el 65, señalaba que el proyecto de industrialización había probado ser "exagerado y prematuro... Muchos de los recursos inversores cubanos han sido atrapados en interminados proyectos industriales y en proyectos industriales que producen bienes de poco valor en el mercado nacional e internacional... El proyecto de industrialización de 400 millones, que incluía plantas eléctricas, fundiciones, metalmecánicas, maquinaria para la construcción, procesadoras de alimentos y textileras (...) sufrió un enorme retraso". Falta de recursos humanos y equipo, falta de experiencia en construcción pesada y una pobre disciplina en la planeación fueron las causas. En el origen de los problemas se encontraba el que la industria de la construcción anterior a la revolución era estadunidense y había funcionado con sus propios técnicos y maquinaria. A esto había que añadir la fuga de ingenieros y que los diseños industriales de los países comunistas no estaban hechos para el trópico y eran deficientes y de corta vida.

Un año y medio más tarde el Che le confesaría al periodista uruguayo Eduardo Galeano: *Fue un disparate apurarse tanto con la industrialización. Quisimos sustituir todas las importaciones de golpe, por la vía de la fabricación de productos terminados (...) no vimos las complicaciones enormes que trae la importación de los productos intermedios.*

En ese mayo del 61 el Che se entrevista con el periodista polaco K. S. Karol cuya visión extremadamente crítica del modelo soviético se expresaría en la reunión. Conversan en francés: "Che utilizaba fácilmente ese idioma, inquietándose sólo de vez en cuando con una cierta coquetería, por si el vocabulario no estaba excesivamente hispanizado". El primer tema es el socialismo: *Aquí la gente se educa actuando y aún se encuentran en los inicios... Yo mismo he hablado a veces con algunos camaradas que me dijeron que esa historia del socialismo no les gustaba mucho; entonces les preguntaba: ¿No están de acuerdo con la reforma agraria? ¿O con la reforma urbana? ¿O con la expropiación a los yanquis? ¿O con la nacionalización, la justicia social y el derecho de cada uno a disfrutar de los frutos de su trabajo? Y me juraban que no, que todo eso les gustaba tanto que estaban dispuestos a sacrificar su vida para defenderlo. Entonces les decía, si están a favor de eso, están precisamente a favor del socialismo, y se iban tranquilizados.*

Karol le pregunta si no resulta peligroso en medio de ese vacío ideológico soltar la basura doctrinaria soviética, la vaciedad dogmática de los manuales. El Che parece no conocerlos, le pide que le aconseje otros, Karol siente que no se puede explicar, dos experiencias absolutamente diferentes, un hombre de izquierda formado en las contradicciones entre el discurso y la práctica autoritaria y represiva del stalinismo, y un radical latinoamericano formado en la experiencia revolucionaria directa con un barniz ideológico marxista y una visión de la historia real del socialismo muy limitada. El Che parecía decirle a Karol que la formulación marxista manualesca *se trataba de un fenómeno marginal del que no dependía en absoluto la educación política de Cuba.* Trataba de explicar que el stalinismo no prosperaría en Cuba, que la reforma agraria colectivista estaba de acuerdo con la voluntad campesina y no contra ella, que la industrialización no se haría con sacrificios, que el cerco capitalista que se le había impuesto a la URSS ya no era posible. Decía que era esencial aprovechar la experiencia en la construcción del socialismo de Europa oriental, sobre todo en la calificación de los jóvenes técnicos.

Karol resumiría: "Mentiría si dijera ahora que en mayo de 61 me convencieron los argumentos del Che. Su fuerte personalidad y su encanto intelectual se imponían inmediatamente pero yo tenía la impresión de que cerraba los ojos frente a una cierta realidad del mundo socialista porque le convenía hacerlo. Un hombre de su inteligencia y dotado de su sensibilidad, no podía dejar de verse atormentado por un buen número de insuficiencias y desequilibrios que debió captar en las sociedades socialistas que acababa de descubrir. Al contrario de los verdaderos creyentes no repetía furiosamente los eslogans simplistas de la propaganda soviética".

En esos días ha de contestar otra entrevista, la que el socialista estadunidense Leo Huberman le había enviado durante la invasión y en cuyas respuestas definía los problemas del momento como: escasez de materias primas, guerrillerismo organizativo, y la incertidumbre de cuándo y cómo será la próxima agresión.

Y el cerco estadunidense aumentaba y la presencia soviética, que por un lado le daba a los cubanos el respiro necesario, y por otro ofrecía un modelo económico, crecía. El 2 de junio la URSS concedía otros 100 millones de dólares de créditos, cifra insignificante, pero significativa.

Y el Che combinaba las dificultades de la gestión de la industria en la que trataba de rehuir el esquema soviético, con el ejemplo en el trabajo voluntario (ahora construyendo una escuela en el Vedado) y el estudio. Había organizado un seminario sobre la obra de Marx, *El capital*, en el que participaban Oltuski, Alvarez Ron, Orlando Borrego, García Valls, Mario Zorrilla y Juan Manuel Castiñeira y que coordinaba el hispanosoviético Anastasio Mancilla. Todos los miércoles por la noche, de 8 a 12 hasta la una de la madrugada, Mancilla se ponía a explicar a Marx y a la media hora el Che ponía en duda todo y se armaba un lío de preguntas, dudas y discusiones. Borrego recuerda que Mancilla era muy prosoviético y que Oltuski criticaba agriamente a Khrushov, a pesar de que el Che, que había sido el causante de la polémica al criticar la conducción económica soviética, le "daba con el pie por debajo de la mesa para evitar un desaguisado".

No le faltaba razón a Karol cuando señalaba que el vacío político de la revolución, que se había llenado en apariencia con la declaración de socialismo, tendía a ser ocupado por la burocracia y el manual de marxismo, y en este proceso los cuadros más dogmáticos del PSP tenían ventaja. En junio se producen las sesiones en la Biblioteca nacional de un debate sobre arte y literatura que expresa las tensiones entre el equipo del suplemento *Lunes de Revolución* y los cuadros del PSP que dirigen el aparato cultural, en particular Edith García Buchaca. A lo largo de tres reuniones la línea dogmática prosoviética sale derrotada, pero *Lunes* se suspende. El Che se había expresado respecto al tema en el 60 cuando celebró el estilo ecléctico de *Lunes*, pero se margina de este segundo debate.

No sólo estaban los proyectos revolucionarios menos tradicionales bajo la mira de las ortodoxias viejas y los nuevos conversos. Parece ser, según Karol, que el estilo hipercrítico del Che molestaba tanto a algunos cuadros de la vieja burocracia del PSP, como Escalante o Roca, que resultaba incontrolable. La misma fuente recoge que se hacía campaña contra el Che entre bastidores por "izquierdista". Paradójicamente habían sido el Che y Raúl los que le habían abierto la puerta a los marxistas de manual en el espacio revolucionario. Un año más tarde el Che reconocería *que se había confiado ciegamente en la autoridad organizativa del* PSP *haciendo dejación de los propios criterios y que... empezaba una etapa negra.*

Mientras tanto el Che estaba fundamentalmente preocupado en mantener el esqueleto industrial de la isla y lograba un importante éxito. La planta productora de níquel de Moa comenzaba a funcionar. Un ingeniero cubano, Demetrio Presilla, había encontrado las claves técnicas para poner en marcha la empresa de novísima tecnología, que los expertos rusos no entendían. Una empresa que en la que en el momento de la nacionalización *no había ni un sólo cubano a nivel de jefe de departamento en la mina, todos eran norteamericanos.*

Presilla se había comprometido con el Che a ponerla a funcionar si él le daba salida comercial al níquel. El Che consiguió los contratos en el viaje a la URSS y todas las semanas visitaba Moa para ver los progresos del proyecto, resolviendo de pasada las quejas de los obreros por falta de agua, de luz, de vivienda. En junio la planta comienza a producir sulfuro de níquel y el Che viaja a Moa para felicitar a los trabajadores. En el local sindical habría de encontrarse con una foto suya y despectivamente diría que *ese tipo se parece a Cantinflas.* Era cierto.

En los primeros días de agosto el Che parte hacia el Uruguay para participar en la conferencia del CIES, un organismo colateral de la OEA, que se ocupaba de las relaciones económicas interamericanas. La reunión ha sido preparada con cuidado, Fidel mismo ha discutido con el Che los contenidos de la confrontación. Frente al proyecto norteamericano de la Alianza para el progreso los logros de los dos primeros años de la revolución cubana.

Tras haber organizado el viaje en secreto, el Che decide en el último momento hacer público el recorrido, como una forma de dar seguridad y cobertura a la delegación. El avión en el que viaja tiene que descender en Río de Janeiro a causa de la neblina. La delegación se transporta a la embajada, la gente lo reconoce en la calle y lo vitorea. *Parecía que habían visto un fantasma,* le comenta al embajador. El Che es ya una figura emblemática en América Latina. El 5 de agosto arriba a Montevideo en medio de una recepción popular memorable. Los mismos que un momento antes han abucheado a la delegación estadunidense los vitorean. La multitud que lo recibe en el aeropuerto corea: "Llegó Guevara, se acabó la mascarada". Diez mil personas con banderas cantan el "Cuba sí, yanquis no" desde el aeropuerto de Carrasco hasta el centro de la ciudad. La prensa ofrece en cambio una áspera bienvenida: en algunos diarios el Che es calificado de represor, en otros se le llama "siniestro personaje".

En Punta del Este, un balneario de lujo frecuentado por las oligarquías uruguaya y chilena, la delegación cubana ha rentado un piso del hotel Playa, donde según los recuerdos de Ricardo Rojo, "habían reproducido la organización corriente en las oficinas del Che en La Habana: mezcla de vivac y de organismo de gobierno, los mecanógrafos se mezclan con los guardias de ametralladora al brazo. Unos preparan comida, otros hablan por teléfono y todos se mueven con una sincronización inesperada".

Será la oportunidad además para ver a sus padres, a su hermana Ana María y a viejos amigos argentinos como Julio Castro y José González Aguilar. Los llegados de Buenos Aires hacen suyo un pedazo de jardín en las instalaciones del hotel, donde circula libremente el mate.

El 7 de agosto el Che asiste a un almuerzo en la residencia de Eduardo Haedo, el presidente uruguayo, e intercambia puyas con su anfitrión sobre la calidad de los tabacos cubanos. En la reunión están presentes varios altos dignatarios de la iglesia católica. Sidroc Ramos, un miembro de la delegación cubana, registra: "Aquello parecía una película de Buñuel". Una fotografía lo confirma: el Che descamisado, una rubia de anuncio de dentífrico, el dignatario de la iglesia en uniforme de ocasiones. Ernesto, consciente, sonríe.

Por cierto, según el testimonio de Leonardo Tamayo, que fungía como escolta del Che, en esa reunión dos mujeres atractivas se les acercan "para invitarlos a una reunión privada" y dan el nombre de su hotel y el número de su habitación. El Che se libra de ellas echándoselas al pobre Tamayo, que tiene en esos momentos 19 años, y sale del paso diciendo que la delegación está muy ocupada. Luego Tamayo dirá que más tarde les contaron que se trataba de una operación de la CIA y las mujeres estarían desnudas en los cuartos esperándolos, con todo y un selecto grupo de fotógrafos y periodistas.

La economía de la delegación que el comandante Guevara preside es tan austera que los delegados sólo podrán disponer de dos entregas de cinco dólares por persona, incluido el Che; la primera para "gastos personales" y la segunda para un regalo a sus familias. Alguno de ellos registrará que se gastó su dinero en revistas y cuchillas de afeitar.

Leonardo Tamayo cuenta que su madre, Celia, le dijo a Guevara:

—Teté, dame 20 dólares.

—*Mirá, vieja, si me levantás por las patas y me sacudís, verás que no voy a soltar un céntimo.*

—Tete, no me irás a decir que tú no tenés dinero.

—*Sí, vieja, traemos dinero, pero es de la revolución cubana y no puedo dar lo que no es mío.*

Curiosamente, el dinero de la delegación corría peligro por razones absurdas. Aja, responsable de las finanzas, había intentado cambiar un cheque de 10 mil dólares. Pero el empleado bancario se había negado porque argumentaba que la firma no servía. Y por más que el cubano daba explicaciones el burócrata se negaba a pagar un cheque firmado simplemente "Che", que eso era una broma, no era un nombre, era un apodo, que si se estaban burlando de él. El asunto fue tan grave que el propio Guevara se vio obligado a entrevistarse con el gerente del banco e incluso a mostrar los nuevos billetes cubanos que llevaban su firma.

El 8 de agosto, interviene en la sesión plenaria del Consejo interamericano económico y social.

Comienza enfrentando a los asistentes con una cita de Martí: "El pueblo que quiera ser libre, sea libre en negocios" y establece su derecho a hablar de política más allá de los disfraces técnicos de la reunión, señalando que uno de los objetivos de la conferencia es enjuiciar a Cuba. *Hay una larga cadena que nos lleva a desembocar aquí:* aviones piratas saliendo de aeropuertos estadunidenses, bombardeos a los cañaverales, la explosión del La Coubre, en el 60 las compañías de petróleo que se niegan a refinar crudo soviético; diciembre del 60: corte definitivo de la cuota azucarera, Playa Girón, el intento de atentado contra Raúl Castro desde Guantánamo. *Por todo esto que he relatado es por lo que considero que la revolución cubana no puede venir a esta asamblea de ilustres técnicos a hablar de cosas técnicas.*

Define la revolución cubana como agraria, antifeudal y antiimperialista, que se fue transformando en una revolución socialista por imperio de su evolución. Habla de sus logros: reforma agraria, igualitarismo con la mujer, ausencia de discriminación de la población negra, éxito de la campaña de alfabetización. Y mueve sus baterías contra la Alianza para el progreso, el gran proyecto desarrollista de Kennedy para América Latina, al que califica como una manufactura contra Cuba y el ascenso de la oleada revolucionaria. *¿No tienen un poco la impresión de que se les está tomando el pelo? Se dan dólares para hacer carreteras, se dan dólares para hacer caminos, se dan dólares para hacer alcantarillas (...) ¿Por qué no se dan dólares para equipos, dólares para maquinaria, dólares para que nuestros países subdesarrollados puedan convertirse en países industriales-agrícolas de una sola vez? Realmente es triste.* Burlonamente establece la clave de la Alpro: *Cuba es la gallina de los huevos de oro, mientras esté Cuba, nos dan.*

Uno de los momentos más afortunados de la intervención es cuando señala: *Los expertos sugieren sustitución de latifundios y minifundios por fincas bien equipadas. Nosotros decimos, ¿quieren hacer la reforma agraria? Tomen la tierra al que tiene mucha y dénsela al que no tiene.* Y va repasando el temario. "Integración", y él dice: *sin bases militares, sin pasar por el imperio.* "Precios", y el Che dice: *sin subsidio norteamericano a sus productos.* Y resume: *No nos oponemos a que nos dejen al lado en la repartición de los créditos, pero sí nos oponemos a que se nos deje de lado en la intervención en la vida cultural y espiritual de nuestros pueblos latinoamericanos (...) Lo que nunca admitiremos es que se nos coarte nuestra libertad de comerciar y tener relaciones con todos los pueblos del mundo.*

El mensaje tiene una fuerza enorme. Quizá no conmueva a los representantes profesionales de dictaduras, democracias de cartón, oligarquías criollas, pero el Che no habla para los presentes, el Che busca oídos en los ausentes, en la nueva izquierda latinoamericana que piensa que la revolución cubana ha inaugurado la era de los cambios profundos en un continente castigado por la desigualdad.

Tendrá algunas otras intervenciones en sesiones de las comisiones. Particularmente afortunada es la respuesta que le da al delegado peruano que hace una loa del ejército de su país, las carreteras que está construyendo, la alfabetización. *He quedado tan sorprendido de lo dicho por el general de la delegación de Perú, tan asombrado de todas las maravillas que están haciendo, que si lo hubiéramos sabido a tiempo en Cuba seguramente no hubiéramos convertido los cuarteles en escuelas como lo estamos prometiendo ante ustedes, sino las escuelas en cuarteles.* Surge la carcajada entre los asistentes.

El 9 de agosto ofrecerá en Montevideo una conferencia de prensa y entre bromas, sonrisas y a veces aplausos, tras pedirle a los periodistas que *pregunten lo que quieran, pero después escriban lo que se conteste*, Guevara pasa dos horas ante un bombardeo de preguntas, respondiendo con fortuna alterna un variado cuestionario que recorre.

Los presos de Girón y su destino: *Ofrecimos cambiarlos por Albizu Campos o por tractores.*

La aeropiratería: *Los norteamericanos se están quedando con los aviones que se desvían desde Cuba.*

Sus trabajos voluntarios en el corte de caña y carga de plátanos en los muelles: *Es cierto lo que digo, no me mire con ese aire dubitativo.*

Las elecciones: *Cuando el pueblo las pida en una asamblea popular.*

Racionamiento (un periodista peruano): Últimamente se comenta que el racionamiento de 700 gramos a la semana es uno de los golpes más bajos que ha recibido el pueblo cubano.

Che: *Yo no conozco ese racionamiento. Nosotros tuvimos que tomar algunas medidas respecto al consumo de carne, que es infinitamente mayor per capita que el consumo de carne en Perú, para distribuir equitativamente lo que hay. En los países como Perú el racionamiento se hace diferente, el que tiene dinero compra y el pobre indio se muere de hambre. ¿No cree usted esto así?*

Periodista peruano: Me parece que sí, pero hay unas cosas...

Che: *¡Que no le oigan!*

La nacionalización de las escuelas católicas: *Ahora son simplemente escuelas.*

Los trotskistas: *Resolvimos que no era prudente que siguiera el trotskismo llamando a la subversión.*

La iglesia: *Un gobierno que no hace religión y que permite la libertad de cultos.*

Listen, Yankee de Wright Mills: *Hay desde nuestro punto de vista algunos errores, pero es un libro hecho con absoluta sinceridad.*

La posibilidad de nuevas revoluciones socialistas en América Latina: *Crecerán, simplemente, porque son el producto de las contradicciones en-*

tre un régimen social que ha llegado al fin de su existencia y el pueblo, que ha llegado al fin de su paciencia.

Lo que come, bebe, si fuma y si le gustan las mujeres: *Dejaría de ser hombre si no me gustaran las mujeres. Ahora, dejaría de ser revolucionario si yo dejara de cumplir uno solo de mis deberes y de mis deberes conyugales porque me gustaran las mujeres (...) Yo trabajo quizás 16, 18 horas diarias, duermo seis horas, cuando puedo dormirlas (...) No tomo y sí fumo. No voy a ninguna diversión de ninguna clase y soy un convencido de que tengo una misión en el mundo, y que en aras de esa misión tengo que sacrificar el hogar (...) todos los placeres de la vida diaria.*

Su argentinidad: *Tengo el sustrato cultural de la Argentina y me siento tan cubano como el que más.*

Sólo pierde los estribos una vez cuando un periodista argentino (Luis Pedro Bonavista) habla de su "expatria" y el Che indignado responde: *Señor, tengo una patria mayor, mucho más grande, mucho más digna que la suya, porque es toda América, señor, y usted no conoce esa clase de patria.*

El 16 de agosto tendrá una segunda intervención en la plenaria del CIES. Fundamenta el voto de abstención de la delegación cubana con el argumento de que bajo el esquema de la Alianza para el progreso propuesto *los países subdesarrollados tardarían 500 años en alcanzar el mismo ingreso por habitante de los países desarrollados.* Además no se le había respondido cómo acceder a los recursos de la Alpro y si Cuba podría tener derecho a ellos. *Mal se puede apoyar una alianza en la que el aliado no va a participar en nada.* Sus discursos augurando el fracaso de la Alianza para el progreso habrían de ser conocidos más tarde como "la profecía del Che".

Una foto registra a un Guevara ceñudo escuchando la intervención del secretario del Tesoro estadunidense en una de las plenarias; próximo a él, a su derecha, está el representante de Somoza, el dictador de Nicaragua, un calvo trajeado de lentes oscuros.

En la noche del 17 al 18, en una fiesta en Montevideo, se entrevista en privado con Richard Goodwin, uno de los asesores de John F. Kennedy, que había participado en la reunión de Punta del Este.

Goodwin, en varias versiones que ha dejado de la conversación, sugiere que el Che intentó una entrevista formal y al no lograrla promovió un encuentro en una fiesta de cumpleaños. Reunidos en un cuarto con dos jóvenes diplomáticos latinoamericanos que actuarían como traductores, durante media hora y ante un Goodwin que básicamente se limita a escuchar, el Che desgrana una proposición inusitada: la revolución cubana está dispuesta a buscar *un modus vivendi* con Estados Unidos siempre y cuando esto no implique abandonar el modelo socialista que han iniciado, y están dispuestos a hacer concesiones: no devolverán lo expropiado pero se comprometen a pagar las expropiaciones en especie, no harán ninguna alianza militar con el bloque soviético, están dispuestos a realizar elecciones libres, pero dentro de la estructura del partido único, y no objetarán la existencia de Guantánamo.

El Che le dice a Goodwin que haga llegar el mensaje a Kennedy y se compromete a que esta conversación sea sólo conocida por Fidel. La entrevista no tendrá ningún tipo de resultados. La administración Kennedy seguirá con su lógica de guerra fría. El Che la comentará de una manera muy seca: *Una entrevista personal entre dos huéspedes de una tercera persona.* Y durante mucho tiempo no será conocido lo conversado. ¿Proponía el Che a nombre propio o transmitía un mensaje de Fidel?

El 18 el Che intervendrá en la universidad de Montevideo hablando sobre el desarrollo económico de Cuba basado en la reforma agraria radical. A su derecha, en el presidio se encuentra el senador socialista chileno Salvador Allende. La universidad ha sido atacada por grupos de ultraderecha con bombas pestíferas y la conferencia se da en un auditorio repleto de estudiantes y con horrible olor a cloro.

Partiendo de una verdad latinoamericana: *El derecho a comer es el derecho de todo el mundo*, el Che explica los racionamientos existentes en Cuba debidos al bloqueo: grasas de todo tipo y carne, el calzado. Insiste en que el camino de la independencia económica es el de la industrialización, poner en pie las 205 fábricas planeadas. Y resume en una de las frases más afortunadas del discurso: *Y esa lucha, en esa forma tan enrarecida que a veces divide hasta a miembros de una familia, naturalmente que permite una construcción muy rápida del país, naturalmente que hace que nuestro país marche a un ritmo acelerado, pero también deja una serie de secuelas que después cuesta curar. Y no es bueno ni es bonito, porque hemos tenido que hacerlo y no nos arrepentimos.*

A la salida del acto se produce un atentado de la ultraderecha. En los disparos contra los asistentes muere un profesor de instituto. La intervención policiaca provoca un zafarrancho. El Che es llevado a hombros hasta su automóvil. Horas más tarde pretenderá salir a la calle y se enzarzará en una tremenda discusión con su escolta y los restantes miembros de la delegación que se oponen. Al día siguiente el Che será acusado de haber intervenido en un "mitin político" que afectaba problemas internos del Uruguay. El Che personalmente se preocupará de la familia del profesor muerto e invitará a su hijo a estudiar como becario en Cuba.

Ese mismo día el comandante Guevara viaja en secreto a Buenos Aires. Nunca quedará claro si ha sido invitado por el presidente Frondizi o en una de sus maldades habituales obliga al presidente argentino a invitarlo. En un avión rentado por el gobierno argentino llega al aeropuerto de Don Torcuato, cerca de la capital federal, donde lo espera una escolta del presidente que lo llevará a la residencia de Los Olivos. En una reunión privada que tan sólo durará 70 minutos se tratan tres temas: las rutas del desarrollo donde el Che insiste en que por el camino de la inversión norteamericana no hay nada que hacer, porque se llevarán más de lo que aporten. Hablan de la preocupación de Frondizi de que Cuba ingrese al pacto de Varsovia, a la que el Che responde que, *nosotros no alentamos eso.* Frondizi exploró la posibilidad de que en Cuba se produjera un proceso electoral. El Che le dijo que esa puerta estaba temporalmente cerrada.

Se cuenta, aunque no parece ser cierto, sino una más de las leyendas que acompañan al comandante Guevara, que al final de la reunión la esposa de Frondizi lo invitó a comer un bife.

—A caballo —dirán que dijo el Che, recordando la costumbre argentina de ponerle encima a la carne asada un huevo frito.

Ramón Aja recordará, con una precisión mucho más cercana a la verdad: "Tremenda frustración, no había nada de lo que nosotros habíamos pensado, pusieron tomates, verduras y poca proteína".

El Che, esa misma tarde, tras visitar a su tía María Luisa, saldría hacia Montevideo. *Una entrevista cordial*, dirá a los periodistas más tarde hablando del encuentro con Frondizi, y no podrán sacarle una palabra más.

Ha estado cuatro horas en Argentina.

La noticia de la visita "secreta" se filtrará a las agencias de prensa y aparato gubernamental, incluso se difunde una fotografía del Che subiendo al avión. El canciller Adolfo Múgica queda en ridículo porque ha negado que la entrevista se hubiera realizado y renuncia al día siguiente. Los ministros de las tres armas le piden explicaciones al presidente y dicen públicamente que esta entrevista "ha causado inquietud" y el ejército se acuartela. Esos 70 minutos de conversación están a punto de provocar en la inestable Argentina, otro golpe militar.

El Che mientras tanto se encuentra en Brasilia con el presidente Janio Quadros el 19 de agosto. Una breve reunión que termina con una declaración pública de Quadros de apoyo a Cuba sobre el derecho a la autodeterminación de los pueblos.

Al paso de los meses, dos países que habían manifestado en la conferencia independencia de criterio respecto de Estados Unidos en torno a la Alianza para el progreso, Brasil y Bolivia, y los dos presidentes que habían tenido reuniones privadas con el Che, Quadros y Frondizi, caerían víctimas de golpes militares. El Che era muy peligroso en aquellos años en América Latina, su toque polarizaba. Contra lo que parecía sugerir la imagen maquillada de apariencia desarrollista y democratista de la Alpro, la disyuntiva parecía más bien establecerse entre la pequeño y radicalizada revolución cubana y la bota militar apoyada por Estados Unidos.

A su regreso de la gira, confirmado como uno de los dirigentes de la nueva revolución latinoamericana, el Che se encontrará en Cuba con un aumento de los racionamientos y la prolongación de la escasez de productos alimenticios: pollo, carne, vegetales, manteca y viandas. Esta era la primera muestra de dificultades económicas serias, porque la desaparición de pasta de dientes o refrescos había sido esporádica en la primavera. Fidel atribuyó la escasez al aumento brutal de la capacidad de consumo y a errores en la planificación. Pero era evidente que había algo más. Bajo la presión de esa cruda realidad se convocó a la primera Reunión nacional de producción, que habría de celebrarse en La Habana a partir del 27 de agosto y a la que asistirían 3500 cuadros del gobierno, las organizaciones de productores, la estructura económica nacional y local y el nuevo partido político que había surgido de la integración del 26 de Julio, el Directorio y el PSP: las Organizaciones revolucionarias integradas, las ORI.

El Che fue el encargado de ofrecer uno de los discursos clave y utilizó su habitual franqueza y su dura capacidad crítica: *Hay que hacer hincapié en los errores*, dirá hablando de su ministerio, el de Industria. *Lo importante no es justificar el error, es impedir que se repita. Ustedes ahora me recibieron con un aplauso nutrido y caluroso. No sé si sería como consumidores, o simplemente como cómplices (...) creo que más bien como cómplices.*

En Industria se han cometido errores que han dado por resultado el que hubiera fallas considerables en el abastecimiento a la población. Y no sólo en Industria, menciona también Comercio exterior, ministerio de Transportes, Obras públicas, incluso el ejército.

El primer problema fue los cuadros, gente con entusiasmo, pero... *hay que cambiar directores, hay que substituir administradores, hay que enviar algunos a que mejoren su capacidad cultural y técnica.* Dice que no se ha perdido contacto con las masas, pero que muchas veces se las ha ignorado en la toma de decisiones y a la inversa, algunas tomas de decisiones de sindicatos han sido demagógicas.

Dice que aunque el saldo sea positivo el sentido de la reunión es analizar los errores. Y descubre que al menos en Industria, a pesar de la gran dependencia de los productos de exportación, sólo hay pocos paros en las empresas, y que estos han disminuido de frecuencia. De las cuarenta empresas consolidadas se han cumplido las metas en una o dos, aunque en todas se nota el aumento de la producción. *Hay dos puntos críticos*: se está trabajado sin reservas y cualquier pequeño accidente paralizaría las fábricas, y el segundo es *la perenne crisis de piezas de repuesto*. Señala orgulloso el gran éxito de los comités de base que han estado manufacturando piezas de repuesto y adaptando las máquinas, reinventando la maquinaria con clips y alfileres.

Y anticipa problemas en la distribución de jabón por acaparamiento y falta de materias primas, en el calzado a causa de los grandes incrementos en la producción destinados a las milicias, los alfabetizadores, los becados... casi hay una crisis grave en las llantas, pero se resolvió; anuncia escasez de pasta de dientes: se agotaron las reservas sin que llegaran materias primas, se produce una muy buena pero al mes se endurece (y se ríe: se jodieron los acaparadores); anuncia futura escasez de cervezas y refrescos a causa de la carencia de materias primas, absurda a veces, falta de botellas por ejemplo, un administrador ineficiente, falta de materia prima porque no se utilizaban productos cubanos. *En los refrescos hemos tenido uno de los fracasos relativos mayores, la Cocacola que es una de las cosas que más se tomaba hoy tiene gusto de jarabe para el pecho* (declaración que le costará un disgusto con los trabajadores de la fábrica). Y no se detiene. Machaca sus propias debilidades y errores y los ajenos: *Hay empresas que identifican la calidad con la contrarrevolución y que consideran que la calidad es un vicio capitalista y que en esta época socialista no hay que ocuparse de la calidad (…) Para asegurar el ahorro, para asegurar la producción se sacrifica constantemente la calidad (…) hemos discutido, no lo suficiente, pero hemos insistido (…) el desarrollo socialista y el desarrollo social de un país dirigido justamente, se hace para el hombre, no se hace para alguna entelequia (…) La belleza no está reñida con la revolución. Hacer un artefacto de uso común que sea feo cuando se puede hacer uno bonito, es realmente una falta* y ahí viene la dinamita: *porque los compañeros a veces consideran que al pueblo hay que darle cualquier cosa, que si se le da algo malo (…) y además no se cuida bien el abastecimiento (…) y el pueblo protesta, entonces el pueblo es contrarrevolucionario. Y eso es falso de toda falsedad, al pueblo no le gustan algunas cosas que desgraciadamente suceden y para eso nos hemos reunido (…) No es bueno que haya jabón en La Habana si no hay jabón en el campo; si no hay jabón en el campo no debe haber en La Habana.*

Y todo el mundo sabe que el Che no habla por hablar, que dice verdades y que cree que los problemas no se resuelven escondiéndolos, que anuncia escasez, pero anuncia también un reparto igualitario. Y el Che sigue avisando problemas: días de paro en empresas de cabillas de hierro, en cables de cobre por falta de materias primas. Todavía hay fallas muy graves en la planificación. Critica al ministerio de Comercio exterior, pero reconoce que en muchos casos los directores de empresas no daban especificaciones claras. Critica a los directores de empresas que usan los muelles de La Habana como almacén y hace una durísima crítica contra el Comercio interior: *Ahí hay menos justificación para algunas cosas que han sucedido.* Y se repasa al ejército que moviliza innecesariamente milicianos que tienen importancia estratégica en la industria, desvía transportes, *cada tenientico o cada capitancito se considera con el derecho absoluto a agarrar lo que tiene a su paso,* y luego a Obras públicas que prioriza la entrega de un parque para celebrar el aniversario del 26 de Julio antes que una fábrica.

Y el panorama no es trágico en la industria, donde se reportan aumentos en la producción de 120-130% en promedio, disminución en textiles, leve aumento en cemento; en seis meses del 61 duplicaron la producción de calzado… y sigue hilvanando reconocimientos con críticas, algunas feroces, como en el caso de los cerillos: *El fósforo es una de las vergüenzas más grandes que tenemos en el ministerio de Industria, no hay persona que no se acuerde del ministerio de Industria varias veces al día al rayar un fósforo.*

Boornstein cuenta: "La voz del Che se volvió cálida cuando repasó los logros en la producción de medicinas, donde a pesar de las dificultades y la necesidad de racionalizar la producción y no duplicar esfuerzos, no habría escaseces en el 61". El Che remató diciendo que el pueblo tenía que saber, que estas cosas deberían ser discutidas por el gobierno (y queda claro que invita a un debate público y transparente), aboga por la igualdad de la mujer ante el trabajo y advierte que pronto ellos se sumarán masivamente a la producción.

En las kilométricas sesiones se produce un agarrón cariñoso entre Osmany Cienfuegos, ministro de la Construcción y el Che. Osmany se niega a aceptar que construye parques en lugar de industrias, explica lo del pequeño parque del 26 de Julio y da su lista de industrias entregadas, el Che pide que la lea de nuevo, porque una parte son agroindustrias del INRA. Al final se ponen de acuerdo en la necesidad de coordinar y otorgar prioridades.

Pero a pesar de las virtudes de debatir los grandes problemas económicos cara a la población y abiertamente, algo no estaba bien en el optimismo con que se cerró la reunión: los logros de un crecimiento del 10 al 15% no se obtendrían y la escasez perduraría, aunque era cierto, el nivel de vida en 1961 superaría de una manera espectacular, en un 60%, el del 1959. Y como bien había recordado el comandante Mora, pocos países dependían tanto del extranjero como de Cuba, donde todos los productos nacionales, incluso el azúcar, tenían un nivel de dependencia.

Un mes más tarde, el 24 de septiembre, se celebraría la primera Plenaria de la producción en el Centro gallego de La Habana. Se trata de la continuación de la asamblea de la producción pero en el ámbito de la capital. El Che hace el discurso de resumen, es en esos momentos además, ministro transitorio de Trabajo mientras Martínez Sánchez está de viaje por los países socialistas.

Su intervención se centra en problemas laborales: *Ahora mismo el ausentismo comienza a tomar características alarmantes.* Ubica el problema en las industrias de obreros de altos salarios, como las textiles, donde el fallo de unos días no afecta el salario, aunque no dice que el salario proporciona muy pocas posibilidades de obtención de productos.

Señala que las discusiones políticas, la venta de periódicos, las movilizaciones revolucionarias, se producen en horas de trabajo, quitándoles su sentido voluntario y robando tiempo laboral.

Las intervenciones del Che habrían de publicarse casi de inmediato en los folletos de "Obra revolucionaria" y Guevara diría que esto era útil para que el pueblo controlara lo que dice el gobierno, pero más tarde señalaría: *Hicimos una asamblea de crítica y autocrítica a finales del 61, y creo que ha tardado un año y medio en recopilarse las conclusiones de aquella asamblea y nunca se analizaron. Aquello fue un fracaso burocrático en realidad (...) había una serie de problemas que eran indicadores de los malestares que existían, de las deficiencias, y no se aprovechó.*

Más allá de los efectos inmediatos de estos debates, el Che seguirá en campaña de transparencia informativa y el 6 de octubre dará una charla en el ministerio de Industria que arranca con una autocrítica, explicando cómo su formación guerrillera militarista se transmitió el ministerio. *De ejecución perentoria, de obligación sin discusión. Después ha venido un trabajo que es abrumador (...) hay otra serie de compromisos que cumplir que prácticamente consumen el día entero y se está presionando incluso en*

las horas de sueño; no se hace otra cosa que estar pensando en el tra-
bajo. Todo esto va llevando poco a poco a una abstracción de la reali-
dad y del hombre como individuo; ya no se considera a la gente como
gente, como problema personal, sino que se la considera como soldado, co-
mo número en una guerra que hay que ganar, que es porfiada, que es
continua. El estado de tensión también es continuo y lo que se ve son
los grandes fines; frente a estos grandes fines se va olvidando poco a
poco la realidad cotidiana y esto naturalmente me pasó a mí, como nos
ha pasado a muchos (…) Yo puedo decir que no conozco un cabaret, ni
un cine, ni una playa, es que no conozco una casa de La Habana, no sé
cómo vive el pueblo de Cuba (…) Tenemos que hacer algo para que este
organismo sea un poquito mas vivo, para que no sea tan deshumanizado.

Y ahí se acaba la autocrítica para pasar a la descarga: *El otro día des-*
pués de bastante tiempo de no hacerlo, hice un recorrido, empecé por el
piso 8 donde se armó un corre corre, todo el mundo estaba reunido, hay
algunos oyendo la radio. *Resulta que aquí se produce ausentismo de to-*
do tipo; se produce el ausentismo directo de gente que no tiene ganas
de venir a trabajar y no viene, se produce el ausentismo del individuo que
llega tarde y se va a la hora, se produce el ausentismo del individuo que se
va muy tarde y encuentra pretexto entonces para llegar tarde al día si-
guiente pero que no rinde de verdad en su trabajo, se produce el ausen-
tismo de la gente que se va tomar sus colaciones por la mañana y por la
tarde, se encuentra a sus amistades aquí abajo (…) en algún piso me en-
contré a un compañero leyendo el periódico. No se preocupe, se me olvi-
dó la cara.

Por esos días, se enzarza en un curioso debate. Escribe el 7 de octubre a
Revolución quejándose al maestro José Luis Barreras por haber puesto
un problema muy fácil en los enigmas ajedrecísticos que publica el diario.
Barreras, picado en la cresta, propone un problema difícil en la siguiente
edición, un mate en tres. A la semana le llega una nota de un tal "Incógni-
to" con el problema resuelto correctamente con todas las variantes, poco
después una llamada telefónica del Che. No es su única intervención en el
ajedrez en esos tiempos, *el único vicio que se permite*: meses antes había
intervenido en el torneo de ajedrez en la Ciudad deportiva, donde el mismo Barreras había calificado su estilo como "audaz, juego activo, no po-
sicional, jugaba a perder o ganar". Entonces le ganó una partida a Rogelio
Ortega con una variante conocida como *fianchetto* de dama que él había
modificado un poco y la llamaba entre amigos "la guevarovsky".

El ajedrecista Guevara pasará el fin del año 61 dedicado a las labores
de Industria y también a impulsar el último jalón de la campaña de alfabetización, uno de los grandes esfuerzos en los que se ha empeñado el gobierno revolucionario. El 16 de diciembre pondrá la bandera roja y blanca de
territorio libre de analfabetismo en la base militar de San Julián, en Guane,
y participará el 23 en el acto de cierre de la campaña de alfabetización.

Los resúmenes son espectaculares: 707 mil alfabetizados, sólo queda sin alfabetizar el 3.9% de la población. Una cifra impresionante en tan sólo dos años de revolución y con sólo una campaña masiva.

La revolución celebrará el 10 de enero del 62 su cumpleaños en la plaza de la Revolución de La Habana. El Che le quita a un fotógrafo de prensa su cámara con telefoto, una Zenith rusa con un 300 mm y se pone feliz a tirar fotos, entre ellas una regular foto de Fidel. Al día siguiente, sin que se haga público el Che vuela en el avión líder de los 18 que hacen sobre el cielo la V de la victoria, lo dejan pilotar cuando se rompe la formación. Desde fines del 59 había el Che aprendido la navegación aérea instruido por su aviador personal, De la Campa, y tenía su estrella de piloto, que estimaba tanto que era la única insignia que se ponía junto a su estrella de comandante.

El 3 de enero vuelve a su vida más prosaica de ministro e inaugura una fabrica de galletas, construida con restos de maquinaria de desecho y aditamentos conseguidos aquí y allá. A retazos, a golpes de pulmón y jornadas agotadoras de trabajo. Y celebra *que sea una fábrica de bienes de consumo* porque no hay socialismo sin darle a la gente más productos.

No se le conoce gran vida social ni cultural fuera de la lectura y el ajedrez y que suele ir muy de vez en cuando al cine, al autocinema, con Aleida y la escolta. Siempre enfrentando el pequeño problema de que los taquilleros no le querían cobrar y él decía:

—*Si no es tuyo, chico, es del pueblo, y ¿por qué no me vas a cobrar a mí?*

Curiosamente sus películas favoritas serán los *westerns*. Entre la multitud de anécdotas que se han publicado sobre el Che aparece una suelta, ignorada por todos sus biógrafos, en un comentario de paso, casi accidental, de su esposa Aleida: "Al comandante Guevara le gustaban los *westerns*, solía verlos en su casa (¿películas prestadas y vistas en un proyector de 16 mm o en la televisión?) en los pocos ratos de diversión que se permitía".

Granado recordará muchos más años más tarde que Ernesto era aficionado en su juventud a los *westerns*, sobre todo aquellos en que salían bien parados los indios: Caballo Loco (Anthony Quinn en *Murieron con las botas puestas*). O Cochise (Jeff Chandler.) Ahora en Cuba recupera el gusto por las películas de vaqueros.

El historiador, que piensa que el *western* es el equivalente estadunidense de la película bélica del realismo socialista soviético, no puede dejar de mostrar su desconcierto. Francamente no se lo esperaba. ¿Qué *westerns*? *La diligencia* de Ford, *A la hora señalada* (*High Noon*), *El tren de las 3:10 a Yuma*, *Shane el desconocido*, *Veracruz*, *Siete hombres y un destino*. ¿Jack Palance o John Wayne? ¿Burt Lancaster o Alan Ladd? ¿Ronald Reagan?

El 6 de enero el comandante Guevara da un discurso en una asamblea de trabajadores portuarios, en el que explica las importaciones, la sustitución de importaciones, la necesidad de tecnificarse; la dependencia en la que está colocado el país, *no para desarrollarse, para subsistir*, de las importaciones, y hace el llamado a aumentar la productividad no sobre consideraciones nacionales, sino sobre consideraciones solidarias hacia otros obreros, hacia los desempleados, a los campesinos: *crear un excedente para los otros*. Los otros... Pareciera como si hubiera abandonado el discurso paternal de los primeros días y hablara de tú a tú a gente que tiene obligaciones. A los portuarios hay que explicarles que las mercancías que descargan tienen objetivo, destinos, sentido. Hacer cada día algo que perfeccione el minúsculo esfuerzo. Sin duda era un mensaje que calaba hondo. Cierra, evidentemente, con un llamado al sentido de lo colectivo: *la tarea es muy grande, tan grande que no la resuelve nadie de por sí, la resolvemos todos o no se resuelve*.

Escribirá en esos días un texto para ordenar sus propias ideas que han estado cambiando en los últimos meses, un artículo titulado "Tareas industriales de la revolución en años venideros". Tras seguir la historia de los conflictos hallados en el camino habla de la planificación como de un juguete nuevo, un plan que reacionalice y coordine, que se adecue *a las posibilidades de producción de materias primas y nuestra real capacidad de importación*. Hay en su texto un abandono de la primera iniciativa de industrialización rápida basada en sustitución de importaciones a través de fábricas suministradas por los países de Europa oriental y prevé un desarrollo industrial más lento, lastrado por las obligadas prioridades de una revolución social: transporte, salud pública, educación, agricultura (el consumo ha aumentado enormemente) y desde luego, aunque no lo mencione, el material bélico. Marca las líneas de desarrollo industrial: naviera, metalúrgica, electrónica, sucroquímica.

Y plantea como uno de los grandes problemas que hay que resolver en el futuro inmediato: el desastre de las diferencias salariales; salarios que a trabajos de igual calificación eran diferentes, dependiendo de las viejas capacidades reivindicativas de cada sector. Igualar por abajo sería negar la justa conquista de uno, igualar por arribar sería mandar al mercado dinero que se comería la inflación.

Poco más tarde, en una reunión en el ministerio de Industria, volverá sobre el problema de los salarios señalando que existe una gran presión de los trabajadores para igualar los salarios por arriba, porque al integrarse las empresas se encontraron tremendas diferencias entre aquellos obreros que gracias a la fuerza sindical habían tenido en el pasado una fuerza reivindicativa y los trabajadores de talleres o sectores atrasados que gozaban de bajos salarios.

Pero el Che se resiste a la igualación salarial por arriba. Insiste que el ausentismo se debe a que no importa si tienes dinero, porque el dinero ha perdido valor por la carencia de productos, y lo que hay que hacer es bajar los salarios y quién se atreve a hacer algo así. *Yo no tomo esa responsabilidad... El salario es irreal, y se fomenta el mercado negro, especuladores, la putrefacción de todo esto... Nosotros no podemos inyectar una masa de dinero a la circulación si no tenemos productos para gastar ese dinero.*

416

Será a principio del 62 que las tensiones entre los nuevos aliados crezcan. El embajador soviético, de hacerle caso a Franqui, no es muy querido por Fidel; los técnicos chocan con el estilo cubano y, para rematar, los jefes de redacción de los diarios rusos más importantes, *Pravda* e *Izvestia* entrevistan a Fidel y publican censurada la entrevista. *Revolución* responde con la versión completa, donde en lugar de hablar de coexistencia pacífica, el término al uso de la burocracia soviética, Fidel dice que no hay coexistencia posible con los yanquis.

Y si las relaciones con los soviéticos se tensan, el gobierno Kennedy está empeñado en acabar con la revolución cubana. A partir de febrero el general Landsdale estará a cargo de la operación Mangosta, en la que se fijará un primer calendario de operaciones que incluye el inicio de acciones guerrilleras en territorio cubano para agosto-septiembre de ese mismo 1962, para ir hacia una revuelta abierta en las dos primeras semanas de octubre, que culminaría con un nuevo gobierno al final de ese mismo mes. El "proyecto Cuba" se preguntaba si la intervención militar directa estaba descartada, y respondía: "La decisión vital aún está por tomarse". El hecho es que de febrero a agosto se producirán 716 sabotajes organizados por la CIA, con cientos de millones de pérdidas materiales y vidas humanas.

Y el Che, más allá de las presiones, continuaba su guerra personal por el establecimiento de un nuevo estilo y una nueva cultura solidaria del trabajo. En una reunión del consejo de dirección del ministerio de Industria fijaba sus posiciones ante los estímulos a los obreros y ante la polémica de si debería ser más importante el estímulo material en premios o dinero o el estímulo moral. *En general sucede que los países que están en las primeras etapas de su revolución, donde hay una efervescencia revolucionaria mayor, el estímulo moral supera al estímulo material.*

Los dos van estrechamente unidos... No estamos fijando la exclusión del estímulo material, simplemente estamos fijando que debemos luchar porque el estímulo moral en el mayor tiempo posible sea el factor determinante de la actuación de los obreros... Hacer del estímulo material cualitativo... Y ejemplificaba con el caso de obreros que habiendo sobreproducido por encima de las normas establecidas, en lugar de pagarles salarios extra había que enviarlos a escuelas técnicas para mejorar su calificación y al regresar tendrían un salario superior en una categoría superior.

En esa misma reunión avisa que se va a la estatalización absoluta de la industria, *ya está anunciado,* y señala: *Eso sí, hay que ser lo más humanos posibles.* Se está entrando en el terreno de un minúsculo empresario que tienen 15 o 30 obreros. *No es un peligro social...* Sugiere que se trate de incorporarlos como asesores, que se aprovechen sus conocimientos, todo el amor que pusieron en sus fabriquitas.

Y hablando de su estilo de trabajo dice: *Mi manera de hacer siempre las cosas, es decir la verdad. Personalmente creo que es lo mejor de todo.* Mientras se queja de que trabajando 17 horas en el ministerio, atrapado en problemas concretos, dedica poco tiempo a las tareas de dirección nacional, a las ORI, a la comisión económica de las ORI, o a la Junta central de planificación de la que es miembro.

Es quizá por esto que cuando habla de la situación política cita como una de las grandes ventajas del momento la existencia en Cuba de unidad en el mando revolucionario: *Nadie disputa la más mínima cosa de poder...* una visión un tanto inocente, que quizá se ajuste a su propio desprecio por el poder en sí mismo, pero que sin duda no observa, enfrascado en los problemas de la industria, lo que está sucediendo en torno suyo, en momentos en que la burocracia del PSP encabezada por Aníbal Escalante se está apoderando de las ORI, en que el sectarismo y el autoritarismo sustituyen en múltiples espacios al debate y al diálogo, se desplaza a los cuadros campesinos del 26 de Julio por burócratas marxistas y se producen arrestos sin juicio, *razzias* de homosexuales, ilegalidad represiva, abusos arbitrarios. El periodista italiano Saverio Tutino enlistaba: "Autoritarismo y sectarismo en estos últimos meses, ocupación de casas por funcionarios, usos de automóviles personales, convertían las iglesias en tiendas, los burócratas del PSP (tenían) más mentalidad de funcionarios que de revolucionarios... Se había desplazado a cuadros serranos con el argumento del bajo nivel político".

Aunque el Che sin duda debe percibir que algo anda mal en el partido unificado, porque registra que hizo una encuesta entre obreros premiados y cuando les preguntó cuántos eran milicianos, casi todos lo eran, y cuando volvió a preguntar cuántos eran miembros del partido casi ninguno lo era.

Oltuski, que en esos momentos había pasado a colaborar con el Che en la Junta Central de Planificación, recordará más tarde respecto al mal clima político que imperaba: "En pleno sectarismo y en su presencia un extremista atacó al 26 de Julio y después de pensarlo dos veces me atreví:

"—Es cierto que no sabíamos nada de marxismo y que no pertenecíamos al partido, pero quizá gracias a eso derrocamos a Batista.

"Y me dio la razón (...) Cuando yo era sectario a la inversa y atacaba injustamente a algún viejo comunista, el Che me situaba en mi lugar".

En enero del 62 el poeta argentino Juan Gelman participa en una entrevista colectiva de un grupo de periodistas y sindicalistas argentinos con el Che: "A las cuatro de la madrugada en el ministerio de Industria. Había un gran entusiasmo de algunos hacia la revolución. El Che matizaba, no quería que se idealizara: *Nosotros nunca fuimos más de dos mil, algunos eran muy buenos revolucionarios y en mitad de la lucha dejaban la guerrilla porque extrañaban a la madre, les caía mal el agua...*

"Por ahí salió alguien hablando del heroísmo de los guerrilleros que combatían de pie.

"Yo le digo al compañero argentino en voz baja:

"—Lo más seguro es estar de pie si te ametrallan desde el aire.

"El Che me oyó:

"—*Sí pero hay que hacerlo.*

"El Che en aquella época se encontraba ante el gran problema de la falta de cuadros por todos lados. Comentó que envidiaba a los chinos que habían hecho una guerra mucho más larga y gracias a eso habían formado a decenas de miles de cuadros. Preguntaba con insistencia qué críticas podríamos hacer. Un muchacho, delegado de base de una gran empresa argentina le dijo que le llamaba la atención las pocas máquinas que atendía un obrero textil, no se trata de buscar la súper explotación, que obligaba al argentino a atender muchas, pero me parece que se podría aumentar la productividad si se atendieran más máquinas. El Che contestó que cuando entraron a La Habana en el 59, en las negociaciones para fortalecer el movimiento se pactó con los dirigentes gremiales y se aceptaron todo tipo de reivindicaciones máximas sin discusión, porque no teníamos ninguna experiencia en esto. Uno de los resultados era la improductividad. Y contó la siguiente anécdota: días antes, cuando estaba supervisando los trabajos del arreglo del edificio, se había encontrado con el capataz y éste le comentó: Muy bien, comandante, la gente ya está trabajando casi como en el capitalismo".

Días antes, había intervenido en el acto de clausura del congreso obrero enfatizando que empezaba a romperse el *límite invisible* entre los trabajadores organizados y el gobierno de la revolución, la separación.

A pesar de los problemas que generaba la cultura del trabajo y los errores múltiples, no había duda que el fervor revolucionario influía en la producción, porque, en una situación muy problemática, en el primer trienio de la revolución, la industria, excluyendo el sector azucarero, había crecido en un 23%, una cifra muy impresionante.

El 23 de enero, un sábado por la tarde, con el máximo nivel de audiencia, el Che tendrá en la televisión una intervención muy dura, anticipando el fracaso de la zafra. Habló sobre los voluntarios que trataban de suplir las carencias de mano de obra en la zafra azucarera. Y señaló que esta vez las brigadas de obreros que iban al corte de caña por 15 días serían cubiertas por sus propios compañeros de trabajo sin que descienda la producción en las fábricas. Hizo llamados para aprender a organizar el trabajo voluntario; y recordó la experiencia del 61 y el caos que se había creado en el transporte por falta de planificación o los problemas creados por los macheteros voluntarios que cortaban muy arriba y la caña que rebrotaba ya no tenía fuerza.

En esa intervención calculaba que a causa de la sequía y la falta de mano de obra (más la diversificación de los terrenos para otras siembras, de las que no hablaba) con suerte se obtendrían unos 5.2 millones de toneladas. El Che no estaba lejos y preveía correctamente un fuerte descenso, pero finalmente la zafra del 62 se quedaría en 4.8 millones, dos millones menos que la anterior.

El agrónomo francés René Dumont decía que el trabajo voluntario, recogiendo las versiones de sus críticos, era impago porque muchas veces los gastos de transporte superaban lo producido, que en el corte de caña por falta de experiencia se destruía la cepa para un futuro cultivo, y que los que permanecían más tiempo cortando recibían salarios industriales que eran mucho más altos que los de un machetero. En el caso del café los estudiantes de Oriente sólo recogieron el 7.8 % de la cosecha y recogían 1.2 caja al día cuando los obreros agrícolas llenaban 7 cajas. Dumont sostenía además que el efecto pedagógico se perdía a causa de la vagancia de los recolectores. Esta era sin duda una versión muy generalizadora y fuertemente influida por los críticos del trabajo voluntario, sobre todo los impulsores en el INRA y en las ORI de la filosofía soviética de la racionalización a partir de los estímulos materiales.

El Che sin duda no lo veía así. A mitad de ese año, hablando con una delegación de profesionales chilenos de izquierda, el comandante Guevara enfatizaría la importancia de llevar, por la vía del trabajo voluntario, a los hombres del escritorio hacia el trabajo manual, al dirigente hacia la base. *Estar en contacto con la gente, darse una panzada de gente, es conveniente a la dirigencia, pues por su trabajo está expuesta a la burocratización y a separarse de las masas (...) La idea es, por eso, que todos los que desempeñen cargos directivos, ministros, subsecretarios, directores, deberán trabajar un mes de vacaciones en la actividad manual (...) Los resultados han sido beneficiosos. Se crean relaciones nuevas con los trabajadores. Los directivos conocen mejor las condiciones en las que se desarrolla el trabajo manual y lo que puede esperarse de él.*

El 4 de febrero Fidel promulga en un discurso público la II Declaración de La Habana. Un documento programático que recoge muchos de los puntos de vista del Che sobre la necesaria revolución en América Latina con una gran potencia. Poco después, el 25 de febrero, es creada la Comisión económica de la dirección nacional de las ORI que dirige un triunvirato: Dorticós, Carlos Rafael (INRA), el propio Che.

Una de sus primeras tareas es intervenir en el debate sobre la futura política salarial. Su adversario de entonces, Carlos Rafael Rodríguez, recordaría: "Los problemas de la discusión salarial en los cuales participó activamente el ministro de Trabajo Augusto Martínez Sánchez, la realizamos al final estos tres compañeros. Hay una cosa que al Che le preocupó al establecer los premios y las primas... que ningún trabajador al sobrecumplir la norma ganara más que el de la categoría inmediata superior (para forzar que estudiara y ascendiera de categoría si quería ganar más) y el Che lo defendió con bastante ardor". Carlos Rafael Rodríguez proponía entonces que si lo que había que hacer era aumentar la productividad, se premiara económicamente el sobrecumplimiento y si el obrero ganaba más, que lo ganara, porque se desperdiciaba una cantidad de trabajo "que la gente no estaba dispuesta a hacer si no le dábamos posibilidades de mayor incremento salarial". El Che defendía los estímulos morales y la capacitación como alternativas. "Adoptamos la posición del Che."

Finalmente la crisis política que se ha estado incubando encontrará una salida. El 8 de marzo se da la lista de los militantes que compondrían la dirección nacional de las Organizaciones revolucionarias integradas, culminando un proceso iniciado en diciembre del 61; el PSP tiene una representación desmedida en cuanto a su importancia en el proceso revolucionario.

¿De alguna manera se está pagando la ayuda soviética? El Che forma parte de la dirección junto a Fidel, Raúl, Ramiro, Osmany Cienfuegos, Carlos Rafael, Haydé Santamaría, Aragonés, Hart, el presidente Dorticós y así hasta 25; el Directorio sólo tendrá un miembro, Faure Chomón. A escala local, le preeminencia de los miembros del viejo PSP será aún mayor (Fidel diría más tarde: "Los únicos que se han organizado aquí son los hombres del PSP, en todas las provincias ocurre lo mismo: ¿Quién ha sido nombrado secretario provincial de las ORI? ¡El antiguo secretario provincial del PSP!") Sin embargo el triunfo de este nuevo aparato será efímero.

El 10 de marzo, en una reunión de la dirección del ministerio de Industria, el Che cuenta que ha pasado los tres últimos días reunido en la dirección de las ORI sin concretar el objetivo de esta reunión, y transmite a sus cuadros una serie de críticas a la organización partidaria por su acriticismo y su intento de controlarlo todo siguiendo el modelo del partido soviético. *Un organismo de control que se vuelve un organismo ejecutor. No hay crítica.* Cuenta que Fidel dio orden de que la dirección entrara de lleno en el racionamiento; *Ya no se come carne en las casas nuestras* (el Che ya había asumido hacía tiempo el racionamiento en su casa aunque no lo mencione). *Ahora cuando la barriga empieza a sentir sus problemitas es que la cosa se pone más dura y ya de verdad uno incluso puede pararse con más autoridad.* Está verdaderamente enfadado contra las fallas en el sector agrario: *Primer país socialista de América, vanguardia de América, faro de América y no hay malanga, no hay yuca, no hay lo demás y aquí el racionamiento es más o menos, pero vaya usted a Santiago y la carne son cuatro onzas por semana, que todo falta y hay plátanos nada más, y la manteca es la mitad.*

Critica la cacería de brujas por parte de las ORI. Y prosigue: *las ORI confunden las cosas, caballeros, las ORI no tienen que repartir cemento, las ORI no deben ser agencia de colocaciones, no deben ser distribuidores de carne, la ORI es el motor de la revolución, no es el ejecutor de la cosa administrativa.* Y culmina con un enigmático: *Bueno, pero se cambiará pronto.*

No debe haber quedado claro entre sus compañeros de la dirección del ministerio lo que estaba diciendo el Che. Quizá la explicación se encuentre en un breve párrafo de un artículo del periodista Carlos María Gutiérrez, uno de sus viejos entrevistadores de la sierra, que cuenta que el Che formaba parte de una comisión investigadora secreta que estudiaba los efectos de la monopolización del poder por parte de Aníbal Escalante y un grupo de cuadros del PSP, en particular en Relaciones exteriores, Seguridad estatal, el INRA, el ejército rebelde y Educación.

Como tampoco deben haber quedado claras sus exhortaciones: *La revolución hay que hacerla a ritmo violento, el que se canse tiene derecho a cansarse pero no tiene derecho a ser hombre de vanguardia.* Y luego, una queja fuera de lo habitual para un hombre usualmente estoico: *El lunes empezamos una discusión a las 8 de la mañana y terminó a las seis de la tarde, después de otra y despacho y todo. El martes empezamos a las 11 de la mañana y se acabó a las 8 de la noche. El miércoles empezó una por la mañana, a las diez y terminó a las 12 de la noche. El jueves empezó a las tres y acabó a las diez de la noche. El viernes empezó a las 8 de la mañana y acabó a las 8 de la noche. Hoy sábado empezó a las 9 de la mañana y sigue.*

Tres días después de la conversación del Che en el ministerio de Industria, Fidel habla en un acto en la universidad para criticar una intervención previa, donde se había mutilado una cita del desaparecido dirigente del Directorio, José Antonio Echevarría, en las que hablaba del favor de Dios. Fidel en su agria intervención utilizaba la palabra "sectarismo" por primera vez. La palabra que habría de caracterizar a la tendencia que se estaba criticando. Y tres días después, el 17 de marzo, en un discurso ante alfabetizadores, volvería a tronar contra el sectarismo.

El 22 de marzo se anunciaba la composición del secretariado de las ORI en el que sólo había un miembro del PSP, Blas Roca, y el resto eran miembros del 26 de Julio incluido el Che. Fidel y Raúl accedían a los cargos de primer y segundo secretario. Era la primera medida. El 26 de marzo, Fidel comparece ante la TV y arremete contra el sectarismo en las ORI, anuncia la separación de Aníbal Escalante, al que acusa de haber construido un partido de incondicionales al que había que pedirle permiso para todo. Junto con Aníbal queda marginado de las ORI un gran grupo de viejos comunistas. Hans Magnus Enzensberger diría que sólo así se pudieron parar las tendencias autonomistas de la burocracia del PSP.

El Che, hablando con un grupo de chilenos, trataría de explicar lo sucedido: *Llegó la tentativa de Escalante, ya controlados por él los cargos representativos, de dominar los aparatos represivos; esto dio la clara señal de alarma. Creo que tomamos el mal a tiempo, porque se evitaron estallidos. No se puede trabajar en nombre de la justicia cometiendo injusticias (...) El problema fundamental fue Aníbal Escalante, pero era un vicio de estructura, no de personas (...) Nos dimos cuenta entonces que había quinientos Aníbales, que constituían un sistema de compinches (...) Las* ORI *parecían una agencia de colocaciones (...) Los jefes de las* ORI *tomaban para sí las mejores casas, las mejores cosas y le regalaban a la amante un cadillac. La causa no la veíamos muy claramente, el caso es que las* ORI *llegaban a un ministerio y lo arrasaban.*

Pero el proceso, la militarización, las necesidades de la vigilancia contra las agresiones cotidianas, la verticalización del aparato dirigente, la ausencia de cuadros, estaban creando en Cuba una estructura de mando político sin contrapesos, cuyos defectos no podían atribuirse sólo al estilo autoritario de los viejos estalinistas.

En esos días El Che recibe una mala noticia. Ha muerto en combate en Guatemala su amigo el Patojo. Poco después llega a sus manos una maleta desde México que contiene ropa y un cuaderno de poemas. Escribirá: *Ha-*

ce algunos días, al referirse a los acontecimientos de Guatemala, el cable traía la noticia de la muerte de algunos patriotas y, entre ellos, la de Julio Roberto Cáceres Valle.

En este afanoso oficio de revolucionario, en medio de luchas de clases que convulsionan el continente entero, la muerte es un accidente frecuente. Pero la muerte de un amigo, compañero de horas difíciles y de sueños de horas mejores, es siempre doloroso para quien recibe la noticia y Julio Roberto fue un gran amigo.

Después de llegar a Cuba vivimos casi siempre en la misma casa, como correspondía a una vieja amistad. Pero la antigua confianza mutua no podía mantenerse en esta nueva vida y solamente sospeché lo que el Patojo quería cuando a veces lo veía estudiando con ahínco alguna lengua indígena de su patria. Un día me dijo que se iba, que había llegado la hora y que debía cumplir con su deber.

El Patojo no tenía instrucción militar, simplemente sentía que su deber lo llamaba e iba a tratar de luchar en su tierra con las armas en la mano para repetir en alguna forma nuestra lucha guerrillera. Tuvimos una de las pocas conversaciones largas de esta época cubana; me limité a recomendarle encarecidamente tres puntos: movilidad constante, desconfianza constante, vigilancia constante (...) Era lo más sintético de nuestra experiencia guerrillera, lo único, junto con un apretón de manos, que podía dar al amigo. ¿Aconsejarle que no lo hiciera?, ¿con qué derecho, si nosotros habíamos intentado algo cuando se creía que no se podía, y ahora, él sabía que era posible?

Queda una vez más el sabor amargo del fracaso.

Y ese sabor personal se quedaría con el Che. Esta sensación de que América Latina era una tarea por hacer. Por más que cada día se concentraba, a pesar del breve interludio en la lucha contra Escalante, en actividades económicas, presionado por la necesidad de abastecer a una población cuyas demandas habían crecido enormemente.

En marzo del 62 la escasez se extendió al sector industrial: ropa interior femenina, camisas de hombre, zapatos. Las lluvias habían sido malas, la presión del consumidor sobre nuevos productos aumentaba o la escasez de una provocaba la carestía de otros al sobreconsumirlo. Los niños tenían derecho a un vaso de leche diario, pero los adultos sólo contaban con un quinto de litro a la semana. En cambio, decenas de estudiantes en las escuelas públicas recibían raciones alimenticias extras. Boorstein registraba: "Es cierto, la mayoría de la población de Cuba estaba comiendo a pesar de los racionamientos mucho mejor que en el 59, pero los trabajadores urbanos y las clases medias estaban peor aunque podían mitigar la escasez en restaurantes".

Y el Che estaba bravo y decía en una reunión del ministerio: *Y estuvimos (...) metiendo una cantidad de gente que no produce todavía y después por la burocracia formidable (...) después por las inversiones mal concebidas y mal hechas, después por los gastos suntuarios que hemos hecho. Y todas esas cosas han costado el salario de gente y la gente tiene dinero, y se ha comido todo, nos comimos las vacas, ahora no hay malangas y hay 80 líos de estos… Los culpables somos nosotros y hay que decirlo francamente (…) ¿La clase obrera nos quiere condenar por eso? Hombre, que nos condenen, que nos cambien, que nos fusilen, que hagan cualquier cosa. Pero el problema está aquí.*

El Che quizá se castigaba en exceso, los errores habían sido las naturales consecuencias de la inexperiencia. Las inversiones habían estado dominadas por la urgencia de substituir importaciones y las fábricas que llegaban de Europa oriental dependían ahora de materias primas inexistentes en Cuba en buena parte de los casos; pero se había mantenido la industria existente en pie logrando tareas aparentemente imposibles bajo el cerco y las carencias. Y en último caso, las prioridades sociales habían sido cubiertas: salud pública, educación. Ahora las prioridades del 62 se fijaban correctamente y se iba en camino de enfrentar el caos de la estructura salarial. Se había impedido la consolidación del partido estalinista que crecía dentro de las ORI y su dictadura sobre el conjunto de la sociedad. Todo era difícil, todo era extremadamente complicado, pero el Che, como diría Rossana Rosanda años más tarde, en su lógica de "comunismo sin partido" había encontrado resortes de participación muy importantes en las entrañas de la sociedad cubana.

El 13 de abril clausura de la plenaria azucarera: *Sin miedo a lo que diga el enemigo tenemos que decir que esta es una mala zafra.* El obstáculo principal ha sido la tremenda sequía, *por otra estamos trabajando con una ineficiencia enorme y además la pugna entre la parte agrícola y la parte industrial… yo creo que la parte agrícola ha tenido más culpa de este tropiezo que hemos tenido.* La única nota positiva la encontrará en Matanzas, donde respondiendo a los ataques de bandas de la contra y las quemas de plantíos, la reacción popular fue espectacular.

Dos días más tarde, en la clausura del consejo de la CTC, se preguntaba por qué en lo esencial la iniciativa ha venido de arriba, desde el ministerio. *¿Cuál era el origen de esta apatía? ¿Por qué grandes tareas, enormes tareas que competen a la clase obrera, tenían que surgir siempre como iniciativas burocráticas?* Y se lo explicaba como un fenómeno heredado de la etapa del sectarismo, del divorcio entre dirección y movimiento, cuando los organismos de expresión de las masas eran burocráticos, funcionariales. Gilly recogería el problema dos años después cuando caracterizaba al sindicalismo cubano como burocrático y vertical, incapaz de expresar las necesidades de los obreros, integrado al estado, no como su vanguardia, sino como su cola.

El 30 de abril, en el teatro García Lorca, el Che participa en una reunión con obreros donde señala que la presión estadunidense no cesa: *Otro día aparecen armas tiradas desde un avión. Otro día armas bajadas desde un submarino, otras desembarcadas en una lancha. Otro salta la cerca un agente de la CIA y otro se equivoca un grupo de marinos yankees que vienen a buscar tesoros cerca de nuestras costas. Todos los días el impe-*

rialismo acecha; acecha con la más negra de las intenciones y puede su-
frir aquí una de las más terribles de las equivocaciones...

En el acto se hace entrega de 45 casas a los trabajadores más distinguidos en cada rama industrial. Uno de los trabajadores renuncia al regalo diciendo que él ya tiene una casa, que se la den a otro. El Che lo felicita públicamente. Es paradójico que en un acto dedicado a celebrar el estímulo material felicite al único que lo rechaza. Paradójico pero normal para un personaje que no solía llevar dinero en el bolsillo.

CAPÍTULO 32

Ganas de tirarle a los aviones

A su paso por Checoslovaquia, en la gira que disfrazó el acuerdo de los misiles.

El 4 mayo, el Che se entrevista en la sala del ministerio de Industria con delegaciones sindicales extranjeras que han venido a la conmemoración del 10 de mayo. Nuevamente manda la informalidad: sentado sobre la mesa, con la boina verde olivo a la espalda, les expresa un panorama más bien terrible: la industria depende fundamentalmente de insumos de importación y éstos de la capacidad de exportación, el aumento en la producción agrícola ha sido tragado por el enorme aumento de la capacidad de consumo del pueblo cubano. A pesar del primer año de racionamiento, el consumo es mayor que nunca. Ha descendido la producción de caña, situación grave; se descuidó el plantío de cepas. Debido al desbalance entre el circulante y la producción hay presión inflacionaria, el dinero vale menos; continúa la anarquía en los salarios heredada del pasado.

Será una conversación entre amigos, clara, transparente, sin afanes propagandísticos. Particularmente crítica hacia el estado de la economía cubana.

Una semana más tarde cumplirá uno de los anhelos de su vida de ajedrecista, jugará durante el torneo Capablanca una simultánea con Boris Spasski; participará en simultáneas y en torneos dentro del ministerio de Industria e incluso jugará una simultánea contra el maestro argentino Miguel Najdorf, que juega a ciegas contra sus diez oponentes. El Che, que le sacará unas tablas, anda con un puro en la boca que, según los testigos, "parecía más delicioso cuanto más chiquito era". No le gustaba que le concedieran tablas en simultáneas, porque era una práctica común de los grandes maestros cuando jugaban a ciegas la de restar los opositores más fuertes. El Che se negó en la jugada 12 y terminó aceptando en la 17, ajeno a que en esos momentos estaba en marcha un plan de la CIA para envenenarlos a él y a Fidel. Un plan que como tantos otros se disolvería en la nada.

Dará en esos días una conferencia a los miembros de la seguridad del estado, que más tarde convertirá en un artículo: "Táctica y estrategia de la revolución latinoamericana", que no habría de publicarse sino después de su muerte. Es un texto de mediana calidad, bastante ortodoxo en su lenguaje, polémico contra la vía pacífica para la revolución en América Latina (patio trasero, bastión del imperialismo, con burguesías débiles que no lo enfrentan).

América es hoy un volcán; no está en erupción, pero está conmovida por los inmensos ruidos subterráneos que anuncian su advenimiento. Caracteriza la Alianza para el progreso como *el intento imperialista de detener las condiciones revolucionarias de los pueblos mediante el sistema de repartir una pequeña cantidad de las ganancias con las clases explotadoras criollas.*

Llega a dos conclusiones: lucha guerrillera para destruir el ejercito convencional y *el carácter continental que tendrá la lucha.* ¿Podría conce-

birse esta nueva etapa de la emancipación de América como el cotejo de dos fuerzas locales luchando por el poder de un territorio dado? Evidentemente no (…) Los yanquis intervendrán porque la lucha en América es decisiva. Dos ideas que tendrán que ver con su práctica futura.

En el mismo discurso toca otro tema espinoso relacionado con la seguridad estatal. Critica fuertemente los excesos de la dirección partidaria en Matanzas y la degradación de los Comités de defensa de la revolución, a los que acusa de madriguera del oportunismo, antipáticos al pueblo, nacidos al calor de la defensa popular de la revolución y aislados de ella. A los miembros de la seguridad les dice que ellos también pueden recorrer ese camino de aislarse del pueblo, que no olviden que *para nosotros es mucho más importante tener malanga que tenerlos a ustedes.* Y de nuevo, no olviden: *Contrarrevolucionario es aquel que lucha contra la revolución, pero también es contrarrevolucionario el señor que valido de su influencia consigue una casa, que después consigue dos carros, que después viola el racionamiento, que después tiene todo lo que no tiene el pueblo.*

¿Contra quien combate? El aparato burocrático de Escalante y los viejos PSP han sido desmontados, ¿quiénes son ahora los nuevos burócratas antigualitarios?

El 20 de mayo nace su primer hijo varón; claro, se llama Camilo; pocos días habrá para celebrarlo, pues se acercan grandes conmociones. La tensión entre la revolución cubana y Estados Unidos estará en los próximos meses al borde de desembocar en un enfrentamiento nuclear global. Un par de días antes del nacimiento de su hijo, el Che había comentado en un discurso: *El imperialismo sabe o no sabe lo que es capaz de hacer la Unión Soviética por defendernos (…) si se equivocan van a destruir al imperialismo hasta las raíces pero de nosotros va a quedar muy poco también: de ahí que nosotros tenemos que ser luchadores convencidos por la paz.*

¿Y qué es capaz de hacer la Unión Soviética?

El 30 de mayo el Che es convocado por Fidel a una reunión muy restringida. Se encuentran presentes tan sólo el presidente Dorticós, Fidel y Raúl Castro. Fidel les informa que el día anterior ha conversado con el mariscal soviético Biryuzov, quien les traía la propuesta de Nikita Jruschov de fortalecer las defensas cubanas, incluso con misiles nucleares. Fidel les informa que ha pospuesto la decisión a esta consulta.

No hay constancia de lo que los cuatro asistentes discutieron, ni de los acuerdos o diferencias de opiniones. Muchos años más tarde, en 1992, Fidel diría: "No nos gustaban los cohetes, dañaban la imagen de la revolución en América Latina. Los misiles nos convertían en una base militar soviética, pensamos en cambio que fortalecería el bloque socialista". El hecho es que los participantes en esa reunión se decidieron en favor de la oferta rusa. Cuba se nuclearizaría.

Las anécdotas lo perseguirán. Del Che se contará que cuando una noche, mientras manejaba un Chevrolet en la carretera de Fomento accidentalmente golpeó una bicicleta donde un viejo traía un palo colgando del sillín. Detuvo el carro y se acercó al viejo que estaba en la cuneta revisando los golpes.

—¿Le ha pasado algo?

El viejo levantó la vista y reconoció al Che.

—¿Usted fue el que me arrolló?

—Sí.

—Que suerte que tengo yo, que ahora le diga a la vieja que usted me arrolló.

Del Che se cuenta también que durante una reunión de la Juceplan, al llegar Fidel arrojó frente a él una navaja suiza con decenas de resortes, artilugios y cuchillas.

—Mira, Che, lo que me regalaron.

Los asistentes están reunidos ante una larga mesa rectangular. Fidel se sentó frente al Che. Durante el inicio de la reunión el Che jugueteaba con la navajita mientras escuchaba, sacando tijeritas y cuchillas y limas y sacacorchos. De repente dejó la navaja en el centro de la mesa entre Fidel y él, quizá unos milímetros más cerca de sí mismo.

Fidel la tomó y se puso a juguetear con ella, finalmente la dejó en el centro de la mesa entre ambos, pero esta vez estaba un poco más cerca de él.

Durante toda la reunión, que duró cuatro o cinco horas, la historia se repitió con intervalos. Finalmente Fidel dio por terminado el encuentro y se levantó, la navaja había quedado en el centro de la mesa, Fidel avanzó hacia la puerta y de repente acordándose regresó. El Che se había quedado sentado con los brazos cruzados, mirando la salida del primer ministro. Fidel lo contempló, tomó la navaja y se dispuso a salir. Luego se arrepintió. Diría con desgano:

—Toma, coño, es tuya.

El Che alzó la vista y tomó la navaja. El narrador de la historia, al que a su vez se la contaron, no sabe si el Che sonrió.

Hacia mediados de julio el Che enfrenta dentro del ministerio el problema de la empresa de productos farmacéuticos. La comisión económica de las ORI había realizado una investigación que demostraba que existían algunas materias primas en exceso y sin embargo la empresa estaba solicitando importaciones de esas mismas materias. El estilo de la comisión de investigación había sido nefasto: habían insultado a los investigados, incluso al propio Che.

En una reunión del consejo de dirección el Che argumentaba a sus mandos que no podía sancionar a los directivos por el desconocimiento de inventarios, porque ese era un problema general, pero sí lo haría por haberse negado a aceptar la verdad, aunque viniera de un montón de patanes. El resultado es que se sancionaba al director de la empresa. Y seguía argumentando: *Habíamos logrado detener el estilo de Escalante aquí en el ministerio y se* ha caído en una zanja de irresponsabilidades... Nosotros por falta de práctica de los principios revolucionarios (...) comenzamos a coexistir con el error, a tender a hacer explicaciones del por qué no hay, en vez de solucionarlo. Y cae el garrote. Aplicando la mano dura caen las sanciones explicadas una a una. Debemos tener la duda metodizada (...) ante cualquier denuncia, compruébenla, lo más absurda, ténganla en la cabeza, compruébenla. Y marchaba con una idea clave: Tenemos lo menos malo de administración estatal, no lo mejor.

En esa misma reunión arremete contra los sindicatos: La mayoría de los dirigentes sindicales son gente que no tiene apoyo de masa. Entonces se dedican a transmitir la presión de abajo y las presiones de arriba. Los trabajadores dicen, el ministerio dice: Aquí se hicieron los sindicatos mecánicamente (...) No han sido capaces de juntar gente para ir a cortar cuatro cañas, no han sido capaces de dar un ejemplo de nada. Un mes más tarde, en un acto de la CTC, con un tono mucho más suave dirá: Muchos compañeros creyeron estar libres de deberes y adquirir sólo derechos.

Y en la reunión, con su habitual vena autocrítica que a veces peca de excesiva, señalaba: Estamos en un momento difícil. No podemos darnos el lujo de castigar los errores, quizá dentro de un año podamos hacerlo. ¿Quién va a despedir al ministro de Industria que firmó un plan en noviembre pasado que decía que se producirían 10 millones de zapatos y quién sabe qué tantas barbaridades más?

Y revisaba las inversiones que se habían hecho: por ejemplo una fábrica de levadura comprada a los polacos que requería 200 y pico de obreros para una producción que una fábrica occidental tenía resuelta con 27, y costaban igual. Una fábrica alemana que los compañeros decían que la podían hacer mejor y nosotros no les creímos porque pensamos que era un síntoma de anticomunismo, pero tenían razón, la tecnología era mala.

Estaba sorprendido por el retraso tecnológico de los países socialistas que estaba descubriendo día a día. El caterpillar americano era mejor que cualquier tractor soviético, ¿por qué? Porque en la competencia capitalista dos kilómetros más de velocidad cuentan, un poco mejor el sistema hidráulico cuenta, 4 caballos más de fuerza cuentan.

Y llamaba a bajar a la calle, a escuchar, a observar, a aprender. No vamos a diagnosticar desde la altura de este noveno piso lo que pasa.

El ministro de Economía, Regino Boti, diría a Karol en esos días: "Apenas llenábamos una brecha y ya teníamos que correr precipitadamente hacia otra más profunda", y el Che señalaba las implicaciones laborales de esta situación: por más que la mayoría de nosotros seguramente invierte 16 horas diarias; los compañeros del ministerio todos se ven aquí 16 horas. Yo estoy aquí o en otras cosas 16 horas. Los domingos venimos aquí a estudiar o a leer lo que queda atrasado. Si no, a hacer trabajo voluntario.

En julio del 62 la dirección de las ORI envía al Che a la Junta central de planificación para darle un impulso y sobre todo para obtener un cierto respeto para la planificación. Oltuski, que había sido nombrado subsecretario de Industria, pasaba a Juceplan también como vicepresidente. El nuevo cargo no le impide continuar con las tareas de trabajo voluntario; el 31 de julio, en el molino de trigo José Antonio Echeverría, se romperá un récord de producción y el Che acepta la invitación de los obreros para participar. Pronto aprende a rellenar y coser los sacos de harina. El polvo suelto en el ambiente le provoca un ataque de asma, se da con el inhalador y sigue trabajando, cose el saco 100 mil. Le agradece a los trabajadores que le hayan permitido participar en el récord, reconoce su gentileza de permitir a un ministro volver al trabajo físico.

El 13 de agosto el embajador soviético Alekseiev le entrega a Fidel el acuerdo de gobierno a gobierno para el establecimiento de las bases de misiles. Fidel se lo entrega al Che, tras revisarlo, para que lo lleve a la URSS. La situación evoluciona velozmente. El 27 de agosto el comandante Guevara arriba a Moscú con Emilio Aragonés, so pretexto de una visita para tratar "asuntos económicos". El 30 se entrevistarán con Nikita en su dacha en Crimea. A pesar de que el Che insiste en que se haga público el acuerdo, Nikita declina. Incluso no lo firma, probablemente para impedir que los cubanos filtren la información. El acuerdo nuclear se hará sin la firma de una de las partes. Será un acuerdo sin acuerdo. Curiosamente los soviéticos han sido los promotores.

El 31 de agosto se informa que el Che firmó un acuerdo de colaboración en asuntos técnicos, agrícolas, siderúrgicos y militares, sin dar mayor reseña de los contenidos, tres días después se harán explícitas las partes referidas a la industria. El 2 de septiembre el Che viajaba de Moscú a Checoslovaquia y en Brno visitaba las instalaciones de una feria industrial. El 5 de septiembre estaba de vuelta en Cuba. Habían pasado tan sólo tres semanas, durante estos días se ha iniciado la preparación de las futuras bases, que no ha pasado inadvertida a los servicios de inteligencia estadunidenses. Durante la última semana de agosto los vuelos espías de los U2 parecen confirmar que se están construyendo en Cuba bases de lanzamiento de cohetes.

McNamara informa a Kennedy, quien valora que se trata de armas defensivas. Coinciden estas conversaciones en la cúpula estadunidense con la evaluación negativa del proyecto Mangosta, que supuestamente debería estar llegando en esos momentos a la fase final de derrocamiento del gobierno cubano. Las bandas de la contra apoyadas por la CIA han sido destruidas una a una, y los sabotajes continuos, aunque han tenido efectos, no han ni mucho menos colapsado la economía.

El gobierno estadunidense comienza a organizar una campaña de denuncia sobre la existencia de armas soviéticas en Cuba. Los rusos reaccionarán con una declaración de la agencia Tass el 11 de septiembre señalando que las armas son defensivas. Cuatro días antes el Pentágono había dado luz verde para preparar un plan de un ataque aéreo combinado con un desembarco anfibio en Cuba que estará listo a fines de mes. El día 15 llega a Mariel el Poltova, un carguero ruso con el primer misil, que será transportado en secreto a la base de San Cristóbal. Gromyko acusa en la ONU a Estados Unidos de estar provocando histeria bélica.

Al margen de la creciente tensión, el 28 de septiembre el Che interviene en una reunión del consejo de dirección en el Ministerio de industria muy angustiado por los problemas de la calidad. No la *calidad basada en el derroche. Hay que ser exigente en todas esas cosas de consumo popular. Hay que hacerlo lo mejor posible... Uno va a encender un fósforo y se le arranca la cabeza y después enciende el cigarro y se le apaga el cigarro...* La calidad y el desperdicio: *Hace más de un año pasé por Nuevitas, había unas máquinas a la intemperie a un kilómetro del mar, echándose a perder. Tremenda descarga. Se cambió el administrador. No la había metido porque no tenía grúa... Con unos rodillos se podía meter. Los egipcios hicieron las pirámides con ese sistema y son piedras inmensas que las movieron quién sabe cuántos kilómetros. Y resulta que ahora Cuba, construyendo el socialismo, no es capaz de mover una piedra que no pesa ni una tonelada.*

El 6 de octubre el Pentágono ha activado los planes operacionales 312, 314 y 316, variantes sobre la invasión a Cuba, que sería iniciada con un masivo golpe aéreo. Mientras tanto el Che, por razones de seguridad, se cambia nuevamente de casa, esta vez a la calle 47 núm. 772 entre Conill y Tulipán, en el Nuevo Vedado.

El 13 octubre Chester Bowles se entrevista con el embajador soviético Dobrynin y le dice que tienen evidencia de que hay cohetes nucleares en Cuba. El embajador, que no conoce la verdad, lo niega. Dos días más tarde los estadunidenses obtienen una confirmación. Como resultado de los vuelos de los U2 se descubren en San Cristóbal componentes de una base MRM, proyectiles tierra-tierra con alcance de1500 millas; no hay elementos para pensar que hay cabezas nucleares en la zona. El analista de la CIA piensa que los cohetes no están listos para volar. Valorando la situación, el 17 de octubre el embajador de Estados Unidos en la ONU, Adlai Stevenson, advierte a Kennedy que los cohetes rusos son equiparables a las bases estadunidenses en Turquía. ¿Cuáles son por tanto las bases morales para cuestionar el derecho de Cuba a montar sus cohetes?

Ese mismo día el Che recibirá en La Habana a su amigo Ben Bella, más allá de la solidaridad mutua entre las jóvenes revoluciones argelina y cubana, el Che y Ben Bella establecerán acuerdos, como se verá más adelante, para apoyar otros proyectos revolucionarios.

Y esa misma semana Kennedy rechaza las opciones más arriesgadas que están planteando sus asesores, como un ataque aéreo militar a Cuba y se decide por la política del bloqueo naval. Pide a un asesor bases legales para establecerlo. Las presiones son de ida y vuelta. En la visita del canciller soviético Andrei Gromyko a Estados Unidos los rusos insisten en el carácter defensivo de las armas que han dado a los cubanos. Según fuentes soviéticas en ese momento había cabezas nucleares en la isla, pero no estaban instaladas ni montadas en los cohetes.

El 20 de octubre el Che interviene en la conmemoración del aniversario de las organizaciones juveniles. Es un discurso mediocre, abundante en lugares comunes. No encuentra el centro de los problemas, pasa de un tema a otro sin precisarlos. Pareciera tener la cabeza en otro lado. Piensa que la JC está convaleciente de la enfermedad del sectarismo: *La UJC navegaba como un pequeño barco al garete*. Porque había sido articulada como una organización transmisora de orientaciones que le venían desde arriba, sin vida propia. En el mejor momento de su intervención critica el gusto por el heroísmo y la falta de consistencia en lo cotidiano. Se despide de los jóvenes para irse a cumplir una jornada de trabajo voluntario en una textilera.

Dos días después estallará lo que habrá de conocerse como "la crisis de los cohetes". A las siete de la tarde del 22 de octubre el presidente Kennedy se dirige a la nación en un mensaje televisado de 17 minutos anunciando la "evidencia indiscutible de las bases en Cuba", habla de que se establecerá una cuarentena y un cerco. En inmediata respuesta los barcos soviéticos en ruta reciben órdenes de ignorar el bloqueo.

Al día siguiente se decreta en Cuba la "alarma de combate". El periodista argentino Adolfo Gilly reseñaría: "Fue como si una larga tensión contenida se aflojara, como si todo el país como un solo cuerpo dijera: por fin". El Che es designado jefe del ejército occidental y se dirige a Pinar del Río. Según Tamayo, su asistente, el Che pensaba que la guerra estallaría en cualquier momento y que la invasión ahora sí vendría por esa zona. Establece su cuartel general en la cueva de Los Portales, al pie de los cerros que rodean el valle de San Andrés de Caiguanabo, a orillas del río San Diego. Una cueva natural que había sido mínimamente adaptada en época prerrevolucionaria por el latifundista Cortina, quien había construido unos escalones y ampliado la glorieta. La cueva era majestuosa, pero en su interior, de una manera terriblemente austera se habían montado compartimentos, comunicaciones, unos catres, dos fogones, una mesa con una losa sobre dos pilares de piedra. Estalactitas, golondrinas en el día y murciélagos en la noche.

A toda velocidad, y pensando que la guerra esperaba al final de la esquina, el Che comenzó a organizar depósitos de municiones en cuevas y serranías, recorrió trincheras y acantonamientos, hablando con la gente y subiendo la moral. El esquema era crear una primera línea de defensa siguiendo la experiencia de Bahía de Cochinos y luego, en caso de que la invasión lograra crear una cabeza de playa, replegarse a una guerra de guerrillas en la sierra de los Órganos. Durante aquellos días de alerta el Che recorría la zona a su cargo y en las noches leía y jugaba al ajedrez.

El 24 de octubre Jruschov dirige a Kennedy un mensaje urgente: la URSS ve el bloqueo como una agresión y no instruirá a los barcos que se desvíen. Pero en las primeras horas de la mañana los buques soviéticos en ruta a Cuba comienzan a disminuir la velocidad, regresan a puerto o alteran sus rutas. Sólo un buquetanque, el *Bucarest*, continúa avanzando hacia la línea de bloqueo. ¿Será el encargado de probar las amenazas estadunidenses?

Fidel le envía una nota urgente a Jruschov dos días más tarde: "La agresión es inminente, se producirá en las próximas 24-72 horas, lo más probable es que sea un ataque aéreo con objetivo limitado a los blancos que quiere destruir, el segundo es la invasión. Resistiremos el ataque cualquiera que sea". Sugiere en el segundo caso que si hay ataque nuclear se dé una respuesta nuclear. Ese mismo día Kennedy acuerda el aumento de la frecuencia de los vuelos de observación.

Al día siguiente Fidel ordena que se dispare sobre los vuelos piratas. Hacia las 12 de la mañana un avión U2 norteamericano que sobrevuela territorio cubano es derribado por un proyectil SAM, disparado por iniciativa del comandante ruso de una de las bases. La tensión llega al máximo. Y entonces, sin advertir o tomar en cuenta a los cubanos, Jruschov propone a Kennedy el desmantelamiento de las bases a cambio de una propuesta de no invasión a Cuba y una negociación sobre la retirada de los misiles estadunidenses en Turquía que apuntan hacia Rusia. Kennedy acepta en principio la propuesta. Los cubanos han sido atrapados nuevamente en un juego de la geopolítica de la guerra fría.

El 28 de octubre, en la redacción del periódico *Revolución*, su director, Carlos Franqui, recibe un cable de AP en el que se da la primera noticia de que Nikita va a retirar los cohetes. El director del diario se comunica con Fidel. Es para el dirigente cubano la primera noticia. Fidel larga una retahíla de insultos: "Pendejo, hijo de puta, cabrón". Al día siguiente *Revolución* titula: "Los soviéticos retiran los cohetes". En la calle se canta: "Nikita mariquita, lo que se da no se quita".

Un día más tarde Fidel recibe de Jruschov una parte de la información. El dirigente soviético aclara que ha negociado sobre la base de una promesa de Kennedy de no intervención. Fidel declara públicamente que se opone a una inspección de Cuba, justifica el que hubieran derribado el avión y le contesta a Jruschov: "El peligro no nos impresiona porque el peligro ha estado colgando sobre nosotros desde hace mucho tiempo y de una cierta manera nos hemos acostumbrado a él".

En los siguientes días la tensión irá decreciendo. Hilda Gadea, que regresa de su trabajo, descubrirá sorprendida que el Che está en su casa: "Encontré a Ernesto todo sucio, las botas llenas de barro, jugando con la niña en el piso (...) jugando también con el perro". Ante la proximidad de la muerte, el retorno a la vida.

En un artículo escrito en esos días y que no habría de publicarse sino después de su muerte, quizá por su denuncia de la actitud de los soviéticos, "Táctica y estrategia de la revolución latinoamericana", haría un balance áspero de la crisis: *Es el ejemplo escalofriante de un pueblo que está dispuesto a inmolarse atómicamente para que sus cenizas sirvan de cimiento a sociedades nuevas y que cuando se hace, sin consultarlo, un pacto por el cual se retiran los cohetes atómicos, no suspira de alivio, no da gracias por la tregua; salta a la palestra para dar su voz propia y única su posición combatiente, propia y única, y más lejos, su decisión de lucha aunque fuera solo.*

Según Ramiro Valdés, ministro del Interior, "el Che estaba tan indignado que calificaba la actitud de Nikita como un intolerable acto de traición".

Como siempre cuando estaba enfurecido, el Che se sumergirá en un mutismo declarativo respecto a la URSS y la crisis y se dedicará de lleno, enclaustrado, a las tareas industriales. Saverio Tutino, entonces corresponsal del diario comunista italiano *L'Unita*, intenta entrevistarlo y se encuentra con una triple negativa: *No, porque es comunista, italiano, y lo que es peor, periodista.* Tutino consignaría más tarde: "Tenía un aura de misterio que derivaba de su silencio y sus posiciones de izquierda, la renuncia a los privilegios, el trabajo nocturno... Corría el rumor de que el Che había querido dispararle a los aviones estadunidenses durante la crisis".

"El mismo Che no podía ser siempre como el Che"

Una de las fotos de René Birri, La Habana 1964.

Los soviéticos, para suavizar las agrias reacciones de sus aliados cubanos, enviaron a su única carta posible a la isla, Anastas Mikoyan; éste se reunirá el 5 de noviembre con Fidel, Raúl, Dorticós, Aragonés, Carlos Rafael y el embajador ruso Alexeiev, el único funcionario soviético al que los cubanos parecían tener respeto, y de quien se decía que había llorado de desesperación cuando se retiraron unilateralmente los cohetes. Resulta obvio por qué el Che no fue invitado a la reunión. De cualquier manera la frialdad reinaba en el encuentro y no se produjo ningún comunicado público. Al día siguiente el enviado del Kremlin volvería a ver funcionarios cubanos en el aniversario de la revolución de octubre en la embajada de la URSS, sin que cambiara el talante. Mikoyan, para mejorar el ambiente, hacía discursos izquierdistas anti estadunidenses y tenía que enfrentarse al criticismo de los estudiantes de la universidad de La Habana, sin recibir mayor atención oficial.

Así transcurrió noviembre, con la sensación de que en el límite, la isla dependería de sus propias fuerzas en el enfrentamiento mortal con Estados Unidos. Al paso de los días, mientras el gobierno cubano se negaba a cualquier tipo de control, por un problema de dignidad nacional, Kennedy retiraría el bloqueo naval mientras los soviéticos desmontaban las bases.

El 4 de diciembre el Che responderá a una entrevista de un periodista del diario comunista *Daily Worker*, que parece ser que fue suavizada antes de publicarse, porque Guevara había despotricado contra el conservadurismo de Jruschov.

No andaba el comandante Guevara de buen humor, porque una semana más tarde polemizaría en público con el diario *Revolución,* como resultado de la publicación de un diario suyo de la invasión retocado por *un señor de Santa Clara bastante picúo que quiso agregar hazañas mediante adjetivos. El poco valor que pudieran tener aquellas notas, acaba cuando pierden autenticidad.* Se quejaba además de que en el artículo dicen que para él en el Escambray la guerra era algo secundario, lo cual dicho así era absurdo. Por último se enfadaba porque Ramiro era registrado en el artículo como "cercano colaborador" cuando era en realidad el segundo jefe de la columna. *Me parece que si hubieras revisado el texto se hubieran obviado los errores*, le decía a Franqui, y le señalaba además que había una tentación al sensacionalismo en la manera en que las cosas se titulaban.

El director de *Revolución* respondía que había sido un error del pie de foto y que las notas del diario estaban preparadas para un número de *Revolución* de la época clandestina sin que "nosotros supiéramos que se habían agregado algunos adjetivos". Y Franqui defiende los titulares llamativos diciendo que el impacto de la revolución se rescata en estos titulares fuertes y agresivos. Y remata: "Sólo nos queda desearte la maldición gitana de que algún día, cuando pasen los años y hayas tenido éxito en todas las tareas que te haya asignado la revolución, te nombren director de un periódico revolucionario".

Y nuevamente el Che se replegó en las tareas de la industrialización, constatando que la productividad había subido durante la crisis... A pesar de movilizaciones de milicias, alertas, prioridades militares en transporte... Sólo había una manera de entenderlo: la conciencia de los trabajadores en momentos de crisis se elevaba por encima de los problemas, era esa tensión política, ese factor de conciencia el que hacía la diferencia que ninguna norma, compulsión o premio podían lograr. Era la propia lección de su vida, la gran dinamo era la conciencia social, la voluntad.

Trabajaba en su pequeña y austera oficina del noveno piso, decorada fríamente tan sólo con una foto de Camilo, un diploma en el que se le reconocían sus actividades en el trabajo voluntario, un dibujo de un minero trabajando, dos horribles sillones dorados, un mapa industrial de Cuba, un pequeño televisor, dos ceniceros. Allí habría de recibir a uno de sus nuevos colaboradores, el economista cubano Miguel Alejandro Figueras, al que recluta para las tareas de planificación a largo plazo, y le confiesa que el futuro pasa por la electrónica, la siderúrgica y las computadoras, un tema del que no se hablaba entonces en Cuba.

Todos los lunes había una doble reunión, del consejo de dirección y en la tarde una revisión de una empresa en particular. El Che en las tardes no dirigía la discusión, pero tenía sus notas sobre el informe subrayadas y llenas de anotaciones. ¿A qué horas se lo había leído? Había varios provocadores en esas reuniones; según uno de los asistentes, al Che le gustaba que le discutieran, no le gustaba el servilismo, no aplastaba al que le oponía argumentos y evitaba que los viceministros los aplastaran.

Por esos días el Che presenta al consejo de ministros el documento "Tareas generales para 1963", donde propone concentrar las acciones del ministerio en la consolidación, abandonando la política de inversiones (no comprar nuevas fábricas a los soviéticos mientras se instala lo ya contratado en la Europa socialista), resolver las discrepancias en las políticas salariales, fomentar la lucha contra el burocratismo, insistir en la capacitación profesional y técnica y comenzar la batalla por la calidad.

La lucha por la capacitación estaba ya en marcha en la industria, de los 189 514 obreros que dependían del ministerio, el 34.4% estaban estudiando. Por otro lado se iniciaban los trabajos de investigación científica asociados a las tareas de producción industrial. Figueras recordaría que entre el 63 y el 64 "se crearon los 10 centros de investigaciones del Ministerio de industria, y eso en un momento en el que menos personal había".

Y el Che seguía siendo ese personaje difícil y entrañable que presionaba brutalmente a sus colaboradores y mantenía una eterna reserva, difícil de romper. Oltuski recordaba una vieja anécdota: "Nos fuimos acercando en encuentros varios, pero sin intimidad ni amistad, incluso en los primeros meses de enero tuvimos varios choques. Un día puse la mano sobre su hombro en señal de afecto y me dijo:

—¿Y esa confianza?

Y cayó mi mano. Que pasaron los días y un día me dijo:

—¿Sabés? No eres tan hijo de puta como me habían dicho.

Y reíamos y ya fuimos amigos".

Y las anécdotas sobre el peculiar estilo del Che se multiplicaban: el 21 de enero se estudiaba en el consejo de dirección del Ministerio de industria las empresas farmacéuticas. El Che tenía un termo de café al lado sin empezar y a Gravalosa le urgía que lo abriera y sirviera. Pero el termo permaneció cerrado durante toda la reunión. Al finalizar Gravalosa protestó: reuniones y sin café… El Che le dijo: No había café para todos, no habrá café para nadie.

Y a Miguel Angel Figueras le diría: Ustedes saben que yo no soy muy partidario del estímulo material, pero voy a emplear el desestimulo material. Como parte de su trabajo es visitar dos empresas al mes, y como ustedes no han cumplido, a partir de hoy el que tenga atrasos no cobra hasta que se ponga al día.

Y a pesar y a causa de su dureza, el Che creaba fidelidades pasmosas y también odios apaches por la mezcla de austeridad y exigencia brutal, por la dureza de sus humores y provocaba amores imposibles entre el personal femenino del Ministerio de industria. Una trabajadora del ministerio, Yolanda Fernández, diría: "La personalidad del Che y su figura llamaban la atención a muchas muchachas del ministerio, hubo algunas que hasta estuvieron enamoradas de él. Era un hombre que la naturaleza le dio algunos rasgos que lo hacían lucir bien, era muy varonil, de ojos bonitos, hablaba con ellos".

Seis o siete años más tarde de la historia que aquí se está contando, el poeta Ernesto Cardenal visitó Cuba; a lo largo del viaje fue recogiendo anécdotas sobre el Che que todo el mundo parecía querer contarle, que nadie podía guardar; la suma de aquellas historias del ministro que comía en la cafetería del ministerio como uno más de los trabajadores, con su escudilla de aluminio y haciendo colas, del hombre que no dormía; del que después de trabajar trabajaba, del ministro que en su casa, los domingos, al finalizar la jornada de trabajo voluntario, se ponía a leer informes de pie con la punta de la silla en la espalda para no quedarse dormido. Historias que se sintetizan en esta brevísima conversación:

Cardenal: "No todos pueden ser como el Che…"

Haydée Santamaría: "El mismo Che no podía ser siempre como el Che. A veces también él se cansaba, y llegaba agotado a su casa y quería estar a solas con sus hijos".

En los primeros días de febrero el Che será entrevistado nuevamente por Laura Bergquist para Look. Durante la entrevista en el Ministerio de industria, que dura un par de horas, el fotógrafo suizo de la agencia Magnum, René Burri, toma ocho rollos de película, que constituyen uno de los mejores estudios sobre el personaje. Un Guevara con el pelo recortado y peinado, camisa verde nueva, tabaco eternamente en la boca y chispeante, se muestra vehemente, y la cámara registra el abanico de sus gestos: la palma de la mano abierta que niega, el dibujo para ilustrar, el dedo índice que parece decir ("espere, no es así"), el brazo que aleja, la mano abierta y el hombro alzado pidiendo explicaciones; las manos que van a cruzarse mientras el Che es capturado por la foto con la boca abierta, el mexicanísimo gesto de "tantito", señalando el pequeño tamaño de la credibilidad del enemigo, con el pulgar y el índice de la mano derecha, para culminar con una foto que registra y sintetiza el cansancio del personaje, donde el Che se frota los ojos con la izquierda mientras el tabaco, que ha encendido varias veces a lo largo de la entrevista, reposa lánguido en la mano derecha. Vehemencia en los gestos, pero ni rabia ni desesperación. Siempre asoma la media sonrisa, el tono corporal burlón. La crisis ha quedado atrás.

Por aquellos días del inicio del año el Che le dijo a Figueras: *Tú eres un poco aventurero y más yo.* Y en febrero del 63, Ernesto Guevara volvió a buscar sus propios límites. El rumor en La Habana decía que el Che había enloquecido, que ahora no era simplemente trabajo voluntario, sino que estaba empeñado en cortar toda la caña él solo.

El 3 de febrero se aparece en Camagüey en terrenos del central que lleva el nombre de su columna en la guerra, Ciro Redondo, para probar una máquina para el corte de caña.

Durante el último año ha estado impulsando proyectos para sustituir el corte a pie y a machete por una forma mecanizada. En medio de grandes dificultades, pues no existen máquinas en Cuba ni en los países socialistas, un equipo de la empresa del azúcar ha estado dándole vueltas al asunto: desde tratar de copiar una cortadora de Hawaii que habían visto en una película, hasta adaptar una cortadora sudafricana o recuperar una Thorton estadunidense que estaba tirada por ahí. Finalmente obtienen un modelo experimental. El Che ordenó en marzo del 62 la producción de un millar de cortadoras que se usarían montadas sobre un tractor común de 50 caballos de fuerza, que luego podría ser utilizado en las labores habituales del campo.

Había que probar el prototipo antes de lanzarlo a la guerra de la zafra y el Che se presentó en Camagüey y se reunió con la comisión local. "Estábamos acojonados", dirá uno de los guajiros a cargo de la comisión para armar el equipo.

En un pequeño campo que une el central Ciro Redondo con la carretera de Morón a Ciego de Ávila, está el campo de La Norma y allí se establece el Che en un caserío y a las 4 de la mañana del cinco de febrero se inicia el experimento. Tras la máquina van los repasadores, una decena de ellos, cortando las cañas y los tocones altos que se le pasan a la máquina, los "hacheros del Che"; también anda por ahí el ingeniero Ángel Guerra, que ha sido el responsable de la manufactura de la máquina, y Miguel Iparraguirre, que llevará los controles de la prueba y al que el Che presiona continuamente para que no falsee los resultados.

Tras una jornada matadora de nueve horas y media, el primer día tumba casi seis mil arrobas. Tres horas y media la cortadora está detenida por percances, varias veces el Che se baja del tractor para ver con los mecánicos *qué mierda está pasando*.

El Che ha tratado de huirle a la prensa, pero finalmente ha cedido a la presión de *Revolución*, que manda a José Vázquez y al fotógrafo Alberto Korda. A lo largo del día los periodistas han tratado tímidamente de acercarse. *Esto no es propaganda* dirá, *no vinimos a tirarnos la foto*. Finalmente acepta que Korda y un joven fotógrafo del *Adelante* de Camagüey le tomen algunas fotos; claro, siempre y cuando cojan el machete y ellos también se pongan a cortar caña. El asunto va en serio, no se trata de trabajar para la foto y convencer a los que dudan que es posible mecanizar parcialmente el corte de caña. Las fotos registran a un Che reconcentrado encima del tractor o peleando con los engranes junto con los mecánicos.

El cinco de febrero llega a las 5900 arrobas y el 6 a las 8800. El 8 de febrero el periodista de *Revolución* le pregunta cuánto ha cortado. El Che, seco como siempre, dice que *diez mil arrobas y una pata*. Así lo transmite el periodista por teléfono. Al día siguiente el Che leyendo el periódico le reclamará que cómo es bruto, que ¿qué es una pata?

—Pues en Argentina será como un pico, o un pilón mexicano, un extra.

—*Qué va*.

Y explica que además de las arrobas le hizo una herida con las cuchillas en la pierna, en la pata, al jefe de su escolta, porque se acercó demasiado a la máquina. Que de esa pata estaba hablando.

El 9, tras una jornada mortal que empieza muy temprano en la mañana, toma la avioneta y va a Camagüey al primer chequeo de emulación de la zafra en el teatro Alcázar, donde aparece con el uniforme de operador y con huellas del polvo del corte. Llevaba en esos momentos 60500 arrobas cortadas.

Anuncia que saldrán las 1000 cortadoras, que 500 de ellas están listas. Que sobre todo se trata de que los operarios las vayan mejorando en la práctica. Karol diría: "No hay país en el mundo que tenga mil máquinas, y no hay país en el mundo al que se le haya ocurrido producir mil máquinas sin prototipo".

Y el Che les cuenta a los macheteros y a los burócratas: *Ahora yo voy a hacer mi alarde personal aquí. El día lunes empecé a cortar en la máquina; al principio sucedió lo de siempre, se rompen los cardanes, se rompe esto, se rompe aquello, se da golpes, incluso tuvimos un accidente, compañeros que no tuvieron precaución (…) La máquina está cortando 4 mil arrobas allí donde la están probando (…) yo llevo cortadas en esta semana 45 mil (…) Las máquinas pueden cortar a razón de 800 arrobas por hora de trabajo en campos medianos (…) yo diría que no es tarea de un operador sino de dos operadores (…) No se puede pedir a la gente que esté doce horas arriba de un tractor* (¿Y él, que había estado 13 horas?). Y termina defendiendo la máquina aunque aún sea complicada y tenga un nivel de desperfectos muy alto, *porque cortar caña es duro, porque cortar caña es un trabajo agobiador, pesado, que no tiene ninguna gracia, además; y además, porque no se acaba nunca el cañaveral.* Lo que provoca el aplauso interminable de los que le escuchan, que bien saben que es cierto, que el cañaveral es interminable.

Con un día de descanso en que retorna a sus labores de ministro de Industria y asiste a la inauguración de una fábrica de alambre de púas, el 11 de febrero se reincorpora y bate su récord, llega a 18700 arrobas cortadas en 9 horas y media. Un equipo de la televisión canadiense aparece por allí; el Che no le hace demasiado caso y responde a las preguntas rutinariamente para librarse de ellos, estos periodistas no se dan cuenta de la seriedad del asunto.

El equipo de apoyo está dispuesto a morir al pie del cañón guevarista. El Che ya ha dado muestra de su habitual estilo: no habrá comida diferente, no habrá tiempos de descanso diferentes; si no hay café para todos, no habrá café para nadie. En un día sin demasiados accidentes, el 12 de febrero llega a una cifra notable, 21400 arrobas cortadas. Emocionado, controla con Iparraguirre, *¿cuántas van?* La única manera de pararlo es ponerse frente al tractor y decirle que la gente que trabajaba con él estaba exhausta. Ahí mismo sobre el campo y después de bañarse con agua fría recibe al auditor general del Banco de Moscú, que tiene cara de que no entiende por qué tiene que venir a discutir en un campo de caña con un ministro y que además se tiene que soplar una explicación de la importancia del corte mecanizado que le da el Che, a quien a su vez poco parecen importarle los créditos del Banco de Moscú.

El 14 de febrero les avisan que hay un campo de caña cercano ardiendo, el Che se lanza con su equipo para allá; si la caña no se corta se pierde el azúcar. Sus propios compañeros tratan de pararlo por razones de seguridad, quizá el incendio ha sido producto de un sabotaje, las bandas de la contra pueden haber montado una emboscada. Pero al Che, tras el grito de *¡vamos para allá!*, no hay quien lo frene. Cortar en un campo de caña quemada es un suplicio, el polvillo, la ceniza flota en el aire. Sufre un ataque de asma. El Che, respirando angustiosamente, tiznado de pies a cabeza por las cenizas de la caña quemada y empapado en sudor, dirige al grupo.

Como si no hubiera cumplido sobradamente, el 15 de febrero se enfrenta en una competencia de emulación a un operador estrella del central Brasil, Ibrahim Ventura, y le gana; su máquina termina casi sin frenos. Al día siguiente perdería en otra emulación contra el operador Roberto González, en Blanquiazul, en un terreno difícil, no llano y con piedras. Han estado trabajando en campos de una zona donde hay guerrillas de la contra. El Che no le hace mayor caso al asunto y trae enloquecidos a los miembros de su escolta porque se niega a tomar medidas de seguridad y el 17 de febrero corta 20000 arrobas más en el central Venezuela.

El Che se irá de Camagüey con bastante más de las 100000 arrobas que prometió. Respecto a la prueba, la máquina sin duda funciona, pero un tercio del tiempo laborable se la pasa con roturas y fallos mecánicos, lo que obliga a la presencia permanente de un mecánico, para mantener un ritmo de corte estable. Respecto a las versiones de que el trabajo voluntario sale más caro que el trabajo normal, en este caso se desmienten, los gastos del equipo del Che se pagan sobradamente de su labor.

Pero a pesar de los esfuerzos del intento de mecanización, tendrá que reconocer un par de meses más tarde *que la zafra no marcha todo lo bien que debiera marchar.* Son muchas las razones: la primera es el proceso de desmantelamiento de los cañaverales que tuvo lugar en el 62 en nombre de la diversificación agrícola, que hizo que el Che, a pesar de sus relaciones fraternales con Carlos Rafael Rodríguez, chocara violentamente con el INRA; la segunda tiene que ver con el abandono del corte de caña por millares de campesinos que se van hacia las ciudades o se dedican a otros cultivos, ahora que son propietarios de la tierra. Esa gente que no se ha ido a Miami *sino que está en el campo. Y hay menos mano de obra y corta menos y muchos campesinos le huyen a la zafra ahora que hay tierra y hay trabajo.* La tercera causa se encuentra en las desigualdades del trabajo voluntario, mientras que en Camagüey, donde tradicionalmente había carencia de mano de obra para la zafra *la gente que fue fracasó y se convirtió realmente más en un estorbo que en solucionadores del problema,* en La Habana funcionó, *los que vamos los domingos a realizar nuestra tarea podemos ver que la eficiencia (...) ha aumentado mucho. Hay una serie de distinguidos burócratas que ya se están volviendo distinguidos cortadores de caña.*

Y el Che sigue insistiendo en que el trabajo voluntario es la razón de ser de una sociedad que encuentra sus respuestas en lo colectivo. Jorge Risquet cuenta que en una reunión con el Che en oriente, le propuso establecer un estímulo económico dándole casitas a las mejores brigadistas. El Che le pregunta: *¿No te parece un exceso de estímulo material?* Risquet respondió: "Coño, Che, de todas maneras hay que darle vivienda a la gente, premiar con estas casitas no es gran cosa, además agrupa en una zona a los cortadores, de diez en diez. No, no me lo parece".

Y el Che, tras esta aventura exitosa en la zafra, en medio de un fracaso importante, vuelve a la industria pensando como siempre que de su desarrollo depende la salida del bache por el que está pasando la economía cubana. El 24 de marzo, en la asambleas de la textilera Ariguanabo, habla con las mujeres sobre la formación del Partido unido de la revolución socialista y se queja de que en el proceso de selección sólo haya cinco mujeres de 197 obreros escogidos, en una fábrica con una fuerte presencia femenina. Establece dos causas hipotéticas: *O la mujer todavía no se ha desatado de una serie de lazos que la unen a un pasado ya muerto o los hombres consideran que todavía las mujeres no tienen el suficiente desarrollo y hacen valer la mayoría que tienen.* Recuerda una anécdota del ministerio donde hubo que cambiar a una funcionaria porque su marido, un oficial del ejército rebelde, no la dejaba salir a una gira por el interior. *Esta es una manifestación cerril de discriminación de la mujer (...) El pasado sigue pesando sobre nosotros.*

Visita la fábrica de refrescos Marcelo Salado (la ex Cocacola de La Habana). Persigue a los técnicos. Ya lo ha dicho antes en un programa de televisión: *¿Por qué la Cocacola no sabe como antes?* Conoce parte de las respuestas pero no las da por buenas: las fábricas de refrescos estuvieron en enero de 1500 a 1600 horas paradas por problemas de mantenimiento; el bloqueo afecta a las materias primas. Pancho Hernández, el responsable técnico, se queja de las críticas públicas, porque se habían hecho muchos esfuerzos.

—*Mira, lo dije porque es verdad que el refresco sabe a jarabe, a medicina. ¿Es que no podemos hacer una Cocacola parecida o mejor aún que la de los americanos?*

Parece ser que no. Y el Che se muestra particularmente molesto por los contenidos simbólicos del fracaso y porque él sabe de qué se habla, bebedor de refrescos de cola en su etapa mexicana, no los puede comparar con los que se están produciendo. La memoria es terrible consejera. En la memoria las Cocacolas mexicanas deberían ser buenísimas. Mucho camino recorrido desde que a los 15 años rechazaba "frenético" el refresco imperialista cuando se lo ofrecía el barman del hotel Altagracia.

Y el Che entraba a las fábricas siempre por los talleres, nunca por las oficinas. En el documental de Pedro Chaskel, "Constructor cada día compañero", se suceden multitud de testimonios de la presencia del comandante Guevara en las empresas. Y se ve cómo el Che se transmuta en las reuniones con los obreros, se producen largas pausas para la sonrisa a mitad de un discurso. Nos llega la sensación de que está como en casa, de que goza las reacciones de los auditorios. En una fábrica, mientras la cámara salva la anécdota para la eternidad del recuerdo, el Che cuenta la historia del obrero que para ahorrar puso dos bobinas de papel, sobre ellas un tablón, sobre el tablón una escalera, se trepó, amarró la brocha a un palo y pintó aquella zona a la que nunca se llegaba... Luego los de control de seguridad le echaban la bronca al Che por estimular estas iniciativas enloquecidas.

Pero no sólo hay sonrisas en su relación con los obreros, también de vez en cuando habla fuerte con ellos, exige, critica. El 31 de mayo, tras una visita a la planta ensambladora de motocicletas en Santiago de Cuba, le escribe a los trabajadores una nota bronqueándolos por el uso privado que los militantes hacen de los productos y aclarándoles que *los obreros responsables de la producción de cualquier artículo no tienen derechos sobre ellos. Ni los panaderos tienen derecho a más pan, ni los obreros del cemento a más sacos de cemento; ustedes tampoco a motocicletas.*

En este segundo trimestre del 63, dos noticias familiares afectarán su vida, por un lado su madre, Celia de la Serna, cuando regresaba de Cuba y en la frontera entre Uruguay y la Argentina fue detenida, acusada de transportar literatura comunista, y habría de pasar dos meses en la cárcel correccional de mujeres en Buenos Aires, con problemas de salud. La venganza contra el Che se iniciaba en Argentina. Por otro lado, una foto casera tomada hacia mayo de 63 mostraba a Aleida March con el embarazo muy avanzado de su próxima hija, que también habría de llamarse Celia, el cuarto hijo del Che (su nombre era un homenaje a la madre encarcelada), que nacería el 14 de junio. Aleida, en la foto, ríe a carcajadas mientras carga a un sonriente y calvo Camilo; Aleida II se debate en brazos de un Che risueño, que deposita su mano en el cuello de una pequeña Hilda, con flequillo y los ojos entrecerrados de placer.

El 20 de mayo del 63 el Che pronunció un discurso en el aniversario del periódico *Hoy*. Una visión muy esquemática del marxismo, llena de lugares comunes y loas a los viejos cuadros del PSP. En su prólogo, escrito esos días, a *El partido marxista leninista*, una selección de textos de teoría del partido mezclada con discursos de Fidel, repite estas visiones. Uno de sus biógrafos, Massari, se lamenta de los "elogios de Guevara a la miseria teórica de aquel libreto". Es curioso que el Che, tan crítico al camino económico que habían seguido los soviéticos, no tenía una mínima percepción del desastre social, el autoritarismo político, el carácter policiaco y represivo de la sociedad soviética. Y desde luego no tenía un reflejo teórico que le permitiera distanciarse de ella. Estaba prisionero del marxismo Neanderthal. Esta ceguera involuntaria que anota correctamente Karol y que registra Franqui, le impedía tener una visión global del problema.

Curiosamente, habría de ser en este momento de su vida cuando el Che inicie la polémica contra el marxismo soviético al uso, en torno a sus discrepancias en el manejo de la economía.

El 10 de junio habría de aparecer *Nuestra industria*, una revista de debate y divulgación realizada con papel de bagazo de caña por el ministerio de Industria, que se abría con un artículo del Che: "Consideraciones sobre los costos de producción como base del análisis económico de las empresas sujetas a sistema presupuestario". Bajo un título tan endemoniadamente formal, en un artículo que estaba destinado a la manera de analizar los costos de producción, se abría el debate por una esquina. En la introducción, aún sin polemizar, el Che señalaba que el camino soviético de "autogestión financiera" de las empresas era diferente al camino industrial cubano de centralización, basado en las facilidades que daba ser un país pequeño y bien comunicado.

La respuesta polémica no habría de surgir de sus opositores, los cuadros del viejo PSP, como Carlos Rafael Rodríguez, con los que no había acuerdo en torno al sistema económico, sino de uno de sus "hijos políticos", el flamante ministro de Comercio exterior, el comandante Alberto Mora, que en junio, en la revista *Comercio exterior*, contestaba con un artículo titulado "En torno al cuestionamiento del funcionamiento de la ley del valor en la economía cubana en los actuales momentos". Mora, sin precisar con quién polemizaba, iniciaba su artículo diciendo: "Algunos compañeros plantean que la ley del valor no funciona actualmente dentro del sector estatal de la economía cubana". El Che, ni corto ni perezoso, entró de lleno a la discusión publicando en octubre en el número 3 de *Nuestra industria* el artículo de Mora y su respuesta: "Sobre la concepción del valor. Contestando algunas afirmaciones sobre el tema".

Empezaba el Che dejando claro que de "algunos" nada, que el debate tenía nombre y apellidos, y que de un lado se situaban entre otros, él, ministro de Industria, y Luis Álvarez Rom, ministro de Hacienda, defensores de lo que se había dado en llamar la línea de "financiamiento presupuestario", *porque es bueno fijar no solamente los principios sino también las personas que los sostienen.*

Tras meterse en un intrincado laberinto de citas y contra citas, el Che llegaba al meollo de su trama: La ley del valor *es reguladora de las relaciones mercantiles en el ámbito del capitalismo y, por tanto, en la medida en la que los mercados sean distorsionados por cualquier causa* (la fuerte intervención estatal) *así mismo sufrirá distorsiones.*

Mora argumentaba que la propiedad estatal no era aún propiedad social (tímido incluso, porque ni lo era ni necesariamente lo sería) y que esto se hacía evidente por las contradicciones entre las propias empresas estatales. El Che respondía que estas contradicciones en todos los planos de la industria cubana, hasta llegar al taller, eran las contradicciones de un proceso.

Por último saludaba la iniciativa de Mora de salir a la polémica y lo felicitaba por la calidad de la revista de Comercio exterior. Todo era aún relativamente amistoso y fraternal, aunque Mora había quedado dolido por el artículo del Che, que había sido injustamente fuerte. Mora y el Che eran amigos, pero cuando el Che se ponía a polemizar su tono irónico y jodido lo dominaba todo.

Este choque involucraba el enfrentamiento entre dos posturas en el interior del gobierno cubano en torno al manejo de la economía, una de ellas representada por Alberto Mora, Rolando Díaz y Marcelo Fernández, presidente del Banco Nacional, marxistas recién llegados, que sin haber sido miembros del PSP, tenían en materia económica asesores soviéticos (línea que apoyaban los viejos cuadros del PSP en el INRA), y la posición del Che, calificada por Figueras como la de "un rebelde con causa", y tras la que se alineaban Álvarez Rom de Hacienda y Oltuski en el Juceplan, que no quería calcar o copiar algo que le traían de la Unión Soviética y decía que Cuba tenía una serie de condiciones para hacer las cosas diferentes.

Los partidarios de las tesis soviéticas apostaban por la "autogestión financiera" en las empresas con uso amplio del crédito bancario, cierta autonomía en la toma de decisiones y estímulo material como herramienta principal para incrementar la producción, con salarios bien diferenciados que premiaran la productividad. El Che defendía la centralización en la industria basado en la idea de que Cuba tenía los mejores sistemas de contabilidad de América Latina, los mejores sistemas de comunicación y tenía la experiencia que no se debía perder de los monopolios estadunidenses en materia de dirección, sobre todo en la industria; además que el pequeño número de fábricas (había menos en toda Cuba que en la ciudad de Moscú) y la escasez de cuadros lo obligaba. Ir hacia la autogestión de las empresas para fomentar la competencia entre ellas significaba para el Che ir al capitalismo de principio de siglo, o hacia el socialismo de rumbo equivocado, de competencia y no de colaboración. El Che buscaba enfrentarse sobre todo a la idea de que las empresas se volvieran pequeños monstruitos guiados no por los intereses sociales sino por la necesidad de la rentabilidad y junto a ello una política de producción a cualquier costo, con estímulos materiales como motor.

Carlos Rafael, en el INRA, había hablado refiriéndose a la agricultura del "centralismo burocrático" y los desastres que éste había producido en la primera etapa. Parecía tácito que el Che y él aceptaban que lo que podía ser bueno para la industria no necesariamente lo era para la agricultura, o bien que no querían enfrentarse.

De cualquier manera éste era sólo el primer *round*.

A partir de los últimos días de junio el Che hará una visita relámpago a Argelia, para estrechar los lazos entre Ben Bella y la revolución cubana. Recibido con honores en el aeropuerto, que no ha pedido, se entrevista con Ben Bella y Boumedienne.

En Argel se encuentra con Carlos Franqui, director de *Revolución*. Franqui comentará años más tarde que el Che se estaba volviendo muy crítico respecto a la URSS. "Aceptaba algunos principios chinos: contar con las propias fuerzas, sin esperar nada ni del capitalismo ni de la Unión Soviética y su poder hegemónico". Habrá un segundo encuentro allí esencial, con su amigo el periodista Jorge Ricardo Masetti, el hombre del Che en Argelia.

Masetti, que había dirigido la agencia Prensa Latina en los primeros años de la revolución, renunció al cargo en marzo del 61 como una reacción ante el sectarismo, y aunque regresó a su labor durante la invasión de Playa Girón, participando en la primera línea de combate y enviando sus comunicados de prensa durante los tres días de las acciones o participando en el interrogatorio de los capturados, luego se había involucrado en un proyecto secreto. En octubre del 61 viajó a Túnez con un mensaje de Fidel Castro, ofreciendo apoyo al FLN argelino. En enero del 62 el barco cubano Bahía de Nipe entregó morteros y rifles a la guerrilla argelina. Masetti supervisó la operación. Las armas fueron transportadas a un campo cerca de la frontera. El barco regresó a Cuba con combatientes argelinos heridos en combate y huérfanos. A fines del 62, Masetti abandonó de nuevo La Habana, tras haber pasado allí tan sólo el tiempo suficiente para conocer a su nueva hija, y desapareció de la vista pública. Entre los hombres del aparato se decía que estaba en Argelia colaborando en una operación que dirigía el Che a la distancia y que sin duda tenía que ver con la presencia en África del Norte de un grupo de voluntarios cubanos y un equipo médico que asesoraban a los argelinos, en sus enfrentamientos contra la monarquía marroquí. Era cierto, en Argel lo encontró el Che y allí tuvieron en el 63 una más de las conversaciones que tendrían que afectar el futuro de ambos y de la que más adelante se contarán los pormenores.

La gira tendrá un final abrupto cuando el segundo automóvil que los acompaña choca contra un poste y muere el periodista Boan, quedando herido su escolta, Carlos Coello. El Che se niega a que lo atiendan médicos locales y lo hace personalmente.

De regreso en La Habana, hacia la mitad de julio, el Che se entrevistará por primera vez con una delegación vietnamita. Li Van Sau recuerda: "Fue una madrugada de julio de 1963, en su oficina del Ministerio de industria; estuvimos conversando hasta el amanecer. Che nos explicó sus puntos de vista con relación a la lucha que librábamos contra los invasores yankis, insistiendo en su tesis de crear muchos Vietnam". Es la primera vez que el Che maneja el concepto que lo acompañará durante los últimos años de su vida: la lucha contra el imperialismo es una lucha a escala internacional que sólo puede resolverse multiplicando el número de focos en otras zonas del tercer mundo.

La bandera del FLN que le entrega la delegación y que él pone sobre su mesa y un perro que caga por las oficinas son los dos nuevos elementos en el entorno de Ernesto Guevara. ¿A qué hora se consiguió el Che a ese perro monstruoso que camina por los pasillos del Ministerio de industria como si fuera por su casa? El perro se llamaba Muralla y asistía como uno más a las sesiones del consejo de dirección del ministerio, echado a los pies del Che, que de vez en cuando le daba una palmada o le rascaba la cabeza. Un perro sin rabo que se subía al elevador y sabía bajarse en el noveno piso, llegaba hasta la oficina y rasgaba la puerta con las uñas para que el Che le abriera.

Muralla era el perro oficial, pero el Che mantenía excelentes relaciones con los perros callejeros de los alrededores del ministerio, a los que controlaba y que lo acompañaban en las guardias y a los que daba de comer. Tenía advertidos a los perreros que no los molestaran.

El 10 de agosto el Che interviene enfurecido en una reunión del consejo de dirección del ministerio. Un año antes había dado un plazo muy breve para que los administradores de fábricas obtuvieran al menos el sexto grado de enseñanza básica. Dura tarea, trabajando como esclavos, enfrentados a las carencias de repuestos y materias primas, con deberes políticos y militares, resultaba una tarea imposible. Incluso el Che, que era enormemente riguroso, tuvo que dar marcha atrás y ofrecerles una prórroga de un año. Pasado el año se hicieron los exámenes, 132 de 986 suspendieron y un grupo importante no se presentó.

El Che se puso duro: ya se había advertido, los que reprobaron con menos de 5 tendrían que irse a la calle, los que sacaron de 5 a 6 tenían una segunda oportunidad, y los que no presentaron el examen (260) tienen que presentarlo de inmediato y con el salario suspendido hasta no hacerlo.

Será una reunión particularmente áspera. Poco más tarde, tras reconocer que tiene métodos de trabajo explosivos, carga contra Edison Velázquez, un director general que planteaba las cosas a la tremenda, ofensivamente: "Que no hay revolucionarios en Cuba, que no hay hombres aquí", y que aho-

449

ra acusa a la reunión de que son reacios a la crítica. El Che salta de la silla: *Decir aquí que somos reacios a la crítica es mentira… Yo no sé que interés tienes tú en plantear las cosas con una agresividad que no viene al caso, chico, con todas las deficiencias que tengamos no se está en una reunión de corderos (…) No, no se ha coartado nunca la opinión: una vez aquí, por un señor que dijo que yo era revisionista, y que se le sacó de una empresa, di una tángana; porque me pareció que era el método más incorrecto que hay, que alguien se refiera a una actitud personal del ministro y lo saquen de una empresa. Y he defendido siempre la libertad de decir lo que quieran de mí (…) siempre que cumplan con el trabajo; pero no tengo que aguantar una crítica con la que no estoy de acuerdo y tengo mi derecho, el mismo que tienen ustedes de decirla (…) El otro día nos dijeron hasta malas palabras en la empresa Química Básica. Allí lo que dijeron hubo que callarse porque tenían razón y se acabó el problema.* Y volviendo a Edison: *Tienes esa cualidad especial de decir cosas que a mí me sacan de las casillas, porque las considero básicamente injustas y básicamente incorrectas (…) que aquí todo el mundo está atemorizado y que aquí todo el mundo corre…*

Edison le retruca: "¿De dónde sale eso, comandante?"

—*Yo te propongo que si aquí hay algún otro macho además de ti, que lo diga (…) es realmente insultante (…) en este ministerio he tratado de que eso no existiera y cuando la época del sectarismo que se estaba siquitrillando gente injustamente (y yo participé de esa época como buen sectario) se reaccionó. Lo que puede tener de deficiencia mi carácter, que lo he reconocido muchas veces, que lo he reconocido en el consejo de ministros y en todos lados… (Pero) no tengo el carácter explosivo para tratar a la gente que está jerárquicamente inferior.*

Y la reunión se sigue calentando cuando Gravalosa dice que hay que partir cabezas a los ineficientes y el Che retruca que habría que crear un sistema justo para partir cabezas. Y señala que las cosas más graves que se han hecho en este país *no se han hecho a nivel de este ministerio* y reconoce que en Industria hay un nivel mucho mejor de análisis y hay logros. Y repasa al Juceplan que *está tan desligado de la realidad como ustedes no pueden imaginarse* (salvando a Oltuski *que acaba de salir al campo a enterarse y que regresó hecho un sabio*). Y sigue con la autocrítica *porque en estos últimos meses tengo unos pecadillos en unas partidas de ajedrez que me roban un poco de tiempo, pero en general utilizo todo mi tiempo para los problemas del país.*

Se refería a sus intervenciones en el II Memorial Capablanca, donde aparecía fugazmente y jugaba unas partidas escondido en el centro de prensa; o sus intervenciones en el campeonato interno de ajedrez del Ministerio de industria, donde quedó en tercer lugar, o aquel encuentro con el gran maestro Mijail Tal al que le sacó unas tablas en una simultánea. Y es el ajedrez el único vicio confeso que se toma muy en serio: *Cuando salí del ministerio llamé a mi esposa y le dije: "Voy a visitar a mi segunda novia", y me contestó, ya sé, vas para el ajedrez.* Un vicio por el que es capaz de sacrificios: *Oye* (le dirá al gran maestro cubano Eleazar Jiménez, durante la simultánea de 500 tableros en Camagüey contra el equipo mexicano, cuando los cubanos llegan tarde), *yo estoy a 140 kilómetros de aquí cortando caña y llegué a las 8 para poder jugar y ustedes...*

Ese pecado y no más, porque parece incombustible, inagotable, y recorre las fábricas a horas inusitadas y sin aviso, conversa con la gente, trabaja, discute, aparece como fantasma y aunque a nadie le sorprende, sin embargo a veces se producen recepciones espontáneas espectaculares como cuando llega al astillero de Gibara y la gente comienza a gritar: "¡Aquí está el Che!", y no hay manera de callarlos.

Diez años más tarde, conversando con un grupo de argentinos, Haydée Santamaría recuperaría una de las frases del Che que le eran más gratas: *El pueblo está con nosotros, está con nosotros. Está del todo, está un poquito, está casi nada, está en contra, pero está. Nunca no está.*

Hacia el fin de año, la Unión de escritores edita una recopilación de sus *Pasajes de la guerra revolucionaria,* su segundo libro; se trata de una edición incompleta, a la que se añadirán textos en las posteriores. *No quise que se publicara fragmentario, pero no me hicieron caso y no veo cómo nadie pueda entenderlo sin conocer íntimamente la historia de la revolución.* Y el libro será un tremendo éxito que provocará colas en todas las librerías de Cuba y ediciones agotadas en el extranjero.

Pasajes es su respuesta a la nostalgia de la sierra. Una manera, como le dijo en abril a los estudiantes de Minas del Frío, de retornar: *Cada vez que andamos cerca de la sierra no podemos resistir la tentación de volver a ver aquellos lugares.* Y también es una manera de impedir el olvido: *Van pasando los años y el recuerdo de la lucha insurreccional se va disolviendo en el pasado sin que se fijen claramente los hechos que ya pertenecen, incluso, a la historia de América.*

En el prólogo invita a todos los otros participantes a *que se desarrolle el tema por cada uno de los que lo han vivido (...) Sólo pedimos que sea estrictamente veraz el narrador; que nunca para aclarar una posición personal o magnificarla o para simular haber estado en algún lugar, diga algo incorrecto. Pedimos que, después de escribir algunas cuartillas en la forma en que cada uno lo pueda, según su educación y su disposición, se haga una autocrítica lo más seria posible para quitar de allí toda palabra que no se refiera a un hecho estrictamente cierto, o en cuya certeza no tenga el autor una plena confianza.*

El Che fue invitado a formar parte de la Unión de escritores a partir de la publicación del libro, pero se negó argumentando que él no era escritor, que qué más quisiera que serlo. Por otro lado cedía gratuitamente los derechos de autor de las ediciones que se hicieran en países socialistas, aunque instruía a su editor, Lisandro Otero, para que negociara duramente los derechos de autor con las editoriales de países capitalistas, para luego entregar ese dinero a una fundación o un movimiento, que más tarde especificaría. Un año más tarde se negaría a aceptar los derechos de autor de la edición de Casa de las Américas, diciéndole a Haydée Santamaría, que *no puedo aceptar un centavo de un libro que no hace más que narrar las peripecias de la guerra.*

En los primeros días de octubre recorre las zonas afectadas por el ciclón en oriente y Camagüey y reporta en el ministerio. Las inundaciones han sido impresionantes, pero los daños humanos son menores: 500 casas destruidas, reses muertas, no muy dañada la industria, que sufre pequeñas pérdidas. Se muestra como siempre fascinado por el grado de la reacción popular y el nivel de organización, así como por el trabajo de las brigadas de Obras públicas. Otra grata sorpresa ha de recibir pocos días después de los estudiantes y profesores de arquitectura reunidos en un encuentro internacional: *Me había olvidado (en mi mecanicismo) que hay algo más importante que la clase social a la que pertenece el individuo en sí, que es la juventud, la frescura de ideales, la cultura puesta, en el momento en que se sale de la adolescencia, al servicio de los ideales más puros.*

Anuncia en esos días su salida del Juceplan y el que Fidel toma directamente la dirección de la planificación. *En Juceplan no hay autoridad. Ahora con Fidel habrá autoridad, pero cuando yo estaba no había autoridad: además yo no tenía sino una delegación (...) una comisión económica fantasma que no decidía nada.*

Y reflexiona sobre el exceso de ambiciones de los primeros momentos de la revolución: *Quisimos hacer escuelas y las hicimos; hospitales, y los hicimos. Hicimos caminos y centros turísticos: locales para obreros, clubes. Los salarios se aumentaron. Y al mismo tiempo hablábamos de desarrollo. Era imposible, las matemáticas no podían forzarse.*

Y continúan los días de conflictos continuos por una u otra esquina de la gestión industrial. En una de las reuniones de la dirección del ministerio señalaba que además no se cumplían las entregas del exterior: *Nosotros incumplimos los contratos con los países socialistas y los países socialistas pues incumplen con nosotros por la vía de suprimir las cosas, tranquilamente.*

Comienza a dar muestra de cansancio en sus relaciones con la URSS y hace una observación muy agria respecto al desastre agrícola de la Unión Soviética. *No se entiende que tras 45 años de vida de la revolución se siguen produciendo esas fallas. Algo anda muy mal.* Y usa las palabras *catástrofe agrícola.* Dirá refiriéndose a los soviéticos que no sólo se trata de que tengan un sistema más justo que en Estados Unidos, debería ser más productivo.

Pero además, los materiales que llegaban del bloque socialista eran de mala calidad. Raúl Maldonado recuerda: "Comenzaba a notarse una cierta desesperación por la calidad de los productos y las maquinarias que recibíamos de Europa oriental, era un reflejo de lo que podía pasar en Cuba".

Y en Cuba el reflejo ya se estaba produciendo. El 11 noviembre, el periodista Severo Cazalis, Siquitrilla, entrevista al Che para el diario *La tarde:*

—¿Por qué descendió la calidad de los zapatos?

—Cierta escasez inicial de materias primas y la supresión de la propiedad privada produjeron la terrible pérdida de conciencia de la calidad. Nosotros también caíamos en eso. También las confecciones son un ejemplo de cómo los trabajadores pueden perder el cuidado por la calidad. Pero está en vías de solución y el calzado puede ser un buen ejemplo inmediato... Usted por ejemplo el otro día no dijo toda la verdad sobre los prototipos de calzado. Dijo que eran bonitos y muchos son muy feos.

—Sí, es cierto. Pensé que aquel organismo realizaba un buen trabajo y que era tarde para arreglar eso este año. Evidentemente el cuerpo de diseñadores es pequeño y necesitan información sobre modas. Pero algunos tipos son bonitos.

—En efecto, aquel es un organismo muy bueno.

—Allí me dijeron que usted había dicho: "Yo no me pongo sandalias salvo que lo mande la revolución".

—Sí, lo dije... Dicen que yo protesto mucho de los errores de la prensa. Por ejemplo creo que es negativo publicar con alborozo el cumplimiento de las metas del calzado, sin decir la verdad, esas metas no alcanzan todavía para cumplir las necesidades de la población.

Ese mismo día el Che, revisando el informe del Instituto cubano de recursos minerales, ofrece una nota de optimismo al hablar de Suárez Gayol, el Rubio, el compañero de la guerra, que es uno de los pocos que *expresa fe y entusiasmo y que tiene como cualidad fundamental saber expresarlo y comunicarlo a otra gente.*

Quizá lo que lo tiene más contento es el nivel alcanzado por los cuadros en el ministerio. En un informe al Consejo de ministros, el Che se congratula del equipo humano que había creado: su segundo, Orlando Borrego, un personaje *de carácter agrio,* pero con una enorme capacidad de trabajo; Tirso Saiz, un ingeniero químico; el comandante Castiñeiras, que había sido conspirador en la marina durante la revolución, que llevaba encima la enorme tarea del viceministerio de la industria ligera; Mario Zorrilla, al que considera el cuadro con más futuro, y el capitán Ángel Gómez Trueba, que a pesar de su tendencia al *mando militar, algo brusco, es un trabajador entusiasta e incansable;* y Santiago Riera y Oltuski, éste último transferido al Juceplan.

Quizá con quien era más crítico, era consigo mismo: *Entre los fallos de tipo personal que cada hombre tiene, los míos son tan claros y se expresan en forma de contradicciones violentas tan repetidamente que no es el caso de analizarlos.* En cuanto a sus tareas ministeriales, el fallo que piensa que es más grave es el haber impulsado siempre la acción (la beligerancia de la práctica) ahorrándose la discusión. A partir de ineficiencias en el aparato del estado, el Che empujaba primero y preguntaba después, y luego a ver qué pasaba. En el informe reconoce que fue a partir de su iniciativa, y sin discusión gubernamental, que se impuso en el ministerio el método de presupuesto, que se lanzó la emulación, que se iniciaron los trabajos voluntarios (que *fue criticado por Fidel* por la forma de establecerlos), las emulaciones.

Al no ahorrarse la discusión quizá hubiéramos tenido más choques en un momento dado pero se hubieran clarificado las relaciones. Por esta autocrítica se conoce el grado de profundidad en los conflictos entre el Che y el INRA. *Demás está decir que las malas relaciones entre el Ministerio de industria y el INRA, los dos organismos más fuertes de la revolución, en nada ayudó al desarrollo económico del país y sí trajo como consecuencia muchos malos hábitos que todavía hoy estamos tratando de corregir.* Parece ser que estos enfrentamientos con el INRA no eran los únicos, en ese mismo balance se habla de choques con las ORI y con la central sindical CTC.

Y no renuncia a las posiciones que llevaron al choque de su parte, sino que piensa que al haber rehuido el debate y pasado a instrumentar salidas en las áreas que conducía, se perdió la posibilidad de aclarar los terrenos y las discrepancias que existían en el seno de la revolución respecto a la conducción económica. Es eso lo que produjo que *el cargo de ministro de Industria me absorbió tanto el entusiasmo y mi capacidad de trabajo que no fui capaz de elevarme por sobre él para ser un real dirigente nacional.*

Dos meses más tarde, en otra reunión del consejo de dirección del ministerio hablará de que a causa del trabajo voluntario chocó con la CTC; en la mecánica liviana donde se crearon unos bonos de trabajo voluntario que fueron muy *vilipendiados por la CTC, por algunos miembros de la CTC;* y cuenta de choques con el INRA que acusaba a la brigada del ministerio de estar cortando mal la caña, de que el trabajo voluntario era *negativo totalmente, que rompe la cepa, que gasta muchísimo y no rinde nada.* Lo que parece que no es cierto porque había especialistas que controlaban el corte y era *un trabajo bien hecho.*

Y si bien el balance que hace en la industria es muy positivo, gran salto de calidad en la gestión en Industria, entusiasmo generalizado, crecimiento récord de la industria y su producción, percibe en el conjunto de la sociedad cubana el incremento de la burocratización.

A lo largo del año el tema irá apareciendo una y otra vez en sus discursos, sus intervenciones en el ministerio, incluso en su correspondencia privada: *Su libro sobre Laos fue triturado por los peligrosos engranajes de nuestra maquinaria burocrática* (a Anna Luisa Strong, cuando la invita a venir a Cuba y le informa que le encantó el libro sobre las comunas chinas). *Permítame hacerle la confesión que en nuestro país la burocracia es sólida y bien asentada en su inmenso seno, absorbe papeles, los incuba y a su tiempo los hace llegar a su destinatario* (a Peter Marucci, editor del *Telegraph* en Canadá). *Nosotros copiamos mecánicamente experiencias de países hermanos y eso constituyó un error, no muy grave, no de los más graves, pero un error que frenó el desarrollo libre de nuestras fuerzas y contribuyó peligrosamente a uno de los fenómenos que más deben combatirse en una revolución socialista, el burocratismo* (en el Seminario de Argel). Opinando sobre los Comités de defensa de la revolución (CDR) le escribe a su dirigente, José Matar: *Por lo que yo conozco hasta ahora, el* rasgo fundamental es la desorganización en su buró ejecutivo, probado por el hecho de que recibo una carta fechada el 22 de julio para dar mis opiniones antes del 31 del mismo mes con fecha de salida de ese organismo 12 de julio y recibida en estas oficinas el 17 de septiembre. Tal vez la desorganización esté en este ministerio. En ese caso le corresponde informar a la CDR del piso.

Y sólo conoce una manera de combatir la burocratización, el contacto directo, la relación personal entre dirigentes y bases. El historiador cuenta con la reseña del cineasta Lázaro Buría, que a los 17 años era el encargado del almacén de una empresa metalúrgica, y al que un domingo se le apareció el Che con un grupo de cuadros del ministerio y le preguntó:

—¿Usted es el jefe?

Y reiteró: ¿Qué es lo que hay que hacer?

—¿Usted viene a trabajar?

—Sí, esto es un trabajo voluntario... ¿Usted es el jefe? Pues arriba, ¿qué hay que hacer?

El adolescente duda, actúa en consecuencia y lo pone a medir varilla de fierro y a contarlas.

En una visita a las minas de Matambre para hacer trabajo voluntario con Alberto Fernández Montes de Oca, que era el administrador, decidió hacerlo en el pozo más profundo. Sabiendo que el asma se le recrudecía en la humedad, cuando el Che empezó a jadear en el elevador, Montes de Oca sugirió que subieran y el Che insistió: Bajamos, y fue a dar al nivel 42 donde estuvo varias horas conversando y trabajando con los mineros.

Un minero llamado Pablo estaba picando a dos kilómetros bajo tierra con un taladro, alguien le tocó la espalda, era el Che, que le ofreció la mano.

—No, comandante, está muy sucia.

El Che le da un abrazo. Está sin camisa, pantalón y botas de goma por el calor. Toma en sus manos el taladro eléctrico, pregunta cómo funciona, se pone a picar por unos minutos, le dice:

—Es agotador, no sé como tú tan chiquito puedes manejar esa cosa.

Luego desaparece en la oscuridad. Pablo no sabe si es cierto lo que ha pasado.

El asma sigue castigándolo. Fernández Mell, su amigo, compañero de la guerra y doctor, controla los experimentos que hace para enfrentarla. El Che sigue sin encontrar cuáles son los elementos que la desencadenan, aunque tiene varios identificados: climáticos, alimenticios, texturas.

Ha estado usando una cura de caballo: "El Che se metía adrenalina con el nebulizador, que le dilataba los bronquios. La adrenalina lo intoxicaba y le producía dolores de abdomen y tremendos dolores de cabeza, usaba además suero con cortisona, que es un antiinflamatorio, y además líquido abundante para diluir la adrenalina en el organismo. Era terrible y al mismo tiempo, extraña la enfermedad. El Che era un barómetro, podía adivinar la llegada de los frentes fríos. Y la enfermedad lo había marcado físicamente: los senos frontales inflamados del Che son el producto de sus dificultades para respirar".

Y ese personaje inquietaba cada vez más a la inteligencia estadunídense. El 30 de diciembre del 63, circulaba un *dossier* de seguridad nacional entre altos cargos de la administración de Lyndon Johnson, que advertía del aumento del material incitando a la revolución en América Latina en los discursos de Fidel, las intervenciones de Radio Habana y las palabras del Che Guevara.

CAPÍTULO 34

El 64, los subterráneos de la revolución

Fidel y el Che.

En el inicio del 64 Guevara anunció un plan de inversiones para la industria de 180 millones, que era menor en un 18% al anterior. El desarrollo industrial se frenaría ligeramente y se haría más énfasis en la agricultura y en particular en la infraestructura agrícola, caminos a los campos cañeros, facilidades de almacenaje, maquinaria ligera.

Miguel Ángel Figueras, uno de los cuadros del Che, explica: "El gobierno examinó que se había ido creando un déficit comercial tremendo con los países socialistas y pensamos que había que pararlo; se llegó a la conclusión que en el corto plazo la única forma era recuperar el potencial de la producción azucarera". Mientras que el ritmo de la industrialización decrecía a pesar de los éxitos logrados: *Se crearon nuevas capacidades y se reequiparon muchos de los pequeños y medianos talleres existentes en la rama de la mecánica, lo cual ha sido uno de los factores que ha permitido mantener nuestras fábricas funcionando cuando el bloqueo norteamericano sobre las piezas de repuesto ha mostrado sus más crudos efectos. Decrecer el ritmo, pero mantener la tensión para corregir errores.*

Con Regino Boti, el ministro de Economía y secretario técnico de la Junta central de planificación, mantenía el Che en aquellos meses un conflicto permanente, acusando a la Juceplan de ser un antro burocrático, muy formal. En su correspondencia con Boti, con el que polemizaba frecuentemente, pero al que le tenía cariño y respeto, las puyas eran constantes. En octubre del año anterior le había escrito: *Lamento que mi ausencia de la Junta (Juceplan) le haya impedido realizar cualquier consulta referente a problemas de la producción. Para su información ni los barcos de Camagüey ni los de Oriente han sufrido por el ciclón. Cualquier noticia telefónica o por escrito o cualquier duda en el campo de la producción y otros que domino (teoría del valor, por ejemplo) estoy a sus gratas órdenes.*

Meses más tarde, a principios de febrero del 64, en una discusión sobre un problema técnico culminaba: *Le saludo compañero ministro, con el grito de lucha de la Junta central de planificación: Viva la guerra epistolar. Muera el trabajo productivo.* El estilo era inconfundible. El 12 de junio escribe otra carta respondiendo a una solicitud de aumento del número de ejemplares de la *Revista médica panamericana, amparado en mi pequeña y poco edificante historia de médico,* donde dice que la revista es una *porquería y las porquerías no cumplen funciones políticas;* y en una carta el 17 de junio, respondiendo a una solicitud de un particular para obtener un torno, dice: *Los medios básicos no son mercancías. Si tiene amigos, búsquele usted los medios de explotación.*

A finales de ese mismo año caracterizaría a la Junta como un desastre *por la inseguridad que se tiene cada vez que se firma un papel, de si se está haciendo una cosa inteligente, o se está firmando una barbaridad, por los sistemas de comunicación existentes.* Sin embargo el Che estimaba a Boti, *uno de esos tipos que caen bien, pero que además investiga las cosas, se preocupa, sabe movilizar a la gente.* Y cuando Boti dejó el ministerio de Economía al ser éste absorbido por la Juceplan dirigida por Dorticós, y se fue a trabajar a una fábrica, el Che lo felicitó.

La malicia epistolar no se limitaba a la Juceplan; al ministro de Relaciones Exteriores, Raúl Roa, le devolvía una vez una carta con la siguiente nota: *Te devuelvo la porquería de carta que me mandaste para que aprendas que no se puede firmar algo sin leerlo.*

Y más allá de sus guerras interminables contra la burocracia, el Che seguía impulsando el trabajo voluntario. El 11 de enero del 64 entregó certificados de trabajo voluntario y recibió el que le acreditaba sus horas de colaboración. En la reunión en un acto de la CTC repasaba las historias de un obrero de 70 años que cumplió su cuota, una mujer que alcanzó las 340 horas y un obrero que hizo 980 horas. *Pero no es lo importante el conseguir la rentabilidad de nuestras empresas mediante el sacrificio de algunos trabajadores (...) se refleja en la conciencia que se adquiere frente al trabajo.* Y remata el acto: *En estos días de pascuas cayeron en mis manos unos pequeños obsequios, no tan pequeños. Consideramos a título personal que se los podíamos entregar a algunos de los compañeros más destacados. No los voy a mostrar aquí porque son bastante bonitos y podría confundirse con un estímulo material y no es esa mi intención* (y se los entrega a los tres mencionados).

En el discurso había enfatizado que la compulsión social era buena, pero que no se podía presionar a la gente, que si se presionaba o se obligaba el trabajo voluntario, perdía su carácter de voluntario, perdía su sentido. *Eso de creer que el socialismo se va a hacer sin el sacrificio de nadie, en medio de la reacción capitalista, eso es un cuento; eso es imposible.*

Y una y otra vez volvía sobre el sentido de la conciencia, en el premio, en el esfuerzo, en el castigo. Al inicio del año el periodista Severo Cazalis, Siquitrilla, había mencionado el tema del campo de trabajo de Guanahacabibes, y al final de la entrevista el Che le había preguntado: *Yo sé que usted no está de acuerdo con Guanahacabibes.* Y ante la falta de respuesta, le preguntó: *¿Le gustaría ir?*

El tema era de dominio público, y había creado terribles rumores y amargas resonancias. La idea de campos de trabajo históricamente estaba asociado a un eufemismo fascista o a los campos de concentración soviéticos. Ya el Che había discutido frecuentemente en el ministerio el asunto; por ejemplo en el 62, cuando el director de la empresa de derivados del cuero había dicho que no se podía sancionar a nadie a ir a Guanahacabibes sin que la sanción se discutiera en los organismos de base del partido y el Che había respondido que *Guanahacabibes no es una sanción feudal. A Guanahacabibes no se envía a la gente que debiera ir a la cárcel.* A Guanahacabibes se *envía a gente que ha cometido faltas a la moral revolucionaria de mayor o menor grado con sanciones simultáneas de privación del puesto. Es trabajo duro, no es trabajo bestial.* Cuando hay un robo el ladrón va a la cárcel y el director que lo solapó a *Guanahacabibes. Yo a la gente que he visto no sale amargada, despechada... Es más, resume, a Guanahacabibes va el que quiere, el que no quiere ir se va del ministerio.*

Guanahacabibes, cuyo nombre ponía nervioso a más de un funcionario cubano, era un pequeño pueblo, Uvero Quemado, en medio de un bosque en la península de Corrientes, donde existía una empresa maderera a mitad de la nada que había sido abandonada. Originalmente readaptado por las fuerzas armadas como un campo de trabajo, era también usado por el Ministerio de industria.

En el 64, acompañado de Siquitrilla, el Che viajó nuevamente al campo de trabajo. Fracasan en el primer intento por culpa de una tormenta y poco tiempo después lo intentan de nuevo.

—Me parece que somos los únicos empeñados en ir a Guanahacabibes de todas formas —dice el periodista.

—*No; hay otros que también parecen empeñados* —dice el Che mientras pilotea un Cessna.

Al arribar, el periodista descubre a un centenar de personas en el centro de rehabilitación, están armados, como casi todo el mundo en la sociedad cubana, donde la práctica de las milicias ha introducido en la vida cotidiana la presencia de los fusiles; pero no hay vigilancia, no se trata de una prisión.

El Che pregunta: *¿Hay aquí alguno que no esté de acuerdo con la sentencia?*

Nadie contesta. Están por los motivos más diversos. Son estudiantes, un comandante, administradores de industrias. El recién llegado trabajará como leñador, luego pasará a trabajar en oficios más elaborados; en una fabriquita de bates de béisbol, una pollería. Tienen una guerra permanente con las jutías que se comen los sembrados; en el lugar hay una panadería, una escuela, producen miel. Varios se dan clases entre sí. El poblado es autosuficiente. Todo construido por los que ahí trabajan. Al lado hay un pueblo con carboneros.

En el caso del Ministerio de industria la mecánica funcionaba así: en casos de indisciplina, faltas a la moral, fallos en el trabajo, el ministerio determinaba la sanción de varias semanas o meses trabajando en Guanahacabibes, el sancionado podía apelar, aceptar la sanción, o negarse a aceptarla. La sanción estaba usualmente acompañada con la suspensión temporal en el trabajo. Al retornar del campo el sancionado volvía a su puesto de trabajo habitual. Borrego añade: "El Che insistía que una vez cumplida la sanción, no se le podía sacar a ese cuadro constantemente esa falla que había tenido, porque ese era un problema saldado".

Al comandante Guevara le gustaba la idea y solía bromear o medio bromear amenazando frecuentemente a su equipo con unas "vacaciones" en

Guanahacabibes. Manresa, su secretario, confesaría que frecuentemente lo amenazó con enviarlo a Uvero Quemado. Pero era un campo de trabajo singular; mientras que por un lado el Che Guevara frecuentemente iba los domingos a compartir el trabajo con los sancionados, el campo tenía una fama siniestra, sobre todo entre los cuadros medios y de mando del ministerio. Un historiador, conocido por su antipatía por la revolución cubana como Draper, aseguraba que Guanahacabibes era un campo de concentración que tenía aterrorizados a los trabajadores. En marzo del 64, cuando el Che discutía con obreros de vanguardia, les preguntó que quiénes querían volverse administradores y uno le contestó que nadie quería ir a plantar eucaliptos a Guanahacabibes. El Che siguió la broma diciendo que en primera allí no había eucaliptos, *sino mosquitos y otras cosas. Y si mandáramos a todos los que se equivocan, ya habría rascacielos.*

Hay un testimonio interesante de un sancionado por seis meses a causa de un problema amoroso cuando estaba estudiando becado en Rusia, el dirigente de la Juventud comunista, Francisco Martínez Pérez. Conversando con el Che le dijo que le parecía injusta la sanción, el Che le preguntó si le parecía sin embargo que aquella experiencia lo ayudaba a formarse como revolucionario, y el hombre dijo que sí, que sin duda. En Guanahacabibes trabajaba como carbonero.

En febrero del 64 el Che volvió a la carga en el debate iniciado un año antes sobre las divergencias entre el modelo industrial soviético y el cubano con un artículo titulado "Sobre el sistema presupuestario de financiamiento". La idea era establecer de una manera simple las diferencias que a veces se presentaban como *oscuras y sutiles.*

Mientras que para los defensores del proyecto del Che las empresas eran una unidad de producción, para los partidarios de la "autogestión financiera" a la soviética, eran un conglomerado de fábricas que producían cosas similares.

Mientras que para el Che el dinero era sólo un elemento aritmético para valorar la empresa, para los otros funcionaba como un instrumento de control, como una medida del sentido final.

Mientras que para el Che las normas de producción ponían un límite a la sobreproducción, y cuando un obrero lo cumplía, ganando un sobresueldo por ello, tenía que capacitarse para ascender a la categoría superior, para los partidarios del modelo soviético se trataba de estimular económicamente la producción y no había límites en el sobrepago de los que hacían destajo y horas extras.

Ambos modelos estaban controlados por un plan general, pero mientras en el esquema del Che se tendía a la centralización y colaboración entre empresas, el otro promovía una descentralización más acusada para favorecer la competencia.

Mientras el Che concebía que el gran estímulo a la producción era la conciencia, el trabajo voluntario y la educación, en el otro lo eran los premios a nivel de empresa y de trabajadores, los repartos de utilidades.

El Che precisaba: *No negamos la necesidad objetiva del estímulo material, pero no será la palanca fundamental.* Los partidarios del "cálculo" contestaban que el estímulo material se haría morir mediante el aumento de los bienes de consumo, pero para el Che, *estímulo material directo y conciencia son términos contradictorios.*

E insistía: *El trabajo debe dejar de ser una penosa necesidad para volverse un agradable imperativo. Las nuevas relaciones de producción deben servir para acentuar la evolución del hombre hacia el reino de la voluntad.*

Sobre los precios el Che decía que sus oponentes pensaban que el mercado debía fijarlos a través de una forma controlada de la oferta y la demanda, y él pensaba que *el Ministerio de comercio interior se encargaría de nivelar la capacidad de compra de la población con los precios de las mercancías ofrecidas,* dando baratos los básicos y cargando la mano en los superfluos.

En síntesis, las virtudes del proyecto, según el propio Che, serían: la centralización, que utiliza sensatamente los recursos, racionaliza el aparato administrativo, ahorra fuerza de trabajo, unifica laboralmente todo un gran aparato, permite movimientos sin conflictos salariales, simplifica el control de inversiones. Por otro lado pensaba que: *Todavía es muy difícil precisar cuáles fallas son producto de debilidades inherentes al sistema y cuáles otras debidas sustancialmente a nuestro grado de organización actual* (carencias y problemas con materias primas, falta de cuadros, falta de técnicos).

Le habrá de responder Marcelo Fernández, defendiendo el sistema de la "autonomía financiera", que éste es mejor por dos razones: por su disciplina financiera y control económico y porque mejorará las relaciones entre productores y consumidores, mejorará la calidad y aumentará la producción. Las empresas no tienen estímulos para cobrar sus mercancías, pero si sus salarios dependieran de ello... Fernández argumentaba que poseía registros bancarios que probaban que a las empresas del ministerio de Industria les importaba un bledo las transferencias económicas, aunque tiene que reconocer que en este caos en que vive el país las empresas del INRA eran peores. Demuestra que, aunque en teoría no se usa el crédito bancario en el "sistema presupuestario de financiamiento", en el trienio 61-63 las empresas manejadas por los hombres del Che habían sido deficitarias y habían cubierto su déficit con créditos bancarios.

El Che no tardaría en responder en un artículo en *Cuba Socialista* acusando a Marcelo Fernández de escasa profundidad teórica. *Hace tiempo que los defensores de la autogestión se defienden con argumentos como éste.*

Los cambios en el aparato cubano (destitución del ministro de Comercio interior, remoción de Carlos Rafael Rodríguez de la dirección del INRA y sustitución de su segundo, Severo Aguirre, por Curbelo) parecerían indicar que las posiciones del Che avanzaban, aunque como diría en una reunión del consejo de dirección del ministerio: *El sistema presupuestario puede* avanzar *aunque no haya una política de estímulo moral en el país y de hecho está avanzando no habiendo esa política.* De cualquier mane-ra era sólo el segundo *round* de la polémica.

Y el Che seguía en sus guerras particulares dentro del Ministerio de industria. El 22 de febrero, en una reunión del Consejo de dirección machacaba sobre la necesidad del estudio: *Hasta que nosotros no tengamos aquí un equipo donde digamos: todos los aquí reunidos en vez de ser ilustres improvisados, como somos todos, cada uno sea especialista en la rama correspondiente con su universidad detrás y todo lo demás.*

Y volvía a valorar al Ministerio de industria como el que hacía el trabajo menos malo de todo el aparato estatal; y descubría una nueva variante del burocratismo: *La ofuscación del papel (…) el papel como sustituto de la acción.*

Pero el tema que le parecía más importante era el que *la participación de los obreros en la dirección de las fábricas hoy es nula, a pesar de que nosotros hemos hecho una serie de instrucciones; cada vez que voy a una fábrica pregunto cómo andan las asambleas de producción (…) y el administrador de la fábrica me dice: Bueno, sí, las asambleas se hacen cada mes, pero son asambleas frías, viene poca gente, la gente no participa…*

¿Dónde está el problema de la participación de los obreros y del retraimiento de los obreros? Sencillamente en que ellos van a esas asambleas para cumplir con alguien, pero no ven que se solucione nada allí.

Y encontraba una agravante en la insensibilidad de los administradores. En una empresa de calzado en Matanzas que había visitado, un obrero se quejaba porque tenía que trabajar en una zona de mucho polvo y tenía asma; el Che, particularmente sensible a un problema así, habló con el director de la fábrica, quien le contestó que no se podía resolver el asunto, que no podía poner un extractor, ni nada. Y el Che insistía, a lo que el administrador respondió:

—Es que no tiene asma, tiene tuberculosis.

No hay constancia de la retahíla de malas palabras que el Che soltó.

El 23 febrero el comandante Guevara estará cortando caña en el central Orlando Nodarse con una brigada del ministerio; el chofer se ha quedado en el camión a la sombra, el Che sacando la rabia se le acercó:

—*Oiga, compañero, ¿y su machete?*

—No, yo no vengo a cortar, yo soy chofer.

—*Mira, aquí chofer es cualquiera: buscas un machete y te pones a trabajar como todos o te vas ahora mismo. Y por el camión no te preocupes, que en última instancia yo conduzco de regreso.* Como en todas las hagiografías, las vidas de santos, la versión ha llegado hasta nosotros suavizada, póngale el lector unos cuantos "coños" y "carajos" y se ajustará bastante mejor a la realidad, según le contó al autor un cercano colaborador del Che.

El Che estaba en esos días empujando el trabajo voluntario y las emulaciones, las competencias fraternales. En un corte de caña, Rosario Cueto, de la dirección de la JC en el ministerio, acepta emular contra él y forman un par de brigadas. Rosario cuenta: "Fue la vez que más caña corté en mi vida (…) porque lo que no podíamos admitir bajo ningún concepto era que nos ganara. Todo mi grupo estaba de acuerdo (…) La emulación estaba bastante pareja; descubrimos que él enviaba de vez en vez a alguno de sus custodios a espiarnos, y nosotros comenzamos a hacer lo mismo. Todo estaba tan reñido que con dolor debo confesarles que cuando me informaron que estaba con un ataque de asma, me alegré porque eso podría permitirnos obtener alguna ventaja en el corte de caña. De acuerdo con los cálculos del normador, mi brigada fue la ganadora. El Che los culpó de dejarse llevar porque yo era mujer y quiso hacer ver que me habían beneficiado por esa razón. El argumento no podía admitirse y se armó una discusión terrible. El parecía que estaba muy molesto y culpaba al normador de nuestro triunfo (…) A los pocos días se dio una reunión. Se quería establecer una emulación entre el Ministerio de industria y el INRA, me vinieron a buscar de parte del Che. Estaban discutiendo y él me dijo:

—*Te mandé a buscar, Rosario, para que cuentes cómo fue lo de la emulación entre nosotros.*

"Aunque me puse nerviosa, conté cómo había sido todo y confesé que cuando le dio el ataque de asma me alegré. Él se moría de risa cuando me escuchaba decir eso".

El 20 de febrero, el Che contesta una carta a María Rosario Guevara de Casablanca, diciendo que no tiene idea de qué parte de España surge su familia. *Naturalmente hace mucho que salieron de allí mis antepasados con una mano atrás y otra adelante; y si yo no las conservo así es por lo incómodo de la posición. No creo que seamos parientes muy cercanos, pero si usted es capaz de temblar de indignación cada vez que se comete una injusticia en el mundo, somos compañeros, que eso es más importante.*

Seis días más tarde responde a una carta de José Medero en la que vuelve sobre las virtudes del estímulo moral: *Anteponer la ineficiencia capitalista con la eficiencia socialista es confundir deseo con realidad. Es en la distribución donde el socialismo alcanza ventajas indudables y en la planificación centralizada (…) Vencer al capitalismo con sus propios fetiches a los que se les quitó su cualidad mágica más eficaz, el lucro, me luce una empresa difícil (se refiere al estímulo material)… Si esto es muy oscuro (ya pasa de medianoche en mi reloj) tal vez le aclare mi idea este otro símil. La palanca del interés material en el socialismo es como la lotería de Pastorita; no alcanza a iluminar los ojos de los más ambiciosos ni a movilizar la indiferencia de los más. No pretendo haber terminado el tema ni mucho menos haber establecido el amén papal sobre éstas y otras contradicciones.*

En marzo del 64 una nueva crisis política afectará a la dirección revolucionaria cubana. Se desatará a partir de una historia menor, el proceso a Marcos Rodríguez, un miembro del PSP que había sido infiltrado durante la revolución en las filas del Directorio y que había delatado a la policía batistiana a varios de los militantes que participaron en el asalto a Palacio. Detenido en el 64, al regresar de una beca en Praga conseguida por antiguos miembros del PSP, su proceso provocó un fuerte enfrentamiento. Faure Chomón aprovechó el proceso para señalar a "Marquitos" como un hijo del sectarismo y lanzó un fuerte ataque a los viejos miembros del PSP, sugiriendo que en el aparato varios conocían que Marcos había sido un delator y lo encubrieron.

El enfrentamiento habría de producirse de manera elíptica entre *Revolución* y *Hoy*, el exdiario del PSP, que no informó sobre el proceso durante su primera semana. Fidel reprimirá salomónicamente a las dos alas del partido, le pedirá a Blas Roca que publique en *Hoy* íntegro el discurso de Faure y soltará la artillería contra Severo Cazalis (Siquitrilla) al que acusará de amarillismo, y que abandonará el periódico, que en esos momentos ya dirige De la Ossa en lugar de Franqui. Poco después, dos cuadros de la vieja guardia comunista, Ordoqui y García Buchaca, serán marginados.

Los informes de inteligencia estadunidenses relacionan estos hechos con las remociones ministeriales y lo atribuyen a la necesidad de Fidel de aumentar su independencia respecto de los soviéticos. Sorprendentemente, el Che parece al margen de la polémica y el 10 de marzo, excepcionalmente, se toma un rato libre y se va con Aleida al béisbol, a ver el duelo entre Industriales y Occidentales en el Parque latinoamericano.

Su vida privada se ha reducido. Pasa poco tiempo en la casa y buena parte de las horas las dedica a la lectura. Encerrado en el ático donde está su despacho, en un pequeño cuartito en el que "caben dos personas", sin aire acondicionado, decorado con tres elementos, un bajorrelieve de Lenin, una foto de Camilo y una estatuilla de bronce de Simón Bolívar.

La biblioteca personal, que está en un cuarto anexo, muestra nuevas adquisiciones: *Pedro Páramo* de Rulfo y *La región más transparente* de Carlos Fuentes, Steinbeck, Dos Passos, Arthur Miller, Calvino y una larga serie de biografías, sobre todo de personajes americanos: Atahualpa, Cuauhtémoc, Zapata, Villa, Artigas, Bolívar, San Martín.

El 17 de marzo viajará para participar en la Conferencia de comercio y desarrollo de la ONU. Una semana más tarde pronuncia en Ginebra un discurso muy agresivo: *Entendemos claramente y lo decimos con toda franqueza que la única solución correcta a los problemas de la humanidad en el momento actual es la supresión absoluta de la explotación de los países dependientes por parte de los países capitalistas desarrollados.* Denuncia los niveles de bloqueo contra Cuba: Estados Unidos no permitirá la entrada en su territorio de productos manufacturados a partir de productos cubanos, incluso si se hubieran manufacturado en otra parte; no se permitiría que mercancías estadunidenses fueran transportadas en barcos que hubieran transportado mercancías a Cuba; se establecía la prohibición de transferencia de dólares a Cuba y seguía una larga lista de presiones a otros países: suspensiones de ayuda a Francia, Gran Bretaña... todo ello mientras las relaciones de Cuba con China y la URSS se suavizaban. La isla parecía ser el foco de los odios del imperio.

La fascinación que el Che provoca se extiende a amigos y enemigos. Lleras Restrepo, futuro presidente de Colombia, lo invita a comer, a pesar de que la delegación colombiana se regía por una circular según la cual no podían asistir a actos de países con los que no se tenía relaciones.

El Che aprovecha el viaje para estudiar los controles de calidad en fábricas de relojes y plástico. En su viaje de retorno pasa por Argelia.

En abril se conocerán los balances de la Juceplan sobre la producción industrial cubana del año anterior. El Che puede sentirse a gusto: en la industria, aunque sólo se cumplieron los planes en un 84%, los costos se redujeron en un 4%. Pero queda pendiente un problema que últimamente le inquieta particularmente, la falta de calidad, que identifica como falta de respeto a la población por los administradores de las empresas. En una reunión del Consejo de dirección del ministerio diferencia entre aquellos productos que por escasez de materias primas pierden calidad y aquellos que la pierden por burocratismo, por culto a la cantidad, por ausencia de tecnología, por falta de disciplina de trabajo. Está francamente enfadado y empieza a sacar cosas y ponerlas sobre la mesa: muñecas deformes *que parecen viejitas*, un triciclo que *hablando mal y pronto es una porquería*, un zapato que por tener sólo dos clavos en lugar de los ocho o diez que necesita pierde el tacón, un zíper para la braqueta del pantalón (*y hay 20 mil más*) defectuoso, que se abre, al que burlonamente la población llama Camilo (por su fama de don Juan), (*las mujeres se acuerdan de Camilo cada vez que se revienta un zíper, que además revienta muy seguido*), una cama a la que se le salen las patas, un champú que no limpia el pelo, unos polvos faciales que ocultan su color y un amoniaco que hay que colar para poder usarlo. La conclusión es trágica: en las fábricas se está produciendo cada vez con peor calidad. No es la primera vez que el Che aborda el tema, el mes anterior destacó como lo más importante que había visto en Suiza, el nivel del control de calidad de los productos.

El 9 de mayo habla en el Ministerio de industria a los jóvenes. No será un buen discurso; como en otras intervenciones, sumido en la problemática industrial no tiene un mensaje claro y lo reconoce: *He tenido una actitud crítica hacia la juventud, no como juventud sino como organización* (sin proponerles nada) *ha sido una actitud de francotirador.* Le da vueltas al asunto sin entrar al problema de cual debe ser el lugar del partido y la JC. ¿Por qué? Un tipo tan directo como él no encuentra las palabras, ni siquiera apela a metáforas sino que rehuye el tema central. Se pregunta ¿por qué no tiene estatutos el partido? Y no se pregunta cuál es el sentido del partido. Por la voz del Che habla la de un hombre que siente que el partido le sobra a la sociedad cubana. De repente se ve en un espejo que no le gusta: *Este ministerio, que verdaderamente es frío, que es bastante burocrático, un nido de bu-*

rócratas meticulosos y machacones del ministro para abajo que están ahí peleando constantemente con tareas concretas.

En la industria encontrará mejor su pulso, su tono. El 17 de mayo inaugura la fábrica de bujías de encendido de Sagua la Grande. Cuatro años desde el momento en que la fábrica fue concebida y negociada su compra hasta el momento de la inauguración. *Crear la base industrial de un país es algo lento...* Se detiene ante una máquina donde una mujer está haciendo anillos. Le pregunta cuántos hace, ella responde que de 20 a 22 por minuto. La mujer se llama Ángela Martín, el Che se sienta al lado para cronometrarla, Ángela falla.

—Así no se vale porque me has puesto nerviosa, Che.

El Che se coloca ante la máquina para tratar de hacerlos él. Imposible.

—*Tú también me has puesto nervioso a mí.*

Y no perderá su acidez ni su buen humor. El 26 de mayo escribe una carta al director del hospital psiquiátrico de La Habana acusando recibo de una revista y de pasada menciona: *Tengo otra curiosidad: ¿Cómo pueden imprimirse 6300 ejemplares de una revista especializada, cuando ni siquiera hay esa cantidad de médicos en Cuba? Me salta una duda que me lleva mínimo a los umbrales de una sicosis neuro-económica. ¿Estarán las ratas usando la revista para profundizar sus conocimientos psiquiátricos o templar sus estómagos? ¿O tal vez cada enfermo tenga en la cabecera un tomo de la publicación? En todo caso hay 3 mil ejemplares de más en el número de la tirada; te ruego que pienses sobre eso. En serio, la revista está buena, la tirada es intolerable. Créemelo porque los locos siempre dicen la verdad.*

Pero en la locura del Che hay algo más que un método, hay un proyecto. En junio volverá a salir al paso en las discusiones sobre la teoría del valor terciando en un debate teórico entre Charles Bettelheim y Ernest Mandel. Moviéndose en los meandros de los clásicos marxistas, de las citas enfrentadas a las otras citas, en las que el marxismo se volvía bíblico e interpretatorio, donde cada vez menos la referencia era la realidad y cada vez más el pensamiento de los "clásicos", el Che enfatizará en su intervención una idea: *Las condiciones de desarrollo de las fuerzas productivas no obligan mecánicamente en el periodo de transición las particularidades de las relaciones de producción.* Dicho de otra manera, la conciencia y la voluntad alteran las presiones del mercado, las leyes de la economía.

Y en esa lógica, se enfrentará en junio a la central sindical, la CTC. En el Ministerio de industria dirá: *Los sindicatos también tendrán que entender que su función no es salir a echar discursos ni salir a pelear con la administración a tal o cual lado, sino precisamente trabajar sobre las masas, llevarlas a nuevas concepciones del trabajo.*

El tema retornará a fin del año cuando en otra reunión del ministerio diga: *Aquí la democracia sindical es un mito que se dirá o no se dirá; pero es un perfecto mito. Se reúne el partido y entonces propone a las masas a fulanito de tal, candidatura única y de ahí en adelante salió aquél elegido (…) no ha habido ningún proceso de selección por parte de las masas (…) la gente tiene necesidad de expresarse (…) En el momento actual yo diría incluso que los sindicatos podrían dejar de existir (…) y traspasar sus funciones a los consejos de justicia laboral (…) los únicos que no estarían de acuerdo es la burocracia sindical que se ha creado, que naturalmente se le habla de que tienen que volver a trabajar con las manitas y el hombre dice, oye, yo hace 18 años que soy dirigente sindical.*

La percepción del Che es también la de muchos de los trabajadores. En septiembre, Lázaro Peña será apabullado en una asamblea cuando pedía que se aceptara el salario inferior cuando un obrero tenía que dejar de trabajar en su máquina por descompostura y pasaba a hacer otro trabajo de menor calificación, lo que en una industria con continuas fallas era habitual. El Che había planteado el 5 de mayo, en una reunión en el Consejo de dirección del ministerio, a la que asistía Augusto Martínez, ministro del Trabajo, que se debería pagar el 100% y que el obrero se dedicara al estudio y capacitación.

El problema de los salarios y la igualación es un duro asunto, difícil de resolver. Ya a fines del 63 se había enfrentado a obreros que se graduaban de auxiliares de estadística y dibujantes mecánicos, entrando de frente: *No vayan a pensar de que soy tan cobarde de no enfrentarme a la clase obrera*, hay 90 mil salarios y 25 clasificaciones salariales, una locura imposible de igualar por arriba porque se estaría simplemente aumentando el circulante sin mayor producción, y no se podía reducir los salarios de aquellos que habían ganado estos aumentos en largos años de conflictos sindicales.

Y asumía que lo que era válido para los trabajadores lo era para los funcionarios. El 31 de agosto le escribirá una carta al presidente de la Comisión de extensión universitaria declarándose ofendido porque le ofrece pagarle una conferencia. *Para mí es inconcebible que se ofrezca una retribución monetaria a un dirigente del gobierno y del partido por cualquier trabajo, de cualquier tipo que sea (…) No le dé otra importancia que la de una queja sentida por lo que considero un agravio gratuito, no menos doloroso por no ser intencionado.*

Durante esos meses inaugurará una docena de fábricas que se compraron en Europa oriental y que se han estado instalando durante los dos últimos años, fábricas de lápices, de alambre de púas, de bujías, de bicicletas, de utensilios domésticos, refrigeradores, estufas. No está contento con algunas. En la de bicicletas de Caibarién esperaba una fábrica y se encuentra con una ensambladora, además con un defecto: *Es una fábrica que nosotros hicimos sin darnos cuenta de la gran cantidad de piezas de importación que requiere.* Sin embargo, en la de utensilios domésticos en las afueras de Santa Clara puede darse el lujo de escribir que puede por fin *inaugurar una fábrica sin abrir el paraguas de la autocrítica.*

El 11 de julio el Che anuncia en una reunión del ministerio algunos cambios. Borrego pasará a dirigir el Ministerio del azúcar que se desprende de Industria, Suárez Gayol pasa a ser viceministro del Azúcar y Guzmán viceministro de Industria primero. Fortalecerá el ministerio con un grupo de asesores: Alberto Mora, al que recuperará después de que éste deje Comercio exterior y a pesar de las diferencias que han mostrado en la polémica (para *que nos demuestre que estábamos equivocados, lo que de ninguna manera puede ser malo, o que se demuestre a sí mismo que está equivocado él, que tampoco puede ser malo; cualquiera de las dos cosas va a redundar en enriquecer algo que está bastante pobre*), Harold Anders, Carlos Franco.

En el primer semestre ha acumulado 240 horas de trabajo voluntario en la industria. Prácticamente ha trabajado todos los domingos y algo más. Esas horas se suman a jornadas de trabajo ya extenuantes. Y de vez en cuando lo reconoce: *Son los domingos por la madrugada que uno tiene que estar hojeando con muchas ganas de irse a dormir o de hacer cualquier otra cosa y entonces son hojas y más hojas...* Un mes más tarde entregará los certificados de trabajo voluntario. En la industria se han trabajado 1 683 000 horas voluntarias. No sólo es el Che, un amplio sector de la dirección revolucionaria, los técnicos y los obreros industriales, han asumido el proyecto.

El 9 de agosto juega béisbol en la Ciudad deportiva con el equipo del Estado mayor, con Fidel incluido, contra el equipo del ejército de occidente. Las crónicas lo sitúan indistintamente en primera o segunda base. Los dirigentes muerden el polvo a razón de 7 a 5, pero el partido es suspendido en la quinta entrada por la lluvia y la enorme mayoría de las carreras son sucias, a causa de los errores que se cometen en el terreno enfangado. El periodista Eduardo Galeano le reprochará el que haya abandonado el fútbol y se haya pasado al béisbol: "Traidor, le dije, usted es un traidor. Le mostré el recorte de un diario cubano cuando aparecía jugando béisbol".

Se entrevistan en el ministerio. Galeano lo retrata: "El Che hablaba y uno tenía la impresión de que le subía la temperatura de la sangre, pero manejaba a rienda corta su entusiasmo no bien yo me ponía a tomar anotaciones de lo que decía. Entonces, los ojos fijos en la lapicera que bailaba sobre el papel, prefería el comentario pícaro y cortante, que dejaba escapar después de echar, sonriendo, dos o tres densas bocanadas de humo azul entre los espesos bigotes y la barba raleada. Ser periodista era una lástima".

De vez en cuando su hija Hilda lo acompaña en el trabajo, el Che le echa encima una pila de libros y le pide que le lea; a veces se tira en el suelo del despacho para que la niña le dé masaje en la espalda.

Oltuski cuenta que por aquellos días, aunque ya no trabajaban juntos, "seguía sintiendo el deseo de verlo y cada cierto tiempo iba a su oficina y hablábamos interminablemente. Manresa pedía café. Él se tiraba en el suelo, sobre la alfombra, fumaba tabacos. Cuando el aire acondicionado estaba roto abría las ventanas y se quitaba la camisa. Arreglábamos el mundo".

Anda preocupado por el problema de los robos y latrocinios de los trabajadores por un lado y por el otro noticias de fraudes de directores de empresas y jefes económicos, y le pide al gobierno que lleve al paredón al que utilice su cargo para robar. Poco después volverá sobre el tema, ahora sobre la pequeña pillería por falta de control en las empresas, que permite el hurto de materiales en los almacenes.

A mediados del 64 el Che visita nuevamente Nícaro para hacer un balance de la empresa. Figueras cuenta: "El director Edison Velázquez era un trabajador infatigable que había dejado su salud levantando la empresa, pero tenía pésimos métodos de trabajo, chocaba mucho con la gente por su estilo. Había que refrescar los cuadros, hacer cambios y en esa reunión que duró dos días, hubo una discusión muy dura y al final el Che opinó que Edison debería regresar a La Habana, ya había cumplido su papel y se estaban cometiendo errores que podían ser graves. Al final todos se volvieron a reunir en el comedor de los obreros. Sentados en grandes mesas y bancos de cemento el Che y Edison quedaron frente a otro, y todos los demás nos callamos y nos fuimos retirando. Se quedaron hablando allí como dos horas. El Che no quería perderlo ni aplastarlo a pesar de que siempre chocaba con él en las reuniones del ministerio".

Pero su intento de apoyar y comprender a los cuadros no le quitaba ni un ápice de dureza a los métodos de dirección que utilizaba con los mandos del Ministerio de industria. El 12 de septiembre propone un plan de "democión", no de promoción. Cada dirigente del ministerio tenía que pasar un mes trabajando en una fábrica que antes le fuera dependiente: *Se trata de que vayas a una fábrica para ver qué son las cosas esas que firmas todos los días.* De ministro a viceministro, directores generales y administradores de fábricas, era obligatorio. Los que pasaran la "democión" no podrían presentar informes, para que no se viera como una inspección, porque si no *enseguida la gente va a empezar a ver a los compañeros como leones hambrientos.*

Se fijaban algunas condiciones para no debilitar al aparato de dirección, no mas del 25% de los cuadros de un mismo nivel podrían hacerlo al mismo tiempo, y si alguien se iba de "democión" no podía hacerlo simultáneamente su segundo. Esta era una iniciativa que proponía tan sólo en el Ministerio de industria, porque *no todos los compañeros, ni el gobierno en su conjunto está de acuerdo con este sistema que no ha sido discutido.* El plan cobrará forma en octubre en un documento llamado "Plan especial de integración al trabajo", donde se precisan los mecanismos.

En la misma reunión del Consejo de dirección el Che se enzarza en un debate sobre moral, a partir de que se discute el castigo que se estaba dando al director de una empresa que estaba conquistando a su jefa de despacho estando casado. No era tan grave la cosa, según entendía el Che, el sancionado se estaba divorciando y no se trataba de un caso en el que un director se aprovechaba del cargo para ascender a la mujer de la que estaba enamorado, tampoco había acosado a la compañera aprovechando su puesto, y en esto el Che se adelantaba al debate surgido de las justas demandas feministas de los 70. No se podía dar la misma solución a situaciones así, que al un caso de dos trabajadores que simplemente se habían enamorado. Al final se había armado tal lío en la empresa que se cambió al director a otra fábrica pero sin sancionarlo. El Che decía que no eran sanos los ensañamientos en esos casos. Nadie ha establecido que en las relaciones humanas tenga un hombre que vivir con una mujer todo el tiempo. Piensa que la sanción es extrema. Y bromeaba recordando las relaciones extramaritales de Federico Engels con la sirvienta de Marx. El 28 de octubre participará en un homenaje a Camilo Cienfuegos. Se queja de que la rutina va invadiendo el recuerdo de los muertos, se vuelve una *especie de tarea disciplinaria el recordar, por eso muchas veces personalmente he tratado de hurtarle el cuerpo a la rememoración de compañeros que significan cosas muy importantes en nuestras vidas.* Y advierte: *La historia de las revoluciones tiene una gran parte subterránea, no sale a la luz pública. Las revoluciones no son movimientos absolutamente puros; están realizadas por hombres y se gestan en medio de luchas intestinas, de ambiciones, de desconocimientos mutuos. Y todo esto cuando se va superando, se convierte en una etapa de la historia, que bien o mal, con razón o sin ella, se va silenciando y desaparece.*

Del 4 al 28 de noviembre el Che viajará de nuevo a la URSS para participar en los festejos del 47 aniversario de la revolución de octubre. Es el primer contacto oficial de los soviéticos con el Che tras las tensiones que se produjeron durante la crisis de los cohetes. ¿Ánimo de reconciliación? Sin duda esa es la pretensión de Fidel, pero el Che no puede abandonar su espíritu crítico que cada vez se afila más. Visita una fábrica soviética que se le presenta como el modelo y dice, según uno de sus compañeros de delegación, que *esto es una fábrica capitalista como las de Cuba de antes de la nacionalización.* Observa aberraciones dentro de la planificación, trampas con la emulación porque planificaban para sobrecumplir. A sus compañeros de delegación les dice que los soviéticos van a un callejón sin salida en el orden económico, dominado por el burocratismo.

Unos meses antes de su viaje había comentado con Massimo Caprara, el secretario de Togliatti: *Moscú, la retaguardia de la revolución... ¿Sabes qué se dice entre nosotros? Que la ayuda soviética es insuficiente. Que para afeitarse con las cuchillas soviéticas no es necesaria crema de afeitar, bastan las lágrimas. Las máquinas que nos han enviado para la zafra han hecho que perdiéramos casi una cosecha".*

Durante su estancia en la URSS es entrevistado por el corresponsal de *El Popular* de Montevideo sobre el reciente resultado de las elecciones en Estados Unidos:

—¿Qué opina del fracaso de Goldwater?

—*Esto se contesta con una perogrullada. El fracaso de Goldwater es el triunfo de Johnson y... ¿Escribiste?*

—Sí

—*Y... Goldwater parece peor que Johnson, pero que yo sepa Johnson no es muy bueno. Y alegrarse porque salió el menos malo es tener una gran capacidad de consuelo.*

Días más tarde contestará una entrevista del ruso Igor Nemira. *Me sienta el clima*, dice el Che.

Al retorno del viaje narraría a sus compañeros de la dirección del ministerio una discusión con estudiantes cubanos en la embajada en Moscú: *Cuando empezamos a discutir aquello fue un tanto violento, había una biblia, el manual (ya que por desgracia la biblia no es* El Capital, *sino el manual) y se la impugnaba desde varios ángulos, incluyendo algunas afirmaciones peligrosamente capitalistas, de las que fluye una tendencia revisionista.* Con los estudiantes cubanos habla de sus posturas frente a los incentivos morales y el desastre de la *autogestión* en la URSS; y dice que nunca había tenido un auditorio más claro, porque entendían el asunto, porque lo vivían. En el sistema soviético no *hay ninguna ligazón entre la masa y el dirigente.*

Y llegará a una brutal conclusión: *A pesar de lo que se diga, el bloque occidental de países europeos está avanzando a ritmos superiores al bloque de la democracia popular. ¿Por qué?* Y critica que en lugar de ir a fondo se retorna al estímulo moral, a la competencia, a los salarios diferenciados (*los directores cada vez ganan más*).

Yo tuve allí en Moscú varias broncas... porque parece ser que recogió el rumor de que los rusos andaban diciendo que el Che era troskista. Y el comandante Guevara les decía a sus compañeros: *Yo he expresado opiniones que pueden estar más cerca del lado chino (...) y también lo de troskismo surge mezclado. Dicen que los chinos son fraccionalistas y troskistas y a mí también me meten el sanbenito.* Aclara que él, en un viaje, representa *al gobierno y soy disciplinado y represento la opinión estricta del gobierno.* Y sin duda en el gobierno cubano, aunque la posición oficial en el conflicto chino-soviético es de neutralidad (*neutralidad absoluta, de no mezclarnos en nada que sea sobre la polémica chino-soviética*), hay fuertes tendencias prosoviéticas (Franqui registraba que en enero Raúl se había enfurecido con él y con el Che llamándolos pro chinos).

Como resultado de este viaje comienza a variar lentamente sus opiniones sobre Trotsky y el troskismo: *Opinión que haya que destruirla a palos es opinión que nos lleva ventaja a nosotros. No es posible destruir las opiniones a palos y es precisamente lo que mata el desarrollo de la inteligencia (...) Está claro que del pensamiento de Trotsky se pueden sacar una serie de cosas... ¿Qué cosas?* No lo dirá. No lo sabrá. Intuye que hay que retornar a las supuestas herejías del marxismo y revisarlas sin prejuicios, pero el Che no había tenido más contacto con el pensamiento de Trotsky o del anarcosindicalismo o del consejismo, o de cualquier otra vertiente de la izquierda revolucionaria europea de la primera mitad del siglo XX, que las que podía haber recibido a través de las versiones de la triunfante burocracia stalinista soviética.

De regreso a la isla, el 30 de noviembre, el Che viajará al oriente para inaugurar un combinado industrial que lo tiene en privado muy enfadado (*el "formidable" combinado es otro chinchal más, con características atra-*

sadas y en general bastante mal). En el acto se encuentran los familiares de los asesinados durante la resistencia civil, lo que le da una cierta emotividad. Es un discurso brillante, en que repasa la historia de la insurrección de Santiago cuando venían en el *Granma*, la importancia de la ciudad en la revolución y la deuda por tanto que la revolución tiene con ella; culmina felicitándose porque el combinado producirá materiales útiles para la población: tornillos, tuercas, arandelas, cubiertos de mesa...

El Che aprovecha además para dar un repaso a la situación de Latinoamérica y del Congo. Y ahí, entonces, es cuando pronuncia la frase que se quedará para siempre en muchas memorias gracias a un documental de Santiago Álvarez: vemos a un Che con los arcos superciliares más prominentes que de costumbre, que ha perdido los acentos y habla una especie de cubano suavizado con buena dicción, en el que de vez en cuando se cuela alguna estructura sintáctica argentina o un mexicanismo. El Che no es un buen orador, nunca lo fue, su carisma está en otro lugar, no en la palabra ante el micrófono. Abusa de los lugares comunes. Es sorprendentemente pausado, no gesticula, no resulta un orador concentrado en la frase; parecería estar pensando por delante de ella, avanzando en las ideas que la seguirán. De repente, un chispazo, hablando del asesinato de Lumumba: ... *Que al imperialismo no se le puede confiar...* (duda una fracción de segundo, se reprime, sonríe) *ni tantito así...* el gesto de la mano estableciendo la medida, una pizca, un mexicano "tantito", que se diluye como si le diera vergüenza.

En esa misma reunión, hablando del futuro corte de caña, es abucheado festivamente por las mujeres, y con razón, y se ve obligado a corregir: *Naturalmente en las tareas del corte en general, las mujeres no rinden mucho trabajo... (abucheos y exclamaciones) en general, digo yo, en general. Tampoco un burócrata en general rinde mucho trabajo, pero también los burócratas vamos a cortar caña y ponemos nuestro granito de arena; y (...) los burócratas (...) fuimos costeables, nos pagamos la comida con nuestro trabajo. Yo creo que las mujeres también pueden hacer eso y si no, ayudar en muchas de las cosas.*

Intervendrá el 30 en Santiago tocando multitud de temas, pero hay un particular énfasis en una de sus obsesiones, el estudio. Después de recordar que la consigna es una población en que todo el mundo tenga el sexto grado de educación básica, futuriza: *Dentro de unos años, el que tenga sexto grado nada más será analfabeto, será analfabeto de sexto grado. De manera que sexto grado no es una meta a la que hay que llegar y cruzarse de brazos.*

El 5 de diciembre se reúne con el consejo del Ministerio de industria. Parece que esta vez, como nunca, tiene decenas de temas que compartir con sus hombres y mujeres de confianza. Se disculpa porque acaba de llegar de un viaje y sale para otro y no va a poder hacer un análisis de lo que ha pasado en el ministerio durante el 64.

Hablando para el futuro señala *que todas las nuevas inversiones se hagan de tal tipo que la productividad del trabajo corresponda a las mundia-*

les (…) precisamente lo contrario de lo que hemos hecho hasta ahora donde cada una de las plantas que inauguramos son plantas mecánicas y (…) químicas de tecnología atrasada, que aportan muy poco a la productividad media del país. Y sobre todo, sacrificar lo que haya que sacrificar para lograr seguridad e higiene en el trabajo, algo que se había descuidado en la batalla de la productividad. En un documento escrito en esos días, titulado "Tareas fundamentales para 1965", el tema está presente con prioridad, junto con los controles de calidad, la capacitación y el mantenimiento y la elaboración de piezas de repuesto.

En la reunión advierte nuevamente contra los peligros del burocratismo y una nueva variante a la que califica en broma como "voladora": *Las cosas ya no duermen en las gavetas, duermen en continuo movimiento que es un sistema especial de sueño, en el cual se van trasladando, trasladando, trasladando (…) vuelven y van, y siempre que uno las busca están en un departamento distinto, pero nunca están resueltas.*

En medio de la reunión produce un balance del ministerio: *Hay una disciplina, hay cuadros conscientes, hay un trabajo serio en línea general, maduro en línea general, pero un poco deshumanizado, diría yo.* Y poco después hará una definición de los cuadros de dirección de la revolución que se parece demasiado a un autorretrato hablado, aunque lo niegue: *No es mi caso,* dirá, pero *la vida de un dirigente de la revolución a nivel de la dirección nacional es (…) una vida que si no tuviera la compensación de ver una obra que se construye (…) sería realmente algo decepcionante. Es el precio que en las condiciones actuales hay que pagar, creo yo (…) Los hijos míos le dicen papá a los soldados que están ahí, que los ven todos los días (…) Una vida como la que llevamos nosotros es una vida que consume (…) Nosotros podemos usar la máquina de tal manera que durante cinco años rinde al máximo y se rompe al sexto (…) A pesar de que uno ve a los cuadros cansados, nunca, por lo menos yo, he dicho a nadie "descansa". Demasiadas veces dejamos echar raíz al espíritu de autoconservación, debido a una idea errónea sobre nuestra importancia futura.*

Y sentencia: *Hay que abandonar un falso concepto de nuestra responsabilidad que nos lleve a salvarnos para el futuro.* ¿Es una advertencia? El Che anuncia que él no piensa salvarse, que no quiere preservarse para ningún futuro.

El 9 de diciembre de 1964 sale hacia Nueva York para intervenir en la asamblea de la ONU.

CAPÍTULO 35

De nuevo América Latina

Guevara y Jorge Ricardo Masetti, el fundador de Prensa Latina y luego el "Comandante Segundo" de la guerrilla de Salta.

A lo largo de estos últimos años, y en paralelo con las actividades como jefe militar de La Cabaña, director del Banco Nacional o ministro de Industria, en medio de acciones y debates vinculados a la supervivencia política y económica de la revolución cubana, Ernesto Guevara ha estado desarrollando una serie de ideas y tareas entre sombras, quizá más cercanas a sus objetivos personales, a su vocación revolucionaria. Quizá la clave está en esta frase de una carta a Sábato escrita en el 60: ... *si las circunstancias nacionales o internacionales no me obligan de nuevo a empuñar un fusil, tarea que desdeño como gobernante, pero que me entusiasma como hombre gozoso de la aventura.*

Los antecedentes se remontan al primer año de la revolución, cuando Che le envió una carta al nicaragüense Somarriba diciendo que si la guerrilla que se estaba organizando contra la dictadura de Somoza se consolidaba, él se uniría al proyecto. Ese mismo año entrenó, con compañeros de la vieja columna 8, a un grupo de paraguayos que querían combatir con las armas la dictadura de Stroessner.

Pero sería hacia la mitad del año 62 cuando el Che pasó de los simples contactos, asesoramientos y entrenamientos a grupos latinoamericanos, a darle forma a un proyecto en que se involucraría personalmente: un movimiento armado en la cordillera de los Andes, de la que diría en octubre del 62: *Está llamada a ser la Sierra Maestra de América.* El centro de esas operaciones serían fundamentalmente Argentina (en esos momentos con alternancias de golpes militares tras la caída de Frondizi) y Perú.

¿En qué notas, cuadernos, diarios, puso en orden Ernesto Guevara más que sus ideas, sus proyectos prácticos sobre la futura revolución latinoamericana? Si esos escritos existen se encuentran todavía en la enorme reserva de material que su viuda Aleida March y el gobierno cubano no han hecho públicos. De lo que sí quedan amplias huellas aquí y allá en los primeros años de la década del 60, es de su absoluto convencimiento de que la revolución cubana sólo era un primer paso de la futura revolución en América Latina.

El 9 de abril del 61, poco antes de Girón, había publicado "Cuba, excepción histórica o vanguardia en la lucha anticolonialista", un artículo que mostraba las variantes cubanas a las ortodoxas teorías marxistas sobre la revolución como tarea de la clase obrera y donde establecía por primera vez las tesis de lo que sería la segunda oleada latinoamericana: la lucha armada como forma esencial, cobrando la forma de una guerra campesina que avanzaba hacia las ciudades, dando respuesta armada a las miserias, los abusos, las dictaduras, las injusticias del continente.

En esta visión prevé una intervención norteamericana casi inmediata, definida y sangrienta, y ve las luchas electorales como un camino, si no absolutamente cerrado, sí extraordinariamente remoto de lograr, *sin desestimar el potencial revolucionario de un proceso electoral*. Volverá sobre el tema en un escrito del 62 redactado durante la crisis de los cohetes, "Táctica y estrategia de la revolución latinoamericana", cuando revisa las *fórmulas limitadas: algún avance electoral por aquí, dos diputados, un senador, cuatro alcaldías; una gran manifestación popular que es disuelta a tiros; una elección que se pierde por menos votos que la anterior; una huelga que se gana, diez que se pierden; un paso que se avanza, diez que se retroceden (...) ¿Por qué esa dilapidación de las energías populares?* En esos mismos textos desestima la insurrección urbana o la guerrilla urbana como método de lucha, víctima fácil de la delación, pero sin excluirla absolutamente (*no nos atreveríamos a afirmar que estuviera negado el éxito*).

Lo que parecía claro es que el Che percibía que había un camino adaptado de la experiencia cubana y que el momento se acercaba. Las tensiones en el continente podían encontrar una salida revolucionaria, si alguien se las ofrecía. Dirá en aquel artículo: *Una nueva conciencia se expande por América (...) la certeza de la posibilidad del cambio. Y se afilan muchos machetes en América*.

Dentro de esta lógica, el Che colaboró a darle forma a un primer proyecto argentino. Aprovechando la estancia en Cuba de John William Cooke, representante del proscrito peronismo, y los múltiples contactos con grupos de la izquierda argentina estimulados por el ejemplo de la revolución cubana, convocó de manera indirecta a varios grupos, en el marco del golpe militar de Guido: jóvenes de la izquierda peronista de Santa Fe, miembros del Movimiento obrero comunista escindido del PC, el grupo trotskista Palabra obrera, miembros del Partido socialista y del ELN.

Se aprovecha la presencia de unos 300 argentinos de diferentes grupos de la izquierda que acudirán para las celebraciones del 26 de julio en La Habana. En mayo del 62 se celebra un asado en el que intervendrán públicamente Cooke y el Che, señalando que más allá de los orígenes políticos de cada cual, la definición está en otro lugar: con los monopolios o contra ellos. Curiosamente, será la joven argentina alemana Tamara Bunke, Tania, la que amenice el acto con cintas y música en vivo.

En paralelo, y subterráneamente, una parte de los argentinos se concentran para entrenar militarmente. Sin embargo las discrepancias son mayores que las afinidades, se discute mucho y el entrenamiento no empieza. El Che, acompañado de algunos cuadros del partido cubano y de Alicia Eguren, la compañera de Cooke, se presentará en el campo. Aunque entre los asistentes hay acuerdo en integrar un frente de liberación nacional y que el camino es la lucha armada, aparecen dos divergencias centrales: el espacio geográfico de la lucha armada y la conexión del futuro movimiento con el peronismo.

El Che defenderá la idea de que el ejército del pueblo se forma en el campo, en la sierra, pero encuentra oposición; llevando la voz de una parte de los militantes el vasco Bengoechea establece la idea de que la lucha armada en la Argentina debería darse en las ciudades. El liderazgo de Perón, planteado por Eguren, produjo una nueva divergencia. La primera reunión termina sin acuerdos políticos y los entrenamientos no se inician. Una segunda reunión dará los mismos resultados. Más allá del respeto que Bengoechea le producía al Che, quien reconocía su participación en la resistencia armada, terminará bromeado con él diciéndole que "el mejor trotskista es un troskista muerto".

Ante la imposibilidad de llegar a un acuerdo, los cubanos acuerdan dar entrenamiento militar al grupo y que cada facción queda liberada para actuar en el futuro de acuerdo con sus diferentes proyectos. El Che, irritado por la falta de consenso, no verá ningún camino abierto por allí.

A partir del fracaso del "proyecto argentino", el Che principió a darle forma a su propio proyecto, con su propia infraestructura. En los últimos meses del 62, si no es que antes, comenzó a dedicarle una importante parte de su tiempo al proyecto, simultáneamente a sus labores en el Ministerio de industria. Participó en la creación dentro del Ministerio del interior cubano de una organización llamada por algunos Liberación o MOE (M Operaciones especiales), que dirigida por Olo Pantoja, un excapitán de la columna 8, dependía del viceministerio técnico del Interior de Manuel Piñeiro, pero recibía orientaciones políticas suyas y de Fidel; "principalmente del Che" (diría en una entrevista Ulises Estrada, uno de los cuadros que colaboró en esta estructura). Su misión no se encontraba en las labores de inteligencia, sino en la realización de "misiones operativas" de apoyo y solidaridad a los grupos revolucionarios latinoamericanos.

A fines del 62 mantuvo conversaciones en La Habana con revolucionarios peruanos, entre los que se encontraban Héctor Béjar y el poeta Javier Heraud, sobre la posibilidad de abrir un frente guerrillero que apoyara la sorprendente labor, en la zona de los valles de la Convención, de Hugo Blanco, quien tras dirigir una potente lucha indígena campesina, en una de las zonas más castigadas por la miseria, se encontraba fugado, acusado del asalto a una comisaria policiaca. La coordinación práctica de la operación, llamada Matraca, estuvo a cargo de Manuel Piñeiro, Barbarroja, desde el Ministerio del interior.

Se decidió que el ingreso a la zona de operaciones de esta guerrilla fuera por la ruta geográficamente más corta, a través de la frontera boliviana, aunque el Che desconfiaba de que una línea recta a través de kilómetros de selva desconocida fuera la indicada. Se dice que comentó con Béjar que la CIA debía conocer la operación y sugirió: *Yo que ustedes entraría por el aeropuerto de Lima*.

Para colaborar con los peruanos se apeló al Partido comunista de Bolivia, que colaboró montando una red de apoyo. Fue parte de esta red Luis Tellería, miembro del comité central del partido, apoyado por jóvenes de la Juventud comunista como Julio César Méndez (el Ñato), Orlando Jiménez y Loyola Guzmán. El grupo de combatientes peruanos ingresará a Bolivia el 9 de enero del 63 y aprovechará la ceguera voluntaria del gobierno del MNR de Paz Estensoro en Bolivia, quien en conflicto con la dictadura militar peruana simulaba no ver que en su territorio se estaba preparando un movimiento armado contra el país vecino. Finalmente, tras varios cambios en el punto de ingreso al Perú y demora cruzarán la frontera por la zona de puerto Maldonado.

La policía peruana, alertada, rechaza a los guerrilleros. Se intercambian disparos. En una situación confusa muere Javier Heraud. La operación se cancela, los sobrevivientes peruanos se repliegan hacia Bolivia. El Ñato guía a una parte del grupo en retirada en una odisea a través de la selva del Beni boliviano.

Paralelamente al intento del ELN peruano de establecer un foco guerrillero, el Che deposita su colaboración y extremo interés en una operación coordinada por uno de sus pocos amigos, el periodista argentino Jorge Ricardo Masetti, de la que había empezado a hablar con él ya a fines del año 61.

Con Piñeiro y el Che, Masetti preparó la operación Segundo sombra para organizar un foco guerrillero en la Argentina. En el otoño del 62 Masetti retornó a Argelia, donde había estado colaborando con la revolución durante los últimos dos años.

Ahmed Ben Bella, el presidente argelino, contaría años más tarde que a petición de Fidel, el Che le pidió que se creara una base de apoyo para la organización de grupos insurreccionales en América Latina. El lugar elegido estaría en las afueras de Argel y tenía un carácter simbólico; Villa Susini había sido un centro de reclusión donde se torturaba a los combatientes argelinos durante la guerra de independencia; como medida adicional, el Che creó una empresa importadora de aceite, que se usó como cobertura para el traslado de armas.

Será en Argel, por tanto, donde tras entrevistarse con el Che, Masetti y cinco miembros de su grupo, entre los que se cuenta un pintor argentino, Ciro Bustos, y Hermes Peña, un capitán del ejército rebelde cubano, fueron entrenados en tácticas guerrilleras. "Ya van cuatro meses y medio que aguardamos con ansias controladas pero que nos devoran el momento de rendir nuestra materia", le escribe Masetti a su mujer al inicio del 63.

Desde la otra esquina del planeta, el Che mueve otras piezas en el tablero. Abelardo Colomé, Furry, que es jefe de la policía cubana, se ofrece voluntario y es el encargado de armar las infraestructuras para el paso de Bolivia a la Argentina

En la primavera del 63, tras una terrible demora en los planes originales, que los tuvieron sometidos a enormes tensiones y produjeron que uno de los futuros combatientes se separara del grupo, Masetti y sus compañeros viajaron a Brasil con pasaportes diplomáticos argentinos como miembros de una delegación comercial. Cruzan la frontera de Bolivia apoyados de nuevo por activistas de la JC boliviana y en septiembre pasan a la Argentina usando. Olo Pantoja y Juan Carretero crearán entonces una segunda red para el ingreso de nuevos combatientes a Bolivia.

El grupo habría de llevar el nombre de Ejército guerrillero del pueblo, y Masetti adoptó el seudónimo de comandante segundo en memoria del personaje de Ricardo Güiraldes, Segundo sombra. Aunque se ha dicho que el Che pertenecía en "forma honoraria" al EGP y que había elegido el seudónimo de Martín Fierro, Fidel, en una intervención años más tarde, confirmaría que los esfuerzos del Che en esta operación iban mucho más allá de su presencia honoraria, que se trataba de "su" operación, y puede deducirse, según los testimonios de varios de sus compañeros, que tenía previsto sumarse a ella en una segunda etapa. Los recientes testimonios de Ciro Bustos dejan claro que el Che ha estado en todo el armado del proyecto y resulta obvio que Masetti era el comandante segundo, porque existía un "comandante primero". Piñeiro Barbarroja habría de decir tiempo después: "Sí, porque el primero era el Che, ese era el significado del seudónimo de Masseti".

En el grupo original, junto con Masetti estaban dos cubanos, el capitán Hermes Peña, escolta personal del Che durante años, y Alberto Castellanos, que fue su asistente y chofer. Incluso se barajó como uno de los posibles integrantes del grupo al comandante Óscar Fernández Mell, otro de sus amigos cercanos, aunque luego se descartó su participación.

No es casual que ambas guerrillas, la peruana y la argentina, comiencen a operar en el 63. Forman parte sin duda del proyecto "andino" que el Che barajaba.

El 21 de junio del 63 el EGP se instala en una finca llamada Emborazá y entrena en las provincias de Salta y Jujuy, una zona que el Che recorrió en su juventud en bicimoto. Uno de las sobrevivientes de la guerrilla del EGP cuenta hablando de Masetti: "Nunca hablaba de su vida personal. Sabíamos que tenía mujer e hijos porque una vez los mencionó. En cierta oportunidad, él mismo habló de Masetti en tercera persona. Pero yo ignoraba que fuese él, y las fotos que después me mostraban tenían poco que ver. Cuando lo conocí tenía una gran barba negra, casi azul. Costaba tutearlo: era imponente". La aparición del primer manifiesto del EGP se produce en un mal momento político, Argentina está en una racha de civilidad representada por la elección del presidente Ilía, aunque con el veto electoral al peronismo.

En julio llega a Bolivia un hombre que estará íntimamente ligado a los proyectos latinoamericanos del comandante Guevara. Su misión es preparar una nueva red de apoyo fronteriza para los argentinos; se trata del capitán del Ministerio del interior cubano José María Martínez Tamayo, también conocido como Papi o Ricardo. Su grupo de soporte incluye nuevamente militantes destacados de la Juventud comunista boliviana como los hermanos Roberto (Coco) y Guido (Inti) Peredo, Rodolfo Saldaña y Jorge Vázquez Viaña.

En agosto del 63 Luis de la Puente Uceda, dirigente de la corriente de izquierda del APRA peruano, llega a La Habana después de salir de la cárcel y fundar el Movimiento de izquierda revolucionario (MIR) bajo influencia de la revolución cubana. Habiendo coincidido en el tiempo con el Che en el exilio mexicano de los años 50, siendo amigo de su primera esposa, Hilda Gadea, curiosamente no se habían conocido previamente. No hay duda que a mediados del 63 conversó con el Che en Cuba acerca de su proyecto de reiniciar la lucha guerrillera contra la dictadura en Perú a partir de una revaluación de las experiencias de Hugo Blanco. En una carta escrita un par de años más tarde reseñaría los conceptos claves en concordancia con las ideas del Che: una batalla continental con los países más desarrollados como retaguardia, México, Chile, Uruguay, Argentina. Es indudable la conexión más que ideológica de los proyectos.

En septiembre del 63 Martínez Tamayo regresa a La Habana tras dejar montada la red de retaguardia boliviana para los argentinos, lo despide Inti Peredo en el aeropuerto de La Paz. La impresión que se lleva del pequeño grupo de jóvenes colaboradores es excelente, no así del aparato del partido.

Mientras tanto, la guerrilla de Masetti se encuentra en una fase previa al inicio de los combates realizando trabajo político con los campesinos de la región y en proceso de entrenamiento. Masetti le escribe a su mujer: "Ahora llevamos recorridos más de un centenar de kilómetros en el mapa, aunque en realidad son muchísimos más. Nuestro contacto con el pueblo es desde todo punto de vista positivo. De los coyas aprendimos muchas cosas, y los ayudamos en todo lo posible. Pero lo más importante es que quieren pelear… Es esta una región en que la miseria y las enfermedades alcanzan el máximo posible, lo superan. Impera una economía feudal… Quien venga aquí y ni se indigne, quien venga aquí y ni se alce, quien pueda ayudar de cualquier manera y no lo haga, es un canalla…"

En los primeros días del 64, el poeta argentino Juan Gelman, jurado en el concurso literario de Casa de las Américas, transporta un mensaje para el Che, de Masetti, que le ha sido transmitido en Buenos Aires por Ciro Roberto Bustos (conocido como el teniente Laureano o el Pelado), constructor en esos momentos de la red urbana del EGP. El Che lo recibe una mañana en el despacho del Ministerio de industria.

—Yo traigo un mensaje del teniente Laureano, parece que lo manda el comandante segundo del EGP.

El Che reacciona con gran frialdad, cosa rara en él ante un poeta.

—Yo no sé quien es el teniente Laureano, el comandante segundo, el EGP, ni nada de lo que me está hablando.

—Vamos a fingir que en Salta hay un ejército guerrillero, vamos a suponer que lo dirige un comandante segundo, sigamos suponiendo que existe un teniente Laureano del EGP y que me dio un mensaje, que es éste…

"El Che produjo una sonrisa socarrona. No se habló para nada del tema después de esto. Y sin embargo se soltó conversando de las dificultades de la lucha urbana, de lo difícil que era resistir la presión de la clandestinidad, la tortura… Y luego sorprendentemente se puso a hablar del PC argentino y del boliviano, contando que los partidos comunistas mandaban armas al EGP y las cobraban. Al Che le causaba gracia".

En marzo del 64 se produce un nuevo hecho dentro de esta trama: el Che recibe en su despacho del ministerio de Industria en La Habana a la joven argentina alemana Tamara Bunke, Tania, a la que conoció superficialmente en diciembre del 60 en Alemania como traductora; ha estado ligada al primer proyecto de "los argentinos" y ha sido reclutada por los servicios cubanos y sometida a un entrenamiento en técnicas de espionaje a lo largo de un año. Durante varias horas el Che conversa con Tania sobre la situación prerrevolucionaria en América Latina y finalmente le explica el objetivo de su misión: "Radicarse en Bolivia, donde deberá establecer relaciones dentro de las fuerzas armadas, la aristocracia local y el gobierno. Le advierte que por ningún motivo debe tomar contacto con la izquierda boliviana, ningún contacto, y debe esperar el enlace directo desde La Habana". A la conversación asiste un miembro de los servicios secretos cubanos, personaje que será también pieza clave en la futura historia, y que es conocido indistintamente con los seudónimos de Iván y Renán, el excombatiente de la revolución José Monleón.

El 9 de abril de 1964 Tania sale de Cuba. Pero Tania sólo era una de las piezas de un complejo rompecabezas, no necesariamente perfecto ni totalmente ajustado, que el Che estaba construyendo en su cabeza. ¿Quién era el hombre o la mujer que jugaba un papel similar en la Argentina? ¿Cómo se vincularían los movimientos armados en Perú y Argentina en el futuro? ¿Qué papel le reservaba el Che a los jóvenes comunistas bolivianos? ¿Qué papel se reservaba a sí mismo?

La destrucción de la guerrilla de Masetti en abril del 64 habría de cambiar todos los planes. Infiltrada en marzo por la gendarmería argentina, en un accidente provocado resulta herido "Diego", posteriormente cae un campamento donde se encuentran las provisiones y cuatro hombres más. Sometidos a un cerco de hambre, los guerrilleros vagan por una zona semi desértica. "Antonio" muere despeñado. El 18 de abril es capturado un nuevo grupo. Días más tarde mueren en combate o son detenidos y ajusticiados Hermes Peña y "Jorge". Tres combatientes mueren de hambre tras haberse perdido. El resto, disperso, es capturado lentamente por las fuerzas policiacas. Entre los capturados se encuentra Castellanos, quien oculta su condición de cubano y pasa tres años en la cárcel como un anónimo estudiante peruano, hasta su liberación en diciembre del 67.

El novelista Rodolfo Walsh, compañero de Jorge Ricardo Masetti en la agencia Prensa Latina reseña: "Masetti no aparece nunca. Se ha disuelto en la selva, en la lluvia, en el tiempo. En algún lugar desconocido el cadáver del comandante segundo empuña un fusil herrumbrado. Tenía al morir 35 años".

¿En qué momento conoce el Che la destrucción de la guerrilla de Salta? ¿Por qué se niega a aceptar la muerte de su amigo? Durante el siguiente año entrevistará a decenas de personas, mandará enviados (Furry y Coco Peredo entran en Argentina y recorren sin éxito la zona), mensajes, organizará indagatorias infructuosas tratando de encontrar al menos el cadáver de Jorge Masetti, el comandante segundo.

Bustos le reporta al Che en La Habana, le instruyen que mantenga la red urbana funcionado aunque "dormida".

Cuando el Che parte hacia Estados Unidos a fines del 64, el proyecto argentino ha sido cancelado y Perú se encuentra bajo una terrible represión donde es incierto, el destino de la guerrilla del MIR. Aparentemente el proyecto andino del Che está desarticulado. Barbarroja Piñeiro contará más tarde que el Che "se veía muy impaciente. No dejó de explorar posibilidades de sumarse al combate armado en Venezuela y Colombia", pero la situación de la lucha armada en otras partes de América Latina no es mejor que en Perú y Argentina: la guerrilla venezolana se encuentra en un fracaso político, se han producido golpes de estado militares en Brasil y Bolivia, y en Colombia ha quedado aislada la revolución agraria en Marquetalia.

Los caminos parecen temporalmente cerrados.

CAPÍTULO 36

El redescubrimiento de África

El cuadro que domina su despacho es una imagen de Julio Antonio Mella, el más heterodoxo de los comunistas cubanos, asesinado en México en 1929.

El día en que salió para Nueva York, donde habría de representar a Cuba ante la ONU, el comandante Ernesto Guevara no tenía calcetines. Sus viejos pares estaban llenos de agujeros y su tarjeta de racionamiento no le daba derecho a otros hasta dentro de un mes. A él no se le hubiera ocurrido pedir un nuevo par y lo que hacía era usar botas altas. Gracias al soplo de sus escoltas le consiguieron unos y lo obligaron a aceptarlos; lo que no pudieron mejorar fue su uniforme verde olivo, que era un desastre, porque los pantalones de tanto lavarlos eran de un color diferente a la camisa.

En Nueva York el Che no habría de perder sus hábitos y se le podía ver jugando ajedrez con el policía estadunidense que custodiaba la puerta de la delegación cubana ante la ONU en el 6 East de la calle 67. Se movía por la ciudad con una mínima escolta a pesar de las amenazas. En particular en esos días había sido detenida ante el edificio de la ONU una mujer de un grupo del exilio cubano armada con una pistola y aunque declaró que su objetivo era darle muerte al Che fue puesta en libertad. Noches más tarde el Che fue informado, mientras estaba en un cine, que la mujer se encontraba en la puerta. Guevara le dijo bromeando a uno de sus acompañantes *que sería verdaderamente romántico morir a manos de una mujer*. Salió del cine caminando hacia ella y dicen que con un gesto dominante la detuvo. Un poco sería eso y un poco que sus acompañantes cercaron a la mujer impidiéndole actuar.

El 11 de diciembre interviene en la ONU. El discurso es el gran ajuste de cuentas de la revolución cubana con Estados Unidos y con las dictaduras latinoamericanas. Es quizá su pieza oratoria más redonda y una de las mejores expresiones de la política internacional de la izquierda revolucionaria de la década de los años 60.

Tras establecer que los vientos del cambio avanzan por todos lados, se queja de que *el imperialismo norteamericano sobre todo ha pretendido hacer creer que la coexistencia pacífica es de uso exclusivo de las grandes potencias de la tierra*. Y registra: agresiones contra el reino camboyano, bombardeos a Vietnam, intervención en las presiones turcas contra Chipre, agresiones contra Panamá, prisión de Albizu en Puerto Rico, maniobras para demorar la independencia de Guayana, colaboración con el *apartheid* en Sudáfrica, intervención neocolonial en el Congo, a la que dedica una buena parte del discurso con una frase sugerente (a la vista de acontecimientos futuros) en medio (*todos los hombres libres del mundo deben aprestarse a vengar el crimen del Congo*), y tras sumarse a la petición de desarme nuclear, uno de los motivos centrales de la conferencia, pasa al ajuste de cuentas reseñando agresiones recientes contra Cuba y la reciente prohibición estadunidense de venderle medicinas. Propone un plan de paz en el Caribe que incluye el desmantelamiento de la base de Guantánamo, el cese de los vuelos y los ataques e infiltraciones de saboteadores y de lanchas piratas desde Estados Unidos y el cese del bloqueo económico. Para dar una idea de la magnitud del problema registra 1323 provocaciones de todo tipo en lo que va del año desde la base de Guantánamo.

Reseña el apoyo a las dictaduras latinoamericanas por parte de Estados Unidos y la intervención indirecta en Venezuela, Colombia y Guatemala en lucha contra las guerrillas. Muy lejos del lenguaje habitual al uso de la coexistencia pacífica, está el reto del Che y su amenaza: *Nuestro ejemplo fructificará en el continente.*

Su intervención, a más de la respuesta profesoral de Adlai Stevenson, provoca la ira de los delegados de Costa Rica, Nicaragua, Panamá, Venezuela y Colombia.

Horas más tarde regresa a la tribuna haciendo suyo el derecho de réplica. Ahí es donde el Che se muestra en su salsa como polemista y va repartiendo leña a los delegados, al de Costa Rica por ignorar la existencia de una base de la contra cubana dirigida por Artime desde la que se contrabandea whisky; al de Nicaragua: *No entendí bien con exactitud toda su argumentación en cuanto a los acentos (creo que se refirió a Cuba, Argentina y quizá a la Unión Soviética), espero que en todo caso el representante de Nicaragua no haya encontrado acento norteamericano en mi alocución porque eso sí que sería peligroso. Efectivamente puede ser que en el acento que utilizara al hablar se escapara algo de la Argentina. He nacido en la Argentina; no es un secreto para nadie. Soy cubano y también soy argentino y, si no se ofenden las ilustrísimas señorías de Latinoamérica, me siento tan patriota de Latinoamérica, de cualquier país de Latinoamérica, como el que más y, en el momento en que fuera necesario, estaría dispuesto a entregar mi vida por la liberación de cualquiera de los países de Latinoamérica sin pedirle nada a nadie, sin exigir nada, sin explotar a nadie. Y así, en esta disposición de ánimo, no está solamente este representante transitorio ante esta asamblea. El pueblo de Cuba entero está con esta disposición.*

Y luego va contra Stevenson, que se ha retirado de la asamblea; le demuestra que miente cuando niega el embargo de medicinas, le señala que ha hecho demagogia con el asunto de darle asilo a los invasores de Bahía de Cochinos (*le iban a dar asilo a la gente que ellos habían armado*). Le recuerda cómo afirmó que los aviones que atacaron Cuba durante la batalla de Girón habían salido de Cuba aunque era una operación de la CIA, y refriega: *Pase lo que pase, seguiremos constituyendo un pequeño dolor de cabeza cuando lleguemos a esta asamblea o a cualquier otra, para llamar a las cosas por su nombre y a los representantes de los Estados Unidos, gendarmes de la represión en el mundo entero.*

No sólo ha sido una intervención sólida y llena de datos, sin duda manejados de memoria, sino que la ha personalizado, lo que resulta inusual para los hábitos parlamentarios de la ONU.

El 14 de diciembre interviene en el programa de televisión de la CBS *Face the Nation* entrevistado por Richard Hottelet, Tad Szulc y Paul Niven. Anunciada como una "entrevista espontánea y sin previo ensayo", sin cuestionarios y abierta, la participación del Che no es muy brillante, está nervioso, apela a las ideas tantas veces repetidas: *Ni aceptamos condiciones ni imponemos condiciones para la normalización de las relaciones con* USA, *lo mejor, que el gobierno de Estados Unidos se olvide de nosotros...* *Las revoluciones no se exportan, surgen de las condiciones de explotación de los gobiernos de América Latina ejercen contra los pueblos...* *¿Desarme, retirar los cohetes? Desde luego, ¿por qué no nos inspeccionamos mutuamente y si usted lo desea liquidamos todas las bases atómicas...? ¿Aislamiento? Tenemos muchos amigos en los pueblos de América Latina... ¿Conflicto chino-soviético? Nosotros sostenemos que la unidad es necesaria... ¿Transición pacífica al socialismo? En América es muy difícil, prácticamente imposible.*

Como come en la cafetería de la ONU se arman tumultos para verlo y hablar con él. Se pasea por Nueva York comprando libros. El 16 de diciembre, como si contestara a su discurso, Estados Unidos aprueba una ley de enmienda a la ley de ayuda exterior que pide a los que reciben ayuda de ese país que colaboren al bloqueo cubano.

Un día más tarde el Che parte de Nueva York rumbo a Argelia, en lo que sería el inicio de una larga gira por el continente africano. En ruta le escribe una carta a su padre desde Dublín: *Estoy en la verde Irlanda de tus antepasados. Cuando lo supieron la* TV *vinieron a preguntarme por la genealogía de los Lynch, pero, por si hubieran sido ladrones de caballos o algo así, no hablé mucho.*

En Argel, una entrevista con una de las figuras simbólicas de la revolución africana, la viuda de Franz Fanon, Josie. El Che comenta: *África representa uno, si no el más importante campo de batalla (...) Hay grandes posibilidades de éxito en África, pero también muchos peligros.* ¿Qué lugar ocupaba en su cabeza en esos momentos la revolución anticolonial africana?

Como si estuviera urgido de cubrir la máxima cantidad de territorio en el mínimo tiempo, como si el discurso en la ONU hubiera sido un accidente y África fuera su real objeto de interés y obsesión, el Che se desplazó a toda velocidad por el continente, entablando relaciones con los nuevos líderes progresistas, discutiendo con dirigentes de los grupos de liberación, hablando con estudiantes y periodistas, visitando campos de entrenamiento de guerrilleros, reservas zoológicas, presas, parques naturales, nuevas fábricas; saltando de aeropuerto en aeropuerto, manteniendo conversaciones con los presidentes de los países clave en el movimiento anticolonial.

El 26 de diciembre viajó hacia Mali y el 2 de enero llegó por sorpresa a Brazzaville (la capital del antes Congo colonial francés) acompañado por Papito Serguera, el embajador cubano en Argelia. Su llegada será acompañada por los rumores de un golpe de estado.

Serguera cuenta: "No sería muy agradable amanecer con golpistas de derecha en el poder, y sobre todo con aquella ridícula correlación de fuerzas: el Che con su pistola Libertad cubana calibre 45 y yo con una Browning belga de 9 mm. La tripulación no tenía ni arcos ni flechas".

Serguera conoce un lugar donde hay armas en Brazzaville y al rato consigue 20 ametralladoras, seis lanzacohetes y dos cajas de granadas de mano y arma a la tripulación del avión. El rumor del golpe será falso.

El día 4 el Che se entrevistará con el presidente Alphonse Massemba Debat, y después de acordar el inicio de relaciones diplomáticas trazan una propuesta de solidaridad militar cubana ante las presiones de los colonialistas apoyados por los vecinos del ex Congo belga (pronto una misión militar cubana estaría en activo dirigida por Jorge Risquet). En los siguientes días se entrevista con Agostinho Neto, el dirigente de la revolución angoleña, para ofrecer, siguiendo instrucciones de Fidel, solidaridad al naciente movimiento revolucionario bajo la forma de instructores cubanos para las guerrillas que combaten a los portugueses. Cuando llegan encuentran a Neto dando clases a los miembros del MPLA en su casa. Serguera comenta: "Aquel hombre le produjo una impresión agradable al Che". En esa reunión con los cuadros del movimiento angoleño el Che le entrega una copia autografiada de *La guerra de guerrillas* al dirigente revolucionario Lucio Lara.

El 7 de enero llega a Conakry (Guinea) donde se entrevistaría con el presidente Sekou Touré y viajaría a Lame donde tendrían ambos una reunión con el presidente de Senegal, país con el que Cuba no tenía relaciones, Leopold Sedar Senghor, quien habría de sorprender al Che citando de memoria poemas de Nicolás Guilén en español. Uno de los motivos del viaje a Guinea es mantener una entrevista no pública con Amílcar Cabral, dirigente del PAIG, en esos momentos en guerra contra los portugueses en Guinea Bisseau.

El 14 el Che se encontraba en Ghana, donde un día más tarde se entrevistaría con el presidente Nkrumah. Asiste a una recepción con periodistas de Ghana usando un traje típico del país. La fotografía muestra a un Che que se contempla sí mismo fascinado, envuelto en el manto tribal del kente, prendido al hombro izquierdo y arrastrando hasta el suelo, cubriendo su no muy nuevo uniforme verde olivo. Parece que a pesar de lo difícil que debe haber resultado ponérselo bien, se está divirtiendo.

Siete días más tarde llegaba a Dahomey. Con una velocidad y una intensidad muy peculiares, muy al estilo del Che, como si quisiera saberlo todo, abarcarlo todo, iba cubriendo la mayor cantidad posible de territorio africano. El 24 de enero de enero se encontraba de nuevo en Argelia. Y en ese momento, para sorpresa de los observadores interesados, particularmente los servicios secretos estadunidenses, viajó a China. Allí permaneció del día 2 de febrero hasta el 5.

Lo acompañan Osmany Cienfuegos y Emilio Aragonés, nuevo secretario de organización del partido cubano. Sólo acceden a Liu Shao Shi y Chou En Lai. Según versiones de segunda mano, Mao se negó a recibirlos porque algunos miembros de la delegación se encontraban muy tensos y no quería producir fricciones. El objetivo era explicar la posición cubana ante las divergencias chino-soviéticas. El Che, según versión de un traductor, estaba muy tranquilo y escuchaba los argumentos de los chinos que acusaban a la delegación cubana de que en la reciente conferencia de partidos comunistas latinoamericanos los cubanos se habían alineado con la Unión Soviética abandonando la neutralidad en la pugna. La reunión ha de resultar inútil, dolorosa para el Che, que se siente más cercano a las posiciones chinas en el debate con los soviéticos.

El 6 de febrero el Che retorna a París. Estará 24 horas en Francia de paso para proseguir la gira africana. En la calle alguien dirá al verlo pasar: "Mira a ese loco disfrazado de Che Guevara". Dedicará cuatro horas al Louvre. Salas griegas y egipcia. Y además le interesan particularmente El Greco, Rubens, Leonardo. Se detiene ante la Mona Lisa por un buen rato y se pierde cuando trata de encontrar al Bosco. En París habrá de recibir a través de su amigo Gustavo Roca una nueva confirmación de la noticia de la muerte de Masetti y Hermes Peña en Argentina.

El 11 de febrero es recibido en la capital de Tanzania, Dar Es Salaam, por su viejo compañero de la campaña de Las Villas, el embajador cubano Pablo Rivalta, un hombre que ha sido enviado a Tanzania con una doble misión: estrechar las relaciones con el gobierno progresista de Nyerere y crear una red de apoyo que permita en el futuro auxiliar a los herederos de Lumumba. El Che habrá de permanecer ocho días, en lo que sería una de las estancias más largas de toda la gira. Rivalta contará más tarde: "Hizo contacto con el presidente Nyerere en una recepción de palacio en Dar Es Salaam. Hablaron del apoyo a Tanzania. Incluso en esa conversación se comprometió la entrega de una pequeña fábrica textil y algunas otras ayuditas que se planteaban, fundamentalmente de médicos, de técnicos. Todo eso se vio en una visita realmente informal. No estaba anunciada, pero yo me aparecí con él por el palacio. Se habló también de la ayuda a los movimientos de liberación. Nyerere estuvo de acuerdo".

Pero las entrevistas más importantes no habrían de realizarse con el presidente, sino con los grupos armados revolucionarios africanos y en particular con congoleños lumumbistas que habían establecido en Tanzania su retaguardia. *Particularmente instructiva fue la visita a Dar Es Salaam, residencia de una considerable cantidad de freedom fighters que, en su mayoría, viven cómodamente instalados en hoteles y han hecho de su situación una verdadera profesión, oficio a veces lucrativo y casi siempre cómodo. En este ambiente se sucedieron las entrevistas, en las cuales solicitaron, en general, entrenamiento militar en Cuba y ayuda monetaria. Era el leit motiv de casi todos.*

Conocí también al grupo de luchadores congoleños. Desde el primer encuentro pudimos precisar la extraordinaria cantidad de tendencias y opiniones diversas que matizaba el grupo de dirigentes de la revolución congoleña. Primeramente hice contacto con Kabila y su estado mayor; me produjo una impresión excelente, decía venir del interior del país; parece ser que sólo venía de Kigoma (una aldea fronteriza tanzana en los márgenes del lago Tanganica, desde la que habitualmente se cruzaba al Congo.) La exposición de Kabila fue clara (…), dejó entrever su oposición a Gbenye y Kauza y lo poco de acuerdo que estaba con Soumialot. La tesis de Kabila era que no se podía hablar de un gobierno (revolucionario) congolés porque no se había consultado a Mulele, el iniciador de la lucha y que, por lo tanto, el presidente sólo podía ostentar el título de jefe del gobierno nororiental del Congo.

El Che le propuso a los congoleños, a Kabila y posteriormente a Soumialot, que el entrenamiento debía hacerse en el Congo y en condiciones de combate. Rivalta apunta: "No les gustó a la mayoría de los que estaban en esa reunión; no les gustó, porque lo que querían ellos era salir del Congo, no entrar de verdad". El Che habrá de ofrecerles *unos treinta instructores,* número que crecerá más tarde a 130. Rivalta apunta: "Conversé con el Che respecto a este grupo de cubanos que apoyarían la lucha armada en el Congo. Yo pensaba, e incluso le propuse para dirigirlos, a Víctor Dreke, porque era negro y allí estaban pidiendo combatientes negros y además porque conocíamos de su lucha en el Escambray, luego pensé en Efigenio Ameijeiras, quien ya había estado en Argelia y además el Che lo conocía de la Sierra Maestra y sabía de su valentía, de su arrojo. Yo le propuse estas dos figuras al Che y además me propuse a mí mismo. El Che no me contestó, se sonrió". Al ofrecer esta brigada cubana, el Che no estaba actuando por iniciativa propia, sino siguiendo una iniciativa de Fidel, en respuesta a las peticiones del Consejo nacional de la revolución congoleña, que le había solicitado previamente respaldo. En este mismo sentido habían sido las conversaciones con Nyerere, y con Massemba-Debat en el Congo/Brazzaville, buscando un respaldo y puntos de apoyo extra fronteras.

Los servicios de inteligencia estadunidenses, muy preocupados por la gira del Che en África (aún no detectaban su interés en el Congo) no habría de tener filtraciones sobre estos acuerdos y en un memorándum registrarían un mes más tarde: "No hay confirmaciones de envíos de armas cubanas a África más allá de los realizados a Argelia en el 63".

El Che decidió a partir de estas conversaciones sondear a lo que llamaba los *freedom fighters*, hablando con ellos por separado, pero la embajada cubana le organizó, por error, una reunión tumultuaria. *En la que participan cincuenta o más,* a veces de varias tendencias o movimientos de un país… Allí, analizó las peticiones de instructores y dinero a partir de la experiencia cubana: *El soldado revolucionario se hace en la guerra (…) Les propuse que el entrenamiento no se realizara en nuestra lejana Cuba, sino en el Congo cercano, donde se luchaba, no contra un títere cualquiera como era Tshombé, sino contra el imperialismo en su forma neocolonial (…) La reacción fue más que fría; aunque la mayoría se abstuvo de toda clase de comentarios, hubo quienes pidieron la palabra para reprocharme violentamente por ese consejo (…) Traté de hacerles ver que aquí no se trataba de lucha dentro de fronteras, sino guerra contra el amo común, omnipresente tanto en Mozambique como en Malawi, Rhodesia, o Suráfrica, el Congo o Angola, pero nadie lo entendió así.*

Fría y cortésmente se despidieron y quedó claro en nosotros la impresión de lo mucho que tiene que caminar el África (...) Estaba planteada la tarea de seleccionar a un grupo de cubanos negros, y enviarlos voluntariamente, por supuesto, a reforzar la lucha en el Congo.

Paralelamente, el primer ministro congoleño Tshombe se reunía en Londres con un enviado del gobierno estadunidense, que le explicaba que resultaba difícil a los estadunidenses apoyarlo a pesar de sus deseos porque seguían operando bajo su mando grupos de mercenarios blancos y militares de Sudáfrica y Rhodesia. Tshombe aceptó retirarlos cuando se acabaran los contratos. En esa reunión se discutió la posibilidad alternativa de reclutar senegaleses y nigerianos e inclusive soldados de Togo, retirados del ejército francés, a cambio del apoyo estadunidense.

Mientras tanto el Che tiene una conversación con Rivalta, que al embajador cubano en Tanzania le pareció extraña: "Me dijo que iba a comprobar si yo aprendía bien el swahili; no me detuve mucho en esta apreciación. Me comentó que si yo tenía muchos criados, muchos empleados en la embajada, porque yo había reclutado muchos con vistas a crear cobertura y penetración y él me había dicho que esto no le gustaba. Inmediatamente que él salió yo reduje el personal a la mitad".

El 19 de febrero el Che se encuentra en la República Árabe Unida donde se reúne con Nasser. Será una conversación muy breve en la que el Che entre otras cosas le informa como de pasada que quizá sería interesante entrar en el Congo para apoyar a los movimientos de liberación.

El Che pensaba viajar a Sudán, pero allí eran malas las condiciones políticas y el viaje se suspende. El 24 del mismo mes se encuentra por tercera vez en Argelia para participar en la asamblea del II Seminario económico de solidaridad afroasiática. Su discurso será muy polémico y habrá de causar tensiones en el bloque socialista, cuando dice que el costo de las luchas de liberación nacional deberían pagarlo los países socialistas. *Lo decimos así, sin el menor ánimo de chantaje o de espectacularidad.* E insiste diciendo que no debe hablarse de un comercio de beneficio mutuo basado en los principios de la ley del valor, y se pregunta: *¿Cómo puede significar beneficio mutuo vender a precios de mercado mundial las materias primas que cuestan sudor y sufrimientos sin límite a los países atrasados y comprar a precios de mercado mundial las máquinas producidas en las grandes fábricas automatizadas?* Y acusa: *Si estas son las relaciones, los países socialistas son en cierta manera cómplices de la explotación imperial.* Y no lo deja allí: *Las armas deben llegar gratis. Ante el ominoso ataque del imperialismo norteamericano contra Vietnam o el Congo debe responderse suministrando a estos países hermanos todos los instrumentos de defensa que necesiten y dándoles toda nuestra solidaridad sin condición alguna.*

El Che está muy contento con el discurso, que ha hecho leer a sus compañeros de delegación y que causa un tremendo eco entre los delegados africanos, pero que sin embargo no aparecerá íntegro en la prensa cubana. Ese mismo día nace en La Habana su hijo Ernesto, el quinto.

En Argel continúan las reuniones con delegados afroasiáticos, con el embajador Jorge Serguera y con el presidente Ben Bella, donde habla sobre la colaboración con la guerrilla congoleña. Serguera recoge una valoración del Che: *Si hay un lugar en el mundo donde se le puede cortar el rabo al imperialismo, ese es el Congo*; y recuerda que en una reunión posterior a su intervención en el seminario, el Che hacía una valoración política singular de la importancia de la revolución congoleña: *La explosión continental africana barrería el tribalismo, regionalismo, los conceptos de África francófona o anglófona, desembocando en una revolución cuyo peso e influencia serían decisivos.*

Ben Bella recordaría años más tarde una frase del Che, en aquellas conversaciones, a la que no dio importancia en su momento: *No quiero terminar mi vida como ministro de Industria.*

El 2 de marzo, estará nuevamente en El Cairo. Hará turismo durante los primeros días. El 8 de marzo le envía una postal a su tía Beatriz: *Desde Tebas, primera capital de los sueños, te manda un recuerdo este poeta que no hace poesía y se ha convertido en un digno burócrata de panza respetable y hábitos tan sedentarios que marcha nimbado de añoranzas de pantuflas y críos.* Durante esos días descubre a los camellos, y no son capaces de hacerlo descender de ese nuevo animal cabalgante de cuatro patas con el que da vueltas en torno a las pirámides.

Tendrá largas conversaciones con Nasser, en las que le confiesa explícitamente que está pensando ir al Congo a unirse a la lucha. Esta vez Nasser quedará fascinado por el Che Guevara. Según su biógrafo, el Che le confesará que no hay conflictos entre él y Fidel. *Cometimos errores y es posible que la responsabilidad fuese mía. Nacionalizamos el 98% de lo que encontramos.* Habla de la carencia de cuadros, del acomodamiento de otros (*los que cierran la puerta para que no entren los obreros y no se salga el aire acondicionado*). Y se pregunta: *¿Qué relación hay entre el partido y el estado? ¿Entre la revolución y el pueblo? Hasta hoy estas relaciones se han regido por la telepatía, pero la telepatía no es suficientemente buena (...) No somos felices con el stalinismo pero no aceptamos la reacción al stalinismo de los soviéticos.*

Durante las conversaciones en la casa de Nasser el presidente egipcio le dice al Che que se olvide de ir al Congo, que no tendrá éxito, que es un hombre blanco y como tal será identificado. Cuando se despiden, el Che le informa que ha renunciado a la idea de ir al Congo.

A lo largo del viaje ha estado tomando notas para un artículo que habrá de publicarse tres meses después en la revista uruguaya *Marcha* y que se titulará "El socialismo y el hombre en Cuba".

Carlos María Gutiérrez dirá que el texto "tiene el sentido oculto de una despedida". Al historiador no se lo parece. Más bien se trata de un resumen de algunas ideas que al Che le han estado dando vueltas por la cabeza en estos dos últimos años, como sus reflexiones sobre la literatura y el arte, su descalificación del realismo socialista por un lado, de los corsés y *los becarios que vivan amparados del presupuesto, ejerciendo una libertad entre comillas*, la simplificación, que es lo que le gusta a los funcionarios. Por otro lado se queja de la falta de una creación artística liberada de las angustias del pasado, ejercida por intelectuales cuyo pecado original es no ser auténticamente revolucionarios, y por tanto faltos de identidad con los parias y las luchas. De un modo un tanto injusto y de un solo plumazo descalifica a la totalidad de la intelectualidad cubana y se pierde en un galimatías en que no está claro qué le pide a la literatura: ¿ausencia de angustia, angustias nuevas?

Y de ahí entrará en el problema del hombre nuevo, centro de todas sus obsesiones. *Ni habrá socialismo sin hombre nuevo, ni tendría sentido que lo hubiera.* Y de ahí al papel del cuadro dirigente: *Y hay que decirlo con toda sinceridad, en una revolución verdadera a la que se le da todo, de la cual no se espera ninguna retribución material, la tarea del revolucionario de vanguardia es a la vez magnífica y angustiosa (…) En estas condiciones hay que tener una gran dosis de humanidad, una gran dosis de sentido de la justicia y de la verdad para no caer en extremos dogmáticos, en escolasticismos fríos, en aislamiento de las masas. Todos los días hay que luchar porque este amor a la humanidad viviente se transforme en hechos concretos, en actos que sirvan de ejemplo, de movilización…*

Y remata con una vieja idea guevarista, en la que Carlos María Gutiérrez ve una despedida: *El internacionalismo proletario es un deber, pero también es una necesidad revolucionaria… Nuestro sacrificio es consciente; cuota para pagar la libertad que construimos,* puede leerse en las últimas líneas del artículo.

El 13 de marzo termina la gira africana y el Che sale de Praga. El avión se descompone en Shannon y durante dos días se queda ahí tirado. Tendrá largas conversaciones con el poeta Fernández Retamar, que volvía en el mismo avión desde París. Se han quedado sin libros, sin puros cubanos (¿fumaría Camel o Lucky Strike en esos días?). Hablan de Franz Fanon, cuyo libro a ojos del Che se había revalorizado en el viaje, y que le había recomendado a Retamar para su publicación. Discuten un trabajo que acaba de publicar el intelectual francés Regis Debray en *Les Temps Modernes*, "El castrismo, la larga marcha de América Latina". Retamar acaba de ver a Debray en París, y descubrió que en la casa del periodista francés en el Barrio Latino sólo había una foto, una foto del Che que Debray le había tomado. Discuten sobre la reedición de *La guerra de guerrillas*, a lo que el Che estaba en contra, quería actualizarla, añadirle experiencias, un prólogo.

—*Es una mariconada que hayas ido a París y no a África* —le dijo el Che a Fernández Retamar, para inmediatamente después confesar que lo que más había deseado de joven era haber ido a estudiar a París, pero África, África era…

CAPÍTULO 37

"El concurso de mis modestos esfuerzos"

El Che caracterizado como Ramón Benítez poco antes de su salida hacia Tanzania; Fidel revisa su falso pasaporte.

El 14 de marzo del 65 el comandante Guevara retorna a La Habana. Pronto cumplirá 37 años; tiene un nuevo hijo que lleva su nombre, que aún no cumple un mes y al que no ha visto. A pesar de que el discurso de Argel sin duda ha provocado tensiones, la recepción parece ser simbólicamente un acto de apoyo. No sólo Fidel lo está esperando en el aeropuerto, también Carlos Rafael, Dorticós y desde luego Aleida.

Parece ser que además de retornar a la vida familiar, durante esos dos días mantiene varias largas conversaciones con Fidel; Rojo dice que un amigo mutuo le contó que se habían reunido al menos durante 40 horas. Al término de esas reuniones el comandante Guevara le habrá informado, o habrá convenido, o se habrá dejado convencer por Fidel, de partir de Cuba dirigiendo la nueva columna de combatientes que irá al Congo.

¿Provocó el discurso de Argel un enfrentamiento entre el Che y Fidel? ¿Aceleró esto la idea que el Che tenía de volver a la lucha guerrillera?

Carlos Franqui así lo afirma y escribirá años más tarde que en ese primer contacto el Che fue acusado por Fidel de indisciplina, por su intervención en Argel, que enfrentaba a los cubanos con los soviéticos, y que el Che reconoció que era cierto, pero que no había expresado las posiciones del gobierno cubano, sino las propias.

Janette Habel registra que la embajada soviética había respondido al discurso de Argel diciendo que lo consideraba absolutamente inadecuado para un dirigente revolucionario cubano. Papito Serguera, el embajador cubano en Argelia, cuenta que "algunos dirigentes de la Isla, a distintos niveles (pensaban que las opiniones del Che) podrían afectar de alguna manera las relaciones con la URSS y que además por sus planteamientos podría haber sido considerado como antisoviético".

No tenemos registro del Che de lo sucedido en esas conversaciones con Fidel y éste, en sus futuros recuerdos, no habla del discurso de Argel y de las presiones de los rusos. Probablemente el tema se discutió, quizá hasta fuertemente, no sería la primera vez que el Che y Fidel discrepaban; pero a la luz de futuros acontecimientos no parecería ser esencial. En los próximos dos años, Fidel tendría intervenciones mucho más fuertes contra los soviéticos.

Muchos analistas y biógrafos del Che, sin embargo, lo establecen como un punto de ruptura que explicaría los siguientes acontecimientos, y desde luego magnifican el choque. Tad Szulc llega a decir que: "Resulta indudable que en 1965 no había lugar ya para él (el Che) en la revolución cubana". James, un historiador muy próximo a la CIA, afirma: (el Che) "era ministro de industria, triunviro del PURS y oficial de alta graduación del ejército rebelde, pero sólo de nombre". Y Elmer May, cuya biografía del Che esta plagada de inexactitudes, señala: "A su exilio lo condujeron diferencias personales entre él y Castro".

Jorge Castañeda, en su biografía del Che, sostiene que la decisión de ir al Congo se tomó porque había perdido la batalla político económica contra los soviéticos y Fidel. La CIA habría de producir un documento especulativo en octubre del 65 titulado "The fall of Che Guevara and the changing face of the cuban revolution", cuyos argumentos esenciales eran que el Che no había dejado Cuba, había "caído" por su "oposición a las políticas prácticas económicas de la URSS y su oposición a los consejeros económicos rusos". El Che se había decantado en la pugna internacional del lado de los chinos. Por otro lado, su fuerza en la economía se había debilitado.

Franqui sentencia: "A fines del 64 la suerte de Guevara estaba echada. El Ministerio de industria devorado por el INRA".

Pero una visión basada en los hechos demostraba que la línea económica del Che se sostuvo en Cuba durante los dos siguientes años. Figueras, uno de sus cercanos colaboradores cuenta: "Se ha escrito mucho de que se abandonó la idea del Che de industrializar para dedicarnos a la división internacional del trabajo. El impulso industrializador se prolongó hasta el 66, 67. A partir de ese momento los soviéticos disminuyeron los créditos para eso y los dieron para tres cosas: azúcar, fertilizantes, electricidad. Se implementó en los extremos, se polarizó hacia el programa del azúcar, ya sin el Che entre nosotros".

Los hechos, pues, no parecen ofrecer material que sostenga visiones tan contundentes.

¿Qué sucedió en esa serie de reuniones, en esa larguísima conversación entre Fidel y el Che? Más allá de si tuvieron diferencias sobre la crítica del Che a los soviéticos en Argel, el alineamiento con los rusos en la pugna con los chinos, o el manejo de la economía, parece claro que la decisión de abandonar Cuba para lanzarse a una nueva aventura revolucionaria había sido tomada por el Che y era una decisión firme.

El fracaso de la guerrilla de Masetti, el cambio de la situación política en la Argentina, donde la dictadura había sido sustituida por un régimen civil, y la debacle de los peruanos, parecería dejarle cerrado por el momento el camino de América Latina. ¿Pesaba en su cabeza el fantasma de Lumumba? Más allá de sus últimas conversaciones con Nasser, ¿creía que su presencia podía ser definitiva en África?

Sólo nos queda como constancia de esa larga conversación los breves comentarios que Fidel ha repartido a lo largo de los años. En uno de ellos afirma que "yo mismo le sugerí al Che que había que ganar tiempo, esperar" (¿antes de lanzarse a una empresa en América Latina?).

¿Sentía el Che el paso de la edad? ¿Tenía miedo que ya no estuviera en condiciones físicas para una nueva experiencia guerrillera? Fidel lo sugiere en su conversación con Gianni Miná: "Creo que en esto influyó el hecho de que pasaba el tiempo. Él sabía que se necesitan condiciones físicas para todo eso"; y vuelven a la memoria las palabras del Che recordadas por Manresa, su secretario particular: "En el 61, cuando llegamos al despacho del Departamento de industria, el Che se apoyo en un archivo y me dijo: *Vamos a pasar cinco años aquí y luego nos vamos. Con cinco años más de edad, todavía podemos hacer una guerrilla...*"

Los cinco años habían sido sólo cuatro.

Y Fidel no podía, nunca pudo, detenerlo, frenarlo. Sin duda el Che en esos momentos apeló a una vieja deuda que Fidel tenía con él, contraída desde los lejanos días del exilio: "Cuando se sumó a nosotros en México planteó una sola cuestión: *Yo lo único que quiero después de que triunfe la revolución y quiera irme a luchar a la Argentina, es que no se me limite esa posibilidad, que razones de estado no impidan eso. Y yo se lo prometí.* Nadie sabía, primero, si ganábamos la guerra y quiénes iban a estar vivos".

La idea de entrar en el Congo para continuar la lucha de Lumumba, para crear el "Vietnam africano", estaba en la cabeza del Che. ¿Le ayudó Fidel a confirmarla? Emilio Aragonés, entonces secretario de organización del partido y que habría de colaborar con el Che en la organización de la expedición, así lo piensa, y Víctor Dreke, que lo acompañaría en el Congo, lo confirma: "Lo hizo contra su idea original de ir a luchar en Argentina". Fidel aceptó la idea de África para separar a un Che ansioso, que estaba dispuesto a meterse en América Latina sin una sólida organización previa. El propio Fidel parece sugerirlo cuando dice: "Y lo hicimos responsable del grupo que fue a ayudar a los revolucionarios en el actual Zaire". O cuando menciona en otro discurso: "Se le dieron otras tareas que habrían de enriquecer su experiencia guerrillera".

Un mes más tarde el Che, en sus conversaciones con el segundo de la operación en el Congo, Víctor Dreke, y con el embajador en Tanzania, Pablo Rivalta, les expondría los argumentos claves para fundamentar que "*era el momento de meterse en África*". Dreke los resume: "¿Por qué nosotros al Congo? ¿Por qué no Angola, Mozambique o Guinea? Porque parecía que las condiciones objetivas se daban en el Congo. No hacía mucho se había producido la masacre de Stanleyville. No era la misma situación de las colonias portuguesas, cuya lucha parecía incipiente. El Congo reunía dos características: que nos habían pedido ayuda de Brazzaville y que existía un enorme territorio liberado por las guerrillas en el ex Congo belga, con bastante armamento chino y soviético. Hasta tenía buenas condiciones geográficas", y Rivalta remata: "El Congo podía servir de base, es decir como un detonador, para revolucionar todos los países africanos. La lucha, el entrenamiento y la activación del Movimiento de liberación en el Congo, iban a servir para todos los países y fundamentalmente para África del Sur".

Si el objetivo final era la revolución en el tercer mundo, había una cierta lógica geopolítica en el planteamiento improvisado del Che.

El Che dejará una críptica versión: *Este segundo acto* (el primero había sido la gira por África) *comienza en Cuba y comprende algunos episodios de significación no aclarables por el momento.* Parece referirse a *toda una serie de maniobras subterráneas, que es peligroso, aún hoy, poner en el papel y que, en todo caso, pueden ser explicadas posteriormente.*

El hecho es que la decisión de dirigir la columna de combatientes cubanos que actuaría en el Congo se tomó de inmediato, porque el 16 de marzo, tan sólo dos días después de su arribo, Guevara le entrega a Gustavo Roca una carta para Celia, su madre, donde le dice (en versión de Rojo) que se propone abandonar la conducción revolucionaria en Cuba, que trabajará 30 días en el corte de caña y después irá a una fábrica por cinco años, para estudiar desde adentro el funcionamiento. La carta no llegará a Celia sino hasta un mes más tarde.

Una semana después del regreso, Fernández Retamar se da una vuelta por el despacho del Che en el Ministerio de industria para recuperar una antología de poesía que le prestó en Shannon. Manresa lo recibe y le comenta confidencialmente que antes de devolver el libro el comandante le ha pedido que copie un poema. ¿Cuál?, pregunta Retamar interesado. El "Farewell" (adiós, hasta siempre) de Neruda, "desde el fondo de ti y arrodillado/ un niño triste, como yo, nos mira".

Durante los últimos días de marzo el Che se comporta de una manera un tanto extraña con sus amigos, regala objetos personales, presta libros, toma multitud de fotos, escribe varias cartas, que se entregarán después de su salida. Una de ellas a Carlos Rafael Rodríguez en la que le dice: *Otros soles alumbrarán mis teorías, pero tengo la impresión de que sentirán que algo falta cuando no haya con quién discutir.*

Sólo habrá una reunión pública, aunque sí varias con sus colaboradores, entre ellos Maldonado, al que le han pedido la renuncia en Comercio exterior porque está marcado como prochino. Maldonado cuenta: "Voy a ver al Che. Lo encontré distendido, haciendo gimnasia en el suelo. Me dijo: *Un revolucionario nunca renuncia.* No renuncié, me corrieron".

El 22 de marzo el Che preside una sesión del Consejo de dirección del ministerio, anuncia que estará ausente porque iría a cortar caña en Camagüey por un tiempo. Algunos de los dirigentes muestran su preocupación, pero el Che disipa las dudas: allí había cuadros capaces y el ministerio funcionaba sin problemas. La reunión culmina a las 11:30 de la mañana. Gravalosa lo verá marcharse ágil por el pasillo, seguido alegremente por su perro Muralla.

Ese día se produce la única comparecencia pública de la que hay noticia, en el Ministerio de industria da una conferencia sobre su reciente viaje por África. La centra en el reflejo africano en la vida cotidiana en Cuba: pintura, música, costumbres... Una despedida como cualquier otra.

El canciller Raúl Roa se lo encuentra y deja un último registro: "Mientras sorbía con moroso deleite el humo aromático de su tabaco, manoseaba la boina negra en que resplandecía la estrella (...) De súbito se puso en pie y, con un efusivo apretón de manos, me dijo a guisa de despedida: *Mañana salgo para Oriente a cortar caña un mes. Eh, ¿no vienes con noso-*

tros? No. Esta vez, no. Y con su aire sencillo, su andar característico y su respiración cortada, se marchó saludando a cuantos le salieron al paso en el jardín del Ministerio".

Se entrevistará también con uno de sus jóvenes cuadros, Miguel Alejandro Figueras, "para hablar del último número de la revista *Nuestra industria económica*, yo le había mandado los números 13 y 14 a Nueva York y a Argelia. La ultima noche que hablamos fue la del 25 al 26 de marzo. Estábamos solos, el ministerio se había movilizado al trabajo voluntario. Venía muy dolido de lo que habían hecho los imperialistas en el Congo y se quejaba de la manera como estaban vendiendo armas los checos y soviéticos a los movimientos de liberación, *eso no es socialismo ni nada, que había que regalarlas.* Me preguntó: *¿Qué tienes para el número 15 de la revista? Pon el artículo que salió en* Marcha, *pon el artículo de Alberto Mora donde me echa y defiende el estimulo material, pon el artículo de Mandel y pon el artículo de un sicólogo argentino sobre la naturaleza humana respecto al problema de los estímulos.* Y me dice: *Pídele a fulano un artículo sobre un vicepresidente de la Ford donde explica los métodos de desarrollo de los cuadros.* Era un artículo de Iacocca. Coño, luego se fue el argentino y el partido preguntaba: ¿quién te mandó publicar ese artículo?"

Verá a Gravalosa por última vez cuando éste se encuentra haciendo una guardia de milicia en el ministerio. El Che aparece en la noche con su chofer Esteban Cárdenas, Aleida y el perro Muralla. Ha ido a recoger algunas cosas. En el maletero lleva la mocha para cortar caña y una maletita. Deja detrás de sí los tres tomos de *El Capital* de Marx dedicados para que Manresa se los entregue a Borrego. Su chofer, cuando se despiden, pone la radio, un programa de medianoche en el que se escuchan tangos. En la radio del automóvil se escucha "Adiós, muchachos", el chofer quiere bajar el volumen, el Che descubre las posibilidades teatrales del asunto y le pide que lo suba, y allí se va con que 20 años no es nada, que febril la mirada, por las calles de La Habana.

El operativo se organiza en la oficina de Emilio Aragonés con el apoyo del equipo de Manuel Piñeiro. Se analiza el grupo que se está entrenando, quiénes lo acompañarán, cómo se organizarán los viajes, el armamento, camuflajes, coberturas. Aragonés insiste en acompañarlo, pero el Che lo bloquea, le contrapropone que monte su propia operación: *Tú en una, yo en otra.* Los últimos argumentos de Aragonés no prosperan: "Eres una mula argentina y necesitas un político atrás".

Hacia el 28 o 29 de marzo, Víctor Dreke, el hombre que había sido elegido para comandar la columna de negros cubanos que iría a "algún lugar", es entrevistado, en el campamento donde se están entrenando, por Osmany Cienfuegos, quien le informa que un nuevo jefe, llamado Ramón, "un compañero que tiene historia", se hará cargo de la expedición y que él irá como segundo y no como jefe. En esa misma tarde se reúnen en una casa de seguridad, en una zona de la periferia habanera conocida como El Laguito, con José María Martínez Tamayo, el capitán del Ministerio del interior de unos 30 años que ha mantenido previamente relaciones con el Che en la preparación de algunas operaciones en América Latina y que intervino de manera lateral en la guerrilla de Masetti.

Dreke narra: "Yo oigo que Osmany habla con alguien. Estábamos en un patiecito y desde la sala llega un compañero, blanco él, pelado al rape, con espejuelos".

"—¿Lo conoces?

"—Ni por asomo, ni en los periódicos he visto a este hombre.

"—El compañero Ramón —dice Osmany.

"—¿Estás bien, Dreke?

"—¿No lo conoces todavía? —pregunta Osmany.

"La voz me suena un poco, pero no doy, tiene una prótesis en la boca. Nos sentamos en una mesita.

"—No jodas más, acaba de decírselo.

"—¿Tú no conoces al Che? —dijo Osmany.

"Cuando a uno lo hieren, se siente un impacto, una cosa caliente, un corrientazo. El corazón me saltó, me puse de pie de un salto.

"—Siéntate, siéntate —me dice el Che.

"La figura era la misma, pero ya hablaba normal.

"El Che me dice que enseguida vamos a salir. Me pregunta por la columna, el entrenamiento… Habla de la misión. ¡Es el Congo! Me entrega una pistola Makarov, chiquitica".

—¿Tú sabes jugar ajedrez? Y éste tampoco sabe —dice como quejándose y refiriéndose a Tamayo… Luego continuó escribiendo. Los papeles iban a dar directamente al suelo, arrugados.

Dreke ya no retorna al campamento porque se queda en la casa de seguridad, donde además del Che se encuentran Coello, su ayudante, y Martínez Tamayo. El Che siguió al día siguiente escribiendo, a ratos leía; de repente se puso a hacer gimnasia, planchas. El 31 de marzo en la noche se presenta Fidel con Osmany. Fidel y el Che salen a conversar. El Che le entrega los papeles que ha estado escribiendo, es la carta de despedida.

Fidel, Me recuerdo en esta hora de muchas cosas, de cuando te conocí en casa de María Antonia, de cuando me propusiste venir, de toda la tensión de los preparativos. Un día pasaron preguntando a quién se debería avisar en caso de muerte y la posibilidad real del hecho nos golpeó a todos. Después supimos que era cierto, que en una revolución se triunfa o se muere (si es verdadera). Muchos compañeros quedaron en el camino hacia la victoria.

Hoy todo tiene un tono menos dramático, porque somos más maduros, pero el hecho se repite. Siento que he cumplido la parte de mi deber que me ataba a la revolución cubana en su territorio y me despido de ti, de los compañeros, de tu pueblo, que ya es mío.

Y prosigue señalando que tiene una deuda con Fidel, el haber pensado en algún momento que no podría llegar hasta el final. *He vivido días magníficos y sentí a tu lado el orgullo de pertenecer a nuestro pueblo en los días luminosos y tristes de la crisis del Caribe. Pocas veces brilló más alto un estadista que en esos días, me enorgullezco también de haberte seguido sin vacilaciones, identificado con tu manera de pensar y de ver y apreciar los peligros y los principios. Otras tierras del mundo reclaman el concurso de mis modestos esfuerzos. Yo puedo hacer lo que te está negado por tu responsabilidad al frente de Cuba y llegó la hora de separarnos.*

La carta no está exenta de un cierto dramatismo, ausentes en ella los habituales tonos burlones del Che. Pareciera como si la despedida se presintiera para siempre. *Aquí dejo lo más puro de mis esperanzas de constructor y lo más querido entre mis seres queridos (…) y dejo a un pueblo que me admitió como su hijo: eso lacera una parte de mi espíritu.*

Y el tono se repite: *Digo una vez más que libero a Cuba de cualquier responsabilidad, salvo la que emane de su ejemplo. Que si me llega la hora definitiva bajo otros cielos, mi último pensamiento será para este pueblo y especialmente para ti.*

Y hay algo en ella de testamento: *Que no dejo a mis hijos y a mi mujer nada material y no me apena; me alegro que así sea. Que no pido nada para ellos, pues el estado les dará lo suficiente para vivir y educarse.*

Tendría muchas cosas que decirte a ti y a nuestro pueblo pero siento que son innecesarias, las palabras no pueden expresar lo que yo quisiera, y no vale la pena emborronar cuartillas. Hasta la victoria siempre. ¡Patria o muerte!

Te abraza con todo fervor revolucionario. Che

Fidel leyó la carta que el Che le entregaba. A pesar del control que habitualmente ambos han tenido con sus emociones debe haber sido un momento difícil. A unos metros los observan sus acompañantes, Dreke y Martínez Tamayo. En un apartado Fidel les dirá que tienen que cuidar al Che, ser discretos, proteger al Che.

En 1953, en su diario, 12 años antes, Ernesto Guevara había escrito: *El instante de las despedidas siempre frío, siempre inferior a lo que uno espera, encontrándose en ese momento incapaz de exteriorizar un sentimiento profundo. ¿Vuelven las palabras? ¿Siempre han estado allí?*

El comandante Ernesto Guevara saldrá de la casa de seguridad al día siguiente. Cuando se va de Cuba, hereda tres viejos uniformes colgados en un armario, un automóvil usado del año 1956 comprado de segunda mano, una regular biblioteca llena de libros y un montón de papeles, diarios, notas. De estos escasos bienes sólo recuperará algunos libros que mandará pedir en los próximos meses.

CAPÍTULO 38

Tatu, el Tres

En la caracterización de Ramón Benítez.

Al amanecer del 2 de abril de 1965 Osmany Cienfuegos actuó como chofer para llevar a tres singulares pasajeros al aeropuerto de La Habana: Víctor Dreke, que llevaba un pasaporte a nombre de Roberto Suárez; José María Martínez Tamayo, que viajaba como Ricardo; y Ernesto Guevara, conocido como Ramón Benítez; casualmente tres nombres con R.

En el automóvil se hicieron bromas. El titular de un periódico habanero informaba que en la ciudad estaban "20 huevos por la libre", o sea que se podían comprar fuera de la cuota de la libreta. La falta de humor, habitual en la prensa cubana, permitía todo tipo de bromas. En América Latina no se puede andar diciendo que los huevos andan por la libre. El clandestino doctor Ramón, presentado como traductor y médico, se burlará de uno de los enlaces que los reciben en uno de los múltiples aeropuertos que van a recorrer en los siguientes días:

—¿No sabía que en Cuba los huevos están por la libre?

Amanece, en uno de esos amaneceres pegajosos habaneros que son premonición del sol. Los tres personajes suben a un avión, sientan al Che, que tranquilamente se pone a leer, en el centro. A lo largo de las escalas, una red de agentes los estará esperando y resolverá trámites de aduana y pasos fronterizos. Los tres hombres van armados, pero "siempre hay alguien para resolver".

Dejaba atrás casi 11 años de trabajo para la revolución cubana al lado de Fidel, un hogar feliz, hasta donde puede llamarse hogar la vivienda de un revolucionario consagrado a su tarea y un montón de hijos que apenas sabían de mi cariño. Se reiniciaba el ciclo.

El viaje indirecto toma 15 días: Gander, Praga, Milán, El Cairo, Nairobi. Así arriban a Dar Es Salaam el 19 de abril. Tan sólo dos meses después de la anterior visita del Che, un mes tan sólo desde su retorno a Cuba. Sin embargo, el hombre no es el mismo, había recobrado su independencia de acción, no era el ministro que hablaba a nombre de un gobierno y de una revolución en el poder, sujeto a silencios, diplomacias y protocolos, aunque fueran pocos; era un guerrillero, era de nuevo Ernesto en motocicleta, era la sensación de ignorancia en el futuro que los acompañó en el *Granma*. Como diría Eduardo Galeano años más tarde, "con la capacidad de sacrificio de un cristiano de las catacumbas, el Che había elegido un puesto en la primera línea de fuego; y lo había elegido para siempre, sin concederse a sí mismo el beneficio de la duda ni el derecho al cansancio". Era eso, o ¿era la libertad? Era sin duda una forma de "libertad", la especificada en los términos de su carta de despedida: *Hago formal renuncia de mis cargos en la dirección del partido, de mi puesto de ministro, de mi grado de coman-*

dante, de mi condición de cubano. Nada legal me ata a Cuba, sólo lazos de otra clase que no se pueden romper como los nombramientos.

Los espera en el aeropuerto el embajador Rivalta, que ha recibido un cable cifrado que le informa la llegada de un grupo de cubanos para una misión importante. Pablo cuenta: "Cuando arriba el avión yo estoy esperando al grupo y veo descender en primer lugar a Dreke, después a Martínez Tamayo, después viene un hombre que yo creo que conozco. Era un hombre blanco. Una persona madura, con espejuelos, sobre lo gordito. Me pongo a pensar en los momentos que uno ha vivido en la clandestinidad y me digo: éste es un compañero que viene de escolta de Dreke y Martínez, y me pongo, y miro y vuelvo a mirar y sigo mirando, porque realmente sus ojos son inconfundibles. Lo que son sus ojos y esa parte de aquí, de encima de los ojos, son inconfundibles. Y yo que lo he conocido de tan cerca, pues me digo: Coño, yo conozco a este señor. Pero no me da. No me acaba de dar quién es".

Le presentan a Ramón, pero el Che no resiste la posibilidad de hacer una broma, de jaranear, vacilar:

—*¿Tú no me conoces?*

Rivalta duda, niega.

—*Barrigón* —le dijo, y se sigue con otros pequeños insultos.

—No, no, compañero, yo no lo conozco —dice Pablo muy serio.

—*¿Vos sigues siendo tan comemierda como siempre?* —pregunta el Che y entonces Rivalta reacciona y se le salen las lágrimas.

—*¡Cállate, carajo! No hagas ningún gesto. Soy yo mismo.*

Rivalta registrará años más tarde: "Me dio alegría, pero me dio terror también. Casi me meo".

El grupo será alojado en un hotel en el centro de Dar Es Salaam, más tarde se instalarán en una casa en las afueras de la ciudad bajo condiciones de estricta seguridad. Pronto comenzarán a llegar los combatientes que fueron entrenados en Pinar del Río. En La Habana han sido despedidos por el propio Fidel: "Cuando lleguen al Congo se van a encontrar una persona que los va a mandar, que es como si fuera yo". Al llegar a Dar Es Salaam, se concentran en una casa en las afueras de la ciudad. Hay un par de blancos entre los que los reciben. Algunos se dan cuenta de que es el compañero blanco, calvo, con pipa, de una complexión normal, un poco pesado, camuflajeado, con pantuflas, que andaba por ahí mirando, el que mandaba. Dreke les informa:

—Es el profesor de francés.

En el primer grupo de combatientes se encuentra el doctor Zerquera, Torres, Pichardo, veteranos de la limpia del Escambray contra las bandas de la contra. Los voluntarios de la columna del Che podrán ser negros, pero su idea de África es muy vaga; en sus propias palabras, es un batiburrillo en el que intervienen *muchos monos, selva, cebras y elefantes, manadas, muchas cobras, la ferocidad de los africanos, las cerbatanas, aquellas cosas siniestras que enseñaba Tarzán.*

505

En el momento de entrar en Tanzania el grupo del Che, los dirigentes del Movimiento de liberación de el Congo se encontraban en una conferencia en El Cairo, que al menos iba a durar un par de semanas más. El Che estaba inquieto, preocupado por la demora. *No había comunicado a ningún congolés mi decisión de luchar aquí, así como, ahora, mi presencia. En la primera conversación con Kabila no podía hacerlo porque no estaba nada decidido, y luego que se aprobara el plan hubiera sido peligroso que se conociera mi proyecto antes de llegar a destino (...) No se me ocultaba el hecho de que una negativa me colocaba en una situación difícil, pues ya no podría regresar, pero también calculaba que para ellos sería difícil negarse. Estaba realizando un chantaje de cuerpo presente.*

Los cubanos hacen contacto con el representante congoleño de mayor jerarquía que hay en Tanzania en ese momento, Dihur Godefroid Tchamlesso. Con él y otros cuadros de segunda línea del Movimiento se discute la infiltración. Dreke cuenta: "Habíamos hecho una coordinación. Como el Che actuaba de traductor del español al francés, le ponía de su parte lo que quería, simulando que me traducía. Resultaba gracioso. El Che me decía de repente a mitad de la traducción: *Precisa tal cosa...* Yo ponía de mi parte, para que no se notara que él cambiaba en las traducciones".

—*Coño, tú sirves como buen actor* —le dirá al final de la conversación el Che.

La mancuerna Che-Dreke informa a los congoleños que, respondiendo a su solicitud de asesores, les están enviando un grupo de instructores de artillería y morteros, subordinado a ellos y que iba a vivir en las mismas condiciones, participando incluso en los combates. Esta idea parece no gustarle mucho a los congoleños, quienes por otro lado hablaban de crear un gran ejército, abrir varios frentes, pasar a la ofensiva. Al Che y a Dreke les queda la sensación de que no hay una dirección, que no existe la unidad y que se encuentran con tensiones producto del tribalismo. Y lo que es peor, los jefes del frente de la región limítrofe a Tanzania, el frente del Lago, están todos en el exterior.

Tchamlesso acepta bajo su responsabilidad los 30 "instructores" que Dreke le ofrece, e incluso que el grupo ascienda a unos 130, siempre bajo mando congoleño. Un delegado partió hacia El Cairo para informar a Kabila de la llegada de los cubanos. El Che no ha revelado su personalidad porque *tenía interés en la lucha del Congo y temía que mi ofrecimiento provocara reacciones demasiado agudas, y algunos de los congoleses o el mismo gobierno amigo, me pidiera abstenerme de entrar en la lid.*

La actitud del Che, a juicio de Dreke, "era muy audaz, decía que en las conversaciones no había logrado datos precisos sobre la situación de la lucha armada". *Lo demás lo vamos a aprender allí.*

Alrededor del 20 de abril el Che se suma al grupo en las afueras de Dar, una casa de madera y mampostería; ahí se quita la dentadura postiza, los lentes y los restos del disfraz. Su idea original era ingresar al Congo con la totalidad de la columna, un grupo de más de 100 hombres, porque si la operación se descubría, las tropas de Tshombe y los mercenarios podían cerrar el acceso a través del lago Tanganica, pero al paso de los días, la ansiedad lo carcome. En su libro comentará más tarde que la espera *es angustiosa en Dar Es Salaam, porque quería estar dentro del Congo cuanto antes.*

Rivalta consigue un bote, el propio Che supervisa la operación. Pero hay que hacerle arreglos, el tiempo pasa.

—*Con diez podemos empezar, no hay que esperar mucho* —le dice a Dreke.

Un día o dos antes de salir desde Dar Es Saalam, el Che toma un diccionario de swahili-francés que ha estado estudiando y bautiza al grupo con nuevos seudónimos: Dreke será Moja (en swahili el 1); Papi Martínez Tamayo será M'bili (el 2) y él mismo será Tatu (el 3) y así los 14 primeros combatientes. El doctor Zerquera recuerda las reglas del juego en esta primera conferencia que el comandante Guevara le da a sus hombres: "Nosotros íbamos a ayudar a un movimiento de liberación. Nuestra ayuda consistiría en asesoramiento. Hablaba de las experiencias de la sierra. De que allí, primero íbamos a dar y no a recibir, que había que sacrificarse, que no podíamos comer antes que los guerrilleros nativos, que no quería manifestaciones de prepotencia, que fuéramos modestos, que tuviéramos presente que este era un país con cuatro siglos de atraso, íbamos a chocar con la miseria en su punto álgido. Allí nadie podía tener más que nadie, a no ser por causa muy justificada. Otra cosa que dijo fue que *el que le metía mano a una africana por supuesto tenía que cargar con ella, y era separado de la guerrilla.* Que él no garantizaba el tiempo que pasaríamos allí, que quizá en cinco años se pudiera plantear una sustitución del personal". Finalmente pidió que si alguien quería renunciar lo dijera entonces. Nadie se retiró.

Al fin el barco estaba listo. El Che dio las últimas instrucciones. Dejó a cuatro de los voluntarios cubanos en Dar Es Salaam esperando a los nuevos grupos que habrían de arribar. Dejó también su diccionario de swahili para que se siguiera bautizando a los recién llegados. En su diario escribe: *Ya estábamos en guerra. Ya estaba la cosa en la puerta.*

23 de abril. La partida se hace en autos comprados por la embajada: un Land Rover, tres Mercedes Benz. El bote va en una camioneta. Sale al amanecer de Dar Es Salaam un grupo de 14 combatientes armados con fusiles Fal y metralletas Uzi encabezado por el Che; además dos choferes, Tchamlesso y un delegado del gobierno de Tanzania para evitarles problemas durante el camino.

El Che recuerda: *Desde el primer momento tomábamos contacto con una realidad que nos persiguió durante la lucha, la falta de organización. Eso me preocupaba pues nuestro tránsito ya debería ser detectado por el imperialismo que domina todas las compañías de aviación y los aeropuertos de la zona, sin contar con que en Dar Es Salaam tenía que llamar la atención la compra de artículos en desusadas cantidades como mochilas, nylons, cuchillos, frazadas, etc. (...) No sólo la organización congolesa era mala, la nuestra también.* A la distancia al historiador no le parece tan mala la organización de la infraestructura de la columna, más bien el comentario habla del perfeccionismo del Che en los detalles.

Durante un rato el Che irá manejando... Terraplén, caminos malos y llenos de polvo. Una ruta larga, sofocante, que atraviesa desiertos, selvas, recorriendo el país de este a oeste por carreteras y caminos vecinales, cruzando pequeñas poblaciones. El doctor Zerquera comenta: "Pasamos por una aldea en la que los hombres parecían animales". Por el camino comen latas y una barra de pan que cortan en varios pedacitos; el grupo lleva su propia agua. Sólo abandonan los transportes para hacer sus necesidades fisiológicas. A lo largo de la ruta, en las paradas, el Che y Martínez Tamayo toman fotografías, una costumbre peligrosa que ha acompañado a Guevara a lo largo de toda su vida; pero es que se vive la sensación de estar haciendo historia, de que aquello podía ser el principio de algo grande, el fin de todo.

Al anochecer llegan a Kigoma, una aldea sobre el lago Tanganica, el punto de cruce e ingreso al Congo. *Pudimos constatar que* (los comandantes congoleños) *otorgaban pases desde el frente para ir allí. Este pueblo era un remanso al cual los más afortunados podían llegar para vivir al margen de los azares de la lucha. La nefasta influencia de Kigoma, sus burdeles, sus licores, y sobre todo, su refugio cierto, no sería nunca suficientemente valorada por la jefatura revolucionaria.*

El barco no está listo, tiene fallas en el motor. El Che se encabrona: *Tenemos que irnos, nos vamos en lo que sea.* En un camión los transportan al borde del Lago. La lancha es una pequeña barca de motor donde no cabe más de docena y media de personas. Dreke la contempla en su memoria y años más tarde recuerda: "Le parecía a uno que aquello se iba a hundir para el carajo. No tenía más de diez metros. Se viajaría de Kigoma en Tanzania, a Kibamba en el Congo, a través del lago Tanganica. Fuerzas militares de Tshombe vigilaban y patrullaban el lago constantemente. La travesía podía durar de seis a siete horas, bordeando las riberas y evadiendo mercenarios belgas".

Llueve, el lago está agitado. El comandante Guevara distribuye a la gente, dos acá, tres para allá. Uno de sus compañeros recuerda: "No más Ramón, el Che era el Che en ese momento". Serían las nueve o diez de la noche del 23 de abril.

La travesía es difícil. A mitad del lago se estropea un motor, el Che lo hace arrancar a puteadas, sigue lloviendo; de repente se ven luces de bengala en el cielo. El Che insiste en que no hay que combatir, hay que infiltrarse. *Si nos enfrentamos en medio del lago no llegamos*, dice. Tiene tiempo para hacerle una broma al doctor cuando éste le comenta que no sabe nadar: *Coño, mira de la forma en que vas a morir.*

Se inicia una tempestad, se ven obligados a achicar el agua con cubos, con latas; el oleaje les hace perder la dirección; el sargento Torres recordará: "Un lago con olas... Para mí era un mar lo que estábamos cruzando". Parece que están perdidos. "No, no". Tchamlesso les explica que ya están cerca. Pronto se comienza a costear. Al rato se ven luces en una montaña en medio de la oscuridad. Eran la señal de que los estaban esperando.

Serían las cinco o seis de la mañana cuando tocan tierra en el Congo, cerca del pequeño poblado de Kibamba. No hay ningún muelle, el barco encalla. Dreke narra: "No dejamos al Che desembarcar primero. Nos tiramos al agua y atravesamos unos metros hasta llegar a tierra firme. Chispeaba. Todo era a ver qué pasaba. Incertidumbre y tensión, habíamos estado hablando del peligro de una traición. Gente que no nos conoce, idioma que no se manejaba. Miedo a un tiroteo involuntario. Uno de ellos comienza desde la costa a llamar. Tchamlesso dice: El campamento está allá arriba. *Timbea mindi mindi* (está lejos)".

CAPÍTULO 39

La espera

El Congo, 1965, campamento de Luluaburg.

Los cubanos comienzan a subir la loma que surge a unos 500 metros de la playa. Se escuchan voces de mando. Al fin, en la semiclaridad del temprano amanecer, aparece un grupo de congoleses que los reciben con consignas y cantos, vestidos con uniformes amarillentos proporcionados por los chinos. Será la única vez que los cubanos encuentran en el Ejército popular de liberación congolés (Armeé Populaire de Liberation) una cierta marcialidad. El Che reseña: *Extraños soldados con buen armamento de infantería, que muy solemnemente nos hicieron una pequeña guardia de honor.*

La guerrilla sitúa centinelas en el exterior del campamento, que se encuentra en medio de una selva cerrada. De inmediato salen dos pequeñas exploraciones que cubren un radio de tres kilómetros. El Che tiene un leve ataque de asma. Es la hora del desayuno: los congoleses les ofrecen harina de yuca cocinada con agua caliente, carne y picante; los cubanos abren latas, hay el primer intercambio gastronómico, se ofrecen cigarrillos.

Con Tchamlesso, que ha sido bautizado por los cubanos como "Tremendo Punto", como traductor del francés al swahili, se producen las presentaciones, Moja (Dreke), el jefe; Tatu (el Che), médico y traductor; Martínez Tamayo (M'bili), ayudante y sanitario. Los nombres causan una cierta risa, son al fin y al cabo números en swahili. Entrada la tarde se produce una segunda reunión, a la que asisten algunos de los jefes: el coronel Bidalila, que mandaba en el frente de Uvira; el teniente coronel Lambert, de la segunda brigada; André, quien luchaba en la zona de Kabambale. En esta reunión Tremendo Punto propone que Dreke participe en todas las reuniones del estado mayor. Los rostros de los asistentes dejan claro que la propuesta va a ser ignorada; parece ser que Tchamlesso, por ser un militante "del exterior", no goza de excesivas simpatías.

El Che mantiene una sorprendente conversación con uno de los oficiales congoleses de la que deja testimonio: *El teniente coronel Lambert, simpático, con aire festivo, me explicó cómo para ellos los aviones no tenían ninguna importancia, porque poseían la dawa, medicamento que hace invulnerable a las balas.*

—A mí me han dado varias veces y las balas caen sin fuerza al suelo.

A poco me di cuenta de que la cosa iba en serio.

Esta dawa hizo bastante daño para la preparación militar. El principio es el siguiente: un líquido donde están disueltos jugos de yerbas y otras materias mágicas se echa sobre el combatiente al que se le hacen algunos signos cabalísticos y, casi siempre, una mancha de carbón en la frente; está ahora protegido contra toda clase de armas del enemigo (aunque esto también depende del poder del brujo), pero no puede tocar ningún objeto que no le pertenezca, mujer, ni tampoco sentir miedo, so pena de perder la protección. La solución a cualquier falla es sencilla, hombre muerto, hombre con miedo, hombre que robó, o se acostó con alguna mujer, hombre herido, hombre con miedo. Como el miedo acompaña a las acciones de la guerra, los combatientes encontraban muy natural el achacarle la herida al temor, es decir, a la falta de fe. *Y los muertos no hablan; se les puede cargar con las tres faltas.*

La creencia es tan fuerte que nadie va al combate sin hacerse la dawa. Siempre temí que esta superstición se volviera contra nosotros y que nos echaran la culpa del fracaso de algún combate en que hubiera muchos muertos, y busqué varias veces la conversación con distintos responsables para tratar de ir haciendo una labor de convencimiento contra ella. Fue imposible; es reconocida como un artículo de fe. Los más evolucionados políticamente dicen que es una fuerza natural, material, y que, como materialistas dialécticos, reconocen el poder de la dawa cuyos secretos dominan los brujos de la selva.

Avanzada la tarde el Che, Dreke y Martínez Tamayo mantienen una reunión y deciden iniciar exploraciones en los alrededores de la base de Kibamba. La primera noche en el Congo la pasan en un par de chozas de paja donde cuelgan sus hamacas.

Al día siguiente del arribo, Guevara decide contarle el secreto a Tchamlesso, le ha causado buena impresión y parece de confianza; en una breve entrevista el Che le informa de su verdadera personalidad. *La reacción fue de aniquilamiento. Repetía las frases: "Escándalo internacional" y "que nadie se entere, que nadie se entere". Aquello había caído como un rayo en día sereno y temí por las consecuencias.* El dirigente congoleño no pierde tiempo y angustiado ante la responsabilidad, sale esa noche hacia Tanzania para informarle a Kabila que el Che Guevara se encuentra en el Congo. Se inicia lo que sería una larga espera.

En los últimos días de abril el Che le hace a los congoleños una primera propuesta para organizar el entrenamiento de cien guerrilleros, que saldrían en un mes a combatir dirigidos por Martínez Tamayo, mientras el entrenamiento se reproducía. Este proceso permitiría ir seleccionando a los guerrilleros congoleños. *Como siempre, durante el transcurso de este tiempo de guerra recibimos una evasiva como respuesta. Me pidieron que lo pasara por escrito. Así se hizo, pero nunca supe del destino del papel. Seguimos insistiendo en subir y empezar el trabajo en la base superior, teníamos calculado perder una semana en el acondicionamiento de la misma, para iniciar el trabajo con cierto ritmo y esperábamos sólo la solución del sencillo problema del traslado. Pero no se podía subir porque el comandante no había llegado; había que esperar porque: "Estamos en reuniones".*

Pasan los días, el Che se irrita, pero no hay salida. Decide montar una base permanente en la montaña próxima de Luluaburg. Kigoma es fácilmente accesible por mar y tierra, sus recuerdos de la Sierra Maestra lo invitan a subir la loma, buscar la seguridad de los cerros, pero los congoleños que han estado en principio de acuerdo, no acaban de dar el visto bueno. *Estaban hacien-do una casa, según decían, para nosotros y eso demoraría algunos días, con paciencia yo explicaba que queríamos colaborar.*

El Che sostiene en esos días varias conversaciones con algunos de los mandos locales que le trasmiten un panorama de conflictos entre jefes y tribalismo; nadie se salva del rumor: Olenga, que se daba grados cada vez que tomaba un pueblo; el presidente Gbenye, hombre poco claro, quien había participado en la detención y prisión de Gizenga, uno de los hombres de confianza de Lumumba; los intentos de asesinato contra Mitoudidi, la historia del coronel Pasacasa que murió en una riña entre compañeros en El Cairo, y el propio Gizenga, un oportunista de izquierda, que "todo lo quería hacer por la vía política".

Y los días transcurrían. El lago era cruzado por distintos mensajeros, con una fabulosa capacidad para distorsionar cualquier noticia, o por vacacionistas que iban a Kigoma con algún pase. Aparte, en mi calidad de médico (epidemiólogo), lo que, con perdón de esa ilustre rama de Esculapio, me daba derecho a no saber nada de medicina, trabajé unos días en el dispensario con Kumi, observando varios hechos alarmantes. En primer lugar, la cantidad de casos de enfermedades venéreas, provocadas en una buena medida por contagio en Kigoma. No me preocupaba en esos momentos el estado sanitario de la población o las prostitutas de Kigoma, pero sí el que fueran capaces de contagiar a tanta gente (…) ¿Quién pagaba a esas mujeres? ¿Con qué dinero? ¿Cómo se gastaba el dinero de la revolución?

También desde los primeros días de nuestra estancia tuvimos oportunidad de ver algunos casos de intoxicación alcohólica provocada por el famoso pombe (…) con su secuela de riñas, intoxicaciones distintas, faltas a la disciplina.

Y por si esto fuera poco, los envíos de armas y de equipos muy valiosos se hacían de tal forma que siempre resultaban incompletos; cañones y ametralladoras a los que faltaban parque o piezas vitales, fusiles que llegaban con la munición cambiada, minas sin detonadores, era característica obligada del abastecimiento desde Kigoma.

La culpa de todo parecía ser, a juicio del Che, el desastre organizativo del Ejército de liberación del Congo, que se originaba *en la playa donde estaban también las reservas de alimentos y las armas, todo mezclado en un alegre y fraternal caos.* Y no sólo el desastre de la distribución de abastos, también llegaban por el lago rumores y más rumores: se esperaba la aparición del coronel Leonard Mitoudidi, arribaban noticias de la conferencia de El Cairo; hasta de por qué, a pesar del éxito de los revolucionarios congoleños en ella, Kabila no entraba en el Congo: se había quedado para que se cumpliera lo acordado y además tenía que hacerse una operación de un quiste. *Teníamos que hacer algo para evitar un ocio absoluto.* Se iniciaron en el campamento clases de francés, swahili y cultura general. *Todavía nuestra moral se mantenía alta, pero ya comenzaban las murmuraciones entre* los compañeros que veían pasar los días infructuosamente, se cernía sobre nosotros el fantasma de la fiebre que de una u otra forma nos atacó a casi todos. Ya fuera paludismo o alguna otra forma de fiebre tropical. Cedía con antipalúdicos, pero dejaba una secuela de desgano general, falta de apetito, debilidad, que contribuían a desarrollar el incipiente pesimismo de la tropa. Mientras tanto se vivía una gran pasividad en los frentes; el Che y Zerquera atendieron baleados que no habían sido heridos en combate sino en juegos y borracheras.

Y en medio de este desastre, el Che cantaba tangos desafinando, leía las obras escogidas de Martí, las obras escogidas de Carlos Marx, la biografía de Carlos Marx hecha por Mehring, *El Capital*. Leía también los periódicos y revistas que le llegaban. Y en medio de esta pausa forzosa decidió que para algo podía servir la medicina tantas veces postergada y organizó la atención médica.

El dispensario empezaba a ser visitado por los campesinos de los alrededores que recibían a través de Radio bemba la noticia de la presencia de médicos en la zona. Nuestra provisión de medicinas era pobre, pero vino a salvarnos una partida de medicamentos soviéticos, aunque éstos no eran enviados con el criterio de atención a la población civil, como es natural, sino para satisfacer las necesidades de un ejército en campaña y aun así no había un surtido completo.

Participé personalmente en el reparto de las medicinas soviéticas y aquello parecía un mercado gitano; cada uno de los representantes de los grupos en armas, sacaba cifras, aducía hechos y razones para tener acceso a mayores cantidades de medicamentos; varias veces tuve choques tratando de que no se llevaran algunas medicinas y equipos especializados que se perderían sin provecho en los frentes, pero todos querían tener de todo. Empezaron a barajarse sumas fabulosas de hombres; uno anunció cuatro mil, otro dos mil y así.

El 8 de mayo arriban al campamento de Kibamba 18 cubanos encabezados por Santiago Terry y el dirigente congoleño Leonard Mitoudidi, quien tenía que volver de inmediato a Kigoma a buscar armas. El segundo grupo produce una buena impresión en el Che, que agradece la llegada de tres médicos, entre ellos Octavio de la Concepción de la Pedraja, que será bautizado como Morogoro, un teniente habanero del Ejército Rebelde. La llegada de Mitoudidi, aunque ha de salir casi de inmediato para preparar un transporte de armas, anima al Che. Se trataba de un activista universitario, dirigente medio del movimiento de liberación, que hablaba buen francés y había estado a cargo de la organización del armamento de las guerrillas en el frente oriental. A través de Mitoudidi, Kabila mandaba a decirle al Che que tuviera reservas con su identidad.

Con casi un mes de inactividad encima, participando en una guerra que no existe, el Che salta y dice *que se va pa'rriba* y toma la decisión de trasladarse a Luluaburg. Toma el acuerdo con Mitoudidi y el 9 de mayo, dejando a Dreke y al médico Zerquera para que se haga cargo del dispensario, pone en marcha su pequeña columna. La nueva base se encontraba en el punto más alto de la sierra, unos cinco kilómetros arriba de Kibamba, en una montaña de casi 3 mil metros de altura. Una neblina tremenda dominaba la cima.

El entrenamiento cubano no había sido adecuado, porque se pensaba que la columna actuaría en llanos y varios de los combatientes se desmayaron. El Che ascendió titubeando, víctima de un ataque de asma provocado por la humedad, en medio de una vegetación tupida, caminando entre árboles enormes cuyo follaje impedía que los rayos del sol llegaran a tierra. En sus recuerdos, cuatro horas de ascenso, cinco en los de otros testigos.

El 23 de mayo el Che se reúne en el nuevo campamento con Tchamlesso, Martínez Tamayo y Mitoudidi, que ha retornado de Tanzania. Un par de días antes había recibido la propuesta de realizar un ataque a Albertville con dos columnas de congoleños y la participación de los cubanos, pero *esta orden es absurda; no hay preparativos hechos, nosotros somos sólo treinta, de los cuales hay diez enfermos o convalecientes, pero explico a la gente las instrucciones y les digo que hay que estar preparados para ir a luchar, aunque trataré de cambiar esos planes o demorarlos al menos.* En esta reunión logra convencer a Mitoudidi, que funciona como jefe del estado mayor del frente, de que la propuesta es muy arriesgada y que *era más importante lograr un verdadero conocimiento de toda la zona de operaciones y de los medios con que contábamos, ya que en el Estado mayor no existía una imagen clara de lo que ocurría en cada uno de los aislados frentes (...) Resolvimos de común acuerdo mandar cuatro delegaciones a distintos puntos para precisar la situación de las respectivas tropas nuestras y del enemigo, así como una exacta correlación de fuerzas.*

Salen tres expediciones; la cuarta, en la que participaría el Che, se pospone una y otra vez a la espera de gasolina, el bote, o la llegada "inminente", que no se produce, de Kabila. Será la primera oportunidad para los cubanos de tener una idea más o menos clara de la situación en la que se encuentra el proceso revolucionario en el Congo.

Dreke recorre durante cuatro días la zona de Lulimba y Fizi bordeando el lago, descubre exageraciones, 80 hombres donde debería haber mil, frentes donde hace tiempo que no se combate, dominados por la apatía; Torres va hacia Front de Force y encuentra que los rebeldes no quieren acercarse a los cuarteles de la gendarmería de Tshombe. Hay otro elemento más que Dreke transmite al Che: por un lado el recibimiento entusiasta de la población y por otro hostilidad a Kabila, Masengo y Mitoudidi, a los que acusan de ser extranjeros.

Con estos materiales el Che elaborará una versión relativamente optimista: *Los primeros informes de la inspección de Kabimba y Front de Force mostraban que existían fuerzas realmente armadas y, al parecer, con disposición para luchar, sin ningún entrenamiento ni disciplina en el caso de Kabimba, con alguna en Front de Force, pero con el mismo grado de desorganización en cuanto a control de armamentos, vigilancia del enemigo, trabajo político...*

Mucho peor es la percepción de los mandos a los que considera *simples viajantes. No estaban nunca donde los necesitaban. Los grandes jerarcas se pasaban el día bebiendo, de tal forma que caían en borracheras increíbles sin preocuparse de ocultarlo a la población. Viajes sin finalidad, abundaba la gasolina.*

La conclusión es que hay que crear una base de entrenamiento, lejos de las influencias del tribalismo. Hay que traer a los mejores reclutas y no fragmentar la columna en formación de los cubanos.

Fredy Ilanga tiene 14 años, habla francés, tiene una pistola y es oficial, es también otra cosa que se sabrá en el curso de esta historia. Cuenta: "Me dijeron: éste es el Che. A mí como si me dijeran cualquier cosa. ¿Oíste lo que yo dije? Y me dicen que discreción o me fusilaban. ¿Quién mierda será ese Che para que me amenacen con fusilarme?, me dije yo".

Días más tarde Leonard le informa que se le ha nombrado profesor de swahili de Tatu. Comienzan las clases bajo un árbol en la base superior. "Por frases nos vamos explicando. Nos damos clases uno al otro. Me caía mal, porque tenía una forma de mirar penetrante. Te miraba como para obligarte a decir algo. Yo tenía ganas de dar clases rápido e irme. A mí me llamaba la atención que todos le tenían el máximo respeto de jefe a Tatu, incluso Dreke le venía siempre a consultar, a ese hombre de carácter seco, sin llegar a ser autoritario".

Al día siguiente el Che se encuentra reparando una ametralladora antiaérea y Fredy se aleja sin darle clases, es descubierto por Leonard.

—¿Qué tú haces aquí? —pregunta Mitoudidi—. Me dicen que tú no estás con Tatu. Tú tienes que estar donde él, caminar donde él camina—. Yo explico que ayer estuve con él dándole la clase. Y me grita. Yo me digo: esto se está poniendo feo. Leonard era demasiado recto. Yo era oficial hace dos días, y ahora me grita enfrente de todo el mundo, qué jodido esto. Me quita pistola y me vuelve maestro y traductor, soldado raso.

Yo me presento:

—Camarada Tatu. Yo tengo que estar aquí contigo, donde tú duermes, donde tú comes—. Me pregunta:

—*¿Tú estás molesto?*

—Todo lo contrario.

—*Tú pareces molesto.*

La primera clase fue sobre el saludo. Él me enseñaba español: *Buenos días, ¿cómo estás? Estoy bien.*

"Al otro día me fui con Tatu a subir la loma. En aquello estábamos, subíamos y bajábamos lomas. Yo me decía: este blanco de mierda, qué, ¿en su país no hay lomas? Subir un día, bajar el otro..."

"El clima allá arriba es frondoso, hay que salir a un claro para tomar el sol, porque el sol no llega, la tierra siempre está húmeda. Yo lo único que tenía era una colcha. En la barraca nuestra dormían Tatu y Dreke. Había un farol chino encendido y Tatu leyendo, con una fogata en el medio de la barraca.

—Compañero Tatu, voy al campamento de los congoleses a ver qué consigo.

"Él tenía una hamaca, me invitó a compartir. Era muy ancha, pero tropezábamos, pies con cabeza. Le digo al Chino al otro día: Ayúdame a hacer mi cama. Porque lo que pasé anoche no lo voy a pasar hoy. Yo era uno más del grupo, hasta tenía mi cuota de cigarros en la repartición. Una caja entre dos, o una caja por persona, vegueros cubanos, Populares. Cuando Tatu sacaba un tabaco para él, sacaba un tabaco para otro, siempre le daba a uno distinto.

"Él me dice: *Si te explico lo que es el imperialismo, tú me das una buena clase de swahili.* Tomó primero el café. Él notó, sin yo decir nada, que me extrañaba que tomara él primero y explicó que tomaba el café antes de que los demás lo endulzaran, por eso era el primero".

Visto por Freddy Ilanga, el Che resultaba un personaje no sólo misterioso, sino también extraño, enigmático: "Usaba uniforme verde olivo y no amarillo, boina negra, pistola, cantimplora, botas, como todo el mundo, sin grados, sin canana, y cuando salía tenía el arma larga de él, un M-2, con un par de peines, los bolsillos siempre llenos de papeles, binocular y altímetro. Cada vez que llegaba miraba a qué altura estábamos. Llevaba una brújula en una fundita. No llevaba cámara fotográfica; el que se pasaba la vida retratándonos era M'bili. Al inicio siempre llevaba mochila hasta que le dio la crisis de asma. Era una mochila normal, pero pesada. Dentro llevaba libros, su toalla, la frazada, nylon. También llevaba su aparatico para el asma. Un día, cuando íbamos subiendo, en el descansito en el medio de la loma lo veo que fluc, fluc, se echa una cosa en la boca, y le digo: Ven acá, ¿usted se perfuma la boca, compañero?. Y entonces me dice: *No, es que yo sufro una afección que es el asma*".

"Tenía un radio Zenith Panasonic. Oía la radio siempre, todos los días. Oía las emisoras francesas. Oía noticias. Siempre escribía por la noche y era cuando fumaba su cachimba. No se bañaba todos los días. ¡Qué va! Era raro verlo bajar al río a bañarse. Defecaba en una letrina colectiva que teníamos al lado de la barraca".

El Che quedará cautivado por su maestro: *Era un muchacho inteligente, Ernest Ilunga* (conocido en la guerrilla como Freddy Ilanga), *quien debía iniciarme en el misterio de la lengua. Comenzamos con mucho entusiasmo las clases de tres horas al día, pero la verdad es que fui el primero en reducir a una hora la enseñanza, y no por falta de tiempo, que era lo que me sobraba desgraciadamente, sino por incompatibilidad completa entre mi carácter y las lenguas. Existía otro inconveniente que no fui capaz de zanjar durante toda mi estancia en el Congo; el swahili es una lengua con gramática, bastante desarrollada y bastante rica, pero en este país, por sus peculiaridades, las gentes la hablan como lo que ellos llaman su lengua nacional, al lado de la lengua materna, el dialecto de su propia tribu, de manera que el swahili viene a ser en cierta medida, lengua de conquistadores o símbolo de un poder superior.*

Sin embargo Ilanga aprenderá español, fácilmente, empezando por la amplia gama de insultos y picardías que le enseñan los combatientes, y no sólo eso, pronto recibirá del Che, a cambio de la pistola perdida, una metralleta Beretta.

Durante los primeros días en la base de Luluaburg, aproximadamente a un mes del arribo, rendí tributo al clima del Congo en forma de una fiebre bastante alta, aunque no de muy larga duración. Nuestro médico Zerquera me hizo la visita, pero le envié de vuelta ya que era necesario en el dispensario y me sentía mejor.

Pero la cosa es más grave que lo que el Che narra; en versión de Zerquera: "Todo estaba oscuro. Nunca vi el sol en Luluaburg. El Che se encontraba tendido en una hamaca que siempre tenía montada con una vara en tierra. Cuando llegué estaba en muy malas condiciones, casi delirando. Yo me imaginé que tendría paludismo con fiebre muy alta. Figúrate, una fiebre del carajo. ¿Qué tendrá este hombre? Tenía mucha presión. Yo pasé un momento muy malo".

—*Coño, yo soy alérgico a la penicilina.*

—Esto es del carajo, pues.

—*Bueno, pues ponme calamicina.*

"Le puse además cloranfenicol, cloroquina... La fiebre no bajaba. Yo deduje que tenía paludismo porque la cloroquina fue la que finalmente le bajó la fiebre. Coño, estaba muy mal. Tres días inyectándolo, cuatro, cinco veces. A los cuatro días la fiebre comenzó a bajar.

"El Che mejoró, pero yo había visto que él no estaba bien todavía. Le iba a hacer un chiste como el que él me había hecho en el barco: Yo le iba a decir: ¿Quién te iba a decir que te ibas a morir aquí de esto?"

La enfermedad del Che se reproduce pocos días después porque trajeron un herido de alguna escaramuza en Front de Force; el hombre llevaba seis días sin recibir atención médica, tenía un brazo fracturado del balazo y una abundante supuración. Me levanté a atenderlo bajo una llovizna fría, y quizá eso provocó la recaída, ahora con fiebre muy alta y delirio, lo que hizo necesario el segundo viaje de Zerquera a la base (que era para él como subir el Everest). Tampoco fue muy larga la recaída, a lo sumo cinco días, pero pude apreciar los resultados, por un extraordinario decaimiento que me acometió, quitándome el ánimo hasta de comer. Durante el primer mes, no menos de una docena de compañeros pagaron el noviciado.

En esta segunda tanda de la enfermedad uno de los combatientes tiene la desgraciada idea de comentar: "Si el comandante sigue así va a tener que irse". El Che al oírlo monta en cólera y le grita: *Yo no me voy, primero me muero aquí y además esto se me pasa, que sólo es enfermedad.*

De repente un mensaje: "Viene un ministro cubano en camino por la loma; llegaron un montón de cubanos más". *Aquello era tan absurdo que nadie podía creerlo. Sin embargo, para hacer un poco de ejercicio bajé* algunos tramos de la montaña y con gran sorpresa me encontré con Osmany Cienfuegos. *Tras los abrazos, las explicaciones; había venido a hablar con los gobernantes de Tanzania y había solicitado permiso para hacer una visita a los compañeros del Congo; al principio se habían negado, alegando que después iban a querer los demás ministros cubanos visitar también el centro de operaciones pero, en definitiva, cedieron y estaba allí; me enteré también de que mi presencia no era aún conocida por el gobierno de Tanzania.*

Con Osmany llegaban 17 hombres más. El ministro y amigo del Che traía para mí la noticia más triste de la guerra: en conversaciones telefónicas desde Buenos Aires, informaban que mi madre estaba muy enferma, con un tono que hacía presumir que ese era simplemente un anuncio preparatorio. Osmany no había podido recabar ninguna otra.

Es probable que cuando Osmany llegó a Luluaburg, Celia de la Serna estuviera en coma. Había sido hospitalizada el 10 de mayo y se puso muy grave el 16, el día en que se logró establecer una pésima comunicación con La Habana y pudo conversar brevemente con Aleida. La muerte se producirá el 19 y será dada a conocer en la prensa cubana el 21.

Tuve que pasar un mes en esa triste incertidumbre, esperando los resultados de algo que adivinaba pero con la esperanza de que hubiera un error en la noticia, hasta que llegó la confirmación del deceso de mi madre.

Había querido verme poco tiempo antes de mi partida, presumiblemente sintiéndose enferma, pero ya no había sido posible pues mi viaje estaba muy adelantado.

A través del lago, en una revista recibida por el doctor Zerquera, llega la noticia de la muerte. "Le mandé una nota en la que le rogaba que bajara, que quería hablar con él. Al otro día apareció. Se sentó en mi hamaca y le di la revista *Bohemia*. La reacción de él fue decir que ya sabía por un amigo que su mamá estaba enferma. Empezó a hablar de su niñez. Quería tomarse un té. Le pedí que no se fuera. No me dijo que sí, ni que no, pero se quedó. Compartimos la comida. Él andaba por ahí cantando tangos. Se fue en la mañana temprano".

Más allá de las reacciones estoicas de Ernesto Guevara, la muerte de Celia debe de haber resultado un golpe tremendo para él. A lo largo de estos años, madre y confidente, hijo y narrador, han mantenido un hilo tenue pero permanente, una relación amorosa y cómplice. La carta de despedida que les dejó en La Habana a sus padres, Celia no la llegará a conocer, se le entregará al padre en octubre, al hacerse pública la partida del Che. La carta de su madre en respuesta a su salida de Cuba, el Che la conocerá después de su muerte. En una larga historia epistolar, que ha recorrido prácticamente toda su vida, el final está lleno de misivas perdidas y cartas cruzadas que no tuvieron destino.

Una segunda noticia en esos días ha de afectar profundamente al Che; su amigo Ben Bella, presidente de Argelia, es derrocado por un golpe militar el 15 de junio. Su caída detiene en Orán un cargamento cubano de armas destinado a la operación congoleña.

En la base de Luluaburg, en medio de la nada, con un proyecto guerrillero que no tiene ni pies ni cabeza, el Che pasa *jornadas angustiosas en que el ángulo formado por las dos colinas que morían en el lago dejando ver sólo el pedazo de agua por ellas enmarcado como horizonte, empezaba a hacerse odioso.*

Cerca de la base de Luluabourg existen varias aldeas no mayores de una docena de chozas de emigrantes ruandeses, cuya mayor riqueza son las vacas, trueque obligado por esposas y fuente de vida. *Esta vecindad nos requeriría en el transcurso de la guerra acudir a la preciosa carne vacuna, que cura, casi, hasta la nostalgia.* Mientras tanto, enfrentado al hecho de que las agrupaciones de los guerrilleros lumumbistas tenían un carácter tribal y un criterio de guerra de posiciones, el Che se desesperaba. *Los combatientes ocupaban lo que se llama aquí las barreras. Estas barreras estaban situadas en lugares bien elegidos desde el punto de vista táctico, en lomas muy altas de difícil acceso. Pero allí los hombres hacían vida de campamento, sin realizar acciones, sin recibir entrenamiento, confiados en la inactividad del ejército enemigo, y contando para su abastecimiento con los campesinos. Éstos tenían que llevarles la comida y sufrían frecuentes vejaciones y malos tratos. La característica del Ejército popular de liberación era la de un ejército parásito, no trabajaba, no se entrenaba, no luchaba, exigía de la población abastecimiento y trabajo, a veces con dureza extrema.* En las tareas de organización del campamento, *los combatientes congoleses hacían que los campesinos les transportaran la comida y los implementos de guerra. Existía una tremenda flojera para no ir a la base a buscar comida. Si a la gente se le daba algo para cargar decía "Mimi apana motocari" (yo no soy un camión) o "Mimi apana cuban" (yo no soy cubano).*

Mitoudidi, probablemente frenado por órdenes explícitas de Kabila, esperaba la llegada de éste para ordenar la salida. *Todos los días teníamos el mismo canto matinal: Kabila no llegó hoy, pero mañana sin falta, o pasado mañana...*

De no cambiar el orden de cosas existentes, la revolución congolesa estaba irremisiblemente condenada al fracaso. Pero esta afirmación del Che estaba matizada por su habitual optimismo. En su balance del mes de mayo escribía: *Es casi seguro que en el transcurso del mes de junio podremos demostrar algo entrando en combate.*

El 3 de junio las rutinas de entrenamiento y estudio en la base de Luluaburg se ven alteradas al amanecer, cuando se produce un incendio accidental en una de las chozas. Luego prosiguen las clases de español, matemáticas, swahili, francés, trabajo de construcción de trincheras, entrenamiento, almuerzo escaso, habitualmente arroz y frijoles, en la tarde prácticas de tiro; por las noches el Che daba un curso de política internacional a los cubanos, organizaba partidas de ajedrez con Arcadio Hernández. Cuando los demás duermen, a la luz de un farol chino, insomne como siempre, él sigue leyendo. Pero las rutinas no merman su impaciencia, es más, la aumentan; Dreke y Martínez Tamayo sufren para impedir que se vaya de expedición a la zona de las trincheras, los frentes inmóviles que mantienen los congoleños.

Mitoudidi mientras tanto intenta organizar el caos, mete en cintura a los bebedores (el 90-95% de los hombres, según el Che), congela la entrega de fusiles, exige que los operadores de las armas pesadas delante de él hagan una demostración antes de entregarles municiones. *Pero faltaba demasiado por hacer. Y era un sólo hombre. Incluso sus segundos lo ayudaban bastante poco en la tarea (...) Intimamos bastante.*

En la mañana del día 7 de junio el Che comenzó el ascenso hacia la base de Luluaburg acompañado de Ilanga, tras despedirse de Mitoudidi con quien había estado conversando en Kibamba. Éste pensaba que Kabila no habría de cruzar desde Tanzania porque se encontraba en Dar Es Salaam hablando con Chou En Lai. Leonard habría de salir poco después en un bote con dos cubanos hacia una zona situada a unos cuatro kilómetros, donde se pensaba trasladar el estado mayor. A mitad de camino un mensajero alcanza al Che para informar que Leonard Mitoudidi se ha ahogado. *Soplaba un fuerte viento y había olas grandes en el lago, parece ser que su caída al agua fue accidental, todo lo indica así. A partir de ese momento se suceden una serie de hechos extraños que uno no sabe si atribuir a la imbecilidad, a la extraordinaria superstición (ya que el lago estaba poblado por toda clase de espíritus) o algo más serio. El hecho es que Mitoudidi, que nadaba un poco, alcanzó a sacarse las botas y estuvo pidiendo auxilio durante unos diez o quince minutos, según las afirmaciones de los distintos testigos, se tiró gente a salvarlo, uno de ellos fue su ordenanza, que también se ahogó; el comandante François que iba con él (nunca supe si cayó al mismo tiempo o se tiró a salvarlo) también desapareció. Al producirse el accidente pararon el motor del bote, con lo cual este perdía toda maniobrabilidad, después lo volvieron a echar a andar y parecía que alguna fuerza mágica no les permitía acercarse a donde estaba Mitoudidi. Por fin, mientras éste continuaba pidiendo auxilio, la barca se dirigió a la orilla y los compañeros lo vieron desaparecer poco después. Así, en un accidente estúpido, perdió la vida el hombre que había implantado un comienzo de organización en aquel caos terrible que era la base de Kibamba. Mitoudidi era un joven que apenas pasaba de los 30 años.*

La muerte de Mitoudidi provocó una carta de Kabila al Che en que le pedía nuevamente que lo esperara y le enviaba un nuevo enlace, un tal Muteba, que tras un par de conversaciones en que sugirió cambiar el lugar de la base, para ahuyentar al espíritu errante de Leonard, volvió a desaparecer, llevándose la propuesta de que deberían integrarse un par de unidades mixtas cubano-congoleñas para formar en el combate a cuadros y soldados y mantener la base central como punto de entrenamiento. Simultáneamente el Che se negaba a una operación sobre Albertville que le parecía un suicidio dado el nivel de desorganización reinante, *porque Albertville debe caer como resultado de una acción paulatina y tenaz, quizá sea más adecuado decir que será abandonada por el enemigo. Primero tenemos que disminuir totalmente su moral de combate hoy en relativa alza, mediante ataques sistemáticos a sus comunicaciones y refuerzos; aniquilar u obligar a la retirada de las fuerzas de Kabimba, Front de Force, Lulimba, etc.*

En ausencia de un jefe superior los encargados de Kibamba le piden a los cubanos apoyo para manejar las antiaéreas que defienden la base. El Che considera que es inútil, porque el ametrallamiento enemigo era inoperante: tan sólo efectuaban raids cuatro *tataguas* T28 y dos B26. Se les rechazaba con las antiaéreas, pero los aviones se iban a bombardear a otro lado.

El frente de Front de Force era mantenido no por guerrilleros congoleños, sino por combatientes ruandeses, cosa que había sorprendido a los cubanos. Los ruandeses, exiliados de su país, tenían una fuerte presencia en el ejército congolés. Mundandi, su comandante, se presentó a mediados de junio en la base para decirle al Che que se habían aprobado sus propuestas y que podía comenzarse con las emboscadas. *Había estudiado en China y daba una impresión bastante agradable de seriedad y firmeza, pero en el transcurso de la primera conversación me soltó una batalla en la que habían causado treinta y cinco bajas al enemigo; le pregunté cuántas armas habían logrado como resultado de esas treinta y cinco bajas, me contestó que ninguna, porque los habían atacado con bazukas y las armas habían desaparecido en pedazos minúsculos. Mis cualidades diplomáticas nunca han sido muy grandes y le dije simplemente que eso era mentira; se disculpó argumentando que él no había estado presente en el combate, que le habían informado sus subordinados, y allí paró el incidente. Pero como la exageración era una norma habitual dentro de esta zona, el decir con tanta franqueza que una mentira es mentira no es el mejor método para establecer relaciones de amistad fraterna con nadie.*

Mundandi le pedía 50 cubanos al Che para un ataque a Front de Force, también llamado Force Bendera, donde se encuentra una planta hidroeléctrica en las márgenes del río Kimbi. No era un objetivo menor, se calculaba que podría haber allí un batallón, de 500 a 700 hombres incluidos mercenarios blancos y un pequeño campo de aviación. *Tenía la orden de atacar el 25 de junio. Le pregunté por qué esa fecha y tampoco podía responder (...) Parecía un infeliz al que se le ha encargado una tarea superior a sus fuerzas; y algo de eso había, pero también una gran dosis de disimulo.*

El plan de la dirección congolesa en el exterior era atacar Front de Force, confiados en que un ataque por sorpresa podía conducir a una victoria. Arriesgaban además las fuerzas "extranjeras" involucradas en la guerrilla, cubanos y ruandeses. El Che tenía serias dudas sobre el plan, porque la plaza tenía trincheras, defensas naturales y armas pesadas, según las informaciones recibidas. Quería además participar personalmente en las operaciones y así se lo escribió a Kabila: *Puede asegurarles que mi impaciencia es la de un hombre de acción; no significa ninguna crítica. Soy capaz de comprender porque he vivido personalmente en condiciones parecidas.*

La respuesta llegó el 17 confirmando el ataque, pero pidiéndole al Che que no participara y se mantuviera en la base.

CAPÍTULO 40

Un fantasma dotado
del don de la ubicuidad

La desaparición del Che de la vida pública cubana provocó un alud de desinformaciones, que iban desde la alucinación especulativa de periodistas desempleados hasta cortinas de humo tendidas por los servicios cubanos, tratando de encubrir su presencia, o por la propia CIA, tratando de forzar su aparición. En este baile alucinante de historias no estuvo ausente el absurdo.

Originalmente los cubanos habían desplegado una mínima cobertura y en los cines habaneros, en abril del 65 podía verse un documental que mostraba al Che cortando caña, pero la máscara no podía sostenerse por mucho tiempo. Manresa, su asistente y encargado de despacho, confiesa: "Durante mes y medio estuve parando candela con lo de que el Che se había ido a cortar caña".

Rumores en diarios brasileños, publicados años más tarde, situaban al Che a mitad del año 65 en Colombia, Perú, Chile, Argentina, Brasil, Uruguay, inclusive en una clínica psiquiátrica en la ciudad de México. Seis noticias de diversos periódicos, surgidas en variados países durante el año 1965, anunciaban su muerte violenta. Quizá la más sorprendente era la de que se encontraba muerto y enterrado en el sótano de una fábrica en Las Vegas, capital mundial del juego de azar. La información no resultaba muy precisa respecto a cómo había llegado hasta allí, quién lo había matado o de qué era la fábrica.

Según una fuente cubana, las emisiones de las estaciones de radio controladas por la CIA divulgaban en sus programas dirigidos hacia Asia, que el Che había sido asesinado por Fidel por sus inclinaciones prochinas y en las emisiones hacia Europa oriental, que lo había sido por prosoviético. Se decía, incluso, que circuló una foto con la imagen del padre del Che, Ernesto Guevara Lynch, portando un cartel donde le pedía a Fidel que devolviera el cadáver de su hijo. Guevara padre intentó publicar un desmentido, pero eso no era noticia.

Informes confidenciales de la agencia recogían rumores en La Habana de que el Che había sido arrestado por Fidel y enviado a Argel por los soviéticos, junto con su mujer y una gran cantidad de equipaje, y que sus escoltas estaban tratando de asilarse en la embajada mexicana.

Rumores iban y venían sobre las supuestas enfermedades del Che: crisis asmáticas, complicaciones bronquiales e incluso un cáncer de pulmón.

Mientras el Che se encontraba en el Congo, hacia junio del 65, circularon entre las agencias de seguridad cercanas a la CIA, y se filtró hasta la gran prensa, una serie de noticias provenientes de un extraño material, el "Memorándum R".

Se atribuía su autoría a la inicial del nombre de un secretario de la embajada soviética en La Habana y, basándose en fuentes supuestamente sólidas, informaba que el Che se encontraba recluido en el hospital Calixto García de La Habana, víctima de agotamiento y trastornos mentales. Atacado por fiebres de origen desconocido veía el fantasma de Camilo que lo inducía a seguir la revolución en otras partes del mundo. El memorándum hablaba de que el Che era víctima de una ataque de grafomanía y escribía delirantes cartas a Fidel Castro proponiéndole entre otras cosas ir a Zanzíbar para trabajar con los chinos.

En esos meses el novelista y periodista conservador Jean Larteguy, en las páginas de *París Match*, propaga la teoría de que la desaparición del Che obedece a que ha sido asesinado por Fidel.

Sin embargo el Che parece estar vivo, porque un periodista italiano lo entrevista en Perú, mientras que una fuente de la CIA, cuando le preguntan si el comandante Guevara se encuentra en la clandestinidad (*underground*) responde que sí, que se encuentra seis pies *under ground* (bajo tierra); porque parece ser que en medio de toda la operación de desinformación hay una fuerte tendencia en la agencia a pensar que Fidel "sacó de la escena al Che".

Newsweek, en la edición del 28 de junio, reportaba una larga cadena de rumores: despedido del Ministerio de industria, se habría suicidado. Dirigía guerrillas en Vietnam o en Santo Domingo. Un cuento decía que había defeccionado y vendido los secretos cubanos a Estados Unidos en 10 millones de dólares.

Fidel mismo, voluntaria o involuntariamente, habría propiciado la especulación cuando conversó con unos reporteros:

—¿Cuándo sabrá el pueblo sobre el Che?

—Cuando el comandante Guevara quiera.

CAPÍTULO 41

La derrota de Front de Force

El Congo, 1965.

El 19 junio del 65 el Che reúne a su columna y le informa de la decisión de Kabila. No le parece inteligente la operación, tampoco le gusta el tener que fragmentar la columna cubana en tres grupos, y mucho menos le atrae la idea de tener que quedarse en la base, pero ante el peligro de que negarse podría llevarlo a una confrontación con Kabila y al fin de la operación en el Congo, siente que no tiene otra alternativa. Le entrega el mando del grupo que combatirá a Dreke y como encargado de la emboscada principal al teniente Pichardo.

Le escribe a Kabila insistiendo: *Le pido un favor: deme permiso para ir a Front de Force sin otro título que el de comisario político de mis camaradas, completamente a las órdenes del camarada Mundandi. Acabo de hablar con él y está de acuerdo. Pienso que esto podría ser útil. Estaría de regreso tres o cuatro días después de haber recibido su llamada. Con mis saludos. Tatu.*

Al día siguiente con el ruandés Mundandi se hace un análisis del cuartel de Front de Force. Nuevamente el Che objeta la operación y sugiere se ataque un cuartel de menor importancia; los congoleños se niegan. Tiene una última conversación con Dreke: *A uno tienen que matarlo cuando se pueda, no cuando uno quiera.* Lo desespera el tener que quedarse. Piensa en voz alta: *¿Si voy y nos botan?, porque éste es su país.* Antes de salir el grupo se canta el himno del 26 de Julio y el comandante Guevara se despide de mano de cada uno de los 36 combatientes cubanos que participarán en la operación. Como si fuera un mal presagio, ese día, a causa de un accidente cuando se estaba limpiando, arde la choza del Che.

El 21 de junio, mientras la columna recorre los cincuenta kilómetros que la separan de Front de Force, el Che, alertado por un grupo de congoleños de la presencia de elefantes, sale de cacería. Cuando llegan a la zona donde supuestamente los habían visto, los *tembos* se habían ido.

El 24 de junio arriban al campamento treinta y nueve cubanos más, entre los que se encuentran tres médicos. El Che recibe una grata sorpresa, en el grupo se hallan sus escoltas de los últimos años y compañeros de la Sierra Maestra y el Escambray, Harry Villegas y Carlos Coello, quienes han sido bautizados antes de entrar en el Congo como Pombo y Tumaini-Tuma. Sin que el Che lo sepa han sido enviados personalmente por Fidel con la consigna de velar por su seguridad personal. Traen entre otras cosas el M1 personal del Che, puros cubanos y un reloj que le manda Fidel. La aviación gubernamental recibe al grupo a la mañana siguiente con un nutrido bombardeo, en el que ocho aviones utilizan incluso napalm. El Che envía siete hombres más de los recién llegados a reforzar a la columna combatiente.

En su balance del mes de junio el Che escribe: *Cuando todo parecía indicar que iniciábamos una nueva era, sucede la muerte de Mituodidi y la nebulosa es más densa. El éxodo hacia Kigoma continúa, Kabila ha anunciado su ingreso en reiteradas oportunidades y nunca lo ha hecho, la desorganización es total. El hecho positivo es la idea de los hombres al frente, pero el negativo es el anuncio de un ataque que puede ser loco o totalmente ineficaz y alertar a las fuerzas de Tshombé.*

No se habrá equivocado. Las primeras noticias llegan el 1 de julio, una breve nota de Dreke: "A las cinco horas del 29, empezó el ataque. Vamos bien, parece que Katenga está siendo atacada, para allá hay cinco compañeros nuestros, Eduardo Torres, jefe del grupo y dos compañeros ruandeses. Patria o muerte. Moja". Y un poco más tarde llegaba un segundo mensaje: "Son las 7:30, esto va bien, muy contenta la gente y portándose bien. Todo comenzó a la hora fijada, abrimos el fuego con un cañonazo y un morterazo, después le envío más datos". *Pero simultáneamente con esta nota llegaban noticias alarmantes de veintenas de muertos, de cubanos muertos, de gente herida, que me hacían pensar que no todo andaba bien.*

No, todo había andado mal. A las cinco de la madrugada los cubanos habían abierto fuego con un pequeño cañón y ametralladora sorprendiendo a los defensores, pero casi inmediatamente comenzaron las deserciones de los ruandeses ante la respuesta de morteros y ametralladoras de los mercenarios. Dreke, desesperado, reseña: "En ese momento se quedan solos los cubanos tirando. Nosotros no llevábamos muchos proyectiles. Los ruandeses, que no sabían tirar ráfagas cortas, metieron el dedo y se llevaron los 30 tiros. Estábamos combatiendo contra un batallón de quinientos a seiscientos hombres. No se trataba de tomar el cuartel, sino de provocarlos para que cayeran en las emboscadas. Con el tiempo nos percatamos que había muchos bisoños. Decían que la dawa era muy floja. Miedo en la guerra tiene todo el mundo, pero te sobrepones a esa profesión de vivir. Un ruido de una calibre 50 o una 30 en una selva oscura, con neblina, animales despavoridos huyendo, es impresionante. No era muy fácil para nadie, ni para los nuestros que se portaron muy dignos, que lo aguantaron. Dos o tres ruandeses aguantaron con nosotros. Después de un hecho de cobardía, puede nacer un héroe. Esto lo sabemos. Pero nuestra gente no entendió; esperábamos mucho más de ellos". *Esa fue la tónica de la operación: se empezó con brío, pero antes de empezar el combate se habían perdido hombres en muchas posiciones y luego una desbandada completa.*

Mientras tanto, un segundo grupo al mando de Pichardo había entrado en combate en el lugar inapropiado y es descubierto en el momento en que está cruzando una carretera para tomar posiciones. Cuatro cubanos quedan muertos en el combate junto con 14 ruandeses. Las dificultades del idioma hacen más difícil entender a los mensajeros. Martínez Tamayo hace un esfuerzo desesperado para recuperar los cadáveres. Imposible. Antes de iniciar el combate se le había ordenado a todos los combatientes que dejaran los documentos y papeles que pudieran permitir una identificación, pero el grupo de Pichardo entró en combate con sus mochilas y eso le permite a las fuerzas del gobierno encontrar un diario que indicaba la presencia de cubanos en el ataque. Incluso uno de los muertos llevaba un calzoncillo "hecho en Cuba".

Dreke dirige un repliegue ordenado. Años más tarde diría: "Los cubanos rompimos el equilibrio de la paz armada que los congoleses habían logrado. Ellos estaban armados pero en casa, con mujer e hijos. No combatían". Y en esos momentos no puede tener idea del terrible significado que esto puede tener.

CAPÍTULO 42

Abatimiento y fuga

Base de Luluaburg, la escuelita.

Paralelamente al combate de Force, un segundo encuentro de una columna dirigida por cubanos se produjo en Katenga con iguales o peores resultados. *Al ataque iban ciento sesenta hombres con un armamento muy inferior al de los ruandeses, ya que tenían como las armas más efectivas fusiles-ametralladoras y lanzacohetes de corto alcance. El factor sorpresa estaba perdido, ya que el ataque, por causas que Mundandi nunca explicó, había sido ordenado para un día después, el 30, cuando la aviación enemiga sobrevolaba toda la región y los defensores del puesto lógicamente estaban alerta.*

De los ciento sesenta hombres, sesenta habían desertado antes de comenzar el combate y muchos más no llegaron a disparar un tiro. A la hora convenida, los congoleses abrieron fuego contra el cuartel tirando al aire casi siempre, porque la mayoría de los combatientes cerraban los ojos y oprimían el disparador del arma automáticamente hasta que se acababa el parque. El enemigo respondió con un fuego certero de mortero 60, causando varias bajas y provocando la desbandada instantánea.

El resultado de los dos combates se tradujo en una gran desmoralización en las fuerzas nativas, *pero también entre los cubanos se produjo un gran abatimiento; cada uno de nuestros combatientes había tenido la experiencia triste de ver cómo las tropas que iban al ataque se disolvían en el momento del combate, cómo armas preciosas eran arrojadas por doquier para huir más velozmente; habían observado también la falta de compañerismo entre ellos, abandonando a los heridos a su suerte, el terror que se había enseñoreado de los soldados y la facilidad con la que se habían dispersado sin atender órdenes de ningún tipo.*

El Che resentirá particularmente a los cubanos muertos en Force. De alguna manera se siente culpable por no haber podido dirigir el encuentro y está especialmente enfurecido porque no se recogieron los cadáveres.

Durante los días subsiguientes al ataque, gran cantidad de soldados desertaron o pidieron la baja. Mundandi me escribió una larga carta, abundante como siempre en cuentos heroicos, donde se lamentaba de la pérdida de su hermano, pero anunciaba que había muerto después de haber aniquilado un camión completo de soldados (…) Se dolía también de la pérdida de varios de los cuadros más firmes de su grupo y protestaba porque el estado mayor estuviera en Kigoma, mientras los hombres luchaban y se sacrificaban en el Congo. Anunciaba de paso que dos tercios de las tropas enemigas habían sido aniquiladas (…) Estas cartas no eran sino el principio de la descomposición que envolvería posteriormente a todo el Ejército de liberación e incluiría en sus mallas a las tropas cubanas.

El Che hizo entonces un análisis de los errores cometidos, entendiendo que quizá el más grave fuera la subestimación del enemigo, *pensando que era de las mismas características del soldado rebelde que se le oponía*. A esto se añadía la falta de disciplina: *Por doloroso que fuera había que criticar el acto de Pichardo, heroico pero nocivo, por cuanto había conducido a la muerte no sólo a tres compañeros cubanos más, sino también a más de una docena de ruandeses*. Por último siente que la moral de combate está decayendo. *Insistí mucho en este punto, y fui muy explícito en lo que nos esperaba; no solamente hambre, balas, sufrimientos de toda clase, sino, incluso, en algunas oportunidades, el ser muerto por los propios compañeros que no tenían nociones de tiro. La lucha sería muy difícil y larga; hacía esta advertencia porque estaba dispuesto en ese momento a aceptar que los recién llegados plantearan sus dudas y retornaran, si así lo deseaban; después no sería posible. El tono fue duro y la admonición clara. Ninguno de los recién llegados dio señales de debilidad, sin embargo, para mi sorpresa, tres de los combatientes que habían participado en el ataque a Fort Bandera y que estaban de vuelta trayendo algunos mensajes, plantearon irse; para colmo, uno de ellos pertenecía a nuestro partido.*

Para el Che en esos momentos el problema fundamental era detener la descomposición de la columna que había producido la derrota y el comportamiento de los guerrilleros ruandeses y congoleños. Las noticias de peticiones de abandono de la lucha seguían. Al poco tiempo querían irse dos de los médicos. *La selección realizada en Cuba no era lo suficientemente buena, eso es evidente, pero es difícil atinar a hacer una buena selección en las condiciones actuales de la revolución cubana. No hay que basarse solamente en la historia del hombre con las armas en la mano, ese es un gran antecedente, pero los años posteriores de vida cómoda también cambian a los individuos, y luego está la inmensa mayoría a los que la revolución hizo revolucionarios. ¿Qué significado tiene la frase: Hasta la muerte si es necesario?*

Y es en ese ambiente emocional que decide quemar los barcos y le ordena a Rivalta en Tanzania que avise al gobierno de Nyerere *de mi presencia aquí, disculparse por el método, (por) decisión mía y no de Cuba*. El Che analizaba en una nota a Kabila las contradicciones entre congoleses y ruandeses, paradójicas, porque a los ruandeses se les estimaba más militarmente y por otro lado se les culpaba de la derrota. Recomendaba la unificación de los mandos y aconsejaba que hubiera algún cubano entre ellos, insistía en su presencia en el frente.

En esos días, cruzándose con la nota, finalmente arriba Kabila acompañado de Masengo, jefe del estado mayor, y Nbajira, ministro de Relaciones exteriores, con un séquito que incluía unas mulatas guineanas. *Mi ánimo estaba bastante pesimista en esos días, pero bajé con cierta alegría el 7 de julio cuando se me anunció que había llegado Kabila. Por fin se encontraba el jefe en el lugar de operaciones*. Kabila resultaba *cordial pero esquivo*. De entrada se negó a la petición del Che de informar de su presencia al gobierno de Tanzania. *Le repetí mi vieja cantinela: quería ir al frente. Mi misión más importante, donde podía ser más útil, era la de formar cuadros y éstos se forman durante la guerra en el frente de batalla y no en la retaguardia.* Kabila planteaba grandes reservas a la propuesta del Che. El argentino-cubano era un líder de la revolución mundial, no podía arriesgarse, etc. Propuso en cambio una gira por los frentes empezando por Kabimba. Se podría partir esa misma noche. Finalmente, hasta eso se pospuso. Y se volvió a posponer.

En esos días se realizó un mitin en la base. *Realmente fue interesante. Kabila demostró tener conocimientos de la mentalidad de su gente; ágil y ameno, explicó en swahili todas las características de la reunión de El Cairo y los acuerdos a que llegó. Hizo hablar a los campesinos, dando respuestas rápidas y que satisfacían a la gente. Todo acabó con una pequeña pachanga bailada por los mismos participantes al son de una música cuyo estribillo cantado era "Kabila va, Kabila eh".* La actividad de Kabila era intensa, parecía querer ganar el tiempo perdido. Planteó organizar la defensa de la base y parecía infundir ánimo a todos, cambiando la fisonomía de la zona tan golpeada por la falta de disciplina. Apresuradamente se juntaron sesenta hombres, se les asignaron tres instructores cubanos e iniciaron las tareas de hacer trincheras y dar clases de tiro.

Hacia el 11 de julio, *cinco días después de llegar Kabila, me mandó a llamar para decirme que esa noche debía partir con rumbo a Kigoma. Me explicó entonces que Soumialot estaba allí, e hizo una crítica severa de este dirigente, de sus errores organizativos, de su demagogia, de su debilidad. Lo acusa de haber sacado de la cárcel a gentes que él hizo encarcelar por el gobierno de Tanzania, a gentes de Gbenye o directamente enemigos. Dice que tiene que aclarar el papel de Soumialot, que lo habían hecho presidente para que hiciera relaciones no para que organizara, en lo que era un desastre. En la conversación se le escapa que Soumialot está en Dar Es Salaam.*

El Che duda y no resiste hablar claro, preguntándole a Kabila hacia dónde se dirige, a la frontera de Tanzania o a Dar. Kabila le dice que estará de vuelta al día siguiente, que volverá enseguida. *Cuando se supo la nueva de la partida de Kabila, entre congoleses y cubanos cundió el desánimo una vez más. Lawton, nuestro esforzado "almirante" del lago, mientras echaba rayos y centellas, decía: "¿Y para qué este hombre habrá traído tantas botellas de whisky como trajo, si se iba a quedar cinco días?"* (...) *El descrédito caía sobre Kabila, era imposible superar esta situación si no retornaba inmediatamente. Tuvimos una última conversación en la cual insinué este problema con la mayor elegancia de que era capaz; hablamos también sobre algunos otros tópicos y me planteó de soslayo, como era su método, cuál sería mi posición si hubiera una ruptura. Le manifesté que yo no venía al Congo a intervenir en cuestiones de política interna, que eso sería nefasto, pero que había venido enviado por el gobierno a esa zona y que trataríamos de serle leal y de ser leales al Congo por sobre todas las* cosas (...) *Al día siguiente, el ritmo de la base que con su presencia y dinamismo había empezado a ajustarse, decayó. Los soldados encargados de las trincheras dijeron que ese día no iban a trabajar porque se había ido el jefe.* El doctor Zerquera comentará: "Ni el Che ni nosotros supimos cuándo se fue".

La retirada de Kabila coincidió con una nueva presencia de la aviación gubernamental que bombardeaba toda la zona del lago de manera muy imprecisa. Los rebeldes tenían orden de no tirarle para no descubrir las posiciones, pero los cubanos de la base, ansiosos de vengar la derrota de Force, hicieron sonar las ametralladoras y todo el mundo comenzó a tirar, incluyendo cubanos y congoleses y un cañón que habían emplazado. Cuando los aviones vieron tanta trazadora pasándoles cerca, se elevaron. El Che se apareció por el lago enfurecido para ver quién había roto la disciplina.

Es por esos días que el Che choca con sus guardaespaldas, Villegas y Coello, que han sido enviados desde La Habana personalmente por Fidel y a los que el Che no quiere desperdiciar en labores de custodia en una columna tan pequeña. Todo parece ser motivo de conflicto, de tensión. Entre los ruandeses se ha fusilado a uno de los capitanes acusado de haber hablado antes del combate de Force con los campesinos y haber provocado una delación, cosa por demás absurda. Poco tiempo después Mundandi, el dirigente de los ruandeses, enfermo, se tomó un mes de vacaciones.

Afortunadamente una de las emboscadas, dirigida por Martínez Tamayo, integrada por veinticinco cubanos y veintiséis ruandeses, porque otros cincuenta y siete se declararon enfermos, ataca el 22 de julio un camión del ejército congoleño.

Un bazukazo de Vaillant abrió el fuego y durante unos minutos se concentraron las armas sobre el vehículo, acribillando a balazos a los mercenarios, negros todos. Solamente uno portaba armas, ya que era un camión de transporte que llevaba comida, cigarros y bebidas. Desde el punto de vista de la preparación gradual para acciones de más envergadura no podía ser mejor la presa, pero varios accidentes empañaron la acción. A punto de iniciarse el fuego, los ruandeses empezaron a correr hacia atrás disparando sus armas, esto puso en peligro a todos nuestros hombres, pero concretamente el compañero Salvador Escudero fue herido en una mano perdiendo un dedo. Zakarias, el jefe de los ruandeses, propuso que le cortaran dos dedos al que le había disparado por accidente. Martínez Tamayo, con tacto, lo impidió. Un cubano que intentó que un ruandés no corriera, recibió de premio un mordisco en la mano. *La tragicomedia de esta emboscada no acaba aquí. En el camión había cerveza y whisky. Martínez Tamayo trató de hacer cargar los comestibles y destruir la bebida, pero imposible; a las pocas horas todos los combatientes ruandeses estaban borrachos ante la mirada de los cubanos, a los que no se les permitía beber. Se reunieron en asamblea y decidieron volver a la base. Zakarías mató a un campesino en el retorno.*

El Che escribiría francamente deprimido: *Cinco años constituyen una meta muy optimista para llevar a la revolución congolesa a fin exitoso si todo debe basarse en el desarrollo de estos grupos armados.*

En estos momentos la columna cubana se encuentra repartida en cuatro frentes: el Che y un grupo importante en Luluaburg y Kibamba, subiendo y bajando de la montaña. Santiago Terry en Kabimba, Eduardo Torres en Makungo, Dreke en el frente de Front de Force.

La rutina en la base es más o menos estable: a las 6 de la mañana todos en pie, se trabaja en la elaboración de refugios y trincheras, comunicaciones telegráficas con Kigoma y con Dar Es Salaam; desayuno: café con leche. El Che ha formado una escuela con los nativos, en la que participan algunos de los cubanos, y a veces él mismo se hace cargo de las clases utilizando una pizarra apoyada contra un árbol. Continúan sus clases de swahili. Ilanga cuenta: "En ocasiones, cuando yo cometía un error gramatical en swahili me lo discutía, aunque no lo hablaba. Nunca llegó a hablarlo. Palabras sueltas. Me decía: *Profesor, aquí dice tal cosa, ¿por qué este verbo aquí?*" Yo respondía una forma idiomática. Se escribe tal como se pronuncia: *kukula*: comer, *ninakula*: yo como, *nitakula*: yo comí, *nilikula*: yo comeré. Es muy fácil. Lo esencial para comunicarse es fácil". Los que sí habían avanzado con el lenguaje eran Marco Antonio Herrera y Martín Chibás, que andaban por ahí intercambiando información sobre malas palabras con los congoleses.

El asma se le recrudece al Che a causa de la humedad de la selva tropical, ha descubierto que tiene un efecto benéfico el chile local, que los cubanos llaman, por extensión del que se encuentra en Cuba, ají guaguau. Videux cuenta: "Cuando estaba un poco desesperado por el asma se tragaba dos o tres ajíes de esos sin masticar y luego se tomaba un buche de té y se quedaba mirando al cielo".

El Che, a pesar de los ataques de asma, no resiste el forzado cautiverio y participa en frecuentes exploraciones para controlar los territorios circundantes. Se progresa en las distancias, primero un kilómetro, luego dos, tres, cubiertos por la selva espesa, encontrándose monos y elefantes.

En una de ellas, a unos diez o doce kilómetros del campamento, montan una emboscada a un camión de soldados. Chibás le reclama que se encuentran ellos dos solos, pero el Che les larga una ráfaga de su M1. Luego se repliegan. Chibás cuenta: "Avanzamos hacia el río. Luego se pasó la mano por la cara, olió el M1 y expresó: *Hace rato que no la oía cantar.* Después me dijo: *Esto es entre tú y yo*".

Durante todo el tiempo las bases del lago y la montaña están bajo bombardeo, en el caso de Luluaburg de muy poca efectividad, porque los aviones bombardean a ciegas; incluso en una ocasión les arrojaron bombas de napalm que no explotaron y la base estuvo abastecida de gasolina permanentemente gracias a eso.

El Che va imponiendo su estilo y al menos afecta a los combatientes congoleses más cercanos, como Ilanga, que frente al igualitarismo a ultranza del Che se dirá: "Este blanco es de pinga. Me brinda su hamaca. Lo veo que siempre es el primero en repartir, que no tiene privilegios, y el tipo me va ganando". El joven traductor será el primero en descubrir la identidad del Che al hojear un viejo número de la revista *Bohemia*:

—Camarada Tatu, éste eres tú.

—*No, no, ese es un hermano mío.*

Durante una reunión de jefes de zona a la que asisten Mundandi, el capitán Salomón y Lambert, jefe de operaciones de la zona de Fizi, el Che planteó de nuevo su deseo de ir al frente. Masengo trató de frenarlo con argumentos que tenían que ver con la seguridad. El Che lo enfrentó preguntándole si no le tenía confianza. *El hecho de que el jefe de las tropas expedicionarias cubanas pudiera ir a participar en la vida del frente y no así los responsables de la lucha, podría crearles nuevos motivos de crítica.*

Los congoleños se resisten pero la presión era mucha y el Che logró al menos convencerlos de que tenían que permitirle que se moviera en el territorio. Se organiza un viaje con Masengo a Kazima, a 27 kilómetros al norte de Kibamba. Las observaciones del Che en su diario recogen anécdotas que revelan una tremenda indisciplina, caos. Sigue la exploración, navegando por el lago, ahora hacia Kayamba, una zona de influencia de Maulana, donde Masengo no tiene autoridad. Encuentran un grupo de ruandeses independientes de Mundandi. *Allí había un cañón de 75 mm sin retroceso, emplazado en una loma; era la disposición más disparatada ya que el punto no tenía ninguna importancia estratégica y lo único que podía hacer el arma era hundir algún barco que pasara cerca. Ya había disparado sus salvas, por supuesto sin dar en el blanco, pues los artilleros no conocían su manejo, y las embarcaciones pasaban a distancia suficiente como para ponerse fuera del alcance en tiro directo del cañón.* El Che propone llevárselo a Kibamba, pero no le hacen ningún caso.

No era que Masengo no comprendiera estas cosas, simplemente no tenía autoridad, no se sentía con fuerzas para imponer sus decisiones contra la costumbre establecida. Arma que caía en un grupo era sagrada y el único que podía arrebatársela (y lo hacía con relativa facilidad) era el enemigo. Masengo le propone al Che un ataque a Uvira. El Che rechazó la propuesta: no había una previa exploración y existía una falta absoluta de combatividad en los hombres. El Che propone en cambio infiltraciones y emboscadas del lado opuesto de la población, en el punto extremo del Lago Tanganica. Ahí serían relativamente fáciles las acciones. Nadie quiere acompañar a los cubanos. Finalmente se les niega el permiso argumentando que se estropearía el ataque que se preparaba.

El proceso de crisis en la tropa cubana que se produjo tras la derrota de Force afectará a más combatientes. Al menos una docena fueron desarmados y se propuso retornarlos en un futuro a Cuba. *Los rajados, obligados a permanecer contra su voluntad, tratan de justificar su actitud haciendo propaganda negativa que encontraba fácil eco entre otros compañeros. Fui extremadamente duro con ellos, negándome de plano a considerar* su traslado, pero ordenándoles quedar en la base para las tareas de abastecimiento. Junto a ellos hay una baja más lamentable, Ilanga, el traductor del Che, que sufre de ataques de epilepsia y se impone su traslado obligatorio a Tanzania durante unos 15 días. Esto, y el hecho de que gracias a documentos capturados en los cadáveres de Force se conoce de la presencia cubana en el Congo, tienen al Che muy enfadado y se verá obligado a hacer esfuerzos extras para que su optimismo aflore. En su balance del mes de julio escribe: *Mi impresión es que se puede avanzar aunque a un ritmo muy lento y que tengo un chance de que Kabila me deje hacer algo. Por ahora sigo de becario. El abastecimiento de víveres ha sido uno de los puntos neurálgicos de las tropas en campaña; en la zona donde tenían sus campamentos fijos existía la posibilidad de encontrar alguna carne y yuca, que es la base del alimento, pero las plantaciones importantes de este tubérculo están situadas en el llano, ya que los campesinos las cultivaban en esa zona donde vivían, y sólo ante las depredaciones de los soldados enemigos abandonaron sus sembradíos para refugiarse en las tierras más inhóspitas de la montaña. Para buscar yuca es necesario hacer incursiones muy largas y con algo de peligro. Estas incursiones fueron inauguradas por los cubanos, ya que los ruandeses se negaban sistemáticamente a hacerlas, alegando que el mando tenía la obligación de suministrarles la comida. Días hubo incluso en que no había alimentos suficientes. Entonces se negaban a seguir las clases de armas pesadas que se estaban impartiendo o hacer cualquier tipo de trabajo preparatorio. "Hapana chakula, hapana travaillé", "No hay comida, no hay trabajo".*

A la base llegan noticias de frecuentes conflictos internos entre los revolucionarios congoleses en el exterior: Soumialot había destituido al presidente Gbenye, lo que había provocado una respuesta de Kabila diciendo que no tenía atribuciones para hacerlo.

El trabajo de fortificaciones en el lago, después de que se había ido Kabila, estaba detenido; varios congoleños habían desertado, se produjeron riñas por falta de autoridad de los jefes suplentes. En frase del Che, *las labores se habían disuelto en el pandemónium. En una oportunidad se dio el caso vergonzoso de que uno de los responsables huyera a refugiarse en la casa de los cubanos, porque un soldado le pidiera arroz y al negarse a darlo, le corrió con el arma montada y el hombre vino a refugiarse en el "templo" de los cubanos, que afortunadamente eran respetados. Para evitar contaminaciones, limpié la base de cubanos útiles, dejando solamente en ella a los que ya habían planteado su regreso a Cuba, a los ametralladoristas en el lago, los enfermos y algunos instructores. Me puse como meta esperar algunos días, y si durante ese lapso no pasaba nada, salir directamente al frente sin mendigar más autorizaciones.*

El 12 de agosto de 1965. El Che escribe un "Mensaje a los combatientes" en el que menciona, entre otras cosas: *No podemos decir que la situación sea buena: los jefes del movimiento pasan la mayor parte del tiempo fuera del territorio (…) el trabajo organizativo es casi nulo, debido a que los cuadros medios no trabajan, no saben hacerlo, además, y todo el mundo les tiene desconfianza (...) La indisciplina y la falta de espíritu de sacrificio son la característica dominante de todas (estas) tropas guerrilleras. Naturalmente, con esas tropas no se gana una guerra.*

El Che se pregunta si la presencia de la columna cubana ha representado algo positivo, y se responde que sí, dado que las dificultades emanan de las grandes diferencias y hay que convertir esto en algo utilizable. Reitera: *Nuestra misión es ayudar a ganar la guerra. (Hay que) mostrar con nuestro ejemplo las diferencias, pero sin hacernos odiosos a los cuadros (...) Compañerismo revolucionario en la base (...) Tenemos en general más ropa y más comida que los compañeros de aquí; hay que compartirla al máximo, haciéndolo selectivamente con aquellos compañeros que demuestren su espíritu revolucionario.*

El afán de enseñar debe primar en nosotros, pero no de una manera pedante, mirando desde arriba a los que no saben, sino haciendo sentir calor humano que vaya en la enseñanza impartida. La modestia revolucionaria debe dirigir nuestro trabajo político y debe ser una de nuestras armas fundamentales, complementando el espíritu de sacrificio que no sólo sea ejemplo para los compañeros congoleses, sino también para los más débiles de nosotros.

El Che busca materiales militares o ideológicos por todos lados para romper el laberinto que se le ha presentado hasta el momento. Termina con dos advertencias:

1) El trato hacia los rajados. *No son traidores, no se les debe tratar con desprecio manifiesto. Entiéndase bien, su acción es la más repudiable que puede hacer un revolucionario, pero tiene que ser revolucionario para que sea repudiable, si no lo fuera, no sería sino una simple fuga como tantas. Hoy estos compañeros están arrinconados y se han unido entre ellos como una medida de defensa y justificación de un acto que no la tiene (...) Sin olvidar sus faltas démosles un poco de calor; no los obliguemos a auto justificarse como una defensa ante el hielo.*

2) Desprecio por los congoleses. *Todos corrimos y pasamos por el periodo negro en que las sombras asustan; es una etapa que hay que ayudar a vencer.*

Termina ordenando que el mensaje se lea y discuta entre los miembros del partido y sin los rajados presentes, para ser quemado después.

El 17 de agosto una de las emboscadas de Martínez Tamayo resulta efectiva. *Venía de Albertville un jeep escoltado por dos tanquetas; Vaillant, otra vez, fue el encargado de abrir el fuego, dañando el primer vehículo y destruyéndolo con un segundo disparo. El compañero Rodríguez destruyó el jeep de un bazukazo disparado apenas a diez metros de distancia, lo que provocó que el mismo Rodríguez y Prado fueran heridos por disparos de proyectil y los compañeros de la retaguardia liquidaron la segunda tanqueta con granadas de mano. En total se contaron 7 muertos, algunos rubicundos que pensaba M'bili podían ser norteamericanos, pero después se supo que eran belgas.* La llegada de refuerzos obliga a retirar la emboscada.

El 18, un día después, el Che ya no resiste más y sale hacia Front de Force de madrugada. Al fin, después de cuatro meses de reclusión involuntaria. *Después de una caminata que se me antojó interminable a través de la altiplanicie (…) me sentía un poco como delincuente en fuga pero estaba decidido a no volver a la base en mucho tiempo.*

No acababa de llegar a Front de Force y tirarme en el suelo, a gozar de mi cansancio demoledor, cuando ya los compañeros estaban dándome quejas de la actitud de los ruandeses, sobre todo del capitán Zakarías, que utilizaba procedimientos tales como el castigo físico de los hombres y que, no dudaban, sería capaz de asesinar a cualquiera; sin embargo el recibimiento había sido cordial.

El Che se cubre con un cuero de vaca y es atacado por el birulo, un piojo muy agresivo. Al amanecer divisa la termoeléctrica de Force. El Che se explica el desastre del ataque frontal previo. Hace un balance de los frentes. Uvira: trescientas cincuenta armas, un cañón, algunas antiaéreas, un mortero. Fizi: mil a dos mil hombres armados, diseminados, un cañón, algunos morteros. Lulimba (Lambert): ciento cincuenta armas, tres antiaéreas, un cañón y dos morteros. Hacia la ruta de Kabambare había otra tropa de Lambert con cuarenta y cinco hombres. Entre Lulimba y Force tres destacamentos que los cubanos no tenían bien ubicados, uno que llaman fantasma, porque nunca lo habían visto, comandado por Faume. En las montañas: Calixte, ciento cincuenta armas y Mundandi con los ruandeses y trescientas armas, tres ametralladoras, dos cañones y dos morteros. Kabimba, ciento cincuenta armas, dos ametralladoras antiaéreas, un cañón y dos morteros. En el lago: un cañón enloquecido y varias antiaéreas más regadas por la zona.

El encuentro del Che y los hombres de las emboscadas es una mezcla de fiesta y angustia. Dreke cuenta: "Gran alegría de los compañeros al verlo llegar. Barba, uniforme verde olivo, pistola soviética calibre 25, fusil M1, boina. Gran preocupación de Martínez Tamayo y mía. Estaba lleno de ideas, bien de salud, un poco cansado. Teníamos una preocupación seria por la reacción de los congoleses. *No he logrado que Kabila venga,* decía el Che. Y aunque era gente de lo más seria, decía: *Ya me le escapé.* Y señalaba en forma jocosa:

—*Para que él me vuelva a agarrar en la base tiene que venir pa'cá. Yo ya no voy para allá".*

Finalmente era el Che, estaba al frente de su columna.

"Le dio un ánimo fuerte a los compañeros. Valoró como muy positiva la emboscada de Papi Tamayo. Nos dio ánimo. *Esto es una guerra. Se viene a matar y a morirse. Vamos a tratar de no tener bajas, pero…"*

Pensando en que para organizar al ejército guerrillero había que poner el énfasis en los congoleses, el Che envió una carta a Masengo proponiendo un nuevo trato a los campesinos y la utilización de prisioneros para hacer inteligencia. *Estábamos convencidos que los ruandeses a pesar de sus adelantos últimos no iban a dar mucho más y debíamos ir poniendo el acento en nuestra enseñanza en los congoleses que, en definitiva, eran los que debían liberar el Congo. Por lo tanto se resolvió dejar con ellos al compañero Olachea a cargo de 12 hombres, para no herir suscepti-bilidades, y trasladar al resto de la tropa hacia el frente de Calixte, por ahora, yendo yo también allí.* Antes de salir, los ruandeses solicitaron una entrevista con el Che para hablar del estado de la guerra y le pidieron que hiciera una crítica de su actuación. El Che puso el énfasis en dos cosas: su actitud fatalista ante la comida, porque había que hacer al ejército popular una fuerza autoabastecida, en comunión permanente con el pueblo, que no podía ser "parasitaria". En segundo término había que acabar con su des-confianza por los congoleses. La lucha en Ruanda dependía del resultado de la lucha en el Congo, que era en esos momentos la confrontación clave con el imperialismo. No hicieron mucho caso de la segunda crítica. *En todo caso, no estaban dispuestos a cambiar de actitud.*

El Che salió hacia la nueva zona de operaciones dejando atrás a Dreke para que esperara a Zakarías, que había prometido participar en una ac-ción conjunta con los congoleses y el grupo de Olachea.

El campamento de Calixte está situado a unas dos horas y media de camino, entre montañas, siguiendo el borde de la cadena que cae sobre los llanos; es un punto inmejorable para ser defendido ya que las laderas son extraordinariamente abruptas y desprovistas de vegetación, de ma-nera que resulta muy fácil impedir el acceso con el simple fuego de fusi-lería. Está formado con pequeñas chozas de paja con capacidad para cuatro a diez personas y a nosotros nos asignaron unas cuantas que es-taban vacías. Calixte salía para Lulimba con Lambert. Decía contento, que no le gustaba que los cubanos estuvieran con los ruandeses. Había dificul-tades de relación por el idioma, Calixte no habla francés ni el Che swahili. Se estaban usando como traductores combatientes cubanos que apenas te-nían unas cortas nociones del swahili.

Le hablé a Calixte de la necesidad de estar más cerca de los guardas para hostigarlos continuamente y foguear a la tropa, proponiéndole ha-cerlo inmediatamente. Estuvo de acuerdo y envíe a un grupo encabe-zado por Israel Reyes a explorar, eligiéndose como asiento provisional un pequeño poblado situado a unos cuatro kilómetros de Makungo. Antes de que el grupo parta se realiza una fiesta campesina en nuestro honor, en la cual unos hombres vestidos de demonio de la selva o algo así, baila-ban las danzas rituales y todo el mundo se dirigía a adorar el ídolo, una simple piedra colocada cerca de la cima de una montaña y rodeada por una cerca de cañas, que cada cierto tiempo era regada por la sangre de algún animal sacrificado. En este caso fue un cordero, que después se co-mió entre todos los presentes.

Un nuevo frente, el Che hace un nuevo balance: *Otra vez iniciábamos la fatigosa tarea de la enseñanza primaria del arte de la guerra a gente cuya determinación no nos constaba, al contrario, teníamos serias dudas de que existiera. Tal era nuestra labor de sembradores al voleo, lanzando semillas con desesperación a uno y otro lado, tratando de que alguna germinara antes de que llegara la mala época.*

Dreke cuenta: "No tenían idea quién era el Che. Lo conocían tan sólo como a Ramón el médico, Tatu-muganga, como les dicen a los doctores".

Los campesinos se mostraron sumamente amables con nosotros, sintiéndome obligado a tal punto que retorné a mi vieja profesión de médico, simplificada por las circunstancias al extremo de inyecciones de penicilina contra la enfermedad tradicional, la gonorrea, y tabletas contra el paludismo. Villegas añade: "En poco tiempo se tejió toda una leyenda. Donde quiera que llegábamos nos encontramos que era conocido por el doctor Tatu, un médico blanco. Aunque teníamos otros médicos, la gente acudía a que Tatu la atendiera. Che volvió a hacer lo mismo que en la Sierra Maestra. Así se ganó rápidamente el cariño de los nativos".

Hacia los primeros días de septiembre el Che prepara nuevas emboscadas. *Acompañé personalmente a los combatientes; después de cruzar el río Kimbi, que en época de lluvias trae una corriente y una fuerza considerable, pero que ahora se pasaba fácilmente con el agua a la cintura, nos instalamos en la zona elegida (...) La táctica era simple, se trataba de* romper los puentes luego que pasaran los camiones para impedir su huida y atraparlos en la emboscada. Había minas antitanques, pero nunca llegaron los detonadores. *El primero y segundo día no hubo mayores inconvenientes; los hombres pasaban en esa espera tensa y aburrida a la vez, en la que las horas se hacen interminables pero, al mismo tiempo, cualquier ruido que rompa el silencio se transforma en un sonido de motor y provoca el alerta inmediato. Incluso yo, que estaba a unos centenares de metros de la primera línea, sufría cada rato alucinaciones auditivas.* Pasan los días, el agua podrida provoca diarreas, el ocio va descomponiendo al grupo. *Al quinto día sucedió un hecho cómico pero que dio muestras, una vez más, de las debilidades que sufríamos: cuando estaba plácidamente acostado en la hamaca, en el puesto de mando, escuché un tropel casi como de elefantes a la carrera; eran los seis o siete congoleses encargados de la comida que decían desorbitados: ¡Askari Tshombé! ¡Askari Tshombé! Los habían visto allí mismo a unos 20 o 30 metros de la posición. Apenas tuve tiempo de ponerme mis arreos de combate, dejando hamaca y mochila libradas a su suerte y ya uno de los cubanos que me acompañaba veía a los "Askari Tshombé"; la situación se complicaba más ya que no podía contar con los congoleses y no tenía conmigo más que cuatro cubanos, uno de ellos enfermo, Manuel Savigné. Envié rápidamente a este último a avisar a Dreke para que me enviara refuerzos e hice que se llevara también a los congoleses que, en estas condiciones, servían más bien de estorbo, caminé unos metros hacia el río, para salirme de la franja visible por el enemigo, y me encaminé sobre los pasos de los que se retiraban, con la intención de retroceder por el mismo camino después de trabar* contacto con los guardias; a los pocos instantes llega la noticia de que no habían visto bien y no eran soldados enemigos, sino campesinos de la zona que, al descubrirnos, también habían huido.

Estábamos comentando estas incidencias cuando llegó a nuestras espaldas un explorador enviado por Dreke para saber lo que pasaba, escuchó nuestras conversaciones y salió corriendo a informar que ya los guardias estaban en el puesto de mando y lo habían tomado. El desconcierto fue total; los emboscadores emboscados. Dreke, que estaba al mando directo de la acción, inmediatamente levantó la emboscada y se parapetó en una zona cercana mientras daba órdenes de que me buscaran, pues según relatos yo había salido en dirección al río Kimbi.

Después de dos horas, todavía estábamos dando vueltas y algunos de los congoleses aprovecharon para seguir al campamento y no retornar más; habíamos sufrido varias bajas de este tipo, producto de la confusión. Al infantilismo de las reacciones de los congoleses que se escapaban como muchachos malcriados, se agregaban errores de algunos de nuestros compañeros por falta de experiencia en la lucha.

Perdido el factor sorpresa se cambia la emboscada de lugar. El día 8 de septiembre el Che la abandona temporalmente para ir al campamento a entrevistarse con Emilio Aragonés y Oscar Fernández Mell, quienes acababan de entrar en el Congo. Dreke la sostiene a pesar de que los congoleños se quieren ir. Llevan ya once días. El Che retorna con los recién llegados.

El sábado 11 de septiembre llega el enemigo. Dreke cuenta: "Empieza la emboscada y dejamos en el puesto de mando a Tatu. Desde hacía días se aproximaba a donde estaba la emboscada, porque no podía resistir. Alberto Man estaba en el extremo izquierdo y a mi derecha Chibás. El plan era dejar que entraran los cuatro o cinco camiones, tirarles y cogerle el centro a la columna. Cuando entran los dos o tres primeros carros un compañero del extremo izquierdo dispara y el resto de la columna se dispersa, se tiran de los carros y empiezan a cercarnos".

Un bazukazo en el primer camión derrota a los guardias de Tshombé que dejan una docena de bajas sobre la carretera, pero otro grupo flanquea la columna y pone en fuga a los congoleses que arrastran en su huida a los cubanos. El Che abandona el puesto de mando y entra en combate. Dreke cuenta: "La actitud del Che nos trajo una gran discusión con él. Le reclamábamos. Contestaba: *Yo soy el jefe*. Con la gente nuestra retirándose, casi se queda solo. Aceptó la crítica, pero dijo: *Es que hay que violar algo, de vez en cuando*". El Che no recordará esto en sus memorias. Se produce una retirada para evitar el cerco. Todavía mantenía la impresión de que las cosas podían marchar.

CAPÍTULO 43

El optimista pesimista

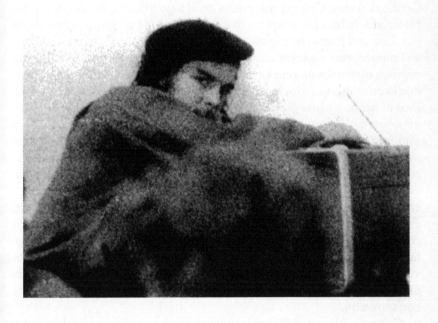

La presencia de Aragonés y Fernández Mell en el Congo se explica porque Fidel, motivado por la derrota de Force y una carta del Che que describía la situación, decidió aceptar las presiones de éstos para ir como voluntarios. *No me cabía en la cabeza que el secretario de organización del partido abandonara su cargo para venir al Congo.* En principio el Che estaba temeroso de que vinieran para pedirle que regresara a Cuba o a presionarlo para dejar la lucha. Al darse cuenta de que están allí como voluntarios, cómplices de su propia aventura, el Che los incorpora rápidamente y los bautiza: Aragonés, por su mole, Tembo (elefante), Fernández Mell será Siki (vinagre, por razones de su carácter, a decir del Che).

Aragonés era el cubano número 120 en haber ingresado al Congo. Contando bajas, Changa que estaba en el lago y dos hombres que habían retornado, había en ese momento ciento siete combatientes y cuatro médicos. *Era una fuerza de alguna magnitud para intentar algo pero, como se ha visto, por diversas circunstancias que no pude o no supe evitar, estaban dispersos en una extensa área y al momento de la acción no se podía contar con más de treinta o cuarenta hombres. Si a esto sumamos el hecho de que prácticamente todo el mundo sufrió alguna vez, y algunos más de una vez, las fiebres palúdicas, se convendrá que no era una fuerza capaz de decidir una campaña; podría haber constituido el núcleo de un ejército de nuevas características si otras hubieran sido las condiciones.* Tres de los que habían solicitado retirarse pidieron su reincorporación. Llegaban además refuerzos, un grupo de estudiantes congoleses entrenados en China y Bulgaria que no tendrían ningún valor en la lucha. Eran teóricos, no querían subir a las montañas, formados con parámetros colonialistas, hijos de caciques que hablaban francés, traían todo lo negativo de la cultura europea. *Volvían barnizados superficialmente de marxismo, imbuidos de su importancia de "cuadros" y con un desaforado afán de mando que se traducía en actitudes de indisciplina y hasta de conspiración.*

Con estas fuerzas el Che planea reorganizar la guerra. Al finalizar agosto escribe en su diario: *Se acabó la beca para mí, lo que significa un pase de avance (...) Hay que organizar a los campesinos de toda la zona y darle un mando único al frente. Todo se ve de otro color. ¡Hoy al menos! (...)* Pero pocos días después los tintes sombríos volvían a adueñarse de la situación (...), se reproducían tensiones entre Masengo y Kabila con los jefes de la zona de Fizi y la revolución con el gobierno de Tanzania al que las presiones internacionales le están haciendo mella (las autoridades de Tanzania se negaban a entregar una serie de armas que habíamos *pedido, entre ellas las anheladas espoletas para las minas antitanque y exigían la presencia inmediata de Kabila).*

Militarmente el contingente guerrillero está entrampado. *Empezamos a luchar en torno a un puente que nosotros rompíamos día a día y el enemigo arreglaba con gran rapidez, hasta que definitivamente puso allí una gran guarnición que nos impidió actuar en lo sucesivo.* Mientras los inútiles combates se desarrollaban, el Che aprovechó para realizar una amplia acción social en la zona trabajando como médico y entregando a las comunidades semillas de legumbre. Posteriormente decidió ir a Lulimba para proponer nuevas emboscadas a Lambert y ver la posibilidad de atacar la población, pues sólo estaba defendida por cincuenta y tres hombres, según la nómina capturada. El 14 de septiembre parte. *Era un día nublado con lluvias intermitentes que no nos dejaban avanzar mucho, obligándonos a buscar refugio en alguna de las casas abandonadas que abundaban en la ruta.*

El Che prosigue su exploración hasta llegar a La Misión, una iglesia protestante abandonada, donde son vistos por observadores y bombardeados con cañones y morteros. Allí hacen noche y al día siguiente llegan hasta la primera línea: chozas con piojos al borde del camino, sin trincheras ni refugios, un par de antiaéreas, bazukas en la primera línea. *Las trincheras siempre fueron un dolor de cabeza ya que, por algún temor supersticioso, los soldados congoleses rehuyen meterse en huecos cavados por ellos mismos y no fabrican ninguna defensa sólida para resistir los ataques. Lo fuerte de la posición estaba dado por lo empinado de la cuesta que dominaba el camino, serpenteando entre las lomas, de donde se podía atacar fácilmente a una tropa en ascenso (…) Había poca gente en la barrera y ningún jefe.* Les informan que Lambert está en Fizi con una hija enferma. Desde hace mes y medio por una u otra razón no está en el campamento. El Che habla con la tropa, un grupo de menos de 100 hombres, no todos armados. *Les espeté la descarga habitual: los hombres armados no son soldados, sino simplemente eso, hombres armados; el soldado revolucionario debe hacerse en el combate pero allí arriba no había combate. Les invité a bajar, cubanos y congoleses, en igualdad de condiciones, ya que nosotros habíamos venido a pasar juntos los sufrimientos de la lucha. Ésta sería muy dura; no había que esperar paz pronto y no había que esperar ninguna victoria sin grandes sacrificios. Les expliqué también que, frente a las armas modernas, la dawa no siempre resultaba eficaz y que la muerte sería un acompañante habitual en las horas de la lucha. Todo esto en mi francés elemental traducido por Charles Bemba al kibembe, que era la lengua alterna de esa zona.*

Alexis, un combatiente congoleño, recuerda: "No podía entender que un blanco viniera a ayudarnos a nosotros los negros, si la lucha de nosotros es contra los blancos. Había otra gente que pensaba peor que yo. No pensábamos que peleábamos para liberar el país, sino que luchábamos contra los blancos. No sabíamos bien por qué luchábamos. Los dirigentes querían vivir como el presidente de un país, cómodos, y todavía no eran presidentes. La mayoría de ellos no iban por el frente para saber qué necesitábamos, cómo iba la guerra. Sólo querían vivir cómodos".

La exploración del Che lo llevará hasta la zona de Fizi donde *lo importante ahora era organizar el* show; *el general Maulana se puso su atuendo de combate, consistente en un casco de motociclista con una piel de leopardo arriba, lo que le confería un aspecto bastante ridículo, haciendo que Coello lo bautizara como el "cosmonauta" (...) En Mbolo había cambio de personal; los soldados que venían en el camión escolta reemplazarían a otros que irían a Fizi a sus vacaciones; se organizó una parada militar culminada con un discurso del general Maulana. Allí lo ridículo alcanzó una dimensión chaplinesca; tenía la sensación de estar observando una mala película cómica, aburrida y con hambre, mientras los jefes daban gritos, patadas en el suelo y tremendas medias vueltas y los pobres soldados iban y venían, aparecían y volvían a desaparecer, haciendo sus evoluciones. (...) Esa misma noche regresamos a Fizi.*

La presencia del enemigo que hasta ahora había estado muy pasivo comienza a dejarse sentir. Aumentan los bombardeos, los ametrallamientos de las poblaciones campesinas, los lanzamientos de panfletos en los que el gobierno de Mobutu ofrece a los campesinos recompensas por los asesores cubanos y tratamiento justo a los que abandonen las armas. *Tiraban los panfletos después de bombardear y sembrar el terror, parece que es un método* standard *de los ejércitos represivos.* Esta presencia aérea corresponde al arribo de los 200 millones de dólares de financiamiento norteamericano al gobierno y a la llegada de los asesores de la CIA, que incluían estadunidenses, cubanos veteranos de Bahía de Cochinos, soldados de Rhodesia y sudafricanos, una operación al que un organizador operativo de la agencia describía como "llevamos a nuestros propios animales".

Estos aviones bombardearán en una incursión al Che provocando varios heridos entre los campesinos de un poblado. Mientras tanto el comandante Guevara persiste en la idea de lanzar un ataque para probar a las fuerzas gubernamentales, pero nunca consigue reorganizar a las fuerzas congoleñas de la zona.

En la zona de Force, donde está Dreke, algunas de las emboscadas son exitosas. Éste le reporta al Che las buenas noticias y de pasada le envía los libros que Guevara le manda a pedir: *La Iliada* y *La Odisea.* Homero en el Congo.

El Che tiene en esos momentos 35 hombres contando a Aragonés, que *había soportado con toda dignidad la fatigosa marcha y se había ganado el respeto de los desconfiados cubanos.* Se encuentra ante una terrible disyuntiva, si quiere crear una fuerza combatiente digna de tal nombre tiene que concentrar la columna cubana, pero si la concentra y los asesores cubanos abandonan alguno de los puntos, *se producía inmediatamente una vuelta completa al pasado.*

En los últimos días de septiembre se inicia la esperada ofensiva guberna-mental, la comanda un coronel mercenario conocido como el Loco Hoare, con dos mil cuatrocientos hombres en la zona de Fizi-Baraka. Dreke piensa que el ataque vendrá por el lago para quitarles las bases que los conectan con el exterior, pero no será así. Los congoleños se repliegan. Dreke mantiene posiciones con ocho hombres pero termina retirándose. Martínez Tamayo, en el frente de Force, se enfrenta a los tanques, logra destruir uno, pero tiene que levantar la emboscada, la mayoría de los soldados congoleños huye. Un par de días más tarde la historia se repite.

El Che se encontraba en una mala posición, con dificultades para el abasto de comida, en tierra de nadie, cerca del arroyo Kiliwe, en contacto con cam-pesinos que aceptaban alimentarlos y no querían dinero a cambio, pero con pocos recursos. A pesar de que su intuición le dice que se encuentran ante la ofensiva gubernamental, sigue manteniendo la esperanza de poder cons-truir una columna más allá de los vicios del ejército guerrillero congoleño, *una columna independiente, perfectamente armada y bien pertrecha-da, que sea fuerza de choque y modelo a la vez; si esto se consigue habrá cambiado el panorama en grado considerable, mientras no se consiga se-rá imposible organizar un ejército revolucionario; la calidad de los jefes lo impide.* Masengo acepta la teoría de la columna del Che al margen e independiente de la dirección de Lambert en la zona. *Haríamos una espe-cie de academia combatiente. Prefería como alumnos a los campesinos y Mujumba se comprometía a aumentar el número a sesenta, pero ha-bría que agregarle soldados de diversos frentes, cosa que no me hacía mucha gracia. Además organizaríamos un estado mayor más racional, que permitiera dirigir operativamente todos los frentes y estuve de acuer-do en enviar a que lo asesoraran a Fernández Mell para el trabajo de estado mayor, a Aragonés para el trabajo de organización política.*

La llegada de una nueva misión cubana encabezada por el ministro de Salud de Cuba, Machado Ventura, que trae cartas y un mensaje de Fidel, le ofrece una visión al Che de lo que está pasando en el exterior. *Supe de las largas conversaciones que habían tenido Soumialot y sus colegas con Fidel; la gente del Consejo revolucionario no había sido veraz en sus exposiciones, supongo que mitad porque en estos casos siempre suce-de y mitad porque desconocían totalmente lo que sucedía dentro (...) El hecho es que pintaban un cuadro idílico, con agrupaciones militares por todos lados, fuerzas en las selvas, combates continuos (...). De Cuba habían extraído la promesa de cincuenta médicos y Machadito venía a explorar las condiciones.* El Che se pone de acuerdo con Machado en que no tiene sentido enviar los cincuenta médicos.

El 5 de octubre se produce una reunión definitiva en una loma entre Fizi y Baraka. Asisten Masengo, Mujumba (ministro de Salud) y algunos jefes me-nores como Ile Jean, Calixte, Lambert. El Che presenta a los cuadros cu-banos: Machadito, Aragonés, Dreke, Martínez Tamayo. El Che le lee la cartilla a los dirigentes congoleses: indisciplina, *atrocidades cometidas, características parasitarias del ejército.* La ausencia de Kabila, el que los segundos jefes jamás se encuentren en la línea de fuego. Crea un estado mayor conjunto: nombra a Fernández Mell como jefe de estado mayor, Víctor Schueg Colás como jefe de información, Palacio como jefe político, Aragonés será el ayudante ejecutivo del Che.

Más tarde los cubanos tienen su propia reunión en la que Aragonés le reclama al Che el que *no había dado prácticamente salida a los problemas del Congo; había hablado de todo lo negativo, pero no de las posibilidades que brindaba la guerra de guerrillas. Fue una crítica justa.* Será la única vez en que el Che sea atrapado en pecado de pesimismo. Días más tarde, y tras un contacto directo con la guerra en el Congo, serán Aragonés y Fernández Mell los que se enfrenten duramente con él sosteniendo la posición contraria. Ambos recordarán años más tarde el debate. Fernández Mell resumirá: "Nosotros le decíamos que en Cuba había un pueblo en contra de Batista y allí no había un pueblo en contra de nada". El Che reconoce: *Con ambos discrepé a menudo y a veces violentamente en mi evaluación de la situación, pero siempre me brindaron su devoción sin dobleces.* Y Aragonés resumía muy francamente: "Nosotros no entendíamos qué cojones estábamos haciendo allí".

También hay dudas en el resto de la columna guerrillera cubana, el Che los enfrenta saliendo al paso de los rumores de que *los cubanos permanecían en el Congo porque Fidel no conocía la real situación que se vivía (…) Tampoco les podía exigir que tuvieran confianza en mi capacidad de dirección, pero sí, como revolucionario, podía exigirles que tuvieran respeto por mi honestidad (…) No iba a sacrificar a nadie por mi honor personal. Si era cierto que no había comunicado a La Habana la opinión de que todo estaba perdido, fue honestamente porque no la tenía.*

El hecho es que sólo la fidelidad al Che mantiene al grupo en pie. *Quedaba atrás la época romántica en que amenazaba a los indisciplinados con enviarlos de vuelta a Cuba; si lo hubiera hecho ahora, quedaba reducido a la mitad de los actuales efectivos, con buena suerte.*

Baraka se pierde sin combatir en esos días. El Che tapa los agujeros, envía a Fernández Mell a Fizi, fortalece el frente de Terry y el de Force, vuelve a reorganizar la academia con cincuenta hombres de cada frente, y le escribe una larga carta a Fidel: *Recibí tu carta que provocó en mí sentimientos contradictorios, ya que en nombre del internacionalismo proletario cometemos errores que pueden ser muy costosos. Además me preocupa personalmente que ya sea por mi falta de seriedad al escribir o porque no comprendas totalmente, se pueda pensar que padezco la terrible enfermedad del pesimismo sin causa (…) Te diré solamente que aquí, según los allegados, he perdido mi fama de objetivo manteniendo un optimismo carente de bases, frente a la real situación existente. Puedo asegurarte que si no fuera por mí, este bello sueño estaría totalmente desintegrado en medio de la catástrofe general.*

Le aclara que no necesitan hombres sino cuadros, porque *sobran hombres armados y faltan soldados* y le advierte muy seriamente sobre la irresponsabilidad y falta de voluntad de lucha de los dirigentes congoleños, su falta de veracidad, su distancia de la lucha real, y el desastre generalizado que existe en el Congo. Advierte que no debe entregarse dinero, porque este no servirá a la lucha y plantea: *No podemos liberar solos un país que no quiere luchar, hay que crear ese espíritu de lucha y buscar los soldados con la linterna de Diógenes y la paciencia de Job, tarea que se vuelve más difícil cuanto más comemierdas que le hagan las cosas encuentre esta gente en su camino.*

Curiosamente, el híper optimista Che aparece como pesimista a los ojos de Fidel.

CAPÍTULO 44

Un fantasma dotado
del don de la ubicuidad (II)

Al producirse el levantamiento popular en la República Dominicana, se difundió desde Miami una versión extraordinariamente precisa en nombre, fechas y lugares, que ubicaba al Che en ese país, tras haber arribado en un barco pesquero que salió de Santiago de Cuba. La misma fuente afirmaba que se le había visto en combates en las calles de Santo Domingo y que había muerto en uno de los enfrentamientos.

Otro informe establecía que había acaudillado un grupo de 482 dominicanos, 20 nicaragüenses y 26 oficiales del ejército cubano, que previamente se habían concentrado en el hotel Duvill (sic) de La Habana.

Al producirse la intervención de los marines, una radio estadunidense anunció que un mini submarino cubano, con dos tripulantes, había desembarcado en la isla, y según los rumores, uno de ellos era el Che. Una segunda versión generada por el exilio anticastrista decía que el mini submarino había sido destruido con todo y el Che adentro en el momento del desembarco por una ráfaga de artillería.

Se decía también que agentes cubanos en labores de desinformación habían introducido clandestinamente en el despacho de Imbert Barreras, miembro del triunvirato militar pro yanqui, un informe secreto, según el cual el Che había muerto en una calle de Ciudad Nueva mientras combatía a las órdenes de Caamaño en la insurrección dominicana.

El fantasma del Che galopaba por el planeta.

La CIA estaba atrapada en su propia estructura de desinformación y con ella el conjunto del gobierno estadunidense. Los informes de inteligencia intercambiados entre los asesores del presidente Johnson se encabezaban con notas como: "Walt, te envío otra contribución al creciente volumen de mitología sobre el paradero del Che Guevara".

La Agencia había quedado atrapada en la versión que intentaba difundir de que las discrepancias con Fidel habían provocado la ruina del Che "y como consecuencia había sido apresado o ejecutado en Cuba" (como dice Marchetti, uno de los estudiosos de la Compañía), y sin embargo producía nuevas historias sobre la locura del Che, generaba rumores sobre su presencia en América Latina y recogía versiones de que se encontraba a la espera.

En septiembre del 65 John Hart, director adjunto de la división del hemisferio occidental para Asuntos cubanos visitó la estación de la CIA en Montevideo. Phillip Agee cuenta: "Otro de los proyectos favoritos de Hart es el de la localización del Che Guevara (...) Hart piensa que tal vez se encuentre en un hospital de la Unión Soviética, aquejado de un trastorno mental causado por un medicamento contra el asma que se encontraba en mal estado, por no haberse conservado refrigerado". La calidad del rumor viene de su absurda precisión.

Algunos de los analistas comenzaron a reunir información sobre la presencia cubana en el Congo y alguien sugirió que podría haber sido el destino del Che, pero la idea fue desechada. No sería sino hasta enero del año siguiente en que un memorándum interno afirmaba que el Che estaba a cargo de operaciones guerrilleras en esa parte del mundo. Pero para el momento en que el informe comenzaba a circular el Che ya habría abandonado el Congo.

France Presse transmitió el rumor de que en una discusión entre Fidel y el Che se habían intercambiado tiros y el Che había muerto. La historia fue confirmada por un periódico trostkista. El periódico peruano *La Prensa* corrió la bola de que el Che había sido eliminado por un grupo de pistoleros soviéticos a causa de su orientación prochina, y el secretario de seguridad pública de Río Grande do Sul, en Brasil, confirmó que estaba en su región organizando una guerrilla.

Bajo la presión de estos y un millar más de rumores, el 3 de octubre Fidel sube al estrado en el acto público de formación del Comité central de lo que sería el Partido comunista cubano. Trae en su mano cinco hojitas y una transcripción mecanográfica, hay una gran tensión en el teatro. Comienza su intervención: "Hay una ausencia en nuestro Comité central de quien posee todos los méritos y todas las virtudes necesarias en el grado más alto (...) Alrededor de esto el enemigo ha podido tejer mil conjeturas, ha tratado de confundir y sembrar la cizaña y la duda y pacientemente, puesto que era necesario esperar, hemos esperado...", y comienza a leer la carta de despedida que el Che le entregó en abril. Al final el aplauso rompe, Fidel trata de retomar el discurso, pero el aplauso se extiende y se eterniza.

Fidel años más tarde reconocía: publicar la carta de despedida del Che "era una necesidad política ineludible".

CAPÍTULO 45

Debacle

Mientras la base central de los cubanos era golpeada por continuos bombardeos y en el lago Tanganica comenzaban a moverse lanchas rápidas de la CIA, operadas por cubanos anticastristas, que habían actuado previamente en el Caribe en la guerra sucia contra Cuba, el 12 de octubre, *en un paseo triunfal el enemigo toma Lubonja. Ya podían unir las fuerzas de Lulimba y las que desembarcaron en Baraka.* La ofensiva gubernamental apuntaba a cerrar el lago. El Che le envía entonces un mensaje a Dreke que sigue en labores de contención: *Ahí te mando todo lo que tengo, lo otro lo pones tú.* Dreke cuenta: "(Había) tensiones entre nosotros y algunos congoleses. La propaganda del enemigo estaba funcionando entre ellos. Les estaban lanzando transmisiones de radio en swahili. Podía haber una traición, una agresión interna. Nos preocupaba la seguridad del Che". *Di órdenes estrictas y todo congolés que se presentaba sin una orden expresa o a cumplir alguna misión, era desarmado inmediatamente. Al día siguiente tenía un botín de guerra considerable, como si hubiéramos hecho la más fructífera de las emboscadas:* un cañón de 75 mm, partes de mortero, parque, una antiaérea, cinco fusiles ametralladoras, granadas, un centenar de fusiles. Comienza entonces una selección de la tropa, que no deja muy convencido al Che.

Al día siguiente 300 *askaris* avanzan en la zona de Baraka y el frente se desmorona. *La actitud de nuestros hombres fue más que mala; armas que tenían bajo su responsabilidad, como morteros, las dejaron en mano de los congoleses y se perdieron, no mostraron ningún espíritu de combate, estaban pensando simplemente en salvar la vida, igual que los congoleses, y fue tal la desorganización de la retirada que perdimos un hombre.*

La situación política varía, el primer ministro Tshombé cae bajo un golpe militar. Arrecia la campaña de propaganda ofreciendo la paz a los rebeldes. Kasavubu, nombrado presidente, se reunirá días más tarde en Accra en una reunión de jefes de estado africanos y pronuncia un discurso de acercamiento para romper el frente anticolonial. Anuncia una reconciliación con el Congo Brazzaville y, abordando el problema de los mercenarios, explica que estos fueron traídos al Congo por el gobierno secesionista de Katanga y le fueron heredados al gobierno central. Se comprometía retornar a los mercenarios a sus países. Mobutu, el hombre fuerte detrás del golpe, desde el Congo suaviza las declaraciones de Kasavubu, defendiendo a los mercenarios a los que califica de idealistas. Dirá que cuando tengan que irse partirán con los honores que ellos se merecen. Pero la trampa política para aislar a los restos del lumumbismo, y con ellos a la guerrilla del Che, está tendida.

En un ambiente de confusión, prólogo de la desbandada, el Che cambia de campamento *a uno situado a una hora de camino del anterior, en las primeras estribaciones de la montaña pero todavía en el llano* y continúa organizando una columna mixta con los cubanos y lo mejor de las tropas congolesas. *No sabía lo que podía pasar pero estaba dispuesto a seguir la lucha hasta el último minuto.*

En una reunión con los cubanos pregunté quiénes creían en la posibilidad del triunfo y sólo levantaron la mano Dreke y Martínez Tamayo (...) Levanté la reunión con el convencimiento de que muy poca gente me acompañaba en el sueño de hacer un ejército que llevara al triunfo las armas congolesas, aunque estaba razonablemente seguro de que había hombres dispuestos a sacrificarse, aunque consideraran que su sacrificio era estéril.

El 24 de octubre se cumplen seis meses de la llegada al Congo del Che. Un grupo de congoleses estaba buscando planchas de zinc para cubrirse de la lluvia en los alrededores del campamento; *había pasado quizás una hora desde aquel momento cuando se oyó una descarga de fusilería y luego fuego graneado; los desprevenidos congoleses habían chocado con el ejército que avanzaba.* Dreke narra: "Como a las una o dos de la tarde, voy al baño, me pongo a hacer mis necesidades ahí, termino, casi termino, cuando siento un fuerte tiroteo por lo que era la casa donde había dejado al Che leyendo. Agarro pa'rriba a la casa. Veo al Che que baja disparando y caminando hacia atrás con Martínez Tamayo... ya los soldados están metidos en el campamento".

Los congoleses que no han huido se han ido a buscar al médico brujo para hacerse la dawa. *Comencé a organizar la defensa con la compañía de Víctor Schueg, que debía ocupar la primera línea, y nos aprestamos a hacerle un buen recibimiento a los soldados. De repente varios compañeros me informan que por la montaña, cercándonos, vienen contingentes de soldados enemigos, no les pude ver y al preguntar cuántos eran me dijeron que muchos; ¿cantidad? Muchos, fue la respuesta; no se podía saber cuántos, pero una gran cantidad. Estábamos en una situación difícil, pues nos podían cortar la retirada (...) Envié un pelotón al mando de Mario Armas a que chocara con los soldados lo más arriba posible para tratar de frenarlos allí.*

Mi dilema era el siguiente: si nos quedábamos podíamos ser rodeados, si nos retirábamos se perdía el polvorín y todos los equipos que habíamos salvado, como dos morteros 60, una planta de radio, etc. No teníamos tiempo de llevarnos absolutamente nada. Preferí hacer frente al enemigo, esperanzado de resistir hasta que llegara la noche y podernos retirar; estábamos en esa tensa espera cuando el enemigo apareció por el camino lógico, el que estaba enfrente de la carretera de Lulimba, y se les hizo fuego desde allí, pero este apenas duró un minuto, inmediatamente un compañero vino corriendo, parecía tener una herida grave pero había sido solamente el golpe de la bazuka al disparar, anunció que los soldados ya estaban en la primera línea que estaba desbordada. Hubo que dar una apresurada orden de retirada.

El Che combatía de pie. Algunos compañeros cubanos, tratando de protegerlo, le llamaron la atención. Dijo: *Aquí no hay más que un comandante.* Ramón Armas, Víctor Shueg y Orlando Puente cubren la retirada tiroteando a los mercenarios. Orlando cae herido. Mario Armas descubre que los guardias que supuestamente los habían flanqueado eran unos campesinos que venían huyendo. *Personalmente tenía la moral terriblemente deprimida; me sentía culpable de aquel desastre por imprevisión y debilidad.* Se ha perdido el polvorín, morteros, la ametralladora, un transmisor chino.

Durante varios días el grupo permanece disgregado. El Che se queda con 13. *Uno más de los que tuvo Fidel en un momento dado, pero no era el mismo jefe. Estábamos: Dreke, Villegas, Coello, Tchamlesso, yo.* Al caer la noche llegan a un poblado campesino abandonado, *y tomamos unas gallinas, bien comidas, con la filosofía de que todo lo que estaba allí se perdería al día siguiente por la acción del enemigo.* Orlando tenía una herida de bala que le atravesaba, fracturándole completamente el húmero, *también una costilla y estaba internada en el pulmón. Su herida me hizo recordar la de un compañero que había atendido hace años en Cuba y que había muerto a las pocas horas; Orlando era más fuerte, sus huesos poderosos habían frenado la bala que, al parecer, no había llegado al mediastino, pero estaba muy dolorido; se le entablilló como mejor se pudo e iniciamos una fatigosísima ascensión por lomas muy empinadas, muy resbalosas por el agua caída, con una carga muy pesada, llevada por hombres agotados (...) Tardamos seis horas en transportar a Orlando; fueron seis horas terribles, los hombres no resistían más de diez o quince minutos llevando sobre sus hombros al herido y cada vez se hacía más difícil el reemplazarlos (...) desde nuestra atalaya podíamos ver las innumerables hogueras que se formaban, pues los soldados prendían fuego a todas las casas campesinas.*

Mena, uno de los combatientes, cuenta: "El día 25 el Che le dice a Orlando que le va a sacar una radiografía para que la tenga de recuerdo porque se va a poner bien". *En la madrugada del día 26 de octubre, el enfermero vino a avisarme que Orlando, después de tener una crisis aguda y arrancarse las vendas, había muerto (...) Por la mañana cumplimos el solemne y triste ritual de cavar la fosa y enterrar al compañero Orlando Puente, era el sexto hombre que perdíamos y el primero que podíamos honrar de cuerpo presente. Y ese cuerpo era una acusación muda y viril, como lo fuera su conducta desde el momento de la huida, contra mi imprevisión, mi estupidez.*

Reunida la pequeña tropa de los derrotados, despedí el duelo, casi en un soliloquio, cargado de reproches contra mí mismo; reconocí los errores en que había incurrido y manifesté, lo que era una gran verdad, que de todas las muertes acaecidas en el Congo para mí la más dolorosa era la de Orlando, porque había sido el compañero al que había reprendido seriamente por su debilidad y porque había respondido como un verdadero comunista en la forma en que lo hizo, pero yo no había sabido estar a la altura de mis responsabilidades y era el culpable de esa muerte. Por mi parte haría todo lo que de mí dependiera para borrar la falta, con más trabajo, con más entusiasmo que nunca.

Se establece una base en Nabikumo, a diez horas del lago y de la base superior, y a un día y medio de Kazima y dos horas de la barrera de Lubonjo. Los jefes congoleños hacen campaña contra los cubanos, dicen que son unos fantoches, un campesino los defiende. *Decía a quien le quería oír que era una infamia compararnos con los belgas (...) nunca había visto a un hombre blanco comiendo con sus soldados el bucal en unas escudillas en la misma proporción que los demás.* Crece la presión de los congoleses. Ile Jean y un tal Hussein dirigían la critica. Se burlan de los congoleses que están en el grupo de los cubanos porque a ellos los hacen trabajar, corren el rumor de que las minas que causaron los heridos habían sido puestas por los cubanos. *El hecho, despreciable como era, tenía sin embargo las atenuantes de un trato realmente fuerte que habíamos llevado contra los jefes, su ignorancia, su superstición, su complejo de inferioridad, las heridas que había infligido a su susceptibilidad y, quizá, el acontecer doloroso para sus pobres mentalidades de que un blanco los increpara, como en los tiempos malditos.*

El Che reconcentra una parte de las tropas, envía un grupo a reforzar la base del lago y a otro que se reúna con él. Se comunica con Fernández Mell: *El decaimiento de la gente es terrible y todo el mundo quiere echar para el lago; probablemente te caigan muchos por allí, envíamelos inmediatamente bien provistos de parque.* En respuesta Fernández Mell y Aragonés le sugieren que reúna a toda la columna porque puede quedar aislado.

Es en esos días que la radio congoleña reporta repetidamente la muerte en el Congo del Che Guevara. ¿Ha existido alguna filtración? ¿Se trata de una medida de propaganda sin ninguna base? La noticia ni siquiera trasciende a la prensa internacional.

La descomposición del frente se ve aminorada por buenas noticias que llegan de la zona donde actúa Santiago Terry, que con su columna ha derrotado por dos veces a las fuerzas del gobierno, aunque chocaba continuamente con el comandante congoleño y habían desertado el 60% de los soldados africanos. *Se capturó allí un informe secreto en el que establecía con bastante precisión las posiciones de los cubanos y rebeldes, mostraba las fuerzas desplegadas para la ofensiva, el apoyo aéreo (Wigmo, 4 T28 y 2 B26 con base en Albertville) y marítima, 4 PT boats Ermens-Luka que tenían como misión "prohibir el cruce del lago por elementos rebeldes". La intención era ocupar toda la costa del lago y destruir todas nuestras instalaciones cercanas a Kigoma.*

El 30 de octubre, ante los reiterados llamados de Aragonés y Fernández Mell de que reúna a las tropas cubanas ("Como te dijimos en el anterior informe la posición en la que tú estás no nos gusta nada; sabemos que hay caminos desde el lago, que los guardias pueden tomar y dejarnos aislados. Creemos que la mejor solución sería una barrera donde tú estás y trasladar el grueso de la tropa cubana para acá"), se dirige hacia la base dejando a Martínez Tamayo en tareas de contención.

La imagen que se presentaba a mi llegada a la base no era nada halagüeña; sabíamos lo que quería el enemigo, pero no necesitábamos para eso tomarle esos documentos porque ya estaba claro, y el espectáculo de decaimiento era terrible. Sólo parece contar con los ruandeses de Mudandi, pero su estado militar es desastroso.

Curiosamente, el Che no habría de conocer los desalentadores informes que la inteligencia estadunidense intercambia, donde valoran el Congo como la zona de mayor actividad guerrillera en el mundo después de Vietnam y piensan que las tropas gubernamentales son incapaces por sí mismas de triunfar por lo que deben aumentar la intervención estadunidense.

En la base montañosa de Luluaburg se organiza la defensa. El Che piensa que quizá haya que evacuar parte de la columna y lo comenta con Dreke. Surge ahí la idea de que se queden tan sólo unos 15 hombres para iniciar desde abajo una guerrilla en forma, basada en la creación de un ejército campesino a largo plazo y no en el desastroso Ejército de liberación congolés. Dreke observa: "El Che estaba bien, muy delgado, un poco preocupado, se le notaba, no perdía el aliento. Tenía preocupación por la pérdida de contacto con Dar Es Saalam".

El primero de noviembre el Che baja al lago. Su aparición es seguida por la llegada de la lancha de Lawton. *Su llegada fue anunciada desde mucho antes por el trazado en el cielo de las balas lumínicas, ya que se produjo una verdadera batalla naval al ser sorprendido por las lanchas de patrullaje; traía a un hombre herido en la mano por una bala de ametralladora y el propio Lawton tenía la cara herida por el rebufo de una bazuka con la que habían disparado sus compañeros. La tripulación congoleña venía muy atemorizada y hubo dificultades para hacerlos retornar en los días siguientes.*

Lawton es portador de un mensaje preocupante enviado al Che desde Dar Es Salaam donde se informaba que el gobierno de Nyerere había convocado a Rivalta y le informó que "en vista de la decisión de los estados africanos respecto a no intervenir en los asuntos internos de otros países, tanto ellos como los demás gobiernos que hasta ahora han venido dando ayuda al Movimiento de liberación del Congo, habrán de cambiar el carácter de esa ayuda. Que, en consecuencia, nos pedían que retiráramos lo que teníamos allí, como contribución nuestra a esa política. Que reconocían que habíamos dado más que muchos estados africanos y que por ahora no se diría nada al Movimiento de liberación congolés, hasta tanto nosotros no nos hayamos retirado, que entonces el propio presidente llamará a esos dirigentes y les informará de la decisión tomada por esos estados africanos. Se ha mandado una información al respecto para La Habana. Esperamos conocer tu opinión".

Ese era el golpe de gracia dado a una revolución moribunda. Debido al carácter de la información no dije nada a los compañeros congoleses, esperando a ver qué sucedía en los días siguientes. La respuesta de La Habana, bajo la forma de un cable de Fidel a Dar, retransmitido al Congo, llega poco después. El Che la resume de así: "Debemos hacer todo menos lo absurdo. Si a juicio del Che nuestra presencia se hace injustificable e inútil debemos pensar en retirarnos. Deben actuar conforme situación objetiva y espíritu hombres nuestros. Si consideran que deben permanecer, trataremos de enviar cuantos recursos humanos y materiales consideren necesarios. Nos preocupa que ustedes erróneamente tengan temor actitud que asuman sea considerada derrotista o pesimista. Si deciden salir, el Che puede mantener *status quo* actual regresando aquí o permaneciendo otro sitio. Cualquier decisión la apoyaremos. Evitar todo aniquilamiento".

El 4 de noviembre llega un nuevo mensaje de Dar Es Salaam diciendo que los mercenarios no se han retirado del Congo, y remata: "En este caso sería traición retirar nuestro apoyo revolucionario a los congoleses a menos que ellos lo soliciten o decidan abandonar la lucha". Las líneas de comunicación se encuentran cruzadas, pero los mensajes son coincidentes. El Che escribe a Dar para que lo retransmitan a Fidel, y tras dar información sobre el estado de la guerra, opina: *Hubo un momento en que se habló de la fuga masiva de todos los jefes congoleses, yo había tomado la decisión de permanecer en ese caso con una veintena de hombres escogidos (la chiva no da más leche) y enviar al resto al otro lado y seguir peleando hasta desarrollar esto o agotar las posibilidades y en ese caso tomar la decisión de ir a otro frente por tierra o acogerme al sagrado derecho de asilo. Frente a la última noticia mi reacción fue igual a la de Fidel, nosotros no podemos irnos de aquí. Más aún, ni un cubano debe irse en las condiciones propuestas. Y se debe hablar seriamente con los dirigentes de Tanzania para puntualizar hechos.*

Estas son mis proposiciones: Que una delegación cubana de alto nivel visite Tanzania o Aragonés desde aquí, o una conjunción de las dos. El planteamiento debe ser más o menos así: Cuba ofreció ayuda sujeta a la aprobación de Tanzania, ésta aceptó y la ayuda se hizo efectiva. Era sin condiciones ni límite de tiempo. Comprendemos las dificultades de Tanzania hoy, pero no estamos de acuerdo con sus planteamientos. Cuba no retrocede de sus compromisos ni puede aceptar una fuga vergonzosa dejando al hermano en desgracia a merced de los mercenarios. Sólo abandonaríamos la lucha si por causas fundadas o razones de fuerza mayor los propios congoleses nos lo pidieran, pero lucharemos para que esto no suceda.

La situación militar en los primeros días de noviembre sólo parece relativamente estable, pero la descomposición prosigue. Los rumores de que los mercenarios y las tropas del gobierno atacarán hacia el lago están en todos lados, se trata de una fuerza de mercenarios sudafricanos y belgas, con algunos cubanos de la CIA, apoyados por tropas de la vieja gendarmería de Katanga. La aviación bombardea. Se han hecho trincheras y están montadas varias emboscadas, pero la descomposición es enorme. En el frente de

Santiago Terry las tensiones con los congoleses están a punto de la ruptura. Martínez Tamayo a duras penas logra que no deserten los congoleses que quedan con él y esta desmoralización influye en los cubanos, que hablan de retirarse.

El Che está pensando en un ataque en la zona de Kazima, pero teme que una derrota pueda producir *una desbandada y cayera aún más la moral; antes quería asegurarme la posesión de algunas armas pesadas para poder sostener un intenso fuego sobre el enemigo e impedir que contraatacara.*

Pero el desplome del frente es inevitable. Los ruandeses abandonan la zona de Front de Force y arrastran tras ellos a los cubanos. Por lo menos lo hacen ordenadamente y se concentran en la zona de Nganja con sus armas. Mundandi le envía una nota al Che: "Soy incapaz de mantener la posición y asegurar su defensa (...) le ruego comprenderme, he decidido hacer una retirada, yo no abandono a los compañeros cubanos (...) no puedo exponer a todas las fuerzas de los camaradas ruandeses de ser aniquiladas (...) yo he buscado ayudar a esta revolución para poder hacer otra en nuestro país, si los congoleses no luchan prefiero morir en nuestro suelo".

Ante esta situación el Che enviaba un telegrama a Cuba: *Presión enemiga aumenta y tentativa del bloqueo del lago se mantiene. Urge cantidades sustanciales de dinero congolés previniendo aislamiento. Ofensiva se mantiene y avanza. Hay que moverse rápido. Nos preparamos para defender la base.*

En esos momentos el Che cuenta con Martínez Tamayo, que con un grupo de ruandeses bajo sus órdenes dominaba el camino que va de Nganja directamente al lago, y con Ramón Armas y los congoleses que defienden el otro acceso a la base. Dreke estaba encargado de la defensa del lago desde Kazima y Terry estaba en Kabimba.

Se decide la evacuación de mujeres y niños hacia Kigoma y se acuerda montar una base clandestina en Tanzania para utilizarla en caso de que se produzca el aislamiento.

Alrededor del 15 de noviembre el Che ordena concentrar en la base del lago las tropas de Terry, y recibe un informe de Martínez Tamayo de que ante un amago de avance del enemigo en el entronque en Jungo "ni congoleños ni ruandeses ocuparon sus posiciones". Las defensas las sostuvieron ocho cubanos en cada una de las alas. Se piensa que hay unos 400 guardias enfrente. Un par de horas más tarde recibe una segunda nota en que se le informa que los ruandeses se habían ido, se cree que rumbo a su país. Martínez Tamayo se repliega.

El Che discute con su estado mayor: *O hacemos una defensa elástica, ir cediendo terreno y retirarnos hacia otro punto, o, simplemente, hacer una defensa rígida, luchar hasta el límite de nuestras fuerzas. Lo que no podemos hacer es estar cruzados de brazos esperando que los guardias avancen hasta un nuevo lugar y nos lo quiten sin combate, provocando la deserción de más hombres. Esa táctica o falta de táctica iba a condu-*

cir a que perdiéramos todo y quedáramos completamente desorgani-
zados. Se discute la opción, pero para el Che es puramente pedagógica,
no siente que haya la menor posibilidad de una defensa rígida. En la noche
del 17 ordena un segundo repliegue hacia el anillo interior de defensa. Con
las tropas se repliegan combatientes congoleños y campesinos con mujeres y niños.

CAPÍTULO 46

Los días finales de aquel noviembre

Cruzando en lancha el lago Tanganica durante la retirada, el Che se corta el pelo y se afeita para volver a la clandestinidad. (Foto de Aldo Margolles)

El 18 de noviembre el Che analizó las posibles zonas de reserva que les quedaban en caso de perderse la base del lago y Luluaburg. Los congoleños, por boca de Tchamalesso, que transmite las decisiones del jefe del frente, Masengo, dicen estar a favor en abandonar la lucha. *Le respondí que esa era una decisión muy seria; había hombres en Fizi y en Mukundi, dentro de ese frente organizados todavía; además estaban los de Uvira y quedaba el frente de Mulele; en cuanto nos fuéramos las tropas enemigas estarían libres para atacar esas agrupaciones; nuestra fuga contribuiría a su dispersión porque sabíamos que no tenían fuerzas para resistir. Le pedía que nos diera una carta donde Masengo expusiera esa decisión. Tremendo Punto se mostró asombrado y algo dolido, pero insistí, le dije que había una cosa llamada historia que se compone a partir de muchos datos fragmentarios y puede ser tergiversada.*

La conversación quedó trunca, porque en ese momento les avisan de la base superior, vía teléfono, que las tropas del gobierno avanzaban en tres columnas y gran número y que los cubanos se retiraban sin combatir bajo el fuego.

Los rumores de que los congoleños han tomado la decisión de retirada corren por el campamento y el caos lo domina todo. El Che no se resigna. Conversa con sus hombres de confianza y sugiere la posibilidad de organizar la evacuación y luego con una pequeña guerrilla cruzar el país hasta enlazar en el norte con las fuerzas insurrectas de Pierre Mulele. Pero ello implicaba una caminata de más de mil kilómetros por zonas desconocidas, atravesando selva virgen, sin guías, sin ni siquiera saber en qué estado se encontraba Mulele, con el que nunca se había podido tender una línea de comunicación.

El Che envía un telegrama a Dar Es Salaam: *La situación se derrumba, tropas enteras y campesinos se pasan al enemigo. No hay tropas congolesas seguras. Desde hoy nuestra salida al aire por la planta principal puede interrumpirse, mantendremos comunicación con Kigoma por planta auxiliar. Lawton aquí por dificultades mecánicas. Urge tripulación y lancha en buen estado.*

Luego abandonada la idea de marchar hacia el norte, insiste en quedarse en el Congo con un pequeño grupo de combatientes. Manda un nuevo telegrama a Dar: *Pensamos evacuar este lugar y hacer evacuación de la mayoría de cubanos como segunda etapa. Quedaremos un grupo pequeño como símbolo del prestigio de Cuba. Informa Cuba.*

Meses más tarde explicaría su idea: *Mi intención era enviar a los enfermos, a los débiles y a todos los que estuvieran flojos de piernas y quedarme con un grupo pequeño para continuar la lucha. Con vistas a este objetivo efectué un pequeño test (...) entre los compañeros combatientes lo que* arrojó resultados desalentadores, casi nadie estaba dispuesto a seguir luchando, eso dejaba a mi propia decisión...

Al día siguiente, el 19 de noviembre, una parte de los congoleses comenzó a retirarse rumbo a Fizi. Sin contacto con la lancha que había salido hacia Tanzania antes de conocer el acuerdo de evacuación, el Che decide ordenar la quema del campamento y los documentos; sin que nadie lo ordene, alguien da fuego a los polvorines. *Observamos los fuegos artificiales del valioso cargamento ardiendo y explotando, desde la primera loma del camino a Jungo, mientras esperaba a los rezagados. Estos eran muchos y venían con un cansancio que parecía de siglos, con falta de vitalidad alarmante; dejaban piezas de las armas pesadas buscando aliviar el peso, sin importar lo que pudiera significar el arma en un combate. Prácticamente no quedaban congoleses en los grupos y todo lo traían los cubanos; les insistí en la necesidad de cuidar esas armas vitales para nosotros si teníamos que aguantar un último ataque, y* salieron los hombres, arrastrando los pies y haciendo frecuentes paradas, con la carga de un cañón y una ametralladora. Aragonés recuerda: "A Coello el Che le había pedido que recogiera la mochila con los libros, éste se llevaba las manos a la cabeza, quería llorar. Yo le di permiso de dejarla enterrada. Ya habrá libros en Cuba, no te angusties. La mochila pesaba 30 kilos".

A causa del agotamiento todo se produce como en cámara lenta. Hacia las tres de la tarde se comunican con Lawton, en la base del lago de Tanzania, pidiéndole que retorne al Congo, porque se producirá una evacuación. *La expresión de todos los compañeros presentes cuando se escuchó el "comprendido" del lago, cambió como si una varita mágica hubiera tocado los rostros (...) Hicimos otro intento de contacto a las siete y se fracasó; las condiciones del lago permitieron solamente una buena transmisión.*

A las 2:30 de la tarde del día 20 se logra un nuevo enlace con Kigoma. *Lawton: Total de hombres a evacuar menos de 200. Cada día que pasa será más difícil. El punto Sele en el que estamos, está a 10 o 15 kilómetros al sur de Kibamba. Y* se recibía el mensaje anhelado: "Tatu: esta noche se decide el cruce. Ayer el comisionado nos dejó cruzar".

A la espera, el Che se reúne nuevamente con Masengo para organizar la evacuación. Durante la noche una barcaza se lleva a un grupo de congoleses. *Para mí la situación era decisiva; dos hombres (...) quedarían abandonados si no llegaban dentro de pocas horas; apenas nos fuéramos caería sobre nosotros el peso de todas las calumnias, dentro y fuera del Congo; mi tropa era un conglomerado heterogéneo, podía extraer según mis investigaciones, hasta 20 hombres que me siguieran, a estas alturas con el ceño fruncido. Y después ¿qué haría? Todos los jefes se retiraban, los campesinos demostraban cada vez más hostilidad hacia nosotros. Pero la idea de desalojar completamente e irnos como habíamos venido, dejando allí campesinos indefensos y hombres armados pero indefensos, dada su poca capacidad de lucha, derrotados y con la sensación de haber sido traicionados, me dolía profundamente.*

Para mí quedarme en el Congo no era un sacrificio, ni uno, ni los cinco años con los que había atemorizado a mi gente, era parte de una idea de lucha que estaba totalmente organizada en mi cerebro. Podía contar razonablemente conque seis u ocho hombres me acompañarían sin el ceño fruncido, el resto lo haría por un deber, algunos de tipo personal hacia mí, otros moral hacia la revolución, y sacrificaría gente que no podía luchar con entusiasmo.

En realidad la idea de quedarme siguió rondando hasta las últimas horas de la noche y quizá nunca haya tomando una decisión, sino que fui un fugitivo más.

Fernández Mell recuerda que el Che insistía en quedarse, que si no lo obligaban los del Movimiento de liberación congolés a salir, se quedaba. Hacía bromas en medio de la tensión: *Bueno, compañeros, la situación está aquí como para morirse con un desorden patriótico.*

Llega entonces un mensaje recibido desde Cuba, en que se le dice al Che que es una locura intentar enlazar con Mulele en el norte del Congo y que "se buscara la manera, por todos los medios, de salir de allí".

Dreke recuerda: "La evacuación había que hacerla en medio de una gran cantidad de congoleses guerrilleros y de una gran cantidad de civiles, que se habían concentrado allí, huyendo ante el avance de los belgas, que venían arrasando. Era un espectáculo impresionante, porque entre toda aquella multitud había heridos, enfermos, mujeres y niños, ancianos, gente que huía. Hacían falta unos cuantos barcos para sacar a todos, pero esos barcos no existían".

En esa tarde de 20 de noviembre todavía hizo el Che un intento de quedarse, porque habiendo un grupo de cubanos que no se habían reincorporado y probablemente se encontraban perdidos, él insistía en que se quedaba a esperarlos. Con los mandos cubanos se produce un fuerte enfrentamiento. Aragonés, al que el Che le ha tirado el sombrero de un manotazo, le dice que si se trata de morir, él se sienta a su lado en el muelle después de la evacuación, para discutir sobre qué coño es el idealismo. El Che finalmente se rinde.

Nuestra retirada era una simple huida y, peor, éramos cómplices del engaño con el que se dejaba a la gente en tierra. Por otro lado, ¿quién era yo ahora? Me daba la impresión de que, después de mi carta de despedida a Fidel, los compañeros empezaban a verme como un hombre de otras latitudes, como algo alejado de los problemas concretos de Cuba, y no me animaba a exigir el sacrificio final de quedarnos. Pasé así las últimas horas, solitario y perplejo.

Hacia las dos de la mañana, precedidas por luces de bengala y un bombardeo, aparecen las tres lanchas de Lawton. Lo primero que se hace es montar un cañón en una de ellas. *Puse como límite de salida las tres de la mañana; a las cinco y media sería de día y estaríamos a mitad del lago. Se organizó la evacuación; subieron los enfermos, luego todo el estado mayor de Masengo, unas cuarenta personas elegidas por él, subieron todos los cubanos, y empezó un espectáculo doloroso, plañidero y sin gloria;*

debía rechazar a hombres que pedían con acento suplicante que los llevaran; no hubo un solo rasgo de grandeza en esa retirada, no hubo un gesto de rebeldía.

Unos ocho ruandeses que se habían mantenido hasta el final en el grupo abordan las lanchas. El Che quiere subir el último, pero pensando que es una treta de su parte para quedarse, los oficiales cubanos se niegan a subir si él no lo hace. Monta en la primera lancha con Martínez Tamayo, Aragonés y Fernández Mell. Tras las lanchas, algunas barcazas y piraguas se internan en el lago aún de noche, todas traen muy baja la línea de flotación.

Parecía que se hubiera roto una amarra y la exaltación de cubanos y congoleses desbordaba como líquido hirviente el pequeño recipiente de los barquitos, hiriéndome sin contagiarme; durante estas últimas horas de permanencia en el Congo me sentí solo, como nunca lo había estado, ni en Cuba ni en ninguna parte de mi peregrinar por el mundo.

Dreke recuerda: "Se veían las luces de las lanchas (enemigas.) La travesía duró mucho, hasta aclarando el día. Todo el mundo con los fusiles en las manos. Se levantó la neblina como a las seis de la mañana. Vimos una primera avioneta. Vimos las lanchas abriéndose como en una envoltura. Yo pensaba que nos iban a joder en el lago. No se acercaron. Nos fueron custodiando hasta Kigoma".

Ya en las cercanías de Tanzania el Che desde su bote le habla a los cubanos; en versión de Dreke, dirá: *Compañeros, ha llegado el momento de separarnos por razones que ustedes conocen. Yo no desembarcaré con ustedes, tenemos que evitar todo tipo de provocaciones; esta lucha que hemos librado ha sido de gran experiencia, yo espero que a pesar de todas las dificultades por las que hemos pasado, si algún día Fidel les plantea otra misión de esta índole, algunos sabrán responder presente. También espero que si llegan a tiempo el día 24, cuando se estén comiendo el lechón que algunos tanto anhelaban, se acuerden de este humilde pueblo, y de los compañeros que hemos dejado en el Congo. Sólo se es revolucionario cuando se está dispuesto a dejar todas las comodidades para ir a otro país a luchar; quizás nos veamos en Cuba o en otra parte del mundo.*

En un momento de la travesía el Che habla con Martínez Tamayo, Villegas, Coello y les pregunta si están dispuestos a seguir la lucha en algún lugar de Latinoamérica. Los tres afirman, desconcertados. Aún no han acabado de digerir la derrota.

Una fotografía (las fotos, eternas compañeras en la vida del comandante Guevara) muestra una lancha de unos 12 metros atiborrada de hombres. Una serie de fotos posterior tiene como sujeto al Che, pipa en la boca, afeitándose en el interior del lanchón, se desvanecen la barba y el bigote, más tarde José Luis Torres le corta el pelo. Desaparece el Che, la imagen conocida, vuelve a la clandestinidad.

Hacia las siete de la mañana, cuando se veían las casas de Kigoma, se acerca una lancha pequeña que se acerca a los botes, el Che se trepa en ella. Junto a él se van Martínez Tamayo, Villegas, Coello.

CAPÍTULO 47

Dar Es Salaam

Autorretrato, Tanzania, 1965.

Víctor Dreke, el que había sido segundo jefe de la expedición cubana en el Congo, recordará años más tarde: "*Después nos vemos, Moja*, me dijo el Che al despedirse en el lago Tanganica. Fue del carajo, la gente lloró. No se sabía si había alegría o tristeza. Ya nunca volví a ver al Che".

Al llegar a Kigoma, los combatientes cubanos se recuperan. Erasmo Videaux recuerda: "Nos pelamos, botamos la mugre, estábamos casi desnudos, sin zapatos, nos desinfectamos, estábamos todos llenos de birús. Medicamentos, pomadas y sobre todo comida. La moral en ese momento era buena. Nosotros sentíamos que habíamos dado una batalla, que no éramos los culpables".

Luego serán transportados a Dar Es Salaam de donde saldrán en grupos hacia La Habana. Un pequeño grupo a cargo de Fernández Mell permanecerá en Kigoma para tratar de recuperar a los tres hombres que se han quedado en el Congo. Un par de meses más tarde lo logrará.

Mientras tanto, en la embajada cubana en Dar, Pablo Rivalta recibe instrucciones para dejar libre el piso superior de la cancillería, al que sólo podrán acceder él y el encargado de las claves. Ese será el refugio temporal del Che, tras haber pasado tres días en una casa en las cercanías del aeropuerto, un Guevara afeitado y deprimido, delgado a causa de la disentería y las hambres. Junto a él, en los primeros días, sus tres hombres de confianza, Harry Villegas, Coello y el capitán Martínez Tamayo.

De vez en cuando juega partidas de ajedrez con Rivalta, pero "un día que le estoy dando un jaque mate, me miró, se le veía que no estaba en el juego realmente".

Será la literatura y la comida las que lo saquen de una primera etapa de apatía y angustia. A los pocos días de haberse instalado comienza a dictarle al clavista de la embajada, Colman Ferrer, unas notas a partir de sus diarios escritos en el Congo. Poco a poco aumentará el ritmo y escribirá casi constantemente durante tres semanas. Con una velocidad que le envidiaría el más profesional de los ensayistas, el Che ordena, a partir de su diario, una narración sobre lo vivido.

El manuscrito va tomando forma, se titulará *Pasajes de la guerra revolucionaria (el Congo)*, y estará dedicado a "*Baasa* (Orlando Puente) *y sus compañeros caídos, buscándole sentido al sacrificio*". En el prólogo dirá: *Esta es la historia de un fracaso, desciende al detalle anecdótico, como corresponde a los episodios de la guerra, pero está matizada de observaciones y de espíritu crítico, ya que estimo que, si alguna importancia puede tener el relato, es el permitir extraer una serie de experiencias que sirvan para otros movimientos revolucionarios. La victoria es una gran fuente de experiencias positivas, pero también lo es la derrota y más aún, en mi opinión, cuando en este caso, los actuantes e informantes son extranjeros que fueron a arriesgar sus vidas en un territorio desconocido, de lengua distinta y al cual los unía solamente los lazos del internacionalismo proletario inaugurando un método no practicado en las guerras de liberación modernas.*

En ese mismo prólogo informa que según sus deseos, *estas notas serán publicadas transcurrido bastante tiempo desde su dictado y, tal vez el autor no pueda hacerse responsable de lo que aquí está dicho; el tiempo habrá limado muchas aristas y, si tiene alguna importancia su aparición, los editores podrán hacer las correcciones que se crean necesarias, mediante las pertinentes llamadas, a fin de aclarar los acontecimientos o las opiniones a la luz del tiempo decantado.* El Che no sabrá que el manuscrito no será conocido públicamente sino casi 30 años más tarde y ni siquiera porque haya sido publicado íntegramente.

Y afilará su capacidad autocrítica, como si fuera un ejercicio de sicoanálisis, desnudará sensaciones, se juzgará con una dureza mayor que la que utilizó al medirse en los *Pasajes* cubanos. Y en esa autocrítica dejará el mejor retrato de su personalidad que el historiador haya conocido; a veces no por su justicia, sino por lo que revela de la manera como el personaje se ve a sí mismo:

Me toca hacer el análisis más difícil, el de mi actuación personal. Profundizando hasta donde he sido capaz el análisis autocrítico, llegué a las siguientes conclusiones: desde el punto de vista de las relaciones con los mandos de la revolución, me vi trabado por la forma un tanto anormal en que entré al Congo y no fui capaz de superar ese inconveniente. En mis reacciones fui disparejo; mantuve mucho tiempo una actitud que podría calificarse de excesivamente complaciente, y a veces tuve explosiones muy cortantes y muy hirientes; quizá por una característica innata en mí; el único sector con quien mantuve sin duda relaciones correctas fue con los campesinos, pues estoy más habituado al lenguaje político, a la explicación directa y con el ejemplo y creo que hubiera tenido éxito en ese campo. No aprendí el swahili con la suficiente rapidez y con la suficiente profundidad; fue un defecto atribuible en primera estancia al conocimiento del francés, lo que me permitía comunicarme con los jefes pero me alejaba de las bases. Faltó voluntad para realizar el esfuerzo necesario.

En cuanto al contacto con mis hombres creo haber sido lo suficientemente sacrificado como para que nadie me imputara nada en el aspecto personal y físico, pero mis dos debilidades fundamentales estaban satisfechas en el Congo: el tabaco, que me faltó muy poco, y la lectura, que siempre fue abundante. La incomodidad de tener un par de botas rotas o una muda de ropa sucia o comer la misma pitanza de la tropa y vivir en las mismas condiciones, para mí no significa sacrificio. Sobre todo el hecho de retirarme a leer, huyendo de los problemas cotidianos, tendía a alejarme del contacto con los hombres, sin contar que hay ciertos aspectos de mi carácter que no hacen fácil el intimar. Fui duro, pero no creo haberlo sido excesivamente; ni injusto. Utilicé métodos que no se usan en un ejército regular, como el de dejar sin comer; es el único eficaz que conozco en tiempos de guerrilla. Al principio quise aplicar coerciones morales y fracasé. Traté de que mi tropa tuviera el mismo punto de vista que yo en cuanto a la situación, y fracasé; no estaba preparado para mirar con optimismo un futuro que debería ser avizorado a través de brumas tan negras como el presente.

No me animé a exigir el sacrificio máximo en el momento decisivo. Fue una traba interna, psíquica. Para mí era muy fácil quedarme en el Congo; desde el punto de vista del amor propio del combatiente, era lo que cuadraba hacer; desde el punto de vista de mi actitud futura, si no lo que más convenía, era indiferente en el momento actual. Cuando sopesaba la decisión, jugaba en mi contra el que supiese lo fácil que me resultaba el sacrificio decisivo. Considero que debería haberme sobrepuesto en mi interior al lastre de ese análisis autocrítico e imponer a una determinada cantidad de combatientes el gesto final; pocos, pero debíamos habernos quedado.

Por último pesó en mis relaciones con el personal, lo pude palpar bien, aunque es totalmente subjetivo, la carta de despedida a Fidel. Esta provocó que los compañeros vieran en mí, como hace muchos años, cuando empecé en la sierra, un extranjero en contacto con cubanos; en aquel momento, el que estaba de llegada, ahora, el que estaba de despedida. Había ciertas cosas comunes que ya no teníamos, ciertos anhelos comunes a los cuales tácita y explícitamente había renunciado y que son los más sagrados para cada hombre individualmente: su familia, su tierra, su medio. La carta que provocó tantos comentarios elogiosos en Cuba y fuera de Cuba, me separaba de los combatientes.

Tal vez parezcan insólitas estas consideraciones sicológicas en el análisis de una lucha que tiene escala casi continental. Sigo fiel a mi concepto del núcleo; yo era el jefe de un grupo de cubanos, una compañía nada más, y mi función era la de ser su jefe real, su conductor a la victoria que impulsaría el desarrollo de un auténtico ejército popular, pero mi peculiar situación me convertía al mismo tiempo en soldado, representante de un poder extranjero, instructor de cubanos y congoleses, estratega, político de alto vuelo en un escenario desconocido. Y un Catón —censor, repetitivo y machacón—, en mis relaciones con los jefes de la revolución. Al tirar de tantos hilos, se formó un nudo gordiano que no tuve decisión de cortar. Si hubiera sido más auténtico soldado hubiera podido tener más influencia en los demás aspectos de mis complejas relaciones. He narrado cómo llegué al extremo de cuidar al cuadro (mi preciosa persona) en los momentos de particular desastre en que me vi envuelto y cómo no me sobrepuse a consideraciones subjetivas en el instante final.

Es el análisis de un hombre que está reuniendo información sobre sí mismo para la siguiente experiencia. De alguien que trata de tensar la propia cuerda y averiguar cómo y cuándo se rompe, a la espera de la próxima ocasión de practicar los juegos de la muerte. Ya no es el Che un derrotado absoluto. Ha convertido la derrota en una derrota parcial, puede sobrevivir a sus propios y a veces exagerados complejos de culpa. A su brutal autodemanda.

Hay en el prólogo otro mensaje explícito: *He aprendido en el Congo; hay errores que no cometeré más, tal vez otros se repitan y cometa algunos nuevos. He salido con más fe que nunca en la lucha guerrillera, pero hemos fracasado. Mi responsabilidad es grande; no olvidaré la derrota ni sus preciosas enseñanzas.*

El Che corrige a mano el material mecanografiado y en una de sus reuniones en Dar Es Salaam le entrega una copia a Fernández Mell, para que a su vez lo entregue a Aleida y a Fidel en Cuba.

Con Rivalta y Fernández Mell conversa sobre lo sucedido. Según sus interlocutores, tras el primer repaso y las primeras reflexiones estaba convencido de que a corto plazo no existirían condiciones para la retoma de la guerra, y que de reiniciarse debería hacerse otra manera. Se empieza a reponer físicamente. A pesar de que es un hombre hermético y que resulta difícil conocer sus verdaderos estados de ánimo, a través de los pequeños gestos, las bromas, sus hombres sienten que aún se encuentra deprimido. Caminan por el piso azorados, inquietos, tratando de no molestar, de no hacer ruido.

No ha debido colaborar a tranquilizarlo las noticias que llegan sobre las secuelas de la intervención estadunidense en la República Dominicana. Rumbaut, su operador de radio en el Congo, lo ha acompañado y tiene su habitación enfrente de la del Che en el segundo piso de la embajada, donde ha montado un radiotransmisor que le permite estar al día informativamente de lo que sucede en el mundo.

Existe, tomado en aquellos días, un cuarto autorretrato. La cámara oscila en precario equilibrio sobre un montón de libros y ofrece el retrato a través del espejo de una cajonera donde el torso del Che en camiseta sobresale sobre las pilas de libros y papeles y una incongruente caja de colonia Yardley. El rostro sin barba ni bigote del comandante Guevara, parece el de un adolescente, un adolescente cansado. Tiene 37 años.

Sin duda en estos meses en Dar Es Salaam está en permanente contacto con La Habana. No hay constancia de estas comunicaciones ni de los intercambios epistolares que debe haber tenido con Fidel. Lo que sí hoy sabemos es que, a iniciativa del propio Rivalta, se llega a la conclusión de que puede organizarse una visita de su esposa Aleida bajo las máximas condiciones de clandestinidad. Aleida viaja a Tanzania vía El Cairo a principios de enero de 1966. Rivalta atestiguará que durante unos días (Aleida: "casi un mes") estuvieron viviendo juntos en la cancillería; que hablaban de sus hijos y que el Che se encontraba muy contento. Aleida comentará: "Hablamos de muchas cosas de las que no habíamos tenido tiempo de hablar antes. Leíamos y él escribía". En aquel par de cuartos con las ventanas permanentemente cerradas, uno de ellos un pequeño cuarto oscuro de fotógrafo con una pequeña cama, vivirán lo más parecido a una luna de miel.

En esos días ya el Che ha terminado el manuscrito del Congo y está trabajando en otros dos proyectos, unos "Apuntes filosóficos" y las "Notas económicas" sobre el manual de economía política del PCUS, a la vez que leyendo poesía y ficción.

Poco después Rivalta se hará cargo personalmente de la transformación del Che y ejercerá labores de peluquero: "Fui y compré en los mercados una maquinita de pelar, tijeras, peines, máquina de afeitar. Me quedó el pelado muy bueno, me gradué de barbero. Al terminar le puse un tabaco en la boca". Queda la constancia de la foto: el Che rejuvenecido y sin barba mira por encima del puro con unos ojos burlones.

Un hombre del Ministerio del interior cubano, Ulises Estrada, lleva a Tanzania a Luis García, conocido como Fisín, para que se encargue de crear una nueva personalidad al Che. La transformación incluye quitarle el pico del pelo que le sobresalía, hacerle prótesis inferior y superior que le deforma la boca y la mandíbula, y fabricar un chaleco que lo encorva, así como elevadores interiores en los zapatos.

Al final estará irreconocible.

Con ellos enviará a Barbarroja Piñeiro 25 centavos de dólar, y el siguiente mensaje: *Esto fue todo lo que quedó del dinero que me entregaron* (para la operación del Congo).

En febrero le escribe a su hija Hilda, que cumple 10 años: *Ya eres una mujer y no se te puede escribir como a los niños, contándoles boberías y mentiritas. Has de saber que sigo lejos y estaré mucho tiempo alejado de ti, haciendo lo que pueda para luchar contra nuestros enemigos. No es que sea gran cosa, pero algo hago y siempre podrás estar orgullosa de tu padre.*

Poco después se despide de Aleida (que permanecerá hasta fines de febrero en Dar) y deja Tanzania con destino desconocido. Su despedida había quedado escrita en un mensaje que dirigió a la conferencia Tricontinental que se celebró en La Habana en enero de ese 1966: *Todavía se asiste a la lucha entre los sucesores de Lumumba y los viejos cómplices de Tshombé en el Congo, lucha que en el momento actual parece inclinarse a favor de estos últimos, los que han pacificado en su propio provecho una gran parte del país, aunque la guerra se mantenga latente.*

CAPÍTULO 48

Praga: el frío, la soledad

Al historiador le gustaría poder apelar nuevamente a la voz del propio Che. No hay manera de evadir ese tono narrativo, esa sinceridad cabrona, ese sentido del humor cáustico; pero al igual que tantos otros materiales, los diarios que debió haber escrito tras su salida de África, los hipotéticos "Cuadernos de Praga", si es que existen, no han sido hechos públicos. Si a esto se añade que los cronistas cubanos rehuyen como la peste bubónica la imagen de un Che deprimido y derrotado, muy poco o casi nada se ha hablado sobre el periodo "frío", que transcurre entre fines de febrero del 66 y julio del mismo año. Por lo tanto sólo quedará intentar reconstruir a partir de elementos sueltos y de muy diversa índole aquella inicial "primavera de Praga".

Abandonar África e ir a Europa, un lugar donde podría mantenerse en una absoluta clandestinidad, a la espera de que se reactivara la tan pospuesta operación en América Latina, estuvo sin duda, en términos de fechas, ligado al reinicio de la operación andina.

Fines de febrero será cuando el Che salga del calor de la derrota y vaya al frío de la nueva propuesta. Ernesto Guevara, nuevamente disfrazado, saldrá de Tanzania vía El Cairo-Belgrado con destino a Praga. En El Cairo volverá locos a sus escoltas e irá a ver el documental sobre la olimpiada de Tokio, incluso los obligará a llevarlo a comer a la cafetería del Hilton.

Ulises Estrada es el hombre encargado de asegurar la operación por parte del equipo de Piñeiro, en una misión que sería definida como "llevarlo a un lugar seguro hasta que él decidiera qué iba a hacer". Carretero, otro de los hombres de Piñeiro, conocido con el seudónimo de Ariel, le comentará años más tarde a Anderson que el gobierno cubano tenía un acuerdo con los checos para poder utilizar casas de seguridad "herméticas" en Praga, controladas tan sólo por los servicios cubanos, y que "los checos nunca supieron que el Che estaba allí".

Al Che le preocupaba mucho que se conociera su estancia en Checoslovaquia; según Estrada, que lo acompañó las primeras semanas, "decía que *si se enteraban los checos, se iba a enterar la CIA*".

Se instalan en Praga en un departamento muy sencillo, que sólo tenía camas y una mesa de cocina por todo mobiliario. Allí transcurren los días lentamente. Cuando se le acaban los libros, el Che casi enloquece y se ve obligado a concentrarse en resolver problemas de ajedrez, a solas con su tablero. Sin duda en esos días continua escribiendo sus notas al manual de economía política del PCUS.

Más tarde el grupo se ocultará en una villa en las afueras de Praga, rodeada de lagos. Los acompañarán Villegas y Coello, sus escoltas y eternas sombras amables. De uno de ellos será la memoria de esos días. Villegas recordará que pasaban parte de la jornada caminando por la ciudad como poseídos, en medio de un frío terrible, en aquella ciudad maravillosa, que al menos no invitaba al asma, o que comían en restaurantes en las afueras, lo más alejados posible del centro, por razones de seguridad.

El grupo comienza a hacer prácticas de tiro, caminatas de 20 kilómetros. La clandestinidad es absoluta, el Che desconfía profundamente de los checos y no quiere tener nada que ver con sus servicios; por tanto, toda la operación será cubana. Guevara intercambia mensajes frecuentes con Fidel. Como Estrada es un negro voluminoso, resulta muy llamativo en Praga, el Che lo enviará por esa razón de regreso a Cuba. Lo substituirá Juan Carretero. Finalmente, cuando la operación latinoamericana comienza a tomar forma, el Che pide que le envíen desde La Habana a Alberto Fernández Montes de Oca, Pachungo, su viejo compañero de la batalla de Santa Clara y del Ministerio de industria.

Aleida lo visitará también en Praga. "Por primera vez hicimos vida hogareña, yo cocinaba, lavaba la ropa, vivimos la vida que no habíamos podido vivir".

Y será en Praga, y en esa primavera y verano del 66, donde Ernesto Guevara dé forma al nuevo proyecto que tomará elementos de las ideas originales del 64 y se adaptará a los cambios que se han producido en América Latina mientras estaba en África. Y será nuevamente un proyecto que girará sobre los ejes de la propuesta inicial, de la propuesta cancelada temporalmente por la muerte de Masetti y la destrucción del ELN peruano; la propuesta sugerida en el invierno del 64 en la entrevista con Josie Fanon en Argel: el "frente continental".

¿De dónde saca energía el Che para este retorno tras la terrible experiencia congoleña? El periodista norteamericano I. F. Stone reflexionará tras la muerte del personaje: "Con la asunción del poder temporal, la revolución, como la iglesia, entra en un estado de pecado. Uno puede fácilmente imaginarse cómo esta lenta erosión de la virtud prístina debe haber molestado al Che. No era cubano y no podía quedarse satisfecho en liberar del imperialismo a sólo un país latinoamericano. Pensaba en términos continentales. En cierto sentido estaba, como los santos primitivos, buscando refugio en el desierto. Sólo allí podría la pureza de la fe salvaguardarse del irregenerable revisionismo de la naturaleza humana". Pero hay algo más que a Stone se le escapa. América Latina no sólo era un territorio salgariano, donde practicar la estocada secreta que despacharía a los miserables de manera honrosa o zona de sueños juveniles asociada a la venganza verniana del capitán Nemo, utilizando imágenes literarias de la infancia guevarista. América Latina también era un continente absolutamente real. Y sus imágenes, la miseria profunda de los barrios de Caracas, el horror de la desigualdad social peruana, la demagogia boliviana, la prepotencia de los militares colombianos, el abuso imperial gangsteril en Centroamérica, los dictadores de cartón que ordenaban torturas, la desnutrición, el hambre, la ignorancia, el miedo, eran imágenes reales que el Che había grabado en su retina durante los viajes de juventud. De ahí la tenacidad del Che, la clara conciencia de que la necesidad de la revolución latinoamericana, y no sólo su necesidad moral, era inaplazable. Y por si esto fuera poco, una revolución que en 1966 parecía posible, no sólo en el sentido de realizable, alcanzable, sino en el más terrible y urgente sentido de próxima, cercana.

En esta nueva fase el objetivo inicial parece haber sido Perú, pensado en iniciar con una base de apoyo en Bolivia y un segundo foco guerrillero en Argentina en la perspectiva mediata, así lo recuerda Harry Villegas: "La idea principal que nos habíamos planteado no era Bolivia, sino Perú, que era donde de la lucha guerrillera se estaba organizando". Pero si bien ésta podría haber sido la idea original en Tanzania, al llegar a Praga las cosas habían cambiado.

En abril del 65 Héctor Béjar había reorganizado un nuevo frente del ELN y, en junio, el MIR de De la Puente Uceda comienza a operar en tres frentes guerrilleros de manera muy activa, después de varios meses de trabajo político en la zona. Poco después entrará en acción el ELN dirigido por Héctor Béjar, Lobatón y el Chino Juan Pablo Chang.

Pero el enorme empuje de la guerrilla peruana, con el apoyo de una permanente inquietud agraria, sufrió a finales del 65, mientras el Che estaba en África, una serie de golpes tremendos que descabezaron el movimiento. El 23 de octubre muere Luis de la Puente en el intento de romper un cerco al salir del campamento de Mesa Pelada y el 17 de diciembre es desarticulada la guerrilla del ELN a causa de la delación de un guía.

Sin duda el Che barajó la posibilidad de sumarse al movimiento en Perú y fue la convicción por parte de los cubanos de que "la guerrilla estaba penetrada", lo que hizo que el proyecto se abandonara. Villegas le diría más tarde a los guerrilleros peruanos: "Hay todavía muchas cosas que deben ser aclaradas como la captura de Calixto (Béjar), la muerte de De la Puente, la desaparición de Lobatón y la captura de Gadea (el hermano de Hilda, primer cuñado del Che). A nuestro juicio el Che no debe ir allí".

Regis Debray opina que: "Hasta mediados del 66, según parece, el Che no pensaba efectivamente en Bolivia sino como una plataforma de partida para el Perú". Para ser más exactos parece evidente que ya desde su salida de África el Che había abandonado la propuesta peruana y comenzaba a pensar en Bolivia, quizá en algo más que como una base de retaguardia para ingresar a otro territorio, con Argentina sin duda en la mira.

En noviembre del 64, los restos de la revolución boliviana, que el Che había conocido en sus orígenes, se habían desplomado en medio de un sangriento golpe militar dirigido por los generales Barrientos y Ovando, con una secuela de terribles represiones, concentradas particularmente en los mineros. Lechín fue deportado y una parte de la izquierda ilegalizada. Aunque los militares se dieron una forma legal en el 65, con unas elecciones que llevaron al poder a Barrientos, con Siles Suazo como vicepresidente, la inestabilidad política seguía dominando al país.

El Che no sólo había mantenido contactos directos e indirectos con la dirección del Partido comunista boliviano antes de salir de Cuba. En el 64 se había reunido con Oscar Zamora, dirigente de una disidencia radicalizada del partido, que se manifestaba por la lucha armada y que pronto iniciaría una lucha fraccional dentro del PC so pretexto de las diferencias entre chinos y soviéticos. Esta entrevista y otras relaciones habían motivado que el PCB enviara a su dirigente Mario Monje a Cuba a protestar porque los maoístas de su partido estaban preparando una pequeña guerrilla y suponía la existencia de apoyo cubano al grupo de Zamora.

En abril del 65, cuando el Che salía para el Congo, el partido se había escindido y crecía en ambas facciones la tendencia partidaria al enfrentamiento armado a la dictadura militar. Mediado el 65 un grupo de 12 militantes de la Juventud comunista, que estudiaba en Cuba, pedía "reiteradamente" a los cubanos que les dieran entrenamiento. Kolle, el segundo secretario del PCB, que estaba en La Habana en esos días, accedió e incluso envío a un nuevo grupo de jóvenes con los que la red del Che había tenido relaciones anteriormente en los casos de Masetti y Puerto Maldonado: Coco Peredo, el Ñato (Luis Méndez), Rodolfo Saldaña, Jorge Vásquez Viaña.

En enero del 66, durante la conferencia Tricontinental celebrada en La Habana, las conversaciones sobre una actividad guerrillera en Bolivia se reanudaron, pensando bien en una base de retaguardia para guerrillas en el Perú, o bien en una base activa. Fidel discutió la situación personalmente con el dirigente del PCB, incluso se dice que Monje se sometió a un breve entrenamiento después de la conferencia y se juramentó con una Browning 9 mm en la mano ante un grupo de jóvenes.

Parece que los acuerdos de colaboración entre los cubanos y Monje tuvieron un costo. El PCB, obsesionado por la exclusión de las restantes agrupaciones de izquierda, a las que sentía como rivales políticos, debe haber presionado exitosamente para que no se le diera acceso a la conferencia Tricontinental a otra delegación de la izquierda boliviana que habían llegado sin invitación: PRIN (Lydia Gueller), POR (Lora) y PCML (Ruiz González). La decisión, a posterior juicio de Debray, fue lamentable, porque limitaba la base de apoyo del proyecto del Che y convertía a los cubanos en rehenes de Monje y el partido comunista oficial.

Con el Che fuera del Congo y con su manifiesta intención de iniciar actividades en América Latina, la labor de Tania, conocida en Bolivia como Laura Gutiérrez Bauer, volvió a cobrar importancia. Tania en estos años se había relacionado con la oligarquía local, estaba casada con un estudiante boliviano, lo que le había facilitado la residencia, tenía una doble cobertura de arqueóloga y profesora de alemán, mantenía excelentes relaciones con la oficina de información de la presidencia, incluso había conocido al presidente Barrientos. En enero del 66 un agente de los servicios cubanos, bajo el seudónimo de Mercy y con la falsa personalidad de un argentino representante de una firma de belleza, fue a verificar que la cobertura de Tania permaneciera intacta y a ofrecerle una ampliación de su entrenamiento. Durante dos meses, en Bolivia y Brasil, Mercy entrenó a Tania en una variedad de temas que incluían contrachequeo, análisis de información, inteligencia, lectura de micropuntos, karate, etecétera. Al despedirse de ella le reiteró las órdenes del Che: que se mantuviera en las sombras, aislada de la izquierda boliviana y a la espera de un mensajero que llegaría de la isla para activarla.

En marzo del 66, el capitán Martínez Tamayo, que ha estado con el Che en Praga, llega a Bolivia. Su presencia allí indica que el proyecto peruano ha sido abandonado temporalmente, o mejor dicho se ha readecuado a las nuevas variantes, y es Bolivia ahora el centro de la propuesta guerrillera del Che. ¿Bajo qué esquema? ¿En qué condiciones? ¿Con quiénes como colaboradores? ¿Piensa el Che que existen en Bolivia las condiciones políticas para iniciar la lucha armada? ¿Que la revolución fracasada de los 50 ha abierto paso a la necesidad de una revolución socialista? No existía en Bolivia una izquierda organizada que se hubiera definido por la lucha armada contra el gobierno de los militares. Se hablaba, sí, pero no se definían posiciones. Como diría más tarde Inti Peredo, el partido comunista estaba siempre "al borde de la lucha armada", un borde que nunca se cruzaba.

Estamos ante un proyecto del Che Guevara, como bien dice Fidel: "Esta misión no se la dimos nosotros; la idea, el plan, todo, fue de él"; un proyecto que nunca fue enunciado en su plenitud, ni en su diario boliviano ni en conversaciones con los hombres que más tarde le habrían de acompañar a Bolivia. Debray apuntaría años más tarde: "Los verdaderos planes del Che jamás fueron consignados por escrito, hasta donde sabemos, y menos aún publicados. En ningún momento los formuló el Che explícita o sistemáticamente en Ñancahuazú ante el grupo de guerrilleros. Esos planes estaban omnipresentes pero como sobrentendidos; adivinados por la mayoría, vislumbrados por algunos otros, conocidos por un pequeño número".

Por lo que hoy sabemos, e interpretando las acciones del Che en los siguientes meses, el envío del capitán Martínez Tamayo a Bolivia era el inicio de un plan para darle forma a una operación guerrillera en ese país, en una lucha que se pretendía a mediano plazo continental, abarcando la cordillera de los Andes y con Argentina y Perú como escenarios compartidos. Se trataba de crear un "frente madre" en Bolivia, que operara como un frente combatiente, pero también de entrenamiento armado. Parece también evidente que cuando se produjeran los desprendimientos de las nuevas columnas hacia Perú y Argentina, el Che iría en una de ellas hacia su tierra natal. Esta perspectiva estaba alimentada por un nuevo golpe militar en la Argentina, cuando el presidente Ilía fue arrojado del poder por el general Onganía. Los militares argentinos parecían trabajar en el sentido del proyecto del Che.

Las tareas inmediatas de Martínez Tamayo fueron reenlazar con los restos del ELN peruano, en particular con Juan Pablo Chang; contactar con el PC boliviano, rearmar la red de colaboradores que incluía a los "viejos amigos", los Peredo, Saldaña, el Ñato, Vázquez Viaña y, sobre todo, crear una primera base donde la guerrilla pudiera entrenarse. Pronto se cumplen los cometidos y el grupo comienza a trabajar. Martínez Tamayo compra una granja en Yungas, en el alto Beni, no lejos de Caranavi, al noroeste de

La Paz. La granja se encuentra demasiado cerca de un campo militar y será más tarde abandonada.

En abril sale de La Habana para apoyar sus trabajos el hombre que estuvo presente en la entrevista entre el Che y Tania dos años antes en Cuba, Monleón (Iván/Renán), agente de los servicios secretos cubanos, parte del grupo de Piñeiro, quien se ha de mantener al margen de las relaciones con la izquierda boliviana y que con la cobertura de un próspero comerciante acepta establecerse como topo todo el tiempo que dure la misión. Según una fuente cubana, "Iván estaba entrenado en contrachequeo, métodos de obtención y traslado de información, contrainteligencia, observación visual, medidas de seguridad, comunicaciones radiales, códigos secretos, escritura cifrada e invisible".

Tania saldrá de Bolivia para mejorar su pasaporte falso y recibir entrenamiento adicional en México y será posteriormente enviada a Praga. Allí tendrá una nueva entrevista con el Che de la que sabemos muy poco, simplemente que se la reactivó y, como recuerda Ulises Estrada, "se le cambiaron las claves".

La presencia del Che en Praga era material muy sensible y el propio Che fue muy cuidadoso al respecto, de manera que fuera del pequeño círculo de combatientes ya conocidos (Pacho, Martínez Tamayo, Coello, Villegas) y los hombres del Ministerio del interior (Estrada, Carretero, José Luis, que laboraba en la embajada), su presencia fue un secreto mayor.

En mayo los tres agentes del Che (Tania, Monleón y Martínez Tamayo) mantienen reuniones en Bolivia. En ese mismo mes Fidel se entrevista con Monje y le da una vaga idea de la operación. ¿Monje sale de la reunión pensando en que se está gestando una operación esencialmente boliviana en su primera fase? Jorge Kolle, miembro de la dirección del PC Boliviano, pensaba que se estaba reproduciendo la experiencia de Masetti, que la operación sería sobre Argentina y que a ellos sólo les quedaba cumplir un papel secundario de colaboradores.

A su regreso a La Paz, Monje le da luz verde para que vaya a La Habana a pasar un breve entrenamiento, a un pequeño grupo de miembros de la Juventud comunista boliviana encabezado por Inti Peredo, quien parte vía Buenos Aires con otros ocho compañeros.

Ese mismo mes se habían producido en Cuba una serie de confrontaciones que caldeaban enormemente el ambiente. La defección de un viejo compañero suyo de la campaña de Santa Clara, el capitán del directorio Cubela, al que se acusaba de preparar un atentado contra Fidel en complicidad con la CIA, las infiltraciones de agentes estadunidenses en lanchas rápidas, las provocaciones en Guantánamo, parecían presagiar una nueva invasión. El Che, ante los riesgos de una agresión armada contra Cuba, le plantea en una carta a Osmany Cienfuegos la posibilidad de regresar a Cuba a combatir, pero al desvanecerse el riesgo de la invasión retorna a sus planes.

Será entonces cuando Fidel insista de nuevo en que el comandante Guevara retorne a Cuba y desde allí organice su nueva operación. Parece ser que el Che por razones de coherencia (se había despedido públicamente) y orgullo (no podía volver atrás en el proyecto), no tenía intención de volver a Cuba y quería armarlo todo desde Praga. En una de las pocas cartas que se conocen, del que debe haber sido un activo intercambio epistolar y de mensajes, Fidel, en el inicio de junio del 66, le dice: "Debes considerar la conveniencia de darte un salto hasta aquí. Tengo muy en cuenta que tú eras muy renuente a (...) poner un pie en Cuba (...) Esto, sin embargo, analizado fría y objetivamente, obstaculiza tus propósitos; algo peor, los pone en riesgo (...) Tu estancia en el llamado punto intermedio aumenta los riesgos; dificulta extraordinariamente las tareas prácticas a realizar; lejos de acelerar atrasa la realización de los planes y te somete además a una espera innecesariamente angustiosa, incierta, impaciente".

Y Fidel va al punto central, el orgullo del Che: "No media ninguna cuestión de principios, de honor o de moral revolucionaria que te impida hacer un uso eficaz de las facilidades con que realmente puedes contar para cumplir tus objetivos. Hacer uso de las ventajas que objetivamente significan poder entrar y salir de aquí, coordinar, planear, seleccionar y entrenar cuadros (...) no significa ningún fraude, ninguna mentira, ningún engaño al pueblo cubano o al mundo".

Y aclara: "No insinúo ni remotamente un abandono o posposición de los planes, ni me dejo llevar de consideraciones pesimistas ante las dificultades surgidas".

Para rematar ofreciendo todas las condiciones de organización y clandestinidad y pidiéndole al Che una imposible, paciencia: "¿Por qué no nos tomamos el mínimo de tiempo necesario? (...) Nosotros en México tuvimos que invertir 18 meses para regresar aquí (...) Sé que cumples los treinta y ocho el día 14 ¿Piensas acaso que a esa edad el hombre empieza a ser viejo?"

Desde Praga, desde el frío y la soledad, el Che medita sobre esta carta y posiblemente, tras haber recibido una nueva visita, la de Ramiro Valdés, su segundo de a bordo en Las Villa y ahora Ministro del interior, termina aceptando regresar a Cuba.

Hará antes un breve viaje a París para probar su camuflaje y su cobertura legal. Mientras tanto, el Ministerio del interior cubano pondrá en marcha otra operación de desinformación para cubrir las huellas del Che.

Poco a poco se movilizan otras piezas en el gran tablero de ajedrez: el 10 de julio Tania es activada por un mensaje y comienza a conseguir casas de seguridad para el arribo de combatientes y locales que puedan servir como almacenes. Cuatro días más tarde salen de Praga Harry Villegas y Coello con destino a Bolivia. El Che coloca a sus hombres de confianza en el terreno. Tienen que actuar conjuntamente con Martínez Tamayo y poner en marcha la operación. Una semana más tarde el Che iniciará su salida de Europa rumbo a América Latina.

CAPÍTULO 49

El reto de la esfinge

Con Orlando Borrego en una de las jornadas de trabajo voluntario. Borrego sería el depositario de las heterodoxas revisiones del marxismo del Che.

En el Congo, durante su estancia en Dar Es Salaam, y más tarde en Praga, el Che habría de comenzar a darle forma a un libro: *Estoy pensando en iniciar un trabajito sobre el* Manual de economía de la academia de ciencias de la URSS, donde expondría sus diferencias en materia de economía con los modelos socialistas soviéticos, sus nuevas herejías.

Orlando Borrego recibiría un paquete de manuscritos de manos de Aleida, enviados por el Che desde Praga, con la propuesta de que los trabajara con Álvarez Rom, mientras el Che volvía a encontrar una oportunidad de meterle el diente al asunto.

Los materiales consistían en un prólogo, un proyecto de índice tentativo, un esbozo biográfico de Marx y Engels y una serie de notas sobre el *Manual de economía política* de la URSS.

En el prólogo, el Che deslizaba las intenciones de su futuro trabajo y comentaba que *El Capital* fue la biblia del análisis marxista, pero algunas de sus previsiones no se cumplieron. Pasó el tiempo, vino la era del imperialismo, Lenin, Mao, Stalin. Y luego vino el manual. *Al comenzar el estudio crítico del mismo encontramos tal cantidad de conceptos reñidos con nuestra manera de pensar que decidimos comenzar...* Y aquí el Che se disculpa por volverse *crítico de la* URSS, posición que se ha convertido en oficio de muchos oportunistas que lanzan dardos desde la extrema izquierda para beneficio de la reacción.

Dudando entre la abierta disidencia y la ortodoxia, pidiendo perdón y al mismo tiempo reivindicando el derecho a la herejía, lanza el primer cañonazo: Lenin es el culpable. *Tal es la magnitud de nuestra osadía.*

Nuestra tesis es que los cambios producidos a raíz de la NEP *(nueva política económica) han calado tan hondo en la vida de la* URSS *que han marcado con su signo toda esta etapa, y sus resultados son desalentadores: la superestructura capitalista fue influenciando cada vez más en forma más marcada las relaciones de producción, y los conflictos producidos por la hibridación que significó la* NEP *se están resolviendo hoy a favor de la superestructura; ¡se está regresando al capitalismo!*

En el prólogo se dice que el libro irá dirigido a lo que piensan críticamente, pero sobre todo a *la multitud de estudiantes cubanos que tienen que pasar por el doloroso proceso de aprender "verdades eternas" en las publicaciones que tienen, sobre todo de la* URSS, *y observan cómo nuestra actitud y los repetidos planteamientos de nuestros dirigentes se dan de patadas con lo que leen en los textos.*

Y remata recordando cómo Marx dijo de la ciencia burguesa que era incapaz de criticarse a sí misma y esto mismo se aplica *desgraciadamente a la ciencia económica marxista.*

Cierra el prólogo con una cita cuya autoría el historiador no ha podido identificar: "Nuestra fuerza de corazón ha de probarse aceptando el reto de la esfinge y no esquivando su interrogación formidable".

El prólogo de un libro que no existe.

El paquete incluía unas notas biográficas sobre Carlos Marx y Federico Engels, curiosamente destacando la historia de la amistad de los personajes, el espíritu de sacrificio de Marx, su obsesión, sus penurias económicas. No era la primera vez que los fundadores le atraían. En el Congo había estado leyendo la biografía de Mehring y en el tercero de sus cuadernos filosóficos escrito a fines de los 40 (¿1948?) incluyó varias docenas de páginas sobre Marx en otro intento de biografía.

Las notas al *Manual de economía* son eso simplemente, notas de lectura, preguntas, observaciones. Borrego da cuenta de unas cincuenta de ellas, y giran en torno a varios puntos:

La intuición del Che de que las propiedades sociales no estatales generan retorno al capitalismo. Idea que reitera cuando duda de la veracidad de una frase de Kruschov que dice que el socialismo en la URSS es irreversible, a lo que el Che contesta que no se puede *construir el socialismo con los elementos del capitalismo.*

La idea de que las clases obreras de las metrópolis participan de la explotación del tercer mundo. *No hay punto de contacto entre las masas proletarias de los países imperialistas y los dependientes, todo contribuye a separarlas y a crear antagonismos entre ellas.*

Y un paso más allá, la insolidaridad con la que los países socialistas comercian con el tercer mundo con precios de mercado, de mercado capitalista, *el comunismo se haría sobre la base de la explotación y el olvido de los pueblos con quien se comercia.*

Asociado al supuesto internacionalismo proletario: *El internacionalismo es reemplazado por el chovinismo (de poca potencia o pequeño país) o la sumisión a la URSS.*

El mito proletario leninista, el papel dirigente de la clase obrera que *también es falso. ... Los casos de China, Vietnam y Cuba ilustran lo incorrecto de la tesis;* al que contrapone la visión campesina guevarista: *Son los auténticos miserables de este momento en la gran mayoría de los países. Son la fuerza revolucionaria.*

Cuestiona las reflexiones de cartón sobre la relación entre el trabajo y el salario en los países socialistas: *Muy vago, muy inexacto en cuanto a la realidad de hoy. ¿Cuánto trabajo invierte un mariscal, cuánto un maestro? ¿Cuánto un artista? ¿Cuánto un obrero?* Y recuerda que en el primer Lenin había la idea de equiparar el salario del funcionario y el del obrero y que luego se echó para atrás.

Y enfurece ante la idea de que el estímulo material sea el gran gancho para aumentar la producción. *Es el deber social del individuo lo que lo obliga a actuar en la producción, no su barriga.*

Y en esas notas llenas de sentido común, aún faltas de experiencia directa e información, cuestiona la permanente crisis agraria en el campo socialista y su baja productividad, la competencia entre las fábricas y señala respecto a las supuestas leyes económicas del socialismo: *Todo el tema carece de base científica.*

Curiosamente dejará de lado el análisis de las clases, el lugar de la nueva burocracia, las jerarquías y los privilegios.

El libro nunca sería escrito, pero la ruptura con el socialismo a la rusa, se profundizaba.

CAPÍTULO 50

Quemar las naves

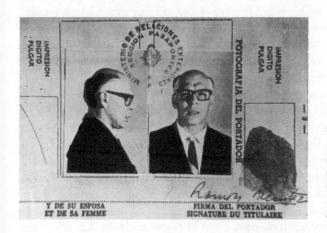

El pasaporte a nombre de Ramón Benítez con el que entra y sale de Cuba, capturado más tarde por el ejército boliviano.

Durante los entrenamientos en Pinar del Río, Cuba, 1966.

El 19 de julio de 1966, un hombre llamado Ramón Benítez, quien viaja con un pasaporte que lo acredita como ciudadano de la por entonces apacible República Oriental del Uruguay, recorre el trayecto de Praga a Viena en tren. "Traje marrón, sombrero de paño, camisa blanca con corbata, prótesis superpuesta en la dentadura, espejuelos de gruesa armadura y para colmo un adminículo de abultada protuberancia en la espalda encorvada. Me dio la impresión de un viejo profesor atacado por la artritis".

Es el inicio de una travesía más allá del paisaje. Ocupa el asiento 22 del vagón 181. A su lado, en el asiento 24, viaja un amigo suyo cubano, Pacho Fernández Montes de Oca, aunque también con cobertura de comerciante del Río de la Plata. En Viena transbordan para ir a Ginebra, luego a Zurich, y trastocando la lógica formal, al día siguiente volarán a Moscú y de ahí, cambiando de pasaporte, horas más tarde, tomarán un avión hacia La Habana. El hombre ha recorrido medio planeta para volver a casa. ¿A casa?

El Che Guevara que retorna no tiene casa. Ha quemado las naves. La Habana será una estación de paso hacia la nueva andanza. Un año y tres meses después de haber salido para la aventura africana retorna para montar una nueva expedición guerrillera, esta vez en América Latina. Fidel registra: "A él, con ese carácter particular, le costaba mucho la idea de regresar a Cuba después de haberse despedido, y yo lo persuado de que regrese, que es lo más conveniente para todos los fines prácticos de lo que él quería hacer". ¿Y cuáles son estos fines prácticos? Seleccionar a los hombres que lo han de acompañar, acabar de precisar el proyecto, entrenarse.

En el aeropuerto lo esperan Barbarroja Piñeiro y Raúl Tomassevich, quien ha estado trabajando en las listas de voluntarios para la futura operación. Viajan directamente hacia una casa de seguridad en un lugar entre la Cueva de los Portales (donde el Che estableció su comandancia durante la crisis de los misiles) y La Palma, en Pinar del Río, cerca de un pueblito llamado San Andrés de Taiguanabo. En el firme de una loma de difícil acceso, se encuentra la residencia abandonada de un estadunidense, que antes de la revolución era dueño de la mitad de la provincia. La finca funcionará como un sanatorio gracias al microclima allí existente, que colaborará a espantar el asma. "Estaba gordo, robusto", dirá un testigo anónimo.

De las múltiples conversaciones entre Guevara y Fidel, queda en los recuerdos del premier cubano la sensación de que el Che no podía ser frenado, que a pesar de los múltiples intentos de convencerlo de que permitiera que la operación se iniciara con otros cuadros y él se sumara, ya más avanzado el proceso, resultaba imposible detenerlo. Fidel Castro dice: "Él estaba impaciente, realmente muy impaciente".

No le resultará muy difícil al Che encontrar voluntarios que lo acompañen en la próxima aventura; el latinoamericanismo armado, por llamarlo de alguna manera, la vocación de solidaridad internacional y particularmente con América Latina, está presente en muchísimos de los cuadros de la joven revolución cubana. Hay además una tentación de volver al pasado, salir de las penurias de la dificilísima construcción del socialismo y volver a la época de la gloria, de la que la memoria filtra lo peor y va dejando el regusto de los mejores momentos, las solidaridades, las entregas totales, la adrenalina fluyendo, el olor de la pólvora y, por qué no, el heroísmo.

En los últimos años ha recibido multitud de peticiones. Y es conocido que centenares de mandos medios e incluso altos cargos de la revolución se habían presentado como voluntarios para colaborar con la revolución latinoamericana fuera de Cuba. Dariel Alarcón recuerda: "Con el temor de que se fuera a combatir y a dejarnos le manifestamos los deseos de acompañarle. No fui solamente yo. Muchos compañeros hicimos lo mismo".

Tomassevich le presenta una lista y el Che la toma en sus manos y la rehace. Escogerá a su imagen y semejanza, hombres a los que ha visto sobreponerse al miedo, un tanto irreverentes ante la idea de la muerte, guapos a la cubana, un tanto enloquecidos; privilegiará en la selección a combatientes políticamente elementales, pero enfurecidamente valientes y fuertemente igualitarios; premiará la abnegación, el estoicismo, y a su imagen y semejanza, buscará en sus candidatos la capacidad de elevarse sobre el agotamiento y las penurias usando como resorte la voluntad.

Para seleccionar al grupo el Che apelará primero a su vieja guardia. Por un lado sus escoltas: Coello y Harry Villegas, sus guajiros, hijos casi, y amigos siempre, que lo vienen acompañando desde la Sierra Maestra. Sumará a Leonardo Tamayo, el "indiecito" mensajero con pies alados que volaba por la sierra. A ellos han de añadirse Alberto Fernández Montes de Oca, aquel que un día estuvo perdido en la selva en México y que en Santa Clara dirigía un pelotón caminando diez metros adelante de sus hombres cuando se veía un tanque, su amigo del Ministerio de industria, que acaba de pasar con él los últimos meses en Praga.

Incorpora a los mejores guerrilleros que sirvieron bajo sus órdenes en la Sierra Maestra y sobre todo en la invasión: Eliseo Reyes (San Luis) y Olo Pantoja, quienes siendo capitanes se escapaban del hospital de Manacas para seguir combatiendo heridos. San Luis, que después de la revolución había estado muy activo en la lucha contra la contrarrevolución, con su engañosa cara de niño, y Olo Pantoja, de quien se decía que había realizado una misión previa en el Perú en la época de Hugo Blanco, cuando trabajaba con Ramiro en el Ministerio del interior. Y a ellos se añade Manuel Hernández, el mejor capitán de la vanguardia en la invasión a Las Villas.

De la reciente experiencia africana rescatará al doctor De la Pedraja (Morogoro) y a Israel Reyes, exescolta de Piñeiro. Sumará a otros cuadros de la etapa revolucionaria como el capitán Dariel Alarcón, de las tropas de Camilo, viejo conocido de la Sierra Maestra y el comandante Antonio Sánchez Díaz

(Pinares), un lugarteniente de Camilo, quien ocupa simbólicamente el lugar de su desaparecido jefe, al que sin duda al Che le hubiera gustado llevar consigo, porque "Camilo era mucho Camilo"; y el Che, aún sin saberlo, ha de permitirse estas debilidades con la nostalgia.

Incluye en el grupo a dos cuadros importantes de la administración de la revolución: Jesús Suárez Gayol (el Rubio), que hace siete años acudió a él con los pies quemados por haber incendiado una estación de radio y le pidió permiso para combatir y más tarde lo acompañó en el Ministerio de industria como director admirable de una fábrica imposible, y más tarde viceministro (*de los pocos que expresan fe y entusiasmo*), y Juan Vitalio Acuña, Vilo, miembro del Comité central del partido, un hombre al que conoció en los primeros días de la Sierra Maestra, y del que conserva una foto en la que juntos sonríen mientras tiran de una cuerda en un trabajo voluntario en los muelles de La Habana, un hombre al que estima por su enorme fuerza de voluntad y abnegación.

Desde luego lo acompañará el capitán José María Martínez Tamayo (Papi, M'bili), quien ha estado en la operación desde el inicio y, posiblemente a sugerencia de éste, su hermano, René Martínez Tamayo, teniente del Ministerio del interior, asmático como el Che, escolta de Manuel Piñeiro, que acababa de pasar un curso de operador de radio.

Por último, Gustavo Machín Hoed de Beche, un hombre que hizo la revolución con el Directorio y que le escribió al Che pidiendo una oportunidad de combatir fuera de Cuba, al que acompaña la fama bien merecida de valiente y cuya vida política posterior a la revolución se ha dividido entre el ejército y la administración trabajando como viceministro de Industria.

Serán los seleccionados que se conocen, aunque probablemente existió uno más, cuyo nombre omiten los testimoniantes, porque en el último momento decidió no participar en la operación; y otros que fueron retirados de la lista por diversas razones. Son hombres con larga experiencia guerrillera, casi todos de origen campesino, con la excepción de Pacho Montes de Oca, el Rubio y Gustavo Machín. Si nos atenemos a sus cargos en el ejército cubano o en el Ministerio del interior, hay tres militares con el más alto cargo en el ejército, comandante, Machín, Acuña y Pinares; dos primeros capitanes, siete capitanes, dos primeros tenientes y dos tenientes. Es muy posible que en la selección hayan colaborado el propio Fidel, Raúl Castro y Ramiro Valdés, y es seguro que el proceso de selección se haya iniciado cuando el Che se encontraba aún en Praga.

Mientras se va elaborando la lista, Villegas y Coello arribarán a Santa Cruz en Bolivia el 25 de julio, tras haberse despedido del Che en Praga y después de un largo viaje cruzando Alemania, África, Brasil... Los recibirá Martínez Tamayo, el "adelantado" de la operación. Otros dos cuadros participan en las labores de aquellos días, alguien a quien el historiador no ha podido identificar y que será conocido con el seudónimo de "el Flaco" (quien pediría poco tiempo después su retirada de la operación) y el peruano Julio Dagnino Pacheco, que será además el enlace con sus compatriotas del

ELN. Casi simultáneamente, en la última semana de julio retornan de La Habana Coco Peredo y otros tres bolivianos que han estado entrenándose en el marco de la colaboración del PC boliviano, con lo que se piensa será una nueva operación en Argentina o Perú con una base en Bolivia.

Villegas y Coello le transmiten a Martínez Tamayo las últimas orientaciones del Che: Tania debe mantenerse compartimentada y no relacionarse con el grupo que preparará la guerrilla, la necesidad de adquirir una granja en el norte de la zona de posibles operaciones, las fechas posibles del viaje del Che a Cuba y la posible duración de la estancia en periodo de entrenamiento allá. La respuesta de Martínez Tamayo a Villegas es desoladora: "Según nos dijo, tendríamos que comenzar ya que nada se había hecho".

El propio Villegas registra en su diario que las primeras conversaciones que Martínez Tamayo había tenido con el dirigente del PC boliviano Mario Monje fueron muy confusas, que de hecho estaba en contra de la lucha armada y que Tellería, miembro del Comité central del PC boliviano, que estaba cargo de los abastos, era muy ineficiente.

A partir de ese momento las conversaciones de los enviados del Che se sucederán a toda velocidad; no habrá sin embargo claridad ni transparencia, quizá por la ambigüedad con la que se ha venido manejando un proyecto que ha sufrido muchas variaciones en los últimos años.

En La Paz, a través del peruano Pacheco, transmiten al ELN que el objetivo de la operación será "primero en Bolivia y después en el Perú". Pacheco informa de esto al chino Juan Pablo Chang, viejo conocido del Che, bajo el supuesto de que el ELN peruano enviará a un grupo de hombres que se entrenarán y participarán en la guerrilla boliviana. Un día más tarde (el 30 de julio) Martínez Tamayo y Villegas enlazan con Moisés Guevara, dirigente minero excluido del PC boliviano por ser prochino, quien ha estado pidiendo a los cubanos reiteradamente armas y dinero para montar una guerrilla. Le proponen que se una al grupo que está en proceso de organización, pero que no habrá ni dinero ni armas, que todo está "siendo centralizado". Moisés Guevara acepta.

Estas relaciones se le ocultarán a Monje, el dirigente del PC, que está en la idea de que Bolivia, en el misterioso proyecto que están trazando los cubanos, será base de retaguardia y no más. En una de las reuniones, se le hará un sondeo:

—¿Si viniera el Che?

—Combatiría con él donde quiera que pudiera ser —contesta.

Y siguen los encuentros y las comunicaciones. La respuesta del ELN peruano no es tan complaciente como la de su enviado Pacheco. ¿Por qué en Bolivia y no en Perú como se había dicho antes? Aún así ofrecen seis militantes para esta nueva propuesta.

Una y otra vez los hombres del Che machacan a Monje. Le preguntan por los 20 hombres que prometió. "¿Qué 20 hombres?", responde. Se le olvidó la promesa, dice que el comité central no está por la lucha armada, que los 32 mil votos obtenidos en las últimas elecciones fueron un triunfo para ellos. Villegas resume: "En realidad Martínez Tamayo tiene que estar soplando en la nuca de esta gente para que se haga algo".

Paralelamente el equipo comienza a llegar y continúa la búsqueda de una granja en el norte del país. A lo largo del mes de agosto prosiguen las reuniones. ¿En qué momento comienza a hablarse de que se combatirá en Bolivia, de que no sólo se trata de una base para acciones en otros países, sino de una base armada?

Villegas da cuenta en su diario de conversaciones con Monje, en las que interviene Coco Peredo apoyando la posición de los cubanos. Monje contrapropone una variante al proyecto guerrillero: un alzamiento urbano en la capital y luego un repliegue a las montañas, "un levantamiento que tendría las características de un golpe de mano y que, si fracasaba, serviría para despertar la conciencia del pueblo". Le explican la idea de que se trata de un proyecto de alcance continental y de la presencia personal del propio Che. Monje reitera que si se trata del Che él combatirá. Pero la ambigüedad persiste.

Mientras tanto en Cuba los hombres seleccionados son convocados de manera abrupta: el capitán Eliseo Reyes, también conocido como San Luis, recibe una misiva del inframundo dirigida por el Che en que se le solicita de nuevo su cooperación. ¿Dónde? ¿Con el propio Che? ¿Para hacer qué?

Suárez Gayol, viceministro de Industria, es convocado por el ministro Orlando Borrego, que le comunica que el Che lo invita a acompañarlo en su nuevo proyecto. "Su reacción fue como la de un niño al que se premia con el más preciado juguete, daba saltos de alegría y me abrazaba."

Los capitanes Alarcón y Manuel Hernández, quienes habían pasado por un entrenamiento con vistas a apoyar una guerrilla en un país latinoamericano, que pensaban sería Venezuela o Colombia, reciben una llamada de Raúl Castro convocándolos de inmediato en el aeropuerto de Santiago de Cuba. Alarcón, al ver que hay un avión esperándolos sólo a ellos, piensa que los "van a fusilar con elegancia".

—¿Qué mierda hiciste tú —dirá Manuel— para que nos fusilen a los dos?

En el aeropuerto de La Habana los espera el jefe de escolta de Raúl en un auto, que los conduce de inmediato al Ministerio de las fuerzas armadas y de ahí directamente al despacho del ministro. Son los primeros en llegar, pero al poco tiempo comienzan a aparecer sus viejos compañeros: Pinares, Olo Pantoja, San Luis, viejos conocidos de la sierra… Alarcón reseña con gracia: "¿Y qué, muchachos, ustedes aquí? Sí, aquí. ¿Bueno y qué? No, aquí. Y de ahí no salíamos, ni ellos ni nosotros". Nadie conocía el motivo de la reunión. Nadie se atrevía a hablar de más. Al Che, que tanto celebraba el cantinfleo, le hubiera encantado aquel prólogo.

Raúl los recibe sonriente, se disipan los miedos, se reparten puros. Pinares toma tres. "Una para ahora y dos pa`Pola". El ministro de Guerra les informa que se han aceptado sus peticiones para ser voluntarios en una misión internacional. Parece ser que no todas las entrevistas fueron tàn amables; según Tamayo, algunas se celebraron de manera individual, y uno de los convocados declinó la oferta.

El grupo saldrá directo en *jeeps* hacia San Francisco, un campo de entrenamiento próximo a la Loma del Taburete, un lugar donde el Che había tenido su comandancia en el 60. Los entrenamientos comenzaron bajo el mando de Pinares.

En los primeros días de septiembre, el Che ha elegido la zona del Alto Beni, cercana a la frontera con Perú y el Brasil, para establecer en Bolivia el primer campamento guerrillero, y envía a Pacho Fernández Montes de Oca para intercambiar opiniones con el grupo que ya se encuentra en La Paz. Simultáneamente, un nuevo personaje habrá de aparecer en la ya compleja trama. Durante el último año Fidel ha mantenido relaciones con Regis Debray, el joven intelectual francés cuyo texto "El castrismo, la larga marcha de América Latina" le había recomendado Fernández Retamar al Che cuando este retornaba de Africa, y que el comandante Guevara leyó en francés y trajo a Cuba para que se tradujera, recomendándoselo ampliamente a Fidel. A partir de esto, se crea una relación; Debray participa en la Tricontinental y redacta, apoyado por Fidel, un ensayo que bajo el título de *Revolución en la revolución*, se volverá uno de los resúmenes oficiosos del pensamiento guerrillero cubano. El francés, que acaba de terminar de escribir el libro, acepta colaborar con los cubanos y recibe instrucciones de Fidel para conectar grupos revolucionarios bolivianos a la izquierda del PCB y sondearlos sobre la posibilidad de participar en un proyecto guerrillero. Debray dirá años más tarde que "piensa que se trata de una operación importante por la manera como Fidel se lo dice". Le pide también que realice un estudio político de dos zonas bolivianas, la del Alto Beni y la de Chapare. Debray no tiene mayor información, no sabe que está trabajando para un proyecto que involucra directamente al Che.

El 3 de septiembre Pacho Fernández Montes de Oca llega a La Paz vía Santiago de Chile y se entrevista con los otros cubanos. La propuesta de situar el campamento en el Alto Beni entra en conflicto con el trabajo previo que se había estado haciendo con el grupo de jóvenes comunistas apoyado por el PC boliviano en la zona de Camiri, porque ya se habían concentrado en Santa Cruz depósitos con armas, ropa y comida.

Martínez Tamayo es el más disgustado de los tres, incluso comenta, según Villegas, que "había muchas cosas insensatas de parte del Che"; no le gusta la nueva relación con el grupo de Moisés Guevara y piensa que puede traerles problemas con la gente del PC con la que han estado trabajando. Pacho insiste: las relaciones con el PC se vuelven secundarias, hay que apoyarse en las propias redes. Hay que desembarazarse de la granja de Santa Cruz y buscar una nueva en la zona del Beni.

El 10 de septiembre Villegas envía un informe al Che, en el que prevalece la opinión de Martínez Tamayo. Tras una conversación con Monje y haber hecho un balance de las tres zonas, el grupo cubano en La Paz desecha las propuestas de actuar en el Alto Beni o el Chapare y se retorna al trabajo en la zona de Santa Cruz-Camiri. El argumento central es que se trata de una zona despoblada cerca de los Andes, favorable para la idea del Che de crear una "base de extrema retaguardia para ir organizando la guerrilla y posteriormente, sin ningún tipo de enfrentamientos, avanzar para el norte, e ir marchando a una zona más céntrica y tener como vía de comunicación, como vía de desplazamiento, fundamentalmente, la línea de la cadena occidental de Los Andes que llega hasta la frontera argentina". En el informe también se reporta que las relaciones con Moisés Guevara los han colocado en una mala situación con el PCB. En estos momentos hay un grupo de diez hombres trabajando con ellos dirigido por los hermanos Peredo, Jorge Vázquez Viaña, Rodolfo Saldaña. Y ya con los hechos consumados, informan que se ha comprado una granja en una zona muy remota, cerca del río Ñancahuazú, no muy lejana del poblado de Lagunillas y de la casa de seguridad en Santa Cruz donde se tiene almacenado equipo. La granja, que tiene 1227 hectáreas, se encuentra "en un área montañosa de vegetación exuberante" y se le ha dado la cobertura de un rancho de cría de cerdos, en el que trabajan dos peones bolivianos que son miembros del Partido comunista. Coco Peredo ha sido el comprador formal y aparece como el dueño. Curiosamente, ya desde el 11 de septiembre, un día después de haberle informado al Che de la compra, Villegas advierte sobre el riesgo del vecino, Ciro Argañaraz, que resulta "extremadamente curioso".

El 12 de septiembre Pacho retornó a La Habana, mientras Martínez Tamayo fue a visitar otra posible granja en el Alto Beni, de tal manera que aunque se ha optado por Ñancahuazú, no se abandona totalmente la posibilidad alternativa, a la espera de lo que diga el Che. En paralelo, el propio Debray está haciendo un estudio sociopolítico de esa zona así como la de Chapare, al norte de Cochabamba, que le llevará todo el mes de septiembre "bajo la vigilancia inquieta y suspicaz del PCB". Ahí se encontrarán, aunque Martínez Tamayo simulará no conocer al francés.

Mediado septiembre los voluntarios cubanos que están entrenando para marchar hacia una misión desconocida en América Latina bajo el mando de un jefe desconocido, son subidos a un camión cubierto con una lona y con un chofer de lujo, el comandante Tomasevich, viajan con rumbo también desconocido. Pinares, por hacer una pequeña maldad, con la brasa de un puro le hace un hueco al toldo y va de observador dando datos a los demás de por dónde se pasa; la ruta le resulta conocida, están recorriendo su tierra, Pinar del Río, en el occidente de la isla. Al llegar a una finca, los voluntarios se forman en el jardín, como a unos 50 metros de la casa. Tomasevich les advierte:

—Se tienen que hacer de tripas corazón porque se van a ir con un tipo que es bastante engreído y bastante grosero.

Pinares puso el pelotón en atención. Pasaron los minutos. Cuando esperaban ver aparecer a alguien uniformado de verde olivo, desde la casa asomó un individuo que, descrito por Alarcón, vestía un "traje corte parisién, corbata, gafas montadas al aire, calvicie y los pelitos que le colgaban caneando, fumando en pipa, con botines de media caña". El hombre camina hacia el grupo y se detiene a un par de metros, saluda ceremoniosamente a Tomasevich dándole la mano.

—Mire, doctor, este es el grupo al cual usted le va a dar entrenamiento. Y Tomasevich comienza a presentarlos usando sus seudónimos. El hombre los mira de frente y les dice con acento español:

—*Bueno, comandante, tengo que decirle algo. Me parece que todos son unos comemierdas* —y luego se dirige uno a uno a saludarlos presentándose como Ramón.

—¿Qué le parecen ahora? —pregunta Tomasevich.

—*Me parece que son los mismos comemierdas* —responde contemplando de arriba abajo al grupo. Luego se dirige a Pinares.

—*Yo a ti te conozco...*

—A mí, imposible que me conozca.

—*¿Tú no eres el comandante Pinares? ¿Tú no eres aquel comandante que cuando la crisis del Caribe andaba por aquí, por Pinar del Río, en un jeepecito todo destartalado metiéndoles mentiras a todos los guajiros por aquí?*

La broma es tan abusiva que provoca en el grupo una carcajada. San Luis hace gestos, como queriendo reconocer al personaje que se encuentra encubierto por la caracterización; incluso llega a pensar, por el falso acento español detrás del que se encubren giros argentinos, que puede tratarse de un hermano del Che al que no conoce, pero será Suárez Gayol el que rompa el embrujo y se lance a abrazar al personaje.

—¡Coño, bicho, eres tú, coño, Che!

Los demás le hacen quitarse los lentes, le ponen una camisola verde olivo, le ponen una gorra. La alegría es desbordante. Ellos, al igual que millares de cubanos, tienen perdido al Che desde hace año y medio. San Luis abrirá su diario de combate con el siguiente registro: "Nos sentimos extraordinariamente conmovidos cuando lo reconocimos", y orgullosos: van a combatir con el comandante Guevara.

Una vez serenados los ánimos, el Che hace una primera descripción de la operación sin referirse concretamente a ningún país. Alarcón recuerda: "La cuestión no radicaba en que íbamos a un matadero, sino que la lucha sería larga, cruenta, en condiciones dificilísimas". Por último el Che les insiste en que no quiere embarcados en este proyecto, los obliga casi a que reafirmen uno a uno que son voluntarios.

Regis Debray valorará a quienes se ofrecen como voluntarios y para qué; será otro punto de vista y no por ello menos exacto: "Un alto dirigente no es solamente el pequeño zar rojo que se arrellana en su butaca: cuatro miembros del comité central, dos viceministros y dos altos funcionarios abandonaron familia, autos, casas, privilegios, para ir con el Che hacia una jungla desconocida, donde algunos, esqueletos en harapos, con las extremidades inflamadas por edemas del hambre, debieron beber su orina para poder morir de pie. Nadie los obligó y la televisión no estaba allí para recoger sus últimas impresiones".

En Bolivia, mientras tanto, continúa la danza de los equívocos. Los tres cubanos vuelven a reunirse con Mario Monje el 23 de septiembre, quien a nombre del partido les pide explicaciones sobre las relaciones de Debray con los otros grupos de izquierda, en particular con el grupo de Zamora (el PC marxista-leninista). Los cubanos responden que ellos no están al tanto de la misión de Debray, desentendiéndose del asunto. Monje les plantea que el partido ha estado concentrado en la línea de un alzamiento general considerando como secundaria la guerrilla; cuando le preguntan qué ha hecho para preparar el alzamiento, contesta que nada. El 28 de septiembre se produce una segunda reunión en la que Monje reitera que su compromiso con Fidel se limitaba a crear una base de apoyo para algo que habría de suceder en el sur, que Bolivia resultaba un elemento secundario en el plan estratégico. Los cubanos le contestan que Bolivia será el lugar esencial porque existen las condiciones. La reunión termina mal porque Monje les dice que no tolerará ser un títere en sus manos. Dos días más tarde, Villegas se entrevista con una parte del grupo de jóvenes comunistas bolivianos que han estado trabajando con ellos de manera más cercana, para explicarles las dudas de Monje. Rodolfo Saldaña y Coco Peredo dicen que la posición de Monje no les interesa, que ellos combatirán. El 4 de octubre llega un mensaje del Che advirtiendo que sería grave en estos momentos de preparación una ruptura. Les pide que hagan magia. *Continúen las relaciones con Monje evitando discusiones.*

Mientras tanto en San Andrés, la placidez de la finca, la piscina, rompieron pronto su aire engañoso. Primero se pronuncia la palabra clave: Bolivia. Ese será el objetivo. Reacciones de sorpresa. Luego comienza un entrenamiento dirigido por el Che que resultaba brutal. Alarcón recuerda: "...fue tan duro que no creíamos cumplir con el plan. Nosotros pensábamos que estábamos entrenados y el Che nos dice que hay que volver a empezar". Primero les lee la cartilla: se acabaron las condiciones de oficial, vuelven a ser todos iguales. Las guardias se reparten rigurosamente, él será el primero. La última guardia, que termina a las cinco de la mañana, se encarga del desayuno, media hora después la diana, a las seis en punto prácticas de tiro, el que no mejore sus resultados se queda fuera, se le acababa el viaje, y restallaban las cargas de los Fal, los Garand, los M1, las ametralladoras Thompson, las Uzis... centenares de disparos por sesión. Los sábados y domingos bazuka y ametralladoras de calibre 30 y 50. Tras las prácticas limpiar el armamento, luego salir de caminata a las 12, durante 6 horas, con la mochila llena de balas. De 7 de la tarde en adelante el grupo se divide en dos, el Che da clases a una parte de historia, español y matemáticas; Gustavo Machín a la otra. Bajo esa vida enloquecida y exigente, a partir de las 9 de la noche clases de idiomas, francés (¡!) y quichua. El Che no sólo cumplía el horario general sino que además preparaba las clases.

A los 15 días aparece la documentación falsa junto con las supuestas biografías y lo que en espionaje se llama las "leyendas". Uno se torna comerciante ecuatoriano, otro tratante de carne uruguayo, y a estudiar el himno nacional de Colombia, los equipos de béisbol de Panamá, o la prensa de Montevideo. Los sufridos voluntarios le piden al Che que se abandonen temporalmente las clases de cultura general, para en ese tiempo concentrarse en el estudio de la documentación. El Che responde que esa tarea se puede hacer en el horario libre. Le responden que cuál. Muy ufano contesta que después de las 12 de la noche. Parece normal para un hombre que nunca duerme.

El entrenamiento va dando resultado. Tamayo, Alarcón, San Luis, que van en la vanguardia, logran hacer la caminata en una hora cincuenta. El Che entonces presiona al resto, lo que motiva que la vanguardia sea insultada hasta el aburrimiento. Durante todo el tiempo que dura el entrenamiento Fidel se hace presente al menos una vez por semana. Aprovechando una de sus visitas, el Che lo pone a cronometrar el tiempo de caminata, que se hacía con un recorrido siempre fijo, subiendo y bajando lomas, precipicios, cortando riachuelos. En premio, al mejor marchista Fidel le entregará su reloj.

Hombre que pasaba del estoicismo y la frugalidad al abuso, el Che comía durante aquellos días como un salvaje, "como caballo", recuerdan sus compañeros, "hasta la ración de tres hombres", provocando las envidias de Vilo Acuña, que al estar pasado de peso se veía obligado a hacer dieta. Una situación peligrosa porque se va debilitando y esa debilidad la pagará en la futura campaña.

Entre las muchas anécdotas que se cuentan sobre el entrenamiento en Pinar del Río, hay una que divierte al historiador y, aunque no ha sido confirmada, contiene elementos coherentes a lo que hoy se sabe sobre Fidel y el Che. Cuentan que un día Guevara estaba discutiendo muy enfadado con Ramiro Valdés y hasta le daba manotazos, mientras Aleida March estaba sentada en un coche ahí cerca, al pie de una loma donde habían estado entrenando. La gente se dio cuenta de que le estaba echando la bronca a Ramiro Valdés porque habían traído a Aleida, mientras que no habían traído a las esposas de los otros compañeros. Incluso se oyeron más de un coño y carajo.

La llegada de Fidel en ese instante fue providencial porque cuando el Che se enrabietaba resultaba peligroso. Fidel se ofreció para subir a algunos de los combatientes hasta la loma, pero como le tenían pánico a su manera de manejar, se inventaron un pretexto: "Mejor vamos atrás de usted, comandante". Cuentan los narradores que Fidel agarró al Che y se disculpaba: "No es cosa de Ramiro, es cosa mía, pensamos que mientras a los otros se les puede dar un día de permiso para que vean a sus esposas, a ti no". El Che se fue calmando poco a poco.

Esa noche Guevara y Aleida compartieron cuarto en el campamento y al día siguiente el Che no podía subir la loma en la caminata diaria. Y los cubanos, con el respeto habitual, que la cosa no era para joder demasiado, se burlaban: "¿Durmió bien, comandante?"

El 5 de octubre el capitán Martínez Tamayo salió de Bolivia rumbo a La Habana para entrevistarse con el Che. Entre otras cosas quería hablarle de que no le gustaba demasiado aquella finca de Ñancahuazú para establecer campamento, que prefería ir a otra zona. El Che tuvo un disgusto con él, el viaje resultaba inútil y un riesgo de seguridad, además la finca cumplía bien los objetivos que el propio capitán Martínez Tamayo había señalado, una base alejada que permitiera un largo entrenamiento, con Argentina a una cierta distancia a las espaldas.

Avanzado el mes de octubre se produce en las afueras de La Habana una última reunión de Ernesto Guevara con sus hijos. Previamente Celia, la más pequeña, que se encontraba enferma de los riñones, ha visitado a su padre junto con Aleida. No había cumplido los cuatro años y por lo tanto no había peligro de que lo reconociera.

La última reunión se ha de producir con el Che ya maquillado en su nueva caracterización y asisten sus cuatro hijos más pequeños con Aleida. Hilda, que tiene en ese momento 10 años, es excluida, porque "tal vez pensaron que yo podía decirle a mis amigos o compañeros que lo había visto, o que se iba a ir".

Aleida Guevara, la mayor de los hijos presentes, casi seis años, mantiene un claro recuerdo de la reunión: "El hombre me saluda. Dijo que era español, se identificó como Ramón y dijo que era muy amigo de mi papá".

—Chico, pero tú no pareces español, tú lo que pareces es argentino.

Todo el mundo se pasmó. Se dijeron que si una niña tan pequeña podía descubrir el disfraz, no servía.

El Che mantuvo la calma:

—¿Y por qué argentino?

—Fue una cosa que se me ocurrió —respondió la niña".

Poco antes de salir, en octubre el Che habrá de recibir los informes de Debray ("El reporte que hice fue lo que mejor he escrito en mi vida") y puede compararlos con los de Pacho: mapas, planos, informes políticos, listas de simpatizantes. Parecía a todas luces que otras zonas de Bolivia ofrecían un mejor asentamiento para el foco guerrillero, un campesinado más sensible socialmente, un menor aislamiento y la posibilidad de conectar con los mineros, una de las fuerzas políticamente más radicalizadas de la sociedad; una mayor base militante de los partidos de izquierda, pero parece evidente que Guevara, como dice Debray, "impaciente por volver a la vida de guerrillero (…) concentrado en el entrenamiento militar, en la selección de personal de la guerrilla y en la preparación de los contactos futuros, sólo prestó un interés secundario a la localización inicial del foco". Pero no sólo se trata de eso. El Che acepta la base de Ñancahuazú, en una zona donde no hay ningún trabajo político previo, porque la concibe como una base de retaguardia de la que se valora más su aislamiento, y no el contacto campesino indispensable en una base de operaciones.

Los últimos elementos se han puesto en marcha, la sorpresiva ausencia de la vida pública de docena y media de conocidos militantes ha sido cubierta por los servicios cubanos corriendo el rumor de que se encuentran en Vietnam. El entrenamiento ha llegado a su fin, quizá se han mostrado un par de debilidades en la selección de los hombres bajo la lógica rigorista del Che: Pinares, que resulta indisciplinado, caótico, a pesar de ser un personaje extremadamente simpático, y Vilo Acuña, pesado, enfermizo, que se mantiene a base de pura voluntad.

El 21 de octubre retorna a Bolivia el capitán Martínez Tamayo, dolido por los regaños del Che (le confiesa a Villegas que él sólo está en esto por fidelidad al Che) y con la consigna de entrar en contacto con todos los grupos de la izquierda radical, inclusive con el exvicepresidente Lechín. Renán, que ha entrado en contacto con Villegas y Coello, le presentará a Tania. Los hombres del Che se enlazan con la red paralela que maneja Piñeiro desde La Habana. La deseada compartimentación que el Che buscó al principio se está perdiendo, los cubanos comienzan a actuar como un grupo integrado. Poco antes Villegas había tenido una reunión con Monje, que le contó que el Comité central del partido ha aprobado la idea de que el camino al poder en Bolivia pasa por la lucha armada. Monje le confesaba que creía "que mucho del apoyo a la lucha armada era solamente verbal y que ellos (la dirección del PC, sus compañeros) son incapaces de participar físicamente en ella". ¿Sí o no? Nada parece estar claro. Poco después Monje saldrá para Bulgaria vía Cuba. Tiene un último enfrentamiento con los cubanos del Che, a los que pide apoyo económico para el viaje; pero éstos, hartos del estilo sinuoso del personaje, lo ignoran.

El 22 de octubre termina el entrenamiento en Cuba. Los combatientes reciben permiso para visitar a sus familias y despedirse, aunque manteniendo en absoluta reserva el destino del viaje. Manuel Hernández le dirá a su mujer que se va a Camagüey a cortar caña, pero la despedida resulta más larga de lo habitual y se le salen las lágrimas. Se dice que Pinares, con su habitual humor cáustico, se despide de su mujer con un: "Vete buscando otro marido, porque de ésta no regreso".

Probablemente escrita en los días previos a su salida, el Che les dejará una carta a sus hijos, para felicitar el sexto cumpleaños de Aleida (20 noviembre) y *enviarles un beso del tamaño de un elefante*. Una frase que lo delata y lo retrata, es que en la carta le pide a su hijo Camilo que no diga malas palabras en la escuela, *porque las malas palabras, hay que acostumbrarse a usarlas donde se pueda,* consejo que este historiador ha hecho suyo.

El Che se maquilla para esta segunda salida de Cuba. Usa el disfraz que ya había experimentado en San Andrés. Quizá lo más molesto es la prótesis que utiliza para deformar el maxilar inferior y los lentes de miope que lo obligan a caminar con cautela para no dar un mal paso. El día de la despedida, Fidel convoca una comida con miembros del gobierno cubano y les advierte que habrá un visitante. El disfraz funciona, nadie lo reconoce.

No hay registro de las últimas palabras en la despedida de Fidel y el Che fuera de una breve confesión de Fidel a Gianni Miná: "...sin mucha efusividad, porque no somos hombres de gran… Él no era, yo no lo soy, pero sí sentimos las cosas fuertemente".

El 23 de octubre Ernesto Guevara, en camino del retorno a ser nuevamente el Che, sale de Cuba. La reconstrucción de su viaje a Bolivia resulta un rompecabezas digno de un fanático en tales artes.

Saldrá de Cuba muy probablemente el 23 de octubre (aunque hay fuentes que insisten en que la salida se produjo el 19, lo que es muy poco probable porque los entrenamientos terminarán el 22), viajando de La Habana a Moscú con un pasaporte cubano a nombre del funcionario del Instituto nacional de la reforma agraria, Luis Hernández Galván.

Al día siguiente, el 24, en Moscú, cambiará el pasaporte por el del ciudadano uruguayo Ramón Benítez, para viajar a Praga, donde cambiará al pasaporte de Adolfo Mena para tomar un tren Praga-Viena el 25.

Para romper el rastro de esos pasaportes falsificados fueron sustraídas las dos páginas del registro del departamento de pasaportes del Ministerio del exterior uruguayo. En ambos se utiliza la misma foto y las diferencias son menores, mientras que en uno nace en 1920, en otro nace en 1921 y el mismo día, el 25 de junio.

Los biógrafos y periodistas se enloquecen cuando tratan de seguir el viaje desde Viena (entre otras cosas los pasaportes muestran cuños falsos del paso por Madrid en días previos a su salida de Cuba, del 9 y 19 de octubre). Parece evidente que el viaje se realizaría vía Frankfurt, donde compra la libreta que le servirá como diario, o vía París (o en tren de Viena a Frankfurt y luego a París), llegará a Sao Paulo el 1º de noviembre. Si es así, existen cinco días en los que el Che estuvo vagando por Europa acompañado por Pacho, de los que no existe registro ni constancia. Algunas fuentes insisten en que durante una etapa del viaje ambos, él y Pacho, eran españoles comerciantes en ganado vacuno (oficio que al Che no podría por menos de resultarle interesante).

En Sao Paulo aparece nuevamente la personalidad de Mena. Allí es detenido por las autoridades aduanales que le exigen un certificado de vacuna. *Es necesario prevenir que los certificados de vacuna uruguayos necesitan un sello, en Sao Paulo yo tuve que sacar otro allí*, dirá en un mensaje a La Habana a principios de noviembre. Tamayo cuenta: "Nos refería el Che que esto sucedía como a las 9 de la mañana y a las 4 de la tarde del mismo día lo dejaron ir, pero a condición de que se presentara al día siguiente con los documentos en regla. El Che nos dijo que esto le preocupó un poco, porque los otros latinos viajaban en las mismas condiciones y las autoridades no se fijaron en ellos. Nos refirió: *Talmente parecía que me habían descubierto.*

El día 3 pide una tarjeta turística para Bolivia y viaja a La Paz de nuevo como Mena, sin embargo no hay en ninguno de los dos pasaportes constancia alguna de la entrada a Bolivia. Dirá más tarde: *He hecho un gran descubrimiento, ahora sabemos que si vestimos a una persona de elefante, lo mismo llega aquí.*

CAPÍTULO 51

"Volveré a ser yo"

Autorretrato. La Paz, Bolivia, 3 de noviembre de 1966.

Se dice que hay una foto de un hombre en el cuarto del hotel Copacabana de La Paz, Bolivia, contemplándose ante un espejo; una foto tomada el mismo día en que este hombre regresa a esa ciudad tras varios años de ausencia. Si esa foto existe, sin duda refleja a un hombre que acaba de pasar el peor año de su vida, y que sin embargo está de regreso, de retorno. Es el 3 de noviembre de 1966 y Ernesto Guevara arriba a la capital de Bolivia por segunda vez y, como un personaje de tango con los tiempos cambiados, lo hace 13 años más tarde. ¿Se produce en ese momento algún tipo de reencuentro? El doctor Guevara del 53, el joven aventurero que vagaba por América Latina, y el Che del 66, con la experiencia cubana y la derrota africana a sus espaldas, tienen entre sí la corta pero abrumadora distancia de 13 años.

El hombre que se ve al espejo y toma la foto se llama temporalmente Adolfo Mena y tiene una cobertura de la OEA refrendada por la Dirección nacional de informaciones de la presidencia de la república boliviana, que lo presenta como un uruguayo estudioso del campo.

Se dice que hay una segunda foto, tomada desde la ventana hacia el edificio de enfrente, un edificio gubernamental. Sin duda el doctor Mena está probando la cámara.

Existe una tercera foto, aquella que los laboratorios de la CIA han compuesto retocando una foto original, para hacer aparecer al Che Guevara sin barba y que sin duda estaba en manos de los controles del aeropuerto por los que Mena acaba de pasar.

Al día siguiente el Che, sin darse tiempo para colocarse sobre el terreno, sin utilizar el *impasse* para familiarizarse con la situación política de Bolivia, apremiado por su peligrosa clandestinidad, entra en operaciones: utiliza a Pacho para concertar un encuentro con Renán. El capitán Montes de Oca se entrevista con el agente cubano en el restaurante El Pardo, a unas cuadras del hotel Copacabana, y hace una cita para el comandante. A las 8 de la noche, en una casa de seguridad, el Che le dará instrucciones a Renán sobre la recepción de los restantes miembros del grupo y los traslados de armas. Renán a su vez conecta al capitán Martínez Tamayo, quien por un error le dice a Villegas y Coello que el Che no los quiere ver, cuando el mensaje es que el Che no quiere reunirse con todo el grupo simultáneamente. Los dos viejos escoltas del Che, angustiados porque temen una bronca de su jefe, al que conocen bien, se pasan la noche sin dormir.

Por último el Che reenlaza a Tania y la incorpora a la red operativa para montar la columna. ¿En qué momento alteró su decisión de mantener a Tania al margen de la guerrilla, como una espía, tratando de infiltrarse en los altos niveles del aparato estatal boliviano? El caso es que a partir de este momento Tania se incorpora de lleno a las labores del grupo y perderá ya totalmente su compartimentación.

Curiosamente, por esos días los servicios secretos argentinos ponen bajo vigilancia las casas de los familiares de Guevara en Argentina, quizá porque han recibido el soplo de que el Che se encuentra en la región. No son los únicos alertados. Un año más tarde la CIA confesaría que había recibido información del gobierno boliviano de que se estaba organizando una guerrilla (posiblemente originada en las periferias del reclutamiento que se estaba haciendo entre militantes del PC y el grupo de Moisés Guevara), pero que no se le dio importancia por la falta de respetabilidad del aparato de inteligencia y la "propensión gubernamental de distraer la atención pública de los más acuciantes problemas internos".

El 5 de noviembre, a las seis y media de la tarde, el Che parte en un *jeep* con Pacho rumbo a Ñancahuazú vía Oruro-Cochabamba-Camiri. Le preceden Martínez Tamayo y Coello y unas pocas horas más tarde lo seguirá Villegas acompañado del boliviano Vázquez Viaña.

Durante un par de días el *jeep* del Che cruza Bolivia El día siete son alcanzados por el *jeep* de retaguardia. Existe una foto de uno de los cruces del río en balsa, en la que el Che, con su disfraz de burócrata de nivel en visita de campo, una gorra de plato, lentes de miope, se encuentra en el exterior del *jeep* placas 6811 con los pantalones remangados, el brazo reposando en la ventanilla abierta, la mano derecha en el bolsillo, mirando a la cámara. Parece un hombre tranquilo, sin deudas con el pasado.

Años más tarde el historiador vería en un cortometraje de Santiago Álvarez, *Hasta la victoria siempre*, los caminos de tierra bolivianos capturados en *zooms* que no van a ninguna parte, la desolación, la nada. ¿Eso está viendo el Che? No es creíble. Esa es nuestra mirada urbana, no la de él. El Che está entrando en la América Latina profunda, una parte del infierno que conoce.

A las cuatro de la tarde arriban *al río Grande y ya cerca de la finca detuvimos las máquinas y una sola llegó a ella para no atraer las sospechas de un propietario cercano* (Ciro Algañaraz), *que murmura sobre la posibilidad de que nuestra empresa esté dedicada a la fabricación de cocaína. Como dato curioso, el inefable Coello es indicado como el químico del grupo.*

Durante la segunda etapa del viaje, y ya con los cuatro en el mismo *jeep*, conducido por el boliviano Vázquez Viaña, el Che le revela su identidad. Es tal el susto del joven que casi van a dar a un precipicio.

En su primera conversación con el boliviano, al que sólo conoce de referencias, porque ha colaborado en otras operaciones detrás de las que ha estado la mano del comandante Guevara, le dice: *No podemos darnos el lujo de soñar con una revolución sólo en Bolivia, sin tener por lo menos una revolución en un país costero, sino en toda América Latina. Si eso no sucede, esta revolución será aplastada. Vine para quedarme aquí y la única forma en que saldré es muerto o abriéndome paso a bala por la frontera.*

En la conversación con el joven comunista boliviano éste deja claro que está dispuesto a seguir al Che, *pero se muestra leal a Monje, a quien respeta y parece querer. Según él, Rodolfo Saldaña está en la misma disposición y otro tanto sucede con el Coco, pero hay que tratar de que el partido se decida a luchar. Le pedí que no informara al partido hasta la llegada de Monje, que está de viaje por Bulgaria, y que nos ayudara, accedió a ambas cosas.*

El grupo arriba a la finca pasada la media noche. El Che dedica unos instantes a inaugurar su diario boliviano, abre una libreta que ha comprado en Frankfurt y escribe: *Hoy comienza una nueva etapa.*

El comandante Guevara, durante estos primeros días, no permanecerá en la casa de la finca, una construcción de adobe con dos cuartos, cubierta de lámina acanalada, que será llamada por eso la casa de Calamina, sino que hace campamento a unos cien metros de la casa y al aire libre, para prever una emboscada. Mientras en la casa permanecen los tres trabajadores del PC que simulan ser agricultores: Apolinar, Serapio y Antonio Domínguez.

Se suceden las exploraciones. Primero con Coello sigue el curso del Ñancahuazú sin encontrar su nacimiento, más tarde Pacho y Villegas avanzan más que el Che. Son días apacibles en los que se combate básicamente contra los mosquitos y las garrapatas. *Me saqué 6 garrapatas del cuerpo.*

A lo largo de su diario irá anotando varias veces la palabra Ñancahuazú, la escribe de otras cuatro maneras diferentes: Ñacahuaso, Ñacahuasu, Ñacahuazu, Ñacahuazú, tal como aparece en libros o mapas o la pronuncian los locales. La palabra significa entrada de agua, cabeza de agua, y se origina en el vocablo guaraní *yakaguasú.* Hoy hasta el idioma es incierto, como el paisaje y las afirmaciones.

Algo sin embargo es claro, una frase suelta en su diario parece dar una clave más sobre el tipo de proyecto que el Che piensa desarrollar: *La región aparentemente es poco frecuentada. Con una disciplina conveniente se puede estar allí mucho tiempo.*

Sin embargo el día 10 de noviembre "el chofer de Argañaraz" ve a algunos de los cubanos. El Che les echa tremenda bronca cuando se entera y decide moverse a la selva para montar allí un campamento permanente. *Esto se deteriora rápidamente; hay que ver si nos permiten traer aunque sea a nuestros hombres. Con ellos estaré tranquilo.*

En la segunda semana de noviembre, y a la espera de los restantes voluntarios cubanos, comienza a trabajar con el resto del grupo en un túnel para meter en él todo lo que pueda ser comprometedor y volverlo al mismo tiempo depósito de comida. Pachungo anda con la moral baja, tristezas del abandono de la familia. Sin embargo el Che se siente renacer, una descripción y un pronóstico poderosamente significativos cierran la entrada de su diario el día 12: *Mi pelo está creciendo, aunque muy ralo y las canas se vuelven rubias y comienzan a desaparecer; me nace la barba. Dentro de un par de meses volveré a ser yo.*

Mientras los días transcurren en exploraciones del Ñancahuazú y en los trabajos del túnel, el Che aprovecha para leer, puede ser Benedetto Croce: *La historia como hazaña de la libertad*, o *La revolución permanente* y *La historia de la revolución rusa* de Trotski, o Paul Rivet: *Los orígenes del hombre americano*, o incluso algo tan poco esperable como las memorias de guerra De Gaulle o las memorias de Churchill. Quizá lea algo de Diderot o se introduzca en los laberintos de la *Fenomenología del espíritu* de Hegel.

La única inquietud la produce el molesto vecino, Ciro Argañaraz, que ronda la casa de Calamina. *Los muchachos de la casa hablaron con Argañaraz, a quien compraron algunas cosas y éste les volvió a insistir en su participación en la fábrica de cocaína.*

Finalmente, el 20 de noviembre arriban Pinares y San Luis. Los acompaña Rodolfo Saldaña, del grupo original de la JC boliviana, que colabora con Tania en el transporte de armas hacia Ñancahuazú en un pequeño *jeep*, al que le ha quitado uno de los asientos. El Che sigue probando a los jóvenes bolivianos ante las ambigüedades de la dirección del partido. *Me hizo muy buena impresión. Al parecer, está más decidido que Vázquez Viaña a romper con todo.* Un par de días antes el Che le había escrito a Fidel: *Esto está bueno, somos cuatro en el refugio y parece que podrán llegar más sin dificultades (...) hay indicios de que los mejores cuadros se le irán a Monje si éste no se decide.* Y como Monje debería pasar por La Habana de regreso de un congreso de la burocracia comunista internacional al que había asistido en Bulgaria, sugería: *Deben llenarle la cabeza de afán de gloria, pero no darle plata ni soltar prenda principal salvo que sea absolutamente necesario.*

Pero Mario Monje, el dirigente del PC boliviano, no parecía haberse bajado del barco aún; unos días antes, el 9 de noviembre, se había encontrado en el aeropuerto de Orly casualmente con Inti Peredo, que regresaba de La Habana del entrenamiento, y le había dicho: "Te anuncio que renunciaré a la secretaría si el partido no entra en la lucha". Una actitud contradictoria con lo que había sucedido quince días antes, cuando le había enviado a su hermano Coco a La Habana, dando orden de que se suspendiera el adiestramiento, lo que había provocado que cinco de los 12 bolivianos que estaban entrenando se indisciplinaran.

Mientras los cubanos se trasladan al campamento, Jorge Vázquez Viaña se queda en la casa de Calamina haciendo algunas labores. El Che le había pedido a Rodolfo que localizara entre sus compañeros a un agrónomo para mejorar las cosechas. Con Rodolfo había hablado además de crear talleres de mecánica, una zapatería, un dispensario médico. Sin duda estaba pensando, si no los descubrían y obligaban a pasar a la lucha armada, en montar en Ñancahuazú una gran base de retaguardia. El 21 de noviembre escribe: *Trataremos de que esto dure lo más posible.*

Se suceden las exploraciones, cada vez en mayor profundidad, pero siempre retornando al campamento cercano a la casa de Calamina, que ahora cuenta con un observatorio entre los árboles.

El 27 de noviembre llega Roberto Coco Peredo, quizá la figura, entre los miembros de la JC boliviana, que cuenta con mayor prestigio; lo acompañan Vilo Acuña, Leonardo Tamayo y el estudiante de medicina boliviano Freddy Maimura; un poco más tarde retorna con el capitán Martínez Tamayo, Israel Reyes y Manuel Hernández, lo acompaña su hermano Inti. *Martínez Tamayo trajo una noticia incómoda: el Chino (Juan Pablo Chang) está en Bolivia y quiere mandar 20 hombres del ELN peruano y verme. Esto trae inconvenientes porque internacionalizaremos la lucha antes de contar con Monje. Quedamos en que le enviaría a Santa Cruz y allí lo recogerá Coco.* Un día más tarde el Che reúne a los bolivianos para plantearles *el pedido peruano de enviar 20 hombres y todos estuvieron de acuerdo en que los mandaran, pero después de empezar acciones.*

El Che continúa los sondeos: *En conversación preliminar con el Inti, éste opina que Monje no se alzará, pero parece decidido a cortar amarras.* No es el único, más tarde escribirá que los colaboradores bolivianos de la red de Martínez Tamayo *se alzan contra viento y marea.*

Hay alegría en el grupo, Israel Reyes hacía chistes y cantaba. Coello andaba por ahí gastando bromas. Solía decir, para expresar admiración, que "le roncaba los cojones", y el Che lo regañaba.

En el balance de noviembre, con su letra apresurada, el comandante escribe: *El panorama se perfila bueno en esta región apartada donde todo indica que podremos pasarnos prácticamente el tiempo que estimemos conveniente. Los planes son: esperar el resto de la gente, aumentar el número de bolivianos por lo menos hasta 20 y comenzar a operar. Falta averiguar la reacción de Monje y cómo se comportará la gente de Moisés Guevara.*

Sin darse cuenta está latinoamericanizándose; en el diario, al lado de cubanismos frecuentes en su prosa, y de los eternos argentinismos, comenzarán a reaparecer mexicanismos perdidos en su memoria y ahora palabras del lenguaje popular boliviano.

El 2 de diciembre llega su viejo amigo Juan Pablo Chang, *muy efusivo. Nos pasamos el día charlando. Lo sustancial: irá a Cuba e informará personalmente de la situación, dentro de dos meses podrán incorporarse 5 peruanos, es decir, cuando hayamos comenzado a actuar; por ahora vendrán dos, un técnico en radio y un médico que estarán algún tiempo con nosotros. Pidió armas y accedí a darle una bz, algunos máusers y granadas y comprar M-1 para ellos. También decidí darles apoyo para que enviaran 5 peruanos a establecer enlace para pasar las armas para una región cercana a Puno, del otro lado del Titicaca. Me contó de sus cuitas en el Perú, incluso un audaz plan para liberar a Calixto* (Héctor Béjar, quien era el máximo dirigente del Ejército de liberación nacional de Perú y en 1966 fue arrestado y recluido en la cárcel de San Quintín), *que me parece un poco fantasioso. Cree que algunos sobrevivientes de la guerrilla están actuando en la zona, pero no lo saben a ciencia cierta. Se despidió con el mismo entusiasmo partiendo para La Paz.*

Junto al chino Chang se va Coco a la capital con la misión de fortalecer la red urbana que todavía está en pañales, enlazando a Julio Dagnino que mantendrá la relación con los peruanos, y al cuñado de Inti, Gonzalo López Muñoz, jefe de informaciones de la presidencia, quien podrá servir como informador involuntario. No será la única relación tendiente a continentalizar el proyecto. A fines de año un enviado del Che sondea a militantes de la izquierda chilena para participar en algo, aún ambiguo, que se desarrollará en el norte.

Durante la segunda semana de diciembre comienza a escasear la comida, pues el Che ha decidido que el campamento sea autosuficiente y no abunda la caza. Continúan las labores de organizar depósitos, ahora en cuevas camufladas, y se prepara un segundo campamento con detalle y más alejado de la hacienda y la casa de Calamina. Inti Peredo, en su diario, describe el primer campamento como una base de entrenamiento con la excepción de las cuevas, que tenían funciones estratégicas. Debray, que llegaría a él algunas semanas después, lo define como una base de retaguardia, arsenal, depósito de víveres y equipo, campo de adiestramiento militar.

En una de las cuevas el Che ha creado un depósito de libros. La lista sigue aumentando: *Mi vida* de Trotski, folletos de Mao, poesía de León Felipe, textos de medicina…

Los cubanos mientras tanto van arribando a La Paz y son recibidos por Tania. Los que no la conocen se sorprenden de encontrar a una mujer a cargo de la operación, porque Tania manda mucho, los trata con una gran familiaridad y les resulta muy retadora. Da la impresión de que para ella son viejos conocidos. En la casa de seguridad sólo hay una cama y dos catres y con el eterno espíritu igualitario de los guevaristas terminan durmiendo todos en el suelo. Tania suelta frases como: "Ustedes pueden decir que han dormido con una mujer". Simpática, los regaña porque arman demasiado ruido. Dariel Alarcón dirá que las fotos no le hacen justicia a su belleza porque no era fotogénica.

El 11 de diciembre arriban a Ñancahuazú los penúltimos cubanos transportados por Coco Peredo y el capitán Martínez Tamayo: Gustavo Machín Hoed de Beche, René Martínez Tamayo, el médico Octavio de la Concepción, Dariel Alarcón y tres bolivianos: Lorgio Vaca, Orlando Jiménez y el Ñato Méndez; los dos últimos de origen campesino, que habían trabajado en la hacienda del Alto Beni que se compró para la previa operación y que estaba desactivada.

El Che sin duda está contento con la calidad humana del contingente reunido. Villegas registra en su diario: "El Che piensa que ni siquiera La Habana puede producir un grupo como éste". Para celebrar, Dariel Alarcón se hace cargo de la cocina: "El Che me había pedido que preparara un almuerzo digno del reencuentro de varios compañeros. Creo que en un tiempo récord tuve hecho un buen congrí del que nosotros llamamos oriental, charqui salteado, camote sancochado y para el final un café bien tinto, que esta vez saqué primero del amargo para el Che".

Guevara da instrucciones a Coco Peredo y Martínez Tamayo para que se deshagan de las casas de seguridad en La Paz, suban al campamento las últimas armas desde el Beni y citen a Renán y a Tania.

Reaccionando ante una conversación con Inti, que le había dicho que tenía reservas contra Lorgio Vaca, porque había dicho que el no se alzaría en armas sin la aprobación del partido, el 12 de diciembre, *le hablé a todo el grupo, "leyéndole la cartilla." sobre la realidad de la guerra. Hice hincapié en la unidad del mando y en la disciplina y advertí a los bolivianos sobre la responsabilidad que tenían al violar la disciplina de su partido para adoptar otra línea. Hice los nombramientos que recayeron en: Vilo, como segundo jefe militar; San Luis e Inti, como comisarios; Machín Hoed, como jefe de operaciones; Villegas, de servicios; Inti, finanzas; Ñato Méndez, abastecimientos y armamentos; por ahora, Octavio de servicios médicos.*

Durante esos días el Che está preocupado por la presencia de un cazador que trabaja para su curioso vecino Ciro Argañaraz, un cazador al que conocen como "el Vallegrandino". El personaje husmea en la zona y ellos piensan que trata de averiguar más sobre el grupo, lo cual es cierto. Ha sido enviado por Argañaraz para descubrir la fábrica de cocaína que supone que tienen esos extraños vecinos y de la que quiere participación. Durante varios días el Che controla sus movimientos y, quizá a causa de su constante presencia, decide salir hacia el segundo campamento, que será conocido como campamento central, en la profundidad de la selva. *Salimos, por la mañana, Villegas, Leonardo Tamayo, Coello, Machín Hoed, Octavio, René, Inti y yo para quedarnos; fuertemente cargados. El recorrido se hizo en 3 horas.*

Durante los siguientes días mudan una planta eléctrica y laboran en la realización de nuevas cuevas. En la cabeza del Che se está creando un gran campamento de retaguardia a imagen y semejanza de los de El Hombrito y Minas del Frío, que creó durante la revolución cubana, con la diferencia de que aquí no existe una base campesina simpatizante de la guerrilla como en aquellas zonas. Aquí sólo se encuentra un solitario campamento dotado, como diría el periodista mexicano Luis Suárez meses más tarde, de "paredes y techos vegetales".

El 19 de diciembre aparecen los dos últimos cubanos que el Che estaba esperando, guiados por Martínez Tamayo y Coco Peredo. Además retorna uno de los campesinos de la finca que estuvo tres días fuera con permiso, Apolinar, para sumarse a la guerrilla, y llega Renán desde La Paz. Al Che se le va la noche en blanco conversando con Renán y con Coco y Martínez Tamayo.

Recibidos por el Che con la frase: *Por fin llegaron los perdidos* y luego sin poder hablar con el comandante porque se encierra con Renán, Olo Pantoja y Suárez Gayol, son objeto de las bromas del resto de los compañeros, que les dicen que el Che les va a "meter fuerte" por el retraso y piensan que habrá bronca. No hay tal, pero esta situación repetida con todos los cuadros cubanos, da una clara idea del respeto que infundía el Che y el pánico que sus compañeros y amigos le tenían a sus rabietas.

La entrevista con Monleón (Renán Montero) es un tanto extraña, el Che le da permiso para casarse con una boliviana de la que se había enamorado, hija de un político que hacía negocios con el presidente Barrientos, con quien compartía negocios. El padre quería darle a Renán un trabajo para desarrollar un proyecto agrícola en la zona del Beni. El Che parece ser que estimula esta salida y piensa en Renán más que como un hombre de la futura red urbana, como un infiltrado en el aparato que al igual que Tania opere en los círculos del poder y mantenga la infraestructura de comunicaciones clandestinas con La Habana. El posible movimiento de Renán a la zona del Beni, donde el Che tenía pensado instalar un segundo foco, debe resultarle atractivo. Dicen que esta entrevista culminó con la advertencia del Che: *Pero debes tener cuidado y reservarte para el futuro donde tendrás responsabilidades de mayor alcance.*

Parece evidente que la idea de qué características debe tener la red urbana de apoyo a la guerrilla aún no está clara en la cabeza del Che, que parece más urgido por pasar al entrenamiento del grupo y definir de una vez las relaciones con el PC boliviano y Monje, cuya llegada es anunciada en esos días, tras haber dejado plantados a los contactos de la guerrilla en La Paz en una primera cita.

Hasta el 24 prosiguen las labores en el campamento central, las pequeñas exploraciones, sin entrar en contacto con núcleos campesinos, lo cual da buena idea de lo despoblada que se encuentra la zona. El Che escribe en su diario el 24: *Día dedicado a Nochebuena. Hubo gente que dio dos viajes y llegó tarde pero al final nos reunimos todos y la pasamos bien, con algunos pasaditos. Vázquez Viaña explicó que el viaje del Lagunillero no había resultado fructífero y sólo logró el pequeño resultado del apunte, muy impreciso.* El Lagunillero es Mario Chávez, un miembro del partido colocado en la zona desde seis meses antes por los Peredo y que ha montado como cobertura un pequeño hotel en Lagunillas. Su misión era, más allá de las tareas de información, colaborar a crear un mapa coherente de la zona.

Hasta el 30 de diciembre continúan las labores de exploración y mudanza al campamento central (*el lugar está muy bueno*) donde se está fabricando un horno para pan y un pequeño anfiteatro. Finalmente, el 31 de diciembre, el secretario general del Partido comunista boliviano, Mario Monje, llega al primer campamento. De inmediato avisan al Che.

Por el camino Coco Peredo le había advertido que el Che le cedería la dirección política, pero para nada la dirección militar del futuro movimiento armado y lo presionaba para que se incorporara. Al llegar al campamento la presión viene por parte del otro de los hermanos Peredo, Inti, que le dice que pronto se iniciará la guerra, que se sume. "Veremos, veremos…"

La recepción fue cordial, pero tirante; flotaba en el ambiente la pregunta: ¿A qué vienes? Alarcón dice que entre otras cosas la frialdad se explica porque ni siquiera saludó a los guerrilleros. En cambio Tania es recibida con júbilo, porque resultaba una especie de hada madrina que transporta cartas y regalos. Arriban al campamento también Martínez Tamayo, quien viene a quedarse, y un nuevo recluta, Antonio Jiménez, llamado Pan Divino.

Leonardo Tamayo registra las frases intercambiadas entre el comandante Guevara y el dirigente del partido comunista:

—Coño, Che, qué flaco estás.

—*Coño, Monje, qué barrigón estás.*

Sin mayores trámites el Che se aleja con Monje para tener una conversación a solas. Una foto registra a ambos sentados sobre una piedra y un tronco, Monje recién pelado, el Che fuma un tabaco; entre ambos una jarrita de café o té. La conversación habrá de durar varias horas.

De entrada queda descartado que el partido asuma el proyecto de la lucha armada en un frente militarmente dirigido por el Che. *Monje en cambio ofrece que renunciaría a la dirección del partido, pero lograría de éste al menos la neutralidad y se extraerían cuadros para la lucha.* El Che no se opone pero le parece un tremendo error, una actitud vacilante y acomodaticia, que permitía al partido mantenerse en la ambigüedad. Su exsecretario general estaría en la lucha armada, pero el PCB como tal, ni la apoyaba ni la condenaba.

Otra de las proposiciones de Monje es que él *manejaría las relaciones con otros partidos sudamericanos, tratando de llevarlos a la posición de apoyo a los movimientos de liberación.* El Che se muestra muy escéptico al respecto. *Estaba condenado al fracaso. Pedirle a Codovila* (dirigente muy moderado del PC argentino) *que apoyara a Douglas Bravo* (comandante guerrillero venezolano) *era tanto como pedirle que condonara un alzamiento dentro de su partido.*

Pero el punto de choque frontal fue la petición de Monje de dirigir la lucha político-militar. Ante esto el Che es irreductible. *El jefe militar sería yo y no aceptaba ambigüedades en esto.* El Che trae en esos momentos tras de sí la experiencia congoleña y piensa que no puede caer en la misma trampa por segunda vez en su vida, subordinándose a dirigentes políticos que no tienen intención de combatir. Y pesa mucho el recuerdo africano.

Tamayo recoge un intercambio de frases:

—Che, ni aunque venga Lenin le entrego el mando.

—¿*Y si llega Malinowski?* —responderá el Che haciendo referencia al mariscal soviético participante de la batalla de Stalingrado y ministro de Guerra en esos momentos en la URSS.

Parece ser que Monje reaccionó a la pregunta en silencio. *La discusión se estancó y giró en un círculo vicioso.* Mario Monje argumentaba que si la revolución se hacía en Argentina estaría dispuesto a cargarle la mochila al Che, pero que en Bolivia tendría que dirigirla un boliviano, él. El Che lo vapulea con un curso acelerado de latinoamericanismo que incluye la historia de la independencia de la América hispana y el constante movimiento de los dirigentes revolucionarios más allá de los marcos regionales. Monje insiste y le sugiere que sea su asesor, el Che le contesta que él no es asesor de nadie. En cambio le ofrece la dirección formal e incluso le dice que para cubrir las apariencias ante infiltrados, se le cuadra todas las mañanas delante y le pide instrucciones, pero la dirección real la tendrá él y eso no se negocia. Ninguno de los dos cede. Monje comienza a argumentar estableciendo situaciones hipotéticas pero el Che le responde tajante:

—*Yo ya estoy aquí y de aquí sólo me sacan muerto.*

La conversación se prolonga. Monje ataca al grupo de Moisés Guevara, los tacha de oportunistas y poco confiables. El Che lo acusa de sectario.

Mi impresión es que al enterarse por Coco de mi decisión de no ceder en las cosas estratégicas, se aferró a ese punto para forzar la ruptura, pues sus argumentos son inconsistentes.

Tras varias horas, la diferencia parece ser no resoluble. Monje le pide al Che que le permita consultarlo con los miembros bolivianos del partido que se han sumado a la guerrilla. Se trasladan al nuevo campamento.

Monje se reúne con los hermanos Peredo, con el Ñato Méndez, Fredy Maimura, Vázquez Viaña, Antonio, con Lorgio Vaca que, según uno de ellos, "lo contemplan con mirada impasible". Argumenta que el mando militar debería corresponder al partido, que cuando el pueblo sepa que la guerrilla está dirigida por un extranjero le volverá la espalda. Y les ofrece garantías para abandonar la lucha: "Váyanse ahora conmigo", e incluso amenaza veladamente que aunque el partido no tomará represalias, les aconseja que mejor salgan con él.

Probablemente no espera una respuesta unánime y tan violenta. Los jóvenes bolivianos lo machacan una y otra vez, insisten: que se quede, que el partido no deserte, que servir bajo las ordenes del Che es un privilegio. La discusión se vuelve confusa. Ahora vuelve a la idea que alguna vez le expresó a Martínez Tamayo y a Villegas de que el camino insurreccional correcto es el de un alzamiento urbano con un posterior repliegue a las montañas; dice que sin embargo renunciará a la dirección del partido y se sumará a la columna como uno más, aunque al final desliza la críptica frase: "Yo no estoy para convertirme en un Van Troi", aludiendo al héroe del vietcong, muy popular en aquellos días.

Monje parece abrumado. Come junto con los hombres en el campamento, pero hay un ambiente de frialdad que tiene que resentir. Cuando Alarcón le sugiere al boliviano Méndez que le preste un plato al dirigente del partido, éste contesta:

—Mira, compa, yo no sé en tu país dónde comen los chanchos, pero en el mío comen en el suelo.

A la mañana siguiente *Monje me comunicó que se retiraba y que presentaría su renuncia a la dirección del partido el día 8 de enero. Su misión había acabado según él. Se fue con la apariencia de quien se dirige al patíbulo.*

El Che reúne a la guerrilla para comentar *la actitud de Monje, anunciando que realizaríamos la unidad con todos los que quieran hacer la revolución y vaticiné momentos difíciles y días de angustia moral para los bolivianos.*

San Luis, en su diario, hará un buen resumen: "Lo más probable es que haya una ruptura y que alguna gente se una a nosotros". Se inicia la soledad.

El Che pragmáticamente anota en su diario: *La actitud de Monje puede retardar el desarrollo de un lado pero contribuir por otro, al liberarme de compromisos políticos. Lo cierto es que el proyecto ha quedado debilitado al restarse la fuerza más importante de la izquierda radical boliviana, y ahora hay que crear una red urbana independiente de las que se han usado hasta ahora.* El Che está urgido por que se defina el grupo de Moisés Guevara y que se pueda montar algún tipo de frente; por otro lado comienza a dar pasos para la creación de la red de apoyo en las ciudades, para lo que cuenta con el doctor Humberto Rhea, quien en estos momentos se encuentra en Cuba, Rodolfo Saldaña y la dirigente de la JC Loyola Guzmán, que será nombrada financiera del movimiento. Puede contar con el peruano Dagnino, que a más de servir de enlace con los militantes del ELN puede colaborar con los bolivianos. Cuenta además con Renán, en una red paralela que conecta con La Habana.

No parece preocuparle demasiado. Como en Cuba en el 58, vuelve a subestimar la importancia de un movimiento político amplio y sólido detrás y al lado del proyecto guerrillero. Mucho más interesante le resulta, leyendo entre líneas en su diario, la urgencia de comenzar a foguear al grupo haciendo una exploración con profundidad en la zona y conectar a los argentinos en el esquema de continentalizar a la guerrilla.

Desde el 10 de diciembre ha decidido enviar a Tania a Buenos Aires, a conversar primero y subir después hasta Ñancahuazú a un grupo de argentinos. En el diario y los papeles del Che aparecen los nombres del Pelado Bustos (un superviviente del grupo de Masetti) que había mantenido dormida la red urbana de la derrotada guerrilla, de Jozami, del poeta Juan Gelman, vinculado en aquellos momentos a una disidencia por la izquierda del PC, de Jáuregui del sindicato de prensa y de Stamponi. Con esa misión saldrá Tania el dos de enero. Queda tras ella una fotografía muy bella tomada en el campamento. Una foto fotografiando al fotógrafo, con la argentina/alemana sonriendo, enfundada en una chaqueta de cuero y con una cinta en el pelo.

Tiempo de espera. Exploraciones de cinco días para fijar la zona y trabajos en el segundo campamento para hacer cuevas, refugios, escondites, techar las mínimas instalaciones. El Che va descubriendo que en su entorno hay un páramo selvático apenas habitado. En casi todos los informes de los exploradores ni siquiera aparecen viviendas. Los reportes del Che son escuetos, muy precisos, en su cabeza se está armando el plano inmediato: *Vilo y el Médico siguieron al Iquiri hasta toparse con peñascos insalvables, sin encontrar gente pero sí rastros de ella. Pinares, Manuel y Dariel caminaron por los firmes hasta encontrar un punto inaccesible, cortado por un farallón.*

Tiene una primera reunión con el grupo para destruir las tensiones mínimas que empiezan a surgir. *Lancé una descarguita sobre las cualidades de la guerrilla y la necesidad de una mayor disciplina y expliqué que nuestra misión, por sobre todas las cosas, era formar el núcleo ejemplo,* que sea de acero, y por esa vía expliqué la importancia del estudio, imprescindible para el futuro. A continuación reuní a los responsables: Vilo, Pinares, Machín Hoed, Inti, San Luis, Villegas, el Médico, el Ñato Méndez y Martínez Tamayo. Expliqué por qué se había hecho la selección de Vilo como segundo, debido a algunos errores de Pinares, que se repetían constantemente (...) Los incidentes desagradables entre compañeros están estropeando el trabajo.

Pero el asunto no terminará allí. Los problemas con Pinares se mantienen. Una semana más tarde el Che anota: Vilo me dijo que Pinares se había mostrado dolido por la referencia a sus errores hecha en la reunión del otro día. Debo hablar con él. Y un día más tarde: Hablé con Pinares; su queja era que se le había hecho crítica delante de los bolivianos. Su argumentación no tenía base; salvo su estado emocional, digno de atención, todo el resto era intranscendente. Se refirió a frases despectivas que había tenido Machín Hoed contra él, esto fue aclarado con éste y parece que no hubo tal sino un poco de chismografía. Pinares quedó un poco más calmado.

Absorbido por las pequeñas tareas, parece pasársele anotar en su diario que evidentemente el día 8 de enero no hay respuesta de Monje, como también se le escapa el paisaje. Pacho, en cambio registra: "La vista de los Andes es maravillosa, subir las lomas es algo agitador, se fatiga uno mucho y más con una alimentación insuficiente". La vida de campamento la anima el humor de Coello que anda por ahí cantando "Isabel" de Aznavour y que le contesta a los que se quejan: "Si tú estás bravo, yo no estoy bravo, échale la culpa al imperialismo de que tú estés aquí"; y limpiaba su fusil mientras hablaba con él: "Oye, te limpié, pero no quiero que tires tiros, después de la guerra te llevo al museo".

Continúan las exploraciones. El 11 de enero el grupo comienza el estudio del quichua dirigidos por Aniceto y Jiménez Tardío. El Che escribe: Día del "boro"; se le sacaron larvas de moscas a Pinares, Lorgio Vaca, Villegas, Olo Pantoja, Octavio y Vilo. Villegas en su diario dirá simplemente: "Un día monótono". Pacho registrará: "Liberé una mariposa de una telaraña, llegamos 6:10 al campamento, el Che daba clases".

Las comunicaciones con La Habana funcionan correctamente en el sentido La Habana-Ñancahuazú, lentas en el retorno Ñancahuazú-La Paz-La Habana (conocida en clave como Manila). El Che le reporta a Fidel la entrevista con Monje y recibe en respuesta noticias del próximo arribo de Juan Pablo Chang, el hombre fuerte de los peruanos. El 11 de enero se recibe un mensaje de Fidel donde le informa al Che que se ha entrevistado con otro de los dirigentes del PC, el líder sindical Simón Reyes, quien "accedió a prestarnos ayuda sin decirle de qué se trataba. Sabe cómo adquirir botas buenas americanas: puede usarse para esto de inmediato. Estará en 15 días". Diez días más tarde, Fidel le informa que el segundo secretario del PC está al llegar a La Habana y que "oiremos sus planteamientos y seremos duros y enérgicos con ellos" y quince días más tarde le reporta de la reunión con

Kolle y Reyes: "Kolle planteó que Monje informó secretariado del PCB que operación tenía magnitud nacional y este aspecto al parecer trajo confusión. A Kolle se le precisó magnitud continental y contenido estratégico operación. Esto aclaró confusión y estuvo de acuerdo, era error reclamar jefatura operación cuyo contenido es estratégico y no magnitud nacional. Pidieron entrevistarse contigo fin ajustar criterio en cuanto colaboración de ellos y su participación en la operación (...) me dejaron favorable impresión. Creo que podrás lograr acuerdos satisfactorios".

Si esa es la percepción de Fidel en La Habana, tratando de allanar el camino a las relaciones entre el Che y el Partido comunista de Bolivia, no coincide con las reflexiones que el Che se hace a partir de la información que le va llegando. Entre los dos mensajes de Fidel, el Coco retorna al campamento con otros tres reclutas bolivianos y le cuenta al Che que Monje no sólo no renunció a la dirección del partido sino que *habló con 3 que vinieron de Cuba y los disuadió de entrar en la guerrilla... De resultas de esta actitud hostil no tenemos mas que 11 bolivianos incorporados.*

En su análisis del mes de enero, dirá: *Como lo esperaba, la actitud de Monje fue evasiva en el primer momento y traidora después. Ya el partido está haciendo armas contra nosotros y no sé dónde llegará, pero eso no nos frenará y quizás, a la larga, sea beneficioso (casi estoy seguro de ello). La gente más honesta y combativa estará con nosotros, aunque pasen por crisis de conciencia más o menos graves.*

El Che parece haberse liberado de una carga, al romper casi totalmente las relaciones con los comunistas bolivianos, al romper cualquier lazo de dependencia. Tendría razón Debray cuando años más tarde afirmaba: "La política local le llamaba muy poco la atención. ¿Los comunistas bolivianos? Unas gallinas. ¿Los líderes de la izquierda nacional? Políticos miopes. ¿Los mineros del estaño? Una aristocracia obrera que mañana causará problemas al igualitarismo revolucionario. La propia Bolivia, una base de partida, un primer eslabón".

Durante la tercera semana de enero la vida en el campamento, a pesar de la poca actividad, no es fácil. El Che pretende que se logre una cierta autosuficiencia alimenticia y los recursos de la región son pocos, no hay posibilidades de intercambio con campesinos y la caza escasea. Pacho registra: "Todas las noches sueño, debe ser la poca alimentación sin carne ni leche". Hacen su aparición las enfermedades. *Machín Hoed presenta síntomas de paludismo... Manuel cayó con una fiebre fuerte que tiene todas las características de ser paludismo. Yo estuve con el cuerpo "cortado" toda el día pero no explotó la enfermedad.*

En los diarios de los guerrilleros aparecen de vez en cuando referencias a esposas y familias, recuerdos: "Mil besos para Harry y Cristi, un millón de besos" (Villegas, 18 enero); "Me he pasado el día pensando en Tery" (Pacho, 1 enero); "Estoy leyendo *La cartuja de Parma* y recordando a mis seres amados: mi esposa, Eliseíto..." (San Luis, 10 enero.) El propio Che señala el cumpleaños de su esposa, las fechas de nacimiento de sus hermanos... Sociedad masculina, sociedad solitaria. Dariel Alarcón dirá en su diario: "La nostalgia en la selva es una compañera bien tristona, ciertamente."

Han estado además sucediendo cosas extrañas que involucran a su vecino, Ciro Argañaraz. El 18 de enero, el Che había escrito: *Bajo el aguacero llegó Vázquez Viaña para informar que Argañaraz había hablado con Olo Pantoja, mostrándose conocedor de muchas cosas y ofreciéndose a colaborar con nosotros, para la cocaína o lo que sea, mostrando en ese lo que sea, la sospecha de que hay algo más. Le di instrucciones a Vázquez Viaña de que lo comprometa sin ofrecerle mucho; sólo el pago de todo lo que acarree con su jeep y amenazarlo de muerte si traiciona.*

Al día siguiente la policía llega a la casa de Calamina. *El teniente Fernández y cuatro policías, vestidos de civil, llegaron en un jeep de alquiler buscando la fábrica de cocaína; sólo revisaron la casa y les llamó la atención algunas cosas extrañas, como el carburo traído para nuestras lámparas y que no se había trasladado a la cueva. Le quitaron la pistola a Vázquez Viaña pero le dejaron el Máuser y el 22; hicieron el "paripé" de quitarle un 22 a Argañaraz que mostraron a Vázquez Viaña, y se retiraron con la advertencia de que conocían todo y había que contar con ellos. La pistola podía reclamarla Vázquez Viaña en Camiri "sin hacer mucho ruido, hablando conmigo", dijo el Tte. Fernández. Preguntó por el "brasilero".* Ante esta situación el Che insiste en que Vázquez Viaña amenace a Argañaraz y a su ayudante para meterles miedo, y reorganiza el segundo campamento para evitar una sorpresa. *Se basa en la defensa rápida de una zona aledaña al río, dependiendo de ella el que se contraataque con algunos hombres de la vanguardia por caminos paralelos al río que desemboquen en la retaguardia. Se mandarán partidas de exploración y mudaremos el campamento hacia un punto más cercano a casa de Argañaraz; si esto explota, antes de dejar la zona le haremos sentir nuestra influencia a ese sujeto.*

Las tensiones han de proseguir en los últimos días de enero. Mientras tanto el Che va logrando que la disciplina en el campo se vuelva férrea. El 24 de enero Vilo Acuña resbala al cruzar el río Ñancahuazú con una carga de 100 mazorcas de maíz en la mochila y pierde su fusil en la corriente. Dariel Alarcón cuenta: "Vemos a Vilo salir del agua y mirarnos con una cara que no me atrevería a describir.

"—Se me cayó el fusil... y yo sí no me aparezco donde el Che sin el arma... ¡Me mato primero!

"Ahí está todo el grupo un buen rato buceando por el fusil".

El 26 de enero, al fin una buena noticia: *Apenas habíamos comenzado a trabajar en la nueva cueva llegó la noticia de que había llegado* (Moisés) Guevara con Loyola Guzmán. La dirigente de la JC tenía 20 años cuando a fines de enero del 67 se encuentra en Ñancahuzú con el Che. La sorpresa es grande cuando el Coco Peredo le dice quién la espera. "Justamente en esa época había la noticia de que el Che estaba en Colombia." Lo primero que la desconcierta es que el comandante ha perdido su acento argentino.

—¿*Por qué estás mojada, el río es muy hondo o tú eres muy pequeña?* Le ordena que se quite los calcetines y se seque. La rebautiza Ignacia.

—¿Por qué me dice Ignacia?

—*Por san Ignacio de Loyola.*

Si Loyola es dentro del esquema del Che un cuadro clave en la futura estructura urbana, Moisés Guevara, el dirigente del pequeño grupo maoísta cuyas relaciones estuvieron cultivando Martínez Tamayo y Villegas desde meses pasados, es esencial ante la desaparición del apoyo del PC. *Le planteé a Guevara mis condiciones: disolución del grupo, no hay grados para nadie, no hay organización política todavía y hay que evitar las polémicas en torno a las discrepancias internacionales o nacionales. Aceptó todo con gran sencillez, y tras un comienzo frío, se hicieron cordiales las relaciones con los bolivianos.* Loyola insistiría en que el Che repitió varias veces lo de que aquí no habría ni prochinos ni prosoviéticos.

Loyola me hizo muy buena impresión. Es muy joven y suave, pero se le nota una cabal determinación. Está a punto de ser expulsada de la Juventud, pero tratan de lograr su renuncia. Le di las instrucciones a los cuadros y otro documento; además, repuse la cantidad gastada que se monta en $70 mil pesos. Nos vamos quedando cortos de dinero. Se nombrará jefe de la red al Dr. Pareja y Rodolfo (Saldaña) vendrá a incorporarse dentro de 15 días.

En la conversación con Loyola el Che le explica con sencillez las ideas clave para crear una red urbana de apoyo y la equipa con un radioemisor que hay que arreglar. En el caso de Guevara se hace una cita *con el primer grupo del 4 al 14 de febrero; dijo que no podría venir antes por las comunicaciones y que los hombres se le rajaban ahora por los carnavales.*

Con este pequeño apoyo y esta incipiente red urbana en proceso de organización, el Che decide la salida en una larga exploración para dentro de tres días, una vez el Coco Peredo haya regresado de sacar a los visitantes. Resulta sorprendente que a pesar de saber que pueden crearse graves problemas por la curiosidad policiaca y el espionaje del vecino Argañaraz, a pesar de que su estructura urbana sin la presencia del PC boliviano está en pañales, la prioridad del Che sea la expedición para probar a la tropa. ¿Está urgido de entrar en campaña? El 31 de enero es el último día en el campamento. Se queda atrás un pequeño grupo dirigido por Olo Pantoja para esperar a los reclutas y custodiar la base. *Hablé a la tropa, dándole las últimas instrucciones sobre la marcha.*

Se trataba de una exploración con profundidad de la región, intentando establecer relaciones con campesinos de la zona y tratando en principio de rehuir el combate, a más de que debería servir para que el grupo se adaptara a las penurias de la vida guerrillera y se fortaleciera en un entrenamiento que se preveía como brutal. Pacho registra en su diario: "Mañana es la salida y estoy seleccionando las cosas a llevar en la caminata, son tantas cosas que no

sé qué hacer; colcha, mochila, hamaca, 15 libras de comida, arroz, frijoles, maíz, azúcar, café; quinina, chancaca, sopas, reserva, una lata de leche, una lata de salchicha, una lata de sardina, una muda de ropa, charque, balas, fusil, radio comunicaciones, libro, cuaderno clases, pistola, cantimplora..."
Y el Che escribe: *Ahora comienza la etapa propiamente guerrillera y probaremos la tropa; el tiempo dirá qué da y cuáles son las perspectivas de la revolución boliviana.*

CAPÍTULO 52

La brutal expedición

Durante las marchas de entrenamiento en Bolivia.
La foto sería capturada por los militares.

El 10 de febrero la expedición se pone en marcha. Programada para durar unos 20 días, no se buscaba, pero como el Che le había comentado a Inti, *no se excluía, la posibilidad de choque con el ejército.* Al fin de la primera etapa el Che escribió: *La gente llegó algo cansada, pero en general, se cumplió bien. En la retaguardia, Vilo se resintió del peso y se retrasó todo el grupo.* Si Acuña sufre su sobrepeso, en cambio Pacho está contento: "Hoy me sentí muy bien y batí todos los récords hasta el momento ya que no me quedé nunca atrás".

Bajo la lluvia y tanteando el terreno, porque los mapas no eran exactos (*el arroyo no puede ser el río Frías; simplemente, no está en el mapa*) el Che iba tratando de crear su propia cartografía corrigiendo con lápices de colores los planos, ubicando en su lugar exacto sierras y ríos, tomando fotografías.

El 4 de febrero, tras jornadas de 10 a 12 horas de marcha, la columna comienza a resentir el desgaste. *El camino fue siguiendo el Ñacahuasu; relativamente bueno pero fatal para los zapatos pues ya hay varios compañeros casi descalzos. La tropa está fatigada pero todos han respondido bastante bien. Yo estoy liberado de casi 15 libras y puedo caminar con soltura aunque el dolor en los hombros se hace a ratos insoportable.* El Che es magnánimo y hasta optimista en su anotación; según Inti, desde el principio la exploración está resultando durísima por las dificultades del terreno selvático y la lluvia constante. Pacho registra: "Los hombres están agotados. Leonardo Tamayo fiebre, Alarcón con hinchazón en los ganglios. Yo no puedo comer".

Y todo en medio de la soledad. *No se han encontrado señales recientes del paso de gente por el río pero debemos toparnos con zonas habitadas de un momento a otro, según el mapa.* Un mapa que era poco confiable y que el Che iba corrigiendo continuamente. Regis Dcbray anotaría más tarde: "Ñancahuazú hasta el río Grande, es una región casi desierta, social y económicamente pasiva en su parte rural. Esto a tal grado, que en no pocos lugares la selva era realmente virgen, inexplorada, por lo cual todos los mapas disponibles de la región estaban llenos de blancos, de aproximaciones o de errores de localización".

El día 5 la vanguardia de la columna llega ante un gran río, *varias veces mayor que el Ñacahuazú y que no daba paso. Nos trasladamos allí y nos encontramos con el auténtico río Grande crecido además.*

Un río que medía entre 80 y 100 metros de ancho, confluencia de varios otros ríos entre ellos el Rosita y el Ñancahuazú. Pacho escribe: "El Che se volvió loco de contento, me dijo: *Pacho, llegamos al Jordán, bautízame*".

Siguen sin aparecer seres humanos. Hay señales de vida pero un poco viejas y los caminos que se siguieron mueren en yerbazales donde no hay señales de tránsito. Finalmente el Che da un descanso a su tropa para tratar al día siguiente de cruzar el río.

El 6 de febrero, un día de calma y reposición de fuerzas. Las patrullas que exploran corriente arriba y abajo no encuentran un vado posible. Algunos de los guerrilleros tratan de cruzarlo a nado y fracasan. Pacho cuenta: "Me tiré al río cuatro veces, fue imposible pasar".

Al día siguiente un nuevo intento con *una balsa muy grande y poco maniobrable* construida por Pinares. *En dos viajes cruzó la vanguardia y en el tercero la mitad de la gente del centro y mi ropa, pero no mi mochila; cuando lo cruzaban de nuevo para trasladar el resto del centro, Suárez Gayol calculó mal y el río se la llevó muy abajo* (la balsa), *no pudiendo recuperarla. Se deshizo y Vilo Acuña comenzó otra que estuvo lista a las 9 de la noche* y el cruce del centro de la columna no se produce hasta el día siguiente.

En marcha al otro lado del río Grande, más de lo mismo: soledad y hambre. El 9 de febrero se produce el primer contacto, se trata de un campesino que habrá de ser pieza fundamental en la posterior historia, Honorato Rojas. El Che se entrevistará con él al día siguiente. Una foto testimonia el hecho, cuando el Che se retrata con los hijos de Honorato. *El campesino está dentro del tipo; incapaz de ayudarnos, pero incapaz de prever los peligros que acarrea y por ello potencialmente peligroso. El Médico curó a los hijos, engusanados y otro pateado por una yegua y nos despedimos.*

El Che define los siguientes pasos esa noche: *En principio, pienso caminar 10 días más rumbo a Masicuri y hacer que todos los compañeros vean físicamente los soldados,* aunque aclara que en principio no se trata de trabar combate; *luego trataremos de llegar por el Frías para dejar otro camino explorado.*

Al día siguiente la guerrilla llega al río Masicurí. Pacho anotará en su diario: "Me bañé con jabón, fue divino". A partir de ese momento empieza una etapa en la que se tiene que abrir senda a golpe de machete, con contactos esporádicos con los campesinos, que les proporcionan muy poca comida. El propio Che, a pesar de su tremenda resistencia, comienza a dar síntomas de agotamiento: *Tenía un cansancio atroz, pues las humitas me habían caído mal y llevaba un día sin comer.* Se decide descansar el 13 de febrero en las cercanías de la casa de un campesino. El estómago de Pacho habla en su diario: "Salí con Pinares a buscar maíz, nuestra única comida en varios días, en todas sus formas". El Che mantiene la disciplina: lo poco que se coma se comerá en orden, en el orden de marcha, en el que él ocupa el lugar número 14.

Ese día se descifrará un mensaje de La Habana en que se dan noticias de nuevas conversaciones con el PC boliviano. Según estas, Kolle reiteraba que *no se le había informado de la magnitud continental de la tarea, que en ese caso estarían dispuestos a colaborar en un plano cuyas características pidieron discutir conmigo.* Se anuncia por tanto la visita de los miembros de la dirección Kolle, Humberto Ramírez y Simón Reyes, el que declara que resuelva lo que resuelva el partido colaborará con la guerrilla. También le anuncian que Lechín, dirigente de un partido con fuerte influencia entre los mineros y al que el Che había conocido en su paso por Bolivia en los años 50, está dispuesto a sumarse al movimiento armado. Curiosamente, estas noticias, que permitirían ampliar el débil frente político en que podría moverse la guerrilla en el futuro, son lapidariamente registradas con el Che con la frase: *Veremos cómo afrontamos esta nueva ofensiva conciliadora.*

Abriendo senda a machete con contactos esporádicos con los campesinos y poca comida, prosiguen las jornadas. El maíz los salva de la inanición. Pacho cuenta: "Desayuno sopa de maíz, almuerzo nada, comida un poco de maíz".

El 16 de febrero el Che decide cruzar la sierra hacia el río Rosita. Un campesino les ha hablado de soldados que están construyendo una carretera y que tienen 30 fusiles en su campamento. El Che analiza con el grupo la posibilidad de entablar combate y concluye que no tiene sentido, que todo está previsto para iniciar acciones en julio, con la guerrilla entrenada y los refuerzos sumados.

En las siguientes jornadas es la lluvia la que se ensaña con la columna, hay días que están 18 horas bajo el aguacero torrencial mientras comienzan la ascensión. El 18 Pacho escribe: "En marcha para el río Rosita por firmes de montañas enormes con precipicio a los lados". El Che acotará: *Muy malas noticias; toda la loma es cortada por farallones cortados a pico, imposibles de bajar. No hay más remedio que retroceder.* No son muy diferentes las entradas de su diario en días posteriores: *Día perdido. Bajamos la loma hasta encontrar el arroyo e intentamos subir por él, pero fue imposible.* El 20 de febrero: *Día de lenta marcha.* Y así buscando abrirse camino entre arroyos que se podían vadear y riscos sin fáciles accesos. El 22 de febrero: *Exploraciones infructuosas buscando rutas. Todo el día se invirtió en subir por firmes bastante difíciles y de mucha manigua. Tras un día agotador (...) estamos en las cabezas del arroyo que desemboca en el Masicuri, pero con rumbo sur.* Y el 23: *Día negro para mí; lo hice a pulmón pues me sentía muy agotado. A las 12 salimos, con un sol que rajaba piedras y poco después me daba una especie de desmayo al coronar la loma más alta y a partir de ese momento caminé a fuerza de determinación.* Y Pacho añade: "Sin gota de agua, con sed y poca comida". Y sigue, sigue la terrible marcha. El 24 de febrero: *Día trabajoso y desganado. Se avanzó muy poco. Sin agua, pues el arroyo que llevamos está seco.* Y el 25: *Día negro.* En esa jornada va a producirse un conflicto que obligará al Che a intervenir drásticamente. *Pacho (que iba en la vanguardia) me llamó para decirme que Pinares y él habían tenido una discusión y que Pinares le había dado órdenes perentorias amenazándolo con un machete y dándole con el cabo en la cara; al volver Pacho y decirle que no seguía más, lo volvió a amenazar con el machete, zarandeándolo y rompiéndole la ropa. Ante la gravedad del hecho, llamé a Inti y San Luis, quienes confirmaron el mal clima que existía en la vanguardia por el carácter de Pinares, pero también informaron de algunos desplantes de*

Pacho. Llueve sobre mojado, el Che había anotado en su diario que dos días antes había oído a Pinares mandar a la mierda a un compañero y que tenía que hablar con él.

Al día siguiente el Che se entrevista con los implicados, piensa que Pinares tiene actitudes despóticas, pero que Pacho exageró y además informó el hecho con demora. El Che aprovecha para explicarle al grupo que las tensiones producto de la fatiga y las privaciones, que Inti en su diario llama infernales, tienen que ser controladas y amenaza con graves sanciones. San Luis recoge las palabras del Che: *Siete años de revolución habían influenciado a algunos camaradas que cuando recibían los servicios de choferes, secretarios y otras personas, se habían acostumbrado a dar órdenes y a recibirlo todo hecho; cómo una vida relativamente fácil nos hizo olvidar de algún modo los rigores y sacrificios de la vida que ahora vivíamos de nuevo*. A Pacho le dolerá particularmente que el Che, rigorista, diga de ellos que son unos comemierdas.

La perspectiva del río Grande es amenazadora, según Alarcón, "cuando nos paramos a mirar el río nos sobrecogió y hasta atemorizó un poco; traía ya por el medio de la corriente trozos de tierra que había arrancado a su paso y en ellos navegaban árboles fantásticos apuntando hacia el cielo". El encuentro del río estará unido a un grave accidente. Benjamín, uno de los bolivianos entrenado en Cuba, resbala en las márgenes del río y antes de que lo puedan rescatar se ahoga. *Tenemos ahora nuestro bautismo de muerte a orillas del río Grande, de una manera absurda.*

El 28 de febrero sólo han tomado té, las últimas latas ya se han acabado, algunos de los novatos consumen sus raciones de emergencia, el Che anota en su diario: *Mal síntoma*. Varias exploraciones buscando un vado son infructuosas y se construye una balsa en la confluencia del río Rosita. Tras un cruce parcial la balsa se pierde. Durante dos días tratarán infructuosamente de cruzar el río. Finalmente seguirán camino por la orilla sin contacto con la vanguardia.

El 3 de marzo, en la misma situación, sólo comerán palmito y corojo, Pacho anotará: "El día fue de perro". Un día después, tras marchas cortas en medio de la selva, logran cazar una cotorra y una paloma a repartir entre todo el grupo. *El ánimo de la gente está bajo y el físico se deteriora día a día; yo tengo comienzo de edemas en las piernas*. Pacho anota: "En marcha. En marcha, sin comer y agotados bajo la lluvia, mirando los árboles, buscando alguna fruta, algo para cazar, nada, nada, me dan mareos y veo estrellas. Lo único que me mantiene en pie es la conciencia".

El hambre es ahora el gran enemigo de la columna, palmito y pájaros cazados al azar apenas si sirven para engañar al estómago. El 7 de marzo el Che escribe: *4 meses. La gente está cada vez más desanimada, viendo llegar el fin de las provisiones, pero no del camino.*

Están buscando el río Ñancahuazú de nuevo.

El 8 de marzo se pierden Inti y Martínez Tamayo. El Médico Morogoro registra que el Che "está muy flaco y seguramente muy débil pero hace un gran esfuerzo y lo disimula a los demás". Un día después recuperarán a los desaparecidos y junto a ellos malas noticias: el Ñancahuazú se encuentra a unos cinco días de jornada y Pinares, con la avanzada, entró en un campamento petrolero mostrando las armas.

El Che no podrá saberlo aunque lo intuye, pero la acción de Pinares provocará que un oficial del ejército, el capitán Silva, que estaba de caza por la región, recoja la información de los obreros sobre la presencia en la zona de hombres armados, y pensando que se trata de narcotraficantes informe a la superioridad. El mayor Patiño del ejército boliviano, luego de entrevistar a los obreros de la compañía petrolera, ordenará al capitán que salga con una patrulla a buscarlos. Durante tres días Silva seguirá a la guerrilla. La persecución será infructuosa, pero la presencia de los guerrilleros ha sido detectada. Casi al mismo tiempo, y sin que tampoco de esto el Che tenga noticias, desertan del campamento central un par de voluntarios que habían llegado en el grupo de Moisés Guevara: Vicente Rocabado y Pastor Barrera.

Durante los siguientes tres días los guerrilleros del grupo del Che avanzan tan sólo de 4 a 5 kilómetros diarios. El 13 de marzo el Che escribe: *La gente está bastante cansada y un poco desmoralizada nuevamente. Queda una sola comida. Caminamos unos 6 kilómetros pero poco de provecho.*

Ese mismo día el cerco invisible, aunque aún muy tenue, que opera sobre la guerrilla, añade un eslabón más cuando los policías llegan a la casa de Calamina, el campamento inicial, maltratan a Serapio tratando de saber quiénes son los que por ahí rondan y colocan sobre el techo de la casa una bandera para indicar a los helicópteros el objetivo en medio de la selva. Los policías no saben muy bien lo que están buscando.

El 14 de marzo, *casi sin darnos cuenta llegamos a Ñancahuazu. (Yo tenía-tengo un cansancio como si se me hubiera caído una pena encima). El río está bravo y no hay ánimos de intentar el cruce, pero San Luis se ofreció de voluntario y pasó cómodamente emprendiendo viaje a la base a las 15:20 exactamente. Espero que llegue en dos días. Nos comimos la última comida, un mote con carne, y ahora dependemos de la caza. A la hora de hacer estas notas tenemos un pajarillo y se han oído tres tiros. El Médico e Inti son los cazadores. Oímos partes del discurso en que Fidel castiga con toda crudeza a los comunistas venezolanos y con dureza a la actitud de la URSS con respecto a los títeres americanos.*

Ese mismo día la policía detiene en el poblado de Lagunillas a Rocabado y a Pastor Barreras cuando estaban tratando de vender un arma. Rocabado, quien había sido miembro de la policía de investigación criminal, de donde había sido expulsado por corrupto, trata de hacer méritos con sus excompañeros y cuenta más de lo que sabe y buena parte de lo que ha oído. Identifica al jefe (Olo Pantoja) como "el cubano Antonio" habla del "gran jefe", al que nunca vio, y dice que es el Che, habla de que en el campamento hay argentinos y peruanos y un francés (Debray), da los datos del *jeep* de Tania, entrega los nombres de los miembros de su grupo reclutados por el dirigente minero Moisés Guevara y ofrece guiar al ejército hacia la casa de Calamina y el campamento inicial. Incluso asegura que se ha sumado a la guerrilla en misión de información, para ver si más tarde podía sacarle algún beneficio.

Coco Peredo, en un arranque de cólera, diría más tarde que "los guerrilleros bolivianos reclutados por Moisés Guevara, dirigente minero de la época, fueron extraídos de burdeles y chicherías en busca de salario". Aunque la frase resulta injusta, al generalizar es cierto que Guevara había realizado un reclutamiento muy superficial, en el que entre la docena de hombres que llegan al campamento, se mezclaban militantes sindicales probados con elementos del lumpen marginal de las zonas mineras.

El 15 de marzo el centro de la pequeña columna, dirigido por el Che, intenta cruzar el Ñancahuazú y lo logra parcialmente. Nuevamente la balsa falla y los arrastra un kilómetro río abajo dejando a dos guerrilleros de su grupo y la retaguardia en la otra orilla. Parte de los miembros del grupo sufren de enfermedades en los pies y continúa la falta de comida, produciendo que los guerrilleros sufran por la carencia de proteínas y de grasas.

Desde el inicio de la expedición la guerrilla marcha con un caballo que han encontrado perdido. Cuando el hambre apretaba, varios se acercaron al Che para proponerle que se comiera el animal. Hubo un momento en que el Che amenazó a dos compañeros con dejarlos sin comer si volvían a insistir sobre el tema. El 16 de marzo el Che, que se había encariñado con el animal y quería usarlo en la finca, toma la decisión. *Decidimos comernos el caballo, pues ya era alarmante la hinchazón. Manuel Hernández, Inti, Leonardo Tamayo, Gustavo Machín, presentaban diversos síntomas; yo una debilidad extrema. Desde las 17 horas fue una orgía de caballo. Mañana serán las consecuencias, probablemente.*

La radio funciona correctamente y se recibe un mensaje de La Habana que confirma la llegada de Regis Debray a Bolivia. El Che piensa que ya debe de encontrarse en el campamento central, lo cual es cierto; Tania lo ha recogido en La Paz desde los últimos días de febrero junto al argentino Ciro Roberto Bustos y el cinco de marzo llegan al campamento llevados por Coco Peredo. Debray ha sido enviado por segunda vez a Bolivia directamente por Fidel, que esta vez le informa de que allí se encontrará con el Che. No está muy claro cual será su función. Debray piensa que Fidel quiere que ayude al Che a ampliar la base de apoyo en Bolivia por la izquierda ante las tensiones con los comunistas, estableciendo apoyos con grupos con los que el francés se ha relacionado en sus viajes anteriores: maoístas y troskistas.

El 17 de marzo la guerrilla sufre un nuevo percance, cuando al intentar cruzar la retaguardia el río Ñancahuazú la balsa naufraga y se pierde un hombre, el boliviano Lorgio Vaca (*hasta ese momento, era considerado el mejor hombre de los bolivianos en la retaguardia, por su seriedad, disciplina y entusiasmo*), que se ahoga. También desaparecen armas y mochilas. El Che debe estar dudando en esos momentos de las virtudes de la zona elegida, pero sin duda era ya demasiado tarde, como dirá Debray, para "abandonarla y dirigirse a otra más favorable".

Al mismo tiempo, la mencionada patrulla del capitán Silva arriba a la finca de Ciro Algañaraz. Y en un interrogatorio muy violento, en que el capitán le pone en la boca una pistola al patrón, obtiene la misma información que la policía sabía hace días, la presencia de un grupo de gente extraña a unos cuantos kilómetros, probablemente narcotraficantes. El ejército despliega en la zona cerca de 60 hombres, Silva avanza hasta la casa de Calamina con unos 9 soldados, pero no encuentran nada. La casa ha sido abandonada. Dos bolivianos, Aniceto y Antonio, observan emboscados a los soldados. Ya anocheciendo se produce un tiroteo contra otra patrulla del ejército, cuando Vázquez Viaña, que regresa al campamento, se tropieza con los soldados y hiere a uno. En los siguientes momentos el ejército detiene a Salustio, uno de los peones bolivianos que cuidaban la finca.

En el campamento central se tienen noticias confusas de todos estos movimientos del ejército. La vanguardia de la columna del Che encabezada por Pacho y Alarcón ha arribado hace un par de días y San Luis, al que el Che ha enviado por delante para llevar noticias sobre su demora en el río, aparece de repente. Debray registra: "San Luis había llegado sin avisar, de pronto, el día anterior, con su fusil, pero sin mochila. Un niño salvaje, con la piel pegada a los huesos, nadie le oyó llegar. Los demás andan o titubean. Él, con su cabeza de niño imberbe y pequeñito, se desliza en la selva como gato entre las hojas".

Mientras el Che progresa lentamente hacia el campamento central, se establecen emboscadas en los alrededores del segundo campamento, que ahora es conocido como campamento del Oso, y Pacho sale en una patrulla para buscar infructuosamente al comandante. Debray habría de registrar que en el campamento que dirigía Olo Pantoja existía una especie de vacío de mando, relajamiento de la disciplina, sensación de caos. ¿Combatir al ejército? ¿Esperar al Che?

El 19 de marzo el Che continúa su marcha apretando a sus hombres, que se enfrentan por tonterías a causa del agotamiento. Hacia las cinco y media de la tarde se encuentran con una avanzada. *Allí nos recibió el médico peruano, Restituto José Cabrera, que ha venido con el Chino y el telegrafista Lucio Galván, con la noticia de que Dariel Alarcón esperaba con comida y de que habían desertado dos hombres de Guevara y la policía había caído a la finca (...) No estaban ni Olo Pantoja ni Coco; éste había ido a Camiri a buscar otro lote de hombres de Guevara y Olo salió enseguida a avisarle la deserción.*

El Che ordena que Manuel retorne sobre las huellas para buscar a la retaguardia. En la madrugada, todos los que han hecho la expedición se reúnen nuevamente.

Al día siguiente parten hacia el campamento, en el camino el Che conocerá el resto de las noticias: la captura de Salustio, la presencia del ejército en la casa de Calamina, la desaparición de Vázquez Viaña, la pérdida de la mula y el *jeep* (primero la mula, escribirá, luego el *jeep*, fiel a sus amores eternos). La columna continuará camino. Debray los verá llegar: "A lo lejos, una procesión de mendigos jorobados emerge poco a poco de la noche con una rígida lentitud de ciego. El centro, por fin (...) Y ahora, en la madrugada gris, a orillas de la selva, sobre esa planicie de sabana desolada que extiende hasta el horizonte sus promontorios y sus huecos, las siluetas de color caqui se acercan contra el verdeamarillento de los matorrales, zigzagueando entre las altas hierbas cortantes, los juncos de los árboles desperdigados aquí y allá. Parecen sonámbulos en fila india, con arreos o más bien albardas bamboleantes, harapientos, inclinados hacia adelante por el peso del morral (por lo menos 30 kilos). Los cañones de los fusiles, en horizontal; portafusiles en ángulo recto sobre el hombro, recogen y reverberan las primeras luces. Pronto tintinean las cantimploras, los revólveres al cinto, las insoportables y ruidosas cacerolas ennegrecidas por el fuego atadas por encima de las mochilas, las tazas y los machetes. Por muy taciturno que sea un guerrillero con todo y sus bártulos a cuestas, suena igual que un hombre-orquesta. El Che anda en el medio: busto casi derecho con una mochila que rebasa la cabeza, la carabina M-l vertical, su boina de fieltro café en la cabeza y un esbozo de barba.

—*Excúsenos por el retraso* —dice, quitándose la mochila con una sonrisa flemática. Queda de pie, los demás se desploman, a medida que van llegando, se seca el rostro y recupera el aliento.

—*A cocinar* —ordena el Che al ver a un cuadrúpedo ya desollado, colgado por las patas. Durante 24 horas y para todo el mundo.— *Vamos, cocineros, ¡a moverse!*

—¿Podemos hacer fuego, comandante? ¿En pleno día?

—*Sí, excepcionalmente. Pero hasta que no llegue la retaguardia, nadie tocará nada.*

El Che se encuentra en el campamento con Tania y Juan Pablo Chang, el jefe del ELN peruano. *Un clima de derrota imperaba. Poco después llegó un médico boliviano recién incorporado con un mensaje para San Luis en el que se le comunicaba que Pinares y Olo Pantoja estaban en la aguada, que fuera a entrevistarse. Le mandé a decir con el mismo mensajero que la guerra se ganaba a tiros, que se retiraran inmediatamente hacia el campamento y allí me esperaran. Todo da la impresión de un caos terrible; no saben qué hacer.*

Mientras trata de reorganizar a sus fuerzas, el Che conversa con el chino Chang. *Pide 5 mil dólares mensuales durante 10 meses y de La Habana le dijeron que discutiera conmigo (...) Le dije que en principio sí, sujeto a que en 6 meses se alzara. Piensa hacerlo con 15 hombres y él como jefe en la zona de Ayacucho. Convinimos además, en que le recibiría 5 hombres ahora y 15 más, con algún lapso, y les enviaría con sus armas luego de entrenarlos en combate (...) Parece muy entusiasmado.*

CAPÍTULO 53

Combates

El Che con el Chino Juan Pablo Chang,
campamento base, Ñancahuazú.

A pesar de que intuía que pronto habrían de producirse combates, el Che dedicó el día 21 de marzo, con tranquilidad y paciencia, con la frialdad que fascinaba a sus hombres, a darle forma a su proyecto multinacional. Con Debray (quien según un informador le traía noticias de casa, una escueta nota de Aleida: "Estoy bien, me preocupo de los niños, traen buenas notas"), deja claro que lo prefiere en el exterior como vínculo internacional de la guerrilla que como combatiente, incluso que como enlace con las fuerzas de izquierda de La Paz. Le sugiere que antes de retornar a La Habana y a Europa pase por Brasil y se relacione con un grupo que está en etapa de organización y entrenamiento, el escindido del Partido comunista y dirigido por Carlos Marighella. Pero la labor del francés será sobre todo montar una red de solidaridad europea. El Che se propone escribir cartas que llegarán por su conducto a Sartre y Bertrand Russell.

Al argentino Ciro Roberto Bustos, el Che le encargará una misión fundamental dentro de su proyecto: debe ponerse en contacto con *los grupos de Jozamy, Gelman y Stamponi*, que cubren un abanico de militantes y tendencias organizadas que van desde el peronismo revolucionario a los desprendimientos por la izquierda del PC y que tienen en común el estar a favor de la lucha armada. No debe haber demoras, si estos hombres aceptan participar en el movimiento que está a punto de iniciarse, *deben comenzar la acción exploratoria en el norte argentino y mandarme un informe.* En una conversación posterior, el Che le dirá que *el objetivo es la toma del poder en Argentina. Quiero entrar con dos columnas de unos 100 hombres en el plazo de unos dos años.*

Bustos le cuenta lo que ha sucedido desde que se vieron en La Habana, antes de la salida del Che para África; entre otras historias, narra cómo fue invitado a China y allí le ofrecieron al Che, por su intermedio, armas, recursos económicos y la posibilidad de entrenar a sus hombres, a cambio que denunciara el creciente prosovietismo de Fidel. Bustos se negó. El Che recibió la historia con risas y le dijo que de buena se había salvado, porque en China se había iniciado la revolución cultural.

En las últimas horas de la tarde el Che recibe un reporte de Olo Pantoja sobre la situación en la base y llega el Ñato desde el campamento central, a unas tres horas de marcha, con las noticias de las deserciones y la presencia del ejército.

Según Debray, el Che se indigna: "Le cambia el rostro. Fuera de sí se levanta y explota: *¿Pero qué está pasando? ¿Qué cabronada es esta? ¿Es que estoy rodeado de cobardes o de traidores? Ñato, tus bolivianos comemierdas, no quiero aquí ni uno. ¿De acuerdo? Expulsados, hasta nueva orden. ¿Entendido?*

"—Sí, comandante.

"—*Vilo, vete a la retaguardia, corre al campamento. Ahí estamos y ahí nos quedamos. Que Pinares y Olo Pantoja no hagan nada, carajo, van a oír hablar de mí. Váyanse ahora mismo ahí, mañana los alcanzo con mi gente. Hasta mañana.* Sus descargas son de cólera fría, que rompe el sentimiento de superioridad fraterna que normalmente inspira a su alrededor. Como si quisiera romper la comunión, blindar su soledad. Hay como un temor reverencial bajo el respeto silencioso que muestran sus hombres, los cubanos que han combatido a sus órdenes en Cuba y fuera de Cuba".

Al día siguiente el Che emprende la marcha y pocas horas más tarde, hacia las 12 de la mañana, unifica a la guerrilla en un solo grupo de 47 combatientes, *contando visitantes y todo.*

Sobre el río está montada una emboscada de cinco hombres y hay una exploración de otros tres para impedir sorpresas. Inti reporta con el Che los problemas que ha creado la actitud de Pinares. Cuando el Che se entrevista con él, explota: *Le dije a Pinares que de ser cierto sería expulsado de la guerrilla, contestando él que moriría antes fusilado.*

—*Nos has faltado al respeto a todos nosotros, en primer lugar a mí. Ya no mandarás la vanguardia. Manuel Hernández te sustituirá. Sal de aquí. Y si continúas con tus actos de indisciplina serás expulsado.*

—Preferiría que me fusilaran.

—*Si es tu voluntad...*

El enfrentamiento quemará a Pinares. Debray, que hace guardia nocturna con él, registra que le pidió que le dijera a Fidel que lo sacara de Bolivia.

La reunión fue explosiva e intempestiva y no dejó buen saldo. Pero el Che aprovecha para fijar la estrategia. *Si se retiran en estos momentos sin dar la batalla traerían detrás de sí al ejército, con la moral alta y fresca, con todos los datos que les debían haber suministrado los desertores; era mejor esperarlos y dar un golpe fuerte.*

Tendrá razón; a las 7 de la mañana del día siguiente, el 23 de marzo, la emboscada dirigida por San Luis y Alarcón, en la que además están seis de los guerrilleros bolivianos, hace trizas a una columna del ejército que avanza por el río, tras haber detenido a Serapio en las cercanías de la casa de Calamina. El tiroteo sólo dura seis minutos pero quedan 7 soldados muertos, 4 heridos y 14 prisioneros, entre ellos un mayor y un capitán. *Se capturó el plan de operaciones que consiste en avanzar por ambos cabos del Ñancahuazú para hacer contacto en un punto medio. Trasladamos aceleradamente gente al otro lado y puse a Pinares con casi toda la vanguardia en el final del camino de maniobras, mientras el centro y parte de la retaguardia queda en la defensa e Israel Reyes hace una emboscada al final del otro camino de maniobras. Así pasaremos la noche para ver si mañana llegan los famosos rangers.*

Al día siguiente mandé a Inti a hablar por última vez con los prisioneros y ponerlos en libertad, desnudándolos de toda prenda que sirva, menos a los dos oficiales, con los que se habló aparte y salieron vestidos. Al Ma-

yor, se le dijo que le dábamos hasta el 27 a las 12 para retirar los muertos y les ofrecimos una tregua para toda la zona de Lagunillas si él se quedaba por aquí, pero contestó que se retiraba del ejército. El capitán informó que había reingresado al ejército hacía un año, a pedido de la gente del partido (comunista) y que tenía un hermano estudiando en Cuba; además, dio los nombres de otros dos oficiales dispuestos a colaborar. Estas simpatías hacia la guerrilla se filtrarán y le costarán más tarde al capitán Silva ser interrogado duramente en Camiri y separado del mando.

El jefe de las fuerzas armadas bolivianas, Ovando, comentaría de manera bastante cínica a la prensa: "Fue indudablemente una mala operación de los guerrilleros, pues permitieron que unos 20 hombres nuestros regresaran. Los guerrilleros debieron haber liquidado a todos y no dejar rastro".

Durante los siguientes días se sucederán regularmente los bombardeos sin objetivo fijo asustando a los novatos bolivianos. Las fuerzas aéreas bolivianas comienzan a usar napalm. *Pinares hizo una exploración sin encontrar nada por su zona.* Según Inti, Pinares reaccionaba a las fuertes críticas del Che: "Se empeñó en ser el mejor de todos. Incluso se destacaba por cargar, en condiciones cada vez más difíciles, la mochila más pesada y, además de su fusil Garand, una ametralladora 30".

Mientras mueve las emboscadas adelantándolas, el Che aprovecha la relativa calma para hacer, el día 25, un balance de la situación con sus hombres. *Pusimos los huevos sobre la mesa, vamos a ver quién aguanta más,* dirá el Che en versión de Debray, con "una tranquilidad y una lucidez naturalmente sardónicas". Reunida la mayor parte de los combatientes en medio de la jungla, con las manos a la espalda como acostumbra, hace un relato de la expedición, recuerda a los muertos accidentales. *Hice un análisis del viaje y su significado y expuse los errores de Pinares, destituyéndolo y nombrando a Manuel Hernández jefe de la vanguardia.*

Y el Che sigue criticando a su grupo, a los cuatro bolivianos a los que llama "la resaca" (Julio, José Castillo, Eusebio y Hugo Choque, todos del grupo de Moisés Guevara) por su falta de disciplina y de voluntad de combate, les ordena que devuelvan sus armas, *comunicándoles que no comerán si no trabajan y se les suspende la fuma, redistribuyendo las cosas personales entre los otros compañeros más necesitados.*

Debray cuenta: "Voz de barítono sarcástico que fustiga a unos y a otros. ¿Por qué subió Tania con los visitantes? Otra indisciplina. Las órdenes eran que ella se quedara abajo para los enlaces… *Y tú, René, has venido aquí como técnico y ni siquiera sabes hacer funcionar la emisora…* Tania, la única mujer del grupo, vuelve la cabeza con lágrimas en los ojos. René no responde. Ya no hay gasolina para poner a funcionar el motor de la radioemisora. El Che era implacable. En primer lugar consigo mismo. Mucho más que con sus hombres, y más con sus hombres que con el enemigo. Si se quisiera más a sí mismo y se maltratara menos… Sus dos únicos privilegios personales: no hacer guardias nocturnas en los puestos de centinela, y fuera del campamento, un termo de café que llevaba en su morral".

El Che habla también de las ambigüedades de la dirección del PC boliviano, de cómo al mismo tiempo que preparan una reunión en La Habana con Fidel ("Yo los cito para conversar, es imprescindible que le den ayuda al Che. Ellos se comprometieron a ayudar") para supuestamente acordar el apoyo a la guerrilla, expulsan por indisciplina a los militantes de la juventud que se han sumado a ella. *Lo que interesan son hechos; las palabras que no concuerden con los hechos no tienen importancia. Anuncié la reiniciación del estudio* (se impartían clases de idiomas, quichua y francés, y superación cultural y política). En las conversaciones personales el Che dedica un buen rato a hablar con Juan Pablo Chang. Le deja claro que está allí para entrenarse en combate y luego ir hacia Perú, tal como estaban las cosas y con la demora de la organización en Argentina, lo último que deseaba el Che era que la guerrilla se internacionalizase. *En el curso de la reunión se le dio a este grupo el nombre de ejército de liberación nacional de Bolivia y se hará un parte del encuentro.* El diario de Pacho registra parcamente: "Tengo un sueño bárbaro".

Mientras el Che tensaba la cuerda, se producían las primeras reacciones en el mando boliviano. El mayor Plata y el capitán Silva serán interrogados en Camiri; de ahí Silva será enviado a La Paz donde pasará 14 días en un calabozo bajo nuevos interrogatorios de inteligencia militar. Por la prisión militar, aparecerán un par de agentes de la CIA interesados en que precise si vio al Che en el campamento. Silva no puede, o no quiere, identificar las fotos que le muestran.

La presencia de la CIA no es casual. Alertados por los militares bolivianos y el Ministerio del interior, han estado participando en los interrogatorios que se le hacen en Camiri a los desertores Rocabado y Barrera. Un tal "doctor González", al que años más tarde fuentes cubanas identificarán como el exilado Gustavo Villoldo Sampera, participa en los primeros interrogatorios. En la posterior indagatoria al capturado Salustio, intervendrán también otros agentes de la CIA como Edward Fogler y el jefe de la estación, Tilton.

La presencia de la CIA es sólo uno de los pasos que los estadunidenses darán en su solidaridad con el gobierno militar. Alertados a pocas horas del primer encuentro armado con el ejército, y a petición del gobierno boliviano a través del embajador Henderson, el gobierno Estados Unidos ofrecerá apoyar al ejército boliviano desde la base en la zona del canal de Panamá con raciones C, entrenamiento y armas.

El 26 de marzo la guerrilla juega al escondite con el ejército, dos exploraciones registran movimientos de la tropa sin chocar con ella. Al día siguiente, 27 de marzo, *hizo explosión la noticia acaparando todo el espacio radial y produciendo multitud de comunicados, incluida una conferencia de prensa de Barrientos. Las informaciones militares daban multitud de bajas a la guerrilla, pero la noticia verdaderamente grave es que Tania había sido identificada, con lo que se pierden dos años de trabajo bueno y paciente.* Las declaraciones de los desertores, aunadas al descubrimiento por la policía del *jeep* en Camiri, y los papeles que había en él, llevaron a un registro domiciliario en el que la policía descubrió sorprendida que Laura Gutiérrez Bauer (la dueña del *jeep*) tenía fotos en las que aparecía junto al presidente Barrientos y al general Ovando. Les tomaría un par de días relacionar a Laura con la Tania de la que hablaban los desertores. El desenmascaramiento de la agente crearía un vacío importante en La Paz, según confesaría más tarde Rodolfo Saldaña: "Sentí una gran desesperación cuando vi que Tania no regresaba del campamento (…) su presencia era muy importante para el movimiento urbano".

Como reacción a la emboscada el ejército arresta a Argañaraz y a su ayudante, el Vallegrandino Rosales, y los acusa de colaborar con las guerrillas; les saquean la casa y a Rosales lo apalean y luego lo hacen aparecer como suicidado. Argañaraz, el hombre que había denunciado a la guerrilla cuando pensaba que se trataba de unos narcotraficantes, perderá hasta las puertas de su casa y lo tienen nueve meses en la cárcel.

Se han desplazado, según las informaciones radiofónicas, unos 2 mil hombres a la zona de combate, que establecen un primer cerco muy amplio; la radio sigue desinformando hablando de 10 a 15 bajas de los guerrilleros. De lo que no se habla públicamente es de la llegada a la ciudad de Santa Cruz del mayor del ejército estadunidense Ralph W. Shelton, experto en guerra de guerrillas, fogueado en combate en Vietnam.

Durante los últimos días de abril el Che, mientras busca que sus hombres se repongan de la terrible experiencia de la expedición, trata de conseguir abastecimientos y explora algunas rutas de salida de la zona. Una patrulla de la guerrilla hace contacto con la Cruz Roja, que busca los cadáveres de la primera emboscada, y más tarde con un camión del ejército, y en lugar de tirotearlo, los guerrilleros le piden que se retire. El Che permanece inmóvil durante tres días más. Debray cuenta: "Indignado, no cruzó una sola palabra con nadie durante los días siguientes. Apartado sentado en la hamaca, fumando una pipa, bajo una cobertura de plástico, leía, escribía, pensaba, tomaba mate, limpiaba su fusil, escuchaba Radio Habana en su transistor por la noche. Órdenes lacónicas. Ausente. Encerrado en sí mismo: atmósfera tensa en el resto del campamento. Disputas, susceptibilidades nacionales, discusiones sobre la táctica a seguir, todo avivado por el agotamiento, el hambre, la falta de sueño y la permanente hostilidad de la selva. Otro se habría mezclado con la tropa hablando o bromeando con todos. El Che ponía la disciplina al desnudo, sin adornos ni relaciones personales. ¿Existe acaso un carisma de la distancia? *En absoluto*, me responde con humor, poco después, una noche en que a solas, en plan de confidencias le pregunté sobre sus relaciones tan deferentes hacia Fidel y tan tirantes con todos los demás. *Uno hace lo que puede con sus desventajas, soy argentino, estoy como perdido entre los tropicales. Me resulta difícil abrirme y no tengo las mismas dotes que Fidel para comunicarme. Me queda el silencio. Todo jefe tiene que ser un mito para sus hombres. Cuando Fidel quiere jugar al béisbol, inmediatamente convence a quienes le rodean que son ellos los que quieren hacerlo*

y le siguen al terreno de juego. Yo, en Cuba, cuando los otros me habla-
ban de coger el bate les decía "luego", y me marchaba a leer en un rincón.
Si por eso no le caigo bien a la gente al principio, al menos me respetan
porque soy diferente".

Mientras tanto el presidente Barrientos mantiene reuniones con los altos
mandos militares explicando su decisión de apelar al asesoramiento estadunidense. Entre algunos oficiales nacionalistas la información causa tensión. El presidente también se entrevista con el excriminal de guerra alemán
Klaus Barbie, que se encuentra clandestino en Bolivia, para pedirle asesoramiento. Su segundo, el general Alfredo Ovando, jefe de las fuerzas armadas,
que acaba de regresar de una gira por Europa, se hace cargo de conectar con
los militares argentinos y brasileños para pedir apoyo, armas y municiones.
La situación del ejército en Camiri es mala. El mayor Rubén Sánchez, que
tiene que conducir una patrulla al interior de la zona cercada, encuentra "desmoralización y temor, tanto en los mandos de las unidades como en todos
los que se encontraban en la zona de operaciones". Aun así, el día 30 el ejército ocupa definitivamente la casa de Calamina. La guerrilla, por ahora, es un
fantasma que inspira miedo.

El Che centrará su balance del mes de marzo en tres elementos: fin del
entrenamiento, pobreza del reclutamiento boliviano, en particular del grupo
de Moisés Guevara, *que han resultado con un nivel general muy pobre*
(2 desertores, 1 prisionero "hablador", 3 rajados, 2 flojos), y la necesidad de
emprender el camino antes de lo que yo creía y movernos dejando un
grupo en remojo y con el lastre de 4 posibles delatores. La situación no es
buena, pero ahora comienza otra etapa de prueba para la guerrilla, que
le ha de hacer mucho bien cuando la sobrepase.

Mientras el Che organiza el encubrimiento de sus depósitos en nuevas
cuevas y mantiene activa a toda la tropa en patrullas y emboscadas (Pacho:
"Hace días que no dormimos nada"), el 1 de abril llegan a Santa Cruz los
primeros aviones estadunidenses con pertrechos para el ejército boliviano
y probablemente un cargamento de bombas de napalm.

El lunes 3 de abril la guerrilla se pone en marcha saliendo durante la noche.
Caminamos lentamente hasta pasar el codo del atajo a las 6.30 y llegar al
borde de la finca a las 8.30. Cuando pasamos frente a la emboscada, en
los cuerpos de los 7 cadáveres no quedaba más que unos esqueletos per-
fectamente limpios, en los que las aves de rapiña habían ejercido su fun-
ción con toda responsabilidad. Mandé dos hombres (Leonardo Tamayo y
Ñato) a hacer contacto con San Luis y por la tarde nos trasladamos a la
quebrada de Piraboy donde dormimos ahítos de vaca y maíz. Hablé con
Debray y Bustos exponiéndoles 3 alternativas: seguir con nosotros, salir
solos o tomar Gutiérrez y de allí tentar fortuna en la forma que mejor se
pudiera; eligieron la tercera. Mañana probaremos suerte.

El 4 de abril la guerrilla sigue jugando al escondite con el ejército mientras cruzan por una zona donde habían estado emboscados 150 soldados.

Se encontraron objetos de los militares, tales como platos, cantimploras, hasta balas y equipo, todo fue confiscado.

Ese mismo día una fuerte patrulla del ejército a cargo del mayor Rubén Sánchez, siguiendo las indicaciones del detenido Salustio, avanza hacia los campamentos. Sánchez cuenta: "Lo hice tan rápidamente que a mediodía estaba a unos doscientos metros del campamento central según las indicaciones de Salustio Choque. En ese momento apareció la aviación y empezó a bombardearnos, confundiéndonos con los guerrilleros. Una vez pasado el bombardeo, entré al campamento. Al ingreso, nomás se notaba la construcción de posiciones, colectivas e individuales, probablemente para puestos de centinelas. En el interior de la quebrada, en el primer campamento, encontré una especie de cocina con las cenizas aún calientes. En cada uno de esos campamentos que eran tres o cuatro, había posiciones clavadas en forma circular, no sólo una hilera, sino muchas, a medida que se avanzaba en subida. Yo me puse a pensar: no creo que los guerrilleros fueran a hacer una guerra de posiciones. Encontré documentos: relaciones nominales de los guerrilleros, los turnos de posta y una serie de papeles que servían para información. Y más importante: fotografías donde aparecía el Che". De una de esas fotos todavía se hablará mucho. Los documentos, 21 pasaportes, un diario, permiten al ejército hacerse una primera idea del volumen de la guerrilla que calculan en unos 60 hombres (son menos de 50 tras las pérdidas y las deserciones), de los que "al menos 12 son cubanos" (14) y que "cuatro de ellos habían estado en el Congo antes con el Che"(es cierto, Papi, Coello, Morogoro y Villegas). En el rastreo debe haber aparecido alguno de los cuadernos de estudio del Che, porque el G2 boliviano podrá comparar las letras de estos cuadernos con la copia de una carta del Che aparecida en la prensa cubana y sus grafólogos confirmarán la autenticidad de la letra del comandante Guevara.

Es sorprendente que la cantidad de pruebas acumuladas aún haga dudar a la CIA y los militares bolivianos, porque en aquellos días el general Ovando se negó a creerlo.

Cuatro días más tarde el ejército permitirá a la prensa que ingrese al campamento. Los periodistas rondan entre los restos bélicos. Héctor Pracht, de *El Mercurio* de Chile, toma atenta nota de las municiones dominicanas, los periódicos argentinos, las latas de leche estadunidenses… descubre los sembradíos de hortalizas y una gallina con pollitos. *Un periodista chileno hizo una narración pormenorizada de nuestro campamento y descubrió una foto mía, sin barba y con pipa. Había que investigar más cómo fue obtenida.* El Che no tendrá oportunidad de saberlo, pero las versiones de cómo fue encontrada la foto serán tres (la del mayor Sánchez y las nuevas de los periodistas) y aparentemente contradictorias. Por un lado el periodista británico Murray Sayles contará: "Entre los desperdicios cuidadosamente sacados de la zona de dormitorios encontré una foto del doctor Guevara tomada en la selva y una copia del discurso del Vo Nguyen Giap. La fotografía de Guevara era de un hombre más joven del que yo vi en Cuba en 1964 y opino que fue tomada en la Sierra Maestra en Cuba hace algunos años". Pero el periodista mexicano Luis Suárez contará que una segunda foto del Che, sentado en un claro similar a los del campamento, sin pipa y con barba, fue encontrada por el boliviano Ugalde, fotógrafo de la presidencia. Para verificar si la foto era reciente, unos especialistas de la empresa Yacimientos petrolíferos filmaron el campamento buscando el ángulo que pudiera corresponder a lo fotografiado, pero una porción de la selva se parece demasiado a otra a miles de kilómetros de allí. No existía siquiera una prueba concluyente de que el Che hubiera pasado por ese campamento.

Al día siguiente el Che sigue avanzando armando emboscadas que protejan su flanco. *Pensaba salir por la madrugada río abajo, pero se vieron soldados bañándose a unos 300 metros de nuestra posición. Resolvimos entonces cruzar el río sin dejar huellas y caminar por la otra senda hasta el arroyo nuestro.* Al día siguiente la guerrilla rompe el primer cerco y captura a un grupo de campesinos que habían reunido varias vacas extraviadas. *Nos pasamos la noche comiendo.*

Debray cuenta: "Durante los cinco minutos de reposo que había por cada hora de marcha podía tomarse una o dos tazas de un elixir más o menos fangoso. Por lo demás, todo era igual para todos. Colgaba y descolgaba su hamaca sin ayuda, exigía estrictamente en cada comida la misma media sardina o los tres pedacitos de carne que correspondía a cada uno, llevaba el mismo peso en su mochila, y en una ocasión en que atravesando un río su reserva de maíz cayó al agua, se pasó un día entero sin comer, para no tener que acudir a las reservas de los demás. De esta regla de igualdad o de mortificación se había hecho un credo y una piedra de toque para el examen ideológico.

"—*¿Ves este pan de azúcar, Debray?* —era después de la cena, ya de noche, en torno a las brasas. Estaba apoyado relajadamente en el suelo—. *Pongamos que pese 20 gramos. Con lo que podrías hacer dos buenos trozos. Doscientas calorías para cada uno y nada más. Pongamos que te rodean 10 hambrientos y todo dependen de ti, ¿qué harás?*

"—Sacaría a la suerte los dos beneficiados.

"—*¿Por que?*

"—Más vale dos compañeros que tengan la oportunidad de sobrevivir comiendo un poco que diez que no tengan ninguna, comiendo 10 veces nada.

"—*Pues te equivocas, Debray. Cada cual debe tener sus migajas y que sea lo que dios quiera. La revolución tiene sus principios. Y siempre habrá dos burócratas menos.*

"—¿Cree que es mejor que caigan con toda seguridad 10 revolucionarios en absoluta igualdad de condiciones?

"—*Siempre que la moral esté a salvo, la revolución también lo estará. Si no ¿qué sentido tiene?*"

Durante los tres siguientes días la vanguardia y el centro de la columna avanzan hacia Pirrenda, con Vilo Acuña a cargo de la retaguardia que se retrasa. Pacho registra en su diario: "La radio informa que el Che está en Bolivia". Se trata de un rumor sin origen claro, pero es quizá suficiente para motivar el día 9 una reunión en el Pentágono en la que participan varios generales, Helms, director de la CIA, y el asesor presidencial para temas de seguridad y América Latina, Walter Rostow. A pesar de que se piensa que se está siguiendo una falsa pista y que el Che no se encuentra en Bolivia, se decide cooperar aún más estrechamente con las fuerzas armadas bolivianas.

El 10 de abril el Che vio llegar al médico peruano que le avisaba *que venían 15 soldados río abajo. Inti había ido a avisar a San Luis en la emboscada. No quedaba otra cosa que esperar y eso se hizo; mandé a Coello para que estuviera listo a informarme.*

La retaguardia, apoyada por Inti y San Luis, estaba colocada a ambos lados del río, cuando una patrulla de unos 15 soldados avanzó por las márgenes buscando huellas de la guerrilla. El fuego duró unos cuantos segundos y quedaron un soldado muerto, tres heridos y seis prisioneros. Poco después un oficial del ejército era capturado. Pero la guerrilla había sufrido una baja importante, un golpe grave en el fugaz tiroteo: Jesús Suárez Gayol, el Rubio, compañero del Che durante los últimos años, había muerto de un balazo en la cabeza. *Su Garand estaba trabado y una granada, con la espoleta suelta, pero sin estallar, estaba a su lado.*

Las tropas con las que se había chocado formaban parte de una patrulla que exploraba las inmediaciones del río Ñancahuazú. El mayor Rubén Sánchez, que dirigía la compañía que había tomado el campamento, cuenta: "A las tres de la tarde aparecen dos soldados desesperados que habían escapado de la zona de Iripiti. Algunos oficiales iban en un estado tan lamentable de sicosis, que no podían ni explicar lo que había pasado. Serené a uno de los soldados y me pudo decir que a las 11 de la mañana habían tenido un combate con los guerrilleros, que les habían hecho una emboscada. No me podía dar detalles de distancia, número de efectivos de los guerrilleros porque se desorientaron, huyeron como pudieron y a duras penas llegaron al campamento. Había muerto el teniente Saavedra. Recibí instrucciones del coronel Rocha, entonces comandante de la cuarta división, de avanzar. Eran ya las cuatro de la tarde y se iba a hacer de noche, así que avancé lo más rápidamente posible con 35 soldados que tenía, más 18 que habían regresado de la emboscada de la mañana, con una ansiedad por recuperar el cadáver del oficial".

El Che, adivinando la reacción del ejército, en lugar de proseguir la marcha ordena adelantar la emboscada, de nuevo a cargo de San Luis, *unos 500 metros, pero contando ahora con el auxilio de toda la vanguardia. En primera instancia había ordenado el repliegue pero me pareció lógico dejarla así. Cerca de las 17 llega la noticia de que el ejército avanza con grandes efectivos. Ya no queda sino esperar. Mando a Harry Villegas para que me dé una idea clara de la situación.*

En la narración del mayor Sánchez: "En lugar de alejarse del lugar donde habían hecho la primera emboscada, se adelantaron dos o tres kilómetros y nos tendieron otra. Un Cessna volaba sobre nosotros para colaborar en el ataque. Como estaba convenido, yo le di la señal disparando una pistola de humo. Allí comenzó el combate. Yo iba en el tercer lugar, aunque está indicado que el comandante vaya en el centro, en la retaguardia. Pero lo hacía para darle valor a la tropa que estaba muy desmoralizada".

Los soldados avanzan *desplegados por el río, pero sin mayores precauciones y la sorpresa fue completa.* Pacho abre el fuego. En la narración de Sánchez "toda la gente que estaba alrededor mío, cayó muerta o herida. El teniente Ayala que llevaba un mortero 60 cayó herido de un tiro en el pecho. Quedé solo con vida, en medio de los caídos. Entonces me volqué a la izquierda buscando protección. Allí me encontré con dos soldados que también se replegaban; del frente nos intimaban a rendirnos. Entramos en posición y comenzamos a disparar hacia la zona de donde nos gritaban. En ese momento aparece otro grupo de atrás y también nos exigen rendición. Puse a un soldado a disparar hacia atrás mientras el otro y yo seguíamos disparando. En ese momento cesó el fuego. Se hizo un silencio absoluto. Sentí la rodilla de un hombre en el cuerpo y que me agarraba del mentón y me lo torcía. Después supe que era Maimura. Los soldados alcanzaron a gritar: '¡No lo maten, que es el mayor!' Nos rendimos. Uno me quiso quitar el revólver pero yo saqué la munición del tambor y me lo guardé. 'Este revólver nadie me lo quita', dije. San Luis me preguntó: '¿Cuánta gente tiene? ¿Por dónde vienen?' Yo le dije:

"—Pierde su tiempo: no le voy a dar ninguna información.

"Otro guerrillero, parecía boliviano, dijo:

"—Estos militares son unos ladrones.

"—Usted es un ladrón, no yo.

"—En eso estábamos cuando San Luis me da un empujón y me lleva hasta el río porque era bajada, y aparezco ante un guerrillero que estaba con la carabina al hombro fumándose un cigarrillo a media playa, mientras algunos seguían disparando y otros tratándose de replegarse por los alrededores. Era Inti. Bajó San Luis y me dijo:

"—Mayor, haga rendir a su tropa.

"—No puedo ordenar que se rinda mi gente, puedo ordenar que se replieguen.

"—Hágala rendir porque si no, los vamos a matar —dijo San Luis.

"—Máteme si quiere —le dije—, pero yo no doy una orden de rendición.

"—San Luis se adelantó y me quedé con Inti. Me invitó a un cigarrillo. Me dijo: 'Mayor, por favor, no se mueva de mi lado'. Pero yo no podía obedecer porque tenía heridos y muertos, algún herido todavía flotando en el agua y fui a socorrerlos. Inti me vio y no me dijo nada. Cuando terminé de socorrer a los heridos, lógicamente, volví a su lado.

"—Ustedes son ladrones y asesinos —le dije a Inti—. ¿Por qué matan a mis soldados?

"Inti me entregó un anillo, el del teniente que había muerto en la mañana, y me dijo:

"—Tome, para que se lo dé a su viuda. Los relojes los necesitamos, por eso no los devolvemos, nosotros no somos ladrones, ni asesinos. Usted nos llama así porque no comprende el sentido de nuestra lucha".

Sánchez reflexionaba: "Todos hablaban de un jefe y yo me reía. Bueno, si todos estos parecen la elite, de acuerdo a su conversación: San Luis, que era el que ha sido el más activo en el combate; Inti, que dice haber sido el jefe de la emboscada; el jefe superior, no puede ser otro que el Che".

Villegas le hará llegar al Che el primer informe: *Hay 7 muertos, 5 heridos y un total de 22 prisioneros*. Por segunda vez en un día la guerrilla ha derrotado al ejército. La banda de fantasmas del Che ha golpeado de nuevo. El periodista Luis Suárez recoge la impresión de uno de los soldados derrotados meses más tarde: "Los guerrilleros son flacos, muy pálidos, parecen de cera".

El Che se acercó también a observar a los soldados capturados aunque sin dejarse ver y ordenó a Inti que sondeara la posibilidad de que el mayor Sánchez se pasara a la guerrilla. El mayor se negó, pero aceptó en cambio llevar un comunicado del ELN a la prensa, y cumplió su palabra. De las dos copias que se le entregan cuando lo liberan, dará una a la inteligencia militar y, sin mencionar la segunda, se la hará llegar a un hermano suyo que es periodista y que a su vez se la filtrará al diario *Prensa Libre* de Cochabamba.

Sánchez no sólo cumplirá su palabra. Quedará profundamente impactado por la guerrilla y sus razones sociales. Al paso de los años, será pieza clave en un golpe militar desde posiciones de izquierda.

El 12 de abril el Che celebrará una breve ceremonia para enterrar al primer cubano muerto en combate, su amigo del Escambray, del Ministerio de industria, Suárez Gayol, el Rubio. *Reuní a todos los combatientes menos los 4 de la resaca para hacer una pequeña recordación del Rubio y significar que la primera sangre derramada fue cubana. Le salí al paso a una tendencia (...) que había cristalizado ayer al manifestar el Camba que cada vez confiaba menos en los cubanos (...) Hice un nuevo llamado a la integración como única posibilidad de desarrollar nuestro ejército, que aumenta su poder de fuego y se foguea en combates, pero no ve aumentar su número, sino al contrario, disminuye en los últimos días*. Habrá de escuchar además la protesta de Tania que se ha quedado en el campamento durante el combate y exige estar en la primera línea.

Luego de guardar todo el botín en una cueva bien condicionada por el Ñato, salimos a las 14, con paso lento. Tan lento que casi no avanzamos, debiendo dormir en una pequeña aguada, apenas iniciando el camino. Pacho registra en su diario: "El charqui tiene miles de gusanos. A pesar de estar podrido y yo mal del estómago, lo como hasta hartarme".

En un movimiento envolvente retornan al campamento principal (Pacho dirá: "Le hemos jugado la cabeza a los guardias y estamos en el punto de partida"), para descubrir que el ejército no ha encontrado la cueva más importante. La guerrilla se mueve lentamente. El Che anotará en su diario: *Los norteamericanos anuncian que el envío de asesores a Bolivia responde a un viejo plan y no tiene nada que ver con las guerrillas. Quizás esta-mos asistiendo al primer episodio de un nuevo Vietnam.*

Su plan inicial es movilizar al conjunto de la guerrilla y *operar un poco por la zona de Muyupampa, para luego retroceder hasta el norte. Si fuera posible. Quedarían Debray y Bustos encaminados hacia Sucre-Cocha-bamba, de acuerdo con las circunstancias.* Con las comunicaciones cor-tadas a través de la radio y sin enlaces con la ciudad, le escribe un mensaje a Fidel, cifrado y en escritura invisible, que piensa hacerle llegar con Debray: *Se descubrió la finca y el ejército nos persiguió; le dimos la primera pali-za pero estamos aislados (...) Tania está aislada aquí, pues vino violando instrucciones y fue sorprendida por los acontecimientos (...) Ya tenemos suficiente Glucontime, no mandar más. No hay noticias del trío (Monje, Kolle, Reyes), tampoco confío en ellos y han expulsado a la gente de la juventud que está con nosotros. Yo recibo todo por radio pero es inútil si no lo comunican simultáneamente a La Paz; estamos aislados por ahora.* Y añade que quiere que Debray salga para organizar una red europea de solidaridad y que Bustos también lo haga para *organizar pases al sur y colectar argentinos; también está embotellado aquí.*

El 16 de abril, tras haberse reunido con ellos la retaguardia a cargo de Vilo Acuña, la guerrilla se pone de nuevo en movimiento. *La vanguardia salió a las 6.15 y nosotros a las 7.15 caminando bien hasta el río Ikira, pero Tania y Machín se retrasaron. Cuando se les tomó la temperatu-ra, Tania tenía más de 39 y 38 Machín. Además, el retraso nos impedía marchar como estaba programado. Dejamos a ellos dos, más el doctor Cabrera y Serapio, un kilómetro río arriba del Ikira, y seguimos tomando el caserío llamado Bella Vista o más precisamente a 4 campesinos que nos vendieron papas, un puerco y maíz. Son campesinos pobres y están muy atemorizados por nuestra presencia aquí.*

Los campesinos reaccionan a la previa presencia de soldados bolivia-nos que han aterrorizado a la población con una contrapropaganda exótica: "Los guerrilleros son paraguayos, culean a las mujeres, cuelgan de los árbo-les a los hombres o los apresan y los llevan con ellos para que les carguen las mochilas, se roban los animales y los sembradíos, pegan fuego a las casas. Vienen a sembrar el comunismo paraguayo en nuestra tierra". Los campe-sinos se preguntan desconcertados qué cosa será eso del "comunismo para-guayo" y por las dudas huyen de la guerrilla como del diablo.

A pesar del escepticismo del Che, aunque nunca habría de saberlo, la guerrilla estaba encontrando simpatías entre los indígenas. Los rostros hieráti-cos de los aislados campesinos bolivianos, no revelaban nada, pero a pesar de las represalias que a partir de ese momento desataría el ejército, capturando, destruyendo cosechas, torturando, apaleando, ofreciendo recompensas, comen-zaban a interesarse por la guerrilla, a hacerse preguntas.

El 17 de abril, *Granma* titula a toda página: "Mensaje a los pueblos del mundo del comandante Ernesto Guevara a través de la Tricontinental". El texto, que ocupa dos páginas completas del diario, está además ilustrado por fotos del Che cortándose la barba y fotos de la época de la salida para África y del entrenamiento en Pinar del Río, que a los que desconocen la historia interna de estos dos últimos años pueden parecer fotos actuales del Che. Con una frase de Martí en el arranque: "Esta es la hora de los hornos y ya no se ha de ver más que la luz", el Che ofrece un análisis de la guerra social que inevitablemente se producirá en el tercer mundo y llama a atemperar las diferencias entre las diferentes propuestas de la izquierda, *querer arreglarlas mediante palabras es una ilusión, la historia las irá borrando o dándoles su verdadera explicación*; mientras que señala el objetivo: guerra al imperio en su periferia. *Toda nuestra acción es un grito de guerra contra el imperialismo...*

El documento, que será la base de la propuesta cubana y de toda la izquierda radical al final de la década de los años 60, insiste: *Crear uno, dos, tres, muchos Vietnams.*

Desde lejos el Che conocerá su llamado a través de la radio. No hará comentarios. Un periodista italiano en La Habana, Tutino, estudiando el texto se dará cuenta de que fue escrito en el 66 (por la referencia al aniversario del fin de la guerra mundial), pero no prosigue su análisis. ¿Qué elementos posteriores al final del 66 están en el texto y por lo tanto fueron añadidos después de su escritura?

Una frase, sin duda añadida *a posteriori* por los editores, dará la clave de la ubicación geográfica del comandante Guevara: *Nuevos brotes de guerra surgirán en estos y otros países* (se refiere a Guatemala y Venezuela), *como ya ha ocurrido en Bolivia...* Nadie hará entonces esta lectura.

En la selva el Che busca una salida para Debray y Bustos hacia Muyapampa y se ve obligado a dejar un grupo a retaguardia con los enfermos, a los que se ha sumado Moisés Guevara con un cólico biliar y la "resaca", a cargo de Vilo Acuña, al que le ordena *hacer una demostración por la zona para impedir un movimiento excesivo y esperarnos durante tres días, al cabo de los cuales debe permanecer por la zona pero sin combatir frontalmente y esperarnos hasta el regreso.* La separación de la guerrilla en dos grupos acaba de consumarse, el Che no será consciente de la importancia que este hecho tendrá en el futuro.

El 18 de abril la guerrilla toma contacto en su marcha con algunos campesinos. Queda constancia del siguiente diálogo:

—Buenas noches.

—Buenas noches, señor.

—No se dice señor, los señores son aquellos que humillan y ultrajan a los pobres.

—Es que a un desconocido por estos lugares se le dice caballero o señor.

Inti conversa con los campesinos. Al paso del tiempo se quedarán huellas de su discurso: "No somos paraguayos, aquí hay hambre, aquí hay miseria, hambre boliviana". El diario de Pacho interioriza en la situación del grupo:

"Llevamos varios días sin dormir, de noche se camina, de día en guardia y preparando comida".

Al día siguiente los guerrilleros capturan a un personaje extraño: *Un periodista inglés de apellido Roth que venía, traído por unos niños de Lagunilla, tras nuestras huellas. Los documentos estaban en regla pero había cosas sospechosas: el pasaporte estaba tachado en la profesión de estudiante y cambiado por la de periodista (en realidad dice ser fotógrafo); tiene visa de Puerto Rico (...) Contó que había estado en el campamento y le habían mostrado un diario de Israel Reyes donde contaba sus experiencias y viajes. Es la misma historia de siempre. La indisciplina y la irresponsabilidad dirigiendo todo.*

Roth seguirá siendo, aún en nuestros días, un personaje indescifrable. Las fuentes cubanas insisten en que antes de encontrarse con la guerrilla se reunió con agentes de la CIA en La Paz (entre el 8 y el 16 de abril) y aceptó tratar de entrar a la zona de combates para averiguar si allí se encontraba el Che y arrojar en las pertenencias de los guerrilleros sustancias químicas que permitieran que más tarde fueran detectados por perros. La historia posterior, sin confirmarlo, no lo libera de sospechas. El Che piensa que Roth puede servir para ampliar la cobertura de periodistas de Debray y Bustos y decide sacarlo con ellos. *El inglés es un periodista de verdad a menos que sea del FBI. Lo capturamos y le dimos encargo de sacar a los otros. No sabemos nada de sus antecedentes. Parecía buen tipo.* Inti le entrega a Roth un texto del ELN dirigido a la opinión pública.

Manteniéndose al margen del periodista para que no pueda identificarlo, el Che le da sus últimas indicaciones a Ciro Bustos, quien además de su labor de coordinación de los grupos argentinos tiene que, según sus propias palabras, "hacer contacto con La Paz y transmitir una serie de órdenes al aparato, con respecto a tareas urgentes, cambio de casas, depósitos de dinero, equipos y esencialmente el restablecimiento del contacto con la guerrilla y la urgente incorporación de nuevos elementos, métodos para hacerlo, lugar, etc. Además informar a La Habana que el grupo se hallaba incomunicado por rotura del radiotransmisor y los detalles de la realidad logística y política, decididamente crítica". Debray llevará una tarea extra a las ya comentadas, conseguirle algunos nuevos libros al Che, la lista la encabeza *Historia de la decadencia y caída del imperio romano* de Edward Gibbon.

Faltando un cuarto de hora para las doce los tres hombres se separan de la guerrilla mientras el Che prepara la toma del poblado de Muyapampa, a lo que renuncia al saber por una exploración que el ejército se encuentra en estado de alerta. A partir de este momento la guerrilla no tendrá ningún contacto con el exterior.

Poco después los tres hombres son descubiertos por una patrulla de la policía y horas más tarde serán detenidos por el ejército y llevados al pueblo en un *jeep*.

Los guerrilleros se alejan de la zona, pero al día siguiente unos campesinos les informan de la detención de Debray y Bustos. El Che anota escuetamente: *Malas perspectivas para Ciro; Debray debe salir bien.* Y escribirá días más tarde: *cayeron víctimas de su apuro, casi desesperación, por salir y de mi falta de energía para impedírselos, de modo que también se cortan las comunicaciones con Cuba y se pierde el esquema de acción en la Argentina.*

Durante dos días el núcleo de la guerrilla, aislado de la columna de retaguardia, se mueve hacia Taperillas.

CAPÍTULO 54

La intervención, los amigos muertos

El 10 de abril un C130 aterriza en Santa Cruz proveniente de la base estadunidense en la zona del canal de Panamá; será el primero de un puente aéreo que incluirá el arribo de aviones más pequeños en Camiri. La presencia de estos primeros aviones con raciones alimenticias y napalm provocará una reacción en el diario *Presencia* a mediados de abril, de la que se hará eco la agencia cubana Prensa Latina, en la que se habla de la llegada a Bolivia de un centenar de asesores estadunidenses. France Press, más moderada, menciona unos 27 hombres incluidos los tripulantes del C130, cuatro técnicos que armaban un helicóptero, cinco *rangers* y varios sin identificar. La realidad estará a medio camino entre los 27 y el centenar. Según el comando en Panamá, sobre el terreno nunca habrá más de 53 militares en aquellos meses. Los estadunidenses convencidos de que aquel no era el destino del Che, han optado por una colaboración moderada con el ejército boliviano.

El 18 de abril el general norteamericano William Tope viaja a Bolivia para evaluar a las fuerzas armadas locales y el futuro plan de ayuda militar. Se reúne en un desayuno con el embajador Douglas Henderson (un hombre que había pedido una intervención en otras ocasiones para proteger a las compañías estadunidenses afectadas por movimientos huelguísticos), el presidente Barrientos y tres de sus ministros. Tope reseña en un mensaje a Washington: "La reunión fue cordial pero (sic) muy franca y abierta". Pero los estadunidenses no están contentos con lo que encuentran. La única información nueva que reciben es la versión de Barrientos de cómo fue descubierta accidentalmente la guerrilla y la sensación de que "Barrientos y sus ministros piensan que las derrotas sufridas tienen un importante efecto sicológico sobre el resto del país, particularmente en otros grupos disidentes".

Tope se llevará la idea de que "el problema no es lo adecuado de las fuerzas en el campo, sino la actitud de los que están arriba, incluido Barrientos", que está moviendo tropas sin sentido, que no sabe "cómo sacar el conejo del sombrero". En la reunión, Barrientos insiste en pedir equipo bélico. Tope reportará más tarde que sus peticiones son las eternas panaceas bolivianas: pedir aviones, cambiar los viejos Máuser por armas automáticas. Tope le contesta que no sirven los aviones que les piden para esas condiciones de combate y que si un soldado tira el arma lo mismo lo hace con un máuser que con una automática, que tiene que aprender a usarla y darle mantenimiento.

La misión estadunidense resumirá: "Finalmente, esta gente tiene un tremendo problema, pero vamos a tener grandes dificultades para ponernos de acuerdo aun en cómo aproximarnos a él, mucho más en cómo encontrar una solución. Es obvio que tenemos que tomar una aproximación práctica, pragmática, construyendo desde lo que tienen ahora, forzando mejoras".

Sin embargo, para los estadunidenses este será un problema menor, en la medida en que piensan que el gran fantasma a cuya cacería se han abocado no está en Bolivia. Los primeros rumores han sido recibidos con interés por los analistas, pero la dirección de la CIA se encontraba muy escéptica al respecto y pensaba que se trataba de una nueva cortina de humo tendida por los cubanos. El descubrimiento del campamento de Ñancahuazú y la foto allí hallada, parecía apoyar la tesis de que el Che estaba o había estado en la zona, pero la opinión de Helms y la cúpula de la CIA prevaleció: el Che no estaba en Bolivia.

Como parte de la estrategia del Pentágono, el 23 de abril, un grupo de asesores militares, un "equipo móvil de entrenamiento" (MTT) arribará desde la base estadunidense de Fort Gullick, bajo el mando del mayor Ralph "Pappy" Shelton, quien retorna tras haber estado en la región unas semanas antes, acompañado del capitán Michel Leroy, recién llegado de Saigón, otros tres oficiales y 12 hombres (que incluyen a Margarito Cruz, un cubano que entrenará a una "escuadra de exterminio"). Se establecen en la base de La Esperanza, un ingenio abandonado a 80 kilómetros al norte de Santa Cruz. Para recibir el entrenamiento, el ejército boliviano reactiva el regimiento Manchego con 650 hombres y oficiales de otras corporaciones, como el teniente coronel Gallardo y el mayor Ayoroa.

Como parte de la ayuda llegarán además cinco aviones P51, helicópteros y dos H19. El presidente Barrientos declarará al periodista mexicano Luis Suárez: "No hay nada especial, hace 15 años que existen estas misiones militares".

Mientras tanto Debray, Bustos y Roth comienzan su odisea. Al ser capturados y llevados a la alcaldía del pueblo se encuentran con el periodista de *Presencia* Hugo Delgadillo, quien habla con ellos durante unos minutos y les toma una foto. Los tres insisten en su carácter de periodistas internacionales, pero el ejército, alertado por las declaraciones de Salustio, les deshace la cobertura.

Allí mismo comienza un interrogatorio a golpes. Debray será transportado al día siguiente en helicóptero a la base aérea de Choreti en las cercanías de Camiri. Bustos y Roth serán llevados en un *jeep*.

Barrientos informa que los tres periodistas han muerto (el Che escuchará esta información en la radio.) Es la manera más fácil de sentenciarlos en vida, pero la foto de Delgadillo será la que les salve. El periodista, para evitar que los militares le incauten el rollo de película, se lo ha entregado a una mujer, quien lo ha hecho llegar hasta Cochabamba. La publicación de la foto de los tres detenidos evitará su muerte, pero no las torturas. Durante los tres primeros días dos coroneles interrogan a Debray insistiendo en una pregunta: ¿está el Che Guevara en Bolivia? Golpes, apaleamiento y martillazos, simulaciones de ajusticiamiento a tiros contra Debray, que ha sido señalado por Salustio como un hombre que andaba armado entre los guerrilleros. Bustos mantiene al principio su cobertura gracias al pasaporte falso y a la identidad a nombre de Fructuoso, un periodista argentino. Debray se da por muerto. Las torturas lo dejan inconsciente. El mayor Sánchez, que se encuentra en Camiri, impide que lo maten. Hasta ese momento ambos han negado la presencia del Che. Roth no puede hablar del tema porque lo ignora.

Será la presencia de un nuevo grupo de interrogadores la que cambie el tono, el coronel Federico Arana de inteligencia militar, Quintanilla, adjunto al ministerio del interior y un agente de la CIA llamado "doctor González", también conocido como Gabriel García.

Bustos ofrece información que piensa no afectará a la guerrilla. Les habla del campamento central que había sido descubierto desde el 4 de abril, habla de la presencia de extranjeros y menciona que Inti Peredo es el jefe, tal como le ha indicado el Che.

La guerrilla, aunque sólo ha perdido en combate a un hombre, el Rubio, sufre continuas bajas: dos desertores, un capturado por el ejército, dos ahogados, la pérdida de Debray y Bustos y tendrá en esos días una más. En un choque fortuito con el ejército, Vázquez Viaña queda cortado del grupo y no puede localizarlos. Vagará por la selva hasta que choca en las afueras de Taperillas con un retén y mata a dos soldados, para ser capturado herido dos días más tarde.

Mientras tanto, el cuerpo principal de la guerrilla avanza por la montaña casi sin víveres. El Che escribe: *Falta mucho para hacer de esto una fuerza combatiente aunque la moral es bastante alta.* En los siguientes días el Che intenta reconectar con la retaguardia dirigida por Vilo Acuña. El 25 de abril, hacia las 10 de la mañana, recibe la noticia de que un grupo de soldados se aproxima; las informaciones son contradictorias, se habla de 30 o 60 hombres. El Che personalmente participa en la emboscada. *Al poco rato apareció la vanguardia que para nuestra sorpresa estaba integrada por 3 pastores alemanes con su guía. Los animales estaban inquietos pero no me pareció que nos hubieran delatado; sin embargo, siguieron avanzando y tiré sobre el primer perro, errando el tiro, cuando iba a darle al guía, se encasquilló el M2. Manuel Hernández mató otro perro, según pude ver sin confirmar, y nadie más entró a la emboscada.* El Che se equivoca, ha acertado el tiro; más tarde los informes del ejército darán los nombres de los dos perros muertos: Rayo y Tempestad. Pero así no terminará la cosa. En uno de los flancos se escuchan nuevas ráfagas. San Luis, que ha tomado como siempre la posición más arriesgada, enfrenta desde la entrada de una cueva el fuego de ametralladora de los soldados y cae herido. *Lo trajeron al poco rato ya exangüe y murió cuando se empezaba a pasarle plasma. Un balazo le había partido el fémur y todo el paquete vásculo nervioso; se fue en sangre antes de poder actuar. Hemos perdido el mejor hombre de la guerrilla. Y naturalmente, uno de sus pilares, compañero mío desde que, siendo casi un niño, fue mensajero de la columna 4, hasta la invasión y esta nueva aventura revolucionaria.* El Che recordará al poeta chileno Pablo Neruda: *De su muerte oscura sólo cabe* decir, para un hipotético futuro que pudiera cristalizar: *"Tu cadáver pequeño de capitán valiente ha extendido en lo inmenso su metálica forma".*

La muerte de San Luis es un golpe terrible para la guerrilla. A pesar del éxito de sus emboscadas contra el ejército se han perdido dos combatientes clave, dos cuadros. Y además nuevamente se encuentran rodeados: *Ahora tenemos las dos salidas naturales bloqueadas y tendremos que "jugar montaña", ya que la salida al río Grande no es oportuna, por la doble razón de ser natural y de alejarnos de Vilo Acuña, de quien no tenemos noticias. Por la noche llegamos a la confluencia de los dos caminos, el de Ñacahuasu y el de río Grande, donde dormimos. Aquí esperaremos a Coco y Camba para concentrar toda nuestra tropita. El balance de la operación es altamente negativo: muere San Luis, pero no sólo eso; las bajas que le hicimos al ejército no deben pasar de dos y el perro, a todo tirar, pues la posición no estaba estudiada ni preparada y los tiradores no veían al enemigo.*

Por caminos casi inaccesibles, con mucho frío en las noches, sobrecargados y casi sin alimentos, los guerrilleros tratan de salir de la zona y retornar para buscar a la retaguardia. El ejército también se encuentra a ciegas, informes de campesinos les han permitido ubicar a la retaguardia, a la que confunden con el grupo principal, y repentinamente la guerrilla reaparece en otra zona.

Los últimos días de abril el Che, que ha adoptado el nuevo seudónimo de Fernando tras la caída de Debray y Bustos, dirige al grupo en lentas marchas hacia el Ñancahuazú, tratando al mismo tiempo de encontrar comida. Un mensaje desde La Habana les informa del eco que las acciones de la guerrilla han logrado entre otras fuerzas políticas, incluido el PCB. *En otro plano, el aislamiento sigue siendo total; las enfermedades han minado la salud de algunos compañeros, obligándonos a dividir fuerzas lo que nos ha quitado mucha efectividad; todavía no hemos podido hacer contacto con Vilo Acuña; la base campesina sigue sin desarrollarse.*

En su reflexión, el Che observa el inicio de la internacionalización del enfrentamiento, la vietnamización: *Parece seguro que los norteamericanos intervendrán fuerte aquí y ya están mandando helicópteros y, parece, boinas verdes, aunque no se han visto por aquí.* Y remata en pleno optimismo tras señalar la pérdida total de comunicación con las ciudades y La Habana: *En resumen: un mes en que todo se ha resuelto dentro de lo normal, considerando las eventualidades necesarias de la guerrilla. La moral es buena en todos los combatientes que habían aprobado su examen preliminar de guerrilleros.*

¿En qué momento el comandante Guevara ha aceptado que el proyecto andino se ha convertido en una guerrilla limitada a la geografía boliviana, al menos en esta etapa?

El 10 de mayo, en la tribuna de la Plaza de la revolución en La Habana, una invitada fuera de lo común, Aliusha, la hija del Che, entre Fidel y Dorticós, vestida de verde olivo, peluda, sonriente, con 7 años, tironeándoles del pantalón para que vean las acrobacias en el cielo de los aviones Mig. Sin saber que su hija es invitada de honor, el Che escuchará el discurso en que su viejo compañero de la guerrilla cubana Juan Almeida le dedica crípticamente un párrafo. *En La Habana habló Almeida, pasándome la mano a mí y las famosas guerrillas bolivianas. El discurso fue un poco largo pero bueno. Nos queda comida aceptable para tres días; hoy el Ñato mató a un pajarito con la honda, entramos a la era del pájaro.* Y no será la última vez, tres días más tarde Pacho anota en su diario: "Comida, un gavilán, dos pájaros. Me tocó un ala de gavilán con fideo".

Ese mismo 10 de mayo se produce la publicación del primer comunicado de la guerrilla que sacó de la zona el mayor Rubén Sánchez. En Cochabamba se agotan las ediciones de *Prensa Libre* entre los obreros que van al desfile y lo reproducen las estaciones de radio. A causa de esto los militares detienen al director del periódico. A pesar de su aislamiento organizativo, la guerrilla no está aislada políticamente y cuenta mucho más de lo que parece en la vida social boliviana. En ese mismo día en Trinidad, en la zona del Beni, se realiza una manifestación de familiares para impedir que se lleven a 160 conscriptos hacia la zona de combate.

Sin apenas comida y sin agua, la guerrilla del Che busca el camino de retorno hacia los viejos campamentos, a los que arriban hacia el 7 de mayo. Pacho escribe en su diario: "Nuestro objetivo, hacer contacto con Vilo Acuña y alistar armas". El Che, lacónico, reporta la escasez de comida y recuerda que lleva seis meses en la zona.

Al día siguiente la guerrilla recolectaba la comida que quedaba en las cuevas cuando se detecta de nuevo la presencia del ejército. Una emboscada en la que estaban Pacho y Olo Pantoja hace fuego contra soldados desarmados que se encontraban recogiendo agua. Poco más tarde se capturan otros dos soldados que recogían maíz. No terminan ahí los encuentros. *Todo el mundo estaba en tensión cuando llegaron, al parecer 27 guardias. Habían visto algo raro y el grupo comandado por el subteniente Laredo avanzó; él mismo inició el fuego y cayó muerto en el acto, junto con dos reclutas más.* En su cuerpo aparecería una carta de su esposa en la que ésta le pedía que le llevara una cabellera de guerrillero para adornar el *living* de la casa. *Ya caía la noche y los nuestros avanzaron capturando 6 soldados; el resto se retiró.* La guerrilla en este nuevo encuentro ha causado al ejército 3 muertos, dos heridos y ocho prisioneros.

A las 4 de la madrugada, y sin haber dormido a causa de un ataque de asma, el Che ordena reiniciar la marcha tras soltar a los prisioneros. *Sólo nos queda la manteca como alimento, me sentía desfallecer y debí dormir 2 horas para poder seguir a paso lento y vacilante; la marcha en general se hizo así. Comimos sopa de manteca en la primer aguada. La gente está débil y ya habemos varios con edema.*

Al iniciarse la segunda semana de mayo el coronel Arana, el teniente coronel Quintanilla y el "doctor González", acompañados esta vez por el general Saucedo, retornaron a entrevistar a Debray, Bustos y Roth en la sede del regimiento Manchego en Santa Cruz. Quebrada la cobertura de Bustos, los agentes lo enfrentaron al hecho de que su pasaporte era falso y que se encontraba en la guerrilla como combatiente y no como periodista. Comparan los datos que han dado Debray, Roth y él sobre la guerrilla con la información recibida de los desertores y lo colocan ante la evidencia de sus contradicciones. "No tuve otro recurso que admitir lo innegable", dirá Ciro Bustos años más tarde, aceptando que fue él quien reconoció que la guerrilla estaba comandada por el Che, como parte de una confesión de unas 20 mil palabras y una serie de dibujos de los combatientes y de dos supuestos contactos en Argentina y en la Paz que se ha inventado. Bustos argumentaría que el Che le había dado permiso para decir que él se encontraba allí: *Pero bueno, si tú ves que es evidente que lo saben, dispáralo de una vez por todas. Así podré volver a ser yo mismo y ponerme de nuevo mi boina.* Debray confirmará parcialmente esta historia. En esa misma tanda de interrogatorios el francés reconocerá que entrevistó al Che en la tercera semana de marzo en uno de los campamentos guerrilleros como parte de su labor como periodista. La información resultaba concluyente para el ejército boliviano y para los agentes de campo de la CIA, pero el director de la agencia, Helms, se mantuvo en su idea de que era una desinformación y que probablemente el Che estaba muerto, al grado de enfrentarse a su jefe de servicios clandestinos (eufemísticamente llamados Dirección adjunta de planificación) Thomas Karamessines.

Un memorándum del asesor Rostow al presidente Johnson resume la situación: "(Censurado) Es el primer reporte creíble de que el Che Guevara pueda estar vivo y operando en Sudamérica. (Censurado.) Necesitamos más evidencia antes de concluir que Guevara está en operaciones y no muerto, como la comunidad de inteligencia, al paso del tiempo, se ha inclinado más y más a creer".

Más allá de las dudas de su director, con esta información en las manos, la CIA envió un nuevo grupo de asesores al terreno, amplió la infraestructura con que contaban y puso en marcha una operación de reconocimiento aéreo para producir mapas confiables de la región. Cuatro asesores se incorporarán también al Ministerio del interior boliviano coordinados con el ministro Antonio Arguedas.

Sin saber que su presencia en Bolivia es conocida, el Che conduce a su guerrilla hacia Pirirenda buscando a la retaguardia de Vilo Acuña. Pacho registra: "Estamos muy débiles y hambrientos. Es difícil mantenerse caminando y más con la carga de machetes y armas. Sólo la voluntad y la firmeza nos mantienen". La pérdida de las bases y la falta de contacto con campesinos, la pobreza y desolación de la zona, la falta de caza, ha condenado a la guerrilla a una situación de hambre permanente.

Pero si bien en el aspecto operacional la guerrilla es un desastre, en el aspecto puramente militar ha resultado triunfante en la media docena de enfrentamientos que ha tenido con el ejército boliviano. A consecuencia de esta situación el 11 de mayo son relevados los mandos de la IV y VIII divisiones, el coronel Rocha a cargo de la IV división en Camiri (que se había limitado a una represión furiosa a los campesinos de la zona, torturas y palizas, detenciones arbitrarias, represalias incluso a los que habían delatado el paso de la guerrilla) será sustituido por el coronel Luis Antonio Reque Terán, mientras que el coronel Zenteno Anaya irá a la VIII división en Santa Cruz, que opera como apoyo, sustituyendo al coronel Roberto Vargas.

El 12 de mayo la guerrilla llega a la casa de un campesino y le compran un puerco grande que cocinan con arroz y maíz. Al día siguiente pagarán la glotonería. *Día de eructos, pedos y vómitos y diarreas; un verdadero concierto de órgano. Permanecimos en una inmovilidad absoluta tratando de asimilar el puerco. Tenemos dos latas de agua. Yo estuve muy mal hasta que vomité y me compuse.*

Un día después arriban a la laguna de Pirirenda, un espejo de agua rodeado de vegetación, dirá Pacho en su diario, pero el Che resulta ya inmune a los paisajes. Está más preocupado por las pequeñas indisciplinas que tienen que ver con la carencia de comida. *Antes de salir reuní a todo el mundo y les tiré una descarga sobre los problemas confrontados; fundamentalmente, el de la comida, haciendo críticas a Dariel Alarcón por comerse una lata y negarlo; Tamayo, por comerse un charqui a escondidas, y Aniceto por su afán de colaborar en todo lo que sea comida y su renuencia a hacerlo cuando se trata de otra cosa.* Horas después la aviación bombardeará a tres kilómetros de su posición.

Al día siguiente el Che escribirá en su diario un escueto: *Día sin novedad.* Pero Pacho será más explícito: "Luce muy mal. Anoche regaló su ración de carne". El Che registrará un día después: *Al comenzar la caminata, se me inició un cólico fortísimo, con vómitos y diarrea. Me lo cortaron con Demerol y perdí la noción de todo mientras me llevaban en hamaca; cuando desperté estaba muy aliviado pero cagado como un niño de pecho. Me prestaron un pantalón. Pero sin agua, hiedo a mierda a una legua. Pasamos todo el día allí, yo adormilado.* Pacho remata: "Casi todos estamos enfermos, los guardias dispararon varias veces en la noche (…) El problema es salir del cerco y movernos a un lugar con agua".

Durante los dos últimos días han estado siendo tiroteados imprecisamente por patrullas del ejército. En la noche del 16 de mayo logran romper el cerco rumbo al suroeste. Ese día reciben un mensaje de La Habana que les reporta que su aislamiento crece. Renán Montero ha sido retirado de La Paz porque caducó su permiso legal y se encuentra enfermo. La red urbana depende de Rodolfo Saldaña y una serie de cuadros desorientados que mantienen comunicación con La Habana, pero no tienen ningún nexo con la guerrilla. Los combates han despertado simpatías entre los grupos más radicalizados de la oposición, pero no existe ninguna forma capaz de convertir estas primeras simpatías en apoyo. Curiosamente el mensaje termina con un informe respecto a la voluntad de una parte de la dirección del PCB de sumarse al movimiento. ¿Extrañará ahora el Che la red del 26 de

Julio de Celia Sánchez, los grupos de acción de La Habana, la movilización urbana contra la dictadura batistiana, que en sus análisis ha subestimado tanto?

Durante una semana la guerrilla se moverá errante, con escasos contactos con campesinos y dirigiéndose de nuevo hacia el primer campamento, a la espera de conectar con la retaguardia. Por la radio el Che escucha que Barrientos anuncia el juicio de *Debray y pide al congreso el restablecimiento de la pena de muerte*. Debray aceptará como abogado al argentino Ricardo Rojo, una reaparición en la vida del Che. El Pelado irá a juicio también, mientras que Roth saldrá libre bajo fianza y desaparecerá en la niebla.

El 18 de mayo el Che prepara un mensaje cifrado para ser enviado a La Habana (¿con quién? ¿A través de qué vías?). En él, reitera el mensaje que había enviado con Debray y se había perdido, incluye una nueva serie de informaciones sobre la muerte del Rubio y San Luis, la captura de Debray y Bustos, y hace una valoración sobre la posibilidad de abrir un *segundo frente, previsto (zona) Chapare, agrego tenemos armas para cien hombres más incluyendo cuatro morteros 60 con su parque, pero no se ha incorporado ni un campesino*. Termina con un nuevo texto con instrucciones: *Hace falta tomar las siguientes medidas: 1) Iván debe volver cuanto antes y hacer contacto con Jozami y Gelman en la tierra del Pelado. El hombre de confianza de éste sabía de su viaje y se le puede encargar el reclutamiento en todo Bue(nos) A(ire)s 2) La tarea más importante de Kolle es organizar la red de contactos; son increíblemente deficientes. En este sentido que me mande una carta con gente de la base campesina con el seudónimo Martín. 3) Hay que seguir con una selección rigurosa de militantes y tenerlos listos para cuando mejoren las condiciones. 4) Informen de la situación y decisión del chino Chang (de quedarse con el Che). 5) Transmitan muy lentamente y muy claro. Estamos en campaña. 6) Pueden usar mi nombre en una declaración revolucionaria crean conveniente. Nuestra moral es como el Illimani, nuestra cintura como el Fitzroy. Ver geografía. Saludos a todos de todos. Victoria o muerte, Ramón.*

Mientras tanto, Jorge Vázquez Viaña ha estado resistiendo las torturas. Herido en una pierna cuando lo detuvieron, fue interrogado violentamente. Conducido al hospital de los Yacimientos Petrolíferos en Camiri pidió que lo operaran sin anestesia para no hablar durante la intervención. Posteriormente lo trasladan al cuartel de Choreti. Allí lo entrevista el "doctor González", que se hace pasar por periodista panameño que ha logrado infiltrarse en la red de seguridad de los militares, siendo en realidad un enviado de La Habana. Parece ser que logra convencer a Jorge y hace que reconozca la presencia del Che en Bolivia, porque más tarde aparece por la celda el hombre del Ministerio del interior, Roberto Quintanilla, que le muestra una grabación y amenaza con hacerla publica si Vázquez no delata lo que conoce de la red urbana y las casas de seguridad; a cambio le ofrece una falsa fuga y un viaje a Alemania. Vázquez Viaña se niega, el interrogatorio se endurece. Quintanilla le rompe ambos brazos y en la sesión de torturas lo deja gravemente herido.

Horas más tarde, el 27 de mayo, será arrojado vivo desde un helicóptero a la selva y se difundirá la noticia de que se ha fugado. El Che, que había reaccionado positivamente ante las primeras declaraciones públicas del guerrillero capturado, piensa que efectivamente Vázquez se ha fugado y que logrará establecer contacto con las redes urbanas y transmitirles información sobre la situación de la guerrilla. *Ahora deberá incorporarse o dirigirse a La Paz a hacer contacto.*

El 28 de mayo la guerrilla toma el poblado de Caraguatarenda donde se abastecen de comida (harina, azúcar, abarcas, tabaco, cepillos de dientes) y ocupan transportes. Con ellos recorren en los siguientes días varios pequeños caseríos, ocupando *jeeps* de la empresa petrolera. El 30 de mayo una de sus emboscadas choca con una patrulla del regimiento del coronel Calderón en cuya retaguardia va el periodista José Luis Alcázar. Los soldados huyen dejando tres muertos y un herido. Al día siguiente, moviéndose en un *jeep* cuyo radiador funciona con botellas de agua y meados, vuelven a emboscar al ejército, esta vez sin resultados.

En su resumen del mes el Che no puede evadir un cierto optimismo: *Desde el punto de vista militar, tres nuevos combates, causándole bajas el ejército y sin sufrir ninguna, además de las penetraciones en Pirirenda y Caraguatarenda, indican el buen éxito. Los perros se han declarado incompetentes y son retirados de la circulación.* Tras anotar que la falta de contacto con La Habana y La Paz resulta desesperante, reseña que hay que tener paciencia antes de esperar incorporaciones de los campesinos, que el caso Debray ha dado publicidad a la guerrilla y que ésta va *adquiriendo una moral prepotente y segura que, bien administrada, es una garantía de éxito. Mientras que el ejército sigue sin organizarse y su técnica no mejora substancialmente.*

En su balance el Che enfatiza: *El punto negativo es la imposibilidad de hacer contacto con Vilo Acuña, pese a nuestro peregrinar por las serranías. Hay indicios de que éste se ha movido hacia el norte.*

La retaguardia dirigida por Vilo Acuña sigue sufriendo por la enfermedad de algunos de sus miembros, como Gustavo Machín, y está aislada de los campesinos por la represión del ejército. La deserción de Pepe a fines de mayo, que será asesinado al entregarse al ejército, provocará que el grupo se vea obligado a constantes movimientos, mientras envían exploradores para ver si reconectan el cuerpo principal de la guerrilla conducido por el Che. Pinares, quien bajo el peso de las críticas del Che ha hecho tareas gigantescas, es quien busca comida para sus compañeros en larguísimas caminatas por los montes y sembradíos. El 10 de junio decide salir nuevamente a buscar alimento. Dos horas más tarde Acuña escucha un tiroteo y más tarde descubre que Pinares y el boliviano Casildo Condori han caído en una emboscada y han sido muertos por el ejército.

Los primeros días de junio la guerrilla del Che avanza evitando chocar con el ejército. Un frente frío los ataca haciendo descender la temperatura en las noches. Faltan los alimentos y el agua, se ven obligados a llenar las cantimploras con agua salobre. El Che no pierde el humor y bromea con Pacho diciéndole que "*con mi aspecto barbudo y flaco me parecía a San Lázaro*". El 6 de junio arribarán de nuevo al río Grande donde reciben noticias de la presencia de nuevos grupos del ejército. El Che dedica las noches a dar lecciones de historia y jugar ajedrez.

El 10 de junio, mientras preparan una balsa, la retaguardia choca con el ejército. Según todos los indicios *los nuestros caminaban sin precauciones y fueron vistos; los guardias comenzaron la tiradera habitual y Villegas (el Che se confunde, era Pacho) y Coco se pusieron a tirar sin ton ni son, alertándolos. Resolvimos quedarnos en el mismo sitio y mañana comenzará un camino de salida. La situación es un poco incómoda si se deciden a atacarnos a fondo pues, en el mejor de los casos, tendríamos que romper monte farallonoso, sin agua.*

Se trata de la tropa del capitán Rico Toro y los disparos de Pacho y el Coco les han causado un muerto, un herido y un herido leve. En su parte inventarán que le han hecho cuatro bajas a la guerrilla.

La emboscada no produce otros resultados y el Che avanza de nuevo, ahora hacia el Río Rosita.

El 13 junio el Che escribe: *Lo interesante es là convulsión política del país, la fabulosa cantidad de pactos y contrapactos que hay en el ambiente. Pocas veces se ha visto tan claramente la posibilidad de catalización de la guerrilla.* Los mensajes de La Habana que siguen llegando (aunque Fidel no puede saber si el Che los está recibiendo, por la ruptura de la radio y la ausencia de contactos) parecen confirmar que la guerrilla puede convertirse en el centro de coordinación de la oposición a los militares. Lechín se encuentra en Chile preparándose para entrar a Bolivia e incluso el centrista Paz Estensoro, desde el exilio, está preparando acciones militares. El mensaje incluye información sobre la reorganización de parte del ELN peruano, que tiene a cinco hombres entrenando militarmente y un grupo en Lima haciendo labores de propaganda.

El Che tiene razón, pareciera que la guerrilla está atrayendo a todos los sectores de la izquierda moderada y radical boliviana. En esos momentos militantes de la Central obrera boliviana cercanos a Lechín, miembros del POR troskista y un pequeño grupo maoísta buscan el enlace en La Paz con el Che para proponer sumar a la lucha a un fuerte grupo de militantes. Lamentablemente las comunicaciones nunca llegarán hasta él.

Un día después encabeza su diario con el nombre de su hija: Celita, y tras él el número 4 con una interrogación, preguntándose si cumple 4 años. Así es. Al final de la anotación un mensaje personal: *He llegado a los 39 y se acerca inexorablemente una edad que da qué pensar sobre mi futuro guerrillero; por ahora estoy "entero".* Entero en cuanto a su voluntad y sus recursos morales, pero hambriento, mermado por infecciones intestinales y ataques de asma, aunque como diría su *alter ego*, el personaje de Julio Cortázar en el cuento "Reunión": "El asma es mi amante y me ha enseñado a aprovechar la noche".

Durante los siguientes días recorrerán las márgenes del río Rosita sin contacto alguno con campesinos y disminuyendo las escasísimas reservas de comida. Cuatro días para tomar contacto con una comunidad de una docena de campesinos (¡!). *A los habitantes hay que cazarlos para poder hablar con ellos pues son como animalitos. Nos recibieron bien en general, pero Calixto, nombrado alcalde por una comisión militar que pasó por aquí hace un mes, se mostró reservado y renuente a vender algunas cositas.*

La presencia de tres campesinos armados que se hacen pasar por comerciantes hace desconfiar al grupo. Un campesino los denuncia, se trata de un teniente de la policía, un carabinero y un maestro que buscan obtener información sobre la guerrilla. *Se pensó en matarlos pero luego decidí devolverlos con una severa advertencia sobre las normas de la guerra.*

En esta pequeña comunidad el Che vuelve a ejercer como dentista. *Después de dos días de profusas extracciones dentales en que hice famoso mi nombre de Fernando Sacamuelas (a) Chaco, cerré mi consultorio y salimos por la tarde; caminando poco más de una hora.* El acontecimiento es celebrado por varias fotografías, entre ellas una serie de sus actividades como dentista ejerciendo ante una cabaña de paja, con un sufrido campesino como paciente y otros tres o cuatro de mirones, mientras un ayudante sostiene al operado.

Serán más las buenas noticias: *Por primera vez en esta guerra salí montado en un mulo.* El Che vuelve a cabalgar. Una foto lo muestra sonriente fumando un tabaco con el rostro del mulo en primer plano.

Cuando la guerrilla deja el caserío los acompaña aparentemente detenido un campesino, se trata de Paulino Baigorria, de unos 20 años de edad, que solicitó integrarse.. *Paulino se ha comprometido a llegar a Cochabamba con mi mensaje. Se le dará una carta para la mujer de Inti, un mensaje en clave para La Habana y los 4 comunicados.* En el comunicado no. 4 del ELN se desmentía la noticia de la caída de Inti y se agregaba: "En cuanto a los anuncios sobre la presencia de supuestos combatientes de otros países americanos, por razones de secreto militar y de nuestro lema, el de la verdad revolucionaria, no daremos cifras, aclarando solamente que cualquier ciudadano que acepte nuestro programa mínimo conducente a la liberación de Bolivia, es aceptado en las filas revolucionarias con iguales derechos y deberes que los combatientes bolivianos, los que constituyen, naturalmente, la inmensa mayoría de nuestro movimiento".

El mensaje del Che a La Habana, escrito un mes antes, incluía un saludo *desde el oriente boliviano* a Fidel, para que fuera leído el 26 de julio.

Pero la conexión con La Habana nuevamente fracasará. Paulino ha de ser capturado en Santa Cruz y torturado por el ejército. Llevado a La Paz, se negará a dar información sobre a quién iban destinados los mensajes y será encarcelado.

El 24 de junio el Che se entera a través de la radio que se han producido fuertes enfrentamientos en la zona minera. Bajo resistencia permanente, los mineros, uno de los pocos sectores organizados de la sociedad boliviana, a los que el Che había tenido ocasión de admirar en su primer viaje en los años 50, habían enfrentado una continua represión de la junta militar, que incluso un par de años antes había reducido sus salarios en un 40%. En esos días la Federación sindical de los trabajadores mineros de Bolivia, entonces en la clandestinidad, se reúne en congreso. Los mineros de Catavi, previamente a la reunión, acuerdan donar a la guerrilla un día de salario y un lote de medicamentos, decisión que sería ratificada por el congreso. Tras las fiestas de San Juan, el ejército atacó los campamentos mineros con la obvia intención de dejar claro que esa era la respuesta que tendrían los sindicalistas si se vinculaban a la guerrilla. Disparando contra hombres, mujeres y niños, y apenas sin encontrar resistencia, los soldados dejaron 87 muertos en la mina Siglo xx, en lo que habría de conocerse como la matanza de San Juan. Incapaz de hacer otra cosa, incapaz de movilizarse hacia la zona de conflicto o de entrar en contacto con su organización urbana, incapaz de valorar la importancia de los acontecimientos, no queriendo desprenderse de uno solo de sus hombres, apostando todo a la capacidad militar de crecer de la guerrilla, el Che seguirá los acontecimientos por la radio argentina como un observador externo. Días más tarde el ejército acusará a la guerrilla de haber instigado un supuesto alzamiento de los mineros.

Desde el día 23 el Che sufre ataques de asma. *El asma me está amenazando seriamente y hay muy poca reserva de medicamentos.* Durante la campaña había logrado mantener a su íntimo enemigo bajo control, pero la perdida de parte de los medicamentos, cuando el ejército tomó los campamentos, comenzaba a hacerlo sufrir. Durante los últimos días de junio los ataques se recrudecieron. *Mi asma sigue en aumento y ahora no me deja dormir bien.* En las noches, sin poder dormir por la angustia de la falta de aire, se tiraba sobre un tronco para alzar el pecho o dejaba que Tamayo y Coello le dieran masaje.

En una de esas sesiones Tamayo le preguntó:

—Venga acá, ¿el asma no es un problema psíquico?

—*Sí, yo sé que es un problema psíquico, por eso uso el aparatico: si lo boto, como es psíquico, entonces me da más asma.*

El 26 de junio una de las emboscadas chocó con el ejército causándole cuatro muertos, pero esta vez, por primera vez, el ejército boliviano no huyó, sino que avanzó nuevamente flanqueando a la guerrilla y causándole dos heridos antes de que el Che diera la orden de replegarse. Villegas estaba herido en una pierna y Coello en el vientre. *Los llevamos rápidamente a la casa para operarlos con lo que hubiera. La herida de Villegas es superficial y solo traerá dolores de cabeza su falta de movilidad, la de Coello le había destrozado el hígado y producido perforaciones intestinales.* El Che dejó la intervención a cargo de De la Pedraja, porque se negaba a operar a su compañero, y se limitó a mantener alumbrado a su colega con una linterna. A mitad de la operación, cuando el médico le estaba suturando el colon, Tamayo se dio cuenta de que Coello estaba muerto. *Con él se me fue un compañero inseparable de todos los últimos años, de una fidelidad a toda prueba y cuya ausencia siento desde ahora casi como la de un hijo. Al caer pidió que se me entregara el reloj, y como no lo hicieron para atenderlo, se lo quitó y se lo dio a René. Ese gesto revela la voluntad de que fuera entregado al hijo que no conoció, como había hecho yo con los relojes de los compañeros muertos anteriormente. Lo llevaré toda la guerra. Cargamos el cadáver en un animal, y lo llevamos para enterrarlo lejos de allí.*

El grupo se aleja con nueve caballos. El Che ha perdido tres hombres y compañeros clave: Suárez Gayol, San Luis y ahora Coello (y no conoce de la muerte de Pinares y de Vázquez Viaña). *Día negro para mí.*

Durante los siguientes días la guerrilla se mantiene en movimiento aún buscando a la retaguardia. El 29 de junio *en el camino tuve una conversación con nuestra tropa, ahora integrada por 24 hombres. Cité entre los hombres ejemplo uno más, el Chino; expliqué la significación de las pérdidas y la pérdida personal que significó para mí la muerte de Coello a quien consideraba casi como a un hijo. Critiqué la falta de autodisciplina y la lentitud en la marcha y prometí dar algunas nociones más para que no nos suceda en las emboscadas lo que pasó ahora: pérdidas inútiles de vida por incumplir normas.*

Hacia fines del mes de junio, Rostow, el asesor de Johnson, se dirige al presidente estadunidense informando sobre los acontecimientos en Bolivia. Piensa correctamente que la guerrilla fue descubierta cuando estaba en fase de entrenamiento, pero que mostró las debilidades profundas del ejército boliviano: "Falta de coordinación de mando, capacidad de dirigencia, entrenamiento de la tropa y disciplina"; señala además que está en proceso de entrenamiento un regimiento boliviano con asesores estadunidenses y que se está enviando equipo, tanto por su parte como por la de los argentinos. Sin embargo para los bolivianos no parece ser suficiente, porque presionan a través de su embajador en Washington, Julio Sanjinés, para que los estadunidenses los ayuden a preparar un grupo especial de caza y captura (*hunter-killing* lo llamará en la conversación) para destruir la guerrilla.

Al finalizar junio el Che hace un balance del mes como acostumbra, en que establece los puntos negativos en *la pérdida gradual de hombres, cada uno de los cuales constituye una derrota grave, aunque el ejército no lo sepa,* y en la falta de contacto respecto a la retaguardia donde se encuentran Vilo Acuña, Machín y Tania, que sin que lo conozca, está haciendo un nuevo intento por encontrarlos, saliendo de la zona donde se encuentran una o dos veces por semana en exploraciones rumbo al río Yuque, al parecer otro punto de posible encuentro acordado. Curiosamente, el Che pierde la capacidad para una visión más política de la situación, y no encuentra el mayor problema en la incapacidad de la guerrilla de vincularse al movimiento social contra los militares, que comienza a crecer. El Che ve la importancia de la acción militar del pequeño grupo de 24 hombres (*con Villegas herido y la movilidad reducida*), en la lógica que ha aprendido de la guerra de guerrillas.

En este proyecto que ha nacido bajo otra experiencia política, que surge de imposibilidades y desacuerdos, que precipitan su nacimiento, que pierde sus conexiones urbanas e internacionales en los primeros momentos, todo apunta a la condena y sin embargo hasta ahora han derrotado al ejército una decena de veces y su *leyenda crece como espuma; ya somos los superhombres invencibles.*

Nuestra tarea más urgente es restablecer el contacto con La Paz y reabastecernos de equipo militar y médico y lograr la incorporación de unos 50-100 hombres de la ciudad. Y piensa en el refuerzo urbano porque sigue sintiéndose la falta de incorporación campesina. *Es un círculo vicioso: para lograr esa incorporación necesitamos ejercer nuestra acción permanente en un territorio poblado y para ello necesitamos más hombres.*

Una nota de preocupación al final: *El ejército sigue nulo en su tarea militar, pero está haciendo un trabajo campesino que no debemos descuidar, pues transforma en chivatos a todos los miembros de una comunidad, ya sea por miedo o por engaños sobre nuestros fines.*

Un mensaje recibido de La Habana pocos días después parece darle la respuesta al Che; aunque debe de haberle resultado desesperante no poder transmitir sus indicaciones. Rodolfo Saldaña le informa vía un intermediario que viajó a Cuba, que es posible alzar en armas un segundo frente. La Habana también confirma que está recibiendo entrenamiento militar un grupo de estudiantes bolivianos. Las buenas noticias se neutralizan por el desastre que priva en las comunicaciones. Tras la salida de Renán, La Paz no sólo no tiene comunicación con el Che, tampoco la tiene con La Habana, y Fidel puede transmitirle información al Che, pero no recibe respuesta y no sabe por tanto si sus mensajes están llegando a la guerrilla.

Mientras tanto el general Ovando, presionando para obtener más ayuda estadunidense, decide hacer pública la información de que el Che se encuentra en Bolivia, amparado en una declaración de Debray a la prensa, de que había entrevistado al Che en marzo en Ñancahuazú. *Además, dijo que el ejército se estaba enfrentando a guerrilleros perfectamente entrenados que incluso contaba con comandantes vietcongs que habían derrotado a los mejores regimientos norteamericanos.* Contradictoriamente, en esos mismos días un cable de la AP reporta que el Che murió en Cuba, que las informaciones sobre su presencia en Bolivia tenían el sentido de darle a la guerrilla el brillo de la supuesta presencia del Che, una información quizá con el sentido de obligar a los cubanos a confirmar la presencia del Che. A Ovando lo seguirá el general Barrientos que *tuvo una conferencia de prensa en la que admitió mi presencia pero vaticinó que en pocos días quedaría liquidada. Habló la habitual retahíla de sandeces, llamándonos ratas y víboras y reiteró su propósito de castigar a Debray.*

Durante los primeros días de julio el núcleo del Che avanza, mientras la pierna de Villegas se cura lentamente y continúan los ataques de asma de su comandante. Los pocos campesinos con los que tropiezan se encuentran bajo el terror de los militares. El 6 de julio el Che decide una acción audaz y envía a un grupo encabezado por el Coco Peredo y Pacho a tomar el poblado de Samaipatia. *Fueron comisionados para la acción Martínez Tamayo, Coco, Pacho, Aniceto, Mario Gutiérrez y Juan Pablo Chang, el Chino. Pararon un camión que venía de Santa Cruz, sin novedad, pero detrás venía otro que paró por solidaridad y también hubo que detenerlo; allí comenzó el tira y afloja con una señora que viaja en el camión y no quería bajar a su hija, un tercer camión paró a ver qué pasaba y ya se obstruyó el camino, parando un cuarto, ante la indecisión de la gente. Se arreglaron las cosas y quedaron los 4 vehículos a un costado y un chofer hablaba de descanso cuando le preguntaban. La gente salió en un camión, llegó a Samaipatia, capturó dos carabineros luego al teniente Vacaflor, jefe del puesto, y al sargento lo hicieron decir la contraseña y tomaron en acción relámpago el puesto con 10 soldados.* En el tiroteo que se produjo el Coco mató a un soldado. Durante el enfrentamiento hubo una falla accidental en el abastecimiento de luz y el ejército habría de pensar más tarde que se trataba de una acción de colaboradores locales. Los soldados detenidos fueron dejados desnudos a un kilómetro de la comunidad. *La acción se realizó ante todo el pueblo y la multitud de viajeros, de manera que se regará como pólvora.*

Una foto muestra al Che en los alrededores de Samaipatia rodeado de campesinos mientras estudia algo, de rodillas, con una gorra en la cabeza; la nueva gorra le dará apariencia de revolucionario ruso del siglo pasado, sin embargo estará incompleto; la iconografía guevarista necesita de la boina.

En el orden de los abastecimientos, la acción fue un fracaso; el Chino se dejó mangonear por Pacho y Mario Gutiérrez y no se compró nada de provecho y en las medicinas, ninguna de las necesarias para mí, aunque sí las más imprescindibles para la guerrilla. A las 2 ya estábamos caminando de vuelta con el botín. Según el diario de Pacho, al Che habría de olvidársele contar que había estado bien contento comiendo galletas y bebiendo Pepsicola.

En los días siguientes, mientras la prensa criticaba la ineficiencia del cerco militar, añadían en la información que entre los guerrilleros se encontraba un coronel del Vietcong. Juan Pablo Chang, el peruano de remotos orígenes chinos, nunca supo en qué lo habían convertido.

CAPÍTULO 55

La masacre de la retaguardia

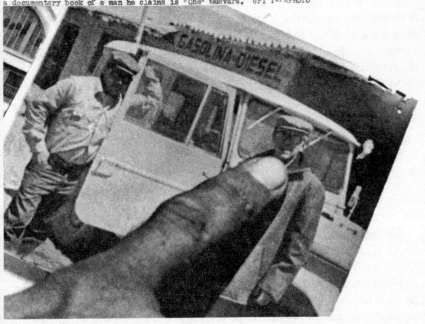

documents and other evidence at an Inter-American Foreign Ministers meeting 9/22 which he been prove that Ernesto "Che" Guevara has been in Bolivia. A Bolivian official points to a photo in a documentary book of a man he claims is "Che" Guevara. UPI TELEPHOTO

La foto descubierta en las cuevas del campamento permitiría una identificación positiva del Che. Mostrada a la prensa, la foto fue difundida por la UPI.

En la segunda semana de julio la guerrilla del Che se mueve lentamente. La aparente tranquilidad no le puede ocultar que el ejército puede trazar con claridad la ruta que están siguiendo hacia el sur.

Sin embargo, para el comandante, el enemigo mayor es la enfermedad. *El asma mía está en aumento*, escribe, y al día siguiente añade: *Me inyecté varias veces para poder seguir usando al final una solución de adrenalina al 1/900 preparada para colirio. Si Paulino no ha cumplido su misión, tendremos que retornar al Nacahuaso a buscar medicamentos para mi asma.*

Mientras tanto se ha iniciado el juicio de Bustos y Debray. El intento del gobierno de condenarlos a toda costa, produce fricciones con algunos militares como el mayor Rubén Sánchez, que acepta actuar como testigo de descargo. Ovando, el ministro de Guerra, lo manda a llamar y se produce la siguiente conversación:

—"Espero que declare convenientemente.

—¿Qué quiere decir convenientemente? —le pregunté—. Voy a declarar la verdad: no he visto a Debray combatiendo.

—Vaya a ver al presidente Barrientos.

El presidente se agarraba la cabeza:

—Usted va a dejar mal a las fuerzas armadas.

—Yo soy el único que va a salvar el honor de las fuerzas armadas —le respondí a Barrientos— porque ese juicio es una pantomima donde todos los oficiales están mintiendo y yo voy a decir la verdad".

El Che, en su diario, comenta las primeras declaraciones de Debray y Bustos en el juicio: *No son buenas; sobre todo, han hecho una confesión del propósito intercontinental de la guerrilla, cosa que no tenían que hacer.*

Mientras, la guerrilla se mueve en una zona despoblada, que no han explorado previamente, con el Che gravemente afectado por el asma y bajo el peligro de que los pocos campesinos que ven los denuncien al ejército, estimulados por la recompensa de "cincuenta millones de bolívares a quien entregue vivo o muerto, preferiblemente vivo, al guerrillero Ernesto Che Guevara".

Este volante y las continuas declaraciones de Barrientos, de que el Che está a la cabeza de la guerrilla, provocan fricciones entre el presidente y el embajador estadunidense Henderson, que insiste en que se trata de una desinformación y que si acaso el Che estuvo en Bolivia ya ha abandonado el país. Barrientos se dará el lujo de contradecir públicamente al embajador, cuando éste declare a la prensa que es posible que el problema de la guerrilla se prolongue durante bastante tiempo.

El presidente boliviano está sufriendo presiones, además, de los pequeños partidos con los que se integra el frente gubernamental. El Che comenta: *El PRA y el PSB se retiran del frente de la revolución y los campesinos advierten a Barrientos sobre una alianza con Falange. El gobierno se desintegra rápidamente. Lástima no tener 100 hombres más en este momento.*

Ante esta situación, el gobierno declara el inicio de la operación Cynthia (el nombre de la hija del presidente), en la que según sus autores la guerrilla quedaría liquidada en pocas horas. Se trataba de un cerco a cargo de la IV división, que abarcaba la zona de Ñancahuazú hasta el río Grande y que resultaría un fracaso, disolviéndose en el aire: operaciones de rastreo de fantasmas, cercos que no operan, campamentos tomados a la nada.

La crisis gubernamental se profundiza: *Las noticias políticas son de una tremenda crisis que no se ve en qué va a parar. Por lo pronto, los sindicatos agrícolas de Cochabamba han formado un partido político "de inspiración cristiana" que apoya a Barrientos y éste pide que lo "dejen gobernar 4 años", es casi una imploración. Siles Salinas amenaza a la oposición con que la subida nuestra al poder le costará la cabeza a todos y llama a la unidad nacional, declarando al país en pie de guerra. Parece implorante por un lado y demagógico por otro; tal vez se prepara a una sustitución.* El Che acierta; el 17 de julio Barrientos anuncia la disolución del gabinete, apoyado por los minipartidos PSD y PRA, parece que le quiere abrir lugar a una coalición más amplia.

Hacia el 21 de julio la guerrilla ha retornado a la zona donde habían enterrado a Coello. El contacto con algunos campesinos les alerta del paso del ejército una semana antes. El Che se tomará en el caserío de Tejería una de sus últimas fotos, como siempre, con un animal al lado. El Che y un mulo, fumando un tabacote mientras le sostiene la brida; el Che de frente, la visera de la gorra casi le tapa los ojos; el mulo, muy serio, de perfil. A pesar de la sonrisa no se encuentra bien, ha dejado de comer (*El asma me trató duro y se van acabando los míseros calmantes*). Una recepción de Radio Habana le permite recuperar su sentido del humor: *Raúl refutó las calificaciones de los checos sobre el artículo de los Vietnam. Los amigos me llaman un nuevo Bakunin, y se lamentan de la sangre derramada y de la que se derramaría en caso de 3 o 4 Vietnams.*

En otro mensaje se entera de que aún no han enviado un nuevo operativo a La Paz, aunque se prepara el sustituto de Renán, un "cubano que peleó en la sierra con documentación fuerte". Rodolfo Saldaña, en La Paz, ha renunciado, a petición de los cubanos, a preparar un segundo foco y se le ha sugerido que se concentre en entrar en contacto con el Che, mientras en La Habana el grupo que está entrenando llega ya a los 23 hombres, surgidos de varias formaciones políticas de izquierda incluido el PCB.

El 26 de julio, aún acosado por el asma, el Che le da una pequeña charla al grupo sobre el significado de la revolución cubana: *Rebelión contra las oligarquías y contra los dogmas revolucionarios.* No sabe que su ruta de aproximación al río Grande ha sido detectada por el ejército, que envía en avión a la compañía Trinidad hacia la zona. Horas después chocarán contra una emboscada montada por el Che: *Ésta se desarrolló así: 8 soldados aparecieron en la cresta, caminaron hacia el sur, siguiendo un caminito viejo y retornaron, tirando algunos morterazos, haciendo señas con un trapo. Poco después retornan y 8 de ellos caen en la emboscada. Los disparos de los guerrilleros les causan 4 bajas. Nos retiramos sin quitarle armas y equipo por lo difícil que se hacía el rescate y salimos arroyo abajo. Luego de la confluencia con otro cañoncito se hizo una nueva emboscada, los caballos avanzaron hasta donde llega el camino.*

Tres días más tarde, tras pasar la noche en vela a causa del asma, a las cuatro y media de la madrugada, los soldados del regimiento Trinidad vuelven a hacer contacto con la guerrilla. *Cuando De la Pedraja estaba haciendo el café, avisó que veía una linterna cruzando el río, Manuel Hernández, que estaba despierto por hacer cambio de posta, y De la Pedraja fueron a detener a los caminantes. Desde la cocina oí el diálogo así: Oiga, ¿quién es? Destacamento Trinidad. Allí mismo la balacera. Enseguida Manuel Hernández traía un M1 y una canana de un herido y la noticia de que eran 21 hombres en camino hacia Abapó y en Moroco había 150. Se les hicieron otras bajas no muy bien precisadas en la confusión reinante. Los caballos tardaron mucho en ser cargados y Restituto se perdió con el hacha y un mortero que se le había ocupado al enemigo. Ya eran cerca de las 6 y todavía se perdió más tiempo porque se cayeron algunas cargas. Resultado final fue que ya en los últimos cruces estábamos bajo el fuego de los soldaditos quienes se envalentonaron.*

Apuré a la gente y pasé con Villegas, nuevamente bajo el fuego, el cañón del río donde se acaba el camino y por ende se puede organizar la resistencia. *Mandé a Manuel Hernández con Coco y Mario Gutiérrez a que tomaran la delantera mientras yo espoleaba la caballería. Al cruzar uno de los vados el caballo del Che resbaló y cayó,* pero Coco, Mario Gutiérrez y Manuel Hernández hicieron una línea de defensa para impedir que el ejército concentrara el fuego sobre él. Los soldados gritaban: "¡Lo tumbamos!"

Cubriendo la retirada quedan 12 hombres, la guerrilla retrocede escalonando las posiciones durante horas, en uno de los últimos pasos quedan bajo el fuego del ejército Martínez Tamayo, Raúl, Pacho, Simón Cuba, Jaime Arana y Aniceto. Las balas alcanzan a Raúl que muere de inmediato con un tiro en la boca y hieren a Martínez Tamayo y Pacho. Durante dos horas Martínez Tamayo y Pacho contienen al ejército. *Tras una penosa marcha por el monte, salieron al río y se nos unieron. Pacho venía a caballo, pero Martínez Tamayo no podía montar y hubo que traerlo en hamaca. Envié a Manuel Hernández, con Francisco Huanca, Adriazola, Coco y Aniceto a que tomara la desembocadura del primer arroyo, en la margen derecha, mientras nosotros curábamos los heridos. Pacho tiene una herida superficial que le atraviesa las nalgas y la piel de los testículos, pero Martínez Tamayo estaba muy grave y el último plasma se había perdido en la mochila* de Simón. A las 22 murió Martínez Tamayo y lo enterramos cerca del río en un lugar bien oculto, para que no lo localicen los guardias. El ejército ha sufrido tres muertos y cinco heridos en el choque. Además se ha perdido el radiotransmisor averiado y la grabadora con la que captan y graban las emisiones en clave de La Habana y luego las descifran. A partir de este momento los mensajes de La Habana serán casi incomprensibles y habrá grandes dificultades para traducirlos. Cada vez más dependen para informarse respecto del mundo exterior de las radioemisoras comerciales. También se pierden 11 mochilas, medicinas, libros (uno de Trotski y otro de Debray anotado por el Che a mano).

La guerrilla se repliega por el monte borrando huellas. El balance del Che, que ha perdido a dos compañeros, es tan seco como siempre: *De nuestros muertos, Raúl no puede ser casi catalogado, dada su introspección; era poco combativo y poco trabajador, pero se le notaba constantemente interesado en problemas políticos, aunque no hacía nunca preguntas. Martínez Tamayo era el más indisciplinado del grupo cubano y el que menos decisión tenía frente al sacrificio cotidiano, pero era un extraordinario combatiente y un viejo compañero de aventuras en el primer fracaso de Masetti, en el Congo y ahora aquí. Es otra pérdida sensible por su calidad. Somos 22, entre ellos, dos heridos, Pacho y Villegas, y yo, con el asma a todo vapor.*

Enfrentará de nuevo con gran frialdad el análisis del mes de julio, pero nuevamente se referirá al aislamiento (de la red urbana de La Paz y de La Habana) como un problema organizativo y no político. Curiosamente, en el momento en que las tres organizaciones más importantes de la izquierda boliviana (PCB, PC prochino de Zamora y POR troskista de Lora), al calor de los éxitos militares y bajo fuerte represión militar, declaran su apoyo a la guerrilla más allá de las divergencias y aceptan que militantes de sus organizaciones se sumen de manera individual.

Lo cierto es que para una visión exterior, que no puede valorar las debilidades del grupo a causa de las bajas, el aislamiento de la retaguardia y la falta de incorporación campesina, *la leyenda de las guerrillas adquiere dimensiones continentales; Onganía cierra fronteras y el Perú toma medidas precautorias.*

El Che valora también la maduración del grupo de combatientes (*La moral y experiencia de lucha de la guerrilla aumenta en cada combate: quedan flojos Orlando Jiménez y Jaime Arana*) y la incapacidad del ejército, *que sigue sin dar pie con bola, pero hay unidades que parecen más combativas.*

Pero ahora aparece una nueva prioridad al lado de restablecer los contactos y sumar combatientes, la necesidad de retornar a las cuevas de las viejas bases para obtener medicinas, tanto material de curas de urgencia perdido en el último combate como el antiasmático que permita al Che recuperarse, porque *el asma me sonó muy duro y ya agoté la última inyección antiasmática; no quedan sino tabletas para unos 10 días.*

Los heridos se van recuperando y la guerrilla va buscando el retorno a las bases. El tres de agosto el Che anota en su diario: *Se avanza muy lentamente. No hay noticias. Pacho se recupera bien, yo, en cambio estoy mal; el día y la noche estuvieron duros para mí y no se vislumbra salida a corto plazo. Probé la inyección endovenosa de novocaína sin resultado.* Pacho completa: "El Che ha dejado de comer, sólo un jarro de maíz, ya que el caballo le hace mal a su enfermedad que cada día se le ve peor a pesar de las inyecciones".

Dos días después el Che escribe: *Mi asma estuvo implacable; a pesar de mi repugnancia a la separación, tendré que mandar un grupo por delante; Dariel Alarcón y Mario Gutiérrez se ofrecieron de voluntarios.*

Como si esto fuera poco, al día siguiente, al subir una loma, el caballo lo arroja al suelo, donde permanece tirado trabado al estribo y con un fuerte ataque de asma. A pesar del peligro no puede posponer la decisión. El 7 de agosto anota: *Mi asma sin variantes pero las medicinas se acaban. Mañana tomaré una decisión sobre el envío de un grupo al Nacahuazú. Hoy se cumplen 9 meses exactos de la constitución de la guerrilla con nuestra llegada. De los 6 primeros, dos están muertos* (Martínez Tamayo y Coello), *uno desaparecido* (Vázquez Viaña está muerto aunque el Che no lo sepa) *y dos heridos* (Pacho y Villegas); *yo con asma que no sé cómo cortarla.* El Che habitualmente estoico debería estarlo pasando muy mal.

El presidente estadunidense Johnson recibirá en esos días un memorándum de la CIA que evalúa la situación de la guerrilla y que en resumen afirma que se trata de un grupo de 100 guerrilleros, la mayoría bolivianos y cubanos y algunos peruanos, "bien entrenado y disciplinado, mejor dirigidos y equipados que el mal entrenado y pobremente organizado ejército boliviano". Sobre el crucial tema de la presencia del Che sigue privando el escepticismo, porque si bien lo afirman "fuentes de variada credibilidad" (entre las que incluyen las declaraciones de Bustos y Debray), "no se ha obtenido información concluyente de la presencia del Che". En la visión de la cúpula de la CIA parece continuar imperando la tesis de que el Che murió en Cuba y en Bolivia sólo se encuentra su fantasma.

El informe muestra la molestia de los estadunidenses con sus aliados bolivianos, en particular con el presidente Barrientos, que tiene como única estrategia obtener más poder de fuego de los norteamericanos, y con las fuerzas armadas bolivianas, que además de ineptas actúan como una fuerza agresora contra la población civil, "aterrorizando a los habitantes de los pueblos, molestando a las mujeres y ofreciendo una imagen desfavorable ante los bien disciplinados guerrilleros". El informe concluye: "Nada en el horizonte hace pensar que el problema guerrillero pueda desaparecer pronto".

Una semana antes ha desembarcado en el aeropuerto de La Paz un nuevo grupo de operativos de la CIA encabezado por Félix Rodríguez, un exiliado cubano que ha actuado en la guerra sucia contra Cuba y más tarde en Vietnam. Enlazarán directamente con inteligencia militar y operarán con uniforme y documentación boliviana.

El Che tiene en esos días una sesión de crítica con sus hombres. *Reuní a todo el mundo haciéndole la siguiente descarga: estamos en una situación difícil; el Pacho se recupera pero yo soy una piltrafa humana y el episodio de la yegüita* (en un acto de desesperación acuchilló en el cuello al animal que lo llevaba) *prueba que en algunos momentos he llegado a perder el control; eso se modificará pero la situación debe pesar exactamente sobre todos y quien no se sienta capaz de sobrellevarla debe decirlo. Es uno de los momentos en que hay que tomar decisiones grandes; este tipo de lucha nos da la oportunidad de convertirnos en revolucionarios, el escalón más alto de la especie humana, pero también nos permite graduarnos de hombres; los que no puedan alcanzar ninguno de estos dos estadios deben decirlo y dejar la lucha. Todos los cubanos y algunos bolivianos plantearon seguir hasta el final.*

Algunos de los hombres se enzarzan en pequeñas críticas y el Che interviene de nuevo. *Cerré la discusión diciendo que aquí se debatían dos cosas de muy distinta jerarquía: una era si se estaba o no dispuesto a seguir; la otra era de pequeñas rencillas o problemas internos de la guerrilla, lo que le quitaba grandeza a la decisión mayor.*

En esos días están moviéndose muy lentamente en un monte selvático, abriendo senda a machete. Se han estado comiendo los caballos. Por la radio escucharán noticias de la caída en combate de un hombre de la guerrilla de Vilo Acuña, Antonio Jiménez, quien resulta muerto al romper un cerco. Curiosamente la muerte de Antonio, nativo de Tarata, motivó que se hicieran pintadas de apoyo en todo su pueblo y la consiguiente represión posterior. La guerrilla estaba creciendo en simpatías pero no podía capitalizarlas. Su zona de influencia política estaba fuera de su zona de acción geográfica.

Finalmente el 13 de agosto el Che, bajo fuerte presión de Inti y Pacho, se decide a enviar a un grupo hacia el Ñancahuazú para buscar medicinas en una de las cuevas. *Pacho mejora a buen ritmo y mi asma tiene tendencia a aumentar desde ayer; ahora tomo 3 tabletas al día. El pie está casi bien.*

Lo que el Che no puede saber y afecta su decisión de enviar a la patrulla, es que del grupo de Vilo Acuña han desertado desde fines de julio dos hombres, Hugo Silva y Eusebio. Capturados por los militares son enviados a Lagunillas, donde el ejército y la CIA los interrogan. Sufren torturas a manos del coronel Reque Terán. Silva guiará entre el 10 y 11 de agosto al capitán Saravia hasta las cuatro cuevas donde estaban los depósitos de los guerrilleros.

El ejército descubrirá municiones, medicinas, documentos y fotografías muy importantes. Por un error de los militares, la noticia se filtrará y el diario *Presencia* la publicará. De ahí la información será retomada por la radio y el Che se enterará días más tarde: *Día negro. Fue gris en las actividades y no hubo ninguna novedad, pero a la noche el noticiero dio noticias de la toma de la cueva a donde iban los enviados, con señales tan precisas que no es posible dudar. Ahora estoy condenado a padecer asma por un tiempo no definible. También nos tomaron documentos de todo tipo y fotografías. Es el golpe más duro que nos hayan dado; alguien habló.*

A las pérdidas materiales se suma la situación de riesgo enorme de los hombres que han ido a buscar medicinas.

Entre los materiales capturados por el ejército está una serie de fotografías, un manuscrito del Che sobre economía política y Latinoamérica, su pasaporte, películas y desde luego las medicinas contra el asma. La foto del pasaporte de "Benítez" coincide con la que se ha descubierto anteriormente. Una nueva prueba de la presencia del Che en Bolivia.

El 16 de agosto su cabalgadura le jugará una nueva mala pasada: *La mula me sacó limpio de la montura al pincharse en un palo pero no me hice nada; el pie mejora.* Un día más tarde llegan al río Rosita. Escasez de comida, miedo de alertar al ejército con disparos si se caza. Jornadas agotadoras. El 19 de agosto Pacho anota: "Se me ha cicatrizado la entrada y salida de bala, falta por cicatrizar entre los muslos. Los cojones están casi bien". Una semana más tarde, tras haber estado visualmente en contacto con el ejército varias veces, finalmente se produce una emboscada, pero el apresuramiento de Olo Pantoja, al tirar antes de tiempo, le permite reaccionar a los soldados. *Inti y Coco les cayeron atrás pero se parapetaron y los rechazaron. Mientras observaba la caza vi cómo le picaban las balas cerca, por efecto de tiros de nuestro lado, salí corriendo y me encontré con que Lucio Galván les estaba tirando, pues Olo Pantoja no le había avisado nada. Tenía una furia tan grande que perdí el control y maltraté a Olo.*

En el repliegue el ejército no los sigue. Sin embargo no es esa la mayor preocupación, sino la falta de alimentos y agua, que los dejará sin comer ni beber. El 27 de agosto el Che anota: *El día transcurre en una desesperada búsqueda de salida, cuyo resultado no es claro todavía; estamos cerca del río Grande y ya pasamos Yumao, pero no hay nuevos vados, según noticias, de modo que se podría ir allí para seguir por el farallón de Manuel Hernández pero las mulas no podrán hacerlo. Hay una posibilidad de cruzar una cadenita de montañas y seguir luego hacia río Grande-Masicuri, pero sólo sabremos mañana si es factible.* Pacho añade: "No comemos, no agua".

Afortunadamente reaparece el grupo dirigido por Dariel, que había ido a buscar medicinas al campamento. *Su odisea fue grande pues hay soldados en Vargas y Yumao y casi chocan con ellos, luego siguieron una tropa que bajó por el Saladillo y subió por el Ñacahuasu y se encontraron con que el arroyo del Congrí tiene 3 subidas hechas por los soldados. La cueva del Oso, adonde llegaron el día 18, es un campamento antiguerrillero que tiene como 150 soldados, casi fueron sorprendidos allí pero lograron retornar sin ser vistos.*

La sed es ahora peor que el hambre. En el diario se refleja de una manera angustiosa. El 29 de agosto el Che escribe: *Día pesado y bastante angustioso. Los macheteros avanzaron muy poco y en una oportunidad equivocaron la ruta creyendo ir hacia el Masicuri. Hicimos campamento a 1600 metros de altura, en un lugar relativamente húmedo que tiene una cañita cuya pulpa mitiga la sed. Algunos compañeros, Jaime Arana, Eustaquio,*

Chino, se están desmoronando por falta de agua. Pacho precisará en su diario: "Se cocinaron seis jarros de frijoles de reserva y se hizo caldo de yegua podrida con gusanos".

Al día siguiente el Che reseña que *la situación se tornaba angustiosa; los macheteros sufrían desmayos, Manuel Hernández y Adriazola se tomaban los orines y otro tanto hacía el Chino, con resultados nefastos de diarreas y calambres.* Afortunadamente Tamayo y Alarcón encuentran agua al pie de la cañada.

En su resumen del mes el Che escribiría: *Fue, sin lugar a dudas, el mes más malo que hemos tenido en lo que va de guerra. La pérdida de todas las cuevas con sus documentos y medicamentos fue un golpe duro, sobre todo sicológico. La pérdida de 2 hombres en las postrimerías del mes y la subsiguiente marcha a carne de caballo (cruzando la serranía de San Marcos de nuevo) desmoralizó a la gente, planteándose el primer caso de (propuesta de) abandono, el de Orlando Jiménez, lo que no constituye sino una ganancia neta, pero no en esta circunstancia. La falta de contacto con el exterior y con Joaquín y el hecho de que prisioneros hechos a éste hayan hablado, también desmoralizó un poco a la tropa. Mi enfermedad sembró la incertidumbre en varios más y todo esto se reflejó en nuestro único encuentro en que debíamos haber causado varias bajas al enemigo y sólo le hicimos un herido. Por otra parte la difícil marcha por las lomas sin agua hizo salir a flote algunos rasgos negativos de la gente.*

Estamos en un momento de baja de nuestra moral y de nuestra leyenda revolucionaria.

El Che desconocía que la situación habría de empeorar aún más.

El 31 de agosto se ha de producir un hecho muy grave para la supervivencia de la guerrilla. Una patrulla al mando del capitán Vargas Salinas había estado rondando la casa de Honorato Rojas a la espera del retorno de la guerrilla. El campesino, reclutado por el ejército como guía, había confesado sus contactos con el Che en marzo pasado y se había comprometido con el ejército a colaborar. Hacia los últimos días de agosto el grupo de Vilo Acuña, en un desesperado intento por reconectar con el Che, decide acudir a la casa de Honorato a la busca de noticias. Gustavo Machín dirige una exploración que llega a la casa del campesino, que se compromete a guiarlos hasta un vado cercano. Lo que los guerrilleros no saben es que mientras hablan con Honorato, en el interior de su casa se encuentran dos soldados que han quedado como centinelas. Los guerrilleros no entran a la casa a causa de los perros que ladran fieramente.

Horas más tarde el ejército está alertado y el capitán Vargas prepara con Honorato la emboscada. El campesino se vestirá con camisa blanca y conducirá a los guerrilleros hasta un vado en el río Grande, donde los abandonaría para regresar a su casa. En esos momentos el Che y su guerrilla se encuentran tan sólo a unos 40 kilómetros del lugar.

Hacia las cinco y media de la mañana la columna guerrillera apareció en el Vado del Yeso. Vargas describe: "El que entró al agua era un hombre alto, fornido, moreno, cargaba una mochila como todos y un arma que no podía distinguir. Llegaron al vado, inclusive Tania. Fue en ese instante que el primero entró al agua". Honorato Rojas se ha retirado. La columna es conducida por Israel Reyes, con una ametralladora de mano en la izquierda y un machete en la derecha. Se agacha, toma agua del río y luego hace señas a sus compañeros para que lo sigan. Nueve guerrilleros componen el grupo. De repente comienzan el tiroteo, sólo Israel puede reaccionar y dejándose caer al agua dispara la Browning matando a un soldado, aunque es acribillado un instante después. Gustavo Machín, Walter, Moisés Guevara, poco a poco van siendo alcanzados por las balas sin poder salir del río. Vilo Acuña alcanza la ribera herido pero ahí lo vuelven a impactar las balas de los soldados. El médico peruano, Restituto Cabrera, al ver caer herida a Tania quiere salvarla y se deja arrastrar por la corriente. José Castillo, herido, y Freddy se rinden. Los soldados piden a Vargas Salinas que les permita ejecutarlos para vengar a su compañero muerto y Vargas accede a que maten a uno solo, será el joven doctor boliviano Fredy Maimura el asesinado de dos tiros por la espalda.

Ya ha anochecido, los soldados duermen a la orilla del río y al lado de los cadáveres.

Cabrera encontrará a Tania, ya muerta, unos tres kilómetros río abajo. Después vagará días por los senderos hasta que es capturado por el ejército y asesinado a culatazos. Castillo será llevado a Vallegrande, donde ha de ser interrogado por inteligencia militar y la CIA.

El 10 de septiembre, a la búsqueda de la retaguardia, el Che avanza por el arroyo que lleva a la casa de Honorato Rojas. Al caer la noche descubrirán que *estaba vacía, pero se había aumentado en varios barracones para el ejército, a la sazón abandonados. Encontramos harina, manteca, sal y chivos. Matando a dos, los que configuraron un festín junto con la harina, aunque la cocinada nos consumió toda la noche a la expectativa.*

Tan sólo 24 horas después de la emboscada a Vilo Acuña y su grupo.

CAPÍTULO 56

"Zafar y buscar zonas más propicias"

En Bolivia, nuevamente montando un burro.

El 2 de septiembre el Che conocerá a través de la radio la noticia del aniquilamiento de la retaguardia. Durante tres días dudará de lo cierto de la información, a pesar de que en las diferentes estaciones se mencionan cada vez más detalles; luego dejará de hablar del tema hasta el balance del mes de septiembre, donde incorporará esta nota casi con voluntad de no querer creer del todo: *Por otra parte, parecen ser ciertas varias de las noticias sobre muertos del otro grupo al que se debe dar como liquidado, aunque es posible que deambule un grupito rehuyendo contacto con el ejército, pues la noticia de la muerte conjunta de los 7 puede ser falsa o, por lo menos, exagerada.*

Cuando acepta finalmente la realidad, se da cuenta que tiene que salir de la zona con los restos de la guerrilla. En el primer día, tras un enfrentamiento con un soldado aislado, comienza el movimiento hacia el noroeste. El domingo 3 de septiembre la vanguardia va a dar a la casa de un latifundista donde acampan 40 soldados *produciéndose un encuentro confuso en el que los nuestros mataron por lo menos un soldado, el que traía un perro; los soldados reaccionaron y los rodearon, pero luego se retiraron ante los gritos; no se pudo coger ni un grano de arroz.*

El avance tratando de salir de la zona continúa. Por todos lados encuentran huellas o informes sueltos de los campesinos sobre el paso de la tropa. El Che escribe: *Recordar que lo fundamental es no sufrir bajas, se recomienda la mayor cautela.*

Cinco días después de haberlo recibido logran descifrar un mensaje de La Habana. En él le comentaban al Che los resultados de la conferencia de la OLAS, una gran convención de la izquierda radical latinoamericana, celebrada en Cuba, para el relanzamiento de una propuesta guerrillera continental y cómo las propuestas guevaristas habían tenido una acogida mayoritaria a pesar de la oposición de varios de los partidos comunistas más alineados con Moscú (*la delegación boliviana fue una mierda; Aldo Flores del PCB pretendió ser el representante del ELN; lo tuvieron que desmentir*). Una nota al final del mensaje informaba del allanamiento de la casa del doctor Lozano, uno de los hombres de la red urbana.

El 6 de septiembre la guerrilla vuelve a chocar con el ejército, otra vez una patrulla guiada por perros. Durante unas horas el Che queda cortado de 8 hombres que mantenían la emboscada. *Sin embargo, Manuel Hernández se reincorporó con toda su gente, rompiendo monte. El ejército había pasado a su lado sin verlos y sin que la guerrilla se diera cuenta.*

Con la sensación de que están en mitad de una gran concentración militar el Che avanza lentamente en medio de la selva. *La aviación no nos busca por aquí a pesar de haber llegado al campamento y la radio informa* incluso que yo soy el jefe del grupo. *El interrogante es: ¿tienen miedo? Poco probable; ¿consideran imposible el paso hacia arriba? Con la experiencia de lo que hemos hecho y ellos conocen, no lo creo; ¿nos quieren dejar avanzar para esperarnos en algún punto estratégico? Es posible; ¿creen que insistiremos en la zona de Masicurí para abastecernos? También es posible.*

La radio comercial sigue siendo su único contacto con el exterior, y a veces sus noticias provocan la rabia del comandante: *Un diario de Budapest critica al Che Guevara; figura patética y, al parecer, irresponsable y saluda la actitud marxista del partido chileno que toma actitudes prácticas frente a la práctica. Cómo me gustaría llegar al poder, nada más que para desenmascarar cobardes y lacayos de toda ralea y refregarles en el hocico sus cochinadas.* Dos días después, su enfado se extiende a la radio cubana: *Radio Habana informaba que* OLAS *había recibido un mensaje de apoyo del* ELN; *¡milagros de la telepatía!*

Subiendo el río Grande en condiciones terribles, el Che pierde sus zapatos al cruzar nadando; el Ñato Méndez le fabrica unas abarcas. Pierden armas y mulas de carga, el doctor De la Pedraja está en muy malas condiciones, el Che sigue afectado por el asma. Hay días en que no puede dormir. *Se me olvidaba recalcar un hecho: hoy, después de algo más de seis meses, me bañé. Constituye un récord que ya varios están alcanzando.* Los conflictos entre los guerrilleros se producen por nimiedades, discusiones sobre la comida, sobre quién rehusa compartir la carga. Se mueven en el agotamiento, subiendo riscos cada vez más difíciles de acceder, cruzando riachuelos. Un día Olo Pantoja ve avanzar a cinco soldados por una senda y se lo comunica al Che. *A fin de cuentas, resultó una alucinación, peligrosa para la moral de la tropa pues enseguida se comenzó a hablar de psicosis. Conversé luego con Olo y, evidentemente, no está normal; se le saltaron las lágrimas pero negó que tuviera ninguna preocupación y manifestó que sólo le afectaba la falta de sueño, pues es ayudante durante 6 días debido a que se durmió en la posta y luego lo negó.*

Barrientos, desdiciendo todas sus anteriores declaraciones, aceptará la versión estadunidense, e informará por la radio que el Che está muerto y que las noticias de su presencia en Bolivia eran sólo propaganda, pero el mismo día el ejército boliviano ofrecía más de 4 mil dólares por la información que facilitara su captura vivo o muerto. El embajador Henderson se burla de estas imprecisiones, pero esta misma ambigüedad existe en las esferas de mando de la CIA y entre los asesores de Johnson, que continúan dudando si el Che se encuentra vivo y actuando en Bolivia.

Los que no tienen dudas son los operadores de campo de la Agencia que, encabezados por Félix Rodríguez, han entrevistado a José Chávez y revisado el diario de Israel Reyes, que fue capturado en la emboscada de Vado del Yeso. Estas informaciones les permiten aclarar las diferencias entre el grupo de Vilo Acuña, la retaguardia, recién destruida, y el cuerpo de la guerrilla dirigido por el Che. Ahora saben a quién están buscando y de qué magnitud puede ser el grupo guerrillero.

El 15 de septiembre la radio le proporciona al Che pésimas noticias. Loyola Guzmán, la tesorera del ELN y cuadro esencial en la red urbana, ha sido detenida en La Paz. Identificada gracias a las fotos que se encontraron en las cuevas, intentó suicidarse al ser capturada, arrojándose por una ventana del palacio de gobierno. Su detención produce manifestaciones estudiantiles, protestas de profesores y manifiestos de los intelectuales; los parientes de varios de los guerrilleros son detenidos u hostigados. Detrás de la operación está el ministro del Interior, Antonio Arguedas, asesorado por la CIA. La red urbana queda prácticamente inactiva, sólo con Rodolfo Saldaña a cargo, que recibe la visita de un agente cubano con el seudónimo de Natacha; pero es incapaz de reconectar con la guerrilla.

El 19 de septiembre el Che anotará en su diario: *Signo de los tiempos: se me acabó la tinta*. Dos días más tarde, en marchas nocturnas subiendo cerros, el Che puede contemplar en su altímetro que han alcanzado la altura máxima de 2 040 metros. *La gente tiene mucho miedo y trata de desaparecer de nuestra presencia, hemos perdido mucho tiempo debido a nuestra poca movilidad*. Las dos últimas leguas de camino les tomarán 4 horas y media de marcha. Al día siguiente, al llegar al poblado de Alto Seco, a unos 35 kilómetros al sur de Valle Grande, serán recibidos por el furioso ladrido de los perros, que al descubrir que los guerrilleros no les hacen caso se callan. Se trata de un *villorrio de 50 casas, situado a 1900 metros de altura, que nos recibió con una bien sazonada mezcla de miedo y curiosidad*.

Inti y el Che dan una conferencia en el local de la escuela a un grupo de campesinos que los escuchan en silencio. Años más tarde uno de ellos recordará las palabras del Che: *Mañana vendrán los militares y sabrán que ustedes existen y cómo viven. Van a construir una escuela y una posta sanitaria, van a mejorar el camino a Valle Grande, harán que funcione el teléfono, les buscarán agua...* "El Che decía verdad, construyeron la escuela y la posta sanitaria y el teléfono se arregló. Pero ahora todo ha vuelto a ser peor, el teléfono no funciona, la posta sanitaria no tiene médico ni medicina y el camino está arruinado".

Interrogados más tarde por la policía los campesinos asegurarán que en la guerrilla había dos negros que hablaban portugués (!) y que el Che parecía enfermo y exhausto.

El 24 de septiembre arriban a una ranchería llamada Loma Larga, el Che *con un ataque al hígado, vomitando, y la gente muy agotada por caminatas que no rinden nada*. Los campesinos huyen al verlos. Van precedidos por el rumor, pero las noticias son que el ejército no ha entrado en esa zona. Dos días más tarde llegan al poblado de Abra de Picacho, que está de fiesta. Un campesino contará: "Don Che venía en una mula, y le seguían otros animales cargados de víveres. Estuvo tres horas con nosotros. Tomó chicha pero no quiso bailar, porque dijo que venía cansado. Cuando se iba le dijimos que no fuera por La Higuera, sino por el cerro, pero parece que desconfiaba de nosotros y se metió por abajo, por el Yuro". *Al llegar a la Higuera, todo cambió: habían desaparecido los hombres y sólo alguna que otra mujer había. Coco fue a casa del telegrafista, pues hay teléfono, y trajo una comunicación del día 22 en la que el subprefecto de Valle Grande comunica al corregidor que se tienen noticias de la presencia guerrillera en la zona y cualquier noticia debe comunicarse a Vallegrande donde pagarán los gastos; el hombre había huido.*

Ninfa Arteaga, la mujer del telegrafista, reseña: "Venían con hambre, venían débiles. Comieron harto y me dijeron que no podrían olvidarnos nunca (…) El médico era del Beni. Nos habló tan lindo, de cómo sería si triunfara la guerrilla. Dijo que habría médicos, medicinas. Además uno conoce a las personas. Uno sabe si son buenas o malas".

Al salir del pueblo la vanguardia cae en una emboscada del batallón Galindo del ejército. Dariel Alarcón, que va en la punta, se detiene para quitarse una piedra del zapato y se salva de la primera ráfaga, la que fulmina a Manuel Hernández junto con Mario Gutiérrez Ardaya y el Coco Peredo. Alarcón trata de recuperar al Coco y se lo echa a la espalda pero una bala atraviesa el cuerpo del Coco y lo hiere a él.

El Che organiza la defensa en el poblado. *A los pocos momentos llegaba Dariel Alarcón herido y luego Aniceto y Francisco Huanca, con un pie en malas condiciones.*

Dos combatientes bolivianos han desaparecido en el combate, Antonio Domínguez y el Camba Jiménez. *Rápidamente la retaguardia avanzó por el camino y yo la seguí, llevando aún las dos mulas; los de atrás recibieron el fuego muy cerca y se retrasaron e Inti perdió contacto. Luego de esperarlo media hora en una emboscadita y de haber recibido más fuego desde la loma, decidimos dejarlo, pero al poco rato nos alcanzó.*

Inti se entera entonces de la muerte de su hermano. "No lo vi morir. Tampoco derramé una lágrima. Por una cuestión de carácter me cuesta mucho llorar". *Nuestras bajas han sido muy grandes esta vez; la pérdida más sensible es la de Coco, pero Manuel Hernández y Mario Gutiérrez eran magníficos luchadores y el valor humano de los tres es imponderable. Antonio Domínguez pintaba bien.*

La fuga de Domínguez, que conoce la ruta que pensaban seguir, obliga al Che a modificar sus planes, pero el cerco del ejército dificulta todo. En la noche posterior, antes de tratar de salir de la zona, el Che mantiene una reunión con los sobrevivientes y les ofrece a los bolivianos la posibilidad de abandonar la columna, nadie acepta. Según Alarcón, a los cubanos les dice: *Nosotros representamos el prestigio de la revolución cubana y este prestigio lo vamos a defender hasta el último hombre y la última bala.*

¿Está de hecho asumiendo la derrota y se prepara a llevarla a sus últimas consecuencias? No es la primera vez que ha estado en una situación límite, y sin duda no es un hombre que ceda ante la adversidad, pero en estos últimos dos meses ha perdido a una docena de sus amigos, se ha quedado completamente aislado, sin poder apelar a las redes urbanas casi totalmente destruidas o a la retaguardia profunda habanera, ni siquiera puede contar con un sólo punto de apoyo sólido entre los campesinos, pero si lo que habla por un personaje son sus actos, el Che no habla de derrota, habla de que no está dispuesto a rendirse, ni siquiera a retirarse.

Mientras tanto, los rumores que han precedido la emboscada hacen que el estado mayor del ejército, impulsado por los agentes de la CIA, movilice hacia la zona de Vallegrande el batallón de *rangers* que está entrenando en La Esperanza. Los datos sobre quiénes son los muertos y las informaciones que ofrecen los desertores permitirán confirmar, después de la movilización, que es el Che y su grupo el que se encuentra en la zona, el hecho de que el comandante Guevara se encuentra enfermo y la debilidad del grupo; y a partir de esto permitirán que el ejército coordine su estrategia.

El 28 de septiembre el Che escribe: *Día de angustias que, en algún momento, pareció ser el último nuestro. Cada vez que intentan salir del cañón descubren soldados. A las diez de la mañana un grupo de 46 hombres tardando siglos en alejarse. A las 12 hizo su aparición otro grupo, esta vez de 77 hombres y, para colmo, se oyó un tiro en ese momento y los soldados tomaron posición; el oficial ordenó bajar a la quebrada, que parecía ser la nuestra, de todas maneras, pero, al fin, se comunicaron por radio y pareció quedar satisfecho reiniciando la marcha. Nuestro refugio no tiene defensa contra un ataque desde el alto y las posibilidades de escapar eran remotas si nos descubrían.* Pacho escribiría en su diario: "El sonido de las latas de sardinas al abrirlas, por mucho cuidado que se tiene, nos parece que hacen una bulla bárbara".

Encerrados en la quebrada pasan tres días, los exploradores no encuentran camino de salida. La radio chilena informa que el Che está atrapado en un cañón de la selva boliviana. El tercer día continúan viendo pasar patrullas y finalmente a las 10 de la noche inician marcha con el médico y Alarcón en mal estado, pero logran salir de la ratonera. El Che le confiesa a Pacho, *que habíamos nacido dos veces.*

En su balance del mes escribirá: *La tarea más importante es zafar y buscar zonas más propicias; luego los contactos, a pesar de que todo el aparato está desquiciado en La Paz donde también nos dieron duros golpes. La moral del resto de la gente se ha mantenido bastante bien, y sólo me quedan dudas de Simón Cuba, que tal vez aproveche algún zafarrancho para tratar de escapar solo si no se habla con él.*

Según Pacho "sólo la voz de Che hace que la gente camine". Impulsados por este hombre que parece incombustible, no derrotable, la guerrilla llega a un nuevo campamento en un *bosquecillo ralo* y el Che les da un respiro. *Decidí permanecer un día más aquí, pues el lugar está bueno y tiene retirada garantizada, dado que se dominan casi todos los movimientos de la tropa enemiga.*

Durante los dos siguientes días avanzan de noche evadiendo el cerco, casi sin agua y bajo una enorme tensión.

CAPÍTULO 57

Quebrada del Yuro

El 4 de octubre el Che conduce a su cuadrilla de desesperados a la mayor velocidad a la que pueden andar, obligados a la servidumbre de la cautela, subiendo y bajando cerros, sin agua. En su diario todavía tiene la oportunidad de reírse de los militares: *La radio dio (...) el comentario de que si me capturan fuerzas de la IV me juzgarán en Camiri y si lo hacen los de la VIII, en Santa Cruz.*

Al día siguiente avanzan de noche siguiendo una senda que habitualmente usaba el ganado. Por delante van Dariel y Pacho buscando agua. *Al acabar la exploración vieron llegar 6 soldados a la casa, al parecer de camino. Salimos al anochecer con la gente agotada por la falta de agua y Lucio Galván dando espectáculo y llorando la falta de un buche de agua. Tras un camino muy malo y muy jalonado de paradas, llegamos por la madrugada a un bosquecillo donde se oía el ladrido de los perros cercanos. Se ve un firme alto y pelado muy cerca.*

El 6 de octubre, la guerrilla de 17 hombres conducida por el Che encuentra agua y decide fijar un campamento temporal. Pacho escribe en su diario: "Ya estoy que se me confunden los días unos con otros, caminamos a cualquier hora, principalmente de noche, de día con postas y emboscados, me confundo cuando termina un día y empieza el otro".

Ese mismo día la revista *Life* publica un amplio reportaje gráfico: "Bolivian pictures of missing Che Guevara". A lo largo del planeta, fortaleciendo el mito guevarista, las fotos son vistas con sorpresa. Son el resultado de los materiales encontrados en las cuevas, que algún militar vendió a la revista estadunidense. En una de las fotos puede verse a Juan Pablo Chang en el primer plano y al Che en el segundo fumando un puro. Una segunda foto muestra claramente al Che sobre una loma, sentado en la yerba y rodeado de una docena de guerrilleros, entre ellos Coello, Pacho y Olo Pantoja.

El Che escribirá el 7 de octubre: *Se cumplieron los 11 meses de nuestra inauguración guerrillera sin complicaciones, bucólicamente; hasta las 12:30 hora en que una vieja, pastoreando sus chivas, entró en el cañón en que habíamos acampado y hubo que apresarla. La mujer no ha dado ninguna noticia fidedigna sobre los soldados, contestando a todo que no sabe, que hace tiempo que no va por allí.*

Inti, Aniceto y Francisco Huanca la acompañan a su casa. La mujer se hace la sorda, luego dice que no habla español. Luego que no quería que los guerrilleros entraran. Era un cuadro desolador.

Al caer la noche y bajo la luz de la luna el grupo volvió a movilizarse y *la marcha fue muy fatigosa y dejando mucho rastro por el cañón donde estábamos, que no tiene casas cerca, pero sí sembradíos de papa regados por acequias del mismo arroyo.* En medio de la oscuridad observan una luz pero no se puede precisar de donde viene, años más tarde se sabrá que era de un campesino que estaba recogiendo papas y que ve pasar a la guerrilla. Van caminando muy lentamente a causa de la situación de Juan Pablo Chang, que viene agotado y al que se le caen los lentes, sin los cuales no puede ver; el médico está también destruido físicamente. La radio dará la noticia de que el ejército tiene cercada a la guerrilla entre los ríos Grande y Acero, lo que esta vez resulta cierto. Alarcón comentará años después: "Parece que se juntara todo: los meses de entrenamiento, el hambre, la desnudez, las enfermedades, la sed, el aislamiento y ahora saber que estamos siendo detectados por Radio bemba. El ejército afirma a través de las emisoras que nuestro aniquilamiento es cuestión de horas".

De repente un risco se cruza en el camino de los hombres. La gente quiere detenerse. En la punta el risco se abre en una brecha de metro y medio que hay que saltar, en el hueco hay un pozo de agua helada. Alarcón recuerda: "Y el Che mirándonos. Ninguno quería ser el primero en el intento de escalar esa faralla. El hombre es hombre, no gato… Entonces él dijo que subiría la faralla y comenzó a escalar, arañando la pared". *A las 2 paramos a descansar, pues ya era inútil seguir avanzando.*

A las cuatro y media de la madrugada el grupo está en pie con sólo un par de horas de descanso. Avanzan por una nueva cañada que se conoce como El Yuro.

La quebrada del Churo, llamada por el Che y los cubanos Quebrada del Yuro, ha sido vista por miles de ojos que nunca estuvieron allí, sus pedregosas laderas, que culminan en montes pelados separados entre sí por una serie de cañadas de vegetación selvática por la que corren arroyos. Un cañadón de mierda, sin importancia, a mil kilómetros de la nada.

El último combate del Che en Bolivia tiende a conservarse en la memoria de los guerrilleros sobrevivientes de una manera cruel, grabado, fijo, reiterativamente repetido, y siempre bajo la pregunta: ¿pudo haber sido de alguna otra manera? Los hechos, a partir de la memoria de los supervivientes y de los *rangers* bolivianos, suceden de la siguiente manera:

A las cinco y media de la mañana del 8 de octubre el Che ordena tres exploraciones, una al flanco izquierdo con Dariel Alarcón y Pacho, otra al derecho con Tamayo y el Ñato Méndez, una tercera al frente con Adriazola y Aniceto.

Alarcón cuenta: "Yo estaba en la exploración (…) y Pacho me dijo: ¡Mira dónde hay un hombre! Y vi a un primer soldado que se levanta del suelo, como centinela. Más adelante se levantó otro hombre, en ese instante comenzaba a salir el sol. Cuando ya vimos que eran varios los que se levantaban nos bajamos".

El Che ordena entonces levantar la emboscada y replegar las tres exploraciones. Inti Peredo cuenta: "No podíamos volver atrás, el camino que habíamos hecho, muy descubierto, nos convertía en presas fáciles. Tampoco podíamos avanzar, porque eso significaba caminar derecho a las posiciones de los soldados. Che tomó la única resolución que cabía en ese momento.

Dio orden de ocultarse en un pequeño cañón lateral y organizó la toma de posiciones. Eran aproximadamente las 8:30 de la mañana. Los 17 hombres estábamos sentados al centro y en ambos lados del cañón esperando. El gran dilema del Che y de nosotros era saber si el ejército había descubierto nuestra presencia".

Los *rangers* han estado rastreando una zona mucho más amplia, pero no han tenido contacto con la guerrilla, que suponen en algún lugar dentro del cerco que se estableció desde la escaramuza del 10 de octubre.

Al amanecer del 8 el campesino Pedro Peña, que ha visto a los guerrilleros cuando pasaron cerca de su sembradío de papas, se presenta para denunciarlos al subteniente Carlos Pérez, que acampaba en las cercanías.

Dos pelotones de la compañía A del batallón de *rangers* avanzan hacia la quebrada tras informar a su capitán Gary Prado, quien se reúne con ellos en la confluencia del Churo con la quebrada de la Tusca, acompañado con una sección de morteros y ametralladoras. Prado establece su puesto de mando y manda a los *rangers* a tomar las alturas de la quebrada.

El Che, desconociendo a cuantos hombres se enfrenta, decide replegar a la guerrilla hacia el fondo de la quebrada para esperar a que al caer la noche se pueda ganar el firme del risco y romper el cerco.

Hacia las 11 y media el Che envía a Aniceto y al Ñato Méndez a reemplazar a Tamayo y Villegas que se encuentran en un extremo de la cañada. Alarcón cuenta: "Aniceto, cuando va en cumplimiento de la orden, camina por el corte de la quebrada, pero, como siente curiosidad al oír al ejército hablando arriba, va caminando y asomando la cabeza. Yo, desde mi posición, le estoy viendo pero no puedo alertarlo, no puedo hablarle porque nos vamos a descubrir". Un soldado lo detectará entonces y le dispara dos tiros en la cabeza matándolo. El grupo de Alarcón e Inti comienza a disparar y hiere a un militar. "Vienen entonces tres soldados y un sargento a socorrerlos y también los blanqueamos." Prado informa a La Higuera que sus hombres han entrado en acción y pide un helicóptero para recoger a los heridos.

La cima del risco de la izquierda había sido prevista como punto de reunión, pero no se podía ascender porque el ejército controlaba el paso. Desde la posición donde se encuentran emboscados Dariel Alarcón, Inti y Adriazola responden al fuego del ejército, que comienza a lanzar granadas hacia el fondo de la quebrada donde se encuentra el grupo del Che. Inti cuenta: "Disparábamos sólo cuando nos hacían fuego para no delatarnos y para ahorrar parque. Desde el lugar en que estábamos ubicados dejamos fuera de combate a varios soldados".

Se dispara durante tres horas. Hacia las dos y media de la tarde el Che debe haber dado orden a Francisco Huanca que se retire con los hombres que están peor físicamente: el médico peruano, De la Pedraja, Lucio Galván y Jaime Arana, y contiene con el resto de su grupo a los *rangers* (Pacho, Simón, el Chino, Olo Pantoja y René). Prado lanza al pelotón del sargento Huanca hacia el interior de la quebrada y ordena apuntar la ametralladora y los morteros hacia el punto de confluencia donde espera que se produzca la ruptura.

Alarcón, desde su posición privilegiada, observa el inicio de los movimientos del grupo del Che. Él y sus compañeros piensan que ha logrado salir del cerco. En otra zona alta se encuentran Villegas y Tamayo.

El sargento Bernardino Huanca, de los *rangers* bolivianos, cuenta: "Observamos un bulto extraño que se nos hizo sospechoso y disparamos. Disparó uno de mis soldados que portaba un arma automática y escuchamos un sonido raro, como la caída de una cucharita o algo así".

La ráfaga del fusil automático hiere al Che con un impacto en la pantorrilla derecha, a unos diez centímetros arriba del tobillo, destruye su carabina M2 a la altura de la recámara y perfora la boina que llevaba en la cabeza, obligándolo a retroceder al interior de la quebrada. Su grupo se dispersa.

Villegas cuenta: "Hay que imaginarse cómo son aquellos lugares, un terreno muy quebrado, lleno de zigzags, de lomas que se unen de tal manera que aunque sólo nos separaban 300, 400 o 500 metros, en realidad no podía verse qué pasaba desde una posición a la otra". Los 16 guerrilleros vivos enfrentan en esos momentos a un centenar de *rangers*.

CAPÍTULO 58

La captura

apturado el 9 de octubre del 67 en el poblado de La Higuera. A la izquierda, el gente de la CIA Félix Rodríguez, con uniforme de los rangers bolivianos.

Hacia la 2:30 de la tarde, tres sorprendidos soldados de los *rangers* de la compañía B, que no habían intervenido directamente en los combates porque estaban custodiando un mortero, vieron aparecer en la cima de una de las lomas, a tan sólo unos metros de donde se encontraban, a un guerrillero que llevaba el fusil en bandolera y que penosamente cargaba, casi arrastraba, a otro guerrillero herido en la pierna y sofocado.

Simón Cuba (del que una semana antes el Che ha dicho *que tal vez aproveche algún zafarrancho para tratar de escapar solo*), estaba a punto de coronar un ascenso de unos 60 metros de una pendiente muy aguda, casi soportando el peso del comandante Guevara, quien herido en la pierna derecha y con un terrible ataque de asma apenas si podía moverse. El Che aún sostenía su carabina M2 inutilizada en el último enfrentamiento.

El cabo Balboa y los soldados Encinas y Choque los dejaron avanzar y luego Balboa les gritó que se rindieran. Simón no tuvo tiempo de alzar su rifle porque los tres soldados lo estaban encañonando. Entonces, dicen que gritó: "¡Carajo, este es el comandante Guevara y lo van a respetar!"

Los soldados, desconcertados, se menguaron, incluso se dice que uno dijo: "Tome usted asiento, señor". Luego, reponiéndose del espanto, les quitaron las armas a sus prisioneros, el fusil de Simón, el M2 averiado del Che, su pistola y una daga Solingen.

La historia de la captura del Che surge de la bruma. Se ha contado tantas veces como se ha descontado, hubo los que mintieron para robar una esquinita de la gloria y aparecer de contrabando en la foto enorme de la historia y los que mintieron para montar una fábula con intenciones políticas; hubo los que convirtieron un medio recuerdo en un recuerdo completo y acabaron creyéndoselo; hubo al fin los que ofrecieron temerosamente y a lo largo de 25 años un elemento aquí y otro allá. Curiosamente, han sido los más pequeños detalles los que oscurecen el texto final y en particular el misterio extraño que ha rodeado la pistola Walther PPK de 9 mm del dirigente de la guerrilla boliviana.

En la entrada del diario de Pacho Fernández Montes de Oca del 10 de octubre, una semana antes de los hechos que aquí se narran, se cuenta: "Fernando (el Che) me pide un cigarro y que le arme un peine de la pistola. Tiene la pistola en la mano como si tuviera que resolver matarse antes de caer prisionero. Yo estoy en la misma disposición". Dariel Alarcón reflexionará años más tarde: "Es obvio que durante el fragor del combate o por otra razón desconocida, Che perdió este peine que le había preparado Pacho, y eso impidió que cumpliera una decisión que nadie, conociendo de su extraordinario valor tantas veces probado, de su desprecio a la muerte…" El propio Fidel Castro, en la introducción al diario del Che en Bolivia, cuenta: "Se ha podido precisar que el Che estuvo combatiendo herido hasta que el cañón de su fusil M2 fue destruido por un disparo inutilizándolo totalmente. La pistola que portaba estaba sin magazine. Estas increíbles circunstancias explican que lo hubiesen podido capturar vivo".

La versión de la captura, narrada un año más tarde por el ministro del Interior boliviano Antonio Arguedas, confirma que la pistola estaba sin cargador, pero en las versiones militares, tanto en el inventario de objetos pertenecientes al Che como en el recuento del responsable de la inteligencia militar, el coronel Saucedo, la pistola aparece con municiones.

¿Mienten los militares bolivianos en esto, como en tantas otras cosas, en su versión sobre la captura del Che? ¿Existía la voluntad de suicidio en el comandante Guevara en caso de caer capturado? ¿Se perdió el cargador en el combate? ¿Lo utilizó cuando se dañó su fusil? ¿O más sencillamente no tuvo tiempo de reaccionar en el momento de la detención, herido, abrumado por el asma y sorprendido por la aparición inesperada de los tres soldados? Es imposible saberlo.

Más allá de los pequeños misterios, las fuentes coinciden en que la primera relación que el Che mantuvo con sus captores fue una breve conversación con el cabo:

—¿*Cómo te llamas?*

—Cabo N. Balboa Huayllas.

—*Qué lindo nombre para un comandante guerrillero* —dicen que dijo. Y que luego repartió cigarrillos Astorga a los soldados que lo habían detenido.

El capitán Gary Prado, que tenía el puesto de comando muy cerca de esa posición, hablando de sí mismo en tercera persona, narraría:

"…avisando a su comandante de compañía que estaba a unos quince metros:

"—Mi capitán, aquí hay dos, los hemos agarrado.

"Presentándose en la posición el capitán Prado observa a los guerrilleros y pregunta:

"—¿Usted quién es? —dirigiéndose a Simón Cuba que contesta: Willi (…) y luego el otro (…) *Soy el Che Guevara*. Extrayendo una copia de los dibujos de Bustos, el oficial compara los rasgos y luego le pide que extienda la mano izquierda, donde observa claramente en el dorso una cicatriz que se había indicado como una señal particular de identificación".

Uno de los *rangers* dirá que el Che hablaba "orgullosamente, sin bajar la cabeza y no le apartaba los ojos a mi capitán". Gary Prado registrará años más tarde la imagen de su enemigo que le quedó para siempre en la memoria: "El Che tenía una mirada impresionante, unos ojos claros, una melena casi pelirroja y barba bastante crecida. Llevaba una boina negra, uniforme de soldado completamente sucio, una chamarra azul con capucha y el pecho casi desnudo, pues la blusa no tenía botones".

Prado a través de un radiorreceptor GRC9 de la época de la segunda guerra mundial, se comunica al cercano pueblo de Abra de Picacho para que a su vez su auxiliar, el teniente Toti Aguilera, se comunique a Vallegrande, sede de la VIII división. Son las 14:50 y así queda registrado. El mensaje que envía Aguilera dirigido a Saturno, nombre clave del coronel Zenteno, es: "Hay tres guerrilleros muertos y dos heridos graves. Información confirmada por tropa asegura caída Ramón. Nosotros aún no confirmamos. Nosotros dos muertos y cuatro heridos".

De nuevo, Prado narra: "Una vez en el puesto de comando tomé algunas disposiciones. Estábamos bajo la sombra de un pequeño árbol, a la orilla de la quebrada, pero a diez metros por encima de ella y protegidos por una pequeña depresión. Ordené que los prisioneros fueran amarrados de pies y manos con sus propios cinturones y apoyados de espalda".

Dice que dijo el Che:

—*No se preocupe, capitán, esto ya se terminó.*

—Para usted sí, pero todavía quedan por ahí algunos buenos combatientes y no quiero correr riesgos.

Y asegura que el Che concluyó:

—*Es inútil, hemos fracasado…*

Respondiendo a su llamado, el teniente Aguilera le informa a Prado que de Vallegrande le piden confirmación de la captura. Los coroneles que han estado haciendo esta guerra a kilómetros de las zonas de combate no se lo acaban de creer. A las 15:30 Prado envía un segundo mensaje por radio: "Caída de Ramón confirmada. Espero órdenes qué debe hacerse. Está herido".

Media hora más tarde sale en helicóptero de Vallegrande el coronel Andrés Selich con dirección a La Higuera, el poblado más cercano a la Quebrada del Churo. Hacia las cuatro y media el helicóptero sobrevuela la quebrada y recibe fuego de los guerrilleros que aún continúan combatiendo.

También se aproximan a la zona de combate dos aviones cargados con napalm. A través de su radio el capitán Prado les pide que no bombardeen porque se está combatiendo muy en corto. En el fondo de la quebrada y en la cañada adyacente se mueven como sombras guerrilleros y *rangers*. Minutos después un pelotón de los *rangers* choca, ahora con Olo Pantoja y René Martínez Tamayo, cae herido un soldado que muere poco después, dos nuevos heridos; los guerrilleros son atacados con granadas de mano y muertos. Esta será la versión oficial, pero años más tarde, al ser exhumados los cadáveres, todos tendrán el tiro de gracia en la nuca.

A las cinco de la tarde de Vallegrande se envía un escueto cablegrama al comando del ejército en La Paz: "Confirmamos caída de Ramón". Les ha tomado dos horas y media animarse a pasar la información al estado mayor.

Más o menos en ese mismo momento, uno de los tres grupos de guerrilleros que estaba combatiendo en la parte alta de la quebrada (Inti Peredo, Harry Villegas, Alarcón, El Ñato Méndez, Leonardo Tamayo, Adriazola) logra arribar al punto de encuentro que han fijado previamente con el Che tras evadir a los soldados bolivianos. En el camino han encontrado harina botada en el suelo, los combatientes se inquietan, el Che jamás hubiera permitido esto. Más tarde aparece el plato del Che pisoteado. Inti Peredo narrará: "Lo reconocí porque era una vasija honda de aluminio. No encontramos a nadie en el lugar de reunión aunque reconocimos huellas de pisadas y las abarcas del Che, que dejaban una marca diferente a las demás y por lo mismo eran fácilmente identificables. Pero esta huella se perdía más adelante". Alarcón completa: "Nosotros vimos salir al Che y escapar al cerco y por eso creíamos que ya estaba fuera de peligro. Serían las tres de la tarde cuando vimos que el Che iniciaba la retirada; entonces nosotros dijimos: ya está fuera de peligro, pero lo que no vimos luego es que volvía para socorrer a Simón y al Chino (…) El combate terminaría como a las cinco de la tarde".

¿Dónde estaba el Che? Se seguían oyendo disparos. Otro grupo, el de los enfermos conducidos por Huanca, se ha logrado infiltrar, lo acompañan el médico Morogoro, el peruano Galván y Jaime Arana. Pacho, en solitario, ha logrado ocultarse en una cueva en el fondo de la quebrada.

Oscurece. El capitán Prado decide replegarse hacia La Higuera con su más preciada presa, el comandante Guevara capturado.

Una extraña procesión, un velorio mortuorio arranca. Casi un centenar de soldados atemorizados llevan los cadáveres de sus compañeros y los de Olo Pantoja y René Martínez Tamayo en camillas improvisadas. El Che, junto con Simón, es conducido amarrado por otros dos soldados que lo cargan en medio de un fuerte "dispositivo de seguridad".

La Higuera se halla a dos y medio kilómetros y en el camino se encuentran a unos soldados heridos que estaban siendo evacuados, el Che se ofrece para curarlos, el capitán Gary Prado se niega, lo culpa de la situación, el Che dice lacónicamente: *Es la guerra*. El capitán le ofrece cigarrillos rubios Pacific, pero el Che sólo acepta un Astorga negro de uno de los soldados.

Deben ser cerca de las siete de la tarde, han caminado unas tres horas. Los hombres de la columna tenían órdenes de no dirigirle la palabra a los guerrilleros. De cualquier manera, el Che no volvió a hablar en el resto del camino. Quizá recordara lo que había escrito sobre Bolivia cuando la recorrió por primera vez hace muchos años: *La vida humana tiene poca importancia aquí y se da o se quita sin mayores aspavientos.*

CAPÍTULO 59

Las 18 horas de La Higuera

La última foto del Che vivo, en el cuartito de la escuela de La Higuera, hacia el mediodía del 9 de octubre del 67.

Hacia las siete y media de la tarde, Ernesto Guevara entró por segunda vez en su vida, ahora derrotado, pueblo de La Higuera, un caserío miserable, de no más de 30 casas de adobe, que contaba con unos 500 habitantes y debía su nombre a que alguna vez abundaron allí los higos, ahora inexistentes. Un pueblo aislado, cuyo único acceso se produce por un camino de herradura en el que no pueden transitar vehículos. La Higuera, un lugar donde según la mitología campesina sólo son eternas las piedras.

En las afueras del pueblo se han concentrado algunos campesinos atemorizados. Una anciana, veinte años más tarde, contará que vio pasar al Che en medio de una procesión frente a su casa en La Higuera y que luego se lo llevaron volando por el cielo... en un helicóptero, dirá finalmente, como aceptando una explicación que le han dado muchas veces y que le resulta ajena al hecho cierto de que se fue por los cielos.

Lo están esperando el mayor de los *rangers* Ayoroa y el coronel Selich, que arribó en el helicóptero. Los prisioneros y los muertos de la guerrilla son llevados a la escuela, una construcción de adobe y tejas de altura irregular, con tan sólo dos cuartos separados por un tabique a los que se accede desde el exterior, paredes descarapeladas y puertas de madera mal encajadas en la construcción de ladrillo y argamasa. En uno de los cuartos encierran a Simón con los cadáveres de Olo y René, en el otro al Che, al que desamarran y dan una aspirina para el dolor de la herida en la pierna.

Gary Prado envía el mismo mensaje que ha repetido a lo largo de la tarde una y otra vez, por telégrafo ahora, son las 8:30 de la tarde: "Papá herido". Luego, junto con el mayor Ayoroa y el coronel Selich, revisa las tristes pertenencias de la mochila del Che, 12 rollos de película, un par de docenas de mapas corregidos por el Che con lápices de colores, un radio portátil, dos pequeños libros de claves, una libreta de direcciones, dos libretas con copias de los mensajes recibidos y enviados, un cuaderno verde con poemas y un par de agendas, ¿diarios?, repletas de anotaciones con la apretada y veloz letra del Che.

A las nueve Selich por teléfono pide instrucciones al comando de la VIII división. Diez minutos después le contestan: "Prisioneros de guerra deben mantenerse vivos hasta recibir órdenes comando superior". Una hora más tarde llega un nuevo mensaje de Vallegrande: "Mantenga vivo a Fernando hasta mi llegada mañana a primera hora en helicóptero. Coronel Zenteno".

Mientras tanto, en La Higuera los tres oficiales superiores intentan interrogar al Che; no obtienen de él mayor cosa, se niega a hablar con ellos. Prado cuenta que Selich le dijo:

—¿Qué tal si lo afeitamos primero? —mientras trataba de mesarle la barba, y que el Che le dio un manotazo.

Según el telegrafista de La Higuera, Selich va más allá, al enfrentarse a las negativas del Che a darle cualquier tipo de información lo amenazó de muerte y le quitó dos pipas y el reloj.

El pueblo está en estado de alerta, en cualquier momento se espera el ataque de los guerrilleros sobrevivientes. Se han colocado dos anillos de guardias concéntricos en torno a la escuela y una guardia de vista.

A las 22:10 de la noche "Saturno" (Zenteno), en la VIII división en Vallegrande, telegrafiaba al comando en jefe del ejército (general Lafuente) en La Paz una propuesta de clave para tratar el espinoso asunto de la captura del Che:

"Fernando (El Che) 500. Vivo: 600, por morse sólo esto primero, lo demás por radiofonía, muerto: 700.

"Muy buenas noches. Parte último ratifica encontrarse nuestro poder 500 deseamos recibir instrucción concreta sobre si 600 o 700".

El comando respondía: "Debe mantenerse 600. Máxima reserva, hay filtraciones".

Los altos mandos del ejército boliviano estaban deliberando en La Paz. El mensaje inicial había sido recibido por los generales Lafuente Soto (comandante del ejército), general Vázquez Sempertegui (jefe del estado mayor del ejército) y el teniente coronel Arana Serrudo (de inteligencia militar). Jorge Gallardo ha dejado una poco amable descripción de los tres personajes: Lafuente, individuo chato, cara de orangután, abundante barba, lo apodan Chkampu (cara peluda en quichua). Vázquez, grueso, sonrisa cínica, autor de las matanzas de mineros. Arana es deforme, tiene un cuello muy largo y grueso que contrasta con el cuerpo, muy moreno.

Van a buscar al general Alfredo Ovando, ministro de la Guerra, en la pequeña oficina que ocupa en la ciudadela militar de Miraflores, quien al recibir a los tres oficiales manda a llamar al general Juan José Torres, jefe del estado mayor de las fuerzas armadas, que ocupa la oficina de enfrente al salón de reuniones anexo a la oficina de Ovando. Es en este salón donde se reúnen los cinco militares. Es posible que se haya consultado a otros altos cargos de las fuerzas armadas como el comandante de la fuerza aérea León Kolle Cueto, curiosamente hermano del dirigente del PC Jorge Kolle.

Gary Prado, muchos, muchos años más tarde, dejaría el resumen de la argumentación de los generales, probablemente porque se la dieron a él: tenían miedo de un nuevo juicio público como el de Camiri, donde Debray les estaba creando una derrota política. Habría millares de periodistas. "No había en Bolivia una cárcel segura (…) imagínense el intento de querer liberarlo. Se hubiera convertido en un factor de agitación."

Sin embargo, no existe ninguna constancia de lo que se deliberó en esa sala, no hay actas, no hubo confesiones de los participantes. Sólo se conoce claramente la decisión. Una vez llegado a un acuerdo, los generales se lo comunican al presidente René Barrientos, que da su visto bueno.

A las once y media de la noche el comando de las fuerzas armadas envía al coronel Zenteno en Vallegrande el siguiente mensaje por morse: "Orden presidente Fernando 700". El Che Guevara ha sido condenado a muerte. Para el biógrafo más frío, mucho más para los calientes, estas 18 horas en La Higuera resultan desesperantes. Ernesto Guevara ha vivido dejando tras de sí un río de papeles que fijan sus impresiones, sus versiones, incluso a veces sus más íntimas emociones: diarios, cartas, artículos, entrevistas, discursos, actas. Ha vivido rodeado de narradores, testimoniantes, voces amigas que cuentan y lo cuentan. Por primera vez, el historiador tiene que apelar tan sólo a testimonios hostiles, muchas veces interesados en distorsionar lo sucedido, en construir una versión fraudulenta. Lo que hoy se sabe ha venido surgiendo a cuenta gotas a lo largo de 36 años, fruto de tenacidades periodísticas, obsesiones de historiador, de memorias tardías para fabricar disculpas. La Higuera es un páramo de palabras donde sólo queda lugar para preguntas: ¿sabe que lo van a matar? ¿Cómo valora ahora a Simón Cuba, del que tantas veces en su diario ha renegado? ¿Saca las cuentas de los guerrilleros vivos, los detenidos y los muertos? Quedan Pacho y el Chino, y Pombo con Inti, Dariel, Darío, El Ñato y Tamayo; Huanca y el médico De la Pedraja han escapado con los heridos. ¿Lo habrán visto caer detenido? ¿Intentarán algo? ¿Dedica sus horas a pensar en Aleida y los chicos, en el pequeño Ernesto al que casi no conoce? ¿En los muertos? Los otros muertos que han jalonado el camino: Ramos Latour y Geonel, El Patojo y Camilo y Masetti; San Luis, Manuel, Vilo y Tania… y la lista se hace interminable. Son sus muertos, murieron porque creían con él. ¿Le duele la herida? Él nunca dejó a un prisionero sin cuidados y aquí le han dado una aspirina para curar un tiro de bala. ¿Repasa la derrota? El último eslabón en una cadena que se alarga: el grupo de Puerto Maldonado, el de Salta, ahora la suya, la guerrilla del Che. ¿Qué le espera? ¿Cincuenta años de cárcel? ¿Una bala en la nuca? No es esta la primera derrota, ¿quién sabe si será la última? Su diario se encuentra en la casa del telegrafista, a unos metros de donde lo tienen prisionero. Ha habido otras derrotas, pero por primera vez en su vida Ernesto Guevara es un hombre sin papel y sin pluma. Un hombre esencialmente desarmado porque no puede narrar lo que está viviendo.

En La Higuera hace una hora y media que se ha producido el primer cambio de guardia. El Che se encuentra tirado en el suelo, la herida ha dejado de sangrar.

Uno de los soldados que hacen guardia en el cuarto contará años más tarde: "Una de las cosas que yo vi, y me pareció que era un ultraje al guerrillero, fue que Carlos Pérez Gutiérrez entra, lo agarra de su cabeza y le escupe en su cara, y el Che no se aguantó y también le escupió, además le dio una patada que le hizo dar un volterete, no sé en que lugar le haya dado la patada pero vi a Carlos Pérez Gutiérrez tendido en el suelo y Eduardo Huerta, con otro oficial más, lo detienen".

Un poco más tarde un enfermero del ejército le lava la pierna con desinfectante; no llega más allá la curación. Ninfa Arteaga, la esposa del telegrafista, se ofrece para llevar comida a los presos, el suboficial de guardia se niega. "Si no me dejan darle de comer a él no le doy a nadie." Su hija Élida le lleva un plato al guerrillero ciego (¿El chino Chang?) en otro de los cuartos. La última comida del Che será un plato de sopa de maní.

El subteniente Totti Aguilera entra en la habitación.

—Señor Guevara, está a mi cargo.

El Che le pide un cigarrillo. Aguilera le pregunta si es médico, el Che afirma y dice que también dentista, que ha sacado muelas.

El teniente da vueltas por el cuarto tratando de sacar un hilo de conversación. Termina huyendo, no hay ambiente con ese personaje huraño que sale del mito y está herido; no logra romper esa distancia cabrona que el Che siempre ha impuesto a los suyos, mucho más a los ajenos, mucho más a los enemigos.

Varios soldados entran más tarde al cuarto. Hablan de todo, a ratos, a desgana. ¿Hay religión en Cuba? ¿Es cierto que lo quieren cambiar por tractores? ¿Usted mató a mi amigo? Hay insultos. Dicen que un suboficial le pregunta, al ver al Che recogido sobre sí mismo en una esquina del cuarto:

—¿Está pensando en la inmortalidad del burro?

Guevara, al que tan queridos le resultaron siempre los burros, sonríe y responde:

—No, teniente, estoy pensando en la inmortalidad de la revolución a la que tanto temen aquellos a los que ustedes sirven.

Hacia las once y media de la noche un par de soldados se quedan solos con el Che, sin suboficiales ni oficiales. El Che habla con ellos, les pregunta de dónde son. Ambos son de origen minero, uno hijo de minero. Les habla. Piensan que a lo mejor pueden escapar con él. Uno de ellos sale de la escuela para ver cómo andan las cosas por afuera. El pueblo sigue en estado de alerta. Hay tres anillos de guardias, el tercero de gente de otro regimiento, se lo comunican al Che.

Dicen que dijo: *No se preocupen, estoy seguro que yo mucho tiempo no voy a estar preso porque muchos países van a reclamar por mí, entonces no hay necesidad y no se preocupen tanto, yo no creo que me pase cualquier otra cosa.*

Uno de los dos grupos de guerrilleros sobrevivientes ha logrado evadir el cerco del ejército. Inti Peredo cuenta: "Esa noche tensa y angustiosa, ignorábamos absolutamente lo que había sucedido y en voz baja nos preguntábamos si quizá otro compañero además de Aniceto había muerto en el combate". Al amanecer bajan de nuevo a la quebrada y tras una corta espera se movilizan hacia el segundo punto de contacto, a unos cuantos kilómetros de La Higuera. Alarcón completa: "Nos dirigimos hacia el segundo punto de contacto, cerca del río el Naranjal. Teníamos que volver otra vez en dirección a La Higuera y en esa tarea nos sorprendió el día cerca de la aldeíta".

Amanece el 9 de octubre. Los cablegramas viajan de la embajada estadunidense en La Paz a Washington, el embajador Henderson le dice al State Department que el Che está "entre los capturados seriamente enfermo o herido"; los asesores en temas latinoamericanos de Lyndon Johnson, usando fuentes de la CIA, reportan que Barrientos dice que tiene al Che y que quiere verificar con las huellas digitales al hombre que ha sido capturado herido.

Amanece en La Higuera, los prisioneros escuchan el sonido del rotor de un helicóptero, las guardias son relevadas. El aparato transporta al coronel Zenteno, al que acompaña desde Vallegrande el agente de la CIA Félix Rodríguez. Los dos personajes se dirigen a la casa del telegrafista donde se encuentran los documentos capturados en la mochila del Che.

Bajo el mando del mayor Ayoroa los *rangers* peinan las quebradas a la búsqueda de sobrevivientes. El capitán Gary Prado da la versión oficial: "Se inicia este operativo en la mañana del 9 cuidadosamente revisando palmo a palmo las quebradas. La compañía A encuentra las cuevas donde estaban refugiados Chino y Pacho y cuando les intimaban rendición disparan y matan a un soldado, ocasionando la reacción rápida de los *rangers* que con granadas de mano y ametralladoras los silencian". Curiosamente, en otra parte de su versión dice que los soldados le reportaron "la presencia de guerrillero", no de dos. ¿Por qué si había dos hombres en la quebrada los supervivientes no los vieron la noche anterior? Al margen de las dudas, lo que resulta cierto es que sólo Pacho morirá en el combate.

En La Higuera el coronel y el agente de la CIA entran a contemplar al Che. Un soldado contará años más tarde: "Uno de los comandantes discutió con el Che bastante fuerte y ese comandante tenía al lado una persona, un periodista sería, que grababa con una especie de grabadora muy grande colgada del pecho".

En la versión de Rodríguez, las cosas son más amables. Sacan al Che de la escuela y le piden permiso para hacer una foto. Félix se coloca al lado del guerrillero. Hacia las diez de la mañana el mayor Niño de Guzmán, el piloto del helicóptero, dispara la Pentax del agente de la CIA. La foto ha llegado hasta nosotros: El Che es una maraña de pelo aleonada, una cierta desolación áspera en el rostro, la barba sucia, los ojos achicados por el agotamiento y el sueño, las manos unidas como si estuvieran atadas.

Habrá otro par de fotos esa mañana tomadas por soldados y muy similares, en ambas el derrotado comandante Guevara rehusa mirar a la cámara.

Zenteno va hacia el Churo para supervisar la operación en curso; Rodríguez, mientras tanto, manda con su RS48 portátil un mensaje cifrado. Selich, que lo observa, es muy preciso: "Traía una radiotransmisora de gran alcance que se instaló inmediatamente y transmitió un cifrado en clave de 65 grupos aproximadamente. Inmediatamente instaló sobre una mesa al sol una máquina fotográfica dispuesta sobre un dispositivo de cuatro pies telescópicos y comenzó a tomar fotografías".

Se interesa particularmente por los dos diarios del Che, los libros de claves y la libreta de direcciones en todo el mundo. Los militares y el agente de la CIA se encuentran en el patio frente a la casa del telegrafista.

Rodríguez hace un comentario al fotografiar el libro de claves: "Sólo hay dos ejemplares en el mundo, uno en manos de Fidel Castro y éste". Selich retorna a Vallegrande en el helicóptero con los dos soldados heridos. A las once y media Zenteno regresa a La Higuera con el mayor Ayoroa y una escolta, se encuentran al agente de la CIA en plena operación fotografiando los diarios. Los militares lo ven hacer. Zenteno lo comenta apenas y Rodríguez le asegura que copias de las fotos les serán entregadas en La Paz. "Nadie objetó la toma de fotografías, nadie se opuso", dirá más tarde el mayor Ayoroa.

En la soledad del cuarto, el Che le pide a sus custodios que le permitan hablar con la maestra de la escuela, Julia Cortez; ella dirá que el Che le dijo:

—Ah, usted es la maestra. ¿Sabe usted que la e de se no lleva acento en "ya se leer" —señala un pizarrón—. Por cierto, en Cuba no hay escuelas como ésta. Para nosotros esto sería una prisión. ¿Cómo pueden estudiar aquí los hijos de los campesinos? Esto es antipedagógico.

—Nuestro país es pobre.

—Pero los funcionarios del gobierno y los generales tienen automóviles mercedes y abundancia de otras cosas... ¿verdad? Eso es lo que nosotros combatimos.

—Usted ha venido de muy lejos a pelear en Bolivia.

—Soy revolucionario y he estado en muchos lugares.

—Usted ha venido a matar a nuestros soldados.

—Mire, en la guerra, o se gana o se pierde.

¿En qué momento el coronel Zenteno le transmitió a Ayoroa la orden presidencial de asesinar al Che? ¿Trató Félix Rodríguez de convencerlo de que no lo mataran, de que el Che era en esos momentos más útil vivo y derrotado que muerto? En sus memorias el agente de la CIA lo afirma, en sus posteriores declaraciones, Zenteno no lo menciona.

Rodríguez cuenta que conversó con el Che durante hora y media, que incluso el comandante le pidió que transmitiera a Fidel el mensaje de que la revolución latinoamericana triunfaría y que le dijera a su mujer que se casara de nuevo y fuera feliz.

Pero la hora y media en realidad no pasó de un cuarto de hora, y otras fuentes militares coinciden en que el Che reconoció a Rodríguez como un "gusano" al servicio de la CIA, lo llamó mercenario y se limitaron a intercambiar insultos.

El hecho es que a las 11:45 Zenteno recoge el diario y la carabina del Che y junto con Rodríguez parte en el helicóptero que acaba de retornar.

A medio día el Che pide que le permitan hablar de nuevo con la maestra. Ella no quiere, tiene miedo.

Mientras tanto, a unos quinientos o seiscientos metros del pueblo, los guerrilleros supervivientes esperan que se haga de noche para moverse. Alarcón cuenta: "Allí nos enteramos que el Che estaba preso (...) Nosotros oíamos las noticias a través de una radio chiquita que teníamos y que dis-

701

ponía de un auricular (…) Nosotros creíamos que se trataba de desinformación del ejército. Sin embargo como a las 10 de la mañana ya hablaban de que el Che estaba muerto y (…) hablaban de una foto que él traía en su bolsillo con su señora y sus hijos. Cuando los tres cubanos oímos aquello nos miramos fijamente mientras las lágrimas nos salían en silencio. (…) Aquella cosa nos dio la veracidad de que el Che había muerto en combate, sin que nos pasara por la mente que lo teníamos vivo a poco más de 500 metros".

A media mañana Ayoroa solicitó voluntarios entre los *rangers* para la tarea de verdugo. El suboficial Mario Terán pidió que le dejaran matar al Che. Un soldado recuerda: "Decía como argumento que de la compañía B habían muerto tres Marios y en honor a ellos deben darme el derecho de matar al Che". Estaba medio borracho. El sargento Bernardino Huanca se ofreció para asesinar a los compañeros del Che.

Pasada la una de la tarde, Terán, de baja estatura, no mediría más de 1.60, chato, 65 kilos, entró al cuartito de la escuela donde estaba el Che, traía un M2 en las manos que le había prestado el suboficial Pérez. En el cuarto de al lado Huanca acribillaba al Chino y a Simón.

El Che estaba sentado en un banco, con las muñecas atadas, la espalda a la pared. Terán duda, dice algo, el Che responde:

—*Para qué molestarse. Vienes a matarme.*

Terán hace un movimiento como para marcharse y dispara la primera ráfaga respondiendo a la frase que casi 30 años después dicen que dijo el Che: *Tirá, cobarde, que vas a matar a un hombre.*

"Cuando llegué el Che estaba sentado en el banco. Al verme dijo: *Usted ha venido a matarme.* Yo no me atrevía a disparar, y entonces el hombre me dijo: *Póngase sereno, usted va a matar a un hombre.* Entonces di un paso atrás, hacia el umbral de la puerta, cerré los ojos y disparé la primera ráfaga. El Che cayó al suelo con las piernas destrozadas, se contorsionó y empezó a regar muchísima sangre. Yo recobré el ánimo y disparé la segunda ráfaga, que lo alcanzó en el brazo, en un hombro y en el corazón."

Un poco después el suboficial Carlos Pérez entra al cuarto y hace un disparo contra el cuerpo; no será el único, el soldado Cabero, para vengar la muerte de su amigo Manuel Morales, también dispara contra el Che.

Los diferentes testimonios parecen estar de acuerdo en la hora de la muerte de Ernesto Che Guevara: hacia la 1:10 de la tarde del lunes 9 de octubre de 1967.

La maestra le grita a los asesinos.

Un cura dominico de una parroquia cercana ha intentado llegar a tiempo para hablar con Ernesto Guevara. El sacerdote Roger Schiller cuenta: "Cuando me enteré de que el Che estaba detenido en La Higuera conseguí un caballo y salí para allá. Quería confesarlo. Sabía que había dicho: *Estoy frito.* Yo quería decirle:

"—Usted no está frito. Dios sigue creyendo en usted.

"Por el camino me encontré un campesino:

"—No se apure, padre —me dijo—, ya lo liquidaron".

Casi 35 años más tarde, el coronel Arana, jefe entonces del G2 del ejército boliviano, hará públicas tres fotografías. En una de ellas dos soldados mal uniformados, adolescentes casi, apuntan sus rifles sobre el cadáver del Che en la penumbra del cuarto; una segunda foto muestra a un tercer soldado (¿el suboficial Terán?) acuclillado al lado del cuerpo; parece estarle tocando el pelo al muerto con la mano derecha. La tercera foto muestra a los dos primeros soldados registrando el cadáver. No son fotos de cazadores triunfantes con su presa, más bien de tímidos y sorprendidos ejecutores que no quieren mirar a la cámara.

Hacia las cuatro de la tarde el capitán Gary Prado retorna al pueblo tras la última incursión de los *rangers* en las quebradas cercanas. En la entrada a La Higuera el mayor Ayoroa le informa que han ejecutado al Che. Prado hace un gesto de disgusto. Él lo capturó vivo. Cerca de 200 campesinos son testigos de que el Che entró caminando a La Higuera. Se preparan a transportar el cuerpo en el helicóptero. Prado le amarra la mandíbula con un pañuelo para que el rostro no se distorsione.

Un fotógrafo ambulante toma fotos de los soldados rodeando al cadáver en una camilla, son fotos domingueras, pueblerinas, sólo están ausentes las sonrisas. Una foto registra a Prado, al cura Schiller, a doña Ninfa al lado del cuerpo.

El cura entra a la escuela, no sabe qué hacer, recoge los casquillos y los guarda, luego se pone a lavar las manchas de sangre. Quiere limpiar parte del terrible pecado de que hayan matado a un hombre en una escuela.

A Mario Terán le han prometido un reloj y un viaje a West Point para asistir a un curso de suboficiales. Las promesas no se cumplirán.

El helicóptero se eleva llevando amarrado en su patín el cadáver de Ernesto Guevara, también conocido como el Che.

CAPÍTULO 60

El cadáver desaparecido

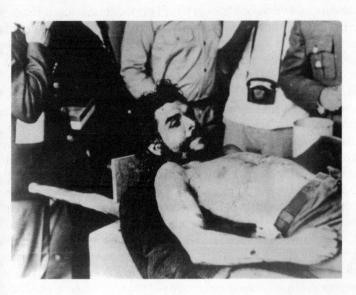

El cadáver del Che en el Hospital de Malta, Vallegrande.

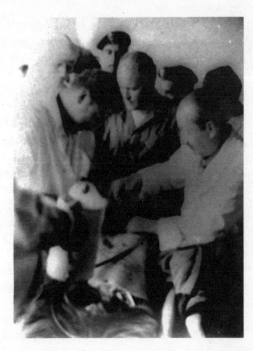

La foto de la autopsia, al fondo, calvo y con uniforme militar, el segundo de los agentes de la CIA, el "doctor González".

Vallegrande, a 770 kilómetros al sureste de La Paz, sede de la VIII división, diez de la mañana, nueve de octubre del 67. El periodista uruguayo Ernesto González Bermejo aporta la descripción del escenario: "Un pueblo como tantos otros, con su plaza mayor, una fuente seca, un busto en memoria de alguien, canteras; la alcaldía, con su reloj eternamente parado a las cinco y diez de quién sabe qué día; la farmacia de Julio Durán; el almacén Montesclaros; la tienda de doña Eva, que también acoge pensionistas; y la iglesia, claro, llamada tal vez un poco presuntuosamente catedral".

Los militares bolivianos, ansiosos de mostrar su triunfo, convocan a la prensa. No han dado tiempo a que el cadáver del comandante Guevara se enfríe. En el cinismo han llegado más lejos, aunque nadie más que ellos lo sepa en estos momentos, han proclamado la muerte del Che cuando aún estaba vivo: el presidente Barrientos lo anunció a las 10 de la mañana hablando confidencialmente con un grupo de periodistas en La Paz y el coronel Joaquín Zenteno, desde el cuartel de la VIII división, a la una de la tarde, en una conferencia de prensa. Su versión establecía que Guevara había muerto en un enfrentamiento entre el ejército y la guerrilla en las cercanías de La Higuera, a unos 35 kilómetros de Vallegrande: "La lucha se prolongó durante cuatro horas (…) pero Guevara, alcanzado en la ingle y el pulmón, murió al comienzo del combate".

A la una y cincuenta minutos llega a Vallegrande el jefe del ejército, el general Ovando, acompañado por el general Lafuente y el contralmirante Ugartechea. Visitan el casino militar donde se velan los cadáveres de los soldados muertos en las últimas operaciones. Ovando se nota tieso, rígido, como ocultando el nerviosismo. Es esta es una extraña victoria, que provoca miedo a los triunfadores más que júbilo.

Cuatro horas después, exactamente a las cinco de la tarde, el helicóptero aterriza en el aeropuerto conduciendo un cuerpo atado a uno de los patines. La operación de traslado parece estar a cargo de un hombre vestido con uniforme militar pero sin distintivos, que llama la atención de la prensa y del que se dice es agente de la CIA. Varios periodistas le toman fotos, se trata del doctor González. Su compañero Félix Rodríguez también se encuentra rondando por la pista. Los periodistas se acercan a los agentes, les preguntan: ¿De dónde vienen? ¿De Cuba? ¿De Puerto Rico?

—*From nowhere* (de ninguna parte).

Y luego Rodríguez le grita a su compañero: *Let`s get the hell out of here* (que en una libre traducción al latinoamericano sería: "Vámonos pa'l carajo").

Un campesino que ha acudido al aeropuerto ve pasar al cuerpo: "Se veía hombre cabal. Él estaba como si no hubiera muerto. Estaba sobre una camilla y sus ojos mirándonos que parecía vivo". En medio de un despliegue enorme de soldados el cuerpo es transportado, en una camioneta Chevrolet cerrada, al hospital San José de Malta donde lo depositan sobre una losa en la lavandería.

En el hospital lo desviste la enfermera Susana Osinaga: "Tenía puesta una chamarra, sus pantalones, una gorra negra con un cosidito, no sé si era rojo o verde, una estrellita marinera. Tres medias en cada pie, unas color café, unas rayaditas y otras azulitas". Colaboran dos médicos y el coronel Selich que no se separa del cuerpo.

En la lavandería se produce la segunda conferencia de prensa y se muestra el cuerpo que algunos habrían de ver como una reproducción hiperrealista del cuadro de Rembrandt *La lección de anatomía del profesor Tulp*. El periodista Alberto Zuazo, corresponsal de la UPI, registra: "La transparencia, levemente acuosa, de unos ojos verdes expresivos, además de una especie de sonrisa enigmática que levemente se dibujaba en el rostro, daban la impresión de que aquel cuerpo estaba con vida. Pienso que más de uno, de la veintena de periodistas que fuimos a Vallegrande aquel 10 (se equivoca, se trataba de la tarde del nueve) de octubre de 1967, sólo esperábamos que Ernesto Che Guevara nos hablase".

Se suceden las fotografías mientras un militar señala minuciosamente los impactos de bala, como si quisiera dejar claro que el Che ha muerto. Fotos que un día después se publicarían en todo el mundo.

Los militares se equivocaban de nuevo al querer exorcizar el fantasma del Che, al tratar de demostrar más allá de toda duda que el Che Guevara estaba muerto, al someterlo a la racionalidad de las brutales fotografías de un cadáver. A las falsas pruebas de la razón. Las terribles fotos del rostro, la placidez extraña del descanso tras un año de terribles hambres, asma, fiebres, desconciertos, dudas, cautiva, gracias a las magias tecnológicas de los servicios cablegráficos, a millones de personas en el planeta. En América Latina, en medio de la terrible tradición cristiana de adorar santos llenos de heridas, cristos torturados, la imagen era necesariamente evocadora.

Muerte, redención, resurrección.

Convocados por estos fantasmas los campesinos de Vallegrande desfilan ante el cadáver, en fila india, en medio de un terrible silencio. Cuando el ejército trata de controlar el acceso se produce una avalancha y un cordón de soldados es roto. Esa noche se encenderían por primera vez veladoras en los ranchitos de la pequeña ciudad. Nacía un santo laico, un santo de los pobres.

A las cinco y media los altos oficiales se retratan con el cadáver. Ovando pone en boca del Che al ser capturado herido la frase: "Soy el Che, valgo más muerto que vivo". Luego repetiría una variante: "Soy el Che y he fallado". Es el inicio de lo que sería una larga cadena de desinformaciones. Un oficial del ejército muestra el diario a los periodistas. Cita una frase supuestamente escrita por el Che: "Nunca pensé que los soldados bolivianos pudieran ser tan duros".

El presidente norteamericano Lyndon Johnson recibe la primera noticia de la muerte del Che a las 6:10 p.m. de la tarde en un memorándum de W. Rostow, que le informa del reporte del diario *Presencia* sobre la captura y de una declaración de Barrientos a las 10 de la mañana diciendo que el Che estaba muerto. Curiosamente no utiliza las informaciones de la CIA, la versión de primera mano mucho más precisa.

La reacción de La Habana es cautelosa, cinco días más tarde Fidel reconocería que ante la llegada de las fotografías se fue lentamente aceptando la certeza de que el Che estaba muerto, pero se esperaban confirmaciones más precisas. No era esta la primera vez que la prensa asesinaba al Che en cualquier parte del mundo. Lo que Fidel no podía decir era que la incertidumbre la producía el que las comunicaciones con la guerrilla estuvieran rotas desde varios meses antes y que incluso eran nulos los contactos con los restos de la red urbana.

Hacia el final de la tarde se produce la autopsia. El director del hospital y un interno, Abraham Baptista y José Martínez Casso, se hacen cargo de la tarea bajo la vigilancia de Toto Quintanilla, jefe de inteligencia del Ministerio del interior y del "doctor González" de la CIA; necesariamente en su reporte domina la ambigüedad. En el acta de defunción se puede leer: "Su fallecimiento se debió a múltiples heridas de balas en el tórax y las extremidades".

En el acta de la autopsia se reconocen nueve heridas de bala: dos en las piernas, una en el tercio medio de la pierna derecha y otra en el tercio medio del muslo izquierdo en sedal; dos en las regiones claviculares, dos en las costales y una en el pectoral y se atribuye como causa de la muerte: "Las heridas del tórax y la hemorragia consecuente".

Pero un oficial del ejército ha contado ante los periodistas diez heridas, una más que en el acta, esta última en la garganta, y que no ha sido mencionada en la autopsia. La contradicción pasa inadvertida en estos primeros momentos, así como también el hecho de que las heridas en el tórax eran mortales; por lo tanto, de ser la autopsia correcta, el Che no podía haber sido capturado vivo aunque gravemente herido y trasladado aún vivo a La Higuera, como se había dicho en la segunda conferencia de prensa, y con la herida en la garganta, mucho menos podía haber hablado con sus captores. La chapucería del ejército boliviano comienza a mostrarse. Se pusieron de acuerdo para ejecutarlo, pero no para explicar cómo había muerto.

Le queda ahora a los militares una tarea pendiente, decidir qué hacer con el cuerpo. A las 10 de la mañana del 10 de octubre ha llegado un telegrama del jefe del estado mayor, el general Juan José Torres: "Restos de Guevara deben ser incinerados y cenizas guardadas aparte". Pero no se puede desaparecer el cuerpo sin antes haber logrado una identificación concluyente. Más peligroso aún que la tumba del Che, es el fantasma del Che. Ovando sugiere que se le corte la cabeza y las manos y se embalsamen para poder obtener de ellas más tarde una identificación que no deje lugar a dudas. El agente de la CIA Félix Rodríguez trata de convencer a Ovando de que es suficiente con las manos para confirmar las huellas digitales, que el gobierno boliviano quedaría a los ojos del mundo como una tribu de bárbaros si le cortan la cabeza.

Nuevamente se practica una operación en el hospital. La situación de tensión, la carnicería con el cuerpo muerto, resulta demasiado para uno de los médicos, el doctor Martínez Casso, que se emborracha. Es el doctor Abraham el que le corta las manos al cadáver a la altura de las muñecas y las introduce en un cilindro con formol. Se toma además una mascarilla del rostro, pero, según testimonio de la enfermera Susana Osinaga, "al hacer la mascarilla de cera le destrozaron la cara".

Hacia las tres de la mañana de la madrugada del 11 de octubre, el coronel Zenteno y el teniente coronel Selich, a cargo de la operación, comisionan al capitán Vargas Salinas, el hombre que hace un mes emboscó a la guerrilla de Vilo Acuña, para que disponga del cadáver del Che y de los cuerpos de Pacho Montes de Oca, Olo Pantoja, Simón Cuba, Aniceto, el chino Chang y René Martínez Tamayo, siete en total. Por ningún motivo debe quedar una tumba localizable del Che, no debe haber en Bolivia un lugar donde pueda rendirse culto al muerto y sus compañeros. Originalmente se habla de incinerarlos, aunque uno de los médicos le ha explicado a los militares lo difícil que resulta incinerar un cuerpo sin horno crematorio.

A pesar de las precauciones, un anciano que trabaja enfrente del hospital de Malta los verá operar en la oscuridad y se lo cuenta diez años más tarde al periodista Guy Guglietta:

—Pusieron su cadáver en la vieja lavandería y después lo sacaron junto con los otros. Se lo llevaron esa noche en un gran camión del ejército. Tiraron los cadáveres sobre el camión y partieron.

—¿Dónde fue el camión?

—¿Quién sabe?

Pero el periodista Erwin Chacón, de *Presencia*, que no ha sido invitado a la fiesta que Ovando da a los militares en el casino de Vallegrande esa noche, tiene una vaga idea. Ha estado haciendo guardia ante el hospital de Malta y puede seguir el rastro del camión hasta el cercano cuartel. Ahí se pierden las huellas. Sabe también que Selich y Vargas son los hombres que han tenido la sucia tarea de enterrar clandestinamente, de desaparecer, el cuerpo del Che.

El cadáver había sido trasladado en un camión hasta el cuartel del regimiento Pando en Vallegrande. Ahí estaban a la espera de la escuadra nocturna de enterramiento cuatro tanques de combustible listos para incinerar los cuerpos, a pesar de la advertencia de los médicos, pero amanecía el 11 de octubre y el capitán Vargas se decidió por un entierro clandestino. Aprovechando la existencia de unas obras a un costado del regimiento y al lado de la pista de aviación, los enterradores arrojaron los cuerpos a un hoyo y los cubrieron de tierra con una volqueta.

Para los efectos de la opinión pública, el cuerpo ha desaparecido. A partir de ese momento los altos mandos del ejército boliviano entran en una fiesta de declaraciones contradictorias y ridículas respecto al destino del cadáver del Che. Mientras Torres decía que había sido incinerado, Ovando hablaba de un entierro secreto y Barrientos lo confirmaba, lo que obligaba a Torres a corregir diciendo que primero había sido incinerado y luego enterrado.

El 13 octubre a las 6:15, Lyndon Johnson recibe un memorándum de Rostow: "Señor presidente, se me dice que le preguntó a Covey Olivier si era verdad que los bolivianos habían cremado el cuerpo del Che Guevara. La CIA le dijo al departamento de estado que ese era el caso".

Un día después del entierro tres inspectores de la policía argentina realizan pruebas caligráficas con los diarios y toman huellas digitales a las manos que se conservan en el recipiente lleno de formol. La identificación resulta positiva al compararse con viejos documentos de identidad.

Roberto Guevara, el hermano del Che, se presenta en Santa Cruz acompañado de un grupo de periodistas para recoger el cuerpo de su hermano ("Viajamos en avión a Bolivia, en un avión de periodistas, porque no tenía plata") y tan sólo recibe evasivas e informaciones contradictorias por parte de los militares. Existe una foto de Roberto en Santa Cruz, con traje de tres piezas, luce desconcertado, como si no supiera dónde depositar la vista.

Los rumores sobre el desaparecido cadáver recorren la gama de lo posible y algo más. El periodista mexicano José Natividad Rosales aseguraba que el cuerpo se encontraba enterrado en el cuartel de La Esperanza, donde habían sido entrenados los *rangers*, en un ataúd en tapa de cristal. Corrió la versión de que efectivamente el cuerpo había sido incinerado y que las cenizas habían sido esparcidas desde un helicóptero por la selva; se dijo que estaba emparedado en la alcaldía de Vallegrande, o enterrado a un lado de la morgue, e incluso dos meses después de la muerte de Guevara, Michelle Ray recogía la versión de que el cuerpo estaba conservado en hielo en los sótanos de algún lugar en La Paz.

¿Cómo había muerto el Che? ¿Dónde estaba su cadáver?

Un cable de Interpress (puesto en circulación los días 11 y 12 de octubre) es el primero en poner en duda la versión oficial de la muerte; se basaba en una conversación con el forense Martínez Casso, que vacilando señaló que la defunción se había producido entre las 11 de la mañana y el mediodía del mismo lunes 9 de octubre, por lo tanto, si los combates se habían producido el 8…

Algunos medios insistieron en el tema, la revista argentina *Así* recogía el testimonio de un soldado que lo había visto vivo tras su captura y el diario chileno *El siglo* comentaba la existencia de una foto que el piloto del helicóptero, Niño de Guzmán, le había enseñado a otros oficiales, donde se encontraba al lado del Che, ambos en pie en La Higuera. Se recogían testimonios de soldados heridos que confirmaban que había acompañado al Che en la caminata entre El Yuro y La Higuera y que sólo estaba herido y cojeando.

El domingo 15 el capitán Gary Prado, que ha sido acusado de la muerte por un periodista, da una entrevista al corresponsal de la UPI y deja la historia ambigua, aunque salvando su intervención. Cuando él lo capturó estaba vivo y vivo lo entregó en La Higuera. ¿Estaba herido? ¿Era grave? No menciona el asunto.

Fidel Castro, en la primera comparecencia para confirmar la muerte del Che ante la televisión cubana el día 15 de octubre, acusaba a los militares bolivianos de haber ejecutado al Che, basándose en las contradicciones entre las declaraciones oficiales y la autopsia y las múltiples comentarios de que el Che estaba herido pero no de gravedad cuando fue capturado. Un cable del 17 de octubre reafirmaba la nueva versión de las fuerzas armadas bolivianas: "El Che Guevara murió horas después de ser capturado vivo (...) a consecuencia de las heridas", pero la revista *Time*, sin duda con información filtrada por el gobierno estadunidense, confirmaba la versión de Fidel ese mismo día: los militares bolivianos habían ordenado la ejecución del Che, quien había sido capturado vivo y herido. Pocos días después el británico Richard Gott, escribiendo para *Punto Final* en Chile, revelaba que desde el 8 de octubre les habían filtrado la noticia (probablemente el propio Papy Shelton en el club de golf de Santa Cruz) de que el Che había sido capturado.

Sería hasta el 5 de febrero del 68, cuatro meses después de los hechos, cuando aparecería la primera versión con abundantes detalles, de que el Che había sido capturado el día 8 y ejecutado el día siguiente en la escuela de La Higuera: un reportaje de la francesa Michelle Ray para la revista norteamericana *Ramparts* titulado: "La ejecución del Che por la CIA".

Al paso del tiempo, sorteando el pantano de la desinformación, la verdadera historia se fue abriendo camino. Más complicado habría de ser el descubrir el paradero de los cadáveres del Che y sus compañeros. Los investigadores cubanos Cupull y González recogieron a fines de los 80 rumores sobre dos posibles ubicaciones de la tumba colectiva: "Se habla de dos lugares, un terreno al fondo del dormitorio del regimiento Pando o a un costado de la pista de aterrizaje del aeropuerto de Vallegrande. Hay 200 metros de distancia entre los dos puntos". Pero el primero en romper el silencio oficial que ocultó durante años el paradero de la tumba fue el mayor Saucedo Parada, de la inteligencia militar boliviana, quien años más tarde confesó varios de los elementos claves de la información que el historiador recoge.

Habrían de pasar 28 años para que uno de los enterradores, el entonces capitán Vargas Salinas, hoy general retirado, decidiera romper definitivamente el silencio reconociendo que había participado en el entierro junto con el mayor Flores. Y relatara que al amanecer del 11 de octubre de 1967, habían hecho una zanja con la ayuda de un tractor a un costado de la pista aérea, habían arrojado los cuerpos del Che y sus compañeros y luego cubrieron la tumba para que no quedaran huellas.

Las declaraciones provocaron un gran revuelo en noviembre de 1995. El ejército boliviano titubeó, se contradijo, el alcalde de Vallegrande pretendía que los alrededores del aeropuerto se declarasen "patrimonio histórico", para fomentar el turismo hacia ese pueblo alejado de la mano de todos los dioses; el presidente boliviano Gonzalo Sánchez ofreció una búsqueda que le permitiera al Che gozar de "cristiana" sepultura...

En noviembre y diciembre del 95 las brigadas comenzaron las excavaciones coordinadas por expertos argentinos y forenses cubanos. Pero el punto de partida no era tan preciso como podía parecer; cuando Vargas Salinas se presentó, dijo no recordar exactamente dónde se había producido el entierro nocturno.

Siguiendo la voz popular se descubrieron en Cañada del Arroyo las tumbas de un segundo entierro colectivo, el del grupo que sería asesinado en Cajones, el grupo de Huanca y los enfermos. En julio del 96 el grupo de investigadores descubre en la zona de Florida, gracias a una confidencia, el cadáver de Carlos Coello, pero del Che, ni rastros. En esta primera fase se habían excavado 210 posible lugares, usando sofisticadas técnicas que incluían la fotografía aérea, estudios geológicos, geoelectrónicos, kapametría.

Finalmente el 28 de junio del 97, al final de un día marcado por la lluvia y el frío, en las cercanías de la pista aérea de Vallegrande, en una excavación llamada por los técnicos "zona 7, metro 21", aparece un grupo de cadáveres en una fosa común. El segundo de ellos, en una revisión superficial, muestra las manos cortadas. El forense cubano, el doctor González, revisa los arcos supraciliares protuberantes característicos del Che, la ausencia de un molar determinado. La búsqueda de los restos del Che había terminado. Junto a él se encontraban los guerrilleros muertos en el enfrentamiento del Yuro y los asesinados en la escuela.

El 3 de julio los forenses confirmaron la identificación en el hospital japonés de Santa Cruz. A mediados de julio los restos de los siete guerrilleros viajaron a Cuba y hoy reposan en un mausoleo en la ciudad de Santa Clara.

CAPÍTULO 61

Los muchos relojes
del comandante Guevara

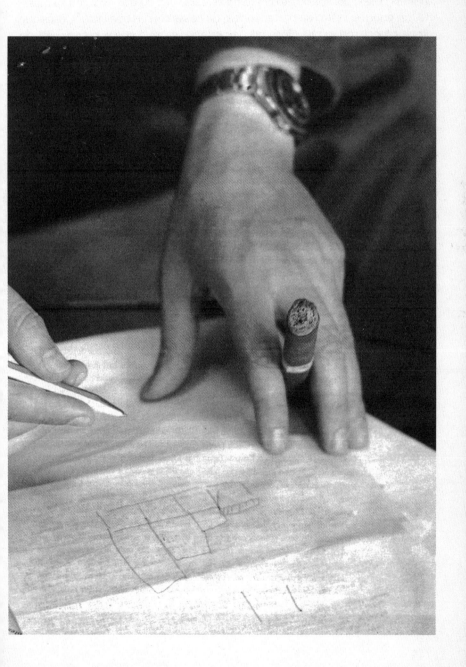

Resulta sorprendente que un hombre que en vida manifestó tanto desapego por las cosas, por los objetos materiales, haya dejado tras de sí, en su muerte, un enorme rastro de pertenencias, de cosas con las que vivió. Cosas que le pertenecieron, o que dicen que le pertenecieron, o que pudieron haberle pertenecido.

En Cuba los objetos del Che son parte de una veneración laica: en la entrada de la revista *Verde olivo* se encuentra en una pequeña vitrina la cámara que en 1960 el Che le prestó a la revista y luego les regaló, una Exakta de 35 mm. Los visitantes invariablemente se detienen ante la vitrina y luego levantan la vista para encontrarse con una foto de un Che sonriente.

Lina González, una vieja campesina en las Lomas del Pedrero, le enseña cariñosamente al periodista Mariano Rodríguez "el taburete, la mesa y la tacita donde se sentaba, comía y tomaba café".

En Cabaiguán, en el museo municipal dedicado al Che, se muestra a los visitantes la férula de yeso que llevó en el brazo izquierdo fracturado en los últimos días de la batalla de Santa Clara. ¿Cómo fue a dar allí? ¿Será verdadera? Porque la férula lo acompañó hasta la entrada en La Habana y hay fotos que lo muestran con el brazo izquierdo aún enyesado en el pequeño despacho de La Cabaña. ¿Cómo retornó el yeso a Cabaiguán?

Hace años se hizo en el Museo de la revolución de La Habana una exposición con objetos que tenían que ver con la guerrilla boliviana, pero ni el *jeep* "de Tania" era el de Tania, ni los calcetines, "delgaditos, de esos que se usan en uniformes de lujo del ejército cubano —le contará al historiador indignado uno de los sobrevivientes de la guerrilla boliviana— eran del Che. El Che usaba unas medias azules gruesas, compradas en Francia, y los calcetines estaban limpios, nuevecitos, mientras que las medias del Che estaban rotas, tiesas porque nunca se lavaba los pies".

Como las astillas de la vera cruz, o los talismanes de la suerte, los objetos del Che provocaron en amigos y enemigos una cacería cuasi religiosa, una veneración amable, un tráfico amoral y multitud de ridículos fraudes.

Tras su captura, el comercio con las escasísimas pertenencias del Che se desató entre La Higuera (donde como dice el poeta Enrique Lihn, el Che "ha instalado *post mortem* su cuartel general"), Vallegrande y La Paz. Una mentalidad en que se combinaba el derecho a la rapiña, el botín de guerra y el fetichismo, impulsó a los militares primero y luego a los civiles cercanos, a robar todo lo que pasaba frente a ellos que hubiera pertenecido al Che Guevara. Los dólares norteamericanos, los pesos bolivianos y los dólares canadienses se repartieron en La Higuera a espaldas de los mandos superiores (20 mil dólares según Leonardo Tamayo), la pluma Parker fue a dar a manos de un suboficial, quien terminó cambiándosela a un periodista por una serie de fotos; el anillo del Che fue recogido por otro que se dedicó a sacarle copias que años más tarde seguía vendiendo; la carabina M2 dañada terminó en las manos del coronel Zenteno y dicen que éste, para quedar bien, se la entregó al general Ovando, tras fotografiarse con el rifle (la foto forma parte de una patética serie: en la primera Zenteno se retrata en uniforme con sus hijos Jimena y Joaquín, en la segunda muestra la carabina); una de sus pipas fue robada por el coronel Selich y otra por el sargento Bernardino Huanca. Nadie quiso su calzado hecho con cueros y mecate, sus abarcas que habían sustituido a las botas destrozadas.

Nada sin embargo ha tenido tantos propietarios simultáneos como el reloj del Che.

El 8 de octubre de 1966 el comandante Guevara llevaba encima dos relojes Rólex, el suyo y el de su asistente, que le había sido entregado al Che al morir Coello. Los soldados le quitaron ambos al ser capturado. En su primera conversación dentro de la escuela de La Higuera el Che se lo ha contado a Gary Prado, quien llama a los soldados y recupera dos Rólex oster perpetual.

—Acá tiene sus relojes, guárdelos, nadie se los quitará.

El Che responde que prefiere que sea él quien los guarde y que si pasa algo se los haga "llegar a los míos". Prado le pide que identifique el suyo, el Che se lo marca con una x en el reverso utilizando una piedrecita. Prado se queda con el del Che y le da al mayor Ayoroa el de Coello.

Hasta aquí la historia oficial, pero el telegrafista de la Higuera, Cortez, vio como el coronel Selich le quitaba al Che su reloj aprovechando que estaba amarrado. Y el agente de la CIA Félix Rodríguez narra cómo se hizo con el reloj del Che engañando a un soldado que se lo había quitado y cómo se lo puso en la muñeca cuando ascendió al helicóptero en que abandonó el poblado de La Higuera y en el proceso el Rólex oster perpetual se vuelve un Rólex GT master. Pero el periodista hispano-mexicano Luis Suárez aseguraba que el Rólex del Che fue a dar a la mano del sargento Bernardino Huanca quien se lo quitó al cadáver.

Otras versiones hacen propietario del reloj al general Ovando y otra, la más fantástica, hace recorrer al reloj millares de kilómetros: del cadáver al médico que hizo la autopsia, del médico a su hijo, quien lo entregó como pago de una deuda en una cantina de la ciudad mexicana de Puebla.

CAPÍTULO 62

Los diarios escurridizos

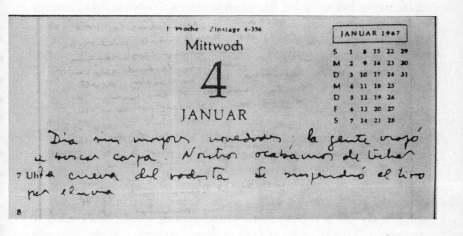

Entre el material capturado a la guerrilla en el combate de la Quebrada del Yuro, más allá de las obsesiones fetichistas de oficiales y soldados, hay una serie de cuadernos y agendas que resultaban un botín de guerra jugoso para los militares, en particular dos: se trataba de una libreta color rojizo de espiral de 14.5 x 20 centímetros con la fecha "1967" inscrita en la portada y una agenda café impresa en Frankfurt. La primera contenía el diario del comandante Guevara de noviembre y diciembre del 66 y en su reverso los mensajes intercambiados entre la guerrilla del Che y La Habana, y la segunda, sus escritos diarios a lo largo de 1967 hasta el 7 de octubre. Existían además una libreta con un directorio de contactos en todo el mundo, dos libros pequeños de claves y un cuaderno de color verde donde el Che había copiado poemas de León Felipe, Vallejo, Neruda y Guillén. Gary Prado había marcado uno de los diarios en la propia Quebrada del Churo con la nota: "Encontrado en la mochila".

La primera noticia pública de la existencia de los diarios fue dada por el jefe de las fuerzas armadas, el general Ovando, cuando se los mostró a los reporteros en una conferencia de prensa en el hotel Santa Teresita el 10 de octubre.

Durante esos dos primeros días el diario ha venido pasando de manos: del capitán Gary Prado que lo marca, al coronel Zenteno en La Higuera, al agente de la CIA Rodríguez que lo fotografía, a inteligencia militar en Vallegrande, a Ovando que lo hojea en su alojamiento del Banco central, a su ayudante, el teniente Olmos, que se lo entrega al comando de la VIII división para una conferencia de prensa y que descubre, cuando lo va a reclamar, que ha ido a dar a manos de otro agente de la CIA, García. En el avión de retorno a La Paz el capitán Pamo lo recupera de manos de García y se lo devuelve a Ovando, quien lo entrega posteriormente a inteligencia militar, quienes lo depositan en una caja fuerte.

La copia fotográfica de la CIA arribará a Washington en los siguientes días. Existe un memorándum del 11 octubre del 67 de Rostow al presidente, que sin duda hace alusión a los diarios: "Esta mañana estamos 99% seguros de que el Che Guevara está muerto (censurado). Esto(a)s deben llegar a Washington hoy o mañana".

Una semana más tarde las dos figuras de la dictadura militar boliviana comienzan una guerra de declaraciones y maniobras que involucran los diarios del comandante Guevara: el 16 de octubre, a través de un cable de ANSA, el ejército boliviano informa que tiene intención de "vender el diario para resarcirse de las pérdidas que le causó la guerrilla".

El 7 de noviembre el general Ovando, comandante de las fuerzas armadas, anuncia que el diario se venderá al mejor postor. El presidente Barrientos, para llevarle la contraria, informa que ya se vendió a un consorcio editorial estadunidense.

A lo largo de noviembre los generales intentan cerrar el negocio de la venta del diario y escuchan ofertas de Doubleday en Estados Unidos y Magnum, la empresa francesa de *París Match*, cuya intervención en la puja es más bien una cortina de humo tendida por una periodista francesa para obtener mayor información. Se habla de ofertas que "se iniciaron en 20 mil dólares y alcanzan la cifra de los 400 mil", que parecen ser exageradas. El 22 de noviembre un decreto presidencial autoriza a las fuerzas armadas a disponer de los documentos y pertenencias del Che.

Varios investigadores cubanos han insistido en que la operación editorial no era importante en sí misma, que de lo que se trataba era de legitimar una versión del diario que estaba siendo retocada por la CIA. Cupull y González afirman concretamente que en la estación de La Paz se encontraban trabajando técnicos y calígrafos, con la intención de producir distorsiones, omisiones y alteraciones para generar una nueva versión del diario útil en la guerra caliente contra Cuba. Sin duda podría resultar muy interesante para la Agencia producir una versión que les permitiera, entre otras cosas, enfrentar la figura del Che a la de Fidel, o incrementar las tensiones entre los cubanos y el bloque soviético, desprestigiar al propio Che mostrándolo como un aventurero despótico o un iluso o aumentar las tensiones entre el guevarismo y los partidos comunistas latinoamericanos. Pero una operación de esta magnitud era muy delicada, no sólo en sus aspectos técnicos; habría que lograr una versión de diario que tuviera credibilidad, que se ajustara lo más posible al personaje y sus escritos anteriores.

Sea o no cierto, el caso es que en esta primera fase de las negociaciones con posibles editoriales en Estados Unidos, estaban actuando como intermediarios de los militares bolivianos dos periodistas estadunidenses, calificados por Fidel como "periodistas allegados a la CIA", Andrew Saint George y Juan de Onís del *New York Times*, quienes disponían de fotocopias del diario, aunque con el compromiso de no publicarlas. Las negociaciones se trabaron cuando Doubleday se retiró con el argumento de que los derechos de autor podían ser cuestionados por Aleida March, la viuda del Che.

Mientras las negociaciones proseguían, una variante no esperada por nadie se produjo: a fines de enero del 68 en la oficina de la revista *Punto Final* en Santiago de Chile, un mensajero misterioso salió de la nada y como mago sacando un conejo del sombrero, hizo la siguiente afirmación:

—Vengo por encargo de Antonio Arguedas. Él quiere entregar el diario del Che a Cuba.

El mensajero, el abogado Víctor Zanier, señalaba que el origen de la oferta estaba en que el ministro del Interior de Bolivia estaba muy enfadado por la intromisión estadunidense en su país. Un grupo de periodistas encabezado por Hernán Uribe se reunió para estudiar la insólita situación. Nada se podía perder, de tal manera que le dieron el sí al enviado de Arguedas y transmitieron un mensaje al viceministro del Interior cubano Manuel Piñeiro. Poco después llegó el boliviano a Santiago con los microfilmes dentro de un disco de música folklórica. Autentificados por un hombre del equipo de Piñeiro, se decidió entonces que el transportista fuera el periodista chileno Mario Díaz Barrientos, conocido como "el Enano", quien viajó vía México a La Habana siendo escoltado, sin él saberlo, por agentes del Ministerio del interior cubano.

Fidel Castro aclararía más tarde: "Aunque el documento en sí mismo no ofrecía la menor duda de su autenticidad, todas las copias fotostáticas fueron sometidas a un riguroso examen a fin de comprobar no sólo dicha autenticidad, sino incluso cualquier alteración por pequeña que fuese. Los datos fueron además cotejados con el diario de uno de los guerrilleros sobrevivientes". La tarea de desentrañar la letra fue realizada por la viuda del Che, Aleida, apoyada por Manresa, su secretario; colaboraron también los tres supervivientes cubanos de la guerrilla: Alarcón, Tamayo y Villegas.

Sólo quedaba en pie una reserva para los cubanos, Fidel la registraría en el futuro prólogo del libro: "Como en este diario la revolución cubana y sus relaciones con el movimiento guerrillero aparecen reiteradamente señaladas, algunos pudieran interpretar que su publicación por nuestra parte constituye un acto de provocación que dará argumentos a los enemigos de la revolución y a los imperialistas yanquis y sus aliados, los oligarcas de América Latina, para redoblar sus planes de bloqueo, aislamiento y agresión a Cuba", pero la existencia de copias en manos de Barrientos y la CIA hacía absurda la objeción. Un elemento más volvía importante la publicación del libro, los cubanos estaban convencidos que el original en manos del ejército boliviano y la CIA estaba siendo manipulado.

Toda la operación de manufactura del libro se mantiene en secreto. Tras dos meses de transcripciones y autentificación, el manuscrito entra en la imprenta Osvaldo Sánchez el sábado 22 de junio. A las 11:45 de la mañana del domingo 30, el *Diario del Che en Bolivia* estaba listo. Alumnos de las escuelas técnicas echaron una mano para preparar la edición millonaria. Un día más tarde el libro se encuentra en las librerías de La Habana en distribución gratuita, casi al mismo tiempo lo editan *Punto Final* de Chile, Masperó en Francia, Ruedo Ibérico en Francia para la España franquista, Siglo XXI en México, Feltrinelli en Italia, Trinkot en la RFA y la revista *Ramparts* en Estados Unidos. Curiosamente la lista de editores no incluye editoriales ni periódicos de Europa oriental, lo que da una idea de las tensiones existentes en ese momento entre el socialismo irreal europeo y la revolución cubana, de los desamores de los burócratas de Europa oriental por el Che. Incluso la agencia checa CTK se dio el lujo de dudar de la autenticidad del diario en un despacho que comentaba la edición habanera.

Las librerías en La Habana estaban saturadas, las fotos muestran espectaculares concentraciones, millares de personas en las colas. El profesor de secundaria Israel Díaz fue el primero en recibir el diario en la librería de L y 27; llevaba desde las 4 de la madrugada haciendo cola. En semanas el diario tendrá millones de lectores en todo el mundo, las reimpresiones se sucederán en ediciones de cientos de miles de ejemplares.

No sólo los checos ponen en duda la autenticidad de la versión cubana, lo sorprendente es que el periodista Saint George también lo hace, a pesar de que tiene que saber que el diario es auténtico, y dice que la versión real la publicará Stein and Day y que el original que él ha visto contiene críticas a Fidel.

El general Barrientos había iniciado el coro con unas declaraciones sorprendentes, en las que además de negar la autenticidad del diario publicado en Cuba, decía: "No creo que el Che Guevara siga escribiendo su diario desde ultratumba".

La respuesta de Fidel Castro no se hace esperar y el 3 de julio del 68 en la televisión cubana comenta: "Nadie que esté en su sano juicio puede concebir que alguien publique una copia falsa de un documento cuyo original esté en manos de otro, siendo además ese otro su enemigo".

Finalmente el 9 de julio, en un comunicado anónimo, el gobierno de Bolivia reconocía la autenticidad del documento y abría una investigación interna sobre cómo había llegado a La Habana.

Quedaba una pequeña fisura. La edición cubana tenía una carencia, le faltaban trece días que, si bien no contenían información trascendente, serían una pista para descubrir cómo el libro había llegado a sus manos. Días más tarde, o bien una mano nacionalista y amiga o bien alguien entre los propios militares bolivianos, le filtra el diario del Che al periódico de La Paz *Presencia* y a la cadena radial boliviana Nueva América, que los difunden el 11 y 12 de julio en su versión completa. Si existió algún intento para manipular el diario, ha sido desbaratado.

Ese mismo día, en medio de un escándalo público, se inicia una investigación en Bolivia para descubrir cómo se ha producido la filtración. El general Ovando, para liberar de culpas al ejército, convoca a la prensa a su oficina, muestra que los diarios se encuentran allí, en una caja fuerte, dentro de una caja de zapatos.

Una semana más tarde el presidente anuncia una nueva investigación. Ese mismo día el ministro del Interior, Antonio Arguedas, desaparece de La Paz junto con su hermano, reapareciendo en Chile, donde pide asilo político.

Antonio Arguedas resulta un personaje, para decirlo de la manera más suave, peculiar: exmayor de aviación y abogado de 40 años, exmiembro del Partido comunista, exmilitante de la facción de izquierda del MNR, exagente de la CIA, suma demasiados virajes en su vida política para tener credibilidad. Ha sido acusado de manejar la represión contra los cuadros urbanos de la guerrilla del Che y cerrar los ojos ante torturas y asesinatos. En junio de ese mismo año, cuando las grandes represiones a los mineros, declaró: "No habrá misericordia con los subversivos". Sin embargo, durante su exilio declara que admira a Fidel y que quiere tomar en sus manos el fusil que dejó "su amigo" Coco Peredo. ¿Son creíbles sus argumentos? Meses más tarde dirá respecto a sus motivaciones: "Mi propósito fundamental era evitar que el imperialismo norteamericano suplantara o modificara parcialmente el diario del Che Guevara". Fidel Castro confirmaría días más tarde que había sido Arguedas la fuente de la filtración y que había sido de forma totalmente desinteresada.

Y nuevamente una historia extraña. Arguedas se va de Chile exilado a Londres, donde es interrogado por la CIA y los servicios británicos, luego a Nueva York (¡!) y de ahí a Lima, para retornar finalmente a La Paz, donde se sometería a un juicio del que salió libre bajo fianza, parece que gracias al chantaje de amenazar con revelar las conexiones entre la CIA y el gobierno boliviano en la campaña contra el Che a través de 134 documentos que estaban en su poder. En una alucinante progresión, su casa sería volada de un bombazo, será tiroteado y terminará asilándose en la embajada de México en La Paz. Tiempo después cumpliría ocho años de condena en Bolivia por el secuestro de un comerciante.

Con el final del "caso Arguedas", aparentemente la rocambolesca historia del diario de Bolivia del Che parecería condenada al olvido, pero mediada la década de los 80, el escándalo se reprodujo cuando la famosa casa británica Sotheby`s anunció que en breve subastaría los diarios originales del Che y propuso la cifra de 250 mil esterlinas como la estimación de su valor. ¿Cómo habían llegado hasta allí? El gobierno boliviano anunció una nueva investigación y llegó fácilmente hasta la figura del exdictador, el general Luis García Meza, quien se los había vendido a "un brasileño", quien a su vez los había vendido, o estaba usando de intermediaria, a una galería británica… En junio del 84 Sotheby`s suspendió la subasta ante las repetidas demandas legales del gobierno boliviano.

CAPÍTULO 63

La "maldición" del Che

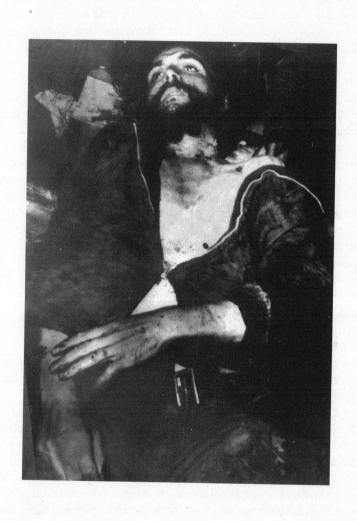

En los siguientes quince años, bajo el signo de una serie de sorprendentes casualidades, sin duda atribuibles a que los personajes involucrados vivían en tiempos inciertos y al filo de la navaja, la mayoría de aquellos que tuvieron que ver con la captura, la orden del asesinato y la desaparición del cadáver de Ernesto Guevara, sufrieron extraños accidentes mortales en helicópteros o automóviles, fueron ajusticiados por los herederos de la guerrilla, deportados, se enfermaron misteriosamente, fueron tiroteados, victimados por grupos terroristas de la izquierda fantasmagórica o de la derecha más cavernícola o asesinados a palos por sus propios excompañeros.

Como si el fantasma del Che retornara a pedir cuentas a sus asesinos, una sistemática ola de violencia fue tocando uno a uno a casi todos los participantes en los acontecimientos. No es pues sorprendente que este cúmulo de casualidades diera nacimiento a la leyenda de la maldición del Che, que según el rumor o la conseja popular hubiera organizado desde el más allá la coordinación de estos accidentes, atentados y enfermedades; un segundo rumor, sin ninguna prueba que lo apoyara, atribuyó a los servicios secretos cubanos una operación de venganza internacional. Curiosamente, los que propalaban la primera hipótesis no se sentían tan orgullosos del hecho como aquel escritor cubano que una vez le sugirió al historiador sonriendo: "Los servicios nuestros...", con un cierto tono de satisfacción en la voz.

Repasemos:

Honorato Rojas se volvió figura pública tras aquella fotografía en que el vicepresidente Siles lo felicitaba por haber delatado a la guerrilla y haber conducido al grupo de Tania y Vilo Acuña a la emboscada en el vado del Yeso, una foto patética, con Honorato vestido de *ranger*, con una gorra que le quedaba grande y su hija de año y medio en los brazos.

El 14 de julio del 69, un comando del renacido ELN lo ajustició de dos disparos en la cabeza. Vivía a unos kilómetros de Santa Cruz en un ranchito de cinco hectáreas que le había regalado Barrientos.

Y sería el propio general René Barrientos el segundo en caer. Presidente de Bolivia, y el que confirmó la orden de ajusticiamiento del Che, menos de un año más tarde moría carbonizado al desplomarse cerca de la población de Arque el helicóptero en que viajaba el 29 de abril del 69. El accidente nunca ha podido ser explicado. El rumor acusó a su viejo compañero, el general Ovando, de estar detrás del asesinato, en un momento en que Barrientos preparaba un autogolpe de estado para librarse de oposiciones internas y externas. Por cierto que Ovando fue arrojado en 1970 del palacio presidencial, al que había llegado, gracias a un golpe militar contra el sustituto de Barrientos por otro militar, el general Miranda.

El escritor Jorge Gallardo, quien estuvo en estrecho contacto con la cúpula militar que protagonizó el golpe progresista de Torres años después de los sucesos, contaba: "Tres años después de la muerte del Che, la superstición popular presagiaba que desde su tumba se llevaría consigo a los responsables de su muerte". Y un par de historiadores cubanos que recorrieron el sur de Bolivia en la zona donde operó la guerrilla del Che, registraban: "A partir de estas creencias comenzó a circular entre los militares bolivianos y sus familiares una carta cadena, la cual decía que la muerte de Barrientos era un castigo de dios y que a todos los culpables del asesinato del Che una grave desgracia les esperaba. Para poder salvarse recomendaba rezar tres padres nuestros y tres aves marías. Había que reproducirla en nueve copias y enviarla a igual cantidad de destinatarios".

O bien las copias de la carta cadena resultaron insuficientes, o bien los actos se sucedían sin ninguna coordinación, el caso es que poco después del "accidente" de Barrientos una nueva muerte colaboró a que el rumor siguiera creciendo: el 10 de octubre de 1970, un día después del tercer aniversario de la muerte del Che, falleció en un accidente de automóvil el teniente Eduardo Huerta, quien había sido el primer oficial que participó en la captura.

La cadena prosiguió con el violento asesinato del teniente coronel Andrés Selich, quien fue uno de los pocos militares de alta graduación que entrevistó al Che en la escuela de La Higuera y trató de vejarlo. Al principio de la década de los 70, bajo el gobierno de Bánzer, de quien había sido ministro del Interior, fue muerto a palos en una sesión de "interrogatorio" realizada por agentes de seguridad militar, cuando lo sorprendieron fraguando uno más de la cadena de golpes de estado que componen la historia de Bolivia.

Poco después el coronel Roberto Quintanilla, quien como jefe de inteligencia del Ministerio del interior presenció la amputación de las manos del cadáver del Che para su posterior identificación y años más tarde fue el asesino material de Inti Peredo, fue ajusticiado en Hamburgo en abril del 71 por una militante del ELN, Mónica Earlt. Presentándose como una ciudadana alemana que requería una visa para Bolivia, Mónica entró en el consulado, solicitó ver al coronel Quintanilla y llevada a su presencia lo mató de dos tiros en el pecho, desapareciendo inmune tras la operación.

La "maldición" del Che no sólo era portada por militantes revolucionarios, a veces cobraba una forma diferente: el agente de la CIA que identificó al Che y luego fotografió su diario, Félix Rodríguez, a su regreso a Miami comenzó a sufrir de asma, a pesar de que el asma suele manifestarse en la infancia y él no tenía antecedentes de haber sufrido nunca esa enfermedad. "Cuando llegué aquí a Miami (...) acabé con un ataque de asma. Me hicieron pruebas de alergia de todo tipo y nada salió positivo. Concluyeron que era o la maldición del Che o algo sicológico, lo mismo me daba en climas secos que húmedos, fríos que calurosos."

El mayor Juan Ayoroa, cuyos *rangers* actuaron en la fase final de la campaña contra el Che e intervinieron en su captura y muerte, fue deportado por el gobierno Bánzer a fines de septiembre del 72.

Juan José Torres, quien era jefe del estado mayor del ejército boliviano durante la campaña del Che y suscribió la orden de ejecución, llegó años más tarde al poder, del que fue expulsado por un golpe militar de signo conservador y el 12 de febrero del 76 cayó asesinado de tres balazos en la cabeza por la ultraderechista Triple A en Buenos Aires.

Dos meses más tarde, en mayo del 76, en el extremo opuesto del espectro político, fue el general Joaquín Zenteno Anaya, quien siendo comandante de la VIII división transmitió la orden de ejecutar al Che, el que fue ajusticiado a balazos en París cuando ejercía las funciones de embajador de Bolivia, por un efímero comando autonombrado Brigada internacionalista Che Guevara que nunca volvió a actuar después de esta operación. Zenteno recibió tres tiros a quemarropa de calibre 7.65 ante la puerta de su oficina. Los investigadores lo relacionaron con que había sido acusado públicamente de proteger a viejos nazis ocultos en Bolivia, como Barbie.

El capitán Vargas, al mando de la emboscada de Vado del Yeso y que después se hizo cargo de ocultar el cadáver del Che y sus compañeros, sufrió trastornos sicológicos porque "los muertos lo perseguían, venían a buscarlo".

Gary Prado Salmón, el capitán que capturó al Che, sufrió una herida de bala que le perforó los dos pulmones y le lesionó la columna vertebral dejándolo paralítico, cuando se enfrentaba a la ocupación de un campamento petrolero en Santa Cruz por un grupo fascista a principios del 81. Curiosamente, el tiro se lo dio accidentalmente uno de sus propios soldados cuyo nombre nunca fue dado a conocer.

Veinte años después de los sucesos, el exministro del Interior Antonio Arguedas cumplía ocho años de cárcel en una cárcel boliviana por el secuestro de un comerciante, tras haber sido tiroteado y bombardeado por desconocidos a fines de la década de los 60. En el año 2000, según noticias del general Arana, murió en La Paz a causa de un bombazo.

Poco se sabe sobre el destino del suboficial Mario Terán; aunque se ha dicho en algunos periódicos que vaga alcoholizado por las calles de Cochabamba, perseguido en sus pesadillas por la imagen del Che y que, al igual que el sargento Bernardino Huanca, ha tenido que someterse a frecuentes tratamientos siquiátricos.

Imágenes y fantasmas

Foto de J. *González*, Verde olivo

Foto de Chinolope

El poeta Paco Urondo, que habría de morir años más tarde asesinado por los militares argentinos, escribió desde Buenos Aires al conocer la muerte del Che: "Durante una semana lloverá ininterrumpidamente y los menos crédulos, o los no supersticiosos, pensarán que es una casualidad, una mera: que es un poco excepcional lo que está corriendo, pero fortuito. Los amigos van llegando cada vez más mojados, esta vez se largó en forma este tiempo de porquería. Pero las conjeturas esta vez no son a la porteña, es decir, no se habla de la humedad y las calamidades que desencadena: ni del hígado, esta vez se conjetura de otra manera, no hay serenidad, hay silencio".

Celia, la cuarta hija del Che, nacida en el 63, el penúltimo año del comandante en el Ministerio de industria, dos años y medio antes de la salida del Che hacia La Paz, una mujer que sólo puede recordar a su padre en los recuerdos de otros, ha intentado leer el diario de Bolivia muchas veces, sin poderlo hacer.

Fidel ha visto al Che en sueños frecuentemente en estos últimos años. Le confiesa al periodista italiano Gianni Miná que el Che le habla, "le dice cosas…"

Ana María, la hermana, le contará a principio de los setenta a un periodista español: "A veces siento que me están mirando más allá de mí misma, como si yo fuera él de alguna manera, y una siente que no es nadie y no sabe cómo reaccionar ni qué hacer. He tenido que aprender a vivir en esta circunstancia".

Calixto García, su compañero de cárcel en México y a lo largo de la guerrilla cubana, dirá casi 30 años después de aquellos hechos: "Hablo de él como si estuviera vivo".

Esto no es inusitado, todos sabemos de qué manera cruel y maravillosa los muertos dejan un gran vacío, un agujero tierno en las personas cercanas que los sobreviven. Pero Ernesto Guevara había creado en aquellos años un halo mágico, que ni siquiera su desaparición impidió que siguiera tocando a tantos que nunca lo conocieron.

Después del paso de la guerrilla por sus tierras y de haber cobijado en su escuela el cadáver del Che, una tremenda sequía asoló el pueblo de La Higuera, animales y plantas morían y los campesinos tuvieron que emigrar. La voz popular, los rumores en voz baja, las consejas, la atribuían a un castigo divino por haber dejado morir al Che a manos de los soldados.

Surge entre los campesinos de Cochabamba una extraña letanía: "Almita del Che, por intermedio de usted quiero conseguir el milagro de que se cure mi vaquita, concédamelo, almita del Che."

En el pueblo de La Higuera se muestran como relicario fragmentos del pelo o pedazos del pantalón ensangrentado del comandante Guevara. En

Lagunillas un fotógrafo ambulante ha hecho su agosto vendiendo fotos: muchos de los pobladores se precian de tener la verdadera foto del Che muerto sobre la plancha de piedra del lavadero del hospital de Malta, la foto del Cristo laico.

La enfermera de Vallegrande que lo desnudó ya muerto confiesa: "A veces sueño con el Che y lo veo vivo, él me visita y me habla, y me dice que me va a sacar de esta miseria en que vivo". En ese mismo pueblo, en el 71, la avenida que va al cementerio fue rebautizada como Che Guevara, pero aquel año el golpe militar de Bánzer echó para atrás el bautismo y llamó a la calle avenida del Ejército.

La escuela de La Higuera fue derruida, se construyó en su lugar una posta sanitaria que nunca funcionó, a la que no llegaron jamás ni médicos ni medicinas. Al paso de los años se levantó de nuevo una escuela. En el 71, el periodista uruguayo González Bermejo la visita:

—¿Qué sabes del Che? —le pregunta a un niño campesino en un descuido de la maestra.

—Es ese que está ahí —responde y señala un retrato de Simón Bolívar.

Francisco Rivas, campesino de las cercanías de La Higuera, 60 años, catorce hijos, narra: "Entonces no me daba cuenta. Ahora sé que he perdido mucho".

En una iglesia de Matanzas, Cuba, Ernesto Guevara se encuentra en un retablo, perdido en medio de los santos de una corte celestial católica; sin embargo, en una iglesia en el estado de Tamaulipas, México, comparte una esquina de un mural con el diablo. En octubre del 97 la Radio Vaticana dedicó un encendido panegírico a este hombre que nunca creyó en dios, "santo laico de todos los pobres".

La muerte de Ernesto Guevara provocó estupor, desconcierto, asombro, turbación, rabia, impotencia, en millares de hombres y mujeres. En tan sólo 11 años escasos de vida política, y sin quererlo, el Che se había vuelto material simbólico de la tantas veces pospuesta o traicionada revolución latinoamericana y nuestra única certeza en aquellos años era que el material de los sueños nunca muere. Sin embargo Ernesto Guevara había muerto en Bolivia. El poeta Mario Benedetti dejó constancia:

Así estamos
consternados
rabiosos
aunque la muerte sea
uno de los absurdos previsibles.

.Pasaron los años. La estatua de bronce de siete metros que se encuentra en Santa Clara es de José Delarra, el mismo que le dio a un astronauta cubano una cara del Che en porcelana, para que viajara a la estratosfera. Se trata de un Che Guevara fornido, casi gordo, con una barba santaclosesca, no sonríe. Ese es el problema con las estatuas. El bronce reproduce mal la sonrisa.

Entrevisto a Dariel Alarcón en una casa en las afueras de La Habana, es un hombre dicharachero, sonriente, pero hacia el final de la entrevista una sombra cruza por el cuarto cuando recuerda que Inti, Villegas, Tamayo, él, quizá hubieran podido rescatarlo aquella tarde de octubre. Es una de esas cosas que no dejan vivir.

Con Manresa, su secretario, converso en la oscuridad, el barrio habanero sufre de un apagón. A veces la voz se detiene, se adivinan las emociones.

—Ustedes los guevaristas, los hombres que vivieron junto al Che, dan la impresión de estar marcados, de tener una huella, con la Z en la frente con la que marcaba El Zorro —le digo.

—Nosotros éramos unos pobres diablos que quién sabe a dónde nos iría a llevar la vida y estábamos esperando encontrarnos con un hombre como el Che.

Se hace un largo silencio. Luego se oye un sollozo. Uno no sabe qué más preguntar.

Esta sensación de abandono, de que el Che se había ido sin ellos, mata. Joel Iglesias entró en una profunda crisis que lo llevó al alcohol, Mora se suicidó, Díaz Argüelles nunca pudo perdonar al Che que llevara a su íntimo amigo Gustavo Machín y no a él, no lo perdonó ni siquiera cuando murió en Angola deteniendo a los blindados sudafricanos años más tarde, en una epopeya que nada pide a las hazañas del Che. Ameijeiras se debate entre decir que él hubiera podido frenar los voluntarismos del Che y el dolor por no haber estado allí para frenarlos; Dreke durante muchos años se preguntó ¿qué había hecho mal en África para que no lo llevara a Bolivia? Y por más que "nada" era la respuesta, la pregunta corroe al personaje. Los Acevedo se lo siguen preguntando. Igual que su amigo Fernández Mell y Aragonés, quien sufrió una tremenda enfermedad al regreso de África que casi lo mata; Estrada al que despachó en Praga porque era muy visible, Borrego su viceministro, Oltuski, que tardó 30 años en escribir el libro en el que quería entre otras cosas contar que había mucho en lo que no estaban de acuerdo... Y cuando hablo con ellos, podría apostar la cabeza sin riesgo de perderla, afirmando que en Cuba todavía hoy, casi 36 años después de su muerte, existe un centenar de hombres y mujeres que hubieran vendido el alma al diablo por poder morir con el Che en Bolivia.

Encontraré una última foto del Che en casa de Teo Bruns, en Hamburgo; es un cartel con la leyenda: "Compañeros: Tengo un póster de todos ustedes en mi casa. Che". Se agradece el respiro, el retorno del humor ácido del que tantas veces lo practicó en vida.

Han pasado 35 años y el Che retorna una y otra vez, como en el reiterado *trailer* televisivo que alguien se olvidó de desprogramar, quizá porque como dice Manolo Vázquez Montalbán es un "sistema de señales de la insumisión". El Che produce enfrentamientos cuando tratan de poner una placa con su nombre en una de las casas en que vivió en Argentina, roban un busto suyo en Montevideo o dirige desde la imagen centenares de manifestaciones a escala planetaria cada año.

Juan Gelman, mi vecino y amigo, escribió hace tiempo: "Pero/lo serio es que en verdad/el comandante Guevara entró a la muerte/ y allá andará según se dice/bello/ con piedras bajo el brazo/soy de un país donde ahora/ Guevara ha de morir otras muertes/ cada cual resolverá su muerte ahora/el que se alegró ya es polvo miserable/el que lloró que reflexione/ el que olvidó que olvide o que recuerde".

Tras mi mesa de trabajo en la ciudad de México, una foto de Rodolfo Walsh me cuida. El novelista y cronista más importante de este continente común que no acaba de serlo, escribió en el 67, años antes de que lo asesinaran los militares argentinos: "La nostalgia se codifica en un rosario de muertos y da un poco de vergüenza estar aquí sentado frente a una máquina de escribir, aun sabiendo que eso es también una especie de fatalidad, aun si uno pudiera consolarse con la idea de que es una fatalidad que sirve para algo".

¿Cómo terminaba el poema de Gelman? El que olvidó que olvide o que recuerde.

El recuerdo.

Hay un recuerdo. Desde millares de fotos, pósters, camisetas, cintas, discos, videos, postales, retratos, revistas, libros, giras turísticas, cds, frases, testimonios, fantasmas todos de la sociedad industrial que no sabe depositar sus mitos en la sobriedad de la memoria, el Che nos vigila. Más allá de toda parafernalia retorna. En era de naufragios es nuestro santo laico. Casi treinta años después de su muerte, su imagen cruza las generaciones, su mito pasa correteando en medio de los delirios de grandeza del neoliberalismo. Irreverente, burlón, terco, moralmente terco, inolvidable.

NOTAS

Las referencias a libros, documentos, películas y artículos dadas aquí de manera sintética pueden precisarse en la bibliografía.

NOTA DEL AUTOR (pp. 9-14)

1) *Aventurero*

Una nueva ortodoxia está muy angustiada por el uso que hago de la palabra "aventurero", ver *Che un hombre del siglo xxi*, particularmente la intervencion de Marta Pérez Rolo González en la Cátedra Che Guevara en La Habana. Me remito a la definición del diccionario: "Aquel que se lanza a la acción sin medir cabalmente las futuras consecuencias de sus actos, aquel que gusta de la aventura".

CAPÍTULO 1 (pp. 15-29)

1) *Fuentes*

El mejor texto resulta sin duda las memorias de su padre Ernesto Guevara Lynch: *Mi hijo el Che*, que hay que leer con el necesario distanciamiento con el que se tiene que trabajar todo el material elaborador del santoral guevarista; repleto de anécdotas, algunas veces fuera de encuadre cronológico. Se complementa con las entrevistas que le dio a Mariano Rodríguez ("El niño de las sierras de Altagracia" en *Con la adarga al brazo*) y a Mario Mencia.

Es extraordinariamente útil el trabajo de Adys Cupull y Froilán González, *Ernestito vivo y presente*, que más allá del simplismo de algunos pies de foto y el carácter iconográfico, tiene la virtud de ser una recopilación exhaustiva de testimonios y una muy buena selección de fotografías no conocidas previamente.

Al Che sin duda le hubiera puesto muy nervioso tanta reverencia ante su infancia, es un tema del que hablaba muy poco; la única referencia en escritos posteriores aquí citada se encuentra en una carta a Lisandro Otero del 23 de junio del 63, nada autocomplaciente, que se recoge en algunas ediciones de sus obras escogidas.

Hay algunas entrevistas con su madre, que tocan el tema de la infancia y la primera juventud de Ernesto, la mejor sin duda es la realizada por Julia Constenla: "Cuando Ernesto Guevara aún no era el Che".

El testimonio de su hermana Ana María se encuentra en "Hablan la hermana y el padre del Che", publicado en la revista *ABC* de Lima. El testimonio de su hermano Juan Martín en "Mi hermano el Che" de Luis Adrián Betancourt. El de su hermano Roberto en el libro citado de Cupull y González. Su prima la Negrita, Carmen Córdoba de la Serna, testimonia en "Ernesto y los poemas de amor", una entrevista de Cupull y González publicada en *Verde olivo*.

La genealogía familiar de los Guevara y los Lynch se encuentra en el apéndice de la edición española de *Mi hijo el Che*.

Una buena recolección de testimonios de amigos de infancia puede encontrarse en el reportaje de Elio Constantín: "Por las huellas del Che en su 45 aniversario" y en el artículo de Mariano Rodríguez Herrera: "El niño de las sierras de Altagracia".

Sobre su estancia en Córdoba existe un excelente y lúcido texto escrito por Dolores Moyano Martín: "A memoir of the young Guevara", en aquellos años su vecina, y los recuerdos de Alberto Granado en "El Che y yo" en el libro colectivo *Guevara para hoy*.

Muy interesante la visión que del joven Ernesto tienen sus amigos "republicanos" españoles, los niños del exilio, Fernando Barral y José Aguilar, recogidas en las narraciones "Che estudiante" y "La niñez del Che" respectivamente.

Aportan pequeños elementos a este capítulo su acta de nacimiento, *el Atlas histórico, biográfico y militar de Ernesto Guevara*, una entrevista con Raúl Maldonado que luego fuera su estrecho colaborador; la biografía del Che escrita por JGS en la revista mexicana *Sucesos*; los artículos de Mariano Rodríguez Herrera: "Un joven llamado Ernesto"; de Aldo Isidrón del Valle y Fulvio Fuentes: "Che, niñez, adolescencia, juventud"; y los apuntes para una biografía del Che del propio Aldo Isidrón. Las referencias a sus cuadernos de adolescencia en María del Carmen Ariet: "Che, pensamiento político". La historia de la iniciación sexual de Ernesto en Anderson: *Che Guevara*.

2) ¿Un mes antes o sietemesino?

Jon Lee Anderson en *Che Guevara*, recoge una divertida versión sobre la fecha de nacimiento de Ernesto Guevara de la Serna, datándola un mes antes, el 14 de mayo. Según la confesión de Celia de la Serna a una astróloga, ella estaba embarazada de tres meses cuando se casó con Guevara Lynch y para evitar escándalos hicieron que un médico amigo en Rosario falsificara la fecha de nacimiento.

Aún cuando la historia cabe dentro de lo posible, por esto de que no me ofrecen ninguna confianza los astrólogos me mantengo en la versión ortodoxa: 14 de junio.

3) Diccionario filosófico

Son siete cuadernos, se ha perdido el cuarto. Ariet, quien fuera auxiliar de su viuda, Aleida March, tuvo acceso a estos documentos aún inéditos y cerrados para la mayoría de los historiadores y los comentó en su libro. Anderson en *Che Guevara* los cita varias veces. Un par de páginas se reproducen en *Ernestito...* El Che mantuvo estas anotaciones hasta 1955 en México, cuando tenía 27 años.

CAPÍTULO 2 (pp. 31-39)

1) Fuentes

Son pocos los materiales directos de Ernesto para esta etapa de su vida: el cuento "Angustia (Eso es cierto)", uno de sus cuadernos, el primero, sobre su viaje en bicimoto por las provincias argentinas, rescatado por su padre en *Mi hijo el Che* (que incluyó anécdotas recogidas por Guevara Lynch). Su reflexión sobre su primer contacto con la medicina en un discurso a los trabajadores del Ministerio de salud en 1960. Referencias en su libro *Diario de Viaje* y en los trabajos de Granado: *Con el Che por Sudamérica* y "El Che y yo"; Granado también entrevistado por Isidrón en "Un viaje en moto de Argentina a Venezuela".

La correspondencia y relación con Tita Infante en "Cálida presencia" y en el texto de Tita: "Evocación de ti a un año de la muerte del Che", en el epílogo de *Ahí va un soldado de América*. Castañeda recoge varias de las cartas que le escribió la Chichina y documenta la relación con una larga entrevista con ella en *La vida en rojo*. Los testimonios de Ana María, Carlos Figueroa, Juan Martín, en el trabajo de Cupull y González, *Ernestito...*

Pueden verse sus calificaciones universitarias en el apéndice de la edición española de *Mi hijo el Che*. Resultan interesantes además los trabajos de Constantín, Elmar May:

Che Guevara y Daniel James: *Che Guevara, una biografía*, y el de Cárdenas: "Médico y soldado", así como el citado de Dolores Moyano y el reportaje "Hablan el padre y la hermana del Che". Además, William Gálvez: *Viajes y aventuras del joven Ernesto.*

2) *La separación familiar.*

No hay referencias en los trabajos de Guevara Lynch a la separación de hecho entre él y Celia. Si existió ha sido ignorada en la versión del padre del Che, que se ha vuelto la versión oficial. Daniel James, quien a su vez es repetido por Elmar May, dice que los padres se separaron a causa de los conflictos económicos y la infidelidad de don Ernesto y que él puso un despacho en la calle Paraguay donde dormía, aunque pasaba con frecuencia por la casa.

Castañeda/*La vida en rojo* añade y documenta una historia previa de infidelidad del padre en Córdoba, con una mujer llamada Raquel Hevia. En una entrevista que le hace a Carmen Córdoba, ésta menciona, refiriéndose a la ambigüedad de la separación: "Era como que él se había ido, porque decidió irse, pero de pronto aparecía. Tampoco era una relación de ruptura".

Las cartas de Ernesto durante los tres años siguientes están indistintamente dirigidas al padre, a la madre, o a ambos, lo que hace suponer que vivían juntos o se veían regularmente. Aunque es cierto que Ernesto mantiene un cierta reserva con su padre, mientras que profesa un cariño sin límites a su madre. ¿Se explicaría esta diferencia por los motivos anteriores?

3) *Chichina y Castañeda*

La relación con Chichina Ferreira parece ser un tema central en la biografía del Che de Jorge Castañeda, quien llega a decir que la correspondencia, la duración, confieren a ese "amor una jerarquía del cual los demás carecen". El hecho que le dedique siete páginas de su libro cuando por ejemplo resuelve la batalla de Santa Clara en página y media, me desconcierta.

Aún así, después de leído todo lo publicado sobre el asunto, tiendo a pensar que no se trata de una relación clave en la vida del Che.

4) *Primer autorretrato*

En 1951, a los 23 años Ernesto Guevara inicia la tradición de los autorretratos fotográficos. Me parece esencial registrarlos. No sólo la manera en que se ve a sí mismo, sino la manera como se mira a sí mismo. Ceñudo, con corbata, el rostro un tanto hinchado, como si no hubiera dormido. Intenso y enfadado, ¿con la vida?

CAPÍTULO 3 (pp. 41-50)

1) *Fuentes*

El Che dejó una larga narración sobre este primer recorrido por América Latina en su libro *Notas de viaje*, que cubre la primera parte del trayecto hasta su salida del lazareto de Huambo, además en su artículo sobre Machu Picchu en la revista *Siete* de Panamá, reproducido en *Casa de las Américas*, así como fragmentos del diario sobre el que reescribiría; en el libro de su padre *Mi hijo el Che*, y la carta a Tita Infante desde Lima en *Ernestito...* de Cupull y González, donde da noticias de la primera parte del viaje.

En contrapunto la versión de Alberto Granado en su libro *Con el Che en Sudamérica* y el artículo "Un largo viaje en moto de Argentina a Venezuela".

Resultan interesantes las versiones de su padre en las entrevistas de Mencia: "Así era mi hijo Ernesto" y de Mariano Rodríguez: "Cuando el Che comenzó a recorrer nuestra América".

Su paso por Panamá está bien documentado en el libro colectivo *Testimonios sobre el Che*, coordinado por Marta Rojas. Su estancia en Colombia en el artículo de Eduardo Santa/"Mi recuerdo..." Su paso por Perú en la carta de Zoraida Boluarte al autor.

Además, aportan algunos elementos los artículos de Sanjuana Martínez: "Unidad de Latinoamérica y necesidad de armas, apuntes de su diario juvenil"; José Aguilar: "La niñez del Che"; Aldo Isidrón: "Che Guevara, apuntes para una biografía"; Dolores Moyano: "The making of a revolutionary. A memoir of young Guevara"; Julio Martí: "Mambo Tango navega el Amazonas"; y la biografía del Che escrita por JGS en la revista *Sucesos*.

Dos datos esenciales en la entrevista que me dio Marta Rojas en La Habana y en la evocación que hace Tita Infante de su amigo en el epílogo de *Ahí va un soldado de América*.

2) *Sobre el diario*

En una conversación con Jorge Castañeda me hacía notar las diferencias entre fragmentos de la versión del diario que da su padre en *Mi hijo el Che* y *Notas de viaje*. En este caso, donde él veía una manifestación de censura dolosa, yo tan sólo encuentro algo frecuente en Ernesto: la reescritura de un texto. Sus diarios siempre estuvieron pensados como un borrador para volver a trabajar. Así, hizo de su diario de guerra los materiales que luego se utilizarían como base para escribir *Pasajes de la guerra revolucionaria* y haría lo mismo en África. Entiendo, pues, que *Notas de viaje* es una reescritura del diario, tal como Ernesto dice, "a más de un año de aquellas notas", en la que por cierto se pierde la secuencia día a día que debió estar en el primero. Nuevamente, el hecho de que todos los materiales de Ernesto Guevara no se hayan publicado induce a estas confusiones. Parece ser que una nueva edición del libro acaba de aparecer (Ediciones B, Barcelona, 2002). No he tenido la oportunidad de compararla con la de Txalaparta y la original chilena. Antonio Pérez ("El Che en su revelación prehistórica") sugiere que hay una reescritura posterior del propio Guevara.

3) *Novelas rusas*

En Bogotá, en una discusión con un grupo de estudiantes, Eduardo Santa registra que se liaron en tremenda discusión sobre los clásicos rusos. Mientras el colombiano prefería *La muerte de Iván Ilich* de Tolstoi y Granado se decantaba por *Los hermanos Karamazov* de Dostoievski, Guevara se declaraba apasionado de *Sachka Yegulev* de Leonidas Andreiev, con cuyo personaje se identificaba enormemente.

Retorno a mis propias lecturas de juventud a la búsqueda de una clave y descubro sorprendido al abrir el libro esta frase en la primera página: "Cuando sufre el alma de un gran pueblo, toda la vida está perturbada, los espíritus vivos se agitan y los que tienen un noble corazón inmaculado van al sacrificio".

La novela narra la juventud de Alejandro (Sachka), hijo de un general en la Rusia zarista del fin de siglo XIX, que para exorcisar el fantasma de su represivo y desaparecido padre se une a "Los hermanos del bosque", una organización campesina que recorre la estepa incendiando las mansiones y los campos de los latifundistas y llevando el terror al viejo régimen. La historia tendrá un final trágico.

CAPÍTULO 4 (pp. 51-53)

1) *Fuentes*

El material para este capítulo procede del texto de Ernesto: *Notas de viaje*; de la cronología de Adys Cupull y Froilán González: *Un hombre bravo*; del libro de su padre: *Mi hijo el Che*; del citado trabajo de Dolores Moyano y del libro de Cupull y González, *Ernestito...* La última visita a la Chichina en Castañeda/*La vida en rojo*.

CAPÍTULO 5 (pp. 55-61)

1) *Fuentes*

Sin duda la esencial es su libro póstumo *Otra vez*, que incluye cartas y materiales relacionados. En el libro de su padre, *Aquí va un soldado de América,* se encuentra la correspondencia familiar de Ernesto y los comentarios de Calica Ferrer.

Son importantes el libro de William Gálvez: *Viajes y aventuras del joven Ernesto,* las cartas de Tita Infante en *Cálida presencia,* el artículo de Marta Rojas: "Ernesto, médico en el Perú" y el de Aldo Isidrón del Valle: "Presencia de Ernesto Guevara en Panamá". El libro de Rojo: *Mi amigo el Che,* muy impreciso en las fechas y manipulador de detalles (dice que entró a Bolivia con Ernesto lo cual no era cierto, etcétera), pero interesante porque sirve como contrapunto a más tradicionales versiones.

Algunas referencias en Hilda Gadea: *Che Guevara, años decisivos,* la cronología *Un hombre bravo,* el *Atlas histórico, biográfico y militar de Ernesto Guevara*; Aldo Isidrón: "Che Guevara, apuntes para una biografía", y el artículo de Galeano en *Violencia y enajenación.*

El primer contacto con los cubanos no debe haberle parecido a Guevara trascendente en ese momento, porque no deja registro en su diario de él. Para la versión cubana ver el artículo de Mencia: "Los primeros cubanos que conocieron al Che".

CAPÍTULO 6 (pp. 63-75)

1) *Fuentes*

La mejor información se encuentra en el diario de Ernesto, *Otra vez,* que en contrapunto con la obra de Hilda Gadea: *Che Guevara, años decisivos,* la correspondencia con su familia recogida en *Aquí va un soldado de América* y las cartas de Tita Infante en *Cálida presencia,* ofrece una visión muy detallada de esos meses.

El libro de Stephen Schleshinger y Stephen Kinzer: *Fruta amarga, la CIA en Guatemala,* es quizá la mejor reseña del golpe militar y el mundo político en el que Ernesto Guevara vivió.

Sobre Ñico López y la relación con los exilados cubanos, el artículo de Mario Mencia: "Los primeros cubanos que conocieron al Che", y el de Verónica Alvarez y Sergio Ravelo: "Símbolo de valor y fidelidad".

Aportan elementos menores el libro de Ricardo Rojo; Gálvez en *Viajes y aventuras del joven Ernesto*; Selser: "El guerrero en el recuerdo"; y los artículos de Aldo Isidrón del Valle: "Aquel joven argentino de ideas profundas", Clara Mayo: "Fue una noche de junio cuando conocí al Che" y Mario Mencia: "Un chico argentino muy atractivo llamado Ernesto", "Así era mi hijo Ernesto" y "Así empezó la historia del guerrillero heroico". Parte de estos artículos ha sido recopilada en la antología de Marta Rojas *Testimonios sobre el Che.*

El testimonio de Alfonso Bauer puede encontrarse en tres piezas: un artículo de Mencia en la revista *Bohemia*: "Por última vez", unas remembranzas del propio Bauer en *Casa de las Américas* y una entrevista de Aldo Isidrón del Valle: "Alfonso Bauer Paz y Ernesto Guevara".

2) ¿En tren hacia el sur?

No está claro si Ernesto pudo ir más allá de su intención de combatir en los últimos días del régimen de Arbenz. En los recuerdos de Romero se encuentra el siguiente testimonio, pero no se precisa si Ernesto los acompañó en ese viaje: "Un día, cuando íbamos para el frente montados en un tren, al llegar a Zacapa, un sargento del ejército nos alerta que debemos regresar rápidamente a la capital porque ya está consumada la traición". No hay ninguna mención de estos hechos ni en la correspondencia ni en el diario del Che.

3) *Pensando en Guatemala*

Hay varias referencias en los recuerdos de Hilda Gadea sobre Ernesto hablando de Guatemala en años posteriores y todas ellas registran la misma pregunta: "¿No debieron haber combatido?"

El 1 de mayo del 55, en México, Ernesto tuvo la oportunidad de hacerle la pregunta directamente al secretario del PGT, Fortuny, la respuesta ambigua no lo dejó satisfecho.

4) *El punto del viraje*

Dolores Moyano piensa que la experiencia de Guatemala convirtió a Ernesto de un escéptico en un activista; esta opinión es compartida por muchos autores que ven Guatemala como su punto de viraje político, una definición radical.

No hay duda que la experiencia lo marcó profundamente y lo acompañará el resto de su vida. Pero las indecisiones, la ausencia de lugar, la ausencia de proyecto político, seguirán acompañándolo durante un buen tiempo todavía. A fines del 55 Ernesto le escribirá a su madre que tarde o temprano se unirá al partido comunista, pero aclarará que se lo impiden sus "fantasías" de conocer Europa y que una rígida disciplina se lo impediría.

Más que un punto de viraje, un momento clave, definitorio, la experiencia guatemalteca hará madurar a Guevara y terminará su acelerado curso de latinoamericanismo.

5) *El artículo*

Las informaciones son contradictorias, o lo escribió "bajo las bombas" como dice Dalmau o lo escribió en la embajada argentina. Hilda Gadea dice que Ernesto se lo dictó; de ser así estaría escrito antes de la victoria de la contrarrevolución.

Titulado "Yo vi la caída de Jacobo Arbenz", tenía según varias versiones más de una docena de cuartillas. Se hicieron varias copias, una de ellas se envió a la Argentina, pero parece ser que todas se han perdido. El artículo terminaba con la frase "la lucha comienza ahora".

6) *Hilda Gadea y Ernesto Guevara*

John Lee Anderson (*Che Guevara*) tuvo acceso gracias al archivo del Che, que custodia Aleida March, a la versión no censurada de *Otra vez*, el diario del segundo viaje por América. De ahí algunos fragmentos del diario que hacen mención a las contradictorias relaciones amorosas de Guevara y Gadea. Me he visto obligado a traducir del inglés lo que supuestamente Anderson tradujo del español y que no aparece en la versión publicada.

Daría la impresión, con estos pequeños elementos, que mientras Hilda quería casarse pero mantenía una cierta reticencia ante los siempre cambiantes designios de futuro del argentino, Ernesto estaba interesado en una relación intelectual y sexual, pero no amorosa y no permanente. Sin embargo, no hay que olvidar que Ernesto frecuentemente sigue y busca a Hilda Gadea. Que es él quien propicia los encuentros.

(Cuando redactaba esta nota encontré una frase al margen en mis apuntes, la transcribo, dice: "Qué complicados somos los seres humanos".)

CAPÍTULO 7 (pp. 77-90)

1) *Fuentes*

La visión del Che y muchas de las anécdotas que se cuentan provienen de su diario *Otra vez* y de su correspondencia familiar de los años 54-56, consistente en cartas a su padre, madre, hermana Ana María y a su tía Beatriz, recogida por su padre en *Aquí va un soldado de América*, y de sus cartas a Tita Infante en *Cálida presencia*. El borrador del esquema de su libro sobre el médico en América Latina se conserva en el archivo que custodia su viuda Aleida March y tuvo acceso a él la historiadora cubana María del Carmen Ariet, de su libro *Che, pensamiento político* son estas referencias. Sus notas de lectura en *Ernesto Guevara sobre literatura y arte*.

El texto que reúne más información sobre la vida del Che en esos 26 meses es el de su esposa Hilda Gadea: *Che Guevara, años decisivos*; son pocas las imprecisiones, aunque se trata de una visión parcial, desde la perspectiva de Hilda, y no necesariamente desde la de Ernesto Guevara, que a veces se contradice con el contenido de las cartas del Che.

Sus fotos en México están recogidas en *Ernesto Che Guevara fotógrafo*.

Las menciones de Ernesto a su relación con Roberto Cáceres se encuentran en el artículo "El patojo" incluido en *Pasajes de la guerra revolucionaria*.

La mayor información sobre Ernesto como doctor se puede encontrar en la recopilación de Marta Rojas: *Testimonios sobre el Che*, así como en su reportaje "Ernesto, médico en México". Marta, en una entrevista que le hice en septiembre del 95 en La Habana, precisó varios detalles y me dio pistas que resultaron interesantes a la hora de armar este capítulo. Resulta también interesante por su estructura recopiladora de documentos el libro de Gálvez: *Viaje y aventuras...*

Fueron útiles la credencial de reportero de la Agencia Latina y más de dos docenas de fotografías sobre la etapa, en los archivos de revistas cubanas y en *El Universal* de México D.F.

CAPÍTULO 8 (pp. 91-120)

1) *Fuentes:*

Además de las mencionadas fuentes utilizadas en el capítulo anterior, hay también breves párrafos del Che referentes a la estancia en México en "Proyecciones sociales del ejército rebelde" y en el artículo "Una revolución que comienza".

Los poemas de Guevara que no habrían de publicarse en vida del autor pueden encontrarse en el epílogo del libro de Hilda Gadea, en *Che escritor,* de González Acosta, y en una edición de la revista *Bohemia:*

El acta de matrimonio de Ernesto Guevara de la Serna e Hilda Gadea Acosta en el registro civil de Tepozotlán con fecha 18 de agosto del 55 y el acta de las declaraciones de Guevara ante la Procuraduría general de la república, del 27 de junio de 1956, 4 hojas mecanográficas.

Cuatro textos de autores mexicanos aportan algunos pequeños, muy pocos, elementos sobre el contexto y breves informaciones sobre la estancia del Che en México: José Natividad Rosales; "¿Qué hizo el Che en México?"; Alberto Bremauntz: *México y la revolución socialista cubana*. La biografía de JGS en *Sucesos* y "Un personaje de leyenda", edición especial de la revista *Alarma*.

Hay algunos elementos interesantes en el libro de Ricardo Rojo *Mi amigo el Che*, aunque como siempre muy sesgados a la visión que el autor quiere dar de sí mismo y de su relación con el Che. En particular resulta interesante ver que habla de una conversación con Fidel en la ciudad de México, que fue imposible que se realizara porque durante la estancia de Rojo en ese segundo viaje al DF, Fidel se encontraba en gira Estados Unidos.

Las entrevistas de Mario Mencia a Alfonso Bauer y Myrna Torres, publicadas en la revista *Bohemia*, así como sus artículos: "Así empezó la historia del guerrillero heroico" y "Los primeros cubanos que conocieron al Che", aportan elementos interesantes.

La más completa versión de la visión cubana en torno al exilio y la preparación de la invasión que culminaría con el viaje del *Granma en De Tuxpan a La Plata* (que incluye dos docenas de fotos muy interesantes) y en *Cuba, revolución en la memoria* de Minerva Salado, que junto a los testimonios de los comandantes Juan Almeida (*Exilio*), Universo Sánchez (entrevista inédita con Luis Adrián Betancourt), Calixto García (en Báez: *Secretos*) y Efigenio Ameijeiras (*1956. Un año tremendo*) ofrecen una panorámica muy detallada y minuciosa. Sobre el mismo tema escribí en 1995 un trabajo titulado "El verano y el otoño del 56", que se publicó como prólogo a los diarios de combate de la Sierra Maestra de Raúl Castro y el Che Guevara. Las correcciones del historiador cubano Álvarez Tabío fueron fundamentales.

La descripción más precisa de los entrenamientos del rancho de Chalco y la preparación militar de la expedición en el libro del coronel Bayo, *Mi aporte a la revolución cubana*, en documentos conservados en el museo del Che en La Cabaña y en la entrevista de José Aguilar a García Dávila.

Hay cuatro textos escritos por Fidel en este periodo que resultan interesantes para precisar su visión, en *Bohemia*: "Sirvo a Cuba" (20 noviembre 1955), "Carta sobre Trujillo" (26 agosto 1955) y "El Movimiento 26 de Julio"(19 marzo 1955) y "El Movimiento 26 de Julio y la conspiración militar" en *Aldabonazo*, 15 mayo 1956. Estos junto con el "Manifiesto 1 del 26 de Julio al pueblo de Cuba", la biografía de Szulc: *Fidel. Un retrato crítico*, el libro de Lionel Martin: *El joven Fidel* y las intervenciones de Fidel en la larga entrevista a Gianni Miná, dan una clara idea del pensamiento político del dirigente del 26 de Julio en esos momentos y su primera relación con el Che. Sus pasos en México están cuidadosamente recogidos en el artículo de Mencia: "El exilio turbulento".

La "red mexicana" de apoyo al 26 de julio puede reconstruirse con precisión en el libro citado de Minerva Salado y en la entrevista de Ander Landáburu a Vanegas. Me fue muy útil la larga entrevista que le hice en noviembre del 95 a Antonio del Conde, "el Cuate".

Los fugaces contactos del Che en México con Arnoldo Orfila y Raúl Roa se encuentran respectivamente en sus textos "Recordando al Che" y "Che" publicados en la edición especial de *Casa de las Américas* de enero —febrero del 68.

Algunos elementos sueltos para la conformación de este capítulo en la entrevista del Che con Masetti en la Sierra Maestra dentro del libro *Los que ríen y los que lloran*, en el texto de María Cristina Mojena sobre Camilo Cienfuegos ("Camilo era mucho Camilo"), el reportaje de Eduardo Galeano "El Che Guevara" en *Violencia y enajenación* y el trabajo de María del Carmen Ariet: "Hasta vencer o morir" en la revista *Moncada*. Sobre el séptimo "cuaderno filosófico" ver Anderson/*Che Guevara*.

Son interesantes las entrevistas a Hilda Guevara Gadea realizadas por Yurina Fernández Noa y Román Orozco. Para precisar el estado en que quedaban las relaciones del matrimonio Guevara-Gadéa cuando el Che parte de la ciudad de México sostuve una larga conversación con Hilda en La Habana en febrero del 95.

Los contactos del Che con ciudadanos soviéticos pueden verse en el texto de Luis Miranda y en la biografía de Lavretski. Para los acontecimientos argentinos de fines de abril y mayo y sobre el golpe del 55, aquí tratados muy superficialmente, lo mejor que he encontrado es Julio Godio: *La caída de Perón*.

Jorge Castañeda me prestó el manuscrito de su entrevista a Gutiérrez Barrios realizada en el 95. Además, Surí: *Nadie se cansa de pelear*; Cupull y González: *Un hombre bravo*, que recoge cronológicamente toda la etapa con abudante información; Franqui: *Vida, aventuras y desventuras de un hombre llamado Castro*; Portuondo: *La clandestinidad tuvo un nombre, David*.

2) *Sobre el encuentro con Fidel*

Los historiadores y periodistas cubanos han sido muy imprecisos para fechar la primera reunión entre el Che y Fidel.

El 7 julio del 55 llega Fidel a Mérida, hace escala y de ahí a Veracruz en el vuelo 566 de Mexicana. El 8 llega a la ciudad de México. Salado fecha la entrevista en septiembre, otros en agosto, Massari en noviembre, Hilda Gadea a principios de julio, Fidel habla de "julio o agosto". Podemos decir que fue sin duda en la segunda semana de julio porque ambos ya se conocían y estuvieron juntos en la tercera semana cuando se produce el acto de los exilados en Chapultepec.

3) El traidor

La historiografía cubana ha tendido un velo sobre la personalidad del traidor dentro de las filas del 26 de Julio en México. Antonio del Conde dirá años más tarde que se trataba de Rafael del Pino; Lavretski lo identificará aportando datos más precisos: que había aceptado 15 mil dólares de la embajada cubana para venderlos. Bayo acusará a Ricardo Bonachea que había sido separado del movimiento semanas antes y en el libro de Minerva Salado se recoge la información de que Miguel A. Sánchez, "el Coreano", quien participó en los entrenamientos pero no viajó finalmente en el *Granma*, mantenía relaciones con la embajada cubana.

4) El destino del Patojo en México

Che: "El Patojo siguió su vida trabajando en el periodismo, estudiando física en la universidad de México, dejando de estudiar, retomando la carrera, sin avanzar mucho nunca, ganándose el pan en varios lugares y con oficios distintos, sin pedir nada. De aquel muchacho sensible y concentrado, todavía hoy no puedo saber si fue inmensamente tímido o demasiado orgulloso para reconocer algunas debilidades y sus problemas más íntimos, para acercarse al amigo y solicitar la ayuda requerida".

("El Patojo", en *Pasajes*...)

5) Sobre el poema

El Che no le entregó a Fidel el poema "Vámonos ardiente profeta de la aurora". Según una versión se lo entregó a Hilda en la cárcel de Miguel Schultz; según otra apareció en la maleta que le entregaron a Hilda tras su partida de México ("Me dejó su valija donde tenía su libreta de poemas"). Lo que es claro es que el Che no pensaba que su poema fuera bueno y no quería que tuviera otro destino que el de servir de recuerdo.

Años después Leonel Soto director de *Verde Olivo* lo publicó y el Che le mandó una nota indignado donde le advertía que no podía publicar nada sin permiso "y mucho menos esos versos que son horribles" (Pardo y Kutbischikova). El Che entendía que su poesía era algo privado. En otra ocasión Pardo Llada amenazó con publicar o leer por radio un poema suyo y el Che lo amenazó en broma con el paredón.

6) El diario censurado

En la primera edición de este libro, la relación Gadea-Guevara en México fue reconstruida a partir de las versiones de Hilda, los hechos narrados por terceros y las brevísimas notas de Ernesto en sus cartas a la familia. Anderson tuvo acceso, supuestamente, pues no lo precisa, a las partes censuradas del diario del Che, *Otra vez*, que los editores omitieron con la frase: "Los corchetes con puntos suspensivos indican, siempre que aparezcan en el texto, expresiones estrictamente personales". En esa versión la decisión matrimonial resulta forzada por el embarazo de Hilda Gadea. He tratado de ajustar las dos versiones y confrontarlas con otros hechos conocidos.

CAPÍTULO 9 (pp. 121-126)

1) Fuentes

El Che sólo dejó un breve testimonio al respecto en "Una revolución que comienza"; sus diarios de estos días han permanecido inéditos, aunque por el conocimiento de las entradas en los diarios de días posteriores, estas fueron muy escuetas. La narración más detallada es quizá la del artículo de Faustino Pérez, "El *Granma* era invencible como el espíritu de·sus combatientes", y el recuento de Juan Almeida en *Desembarco*.

Con el mismo título del artículo de FP: "Invencible como el espíritu de sus combatientes", hay una muy completa recopilación de trabajos sobre el *Granma* y los primeros días de la invasión rebelde publicados durante 20 años en *Verde olivo*, en ella pueden encontrarse también los mensajes del ejército batistiano respecto a la búsqueda del barco en el Golfo de México. Son particularmente interesantes las narraciones de Norberto Collado: "Una travesía heroica"; Calixto García: "Yo fui el número 15"; Leonardo Roque: "Rescate en medio del mar", y la intervención conjunta de Efigenio Ameijeiras y René Rodríguez: "Con los fusiles, los uniformes y las balas". Ameijeiras vuelve sobre los acontecimientos en un artículo: "Miedo a las ballenas" y en uno de los capítulos de su libro *1956*.

Otros testimonios interesantes de expedicionarios son los de Guillén Zelaya en la entrevista de Estela Guerra publicada en la revista *Moncada*, el de Jesús Montané en *Testimonios sobre el Che* y la entrevista a Chuchú Reyes de Alfredo Reyes Trejo: "El maquinista del *Granma*".

Fidel se refirió varias veces a los siete días de la travesía, quizá la intervención que contiene mayores detalles es su discurso del 13 de marzo de 1991.

Hay un artículo y dos libros dedicados al *Granma* particularmente interesantes: *Granma. Recuento en el xx aniversario*, editado por la revista *El Oficial*; *Granma, rumbo a la libertad* de la editorial Gente Nueva, y sobre todo el trabajo coordinado por Pedro Alvarez Tabío: *La epopeya del Granma* (con el mismo texto aunque con diferente formato la revista *Bohemia* haría una edición especial).

Los textos de los telegramas expedidos desde México en el libro de Yolanda Portuondo: *30 de noviembre* y en el artículo de N. Sarabia: "La mujer..."

En el 77 se editó una interesante recopilación titulada *Granma, compilación de documentos*.

2) *La comida dentro del barco*

Dos mil naranjas, cuarenta y ocho latas de leche condensada, cuatro jamones, una caja de huevos, cien tabletas de chocolate y diez libras de pan. Lo que habría de dividirse entre 82 hombres durante los días de la travesía.

3) *Sobre la insurrección de Santiago*

Frank País había diseñado una serie de operaciones de choque y distracción combinadas, había además ordenado que no se hicieran sabotajes entre Manzanillo y Pilón para evitar atraer a las tropas a la zona del potencial desembarco.

Entre los objetivos: tomar la estación de policía, atacar la policía marítima, cercar el Moncada, tomar la posta de Quintero y organizar una fuga de presos políticos, rescatar armas, tomar el aeropuerto en un segundo nivel y unir a los insurrectos a los recién desembarcados. La idea de una huelga general se había descartado por falta de trabajo del 26 de Julio en el movimiento obrero.

Fidel había pactado con Frank en octubre que cinco días después de la salida debería producirse el alzamiento. El cable con el aviso llegó el 27 a las 11 de la mañana. De tal manera que el alzamiento no sólo no se pospuso, sino que se adelantó un día, pensando que la noticia del desembarco podía ser bloqueada por la censura. En Santiago participaron unos 200 hombres y por primera vez se vieron en la calle los uniformes verde olivo del 26 de Julio. El ejército, la víspera tenía noticias de que se estaba preparando el alzamiento, pero no sabía cómo ni cuándo.

Durante dos horas los grupos de acción controlaron la ciudad, pero al atardecer policía y ejército se repusieron y contraatacaron. La fuga de la cárcel fue un éxito, el ataque a la estación de policía relativamente, el cerco al Moncada fracasó. El 1 de diciembre aún había francotiradores en las azoteas, pero el Movimiento se había replegado a la clandestinidad.

El mejor trabajo que conozco sobre el levantamiento del 30 de noviembre en Santiago, es sin duda el libro de Yolanda Portuondo: *30 de noviembre*, que reúne testimonios de la mayoría de los actores destacados que sobrevivieron a la revolución; sobre la personalidad del dirigente del movimiento, Frank País, resulta muy interesante la biografía de la misma autora: *La clandestinidad tuvo un nombre, David*. Otras fuentes: *Una revolución que comienza*, los artículos de Benítez y Valdés: "Vivencias de una heroica hazaña" y la entrevista a Vilma Espín: "Reflejos de una época", así como el de Castor Amador: "El desembarco del *Granma*" y el artículo anónimo en la revista *Verde olivo*, "30 de noviembre".

4) *Sobre el destino del* Granma.

Al paso de los años, el pequeño yate sobreviviría bajo el cuidado de un sargento de apellido Pantoja y la vigilancia desde la cárcel a través de amigos y parientes del timonel Collado, quien cuando salió de la prisión de la Isla de Pinos, al triunfo de la revolución, recibió la encomienda de Camilo Cienfuegos de rescatar el yate y el 8 de enero del 59, cuando Fidel entró en La Habana, le informó que el yate estaba listo.

Luego el pequeño barco dio su nombre a un diario, una provincia de Cuba y fue motivo de orgullo nacional (compartido tan sólo con otro yate, el de Hemingway en la finca de San Francisco de Paula), ganó el derecho a ser pieza histórica y ser exhibido en las afueras del Museo de la revolución, provocando en el público una y otra vez la misma pregunta: ¿Cómo le hicieron para meterse aquí 82 adultos durante 7 días?

Efigenio Ameijeiras: "Hace un tiempo se le hizo al yate *Granma* un asalto con 82 pioneros que simbolizaban los 82 expedicionarios. Sorpresivamente, no cupieron dentro, por mucho que empujaron y apretaron. Algunos niños tuvieron que subir al techo. Imagínense lo que fue venir en aquel yate recargado y con el agua por encima de la línea de flotación".

CAPÍTULO 10 (pp. 127-132)

1) *Fuentes*

El Che dedicó a este primer choque con las tropas batistianas uno de los relatos que luego fueron recogidos en *Pasajes de la Guerra revolucionaria*, titulado "Alegría de Pío", así como un par de páginas del artículo "Una revolución que comienza"; su diario ha sido recogido junto con el de Raúl en *La conquista de la esperanza*.

Una excelente descripción de la zona puede encontrarse en el artículo de Reyes Trejo y Lisanka: "Escenarios de lucha". Varios de los protagonistas han narrado sus testimonios, algunos de ellos con una notable calidad literaria, como Efigenio Ameijeiras en *1956*, Juan Almeida en *Desembarco*, Universo Sánchez en la entrevista concedida a Luis Adrián Betancourt y en la entrevista publicada por Erasmo Dumpierre en *Bohemia*; Guillermo García, Fajardo y Ponce en la narraciones colectivas registradas por Carlos Franqui en *Cuba, el libro de los 12*; Faustino Pérez en *Invencible como el ánimo de sus combatientes*, René Rodríguez en el artículo "Con los fusiles, los uniformes y las balas". En *Che sierra adentro* de Escobar y Guerra se encuentran los testimonios de Ameijeiras y el guajiro Crespo.

Los primeros contactos con los campesinos en los artículos de Benítez, "La colaboración campesina" y Reyes Trejo: "Belic: se inicia el camino hacia la liberación". Partes del ejército y versión trucada batistiana que señala la muerte de Fidel usando a la UPI como vehículo en *Sucedió hace veinte años* de Rolando Pérez Betancourt, y Franqui: *Diario de la revolución cubana*, que señala una variante en la desinformación: "Entre los jefes más destacados que cayeron en el ataque al lado de Castro figuran su hermano menor Raúl y Juan Manuel Márquez".

En el número especial de *Bohemia* "XX Aniversario", coordinado por Alvarez Tabío, además de multitud de narraciones de los participantes, contiene reconstrucciones del destino de la mayor parte de los invasores, textos militares, mapas y croquis, y una serie muy valiosa de fotos tanto de la época como de años posteriores.

2) Bajas

Curiosamente el efecto de la emboscada de Alegría de Pío, a pesar de la intensidad del tiroteo, no produce demasiadas bajas en la columna rebelde, tan sólo dos muertos en combate y probablemente un tercero, capturado herido y asesinado por las fuerzas militares. Sin embargo la dispersión será trágica, en días sucesivos otros 18 son detenidos y asesinados y 17 más son capturados.

3) La frase

La frase "¡Aquí no se rinde nadie, carajo!" ("Conocí a Camilo antes de conocerlo por una exclamación que era un símbolo"), atribuida por el Che a Camilo y más tarde incorporada a la mítica de la revolución cubana, al paso de los años se descubrió que la había pronunciado Juan Almeida, quien por pudor nunca corrigió al Che y se lo guardó bien calladito.

4) Diarios

Fidel: "Era costumbre del Che en su vida guerrillera anotar cuidadosamente en un diario personal sus observaciones de cada día. En las largas marchas por terrenos abruptos y difíciles, en medio de los bosques húmedos, cuando las filas de los hombres, siempre encorvados por el peso de las mochilas, las municiones y las armas, se detenían un instante a descansar, o la columna recibía la orden de alto para acampar al final de fatigosa jornada, se veía al Che, como cariñosamente lo bautizaron desde el principio los cubanos, extraer una pequeña libreta y con su letra menuda y casi ilegible de médico, escribir sus notas". ("Una introducción necesaria" al diario del Che en Bolivia). El Che mantuvo su diario a lo largo de toda la revolución cubana. Sólo se han hecho públicas las entradas correspondientes a los primeros meses de combate.

CAPÍTULO 11 (pp. 133-137)

1) Fuentes

El Che escribió sobre este periodo uno de los *Pasajes de la Guerra revolucionaria* titulado "A la deriva"; se cuenta además con las entradas de su diario recopiladas *en La conquista de la esperanza* y fragmentos de un artículo titulado "Camilo" escrito en el 64 y publicado después de la muerte de su amigo, así como fragmentos de "Una revolución que comienza".

Hay que seguir su historia en paralelo con la narrada por Almeida en *Desembarco*. Resultan además útiles dos artículos, el de Mariano Rodríguez, "Che en Cinco Palmas" (con el testimonio de Sergio Pérez) y "Hablan el padre y la hermana del Che". El texto de la carta en *Mi hijo el Che* de Guevara Lynch.

2) Celia y la red campesina

La historiografía cubana ha subestimado en términos generales la red de militantes agrarios creada en las estribaciones de la Sierra Maestra por Celia Sánchez. Pareciera que el accidente y el accionar natural de los errabundos insurrectos, les hubieran permitido conocer a los campesinos clave que les ofrecieron cobijo, comida y, sobre todo, guía en la zona. El propio Che no le da demasiada importancia a este factor clave.

A partir de enero de 1956 Celia Sánchez, hija de un médico de clase media, con un profundo conocimiento de las áreas rurales del municipio de Niquero por haberse criado en Pilón, una pequeña villa entre Santiago y Manzanillo en el oriente cubano, siguiendo instrucciones de Frank País comienza a preparar políticamente la zona en previsión del anunciado retorno armado de Fidel.

Apoyándose en jóvenes campesinos y en una figura patriarcal, el dirigente campesino Crescencio Pérez, un hombre que se había enfrentado a los desalojos de tierras impulsados por los caciques e instrumentados por la guardia rural, Celia va creando una red, que incluye una incipiente milicia campesina y algunos depósitos de víveres, gasolina y municiones.

Sobre la red de Celia ver: "Celia", número especial de *Moncada*; *El otro Ignacio*, de Mariano Rodríguez Herrera, una muy interesante exploración en la mentalidad y anécdotas de unos de los hijos de Crescencio que habría de sumarse a la guerrilla; y "En espera del desembarco" de Alvarez Tabío, el testimonio del propio Crescencio en *El libro de los doce* de Franqui y el artículo de José Mayo, "El primer apoyo".

3) *Camilo y la comida*

Che: "Camilo tenía hambre y quería comer, no le importaba cómo ni donde, simplemente quería comer; tuvimos fuertes broncas con Camilo porque quería meterse constantemente en los bohíos para pedir algo y dos veces, por seguir los consejos del bando comelón, estuvimos a punto de caer en manos de un ejército que había asesinado allí a decenas de nuestros compañeros. Al noveno día la parte glotona triunfó; fuimos a un bohío, comimos y nos enfermamos todos, pero entre los más enfermos, naturalmente, estaba Camilo, que había engullido como un león un cabrito entero. En aquella época yo era más médico que combatiente y le impuse un método de comida y que se quedara un día en el bohío tumbado". (*Pasajes...*)

Ameijeiras reseña que en aquellos días no era fácil comerse un cabrito, pero qué tal un caldero de arroz y gallina, que es lo que una vez hizo Camilo.

En otra ocasión Camilo enloqueció al Che, que estaba muerto de hambre, contándole cómo se preparaba la harina con cangrejo, que era la especialidad gastronómica de su mamá.

CAPÍTULO 12 (pp. 139-151)

1) *Fuentes*

Sobre esta primera etapa de combates en la Sierra Maestra el Che, *en Pasajes de la guerra revolucionaria*, incluye los capítulos "Combate de la Plata", "Combate de Arroyo del Infierno", "Ataque aéreo", "Sorpresa de altos de Espinosa" y fragmentos del capítulo "Fin de un traidor". Además un fragmento de "Una revolución que comienza", su diario de guerra recopilado en *La conquista de la esperanza* y el artículo "Camilo Cienfuegos".

El mito de los doce, de rancia resonancia evangélica, se origina en *El libro de los 12*, de Carlos Franqui, y es recogido incluso por el Che en *La guerra de guerrillas* ("12 hombres pudieron crear el núcleo del ejército que se formó").

El libro de Franqui: *Diario de la revolución cubana*, resulta esencial para esta etapa junto con *Che sierra adentro* de Froilán Escobar y Félix Guerra.

Resultan útiles además los artículos de Faustino Pérez en *Testimonios sobre el Che*, Efigenio Ameijeiras: "Dibujó con flores su sonrisa en el mar", José Afont: "El amanecer victorioso de la Plata" y los artículos de Mariano Rodríguez basados en el testimonio de Sergio Pérez: "Llanos del Infierno, la primera emboscada guerrillera", "Che en Cinco Palmas", "Por la ruta de Fidel en la Sierra Maestra" y "La Plata, la gran sorpresa de Batista". Juan Almeida ha dejado su testimonio en dos de sus libros: *Desembarco* y *La sierra*.

Aporta elementos interesantes la entrevista que le hice a Dariel Alarcón.

2) *La represión anticampesina*

El campesino que el Che ve pasar amarrado por Basol y al que los rebeldes no liberan para no delatarse, tendrá un terrible destino. Che: "Nosotros creíamos que ese campesino quedaba fuera de peligro al no estar en el cuartel, expuesto a nuestras balas en el momento del ataque; sin embargo, al día siguiente, cuando se enteraron del combate y sus resultados fue asesinado vilmente en el Macío". (*Pasajes...*)

Un día antes del enfrentamiento de La Plata el asesino Laurent había hecho de las suyas en la zona secuestrando a varios campesinos. Como una venganza por el resultado del combate, los tiró al mar amarrados en sacos para que se ahogaran.

3) *Heridos*

Che: "Siempre contrastaba nuestra actitud con los heridos y la del ejército, que no sólo asesinaba a nuestros heridos sino que abandonaba a los suyos. Esta diferencia fue haciendo su efecto con el tiempo y constituyó uno de los factores de triunfo. Allí, con mucho dolor para mí, que sentía como médico la necesidad de mantener reservas para nuestras tropas, ordenó Fidel que se entregaran a los prisioneros todas las medicinas disponibles para el cuidado de los soldados heridos, y así lo hicimos". (*Pasajes...*)

4) *Julio Zenón Acosta*

Che: "Julio Zenón Acosta fue otra de las grandes ayudas de aquel momento y era el hombre incansable, conocedor de la zona, el que siempre ayudaba al compañero en desgracia o al compañero de la ciudad que todavía no tenía la suficiente fuerza para salir de un atolladero; era el que traía el agua de la lejana aguada, el que hacía el fuego rápido, el que encontraba la cuaba necesaria para encender el fuego un día de lluvia". (*Pasajes...*)

Almeida: "Era, en fin, el hombre orquesta de aquellos tiempos. Un negro fuerte, resistente, de cuarenta a 45 años". (*La Sierra*.)

5) *Matthews*

Los artículos de Mathews en el *New York Times* del 24, 25 y 26 febrero 1957. Sobre esto: Universo Sánchez en *Testimonios sobre el Che* y la entrevista a Fajardo en *El libro de los 12*. Los ecos de la entrevista de Mathews muy bien narrados en *La conquista de la esperanza*.

Herbert Mathews pagó con creces su gran éxito periodístico. Después del triunfo de la revolución y en particular del viraje a la izquierda de Fidel en 60, Mathews se vio acosado por investigaciones senatoriales, visitas del FBI y presiones de grupos de ultraderecha. Para un testimonio más de la lógica infame de la guerra fría, ver el capítulo "Cuba and the Times" en su libro *A world in revolution*.

6) *El italiano*

Entre los expedicionarios muertos y desaparecidos se encontraba Gino Doné, "el italiano del 26 de Julio". Sobre él se han tejido multitud de rumores. Se sabía que había logrado evadir el cerco y llegar a Santa Clara donde conocería a una maestra de escuela con la que preparó un atentado que habría de fracasar. Esa maestra era Aleida March. Doné más tarde desapareció. Las leyendas le atribuían trabajos clandestinos en otras latitudes siempre ligado a la revolución cubana. Conversé varias veces con el periodista italiano Mauricio Chierici sobre Doné. Al paso de los años, haciendo gala de una tenacidad periodística notable, Mauricio lo encontró vivo en Miami y lo entrevistó en 2001. La historia parece ser más simple. Perseguido por la policía y cortadas sus relaciones con las redes del movimiento emigró a los Estados Unidos, donde vive desde entonces.

7) *De nuevo Camilo*

Che: "Chocábamos por cuestiones de disciplina, por problemas de concepción de una serie de actitudes dentro de la guerrilla. Camilo en aquella época era un guerrillero muy indisciplinado, muy temperamental". (*Pasajes...*)

Che: "Hasta ese momento no éramos particularmente amigos. El carácter era muy diferente". (Discurso en el Homenaje a Camilo, 28 octubre 1964.)

1) Fuentes

El Che dejó varias narraciones sobre esta etapa, todas ellas recopiladas en *Pasajes de la guerra revolucionaria*: "Días amargos", "El refuerzo", "Adquiriendo el temple", "Una entrevista famosa", "Jornadas de marcha" y "Llegan las armas". Además hay elementos en *Guerra de guerrillas* y "Una revolución que comienza".

La versión de la muerte de Eutimio en la entrevista inédita a Universo Sánchez de Luis Adrián Betancourt.

Resulta excelente el texto sobre marzo del 57 de Efigenio Ameijeiras en *Cuba, el libro de los 12* de Franqui. Resultan también interesantes el libro de Robert Taber: *M26, biography of a revolution* y el artículo de Joel Iglesias: "Experiencias y vivencias junto al Che".

Algunos elementos en la entrevista que le hice a Dariel Alarcón, el artículo de José Lupiáñez: "Entre versos y fusiles sobre el primer refuerzo", el libro de Guerra y Escobar: *Cinco Picos*, la intervención de Crespo en *Luchar junto al Che* y el libro de Dorschner y Fabricio: *Winds of December*.

2) El asalto a Palacio y el crimen de Humboldt

Ver: Berta Bonne: *Menelao, su lucha y acción*; Julio García Oliveras; *José Antonio*, la narración de Faure Chomón en *El libro de los 12*, y *Sangre y pillaje*, de Enrique De La Osa. Franqui/*Diario*... dedica un buen número de paginas al tema con una serie de testimonios directos muy interesantes.

Resulta interesante la carta de Franqui (detenido cuando se incauta la imprenta de *Revolución*, un poco antes del asalto) a Frank País de abril del 57, en la que establece las coincidencias en la cárcel con el Directorio y las diferencias con el PSP, porque da el clima de las relaciones entre las fuerzas revolucionarias: "Son como nosotros aparte ciertas diferencias: papel de La Habana que ellos sobrestiman y nosotros subestimamos, golpear arriba, lucha en la sierra, preocupación por el caudillismo de Fidel"; y las diferencias con el PSP: "Critican el sabotaje y la guerrilla. Dicen que hacemos el juego a los terroristas del régimen. Dicen que el 26 es puchista, aventurerista y pequeño burgués, no comprenden la naturaleza de la tiranía y no creen en la posibilidad de la revolución".

3) Debray: puro y duro

"La persona del Che no contradecía su mito; era otra y más compleja. ¿Incorruptible justiciero, héroe idealista, aventurero romántico? Ciertamente pero, ¿quién pretende que el agua de rosas lo sea romántica y que los idealistas en acción se parezcan a los Hermanos de la Caridad? Un revolucionario, había dicho antes, se mueve ante todo por un sentimiento de amor: pero su ternura personal, él la escondía como una falta. En Cuba, en el seno de la dirección, no se inclinaba del lado de los indulgentes y en los dilemas brutales de la "justicia revolucionaria" (ejecuciones o la detención de sospechosos o no), se situaba más del lado de Robespierre que del de Danton, y por supuesto jamás del lado de Fabre d'Eglantine. Al contrario de Fidel. Pero la leyenda ha distribuido de otra manera los papeles y no se puede hacer nada contra los mitos." (*Les Masques*)

4) Sobre el Vaquerito:

Che: "El Vaquerito junto con otro compañero nos encontró un día y manifestó estar más de un mes buscándonos, dijo ser camagüeyano, de Morón, y nosotros, como siempre se hacía en estos casos, procedimos a su interrogatorio y a darle un rudimento de orientación política, tarea que frecuentemente me tocaba. El Vaquerito no tenía ninguna idea política, ni parecía ser otra cosa que un muchacho alegre y sano, que veía todo esto como una maravillosa aventura. Venía descalzo y Celia Sánchez le prestó unos zapatos que le sobraban, de manufactura o de tipo mexicano, grabados. Estos eran los únicos zapatos que le servían al Vaquerito dada su pequeña estatura. Con los nuevos zapatos y un gran sombrero de guajiro, parecía un vaquero mexicano y de allí nació el nombre de Vaquerito.

"El Vaquerito era extraordinariamente mentiroso, quizá nunca había sostenido conversación donde no adornara tanto la verdad que era prácticamente irreconocible, pero en sus actividades (...) el Vaquerito demostraba que la realidad y la fantasía para él no tenían fronteras determinadas y los mismos hechos que su mente ágil inventaba, los realizaba en el campo de combate.

"Una vez se me ocurrió interrogar al Vaquerito después de una de las sesiones nocturnas de lectura que teníamos en la columna, tiempo después de incorporado a ella; el Vaquerito empezó a contar su vida y como quien no quiere la cosa nosotros a hacer cuentas con un lápiz. Cuando acabó, después de muchas anécdotas chispeantes le preguntamos cuántos años tenía. Él en aquella época tenía poco más de 20 años, pero del cálculo de todas sus hazañas y trabajos se desprendía que había comenzado a trabajar cinco años antes de nacer". (*En Pasajes...*)

5) *Andrew Saint George*

Che: "Aquella vez solamente mostraba una de sus caras, la menos mala, que era la de periodista yanqui; además de eso, era agente del FBI. Por ser la única persona que hablaba francés en la columna (en ese entonces nadie hablaba inglés) me tocó atenderlo y, sinceramente, no me lució el peligroso sujeto que surgiera en una segunda entrevista posterior, donde ya se mostraba como agente desembozado". (*Pasajes...*)

Jim Noel, el jefe de la estación de la CIA en La Habana le declaró a Dorschner y a Fabricio que ASG colaboraba con uno de sus hombres.

6) *Joel Iglesias*

Fidel no quería reclutarlo a pesar de la terquedad del adolescente, sólo tenía catorce años y decía que el enemigo los iba a acusar de estar incorporando niños. El Che intercedió por él y se encargó además de enseñarlo a leer y escribir (Joel en Giacobetti: *Che's Compañeros*).

CAPÍTULO 14 (pp. 163-171)

1) *Fuentes*

El Che ha dejado cuatro artículos de los recopilados en *Pasajes de la guerra revolucionaria* que tienen que ver con lo narrado en este capítulo: "El combate del Uvero", "Cuidando heridos", "De regreso" y "Se gesta una traición"; además le dedicó un breve fragmento de "Una revolución que comienza". Sus diarios de guerra para esta etapa aún no han sido publicados.

Sobre el combate del Uvero, la visión de Fidel en el *Diario de la revolución* de Franqui. El mejor trabajo testimonial es *Che sierra adentro* de Escobar y Guerra que reúne testimonios de Crescencio Pérez, Ameijeiras, Edelfín Mendoza, Joel Iglesias, Alfonso Zayas. Son muy interesantes el artículo de Juan Almeida: "El ataque al Uvero" y su libro *La sierra*. Además: Alfredo Reyes Trejo: "Dos ángulos del Uvero"(Escalona y el teniente del ejército Carreras), "Manuel Acuña cuenta del Uvero" (En el libro colectivo de *Verde Olivo* sobre la historia de la columna 1), Julio Martínez Páez: *Un médico en la sierra*; Guerra y Escobar: *Cinco picos*.

Sobre la columna errante, un nuevo capítulo de *Che sierra adentro* con los testimonios de Alejandro Oñate así como de los campesinos Polo Torres, Juana González e Isidora Moracén.

Son interesantes los artículos de Manuel González Bello: "Así lo cuenta David" donde da la versión del mayoral; Luis Báez, "Yo soy el oscuro teniente", con la versión del teniente batistiano Pedro Carreras; Mariano Rodríguez: "Uvero. Mayo amanece con disparos de fusiles" y Joel Iglesias: "Mis vivencias con el Che".

2) *Bajas del enemigo*

Che: "Por curiosidad estadística tomé nota de todos los enemigos muertos por los narradores durante el curso del combate y resultaban más que el grupo completo que se nos había opuesto; la fantasía de cada uno había adornado sus hazañas. Con esta y otras experiencias similares, aprendimos claramente que los datos deben ser avalados por varias personas; incluso, en nuestra exageración, exigíamos prendas de cada soldado caído para considerarlo realmente como una baja del enemigo, ya que la preocupación por la verdad fue siempre tema central de las informaciones del Ejército rebelde y se trataba de infundir en los compañeros el respeto profundo por ella y el sentido de lo necesario que era anteponerla a cualquier ventaja transitoria". (*Pasajes...*)

3) *Batista y el Che*

Al entrar al agujereado cuartel del Uvero el Che se encuentra en el suelo herido al teniente de la guarnición Pedro Pascual Carrera que le dice que lo van a matar; el Che le explica que ellos no son asesinos y que respetan a los heridos, por cierto que es el que le hace la última cura. Carrera salvará a Cilleros impidiendo que se lo lleven a Santiago y más tarde será entrevistado por Batista. De su narración: "Allí hubo un individuo que fue el que habló todo conmigo, era un jefe y me trató correctamente, a pesar de que les habíamos causado varios muertos; ese hombre no habla como nosotros y es médico. Entonces, el propio Batista interrumpiéndome dijo: ¡Ese es el Che, un renegado comunista! Y de seguido le dije, estoy seguro que devolverán a mis compañeros que se llevaron".

Entonces intervino Tabernilla:

—Cállese la boca, comemierda, que le está haciendo propaganda a esos bandidos... ya nuestros compañeros deben estar muertos.

A los tres días aparecieron los compañeros míos sanos y salvos.

4) *El Che sobre Chibás y Pazos:*

Che: "Eran dos personalidades totalmente distintas. Raúl Chibás vivía sólo del prestigio de su hermano, verdadero símbolo de una época de Cuba, pero no tenía ninguna de sus virtudes; ni expresivo, ni sagaz, ni inteligente tampoco. Lo que le permitía ser figura señera y simbólica del Partido ortodoxo, era precisamente su absoluta mediocridad. Hablaba muy poco y quería irse rápidamente de la sierra.

"Felipe Pazos tenía una personalidad propia, prestigio de gran economista y, además, una fama de persona honesta ganada por el sistema de no asaltar el erario público en un gobierno de dolo y latrocinio extremos como lo fue el de Prío Socarrás, donde ejerció la presidencia del Banco nacional. Magnífico mérito, podrán pensar, mantenerse impoluto en aquella época. Mérito quizás, como funcionario que sigue su carrera administrativa insensible a los graves problemas del país; pero ¿cómo puede pensarse en un revolucionario que no denuncie día a día los atropellos inconcebibles de aquella época? Felipe Pazos se las ingenió para no hacerlo y para salir de la presidencia del Banco nacional de Cuba, después del cuartelazo de Batista, adornado de los más grandes prestigios; su honradez, su inteligencia y sus grandes dotes de economista. Petulante, pensaba llegar a la sierra a dominar la situación, era el hombre elegido en su cerebro de pequeño Maquiavelo para dirigir los destinos del país. Quizás ya hubiera incubado la idea de su traición al movimiento o esto fuera posterior, pero su conducta nunca fue enteramente franca". (*Pasajes...*)

CAPÍTULO 15 (pp. 173-193)

1) *Fuentes*

El Che dejó varios relatos sobre esta etapa recopilados en *Pasajes de la guerra revolucionaria*: "El ataque a Bueycito", "Lucha contra el bandidaje", "Pino del agua 1", "El cachorro asesinado", "Altos de Conrado", "Lidia y Clodomira", "Se gesta una traición", "El combate de Mar Verde", "Alto de Escudero". Además resultan esenciales las comunicaciones entre Fidel y el Che registradas en el libro de Carlos Franqui *Diario de la revolución cubana* y otras reproducidas en diferentes periódicos y revistas.

La muerte de Frank País en "El más extraordinario de nuestros combatientes" de Alvarez Tabío y en el libro de Yolanda Portuondo: *Sus últimos treinta días*. El levantamiento de Cienfuegos en Franqui/*Diario* y en el libro de Prendes: *Piloto de guerra*.

Una descripción muy detallada del combate de Bueycito en los recuerdos de Armando Oliver en Mariano Rodríguez/*Las huellas*...

Aportan datos interesantes para este capítulo Juan Almeida en *Por las faldas del Turquino*, los testimonios de Guile Pardo, Harry Villegas y Zoila Rodríguez en el libro de Cupull y González, *Entre nosotros*.

Entre los recuerdos de combatientes es muy interesante el de Joel Iglesias: "En la guerra revolucionaria junto al Che", republicado como "Mis vivencias con el Che"; los de los hermanos Rogelio Acevedo en "El Che que yo conocí" y Enrique Acevedo en *Descamisado* (un excelente texto sobre la vida cotidiana de la guerrilla) y "El hombre que me hizo guerrillero"; Ameijeiras: "Dibujó con flores su sonrisa en el mar", así como el libro de Almeida: *La Sierra Maestra y más allá* y las entrevistas que hice a Leonardo Tamayo y René Pacheco.

Fundamental la segunda parte del libro de Mariano Rodríguez, *Las huellas del Che Guevara* y el artículo de Helio Vitier: "Che en Buey Arriba", así como la película de Sergio Giral, *Un relato del jefe de la columna 4*.

En las notas biográficas de Sergio Bacallao recabadas por Betancourt hay una interesante explicación desde adentro de la enorme red campesina que sostenía a la guerrilla; respecto a la red suburbana puede consultarse el libro de Oreste Adán: *El Dorado*.

Para las interioridades de las maniobras y tensiones en el exilio ver Llerena: "La revolución insospechada".

Los periodistas Walsh: "Guevara", Sarabia: "Ernesto Che Guevara, fundador del Cubano Libre" y Masetti: *Los que lucha y los que lloran*, aportan elementos sueltos.

Además: Debray: *El castrismo*...; Ana Núñez: "El Che Guevara, un hombre a través de sus anécdotas"; Javier Rodríguez: "Era muy humano..."; Roland Castillo, "Alto de Escudero"; Lázaro Torres: "Lidia y Clodomira"; Meneses: *Castro comienza la revolución*, Zúñiga: "El armero del Che", y el artículo de Carlos María Gutiérrez: "Una madrugada de febrero".

Sobre la CIA, el Che y los escritores ver *Che Guevara and the FBI*.

2) El suicidio de Roberto Rodríguez

Che: "Roberto Rodríguez, fue desarmado por insubordinación. Era muy indisciplinado y el teniente de la escuadra a que pertenecía lo desarmó ejerciendo un derecho disciplinario. Roberto Rodríguez arrebató el revólver a un compañero y se suicidó. Tuvimos un pequeño incidente debido a mi oposición a que se le rindieran honores militares, ya que los combatientes entendían que era uno más caído y nosotros argumentábamos que suicidarse en unas condiciones como las nuestras es un acto repudiable, independientemente de las buenas cualidades del compañero. Tras un conato de insubordinación, solamente se veló el cuerpo del compañero, sin rendirle honores.

"Uno o dos días antes me había contado parte de su historia y se notaba en él un muchacho de exagerada sensibilidad que estaba haciendo enormes esfuerzos por acoplarse a la vida dura de la guerrilla y, además, a la disciplina del ejército, cosas que chocaban con su naturaleza física débil y su instinto de rebeldía". (*Pasajes*...)

3) El cachorro asesinado

Che: "Todo hubiera estado perfecto si no hubiera sido por la nueva mascota: era un pequeño perrito de caza, de pocas semanas de nacido. A pesar de las reiteradas veces en que Félix lo conminó a volver a nuestro centro de operaciones una casa donde quedaban los cocineros, el cachorro siguió detrás de la columna. En esa zona de la Sierra Maestra, cruzar por las laderas resulta sumamente dificultoso por la falta de senderos. Pasamos una difícil "pelúa", un lugar donde los viejos árboles de la "tumba" árboles muertos estaban tapados por la nueva vegetación que había crecido y el paso se hacía sumamente trabajoso; saltábamos entre troncos y matorrales tratando de no perder el contacto con nuestros huéspedes. La pequeña columna marchaba con el silencio de estos casos, sin que apenas una rama rota quebrara el murmullo habitual del monte; éste se turbó de pronto por los ladridos desconsolados y nerviosos del perrito. Se había quedado atrás y ladraba desesperadamente llamando a sus amos para que lo ayudaran en el difícil trance. Alguien pasó al animalito y otra vez seguimos; pero cuando estábamos descansando en lo hondo de un arroyo con un vigía atisbando los movimientos de la hueste enemiga, volvió el perro a lanzar sus histéricos aullidos; ya no se conformaba con llamar, tenia miedo de que lo dejaran y ladraba desesperadamente.

"Recuerdo mi orden tajante: 'Félix, ese perro no da un aullido más, tú te encargas de hacerlo. Ahórcalo. No puede volver a ladrar'. Félix me miró con unos ojos que no decían nada. Entre toda la tropa extenuada, como haciendo el centro del circulo, estaban él y el perrito. Con toda lentitud sacó una soga, la ciñó al cuello del animalito y empezó a apretarlo. Los cariñosos movimientos de su cola se volvieron convulsos de pronto, para ir poco a poco extinguiéndose al compás de un quejido muy fijo que podía burlar el círculo atenazante de la garganta. No sé cuánto tiempo fue, pero a todos nos pareció muy largo el lapso pasado hasta el fin. El cachorro, tras un último movimiento nervioso, dejó de debatirse. Quedó allí, esmirriado, doblada su cabecita sobre las ramas del monte.

"Seguimos la marcha sin comentar siquiera el incidente. La tropa de Sánchez Mosquera nos había tomado alguna delantera y poco después se oían unos tiros; rápidamente bajamos la ladera, buscando entre las dificultades del terreno el mejor camino para llegar a la retaguardia; sabíamos que Camilo había actuado. Nos demoró bastante llegar a la última casa antes de la subida; íbamos con muchas precauciones, imaginando a cada momento encontrar al enemigo. El tiroteo había sido nutrido pero no había durado mucho, todos estábamos en tensa expectativa. La última casa estaba abandonada también. Ni rastro de la soldadesca. Dos exploradores subieron el firme 'del cojo', y al rato volvían con la noticia: 'Arriba había una tumba. La abrimos y encontramos un casquito enterrado'. Traían también los papeles de la víctima hallados en los bolsillos de su camisa. Había habido lucha y una muerte. El muerto era de ellos, pero no sabíamos nada más.

"Volvimos desalentados, lentamente. Dos exploraciones mostraban un gran rastro de pasos, para ambos lados del firme de la Maestra, pero nada más. Se hizo lento el regreso, ya por el camino del valle.

"Llegamos por la noche a una casa, también vacía; era en el caserío de Mar Verde, y allí pudimos descansar. Pronto cocinaron un puerco y algunas yucas y al rato estaba la comida. Alguien cantaba una tonada con una guitarra, pues las casas campesinas se abandonaban de pronto con todos sus enseres dentro.

"No sé si sería sentimental la tonada, o si fue la noche, o el cansancio... Lo cierto es que Félix, que comía sentado en el suelo, le dio un hueso. Un perro de la casa vino mansamente y lo cogió. Félix le puso la mano en la cabeza, el perro lo miró; Félix lo miró a su vez y nos cruzamos algo así como una mirada culpable. Quedamos repentinamente en silencio. Entre nosotros hubo una conmoción imperceptible. Junto a todos, con su mirada mansa, picaresca con algo de reproche, aunque observándonos a través de otro perro, estaba el cachorro asesinado". (*Pasajes...*)

CAPÍTULO 16 (pp. 195-207)

1) *Fuentes*

Sobre los acontecimientos narrados en este capítulo el Che dedica varios de sus *Pasajes*: "Lidia y Clodomira", "Un año de lucha armada" y "Pino del Agua 2", así como unas breves líneas en el artículo "Una revolución que comienza" y un discurso tras el triunfo de la revolución en la escuela de Minas del Frío.

La mejor y más documentada historia de Radio rebelde es *7RR* de Ricardo Martínez, basada en entrevistas a todos los protagonistas excepto a Franqui (cuyo papel ha sido minimizado tras su ruptura con el gobierno cubano), quien se hará cargo de la dirección de la emisora más tarde. Además: Juan Almeida: *Por las faldas del Turquino*; Franqui/*Diario*; Mariano Rodríguez: *Con la adarga al brazo*; Castillo Bernal: *La batalla de Pino del Agua*; Harry Villegas: "Recuerdos del Che"; Joel Iglesias: *En la guerra revolucionaria*...; Ramos Zúñiga: "El armero del Che"; Schlachter: "Che innovador técnico"; Chinea: "La primera armería de la guerra"; Zoila Rodríguez en *Entre nosotros*; Juana Carrasco: "Sin darle tregua al enemigo" (una entrevista con Rivalta); C. M. Gutiérrez: "El Che en lo suyo y "Conversación en la Sierra Maestra" (En Marta Rojas/*Testimonios*); Meneses: *Castro, comienza la revolución*; Rubén Fonseca: "La primera escuela del ejército rebelde"; Sarabia: "Ernesto Guevara, fundador del cubano libre"; Mayra Mendoza/*Anecdotario*; Giacobettui: *Che´s Compañeros,* y los dos libros de Escobar y Guerra: *El fuego...* y *Che sierra adentro*.

Me resultó muy útil la entrevista que le hice a Jesús Parra.

2) *La dirección del Movimiento 26 de Julio en versión del Che:*

"En la etapa de preparación, hasta que Fidel partió para México, la Dirección nacional estaba compuesta por el mismo Fidel, Raúl, Faustino Pérez, Pedro Miret, Ñico López, Armando Hart, Pepe Suárez, Pedro Aguilera, Luis Bonito, Jesús Montané, Melba Hernández y Haydée Santamaría, si mi información no es incorrecta, ya que en esta época mi participación personal fue muy escasa y la documentación que se conserva es bastante pobre.

"Posteriormente, por diversas incompatibilidades fueron separándose de la Dirección Pepe Suárez, Pedro Aguilera y Luis Bonito y, en el transcurso de la preparación de la lucha, entraban en la Dirección nacional, mientras nosotros estábamos en México, Mario Hidalgo, Aldo Santamaría, Carlos Franqui, Gustavo Arcos y Frank País.

"De todos los compañeros que hemos nombrado, llegaban y permanecían en la sierra, durante este primer año, Fidel y Raúl solamente. Faustino Pérez, expedicionario del *Granma*, se encargaba de la acción en la ciudad, Pedro Miret era apresado horas antes de salir de México y quedaba allí hasta el año siguiente en que llegaría a Cuba con un cargamento de armas, Ñico López moría en los primeros días del desembarco, Armando Hart estaba preso al finalizar el año que estamos analizando (o principios del siguiente), Jesús Montané era apresado después del desembarco del *Granma*, al igual que Mario Hidalgo, Melba Hernández y Haydée Santamaría permanecían en la acción de las ciudades, Aldo Santamaría y Carlos Franqui se incorporarían al año siguiente a la lucha en la sierra, pero en 1957 no estaban allí, Gustavo Arcos permanecía en México en contactos políticos y de aprovisionamiento en aquella zona, y Frank País, encargado de la acción en la ciudad de Santiago, moría en julio de 1957.

"Después, en la sierra, se irían incorporando: Celia Sánchez, que permaneció con nosotros todo el año 58, Vilma Espín, que trabajaba en Santiago y acabó la guerra en la columna de Raúl Castro, Marcelo Fernández, coordinador del Movimiento, que reemplazó a Faustino después de la huelga del 9 de abril y solamente estuvo con nosotros algunas semanas, pues su labor era en las poblaciones, René Ramos Latour, encargado de la organización de las milicias del llano, que subiera a la sierra después del fracaso del 9 de abril y muriera heroicamente como comandante en las luchas del segundo año de guerra, David Salvador, encargado del Movimiento obrero.

"Además, se incorporaron tiempo después algunos de los combatientes de la sierra, como Almeida.

"Como se ve, en esta etapa los compañeros del llano constituían la mayoría y su extracción política, que no había sido influenciada grandemente por el proceso de maduración revolucionaria, los inclinaba a cierta acción 'civilista', a cierta oposición al caudillo, que se temía en Fidel, y la fracción 'militarista' que representábamos las gentes de la sierra. Ya apuntaban las divergencias, pero todavía no se habían hecho lo suficientemente fuertes como para provocar las violencias que caracterizaron el segundo año de la guerra". (*Pasajes...*)

3) La CIA y el Che

Un reporte de la CIA fechado en marzo y distribuido al mes siguiente, describe al Che como un ultranacionalista latinoamericano y simpatizante comunista, registra su extremada popularidad y el hecho de que siempre ande cargado de papeles. En esa época tranquila de la guerrilla describe uno de sus días de la siguiente manera:

"Se levanta a las siete de la mañana, vaga por el campamento jugando con un perro hasta que toma un té. El trabajo de escritorio es relativamente pesado para un campamento guerrillero, arbitra conflictos que van desde resolución de demandas campesinas hasta casos de indisciplina, incluso traición. Se retira hacia las nueve, cuando enciende una lámpara de carburo y se va con su cigarro a leer a Martí". (*Che Guevara and the FBI*)

4) El regaño de Fidel

La campesina Elida Machado (Rodríguez/*Las huellas*) registra un regaño que el Che sufrió en el Platanito a manos de Fidel por arriesgarse demasiado:

Fidel estaba muy disgustado y le dijo al Che:

—¿Tú estás loco? ¿Cómo te metes donde te pueden acorralar y matarte?

(...) El Che caminaba de un lado a otro y no decía nada.

CAPÍTULO 17 (pp. 209-215)

1) Fuentes

Sobre esta etapa, el Che dejó dos narraciones en sus *Pasajes de la guerra revolucionaria*; "Interludio" y "Una reunión decisiva". Hay menciones a la huelga de abril en "Notas para el estudio de la ideología de la revolución cubana" y en su prólogo al libro *El partido marxista leninista* así como en "Una revolución que comienza".

Sobre la huelga de abril es muy importante el capítulo que Franqui le dedica en *Diario de la revolución cubana* y el capítulo escrito por Rodríguez Loeches en *La sierra y el llano*. Son fundamentales las páginas de Ameijeiras en *Más allá de nosotros*, la entrevista a Faustino Pérez realizada por Mirta Rodríguez Calderón titulada "Semillas de fuego" y otro de sus trabajos, "Anverso y reverso de una página de lucha".

Otros elementos útiles para este capítulo en el citado manuscrito de Sergio Bacallao, "*Che sierra adentro*" de Guerra y Escobar, el artículo de Milagros Escobar: "Guerrilleros", el libro de Yolanda Portuondo: *El sacerdote comandante*, Guerra: "Camilo Cienfuegos. Un tránsito fulgurante", Enrique Acevedo en Báz/*Secretos*, Masetti/*Los que luchan y los que lloran* y Gálvez: *Camilo, señor de la vanguardia*.

2) Pelear de pie

El campesino Misael Enamorados (Mariano Rodríguez/*Las huellas*) narra una de las escaramuzas del Che con las tropas de Sánchez Mosquera de las que el Che no registra en *Pasajes...* (quizá se trate de otra versión de la historia del salvamento de las vacas):

"Che ordenó:

—Ni cruzando por encima de nosotros pueden pasar.

"Ahí fue cuando me entró un temblor en las piernas que no podía dominar. Sencillamente tenía miedo. Tremendo miedo porque conté a los guardias y eran once... ¡A tiro de fusil estaban! Por eso los pude contar uno por uno. Once contra tres y en aquel potrero perdido entre las alturas... ¡Del carajo! Fíjese si estábamos cerca de ellos, que oímos clarito como uno de los guardias decía:

—¡Cógele la yegua al Che (no era yegua sino caballo) fulano! ¡Che hijo de puta! ¡So pendejo!

Y cuando oigo eso, escucho la voz de otro rebelde que le grita al Che:

—¡Tírese al suelo, Che, que lo van a matar!

—¿Y sabe por qué lo decía? ¿Se lo figuran siquiera? ¡Pues porque el Che estaba combatiendo de pie, tirándole a los guardias de pie! ¡Qué cojones tenía ese argentino! Yo era la primera vez que lo veía combatir. Por eso no sabía que él peleaba de pie a veces, cuando le salía de adentro.

CAPÍTULO 18 (pp. 217-226)

1) *Fuentes*

El Che dejó tan sólo unas líneas sobre esta etapa en "Interludio", recopilado en *Pasajes...* y en "Una revolución que comienza". Algunas de sus comunicaciones a Fidel en el archivo de Betancourt. Hay elementos en su carta a Sergia Cordoví y en el discurso de "La escuela de Minas del Frío".

Los mejores textos para reconstruir este periodo aún poco estudiado por la historiografía cubana son los capítulos 14 y 15 del *Diario de la revolución cubana* de Franqui; el estudio de Efigenio Ameijeiras; "Las guerras no se ganan en el último combate" (paradójicamente Ameijeiras no participa en estos combates, pues se encuentra al mando de una columna en el segundo frente), y la media docena de artículos de combatientes en el libro colectivo *El alma de la revolución*.

Una interesante versión desde el punto de vista del ejército batistiano en *La batalla del Jigüe* de Quevedo, que comandaba el batallón 18, y la del recién incorporado a la guerrilla Evelio Laferté en el libro de Mariano Rodríguez, *Abriendo senderos*.

He podido consultar una grabación del detalladísimo informe de Fidel en Radio rebelde de los días 18 y 19. Del mismo, el discurso en el xx aniversario de la muerte del Che.

Para anécdotas particulares los libros de Julio Martínez Páez, *Un médico en la sierra* y el de Almeida: *La Sierra Maestra y más allá*, así como las versiones de Villegas y Laferté en *Entre nosotros* de Cupull y González y *Cómo llegó la noche* de Huber Matos. Nadie transmite mejor la sensación de caos vivida por los guerrilleros de base que Enrique Acevedo en *Descamisado*.

Sobre el PSP: Carlos Rafael Rodríguez: "Cómo vi surgir en la sierra nuestro ejército rebelde"; los libros de Draper, Thomas y Darushenko y la entrevista que le hice a Jorge Risquet.

Resultan además interesantes el libro de Ramiro Abreu: *En el último año de aquella república*, que ofrece la visión más concentrada del periodo; *7RR* de Ricardo Martínez, con especial énfasis en Radio rebelde, la entrevista de Reyes Trejo a De la O en *Recuerdos del Che*; la entrevista de Josefina Ortega con los hermanos Del Río; *Che sierra adentro* de Escobar y Guerra, *Camilo, señor de la vanguardia* de Gálvez y "Camilo Cienfuegos, cronología de un héroe".

2) *El Che en versión de un espía*

"Elegante, brillante, mucho más inteligente que Fidel. Che es un comunista o en mis dos años de estudio de personalidades comunistas, yo nunca he visto una. Su comandancia tiene todos los lujos de la ciudad. Un refrigerador de kerosene, una cocina de kerosene, comidas especiales, tabacos Uhpman, cocacolas, vinos y un amplio surtido de mate. Duerme en una cama confortable (...) Che ama la autoridad (...) En contraste con Fidel, Che es un hombre débil. Castro camina millas cada día. Che nunca camina, usa *jeep* o mulo. Castro es un hombre de gran coraje. Che tiene poco coraje pero es un gran actor y ha estudiado

754

la bravuconería. Pretende leer mientras la aviación ametralla su casa," (Nota de Richard Tullis, un espía batistiano que se infiltró en la Sierra Maestra. Archivo LAB)

3) *La colectivización de la sopa*

Evelio Laferté: "Hicimos noche en Minas del Infierno. Veníamos calados por la lluvia y el gallego de Minas del Infierno preparó comida. Tenía creo que un guanajo, y agarró las patas, las alas, los menudos e hizo un sopón al que le echó un poco de arroz. Para lo que él llamaba los oficiales del estado mayor preparó un fricasé. Y el Che que se da una vuelta por la cocina, ve aquello y le dice:

"—¿Ven acá, Gallego, qué estás haciendo aquí?

"—Un sopón para los muchachos que están húmedos de la lluvia.

"Y el Che pregunta:

"—¿Y este fricasé, Gallego?

"—Es para ustedes los oficiales".

Todos saben lo que pasó, la reacción del Che: cogió la cazuela con aquel fricasé, lo echó todo dentro del caldero donde se hacía el sopón y le dijo cuatro o cinco barbaridades al gallego. La palabra guataquería, lambisconería en México, adulación, servilismo en España, registraba un pecado mayor en el decálogo del Che y era una de sus favoritas para fustigar al personal.

4) *Los comunistas*

Durante la ofensiva, un poco después del 21 de julio, había llegado a la sierra Carlos Rafael Rodríguez, el primer miembro del comité central del PSP que lo hacía, para anunciarle a Fidel el apoyo del partido. Su visita era el resultado del triunfo de una línea de colaboración con el 26 de Julio (que él representaba junto con Aníbal Escalante) contra la línea que calificaba a Fidel y los insurreccionalistas de "aventureros pequeñoburgueses" (representada por Blas Roca y Arnoldo Milián).

Este debate en la cúpula dirigente del PSP lo indican comportamientos contradictorios: tras haber mantenido al 26 de Julio durante el primer año de rebelión bajo una fiera crítica política, en febrero del 58 el partido (o un sector de él) había ordenado a algunos cuadros que se sumaran a la lucha armada (Acosta y Rivalta, por ejemplo) y un mes más tarde había orientado a los cuadros agrarios del PSP en Oriente que colaboraran con la guerrilla, pero en junio, un mes antes, había editado un manifiesto llamando a dejar la lucha armada.

El 26 de julio Carlos Rafael se encuentra a Fidel en la batalla de Santo Domingo. Fidel le dice que lo acompañe a la zona de combate y le debe haber encantado que se tirara al suelo cuando empezaron a zumbar las balas. No hay registro conocido de los elementos tratados en esa reunión, pero cuando Carlos Rafael regresó en agosto a la Habana comenzó a movilizar a las redes del PSP en Camagüey y Las Villas para apoyar la futura invasión que lanzaría el ejército rebelde hacia el occidente de la isla.

CAPÍTULO 19 (pp. 227-249)

1) *Fuentes*

Se conocen dos textos del Che sobre la invasión, las cartas-informes enviadas a Fidel (del 8 y 13 de septiembre y 23 de octubre del 58), que bajo el título "Sobre la invasión" han formado parte de la mayoría de las ediciones de *Pasajes de la guerra revolucionaria*, y un fragmento extenso del artículo "Una revolución que comienza". Asimismo existen algunas notas del Che dirigidas a Camilo durante la marcha paralela de ambas columnas y la carta que le envía a Faure Chomón al llegar al Escambray, así como un fragmento del discurso que el Che pronuncia en la escuela de Minas del Frío en el 63, una nota a Ángel Salgado del 9 de septiembre del 58 y las actas de su intervención en una reunión bimestral del consejo de dirección del Ministerio de industria del 5 de diciembre del 64.

Anderson/*Che Guevara* cita el diario del Che correspondiente a esa época, que aún permanece inédito, pero las citas no son significativas.

La más completa reseña sobre la invasión y la columna 8, por ser de una gran precisión y detalle, es la de Joel Iglesias en el libro: *De la Sierra Maestra al Escambray*. El mismo autor aporta nuevos datos en la entrevista de Alfredo Reyes Trejo, "Mis vivencias junto al Che", y en sus artículos, "En la guerra revolucionaria junto al Che" y "La emboscada de cuatro compañeros".

Las órdenes de Fidel al Che y Camilo en Franqui/*Diario. 7RR* de Martínez reproduce un interesante informe sobre la invasión junto con otros materiales.

Existe un documento sobre la columna 8 y la invasión elaborado por el Departamento de historia de las FAR que tiene la virtud de haber sido revisado por la mayoría de los cuadros invasores, pude leerlo gracias a la gentileza de uno de ellos y compararlo con mi versión. Además, pude entrevistar a cuatro de los invasores: Leonardo Tamayo, Fernández Mell, Rivalta y Parra.

La visión subjetiva más interesante es sin duda la del entonces adolescente Enrique Acevedo en su libro "Descamisado", y en su artículo "Los últimos días en la Sierra Maestra"; lamentablemente sólo llega hasta el encuentro de La Federal donde resulta herido. Su hermano y jefe de pelotón en aquellos momentos, Rogelio Acevedo, aporta sin duda más elementos en sus artículos, "La Federal" y "El Che que yo conocí" y en la entrevista que le hace Báz en *Secreto de generales*. A su lado está la muy precisa visión del doctor Fernández Mell en los artículos: "La sierra, la invasión, Las Villas" y "De las Mercedes a Gavilanes". Son interesantes los aportes de Pablo Rivalta entrevistado por Juana Carrasco, Leonardo Tamayo, tanto en la entrevista de Katia Valdés como en su artículo "Luchar junto al Che", y Harry Villegas ("Recuerdos del Che"), Alfonso Zayas entrevistado por Luis Pavón ("Cumpliendo la misión del comandante en jefe"), así como el artículo de Eliseo Reyes: "Desde las Mercedes hacia Las Villas".

Hay tres trabajos contemporáneos, el de Emilio Surí sobre San Luis: *El mejor hombre de la guerrilla*; el de Larry Morales sobre El Vaquerito: *El jefe del pelotón suicida*, y una visión militar bastante precisa en el folleto del coronel Alberto Ferrera: "El comandante Ernesto Guevara y la invasión de Las Villas".

Entre las crónicas generales sólo vale la pena mencionar, porque aportan algunos pequeños elementos, las de Aldo Isidrón del Valle: "La victoriosa marcha hacia el Escambray, brillante proeza militar y revolucionaria" y "La invasión" en *Bohemia,* y el artículo de Mariano Rodríguez: "La invasión, epopeya de gigantes".

Son útiles los artículos de Mariano Rodríguez Herrera publicados en *Bohemia* en el 82 para comprender la geografía de las zonas recorridas. Sobre los papeles descubiertos por el ejército en las mochilas perdidas en La Federal ver la "Circular del mayor general Díaz Tamayo" del 30 septiembre 58 y el artículo distribuido por el ejército en folleto de la revista *Gente*: "Desaliento y comunismo dentro del 26 de Julio".

La invasión en la perspectiva de la columna de Camilo en el informe de éste a Fidel y en los libros de William Gálvez: *Camilo, señor de la vanguardia* y Guillermo Cabrera Alvarez: *Hablar de Camilo*, así como en su artículo "Operación caja de tabaco".

La espera del Directorio en Faure: "Cuando el Che llegó al Escambray", "Che en el Escambray", en la entrevista que le hizo Betancourt y en el artículo de Casañas: "Che, una de sus proezas militares".

Además: Zoila Rodríguez en *Entre nosotros*, y el artículo "Invasión" en la revista *Bohemia*.

2) ¿Cuántos eran? ¿Cuántos sabían leer?

Las fuentes no se ponen de acuerdo en el número de invasores y se cita 142 o 144, el número crecerá y decrecerá a lo largo de los días de la marcha. Tampoco hay precisión en el carácter de analfabetas de algunos, el Che dice que el 90% pero otros datos hacen bajar la cifra al 52%, aunque la mayoría de los alfabetizados lo habían sido de una manera muy rudimentaria, algunos como Joel o Edilberto del Río (bautizado por el Che como "Analfabético", en la misma Sierra Maestra).

Edilberto del Río: "Una vez el Che me mandó a buscarle un libro y no sabía leer y se lo llevé al revés y al llegar le digo: Che, esto yo no sé lo que dice, esto está escrito en inglés y Che me contestó: *Analfabético, si lo tiene puesto al revés*. Y desde este mismo momento me puso el sobrenombre de Analfabético".

3) *Destino de mujer*

Zoila Rodríguez García y el Che no se vuelven a ver hasta el final de la revolución cuando el Che retorna a Las Mercedes unos meses antes de marcharse de Cuba. "Estuvimos conversando", dirá escuetamente Zoila.

4) *Los cuadros de la invasión*

Manuel Hernández Osorio. Nacido el 17 marzo de 1931 en el Diamante, un barrio en las afueras del poblado de Santa Rita, en Oriente (Santiago), hijo de un español, canario, campesino, y de una mulata hija de la dueña de una bodeguita. Un joven que está siempre sobre los lomos del caballo, con energía tremenda oculta bajo un físico de flaco desgarbado. Machetero, carretillero en las minas de Charco Redondo, fundador ahí del 26 de Julio, ladrón de dinamita. Decide alzarse, se va a buscar a los rebeldes a la sierra con un grupo, sus amigos se desesperan, él persiste y acaba encontrándose a una patrulla que para probarlo le dice que son una tropa de Batista.

—Mala suerte, porque yo vine a alzarme con Fidel Castro.

Mark Herman. Muy poco se sabe, mucho menos se ha contado, de este enigmático personaje, quien se diluye al termino de la revolución cubana, y cuyo nombre aparece indistintamente como Mark Herman, Herman Marks o Herman March. Se dice que había combatido en Guadalcanal durante la segunda guerra mundial y había sido herido. Durante los primeros meses del 58 fue instructor en la escuela de reclutas del Che en Minas del Frío. Parece ser que era un personaje antipático y rigorista que hacía poca gracia a la tropa. Sin embargo el Che debería tenerle mucha confianza para darle un puesto clave en la invasión.

Harry Villegas: "Había sido combatiente en la guerra de Corea. Era una gente que tenía dominio de la táctica y lo pusieron a entrenarnos. Muy exigente, déspota y además glotón. Un gran hijo de puta. Le teníamos un odio del carajo". (en *Secretos de generales*)

Enrique Acevedo cuenta que el personaje reapareció al final de la revolución en La Cabaña y que se presentaba voluntario para formar parte de los pelotones de fusilamiento. Añade el dato de que alguien decía que habia estado preso en una cárcel de Atlanta y que "al final, un año después (1960), nos traicionaría" (*Guajiro*).

Borrego en Anderson/*Che*, registra su aparición en los pelotones de fusilamiento, dice que era un hombre de unos 40 años, solitario, sádico.

Joel Iglesias: "Al triunfo de la revolución fue ajusticiado a causa de sus actividades contrarrevolucionarias". (*De la Sierra Maestra al Escambray*).

Enrique Acevedo en sus memorias (*Guajiro*) hace mención de un personaje poco conocido que acompañó a la columna del Che, se trata de Hugo Díaz Escalona: "Se enroló en la columna 8 en medio de una de sus crisis místicas, formó parte de la jefatura del Che cargando documentos y la cámara fotográfica del argentino. En una etapa crítica, cuando muchos desfallecían en los pantanos del sur de Camagüey, su presencia significaba unas palabras de aliento para el abatido. A los maltrechos los ayudó. En su poco tiempo de descanso recorrió los pelotones curando pies llagados por la terrible mazamorra, como buen samaritano ni una sola de las jornadas dejó de cumplir esa tarea que él mismo se impuso. A pesar de no llevar armas por sus convicciones religiosas, su imagen se acrecentó ante los ojos de los dolientes. Al final de la ofensiva de Las Villas, de forma sorpresiva tomó un fusil y combatió".

1) Fuentes

Afortunadamente existe multitud de intervenciones del Che por escrito que cubren esta etapa, por un lado fragmentos de "Un pecado de la revolución" que suele publicarse como anexo de *Pasajes*..., por otro lado dedica a esta etapa fragmentos del artículo "Una revolución que comienza". Además existen abundantes notas enviadas a Faure Chomón y a Fidel Castro (varias de éstas se muestran en el trabajo de Rosado), y en Franqui/*Diario*, se encuentra el informe sobre la ofensiva batistiana de noviembre-diciembre.

Buena parte del material lo había reunido previamente en mi libro: *La batalla del Che, Santa Clara*.

La entrevista radial con Camilo y la de Radio rebelde se encuentra completa en *Días de combate* y hay versiones fragmentarias en *Diciembre del 58* y en Franqui/*Diario*.

Son esenciales los recuerdos de Faure Chomón, que recogió en dos artículos: "Cuando el Che llegó al Escambray" y "El Che en el Escambray" y sobre todo en una entrevista inédita, la que le hizo Luis Adrián Betancourt y éste me prestó en versión mecanográfica.

La visión de Enrique Oltuski en la entrevista que le hice en febrero del 95, en la larga entrevista incluido en el libro de Gálvez: *Camilo, señor de la vanguardia*, en su libro *Gente del Llano* y en su artículo del mismo título. La visión de Bordón en la entrevista de Isidrón: "Che: ejemplo de moral revolucionaria, audacia y modestia", y en el testimonio recogido por Gálvez.

Las observaciones de los campesinos de la zona en la entrevista de Navarro con un anónimo personaje y en los trabajos de Mariano Rodríguez Herrera: "Por la ruta invasora del Che. De Gavilanes al Pedrero", Roberto Orihuela: "Nunca fui un traidor", y Juan Sánchez: "El Pedrero en el camino del Che, reportaje en dos tiempos".

La mejor visión de conjunto en los trabajos de Fernández Mell y en el artículo de Enrique Buznego y Luis Rosado Eiro: "Estrategia del Che en las Villas".

El combate de Güinía de Miranda puede reconstruirse gracias a los testimonios de Parra, Figueredo, Argudín, en los trabajos de Rosado Eiró: "Güinía de Miranda"; Isidrón: "Güinía de Miranda, primera victoria de la columna 8 en el frente de Las Villas"; Fernández Mell: "La campaña del Che en las Villas".

Sobre el pacto del Pedrero y las relaciones entre el Che y el Directorio, a más de los trabajos de Faure Chomón citados, la entrevista a Víctor Dreke de octubre-noviembre-diciembre del 91 para *El año en que estuvimos en ninguna parte* y su libro *De la sierra del Escambray al Congo*; el artículo de Luis Sexto: "El pacto reiterado" y el libro de Enrique Rodríguez Loeches: *Bajando del Escambray*. Para una versión del II Frente, Max Lesnik: "10 de noviembre, Escambray heroico"; entrevistas de William Morgan con Llano Montes en la revista *Carteles* y las "Declaraciones" de Eloy Gutiérrez Menoyo para el programa *Testimonio*, Radio Martí, noviembre 1988.

Sobre las sesiones fotográficas de Tirso en el Escambray los artículos de Clara Velis: "Che y una vieja cámara" y González Bello: "Fotos a Tirso". El mejor material gráfico sobre la época está recogido en un artículo de *Cuba Internacional* titulado "Guerra en el Escambray".

La presencia de Camilo con el Che en la contraofensiva en el libro citado de Gálvez. Sobre la emisora de la columna 8, el libro de Ricardo Martínez: *7RR*. Sobre la base de Caballete de Casa la entrevista con Pablo Rivalta de Juana Carrasco y el libro de Abreu.

Además, Joel Iglesias: "Sobre la invasión", Leonardo Tamayo: "El Vaquerito y el pelotón suicida", Giacobetti/*Che's Compañeros*, Hugh Thomas: *Cuba, la lucha por la libertad*.

2) Víctor Bordón

Bordón era un obrero azucarero de 28 años que se había alzado desde finales del 56 para huir de la represión, y al que el 26 de Julio en Las Villas no había logrado articular en su proyecto insurreccional. Tras el desastre de la huelga de abril, Enrique Oltuski, el nuevo coordinador provincial, había establecido la guerrilla en el Escambray, en relaciones poco claras con el II Frente (subordinación militar pero presencia en el estado mayor del Frente). Bordón había pasado todo tipo de penurias, su guerrilla había sido hostigada por el II Frente que incluso asaltó un campamento para quitarle armas y luego lo habían mantenido cuatro días detenido al inicio de octubre cuando fue a reclamar. Una amenaza de Camilo al llegar a las Villas hizo que lo liberaran.

3) *Directorio revolucionario 13 de Marzo*

Tras la derrota del ataque a Palacio nacional y la sangría de cuadros, el DR se reconstruye. Se produce el desembarco de Nuevitas y se crea el frente armado en Las Villas. A causa de una escisión nace el II Frente del Escambray. Reinician las acciones en La Habana.

Más allá de las fuentes mencionadas, ver: "Historia del II Frente nacional del Escambray", *13 de marzo, asalto al Palacio presidencial*. El testimonio de Guillermo García en el trabajo de Sexto: "El pacto reiterado"; Julio Crespo: *Bandidismo en el Escambray* y Castelló: "Segundo frente nacional del Escambray, negación del ejército rebelde".

Anderson/*Che*, recoge, de los diarios aún no publicados, una crítica visión previa del Che del Directorio en la etapa del ataque a Palacio, cuando los califica como "terroristas".

4) *El II Frente*

Resulta extremadamente difícil elaborar una visión objetiva del II Frente del Escambray. Las fuentes guevaristas, y en particular las cercanas al Directorio, pintan una versión en negro sin el blanco del grupo dirigido por Eloy Gutiérrez Menoyo. Se sabe que las tensiones de GM contra Fidel tienen su origen en la universidad y que GM llamaba durante la etapa de la sierra "ñángaras" a Fidel y al Che, el apodo despectivo usado para los comunistas.

Militarmente el II Frente no tuvo una actividad muy destacada. En su historia oficial reportan algunas escaramuzas con el ejército, no más que eso, en Río Negro, Charco Azul, La Diana, a pesar de la versión que suele dar Gutiérrez Menoyo de que cuando "llegaron las tropas del Che Guevara encontraron un territorio liberado".

Oltuski: "Ellos siempre se consideraron los dueños de la provincia de Las Villas. Siempre pensaron que en determinado momento del proceso revolucionario, dominarían la provincia de Las Villas y, al triunfar la revolución, emergerían como una fuerza poderosa, con la que habría que contar".

El Che en sus trabajos no menciona las relaciones con GM durante la etapa de Las Villas, aunque hay constancia de varios encuentros, por ejemplo la descrita operación en que lo acompañaba en Placetas, o una reunión en la que aparecen dándose la mano que registraría al fin de la revolución el número especial de *Bohemia*.

José Ramón Herrera me contó que el Che había hecho lo indecible para mantener buenas relaciones con el II Frente, que una ocasión fueron a dar a sus manos 100 Remingtons, que había metido por la costa Nazario Sargent y que estaban destinados al II Frente y se los devolvió a Menoyo: "*No son nuestros*".

En el proceso de corrección de esta edición, me comentan que en las memorias de Gutiérrez Menoyo, que serán pronto editadas, se cita una carta de éste, donde cuenta que Fidel regañó al Che por haber preferido la alianza con el Directorio. Es posible que en principio la visión de la Sierra Maestra, viera al II Frente como más sólido y confiable.

Jorge Castañeda, en *La vida en rojo*, muy dado a dar por buenas las visiones heterodoxas de la revolución cubana, por inconsistentes que sean, se apega para narrar esta historia a la versión de Gutiérrez Menoyo, obtenida en una entrevista con él en Miami, y ofrece una visión de colaboración estrecha entre la columna 8 y el II Frente, que a mi parecer, basado en otras decenas de testimonios, no existió.

5) Enrique Oltuski

A fines del 57 la policía de Santa Clara desmembró, gracias a una delación obtenida bajo tortura, a la dirección regional de Las Villas del 26 de Julio y todos los cuadros claves fueron detenidos. El M26, desde La Habana, comisionó para reconstruir la organización en toda la región a Enrique Oltuski. Hijo de emigrantes ucranianos, estudiante en Estados Unidos de ingeniería, miembro de una fraternidad latinoamericana, martiano. "Incluso cuando regresé de Estados Unidos, me remordía la conciencia, mis compas luchaban y morían en Cuba, yo vivía muy bien en Estados Unidos y todos los días me decía que tenía que volver. Un día me levanté y regresé a Cuba. Cuando regresé no era miembro del 26, era miembro del MNR dirigido por el profesor García Bárcenas". Se suma en una fusión al 26 de Julio y colabora en la redacción de su programa político.

Organiza la huelga de abril en Las Villas. "Con el fracaso de la huelga el movimiento sufre un golpe tremendo. Sobre todo el abandono de muchos miembros."

6) El PSP en Las Villas

Taurino Terraza: "Me alcé por orientaciones del partido en el 58. Con el Directorio. 'Ese es bueno, cocina bien, pero es comunista'. En octubre le planteé a Faure que el Che se acercaba y que el partido me ordenaba alcanzarlo para servirle de práctico. Fui a entregarle el fusil y me dijo: Quédese con el arma, ellos y nosotros somos lo mismo. Todos vamos a recibir al Che".

Oltuski: "Había conflicto con el PSP. Yo consideraba que las ideas comunistas eran muy avanzadas para ese momento en Cuba y que eran autoritarios y sectarios, que además no estaban por la revolución. Tuve acercamientos con los comunistas en Santa Clara, pero el PSP no defendía la lucha armada y yo seguía pensando que era la única forma de batir a Batista".

7) Aleida March

El historiador, desesperanzado, para la primera edición de este libro fue capaz de localizar tan sólo una entrevista dada por Aleida, y de no más de diez renglones, en la revisión de millares de artículos de prensa sobre el Che y sus compañeros. Afortunadamente tras el 30 aniversario de la muerte del Che se rompió el silencio y aparecieron al menos tres versiones de Aleida sobre su encuentro con el Che y el desarrollo de su relación: en el libro de Anderson/Che Guevara (donde además se ofrecen abundantes datos sobre su origen social y pasado político), en "Un Che de este mundo" de Oltuski y en la entrevista de Mariano Rodríguez en La Jornada.

Además, el artículo de Nydia Sarabia: "La mujer villaclareña en la lucha patria", y en los testimonios de Castellanos y Harry Villegas recogidos en el libro de Cupull y González: Entre nosotros.

8) Alberto Fernández Montes de Oca

Nace en 1953 en Oriente, San Luis. A los cuatro años se muda a Santiago. Trabaja de niño en un café propiedad de sus padres, en una zona de la ciudad repleta de putas y lumpen; mientras, estudia en la Normal de maestros, donde conecta con el grupo de Frank País y Tey. Llamado Pacho o Pachungo por su familia. Graduado de maestro no consigue empleo porque está marcado políticamente, estudia periodismo sin terminar la carrera, emigra en el 56 a Estados Unidos, sobrevive sin trabajo pero negándose a recibir ayuda familiar. Preso en el 57 en Cuba, golpeado bárbaramente por la policía en una manifestación estudiantil. Sale para México, participa de una expedición fallida que naufraga, se salva porque es un excelente nadador, vaga por selvas en México viviendo de cazar monos, es detenido. Emigra de nuevo a los Estados Unidos, llega a Cuba a fines del 57 disfrazado de vendedor de seguros, acaban de matar a su hermano Orlando. Trabaja con el 26 en Santa Clara. En noviembre del 58 sube al Escambray donde se encuentra con el Che. (Alfredo

Reyes Trejo: "Capitán Alberto Fernández Montes de Oca"; Mariano Rodríguez: *Abriendo senderos* y la antología *El escalón más alto*.)

CAPÍTULO 21 (pp. 269-287)

1) *Sobre las fuentes*

El Che ha dejado sobre esta etapa muy poco material escrito que sea conocido: el parte de la batalla de Fomento, un mensaje a la Cruz Roja de Placetas y fragmentos de "Una revolución que comienza".

Para la redacción de este capítulo he canibalizado mi libro *Santa Clara, la batalla del Che*, incorporando algunas nuevas fuentes como *The winds of december* de Dorschner y Fabricio, el testimonio de Alberto Castellanos en *Entre nosotros*, mi entrevista con el coronel José Ramón Herrera,

Además: Rolando Cubela: "La batalla de Santa Clara"; Núñez Jiménez: "El Che en combate"; Aldo Isidrón del Valle: *Regreso* y "Diciembre de Fuego", en el libro coordinado por Lisandro Otero/*Las Villas*; René Rodríguez: "Se inicia la lucha en el Escambray"; Julio Martí: "Saber al Che frente a nosotros"; Carlota Guillot: "Fomento, 100 fusiles para la fuerza de la libertad"; Elena Otero: "Diciembre de fuego"; Larry Morales: *El vaquerito*; Victoria Quintana y Freddy Torres: "Luchar junto al Che"; José Lorenzo Fuentes: "Las Villas bajo las balas"; Isidrón: "Corrió la noticia el Che está herido"; Rodríguez Zaldívar: "Desde la Sierra Maestra hasta Las Villas"; Caridad Miranda: "La debacle del tren blindado"; Mario Kuchilán: "Zafarrancho en Santa Clara, la batalla final"; Núñez Jiménez "La batalla de Santa Clara" y "El Che en combate"; Eduardo Martín y Benito Cuadrado: "Placetas, un pueblo que forjó su liberación"; Buznego, Castillo, Alvarez: *Diciembre del 58*; Augusto Benítez: "El cerco de Santa Clara"; Fernández Mell: "La campaña del Che en Las Villas; y Surí: *El mejor hombre de la guerrilla*. Sobre la intervención de Orlando Pantoja y San Luis, los folletos de Galardy.

Fueron fundamentales las entrevistas que hice a Pablo Rivalta en el 87 y Aleida March en febrero de 1988.

Sobre las relaciones entre el Che y Aleida me remito a la nota 7 del capítulo anterior.

2) *Complots*

Entre los muchos complots que se desarrollaron entre los militares durante los últimos meses de vida de la dictadura para darle una salida blanda al régimen de Batista, hay uno que influyó en la batalla de Santa Clara. El coronel Rosell, actuando en nombre de Cantillo, le había abierto las puertas a un miembro de la clandestinidad habanera, "Echamendía" (Ismael Suárez de la Paz), quien estuvo en Santa Clara y llevó un mensaje al Che de parte de Río Chaviano pidiendo un cese del fuego. Echamendía de paso informó sobre lo que había visto en los cuarteles batistianos. El Che contestó que esta revolución no haría compromisos de última hora y que un cese al fuego sólo permitiría reagruparse a los militares. De pasada Echemendía le llevó información al Che sobre el tren blindado. (*Winds of december.*)

CAPÍTULO 22 (pp. 289-303)

1) *Fuentes*

A pesar de que se trata sin duda de su más importante hazaña militar y que para un hombre como el Che debería resultar apasionante rescatar de la memoria el anecdotario, nunca escribió, probablemente por falta de tiempo, uno de sus "Pasajes revolucionarios" sobre esta historia. Existe tan sólo dedicado a Santa Clara un fragmento de "Una revolución que comienza". Aleida March me comentó en una entrevista, cuando accedió a revisar mi manuscrito sobre la batalla de Santa Clara, que bajo la presión de los acontecimientos no había escrito nada durante estos días y por tanto no existía esa parte de su diario de guerra. Algunas notas han sido tomadas de sus reflexiones militares en "La guerra de guerrillas".

Nuevamente, como en el capítulo anterior, he canibalizado para esta versión mi libro *La batalla del Che, Santa Clara*, en particular los capítulos 5 al 15.

Descamisado, de Enrique Acevedo, ofrece una excelente versión de los hechos, hay una sensación de caos en la batalla de SC, que sólo él ha sabido transmitir. Los textos de su hermano Rogelio Acevedo, la entrevista que le hace Pedro de la Hoz y su larguísima intervención en *The winds of december* de Dorschner y Fabricio, son también material de primera.

Fernández Mell tiene un par de narraciones muy interesantes, "La batalla de Santa Clara" y "La campaña del Che en Las Villas"; las amplió en una entrevista que me dio en La Habana. Núñez Jiménez ha dejado cuatro trabajos sobre el tema; "El Che en combate", "El tren blindado", "El Che y un instante de la rendición de Santa Clara" y *Santa Clara, la batalla final.*

Además: Rodríguez de la Vega: "Con Che en la batalla de Santa Clara"; M. A. Capote: "Tres relatos inéditos" (entrevistando a Lolita Rosell); José Lorenzo Fuentes: "La batalla de Santa Clara"; Mario Kuchilán: "En zafarrancho. Santa Clara, la batalla final"; Arístides Sotonavarro: "Antes de la gran batalla", Rodríguez Zaldívar: "Desde la Sierra Maestra hasta Las Villas"; Nelson García y Osvaldo Rodríguez: "El capitán descalzo habla de su amigo el Vaquerito"; Aldo Isidrón del Valle: "Diciembre de fuego. Santa Clara 1958. Semblanza de una batalla", Rosado: "Batalla victoriosa, Santa Clara"; Contreras: "El tren blindado" (testimonio de Ramón Pardo); Luis Adrián Betancourt: "Che, arquitecto de una victoria". Entrevista a Pablo Rivalta. El testimonio de Leonardo Tamayo en Katia Valdés: "Che Guevara, facetas de un jefe militar", "Víctor Dreke habla sobre el combate en el escuadrón 31"; Teresa Valdés: "Consecuente con sus principios"

2) *La valoración de la batalla*

Pierre Kalfon, en su biografía *Che, Ernesto Guevara una leyenda de nuestro siglo,* liquida la batalla de Santa Clara en dos páginas y media (de las 600 que forman la biografía) y utilizando tan sólo una fuente informativa (tendría que agradecer que usa tan sólo mi libro *Santa Clara, la batalla del Che*); tan poco importante en la historia de su biografiado le parece.

Como si esto fuera poco, cuando analiza el hecho entrecomilla la palabra "liberó" cuando se refiere a la zona de Las Villas que la guerrilla había ocupado, entrecomilla la palabra "tiranía" y entrecomilla los "cinco gloriosos días" al referirse a la batalla. Entiendo que el historiador deba huir como de la peste bubónica del adjetivo fácil que tanto gustá a la historia oficial, pero cuestionar el término tiranía para hablar de la dictadura de Batista, ya me parece demasiado distanciamiento.

En esa misma línea, el escritor argentino José Pablo Feinman, comentando el "excelente libro de Pierre Kalfon" (*Espiral de silencio*) llega a las siguientes conclusiones coincidiendo con su comentado: "¿Fue un triunfo de la guerrilla castrista dirigida en esa encrucijada por el Che o fue un desbande de los soldados de Batista?" Y concluye lo segundo.

Castañeda/*La vida en rojo*, de una manera más matizada aborda el tema en tres páginas (de las 540 de su libro) y termina preguntándose: "¿Fue la genialidad del Che la que permitió el triunfo en la capital de Las Villas?" Para después de muchas vueltas concluir: "La victoria de Santa Clara se debe a los múltiples talentos militares del Che, pero también a una confluencia afortunada pero nada azarosa de circunstancias no necesariamente derivadas de sus virtudes como dirigente militar. En ausencia de esas circunstancias, el cacumen militar del argentino, si bien no se desvanece, brilla menos".

Rehuyo la polémica. El lector puede sacar, a partir de la minuciosa descripción de los hechos en el capítulo 22, sus propias conclusiones. Sólo añado un elemento: el propio

Che valoró siempre la batalla de Santa Clara como un acontecimiento político militar, donde los fusiles rebeldes apresuraban la descomposición del ejército batistiano. Pensar que este factor no existió es absurdo, pero pensar que la descomposición se hubiera dado sin la presión de la columna 8, es más absurdo todavía.

Che Guevara: "El ejército de acá estaba totalmente pervertido, sin ninguna moral, y eso fue muy importante. Al comienzo cuando caía una bomba caminábamos un día entero; después nos reímos de los tanques, al extremo de que las tanquetas las tomábamos con fusiles simplemente. Los otros no peleaban sino cuando no tenían otra salida (...) Cuando capturamos el tren blindado nos parecía increíble, y sólo se explica por la diferencia de moral combativa entre los guerrilleros y el ejército profesional" (en *El libro rojo*).

CAPÍTULO 23 (pp. 305-312)

1) *Sobre las fuentes*

Hay muy poco material del Che que registre el primero y el último día de la revolución en "Una revolución que comienza" y un fragmento de "Un pecado de la revolución".

Los materiales más interesantes son el artículo de Enrique Oltuski: "El día de la victoria", que se complementa con la entrevista que me concedió, así como el trabajo de Fernández Mell: "La batalla de Santa Clara", que fue revisado por el Che; habría que añadir las tres versiones de Núñez Jiménez: *La batalla de Santa Clara*, "El Che y un instante de la rendición de Santa Clara", *Santa Clara, la batalla final*.

Resultan importante las tres entrevistas de M.A. Capote, Dorschner y Fabricio: *The winds of December*, la entrevista que le hice a José Ramón Herrera y el diálogo con Mustelier recogido en el cortometraje "Viento del pueblo", dirigido por Orlando Rojas.

Además el cable de la AP fechado el 31; en La Habana; Pardo Llada: "Cómo se enteró Fidel de la caída de Batista"; Villaronda: "Esto fue lo que ocurrió en Columbia después de la caída del régimen"; Samuel Feijó: "Cámara de torturas en Santa Clara"; "Prisión y muerte de Joaquín Casillas", "Después de la victoria: primeras horas en la capital"; Iván Colás: "Camilo de Yaguajay a Columbia"; Ricardo Martínez: *7RR*; Abreu/ *El último*.

2) *La victoria no sólo se cocinó en Las Villas*

El haber seguido la historia desde la perspectiva del Che, puede dar la falsa impresión de que todo se estaba jugando en Santa Clara, cuando es evidente que si bien era determinante, la batalla central se produjo en Oriente, donde Fidel estaba apretando el cerco sobre Santiago para un ataque final el 31 de diciembre, tras haber culminado el 30 la batalla de Maffo.

3) *El Che a La Cabaña*

Algunos historiadores han sentido que el envío del Che a la guarnición de La Cabaña en lugar de a Columbia donde se concentraba la guarnición más importante de La Habana, obedecía a un desplazamiento del personaje, de cuya radicalidad Fidel desconfiaba.

Franqui: "¿Qué razones tuvo Fidel para mandarlo a La Cabaña, una posición secundaria?". (*Diario de la revolución*.)

Parece que existían tres razones más obvias. Primero, la nacionalidad del Che (que tendría que enfrentarse a soldados de la dictadura que no habían sido batidos militarmente); segundo, su desconocimiento de La Habana (geográfico y político); y tercero, que la columna de Camilo estaba relativamente más fresca.

4) *Fusilamientos en Santa Clara*

En una versión periodística el Che confesó que se trataba de 12 las sentencias de muerte que firmó en Santa Clara, aunque el periodista al que se lo dijo, Piñeiro, de *Prensa Libre*, sacando las cuentas sólo encontraba seis casos. Una segunda versión en la revista *Bohemia*, hablaba de ocho casos. ("Y firmé sentencia de muerte de esos ocho asesinos porque atentaron contra el pueblo".) José Ramón Herrera, en una entrevista que me concedió, hablaba de 14 fusilados, pero reconocía que la memoria podía fallarle porque cuando trató de reconstruir la lista nunca llegaba a ese número. El capitán Suárez Gayol, en una entrevista, señalaba que fue un acto de "profilaxis social" y añadía el nombre de un tal Capetillo. En la lista no está el nombre del jefe de la policía Rojas, porque éste fue juzgado en juicio sumarísimo y fusilado después de abandonar el Che la ciudad.

CAPÍTULO 24 (pp. 313-327)

1) *Fuentes*

El Che escribió notas aisladas en algunos de sus artículos sobre el primer mes de la revolución; pueden encontrarse en: "Un pecado de la revolución", "Notas para el estudio de la ideología de la revolución cubana", "Guerra y población campesina". La charla "Proyecciones sociales del ejército rebelde" está en todas las ediciones de sus obras.

Una visita al museo de La Cabaña es importante, no sólo por la documentación sino porque hay ciertos elementos ambientales que se conservan de la misma manera que cuando el Che dirigió la guarnición.

El inicio de la relación con Aleida, narrado por ella en el artículo de Oltuski/*Un Che...* y en Anderson/*Che Guevara*.

La llegada de las columnas en Franqui/*Diario*, Enrique Acevedo, *Guajiro* (que también narra la reunión del Che con los oficiales de la columna 8) y en el artículo de Colás: "Che, de Santa Clara a la Cabaña". Por cierto que hay discrepancias en la hora que la columna del Che entró en La Cabaña. Mientras que Martínez Páez dice que fue a la 1:30, Castellanos, el chofer del Che en ese momento, la sitúa de 2 a 4 y Núñez Jiménez a las cuatro.

Son útiles las cronologías de Juventud rebelde, "El Che que conoce el pueblo" y *Un hombre bravo*, de Cupull y González, aunque la primera resulta imprecisa porque frecuentemente da la fecha de publicación en prensa como la fecha de realización del acto.

Para una visión de conjunto *Cuba, la lucha por la libertad* de Hugh Thomas, y *La toma del poder* de Toledo Bastard.

Me resultaron fundamentales las entrevistas con Manresa, Fernández Mell, Vilaseca e Hilda Guevara Gadea.

Son muy interesantes los reportajes de la prensa cubana en aquellos días, en particular: "Entró primero la columna Ameijeiras"; Sergio Piñeiro: "Che Guevara habla para Prensa Libre. Lo que interesa ahora es defender la libertad de Cuba" y "Fue asaltante en el Moncada y vino con Fidel en el *Granma*" (entrevista a Ramiro Valdés); Heli Montoto: "El Directorio aspira a ver una patria nueva" (entrevista a Faure Chomón), "La entrada del presidente Urrutia en palacio", "Habla el comandante Guevara"; JCM: "Los fusilamientos y los Mal-donados"; Jules Dubois: "Las ejecuciones en Cuba".

Además: Guillén: "Un gran muerto invencible", "Che y Pinares hablan de Camilo"; Huber Matos: "Cómo llegó la noche"; Antonio Núñez Jiménez: "En marcha con Fidel"; Santiago Aroca: "Fidel y el Che"; Guevara Lynch: *Mi hijo el Che*, "El embajador Smith: servidor del déspota"; Juan Almeida: *La Sierra Maestra y más allá*; Earl Smith: *The fourth floor*, Mathews: *World in revolution*; Harris: *Black Beret*, Gadea: *Che Guevara, años decisivos*; J.C. Fernández: "Osvaldo Sánchez"; Franqui: *Retrato de familia con Fidel*; Chichkov: "Crónica de un periodista soviético en Cuba"; Martí: "Tiene la palabra el Che Guevara", *Diario de sesiones del Senado de Chile*, séptima sesión, 18 octubre 1967, "Prensa Latina, un desafío"; Aldo Isidrón/*Regreso*; Anderson/*Che*; y el testimonio de Borrego en *Entre nosotros*.

Las intenciones estadunidenses de crear una tercera opción están muy bien contadas en *The winds of December* de Dorschner y Fabricio y en el citado libro de Earl Smith.

2) *Los juicios*

Anderson/*Che Guevara*, hará la mejor reconstrucción de los tribunales de La Cabaña basado en los testimonios de Borrego y Duque de Estrada.

Enrique Acevedo en *Guajiro* recoge una larga serie de historias de militares y policías torturadores juzgados. Nuevamente, la virtud del tono de los escritos de EA es reconstruir fielmente la cotidianeidad, en este caso, la sensación absolutamente natural con la que la población recibía las penas de muerte contra los torturadores y asesinos de la dictadura.

En el otro arco del espectro político, Vicente Echerri, firmando como "Liborio", en un debate en internet narra que, recién graduado de abogado, formó parte de la comisión a cargo de los juicios, en los que los detenidos no tuvieron defensa, y el Che en su carácter de auditor confirmó todas las condenas a muerte. Las cifras de los muertos en su texto se encuentran muy exageradas pues habla de 600 fusilados.

CAPÍTULO 25 (pp. 329-339)

1) *Fuentes*

En las diferentes versiones de las obras del Che se encuentra una nutrida correspondencia; existen además reflexiones sobre el año 1 en "Una revolución que comienza" y hay varios artículos, discursos e intervenciones televisivas importantes: "¿Qué es un guerrillero?", "Discurso en El Pedrero", epílogo de "Guerra de guerrillas", el discurso del 28 de octubre del 64 en memoria de Camilo, la intervención televisiva del 20 de marzo de 1960, la carta abierta a Franqui sobre la situación de su descanso en Tarará y la carta a Sábato del 12 de abril de 1960 en que comenta la reforma agraria.

En el museo de La Cabaña se encuentra la copia de la *Gaceta* del 7 de febrero donde por excepción se le declara cubano y el certificado médico que diagnostica la enfermedad del Che. En ese mismo museo puede contemplarse su despacho original. Su expediente militar en el artículo de Teresa Valdés: "Al lado de cada rebelde un maestro".

Son útiles para precisar el contexto las cronologías de Cupull y González y *22 años de Revolución, cronología*.

Sobre el larguísimo debate en torno a la reforma agraria los libros de Thomas, Núñez Jiménez: *En marcha con Fidel*; Karol: *Los guerrilleros en el poder*; Dumont: *Cuba, socialist and development*; Huberman y Sweezy: *Anatomía de una revolución*; Franqui: *Retrato de familia con Fidel*.

Sobre *Prensa Latina* y *Verde olivo*: "Prensa Latina, un desafío"; el artículo de Rodolfo Walsh: "Guevara"; Blaquier: "Faltaba papel y tinta, pero salía" y "Así se cumplen las órdenes".

Sobre las relaciones del Che con su hija Hilda, la entrevista de Román Orozco; "Mi padre tenía un gran sentido del humor" y la de Roberto Travieso; "Mi papá el Che".

Aportan algunos elementos los artículos de Gómez Ferrals: "Sentirlo más cercano"; Guillén: "Un gran muerto invencible"; Isidrón del Valle: "Con el Che por Sudamérica" y su libro con Orihuela: *Regreso*; Mariano Rodríguez: "Cariño de buenos hermanos"; Pereira: "Mi compañero de los aires"; De los Reyes Gavilanes: "Llegaron los barbuditos, avisen al Che"; Pardo: *El Che que yo conocí* y Borrego/*Che, el camino del fuego*.

Resultaron muy útiles las entrevistas que realicé con Jorge Risquet, Raúl Maldonado y Óscar Fernández Mell.

2) *La famosa siquitrilla*

Risquet: "La frase de Camilo tenía su origen en un texto del periodista Carbó de romper la siquitrilla, el huesito de las aves en la nuca, que hace el gran tiro del cazador, y en la entrega por la asociación de ganaderos de cinco mil vaquillas para una reforma agraria intranscendente".

Che: "Asilándose los latifundistas en la Constitución que prescribía la indemnización previa para las expropiaciones, recomendaban hacer la reforma agraria en las tierras marginales, improductivas y ofrecían regalar novillas a la revolución... Nosotros nos reíamos un poquito de la constitución: la reformamos e hicimos la ley de reforma agraria. Entonces empezó la lucha, y desde luego los hacendados retiraron las novillas. Bajo la consigna de Cienfuegos, 'con novilla o sin novilla, les partimos la siquitrilla', hubo que intervenir de inmediato la tierra, empezando por los latifundios yankis". (*El libro rojo*.)

3) *Fidel sobre el Che en versión de Matos*

Con todo lo que pueda tener de sesgada, es interesante ver cómo recuerda Huber Matos que Fidel le hablaba del Che en enero del 59: "Se rodeó de comunistas en los primeros días de La Cabaña. Tú sabes el daño que esto nos hace para la imagen de la revolución (...) El Che cojea del lado izquierdo". (Matos: *Cómo llegó la noche.*)

En esta labor de equilibrios que Fidel practicó en los primeros años de la revolución, probablemente le diría al Che que Matos se acercaba demasiado a los latifundistas de Camagüey y que cojeaba del lado derecho.

4) *La camisa*

Por razones que no me quedan muy claras, la camisa con la que el Che se casó, se quedó en la casa de Alberto Castellanos, donde se realizó la fiesta. Y ahí permaneció a lo largo de los años como recuerdo, hasta que la madre de Alberto, sin saber lo que era, la entregó en una donación de ropa para Vietnam. Hasta ahí fue a dar la camisola verde olivo.

5) *Provocación*

En mayo de ese año se produce una extraña historia de la que Enrique Acevedo dejará testimonio en *Guajiro:* estando a cargo de una tropa que dependía de La Cabaña, en la sierra de los Órganos, recibe una falsa orden, supuestamente del Che, de ocupar una de las postas de La Cabaña. Al pedir confirmación, se da cuenta que se trata de una provocación. El Che arriba a la zona y manda a detener al sargento que transmitió la orden.

Durantes los primeros meses del 59, hasta su nombramiento como director del banco, el Che permanecerá a cargo de la estructura militar de La Cabaña y desplegará sus tropas tanto en Camagüey como en Las Villas, varias veces.

6) *Sobre el Fondo monetario internacional*

El Che Guevara en el 59 ya desconfiaba profundamente de los préstamos condicionados del FMI: "El FMI cumple funciones totalmente diferentes, las de asegurar precisamente el control de toda América Latina por parte de unos cuantos capitalistas que están instalados fuera de sus países. Los intereses del FMI son grandes intereses internacionales que hoy parece que están asentados y tienen su base en Wall Street" (citado por Borrego/*Che, el camino de fuego*).

CAPÍTULO 26 (pp. 341-346)

1) *Fuentes*

El Che dejó un registro no demasiado trascendente de la gira en una serie de artículos publicados en los siguientes meses en *Verde olivo:* "La república Árabe Unida, un ejemplo", "La India país de grandes contrastes", "Recupérase Japón de la tragedia atómica", "Indonesia y la sólida unidad de su pueblo", "Intercambio comercial con Ceilán y Pakistán", "Yugoeslavia, un pueblo que lucha por sus ideales". A su regreso revisaría el viaje el 14 de septiembre en el programa de televisión "Comentarios económicos" y en una conferencia de prensa publicada en *Verde olivo* el mismo día. La carta de la India forma parte de la colección de cartas de Ernesto Guevara que su padre pensaba usar en *Mi hijo el Che,* aunque al dejar fuera, para un posible tercer tomo, la correspondencia posterior al triunfo revolucionario, ésta no ha sido publicada más que accidentalmente en el libro de González Acosta.

Existen dos narraciones amplias de participantes en la gira, la de José Pardo Llada en "El Che que yo conocí" y la que me dio Salvador Vilaseca en una entrevista en La Habana.

Hay algunos elementos sueltos en los artículos de Reynaldo Lugo: "El primer embajador" y Santiago Aroca: "Fidel y el Che"; en el libro *Prensa Latina un desafío*; en Jean Cormier: *Che Guevara;* y en la entrevista que le hice a Raúl Maldonado.

Sus relaciones con Nasser en versión de Mohamed Heikal basada en los papeles del dirigente egipcio. El contexto en la obra de Thomas y en el libro de Abreu.

Las fotos en *Ernesto Che Guevara, fotógrafo.*

2) *El primer aniversario.*

Hay una foto de Korda que resume de manera magistral el primer aniversario del 26 de Julio que el Che habría de pasar fuera de Cuba. Korda la bautizó como "El Quijote de la farola" y muestra un guajiro, un campesino cubano, con sombrero de palma, que lleva como escarapela una bandera cubana, subido en lo alto de una enorme, enorme, gigantesca farola. Abajo y en torno se congrega una multitud, pero el fotógrafo lo mira de frente aunque en la distancia. Creo recordar que el hombre tiene bigote, la camisa abierta, que permite mostrar la camiseta, y está fumando. En la memoria es un viejo (al reescribir esta nota para no basarme sólo en la memoria, busqué la foto y descubrí que el personaje es un joven). Y nadie nunca podrá explicarme racionalmente cómo se subió y se sentó en el pico del poste, con los brazos de hierro con que las farolas decoran su estampa. La foto tiene que ver con la revolución que bulle y con el hombre que serenamente, fumando, la observa.

CAPÍTULO 27 (pp. 347-353)

1) *Fuentes*

Sobre esta etapa hay una docena de discursos del Che recopilados en las diferentes versiones de sus obras, entre ellos los tres discursos en las universidades de Oriente, Las Villas y La Habana, el discurso de despedida de Abrantes y Jorge Villa, el discurso en la concentración ante Palacio nacional del 26 de octubre. Existen además dos artículos: "América desde el balcón afroasiático", "Tareas industriales de la revolución en años venideros" y dos intervenciones en televisión, la segunda sobre los inicios del departamento de industrialización el 20 de octubre de 1960. Las "Palabras del Che a la policía" están excluidas de la mayor parte de las ediciones de sus obras, pero existe un folleto editado por el Ministerio del interior.

Sobre el inicio del Departamento de industrialización: Orlando Borrego en *Che, el camino de fuego* y su intervención en Oltuski/*Un Che de este mundo.*

Nuevamente el texto de Franqui *Retrato de familia con Fidel* resulta muy interesante. La muerte de Camilo en Betancourt: "Apareció para siempre" y el propio prólogo del Che en *La guerra de guerrillas*. Para una versión paranoica, el libro de Franqui: *Camilo Cienfuegos*, donde se sugiere la idea, sin prueba alguna, de que pudo tratarse de un sabotaje organizado por Fidel Castro. En este mismo libro se encuentra la versión de Huber Matos, así como en su propio libro, *Cómo volvió la noche.*

Sobre el inicio del trabajo voluntario: Felipa Suárez: "Conmemoran aniversario 30 del primer trabajo voluntario"; Rubén Castillo: "Che Guevara iniciando el trabajo voluntario en Cuba"; Enrique Acevedo/*Guajiro,* y la entrevista de Martí a Eliseo de la Campa.

Resultan muy importantes para precisar detalles las entrevistas que hice a Salvador Vilaseca, Raúl Maldonado y Valdés Gravalosa.

2) *Industrialización*

Orlando Borrego sitúa el inicio del Departamento de industrialización en septiembre, lo cual es posible, aunque el nombramiento oficial se produce al inicio de octubre.

El departamento arranca con tres pequeñas fábricas, una bajo la fórmula de empresa mixta, Plásticos Pons, otra, enviada por el Ministerio de bienes malversados, que recogía las propiedades de los batistianos que habían abandonado el país, un taller de azulejos de 20 trabajadores y la tercera la American Steel que estaba cerrada por abandono patronal.

CAPÍTULO 28 (pp. 355-375)

1) *Fuentes*

Además de *La guerra de guerrillas*, el Che escribió en esta etapa muchos artículos. La serie "Sin bala en el directo" se publicó a partir del 10 de abril de 1960 y cesó el 14 de agosto de ese mismo año al llegar al artículo número 19; son notas de política internacional, escritas a vuelapluma, con cierto sentido del humor, un lenguaje muy popular y una vena pedagógica: "El payaso macabro y otras alevosías", "El más poderoso enemigo y otras boberías", "El desarme continental y otras claudicaciones", "No seas bobo compadre y otras advertencias", "La democracia representativa surcoreana y otras mentiras", "Cacareo, los votos argentinos y otros rinocerontes", "El salto de rana, los organismos internacionales y otras genuflexiones", "Los dos grandes peligros, los aviones piratas y otras violaciones", "Estambul, Puerto Rico, Caimanera y otras bases de discusión", "Ydígoras, Somoza y otras pruebas de amistad", "El plan Marshall, el plan Eisenhower y otros planes", "Nixon Eisenhower y otros toques de atención", "El café, el petróleo, el algodón y otras cuotas", "La acusación ante la OEA, las Naciones unidas y otras fintas", "Beltrán, Frondizi y otras razones de pesos", "Las bases de submarinos, las de cohetes y otros engendros", "La corte de los milagros y otros motes de la OEA", "Para muestra basta un botón y otras historias breves", "Había una vez un central azucarero y otras leyendas populares".

La serie "Consejos al combatiente" se inicia el 8 de mayo de 1960 con el artículo "La disciplina de fuego en el combate" y se detiene 15 artículos más tarde, el 22 de octubre, con el artículo "La artillería de bolsillo III". Los textos no están recogidos en la última edición de las obras escogidas del Che, aunque estaba en preparación en el momento de escribir este libro una recopilación realizada por la editorial Verde olivo.

En las diferentes versiones de las obras se encuentra una interesante correspondencia de los años 59-60. En *Revolución* aparece la carta: "Emplaza Guevara a Conrado Rodríguez", además la carta a sus padres para felicitarles el fin de año. El artículo "Cuba, su economía, su comercio exterior, su significado en el mundo actual", escrito a fines del 64 hace referencia al periodo de administrador del Banco nacional.

Resultan muy interesantes tres intervenciones en televisión recogidas taquigráficamente, su intervención en el ciclo "Economía y planificación" del 15 de abril del 61, la del 20 de marzo del 60 en el ciclo Universidad popular titulada "Soberanía política e independencia económica" y su intervención "Ante la prensa" del 20 de octubre del 60; una cuarta del 4 de febrero del 60 no está recopilada en las obras, pero sí en un folleto. Es importante el discurso a los trabajadores de la industria textil del 7 de febrero de 1960 y el del 20 de mayo en la inauguración de la exposición industrial.

Para la reconstrucción de sus actividades dentro del Banco han sido esenciales las entrevistas con Salvador Vilaseca, Valdés Gravalosa, Raúl Maldonado, Enrique Oltuski y el libro de Boorstein: *The economic tranformation of Cuba*, así como los artículos de

Susana Lee: "La revolución entró en el banco"; Angela Soto: "Che ministro, Che funcionario", "Reportaje a un billete"; María Isabel Morales: "Aquella visita a una agencia bancaria", "El recuerdo y sus propias palabras"; Sara Mas: "Su incurable pasión creadora"; y el folleto: "La presencia del Che en el Banco nacional de Cuba y la selección del 26 de noviembre como día del economista".

Sobre las fotos del Che existe una gran cantidad de reportajes: Alberto Korda: "Una foto recorre el mundo", "El regalo de la foto del Che"; Gabriel Molina: "Entrevista con un reportero gráfico"; Angela Capote: "La efigie simbólica del Che"; Toni Piñera: "Visa europea para una imagen nuestra"; René Ascuy: "Treinta años de la foto más famosa del mundo"; Alina Perera y Eduardo Jiménez: "En cargo de conciencia"; Santiago Cardosa: "Che en el recuerdo de dos fotógrafos".

También aportan elementos dos textos de Sartre: *Huracán sobre el azúcar* y "Vengan temprano a medianoche, me dijo el director del Banco nacional"; las memorias de la visita de Sartre al Che en Lisandro Otero, *Llover sobre mojado*. Asímismo, los recuerdos de Castellanos en *Entre nosotros*; los artículos de Gerardo Hernández: "Yo soy el niño de la foto", James Higgins: "A preview of history?"; Enrique Acevedo: *Guajiro* y su intervención en Báez/*Secretos*; Oramas: "Un extraordinario formador de cuadros"; Pardo Llada: "Periódico de la palabra"; Luis Pavón: "Che; la ventana encendida", Fernández Retamar: "Un montón de memorias"; Stone: "The legacy of Che Guevara"; y el documental de Pedro Chaskel: "Una foto recorre el mundo".

Sobre las primeras relaciones del Che con los soviéticos; Mikoyan: "Mis recuerdos de Cuba"; Lavretski: *Ernesto Che Guevara*; Miranda: "Las relaciones cubano-soviéticas en la revolución: historia y documentos"; Darushénkov: "Cuba el camino de la revolución"; Anderson/*Che Guevara;* y el artículo de Kudin en *Novedades de Moscú*.

La elección de administradores para las empresas nacionalizadas en Borrego/*Che, el camino...*

Además, la entrevista con Fernández Mell y sus recuerdos en el libro de Giacobetti; el libro de Guerra Alemán: *Barro y cenizas*; Huberman y Sweezy: *El futuro de la economía cubana*; la entrevista a Raúl León Torras en *Entre nosotros*; la intervención de Osvaldo Bayer en el libro colectivo *Che el argentino*; Juan Escalona en Báez: *Secreto...* y Department of State, *The Castro regime in Cuba*, NSF, Country File, Gordon Chase file, vol A, LBJ, Library.

El Chevrolet impala del Che se encuentra en el Museo de automóviles de la ciudad de La Habana.

CAPÍTULO 29 (pp. 377-384)

1) *Fuentes*

El Che dejó un registro del viaje en su "Comparecencia televisada acerca de la firma del acuerdo con los países socialistas" y varios discursos en la etapa inmediata posterior, entre ellos: "Discurso a las milicias en Cabañas", Pinar del Río. Hay que ver también su artículo "Un pecado de la revolución" y su intervención en la reunión bimestral del Consejo de dirección del Ministerio de industria del 14 julio 1962.

La gira puede seguirse con detalle en la cronología de Cupull y González: *Un hombre bravo*, en la biografía de Lavretski, en la entrevista a Llompart en *Entre nosotros*, y en el artículo de Mario G. del Cueto: "Lo que el Che vio en la URSS". Es esencial la entrevista que le hice a Raúl Maldonado y los comentarios de Borrego en *Che, el camino del fuego*.

Algunos elementos menores en Retamar: "Un montón de memorias"; Cardenal: *En Cuba*; K. S. Karol: *Los guerrilleros en el poder*, Department of State, "The Castro regime in Cuba"; y las películas "Historias de la revolución", de Tomás Gutiérrez Alea y "Che" de Enrique Pineda.

2) *La fábrica de palas que se compró en el viaje*

Guevara: "Y vale la pena ir a ver la fábrica de palas para tener una idea de lo que no se debe hacer en política de desarrollo (...) la de palas es una prensa que le mete el viandazo a un pedazo de plancha, le da una forma así; sí, no es más que una prensa, nada más que una prensa; eso no es una fábrica de palas, sin embargo tiene todas las tremendas características de una fábrica ya, con su oficina, con su baño con azulejos especiales para los obreros más distinguidos de todos y cuatro oficinas, cuatro baños para cuatro grupos de obreros diseminados en una misma área".

3) *A bofetadas*

Durante la gira, en Praga el Che visitó a los cubanos que estaban estudiando o capacitándose militarmente en artillería o tanques, y participó en un intento de mediación sin resultado en un conflicto entre jóvenes rebeldes del 26 de Julio y jóvenes del PSP, que terminó a golpes en una asamblea, por razones de discriminación de los primeros (ver entrevista de Leopoldo Cintra en Báez/*Secretos*).

CAPÍTULO 30 (pp. 385-396)

1) *Fuentes*

Hay varios discursos del Che que cubren este periodo: "Discurso en la convención nacional de los consejos técnicos asesores", "Palabras a obreros destacados", "En el encuentro nacional azucarero en Santa Clara", "A las milicias en Pinar del Río" y "En el acto conmemorativo de la muerte de Guiteras". Y un par de artículos: "Contra el burocratismo" y "Cuba, excepción histórica o vanguardia en la lucha anticolonialista".

Esencial la entrevista que le hice a Enrique Oltuski y su artículo: "¿Qué puedo decir?" Resultan importantes el libro de Boorstein: *The economic transformation of Cuba*; el folleto de Borrego: "El estilo de trabajo del Che" y su libro *Che, el camino del fuego*; dos intervenciones de Luis Pavón: "Che la ventana encendida" y su prólogo a *Días de Combate*, así como una recopilación de materiales de y sobre el Che: *Che, el recuerdo y sus propias palabras;* y Anderson/*Che Guevara*, que cita una entrevista con Granados.

Además los documentos: CIA. Intelligence Memorandum, Directorate of Intelligence, "Cuba: Delay and misdirection of the industrial production program", November 1965.

Nuevamente las entrevistas que me concedieron Manresa, Gravalosa y Maldonado habrían de ser esenciales, así como notas sueltas de Acevedo en *Entre nosotros*, Tania Peña: "Un día conocí al Che", Galeano: "El alucinante viaje del yo al nosotros" y Rojo: *Mi amigo el Che*.

Existe una abundante bibliografía sobre Girón-Bahía de Cochinos. Quizá lo más interesante es el libro de Peter Wyden, *Bay of Pigs*, junto con un manuscrito del novelista cubano Juan Carlos Rodríguez, *La batalla inevitable*, que me dio oportunidad de leer aún inédito. Desde el punto de vista testimonial resultan apasionantes *Girón en la memoria* de Víctor Casaus, *Girón, la batalla más corta* de Efigenio Ameijeiras, *La batalla de Girón* de Quintín Pino Machado, *Diario de Girón* de Gabriel Molina y *Amanecer en Girón* de Rafael del Pino. La mejor antología documental incluyendo testimonios múltiples del lado cubano, se encuentra en los cuatro tomos de Ediciones R coordinados por Lisandro Otero: *Playa Girón: derrota del imperialismo*. Sobre los testimonios de los contrarrevolucionarios capturados, *Historia de una agresión*, y "El interrogatorio de la Habana" de Hans Magnus Enzensberger. Los recientes documentos de la CIA han sido recopilados parcialmente en *Playa Girón la gran conjura*. Una visión que combina narrativa con testimonios, en la antología *Relatos de Girón* de José Manuel Marrero.

2) *El Che y el golf*

Lo que fue un acontecimiento intrascendente, y a lo más, una desacralización del simbólico deporte de los ricos (en la década de los años 60), se convertirá en el libro de Gálvez en una prueba más de las habilidades del Che en la práctica de *todos* los deportes. Por las razones simbólicas opuestas, del panegírico al distanciamiento crítico, una de las fotos de Korda aparecerá en la contraportada del libro de Jorge Castañeda. Una foto divertida, pero poco significativa, del Che desgarbado y sonriente apoyado en el palo de golf. (Castañeda/*La vida en rojo*; Gálvez/*Che deportista* y *Cuba par Korda.)*

3) *Herida*

La herida del Che causó extrañas informaciones periodísticas fuera de Cuba. Tres ejemplos: tras haberle dicho a un compañero que "había fallado como un buen comunista", el Che se fue a un cuarto vecino y trató de suicidarse (en versión Radio Swan, la emisora de la CIA). La herida fue el resultado de un intento de asesinato protagonizado por el capitán Héctor Salinas que murió en el enfrentamiento que se produjo cerca de la casa de Guevara en el barrio de Miramar (en versión de agencias de noticias del 19 de abril). "El Che se encuentra entre la vida y la muerte como resultado de una herida recibida recientemente". (*La Voz Dominicana*, 19 abril 1961).

CAPÍTULO 31 (pp. 397-425)

1) *Fuentes*

El Che ofreció entre abril del 61 y abril del 62 una gran cantidad de discursos y conferencias de prensa o intervenciones televisadas. Para este capítulo resultan esenciales: "Discurso en la graduación de las escuelas populares de estadística y dibujantes mecánicos", "Conferencia en el ciclo Economía y planificación de la Universidad popular", "Discurso en la 5ta sesión plenaria CIES, Punta del Este, 8 agosto", "Conferencia de prensa en Montevideo, 9 de agosto", "Intervención en la reunión del CIES, 16 agosto 1961", "Discurso en la Universidad nacional de Montevideo", "Comparecencia televisada en Cuba sobre la reunión de Punta del Este, 23 agosto 61", "Discurso en la primera Reunión nacional de producción, 27 agosto 1961", discurso clausura en la primera asamblea de Producción de la Gran Habana, 24 septiembre 1961", "Charla a los trabajadores del Ministerio de industria", "Discurso en la inauguración de la planta de sulfometales Patricio Lumumba, 29 octubre de 1961", "Discurso en la conmemoración del 27 de noviembre de 1871", "Conferencia de el curso de adiestramiento del Ministerio de industria", intervención en TV del 27 de enero del 62". Y los artículos: "Discusión colectiva: decisión y responsabilidad única", "Tareas industriales de la revolución en años venideros". Las Actas del Consejo de dirección del Ministerio de industria de enero 20 y marzo 10 1962; el resumen de la "Primera reunión nacional de producción" y la "Intervención sobre el ausentismo y los males del trabajo"; el prólogo a *El partido marxista leninista*, así como las actas de la reunión bimestral del 22 de febrero del 64.

Son muy importantes las entrevistas con Dumont en *Cuba, socialist and development*; Karol en *Los guerrilleros en el poder;* y Huberman en *Cuba and the USA*; la entrevista con Juan Gelman; *El libro rojo;* y los trabajos de Carlos Rafael Rodríguez: "Che y el desarrollo de la economía cubana"; Tablada: *El pensamiento económico del Che*; Borrego en *Che, el camino de fuego* y en *Entre nosotros*, y el Intelligence Memorandum del Directorate of Intelligence de la CIA: "Cuba: Delay and misdirection of the industrial production program".

Para las actividades en el Ministerio de industria resultan esenciales las entrevistas con Valdés Gravalosa, el libro de Boornstein *The economic transformation of Cuba*, el artículo de Soto: "Che comandante, Che ministro" y las cronologías de Cupull y González y de *Juventud rebelde*.

Resultan además interesantes los artículos de Bianchi: "Un constructor llamado Che"; Agancinio: "El Che entusiasta y consumado ajedrecista"; Barreras: "El Che ajedrecista entusiasta"; Palacio: "Che ajedrecista"; Sara Mas: "Su incurable pasión creadora"; Galich: "El comandante Guevara en Punta del Este"; Carlos María Gutiérrez: "Telefoto exclusiva";

Barrero: "Amigo, sus recuerdos del Che"; Rojo: *Mi amigo el Che* (serán ésta y la de Selser, muy minuciosa, las únicas reconstrucciones de la entrevista con Frondizi); Selser: *Punta del este contra Sierra Maestra*, "Los dos interlocutores eran muy distintos por su origen"; Isidrón: "Che ejemplo de moral"; la entrevista de Martí a Eliseo de la Campa; el libro de Saverio Tutino: *L'ottobre cubano* y el de Sol Arguedas: *Cuba no es una isla*. Además: "Operación Moongoose una guerra interminable"; Enzensberger: "Antecedentes, estructura e ideología del Partido comunista de Cuba" y "Resultado final de la campaña".

La actividad del Che y la delegación cubana en Punta del Este puede reconstruirse con gran precisión gracias al libro de González Torres, *Ernesto Che Guevara en Punta del Este*, que contiene entrevistas con López Muiño, Ramón Aja, Sidroc Ramos, Romeo de la Fuente y Tamayo.

La conversación del Che con Goodwin en Montevideo puede seguirse en la versión del segundo en: "Annals of politics. A Footnote", "John F. Kennedy, el Che y los puros" y los comentarios de Gregorio Selser en "Punta del Este contra Sierra Maestra", los memorandums de Goodwin a Kennedy en *Che Guevara and the FBI* y Castañeda/*La vida en rojo*, que entrevistó al estadunidense en 1995.

Para el choque cultural entre los jóvenes cubanos en Rusia y los asesores soviéticos en Cuba la novela de Luis Manuel García, *Aventuras eslavas de Don Antolín del Corojo y crónica del Nuevo Mundo según Iván el terrible*, es mejor que cualquier análisis socia político.

La cita sobre la permanente agresión norteamericana en Cupull y González/*Ciudadano*.

2) *Sobre el trabajo voluntario*

En la reunión citada con los chilenos del 26 de junio del 62 el Che diría: "Es una idea importada de la China y me tocó traerla a mí. Se empezó en el 61 en la construcción y luego en la zafra". No es exactamente así, el primer trabajo voluntario organizado por el Che, como se recuerda, fue la construcción de la ciudad escolar dedicada a Camilo en el Caney allá por noviembre del 59, mucho antes del viaje a China. Si el Che en esto de romper la distancia entre el trabajo intelectual y el trabajo manual quería declararse maoísta, le fallaba, el origen era simplemente guevarista. (Ver Felipa Suárez: "Conmemoran aniversario 30 del primer trabajo voluntario" y las varias entrevistas a Rogelio Acevedo.)

Mediado el año 61 (cuenta Borrego/*Che, el camino de fuego*) se creó el Batallón rojo de trabajo voluntario del Ministerio de industria, que comenzó con el Che encabezando a un grupo de cuadros y al que terminaron sumándose varios centenerares de trabajadores del ministerio de todos los niveles ("Compartir el trabajo dominical con el Che se había convertido en una motivación para todos").

Una de las peores derrotas que sufrió el Che en este proceso, que se tomaba muy en serio, fue el enfrentamiento fraternal, la "emulación" entre los del Industria y la Juceplan en un trabajo dominical en fábricas textiles que "duró varios meses". Parece ser que las huestes voluntarias de Regino Boti estudiaron cuidadosamente las fábricas en las que iban a trabajar y al final superaron ampliamente a los voluntarios rojos del Che. Éste no se lo podía creer y se pasó varias horas revisando los resultados antes de felicitar a Boti.

3) *Aviones y novatadas*

El Che había volado en un planeador en su juventud, en el 47. A fines del 59 voló solo por primera vez en un avión. Cuando un piloto vuela solo existía en Cuba la tradición de hacerle una novatada y los colegas lo metían en un barril de agua y le echaban tierra y aceite por encima, pero sus compañeros le tuvieron pánico al Che. Luego confesaría que estaba dolido porque lo discriminaron y no le hicieron la novatada.

1) *Fuentes*

El Che escribió durante esta etapa varios artículos: "La influencia de la revolución cubana en América Latina", "Táctica y estrategia de la revolución latinoamericana", "Tareas industriales de la revolución en los años venideros", "El cuadro, columna vertebral de la revolución" y pronunció varios discursos clave: "El Che con las delegaciones fraternales extranjeras", "En el aniversario de las organizaciones juveniles", "En el teatro América reunión sobre emulación en acto de la CTC"; y existe una intervención clave en las actas de los consejos de dirección del Ministerio de industria, la del 14 de julio y una intervención en una de las reuniones bimestrales muy importante, la del 28 de septiembre.

La crisis ha sido tratada con extensión en: *The cuban missile crisis, 1962*, editado por Laurence Chang y Peter Kornbluth; Tutino: *L'occhio del barracuda*; Franqui: *Retrato de Familia...*; Szulc: *Fidel, un retrato crítico*; Gilly: "Cuba en octubre" (en *La senda de la guerrilla*).

La participación del Che en la crisis puede documentarse en Naon: "Cuando el Che estuvo en San Andrés de Caiguanabo"; Julio Martí: "Cuando cantan los ruiseñores"; y Luis Ubeda: "Una cueva con historia".

Han sido muy interesantes para la reconstrucción de este capítulo mis entrevistas con Leonardo Tamayo, Miguel Figueras, Heras León y Enrique De la Ossa y la de Rogelio Acevedo en *Entre nosotros*.

Además, los artículos de Oltuski: "¿Qué puedo decir?", Rolando Montalbán: "La huella imborrable del guerrillero de América"; y los libros de Mariano Rodríguez: *Con la adarga al brazo*; Hilda Gadea, K. S. Karol, Resnick: *Black beret*, Ramiro Valdés en Giacobetti: *Che's Compañeros* y David C. Martin: KGB VS CIA.

1) *Fuentes*

Materiales directos del Che en esta etapa: discurso en La escuela de Minas del Frío, cartas a Lisadro Otero y Ezequiel Vieta; prólogo a "El partido marxista leninista", Informe al consejo de ministros 1963, *Pasajes de la guerra revolucionaria*, Intervención en la reunión del Consejo de dirección del Ministerio de industria del 12 de octubre 1963, carta a Haydée Santamaría.

Muy interesante la carta del Che a Carlos Franqui y su respuesta: "Carta de Che a *Revolución* y una aclaración nuestra".

Esencial el *Retrato de familia con Fidel* de Franqui, mis entrevistas con Miguel Alejandro Figueras, Gravalosa, Jorge Risquet, De la Ossa, Óscar Fernández Mell y la carta de Lázaro Buría de febrero del 95; "Che ministro, Che funcionario" de Ángela Soto; Gerónimo Alvarez: "Che, una nueva batalla". La gira argelina del Che es cubierta por el libro de Papito Serguera.

Las anécdotas del Che en las industrias en: Ernesto Montero: "Con los creadores de la riqueza"; Lagarde: "Esos refrescos que saben a jarabe de tolú"; Siquitrilla: "Cinco temas breves"; documental de Pedro Chaskel: "Constructor cada día compañero"; Pedro Ortiz: "Che en Gibara"; Liset García: "Lecciones para no olvidar",

Sobre sus pasiones ajedrecísticas: Severo Nieto: "Pasión por el deporte"; Adolfo Fernández: "Ajedrecista fuerte"; Eleazar Jiménez: "El Che y el ajedrez"; "El Che ajedrecista entusiasta" de José Luis Barreras; y Agacino: "El Che un entusiasta y consumado ajedrecista".

La frase del Che citada por Haydée, en Caparrós y Anguita, *La voluntad*, TII. Además: la colección de *Nuestra industria*; Ezequiel Vieta: *Mi llamada es*; Ernesto Cardenal: *En Cuba*; Oltuski: "¿Qué puedo decir?"; Purón: "Un ejemplo de virtudes revolucionarias";

Gleijeses: *Cuba's first venture in Africa: Algeria, 1961-1965*; Gregorio Ortega: *En la brecha*; Rodolfo Walsh prólogo a Masetti: *Los que luchan y los que lloran*; Otero: *Llover...*; Valdés: "Un trabajador incansable"; y el documento: "Implications of Cuba's renewed campaign of incitattion to violent revolution in Latin America" dirigido a Bowdler, NSF, Country File, Gordon Chase file, vol A., LBJ Library. La información sobre la Cocacola en la adolescencia del Che surge de una entrevista que Castañeda: *La vida en rojo,* le hizo al barman del hotel de Altagracia.

2) Madre presa

Existe una interesante carta de su madre al Che escrita en prisión en junio del 63 y reproducida en Anderson/*Che Guevara*. La carta resulta deliciosa y da muestras de la fuerza y carácter de Celia, además de narrar con placer sus experiencias como jugadora de volibol en el patio de la prisión junto a un grupo de jóvenes estudiantes comunistas. Celia pasaría cuatro meses en la cárcel.

3) Marxismo de divulgación

Mi versión y la de Massari de la pobreza de las intervenciones de divulgación del marxismo en el acto de *Hoy* y en el prólogo a *El partido marxista leninista,* en contraste con la riqueza de la polémica, provocaron una encendida respuesta de las nuevas ortodoxias; Carlos Jesús Delgado, en el *Diccionario temático,* dice que la crítica tiene un "velado matiz ideológico", que lo que criticamos es su "identificación con el comunismo y las experiencias vividas", que el Che sabía "apreciar por encima de los errores lo nuevo que las sociedades socialistas, como la soviética, traían consigo, y enfatizaba eso". Ni la crítica es "velada" ni se puede seguir llamando "errores" al cúmulo de experiencias autoritarias y represivas (la lista, interminable, por ejemplo podría incluir los procesos de Moscú, los tiros en la nuca, las checas madrileñas, la instrumentalización de los consejos obreros, la represión al anarquismo, la destrucción de los social demócratas, el gulag, la eliminación física de los mandos del ejército rojo, los campos de concentración, las colectivizaciones forzosas, la eliminación del debate ideológico, la censura, el régimen policiaco) que acompañaron el proceso de construcción del socialismo en la URSS y Europa Oriental y se exportaron a la Internacional comunista. A lo largo de todo el libro me he limitado a seguir a Ernesto Guevara, la manera como se va construyendo su experiencia vital y política, cómo va dando cuerpo a sus ideas, muchas veces en conflicto y contradicción, cómo adquiere información y cómo carece de ella.

Remito al lector a la lectura de las dos intervenciones que causan esta polémica, para que conste si en ellas (y no en otra anteriores o posteriores) el Che estaba prisionero de una versión simplista del marxismo y con muy poca información histórica. Estas intervenciones son el eco de su ausencia de información respecto a las experiencias vividas en la construcción del socialismo en la primera mitad del siglo XX.

En último caso, no se trata de criticar o ensalzar al Che, sino de contarlo.

4) La entrevista y las fotos.

No tengo constancia de que la segunda entrevista del Che con Bergquist se haya publicado, pero sí he podido ver una docena de fotos de Birri en la edición de *Photo Poche Histoire,* donde por cierto Burri sitúa la entrevista en enero y no en los primeros días de febrero.

5) La polémica

Para los interesados en la larga polémica económica sobre la ley del valor y sus implicaciones en el modelo de administración agrario-industrial en Cuba: Alberto Mora: "En torno a la cuestión del funcionamiento de la ley del valor en la economía cubana en los actuales momentos"; y Ernesto Guevara: "Consideraciones sobre los costos de producción como base del análisis económico de las empresas sujetas a sistema presupuestario" y "Sobre el concepto de valor: contestando algunas afirmaciones sobre el tema".

Por razones cronológicas hemos dividido la polémica en dos partes, la siguiente en el capítulo 34. Textos de análisis sobre la polémica: Michael Lowy: *El pensamiento del Che Guevara*; el capítulo siete del tomo II de *Pensar al Che* con trabajos de Tablada, Pérez-Rolo y Orlando Borrego; el propio Tablada en *El pensamiento económico de Ernesto Che Guevara* y la tercera parte de la antología de José Aricó: *El socialismo y el hombre nuevo*, que recoge un prólogo de E. Mandel; el número cinco de los *Cuadernos de Pasado y Presente*; el capítulo 3 de libro de Massari: *Che Guevara, grandeza y riesgo de la utopía*; el artículo de Mandel: "El debate económico en Cuba durante el periodo 1963-1964" publicado en *Partisans* y que se incluye en la antología del Che: *El socialismo y el hombre nuevo*; y el artículo de Sergio de Santis: "Debate sobre la gestión socialista en Cuba" en *Cuba, una revolución en marcha*.

CAPÍTULO 34 (pp. 457-474)

1) *Sobre las fuentes*

El Che mantuvo una interesante correspondencia a lo largo del 64 que está recogida en las ediciones de sus obras. Además hay registro de muchos de sus discursos: "En la entrega de certificados de trabajo comunista", "En la asamblea de emulación del Ministerio de industria", "En el homenaje a Camilo Cienfuegos", "En la conmemoración del 30 de noviembre"; discurso en Ginebra del 25 marzo y el discurso del 28 de octubre; el discurso en el Ministerio de industria del 9 de mayo y el discurso en la escuela de administradores Patricio Lumumba del 2 de agosto. Son esenciales sus documentos: "Tareas fundamentales para 1965" y las actas de las reuniones del Consejo de dirección del Ministerio de industria del 22 febrero, del 12 septiembre y el 5 de diciembre; el acta de la sesión ordinaria de 20 de abril, acta del informe de la Empresa consolidada de los silicatos, 20 de julio; el informe de la Empresa consolidada de equipos eléctricos, 11 de mayo, y el informe de la Empresa consolidada de tenerías del 8 de agosto.

Dos entrevistas resultan útiles, la que le hizo *El Popular* de Montevideo en Moscú y "Tiene la palabra el Che Guevara", de Julio Martí.

La polémica puede seguirse en: Guevara: "Sobre el sistema presupuestario de financiamiento"; Fernández Font: "Desarrollo y funciones del banco socialista en Cuba"; Guevara: "La banca, el crédito y el socialismo"; Bettelheim: "Formas y métodos de la planificación socialista y nivel de desarrollo de las fuerzas productivas"; Mandel: "Las categorías mercantiles en el periodo de transición"; Guevara: "La planificación socialista, su significado"; Infante: "Características del funcionamiento de la empresa autofinanciada"; Álvarez Rom: "Sobre el método de análisis de los sistemas de financiamiento".

Me resultaron muy útiles las entrevistas a Vilaseca, Figueras e Hilda Guevara Gadea, así como las que le hicieron a Hilda tanto Travieso como Román Orozco.

Son importantes para reconstruir este periodo los artículos de Liset García: "Lecciones para no olvidar"; Lara: "El día en que el Che inauguró la fábrica de bujías"; Bianchi: "Un constructor llamado Che"; Nemira: "La última entrevista del Che en Moscú"; Galeano: "El alucinante viaje del yo al nosotros"; Tablada: "Che y los comités de calidad"; Gilly: "Entre la coexistencia y la revolución"; Lleras Restrepo: "El Che" y "Lleras fue amigo del Che Guevara"; Oltuski: "¿Qué puedo decir?"; "Hasta la victoria siempre", documental dirigido por Santiago Alvarez; Lidia Turner; *El pensamiento pedagógico...*: y el libro de Gálvez/ *Che deportista*.

Sobre Guanahacabibes: entrevista Gravalosa, "Che ministro, Che funcionario" de Angela Soto; Cazalis: "Un día sin ver un eucalipto"; Borrego: "Lecciones para no olvidar"; y la intervención de Francisco Martínez Pérez en *Entre nosotros*.

Habel, *Proceso al sectarismo*, incluye la larguísima intervención de Fidel en el juicio. Sobre el mismo tema resulta interesante el memorándum de la dirección de inteligencia del departamento de estado de Estados Unidos del 26 de febrero.

Además Carlos Franqui: *Retrato de familia con Fidel*; Massari: *Che Guevara, grandeza y riesgo de la utopía*; Caprara: *Quando le boteghe erano oscure;* y Draper: *Castroism, theory and practice.*

El despacho del Che y sus lecturas en Mariano Rodríguez: "Lecturas del Che".

2) *Las supuestas relaciones extramaritales de Federico Engels no con su sirvienta, sino con la sirvienta de Carlos Marx*

La versión del Che: "Marx, por lo menos que se sepa a través de la historia, era monógamo y lo fue toda su vida (...) y Engels vivía con su ama de llaves, o su sirvienta". (Actas de la reunión bimestral de la dirección del Ministerio de industria, 12 septiembre 1963.)

La historia-historia: Federico Engels a los 31 años, apuesto, jovial, gran bebedor de cerveza, elegante, quiere ser sociólogo y analista político, pero bajo presiones de su padre, se ve obligado a trabajar como empleado comercial, trabajo que aborrece. Vive en amasiato con María, una obrera textil que laboraba en una de las fábricas de su padre. Con el dinero que gana, prácticamente mantiene a su amigo Carlos Marx.

En el invierno de 1850 nace en el pequeño departamento de los Marx en Londres, su primer hijo varón, Guido. Paralelamente Helen Demuth, la sirvienta de los Marx, de 28 años, está también embarazada, misteriosamente, sin haber tenido en los últimos meses ningún noviazgo.

En abril del 51 nace el hijo de Helen, que habrá de llamarse Enrique Federico y será entregado para su crianza a una familia obrera. Los rumores, las maledicencias, le atribuyen la paternidad del hijo de la sirvienta a Engels, el cual sin afirmarlo, tampoco lo niega; aceptando de hecho la veracidad de la historia.

Al paso de los años, más de 40, y tras la muerte de su gran amigo Carlos, Federico enferma de gravedad y en sus últimos días de vida hace la misma confesión a dos personas, su amigo Samuel y a Leonor, la hija de Marx: "Enrique Federico, el hijo de Helen, era hijo de Carlos y no mío. Te autorizo a que hagas esto público sólo en el caso de que se me acuse injustamente de no haber cuidado de ese niño".

Curiosamente hasta nuestros días (y obviamente a la época en la que el Che cuenta el chisme) ha llegado la versión del Federico Engels "licencioso" y no la del fiel amigo que tapó al "licencioso" Marx.

3) *El otro hijo del Che*

Pierre Kalfón (*Che, una leyenda del siglo*) narra (apoyado en los testimonios de Hiram Prats, Norma Guevara y el propio Omar, recabados en París en 1996) la existencia de un hijo del Che, nacido el 19 de febrero del 64, llamado Omar Pérez, hijo de una periodista de Radio progreso, Lilia Rosa López, casada con un anónimo Pérez, del que se divorció al nacimiento del niño. La fuente de apoyo para verificar esta historia es la primera hija del Che, Hilda Guevara Gadea, que reconoció a este medio hermano y lo protegió en su adolescencia.

Castañeda (*La vida en rojo*), apoyado en una carta de la propia Lilia Rosa, lo hace nacer el 19 de marzo del 64 y precisa que su madre, una habanera, conoció al Che en La Cabaña en el 59 y que en los 80 le presentó a su hijo a Hilda Guevara Gadea, mostrándole además varios libros dedicados por el Che con "dedicatorias pletóricas de frases y palabras que delataban el tipo de vínculo que había imperado entre ellos". Que Hilda dio por buena la historia lo testifica su hijo mexicano Canek Sánchez Guevara, al que Castañeda entrevistó.

Entrevisté varias veces a Hilda, de la que fui amigo en México en los años 80, quien además me prestó artículos y fotos, y en nuestras conversaciones nunca salió a relucir esta historia, pero es obvio decir que yo no sabía de ella y no se lo pregunté.

De ser cierta la historia, y me inclino a pensar que lo es, la aventura extraconyugal se habría producido hacia mayo del 63, cuando Aleida se encontraba enbarazada de Celia, la cuarta hija del Che.

776

1) *Fuentes*

Los textos del Che en su carta a Sábato y en los artículos: "Táctica y estrategia de la revolución latinoamericana", "La influencia de la revolución cubana en América Latina", discurso sobre problemas laborales en homenaje a trabajadores destacados, del 21 de agosto del 62.

El sentido de "Liberación" o MOE, en la entrevista de Jorge Castañeda a Ulises Estrada y en su intervención en Gálvez/*El sueño*. Lamentablemente el comandante Manuel Piñeiro, mejor conocido por su apodo de Barbarroja no contó con detalle estas historias, y aunque rompió el silencio que había tenido durante muchos años en una serie de entrevistas en el 97, sus intervenciones no pasaron de confirmar historias conocidas y ampliar algunos detalles dejando fuera muchas aclaraciones. Barbarroja: "Quizás en el transcurso del tiempo, en un momento político conveniente, se podrán hacer públicas otras acciones que realizamos en Latinoamérica, Europa y otras áreas del mundo para apoyar la estrategia del guerrillero heroico" (ver la recopilación de Luis Suárez, "Barbarroja", sus entrevistas para la revista *Tricontinental* y el libro de Timossi). Su muerte en el 98 cerraría el capítulo.

En el 95, en el jardín de una embajada de La Habana, durante una recepción oficial, traté de entrevistarlo. Respondió a la propuesta con una sonrisa. Le propuse que le permitiría revisar el manuscrito del capítulo donde hablaba de él y de la infraestructura de la operación de Bolivia, me ofreció otra sonrisa. Le propuse que le leería esos capítulos y donde descubriera que había informaciones equivocadas se limitara a levantar una ceja. Allí, directamente se rió. No logré nada.

La relación del Che con los futuros sandinistas, en particular con Carlos Fonseca en dos trabajos de Tomás Borge: *Carlos, el amanecer ya no es una tentación* y *La paciente impaciencia* y en el libro de Iosu Perales: *Querido Che*. Los presandinistas recibieron 20 mil dólares de manos del Che que se utilizaron para armar la guerrilla de río Coco y Bocay. Un grupo de ellos fue entrenado por milicianos cubanos en morteros, y Borge registra que Fonseca "hizo amistad con el comandante Guevara" y curiosamente con Tamara Bunke, Tania. Las relaciones se remontan al año 59 y prosiguen hasta el 63.

La primera guerrilla peruana y la colaboración de los bolivianos en el libro de Lara sobre Inti Peredo. La versión de Béjar narrada en el trabajo de Humberto Vázquez Viaña. Es interesante ver lo que Fidel dice al respecto en "Una introducción necesaria" al diario del Che en Bolivia

Para documentar la apasionante historia de Hugo Blanco ver el libro, *Hugo Blanco y la rebelión campesina* de Víctor Villanueva, el trabajo de Hugo Neira *Cuzco, Tierra y muerte*" y la pentalogía del novelista peruano Manuel Scorza, probablemente una de las sagas noveladas más interesantes sobre la lucha social en América Latina: *Redoble por Rancas, Historia de Garabombo el invisible, El jinete insomne, Cantar de Agapito Robles* y *La tumba del relámpago*.

Sobre la presencia de Martínez Tamayo en Bolivia y su red de apoyo el trabajo de Alina Martínez, "Antecedentes, preparativos y principales acciones de la guerrilla del Che en Bolivia" y la entrevista con Rodolfo Saldaña de Valenzuela.

Sobre la guerrilla de Masetti, es interesante uno de los trabajos de R. Debray/*El castrismo...*, así como la carta abierta de dos de los supervivientes Méndez y Jouvé a Ricardo Rojo reproducida en *El Che y los argentinos*; la larga entrevista de Padilla a Ciro Bustos; el trabajo de Frontini: "Los guerrilleros de Salta"; Juan Carretero en Gálvez: *El sueño*; y sobre todo el prólogo de Rodolfo Walsh a *Los que luchan y los que lloran*, el libro del propio JRM. Sobre su entrenamiento en África y el apoyo de los argelinos a la operación: *Cuba's first venture in Africa: Algeria, 1961-1965* de Piero Gleijeses, el artículo de Ben Bella en *Cuadernos del Sur* y la entrevista que me concedió en octubre del 97.

En el libro *Mártires del periodismo* se da como fecha de la muerte de JRM el 21 de abril del 64 sin citar ninguna fuente que apoye el dato, probablemente se trata de la fecha de su desaparición. Alberto Castellanos dice que Masseti fue capturado vivo, en muy malas condiciones físicas y que lo mataron. Que no se haya reportado su detención se debió a que le robaron miles de dólares que traía encima.

Sobre la presencia de los cubanos en la guerrilla de Masetti, el libro de Sánchez Salazar y mi entrevista con el comandante Óscar Fernández Mell. Los recuerdos de Juan Gelman en la entrevista que le hice en la ciudad de México y los testimonios de Furry en Báez, *Secretos*. Resulta interesante una versión novelada de la guerrilla del EGP, sin duda con fuentes de primera mano, en la tercera parte del libro de Iverna Codina, *Los guerrilleros*. La busca del cadáver de JRM por el Che en la entrevista con Ulises Estrada.

Fidel, en el discurso del XX aniversario de la muerte del Che, confirma que el comandante Guevara era mucho más que un colaborador del EGP, refiriéndose al proyecto como uno de "los primeros esfuerzos realizados por él".

Sobre la presencia de Luis de la Puente en La Habana y las conexiones de su proyecto con el del Che: "Los sindicatos guerrilleros en el Perú" y "Una carta desde la sierra peruana" en *La senda de la guerrilla* de Adolfo Gilly.

Para documentar el intento de entrenar a un grupo de argentinos de diversas corrientes en el 62-33, ver los trabajos de Gurucharri, Manuel Gaggero, la nota 1 del texto de Diego Sztulwark y la entrevista de Kohan con Ruffolo en *Che, el argentino*. Así como las intervenciones de Gaggero en las transcripciones de la Cátedra Che Guevara y el tomo II de *La voluntad* de Caparrós y Anguita.

La identificación de Iván/Renán me fue proporcionada por uno de sus colegas. Intenté varias veces hablar con él, pero resultó inaccesible. Curiosamente Miguel Bonasso, en un trabajo publicado en la revista mexicana *Proceso*, lo identifica como Andrés Barahona López.

2) *Cooke*

En abril del 60 llega a La Habana John William Cooke invitado a un congreso y por una confusión es detenido por agentes de la seguridad. Permanece varias horas encarcelado, y aburrido pide que le presten una máquina de escribir, en esas está, dándole a la tecla, cuando escucha una voz burlona con acento argentino que dice: *¿Qué tal Cooke, está en cana?* Es el Che que viene a sacarlo.

Cooke se quedará en Cuba con Alicia Eguren. Su presencia jugará dos papeles fundamentales. Trata de cambiar la percepción del peronismo que tiene la dirección de la revolución y de empujar al peronismo hacia la izquierda.

Para una revisión de las relaciones del Che con el peronismo durante sus años de juventud, resulta interesante ver el libro de Isidoro Calzada, que aunque siendo miembro del PC argentino, recoge multitud de anécdotas en las que el Che muestra una especie de simpatía distante, más clasista que política, con el peronismo.

3) *Martínez Tamayo*

Se cuenta que este hombre con cara de gallego, cejijunto y rostro duro, nació el día en que llegaron los leones a su pueblo. Nacido en Mayarí en 1936, tiene que dejar de estudiar muy joven y se hace tractorista. Se alza en el 57 robándole una escopeta a su abuelo, combate en el segundo frente con Raúl Castro y trabaja tras el triunfo de la revolución cubana en los servicios secretos.

Ya había desempeñado una misión importante en Guatemala en plena crisis de octubre. Un tipo bondadoso, capaz de quitárselo todo para dárselo a quien lo necesitara. Una fortaleza física fuera de lo común. No le gustaba la escuela, sólo tenía cuarto grado. Cosechador de flores a lo largo de toda su vida. Sabía de rosas, las tenía sembradas en su casa. Había aprendido a pilotar aviones tras el triunfo de la revolución. (Mariano Rodríguez:

Ellos lucharon con el Che y *Con la adarga al brazo;* Alfredo Reyes Trejo: *Capitán José María Martínez Tamayo.*)

Víctor Dreke: "El capitán José María Martínez Tamayo era un blanco fuerte, cariñoso, de poco hablar, que quería con un cariño del carajo al Che, lo idolatraba; muy bien llevado con los compañeros, arriesgado, iba al riesgo personal. No le gustaba hablar de sus cosas. Le gustaba más la lucha de inteligencia, la clandestina. Pero no era un mal guerrillero".

4) *Sobre Tania*

Sobre la entrada en escena de Tania es fundamental la citada entrevista con Ulises Estrada, quien fue su compañero sentimental; el libro de Marta Rojas y Mirta Rodríguez Calderón: *Tania la guerrillera inolvidable*; *Tania guerrillera con el Che* de Galardy; así como *Tania la guerrillera* de Friedl, que a pesar de ser absolutamente especulativo y a ratos hasta grotesco, contiene información interesante.

La leyenda negra de Tania dice que desde antes de su incorporación a la red del Che trabajaba para los servicios secretos de la RDA y por extensión para los soviéticos y lo siguió haciendo en Cuba y en Bolivia, espiando y saboteando la guerrilla del Che.

La rocambolesca historia es como sigue: según James, un agente de los servicios de Alemania oriental que desertó, la reconoció y dijo que había trabajado para ellos en control de extranjeros. Friedl, basado en información del MFS, precisa: Männel, el desertor, aporta tan sólo un dato: en los primeros meses del 61 Tamara Bunke era "agente informal" de los servicios alemanes. Lo que puede significar algo tan simple en una sociedad autoritaria y policiaca, como que Tania ofrecía, de manera libre o coaccionada, información a los servicios durante sus tareas de traductora. No hay que olvidar que desde los 18 años pertenecía al Partido comunista alemán.

Para apoyar esta tesis, Friedl dice que la CIA manejaba esta información, pero fuera de recoger versiones (de Rodríguez o de Marchetti), no produce ninguna prueba. Por extensión se dice que trabajaba también para la KGB.

La historia debe ser mucho más sencilla, Tamara se enamora de un funcionario cubano en Alemania, viaja a Cuba y ahí es conectada por la red de Piñeiro. Si alguna vez informó a los servicios alemanes sobre actividades en sus trabajos como traductora, es obvio que sus fidelidades a partir del 62 estarán con los cubanos, y que a partir del 64, particularmente con el Che. Anderson/*Che*, basado en los testimonios de Alexeiev y Borrego, coincide en está prioridad de fidelidades.

Además de esto Friedl, Geyer y otros infieren que fue amante del Che, basados en un logica formal muy discutible: "Si trabajaba para los servicios, si era mujer..." (Meyer: "No hay duda que el Che y Tania fueron amantes desde que se conocieron"). El método de construir una tesis es irresponsablemente fascinante y se reduce al simplismo declarativo sin aportar ni una sola prueba: tuvieron relaciones sexuales, porque el Che era mujeriego y Tania era agente de los rusos. Alarcón, en su último libro, es partidario de esta segunda tesis, la de los amores, no la de la espía rusa. Varios autores utilizan como comprobación (¡!) de la tesis la presencia de Tania en Praga durante unos días. No hay mucha seriedad en todo esto. He revisado minuciosamente los textos de todos los autores y no producen un solo elemento, una referencia, que apoye sus conclusiones. Si el Che y Tania fueron amantes, mantuvieron relaciones amorosas, con los elementos con que hoy contamos, no se puede saber. Y si después de haber sido reclutada por los cubanos actuó para los servicios alemanes y soviéticos, o incluso más especulativo todavía, si desinformó a rusos y alemanes a cuenta de Piñeiro, con los testimonios que hoy conocemos, no se puede saber, en la medida en que los especuladores no han encontrado ningún documento en los recientemente abiertos archivos del contraespionaje soviético o de la Alemania del Este que sustente esta versión.

Las versiones que apoyan la leyenda negra son Friedl: *Tania la guerrillera*; Andrew Saint George: "La verdadera historia de como murió el Che Guevara" y tres de las biografías del Che menos serias desde el punto de vista historiográfico: James: *Che Guevara, una biografía*; Hetmann: *Yo tengo siete vidas;* y Elmer May: *Che Guevara.*

5) *Sobre Argentina:*

Leonardo Tamayo: "El Che tenía Argentina en la cabeza aunque decía bastantes barbaridades sobre su tierra natal y sus paisanos. El Che decía: El último país en liberarse en América Latina será la Argentina. En la Argentina, a pesar de que hay pobres, el campesino come muy buenos bifes y a la lucha se va en extrema pobreza. Y a estos argentinos para sacarlos de su casa hay que levantarlos con una grúas".

Barbarroja Piñeiro: "Iba caminando como si estuviera en una cuerda floja, iba mirándose los pies y andando muy despacio hasta que llegó a una línea imaginaria donde se detuvo. Dijo:

—Esa es la frontera de Argentina y aquí he de cruzar yo antes de que me haga demasiado viejo" (Barbarroja, entrevista de Vicent).

CAPÍTULO 36 (pp. 485-494)

1) *Fuentes*

El Che dejó testimonio de parte de la gira africana *en Pasajes de la guerra revolucionaria en África*. Son esenciales sus artículos "El socialismo y el hombre en Cuba", sus discursos en la asamblea de la ONU y la contrarréplica y el discurso en el segundo seminario de Solidaridad afroasiática en Argel. Además las entrevistas de *Face the Nation* y de Josie Fanon en *Revolution Africaine.*

La mayor parte de la gira fue cubierta por Papito Serguera que lo testimonia en su libro *Caminos del Che*, aunque altera el orden de los países vistados.

Resulta muy interesante el libro de Mohammed Heikal: *Los documentos de El Cairo*, con la reserva de que se trata de los recuerdos de los recuerdos, de lo que Guevara le dijo a Nasser y éste a Heikal.

Esenciales la entrevista con Rivalta para *El año en que estuvimos en ninguna parte*, la entrevista con Ben Bella, la entrevista a Aragonés de Jorge Castañeda, el trabajo de Humberto Vázquez Viaña: "Antecedentes de la guerrilla del Che en Bolivia", el libro de Tuttino: *L'occhio del barracuda*, los artículos de Fernández Retamar "Aquel poema" y "Un montón de memorias".

Aportan datos el número 13 de *Nuestra industria* de junio del 65, los artículos: "Luis Miranda se refiere al Che"; Aristides Pereira: "Impresionados por el humanista", "Para combatir al imperialismo o ir de vacaciones a la luna"; y los trabajos de C. M. Gutiérrez: *Los hombres de la historia. Che Guevara*, "Los motivos del Che", así como el ensayo de Piero Gleijeses sobre los cubanos en Argelia.

Las fuentes estadunidenses en el memorándum de la conversación en el hotel Savoy del 31 de enero del 65 entre Tshombe y el senador Dodd y el memorándum de Thomas Hughes del departamento de inteligencia al secretario de estado del 5 de enero del 65, así como el reporte "Cuba en África".

2) *El grupo que iría al Congo*

En enero del 65, mientras el Che se encuentra aún de gira, Víctor Dreke, el exdirigente del Directorio que acompañó al Che en la batalla de Santa Clara y que se encuentra en operaciones de contraguerrilla en Las Villas es convocado a una misión secreta.

Se le pregunta si quiere ser voluntario para una misión fuera de Cuba y cuando Dreke afirma, se le pide que reclute a un pelotón de combatientes cubanos de raza negra con experiencia de combate. En La Habana se concentran tres grupos: el de Dreke, uno de orientales dirigido por el capitán Santiago Terry y otro de Pinar del Río con Barthelemy. Dreke será el jefe de la columna.

Los entrenamientos se inician en Peti/1, en las lomas de Candelaria, Pinar del Río, donde antes han sido entrenados revolucionarios de otras partes de América Latina. El 2 de febrero la columna se ha concentrado, cuando se encienden las luces en las barracas alguien comenta: "¡Coño, cómo hay negros aquí! Recogieron a todos los negros de Cuba y los han traído pa'cá ". Se hace un fuerte entrenamiento: preparación de tiro, grandes caminatas, postes colgantes, obstáculos, artillería de 75 mm, tiro de bazuka, minas y desactivación de minas, cócteles molotov y sobre todo, lucha irregular. El propio Fidel los visita y participa en los entrenamientos.

Finalmente se le informa al grupo que la tarea será en África y entre los materiales que se les da a leer están textos sobre la lucha de Lumumba. En menos de 45 días la columna está lista.

Dada la fecha en que es contactado Dreke, este grupo debe de haberse pensado originalmente para responder a las peticiones de Massemba Debat al Che (enero 4 al 6) en el otro Congo y el apoyo a la guerrilla angoleña en formación (conversación del Che con Agostinho Neto en Brazzaville) y luego redestinado a la operación en el ex Congo belga tras las conversaciones del Che en Dar Es Salaam.

3) La decisión

A lo largo de esta gira africana hay varios indicadores de su voluntad de meterse en el Congo, de asumir el legado de Patricio Lumumba: sus conversaciones con Nasser, las frases deslizadas en las conversaciones con Serguera, con Ben Bella o con Rivalta. Es verdad que puede tratarse de testimonios construidos en lo que se llama la "falsa memoria", aquella que vuelve relevante a la luz de los hechos posteriores, algo que no lo fue, aquella que hace preciso e iluminado por lo que había de producirse posteriormente, lo que no lo era tanto. Aun así, son demasiados indicadores. Existen también las negaciones (a Nasser por ejemplo), que pueden interpretarse como cobertura de verdaderas intenciones. Janette Habel se pregunta ("Che Guevara, la ética..."): ¿Cómo explicar estos titubeos, estos cambios repentinos tan poco acordes con su personalidad? ¿Lo eran? El Che siempre pensó en su futuro en tres niveles, siempre hubo más de un proyecto en su cabeza. Digamos pues, que parece evidente que irse a meter, armas en mano, en el Congo, era una de sus perspectivas al terminar la gira africana.

CAPÍTULO 37 (pp. 495-502)

1) Fuentes:

La carta de despedida del Che se encuentra en todas las ediciones de sus obras. La frase de 1953, en *Otra vez*.

Resultan muy importantes las entrevistas que hice a Maldonado, Valdés Gravalosa, Vilaseca, Figueras, Manresa y la entrevista realizada a Aragonés por Castañeda, así como la entrevista a Dreke en *El año...*

Las palabras de Fidel en la entrevista con Gianni Miná: *Habla Fidel*, el discurso en la integración del comité central del PCC y el discurso en el XX aniversario de la muerte del Che.

Además: Raúl Roa: "Che"; Carlos María Gutiérrez: "Los motivos del Che"; el libro de Rojo: *Mi amigo el Che*; el artículo de Habel; las biografías de James, Castañeda, May; el libro de Franqui/*Retrato*...; la carta de despedida a Carlos Rafael en el *Miami Herald* y la biografía de Fidel de Szulc.

2) El discurso de Argel

Janette Habel recogió en una entrevista con el embajador Raúl Roa hijo, que éste en esos días le llevó a Huberman y Sweezy al Che y lo felicitó por su discurso, a lo que el Che contestó: "Eres uno de los pocos comemierdas a quien le gustó ese discurso". Borrego confunde a Roa con su padre, pero confirma: "Te felicito, tu discurso es sencillamente cojonudo".

Barbarroja sobre el discurso de Argel: "Se puede discutir si el método y el momento fueron los adecuados" ("Barbarroja").

3) *Los cuadros del Che*

El 1 de octubre se anuncia la composición del comité central del PCC, curiosamente tres de los ministros del gobierno estarán excluidos, los tres ministros del proyecto económico guevarista: Borrego-Caña de azúcar, Alvarez Rom-Finanzas y Arturo Guzmán el suplente del Che en Industria.

A mitad de junio había sido substituido Vilaseca de la presidencia del Banco nacional de Cuba y designado rector de la Universidad de La Habana.

La CIA produjo en noviembre un reporte especial donde al estudiar la composición del nuevo CC decía que los guevaristas han sido relegados, la visión (económica) "desacreditada" del Che no tenía exponentes en el CC. Castañeda en *La vida en rojo* coincide con esta visión.

Sin embargo, el aparato estaba lleno de militantes cuya fidelidad al Che era indiscutible, como Ramiro Valdés en el Ministerio del interior.

Curiosamente la lista de los 100 miembros del CC incluía a varios cuadros de la revolución que estaban plenamente identificados con el Che como San Luis, Zayas, José Ramón Silva, Vilo Acuña, Acevedo y cuatro hombres que estarían en esos momentos, o más tarde, con él en el Congo: Aragonés. Machado Ventura, Dreke y Fernández Mell.

El planteamiento económico del Che prosiguió sin cambios durante un par de años. Raúl Maldonado, quien había tenido que renunciar como viceministro, ofrece una versión de los hechos más ajustada a la realidad: "Los tres ministros fueron excluidos por razones políticas, tenían una cierta simpatía por los chinos. Eran menos prosoviéticos". (Reporte especial de la CIA sobre el Partido comunista cubano del 5 de noviembre del 1965. Ver también el artículo de Gilly: "La renuncia del Che" en la revista *Arauco* en octubre 1965.)

4) *El suicidio de Alberto Mora*

Raúl Maldonado: se ha dicho que su suicidio fue directamente resultado de su salida de Comercio exterior y la polémica con el Che, no es cierto. Mora era muy joven y un tanto inestable, bebía y se enloquecía. Cayó en la parranda y en un asunto de infidelidad. Enloqueció, andaba por los bares tocando el saxofón con un combo. Era un joven que no había tenido infancia. Dorticós le llamó la atención y luego lo mandaron para su casa, aislado. El Che lo rescató para Industria donde era su asesor y dirigía una empresa consolidada en el 64. Bettelheim invitó a Mora con una beca, y ya con su nueva esposa, a París, donde se estaba estabilizando. Lo trajeron de nuevo a Cuba por una política burocrática de cortar las gentes que estaban fuera porque se habían producido demasiadas deserciones. Tenía una hija con deficiencias de este último matrimonio y la mujer lo abandonó, en plena crisis se pegó un tiro.

5) *Las 40 horas de la conversación*

Debray: "Oí a Fidel a solas, antes de mi partida para Ñancahuazú, hablarme toda una noche del Che con esa mezcla de tacto, de orgullo e inquietud que un hermano mayor puede tener por uno menor que marchó a la aventura, del que conoce bien los defectos y al que por ello quiere más. Oí cómo el Che, antes de mi supuesto regreso a La Habana, me hablaba de Fidel dándome para él numerosos mensajes políticos y personales. Con una devoción sin resquicios. Sin duda hay en el abandono, del antiguo brazo derecho a sí mismo, puntos de perplejidad (...) Puedo sin embargo dar fe de que jamás hubo ruptura del Che con Fidel y que los contrastes de sensibilidad no rompieron la relación de fidelidad. (*Alabados sean nuestros señores.*)

El primer informe de la CIA establecía que: "Hemos eliminado la posibilidad de que la ausencia del comandante Guevara de diferentes actos públicos durante los últimos 72 días fuera motivada por problemas con el comandante Fidel Castro".

El hecho es que sin mayor fundamente informativo, se ha contruido la teoría de un "choque de trenes" entre Fidel y el Che, que motivaría la salida del segundo de Cuba. Hacer historia con personajes que aún están vivos y que aún detentan el poder es en el mejor de los casos complejos. Se va hacia la historia para cobrar agravios y deudas. El presente contamina el pasado. Si Fidel y el Che chocaron violentamente, habría que demostrarlo. Si no, más allá de los amores o desamores de este historiador por Fidel, lo que se ha estado haciendo, con visiones puramente especulativas, resulta una canallada.

La tesis del choque de trenes ha calado hondo. Ver por ejemplo los artículos de Fátima Ramírez en *Tribuna* y Joaquín Estefanía en *El País*, o la reciente biografía de Fidel de Skierka: (El Che) "furioso y ofendido, se recluyó en un sanatorio (¡!), víctima de un fuerte ataque de asma, y decidió no seguir sentando sus reales en Cuba".

CAPÍTULO 38 (pp. 503-509)

1) *Fuentes*

Prácticamente todo el material contenido en este capítulo tiene su sustento en el propio libro del Che, *Pasajes de la guerra revolucionaria en África*, origen de *El año en que estuvimos en ninguna parte, la guerrilla del Che en el Congo*, escrito en colaboración con Froilán Escobar y Félix Guerra. Habría que sumar las entrevistas con Víctor Dreke, el embajador Pablo Rivalta, Fredy Ilanga, el doctor Rafael Zerquera y el sargento Eduardo Torres, realizadas en 1991-1992 para ese libro.

Además, Juana Carrasco: "Tatu, un guerrillero africano"; Jesús Barreto: "Camarada Tato"; William Gálvez: *El sueño africano del Che*; el texto de Tchamlesso: "Tatu en el Congo"; y el guión del documental de Rebeca Chávez reproducido en el libro de Rojas/*Testimonios*.

2) *Nombres y seudónimos*

Abandonando otras tradiciones guevarianas, usaré para narrar la operación del Congo los nombres reales, o los apodos comunes de los combatientes cubanos, en lugar de los seudónimos que aparecen en los diarios del Che y en los informes sobre la guerrilla. Esto significa que substituí en las citas del Che y otros combatientes seudónimos por nombres reales.

Para comparar con otras versiones, los principales cuadros utilizarían los siguientes seudónimos en el Congo:

El Che (Tatu o Ramón), Dreke (Moja), Eduardo Torres (Nane), Martínez Tamayo (Ricardo o Papi o M'bili), el doctor Rafael Zerquera (Kumi), Norberto Pichardo (Inne), Santiago Terry (Aly), Crisógenes Vinajeras (Ansurene), Israel Reyes (Azi), Arcadio Benítez (Dogna), Martín Chibás (Ishirini), Erasmo Videaux (Kisua), Catalino Olachea (Mafu), Octavio de la Concepción de La Pedraja (Morogoro), Harry Villegas (Pombo), Carlos Coello (Tuma o Tumaini), Víctor Schueg (Ziwa), Salvador Escudero (Arobaine), Rafael Vaillant (Sultán) Sinecio Prado (Alacre), Manuel Savigné (Singida), Roberto Rodríguez (Afendi), Alberto Man (Kahama), Roberto Sánchez Bartelemy o Lawton (Changa), Víctor Shueg (Ziwa), Mario Armas (Rebocate), Ramón Armas (Azima), Orlando Puente (Bahaza) Emilio Aragonés (Tembo), Óscar Fernández Mell (Siki.)

3) *El territorio:*

Che: "El escenario geográfico en que nos tocó vivir está caracterizado por la gran depresión que llena el lago Tanganica, de unos 35 mil kilómetros cuadrados de superficie, una anchura media de 50 kilómetros, aproximadamente. Es el que separa Tanzania y

Burundi del territorio del Congo; a cada lado de la depresión hay una cadena montañosa, una pertenece a Tanzania-Burundi, la otra es la del Congo. Esta última es de una altura media sobre el nivel del mar de unos 1500 metros (el lago está a 700 metros), se extiende desde las proximidades de Albertville al sur, ocupando el escenario de la lucha y se pierde más allá de Bukavu, al norte, al parecer, en colinas descendentes sobre las selvas tropicales. La anchura del sistema varía pero podemos estimar para la zona unos 20 o 30 kilómetros como promedio; hay dos cadenas más altas, escarpadas y boscosas, una al este y otra al oeste, encuadrando entre ellas una altiplanicie ondulada, apta para la agricultura en sus valles y para la cría de reses, ocupación que efectuaban preferentemente los pastores de las tribus ruandesas que tradicionalmente se han dedicado a la cría de ganado vacuno. Al oeste cae a pico la montaña sobre una planicie de una altura de 700 metros que pertenece a la cuenca del río Congo. Es del tipo de sabana, con árboles tropicales, yerbazales y algunos prados naturales que rompen la continuidad del monte; tampoco es un monte firme el cercano a las montañas, para al internarse con rumbo oeste, zona de Kabambare, es de características completamente tropicales, cerrado.

"Las montañas emergen desde el lago y dan una característica muy accidentada a todo el terreno; hay pequeñas planicies propicias al desembarco y la estancia de tropas invasoras, pero muy difíciles de defender si no se toman las elevaciones. Las vías de comunicación terrestre acaban por el sur en Kabimba donde estaba una de nuestras posiciones, por el oeste contornean las montañas mediante la ruta Albertville, Lulimba-Fizi, y de este último punto sale hacia Bukavu, por Muenga, un ramal y otro por la costa pasando por Baraka y Uvira para llegar a aquel punto. Desde Lulimba el camino penetra por la montaña, escenario conveniente para la guerra de emboscadas, como también, aunque en menor medida, la parte que atraviesa la llanura del río Congo.

"Las lluvias son muy frecuentes, diarias en el periodo de octubre a mayo y casi nulas en lo que media entre junio y septiembre, aunque en este último mes comienzan precipitaciones aisladas. En las montañas siempre llueve pero con poca frecuencia en los meses de seca".

CAPÍTULO 39 (pp. 511-524)

1) *Sobre las fuentes informativas*

Al igual que capítulos anteriores las fuentes esenciales provienen de *Pasajes de la guerra revolucionaria en el Congo* del propio Che, y *El año...*, a las que se suman las entrevistas a Dreke, Ilanga, Zerquera, Rivalta y las entrevistas a Videaux, Torres, Benítez, *Kahama*, y el diario de guerra de Emilio Mena.

Habría que añadir la serie de artículos de José Ramos Pichaco en el periódico *Vanguardia* y los libros de Víctor Dreke: *De la sierra del Escambray al Congo*, y de William Gálvez: *El sueño africano del Che*.

2) *Carta de su madre*

La carta de su madre se encuentra reproducida en el libro de Rojo; una de mis fuentes cubanas sugirió que la carta podría ser una falsificación, no lo creo.

Celia: "¿Mis cartas te suenan extrañas? No sé si hemos perdido la naturalidad con que nos hablamos o si nunca la hemos tenido y nos hemos hablado siempre en ese tono levemente irónico que practicamos los que vivimos a las dos orillas del Plata, agravado por nuestro propio código familiar, aún más cerrado. El caso es que siempre una gran inquietud me ha hecho abandonar el tono irónico y ser directa. Parece que es entonces cuando mis cartas no se entienden y se vuelven extrañas y enigmáticas. En este tono diplomático adoptado en nuestra correspondencia tengo yo también que leer entre líneas el significado oculto e interpretar. He leído tu última carta como leo las noticias publicadas en *La Prensa* o *La Nación* de Buenos Aires, desentrañando o tratando de hacerlo, el verdadero significado de cada frase y el alcance de cada una. El resultado ha sido un mar de confusiones y una intranquilidad y una alarma aún mayor... No voy a usar lenguaje diplomático. Voy a ser muy directa. Me parece una verdadera locura que habiendo pocas cabezas con capacidad de organización en Cuba, todas éstas se vayan a cortar caña durante un mes, como ocupación principal, habiendo tan buenos "macheteros" entre el pueblo. Hacerlo como trabajo voluntario, en tiempos normalmente dedicados al descanso o la distracción, un sábado o un domingo, tiene otro sentido. También lo tiene hacerlo como trabajo principal cuando se trata de demostrar de una manera concluyente la ventaja y la necesidad del uso de las máquinas para el corte, cuando de la cosecha y del monto de toneladas de azúcar conseguidas saldrán las divisas con que contará Cuba. Un mes es un largo período. Habrá para ello razones que ignoro. Hablando ahora de tu caso personal, si después de ese mes te vas a dedicar a la dirección de una empresa, trabajo desempeñado con cierto éxito por Castellanos y Villegas, me parece que la locura alcanza el absurdo, sobre todo si este trabajo va a ser desempeñado durante cinco años para conseguir ser entonces un cuadro de verdad. Como yo conocía tu empeño en no faltar ni un día de tu Ministerio, cuando vi que tu viaje por el extranjero se prolongaba demasiado, mi pregunta era esta: ¿Seguirá siendo Ernesto ministro de Industria cuando llegue a Cuba? ¿A quién se le ha dado la razón, o la primacía, en la disputa por los motivos que deben ser causales por la incentivación? Las preguntas están contestadas a medias. Si te vas a dirigir una empresa es que has dejado de ser ministro. Depende de quién sea nombrado en tu lugar para saber si la disputa ha sido zanjada de un modo salomónico. De todas maneras, que te quedes cinco años dirigiendo una fábrica es un desperdicio demasiado grande para tu capacidad. Y no es la mamá la que está hablando, es una vieja señora que aspira a ver el mundo entero convertido al socialismo. Cree que si haces lo que has dicho no vas a ser un buen servidor del socialismo mundial. Si por cualquier razón los caminos se te han cerrado en Cuba, hay en Argelia un señor Ben Bella que te agradecería que le organizaras la economía allí o que le asesoraras en ella, o un señor Nkrumah, en Ghana, a quien le pasaría lo mismo. Sí, siempre serías un extranjero. Parece ser tu destino permanente".

3) Clínica

A la madre del Che la obligan a abandonar, moribunda, el hospital en el que está internada a causa del cáncer, pocos días antes de su muerte.

Selser: "Aquella Clínica Stapler, que después de internada la señora Celia de la Serna de Guevara Lynch descubrió que necesitaba su habitación para otra enferma, porque había igualmente descubierto, momentos antes, que no era otra que la madre del terrible Che" ("El guerrero en el recuerdo").

4) Escritos

De acuerdo con Anderson, el Che redactó en el Congo tres escritos breves, narraciones a mitad de camino entre el cuento y la reflexión sicológica, donde mostraba el dolor por la pérdida de su madre. Aunque a Aleida le informó de la existencia de estas tres piezas, se negó a mostrárselas argumentando que se trataba de materiales "muy íntimos".

5) El Che muganga, Fidel muganga

Fredy Ilanga: "En un combate que no había muganga Che tuvo que coger una aspirina, machucarla con un poco de agua y santiguar a los combatientes y todos se fueron muy contentos al combate" (documental de Rebeca Chávez).

Harry Villegas: "Nosotros teníamos una dawa universal, más fuerte que la de ellos, la cual nos inmunizaba para siempre, y por eso, quien nos la había hecho, Fidel Castro, era el mejor muganga del mundo" ("Con el arma de la autoridad moral").

CAPÍTULO 40 (pp. 525-527)

1) Fuentes

Sobre la cadena de desinformaciones aportan datos los libros de F. Hetmann, May, Larteguy, K.S.Karol: *Los guerrilleros en el poder;* y la cronología de Cupull y González: *Un hombre bravo.*

Además del artículo de *Newsweek* en la edición del 28 de junio, la entrevista que le hice a Manresa y el reporte del director de Inteligencia e investigación del Departamento de estado, Estados Unidos, del 10 de agosto del 65.

Multitud de cables, reportes de inteligencia e informes en el capítulo 7 de *Che Guevara and the FBI.*

La novela de Jay Cantor, *La muerte del Che Guevara*, se construirá sobre este tipo de desinformaciones; y el libro de Frederik Hetmann: *Yo tengo siete vidas*, reproducirá y se basará en el fantasioso "memorandum R".

CAPÍTULO 41 (pp. 529-532)

1) Sobre las fuentes

A las fuentes usadas en los capítulos 38 y 39 hay que añadir el texto de Juana Carrasco: "El combate de Forces Bendera" y "Tatu, un guerrillero africano" (entrevista con Víctor Dreke), "Proyecto de informe al acto central por la conmemoración del XX aniversario, de la formación, salida y cumplimiento de misión internacionalista de la columna 1 en el Congo-Leopoldville"; Marchetti y Marks: *The CIA and the Cult of Intelligence*; Blum: *The CIA a forgotten history.*

2) Los primeros disparos de los cubanos

No está claro si fue una emboscada a una lancha del grupo de Santiago Terry según diría Mena en el diario de la columna o la acción del 19 de junio contra aviones Camberra, que habían provocado muertes al bombardear y ametrallar el caserío conocido por Kisosi, al lado del lago. Los disparos se hicieron con las ametralladoras 12.7 emplazadas en las alturas de la base de Kibamba. Los aviones no contestaron el fuego.

3) Los aviones que los bombardeaban

Marchetti: "La CIA suministraba dinero y armas a la causa de (Tshombé) Mobutu y Cyril Adoula. En 1964 la CIA importaba al Congo sus propios mercenarios. Los B-26 piloteados por cubanos veteranos de Bahía de Cochinos bombardeaban asiduamente a los insurgentes. Cuando la CIA intervino en 1964, los pilotos cubanos veteranos que intervinieron habían sido contratados por una compañía llamada Caramar (Caribbean Marine Aero Corporation, otra propiedad de la CIA). Armas y equipamiento eran suministrados por diferentes comerciantes "privados". El mayor en los Estados Unidos era la International Armament Corporation (Interarmco), con sede en Alexandria, Virginia. Un periodista que reportó desde Tucson, Arizona, en 1966, escribió haber visto más de 100 aviones B-26, con los dispositivos preparados para instalar ametralladoras y bombas. La CIA reportó que se trataba de aviones de una compañía para vigilar y extinguir el incendio de los bosques, Intermountain. En realidad estaban destinados al Congo y al sudeste asiático".

El analista William Blum añade que los pilotos de la CIA realizaban misiones de bombardeo sobre los insurgentes, pero hubo problemas con algunos cubanos que se negaron a bombardear poblaciones civiles.

4) Cocodrilos y serpientes

Victor Shueg: "Al llegar la noche crucé a nado el río Kimbia. Se decía que estaba infestado de cocodrilos. Parece que los cocodrilos no comen de noche o no comen negros. Estuve tres días perdido. Hasta que encontré nuevamente el camino. También tenía mucho respeto por las serpientes. Especialmente la conocida por el nombre de tres pasos. Se decía que al que mordía no se salvaba. En una ocasión iba por una carretera cuando me tropecé con uno de esos reptiles. Viré que jodía. Eché tremenda carrera y la serpiente detrás de mí. Pienso que era ciega, por eso no llegó a agarrarme". (Báez/*Secretos.*)

CAPÍTULO 42 (pp. 533-545)

1) *Fuentes*

De nuevo, como en los capítulos anteriores, me remito a *Pasajes...* y *El año que estuvimos en ninguna parte,* a los que habría que añadir la intervención de Harry Villegas en *Entre nosotros* y la entrevista que le hice a Fernández Mell.

2) *Botas*

Debray hace en *Les Masques* una breve mención a esta etapa, pero resulta bastante inexacta: "En el Congo, para integrar mejor a su grupo de internacionalistas blancos entre los combatientes negros, que iban descalzos por la selva, les ordenó descalzarse, dando él mismo el ejemplo. Para respetar las costumbres locales y poner a cada uno en un pie muy pronto sanguinolento de igualdad". Vuelve sobre el asunto en *Alabados sean nuestros señores*: "Mirar sin pestañear a sus compañeros en el Congo con los pies descalzos ya que *los africanos bien que lo hacen*".

El asunto se origina en una frase del Che: "Los negros andan descalzos, los cubanos también tienen que hacerlo", recordada por Fernández Mell (citado fuera de contexto por Castañeda/*La vida en rojo*) que respondía así a los que se habían quedado sin calzado por no haber traído buenas botas. En la comandancia había reservas de botas, pero no eran suficientes ni eran de los números necesarios.

Alarcón (*Memorias de un soldado*) tiene también su versión sobre esta historia de las botas: "Lo que pasó es que hubo muchos cubanos, que por flojos, dejaron en el barco o en la embajada las botas que hubieran debido llevar y fueron con zapaticos no propios para el monte, zapaticos de ciudad. A ésos, cuando llegaron a la selva, sus zapatos no les duraron ni una semana. El Che había llevado una reserva para aquellos a los que se les fueran rompiendo las botas, pero no había bastantes para los que llevaron zapaticos suaves, entonces el Che, lógicamente les dijo: Zapatos, no hay, caminen descalzos, ustedes que por flojos dejaron sus botas".

3) *Retirada con marcialidad*

Dreke: "El Che era muy cuidadoso con la tropa. 'Tenemos que lograr que combatan, que sepan hacer trincheras en guerra de posiciones. Hay que correr, pero con elegancia. Te paras das dos tiros, te paras, corres. No se trata de no retirarse, hay que saber hacerlo. Jocosamente lo mostraba caminando. Lo que no quiero es soltar el fusil y salir corriendo'. Se decía en broma: comandante, me retiré, pero con marcialidad".

CAPÍTULO 43 (pp. 547-553)

1) *Fuentes*

Se añaden al texto del Che y a las entrevistas anteriormente mencionadas contenidas en *El año...* una entrevista realizada por Jorge Castañeda con Emilio Aragonés y mi entrevista con Fernández Mell. El libro de Blum: CIA *a forgotten history,* aporta elementos interesantes..

2) El Dinero

El Che, en la carta a Fidel, será explícito en la recomendación de no entregarle dinero a los dirigentes congoleños: "El asunto del dinero es lo que más me duele por lo repetida que fue mi advertencia. En el colmo de mi audacia de derrochador, después de llorar mucho me había comprometido a abastecer un frente, el más importante, con la condición de dirigir la lucha y formar una columna mixta especial bajo mi mando directo (...) para ello calculaba con todo dolor de mi alma, cinco mil dólares por mes. Ahora me entero que una suma veinte veces más grande se les da a los paseantes, de una sola vez, para vivir bien en todas las capitales del mundo (...) A un frente miserable donde los campesinos padecen todas las miserias imaginables, incluida la rapacidad de sus propios defensores no llegará ni un centavo (de ese dinero) y tampoco a los pobres diablos que están anclados en Sudán".

3) El hambre

El tema del hambre es el continuo en las reseñas de los combatientes cubanos en el Congo. Videaux dirá: "Lo que quemas es superior a lo que comes. El hombre se siente un lobo, ve cualquier objeto y piensa que se lo pudiera comer (...) Si hubiéramos podido comer un león nos lo hubiéramos comido".

Marco Antonio Herrera (alias Genge): "Ya no era fácil conseguir el tan despreciado mono para comer. Producto de los bombardeos se ocultaba. Teníamos que vivir de yuca y de hojas de yuca".

Aragonés cuenta que cuando cazaron un venado, se repartió entre 30, y el Che y él pidieron que un pedacito se hiciera a las brasas en lugar de disolverlo en una salsa que se le echaba a la yuca, y estaban muy felices comiéndoselo con un palito cuando uno de los africanos preguntó: ¿Está bueno? Y el Che le dio el suyo y no le quedó a Aragonés más que hacer lo mismo ("el desgraciado cabrón ese, en lugar de decir, ya comí..."). Aragonés bajó de 250 a 100 y pico libras. Al retornar a Cuba fue víctima de una grave insuficiencia renal que lo tuvo al borde de la muerte por carencia de proteínas.

CAPÍTULO 44 (pp. 555-557)

1) Fuentes

Una enorme cantidad de reportes de la CIA e informes o desinformes, se encuentra en los capítulos 6 y 7 de *Che Guevara and the FBI*.

Otros elementos para este capítulo en los libros de Hettman, Marchetti, Agee, Larteguy: *Los guerrilleros*; la biografía sin autor *Che Guevara* editada por Planeta Agostini; el artículo de Gilly: "Cuba, entre la coexistencia y la revolución"; el reportaje en *O Estado de Sao Paulo* del 9 de julio 67 y el memorándum norteamericano del 26 de septiembre del 66 a W. G. Bowdler.

La revista *Confirmado* produjo en marzo del 67 un exhaustivo reporte que resumía los cientos de versiones sobre el paradero del Che ("Historias con fantasmas").

2) La carta de despedida, autenticidad y reacción

La carta del Che se encuentra en todas las ediciones de las obras. La forma en que Fidel le dio lectura puede seguirse en el documental de Enrique Pineda, "Che", y en el noticiero del ICAIC # 278. La autenticidad de la carta de despedida fue negada por algunos como Segundo Cazalis, Siquitrilla, quien dijo desde el exilio que el Che nunca podría haber escrito tal cosa. El diario argentino *El Mundo* "demostró" que se trataba de una carta falsa y autores como Elmer May, para probar sus tesis, insistían en que nunca se mostró el original, tan sólo la copia escrita a máquina.

La carta manuscrita existe. En el momento de estar escribiendo esta nota tengo ante mí una edición facsimilar. El Che, además de mencionarla sin enmiendas en *sus Pasajes* de la guerra revolucionaria en África, de su puño y letra salió al paso de la campaña de calumnias en una corrección de una carta de Orlando Borrego a la escritora Sol Arguedas, donde hablando de sí mismo en tercera persona decía: "... se percatará entonces de la autenticidad de su carta de despedida y de su identificación total con la revolución cubana y su jefe".

Dariel Alarcón dice que el Che se enfadó mucho cuando supo que Fidel había leído la carta ("El Che se quitó la gorra y la estrujó entre sus manos, y dijo con indignación: Las cosas están tomando otro curso, pues se están violando los acuerdos hechos entre amigos que parecen desaparecer y entre sombras asombra el culto a la personalidad. Stalin parece que no ha muerto"). Lo curioso es que según todos los elementos que poseo Alarcón no estaba con el Che en el Congo y por lo tanto el Che no le dijo nada, y si lo dijo, él no estaba allí para oírlo (ver nota 2, capítulo 46.) Castañeda/*La vida en rojo* ofrece una variante de esta versión.

Machado Ventura, entonces ministro de salud cubano (Gálvez/*El sueño africano*) estaba con el Che cuando conoció de la lectura de la carta y coincide con que el Che se molestó porque se hubiera leído en público y lo atribuye a su "excesiva modestia".

Más cerca de la verdad es que al leerse la carta se cerraba la puerta y el Che perdía capacidad de maniobra. Ahora estaba a los ojos del mundo construyendo ese segundo Vietnam y no podía reaparecer en Cuba.

CAPÍTULO 45 (pp. 559-567)

1) *Fuentes*

Las mismas que en capítulos anteriores a las que habría que añadir los testimonio de Mario y Ramón Armas en Gálvez/*El sueño*; Víctor Schueg ofrece su testimonio en Báez/*Secretos*; Jules Chomé: *L'ascension de Mobutu* y el texto de Godley al secretario de estado norteamericano del 4 febrero 1966, "The situation in the Congo".

CAPÍTULO 46 (pp. 569-573)

1) *Fuentes*

Las palabras del Che son de *Pasajes/Congo*. Además las citadas entrevistas con Aragonés y Fernández Mell y la de Dreke en entrevista para *El año...* y en *De la sierra del Escambray al Congo*.

La oferta para reiniciar la lucha en Latinoamerica en la entrevista de Villegas a Báez/*Secretos*.

Las fotos se encuentran en el libro de Gálvez/*El sueño africano* y fueron tomadas por el viceministro del Interior Aldo Margolles que acompañó al Che en los últimos días de la campaña del Congo.

2) *Mulele*

Sobre el frente de Mulele, al que pensaba el Che que se podía acceder, Jorge Risquet que dirigía una columna de cubanos allí, ha escrito: *El segundo frente del Che en el Congo: historia del batallón Patricio Lumumba*, con lo cual al fin existe una visión de esta historia aún más desconocida que la del Che en el oriente del Congo.

Pierre Mulele habría de ser asesinado en 1968.

3) *Los riesgos de la ficción*

Dariel Alarcón dedica el capítulo 15 de su libro *Memorias de un soldado cubano* a la campaña del Congo con el Che y su presencia con él, pero Víctor Dreke, el segundo del Che, en *De la sierra del Escambray al Congo* dice que Dariel Alarcón nunca estuvo en el Congo. En la lista de los 123 combatientes cubanos que pasaron por el Congo no se encuentra su nombre, ni el seudónimo Katanga I, ni siquiera el seudónimo Katanga II que Alarcón dice recibió otro compañero. En el original manuscrito del diario del Che, a pesar de que Alarcón era un personaje bien conocido por él, no hay mención a su presencia ni de ninguno de estos dos seudónimos, ni en el diario de Mena, ni en el de Videaux. Cuando entrevisté a Alarcón, en un par de ocasiones previas a su salida de Cuba, no hizo mención de la experiencia congoleña.

Alarcón dice que llegó en el barco cubano que llevaba armas, que el barco se llamaba Camilo Cienfuegos y que se encontró con el Che en Tanzania quien lo nombró capitán de una compañía de vanguardia. Pero el barco se llamaba Uvero, cuando el barco llegó a Punta Negra el Che hacía tiempo que había salido para el Congo y nunca existió la tal compañía de vanguardia. Por si esto fuera poco Alarcón no aparece en ninguna de las fotografías del grupo que entró al Congo con el Che.

No aparece siquiera en el equipo de apoyo que se montó para proteger a los que salían en la retirada final por el lago, como bien puede verse en las fotos del libro de Gálvez/ *El sueño*. Ni aparece en las memorias de Papito Serguera que recoge la experiencia del barco cubano que llevó armas al Congo, el Uvero, en el que Alarcón dice que viajaba. Lo mismo sucede en el libro de Risquet sobre el segundo frente congoleño, que narra con detalles la historia del barco de las armas.

O nos encontramos ante una operación de desinformación verdaderamente barroca y sin ningún sentido, o Alarcón directamente se inventó su estancia en el Congo.

CAPÍTULO 47 (pp. 575-580)

1) *Fuentes:*

Esencialmente el libro *Pasajes de la guerra revolucionaria en África* y las entrevistas a Fernández Mell, Pablo Rivalta y la que Jorge Castañeda le hizo a Aragonés. Hay alguna información interesante en el capítulo que Gálvez dedica al tema en *El sueño africano...* y en la entrevista de Ramos Pichaco a Rumbaut.

Aleida registra su paso por Tanzania en Oltuski/"Un Che de este mundo" y se lo narra a Anderson en *Che.*

Resulta de una cierta utilidad la documentación norteamericana en el expediente de 1965 sobre la situación en el Congo de la Dirección de seguridad e investigación del Departamento de estado de Estados Unidos.

2) *Pasaporte*

En la cronología de Cupull-González se habla de que el Che viajó a Praga el 28 de diciembre de 1965 con un pasaporte a nombre de Raúl Vázquez Rojas. El dato es erróneo, los sellos previos que había en los pasaportes que se usaban deben haberlos confundido. Resulta sorprendente la coincidencia de apellidos con el revolucionario mexicano Genaro Vázquez Rojas, que habría de morir en 1972 en Guerrero.

3) *La publicación del diario*

En 1994 publiqué un libro en colaboración con Guerra y Escobar sobre la experiencia del comandante Guevara en el Congo, titulado *El año en que estuvimos en ninguna parte*, basado en el diario del Che y otra serie de materiales y testimonios de miembros de la columna. El diario había llegado a nuestras manos gracias al apoyo de uno de los cuadros de la Sierra Maestra, que pensaba que la historia debía divulgarse.

El libro causó un cierto revuelo. Llegó a decirse en periódicos franceses que el diario era una manufactura de los servicios cubanos para los que nosotros actuábamos como desinformadores (ver mi polémica con Masperó en *Les Tempes Modernes*) y en Cuba alguno dijo que el diario era apócrifo y que nos lo habíamos inventado y se bloqueó la edición del libro. La aparición en el 99 de la edición de *Pasajes de la guerra revolucionaria:*

Congo, que coincidía plenamente con nuestra versión, dejó el asunto zanjado, lo cual no impidió que algunos colegas, al paso de los años, siguieran desbarrando sobre el asunto. Pierre Kalfon en *Ernesto Guevara, una leyenda del siglo*, dice que fue nuestra "generosidad (en dólares) la que nos permitió tener conocimiento de esos documentos". Puedo asegurar que el hombre que nos dio el diario del Che no nos pidió ni siquiera que lo invitáramos a una cerveza, si mal no recuerdo, la invitó él. Curioso oficio este de la historia, en el que el culto al documento deviene propiedad, y en el que uno se encuentra a colegas escondiendo notas o papeles, o predisponiendo a testigos para que no repitan lo que a él le contaron. Miseria humana.

Si Kalfon se inventa la historia de que compramos el documento, si se hace eco de versiones falsas y fantasiosas en este caso, que conozco de primerísima mano, me pone a desconfiar de su rigor como historiador y a dudar de otras partes de su libro.

CAPÍTULO 48 (pp. 581-588)

1) *Fuentes:*

El capítulo está armado como un rompecabezas con pequeños fragmentos de testimonios variados entre los que destacan: Harry Villegas entrevistado por Irene Izquierdo en: "Bolivia fue el Moncada de América" y por Báez/*Secretos*; Vázquez Viaña: *Antecedentes de la guerrilla del Che en Bolivia*; Debray: "*La guerrilla del Che*"; García Márquez: "El Che en Africa, los meses de tinieblas"; Lara: *Guerrillero Inti Peredo*; Cupull y González: *La CIA contra el Che*; Anderson: *Che Guevara*; Marta Rojas y Mirta Rodríguez Calderón: *Tania la guerrillera inolvidable*; Aleida March en el citado trabajo de Oltuski. Resultan interesantes la entrevista que yo le hice a Óscar Fernández Mell y las que Jorge Castañeda les hizo a Ulises Estrada y Jorge Kolle, así como Gálvez/*El sueño*...

La carta de Fidel en el prólogo de Aleida Guevara a la edición de Mondadori de *Pasajes/ Congo*. Además, F. A. Dwight B. Heath: "Guerrillas vs the bolivian metaphor".

Abel Posse ha escrito una novela sobre los meses de estancia del Che en Praga. Una novela, *Los cuadernos de Praga*, sin pretensiones testimoniales y sin demasiado ajuste a los hechos, con todas las libertades de la ficción, quizá demasiadas.

CAPÍTULO 49 (pp. 589-592)

1) *Fuentes:*

Orlando Borrego, depositario del cuaderno de Praga, reproduce fragmentos, incluido el prólogo completo, en *Che, el camino del fuego*. Esta es la única fuente directa con la que contamos hasta que no se haga público el manuscrito. Citamos sobre citas, por tanto. Resulta interesante la "Nota introductoria de la cátedra libre Ernesto Che Guevara" comentando el texto. Anderson en *Che Guevara* da noticia del cuaderno filosófico de fines de los años 40.

CAPÍTULO 50 (pp. 593-606)

1) *Fuentes:*

La descripción del Che al salir de Praga en Borrego/*El camino del fuego*, que lo veía con el disfraz en San Andrés.

Sobre esta etapa, la entrevista con Tomassevich en el libro de Luis Báez/ *Secretos*; los diarios de Harry Villegas, San Luis, Israel Reyes. Dariel Alarcón, conocido en la guerrilla boliviana como Benigno, ha dejado un amplio testimonio sobre el entrenamiento en varios textos, por ejemplo en "Diálogo con Benigno" y en la entrevista de Elsa Blaquier: "Mucho gusto, Ramón". Abundó en estos detalles en la entrevista que realicé con él en

1995 y comparé mis notas con los recuerdos de Leonardo Tamayo en una segunda entrevista. Luego pude revisar el manuscrito que realizó con Mariano Rodríguez y la nueva versión que produjo en el exilio años más tarde (*Memorias de un soldado cubano*.) Además otros materiales de los supervivientes: "Su ejemplo inmortal", Harry Villegas, y María Garcés: "Materiales sobre la guerrilla de Ñancahuazú"; Dariel Alarcón: "Héroes inmortales de nuestra América"; Orlando Borrego: *Che, el camino del fuego*.

Aleida Guevara narra la despedida familiar en Héctor Danilo Rodríguez: "El último encuentro del Che con su familia", Hilda Guevara la comenta en Campa: "Han hecho del Che un mito..."

Regis Debray ha escrito varios textos sobre la guerrilla boliviana respecto a la etapa de preparación, el más preciso: *La guerrilla del Che*, se complementa con la entrevista que le hice.

Hay elementos interesantes en la cronología de Cupull y González y en el testimonio de Fidel en la entrevista de Miná y en el discurso del XX aniversario de la muerte del Che.

Sobre los compañeros del Che en la experiencia boliviana, ver: Alfredo Reyes Trejo: "Capitán José María Martínez Tamayo"; Mariano Rodríguez: *Ellos lucharon con el Che* y *Abriendo senderos;* y Raymundo Betancourt: "La guerrilla boliviana". Orlando Borrego dedica en su libro citado cuatro páginas (218-22) a Suárez Gayol, al que conoció bien en la columna 8 y en el Ministerio de industria, un personaje que merecería mucho más que las breves referencias que le otorga este libro.

Además: *Tania, la guerrillera inolvidable*; Gary Prado: *La guerrilla inmolada*; Franqui: *Vida, aventuras y desastres de un hombre llamado Castro*; Carlos María Gutiérrez: *Los motivos del Che*; Alcázar: "Murió el Che..."; Daniel James: *Che Guevara, una biografía*.

La historia de Aleida y el Che tiene su origen en un informante anónimo. En la entrevista que le hice a Leonardo Tamayo, menciona que no puede ser cierta porque Aleida estuvo constantemente en la casa donde estaban recluidos en las últimas semanas antes de la salida a Bolivia. La carta del Che a sus hijos en *Tricontinental*, julio 1997.

Para el viaje del Che de La Habana a Bolivia: Diario de Israel Reyes, entrevista Tamayo, entrevista Alarcón, mensaje del Che a La Habana, sin fecha, alrededor de noviembre 66, Diario de Pacho, Tamayo entrevistado por Miná en *Un continente desaparecido*, cronología *Un hombre bravo*, Debray en *La guerrilla del Che*, René Villegas: "Fantasma del Che rondó por Brasil antes de por Ñancahuazú". James analizará los pasaportes al igual que Gary Prado.

Castañeda/*La vida en rojo*, recogerá minuciosamente los rumores del paso del Che por Argentina (todos juran que lo vieron), para finalmente abandonarlos, y sitúa erróneamente a Renán en Brasil esperándolo. Yo mismo me enfrenté a varios testimonios que lo situaban en Uruguay, evidentemente falsos.

2) *La lista de los cubanos*

El Che añadió y quitó sobre la base de aquellos que se habían ofrecido voluntarios para misiones fuera de Cuba. Parece que Fidel dio el visto bueno en todos los casos, menos que se sepa, en dos, el de Víctor Dreke, segundo del Che en el Congo, al que se quería enviar de nuevo a África, esta vez a Guinea Bisseau, y el de Enrique, el menor de los Acevedo, al que quitó de la lista con el argumento de "por razones que un día te explicaré y porque no queríamos separar a los dos hermanos, pues no podíamos ceder a Rogelio en ese momento", cosa que le confesaría a Enrique muchos años más tarde (Acevedo en *Guajiro*.) La historia es corroborada por Orlando Borrego al que también quería llevarse (*Che, el camino del fuego*) "Sabes que pienso llevarme a Enriquito para Bolivia, será un poco más adelante, si Fidel lo aprueba te irás tú con él").

Alarcón, en sus memorias revisadas en el exilio (*Memorias de un soldado cubano*) introduce la idea de que el nombre de Leonardo Tamayo se incorporó al final porque el

Che quería alguien que "le cargara la mochila de libros y los instrumentos médicos". Según esto Tamayo estaba en esos momentos en la cárcel por haber atropellado a una mujer y una niña en estado de ebriedad. La información no es muy coherente porque en páginas anteriores de su libro cuenta que cuando el grupo se reúne en la oficina de Raúl Castro, al inicio del periplo, Tamayo se encuentra allí. Además de que el Che, en el tipo de selección de combatientes que estaba haciendo, nunca hubiera elegido a alguien para que "le cargara la mochila".

Castañeda/*La vida en rojo* afirma sin citar fuentes que varios que "insistieron en ser incluidos no lo fueron" y cita a Ulises Estrada, Emilio Aragonés (muy improbable, porque al regreso del Congo estaba gravemente enfermo), Alberto Mora, Haydé Santamaría...

En el folleto de Galardy sobre San Luis, citando a un hermano, dice que éste fue invitado a participar en la operación con una nota del Che: " Vuelvo a necesitar el esfuerzo de ustedes, que fueron fieles en la Sierra Maestra. Si está dentro de tus posibilidades espero tu cooperación, Che". Esta nota y el testimonio de Orlando Borrego, que cuenta que le tocó a él darle a Suárez Gayol en su despacho la noticia de que el Che lo ha elegido para acompañarlo en su próxima experiencia fuera de Cuba, se contradicen con las versiones más divulgadas de que los convocados se sorprendieron al encontrar en el campo de entrenamiento al Che. Posiblemente la sorpresa estribó en que aquel personaje extraño fuera el Che, al que esperaban probablemente fuera de Cuba.

3) *Seudónimos*

A diferencia de otras tradiciones, uso y usaré para narrar la operación boliviana, al igual que hice en la operación del Congo, los nombres reales, o los apodos comunes de los combatientes cubanos, en lugar de los seudónimos que aparecen en los diarios del Che y otros de sus compañeros y en las comunicaciones de la guerrilla. La relación que permitiría la identificación en la lectura del *Diario del Che en Bolivia*, los diarios de Villlegas, Montes de Oca, San Luis e Inti Peredo, es la siguiente:

El Che usará en una primera fase el seudónimo de Ramón, que cambiará más tarde por el de Fernando; Alberto Fernández Montes de Oca conservará el apodo familiar de Pacho o Pachungo; el comandante Vilo Acuña será Joaquín; Eliseo Reyes, San Luis, será también Rolando; Manuel Hernández será Miguel; el viceministro Suárez Gayol será el Rubio o Félix; Orlando, Olo Pantoja, utilizará el seudónimo de Antonio; José María Martínez Tamayo, M'bili, Papi, será también conocido como Ricardo; su hermano René se identificará como Arturo; Harry Villegas conservará el Pombo de Africa; Gustavo Machín Hoed usará el seudónimo de Alejandro; Antonio Sánchez, Pinares, en Bolivia será Marcos; Leonardo Tamayo será Urbano; Carlos Coello será como en África Tuma o Tumaini; Dariel Alarcón será Benigno; Israel Reyes utilizará el nombre de Braulio.

4) *El seudónimo Ramón*

Paco Urondo narrará en el texto que escribe sobre el Che en la revista *Casa de las Américas*: "El protagonista del cuento (de Cortázar) también se llama Ramón, como le decían ahora en Bolivia; había sacado el nombre del cuento donde él es protagonista". Leí "Todos los fuegos el fuego" de Julio Cortázar con atención. Era posible, la primera edición de Sudamericana es de marzo del 66 y podía haber sido leída por el Che cuando se encontraba en Praga, aunque había usado el seudónimo Ramón un año antes, al salir de Cuba. No es así. La falsa memoria le jugó una mala pasada a Urondo, el personaje que se identifica con el Che en el cuento "Reunión" no tiene nombre, es un personaje anónimo.

5) *Otra versión de la despedida*

Tomás Borge recoge otro momento previo de aquella despedida con un tono similar, cuando al final de los entrenamientos "el Che se sentó en el tronco de un árbol junto a Fidel (y) estuvieron sentados uno al lado del otro durante más de una hora, sin decirse una palabra. Al final tampoco se la dijeron, sólo la mano del Che cayó sobre la espalda de Fidel, la mano de Fidel sobre la espalda del Che y se palmearon con fuerza".

6) *Revolución en la revolución*

El libro de Debray fue publicado en enero de 67 en Cuadernos de Casa, en La Habana. El Che bien pudo leerlo en francés o en Cuba leer las pruebas o una copia en septiembre -octubre. En Bolivia tenía un ejemplar y sin duda también Vilo Acuña llevaba un ejemplar en la mochila.

CAPÍTULO 51 (pp. 607-623)

1) *Fuentes*

La columna vertebral de la historia narrada en este capítulo es el *Diario de Bolivia* del propio Che y los diarios de Villegas (Pombo), Eliseo Reyes (San Luis) y Pacho Montes de Oca; así como los libros de Inti Peredo: *Mi campaña con el Che*, Regis Debray en: *Les masques* y Dariel Alarcón (junto a Mariano Rodríguez): *La guerrilla del Che* y las entrevistas que me concedieron Alarcón y Leonardo Tamayo.

Las comunicaciones del Che a Fidel y de La Habana al Che se encuentran dispersas en varios lugares, en la versión mexicana de Siglo XXI del diario del Che, en los artículos de Vacaflor, en el libro de James, en las notas de los libros de los militares bolivianos (Gary Prado, Diego Martínez Estévez, Arnaldo Saucedo Parada, Vargas Salinas) y nunca habían sido reunidas cronológicamente y contrastadas con el diario del Che (hasta la edición comentada del diario que hice para la editorial Txalaparta).

Resulta particularmente importante el libro de Cupull y González: *De Ñancahuazú a La Higuera* y el de Rodríguez Calderón y Rojas: *Tania, la guerrillera inolvidable*, que se complemente con el artículo de Lídice Valenzuela: *Tania la guerrillera. Combatiente de América*.

La mejor reseña de la conversación entre el Che y Monje en el libro de Sánchez Salazar y González que incluye una versión posterior de Kolle. Interesante el testimonio de Tamayo en el libro inédito de José Mayo, un fragmento del cual aparece en "Urbano testigo de excepción". La foto del encuentro entre ambos en el artículo de Luis Hernández Serrano: "La selva en la mochila". La versión de Monje en su artículo "Il etait trop idéaliste" en *Le Monde*.

Son muy interesantes el libro de Lara sobre Inti Peredo y el artículo de Radaelli: "Del oriente al altiplano", la entrevista de Valenzuela con Rodolfo Saldaña y la de Alberto Zuazo con Loyola Guzmán.

La lista de libros que estaba leyendo el Che, de su puño y letra en "La canallada...".

Algunos elementos para este capítulo en "Hasta la victoria siempre", cortometraje de Santiago Alvarez para el ICAIC, el artículo "Hablan la hermana..." y el de Diana Iznaga: "Che Guevara y la literatura de testimonio".

El conocimiento de la CIA de la organización de la guerrilla en el documento del directorio de Inteligencia de la CIA: "The bolivian Guerrilla movement. An Interim assessment".

Sobre la conexión chilena, Cabieses en la edición chilena del diario de Bolivia habla de un viaje de Jaime Barrios a fines del 66, y Vitale en "El proyecto Andino" menciona contacto previo con grupos chilenos.

2) *La foto, los autorretratos.*

Cuando escribí por primera vez sobre la foto que el Che se toma en el hotel Copacabana, había oído hablar de ella pero no la conocía. En estos últimos años, una mano anónima me la envió. El Che se encuentra sentado en un sillón y dispara desde el regazo hacia su imagen, envejecida por el disfraz, en el espejo de la puerta. Serio, concentrado, adusto, con un puro, como siempre, entre los labios, viste un suéter sobre camisa blanca abierta.

Una segunda versión de la foto en *Sueño rebelde*, donde los autores agradecen al cineasta Richard Dindo por su publicación. ¿Se trata de una de las fotos capturadas por los militares en el registro del primer campamento?

No es el único autorretrato del Che que contiene elementos significativos, o al menos claramente evocadores desde el punto de vista de la narrativa. Se puede seguir una secuencia: el retrato del adolescente enfadado y con corbata del 51, el autorretrato del otro destino posible en Mitla, México, en 1954; el autorretrato del Che en silueta, guerrillero a la espera del 59; la foto en Tanzania de la que se habla en el capítulo 47.

3) *Las fotos en los aeropuertos*

La CIA había inundado los aeropuertos de América Latina con fotos retocadas del Che sin barba ni bigote, que había entregado a policías y aduaneros a través de las estaciones locales.

Agee: "He entregado a cada uno de ellos (inspectores de policía del aeropuerto de Montevideo) una copia de la fotografía del Che Guevara sin barba y les he pedido que se graben esta cara lo más profundamente posible en el cerebro".

4) *Los viajes y las nacionalidades*

Los viajes de los cubanos que acompañarán al Che, saliendo siempre de dos en dos, tomarán varios días, de fines de octubre a mediados de noviembre, por lo intrincado de las rutas.

Israel Reyes: "Salí de mi casa el jueves 25 de octubre, el 29 salí de La Habana; allí empezó mi segunda aventura; iba a Bolivia con el nombre de Braulio, con pasaporte panameño y 26 mil dólares en el bolsillo, mil para mis gastos y 25 mil para Ramón. El itinerario era Moscú-Praga-Frankfurt-Chile-Bolivia"

Serán panameños: Israel Reyes, Vilo Acuña, Pinares, San Luis; mexicano Tamayo; español Manuel Hernández, ecuatorianos De la Pedraja, Suárez Gayol, Olo Pantoja. James se fascina por la eficiencia de los servicios cubanos al producir 21 pasaportes impecables ecuatorianos, panameños, colombianos, peruanos, uruguayos, bolivianos y eso que no sabe de los españoles.

5) *Seudónimos*

De nuevo utilizaré para narrar la operación boliviana, los nombres reales, o los apodos comunes de los combatientes peruanos y bolivianos en lugar de los seudónimos que aparecen en los diarios del Che y varios de sus acompañantes y en las comunicaciones de la guerrilla. Con la misma lógica han sido substituidos en las citas del diario del propio Che y en otros diarios, los seudónimos por los nombres reales o apodos. La relación que permitiría la identificación en la lectura del *Diario del Che en Bolivia* es la siguiente:

Los jóvenes comunistas bolivianos:

Guido Peredo será conocido con Inti, Jorge Vázquez Viaña como el Loro, Rodolfo Saldaña aparecerá con su nombre, Roberto Peredo como Coco, Lorgio Vaca Marchetti como Carlos, Orlando Jiménez Bazán como Camba, Julio Méndez Korne como El Ñato, David Adriazola será Darío, Jaime Arana será Chapaco o Luis, Mario Gutiérrez Ardaya será Julio, Fredy Maimura será conocido como Ernesto el Médico. Aparecerán bajo sus propios nombres: Raúl Quispaya, Salustio Choque, Benjamín Coronado.

Los campesinos que el PCB tenía cuidando la finca y que se alzan con la guerrilla: Aquino Tudela será Serapio, Antonio Domínguez será León y Apolinar Aquino será conocido bajo su nombre.

El grupo de Moisés Guevara: Simón Cuba será Willi o Willy, Casildo Condori será Víctor, José Castillo será Paco, Hugo Choque será Chingolo, Julio Velazco será Pepe, Francisco Huanca será conocido como Pablo, Antonio Jiménez como Pan Divino o Pedro. Y bajo sus nombres: Pastor Barrera, Vicente Rocabado, Walter Arancibia, Aniceto Reinaga, Eusebio Tapia.

Los peruanos: Juan Pablo Chang como El Chino, Lucio Edilberto Galván Hidalgo como Eustaquio, Restituto José Cabrera como el Médico o el Negro.

6) *Manila*

En los diarios las comunicaciones de Cuba vendrán de "Manila". Se trata de un centro de comunicación cerca de La Habana. En las afueras del pequeño poblado de Punta Brava, cerca de San Antonio de los Baños. Amplias naves de madera desechables cerca de la entrada, a casi una milla de la entrada búnkers sin ventanas de concreto, piso bajo tierra, equipos de transmisión de 50 mil watts. En la sala de control 35-40 equipos de transmisión y recepción que funciona las 24 horas del día (Remigio: "Manila: centro de contacto").

7) *El diario, los diarios*

Resulta sorprendente que el Che nunca renunciara a escribir, ni siquiera en las condiciones más difíciles, bajo terribles ataques de asma, infecciones intestinales, paludismo, en fuga, tras un tremendo combate donde había perdido a un amigo. Durante la campaña de Bolivia no hay un sólo día en que no haya escrito una nota, al menos una frase.

Resulta también sorprendente la tradición de llevar diarios que practican imitando a su jefe muchos otros de los guerrilleros. ¿Conciencia de estar haciendo historia? Han llegado a nuestras manos los diarios de Harry Villegas (Pombo), Eliseo Reyes (San Luis), Inti Peredo y Pacho Montes de Oca; fragmentos de los diarios de Israel Reyes (Braulio) y De la Pedraja (Morogoro). De ser ciertas las declaraciones de Selich en la investigación sobre Arguedas también llevaban diario (o "papeles") Coco Peredo, Miguel Ayoroa y Manuel Hernández (Miguel.) Los militares citan un diario más, el de Antonio Domínguez (León), que parece ser apócrifo.

8) *¿Una denuncia?*

Los servicios secretos bolivianos tenían noticia de que algo se estaba preparando, probablemente por rumores en la periferia de los grupos de izquierda.

Existe además una extraña historia narrada por el que sería el jefe del G2, inteligencia militar, del ejército boliviano: el 8 de diciembre del 66, en una recepción en la embajada de Bolivia en Bonn, aborda al agregado militar, coronel Federico Arana, un personaje que hablando en castellano con acento eslavo le desliza que "la Tricontinental había elegido Bolivia como blanco y que un personaje internacional conocido iba de jefe guerrillero y que este personaje ya estaba en Bolivia". Arana retransmite el críptico informe. (*Che Guevara y otras intrigas.*)

Barbarroja Piñeiro desmiente que los sviéticos tuvieran noticia del asunto por los cubanos: "A los soviéticos se les comunicó cuando prácticamente ya era conocida por todo el mundo la presencia del Che en Bolivia" ("Barbarroja").

CAPÍTULO 52 (pp. 625-633)

1) *Fuentes*

Fundamentalmente los diarios del Che, de Pacho, de Harry Villegas, de San Luis, y fragmentos del diario de De la Pedraja (Morogoro) leídos en el juicio de Camiri y citados por Labreveux: *Bolivia bajo el Che.*

Resultaron interesantes las entrevistas con Alarcón y Debray, y sus textos: *La guerrilla del Che* y *Les Masques.*

La versión del capitán Silva en *De Ñancahuzú a La Higuera*, de Cupull y González. La frase de Coco Peredo es citada en el libro de Vargas Salinas: *El Che, mito y realidad.* Muy interesantes las declaraciones en el juicio de Camiri de Pastor y Rocabado.

Además: Cupull y González: *La CIA contra el Che*; James: *Che Guevara, una biografía* y Gary Prado: *La guerrilla inmolada.*

1) Fuentes

Por parte de la guerrilla siguen siendo clave los diarios del Che y Pacho Fernández Montes de Oca, así como las anotaciones de Inti, San Luis y Harry Villegas. Los mensajes intercambiados por Fidel y el Che en los apéndices del diario y en el artículo de Vacaflor.

Resulta muy interesante el manuscrito de Dariel Alarcón escrito conjuntamente con Mariano Rodríguez: *Che y la guerrilla de Ñancahuazú*, y las versiones de Debray en *La guerrilla del Che*, *Les masques*, *Alabados sean nuestros señores* y las entrevistas que hice a ambos.

La intervención estadunidense puede seguirse en los trabajos de Cupull y González, *La CIA contra el Che* y *De Ñancahuazú a la Higuera*; el reportaje de Andrew Saint George, *La CIA en Bolivia* de Selser; el libro de Alcázar: *Ñacahuasu, la guerrilla del Che en Bolivia*; el reportaje de Hernández Serrano citando a Phillip Agee; la versión del ministro del interior Arguedas en declaraciones a EFE durante su juicio en Bolivia; el libro de Blum y la documentación norteamericana de la dirección de Inteligencia e Investigación del Departamento de Estado.

Otras notas interesantes en el libro de Luis Suárez, el reportaje de *Granma* del 17 de abril del 67, el reportaje de Murray Sayles: "Las guerrillas...", la entrevista de Valenzuela con Rodolfo Saldaña, la entrevista que hice a Juan Gelman, y Bustos en: "Las revelaciones de Ciro Bustos" a la revista *Punto Final*. La versión de Ciro Bustos se amplía con gran precisión en la entrevista que le concedió a Padilla y en *Anderson/Che*. La nota de Aleida en Hetmann. La cita a los dirigentes bolivianos en La Habana en Miná entrevistando a Fidel.

La versión del ejército en *De Ñancahuazú a La Higuera*, el libro de Gary Prado y la entrevista al mayor Rubén Sánchez de González Bermejo: "¿Quién es Rubén Sánchez?"

2) Tania de nuevo

Algunos autores hacen aparecer la futura identificación de Tamara y la captura del *jeep* y los documentos como una irresponsabilidad "voluntaria" de Tania. En versión de James, el *jeep* que Tania dejó en Camiri tenía documentación que la comprometía y "llamó la atención de las autoridades". Entre otras cosas, cuatro libretas con direcciones de la red urbana y contactos fuera de Bolivia. James atribuye a este hallazgo (llevándolo al límite) la presencia de la policía en la finca, que como se ha visto se produce por otras razones y previamente.

Tania no debería haber ido a Ñancahuazú. Y eso motiva el tremendo enfado del Che. Según testimonio de Loyola, la decisión de enviar a Tania con Debray y Bustos obedeció a que los demás en La Paz estaban muy cargados de trabajo (Loyola en entrevista a Anderson). Aunque la tesis de que Tania impuso su ingreso en la guerrilla rural es compartida por muchos analistas (de una manera muy forzada por Friedl y por Ulises Estrada: "Tania no quiere seguir haciendo el trabajo de información y hace una pequeña trampa"), parece obvio que podía haberlo logrado sin dejar detrás de sí documentación que comprometía al conjunto del movimiento (piénsese que cuando abandona el *jeep* en Camiri para transportar a Debray y a Bustos al campamento, aún la guerrilla no ha sido detectada ni se han producido los primeros choques con el ejército, y que ella no sabe de las deserciones. Resulta absurdo además que deje en el *jeep* las libretas de ahorros bancarios y notas de transferencias de fondos). La tesis no tiene más que un sustento especulativo y cualquiera que ponga en orden la secuencia de hechos que alertaron al ejército sobre la existencia de la guerrilla podrá descartarla.

La vinculación de Tania a la guerrilla fue dada por los dos desertores, que además identificaron su *jeep*. El descubrimiento del *jeep* por la policía en Camiri cerró el círculo.

También de una manera muy fantasiosa autores como James y Friedl deducen de la irresponsabilidad de Tania, que tenía órdenes de los soviéticos de quedarse en el campamento. (Remito a los lectores a la nota 4 del capítulo 35.) En la entrevista que mantuve con Regis Debray coincidía en la nula base de sustento de estas interpretaciones. Lo mismo aseveraban los supervivientes de la red urbana y Alarcón en las dos entrevistas que tuve con él.

3) Sobre los argentinos

Esta es quizá una de las historias más confusas vinculadas a la guerrilla del Che. Tania fracasó en el intento de traer al grupo de argentinos que el Che le pedía en enero y se limitó a conectar a Ciro Bustos. Aunque parezca absurdo Luis Faustino Stamponi estaba en esos momentos en La Habana y no se enterará de que el Che quería su colaboración hasta un año más tarde cuando lea el diario. La identidad de Gelman permanecerá confusa hasta nuestros días. Al poeta argentino, que en esos momentos militaba en un pequeño grupo revolucionario, se le dirá que el Che lo estaba buscando y luego en una información confusa, que no se trataba de él, sino de Alfredo Hellman, un joven dirigente comunista de Mendoza. Tania había perdido el contacto con el grupo del "Negro Jáuregui" y el abogado y periodista Eduardo Jozami estuvo en Bolivia pero no enlazó con Tania por un error en las citas que ella le dio.

Bustos, entrevistado mucho después por Anderson y por Padilla, dirá que el Che le encargó crear un fuerte reclutamiento para una composición argentina de la guerrilla en Bolivia que luego se desprendería hacia Argentina

Un tetimoniante anónimo me contó a fines de los 90 la siguiente historia que no he podido confirmar.

Mientras el Che busca a través de Tania la conexión argentina, fines del 66 primeros días del 67, se habían reunido en La Habana representantes de siete pequeños grupos de la izquierda radical argentina para buscar confluencias, organizar un proyecto guerrillero común y recibir entrenamiento. Estos grupos (una escisión de la jc encabezada por Osatinski y Levinson, un núcleo ligado a los restos de la experiencia de Masseti con Jozami, los ex troskistas de Stamponi de "La Calle", la Juventud universitaria peronista de Gil, bajo influencia de Cooke, miembros de la JR peronista erncabezados por Gustavo Reale y la gente de Hellman).

Los grupos tienen en común la idea de proponerle al Che que tome el mando. Entrenan tres meses en Cuba. No les dicen que el Che está en Bolivia. No les dicen que está buscando una conexión Argentina. Tan sólo les informan que radiaron al Che la información de su presencia en Cuba (aunque en los radiogramas recibido por el Che y en su diario no hay mención de ese hecho).

El grupo, en mayo del 67, termina el entrenamiento, se disgrega y regresa a la Argentina. En el futuro casi todos ellos formarán parte de los grupos armados.

4) Más sobre la salida de Debray y Bustos

Che: "Dantón (Debray) estaba apurado por salir para arreglar asunto persona entre otros quería tener un hijo y el Pelado, Fructuoso (Bustos) estaba desesperado por hacerlo" (mensaje a Fidel del 18 de mayo).

CAPÍTULO 54 (pp. 651-666)

1) Fuentes

Además de los diarios del Che y los demás guerrilleros mencionados en capítulos anteriores, resulta muy interesante la entrevista que le hice a Leonardo Tamayo y la que le hizo Katia Valdés: "Che Guevara, facetas de un jefe militar", Mariano Rodríguez "Los que cayeron con honor serán los inmortales" y *Bolivia a la hora del Che* de Vásquez Díaz.

La visión de la ayuda estadunidense al ejército de Bolivia en los memorándums de Bowdler a Rostow; Blum: CIA *a forgotten history*, Marchetti y Marks: *The CIA and the*

Cult of Intelligence. Del sumario de Arguedas las declaraciones del coronel Joaquín Zenteno. *La CIA en Bolivia* de Selser, y Jay Mallin: *Ernesto Che Guevara.*

Es interesante comparar las dos versiones de Bustos, la copia de sus declaraciones en el libro de Martínez Estévez y sus declaraciones a *Punto Final*: "Las revelaciones de Ciro Bustos", así como el artículo de Roth en *Evergreen Review*. En una reciente entrevista concedida al boliviano Padilla, Bustos dice que los dibujos formaron parte de su cobertura como periodista, "fueron hechos concienzudamente para demostrar mi capacidad y veracidad".

Además, Alcázar: *Ñacahuasu, la guerrilla del Che en Bolivia*; Cupull y González: *La CIA contra el Che*; James: *Che Guevara, una biografía*; Suárez: *Entre el fusil y la palabra*; Prado: *Cómo capturé al Che*; Vitale/El proyecto y el artículo "Debray en peligro". Las fotos del 1 mayo en La Habana son de Roberto Salas.

Sobre los documentos encontrados en el primer campamento el libro de Arana/*Che Guevara* y la intervención del senador Baker de Tenessee sobre el tema de Bolivia (uno de sus informadores era el embajador boliviano en Estados Unidos, Sanjinés, que usaba a Baker para pedir dinero a los estadunidenses, con el argumento de que la lucha contra la guerrilla les había costado 2.5 millones de dólares), NSF Country File, Bolivia, C8, vol 4 Memos, LBJ Library.

2) *La intervención y la CIA*

Muchas fuentes han magnificado y ampliado el papel de la CIA en la campaña contraguerrillera en Bolivia. Se ha exagerado el número de agentes de campo y su tecnología. Klare en *War without end,* llega a decir que el descubrimiento de los campamentos del Che se debió a fotos tomadas por aviones con equipos de infrarrojo (¡!).

Publicaciones cubanas y los trabajos de Selser/*La CIA en Bolivia*, identificarán una lista de al menos 25 agentes en La Paz, Cochabamba y Vallegrande en la etapa que cubre esta historia.

Lo que sin duda es cierto es que actuaban en Bolivia como en el patio trasero de su casa. No es accidental que el presidente Barrientos estuviera durante el golpe militar del 64, bajo severa influencia de su amigo Edward Fox, coronel de la fuerza aérea, con cobertura de *attaché* militar, pero miembro de la CIA, viejo amigo instructor de vuelo y compañero de borracheras en la época de entrenamiento de Barrientos en Estados Unidos. En el periodo 66-69 Barrientos estaba recibiendo dinero de la CIA de manera directa y a través de la Gulf Oil, en principio para su campaña electoral, donde le entregaron más de un millón de dólares entre ambos (Blum).

Es significativo que cuando "González" y "Ramos" se presentan al ejército en Vallegrande llevan documentación de la presidencia de la república. (Selser/*La CIA en Bolivia*.)

3) *El abandono*

Algunos autores han especulado con la idea de que La Habana, y Fidel en particular, habían decidido no seguir apoyando la "aventura del Che". De ahí que no se hizo ningún intento serio para reanudar contactos. Dariel Alarcón, en particular en su último libro, insiste en esa apreciación (que no me hizo cuando discutimos el tema en una larga entrevista de más de seis horas en La Habana). "La hipotética decisión del gobierno de Cuba de apoyar inicialmente al Che con medios limitados para sacrificarlo después". Castañeda/*La vida en rojo* sugiere "dejar el juicio último al lector y a la historia", pero presupone un inmenso maquivelismo cuando dice: "El aislamiento sólo podía ser interpretado como una señal alarmante, sin embargo no causó mayor escozor en la isla". Kalfón insiste: "La Habana no mostró un ardor excesivo en restablecer de una forma u otra la comunicación interrumpida".

Al margen de la ineficiencia en la recuperación de las comunicaciones, otros autores hablan de otras maneras posibles de intervención de La Habana. Alarcón/Benigno delira diciendo que se le podía haber dado "un millón de dólares a Ovando" y algunos insinuaron

799

que los cubanos podrían haber mandado una fuerza de intervención para sacar al Che. (¡Como si el Che hubiera pedido o quisiera que lo sacasen!)

Barbarroja Piñeiro respondió cuando le hicieron directamente esta pregunta: "¿Qué querían, que enviásemos una división aerotransportada para invadir Bolivia?" (entrevista de Manuel Vicent).

Pero queda una zona de sombra, la abrupta salida de Monleón (Renán-Iván) el hombre que podía reconstruir la red de comunicación, al menos Habana-La Paz. Los comunicados de La Habana registran: 13 mayo, "Iván llegó a esta enfermo. Salió de ésa seis días antes de vencer su permiso de estancia. Dejó condiciones para regresar y no se quemó legalmente". (Alarcón dice que para alguien que se dedicaba a falsificar pasaportes, era más sencillo resolverlo en Bolivia que abandonar el terreno; no le falta razón.) En un mensaje de julio sin embargo se señala que Iván no regresará por "haberse quemado" y que se le enviará a Chile, anunciando para noviembre su sustitución, que no habría de producirse a tiempo, por "un cubano combatiente de la sierra".

El operador de Piñeiro dejó sin enlace a La Paz desde fines de abril hasta mediados de julio, cuando deciden no enviarlo de nuevo y no se crea un reemplazo. La Habana no estaba recibiendo mensajes del Che desde que el radiotransmisor se estropeó y no sabía si el Che estaba recibiendo los suyos. Fallarán los dos intentos del Che de enviar información con Debray y con Paulino en mayo. En uno posterior, que ni siquiera fue enviado (18 de mayo), el Che decía: "Iván debe volver cuanto antes".

Loyola Guzmán, que era el contacto en La Paz con Renán, entrevistada por Anderson/ *Che*, piensa que el hombre estaba "huyendo asustado".

Castañeda en *La vida en rojo*, registra una entrevista con Renán Montero (Monleón) el 25 de agosto de 1995 y reseña que de todas las que realizó para su libro fue la única que no pudo grabar y que no se realizó ante testigos. Montero desmintió la existencia de la entrevista (*Barbarroja*). Castañeda cita la versión de otro de los operadores de la red de Piñeiro, "Lino", que estima que Renán decidió el regreso por su cuenta, afectado por una amibiasis y deprimido porque el Che no lo incorporaba a la guerrilla.

Piñeiro, tras un largo silencio, respondió varias entrevistas señalando que Renán Montero "vino porque tenía que actualizar su documentación", "y en el ínterin se desatan en forma imprevista los acontecimientos" (entrevista Lobouno y Loquercio en *Barbarroja*).

Amibiasis, conflictos con Tania, depresión, acobardamiento. Sea uno o lo otro, su retirada sacó del terreno al único hombre que podía intentar reenlazar a la guerrilla con La Habana.

La historia, en el mejor de los casos, permanece oscura.

4) *"Las traiciones de Debray y Bustos"*

En una polémica por demás desafortunada, en los ecos del 30 aniversario de la muerte del Che, una de sus hijas, Aleida, acusó públicamente a Regis Debray de haber sido él quien denunció a los militares bolivianos la presencia del Che. Debray respondió airadamente con el argumento del "abandono de la guerrilla". Ambas tesis tienen un pobre sustento y sólo pueden explicarse al calor de otro debate que se produce en subterráneo, las actuales discrepancias entre Debray y la dirección de la revolución cubana.

De las cintas grabadas de los interrogatorios en el campo militar de Choreti:

Quintanilla (Ministerio del interior boliviano): Fructuoso (Ciro Bustos) declaró ayer que usted fue el único en hablar con el Che Guevara.

Debray: No nos fue posible hallar al Che y por esa razón bajamos de la montaña.

Quintanilla: Usted nos está tomando por imbéciles. Ya que quiere hacerse el fanfarrón nos obligará a tratarle en consecuencia.

"González" (CIA): ¿Cuántas veces habló usted con el Che Guevara?

Debray: No conozco a Guevara. No he hablado con el Che.

El coronel Arana, jefe de inteligencia militar (G2) del ejército, en su libro *Che Guevara y otras intrigas*, confirma que Debray no reconoció haber visto al Che en los primeros interrogatorios.

La segunda tanda de interrogatorios se produce tal como se narra en el texto en la segunda semana de mayo. En esos momentos los militares poseen respecto a la presencia del Che en Bolivia los siguientes elementos: la foto del campamento, las confesiones de los desertores, la confesión de Bustos y la confesión que con engaños le arrancaron a Jorge Vázquez. Es en ese contexto que Debray acepta que entrevistó al Che.

Barbarroja Piñeiro, en una entrevista a los italianos Loquercio y Lobouno, a pesar de que mantiene en otros temas las más ortodoxas de las versiones, en esto coincide con mi apreciación respecto al comportamiento de Debray (Piñeiro: *Barbarroja*).

El caso de Bustos tiene elementos trágicos. Además de su declaración, fue acusado de haber guiado al ejército a las cuevas, cosa imposible puesto que no conocía su ubicación, y un periodista argentino publicó una supuesta confesión suya en la revista *Gente*, manufacturada por los servicios bolivianos. Sin contar con la solidaridad y la cobertura que la comunidad intelectual dio a Debray, acusado por algunos de traición, fue abandonado: "…en los casi cuatro años de prisión, ni una palabra de aliento, ni una caja de fósforos llegó para mí".

Resulta obvio, que las declaraciones de ambos, obtenidas bajo amenza y tortura, no aportaron datos significativos a la CIA y los militares.

5) El "coronel del Vietcong"

Juan Pablo Chang. Nacido en 1930 en Lima, hijo de un chino cantonés administrador de una finca rural, dirigente estudiantil a final de los años 40, encarcelado, deportado, pasa del Apra al PC; detenido en Argentina, deportado de nuevo, prófugo, exilado permanente, conoce al Che en México, poco antes de la expedición del *Granma*. Funda el MLN peruano que se suma a la guerrilla boliviana.

6) Biculo

Uno de los mensajes de La Habana está firmado no por los habituales "Leche" (Fidel) o "Ariel" (Juan Carretero), sino por un misterioso "Biculo". El seudónimo habría de revelarse mucho después, cuando Barbarroja Piñeiro confesó que había firmado así en respuesta a una nota del Che dirigida a él con ese nombre. "En ese momento me habían hecho una operación en el coxis para quitarme un quiste filodermático, y te hacen dos cortes en la parte superior de la nalga y tienes que andar con un salvavidas puesto. El Che tenía un humor especial" (Timossi/*Los cuentos*).

7) "Ver geografía"

Vimos la geografía:

Fitzroy Robert, comandante del *Beagle*, el barco en que Darwin hizo su travesía, le han dado su nombre a un estrecho y a un volcán en la frontera de Argentina y Chile, de 3 340 metros, también llamado Chaltel.

El Illimani es un pico de 6457 metros cerca de La Paz, perteneciente a la cordillera de los Andes.

8) "Ponerme de nuevo mi boina"

La frase del Che a Bustos no es solamente metafórica. A lo largo de la campaña boliviana, el Che ha estado usando, sin dudas por razones de clandestinaje, en lugar de su tradicional boina, una gorra de visera que le da un aspecto de revolucionario ruso de principio de siglo.

CAPÍTULO 55 (pp. 667-676)

1) Fuentes

De nuevo los diarios del Che, Pacho y Villegas, así como las entrevistas a Leonardo Tamayo y Dariel Alarcón, y su libro en colaboración con Mariano Rodríguez, *Che y la* guerrilla de Ñancahuazú". Aporta elementos la entrevista a Villegas en "Che, teoría y acción".

La masacre de la retaguardia está muy bien narrada en "El vado de la traición" de Ernesto González Bermejo (quien por cierto ha reconstruido la historia de la pequeña columna de Vilo Acuña, Pinares y Tania en "Odisea en la selva"); en el libro de Mario Vargas Salinas: *El Che, mito y realidad*, en el ya citado de Alcázar; en el artículo de Mariano Rodríguez: "Los que cayeron con honor"; en el libro de Marta Rojas: *Tania la guerrillera;* y en el libro de Cupull y González: *De Ñancahuasú a La Higuera*. La versión estadunidense en: Intelligence Information Cable, NSF Country File, Bolivia, C8, vol 4 cables, LBJ Library.

Además: Vásquez Días: *Bolivia a la hora del Che*; el cable de la UPI del 15 de julio del 67 firmado por Betsy Zavala; el libro de Gary Prado, Anderson/*Che* y "Reunión" de Julio Cortázar en *Todos los fuegos el fuego*.

La visión de la CIA en: "The bolivian Guerrilla movement. An interim assessment".

2) ¿Vado del Yeso?

Adys Cupull y Froilán González piensan que la emboscada de Vado del Yeso fue realmente en el vado de Puerto Mauricio en el río Grande, en zona de la IV división, pero al haber sido realizada por unidades de la VIII, cambiaron la versión. Ernesto González Bermejo, que hizo un excelente reportaje, basado en entrevistas con soldados, guías y el único sobreviviente de la guerrilla, recorriendo la zona de los hechos, lo confirma. El verdadero Vado del Yeso está a siete kilómetros del Vado sin nombre donde se produjo la emboscada.

Por cierto que la identificación de Vilo Acuña fue incorrecta en los primeros días. La CIA y la inteligencia militar boliviana pensaban que se trataba del mayor cubano Antonio E. Lusson, miembro del comité central.

3) Honorato "el traidor"

González Bermejo: "Alto, delgado, moreno, con manos de oso y abundante cabello negro, un campesino con ocho hijos y unos cincuenta años (...) Como también tiene un almacencito no llama demasiado la atención que después de aquel primer contacto con los guerrilleros (...) compre medicinas (...) y ropa y víveres. Pero alguien sospecha y da parte: Honorato empieza a vestirse mejor, anda calzado con buenas botas, usa una chamarra flamante. En junio de 1967 es detenido con 40 campesinos y lo llevan al casino militar de Vallegrande, donde funciona el comando antiguerrillero. Lo torturan brutalmente, palizas y shocks eléctricos. Por lo que se sabe, Honorato no habló (...) Poco después lo apresan por segunda vez y lo trasladan a Santa Cruz. (Irving Ross, un agente de la CIA le ofrece) tres mil dólares y su traslado a los Estados Unidos, con toda su familia a vivir como un príncipe (...) Parece que allí quedó hecho el pacto... ("El vado de la traición".)

4) Tania, una segunda leyenda negra

Sobre Tania, después de su muerte se montó una campaña de acusaciones bastante miserables y canallescas, basadas en pequeños detalles sobre la guerrilla de Vilo Acuña: que si tenía pesadillas y gritaba en las noches, que si era culpable de la lentitud del grupo, que estaba embarazada (James).

Alarcón (*Memorias de un soldado cubano*) dice que la autopsia reveló un embarazo de tres meses. Pero la realidad es que no hubo ninguna autopsia. En el momento del levantamiento del cadáver el doctor Abraham, que luego haría la autopsia del Che, se limitó a tomar fotos para la identificación.

James: "Joaquín y Braulio se desnudaban del todo y hacían bailes obscenos para enervarla. Por lo común la hacían huir de la escena gimiendo histéricamente".

Friedl recoge tres versiones que indicarían que en los últimos momentos de la guerrilla Tania estaba gravemente enferma. Eusebio Tapia, uno de los desertores, le narra que se comentaba que tenía cáncer (diagnosticado por el Negro Cabrera, el médico peruano). ("Yo sé que no estoy embarazada. ¿Qué tengo?" A lo que el Negro le contesta que cáncer.) Félix Rodríguez, basado en el testimonio de Paco, el único superviviente, cuenta que estaba mal y que el médico le proporcionaba calmantes. Vargas Salinas cita un diario del Negro Cabrera que él rescató y luego se perdió, pero del que le quedaron grabadas las siguientes palabras: "Tania tiene cáncer en el útero, y la muerte sería una bendición porque sufre mucho". La historia, a pesar de lo difícil que es diagnosticar un cáncer uterino en las condiciones de la guerrilla, puede tener algún elemento de verdad.

De la muchacha argentina de 29 años acribillada en el vado, queda un listado de las pertenencias encontradas en su mochila: un suéter negro agujereado, unos zapatos nuevos argentinos sin tacón, un cepillo de uñas, ropa interior, un estuche blanco de polvos, dos pantalones rotos en las rodillas, un saco de dormir, un filtro fotográfico, una libreta deteriorada por el agua que contenía un listado de nombres semiborrados, cien dólares dentro de un carrete de película fotográfica, dos cintas de música folklórica andina, un plato de aluminio agujereado. (González Bermejo, "El vado de la traición" y Vargas Salinas en Friedl.)

CAPÍTULO 56 (pp. 677-682)

1) *Fuentes*

De nuevo serán esenciales los diarios del Che, Pacho y Villegas, así como las entrevistas con Tamayo y Alarcón y el artículo de este último "La quebrada del Yuro".

Resultan muy interesantes: el artículo de Mariano Rodríguez sobre el Coco Peredo: "Miguel, Coco, Julio: inmortales soldados de la libertad americana"; el libro del agente de la CIA Félix Rodríguez y John Weisman: *Shadow Warrior. The* CIA *Hero of a Hundred Unknown Battles*; el libro de Gary Prado y el manuscrito inédito de Emilio Surí y Manuel González Bello: *Los últimos días del Che*. Aportan elementos el libro de Cupull y González *De Ñancahuazú a La Higuera,* y el artículo de Araoz: "Hablan los testigos de la muerte del Che"; el artículo "Debray reitera su apoyo a la guerrilla", en la revista *Punto Final,* y el texto colectivo "Quebrada del Yuro" en *Che, teoría y acción.*

La información sobre fuentes oficiales estadunidenses en los cables recibidos por la Dirección de inteligencia del Departamento de estado.

2) *El diario de León*

El capitán Mario Vargas Salinas cita una entrada en el diario de uno de los combatientes bolivianos, "León" (Antonio Domínguez), que testimonia el aislamiento: "¿Qué pasa ahora en nuestro campo? ¿Por qué la duda corroe el pecho de los guerrilleros? Hemos venido de lejos a luchar hasta el final. Vale decir que de aquí saldremos vencedores o muertos. Los cubanos parece que creen que sentimos miedo y tildan nuestra actitud de cobardía. Eso no es verdad y lo hemos demostrado cuando hubo ocasión. Ocurre que tenemos que ser más prácticos y ver la realidad, tal cual se presenta. Estoy un poco enfermo, tal vez todos lo estamos por las penurias y la alimentación deficiente, pero eso de que los pueblos comprendan nuestras sanas intenciones, que los obreros y los compañeros de las ciudades vengan a ayudarnos ya no lo cree nadie".

La autenticidad de este diario no ha sido comprobada.

3) *La movilización de los rangers de La Esperanza*

Recibirán la orden de ir hacia Vallegrande el 25 de septiembre (Prado) y la emboscada es el 26. Por lo tanto es increíble la versión de Félix Rodríguez de que fue su interpretación de que las bajas indicaban que se trataba del grupo del Che lo que motivó la movilización.

4) ¿Comandante suicida?

Hay en algunos autores una visión del Che caminando hacia la muerte en el proceso de la guerrilla boliviana. Una especie de vocación suicida. Regis Debray en particular ha insisitido sobre el tema: "Ramón esta solo consigo mismo. Pronto, se ofrecerá a la muerte, resignado, con su asma, sus insoportables dolores en la espalda, en la nuca y, en el fondo del alma, una bucólica serenidad. (*Masques*.) "El Che Guevara no fue a Bolivia para ganar, sino para perder. Así lo exigía su inusitada batalla ideológica contra el mundo y contra sí mismo." (*Alabados...*) Carlos María Gutiérrez: "Convencido de su soledad y falta de probabilidades decide iniciar la guerrilla boliviana y sellarla con su segura inmolación". (*Los hombres de la historia. Ernesto Che Guevara*.) Dolores Moyano utiliza para referirse a la guerrilla boliviana las palabras *harakiri, sepuku*.

En el seguimiento minucioso del proyecto boliviano del Che puede verse claramente que no hay tal vocación suicida, sí una valoración al "todo o nada", que lo acompañó tantas veces en su vida, reflejada en la frase que escribe (en la carta de Borrego a Sol Arguedas), hablando de sí mismo en tercera persona: "Quizá algún día el Che muera en un campo de batalla o emerja en una revolución triunfante..."

La versión de la vocación de suicidio se reitera refiriéndose a los acontecimientos de septiembre. ¿Qué alternativas tenían el Che y su guerrilla? ¿Rendirse? ¿Entregarse al ejército? Eran inadmisibles en el estilo del Che. ¿Salir de la zona del cerco? Eso es lo que estaban haciendo. En cuanto a la constancia de la posibilidad de la muerte y algunas notas de fatalismo, quizá la explicación se encuentre en las palabras del propio Guevara cuando en junio del 62, hablando con un grupo de chilenos sobre la lucha armada, dijo: "Se crea un desprecio por la vida propia; la muerte está a la vuelta de la esquina y a nadie le importa".

CAPÍTULO 57 (pp. 683-687)

1) *Fuentes*

Los fragmentos de los diarios del Che y Pacho Montes de Oca. La versión más completa del combate en dos entrevistas colectivas con Alarcón, Villegas y Tamayo: "El combate de la quebrada del Yuro", en *Verde olivo*, y "La quebrada del Yuro, recuerdos de un combate", en la revista *Tricontinenta*l. Tamayo me amplió informaciones en una entrevista realizada en febrero del 95 y junto con el diario de Inti Peredo, se completa la visión de los guerrilleros.

Dariel Alarcón ha ofrecido varias versiones más, todas ellas coincidentes pero que aportan nuevos datos, en su libro *Che y la guerrilla de Ñancahuazú*, escrito conjuntamente con Mariano Rodríguez Herrera, y en una entrevista que le dio a éste para *Juventud rebelde*, así como en la entrevista que me dio en febrero del 95 y en el texto de Mariano Rodríguez: "El día que cayó el Che".

La visión del ejército boliviano en los libros de Martínez Estévez, Saucedo y sobre todo en el libro del capitán Gary Prado. Una visión más crítica en el libro de Alcázar. El testimonio del sargento Huanca en Marta Rojas, *Testimonios sobre el Che*.

Es interesante el artículo de José Luis Morales para la revista española *Interviú*: "No sabíamos que el Che estaba vivo y preso". Hay algunos elementos en las dos versiones que Fidel dio en octubre del 67, en la comparecencia ante los medios y en la velada luctuosa.

La descripción de la geografía en el artículo de González Bermejo: "Che, su paso por la tierra", y en el libro de Cupull y González *De Ñancahuazú a La Higuera*. Además: "Bolivian pictures of missing Che Guevara".

2) *La delación*

Los sobrevivientes pensaron durante mucho tiempo que era la viejita que habían conectado ese día y a la que habían pagado cincuenta pesos para que callara la que los delató. Dariel

Alarcón dice que durante el gobierno de Torres se conoció más claramente la historia, que había sido el hijo del alcalde de La Higuera el que los vio pasar cuando estaba regando unos sembradíos de papa y corrió al pueblo a delatarlos.

En el diario del 7 del Che se habla de que la vieja iba acompañada por una enana, veinte años más tarde un periodista cubano descubre a la enana de La Higuera, La nieta (no la hija de la vieja Epifanía, el Che se equivocaba); le contesta cuando pide su nombre:

—No, porque muchos periodistas han venido, y luego cambian las cosas.

Según González Bermejo se llama Florencia Cabritas, y Alejita la nieta.

La vieja Florencia: "Los vi aparecer aquella tarde, barbudos, con sus armas y tuve miedo. No quería hablar. Después les dije más o menos donde estaban. No supe quién era ese Che." (Marta Rojas: "El Che Guevara bajo el cielo de la Higuera"; Oramas León: "La Higuera, donde la muerte devino redención"; González Bermejo; "Che: su paso por la tierra".)

CAPÍTULO 58 (pp. 689-693)

1) *Fuentes*

La primera narración sobre la captura del Che fue dada por el capitán Gary Prado en su libro *La guerrilla del Che* en el que ofrece dos versiones sobre los hechos, una más fría y una segunda menos formal narrada en primera persona. Marta Rojas entrevistó a Huanca y Choque, dos de los soldados que capturaron al Che (en *Testimonios...*). El libro de Armando Saucedo recoge algunas otras informaciones así como las comunicaciones radiofónicas del ejército, lo cual permite matizar el relato de Prado y cuestionar algunos de los elementos que contiene.

Otra versión, con imprecisiones, es la de Arguedas en el folleto de la Universidad técnica de Oruro, tomada de un soldado que participó en la operación y al que conoció estando detenido.

Entre los periodistas bolivianos, el que realizó una investigación más profunda hablando con los *rangers* de filas, aprovechando su situación de corresponsal de guerra, fue José Luis Alcázar. Su testimonio quedó impreso en *Ñacahuasu, la guerrilla del Che en Bolivia* y en el artículo coescrito con Edwin Chacón en el diario *Presencia* "Murió el Che Guevara". La versión de Inti en sus memorias, *Mi campaña con el Che*, y la de Dariel Alarcón en el manuscrito inédito escrito con Mariano Rodríguez Herrera: *Che y la guerrilla de Ñancahuazú*, así como en la entrevista que le hice en el 95.

2) *La frase*

La frase atribuida al Che, con variaciones ("¡No disparen más, carajo! ¡Soy el Che y valgo más vivo que muerto!") se reproduce en multitud de textos, por ejemplo en Gonzalo de Bethencourt: "Muerte y sepulcro del Che"; o en el artículo del *Readers Digest*: "La muerte del Che"; o en la biografía de Daniel James; sin embargo no aparecía en ninguna de las versiones de primera mano y parecía una manufactura de Ovando en una conferencia de prensa. Hasta que el soldado Choque, que lo capturó, contó en los noventas que el Che dijo: "No conviene matar, más valgo para ustedes vivo"("O algo así", completaría). (Rojas: *Testimonios...*) El coronel Arana, jefe entonces del G2 del ejército boliviano, en su reconstrucción insiste en que el autor de la frase fue Simón: "¡Este es el Che y lo tiene que respetar!" (*Che Guevara y otras intrigas*.)

3) *Chino*

En varias versiones, aparece junto al minero Simón Cuba y al Che un tercer personaje, herido en la cara y con la sangre cubriéndole el rostro enceguecido, el Chino Juan Pablo Chang, quien en la mayoría de las explicaciones oficiales desaparece, para reaparecer mágicamente como cadáver en la escuela de La Higuera. Un soldado anónimo: "Con el brazo derecho sostenía a un hombre herido y con el izquierdo a otro que tenía el rostro cubierto de sangre".

En la reconstrucción de *Verde olivo* del combate de la quebrada del Yuro se dice: "Al Chino lo cogen prisionero en la misma quebrada sin que lograra subir". Y Elsa Blaquier, en la pequeña biografía que de él hace en *Seguidores de un sueño*, dice que fue capturado el 9 y llevado junto con el cadáver de Aniceto a la escuela.

(Ver nota 5 del capítulo siguiente.)

CAPÍTULO 59 (pp. 695-703)

1) *Fuentes*

Resultan esenciales las primeras versiones conocidas sobre el asesinato del Che: Michelle Ray en "In cold blood. How the CIA executed Che", publicada en *Ramparts*; Fidel Castro en sus intervenciones públicas de los días 15 y 18 de octubre de 1967 y en "Una introducción necesaria" al *Diario del Che en Bolivia*, así como la de Arguedas, que más allá de identificar al asesino erróneamente como el sargento Huanca, tiene multitud de datos interesantes, coincidentes con las restantes versiones. El texto más preciso de las varias versiones de Arguedas fue narrado por él en una conferencia restringida en Cuba de la que poseo una versión mecanográfica. Del año 69 es también *Ñacahuasu, la guerrilla del Che en Bolivia* del periodista boliviano José Luis Alcázar.

En años posteriores se han sumado las versiones del coronel Saucedo: *No disparen soy el Che*; la del capitán Gary Prado en *¿Cómo capturé al Che?*; la de Federico Arana: *Che guevara y otras intrigas*; la del coronel Reque Terán entrevistado por César Peña (donde se incluye la confesión del sargento Mario Terán) y un material esencial, las versiones de dos soldados que conservan el anonimato y que han sido reproducidas en el libro, apenas difundido más allá de las fronteras bolivianas, de Soria Galvarro: *El Che en Bolivia*. Resultan muy interesantes los trabajos de los periodistas cubanos Adys Cupull y Froilán González: *La CIA contra el Che* y *De Ñancahuazú a La Higuera* (aunque reiteran sin fundamentación la idea de que la CIA estuvo detrás de la orden de asesinato) y el excelente escrito del periodista uruguayo González Bermejo, *Che, su paso por la tierra*.

Para el cónclave de los generales que decidió el asesinato, es clave el libro de Jorge Gallardo Lozada: *De Torres a Bánzer*; la entrevista de Romero a Gary Prado, "Yo hubiera matado al Che" y el cable de la UPI del 12 de junio del 78: "Revela Alfredo Ovando que las fuerzas armadas bolivianas dieron la orden de asesinar al comandante Ernesto Che Guevara".

La versión del agente de la CIA Rodríguez, en su libro *Shadow Warrior* y en las entrevistas de Jane Bussey: "CIA Veteran at Peace with Killing of Rebel El Che"; y Carlos Puig: "Sentí por un momento que ya no lo odiaba".

Hay interesantes intervenciones de Zenteno, Selich y Ayoroa en las actas de la investigación interna de los militares bolivianos en torno a la desaparición del diario del Che.

Los dos memorándums estadunidenses que se reproducen son del 9 de octubre del 67, de Bowdler a Rostow, y 9 de octubre del 67 telegrama de Henderson al secretario de Estado. Resultan además interesantes los trabajos de Gustavo Sánchez: *El gran rebelde*, Alcázar-Baldivia: "Bolivia, otra lección para América", Gonzalo de Bethencourt: "Muerte y sepulcro del Che", Enrique Araoz: "Hablan los testigos de la muerte del Che" y el cable de Eduardo Paz del 3 octubre 1987 para la agencia France Press. Las fotos del Che capturado en los libros de Rodríguez, Arana y Saucedo. La primera foto de la escuela de La Higuera en *Life*.

2) *La condena*

La versión más precisa de cómo se gestó la orden de asesinar al Che es la de Gallardo, sin duda originada en informaciones del personaje central de su libro, el general Torres.

Omite definir cual fue la posición de Torres, por cautela o por pudor, y luego sin fundamentarlo dice de una manera retórica que la CIA dio la orden.

Arguedas argumenta claramente que Torres fue uno de los que votaron a favor del asesinato, lo cual explicaría las permanentes reticencias que años más tarde mantendrían Fidel Castro y el gobierno cubano ante el gobierno progresista boliviano que Torres presidió efímeramente.

El coronel Reque Terán diría años más tarde que Ovando, Barrientos y Torres tomaron la decisión. Y G. de Bethencourt añade a otro militar, el general Belmonte Ardiles. Vacaflor añade que uno de los militares consultados votó en contra, el comandante de la fuerza aérea León Kolle Cueto, hermano del dirigente del PC.

Ovado reconoció 10 años después que la decisión de matar a Guevara "fue ordenada" sin especificar por quiénes y diciendo que no había partido de él que era jefe de las Fuerzas Armadas (Alcazar-Baldivia.)

Los estadunidenses fueron mantenidos en las sombras. Dos días más tarde el asesor presidencial W.W. Rostow le enviaba el siguiente memorándum al presidente Lyndon Johnson: "(censuradas dos palabras) que la última información es que el Che Guevara fue atrapado vivo. Tras un breve interrogatorio para establecer su identidad, el general Ovando (jefe de las fuerzas armadas bolivianas) ordenó que lo fusilaran. Veo esto como una estupidez, pero es comprensible desde el punto de vista boliviano, dados los problemas que los comunistas franceses y el correo de Castro, Regis Debray, les han causado".

3) *La orden de asesinato*

En el laberinto de pequeñas contradicciones y malas memorias, accidentales o dolosas, existe un caos en cuanto a la precisión de los detalles, por ejemplo respecto a la hora del arribo del helicóptero con Zenteno y Rodríguez a La Higuera, Prado lo ubica a las 9 de la mañana, Selich a las 6:15, Saucedo dice que salió a las 7 y el propio Zenteno dice que llegaron a las 7:30. La orden de asesinato llegó a La Higuera en boca del coronel Zenteno, que la había recibido la noche anterior en Vallegrande. Es posible que haya existido una confirmación, como dice el coronel Reque Terán, en una entrevista varios años más tarde, pero sin duda Zenteno se la transmitió a Selich y Ayoroa la mañana del 9 de octubre.

A pesar de que cuenta en sus memorias que él recibió la orden y la transmitió a los bolivianos y que luego personalmente transportó el cadáver del Che, parece obvio, como afirma el capitán Prado, que ni Félix Rodríguez, el agente de la CIA, ni el propio coronel Zenteno se encontraban en La Higuera cuando se produce el asesinato, pues el helicóptero salió del caserío hacia las 11:45.

Parece sin embargo evidente que las instrucciones del agente de la CIA eran mantener vivo al Che, para posteriormente conducirlo a Panamá, donde se produciría un largo interrogatorio, y que la agencia de espionaje estadunidense nada tuvo que ver en la orden de matar al Che.

Dos estadunidenses, analistas de la CIA, que no pueden ser acusados de favorables a la agencia, sostienen la misma versión: "...los militares lo mataron contra la opinión vociferante de los hombres de la CIA en el terreno" (Blum). "Mientras el operativo en La Higuera trataba de convencerlos de que no lo mataran, el jefe de estación de la CIA se comunicó con Barrientos para tratar de convencerlo e incluso con Langley aquella noche (Marchetti). (No es del todo exacto, las comunicaciones no se produjeron en tiempo por razones técnicas.)

Algunas fuentes cubanas insisten en que la CIA fue la que ordenó matar al Che, pero no tienen ninguna base. Elena Díaz, en la cátedra Che Guevara en la Universidad de La Habana, polemiza con la primera edición de mi libro: "...un aspecto negativo: en el libro se expresa que la CIA no estuvo involucrada en la muerte del Che. Puede parecer exceso de rigor, porque el autor no tenía acceso a pruebas documentales, pero en realidad la crítica más leve de ese error sería de ingenuidad".

La frase no es muy afortunada, pero no quisiera entender con ella que sugiere que estoy protegiendo o defendiendo a la CIA. Respecto a las mencionadas pruebas documentales, los defensores de la tesis de que la CIA ordenó el asesinato del Che, no han producido ninguna.

Parece obvio que para la agencia un Che derrotado, encarcelado y humillado era más valioso que un Che muerto. Los altos mandos del ejército boliviano no lo vieron así.

4) ¿Había alcohol? ¿Estaban borrachos los soldados?

Las versiones recogidas por el español Gonzalo de Bethencourt y por Alcázar, así como por la periodista francesa Michelle Ray, era que sí, y todos parecen coincidir en que Terán para darse valor había bebido; Gary Prado desecha la historia diciendo que en un caserío miserable no había alcohol suficiente para el centenar y medio de soldados.

Sargento Bernardino Huanca: "Tomamos algunos calientapechos" (En Rojas/*Testimonios*).

5) El misterio del Chino y Pacho

La esposa del telegrafista habla también del guerrillero ciego, hay noticias de él en el texto de Arguedas y uno de los soldados anónimos insiste en que en el cuarto de al lado fueron muertos dos guerrilleros, uno de ellos el ciego.

¿Por qué entonces las fuentes que reconocen el asesinato del Che y Simón Cubas niegan el del Chino?

Y es sólo uno de los muchos pequeños misterios que rodean la muerte del Che. ¿Por qué no hay entrada del diario de Pacho del día 8 si muere el 9? ¿Se inventó Prado el combate del día 9 para justificar por qué no estaba en La Higuera cuando se produce el asesinato? ¿Podría Pacho haber muerto en los combates del día 8 y no haber sido registrado así porque no se localizó su cadáver hasta un día después? Según la versión del ejército (Prado), el Chino y Pacho estaban juntos en una de las cuevas... He optado por mi versión basado en que el ejército reportó a lo largo de toda la historia de la guerrilla, y lo hará en el siguiente mes, combates inexistentes cuando se trataba de ajusticiamientos.

El hecho es que cuando se produjo la autopsia de los guerrilleros en el 97, sus cráneos mostraban el tiro de gracia.

6) El mayor Rubén Sánchez

Años más tarde, el mayor Sánchez declararía: "Me iban a destacar a la zona donde capturaron al Che, pero en esos días tuvo que operarse mi esposa y no pude ir. Puedo decirle que tuve suerte o no sé. Si yo estoy ahí no matan al Che de la forma en que lo mataron, o nos matan a los dos".

7) La última foto

Durante muchos años se pensó que la última foto del Che vivo era aquella en la que aparecía en la puerta de la escuela de la Higuera al lado del agente de la CIA Félix Rodríguez. Pero en 2002 se hicieron públicas otras tres fotografías en el libro del coronel Arana, una de esa misma serie y las otras dos tomadas con posterioridad, donde el Che reposa sentado en el suelo de la escuelita.

CAPÍTULO 60 (pp. 705-712)

1) Fuentes

Resulta muy interesante el trabajo de Michele Ray en *Ramparts*, así como las notas de algunos periodistas que estaban sobre el terreno. Richard Gott: "Yo vi el cadáver del Che en Vallegrande"; Labarca en las crónicas de *El Siglo*; Radaelli: "Del oriente al altiplano"; Alberto Zuazo: "20 años después sigue siendo un misterio qué pasó con el cadáver del Che Guevara"; Alcázar y Edwin Chacón: "Murió el Che Guevara". Algunas notas periodísticas resultaron claves: las declaraciones del general Ovando a AFP y AP del 9 de octubre; o las noticias de la avalancha campesina en el hospital en *El Diario* del 10 de octubre: "Conmoción", junto con el artículo: "Murió Che Guevara". Las declaraciones de Roberto Guevara en "Che y los argentinos".

También: los dos discursos de Fidel Castro citados; González Bermejo: "Su paso por la tierra"; la biografía de James; el libro de Félix Rodríguez; los dos trabajos de Cupull y González: *De Ñancahuazú a La Higuera* y *La CIA contra el Che*; Marta Rojas: "La muerte del Che en la prensa internacional" y "El Che Guevara bajo el cielo de la Higuera"; el protocolo de la autopsia firmado por los doctores Baptista y Martínez Casso; el cable de Guy Guglietta para UPI del 9 de octubre del 77, varios memorándums del departamento de estado estadunidense.

John Berger: "The legendary Che Guevara is death" es el origen de la analogía del cadáver con el cuadro de Rembrandt.

Para la operación inicial del rescate del cadáver ver los artículos de *La Jornada* a lo largo de noviembre-diciembre 1995 ("Descubren los restos de tres guerrilleros", "Exigirán la entrega de los restos del Che sus familiares", "Los restos del Che, incinerados y enterrados en Vallegrande, Bolivia", "Militares bolivianos buscan ya los restos del Che", "Ordena Sánchez de Lozada que sean localizados los restos del Che Guevara", "Ordenan a Mario Vargas localizar los restos del Che"), el artículo de Jon Lee Anderson en el *New York Times*: "Where is Che Guevara buried? A bolivian tells", y la intervención de Luis Fondebrider entrevistado por Miguel Bonasso para el programa de televisión "Ernesto Che Guevara, el regreso de un mito". Para el descubrimiento, los artículos de Orlando Oramas: "¡Lo encontramos!" y "Seguiremos buscando con la misma devoción", y Leisa Sánchez: "La ciencia, protagonista de esperanzas" en el libro de Marta Rojas *Testimonios sobre el Che* (segunda edición).

2) *La odisea de los supervivientes*

Durante las dos semanas posteriores a la muerte del Che, los *rangers* intentaron establecer un cerco a los dos grupos de guerrilleros supervivientes, el dirigido por Inti Peredo y el de los enfermos. El 12 de octubre, en una zona llamada Cajones, una patrulla de los *rangers* capturó y posteriormente fusiló al segundo grupo (De la Pedraja, Huanca, Lucio Galván y Jaime Arana). El grupo de Inti, que incluía a tres cubanos, Villegas, Alarcón y Tamayo, tras chocar en varias ocasiones con el ejército, haciéndole bajas, logró romper el cerco, perdiendo la vida El Ñato en uno de los enfrentamientos. Inti recobró sus contactos con el aparato del PC y mientras él retornaba al interior con Adriazola, los tres cubanos, con dos nuevos guías, cruzaron la frontera chilena a mediados de febrero del 68, recorriendo un largo camino antes de llegar a La Habana.

Inti Peredo se volvió a levantar en armas tras reorganizar la guerrilla del ELN y en 1969 murió bajo tortura después de ser capturado conmocionado por el estallido de una granada en un enfrentamiento con el ejército... El propio Alarcón retornó a Bolivia en el 68 para la segunda operación del ELN y, cercado por las tropas del regimiento Sucre y la policía nacional en un banco de La Paz, salió disparando al grito de ¡Patria o muerte! Para después tratar de suicidarse perforándose el parietal inferior y superior. Le salvaron la vida milagrosamente. El régimen de Torres lo liberó con una amnistía. David Adriazola murió en un enfrentamiento con la policía cerca de Lagunillas en abril del 68. Harry Villegas estaba entrenando en Cuba para sumarse a esa operación cuando el proyecto abortó. Los supervivientes deberían volver a encontrarse en Bolivia.

La odisea de los supervivientes está registrada con gran precisión en el diario de Inti Peredo *Mi campaña con el Che* y en el libro de Mariano Rodríguez y Dariel Alarcón: *Les survivants du Che*. Los partes militares sobre el cerco y la persecución en los mencionados trabajos de Gary Prado y Martínez Estévez. Es interesante la entrevista a Tamayo y Villegas del periodista italiano Gianni Miná en *Un continente desaparecido* y desde luego el seguimiento que le da Alcázar a la historia en *Ñacahuasu, la guerrilla del Che en Bolivia*. La versión estadunidense en NSF Country File, Bolivia, C8, vol 4 cables, LBJ Library.

CAPÍTULO 61 (pp. 713-715)

1) *Fuentes*

La historia de los despojos bolivianos puede seguirse revisando el trabajo de Cupull y González *De Ñancahuasú a la Higuera*; el libro de Uribe: *Operación Tía Victoria*; el artículo de Enrique Araoz: "Hablan los testigos de la muerte del Che"; el libro del capitán Prado; el libro de Luis Suárez: *Entre el fusil y la palabra*; Giacobetti/*Che´s Compañeros*; la intervención de Harry Villegas en Oltuski/*Un Che*; el libro de Félix Rodríguez y las declaraciones de los dos soldados anónimos en el libro de Soria Galvarro. La historia de Puebla me la contó mi amigo Fritz Glockner. La frase de Enrique Lihn se encuentra en la "Elegía a Ernesto Guevara".

Cuando estaba finalizando estas notas (para la primera edición del libro) descubrí que en un libro inédito de mi amigo Emilio Surí se hace la mención de que el Che llevaba en la tercera semana de septiembre cuatro relojes en su mochila.

CAPÍTULO 62 (pp. 717-722)

1) *Fuentes*

Sobre los caminos que recorrió el diario, el libro de Cupull y González, *La CIA contra el Che*; el artículo de Michelle Ray y, sobre todo, la investigación realizada entre los militares cuyas actas he revisado y que se encuentran citadas parcialmente en los artículos de Selser en *Marcha*: "La CIA en Bolivia". Las informaciones que recibió el presidente Johnson sobre el diario en: NSF Country File, Bolivia, C8, vol. 4, cables. LBJ Library. Sobre la filtración del diario a los cubanos: Hernán Uribe: *Operación Tía Victoria*; Faride Zerán: "La historia inmediata…"; "Una introducción necesaria" de Fidel Castro al *Diario del Che en Bolivia* y la entrevista que le hice a Manuel Manresa, el secretario del Che, en febrero del 95.

Existe una minuciosa descripción de cómo se imprimió el libro en Cuba narrada por Rolando Rodríguez, director entonces del Instituto cubano del libro, que entre otras muchas cosas cuenta cómo al no tener caja fuerte una vez se llevó el manuscrito a su casa en un maletín y terminó durmiendo encima de él.

En el epílogo de la edición mexicana del diario (Siglo XXI) se encuentran los cables de las agencias de prensa que reseñan los desmentidos y confirmaciones del gobierno boliviano. El libro de Gregorio Selser *La CIA en Bolivia* contiene una enorme documentación sobre el material tratado en este capítulo.

La intervención de Arguedas y su rocambolesca fuga posterior en sus declaraciones durante juicio publicadas en la revista uruguaya *Marcha* y los artículos de José Natividad Rosales: "En exclusiva mundial Antonio Arguedas revela a *Siempre* como y por qué entregó a Fidel Castro el diario del Che" y "El Caso Arguedas" en la revista *Bohemia*. Sobre las peripecias del diario en la década de los 80: *Newsweek*, 18 junio 1984, *Prensa Latina*, cable del 6 de agosto del 84, y los dos artículos de Humberto Vacaflor "El diario del Che fue robado por una banda de nazis y traficantes de drogas" y "Encuentran páginas perdidas del diario del Che Guevara".

Los días que faltan en la edición original mundial del diario del Che son el 4, 5, 8 y 9 de enero; 8 y 9 de febrero; 14 de marzo; 4 y 5 de abril; 9 y 10 de junio y 4 y 5 de julio.

2) *La operación de falsificación*

Fidel sugiere la posibilidad de manipulación en el prólogo al diario en estas líneas: "Desde el punto de vista revolucionario la publicación del diario del Che en Bolivia no admite alternativa. El diario del Che quedó en poder de Barrientos, que de inmediato entregó copia a la CIA, al Pentágono y al gobierno de Estados Unidos. Periodistas allegados a la CIA tuvieron acceso al documento en la propia Bolivia y sacaron copias fotostáticas del mismo, aunque con el compromiso de abstenerse, por el momento, de publicarlo". ("Una introducción necesaria".)

Rolando Rodríguez cita una conversación con Piñeiro: "Me comentó que había grandes temores de que saliera una edición auspiciada por la CIA y también manipulada por ella".

Cupull y González en *La CIA contra el Che* aseguran que los calígrafos de la CIA estaban montando una operación de distorsiones en el diario, pensando en alteraciones y omisiones, en el último piso de la embajada. Su información no está apoyada por ningún otro dato.

Las intervenciones de Saint George diciendo que el diario que habían publicado los cubanos no era el verdadero, hacen pensar que probablemente fuera cierto el que se estaba trabajando en la manufactura de un diario apócrifo. El periodista chileno Labarca asegura que mientras el diario estaba en la caja fuerte del cuartel de Miraflores, se le prestaba a un equipo de la CIA llegado de Estados Unidos e integrado por 4 personas, un grafólogo, un redactor, un jefe político y un falsificador.

3) *El cuaderno verde*

El cuaderno verde de origen árabe que el Che traía en su mochila desapareció durante muchos años; en 2003 tuve la suerte de editarlo. Contiene 70 poemas copiados a mano por el Che sin identificación de sus autores y sin ningún orden. Se trata de poemas de César Vallejo, Pablo Neruda, Nicolás Guillén y León Felipe, pertenecientes a diferentes libros. Muy probablemente esta antología se fue haciendo a lo largo de la campaña de Bolivia y refleja lecturas y relecturas de estos poetas, a tres de los cuales conoció personalmente.

4) *Manos y máscara*

En mayo del 69 Arguedas, de regreso en La Paz y bajo acoso policial, antes de meterse en la embajada de México, le dice al abogado Víctor Zannier, conocido como el "Mamut", que las manos del Che se encuentran en un frasco de formol junto con la mascarilla de yeso, dentro de una urna de madera. Zannier habrá de meterlas en una mochila y tras una enorme peripecia hacerlas llegar a Cuba.

Fidel, en un discurso el 26 de julio del 70, haciendo un aparte le pide serenidad a la gente que lo escucha e informa que Arguedas no sólo hizo llegar el diario hasta Cuba, también hizo llegar la mascarilla que le tomaron al Che y las manos embalsamadas. Le pregunta a la gente si deben enterrarse o conservarlas. La respuesta es: "¡ Consérvalas, consérvalas!" Informa que se depositarán bajo la estatua de Martí junto con las mangas del uniforme verde olivo con los galones de comandante. (Entrevista con Marta Rojas, Homero Campa: "Complicado itinerario de las manos del Che antes de llegar a La Habana en 1970", *Bohemia*, 31 julio 1970.)

CAPÍTULO 63 (pp. 723-726)

1) *Fuentes*

Mariano Baptista Gumucio se ha tomado la molestia de recopilar varios de los casos aquí mencionados e interrelacionarlos en: "¿La venganza del Che?" El resto de la información en los libros de Gallardo: *De Torres a Bánzer* Luis; Suárez, Selser/*La CIA* y el de Cupull y González: *La CIA contra el Che*, así como los artículos de Zeballos para

Reuter: "20 años después el cadáver del Che es aún un misterio". El asma de Rodríguez en la entrevista de Carlos Puig. El caso de Prado en el artículo de Sebastián Gómez: "¿Vacío de poder militar?" La deportación de Ayoroa en el libro de Gregorio Selser: *El cuartelazo de los cocadoles*. Hay importantes precisiones en la carta aclaratoria publicada en el diario *Excélsior* de México por José Luis Alcázar y en su libro en colaboración con José Baldivia.

CAPÍTULO 64 (pp. 727-731)

1) *Fuentes*

Los poemas de Benedetti, Gelman, en el número especial de *Casa de las Américas* de enero-febrero del 68. El resto de la información en: *De Ñancahuazú a La Higuera*; José Luis Morales: "No sabíamos que el Che vivía y estaba preso"; González Bermejo: "Che, su paso por la tierra", "Hablan el padre y la hermana del Che"; el libro de Martínez Estévez; Natividad Rosales: "En exclusiva mundial Antonio Arguedas revela a *Siempre* como y por qué entregó a Fidel Castro el diario del Che"; Calixto García en Báez: *Secretos*; Héctor Danilo: "El último encuentro del Che con su familia"; Sergio Berrocal: servicio cablegráfico de la AFP, 8 diciembre 1987; Enrique Araoz: "Hablan los testigos de la muerte del Che". Manuel Vázquez Montalbán: "En defensa del romanticismo"; Rodolfo Walsh: "Guevara", "Che Guevara: un santo laico..." en el *Messagero*; Gary Marx: "Even death Guevara spanks trouble", "Roban busto...", cable de AP, 11 agosto 2002. El bautismo de la calle de Vallegrande en Calzada/*Che Guevara*.

2) *El consultorio, la morgue*

La posta sanitaria en la Higuera volvió a funcionar. En el 30 aniversario de la muerte del Che, los millares de visitantes pudieron constatar que el pequeño consultorio médico estaba de nuevo activo, atendido por un médico voluntario cubano.

Los mercaderes no han entrado aún al templo; el acceso a la lavandería del hospital de Vallegrande, centro de peregrinación laica, aún es gratuito, registrará en el 97 Christian Lionet ("Bolivie, San Ernesto de La Higuera").

3) *La gira turística*

En el 97 Amistur organizaba una gira turística de 14 días que incluía visitas a los campamentos de la Sierra Maestra, de Caballete de Casa, Santa Clara con todo y los restos del tren blindado, a los museos de la revolución, a las oficinas del Che en La Cabaña y a la playa de Las Coloradas donde desembarcó el *Granma*.

4) *Las películas*

Hollywood hizo un intento por apropiarse de un poco de la magia del Che. Un intento absolutamente fallido. En 1968 la 20th Century Fox rodó *Che*, dirigida por Richard Fleisher y con Omar Sharif en el estelar acompañado por Jack Palance interpretando a Fidel Castro. A pesar de que se cuidaron los escenarios naturales (fue filmada en Puerto Rico), las armas e incluso los puros que se fumaban, el guión resulta desastroso. De la historia emerge un producto esquemático que a cualquier espectador latinoamericano le resultaba un billete falso, un Che fanático y monacal, sin sentido del humor, próximo a un alcohólico Fidel. La historia estaba además plagada de continuos errores originados en el guión de Wilson y Bartlet o en la producción. La película fue entendida en la cálida América Latina del final de los 60 como un producto más de la guerra caliente entre el imperio y la insurrección popular. Cines que la exhibían en Santiago de Chile y Venezuela fueron atacados con bombas molotov y la película fue saboteada a lo largo y ancho del continente a pesar de la admiración declarada y un tanto *naive* de Sharif por el personaje que interpretaba. Hoy el film descansa en los anaqueles de cualquier vídeo club sin pena ni gloria. Más o menos la misma suerte tuvo la versión italiana de Paolo Heusch con Paco Rabal interpretando al Che.

En los últimos años se han producido nuevos intentos de capturar al Che en la ficción cinematográfica con desastrosos resultados. Antonio Banderas en *Evita* de Alan Parker, no pudo superar el hecho histórico de que el Che y Evita no se conocieron, y Gael García en la miniserie de Attwood, "Fidel", no resiste la mentalidad de guerra fría del guión de S. Tolkin. En el momento de escribir esta nota estaba en producción la versión de Walter Salles de los diarios de viaje del Che en su juventud, de nuevo con Gael García como el joven Guevara.

("Exclusive interview with Omar Sharif", Gregorio Ortega: "Ladridos desde la cuneta", notas filmográficas proporcionadas por José Ramón Calvo.)

5) *Fotos, compañeros.*

En el 96, con una Hasselblad y lentes Zeiss de 60 y 120mm, cosa que el Che hubiera apreciado enormemente, Francis Giacobetti fotografió en La Habana, trece años después de la muerte del Che, a sus compañeros. En sesiones de media hora desfilaron por un cuarto del Hotel nacional durante tres días Tamayo y Ramiro Valdés, Barbarroja y Villegas, Aleida y Armando Acosta, Castellanos y los hermanos Acevedo, los doctores Páez y Fernández Mell, Oltuski y Silva, Ramón Pardo y Joel Iglesias, Manresa y Vilaseca, Papito Serguera y Borrego, Bordón y Fidel.

El resultado es un soberbio libro de retratos que se contraponen a las fotos de los personajes en la época en que convivieron con el Che. Giacobetti subtituló su libro "Los testigos de la leyenda".

FUENTES INFORMATIVAS

1) *Bibliografía*:

Bibliografía del comandante Ernesto Che Guevara, Biblioteca Nacional José Martí, departamento de consulta y referencia, revista de la Biblioteca Nacional José Martí, julio -diciembre 1967.

Bonich Fernández, Georgina y Maidique Patricio, Hilda: "Ernesto (Che) Guevara, estudio bibliográfico", La Habana, Centro de Información Científica y Técnica, Universidad de La Habana, 1975.

Cozean, John D: *Cuban guerrilla training centers and Radio Habana, a selected bibliography*, Center for Research in Social Systems Washington American University, 1968.

Ernesto Che Guevara, estudio bibliográfico, coordinador Georgina Bonich Fernández, Centro de Información Científica y Técnica, Universidad de La Habana, 1975.

Ernesto (Che) Guevara, bibliografía, coordinador Georgina Bonich Fernández, Coordinación de Información Científica y Técnica, Universidad de La Habana, 1985.

García Carranza, Araceli y Georgina, coordinadoras: *Bibliografía cubana del comandante Che Guevara*, Ministerio de Cultura, La Habana, 1987.

La insurrección armada; Camilo y Che en Las Villas, *Bibliografía*, coordinadores Clara Salgado Moya, Juan R. Vázquez, Clara de la Torre, Reina Morales, *Revista de la Biblioteca Nacional José Martí*, septiembre-diciembre, La Habana, 1987.

Para leer al Che, *Verde olivo*, Imprenta de la Dirección Política de las FAR, La Habana, 1988.

Pérez, Louis A. Jr: "Armed Struggle and Guerrilla Warfare in Latin America: A Bibliography of Cuban Sources, 1959-1979", *Revista Interamericana de Bibliografía*, no.4, 1983.

2) *Antologías de los escritos del Che:*

Pensamiento crítico, octubre, 1967.

El Che en la revolución cubana, obra en siete tomos, ediciones del Ministerio del Azúcar, La Habana, 1969. Incluye buena parte de las actas de sus intervenciones en el Ministerio de industria, que pueden ser encontradas fragmentariamente en Orlando Borrego: *Che, el camino del fuego*.

Obras escogidas, obra en dos tomos, Casa de las Américas, La Habana, 1970.

Escritos y discursos, obra en nueve tomos, Editorial de Ciencias Sociales, La Habana, 1977.

El hombre y la economía en el pensamiento del Che, compiladores Gerardo Gómez Moreno, René Castellanos y otros, Editora Política, La Habana, 1988.

Educación y hombre nuevo, Editora Política, La Habana, 1989.

Ernesto Che Guevara, sobre literatura y arte, Editorial Arte y Literatura, La Habana, 1997.

3) *Otras obras y artículos del Che*

Guevara, Ernesto Che: "Angustia (Eso es)", *Primer plano*, Buenos Aires, 2 agosto 1992.

————, *Notas de viaje*, Centro Latinoamericano Che Guevara, Santiago de Chile, 1993 (Hay una edición de Txalaparta titulada *Viaje por Sudamérica*, que incluye el diario paralelo de Alberto Granado).

————, *Otra vez*, diario inédito del segundo viaje por Latinoamérica, Ediciones B, Barcelona, 2001.

————, *Guerra de guerrillas, un método*, Talleres tipográficos del INRA, La Habana, 1960.

————, *Pasajes de la guerra revolucionaria*, Ediciones Unión, La Habana, 1963. Hay una edición anotada publicada por la Editora Política, La Habana, 1997.

————, *Pasajes de la guerra revolucionaria (Congo)*, manuscrito mecanográfico con anotaciones de mano del propio Che, 160 p. y 7 p. de apéndice. La primera edición es de Grijalbo-Mondadori, Barcelona, 1999.

————, *Aclaración de algunos términos*, mecanográfico con notas manuscritas del propio Che, sobre términos usados en "Pasajes de la guerra en Africa".

————, *Diario de Bolivia*, edición especial de revista *Bohemia*, La Habana, 1968. La edición de la Editora Política de 1987 contiene las páginas faltantes en la primera edición y fue anotada por Adys Cupull y Froilán González. La tercera edición de Siglo XXI, México, incluye varios de los comunicados y mensajes de la guerrilla con La Habana. Existe una edición anotada por Taibo II en Txalaparta, de 1999.

————, *Fotógrafo*, Biblioteca Valenciana, Valencia, 2001.

————, "Poemas", en el epílogo del libro de Hilda Gadea, *Che Guevara*, años decisivos y en *Bohemia*, 10 de junio 1988.

————, *Poesie*, edición bilingüe, Newton, Milano, 1999,

————, una carta inédita del Che Guevara: "Triunfo con Cuba o muero allá", *Crisis*, Buenos Aires, no. 5, septiembre 1973.

————, "Guerra y población campesina", *Revolución*, 14 enero 1959.

————, "¿Qué es un guerrillero?, *Revolución*, 19 febrero 1959.

————, "Discurso del Che en Santa Clara", *Revolución*, 29 diciembre 1959.

————, "El divulgador de las teorías revolucionarias debe antes que nada mostrar su ejemplo", *Verde olivo* 31, 1960,

————, "Camilo", *Granma*, 25 octubre 1967.

————, "No habrá desempleados en 62", *Verde olivo*, septiembre 1960.

————, *El gobierno revolucionario ha destruido los lazos coloniales en lo económico y lo político*, Gobierno Provincial de Oriente, Santiago, 1960.

————, "La idea de la defensa de la revolución no puede desligarse de la idea de trabajo", *Bohemia*, 1 octubre 1961.

————, "Discurso pronunciado por el comandante Che Guevara en asamblea de obreros portuarios, 6 enero 1962", *Granma*, 8 octubre 1968.

————, "Discurso en el palacio presidencial", *Granma*, 26 octubre 1967.

————, *Palabras del Che a la policía*, Editorial San Luis, La Habana, s/f.

————, "Ante la agresión económica, si nos quitan la cuota perderán sus inversiones en nuestra patria", *Verde olivo* 17, 1969.

————, "El Che con las delegaciones fraternales extranjeras" (resumen del discurso en el MINID con delegados obreros extranjeros asistentes a los actos del 1 de mayo), *Bohemia*, 11 mayo 1962.

————, *La influencia de la revolución cubana en América Latina*, palabras a miembros de la DSE, folleto, spi, 18 mayo 1962.

————, "La escuela de Minas del Frío", 3 abril 1963, *Opina*, febrero 1989.

————, "Que el hombre sienta la necesidad de hacer trabajo voluntario", *mecanográfico*, intervención Consejo de dirección Ministerio de industria, 5 diciembre 1964.

————, "Los últimos días, dos documentos", *Granma*, 21 diciembre 1968.

————, "Carta de despedida del Che" (a Carlos Rafael Rodríguez), *Miami Herald*, 11 diciembre 1983.

————, "Carta del Che a sus hijos", *Tricontinental*, julio 1997.

Guevara, Ernesto, Raúl Castro y otros*: La conquista de la esperanza*, diarios inéditos de la guerrilla cubana, Mortiz, México, 1995.

Guevara, Ernesto Che a Fidel, *fotocopia*, 6 enero 1958.

Guevara, Ernesto Che a Angel Salgado, *nota*, 9 septiembre 1958.

Guevara, Ernesto, Charles Bettelheim et al: *Escritos económicos* [de] *Ernesto Che Guevara*, Cuadernos de pasado y presente, Ediciones Pasado y Presente, Córdoba, Argentina, 1969.

4) *Bibliografía, hemerografía, entrevistas, manuscritos*

22 años de Revolución, cronología, Editora Política, La Habana, 1983.

"A new old Che Guevara interview", *Hispanic American Historical Review*, agosto 1966.

A Standard Swahili-English Dictionary, Oxford University Press, Gran Bretaña, 1963.

Abdrial, Alberto: "La fe que me inculcaste", *El Mundo*, octubre 1967.

Abreu, Carlos y Carlota Guillot: *Sancti Spiritus, apuntes para una cronología*, Editora Política, La Habana, 1986.

Abreu, Luis: *Algunas consideraciones acerca del pensamiento económico-militar del Che*, conferencia científica sobre el pensamiento militar del comandante Ernesto Che Guevara, s/f.

Abreu, Ramiro: *En el último año de aquella república*, Editorial de Ciencias Sociales, La Habana, 1984.

Abreu, Ramiro, Ricardo Alarcón, Carmen Almodóvar, José Bell Lara y otros: *Pensar al Che*, Tomo I, Desafíos de la lucha por el poder político y Tomo II Los retos de la transición socialista, CEE-Editorial José Martí, La Habana, 1989.

Acevedo, Enrique: "Jefe en toda su dimensión", *Verde olivo*, 10 octubre 1985.

————, "Los últimos días en la Sierra Maestra", *Verde olivo*, abril 1989.

————, *Descamisado*, Editorial Cultura Popular, La Habana, 1993.

————, *Guajiro*, Editorial capitán San Luis, La Habana, 1997.

Acevedo, Rogelio: "Audacia, audacia y más audacia", *El oficial*, noviembre-diciembre 1978.

————, "Apuntes de la invasión", *Verde olivo*, 1 septiembre 1983.

————, "El Che que yo conocí", *Verde olivo*, junio 1988.

————, "La Federal", en *Días de combate*.

————, "Si sobresaliente fue el Che como guerrillero, aún más brilló su extraordinario talento en la hermosa obra de construir la nueva sociedad", *Granma*, 30 diciembre 1988.

Acosta, Bruno: *Ernesto Che Guevera y la disciplina militar consciente*, conferencia científica sobre el pensamiento militar del Comandante Ernesto che Guevara, spi, s/f.

Acta de matrimonio de Ernesto Guevara de la Serna e Hilda Gadea Acosta en el registro civil de Tepoztlán, *documento*, 18 de agosto de 1955.

Acuña, Manuel: "Manuel Acuña cuenta del Uvero", *Juventud rebelde*, 27 mayo 1987.

Adán, Orestes: *El Dorado*, Letras Cubas, La Habana, 1986.

Adoum, Jorge Enrique: "El Che sin nosotros", OCLAE, febrero 1968.

Afont Robaina, José M.: "El amanecer victorioso de la Plata", *Verde olivo*, 15 enero 1987.

Agacino, Ricardo: "El Che un entusiasta y consumado ajedrecista", *Cuba internacional*, septiembre 1987.

Agee, Phillip: *Diario de la* CIA, Laia, Barcelona, 1978 (versión original: Stonehill and Penguin Books, London, 1975).

Agüero, Luis, Antonio Benítez, Reynaldo González y otros: *Che comandante*, Diógenes, México, 1969.

Aguilar, Alonso "Mi imagen del Che", *Casa de las Américas*, La Habana, enero-marzo 1997.

Aguilar, José: "La niñez de Che", *Granma*, 16 octubre 1967.

——, "82 hombres y una sola causa" (entrevista a Arsenio García Dávila), *Verde olivo*, 6 diciembre 1964.

Aguilera Morales, Roger: "El cantor de la tropa del Che", *Verde olivo*, noviembre 1989.

Aguilera, Armando R: "Creo en ti, Fidel, creo en la revolución", *Bohemia*, 18 enero 1959.

Aguirre, Manuel Agustín: *El Che Guevara. Aspectos políticos y económicos de su pensamiento*, Editorial La Oveja Negra, Bogotá, Colombia, 1970.

Aguirre Bayley, Miguel: *Ernesto Che Guevara, arquetipo de la solidaridad revolucionaria*, De la Puerta, 1988.

Aiguesvives, E.: "Un lector Infatigable", *Verde olivo*, 15 octubre 1987.

Alarcón, Dariel, Harry Villegas y Leonardo Tamayo: "La quebrada del Yuro, recuerdos de un combate", *Tricontinental*, julio-octubre 1970, reproducido también en *Bohemia* y en *Granma* 8 octubre 69.

Alarcón, Dariel, Harry Villegas y Leonardo Tamayo: "El combate de la quebrada del Yuro", *Verde olivo*, 19 octubre 1969.

Alarcón, Dariel, entrevista, febrero 1995.

——, *Memorias de un soldado cubano*, Tusquets, Barcelona, 1997.

——, "Héroes inmortales de nuestra América", *Bohemia*, 26 agosto 1977.

Alarcón, Dariel y Mariano Rodríguez Herrera: *Che y la guerrilla de Ñancahuazú*, manuscrito inédito.

——, *Les survivants du Che*, Editions du Rocher, París, 1995.

Alarcón, Ricardo, Armando Hart, Orlando Borrego, María del Carmen Ariet, Enrique Oltuski, Aleida Guevara, Harry Villegas, Tirso W. Sáenz, Emilio García Capote, Elena Díaz, Marta Pérez, Rolo González, Juan Valdés, Fernando Vecino: *Che, un hombre del siglo XXI*, Editorial Félix Varela, La Habana, 2001.

Alcázar, José Luis: *Ñacahuasu, la guerrilla del Che en Bolivia*, Era, México, 1969.

Alcázar, José Luis y José Baldivia: *Bolivia, otra lección para América*, Era, México, 1973.

Alcázar, José Luis y Edwin Chacón: "Murió el Che Guevara", *Presencia*, La Paz, 10 octubre 1967.

Allende, Salvador: intervención en el senado, *Diario de sesiones del Senado de la República de Chile*, 18 octubre 1967.

Alles, Agustín: "Criminal bombardeo en Santa Clara", *Bohemia*, 11 enero 1959.

Almeida, Juan: *Exilio*, Editorial de Ciencias Sociales, La Habana, 1987.

——, *La única ciudadana*, Editorial de Ciencias Sociales, La Habana, 1987.

——, *Desembarco*, Editorial de Ciencias Sociales, La Habana, 1988.

——, "Un capitán, jefe de la vanguardia", *Verde olivo*, febrero 1988.

——, *La sierra*, Editora Política, La Habana, 1989.

——, *La Sierra Maestra y más allá*, Editora Política, La Habana, 1995.

——, *Por las faldas del Turquino*, Ediciones Verde Olivo, La Habana, 2002.

Almeyra, Guillermo: "Presencia del Che", *La jornada semanal*, recorte archivo autor.

——, "El redescubrimiento del pensamiento del Che", *Cuadernos del Sur*, Buenos Aires, octubre 1997.

Alonso, Armando: "Una anécdota en la fundición", *Juventud rebelde*, 7 octubre 1968.

Alonso, Mercedes: "¿Quién ha dicho que el marxismo no tiene alma?", *Granma*, 25 mayo 1987.

Alonso, Mercedes y Rafael Rodríguez Cala: *Reencuentro*, Ediciones Verde Olivo, 1993.

Althusser, Louis: "Ante la muerte de Ernesto Che Guevara", *Casa de las Américas*, enero-marzo 1993.

Álvarez Batista, Gerónimo: *Che: una nueva batalla*, Editorial Pablo de la Torriente, La Habana, 1994.

Álvarez, Verónica y Sergio Ravelo: "Ñico López: Símbolo de valor y fidelidad", *Bohemia*, 2 octubre 1987.

Álvarez García, John (compilador): *Che Guevara*, Antorcha Monserrate, Medellín, Colombia, 1968.

Álvarez Palomares, Alodia: "Allí comienza el Che", *Verde olivo*, 29 enero 1987.

Álvarez Rom, Luis: "Sobre el método de análisis de los sistemas de financiamiento", *Cuba Socialista* núm. 35, 1964.

Álvarez Tabío, Pedro y Otto Hernández: *El combate del Uvero*, Gente Nueva, La Habana, 1980.

Álvarez Tabío, Pedro: "El más extraordinario de nuestros combatientes", *Bohemia*, 26 de julio de 1985.

———, "En espera del desembarco", *Bohemia*, 26 diciembre 1986.

Álvarez Tabío, Pedro (coordinador): *La epopeya del Granma*, Oficina de publicaciones del Consejo de estado, La Habana, 1986.

Amador, Castor: "El desembarco del *Granma* y el 30 de noviembre", *Verde olivo*, 30 noviembre 1969.

Amaya, Juana: "La pequeña hazaña que dejó valiosas experiencias guerrilleras", *Trabajadores*, 28 agosto 1982.

Ameijeiras, Efigenio y René Rodríguez: "Con los fusiles, los uniformes y las balas", *Verde olivo*, 2 diciembre 1962.

Ameijeiras, Efigenio: *Más allá de nosotros*, Editorial Oriente, Santiago de Cuba, 1984.

———, *1956. Un año tremendo*, Editora Abril, La Habana, 1986.

———, "Encuentro con Fidel en Puriales de Vicana", *Somos jóvenes*, enero 1986

———, "Las guerras no se ganan en el último combate", *Bohemia*, 15 julio 1988.

———, "Miedo a las ballenas", *Verde olivo*, septiembre 1988.

———, "Capitán Habana", *Verde olivo*, diciembre-enero 1988-89.

———, "La batalla más corta" I y II, *Bohemia* 7 y 14 julio 1989.

———, "Dibujó con flores su sonrisa en el mar", *Verde olivo*, octubre 1989.

Anderson: Jon Lee: *Che*, Grove Press, New York, 1997.

Anderson, Perry y Robin Blackburn: "Che and Debray in Bolivia", *Ramparts*, octubre 1967.

Anguita, Eduardo y Martín Caparrós: *La voluntad*, Norma, Buenos Aires, 1997.

Aragonés, Emilio, entrevista de Jorge Castañeda, 10 de febrero de 1975, *mecanográfico*.

Arana, Federico: *Che Guevara y otras intrigas*, Planeta, Bogotá, 2002.

Araoz, Enrique: "Hablan los testigos de la muerte del Che", *Cambio16*, Madrid, 19 de octubre 1987.

Archondo, Rafael: "Che en Bolivia: un reo de su historia personal", *Pulso*, La Paz, 15 febrero 2001.

Arcocha, Juan: *Candle in the wind*, L. Stuart, New York, 1967.

———, *Fidel Castro en rompecabezas*, Ediciones R, Madrid, 1973.

Arguedas, Antonio: fotocopia sin título, del folleto de Universidad técnica de Oruro sobre la captura y muerte del Che, archivo autor, s/f.

Ariet, María del Carmen: "Hasta vencer o morir", *Moncada*, octubre 1987.

———, *Che, pensamiento político*, Editora Política, La Habana, 1988.

Arguedas, Antonio: intervención en una reunión restringida con Fidel Castro en La Habana sobre los acontecimientos que rodearon la muerte del Che y la posterior entrega del diario a Cuba, *mecanográfico.*

Arguedas, Sol: "¿Dónde está el Che Guevara?, *Cuadernos Americanos,* mayo-junio 1966.

———, *Cuba no es una isla,* Era, México, 1961.

Aroca, Santiago: "Fidel y el Che", *El mundo,* Madrid, 4 octubre 1992.

Aróstegui, María Begoña y Gladys Blanco: *Un desafío al monopolio de la intriga,* Editora Política, La Habana, 1981.

"Arribaron a Cuba los cinco guerrilleros que lucharon en Bolivia junto al Che", *recorte de prensa,* archivo L. A. Betancourt.

Arrufat, Berta y otros: *Vigencia del pensamiento ético del Che para el trabajo político y de partido en el Minint,* Instituto superior Minint, s/f.

Ascuy, René: "Treinta años de la foto más famosa del mundo", *Juventud rebelde,* 30 marzo 1990.

Asociación Nacional de Economistas de Cuba: *La presencia del Che en el Banco nacional de Cuba y la selección del 26 de noviembre como día del economista,* Panfleto, spi, sf.

Ávila, Bienvenido: "Tres guías hablan de la invasión", *Sierra Maestra,* 8 de octubre 1972.

"Aviones piloteados por yankis son utilizados en bombardeos contra las áreas guerrilleras en Bolivia", *Granma,* 17 abril 1967.

Ayala, Leopoldo: *Che xxx Vivo,* Organización Editorial Nuevo Siglo, México, 1997.

Aznares, Juan J.: "Buscando al Che", *El País,* Madrid, 22 enero 1996.

Bacallao, Sergio: "Relatos históricos de hechos ocurridos en la Sierra Maestra desde mediados de junio de 1957", *manuscrito.*

Báez, H. Vitier: "Che en Buey arriba", *Verde olivo,* junio 1988.

Báez, Luis: "Yo soy el oscuro teniente...", *Bohemia,* 26 mayo 1978.

———, *Secretos de generales,* editorial SI-MAR, La Habana, 1996.

Barquín, Ramón: *Las luchas guerrilleras en Cuba. De la colonia a la Sierra Maestra,* Editorial Playor, Madrid, fotocopia, archivo del autor.

Barral, Fernando: "Che estudiante", *Bohemia,* 13 junio 1969.

Barrera, Orlando: *Sancti Spiritus, sinópsis histórica,* Editorial Oriente, Santiago de Cuba, 1966.

Barreras, José Luis: "El Che, ajedrecista entusiasta", *Cuba internacional,* octubre 1963.

Barreras Ferrán, Ramón: "15 de diciembre de 1958", *Vanguardia,* Santa Clara, 15 diciembre 1978.

———, "19 de diciembre de 1958", *Vanguardia,* Santa Clara, 19 diciembre 1978.

Barrero Pérez, Eráclides: "Amigo: sus recuerdos del Che", *Trabajadores,* 15 octubre 1985.

Barreto, Jesús: "Camarada Tato", *Moncada,* octubre 1987.

Barrientos Ortuño, René: *El Che Guevara, el intervencionismo, un pueblo libre y heroico,* Editorial del Estado, La Paz, 1967.

Baptista Gumucio, Mariano con Ted Córdoba Claure, Sergio Almaraz y Simón Reyes: *Guerrilleros y generales sobre Bolivia,* Editorial Jorge Álvarez, Buenos Aires, 1968.

Baptista Gumucio, Mariano: *¿La venganza del Che?,* Editorial e Imprenta Artística, La Paz, 1988.

"Batalla de Santa Clara", *Granma,* 27 diciembre 1967.

Batista, Fulgencio: *Paradojas,* Botas, México, 1963.

Bauer Paiz, Alfonso: "Testimonio sobre Ernesto", *Casa de las Américas,* septiembre-octubre 1977.

Bayo, Eliseo: "El mejor alumno", *El Mundo,* 19 octubre 1967.

————, *Mi aporte a la revolución cubana*, Imprenta del Ejército Rebelde, La Habana, 1960.

Bedregal, Guillermo: *Los militares en Bolivia*, Extemporáneos, México, 1971.

Béjar Rivera, Héctor: *Perú 1965, una experiencia libertadora en América*, Siglo XXI, México, 1969.

Bellinghausen, Herman: "Fiesta en la selva en memoria del Che", *La Jornada*, México, 11 octubre 1994.

Ben Bella, Ahmed: "Che Guevara... siempre", *Cuadernos del sur*, Buenos Aires, octubre 1997,

Ben Bella, Ahmed, entrevistado por el autor, 3 octubre 1997.

Benedetti, Mario "Consternados, rabiosos", *Casa de las Américas*, La Habana, enero-febrero 1968.

Benítez, Augusto: "El cerco de Santa Clara", *Bohemia*, 9 diciembre 1983.

————, "La colaboración campesina", *Bohemia*, 26 diciembre 1986.

Benitez, Augusto F. y Katia Valdés: "Reflejos de una época" (entrevista a Vilma Espín), *Bohemia*, 21 noviembre 1986.

————, "Vivencias de una heroica hazaña", *Bohemia*, 21 noviembre 1986

Benítez, José A.: "Bolivia: dinamita y revolución", *Bohemia*, 6 octubre 1967.

Bensaïd, Daniel: "Ernesto Che Guevara", *Rouge*, París, 9 octubre 1997.

Berger, John: "The legendary Che Guevara is death", *New Statesman*, 28 agosto 1992.

Bergquist, Laura "2.30 an interview with Che Guevara" *Look*, 8 noviembre, 1960.

Berrocal, Sergio: servicio cablegráfico de la AFP, 8 diciembre 1987.

Beruvides, Esteban M., Arsenio Parodi, e Ilario Morfa Vilariño: *Cuba y sus mártires*, edición del autor, Coral Gables, Florida, 1993.

Betancourt, Luis Adrián: entrevista a Sergio Bacallao, *manuscrito*, inédita.

————, entrevista a Faure Chomón, *mecanográfica*, inédita.

————, entrevista a Universo Sánchez, *mecanográfica*, 19 cuartillas, inédita.

————, "Mi hermano el Che", *Moncada*, Octubre 1987.

————, "Un hombre hecho en los fuegos", *Moncada*, octubre 1987.

————, "La campaña en Las Villas", *Bohemia*, 7 octubre 1968.

————, "Campaña del Che", *Bohemia*, 19 enero 1968.

————, "Che, arquitecto de una victoria", *Bohemia* 20 octubre 1967.

————, "XXII aniversario del asalto al cuartel Moncada. Santa Clara, ciudad 16", *Bohemia*, 25 julio 1975.

————, "Habla el comandante Guevara", *Bohemia*, 11 enero 1959.

————, "Pasión y muerte de Joaquín Casillas", *Bohemia*, 11 enero 1959.

————, "Así murió el criminal. Último minuto de Casillas Lumpuy", *Bohemia*, 18-25 enero 1959.

————, "Batista, capítulo final", *Verde olivo*, diciembre 1988-enero 1989.

————, "Apareció para siempre", *Moncada*, 6 octubre 1984.

Betancourt, Raymundo: "La guerrilla boliviana", *mimeográfico*, spi.

Bethencourt, Gonzalo: "Muerte y sepulcro del Che", *Pueblo*, Madrid, 14 mayo del 69.

Bettelheim, Charles: "Formas y métodos de la planificación socialista y nivel de desarrollo de las fuerzas productivas", *Cuba socialista* núm 32, 1964.

Bianchi Ross, Ciro: "Tiempo del Che", *Cuba*, octubre 1982.

————, "Un constructor llamado Che", *Cuba*, recorte de prensa, archivo del autor.

Blaquier, Elsa: "Faltaba papel y tinta, pero salía" (entrevista Luis Pavón), *Verde olivo*, abril 1989.

————, "Así se cumplen las órdenes", *Verde olivo*, octubre 1989.

————, "Mucho gusto, Ramón", *Verde olivo*, junio 1988.

————, *Seguidores de un sueño*, Ediciones Verde Olivo, La Habana, 1998.

Blum, William: *The CIA a forgotten history*, Zed Books Ltd., New Jersey, 1986.

"Bolivia: former dictator sentenced to 30-year prison term", *Notisur*, 30 abril 1993.

"Bolivian pictures of missing Che Guevara", *Life*, 6 octubre 1967.

Bonache, Ramón y Marta S. Martín: *The cuban insurrection*, Transaction Books, New Brunswick, 1974.

Boluarte, Zoraida: Carta al autor, 22 de mayo 1998.

Bonne, Berta: *Menelao, su lucha y acción*, Editorial Oriente, 1987.

Borge, Tomás: *Carlos, el amanecer ya no es una tentación*, Editorial Nueva Nicaragua, Managua, 1982.

————, *La paciente impaciencia*, Editorial Vanguardia, Managua, 1989.

Bornot, Thelma, Enzo Infante, Magaly Chacón, Oscar de los Reyes y Andrés Castillo Bernal: *De Tuxpan a la Plata*, Sección de Historia de las Fuerzas Armadas Revolucionarias, La Habana, 1979.

Boorstein, Edward: *The economic transformation of Cuba*, Modern Reading, New York, 1968.

Borrego Díaz, Orlando: *El estilo de trabajo del Che*, Asociación Nacional de Economistas de Cuba, marzo, 1988.

————, "El Che del siglo XXI", *Casa de las Américas*, La Habana, julio –septiembre 1997.

————, Che. *El camino del fuego*, Imagen Contemporánea, La Habana, 2001.

Bouder, Rosa Ileana: *El Vaquerito*, Editorial Gente Nueva, La Habana, 1983.

Breccia, Alberto con Enrique Breccia y Héctor Osterheld: *Che*, Ikusager Ediciones, Vitoria, 1987.

Bremauntz, Alberto: *México y la revolución socialista cubana*, edición del autor, Morelia, Michoacán, 1966.

Brugioni, Dino A.: *Eyeball to eyeball. The cuban missile crisis*, Random House, New York, 1991.

Buría Lázaro: Carta al autor, 17 febrero 1995.

Burri, René y François Maspero: *Che Guevara*, Nathan, París, 2002.

Bussey, Jane: "CIA Veteran at Peace with Killing of Rebel El Che", *Miami Herald*, 9 octubre 1992.

Buznego, Enrique, Andrés Castillo, Verónica Álvarez y otros: *Diciembre del 58*, Editorial de Ciencias Sociales, La Habana, 1977.

Buznego Rodríguez, Enrique y Luis Rosado Eiro: "Estrategia del Che en las Villas", *Granma*, 2 de enero 1983.

Cabrera, P.E.: "En la cueva de los Portales", *Verde olivo*, recorte en el archivo de L. A. Betancourt.

Cabrera, Migdalia (coordinadora): "La batalla de Santa Clara", sf, spi.

Cabrera Álvarez, Guillermo: *Hablar de Camilo*, Instituto Cubano del Libro, La Habana, 1970.

————, "Operación caja de tabaco", *Bohemia* 23 octubre 1979.

Calzada, Isidoro: *Che Guevara*, Status Ediciones, Arrigoriaga, España, 2001.

Calzadilla, Iraida: "La huella imborrable del guerrillero de América", *Trabajadores*, 21 de septiembre 1982.

Campa, Homero: "Han hecho del Che un mito para venerar, no un ejemplo a seguir: Hilda Guevara", *Proceso*, 25 octubre 1993.

————, "Complicado itinerario de las manos del Che antes de llegar a La Habana en 1970", *Proceso*, 17 diciembre 1995.

Cantón Navarro, José: "Che, un modelo también para los que escriben historia", *Cuba socialista*, marzo-abril 1989.

Cantor, Jay: *La muerte de Che Guevara*, Grijalbo, Barcelona, 1985.

Capote, Angela: "La efigie simbólica del Che", *Tribuna*, 7 marzo 1990.

Capote, María Helena: "Tres relatos inéditos", *Opina*, diciembre 1988.

Caprara, Massimo: *Quando le boteghe erano oscure*. Il Saggiatore, Milán, 1999.

Cardenal, Ernesto: *En Cuba*, Era, México, 1977.

Cárdenas, Aída: "Médico y soldado", *Bohemia*, 25 octubre 1974.

Cardosa, Santiago: "Che en el recuerdo de dos fotógrafos", *Granma*, 3 de julio de 1988.

Carrasco, Juana: "Pablo Ribalta, Sin darle tregua al enemigo", *Verde olivo*, agosto 1988.

———, "Tatu, un guerrillero africano" (entrevista con Víctor Dreke) en *Verde olivo*, junio 1988, y *Cuba*, febrero 89.

———, "El combate de Forces Bendera", *Verde olivo*, junio 1990.

———, "El Che hacía las portadas", *Verde olivo*, mayo 1989.

Carrillo, Justo: *A Cuba le tocó perder*, Ediciones Universal, Miami, 1993.

Carta al compañero Lawton de los compañeros de la columna 1, 6 noviembre 1985, *manuscrito*.

"Carta del Che a revolución y una aclaración nuestra", *Revolución*, 29 diciembre 1962.

Casal Guerra, Jesús: "Aquella madrugada amaneció más temprano", *Verde olivo*, 27 diciembre 1984.

Casaus, Víctor: *Girón en la memoria*, Casa de las Américas, La Habana, 1970.

Castañeda, Jorge: "El Che es el último superviviente de la utopía naufragada", *Proceso*, 17 diciembre 1995.

———, *La vida en rojo*, Alfaguara, México, 1997.

Castelló, Humberto: "Segundo Frente Nacional del Escambray", negación del ejército rebelde", *Verde olivo*, 19 febrero 1961.

Castillo, Rolando: "Alto de Escudero", *Sierra Maestra*, 7 octubre 1973.

Castillo Bernal, Andrés: *La batalla de Pino del Agua*, Editora Política, La Habana, 1993.

———, *El brillo de una estrella*, Editorial Luminaria, Sancti Spiritus, 1997.

Castillo Ramos, Rubén: "Junto al Che en la sierra" (entrevista Arístides Guerra), *Bohemia*, 21 noviembre 1969.

———, "Che Guevara, iniciando el trabajo voluntario en Cuba", *Bohemia*, 18 octubre 1985.

Castro, Fidel: "Sirvo a Cuba", *Bohemia*, 20 noviembre 1955.

———, "Carta sobre Trujillo", *Bohemia*, 26 agosto 1955.

———, "El Movimiento 26 de julio", *Bohemia*, 19 marzo 1955.

———, "El Movimiento 26 de julio y la conspiración militar", *Aldabonazo*, 15 mayo 1956

———, discurso pronunciado en Santiago de Cuba el 1º de enero del 89, *Granma*, 3 enero 1989.

———, *Discurso pronunciado en La Concepción para dar inicio a las actividades de la Brigada Invasora de Maquinarias*, octubre 30 de 1967, Instituto del Libro, La Habana, 1967.

———, 5 mensajes al Che de 16 febrero y junio del 58, fotocopias del original, *mecanográfico*.

———, "El diario del Che en Bolivia. Una introducción necesaria", edición especial de la revista *Bohemia*.

———, "Comparecencia de Fidel ante la prensa para informar sobre la muerte del Che", 15 octubre 1967, *Bohemia*.

———, "Discurso pronunciado en la Plaza de la revolución, en la velada solemne en memoria del Che, 18 de octubre del 67", *El mundo*, 19 octubre, 1967, *Bohemia* edición especial.

———, "Discurso pronunciado el 8 de octubre de 1987 en el xx aniversario de la caída del Che en combate", *Cuba socialista*, noviembre-diciembre 1987.

————, "Discurso pronunciado en el acto de presentación del comité central del PCC" (3 octubre 65), *Bohemia*, 8 octubre 1965.

————, "La juventud del mundo ve en el Che todo un símbolo", OCLAE, noviembre 77.

————, "Las manos del Che", *Bohemia*, 31 julio 1970.

————, Discurso del 13 de marzo del 91, *Granma* 16 marzo 1991.

————, "Discurso pronunciado el 8 de octubre de 1987 en el XX aniversario de la caída del Che en combate", *Cuba socialista*, noviembre-diciembre, 1987.

Castro, Fidel, Haydée Santamaría, Vilma Espín y otros: *Dice la palma*, Letras Cubanas, La Habana, 1980.

Castro, Raúl: "Un testimonio de la gratitud de todo un pueblo", *Bohemia*, 13 octubre 1978.

————, "Discurso en la inauguración del Congreso campesino en armas", *Bohemia*, 16 septiembre 1988.

"Castro's brain", *Time*, 8 agosto 1960.

Cátedra Libre Ernesto Che Guevara: "Nota introductoria" (a las notas del Che sobre el *Manual de economía política* de la Academia de ciencias de la URSS), Buenos Aires, S/, spi.

Cato, Susana: "Operación Tía Victoria relata la burla a la CIA y la llegada del diario del Che a Cuba", *Proceso*, 13 abril 1987.

Cazañas, José: "Radio rebelde. Su combate invisible y poderoso", *Verde olivo*, febrero 1988.

————, "Che, una de sus proezas militares", *Verde olivo*, 7 octubre 1973.

Cazes Camarero, Pedro Luis: *El Che y la generación del 70*, Dialéctica, Buenos Aires, 1989.

"Celia", número especial de *Moncada*, mayo 1990.

Cerecedo, Francisco: *Ernesto Che Guevara*, protagonistas de la historia, Ibérico Europea de ediciones, Madrid, 1968.

Cernadas Lamadrid, Juan Carlos y Ricardo Halac: *El Che Guevara*, Editorial Perfil, Buenos Aires, 1968.

César, Antonieta: "Che: la tentación de un beso", *Trabajadores,* 5 septiembre 1994.

Céspedes. Roberto: "Quería el Che unirse a rebeldes de Nicaragua", *Reforma*, 1 agosto 1997.

Chang, Arturo: "Aquel hermoso amanecer de la liberación", *Trabajadores,* 23 diciembre 1983.

Chávez, Armando: "Tan cubano como el que más", *Moncada*, octubre 1987.

————, *El pensamiento ético del Che*, Editora Política, La Habana, 1983

Che, Ediciones Cuba, La Habana, 1973.

"Che, avance incontenible", *Vanguardia*, 23 diciembre 1967.

"Che comandante", *Cine Cubano* núm 47, 1967.

"Che. El recuerdo y sus propias palabras", *Juventud rebelde*, 12 mayo 1988.

"Che en Bolivia" (fotografías), *Granma*, 8 octubre 1968.

Che Guevara, Planeta Agostini, Barcelona, 1996.

Che Guevara, Edimat libros, Madrid, s/f.

"Che Guevara. Historias con fantasmas", *Confirmado*, 23 marzo 1967,

"Che Guevara? Un Santo Laico per tutti i poveri", *Messagero*, Roma, 18 octubre 1997.

Che Guevara and the FBI, editado por Michael Ratner y Michael Steven Smith, Ocean Press, Melbourne, 1997.

"Che y Pinares hablan de Camilo", *Verde olivo*, 27 octubre 1974.

Chichkov, Vasili: "Crónica de un periodista soviético en Cuba", *Verde olivo*, 5 enero 1984.

Chierici, Maurizio: "E Fidel Castro mi disse: vai a salvare il Che", *Corriere della sera*, 19 agosto 2001.

Chinea, Hugo: "La primera armería de la guerra", *Cuba internacional*, junio 1972.

Chomé, Jules: *L'ascension de Mobutu*, Editions Complexe, Bruselas 1974.

Chomón, Faure: "Cuando el Che llegó al Escambray", *Verde olivo*, 1 diciembre 1965.

——, "Santa Clara, la batalla final", *Combatiente*, 15 diciembre 1969.

——, "Che en el Escambray", *Bohemia*, edición especial, 20 octubre 1967.

——, entrevista de Luis Adrián Betancourt del 19 de julio de 1987, mecanográfica, inédita.

Ciechanower, Mauricio: "Con el padre del Che Guevara", *Plural*, México, julio 1984.

Cienfuegos, Camilo: Mensajes al Che de abril 24, 1958.

——, "Informe de la invasión" (páginas del diario de campaña) en *Días de Combate*, Instituto del Libro, La Habana, 1970. Otra versión en *La sierra y el llano*, Casa de Las Américas, La Habana, 1969.

Clemente, Enrique: "La vida amorosa del Che", *Diario16*, Madrid, 9 octubre 1997.

Colás, Iván: "Che, de Santa Clara a La Cabaña", *Juventud rebelde*, 3 enero 1990.

Collado, Norberto: "Una travesía heroica", *Verde olivo*, 1 diciembre 1963.

Collier Jr, Daniel M.: "Guevara's last words", *New York Times*, 10 diciembre 1995.

"Concurso de la vida del Vaquerito", *Verde olivo*, 12 junio 1960.

"Combatientes de la patria", *Verde olivo*, 24 diciembre 1972, 20 mayo 1973, 2 julio y 22 noviembre 1974.

Compañeros del Che: *Diarios de Bolivia* (Villegas, San Luis, Reyes), Ediciones Bárbara, Caracas 1970.

"Composición de la columna 8 Ciro redondo", *Verde olivo*, 25 agosto 1963.

"Conmoción popular por ver el cadáver del Che", *El diario*, La Paz, 10 octubre 1967.

Constantino, Helio: "Por las huellas del Che en su 45 aniversario. Su paso por la escuela primaria, la secundaria y la universidad", *Granma*, 14 junio 1973.

Cónstela, Julia: "Cuando Ernesto Guevara aún no era el Che" (entrevista con Celia de la Serna), *Bohemia*, 27 agosto 1961.

Conte Agüero, Luis: *Paredón*, Colonial Press, Miami, 1962.

Contreras, Orlando: "El tren blindado", *Verde olivo*, 5 enero 1964.

Cormier, Jean, con la colaboración de Alberto Granado e Hilda Guevara: *Che Guevara*, Editions du Rocher, París, 1995.

Cortázar, Julio: "Reunión", en *Los relatos,* tomo 3, Alianza Editorial, Madrid, 1976.

"Corte suprema de justicia firmó sentencia contra Luis García Meza", *Presencia*, 16 Abril 1993.

CRISP, compiladores: *Congo 1965. Political documents of a developing nation*, Princeton University, New Jersey, 1967.

Cruz Díaz, Rigoberto: *Chicharrones, la sierra chiquita*, Editorial Oriente, Santiago de Cuba, 1982.

"Cuba's new banker", *US News and World Report*, 7 diciembre 1959.

Cubela, Rolando: "La batalla de Santa Clara". *Bohemia*, 22 julio 1963.

——, "Che, su campaña en las Villas", *Verde olivo*, 3 diciembre 1961.

Cupull, Adys y Froilán González: "Ninfa Arteaga. Nunca podré olvidar como el Che me miró", *Bohemia*, 13 noviembre 1987.

——, "La Higuera", *Moncada*, octubre 1987.

——, "Nunca podré olvidar su mirada", *Moncada*, octubre 1987.

——, "Desde Ñancahuasú a La Higuera", *Moncada*, octubre 1987.

——, "De Ñancahuasú a La Higuera. Etapa de combate", *Moncada*, mayo 1989.

——, *De Ñancahuasú a la Higuera*, Editora Política, La Habana, 1989.

——, *Ernestito vivo y presente*, Editora Política, La Habana, 1989.

——, "Ernesto y los poemas de amor", *Verde olivo*, septiembre 1989.

——, *La CIA contra el Che*, Editora Política, La Habana 1992.

——, *Un hombre bravo*, Editorial capitán San Luis, La Habana, 1994.

————, *Cálida presencia. Su amistad con Tita Infante*, Editorial Oriente, Santiago, 1995.

————, *Ciudadano del mundo*, Editorial capitán San Luis, La Habana, 1997

Dalton, Roque: "Combatiendo por la libertad de América Latina ha muerto nuestro comandante Ernesto Guevara", *Casa de las Américas*, La Habana, enero-febrero 1968.

————, *Revolución en la revolución y la crítica de derecha*, Cuadernos Casa de Las Américas, La Habana, 1970.

Daniel, Jean: "Un reportaje al Che Guevara en Argelia", L'Express, 15 julio 1963 (traducción en manuscrito, archivo del autor).

Darushénkov, Oleg: *Cuba, el camino de la revolución*, tercera edición ampliada, Editorial Progreso, Moscú, 1984.

Davis, Thomas M Jr: Prado Salmon, Gary: "The Defeat of Che Guevara: Military Response to Guerrilla Challenge in Bolivia", *Hispanic American Historical Review*, noviembre 1991.

De la Fuente, Inmaculada: "Del póster al olvido", *El país*, 4 octubre 1992.

"De la guerrilla rural a la guerrilla urbana", *Presencia*, La Paz, 6 diciembre 1990.

De la Ossa, Enrique: *Sangre y pillaje*, Editorial Pablo de la Torriente, La Habana, 1990.

————, entrevista, febrero 1995.

De los Reyes Gavilanes, Roberto: "Llegaron los barbuditos, avisen al Che", *Tribuna*, La Habana, 26 noviembre 1989.

De Vos, Pierre: *Vida y muerte de Lumumba*, Era, México, 1962.

"Debray reitera su apoyo a la guerrilla", *Punto final*, Santiago de Chile, 24 octubre 1967.

"Debray en peligro", *Bohemia*, 6 enero 1968.

Debray, Regis: "El castrismo, la larga marcha de América Latina", *Marcha*, Montevideo, julio de 1967, también en *Ensayos sobre América Latina*, Era, México DF, 1969.

————, "Ante la muerte de Ernesto Che Guevara", *Islas*, Santa Clara, enero -marzo 1968.

————, "Bolivia: Nota para un análisis de la situación política", *Oclae*, Abril 1970.

————, *Escritos en la prisión*, Siglo XXI editores, México, 1972

————, *La crítica de las armas*, Siglo XXI Editores, México, 1975

————, *Las pruebas de fuego*, Siglo XXI Editores, México, 1975.

————, *La guerrilla del Che*, Siglo XXI Editores, México, 1975.

————, "Las dos muertes del Che", *Le Nouvel Observateur*, 10 octubre 1975, traducción de Mercedes Torres, servicios cablegráficos MRE.

————, *Diario de un pequeño burgués entre dos fuegos y cuatro muros*, Monteávila editores, Caracas, 1978.

————, "Un arcángel sin espada", *El país*, 4 octubre 1992.

————, entrevista, 3 mayo de 1995.

————, *Alabados sean nuestros señores*, Taller de Mario Muchnick, Madrid, 1999.

Del Cueto, Mario G.: "Lo que vio el Che en la URSS", *Bohemia*, 11 diciembre 1960.

Del Conde, Antonio (a) "El cuate": entrevista, 6 diciembre 1995.

Del Pino, Rafael: *Amanecer en Girón*, Edición de las FAR, La Habana 1969.

Delgado, Carlos Jesús: "La concepción de la guerra revolucionaria de guerrillas de Ernesto Che Guevara", *Casa de las Américas*, julio-agosto 1987.

————, *Diccionario Temático. Ernesto Che Guevara*, Editorial de Ciencias Sociales, La Habana, 2000.

Departamento de consulta y referencia de la Biblioteca José Martí: *Tiempo de Che, primer ensayo de cronología*, Anagrama, Barcelona, 1976.

"Descubren los restos de tres guerrilleros", *La Jornada*, México, 14 diciembre 1995.

Desnoes, Edmundo: "Aniversario", *Casa de las Américas*, La Habana, enero-febrero 1968.

————, "El tren blindado", *Cuba*, agosto 1965.

"Despachos cablegráficos sobre los acontecimientos de Bolivia", *Granma*, 18 octubre 1967.

"Después de la victoria primeras horas en la capital", *Bohemia*, 11 enero 1959.

Deutscher, Isaac: *Rusia, China y Occidente*, Era, México, 1974.

Días de combate, Instituto Cubano del Libro, La Habana, 1970.

Díaz Castro, Tania: "Del Moncada al triunfo", *Bohemia*, 26 de julio 1968.

Díaz González, Anel: "El pensamiento militar del Che y su vigencia en la exploración", conferencia científica sobre el pensamiento militar del comandante Ernesto Che Guevara, s/f, spi.

Díaz Loyola, Jesús: "La hija menor del Che", *Bohemia*, 7 octubre 1988.

Díaz Martínez: *Camilo, por los montes surcados*, Editorial Oriente, Santiago 1989.

Díaz Tamayo: Circular del mayor general del 30 septiembre 1958, *manuscrito*.

Dickens, Beverley: *Paths to pacifism*, Exposition Press, New York 1972.

Dieterich, Heinz, "Diarios inéditos de la guerrilla cubana", *Proceso*, 20 febrero 1995.

Díez Acosta, Tomás: "Las comunicaciones en la guerrilla", *Verde olivo*, 6 y 13 marzo 1986.

————, "El vestuario en las montañas", *Verde olivo*, 27 marzo 1986.

Dirección de Propaganda y Agitación de la Dirección Política central de las FAR: *Preparación Política de sargentos, soldados y marineros*, La Habana, 1987.

Dolgoff, Sam: *The cuban revolution*, Black Rose Books, Montreal, 1976.

Dolset, Juan: "Che en la ciencia y la técnica. Sueños hechos realidad de un revolucionario", *Juventud rebelde*, 12 mayo 1988.

Dolutski, Ivan: "En torno a un artículo sobre el Che", *América Latina*, Moscú, octubre 1987.

Dopico Asensio, Adrián: "Treinta aniversario de la liberación de Trinidad", *manuscrito* mecanografiado.

Dorfman, Ariel: "Che Guevara", en *People of the century*, Time/CBS News, New York 1999.

Dorschner, John y Roberto Fabricio: *The winds of December*, Coward, McCann & Geoghegan, New York, 1980.

"¿Dónde está el Che?", *Newsweek*, 28 junio 1965.

"Dos expertos argentinos en leprología recorren sudamérica en motocicleta", *Diario austral*, 19 febrero 1952.

Douglas, María Eulalia: "Hasta la victoria siempre", *Opina*, diciembre 1987.

"Drei Leben in einer Haut", *Der Spiegel*, #39, 1996.

Dreke, Víctor: "La toma del escuadrón 31", *Bohemia*, 28 diciembre 1973.

————, "Víctor Dreke habla sobre el combate en el escuadrón 31", *Vanguardia*, Santa Clara, 27 diciembre 1978.

————, *De la sierra del Escambray al Congo*, Pathfinder, New York, 2002.

Dreke, Víctor (Moja): Entrevistas, octubre, noviembre, diciembre 1991, febrero 1992, para *El año en que estuvimos en ninguna parte*.

Dubois, Jules: *Fidel Castro, rebel, liberator or dictator*, New Bobbs and Merrill, Indianapolis, 1959.

————, "Las ejecuciones en Cuba", *Bohemia*, 1 febrero 1959.

Dumont, René: *Cuba, socialist and development*, Grove Press, New York, 1970.

Dumpierre, Erasmo: "De Alegría de Pío al Purial de Vicana. Relatos del comandante Universo Sánchez", *Bohemia*, 25 diciembre 1970.

Ebon, Martin: *Che, making of a legend*, Universe Books, New York, 1969.

Echegaray, Patricio: Debates y búquedas actuales para la construcción de una alternativa política revolucionaria en América Latina y el Caribe. Seminario internacional, 12 al 14 de junio de 1992, Rosario, Argentina, spi, Rosario, Argentina, 1992.

El alma de la revolución. Tomo 1. "Principales acciones combativas del primer frente JoséMartí", Editora Verde Olivo, La Habana, 1991.

El alma de la revolución. Tomo 2. "Segundo Frente oriental Frank País", Editora Verde Olivo, La Habana, 1992.

El alma de la revolución. Tomo 3. "Otros frentes y columnas", Editora Verde Olivo, La Habana 1992.

"El Caso Arguedas, una fuga sensacional"; *Bohemia*, 2 agosto 1968.

"El Che como militar", *El oficial*, octubre 1972.

"El Che fotógrafo", *La jornada, México*, 17 agosto 2001.

"El Che en el Escambray" (entrevista Faure Chomón), *Bohemia*, octubre 1967.

"El Che que conoce el pueblo", cronología 1959-1965, *Juventud rebelde*, 16 octubre 1967.

"El embajador Smith: servidor del déspota", *Bohemia*, 11 enero 1959.

El Escalón más alto, selección de escritos publicados en *Verde olivo* sobre la guerrilla del Che en Bolivia, Ediciones Verde Olivo, La Habana, 1993

El Kadri, Envar: "Por las rutas del doctor Guevara", *La jornada,* 9 octubre 1997.

El libro rojo, Instituto Popular de Chile, Santiago de Chile, noviembre 1962.

"El Museo de la revolución", *Bohemia*, 23 abril 1974.

"El recuerdo y sus propias palabras", *Juventud rebelde*, 12 mayo 1988.

"El regalo de la foto del Che", *Reforma*, 23 diciembre 1995.

"Emplaza Guevara a Conrado Rodríguez", *Revolución*, 8 enero 1960.

Entralgo, Armando (seleccionador): *África*, Tomo 4, Religión, Editorial Ciencias Sociales, La Habana, 1979.

"Entró primero la columna Almejeiras", *El mundo*, 5 enero 1959.

Enzensberger, Hans Magnus: *El interrogatorio de La Habana*, Anagrama, Barcelona, 1973.

Equipo de investigación y redacción del Centro de estudios de historia militar de las FAR: *13 de marzo 1957, Asalto al Palacio presidencial*, Editora Política, La Habana 1982.

"Ernesto", *Juventud rebelde*, 13 junio 1975.

Escobar, Milagros: "Guerrilleros y amigos", *Juventud rebelde*, 12 mayo 1988.

Escobar, Froilán y Félix Guerra: *Che, sierra adentro*, Uneac, La Habana, 1982. Primera edición en revista *Cuba* mayo-junio 1970.

——, *Cinco Picos*, Editora Abril, 1988.

Espinosa, Reinaldo y Guillermo Grau: *Atlas histórico, biográfico y militar, Ernesto Guevara*. Tomo 1, Editorial Pueblo y Educación, La Habana 1990.

"Esta revolución ha traspuesto los límites de Cuba", *Verde olivo*, 14 septiembre 1959.

"Estampas de un libertador", *Bohemia*, s/f.

Estefanía, Joaquín, "El Che, luces y sombras", *El país*, Madrid, 11 octubre 1997.

Estrada, Ulises, entrevista de Jorge Castañeda, 9 febrero 1965.

Estrada Juárez, Adela: "Club Che Guevara, apoyar a los que luchan y sufren", *Bastión*, 23 noviembre 1989.

"Exigirán la entrega de los restos del Che sus familiares", *La jornada*, México, 16 diciembre 1995.

"Falleció Ernesto Guevara Lynch, padre del Che", *Granma*, 4 abril 1987.

Fava, Athos: "Che y los argentinos", *Tricontinental*, junio 1987.

Fazio, Carlos: "Castro relata su primer encuentro con el Che, en México", *Proceso*, México, 12 diciembre 1988.

Feinmann, José Pablo: "Espiral de silencio", *Página12*, Buenos Aires, 15 noviembre 1997.

Feria, Manuel de: "Santo Domingo, antes y 20 años después", *Vanguardia*, 29 diciembre 1978.

Fermoselle, Rafael: *Cuban leadership after Castro,* North-South Center, University of Miami, 1992.

Fernández, Adolfo: "Ajedrecista fuerte", *Moncada*, octubre 1982.

Fernández, Juan Carlos: "Osvaldo Sánchez", *Moncada*, diciembre 1975.

——, "La hazaña de Joaquín", *Moncada*, octubre 1987.

——, "Che nació en Vallegrande", *Moncada*, octubre 1987.

——, "Imágenes de la guerrilla", *Moncada*, octubre 1987.

Fernández, Tony: "La batalla de Santa Clara", *El Oficial*, noviembre 1967.

——, "La campaña del Che en Las Villas", *Granma*, 21 diciembre 1967.

——, "La batalla de Santa Clara", *Granma*, 28 diciembre 1974.

Fernández Font, Marcelo: "Desarrollo y funciones del Banco socialista en Cuba", *Cuba Socialista* núm. 30, 1964.

Fernández Mell, Óscar: "De las Mercedes a Gavilanes", *Verde olivo*, 25 agosto 1963.

——, "La batalla de Santa Clara", *El oficial*, mayo 1967.

——, "La sierra, la invasión, Las Villas", *Granma*, 29 noviembre 1967.

——, "La campaña del Che en Las Villas", *Granma*, 21 diciembre 1967.

——, *entrevista*, octubre 1995.

Fernández Montes de Oca, Alberto: *El diario de Pacho*, Editorial Punto y Coma, Santa Cruz, Bolivia, 1987.

Fernández Noa, Yurina: "Testimonio de Hilda Guevara", *El habanero*, 25 octubre 1988.

Fernández Retamar, Roberto: "Un montón de memorias", *Cuba internacional*, agosto 1965.

——, "Aquel poema", *Casa de las Américas*, La Habana, enero-febrero 1968.

——, "Para leer al Che", *Letras cubanas*, La Habana, 1979.

Ferrera, Alberto: *El comandante Ernesto Guevara y la invasión de Las Villas*, folleto, s/f spi, conferencia científica sobre el pensamiento militar del comandante Ernesto Guevara.

——, "Principales características de la invasión de la columna 8 Ciro Redondo a las Villas", *El oficial*, abril 1978.

Figueras, Miguel Alejandro: "Aspectos y problemas del desarrollo económico cubano", *Nuestra industria* núm. 9, octubre 1964.

Figueras, Miguel Alejandro, *entrevista*, febrero 1995.

Flores, Marcelo y otros: *Ernesto Guevara, Nomade de'll utopia*, Manifestolibri, Milan, 1993.

Fonseca, Rubén: "La primera escuela del ejército rebelde", *Verde olivo*, 3 diciembre 1981.

Fontaine, André: "La revancha del Che", *Cambio16*, Madrid, 19 septiembre 1983.

Franqui, Carlos: *Cuba, el libro de los 12*, Era, México, 1966.

——, *Diario de la revolución cubana*, R. Torres, Barcelona, 1976.

——, *Retrato de Familia con Fidel*, Seix Barral, Barcelona, 1981

——, *Vida, aventuras y desastres de un hombre llamado Castro*, Planeta, Barcelona, 1988.

——, *Camilo Cienfuegos*, Seix Barral, Barcelona, 2001.

Freemantle, Brian: *CIA*, Michael Joseph Ltd, London, 1983.

Frías, Ángel: "La Federal y Cuatro Compañeros", *Verde olivo*, 4 septiembre 1963.

Friedl Zapata, José A.: *Tania La guerrillera*, Planeta, Bogotá, 1999.

Fuentes, Fulvio y Aldo Isidrón del Valle: "Che, niñez, adolescencia, juventud", *Bohemia*, octubre de 1967.

Fuentes, José Lorenzo: "Las Villas bajo las balas", *Bohemia*, 26 julio 1968.

———, "Tres momentos con el Che", *Gaceta de Cuba*, septiembre-octubre 1967.

———, "La batalla de Santa Clara", *Bohemia*, 30 diciembre 1958.

Fuentes, Norberto: "La batalla del Che", *Cuba internacional*, octubre 1977.

———, *Dulces guerreros cubanos*, Seix Barral, Barcelona, 1999.

Gadea, Hilda: *Che Guevara, años decisivos*, Aguilar, México, 1972.

———, "A Ernesto Che Guevara", *Casa de las Américas*, La Habana, enero-febrero 1968.

Gaggero, Manuel Justo, Osvaldo Bayer, Eduardo Gurrucharri, Miguel Bonasso, Horacio González, Luis Mattini, Rubén Dri, Alberto J. Pla, Nestor Kohan, Roberto Baschetti, Diego Sztulwark, Gabriel Fernández: *Che el argentino*, Ediciones de mano en mano, Buenos Aires, 1997.

Galardy Alarcón, José M.: *Antonio en la guerrilla del Che*, Editorial Capitán San Luis, La Habana, 1998.

———, *San Luis o Rolando, guerrillero con el Che*, Editorial Capitán San Luis, La Habana, 2000.

———, *Tania, guerrillera con el Che*, La Habana, 2000.

Galeano, Eduardo: "El Che Guevara", *Violencia y enajenación*, Editorial Nuestro Tiempo, México, 1971.

———, *Memoria del fuego*, III. "El siglo del viento", Siglo xxi, Madrid, 1986.

———, "Ernesto Che Guevara: el alucinante viaje del yo al nosotros", *La Jornada*, México, 21 septiembre 1987.

Galich, Manuel: "El comandante Guevara en Punta del Este, 1961, *Vida universitaria*, La Habana, octubre 1967.

Gallardo Lozada, Jorge: *De Torres a Bánzer*, Ediciones Periferia, Buenos Aires, 1972.

Gálvez, William: *Camilo, señor de la vanguardia*, Editorial Ciencias Sociales, La Habana, 1979.

———, *Che deportista*, Editora Política, La Habana, 1995.

———, "Recuerdos del combate de Yaguajay", *Juventud rebelde*, 26 diciembre 1988.

———, *Viajes y aventuras del joven Ernesto*, Editorial de Ciencias Sociales, La Habana, 1997.

———, *El sueño africano del Che*, Casa de las Américas, La Habana, 1997.

Gambini, Hugo con J. Algañaraz y Leda Orellano: *El Che Guevara*, Paidós, Buenos Aires, 1968.

Garcés, María, editor: *Materiales sobre la guerrilla de Ñancahuazú*, Editorial El Mañana, Quito, 1986.

García, Calixto: "Yo fui el número 15", *Verde olivo*, 1 diciembre 1963.

García, Fernando y Oscar Sola (editores): *Che. Sueño rebelde*, Diana, México, 1997.

García, Nelson y Osvaldo Rodríguez: "El capitán descalzo habla de su amigo el Vaquerito", *Juventud rebelde*, 28 diciembre 1983.

García, Walterio: "El ejemplo de Camilo y el Che" (entrevista a Rogelio Acevedo), *Juventud rebelde*, 16 noviembre 1965.

García Oliveras, Julio: *José Antonio*, Editorial Abril, La Habana, 1988.

García Márquez, Gabriel: "El Che en África, los meses de tinieblas", *Alternativa*, Colombia, 10 de octubre, 1996.

Gavi, Philippe: *Che Guevara*, Editions Universitaires, París, 1970.

Gelman, Juan: "Conversaciones", *Casa de las Américas*, La Habana, enero-febrero 1968.

———, *entrevista*, mayo 1995.

———, "Pensamientos", *Resumen*, sf, spi.

Geyer, Georgie Anne: *Guerrilla prince. The untold story of Fidel Castro*, Little Brown, Boston, 1991.

Giacobetti, Francis y Mauricio Vicent: *Che's compañeros*, Assouline, París, sf.

Gianturco, Corrado: *La revolución congoleña*, Bruguera, Barcelona, 1972.

Gilly Adolfo: "Cuba, entre la coexistencia y la revolución", *Monthly Review*, selecciones en castellano, noviembre 1964.

———, *La senda de la guerrilla*, Nueva Imagen, México, 1986

———, "El Che, ese oscuro objeto del deseo", *La jornada*, México, 9 octubre 1997.

Gleijeses, Piero: *Cuba's first venture in Africa: Algeria, 1961-1963*, mecanográfico.

Goldar, Ernesto: "John William Cooke: de Perón al Che Guevara". *Todo es historia*, junio 1991.

Gómez, Orlando: "Caballete de casa en la memoria", *Granma*, 29 octubre 1975.

Gómez, Sebastián: "¿Vacío de poder militar?", *Caretas*, 25 junio 1981.

Gómez Ferrals, Marta: "Sentirlo más cercano", *Cuba internacional*, septiembre 1987.

González Acosta, Alejandro: *Che escritor*, Diógenes, Universidad de Guadalajara, 1989.

González, Froilán: "Esa foto de Ernestito", *Verde olivo*, junio 1989.

———, "Mi primo Ernestito", *Verde olivo*, julio 1989.

———, "Ernesto y los poemas de amor", *Verde olivo*, septiembre 1989.

González, Gloria, María Carolina Villazón y M.A. Fernández: *Santa Clara, tres asaltos en el camino hacia la victoria*, Editora Política, La Habana, 1985.

González, Luis y Gustavo Sánchez Salazar: *The great rebel, Che Guevara in Bolivia*, Grove Press, New York, 1969.

González, Mike: "The Culture of the Heroic Guerrilla: The Impact of Cuba in the Sixties", *Bulletin of Latin American Research*, diciembre 1984.

González, Nelson: "Ideas del comandante Ernesto Che Guevara acerca del ataque a columnas en movimiento", spi, s/f

González Bello, Manuel: "Así lo cuenta David", *Bohemia*, 29 octubre 1978.

———, "Fotos a Tirso", *Bohemia*, 5 julio 1985.

González Bermejo, Ernesto: "El vado de la traición", *Verde olivo*, 4 julio 1971.

———, "Odisea en la selva", *Verde olivo*, 25 julio 1971.

———, "Che: su paso por la tierra", *Verde olivo*, 1 agosto 1971.

———, "¿Quién es Rubén Sánchez?", *Juventud rebelde*, 5 septiembre 1971.

González Cabrera, Heidy: "Rostros más allá de la memoria", *Mujeres*, La Habana, octubre 1983.

González Guerrero, Roger: "Con el escudo y los laureles", *Bohemia* 1989 (recorte archivo L. A. Betancourt)

González-Mata, Louis Manuel: *Las muertes del "Che" Guevara*, Argos Vergara, Barcelona, 1980.

González Rojas, Mori: *Reflexiones sobre el pensamiento del comandante Ernesto Che Guevara acerca de las comunicaciones*, conferencia científica sobre el pensamiento militar del comandante Ernesto Che Guevara, s/f.

González Torres, Carlos: *El debut continental de un estadista. Ernesto Che Guevara en Punta del Este, 1961*, Editora Política, La Habana, 2001.

Goodwin, Richard N.: "Annals of politics. A footnote", *The New Yorker*, New York, 25 mayo 1968.

———, "John F. Kennedy, El Che y los puros", *Cigar aficionado*, otoño 1996, traducción de Ismael Gómez Dantés.

Gorrín, Leonel: *El pensamieto pedagógico-militar del comandante Ernesto Che Guevara acera de la preparación del hombre para las acciones combativas*, conferencia científica sobre el pensamiento militar del comandante Ernesto Che Guevara, sf.

Gott, Richard: "Yo vi el cadáver del Che en Vallegrande", *Punto final*, Santiago de Chile, 21 octubre 1967.

———, "Informe de Bolivia", *The Nation*, noviembre 1967.

Granado, Alberto: "Un largo viaje en moto de Argentina a Venezuela", *Granma* 16 octubre 1967.

———, *Con el Che por Sudamérica*, Letras Cubanas, La Habana, 1986.

Granma, compilación de documentos, FAR, La Habana, 1981.

Gre, Jaime: "Entrevista a miembros del ELN en El Jigüe", servicio especial *de Prensa latina*, boletín mimeo, sf.

Guayasamín, Oswaldo: "Raul Castro: Che, es *Granma* vamos", *América Latina* no. 2, Moscú, febrero 1988.

"Guerra en el Escambray", *Cuba internacional*, agosto 1963.

Guerra Alemán, José: *Barro y cenizas*, Fomento Editorial, Madrid, 1971.

Guerra, Estela: "Soldado de la revolución", *Moncada*, octubre 1987.

Guerra, Félix y Froilán Escobar: *El fuego que enciende los fusiles*, Uneac, La Habana, 1988.

Guerra, Félix: "Un guerrillero y su fusil de tigre", *Bohemia*, 2 diciembre 1988.

———, "Médico y combatiente", *Bohemia*, 10 junio 1988.

———, "Camilo Cienfuegos. Un tránsito fulgurante", archivo del autor.

———, "Brindis por el futuro", archivo del autor.

Guerra, Ramón: "El tren blindado" (en *Días de combate*).

"Guevara out of Cuba or just out of favor", *US News and World Report*, 18 octubre 1965.

Guevara Gadea, Hilda: *entrevista*, febrero 1995.

Guevara Lynch, Ernesto: *Mi hijo el Che*, Planeta, Barcelona, 1981.

———, "Mi hijo el Che", *Cuba internacional*, septiembre 1987.

———, *Aquí va un soldado de América*, Planeta, México, 1987.

Guevara sconosciuto, Datanews, Roma, 1995.

Granma, rumbo a la libertad, Gente Nueva, La Habana, 1983.

Guglietta, Guy: cable de la UPI, 9 octubre 1977.

Guillén, Nicolás: "Un gran muerto invencible", *El mundo*, 16 octubre 1967.

Guillot, Carlota: "Sancti Spiritus: una ciudada tomada por su propia población", *Vanguardia*, 23 diciembre 1978.

———, "Fomento: 100 fusiles para la fuerza de la libertad", *Vanguardia*, 19 diciembre 1978.

Gumucio, Mariano: *La venganza del Che*, Editorial e Imprenta Artística, La Paz, 1988.

Gustin: "Debray espera liberación", *El mercurio*, Santiago de Chile, 11 diciembre 1970.

Gutiérrez, Carlos María: *Los hombres de la historia. Che Guevara*, Centro Editor de América Latina, Buenos Aires, 1970.

———, "Telefoto exclusiva", *Casa de las Américas*, mayo-junio 68.

———, "El Che en lo suyo", *Bohemia*, 15 diciembre 1967.

———, "Una madrugada de febrero", *Casa de las Américas*, La Habana, enero-febrero 1968.

———, "Los motivos del Che", *Casa de las Américas*, La Habana, mayo-junio 1969.

Gutiérrez Barrios, Fernando: entrevista de Jorge Castañeda, *mecanográfica*, 18 julio 1995.

Gutiérrez Menoyo, Eloy: "Declaraciones", *Programa Testimonio*, Radio Martí, noviembre de 1988.

Habel, Janette: "Che Guevara, la ética en el combate político", *El viejo topo*, Barcelona, septiembre 1997.

Habel, Janette y Fidel Castro: *Proceso al sectarismo*, Jorge Álvarez, Buenos Aires, 1965.

"Habla el comandante Guevara", *Bohemia*, 11 enero 1959

"Hablan el padre y la hermana del Che", ABC, Lima, 15 noviembre 1979.

Hafkemeier, Jorg: "No es fácil ser el padre del Che pero trato de seguir su ejemplo", *Proceso*, 13 abril 1987.

Harris, Richard L: *Death of a revolutionary. Che Guevara's last mission*, Norton, New York, 1970.

Harnecker, Marta: *Che vigencia y convocatoria*, Sistema Venceremos, San Salvador, 1989.

Harrington, Edwin: *Así fue la revolución cubana*, Grupo Editorial, México, 1976.

Hart Dávalos, Armando: "Sobre el Che Guevara", *Casa de las Américas*, marzo-abril 1988.

———, *Perfiles. Figuras cubanas*, Colihue, Buenos Aires, 1995.

Heikal, Mohamed: *Los documentos de El Cairo*, Lasser Press, México, 1972.

Heras, Eduardo, *entrevista*, febrero 1995.

Hernández, Gerardo: "Yo soy el niño de la foto", *Granma*, 5 noviembre 1988.

Hernández, Jesús: "Un gesto de solidaridad", *Moncada*, octubre 1987.

Hernández Artigas, J.: "Columna 8, Ciro Redondo. Los soldados de la revolución", *Revolución*, 14 enero 1959.

Hernández Betancourt, Arcadio Benito (Dogna): *entrevista* para *El año que...*, noviembre 1991.

Hernández Pérez, Jesús: "Un gesto de solidaridad", *Moncada*, octubre 1987.

Hernández Serrano, Luis: "La selva en la mochila", *Juventud rebelde*, 10 abril 1994.

———, "Como la CIA obtuvo una foto del Che sin barba", *Juventud rebelde*, 20 febrero 94.

Herrera, José Ramón, *entrevista*, octubre 1995.

Herrera y Garrido, Marco Antonio (Genge): *entrevista* para *El año que...*, septiembre, octubre 1991.

Hetmann, Frederik: *Yo tengo siete vidas*, Lónguez Ediciones, Salamanca, 1982.

Higgin, James: "A preview of history", *Monthly Review*, septiembre 1971.

Hinojosa, Oscar: "Murió convencido de la revolución continental, narra el que lo capturó", *Proceso*, 20 abril 1987.

Historia de una agresión, Ediciones Venceremos, La Habana, 1962.

"Historia del II Frente nacional del Escambray", *Combate*, 1 febrero 1961.

Hoz, Pedro de la: "Cuando Walcott cantó al Che", *Granma*, 13 octubre 1992.

———, "Cada santaclareño fue un combatiente", *Verde olivo*, 6 abril 1981.

Huberman, Leo y Paul M. Sweezy: *Anatomía de una revolución*, Palestra, Buenos Aires, 1961.

Huberman, Leo: "Cuba and the US" (entrevista al Che Guevara), *Monthly Review*, septiembre 1961.

Huberman, Leo y Paul M. Sweezy: "El futuro de la economía cubana", *Monthly Review*, selecciones en castellano, mayo 1964.

Hutten, Mark: boletín AFP, 6 octubre 1976.

Iborra Sánchez, Óscar: "Yo soy el hombre más odiado por Pedraza"(entrevista con Victor Bordón), *Carteles*, septiembre de 1959.

———, "Episodios de la revolución. El puente que dividió la isla en dos", *Carteles*, junio de 1959.

Iborra Sánchez, Oscar: "Primer aniversario. Fomento, el primer municipio libre de Cuba", *Carteles*, 27 diciembre 1959.

Iglesias, Joel: "En la guerra revolucionaria junto al Che" (también titulado "Mis vivencias con el Che" y "Junto al Che"), *Verde olivo*, octubre 1974 o *Tricontinental*, julio-octubre 1970.

———, "Che el combatiente", *Oclae*, 9-15 octubre 1972.

———, *De la Sierra Maestra al Escambray*, Letras Cubanas, La Habana, 1979.

———, "Emboscada en Cuatro Compañeros", *Cuba internacional*, octubre 1977.

Ilanga, Ernest (Ulanga), entrevista para *El año en que vivimos...*, marzo, abril, junio 1991.

"Inaugurada escuela con el nombre del Che", *Granma,* 2 agosto 1990.

Inclán Lavastida, Fernando: *Apuntes biográficos de J.M. Márquez*, Comisión de orientación revolucionaria del CC del PCC, La Habana, 1972.

Infante, Juan: "Características del funcionamiento de la empresa autofinanciada", *Cuba socialista* núm. 34, 1964.

"Informaciones recibidas sobre la muerte del comandante Guevara", *Juventud rebelde*, 17 octubre 1969.

"Invasión", *Bohemia,* 11 enero 1959.

Invencible como el espíritu de sus combatientes, antología introducida por Faustino Pérez, Colección Verde olivo, La Habana, 1988.

Isidrón del Valle, Aldo: "Diciembre de fuego. Santa Clara. Semblanza de una batalla", *manuscrito mecanográfico*.

———, "La batalla de Santa Clara", *Granma*, 19 diciembre 1965.

———, "Un largo viaje en moto de Argentina a Venezuela", *Granma*, 16 octubre 1967

———, "Che en Guatemala y México" (entrevista Dalmau y Darío López), *Granma*, 17 octubre 1967.

———, "Che y el segundo frente del Escambray", *Vanguardia*, 19 diciembre 1967.

———, "Che y Camilo rechazan la ofensiva", *Vanguardia*, 22 diciembre 1967.

———, "Anuncia Guevara el inminente colapso de la tiranía", *Vanguardia*, 23 diciembre 1967.

———, "Che, avance incontenible", *Vanguardia*, 23 diciembre 1967.

———, "Che Guevara: apuntes para una biografía", *Islas*, enero - marzo 1968.

———, "Vaquerito. Jugó con la muerte una y mil veces por la libertad", *Granma*, 30 diciembre 1970.

———, "Corrió la noticia, Che está herido", *Juventud rebelde*, 27 diciembre 1973.

———, "Aquel diciembre de victorias", *Bohemia*, 28 diciembre 1973.

———, "Esos instantes que un revolucionario jamás olvida", *Granma,* 16 enero 1977.

———, "Impresiones de un corresponsal de guerra", *Granma*, 23 enero 1977.

———, "Che: ejemplo de moral revolucionaria, audacia y modestia" (entrevista a Bordón), *Granma*, 8 octubre 1977.

———, "Santa Clara, semblanza de una batalla", *Granma*, 30 diciembre 1977.

———, "La victoriosa marcha hacia el Escambray, brillante proeza militar y revolucionaria", *Granma*, 17 sept. 1978.

———, "Güinía de Miranda, primera victoria de la columna 8 en el Frente de Las Villas", *Granma*, 26 octubre 1978.

———, "Con el Che por Sudamérica" (entrevista a Alberto Granado), *Cuba internacional*, septiembre 1987.

Isidrón del Valle, Aldo y Roberto Orihuela: *Regreso*, Capitán San Luis, La Habana 1997.

Ivanov, Oleg: "La concepción de revolución en Ernesto Che Guevara", *América Latina*, Moscú, 9 septiembre 1988.

Iznaga, Diana: "Che Guevara y la literatura de testimonio, *Revista de la universidad de La Habana*, # 232.

Izquierdo, Irene: "Bolivia fue el Moncada de América", *Tribuna*, La Habana, octubre 1994.

J.A.: "Apellidarse Guevara puede ser una tragedia", *Blanco y negro*, Madrid, 12 diciembre 1979.

JCM: "Los fusilamientos y los Maldonados", *Revolución*, 14 enero 1959.

JGS: "Ernesto Guevara, el Che, vida y hazañas", *Sucesos para todos*, México, 27 julio, 3 agosto, 10 agosto, 17 agosto, 24 agosto, 31 agosto, 7 septiembre, 14 septiembre, 21 septiembre, 28 septiembre 1968.

James, Daniel: *Cuba, el primer satélite soviético en América*, Libreros Mexicanos Unidos, México, 1962.

James, Daniel: *Che Guevara, una biografía*, Diana, México, 1971, edición original Stein and Day, New York, 1971.

Jardón, Edmundo: "El ejército puede tomar el poder", *El universal*, 2 octubre 1995.

Jérez, Jaime: *Che Guevara. El hombre y la leyenda*, Círculo de Amigos de la Historia, Madrid, 1972.

Jiménez, Eleazar: "El Che y el ajedrez", *Bohemia*, La Habana, 20 octubre 1967.

Jiménez Losantos, Federico: "La horrible aparición de los hijos del Che", *Firmas Press*, 18 marzo 1989.

Junta de Coordinación Revolucionaria del Cono Sur: "Che Guevara", *Resistance Publications*, Oakland, sf.

Kahama: "Diario", documento *mecanográfico*, 13 p.

Kalfon, Pierre: *Che*, Seuil, París, 1997.

Karol, Claudia: *El Che y los argentinos*, Buenos Aires, Dialéctica, 1988,

Karol, K. S.: *Los guerrilleros en el poder*, Seix Barral, Barcelona, 1972.

Klare, Michael: *War without end*, Knopf, New York, 1972.

Koningsberger, Hans: *The future of Che Guevara*, Doubleday, New York, 1971.

Korda, Alberto: "Una foto recorre el mundo", *Cuba internacional*, septiembre 1987.

———, *Cuba par Korda*, Calmann-Levy/Jazz editions, París, 2002.

Kornbluth, Peter: "The death of Che Guevara: Declassified", en internet.

Koutzii, Flavio y José Corro Leite: *Che 20 anos depois. Ensaios e testemunhos*, Busca Vida, Sao Paulo, 1987.

Krauze, Enrique: "La vuelta del Che Guevara", *Reforma,* México, 25 enero 1998.

Kuchilán, Mario: "En zafarrancho. Santa Clara, la batalla final", *Bohemia*, 12 octubre 1968.

Kudin, Nikolai: "Mis encuentros con Che Guevara", *Novedades de Moscú* núm. 40, 1968.

Kuteischikova, Vera y Lev Ospovat: "La literatura en la vida de un revolucionario", *Casa de las Américas*, septiembre-octubre 1977.

"La canallada", *Zeta*, Venezuela, 11 julio 84.

"La CIA en Bolivia", *Marcha*, 25 abril y 2 mayo 1969.

"La entrada del presidente Urrutia en palacio", *Bohemia*, 11 enero 1959.

"La fe del Che en Fidel", *Opina*, febrero 1989.

"La guerra en Las Villas" *Prensa libre,* 6 de enero 1959.

La Rosa, Lesmes: "La campaña de Las Villas", *Verde olivo*, 6 de enero 1974.

———, "Los ingenieros que soñó el Che", *Verde olivo*, 7 mayo 1987.

La toma del tren blindado, folleto, DOR del PCC de Villa Clara, Santa Clara, julio 1986.

Labarca, Eduardo: "Apunten bien, pidió el Che antes de morir", *El siglo*, 23 octubre 1967.

———, "La CIA falsifica el diario del Che", *El siglo*, 26 octubre 1967.

Labreveux, Phillip: *Bolivia bajo el Che*, Colección Replanteo, Bueno Aires, 1968.

Lagarde, Guillermo: "Esos refrescos que saben a jarabe de Tolú", *Juventud rebelde*, 7 octubre 1968.

Landáburu, Ander: "Yo preparé al Che Guevara"(entrevista Vanegas), *Cambio16*, 23 noviembre 1987.

Lara, Jesús: *Guerrillero Inti Peredo*, Diógenes, México, México DF, 1979.

Lara, Luis: "El día en que el Che inauguró la fábrica de Bujías", *Juventud rebelde*, 8 octubre 1968.

Larteguy, Jean: *Los guerrilleros*, Diana, México, 1969.

"Las revelaciones de Ciro Bustos", *Punto Final*, Santiago de Chile, 2 febrero 1971.

Launay, Jacques: La misteriosa muerte de Ernesto Che Guevara, *Historia y vida*, Madrid, diciembre 1973.

Lauzán, Raúl Simón, Rafael Fernández Domínguez y otros: *Ideas del comandante Ernesto Che Guevara sobre la moral del combatiente revolucionario*, conferencia científica sobre el pensamiento militar del comandante Ernesto Che Guevara, s/f.

Lavretski, I.: *Ernesto Che Guevara*, Editorial Progreso, Moscú 1975.

Lázaro, E.: "Chemanía", *La calle*, Córdoba, 28 noviembre 1997.

"Lecciones para no olvidar", *Militante comunista*, junio 1988.

Lebedinsky, Mauricio: *Cuba y el Che*, Dialéctica, Buenos Aires, 1988.

Lechuga, Carlos: *In the eye of the storm*, Ocean Press, 1995.

Lee, Susana: "La revolución entró en el banco", *Juventud rebelde*, 26 noviembre 1979.

León, Laureano: "El Che, sus ideas sobre el control económico y la contabilidad", *Bohemia*, 10 junio 1988.

Lesnik, Max: "10 de noviembre: Escambray heroico", *Bohemia*, 22 noviembre 1959.

Lihn, Enrique: *Escrito en Cuba*, Era, México, 1969.

Lionet, Christian: "Bolivie, San Ernesto de la Higuera", *Libération*, París, 5 octubre 1997.

Llamazares, Julio: "En busca del Che", recorte de prensa.

Llano Montes, Antonio: "Nuestro único propósito era derribar a Batista" (entrevista con William Morgan), *Carteles* núm. 1 y 2, La Habana, enero 1959.

Lleras Restrepo, Carlos: "Me encontré en la vida con el Che", Nueva Frontera, s/f spi.

"Lleras fue amigo del Che Guevara", *El país*, 12 abril 1977.

Llerena, Mario: *The unsuspected revolution*, Cornell University Press, Ithaca, New York, 1978, edición en español, *La revolución insospechada*, Editorial Universitaria de Buenos Aires, Buenos Aires, 1981.

Llobet Tabolara, Cayetano: "Guerrilla y clase (el caso boliviano)", *Cuadernos*, Centro de Estudios Latinoamericanos, México.

López, Miguel Ángel: Las acciones del enemigo aéreo y las enseñanzas del Che, conferencia científica sobre el pensamiento militar del comandante Ernesto Che Guevara, s/f.

López Fresquet, Rufo: *My 14 months with Castro*, The World Publishing Co., Cleveland, 1966.

López García, Delia Luisa: "Ernesto Che Guevara: aspectos de su pensamiento económico", *Economía y desarrollo*, noviembre-diciembre 1985.

Lora, Guillermo: *Autopsia del gorilismo*, Ediciones Masas, La Paz, 1984.

Lorenz, Marita y Ted Schwarz: *Marita*, Planeta, México, 1995.

"Los dos interlocutores eran muy distintos por su origen", *Bohemia*, 13 agosto 1961.

"Los restos del Che, incinerados y enterrados en Vallegrande, Bolivia", *La jornada*, 22 de noviembre 1995.

Löwy, Michael: *El pensamiento del Che*, Siglo XXI, México, 1971.

"Loyola analiza la situación el país luego de la lucha", *Hoy*, La Paz, 6 septiembre 1969.

Lucita, Eduardo: "Guevara, el regreso del pensador insurgente", *Cuadernos del sur*, Buenos Aires, octubre 1997.

Lugo, Reynaldo: "El primer embajador", *Moncada*, octubre 1987.

———, "Rolando, oficio de revolucionario", *Moncada*, octubre 1987.

———, "¡Este es mi hijo!", *Moncada*, octubre 1987.

———, "Dos hermanos", *Moncada*, octubre 1987.

Luis, Roger Ricardo: "El hombre que me hizo guerrillero", *Granma*, octubre 1992.

———, "La historia de Román García", *Granma*, 7 octubre 1989.

"Luis García Meza, acusado de robo de diario del Che", *Presencia*, La Paz, 11 enero 1989.

"Luis Miranda se refiere al Che", *Bohemia*, 29 enero 1989.

Lumumba, Patricio: *Libertad para el Congo*, Ediciones Venceremos, La Habana, 1964.

Lupiañez Reinlein, José: "Entre versos y fusiles", *Verde olivo*, marzo 1987.

Luque Escalona, Roberto: *Yo, mejor de todos*, Ediciones Universal, Miami, 1994.

Maestre Alfonso, Juan: *El Che y Latinoamérica*, Akal, Madrid, 1979.

Macías, Julio César: *Mi camino, la guerrilla*, Planeta, México, 1998.

Maldonado, Raúl, *entrevista*, 17 marzo 1996.

Mallin, Jay: *Ernesto "Che" Guevara, modern revolutionary, guerilla theorist*, Sam-Har Press, Charlotteville, New York, 1973.

Man, Igor: "Il mio Che in presa diretta", *Specchio*, Milán, 13 septiembre 1999.

Mandel, Ernest: "Las categorías mercantiles en el periodo de transición", *Nuestra industria*, junio de 1964.

——, *El socialismo y el hombre nuevo*, Siglo XXI, México, 1974.

Manifiesto 1 del 26 de Julio al pueblo de Cuba, 10 diciembre 1956, hoja impresa, México DF.

Manresa, Manuel, *entrevista*, La Habana, febrero 1995.

"Mapa del itinerario de la invasión", *Granma*, 16 octubre 1967.

March, Aleida: *conversación* con el autor, 1988.

Marchetti, Víctor y John D. Marks: *The CIA and the Cult of Intelligence*, Laurel Book. Dell Publishing Co. Inc., New York, 1983.

Marrero, Damia: "Che, mi compañero en la mina", *Verde olivo*, septiembre 1988.

Marrero, José Manuel: *Relatos de Girón*, Editorial Letras Cubanas, La Habana, 1982.

Martí, Julio: Entrevista a Leonardo Tamayo, *manuscrito* sin título.

——, "El Che piloto aviador", *Moncada*, mayo 1978.

——, "Mambo-Tango navega el Amazonas", *Moncada*, octubre 1982.

——, "Saber al Che frente a nosotros" (entrevista Reynaldo Pérez Valencia), *Moncada*, octubre 1982.

——, "Tiene la palabra el Che Guevara", *Moncada*, octubre 1986.

——, "Donde cantan los ruiseñores", *Moncada*, octubre 1987.

Martin, David C.: *KGB vs CIA*, Planeta, Barcelona, 1980 (vers. orig. "Wildeness of mirrors, Harper & Row, 1980).

Martín, Eduardo y Benito Cuadrado: "Placetas un pueblo que forjó su liberación", *Vanguardia*, 23 diciembre 1978.

Martin, Lionel: *El joven Fidel*, Grijalbo, Barcelona, 1982. (versión original *The early Fidel*, Lyle Stuart Secaucus, New Jersey, 1978).

Martínez, Ricardo: *7RR. La historia de Radio rebelde*, Editorial de Ciencias Sociales, La Habana, 1978.

——, "Como si fuesen dos columnas guerrilleras", *Moncada*, octubre 1987.

——, "Los órganos de la seguridad del estado: 30 años de arduas y complejas misiones" (entrevista a Abrahantes), *Granma*, La Habana, 25 marzo 1989.

Martínez, Sanjuana: "Desde que leí el diario juvenil de mi padre, el Che Guevara, intento ser mejor: Aleida", *Proceso*, México, 25 octubre 1993.

——, "A los 23 años, montado en una motocicleta y en 'aventones' el Che Guevara cruzó Sudamérica y encontró su vocación", *Proceso*, México, 25 octubre 1993.

Martínez Estévez, Diego: *Ñancahuazú: apuntes para la historia militar de Bolivia*, edición del autor, La Paz, 1989.

Martínez Estrada, Ezequiel: "Che Guevara, capitán del pueblo", *Casa de las Américas*, #33, 1965.

Martínez Heredia, Fernando: "Che, el socialismo y el comunismo", *Casa de las Américas*, La Habana, 1989.

————, "Los sesenta y los noventa", *Convergencia socialista*, México, julio 1997.

Martínez Páez, Julio: "Los médicos guerrilleros", *Granma*, 25 noviembre 1967.

————, *Un médico en la sierra*, Editorial Gente Nueva, La Habana, 1990.

Martínez Triay, Alina: "Antecedentes, preparativos y principales acciones de la guerrilla del Che en Bolivia", *El militante comunista*, octubre 1982.

Martínez U., Haroldo; Hugo Martínez U.: *Che. Antecedentes biográficos del comandante Ernesto "Che" Guevara*, Talleres de Editorial Prensa Latinoamericana, Santiago de Chile, 1968.

Marx, Gary: "Even death Guevara spanks trouble", *Chicago Tribune*, 17 mayo 1992.

Más, Sara: "El Che no pudo conocerlos pero sí imaginarlos", *Granma*, 18 junio 1988.

————, "Su incurable pasión creadora", *Granma*, 30 octubre 1992.

Massari, Roberto: *Che Guevara, grandeza y riesgo de la utopía*, Txalaparta, Tafalla, 1993.

Masetti, Ricardo: "Che en Guatemala", *Granma*, 17 octubre 1967.

————, *Los que luchan y los que lloran*, Punto Sur, Montevideo, 1987, prólogo de Rodolfo Walsh.

Massip, José: "Che en el cine", *Cine cubano* núm. 1947, 1967.

Matos, Huber: *Cómo llegó la noche*, Tusquets, Barcelona, 2002.

Matthews, Herbert L.: *The cuban story*, George Braziller, New York, 1961.

————, *A world in revolution*, Scribners, New York, 1971.

————, *Revolution in Cuba: an essay in understanding*, Scribner, New York, 1975.

May, Elmar: *Che Guevara*, Extemporáneos, México, 1975.

Mayo, Jorge: "Urbano, testigo de excepción", *Tricontinental*, julio 1997.

Mayo, José: "El primer apoyo", *Verde olivo*, 3 diciembre 1978.

Mena, Emilio: "Informe en relación a la columna comandada por el comandante Moya" [en el Congo], *manuscrito* mecanográfico, 60 p.

Mena, Marcel: "Cinco meses después me ha llegado la noticia de su muerte", *Oclae*, agosto-septiembre 70.

Mencia, Mario: "Bolivia, 30 meses de historia y una interrogación", *Oclae*, diciembre 1967.

————, "Cuando uno pasa con sed y bebe agua de la fuente", *Granma*, 9 junio 1972.

————, "Así empezó la historia del guerrillero heroico", *Bohemia*, 10 octubre 1975.

————, "Así era mi hijo Ernesto", *Bohemia*, 8 octubre 1976.

————, "Un chico argentino muy atractivo llamado Ernesto" (entrevista Mirna Torres), *Bohemia*, 14 octubre 1977.

————, "Entrevista tras un rostro. Por última vez" (con Alfonso Bauer), *Bohemia*, 28 octubre 1977.

————, "Los primeros cubanos que conocieron al Che", *Bohemia*, 7 octubre 1987.

Méndez Capote, Renée: *Che, comandante del alba*, Gente Nueva, La Habana, 1977.

Mendoza Gil, Mayra: *Anecdotario del Che Guevara*, Editorial Rino, Editora Política, México DF, 2002.

Meneses, Enrique: "Con Fidel en la sierra", *El país semanal*, 7 enero 1979

————, *Castro, comienza la revolución*, Espasa Calpe, Madrid, 1995.

Meneses, Orlando: "Hacia donde sople el viento", *El mundo*, 16 octubre 1967.

Mesa, Aída: "Israel Reyes Zayas", *Bohemia*, 30 agosto 1974.

————, "Manuel Hernández Osorio", *Bohemia*, 27 septiembre 1974.

————, "Juan Pablo Chang Navarro", *Bohemia*, 4 octubre 1974.

Mesa Lago, Carmelo: *Cuba in the 70s. Pragmatism and institucionalization*, University of New Mexico Press, Albuquerque, 1974.

Mesa-Lago, Carmelo y June Belkin: *Cuba en África*, Editorial Kosmos, México DF, 1982.

Mi Guevara, suplemento especial de *Cuba internacional*, La Habana, s/f.

Michaels, Albert: "Che Guevara, his life: myth and reality" en Wilkie, James Wallace-Michaels, Albert L: *Two essays on Latin American political myths. Octavio Paz and Che Guevara*, Council on International Studies, State University of New York at Buffalo, 1981.

Mikoyan, Anastas: "Mis recuerdos de Cuba", *Prisma*, La Habana, junio 1978.

——, *Mikoyan in Cuba*, Crosscurrent press, New York, 1960.

Mikoyan, Sergo Anastasovich: "Encuentros con Che Guevara", *América Latina* núm. 1, 1974.

"Militares bolivianos buscan ya los restos del Che", *La jornada*, México, 24 de noviembre 1995.

Miná, Gianni: *Habla Fidel*, Edivisión, México, 1988.

——, *Fidel*, Edivisión, México, 1991.

——, *Un continente desaparecido*, Sperling & Kupfer, Milano, 1995.

Mir, Pedro: "Una escala en mi diario donde aparece la gloria", *Casa de las Américas*, marzo-abril 1968.

Miranda, Caridad: "La debacle del tren blindado", *Moncada*, diciembre 1983.

Miranda, Luis: "Las relaciones cubano soviéticas en la revolución: historia y documentos", *URSS*, enero 1989.

Mironov, Vladimir: "Ernesto Che Guevara: hombre-revolución", *América Latina*, Moscú, núm. 3 y 4, 1986.

Mojena, María Cristina: "Camilo era mucho Camilo" (entrevista Pablo Díaz), *Verde olivo*, octubre 1989.

Molina, Gabriel: *Diario de Girón*, Editora Política, La Habana, 1984.

——, "Entrevista con un reportero gráfico", *Fototécnica*, julio-septiembre 1982.

Monje. Mario: "Il était trop idéaliste", *Le Monde*, 9 octubre 1997.

Montané, Jesús, Faustino Pérez, Universo Sánchez y otros: "Testimonios sobre el Che", *Militante comunista*, octubre 1982.

Montaner, Carlos Alberto: *Informe secreto sobre la revolución cubana*, Sedmay, Barcelona, 1976.

Montero Acuña, Ernesto: "Con los creadores de la riqueza", *Trabajadores*, 13 junio 1987.

Montoto, Heli: "El Directorio aspira a ver una patria nueva" (entrevista Faure Chomón), *Prensa libre*, 6 enero 1959.

Montoya, Pedro: "El mito del Che", *El mundo*, Madrid, 4 octubre 1992.

Mora, Alberto: "En torno a la cuestión del funcionamiento de la ley del valor en la economía cubana en los actuales momentos", *Comercio exterior*, junio de 1963.

Morales, Alberto y Fabián Ríos: *Comandante Che Guevara*, Editora América Latina, Buenos Aires, 1968.

Morales, José Luis: "No sabíamos que el Che vivía y estaba preso", *Interviú*, Barcelona, 14 octubre 1987.

Morales, Larry: *El jefe del pelotón suicida*, UNEAC, La Habana, 1979.

Morales, María Isabel: "Aquella visita a una agencia bancaria", *Juventud rebelde*, 30 octubre 1992.

Moreno, Enrique, compilador: *Tania*, Editorial Oriente, Santiago de Cuba, 1979.

Moreno, José Antonio: *Che Guevara on guerrilla warfare: doctrine, practice and evaluation*, Center for Latin American Studies, University of Pittsburgh, 1970, Latin American studies occasional papers, no.3.

Moreno, Nahuel: *Che Guevara, héroe y mártir de la revolución*, Ediciones UnioS, México, 1997.

Moyano Martín, Dolores: "The making of a revolutionary. A memoir of young Guevara", *The New York Times Magazine*, 18 agosto 1968.

———, "From El Cid to El Che: the hero and the mystique of liberation in Latin America", en *The World and I*, Washington, febrero 1988.

"Murió Che Guevara", *El diario*, La Paz, 10 octubre 1967.

Muñoz Unsaín, Alfredo y Bertrand Rosenthal: "La guerrilla secreta del doctor Tato", cable AFP, 5 octubre 1987.

"Mystery man Guevara, bearded or beardless", *US News and World Report*, 1 mayo 1967.

NN: "Como murió el Che", *Sucesos para todos*, 17 febrero 1968.

Naón, Jesús: "Cuando el Che estuvo en San Andrés de Caiguanabo", *Granma*, 16 de abril 1967.

Navarro, Osvaldo: "Con el Che terminé la guerra", *mecanográfico*.

———, *El caballo de Mayaguara*, Editora Política, La Habana, 1987.

Navarro, Noel: "Los días de nuestra angustia", *Bohemia*, 20 octubre 1967.

Nemira, Igor: "La última entrevista del Che en Moscú", *Bohemia*, 26 octubre 1973.

Nieto, Severo: "Che deportista", *Verde olivo*, 21 junio 1984.

———, "Pasión por el deporte", *Prisma*, abril 1987.

Nieves Portuondo, Alfredo: "El Che vuelve a volar", *Verde olivo,* junio 1988.

Nillo, Carlos: *Reflexiones sobre la artillería y el pensamiento militar del Che*, conferencia científica sobre el pensamiento militar del Comandante Ernesto Che Guevara, s/f.

Nkrumah, Kwame: *Challange of Congo*, International Publishers, New York, 1967.

"Notas de una gesta: En sus hombres", *Verde olivo*, octubre 1988.

"Notas sobre Las Villas", *manuscrito*, anónimo, archivo del autor.

Noticuba: "De la tiranía a la libertad", *Revolución*, 14 enero 1959.

Noval, Liborio: "La historia de Román García", *Granma*, 7 de octubre 1989.

"Nuestras estancias junto al Che", *Juventud rebelde*, 8 octubre 1968.

Núñez, Carlos: "Un diálogo con Regis Debray", *Casa de Las Américas*, julio-agosto 1968.

Núñez, Carlos: "Regis Debray, culpable de ser revolucionario", *Tricontinental*, noviembre 1967.

Núñez Jiménez, Antonio: "El Che y un instante de la rendición de Santa Clara*"*, *Casa de las Américas*, enero-febrero 1968.

———, "Santa Clara, la batalla final" *Combatiente*, 1 enero 1968.

———, "El tren blindado", *Bohemia*, 8 octubre 1971.

———, *En marcha con Fidel*, Letras Cubanas, La Habana, 1982.

———, *El Che en combate*, Ediciones Mec Graphic, La Habana, 1996.

Núñez Machín, Ana: "El Che Guevara, un hombre a través de sus anécdotas", *Bohemia*, octubre 87.

———, *De los héroes a los niños*, Editorial Gente Nueva, La Habana, 1985.

Oficina de Publicaciones del Consejo de Estado: "Guisa, preludio de la victoria", suplemento de *Granma*, 30 de noviembre 1988.

Oliva, Enrique: "El embajador de Bolivia en París fue muerto a tiros", *Clarín*, Buenos Aires, 12 mayo del 76.

Oltuski, Enrique: "Gente del Llano", *Casa de las Américas* núm. 40, 1967.

———, "¿Qué puedo decir?", *Casa de las Américas*, enero-febrero 1968.

———, "El día de la victoria", *Islas*, octubre-diciembre 1968.

———, *entrevista*, enero 1995.

———, "Un Che de este mundo", *Casa de las Américas*, La Habana, julio – septiembre 1997.

———, *Gente del Llano*, Imagen Contemporánea, La Habana, 2000.

Onís, Juan: "La muerte del Che", *La nación* (del servicio cablegráfico del New York Times), Buenos Aires, 7 marzo 1968.

"Operación Moongoose una guerra interminable", *Cuadernos de estudios*, diciembre 1964, Centro de Estudios Para Asuntos de Seguridad, La Habana.

Oramas, Joaquín: "Un extraordinario formador de cuadros", *Granma*, 19 septiembre 1992.

Oramas León, Orlando: "La Higuera, donde la muerte devino redención", *Granma* 7 octubre 1969.

"Ordena Sánchez de Lozada que sean localizados los restos del Che Guevara", *La jornada*, México, 23 noviembre 1995.

"Ordenan a Mario Vargas localizar los restos del Che", *La jornada*, México 25 noviembre 1995.

Orestes, Raúl: "Una emisora histórica", *Opina*, febrero 1989.

Orfila, Arnaldo: "Recordando al Che", *Casa de las Américas*, La Habana, enero-febrero 1968.

Orihuela, Roberto: *Nunca fui un traidor*, Editorial Capitán San Luis, La Habana, 1991.

Orozco, Román: "Mi padre tenía un gran sentido del humor" (entrevista Hilda Guevara), *Cambio16*, Madrid, 26 septiembre 92.

Ortega, Benjamín: *El Che Guevara. Reacción de la prensa del continente americano con motivo de su muerte, octubre-noviembre 1967*, Centro Intercultural de Documentación, Cuernavaca, 1968, CIDOC dossier no. 30.

Ortega, Gregorio: *Santo Domingo, 1965*, Ediciones Venceremos, La Habana, 1965.

———, "Ladridos desde la cuneta", *Granma*, 15 octubre 1968.

———, *En la brecha*, Editora Política, La Habana 1985.

Ortega, Josefina: "La batalla de Santa Clara", *Juventud rebelde*, 29 diciembre 1983.

———, "Al Che le debo la vida", *Juventud rebelde*, 4 octubre 1987.

Ortiz, Pedro: "Che en Gibara", *Ahora*, Holguín, 1 mayo 1988.

Otero, Elena: "Diciembre de fuego", *Granma*, 30 diciembre 1966.

Otero, Lisandro: "La entrada del presidente Urrutia en el palacio", *Bohemia*, 11 enero 1959.

———, *Las Villas*, Ediciones Venceremos, La Habana, 1965.

———, *Llover sobre mojado*, Planeta, México, 1999.

Otero, Lisandro, coordinador: *Playa Girón: derrota del imperialismo*, Ediciones R, La Habana, 1962.

P.M.: "El honor que se merece", *Cuba*, diciembre 1987.

Pacheco, René, *entrevistado* por el autor, febrero 1995.

Padilla, Ignacio: "Ciro Bustos: el sueño revolucionario del Che era Argentina", edición de internet de *Rebelión*, Malmöe, Suecia, 1997.

Pagés, Raisa: "Los reclamos obreros conquistados", *Granma*, 19 diciembre 1983.

"Palabras del Che en la TV de EEUU", *Bohemia*, 18 diciembre 1964.

Palacio, Carlos: "Che ajedrecista", *El mundo*, 16 octubre 1967.

Palmero, Otto y Luz María Martínez: "Donde la libertad llegó de golpe", *Vanguardia*, 24 diciembre 1978.

"Para combatir al imperialismo o ir de vacaciones a la luna", *Juventud rebelde*, 12 mayo 1988.

"Para el Che, la lucha revolucionaria era política, militar y de masas", *La jornada*, México, 9 octubre 1997.

Pardo Llada, José: "Cómo se enteró Fidel de la caída de Batista", *Bohemia*, 11 enero 1959.

———, "Periódico de la palabra", guión radial, mecanográfico, 25 de noviembre 1959.

————, *El Che que yo conocí*, Hedout, Medellín, Colombia, 1971. También incluido en *Fidel y el Che*, Plaza y Janés, Barcelona 1988.

Parra, Jesús, *entrevista*, febrero 1995.

Pavón, Luis: "Che; la ventana encendida", *Verde olivo*, 8 octubre 1987.

————, Epílogo a la republicación del texto del Che "Lidia y Clodomira" en la revista *Cuba*, s/f, recorte proporcionado por el autor.

————, "Faltaba papel y tinta, pero salía", *Verde olivo*, mayo 1989.

————, "Cumpliendo la misión del comandante en jefe" (entrevista a Alfonso Zayas), *Verde olivo*, agosto 1963.

Paz Rada, Eduardo: "Cómo murió Guevara", cable AFP, 3 octubre 1987.

Pellecer, Carlos Manuel: *Caballeros sin esperanza*, Guatemala, Editorial del Ejército, 1973.

Pentón, Jorge: *La ética del pensamiento del Che como fundamento de la actividad revolucionaria*, Instituto Superior del Minint, s/f.

"Pensamiento de valor permanente", *Bohemia*, 5 octubre 1979.

Peña, César: "Cómo fusilamos al Che: general Reque Terán", *El universal*, México, 8 y 9 octubre 1978.

Peña, Tania: "Un día conocí al Che", *Granma*, 3 septiembre 1988.

Perales, Iosu: *Querido Che*, Editorial Revolución, Madrid, 1987.

Peredo, Inti: *Mi campaña con el Che*, Diógenes, México, 1971.

————, "Che, hombre del siglo XXI", *Revista Che Guevara*, octubre-diciembre 1977.

Pereira, Arístides: "Impresionado por el humanista", *Tricontinental*, julio 1997.

Pereira, Casilda: "Mi compañero de los aires", *Moncada*, octubre de 1982.

Perera, Alina y Eduardo Jiménez: "Encargo de conciencia", *Juventud rebelde*, 13 junio 1993.

Pérez, Antonio: "El Che en su revelación prehistórica", *ABC cultural*, Madrid, septiembre 2002.

Pérez, Faustino: "Un revés que se convirtió en victoria", *Bohemia*, octubre 1967.

————, "El *Granma* era invencible como el espíritu de sus combatientes", en *Días de combate*.

————, "La Sierra, el Llano, eslabones de un mismo combate", *Pensamiento crítico*, 1969.

————, "Yo vine en el *Granma*", *Bohemia*, 11 enero 1959.

Pérez, Roberto: *entrevista*, 5 de febrero 1988.

Pérez Betancourt, Rolando: *Sucedió hace 20 años*, Editorial de Ciencias Sociales, La Habana, 1978.

Pérez Galdós, Víctor: *Un hombre que actúa como piensa*, Editora Política, La Habana, 1987.

Pérez Tarrau, Gabriel: *Camilo Cienfuegos, cronología de un héroe*, Comisión Nacional de Estudios Históricos, UJC, La Habana, 1989.

Pericás, Luiz Bernardo: *Che Guevara, E a luta revolucioinária na Bolívia*, Xama, Sao Paulo, 1997.

Petinaud, Jorge: "Arturo: el más joven de los cubanos", *Moncada*, enero 1978.

Pino Machado, Quintín: *La batalla de Girón*, Editorial de Ciencias Sociales, La Habana, 1983.

Pino Puebla, Alfredo: "La batalla de Santa Clara", *Bohemia*, 27 diciembre 1959.

Piñeiro, Manuel: *Barbarroja*, Ediciones Tricontinental, La Habana, 1999.

Piñeiro, Sergio: "Che Guevara habla para Prensa libre. Lo que interesa ahora es defender la libertad de Cuba", *Prensa libre*, 6 enero 1959.

————, "Fue asaltante en el Moncada y vino con Fidel en el *Granma*" (entrevista a Ramiro Valdés), *Prensa libre*, 6 enero 1959.

Piñera, Toni: "Visa europea para una imagen nuestra", *Granma*, 15 febrero 1990.

Pita Rodríguez, Francisco: "Cayó junto al Che en la quebrada del Yuro", *Bohemia*, 6 marzo 1981.

Playa Girón la gran conjura, Editorial San Luis, La Habana, 1991.

Poemas al Che, Los Libros de la frontera, Barcelona, 1976.

Pogolotti, Graciela: "Apuntes para el Che escritor", *Casa de las Américas* núm. 46, enero-febrero 1968.

Ponciano, Roberto: "Caballete de Casa: el primer campamento del Che en las Villas", *Juventud rebelde*, 12 de junio 1968.

"Por el robo del diario del Che: Comisión de justicia abrió proceso contra García Meza", *Presencia*, La Paz, 24 noviembre 1988.

"Por sustracción de diarios del Che: Congreso ordenó detención formal del ex general Luis García Meza", *Presencia*, La Paz, 13 enero 1989.

Portuondo, Antonio: "Notas preliminares sobre el Che escritor", en *Capítulos de literatura cubana*, La Habana, 1981.

Portuondo, Nieves: "El Che vuelve a volar", *Verde olivo*, junio 1988.

Portuondo, Yolanda: *Frank, sus últimos treinta días*, Letras Cubanas, La Habana, 1986.

———, *30 de noviembre*, Editorial Oriente, Santiago de Cuba, 1986.

———, *Guillermo Sardiñas. El sacerdote comandante*, Editorial Cultura Popular, La Habana, 1987.

———, *La clandestinidad tuvo un nombre, David*, Editora Política, La Habana, 1988.

Prado, Gary: "Félix Rodríguez es un mercenario fantasioso", *Presencia*, La Paz, 19 de octubre 1989.

———, *La guerrilla inmolada*, Punto y coma, Santa Cruz, Bolivia, 1987. También editada como *Cómo capturé al Che*, Ediciones B, Barcelona, 1987.

Prendes, Álvaro: *Prólogo para una batalla*, Editorial Letras Cubanas, La Habana, 1988."

Prida, Eduardo y Rita María Estenoz: "Che, un maestro" (entrevista Universo Sánchez), SEP, julio-agosto 1984.

Prieto, Martín: "El último de los enigmas", *Cambio 16*, Madrid, 16 octubre 1992.

———, "Che", *Cambio16*, 26 octubre 1992.

"Principales combates en que participó el Che en la Sierra Maestra y en Las Villas", *Moncada*, octubre 1967.

"Prisión y muerte de Joaquín Casillas", *Bohemia*, 11 enero 1959.

Proyecto de informe al acto central por la conmemoración del xx aniversario, de la formación, salida y cumplimiento de misión internacionalista de la columna 1 en el Congo-Leopoldville, mecanográfico.

Puig, Carlos: "Sentí por un momento que ya no lo odiaba", *Proceso*, 12 octubre 1992.

Purón, Alfonso: "Un ejemplo de virtudes revolucionarias", *Moncada,* octubre 1982.

Quevedo, José: *El último semestre*, Uneac, La Habana, 1982.

Quintana, Mirella: "Pachungo en la guerrilla del Che", *Verde olivo*, 30 septiembre 1982.

Quintana, Victoria y Freddy Torres: "Luchar junto al Che" (entrevista Leonardo Tamayo), *Moncada*, octubre 1969.

Radaelli, Ana María: "Del oriente al altiplano", *Cuba internacional*, septiembre 1987.

Ramírez, Aníbal F.: "Santa Clara, una batalla decisiva", *Verde olivo*, diciembre 1978.

Ramírez, Fátima: "El aluvión de biografías no despeja ciertos enigmas de la vida del Che", *Tribuna*, Madrid, 13 octubre 1997.

Ramos Pichaco, José: "Che y la misión en el Congo (I). Tatu, aquel hombre desconocido", *Vanguardia*, 29 noviembre 1989.

———, "Che y la misión en el Congo (II). Yo no me voy, primero me muero aquí". *Vanguardia*, 30 noviembre 1989.

————, "Che y la misión en el Congo (Final). Feliz desenlace del incierto rescate", *Vanguardia*, 1 diciembre 1989.

————, "Che y la misión en el Congo. Si repites ese nombre te fusilo". *Vanguardia*, 13 junio 1991.

————, "Che y la misión en el Congo. El doctor Tatu.", *Vanguardia*, 8 octubre 1991.

————, "Jefe, la comunicación está lista", *Tricontinental,* julio 1997.

Ramos Zúñiga, Antonio: *El armero del Che*, Universidad de La Habana, 1985.

Rauber, María Isabel: *La guerra de guerrillas, cuestiones político-ideológicas de la estrategia del Che*, conferencia científica sobre el pensamiento militar del comandante Ernesto Che Guevara, s/f.

Ray, Michele: "In cold blood. How the CIA executed Che", *Ramparts*, 5 febrero 1968.

"Red dictator back of Castro", *US News and World Report*, 18 junio 1960.

Reed, David: "Los últimos días del Che Guevara", *Selecciones del Readers' Digest*, recorte archivo PR.

Remigio, Lionel: "Manila: centro de contacto", *Ideal*, 11 diciembre 1981.

"Repercusión mundial por la muerte del comandante Ernesto Guevara", *Granma*, 18 octubre 1967.

"Reportaje a un billete", *Bohemia*, 16 octubre 1970.

Resnick: *The black beret: the life and meaning of Ernesto Che Guevara*, Ballantine Books, New York, 1969.

"Revela Alfredo Ovando que las fuerzas armadas bolivianas dieron la orden de asesinar al comandante Ernesto Che Guevara", cable de UPI, 12 junio del 1978.

"Revelan localización de la tumba del Che Guevara", *Novedades*, 16 noviembre 1995.

"Revista argentina acusa a la CIA", cable PL, 12 diciembre 1967.

Rey Yero, Luis: "Trinidad, 20 años de revolución triunfante", *Vanguardia*, 29 diciembre 1978.

Reyes Rodríguez, Eliseo: "Desde las Mercedes hacia Las Villas", *Verde olivo*, 4 mayo 1969.

Reyes Rodríguez, Eliseo (San Luis): *Diario* (*En Compañeros del Che, Diarios de Bolivia*, Bárbara, Caracas, 1970.)

Reyes Trejo, Alfredo: "Cuba. Diciembre 1958", *Verde olivo*, 31 diciembre 1966.

————, "Recuerdos del Che" (entrevista con el comandante Vicente de la O), *Verde olivo*, 5 octubre 1969.

————, "Gustavo Machín Hoed", *Verde olivo*, 28 agosto 1977.

————, "Primer capitán Manuel Hernández Osorio", *Verde olivo,* 25 septiembre 1977.

————, "Capitán Orlando Pantoja Tamayo", *Verde olivo*, 9 octubre 1977.

————, "Capitán Alberto Fernández Montes de Oca", *Verde olivo*, 9 octubre 1977.

————, "Mis vivencias con el Che" (entrevista a Joel Iglesias), *Verde olivo*, 13 octubre 1974.

————, "El maquinista del *Granma*" (entrevista a Chuchú Reyes), *Verde olivo*, 30 noviembre 1975.

————, "Capitán Jesús Suárez Gayol", *Verde olivo*, 8 mayo 1982.

————, "Capitán José María Martínez Tamayo", *Verde olivo*, 5 agosto 1982.

Rivalta, Pablo: *entrevistado* por el autor, 18 febrero 1988, posteriores entrevistas de Froilán Escobar y Félix Guerra en diciembre 1991, enero 1992.

Rivalta, Pablo: *Notas varias sobre la operación Omega*, manuscrito original, 34 páginas mecanografiadas.

Risquet, Jorge, *entrevista*, octubre 1995.

————, *El segundo frente del Che en el Congo*, Abril, La Habana, 2000.

Rivas, Jesús y Miguel Naón: "El vaquerito", *Granma*, 30 diciembre 1967.

Roa, Raúl: "Che", *Moncada*, octubre 1982. También en *Casa de las Américas*, La Habana, enero-febrero 1968.

Roca, Blas: "Las calumnias troskistas no pueden manchar la revolución cubana", *Cuba socialista*, abril 1966.

Rodda, José y Luis Borges: *La exploración en el pensamiento militar del comandante Ernesto Che Guevara*, conferencia científica sobre el pensamiento militar del comandante Ernesto che Guevara, s/f.

"Roban busto del Che", cable de AP, 11 agosto 2002.

Rodríguez, Augusto; "Constructor del partido Comunista de Cuba", *Bohemia*, 3 octubre 1980.

Rodríguez, Carlos Rafael: "Sobre la contribución del Che al desarrollo de la economía cubana", *Cuba socialista*, La Habana, mayo-junio 1988.

Rodríguez, Félix I & John Weisman, *Shadow Warrior (The CIA Hero of a Hundred Unknown Battles)*, Simon & Schuster Inc., New York, 1989.

Rodríguez, Héctor Danilo: "El último encuentro del Che con su familia", *Granma*, La Habana, 25 octubre 1987.

Rodríguez, Horacio Daniel: *Che Guevara, ¿aventura o revolución?*, Plaza y Janés, Barcelona, 1968.

Rodríguez, Javier: "Era muy humano, con un enorme, con un terrible concepto del deber", *Bohemia*, 10 octubre 1967.

——, "Las mujeres que se alzaron en el Escambray", *Bohemia*, 9 agosto 1968.

Rodríguez, José Alejandro: "La bala que lo va a matar a uno nunca se oye" (entrevista a Paulino Gutiérrez), *Trabajadores*, 29 diciembre 1983.

——, "Santa Clara, la batalla que descarriló para siempre al ejército batistiano", *Trabajadores*, 31 diciembre 1983.

Rodríguez, José Alejandro y Magda Resnick: "El Che hoy", *Juventud rebelde*, 11 junio 1985.

Rodríguez, Juan Carlos: *La batalla inevitable*, Editorial Capitán San Luis, La Habana, 1996.

Rodríguez, René: "Revolucionarios de cuerpo entero", *Verde olivo*, 13 junio 1985.

Rodríguez Rolando: "Una edición memorable", recorte de *Juventud rebelde*, s/f.

Rodríguez Calderón, Mirta: "Semillas de fuego"(entrevista a Faustino Pérez), *Granma*, 9 abril 1988.

——, "Anverso y reverso de una página de lucha", *Granma*, 14 abril 1988.

——, "De estrellas en las frentes", *Bohemia*, 19 agosto 1988.

Rodríguez Cordoví, Ángel: "Rodeada la ciudad, fue tomada palmo a palmo", *El mundo*, 6 enero 1959.

Rodríguez Cruz, René: "Se inicia la lucha en el Escambray", *Bohemia*, 25 diciembre 1964.

Rodríguez de la Vega, Adolfo: "Con Che en la batalla de Santa Clara", *Granma*, diciembre 1967 (recorte de prensa, archivo autor).

Rodríguez Herrera, Mariano: "Un poco de esta historia", *Caimán barbudo*, octubre 1969.

——, *Con la, adarga al brazo*, Comisión Nacional de Historia UJC, La Habana, 1973.

——, "Cuando el Che comenzó a recorrer nuestra América", *Bohemia*, 14 junio 1974.

——, *Abriendo senderos*, Gente Nueva, La Habana, 1977.

——, "En Pinar de Pinares", *Bohemia*, 10 junio de 1977.

——, "Bolivia, 10 aniversario", *Bohemia*, 26 agosto 1977.

——, "José María Martínez Tamayo", *Bohemia*, 29 julio 1977.

——, "Antonio, Pachungo, Arturo, el Médico, el escalón más alto", *Bohemia*, 14 octubre 1977.

————, "Jesús Suárez Gayol: la estrella que ilumina y mata", *Bohemia*, 8 abril 1977.

————, "Miguel, Coco, Julio: inmortales soldados de la libertad americana", *Bohemia*, 30 septiembre 1977.

————, "Acto nacional por el xxx aniversario de la apertura del Frente Norte de Las Villas", *Bohemia*, 13 octubre 1978.

————, *Ellos lucharon con el Che*, Prelasa, México, 1982.

————, "Che, Fidel, una historia que ya cumple 20 años", *Bohemia*, 19 marzo 1982.

————, "¿Cómo estás, muchachón?", *Bohemia*, junio 1982.

————, "Por la ruta invasora del Che. El Jíbaro, la partida, el combate en La Federal", *Bohemia*, 24 septiembre 1982.

————, "Por la ruta invasora del Che. De la Jagua a la Sierpe", *Bohemia*, 1 octubre 1982.

————, "Por la ruta invasora del Che. De Gavilanes al Pedrero", *Bohemia*, 8 octubre 1982.

————, "Uvero, mayo amaneció con disparos de fusiles", *Juventud rebelde*, 27 mayo 1987.

————, "Llanos del infierno, la primera emboscada guerrillera", *Juventud rebelde*, 22 enero 1987.

————, "Las aventuras de Jacinto", *Juventud rebelde*, 30 mayo 1987.

————, "Un joven llamado Ernesto", *Juventud rebelde*, 10 junio 1987.

————, "Los que cayeron con honor serán los inmortales", *Juventud rebelde*, 30 agosto 1987.

————, "Palma Mocha, un combate sangriento y poco conocido", *Juventud rebelde*, 19 agosto 1987.

————, "Che, bandera flameando al viento de las libertades", *Juventud rebelde*, 7 octubre 1987.

————, "Che en Cinco Palmas", *Juventud rebelde*, 21-28 diciembre 1987.

————, "Por la ruta de Fidel en la Sierra Maestra", *Juventud rebelde* 25 diciembre 1987.

————, "La Plata, la gran sorpresa de Batista", *Juventud rebelde*, 17 enero 1988.

————, "Cariño de buenos hermanos", *Juventud rebelde*, 12 mayo 1988.

————, "La invasión, epopeya de gigantes", *Bohemia*, 26 mayo 1988.

————, *El otro Ignacio*, Editora Política, La Habana, 1989.

————, "El niño de las sierras de Altagracia" en *Testimonios sobre el Che*, editorial Pablo, La Habana, 1990.

————, "Che, un hombre sin fronteras: Aleida", *La jornada*, 9 México, octubre 1997.

————, "Lecturas del Che", *Arena*, suplemento de *Excélsior*, México, 15 octubre 2000.

————, *Las huellas del Che Guevara*, Plaza y Janés, México, 2002 (incluye "Con la adarga al brazo" y un nuevo texto: "Che en las montañas de Buey Arriba").

Rodríguez Herrera, Mariano y Dariel Alarcón: "El día que cayó el Che", *Cuba internacional*, julio 1981.

Rodríguez Loeches, Enrique: *Bajando el Escambray*, Letras Cubanas, La Habana, 1982.

Rodríguez Ruiz, Hornedo: *Mando de las fuerzas guerrilleras de acuerdo con la concepción del comandante Ernesto Che Guevara*, conferencia científica sobre el pensamiento militar del comandante Ernesto che Guevara, s/f.

Rodríguez Zaldívar, Rodolfo: "Desde la Sierra Maestra hasta Las Villas" (entrevista a San Luis), *Bohemia*, 11 enero 1959.

Rojas, Manuel: "Comandante Che Guevara", *Casa de las Américas*, La Habana, enero-febrero 1968.

Rojas, Marta, *entrevista*, 25 septiembre 1995.

———, "Ernesto, médico en México", *Granma*, 4 junio 1989.

———, "La muerte del Che en la prensa internacional", *Granma*, 8 octubre 1990.

———, "¡Che vive!", *Granma*, 12 diciembre 1987.

———, compiladora: *Testimonios sobre el Che*, Editorial Pablo de la Torriente, La Habana, 1990. Edición ampliada en 1999.

———, "El Che Guevara bajo el cielo de La Higuera", *Granma*, 11 octubre 1987.

Rojas, Marta y Mirta Rodríguez Calderón: *Tania, la guerrillera inolvidable*, Instituto Cubano del Libro, La Habana, 74.

Rojo, Ricardo: *Mi amigo el Che*, editorial Jorge Álvarez, Buenos Aires, 1968.

Rojo del Río, Manuel: *La historia cambió en la sierra*, Editorial Texto, San José, 1981.

Romero, David: "Yo hubiera matado al Che", *Reforma*, 3 septiembre 2001.

Roque, Leonardo: "Rescate en medio del mar", *Verde olivo*, 1 diciembre 1963.

Rosado Eiró, Luis: "Estrategia del Che en Las Villas", *Granma*, 18 octubre 1981.

———, "Rasgos del pensamiento militar del comandante Ernesto Che Guevara", *El oficial*, octubre 1982.

———, "Batalla victoriosa: Santa Clara", *Verde olivo*, 29 diciembre 1983.

———, "Güinía de Miranda", *Verde olivo*, 29 octubre 1987.

———, "Una proeza militar: la batalla de Santa Clara", suplemento especial *Granma*, diciembre 1988.

Rosales, José Natividad: "En exclusiva mundial Antonio Arguedas revela a *Siempre!* cómo y por qué entregó a Fidel Castro el diario del Che", *Siempre!*, México, 2 julio 1969.

———, *¿Qué hizo el Che en México?*, Editorial Posada, México DF, 1973.

Rosendi, Estreberto: "Cabaiguán: tradición revolucionaria y desarrollo", *Vanguardia*, 22 diciembre 1978.

Rosete, Hilario: *Palabra húmeda*, Editora Abril, La Habana, 1998.

Roth, Andrew: "I was arrested with Debray", *Evergreen*, febrero 1968.

Rothschuch, Guillermo: *Che Guevara, poeta y guerrillero*, Managua, 1980.

Ruiz, Fernando, cable de EFE, s/título, 8 octubre 1987.

Ruiz, Jaime: *El Che no murió en Bolivia*, Santa Magdalena, Lima, 1970.

Ryan, Henry Butterfield: *The fall of Che Guevara*, Oxford University Press, New York, 1997.

Sáenz, Tirso W. y Emilio García Capote: "Ernesto 'Che' Guevara y el progreso científico-técnico en Cuba", *Interciencia*, enero-febrero 1983.

Saint George, Andrew: "La verdadera historia de cómo murió el Che Guevara", *Visión*, 25 abril 1969.

———, "How the US got Che", *True*, New York, abril 1969.

———, "Secrets of the Che Guevara diaries", *Sunday Telegraph*, 1, 14, 21 y 28 julio 1968.

Salado, Minerva: *Cuba, revolución en la memoria*, IPN, México, 1994.

Saldivar, Dasso: "El Che en el mito" (entrevista a Roberto Guevara), *Alternativa*, Colombia, 30 enero 1971.

Salgado, Enrique: *Radiografía del Che*, Dopesa, Barcelona 1970.

Sánchez, Antonio (Pinares): "El Che y Pinares hablan de Camilo", *Verde olivo*, 27 octubre 1974.

Sánchez, Juan: "El Pedrero en el camino. Reportaje en dos tiempos", *Bohemia*, 3 octubre 1969.

Sánchez, Universo: Entrevistado por Luis Adrián Betancourt, *inédita*, 20 cuartillas.

Sánchez Vázquez, Adolfo: "El socialismo y el Che", *Casa de las Américas*, La Habana, enero-febrero 1968.

Sandison, David: *Che Guevara*, Ediciones B, Barcelona, 1997.

Santa, Eduardo: "Mi recuerdo del Che Guevara", *Casa de las Américas*, La Habana, abril-junio 1997.

Santamaría, Haydée: prólogo a la edición especial de *Casa de las Américas*, La Habana, enero-febrero 1968

———, "Vamos a caminar por casa", *Casa de las Américas*, enero-febrero 1981.

Sanz Fals, Enrique: "La expedición de Nuevitas", *Granma*, 10 febrero 1988.

Sarabia, Nydia: "Ernesto Guevara, fundador del cubano libre", *Bohemia*, 20 octubre 1967.

———, "La mujer villareña en la lucha patria", *Bohemia*, 26 julio 1968.

Saramago, José: " Breve meditación sobre un retrato de Che Guevara", *Casa de las Américas*, La Habana, enero-marzo 1997.

Sarmiento, Raúl: "Un episodio en la batalla de Santa Clara, el combate del escuadrón 31", *Vanguardia*, 28 diciembre 1980.

Sartre, Jean Paul: "Vengan temprano, a media noche, me dijo el director del Banco nacional", *Revolución,* 3 agosto 1960.

———, *Huracán sobre el azúcar*, Ediciones Prometeo, La Habana, 1960.

Saucedo Parada, Arnaldo: *No disparen: soy el Che*, Santa Cruz de la Sierra, Bolivia, Talleres Gráficos de Editorial Oriente, 1988.

Sauvage, Léo: *Che Guevara, the failure of a revolutionary*, Prentice-Hall, N.J, 1973.

Scauzillo, Robert James: "Ernesto Che Guevara, a historiography", *Latin American Research Review*, verano 1970.

Scheer, Ribert y Maurice Zeitlin: *Cuba, an american tragedy*, Harmondsworth, 1964.

Schlachter, Alexis: "Che innovador técnico", *Granma*, 10 octubre 1989.

Schleshinger, Stephen y Stephen Kinzer: *Fruta amarga, la* CIA *en Guatemala*, Siglo XXI, México, 1982

Sección de Historia de las FAR: "*Granma*. Recuento en el XX aniversario", *El oficial*, noviembre-diciembre 1976.

Selser, Gregorio: CIA, *de Dulles a Raborn*, Ediciones de Política Americana, sf, spi.

———, "El guerrero en el recuerdo", *Política internacional*, Buenos Aires, octubre 1967.

———, *Punta del este contra Sierra Maestra*, Editorial Hernández, Buenos Aires, 1968.

———, *La* CIA *en Bolivia*, Hernández Editor, Buenos Aires, 1970.

———, *Bolivia. El cuartelazo de los cocadólares*, Mex-sur editorial, México 1982.

Serguera, Jorge: *Caminos del Che*, Plaza y Valdés, México, 1997.

Sexto, Luis: "El pacto reiterado", *Bohemia*, 2 diciembre 1988.

Silva, José R., Alfonso Zayas y Rogelio Acevedo: "Che, un gran jefe", *Juventud rebelde*, 20 octubre 1967.

Sinclair, Andrew: *Che Guevara*, Editorial Grijalbo, Barcelona, 1972 (edición original: *Che Guevara*, Viking Press, New York, 1970).

Siquitrilla: "Cinco temas breves", *Diario de la tarde*, 11 noviembre 1964.

Skierka, Volker: *Fidel*, Martínez Roca, Barcelona, 2002.

Smith, Earl T.: *The fourth floor*, Random House, New York, 1962.

Smith, Michael Steven y Michael Ratner: "The Hidden History", CAQ, otoño 1997.

Solano, Rafael: "Con el capitán descalzo: guía del Che en la sierra", *Granma,* 22 octubre 1986.

Sondern, F.: "Sinister man behind Fidel Castro", *Readers' Digest*, septiembre 1960.

Soria Galvarro, Carlos, editor: *El Che en Bolivia, documentos y testimonios*, CEDOIN, La Paz, 1992.

Sorrentino, Lamberti: *Che Guevara e morto a Cuba?*, Palazzi, Milano, 1971.

Sosa, José, José A. Rodríguez de Armas y otros: *Algunas consideraciones acerca de las concepciones del comandante Ernesto Che Guevara sobre la guerra como fenómeno político-social,* conferencia científica sobre el pensamiento militar del comandante Ernesto che Guevara, s/f

Soto, Angela: "Che ministro, Che funcionario", *Juventud rebelde*, 7 octubre 1968.

Soto Acosta, Jesús: *Che, una vida y un ejemplo*, Comisión de Asuntos Históricos de la UJC, La Habana, 1968.

Sotonavarro, Arístides: "Antes de la gran batalla", *Moncada*, septiembre 1975.

————, "Che, el valor insuperable del ejemplo", *Moncada*, octubre 1977.

————, "Tavito, médico de la guerrilla", *Moncada, octubre 1982.

Stanton, John: "Un rebelde en busca de una causa", *Life en español,* 21 octubre 1968.

Stockwell, Norman: "Reclaiming Che legacy", *The Capital Times*, Madison, 3 octubre 1997.

Stone, I.F.: "The legacy of Che Guevara", *Ramparts*, recorte s/f, archivo autor.

Study of the "Diary of 'Che' Guevara in Bolivia", Special Consultative Committee on Security, Pan American Union, Washington, 1968.

Suárez, Andrés: *Castroism and communism*, MIT Press, Cambridge, 1967.

Suárez, Felipa: "Conmemorarán aniversario 30 del primer trabajo voluntario", *Granma*, 23 noviembre 1989.

Suárez, Luis: *Entre el fusil y la palabra*, Universidad Nacional Autónoma de México, México, 1980.

————, "Tania la guerrillera", *Siempre!,* México, sf, recorte de prensa.

Suárez, Rogelio, Valentín Purón, Francisco Machado: conferencia científica sobre el pensamiento político del Che, Escuela nacional de tropa guardafronteras del MININT, Cuba, sf.

Suárez Pérez: *Ideas del comandante Ernesto Che Guevara acerca del trabajo político educativo en el ejército revolucionario*, conferencia científica sobre el pensamiento militar del comandante Ernesto Che Guevara, s/f.

————, *Algunas concepciones del Che acerca de la guerra popular*, conferencia científica sobre el pensamiento militar del comandante Ernesto Che Guevara, s/f.

Suárez Salazar, Luis: "Inmortalidad del Che", *Tricontinental*, núm. 138, 1997.

————, Ivette Zuazo y Ana María Pellón: "Mi modesto homenaje al Che", *Tricontinental*, julio 1997.

Surí, Emilio: *El mejor hombre de la guerrilla*, Letras Cubanas, La Habana, 1980.

Surí, Emilio y Manuel González Bello: *Los últimos días del Che*, manuscrito inédito.

Sweezy, Paul M.: "La planificación económica", *Monthly review* selecciones en castellano, noviembre 1965.

Szulc, Tad: *Fidel. Un retrato crítico*, Grijalbo, Barcelona, 1987

————, "Shadowy power behind Castro", *New York Times Magazine*, 19 junio 1960.

Tabares del Real, José: "El Che, revolución y economía", *Bohemia,* 17 octubre 1986.

Taber, Robert: *M26, biography of a revolution*, L. Stuart, New York, 1961.

Tablada, Carlos: "Che y el control. La contabilidad y la disciplina financiera", *Bohemia*, 2 octubre 1987.

————, "El pensamiento económico de Ernesto Che Guevara", *Casa de las Américas*, julio-agosto 1987.

————, "Acerca del pensamiento económico del comandante Ernesto Che Guevara de la Serna", *Cuba internacional*, septiembre 1987.

————, "El pensamiento económico de Ernesto Che Guevara", *Casa de las Américas*, La Habana, 1987.

————, "Che y los comités de calidad", *Juventud rebelde*, 7 octubre 1987.

————, "Las cualidades de un dirigente revolucionario", *El oficial*, mayo 1988.

Taibo II, Paco Ignacio: "En la línea de fuego", *Juventud rebelde*, 30 diciembre 1988.

————, "La batalla del Che, Santa Clara", *Verde olivo*, diciembre 1988-enero 89.

————, *La batalla del Che, Santa Clara*, Planeta, México, 1989.

————, "Estaciones de paso, el Che Guevara en México", *El universal*, México, 2 al 11 enero 1996.

————, "Hoy sabemos", serie de tres reportajes, *Reforma*, México DF, diciembre 1995

————, "Guevara te mira en las noches", *Casa de las Américas*, La Habana, enero-marzo 1997.

Taibo II, Paco Ignacio, con Froilán Escobar y Félix Guerra: *El año en que estuvimos en ninguna parte*, Mortiz, México, 1994.

Tamayo, Leonardo: "El Vaquerito y el pelotón suicida", *Verde olivo*, 5 enero 1964.

————, "Luchar junto al Che", *Moncada*, diciembre 1970.

————, *entrevista*, febrero 1995.

Tavora, Arakim: *Onde está Guevara*, Editora do reporter, Rio Janeiro, 1966.

Tchamlesso, Dihur Godefroid: "Tatu en el Congo", *Tricontinental*, julio 1997.

Thomas, Hugh: *Cuba, la lucha por la libertad*, Grijalbo, 1973-74 (original inglés "Cuba or the poursuit of freedom", Eyre and Spottiswoode, Londres, 1971).

Timossi, Jorge: *Los cuentos de Barbarroja*, Ediciones Colihue, Buenos Aires, 1999.

Toledo, Luis: "Acerca del Che, también conocido como Ernesto Guevara", *Casa de las Américas*, La Habana, enero-marzo 1997.

Toledo Batard, Tomás: *La toma del poder*, Editora Política, La Habana, 1989.

Torres, Eduardo (Nane): Entrevista para *El año en que estuvimos...*, noviembre 1991.

Torres Hernández, Lázaro: "Lidia y Clodmira. Dos heroínas de la sierra y el llano", *Bohemia*, octubre 1978.

Torriente, Loló de la: "Después de la gran batalla de Santa Clara", *Carteles*, 9 noviembre 1959.

————, "Memoria y experiencia de un guerrillero", *Bohemia*, 10 junio 1988.

Totti, Giani: "El Che ha vencido", *Casa de las Américas*, La Habana, enero-febrero 1968.

"Traducido al polaco el diario del Che en Bolivia", *Granma*, 31 diciembre 1969.

"Tras las huellas del Che", folleto de la agencia de viajes Amistur, ICAP, La Habana, 1997.

Travieso, Roberto: "Mi papá el Che" (entrevista Hilda Guevara), *Verde olivo*, junio 1988.

Tullis, Richard: Informe a la seguridad batistiana, *manuscrito*, julio 1958.

Tunjiba Selemani, Alexis: *Entrevista* para *El año en que...*, noviembre 1991.

Turner, Lidia: *El pensamiento pedagógico de Ernesto Che Guevara*, Editorial Capitán San Luis, La Habana, 1999.

Tutino, Saverio: "La hechura de Guevara", *Casa de las Américas*, La Habana, enero-febrero 1968.

————, *L'ottobre cubano*, Einaudi, Milán, 1968.

————, *L'occhio del barracuda*, Feltrinelli, Milán, 1995.

————, *Il Che in Bolivia*, Editori Riuniti, Roma, 1996.

Úbeda, Luis: "Una cueva con historia", *Juventud rebelde*, junio 1988.

"Un dictador clandestino", *Presencia*, La Paz, 1 marzo 1989.

"Un personaje de leyenda, el Che Guevara", edición especial de *Alarma*, México, 30 mayo 1968.

Una revolución que comienza, antología de narraciones de la revista *Santiago*, Editorial Oriente, Santiago de Cuba, 1983.

Uribe, Hernán: *Operación Tía Victoria*, Editorial Villicaña, México, 1987.

Urondo, Francisco: "Descarga", *Casa de las Américas*, La Habana, enero-febrero 1968.

————, *Todos los poemas*, La Flor, Buenos Aires, 1972.

Urrutia Lleo, Manuel: *Fidel Castro and company*, F. A. Praeger, New York, 1964.

Vacaflor, Humberto: "29 años después aún duele a los campesinos la muerte del Che", *Proceso*, México, 12 octubre 1987.

Vacaflor, Humberto: "Encuentran páginas perdidas del diario del Che Guevara", *Miami Herald*, 14 junio 1984 y *L'Espresso* 24 junio 1984.

———, "El diario del Che fue robado por una banda de nazis y traficantes de drogas", 11 julio 1984, recorte, archivo del autor.

Valdés, Katia: "Che Guevara, facetas de un jefe militar" (entrevista a Leonardo Tamayo), *Verde olivo*, 12 octubre 1980.

———, "Hombre que inspira amor", *Bohemia*, 7 agosto 1987.

Valdés, Teresa: "Recuerdos de una combatiente" (entrevista con Zobeida Rodríguez), *Moncada*, octubre 1969.

———, "Al lado de cada rebelde un maestro", *Moncada*, octubre 1982.

———, "De su espontánea sencillez", *Moncada*, octubre 1982.

———, "Trabajador incansable", *Moncada*, agosto 1987.

———, "Donde surgió la victoria", *Moncada*, octubre 1987.

———, "Consecuente con sus principios", *Moncada*, octubre 1987.

———, "Sí, comandante", *Moncada*, octubre 1987.

Valdés, Ramiro: "Discurso", *Bohemia*, 20 octubre 1978.

Valdés Figueroa, Juan: "Sus primeras medallas en combate", *Verde olivo*, 22 marzo 1981.

Valdés Gravalosa, Jaime, *entrevista*, febrero 1995.

Valdivieso, Jaime: "Presencia del Che Guevara". *Casa de las Américas*, septiembre -octubre 1977.

Valenzuela, Lídice: "Tania la guerrillera", *Cuba*, recorte de prensa, archivo Luis A. Betancourt.

Varlin, Thomas: "La mort de Che Guevara. Les problems du choix d'un teatre de opérations en Bolivie", *Herodote* núm. 5, 1977

Vargas Salinas, Mario: *El Che, mito y realidad*, Editorial Los Amigos del Libro, La Paz, Bolivia, 1988.

Vásquez Díaz, Rubén: *Bolivia a la hora del Che*, Siglo XXI, México, 1968.

Vázquez Auld, José Enrique y Antonio Jesús Acero: *La campaña de Las Villas. Batalla de Santa Clara*, conferencia científica sobre el pensamiento militar del comandante Ernesto Che Guevara, s/f.

Vázquez Montalbán, Manuel: "En defensa del romanticismo", *Casa de las Américas*, La Habana, enero-marzo 1997.

Vázquez-Viaña, Humberto: *Antecedentes de la guerrilla del Che en Bolivia*, University of Stockholm, Institute of Latin American Studies, Research paper series no. 46, 1986.

Vega Díaz, José y René Ruano: "Cabairién, presencia en la historia", *Vanguardia*, 26 diciembre 1978.

Velázquez, José Sergio: "La batalla de Santa Clara", *El mundo dominical*, 20 septiembre 1962.

Velis, Clara: "Che y una vieja cámara", *Opina*, 1 noviembre 1987.

Vicente, Walfredo: "Comedido y sobrio llamaba a las cosas por su nombre", *El mundo*, 18 octubre 1967.

———, "De la Sierra Maestra a La Cabaña", *El mundo*, 30 enero 59.

Videaux, Erasmo (Kisua), *entrevista* para *El año que vivimos...*, febrero 1992.

Vieta, Ezequiel: *Mi llamada es...*, Editorial Letras Cubanas, La Habana, 1982.

Villar Borda, Carlos J.: "Misión imposible: guerra y muerte del Che Guevara en Bolivia", *La prensa*, Lima, 13 abril 1968.

Vilela, J.F.: "Aquí dejo lo más puro de mis esperanzas de constructor", *Bohemia*, 11 octubre 1974.

Vilaseca Forné, Salvador, *entrevista*, 13 febrero 1995.

Villares, Ricardo: "Voluntad pulida con delectación de artista", *Bohemia*, 10 junio de 1977.

Villaronda, Guillermo: "Esto fue lo que ocurrió en Columbia después de la caída del régimen", *Bohemia*, 11 enero 1959.

Villegas, Harry: "Recuerdos de Che", *Verde olivo*, 10 octubre 1971.

———, *Pombo, un hombre de la guerrilla del Che*, Editora Política Colihue, 1996.

———, "Desde Yara", *Casa de las Américas*, La Habana, enero-marzo 1997.

———, "Con el arma de la autoridad moral", *Tricontinental*, julio 1997.

Villegas, Harry y otros: *Che, teoría y acción*, Extemporáneos, México, 1972.

Villegas, René: "Fantasma del Che rondó por Brasil antes de por Ñancahuazú", cable Reuter, 7 octubre 1978.

Virtue, John: "Cuba today", cable de UPI, 26 noviembre 1965.

Vitale, Luis: *Che, una pasión latinoamericana*, Ediciones Al Frente, Buenos Aires, 1987.

———, *El proyecto andino del Che, la transición al socialismo y cronología comentada de su vida*, Pineda Libros, Santiago de Chile, 1997.

Vitier, Helio: "Che en Buey arriba", *Verde olivo*, junio 1988.

Vo, Nguyen Giap: *Guerra del pueblo, ejército del pueblo. Dien Bien Fu*, prólogo de Ernesto Che Guevara, ediciones Era, México, 1971.

Vuskovic, Pedro y Belarmino Elgueta: *Che Guevara en el presente de América Latina*, Casa de las Américas, La Habana, 1987.

Waintrop, Edoure: "Le chevalier a la belle figure", *Libération*, París, 5 octubre 1997.

Walsh, Rodolfo: "Guevara", *Casa de las Américas*, La Habana, enero-febrero 1968.

Winocur, Marcos: *Historia social de la revolución cubana*, UNAM, México, 1989.

Wollaston, Nicholas: *Red rumba*, Londres, 1962.

Wright Mills, C: *Escucha yanqui*, FCE, México, 1961.

Wyden, Peter: *Bay of Pigs*, Simon and Schuster, New York, 1979.

Xiqués, Delfín: "El Vaquerito, simpatía, valor, inteligencia", *Granma*, 30 diciembre 1976.

Young, Crawford y Thomas Turner: *The rise and decline of the Zairian state*, University of Wisconsin Press, 1985.

Yu, Winifred: "A revolutionary glamour", *American Photographer*, mayo 1989.

Zavala, Betsy: cable UPI, 15 julio 1967.

Zavaleta, René: "A diez años de la muerte del Che", *Proceso*, México, 3 octubre 1977.

Zayas, Alfonso: "Cumpiendo la misión del comandante en jefe", *Verde olivo*, 26 agosto 1963.

———, "Nuestra estancia junto al Che", *Verde olivo*, 8 octubre 1968.

———, "Para poder conocerlo de verdad se necesitan unos cuantos años", *Juventud rebelde*, 8 octubre 1971.

Zeballos, Juan Javier: "20 años después el cadáver del Che es aún un misterio", cable Reuter, 7 octubre 1987.

Zerán, Faride: "La historia inédita del diario del Che", *Tricontinental,* julio 1997.

Zerquera Palacio, Rafael Santiago (Kumi): *entrevista* para *El año...*, febrero, marzo 1992.

Zuazo, Alberto: "No hablar, no especular, recuerda la única boliviana en la guerrilla del Che", recorte de prensa, archivo L.A. Betancourt.

———, "20 años después sigue siendo un misterio qué pasó con el cadáver del Che Guevara", cable UPI, 3 octubre 1987.

Zúñiga, Francisco: "Johnson planeó la muerte del Che*"*, *Sucesos para todos*, México, recorte de prensa, s/f.

5) *Documentación en la Biblioteca Lyndon G. Johnson (LBJ)*

Early February 1964. Intelligence Information cable, NSF, country file, Inteligence, vol 1.

December 30, 1963. "Implications of Cuba's renewed campaign of incitattion to violent revolution in Latin America", intelligence memorandum, NSF, country file, Gordon Chase file, vol,. Department of State.

January 5, 1965. Thomas Hughes US Dpt. of stat. Direct of Intelligence and Research memo al secretario, inr. reports c24.

January 31, 1965. Memorandum of conversation, Savoy Hotel, London, Prime minister Tshombe and senator US Dodd, NSF, CF, Congo, vol XII.

February 26, 1965. Thomas Hughes US Dpt. of State. Directorate of Intelligence and Research, memo.

August 10, 1965. Director of Intelligence and Research. US D. of State. Memo.

November 5, 1965. CIA. Office of Current Intelligence. Special report. "The Cuban Communist Party", W Bowdler file, vol 1. NSF Country Cuba.

February 4 1966. Godley a Sec State, Intelligence Memorandum, "The situation in the Congo", NSF, CF, Congo, vol XII.

October 9, 67. Memo de Bowdler a Rostow NSF country file, Bolivia, C8, vol 4 Memos.

October 9, 67 telegrama de Henderson a ScState. NSF Country File. Bolivia. C8, vol. 4 Memos.

September 26 1966. NSF, country file, Cuba, W.G.Bowdler file, vol 2.

CIA. Directorate de Intelligence. Intelligence Memorandum: "The Bolivian Guerrilla movement. An Interim assessment".

"Cuba in Africa". US Dpt of State. Director of Intelligence and research, NSF, Cuba country, vol V.

F.A. Dwight B. Heath: "Guerrillas vs the bolivian metaphor", NSF country file. Bolivia, C8, vol 4, Memos.

"Intelligence handbook on Cuba", CIA, Directorate of intelligence, 1 enero 65. NSF country file, Cuba, intelligence vol. 2.

"Havana's response to the death of president Kennedy and comment on the new administration". Foreign Broadcast info service, report on Cuba propaganda núm. 12, 31 dic 63, NSF, country file, Gordon Chase file, vol A.

Hughes, Thomas, US Dpt. of state. Director of Intelligence and Research. Memorandums to Secretary of State 5 enero, 26 febrero y 15 mayo de 1965. Iner reports c24.

NSF memo, Bowdler a Rostow, country file, Bolivia, C8, vol. 4 Memos.

CIA Directorate de Intelligence. Intelligence Memorandum: "The bolivian Guerrilla movement. An Interim assessment", NSF country file, Bolivia, C8, vol. 4 Memos.

NSF country file, Bolivia, C8, vol. 4 cables.

"The Castro regime in Cuba", LBJ Library. NSF, country file, Gordon Chase file vol. A.

"The Cuban Communist Party", CIA, Office of current intelligence, Special report, W. Bowdler file, vol 1. NSF Country Cuba.

"The fall of Che Guevara and the changing face of the cuban revolution", CIA, Intelligence memorandum. 18 octubre 1965. W.G. Bowdler file, vol 1.

"The trial of Marcos Rodriguez Exposure of factionalism in the Cuban Party". Foreign Broadcast info service, report on Cuba propaganda núm. 15. NSF, country file, Gordon Chase file, vol. A.

6) *Películas, documentales, programas televisivos*

Che, dirigida por Enrique Pineda para el ICRT, 1967, b/n, 16 mm, 29 min.

Hasta la victoria siempre, documental dirigido por Santiago Alvarez para el ICAIC, 1967, b/n, 35mm, 35 min.

El llamado de la hora, documental dirigido por Manuel Herrera para el ICAIC, 1969, b/n, 35 mm, 35 min.

Che, largometraje de ficción dirigido por Richard Fleisher para la 20th Century Fox, guión de Wilson y Bartlet, con las actuaciones de Jack Palance (Fidel Castro) y Omar Sharif (Che), 1969.

Un relato sobre la columna cuatro, documental dirigido por Sergio Giral para el ICAIC, 1972, b/n, 35 mm, 45 min.

Che comandante amigo, documental dirigido por Bernabé Hernández para el ICAIC, 1977, color, 35 mm, 17 min.

Viento del pueblo, documental dirigido por Orlando Rojas para el ICAIC, 1979, color, 35 mm, 17 min.

Una foto recorre el mundo, dirigido por Pedro Chaskel para el ICAIC, 1981, color, 35 mm, 13 min.

Che, hoy y siempre, documental dirigido por Pedro Chaskel para el ICAIC, 1982, color, 35 mm, 11 min.

Mi hijo el Che, documental dirigido por Fernando Birri para el ICAIC, 1985, color, 35 mm, 70 min.

Constructor cada día, compañero, documental dirigido por Pedro Chaskel para el ICAIC, 1982, color, 35 mm, 25 min.

El Che Guevara, largometraje de ficción dirigido por Paolo Heusch, con Paco Rabal como el Che.

Ernesto Che Guevara. Hombre, compañero, amigo..., videodocumental dirigido por Roberto Massari para Eme emme Edizioni, Editorial Abril, Etabeta, Roma-La Habana, 1993, 90 min.

Cuando pienso en el Che, videodocumental de Gianni Miná producido por la Oficina de publicaciones del Consejo de estado, La Habana, Cuba, 46 min.

Ernesto Che Guevara, le journal de Bolivie, documental de Richard Dindo, 35 mm color producido por Cine Manufacturé SA, París, 1994.

"Ernesto Che Guevara, el regreso de un mito", programa conducido por Miguel Bonasso, Canal 40, México, marzo 1996.

7) *CD Rom*

"Tu querida presencia", ICAIC, La Habana, 1997. (antología de canciones y poemas dedicados al Che).

"Che por siempre", Génesis Multimedia, s/f, spi.

"Desde México para siempre, Che" (cartas, testimonios y canciones), sin créditos de producción.

"Che Guevara. Biografía", *La jornada*, México, 2002. (Una producción de *L'Unitá* del 97 con textos de Aldo Garzia.)

"Ernesto Che Guevara", una producción para Emi Music Italia de Sergio Secondano Sacchi, Milán, 2001 (reúne 15 temas musicales dedicados al Che de autores latinoamericanos, españoles e italianos).

ÍNDICE